컴퓨터활용능력
1급 실기

길벗

지은이 **길벗알앤디**

강윤석, 김용갑, 김우경, 김종일

IT 서적을 기획하고 집필하는 출판 기획 전문 집단으로, 2003년부터 길벗출판사의 IT 수험서인 〈시험에 나오는 것만 공부한다!〉 시리즈를 기획부터 집필 및 편집까지 총괄하고 있다.

30여 년간 자격증 취득에 관한 교육, 연구, 집필에 몰두해 온 강윤석 실장을 중심으로 IT 자격증 시험의 분야별 전문가들이 모여 국내 IT 수험서의 수준을 한 단계 높이기 위한 다양한 연구와 집필 활동에 전념하고 있다.

컴퓨터활용능력 1급 실기 – 시나공 시리즈 ④

The Practical Examination for Advanced Computer Proficiency Certificate – Comprehensive Overview

초판 발행 · 2024년 7월 8일
초판 2쇄 발행 · 2024년 9월 19일

발행인 · 이종원
발행처 · (주)도서출판 길벗
출판사 등록일 · 1990년 12월 24일
주소 · 서울시 마포구 월드컵로 10길 56(서교동)
주문 전화 · 02)332-0931 팩스 · 02)323-0586
홈페이지 · www.gilbut.co.kr 이메일 · gilbut@gilbut.co.kr

기획 및 책임 편집 · 강윤석(kys@gilbut.co.kr), 김미정(kongkong@gilbut.co.kr), 임은정(eunjeong@gilbut.co.kr), 정혜린(sunriin@gilbut.co.kr)
디자인 · 강은경, 윤석남 제작 · 이준호, 손일순, 이진혁 마케팅 · 조승모, 유영은
영업관리 · 김명자 독자지원 · 윤정아

편집진행 및 교정 · 길벗알앤디(강윤석 · 김용갑 · 김우경 · 김종일) 일러스트 · 윤석남
전산편집 · 예다움 CTP 출력 및 인쇄 · 예림인쇄 제본 · 예림바인딩

ISBN 979-11-407-0976-2 13000
(길벗 도서번호 030933)

가격 26,000원

시험 날짜는 다가오는데 공부할 시간이 없다면?

시나공 총정리 시리즈

시나공 총정리 시리즈는 공부할 시간이 부족한 학생, 최대한 빨리 공부해서 빨리 합격하고 싶은 수험생을 위해 기능별 합격전략, 최신기출문제, 최종모의고사 위주로 구성한 초단기 합격 전략집입니다.

- **기능별 합격전략**
  기능별로 맞춤 학습 전략을 세워 실제 시험 문제 순서대로 배치하고, 합격에 꼭 필요한 필수 문제들을 반복해서 공부할 수 있도록 구성했습니다. 어렵다고 포기하지 말고 딱 2주만 집중해서 공부하세요. 내 손에 잡혀있는 컴활 자격증을 확인할 수 있습니다.

- **최신기출문제 & 최종모의고사**
  실제 시험장에서 만날 수 있는 문제와 똑같은 수준의 기출문제 10회, 그리고 기출문제를 철저히 분석하여 나올 수 있는 예상문제 5회를 수록했습니다. 문제들을 풀어 보면서 합격할 수 있는 수준인지를 점검하고 부족한 부분을 보완하세요.

시나공 총정리

최대한 단시간에 취득할 수 있도록 노력했습니다.

첫 째

엑셀이나 액세스 같은 업무용 프로그램의 기능을 공부할 때는 다양한 프로그램의 기능을 최대한 응용하여 원하는 작업을 빨리 끝낼 수 있도록 여러 가지 기능을 폭넓게 익히는 것이 중요합니다. 하지만 이 책은 자격증 취득을 목적으로 구성된 만큼 중요한 기능일지라도 시험 문제와 거리가 있는 기능은 배제했습니다. 또한 출제 비중이 낮은 내용은 과감히 빼고 중요한 기능으로만 구성하였습니다.

둘 째

합격 점수는 100점이 아닌 70점입니다. 어떻게 하면 최단 시간 내에 70점 이상을 얻을 수 있는지 기능별로 전략을 세웠습니다. 이 책에서 제시한 합격 전략대로 공부하세요. 반드시 합격할 것입니다.

목차

1등만이 드릴 수 있는 1등 혜택!!

수험생을 위한 아주 특별한 서비스

서비스 하나

시나공 홈페이지 시험 정보 제공!

IT 자격증 시험, 혼자 공부하기 막막하다고요? 시나공 홈페이지에서 대한민국 최대, 50만 회원들과 함께 공부하세요.

지금 sinagong.co.kr에 접속하세요!

시나공 홈페이지에서는 최신기출문제와 해설, 선배들의 합격 수기와 합격 전략, 책 내용에 대한 문의 및 관련 자료 등 IT 자격증 시험을 위한 모든 정보를 제공합니다.

서비스 둘

수험생 지원센터 무엇이든 물어보세요!

공부하다 답답하거나 궁금한 내용이 있으면, 시나공 홈페이지 '묻고 답하기' 게시판에 질문을 올리세요. 길벗알앤디의 전문가들이 빠짐없이 답변해 드립니다.

서비스 셋

합격을 위한 학습 자료

시나공 홈페이지 회원으로 가입하면 시험 준비에 필요한 학습 자료를 내려받을 수 있습니다.

- **기출문제** : 최근에 출제된 기출문제를 제공합니다. 최신기출문제로 현장 감각을 키우세요.

서비스 넷

실기 시험 대비 온라인 특강 서비스

(주)도서출판 길벗에서는 실기 시험 준비를 위한 온라인 특강을 제공하고 있습니다. 다음과 같은 방법으로 이용하세요.

실기 특강 온라인 강좌는 이렇게 이용하세요!

1. 길벗출판사 홈페이지(www.gilbut.co.kr)에 접속하여 로그인하세요!
2. 상단 메뉴 중 [동영상 강좌] → [IT자격증] → [컴퓨터활용능력]을 클릭하세요!
3. '[2025] 컴활1급실기 [실제시험장을 옮겨놓았다]'를 클릭하여 시청하세요.

서비스 다섯

시나공 만의 동영상 강좌

독학이 가능한 친절한 교재가 있어도 준비할 시간이 부족하다면?

길벗출판사의 '동영상 강좌(유료)' 이용 안내

1. 길벗출판사 홈페이지(www.gilbut.co.kr)에 접속하여 로그인 하세요.
2. 상단 메뉴 중 [동영상 강좌]를 클릭하세요.
3. '유료 강좌' 카테고리에서 원하는 강좌를 선택하고 [수강 신청하기]를 클릭하세요.
4. 우측 상단의 [마이길벗] → [나의 동영상 강좌]로 이동하여 강좌를 수강하세요.

※ 기타 동영상 이용 문의 : 독자지원(02-332-0931)

길벗출판사 홈페이지 회원 가입 방법

1. 길벗출판사 홈페이지(www.gilbut.co.kr)에 접속하여 우측 상단의 〈회원가입〉을 클릭하고 〈이메일 주소로 회원가입〉을 클릭합니다.
※ 회원가입은 소셜 계정으로도 가입할 수 있습니다.
2. 가입 약관 동의를 선택한 후 〈동의〉를 클릭합니다.
3. 회원 정보를 입력한 후 〈이메일 인증〉을 클릭합니다.
4. 회원 가입 시 입력한 이메일 계정으로 인증 메일이 발송됩니다. 수신한 인증 메일을 열어 이메일 계정을 인증하면 회원가입이 완료됩니다.

이 책의 구성 미리 보기

단 한 번에 합격할 수 있는 비법!

기능별 합격전략

토막강의

모르는 부분만 신속히 학습할 수 있도록 기능 단위로 짧게 구성한 동영상 강의입니다. 공부하다가 어려운 부분이 나오면 고민하지 말고 QR 코드를 스캔하세요. 언제든지 저자 직강의 속 시원한 설명을 들을 수 있습니다.

합격전략

시험에 출제되는 기능과 배점입니다. 출제 비율이 높고 배점이 큰 문제는 먼저, 그리고 확실히 공부해야겠죠?

출제기능

시험에 출제되는 단위 기능입니다. 답안 작성 전후의 이미지를 통해 수행해야 할 작업을 확실하게 파악할 수 있습니다.

작업 순서

답안 작성을 위한 작업 순서입니다. 기억해두면 시험장에서 당황하지 않고 작업시간을 대폭 줄일 수 있겠죠.

합격포인트

컴퓨터활용능력 시험은 문제별로 기능별로 집중해서 학습할 내용이 다르다는 것은 다 아시죠? 합격을 위해 반드시 숙달하고 넘어가야 할 내용과 확실한 합격포인트를 제공합니다.

문제 1 **기본작업(15점)**

기본작업은 **고급 필터, 조건부 서식, 페이지 레이아웃, 시트 보호 중 3가지 기능**이 문제로 출제되며 **문제당 5점**입니다. **고급 필터와 조건부 서식은 매회 고정적으로 출제되고, 페이지 레이아웃과 시트 보호 중 1문제가 선택적으로 출제**되고 있습니다.

No	출제 항목	배점	목표 점수	출제 비율
1	고급 필터	5점	5점	100%
2	조건부 서식	5점	5점	100%
3	페이지 레이아웃	5점	5점	80%
3	시트 보호			20%
합계		15점	15점	

1 **고급 필터** 출제 비율 100% / 배점 5점

고급 필터 문제는 주어진 자료에 조건에 맞는 **필터를 설정하여 조건에 맞는 자료만 추출하는 작업**입니다. 1급에서는 대부분 함수를 사용하여 조건에 맞는 필터를 설정해야 합니다. **5점짜리 한 문제가 출제되며, 부분 점수는 없습니다.**

	A	B	C	D	E	F
1	[표1]					
2	사원코드	호봉	직무	연봉	연월차	특근비
3	SG0111	수석연구원	연구직	38,500,000	23	120,000
4	SG0710	선임연구원	연구직	37,500,000	17	45,200
5	SG0204	책임연구원	연구직	37,500,000	22	41,000
6	SG0712	책임연구원	연구직	35,000,000	23	64,600
7	SG0812	연구원	연구직	28,500,000	17	32,100
8	SG0810	연구원	연구직	27,000,000	16	37,100
9	SG0411	과장4호	일반직	35,500,000	23	51,500
10	SG0813	부장1호	일반직	34,500,000	22	92,600
11	SG0205	사원3호	일반직	30,000,000	17	46,400
12	SG0203	대리2호	일반직	29,250,000	18	18,800
13	SG0413	대리3호	일반직	28,500,000	19	33,800
14	SG0206	부장2호	일반직	27,000,000	18	38,700
15	SG0811	과장2호	일반직	26,000,000	21	2,600
16	SG0809	과장1호	일반직	25,000,000	20	67,700
17						
18						
19						
20						
21						
22						
23						
24						

➡

	A	B	C	D	E	F
1	[표1]					
2	사원코드	호봉	직무	연봉	연월차	특근비
3	SG0111	수석연구원	연구직	38,500,000	23	120,000
4	SG0710	선임연구원	연구직	37,500,000	17	45,200
5	SG0204	책임연구원	연구직	37,500,000	22	41,000
6	SG0712	책임연구원	연구직	35,000,000	23	64,600
7	SG0812	연구원	연구직	28,500,000	17	32,100
8	SG0810	연구원	연구직	27,000,000	16	37,100
9	SG0411	과장4호	일반직	35,500,000	23	51,500
10	SG0813	부장1호	일반직	34,500,000	22	92,600
11	SG0205	사원3호	일반직	30,000,000	17	46,400
12	SG0203	대리2호	일반직	29,250,000	18	18,800
13	SG0413	대리3호	일반직	28,500,000	19	33,800
14	SG0206	부장2호	일반직	27,000,000	18	38,700
15	SG0811	과장2호	일반직	26,000,000	21	2,600
16	SG0809	과장1호	일반직	25,000,000	20	67,700
17						
18	조건					
19	TRUE					
20						
21	사원코드	호봉	직무	연봉	연월차	특근비
22	SG0111	수석연구원	연구직	38,500,000	23	120,000
23	SG0710	선임연구원	연구직	37,500,000	17	45,200
24	SG0204	책임연구원	연구직	37,500,000	22	41,000

※ '호봉'이 "연구원"으로 끝나고, 연봉이 상위 3등 안에 드는 데이터만 [A21] 셀부터 표시되도록 고급 필터를 실행한 화면입니다.

작업 순서

답안 작업 순서에 익숙하면 시험장에서 당황하지 않고 조금 더 빠르게 답안을 작성할 수 있습니다. 다음의 순서를 보면서 차례대로 엑셀 화면을 떠올려 보세요. 컴퓨터 없이 이미지 트레이닝을 반복하다 보면 엑셀 화면이 조금 더 친숙하게 느껴질 겁니다.

합격포인트

- 고급 필터에서는 제시된 조건에 맞는 자료만 표시되도록 **정확한 조건식을 만드는 것이 합격포인트**입니다.
- 문제에 **제시된 함수만을 이용**해야 하고, **하나의 수식으로 모든 조건을 만족하도록 작성**해야 하므로 작업이 쉽지 않습니다.

18 기능별 합격전략

단 한 번에 합격할 수 있는 비법!

기능별 합격전략

2140111

23.상시, 22.상시, 21.상시, 20.상시, 13.상시, 13.1, 12.3

[유형 1] '주문코드'가 "SN"으로 시작하고, '주문가격'이 전체 주문가격의 평균보다 크거나 같은 데이터

조건1 조건2

▶ LEFT, AVERAGE, AND 함수 사용

[=AND(LEFT(A2, 2)="SN", C2>=AVERAGE($C$2:$C$15))]

조건1 조건2

- 복잡한 수식을 입력하면 좌우의 괄호가 맞지 않아 수식에 오류가 발생하는 경우가 많습니다. 이런 경우에는 같은 레벨의 괄호 또는 인수 단위로 충분한 거리를 두고 수식을 입력하면 구분하기가 훨씬 쉽습니다.
  =AND(LEFT(A2, 2)="SN" , C2>=AVERAGE($C$2:$C$15))
  이렇게 수식 중간에 공백을 주고 입력해도 결과는 바르게 나옵니다.
- 직접 실습하려면 '01고급필터.xlsm' 파일을 열어 '01-유형1' 시트의 [A17:A18] 셀에 조건을 입력한 후 [데이터] → 정렬 및 필터 → 고급을 선택하여 실행하세요.

2140112

24.상시, 23.상시, 22.상시, 21.상시, 18.상시, 18.1, 14.2, 13.2, 12.2, …

[유형 2] '주문일'의 년도가 2017 보다 크고 2020 보다 작고, '구분'이 "현금"이 아닌 데이터

조건1 조건2 조건3

▶ AND, YEAR 함수 사용

[=AND(YEAR(B2)>2017, YEAR(B2)<2020, J2<>"현금")]

조건1 조건2 조건3

전문가의 조언

- **AND(조건1, 조건2, …) 모양의 수식**으로, AND 함수를 맨 바깥쪽에 놓고 제시된 조건에 맞게 조건들을 만들어 AND 함수의 인수로 지정하면 됩니다.
- **AVERAGE( ), RANK( ) 함수를 사용할 때는 데이터의 범위를 절대참조**로 지정한다는 것을 명심하세요.
- 하나 더, 처음엔 수식이 헷갈립니다. **헷갈리는 수식은 일단 암기합시다.**

01 23.상시, 22.상시, 21.상시, 20.상시, 20.1, 19.상시, 19.2, 18.상시, 18.2, 18.1, 17.상시, …

AND 조건

※ 아래 그림을 참고하여 고급 필터의 조건을 이해하고 암기하세요.

	A	B	C	D	E	F	G	H	I	J	K	L
1	주문코드	주문일	주문가격	4월	5월	6월	4월반품	5월반품	6월반품	구분	결제일	결제시간
2	RA-4918	2018-02-17	43,000	24	30	56	O			현금	2018-09-01	9:30
3	SN-5144	2019-01-15	39,000	49	23	58	O	O	O	일시불	2019-10-17	11:20
4	SN-7184	2019-01-25	33,000	47	21	44	O			현금	2019-08-23	15:47
5	RR-2196	2021-02-01	26,000	93	35	24		O		일시불	2021-10-09	17:20
6	RA-7401	2021-02-12	42,000	71	84	92				할부	2021-06-23	11:10
7	SN-1180	2021-01-11	36,000	49	55	57	O	O	O	현금	2021-05-17	18:59
8	RR-2279	2019-03-17	40,000	71	97	46		O		할부	2019-09-07	10:30
9	RA-6094	2021-02-20	38,000	77	61	85				현금	2021-09-16	13:26
10	RA-6926	2018-02-20	39,000	65	55	80	O	O		일시불	2018-06-14	12:54
11	SN-8100	2020-03-15	44,000	49	67	48				일시불	2020-08-25	14:07
12	RA-5239	2020-03-21	41,000	60	48	65				할부	2020-11-11	16:34
13	SN-4863	2021-01-16	45,000	57	27	47	O			현금	2021-06-14	9:09
14	RR-5241	2021-02-09	29,000	85	60	87	O	O	O	일시불	2021-10-26	13:19
15	RA-6684	2017-03-06	27,000	83	54	80	O		O	할부	2017-07-28	17:55

체크체크 ☑□□

2140161

아래 그림을 참고하여 고급 필터의 조건을 수식으로 적으시오 [①~⑧].

	A	B	C	D	E	F	G	H
1	학생코드	이름	등록일	구분	국어	영어	수학	총점
2	RA4918	최혜주	2021-02-20	여고	82	85	64	77
3	WO144	송종환	2018-02-20	남고	79	73	97	83
4	WO7184	윤영주	2021-01-11	남고	76	84	91	84
5	RR2196	장슬지	2019-03-17	여고	81	77	89	82
6	RA7401	주재훈	2020-03-21	남중	90	78	73	80
7	WO1180	이종한	2019-01-25	남중	69	99	85	85
8	RR6279	오진주	2021-02-01	여고	60	76	67	68
9	RA6094	배신영	2021-02-12	여중	67	93	83	81
10	RA6926	남태현	2021-01-16	남고	69	98	78	82
11	WO8100	황윤형	2021-02-09	남중	99	63	70	77
12	RA5239	노우희	2020-03-15	여중	78	66	99	81
13	WO4863	오지완	2018-02-17	남고	96	68	65	76
14	RR5241	주현주	2019-01-15	여중	98	76	66	80
15	RA6684	손예슬	2017-03-06	여고	88	95	65	83

① '학생코드'가 "R"로 시작하고, '총점'이 전체 총점의 평균보다 큰 데이터

▶ LEFT, AVERAGE, AND 함수 사용

[ ]

② '학생코드'의 세 번째 글자가 "4" 또는 "6"이고, '등록일'의 월이 2인 데이터

▶ AND, OR, MID, MONTH 함수 사용

[ ]

정답

① =AND(LEFT(A2, 1)="R", H2>AVERAGE($H$2:$H$15))

② =AND(OR(MID(A2, 3, 1)="4", MID(A2, 3, 1)="6"), MONTH(C2)=2)

대표기출문제

'C:\길벗컴활1급총정리\엑셀\기능\01고급필터.xlsm' 파일을 열어서 작업하세요.

2140181

[기출 1] 24.상시, 23.상시, 22.상시, 21.상시, 20.상시, 13.상시, 13.1, 12.3

'기출1' 시트에서 다음과 같이 고급 필터를 수행하시오.

▶ '상품코드'가 "PB"로 시작하여 "RL"로 끝나고, '거래금액'이 전체 거래금액 평균보다 작은 행인 데이터를 표시하되, '구매자', '상품코드', '종류', '수량', '거래금액' 필드만 표시하시오.

▶ 조건은 [A31:A32] 영역 내에 알맞게 입력하시오. (AND, RIGHT, LEFT, AVERAGE 함수 사용)

▶ 결과는 [A34] 셀부터 표시하시오.

1과목 스프레드시트 실무 19

체크체크

수험생들이 조금 어렵게 느끼는 부분들에 대한 집중학습 코너입니다. 못 풀겠다고요? 출제 유형을 다시 한번 공부해 보세요. 그래도 풀리지 않으면 QR 코드를 스캔하러 GO~ GO~!

전문가의 조언

혼자 공부할 때 막힘 없이 술술~ 풀어나갈 수 있도록 자세한 학습 방법과 반드시 알아둬야 할 사항을 제시합니다.

출제유형

실제 시험에 출제되는 다양한 유형의 문제들입니다. 합격에 꼭 필요한 부분으로, 정말 집중해서 공부해야 할 부분입니다. 어렵다고 느낄 땐 QR 코드를 스캔하세요.

대표기출문제

앞에서 공부한 기능의 대표적인 기출문제입니다. 제대로 공부했다면 이 문제들을 손쉽게 술술~ 풀어낼 수 있습니다. 학습한 기능이 어떻게 문제로 출제되는지 확인하고 모자란 부분을 보충하세요.

이 책의 구성 미리 보기

수험서의 핵심은 다양한 문제 풀이
최신기출문제 & 최종모의고사

최신기출문제 10회 ●

실제 시험을 보는 기분으로 혼자 풀어 보고 정답을 확인하세요. 역시 틀린 문제나 어려운 문제가 있다면 동영상 강의를 통해 꼭! 확인하고 넘어가세요.

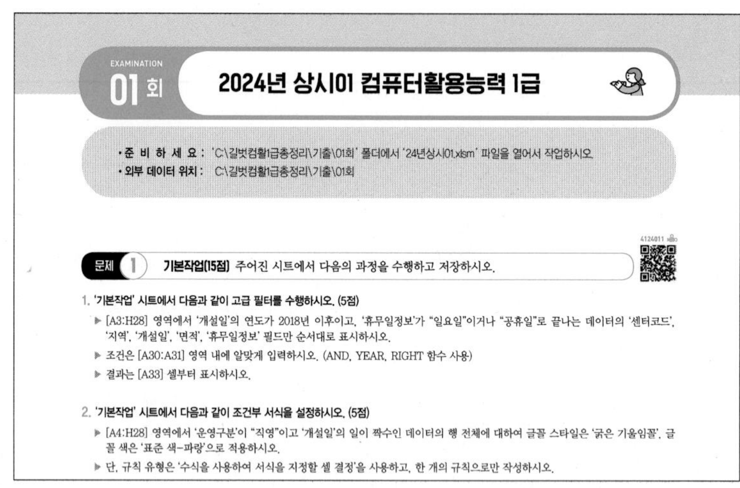

EXAMINATION 01회 2024년 상시01 컴퓨터활용능력 1급

• 준 비 하 세 요 : 'C:\길벗컴활1급총정리\기출\01회' 폴더에서 '24년상시01.xlsm' 파일을 열어서 작업하시오.
• 외부 데이터 위치 : C:\길벗컴활1급총정리\기출\01회

문제 1 기본작업(15점) 주어진 시트에서 다음의 과정을 수행하고 저장하시오.

1. '기본작업' 시트에서 다음과 같이 고급 필터를 수행하시오. (5점)
▶ [A3:H28] 영역에서 '개설일'의 연도가 2018년 이후이고, '휴무일정보'가 "일요일"이거나 "공휴일"로 끝나는 데이터의 '센터코드', '지역', '개설일', '면적', '휴무일정보' 필드만 순서대로 표시하시오.
▶ 조건은 [A30:A31] 영역 내에 알맞게 입력하시오. (AND, YEAR, RIGHT 함수 사용)
▶ 결과는 [A33] 셀부터 표시하시오.

2. '기본작업' 시트에서 다음과 같이 조건부 서식을 설정하시오. (5점)
▶ [A4:H28] 영역에서 '운영구분'이 "직영"이고 '개설일'의 일이 짝수인 데이터의 행 전체에 대하여 글꼴 스타일은 '굵은 기울임꼴', 글꼴 색은 '표준 색-파랑'으로 적용하시오.
▶ 단, 규칙 유형은 '수식을 사용하여 서식을 지정할 셀 결정'을 사용하고, 한 개의 규칙으로만 작성하시오.

최종모의고사 5회 ●

실제 나올 만한 문제들을 추려 실제 시험과 똑같은 난이도로 엮었습니다. 틀린 문제나 풀기 힘든 문제가 있다면 동영상 강의를 통해 꼭! 확인하고 넘어가세요.

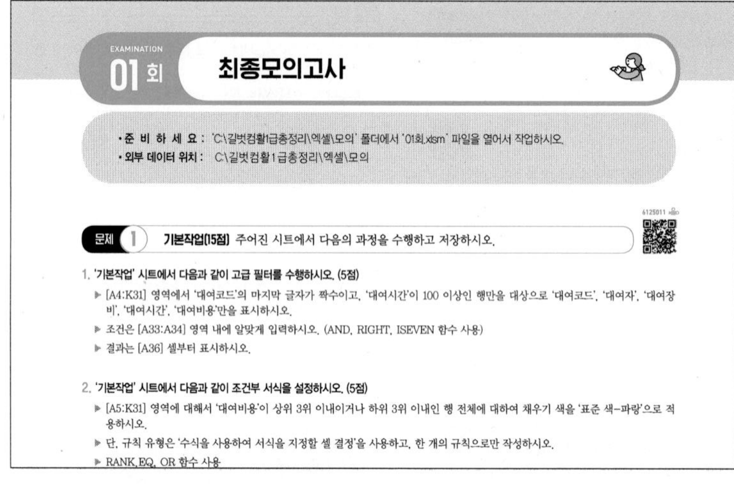

EXAMINATION 01회 최종모의고사

• 준 비 하 세 요 : 'C:\길벗컴활1급총정리\엑셀\모의' 폴더에서 '01회.xlsm' 파일을 열어서 작업하시오.
• 외부 데이터 위치 : C:\길벗컴활1급총정리\엑셀\모의

문제 1 기본작업(15점) 주어진 시트에서 다음의 과정을 수행하고 저장하시오.

1. '기본작업' 시트에서 다음과 같이 고급 필터를 수행하시오. (5점)
▶ [A4:K31] 영역에서 '대여코드'의 마지막 글자가 짝수이고, '대여시간'이 100 이상인 행만을 대상으로 '대여코드', '대여자', '대여장비', '대여시간', '대여비용'만을 표시하시오.
▶ 조건은 [A33:A34] 영역 내에 알맞게 입력하시오. (AND, RIGHT, ISEVEN 함수 사용)
▶ 결과는 [A36] 셀부터 표시하시오.

2. '기본작업' 시트에서 다음과 같이 조건부 서식을 설정하시오. (5점)
▶ [A5:K31] 영역에 대해서 '대여비용'이 상위 3위 이내이거나 하위 3위 이내인 행 전체에 대하여 채우기 색을 '표준 색-파랑'으로 적용하시오.
▶ 단, 규칙 유형은 '수식을 사용하여 서식을 지정할 셀 결정'을 사용하고, 한 개의 규칙으로만 작성하시오.
▶ RANK.EQ, OR 함수 사용

정답 및 해설 ●

작업한 내용을 신속하게 확인할 수 있도록, 불필요한 내용을 제외하고 핵심만 간단명료하게 수록했습니다. 혹시 해설이 짧아 어려움을 느낄 때는 해설 옆에 적혀 있는 페이지로 넘어가 해당 기능을 다시 한번 확실하게 공부하고 돌아오세요.

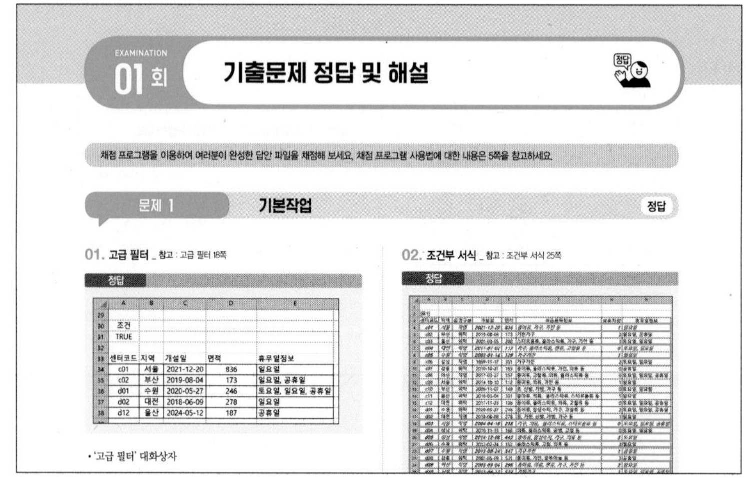

EXAMINATION 01회 기출문제 정답 및 해설

채점 프로그램을 이용하여 여러분이 완성한 답안 파일을 채점해 보세요. 채점 프로그램 사용법에 대한 내용은 5쪽을 참고하세요.

문제 1 기본작업 정답

01. 고급 필터 _ 참고 : 고급 필터 18쪽

정답

	A	B	C	D	E
29					
30	조건				
31	TRUE				
32					
33	센터코드	지역	개설일	면적	휴무일정보
34	c01	서울	2021-12-20	836	일요일
35	c02	부산	2019-08-04	173	일요일, 공휴일
36	d01	수원	2020-05-27	246	토요일, 일요일, 공휴일
37	d02	대전	2018-06-09	278	일요일
38	d12	울산	2024-05-12	187	공휴일

• '고급 필터' 대화상자

02. 조건부 서식 _ 참고 : 조건부 서식 25쪽

정답

채점 프로그램을 사용하려면?

❶ 채점하기

1. 시나공 홈페이지(sinagong.co.kr)에 접속하여 오른쪽 상단의 〈로그인〉을 클릭한 후 아이디와 패스워드를 넣고 로그인하세요.

※ '이메일 주소(아이디)'가 없는 경우에는 〈회원가입〉을 클릭하여 회원으로 가입한 후 구입한 도서를 등록하세요. '회원가입'에 대한 내용은 5쪽을 참고하세요.

2. 위쪽의 메인 메뉴에서 [컴퓨터활용능력] → [1급 실기] → [온라인채점] → [채점하기]를 클릭하세요.

3. '온라인채점'에서 채점할 도서로 '2025 시나공 컴퓨터활용능력 1급 실기 총정리'를 클릭하세요.

※ 간혹 '2025 시나공 컴퓨터활용능력 1급 실기'를 선택하는 경우가 있습니다. 교재명을 잘 확인한 후 꼭 '2025 시나공 컴퓨터활용능력 1급 실기 총정리'를 선택하세요.

4. '시험 유형 선택'에서 채점할 파일의 '과목', '시험 유형', '시험 회차'를 차례로 선택하세요. 아래쪽에 '채점할 파일 등록' 창이 나타납니다.

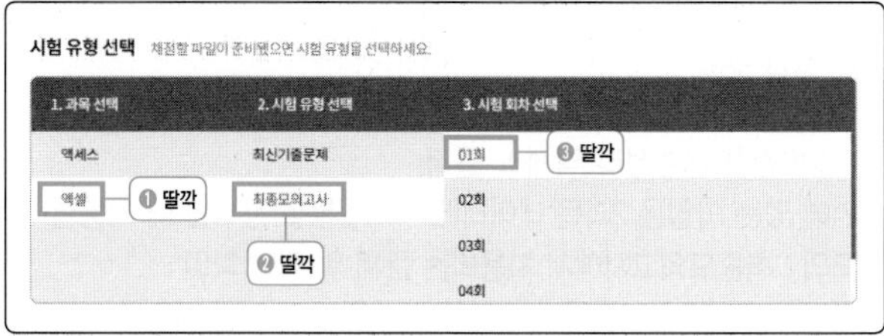

5. 채점할 파일을 '채점할 파일 등록' 창으로 드래그하거나 〈파일 업로드〉를 클릭한 후 '열기' 대화상자에서 채점할 파일을 선택하고 〈열기〉를 클릭하세요.

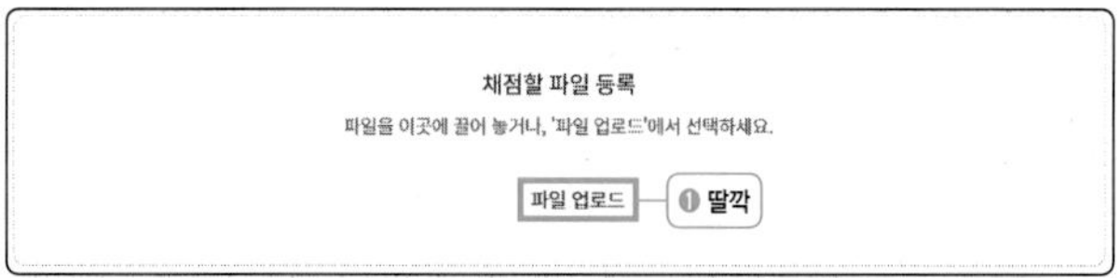

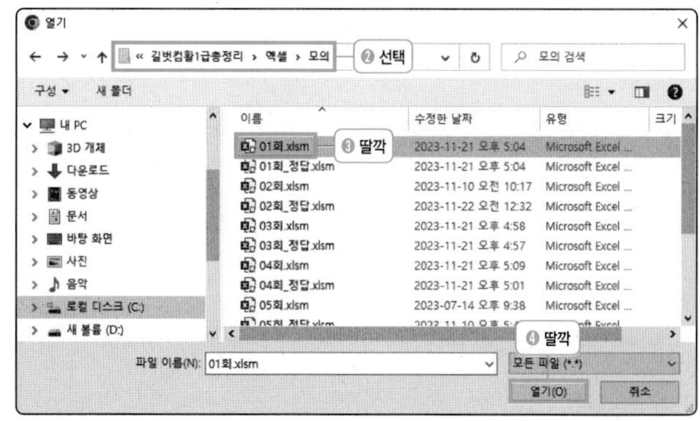

6. 파일이 업로드 된 후 〈채점하기〉를 클릭하면 채점이 수행됩니다.

7. 채점이 완료되면 '채점결과'가 표시됩니다.

❷ 틀린 부분 확인하기

'채점결과'는 시험 유형, 점수, 합격 여부 그리고 감점 내역이 표시되며, 왼쪽의 문제 번호를 클릭하면 해당 문제의 감점 내역을 확인할 수 있습니다. 올바르게 작성했는데도 틀리다고 표시된 경우에는 위쪽의 메뉴에서 [커뮤니티]를 클릭하여 해당 문제에 대해 궁금한 점을 문의할 수 있습니다.

실습용 데이터 파일을 사용하려면?

1. 시나공 홈페이지에 접속하여 오른쪽 상단의 〈로그인〉을 클릭한 후 아이디와 패스워드를 넣고 로그인하세요.

2. 위쪽의 메뉴에서 [컴퓨터활용능력] → [1급 실기] → [도서자료실]을 클릭하세요.

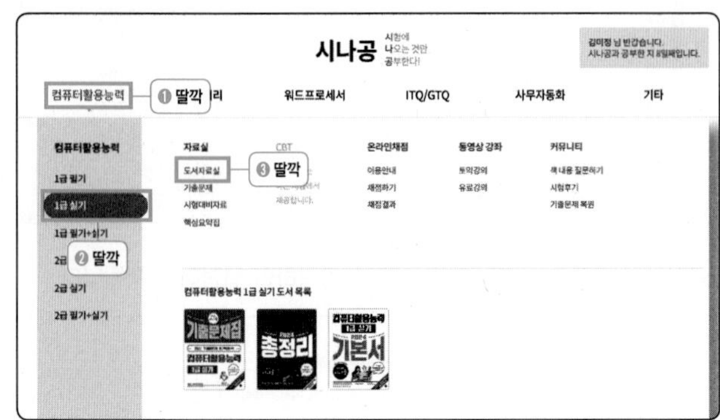

3. 자료실 도서목록에서 [2025 시나공 컴퓨터활용능력 1급 실기 총정리]를 클릭한 후 [실습예제]를 클릭합니다.

4. 내 컴퓨터의 '다운로드' 폴더에서 실습 예제 파일의 압축을 해제합니다.

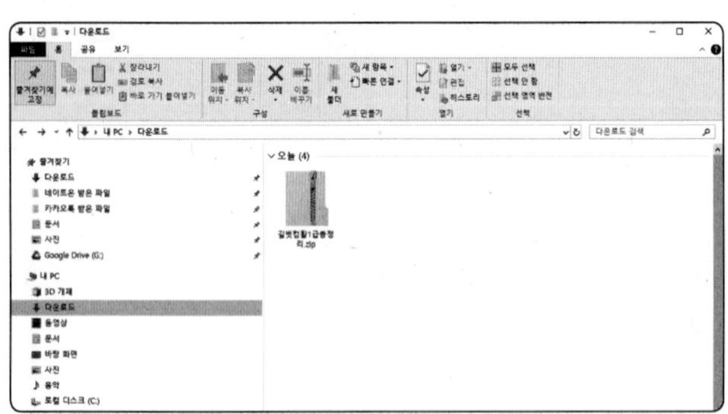

5. 압축을 해제하면 실행 파일과 압축 파일이 있습니다. 이 중 '실습파일.exe' 파일을 더블클릭하여 실행하세요. '로컬 디스크 C:\길벗컴활1급총정리' 폴더에 문제 및 정답 파일이 자동으로 설치됩니다.

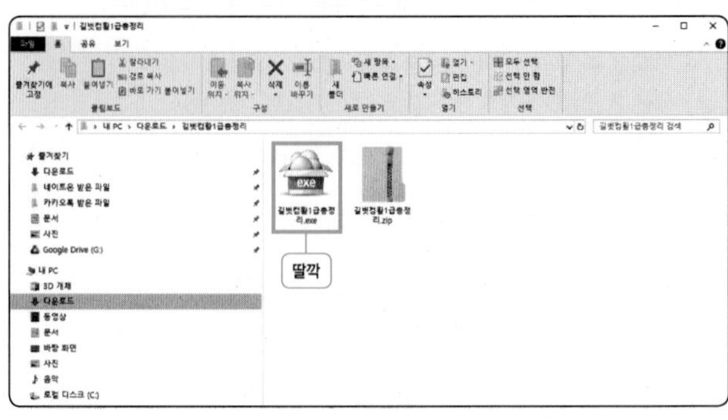

※ 실행 파일이 실행되지 않는 경우 압축 파일을 해제하여 사용하면 됩니다.

6. 정상적인 복사가 수행되었는지 '로컬 디스크 C:\길벗컴활1급총정리' 폴더를 확인하세요. 이 폴더에 저장된 파일은 책에 수록된 문제를 풀 때 사용됩니다.

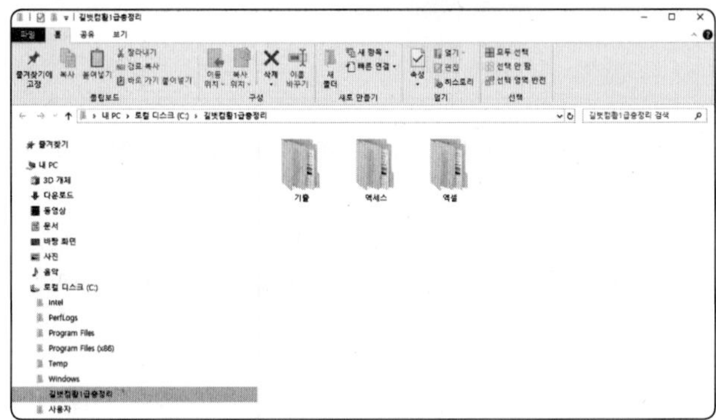

'C:\길벗컴활1급총정리\기출' 폴더
최신기출문제에서 사용할 엑셀과 액세스의 문제 및 정답 파일이 수록되어 있습니다.

'C:\길벗컴활1급총정리\액세스' 폴더
여기에 있는 파일은 2과목 데이터베이스 실무를 공부할 때 사용합니다.
- 모의 : 최종모의고사에서 사용되는 문제 및 정답 파일
- 기능 : 기능별 합격전략에서 사용되는 문제 및 정답 파일

'C:\길벗컴활1급총정리\엑셀' 폴더
여기에 있는 파일은 1과목 스프레드시트 실무를 공부할 때 사용합니다.
- 모의 : 최종모의고사에서 사용되는 문제 및 정답 파일
- 기능 : 기능별 합격전략에서 사용되는 문제 및 정답 파일

컴퓨터활용능력 시험 접수부터 자격증 받기까지

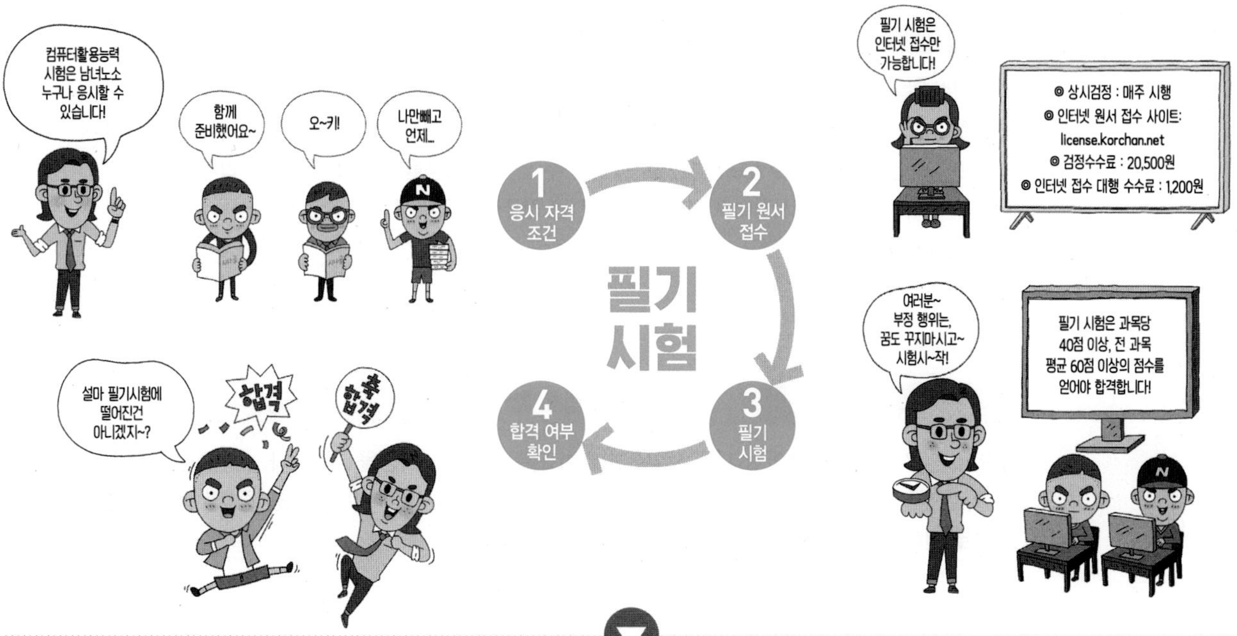

필기 시험

1 응시 자격 조건 → 2 필기 원서 접수 → 3 필기 시험 → 4 합격 여부 확인

컴퓨터활용능력 시험은 남녀노소 누구나 응시할 수 있습니다!

함께 준비했어요~

오~키!

나만빼고 언제...

필기 시험은 인터넷 접수만 가능합니다!

◎ 상시검정 : 매주 시행
◎ 인터넷 원서 접수 사이트: license.korchan.net
◎ 검정수수료 : 20,500원
◎ 인터넷 접수 대행 수수료 : 1,200원

여러분~ 부정 행위는, 꿈도 꾸지마시고~ 시험시~작!

필기 시험은 과목당 40점 이상, 전 과목 평균 60점 이상의 점수를 얻어야 합격합니다!

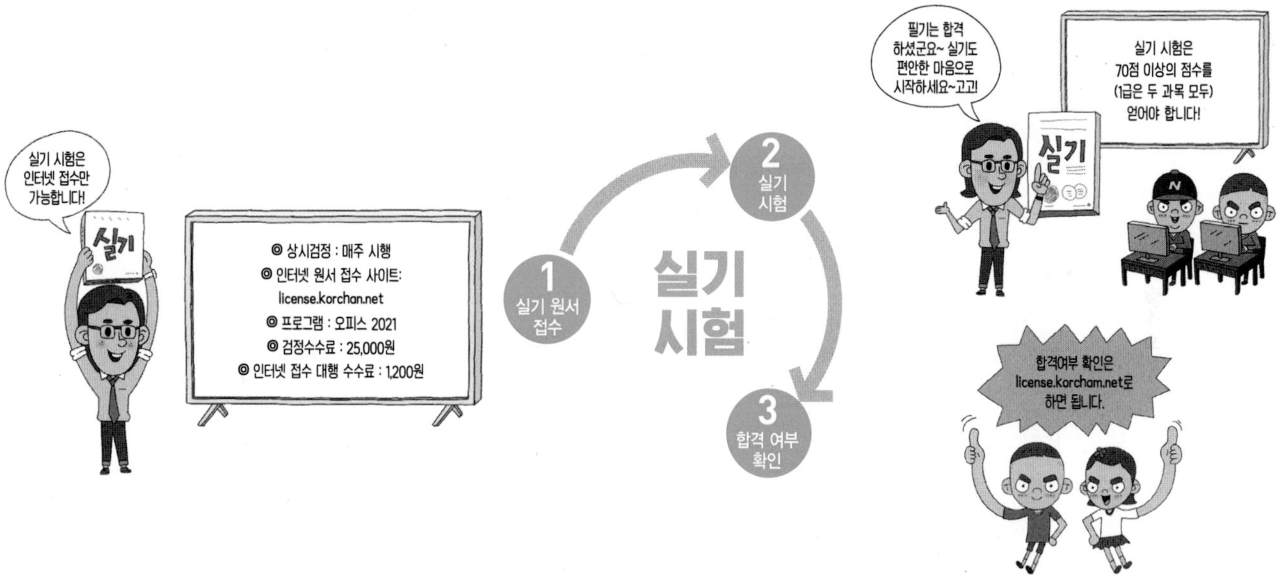

설마 필기시험에 떨어진건 아니겠지~?

합격

축 합격

실기 시험

1 실기 원서 접수 → 2 실기 시험 → 3 합격 여부 확인

실기 시험은 인터넷 접수만 가능합니다!

◎ 상시검정 : 매주 시행
◎ 인터넷 원서 접수 사이트: license.korchan.net
◎ 프로그램 : 오피스 2021
◎ 검정수수료 : 25,000원
◎ 인터넷 접수 대행 수수료 : 1,200원

필기는 합격 하셨군요~ 실기도 편안한 마음으로 시작하세요~고고!

실기 시험은 70점 이상의 점수를 (1급은 두 과목 모두) 얻어야 합니다!

합격여부 확인은 license.korcham.net로 하면 됩니다.

자격증 신청/수령

1 자격증 신청 → 2 자격증 수령

신청방법
⇓
인터넷 신청만 가능!

대한상공회의소 ← 접수

수령방법
⇓
등기 우편으로만 수령가능!

대한상공회의소 → 합격

※ 신청할 때 준비할 것은 접수 수수료 3,100원, 등기 우편 수수료 2,800원

컴퓨터활용능력 시험 입실부터 퇴실까지

1 입실(시험 시작 10분전)

컴퓨터활용능력 1급 실기 시험은 90분 동안 치뤄지는데 보통 시험장에 도착하여 대기하다 10분 전에 입실합니다. 수험표에 지정된 시간까지 도착하지 않으면 입실을 거부당해 시험에 응시하실 수 없습니다. 또한 시험장 입실 시 수험표와 자신을 증명할 수 있는 신분증을 반드시 지참해야 합니다. 시험장에 입실하여 자신의 인적사항과 자리 번호가 표시된 컴퓨터에 앉아서 기다리면 시험 감독위원이 여러분의 인적사항을 확인합니다.

2 신분증 및 수험표 확인

본인 확인을 위해 수험생이 소지한 신분증과 수험표를 확인하는 과정을 거칩니다. 신분증은 주민등록증, 운전면허증을 포함하여 '대한상공회의소'가 공지한 신분증 인정 범위에 속한 증명서만이 신분증으로 인정됩니다.

3 유의사항 및 컴퓨터 확인

컴퓨터 화면 상단에는 시험 관련 유의사항이, 하단에는 〈연습하기〉 버튼이 표시됩니다. 유의사항을 꼼꼼하게 읽어본 후 〈연습하기〉 버튼을 눌러 엑셀과 액세스가 정상적으로 작동하는지 확인합니다. 문제가 있는 경우 손을 들고 감독관을 불러 조치를 받아야 합니다.

4 스프레드시트 시험 문제 확인

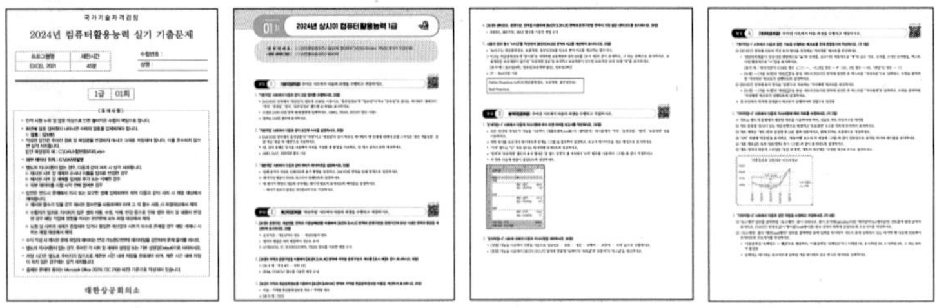

지시사항 1쪽, 문제 3쪽 분량의 문제가 모니터 화면에 표시됩니다. 평소 연습하던 내용과 다른 부분이 있는지 지시사항을 자세히 읽어보세요.

실제 시험장에서 엑셀 문제를 풀 때는 몇 가지 요령이 필요합니다.

첫째, 아는 문제는 바로 풀지만 모르거나 바로 생각나지 않는 문제는 일단 표시해 두고 다음 문제를 풉니다.

둘째, [문제 2] 계산작업은 다른 모든 문제를 푼 다음 가장 나중에 풉니다.

셋째, [문제 2] 계산작업을 풀 때, 머릿속에 대략의 수식이 바로 세워지는 문제는 바로 풀어야 하지만, 수식이 바로 세워지지 않는 문제는 일단 표시해 두고 다음 문제를 풀어야 합니다.

이런 순서로 문제를 푸는 이유는 풀릴 듯 말 듯한 문제를 고민하다 시간을 다 허비하는 실수를 방지하기 위해서입니다. 공부할 때는 [문제2] 계산작업을 가장 먼저 공부해야 하지만, 실제 시험장에서는 가장 나중에 푸는 것이 좋습니다.

5 스프레드시트 시험 시작

시험이 시작되면 엑셀 파일이 자동으로 실행됩니다. 문제와 지시사항들을 꼼꼼히 확인하며 답안을 작성하세요. 컴퓨터에 문제가 발생했을 때 저장하지 않은 답안 파일을 감독관이 책임져주지는 않습니다. 반드시 중간중간 Ctrl+S를 눌러 저장해주세요.

6 스프레드시트 시험 종료

감독관이 시험 종료를 알리면 작업한 내용을 마지막으로 한 번 더 저장합니다.

7 데이터베이스 시험 문제 확인

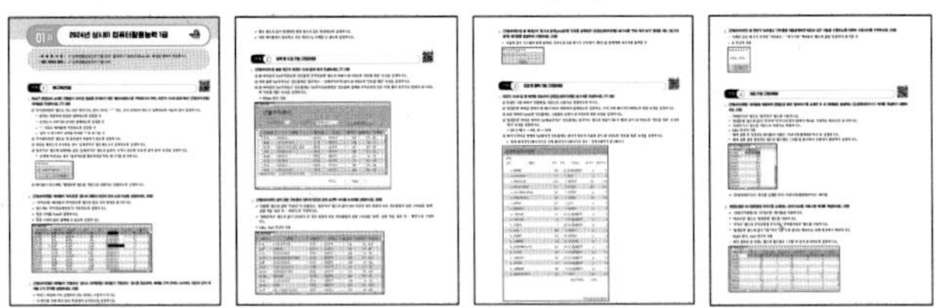

액세스는 풀이 순서가 좀 다릅니다. 액세스 문제들은 서로 연관이 있기 때문에 1번, 2번, 3번, 4번을 차례대로 풀어야 합니다. 그렇다고 모르는 문제를 끝까지 잡고 있을 필요는 없습니다. 엑셀과 마찬가지로 모르는 문제는 과감하게 스킵하고 아는 문제부터 풀어보세요.

8 데이터베이스 시험 시작

시험이 시작되면 액세스 파일이 자동으로 실행됩니다. 문제와 지시사항들을 꼼꼼히 확인하며 답안을 작성하세요. 컴퓨터에 문제가 발생했을 때 저장하지 않은 답안 파일을 감독관이 책임져주지는 않습니다. 반드시 중간중간 Ctrl+S를 눌러 저장해주세요.

9 데이터베이스 시험 종료

감독관이 시험 종료를 알리면 작업한 내용을 마지막으로 한 번 더 저장합니다.

10 퇴실

놓고 가는 소지품은 없는지 확인한 후 퇴실하면 됩니다. 시험 결과는 시험일을 포함한 주를 제외하고 2주 뒤 금요일, https://license.korcham.net/에서 확인할 수 있습니다.

컴퓨터활용능력 시험, 이것이 궁금하다!

Ⓠ 시험 접수를 취소하고 환불받을 수 있나요? 받을 수 있다면 환불 방법을 알려주세요.

Ⓐ 네, 가능합니다. 대한상공회의소 자격평가사업단 홈페이지의 상단 메뉴에서 [개별접수] → [환불신청]을 클릭하여 신청하면 됩니다. 하지만 환불 신청 기간 및 사유에 따라 환불 비율에 차이가 있습니다.

환불 기준일	환불 비율
접수일 ~ 시험일 4일 전	100% 반환
시험일 3일 전 ~ 시험일	반환 불가

※ 100% 반환 시 인터넷 접수 수수료는 제외하고 반환됩니다.

Ⓠ 필기 시험에 합격하면 2년 동안 필기 시험이 면제된다고 하던데, 필기 시험에 언제 합격했는지 기억이 나지 않을 경우 실기 시험 유효 기간이 지났는지 어떻게 확인해야 하나요?

Ⓐ 대한상공회의소 자격평가사업단 홈페이지에 로그인한 후 [마이페이지] 코너에서 확인할 수 있습니다.

Ⓠ 컴퓨터활용능력 필기 응시 수수료와 실기 응시 수수료는 얼마인가요?

Ⓐ 급수에 관계없이 필기는 20,500원이고, 실기는 25,000원입니다.

Ⓠ 시험 날짜를 변경할 수 있나요?

Ⓐ 네, 가능합니다. 시험일 4일전까지 홈페이지에서 총 3번까지 변경할 수 있습니다.

Ⓠ 실기 시험 볼 때 가져갈 준비물로는 어떤 것들이 있나요?

Ⓐ 수검표, 신분증(주민등록증, 운전면허증 등)을 지참해야 합니다.

※ 신분증을 지참하지 않으면 시험에 응시할 수 없으니 반드시 신분증을 지참하세요.

Ⓠ 신분증을 분실하였을 경우에는 어떻게 해야 하나요?

Ⓐ 신분증을 분실했을 경우 주민센터에서 주민등록증 발급 신청 확인서를 발부해 오면 됩니다. 그 외에 운전면허증, 학생증 및 청소년증(중 · 고등학생 한정), 유효기간 내의 여권, 국가기술 자격증이 있어도 됩니다.

Ⓠ 자격증 분실 시 재발급 받으려면 어떻게 해야 하나요?

Ⓐ 처음 자격증 신청할 때와 동일하게 인터넷으로 신청하면 됩니다.

Ⓠ 컴퓨터활용능력 1급 필기 시험에 합격하면 2급은 필기 시험 없이 실기 시험에 바로 응시할 수 있나요?

Ⓐ 네, 그렇습니다. 1급 필기 시험에 합격하면 1, 2급 실기 시험에 모두 응시할 수 있습니다.

Ⓠ 필기 시험에 합격한 후 바로 상시 시험에 접수할 수 있나요?

Ⓐ 네. 가능합니다. license.korcham.net에서 접수하면 됩니다.

Ⓠ 실기 시험 합격 여부를 확인하기 전에 다시 상시 시험에 접수하여 응시할 수 있나요?

Ⓐ 네, 상시 시험은 같은 날 같은 급수만 아니면, 합격 발표 전까지 계속 접수 및 응시가 가능합니다. 그러나 합격한 이후에 접수한 시험은 모두 무효가 되며 접수한 시험에 대해서는 취소 및 환불이 되지 않으니 주의하기 바랍니다.

Ⓠ 조건부 서식에서는 셀 주소의 열 문자 앞에 $를 붙이는데, 고급 필터에서 조건을 작성할 때는 $를 안붙입니다. 이유가 있나요?

Ⓐ 조건부 서식은 셀 단위로 서식이 적용되기 때문에 행 전체에 서식을 적용하려면 셀 주소의 열 문자 앞에 $를 붙여 열을 고정해야 하지만, 고급 필터는 행 단위로 작업이 이뤄지므로 $를 붙이지 않아도 됩니다.

Ⓠ 계산작업 문제는 책에 있는 수식과 똑같을 때만 정답으로 인정되나요?

Ⓐ 아닙니다. 수식은 작성하는 사람에 따라 다를 수 있으므로, 문제에 제시된 함수를 사용하였고, 수식의 결과가 일치하면 정답으로 인정됩니다.

Ⓠ 수식을 작성할 때 $를 붙여 절대 참조로 지정하는 것이 헷갈립니다. 어떤 경우에 절대 참조를 지정하나요?

Ⓐ 절대 참조를 지정하는 이유는 참조하는 셀의 위치가 변경되어도 수식에 사용된 주소가 변하지 않게 하려는 것입니다. 즉 채우기 핸들을 드래그하여 수식을 복사할 때, 변경되면 안 되는 수식의 주소들은 절대 참조로 지정해야 합니다.
예를 들어, [D3] 셀에 [C3] 셀의 순위를 계산하고 나머지 사람들의 순위는 [D3] 셀의 채우기 핸들을 드래그하여 계산하려면 각각의 평균인 [C4], [C5], [C6], [C7] 셀은 수식이 입력된 위치에 따라 변해야 하지만 전체 평균의 범위인 [C3:C7]은 절대 변하면 안 되므로 절대 주소로 지정해야 합니다.

	A	B	C	D	E
1	성적표				
2	이름	반	평균	순위	순위
3	김예소	1	84	4	=RANK.EQ(C3,$C$3:$C$7)
4	이동준	1	92	2	=RANK.EQ(C4,$C$3:$C$7)
5	임영우	2	96	1	=RANK.EQ(C5,$C$3:$C$7)
6	서현진	2	76	5	=RANK.EQ(C6,$C$3:$C$7)
7	최진성	2	88	3	=RANK.EQ(C7,$C$3:$C$7)

[절대 참조 지정]

	A	B	C	D	E
1	성적표				
2	이름	반	평균	순위	순위
3	김예소	1	84	4	=RANK.EQ(C3,C3:C7)
4	이동준	1	92	2	=RANK.EQ(C4,C4:C8)
5	임영우	2	96	1	=RANK.EQ(C5,C5:C9)
6	서현진	2	76	2	=RANK.EQ(C6,C6:C10)
7	최진성	2	88	1	=RANK.EQ(C7,C7:C11)

[상대 참조 지정(오류)]

Ⓠ 매크로를 잘못 만들었어요. 어떻게 해야 하나요?

Ⓐ 매크로를 잘못 만들었을 때는 다음과 같이 작성한 매크로를 삭제한 후 다시 작성하면 됩니다.
1. [개발 도구] → 코드 → 매크로를 클릭한다.
2. '매크로' 대화상자에서 삭제할 매크로를 선택한 후 〈삭제〉를 클릭한다.
3. 매크로를 새로 작성한다.

Ⓠ 문제의 지시사항을 모두 수행했는데 결과 화면이 문제와 다릅니다. 어떻게 해야 하나요?

Ⓐ 모든 지시사항을 올바르게 수행했다면 문제지의 그림과 엑셀의 결과 화면이 같아야 합니다. 수행하지 않은 지시사항은 없는지, 잘못된 순서로 작업하지는 않았는지 다시 한번 확인해 보세요.

Ⓠ 고급 필터의 조건을 작성할 때 '…MID(A2,4,1)*1)=5..'처럼 MID 함수의 결과에 1을 곱하는 이유가 뭐죠?

Ⓐ 숫자 모양의 텍스트 데이터를 숫자 데이터로 변환하기 위해서입니다. MID, LEFT, RIGHT 함수는 결과를 텍스트로 반환하는 텍스트 함수인데, 이 텍스트를 숫자와 비교하려면 텍스트를 숫자로 변환해야 합니다. 즉 'MID(A2,4,1)*1'와 같이 1을 곱하면 숫자 모양의 텍스트가 숫자로 변환됩니다. 참고로 VALUE 함수를 사용할 경우에는 'VALUE(MID(A2,4,1))'와 같이 입력하면 됩니다.

컴퓨터활용능력 시험, 이것이 궁금하다!

Ⓠ 수식을 입력하면 표시 형식이 정답과 다른 경우가 있습니다. 이럴 때는 정답과 동일하게 만들어야 하나요?

Ⓐ 아닙니다. 문제에 표시 형식을 지정하라는 지시사항이 없으면 표시된 결과 그대로 두면 됩니다.

Ⓠ '관계 편집' 대화상자에서 작업을 수행하는데, 다음 그림과 같이 〈상품〉 테이블을 잠글 수 없다는 메시지가 표시됩니다. 왜 그렇죠?

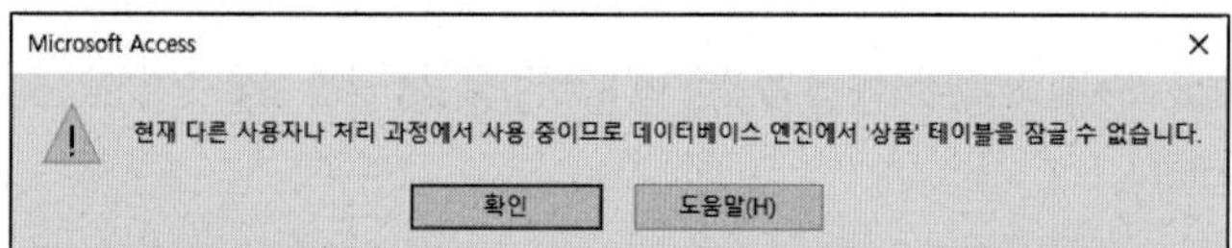

Ⓐ 현재 관계 설정에 사용하고 있는 테이블을 열어 놓은 상태에서 작업을 수행했기 때문입니다. 메시지 창에서 〈확인〉을 클릭한 후 '관계 편집' 대화상자를 닫고 〈상품〉 테이블을 선택한 다음 닫기 단추(×)를 클릭하세요. 그런 다음 관계 설정 작업을 다시 수행하면 됩니다.

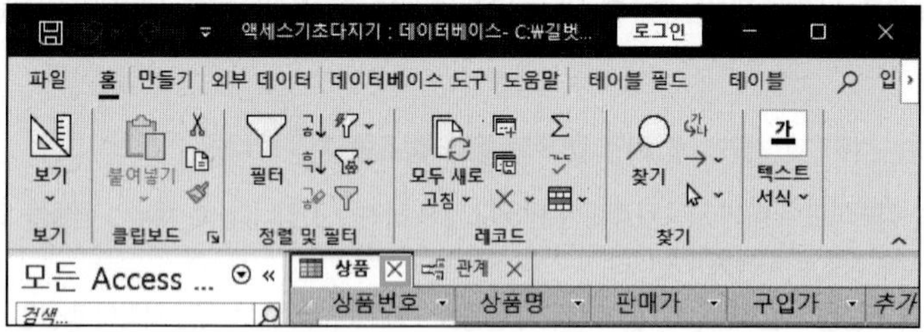

Ⓠ 폼이나 보고서의 디자인 보기에서 컨트롤을 더블클릭해도 속성 시트 창이 안 나타나요. 왜 그렇죠?

Ⓐ 컨트롤이 편집 상태이기 때문입니다. 다른 곳을 클릭하여 편집 상태를 해제하거나 컨트롤의 경계선에 마우스를 놓아 마우스 포인터가 로 변경될 때 더블클릭하면 됩니다.

Ⓠ '컨트롤 원본'에 수식을 적을 때, 어떤 경우는 [매출수량]으로 적고 어떤 경우는 "매출수량"으로 적는데, 차이점을 모르겠어요.

Ⓐ 일반적으로 필드명을 입력할 때는 대괄호([ ])로 묶고, 단순 텍스트를 입력할 때는 큰따옴표(" ")로 묶는다고 생각하면 됩니다. 예외가 있다면, DSum, DAvg 같은 도메인 함수에서 필드명을 입력할 때는 큰따옴표(" ")로 묶는다는 것입니다.

Ⓠ '컨트롤 원본'에 현재 날짜를 지정할 때, Date와 Now 중 어떤 것을 사용해야 하나요?

Ⓐ 문제에 제시된 함수를 사용하면 됩니다. 문제에 사용할 함수가 제시되어 있지 않을 때는 아무거나 사용해도 됩니다. 제시된 함수는 없지만 '시간을 포함하지 않는 시스템의 오늘 날짜'를 표시하라는 조건이 있을 때는 반드시 Date 함수를 사용해야 합니다.

Ⓠ 보고서에서 그룹이나 정렬을 설정할 때 '그룹 추가'와 '정렬 추가'의 차이점은 무엇인가요? 똑같이 정렬 설정도 되고 그룹 머리글/바닥글 설정도 되는 것 같은데 …

Ⓐ 큰 차이점은 없으므로 둘 중 어떤 것을 사용하든 그룹 및 정렬 기준을 지정할 수 있습니다. 차이가 있다면 '그룹 추가'를 클릭하면 그룹 지정이 편리하도록 바로 그룹 기준 필드를 선택할 수 있는 필드 목록이 표시되고, '정렬 추가'를 클릭하면 정렬 지정이 편리하도록 바로 정렬 기준 필드를 선택할 수 있는 필드 목록이 표시됩니다.

Ⓠ 컨트롤을 못 찾겠어요. 어떻게 찾죠?

Ⓐ 속성 시트 창에서 컨트롤의 이름을 확인하면 됩니다. 문제에 제시된 컨트롤이 정확하게 어떤 것인지 모를 경우에는 예상되는 컨트롤을 더블클릭하여 속성 시트 창을 연 다음 속성 시트 창의 '기타' 탭에서 '이름' 속성을 확인하세요. 찾는 컨트롤이 아니면 다른 컨트롤을 클릭해 보면 되겠죠.

엑셀

스프레드시트 실무

문제 1 기본작업(15점)

2140100

기본작업은 **고급 필터, 조건부 서식, 페이지 레이아웃, 시트 보호 중 3가지 기능**이 문제로 출제되며 **문제당 5점**입니다. **고급 필터와 조건부 서식은 매회 고정적으로 출제되고, 페이지 레이아웃과 시트 보호 중 1문제가 선택적으로 출제**되고 있습니다.

No	출제 항목	배점	목표 점수	출제 비율
1	고급 필터	5점	5점	100%
2	조건부 서식	5점	5점	100%
3	페이지 레이아웃	5점	5점	80%
3	시트 보호			20%
합계		15점	15점	

2140101

1 고급 필터

출제 비율 100% / 배점 5점

고급 필터 문제는 주어진 자료에 조건에 맞는 **필터를 설정하여 조건에 맞는 자료만 추출하는 작업**입니다. 1급에서는 대부분 함수를 사용하여 조건에 맞는 필터를 설정해야 합니다. **5점짜리 한 문제가 출제되며, 부분 점수는 없습니다.**

	A	B	C	D	E	F
1	[표1]					
2	사원코드	호봉	직무	연봉	연월차	특근비
3	SG0111	수석연구원	연구직	38,500,000	23	120,000
4	SG0710	선임연구원	연구직	37,500,000	17	45,200
5	SG0204	책임연구원	연구직	37,500,000	22	41,000
6	SG0712	책임연구원	연구직	35,000,000	23	64,600
7	SG0812	연구원	연구직	28,500,000	17	32,100
8	SG0810	연구원	연구직	27,000,000	16	37,100
9	SG0411	과장4호	일반직	35,500,000	23	51,500
10	SG0813	부장1호	일반직	34,500,000	22	92,600
11	SG0205	사원3호	일반직	30,000,000	17	46,400
12	SG0203	대리2호	일반직	29,250,000	18	18,800
13	SG0413	대리3호	일반직	28,500,000	19	33,800
14	SG0206	부장2호	일반직	27,000,000	18	38,700
15	SG0811	과장2호	일반직	26,000,000	21	2,600
16	SG0809	과장1호	일반직	25,000,000	20	67,700
17						
18						
19						
20						
21						
22						
23						
24						

➡

	A	B	C	D	E	F
1	[표1]					
2	사원코드	호봉	직무	연봉	연월차	특근비
3	SG0111	수석연구원	연구직	38,500,000	23	120,000
4	SG0710	선임연구원	연구직	37,500,000	17	45,200
5	SG0204	책임연구원	연구직	37,500,000	22	41,000
6	SG0712	책임연구원	연구직	35,000,000	23	64,600
7	SG0812	연구원	연구직	28,500,000	17	32,100
8	SG0810	연구원	연구직	27,000,000	16	37,100
9	SG0411	과장4호	일반직	35,500,000	23	51,500
10	SG0813	부장1호	일반직	34,500,000	22	92,600
11	SG0205	사원3호	일반직	30,000,000	17	46,400
12	SG0203	대리2호	일반직	29,250,000	18	18,800
13	SG0413	대리3호	일반직	28,500,000	19	33,800
14	SG0206	부장2호	일반직	27,000,000	18	38,700
15	SG0811	과장2호	일반직	26,000,000	21	2,600
16	SG0809	과장1호	일반직	25,000,000	20	67,700
17						
18	조건					
19	TRUE					
20						
21	사원코드	호봉	직무	연봉	연월차	특근비
22	SG0111	수석연구원	연구직	38,500,000	23	120,000
23	SG0710	선임연구원	연구직	37,500,000	17	45,200
24	SG0204	책임연구원	연구직	37,500,000	22	41,000

※ '호봉'이 "연구원"으로 끝나고, 연봉이 상위 3등 안에 드는 데이터만 [A21] 셀부터 표시되도록 고급 필터를 실행한 화면입니다.

2140102

작업 순서

답안 작업 순서에 익숙하면 시험장에서 당황하지 않고 조금 더 빠르게 답안을 작성할 수 있습니다. 다음의 순서를 보면서 차례대로 엑셀 화면을 떠올려 보세요. 컴퓨터 없이 이미지 트레이닝을 반복하다 보면 엑셀 화면이 조금 더 친숙하게 느껴질 겁니다.

1. 조건을 입력한다.

   ※ 특정 필드만 추출할 경우에는 조건과 함께 추출할 필드명을 입력합니다.

2. [데이터] → 정렬 및 필터 → **고급**을 클릭한다.
3. '고급 필터' 대화상자에 결과, 목록 범위, 조건 범위, 복사 위치를 지정하고 〈확인〉을 클릭한다.

합격포인트

- 고급 필터에서는 제시된 조건에 맞는 자료만 표시되도록 **정확한 조건식을 만드는 것이 합격포인트**입니다.
- 문제에 **제시된 함수만을 이용**해야 하고, **하나의 수식으로 모든 조건을** 만족하도록 **작성**해야 하므로 작업이 쉽지 않습니다.
- **조건식 작성에 어려움이 느껴지면** 작업 방법만 숙지한 후 일단 패스하고, **[문제2] 계산작업을 먼저 공부한 후 다시 학습하세요.** 조건식이 껌처럼 쉽게 느껴질 수도 있습니다.

☞ 직접 실습하려면 'C:\길벗컴활1급총정리\엑셀\기능\01고급필터.xlsm' 파일을 열어서 작업하세요.

전문가의 조언

- **AND(조건1, 조건2, …) 모양의 수식**으로, AND 함수를 맨 바깥쪽에 놓고 제시된 조건에 맞게 조건들을 만들어 AND 함수의 인수로 지정하면 됩니다.
- **AVERAGE( ), RANK( ) 함수를 사용할 때는 데이터의 범위를 절대참조**로 지정한다는 것을 명심하세요.
- 하나 더, 처음엔 수식이 헷갈립니다. **헷갈리는 수식은 일단 암기합시다.**

01 AND 조건

23.상시, 22.상시, 21.상시, 20.상시, 20.1, 19.상시, 19.2, 18.상시, 18.2, 18.1, 17.상시, …

※ 아래 그림을 참고하여 고급 필터의 조건을 이해하고 암기하세요.

	A	B	C	D	E	F	G	H	I	J	K	L
1	주문코드	주문일	주문가격	4월	5월	6월	4월반품	5월반품	6월반품	구분	결제일	결제시간
2	RA-4918	2018-02-17	43,000	24	30	56	O			현금	2018-09-01	9:30
3	SN-5144	2019-01-15	39,000	49	23	58	O	O	O	일시불	2019-10-17	11:20
4	SN-7184	2019-01-25	33,000	47	21	44	O			현금	2019-08-23	15:47
5	RR-2196	2021-02-01	26,000	93	35	24		O		일시불	2021-10-09	17:20
6	RA-7401	2021-02-12	42,000	71	84	92				할부	2021-06-23	11:10
7	SN-1180	2021-01-11	36,000	49	55	57	O	O	O	현금	2021-05-17	18:59
8	RR-2279	2019-03-17	40,000	71	97	46		O		할부	2019-09-07	10:30
9	RA-6094	2021-02-20	38,000	77	61	85				현금	2021-09-16	13:26
10	RA-6926	2018-02-20	39,000	65	55	80	O	O		일시불	2018-06-14	12:54
11	SN-8100	2020-03-15	44,000	49	67	48				일시불	2020-08-25	14:07
12	RA-5239	2020-03-21	41,000	60	48	65				할부	2020-11-11	16:34
13	SN-4863	2021-01-16	45,000	57	27	47	O			현금	2021-06-14	9:09
14	RR-5241	2021-02-09	29,000	85	60	87	O	O	O	일시불	2021-10-26	13:19
15	RA-6684	2017-03-06	27,000	83	54	80	O		O	할부	2017-07-28	17:55

2140111

23.상시, 22.상시, 21.상시, 20.상시, 13.상시, 13.1, 12.3

[유형 1] '주문코드'가 "SN"으로 시작하고(조건1), '주문가격'이 전체 주문가격의 평균보다 크거나 같은 데이터(조건2)

▶ LEFT, AVERAGE, AND 함수 사용

[=AND(LEFT(A2, 2)="SN", C2>=AVERAGE($C$2:$C$15))]

(조건1: LEFT(A2, 2)="SN", 조건2: C2>=AVERAGE($C$2:$C$15))

- 복잡한 수식을 입력하면 좌우의 괄호가 맞지 않아 수식에 오류가 발생하는 경우가 많습니다. 이런 경우에는 같은 레벨의 괄호 또는 인수 단위로 충분한 거리를 두고 수식을 입력하면 구분하기가 훨씬 쉽습니다.
  =AND(LEFT(A2, 2)="SN" , C2>=AVERAGE($C$2:$C$15))
  이렇게 수식 중간에 공백을 주고 입력해도 결과는 바르게 나옵니다.
- 직접 실습하려면 '01고급필터.xlsm' 파일을 열어 '01-유형1' 시트의 [A17:A18] 셀에 조건을 입력한 후 [데이터] → 정렬 및 필터 → **고급**을 선택하여 실행하세요.

2140112

24.상시, 23.상시, 22.상시, 21.상시, 18.상시, 18.1, 14.2, 13.2, 12.2, …

[유형 2] '주문일'의 년도가 2017 보다 크고(조건1) 2020 보다 작고(조건2), '구분'이 "현금"이 아닌 데이터(조건3)

▶ AND, YEAR 함수 사용

[=AND(YEAR(B2)>2017, YEAR(B2)<2020, J2<>"현금")]

(조건1: YEAR(B2)>2017, 조건2: YEAR(B2)<2020, 조건3: J2<>"현금")

2140113

20.상시, 19.2, 18.2, 15.상시, 13.상시

[유형 3] '주문가격'이 상위 10위 이내이고(조건1), 4월, 5월, 6월의 값이 모두 60 이상인 데이터(조건2)

▶ AND, RANK.EQ, COUNTIF 함수 사용

[=AND(RANK.EQ(C2, $C$2:$C$15)<=10, COUNTIF(D2:F2, ">=60")=3)]

(조건1: RANK.EQ(C2, $C$2:$C$15)<=10, 조건2: COUNTIF(D2:F2, ">=60")=3)

2140114

22.상시, 21.상시, 20.상시, 17.상시

[유형 4] '4월반품'이 공백이 아니면서(조건1) '결제일'이 '주문일'의 5개월 후 날짜보다 크거나 같은 데이터(조건2)

▶ ISBLANK, EDATE, NOT, AND 함수 사용

[=AND(NOT(ISBLANK(G2)), K2>=EDATE(B2, 5))]

(조건1: NOT(ISBLANK(G2)), 조건2: K2>=EDATE(B2, 5))

2140115

23.상시, 22.상시, 21.상시, 19.상시, 15.상시

[유형 5] '주문코드'의 마지막 글자가 짝수이고 '4월반품', '5월반품', '6월반품'이 모두 "○"인 데이터

조건1 조건2

▶ ISEVEN, RIGHT, AND, COUNTA 함수 사용

[=AND(ISEVEN(RIGHT(A2, 1)), COUNTA(G2:I2)=3)]

조건1 조건2

2140116

22.상시, 18.상시, 14.상시, 13.상시

[유형 6] '주문코드'가 "A" 자를 포함하고, '주문코드'의 네 번째 글자가 5 이상인 데이터

조건1 조건2

▶ AND, FIND, MID 함수 사용

[=AND(FIND("A", A2)>=1, MID(A2, 4, 1)*1>=5)]

조건1 조건2

***1을 하는 이유**

MID, LEFT, RIGHT 등은 결과를 텍스트 형식으로 반환하는 텍스트 함수입니다. 텍스트 함수의 결과와 수치 데이터 5를 비교하기 위해서는 텍스트 함수의 결과를 수치 데이터로 변경해야 하므로 'MID(A2, 4, 1)*1'과 같이 '*1'을 해줘야 합니다. VALUE 함수를 사용할 경우에는 'VALUE(MID(A2, 4, 1))'로 해주면 됩니다.

2150122

24.상시

[유형 7] 결제시간이 오전 9시부터 11시 50분까지인 데이터

조건1 조건2

▶ AND 함수 사용

[=AND(L2>=9/24, L2<=(11/24+50/(24*60)))]

조건1 조건2

함수를 사용하지 않고 시간을 조건으로 지정할 때는 시간은 하루 24시간제를 사용하므로 **시간/24**이고, 1시간은 60분이므로 분은 **분/(24*60)**, 시간과 분을 같이 지정할 때는 **시간/24+분/(24*60)**으로 지정하면 됩니다. 12시는 12/24로 0.5를 입력해도 됩니다.

예 오후 1시 30분 : 13/24+30/(24*60)

전문가의 조언

- **OR(조건1, 조건2, …) 모양의 수식**으로, OR 함수를 맨 바깥쪽에 놓고 제시된 조건에 맞게 조건들을 만들어 OR 함수의 인수로 지정하면 됩니다.
- **LARGE( ), SMALL( ), MIN( ), MAX( ) 함수를 사용할 때는 데이터의 범위를 절대참조**로 지정한다는 것을 명심하세요.
- 마찬가지로, **헷갈리는 수식은 일단 암기합시다.**

02 OR 조건

23.상시, 22.상시, 21.상시, 20.상시, 19.상시, 19.1, 18.상시, 17.상시, 14.2, 14.1

2140117

20.상시, 17.상시, 14.1

[유형 1] '주문일'이 20일 이후이거나 '5월'이 '6월'보다 큰 데이터

조건1 조건2

▶ OR, DAY 함수 사용

[=OR(DAY(B2)>=20, E2>F2)]

조건1 조건2

2140118

23.상시, 22.상시, 21.상시, 19.1, 18.상시, 17.상시, 14.2

[유형 2] '주문가격'이 상위 3위 이내이거나 하위 3위 이내인 데이터

조건1 조건2

▶ LARGE, SMALL, OR 함수 사용

[=OR(C2>=LARGE($C$2:$C$15, 3), C2<=SMALL($C$2:$C$15, 3))]

조건1 조건2

2140119

22.상시, 21.상시, 20.상시, 19.상시, 18.상시

[유형 3] '주문가격'이 가장 크거나 '6월' 중 가장 작은 데이터

조건1 조건2

▶ MAX, MIN, OR 함수 사용

[=OR(C2=MAX($C$2:$C$15), F2=MIN($F$2:$F$15))]

조건1 조건2

OR 함수가 없는 경우!

제시된 함수에 MAX와 MIN 함수만 있고 OR 함수가 없는 경우에는 OR 함수 대신 '+'를 이용하여 =(C2=MAX($C$2:$C$15))+(F2=MIN($F$2:$F$15))로 작성하면 됩니다.

- AND(조건1, OR(조건2, 조건3)) 모양의 수식으로, AND 함수를 맨 바깥쪽에 놓고 AND 함수의 인수를 넣을 자리 중 하나에 OR 함수를 넣으면 됩니다.
- 제시된 조건들이 '~이고', '~이면서'로 연결되면 AND 함수를 사용하고, '~이거나', '또는'으로 연결되면 OR 함수를 사용하세요.
- 마찬가지로, 헷갈리는 수식은 일단 암기합시다.

03 AND, OR 조건

24.상시, 23.상시, 22.상시, 21.상시, 20.상시, 19.상시, 18.상시, 17.상시, 15.1, 14.3, …

2140120

24.상시, 23.상시, 22.상시, 21.상시, 20.상시, 14.3, 13.1

[유형 1] '주문코드'가 "4"로 끝나고(조건1) '구분'이 "현금"(조건2) 또는 "할부"인(조건3) 데이터

▶ AND, OR, RIGHT 함수 사용

[=AND(RIGHT(A2, 1)="4"(조건1), OR(J2="현금"(조건2), J2="할부"(조건3)))]

2140121

20.상시, 19.상시, 18.상시, 17.상시, 12.2

[유형 2] '주문코드'의 다섯 번째 글자가 "1"이고(조건1), '결제일'의 월이 9(조건2) 또는 10인(조건3) 데이터

▶ AND, OR, MID, MONTH 함수 사용

[=AND(MID(A2, 5, 1)="1"(조건1), OR(MONTH(K2)=9(조건2), MONTH(K2)=10(조건3)))]

잠깐만요

처음부터 여러 개의 조건을 한 번에 연결하려 애쓰지 말고 **하나씩 분리해서 생각하면 좀 더 쉽게 수식을 작성할 수 있습니다.** 다음은 함수별로 자주 사용되는 수식들입니다.

- '주문코드'가 "5"로 시작하는 : LEFT(A2,1)="5"
- '주문코드'가 "5"로 끝나는 : RIGHT(A2,1)="5"
- '주문코드'의 세 번째 글자가 5 이하인 : MID(A2,3,1)*1<=5
- '구분'이 "할부"가 아닌 : J2<>"할부"
- '주문가격'이 전체 주문가격의 평균보다 크거나 같은 : C2>=AVERAGE($C$2:$C$15)
- '주문가격'이 상위 3위 이내 : RANK.EQ(C2,$C$2:$C$15)<=3 또는 C2>=LARGE($C$2:$C$15,3)
- '4월', '5월', '6월'의 값이 모두 80 이상 : COUNTIF(D2:F2,">=80")=3
- '주문일'의 월이 1 : MONTH(B2)=1
- '주문일'의 연도가 2015년 이상 : YEAR(B2)>=2015

2140161

아래 그림을 참고하여 고급 필터의 조건을 수식으로 적으시오 [①~⑧].

	A	B	C	D	E	F	G	H
1	학생코드	이름	등록일	구분	국어	영어	수학	총점
2	RA4918	최혜주	2021-02-20	여고	82	85	64	77
3	WO144	송종환	2018-02-20	남고	79	73	97	83
4	WO7184	윤영주	2021-01-11	남고	76	84	91	84
5	RR2196	장슬지	2019-03-17	여고	81	77	89	82
6	RA7401	주재훈	2020-03-21	남중	90	78	73	80
7	WO1180	이종한	2019-01-25	남중	69	99	85	85
8	RR6279	오진주	2021-02-01	여고	60	76	67	68
9	RA6094	배신영	2021-02-12	여중	67	93	83	81
10	RA6926	남태헌	2021-01-16	남고	69	98	78	82
11	WO8100	황윤형	2021-02-09	남중	99	63	70	77
12	RA5239	노우희	2020-03-15	여중	78	66	99	81
13	WO4863	오지완	2018-02-17	남고	96	68	65	76
14	RR5241	주현주	2019-01-15	여중	98	76	66	80
15	RA6684	손예슬	2017-03-06	여고	88	95	65	83

① '학생코드'가 "R"로 시작하고, '총점'이 전체 총점의 평균보다 큰 데이터

▶ LEFT, AVERAGE, AND 함수 사용

[ ]

② '학생코드'의 세 번째 글자가 "4" 또는 "6"이고, '등록일'의 월이 2인 데이터

▶ AND, OR, MID, MONTH 함수 사용

[ ]

③ '학생코드'의 네 번째 글자가 5 이하이고, '구분'이 "중"으로 끝나는 데이터

▶ AND, RIGHT, MID 함수 사용

[ ]

④ '이름'에 "주" 자를 포함하고, '구분'이 "여고" 또는 "남고"인 데이터

▶ AND, OR, FIND 함수 사용

[ ]

⑤ '총점'이 상위 2위 이내이거나 하위 2위 이내인 데이터

▶ LARGE, SMALL, OR 함수 사용

[ ]

⑥ '총점'이 가장 크거나 가장 작은 데이터

▶ MAX, MIN, OR 함수 사용

[ ]

⑦ '국어', '영어', '수학'이 모두 70점 이상이고, '총점'이 상위 5위 이내인 데이터

▶ AND, RANK.EQ, COUNTIF 함수 사용

[ ]

⑧ '등록일'이 10일 이전이거나 '국어' 점수가 '영어' 점수보다 작은 데이터

▶ OR, DAY 함수 사용

[ ]

2150162

아래 그림을 참고하여 고급 필터의 조건을 수식으로 적으시오 [⑨~⑫].

	A	B	C	D	E	F	G	H
1	제품코드	구분	판매시작일	판매종료일	1차	2차	3차	판매종료시간
2	A497	의류	2019-01-25	2021-07-16	완판	완판	완판	13:09
3	A820	식품	2021-02-01	2018-08-12		완판	완판	13:35
4	A678	식품	2021-02-09	2021-06-05	완판	완판	완판	14:07
5	A762	의류	2020-03-15	2019-07-22	완판	완판	완판	13:55
6	A710	가전	2020-03-21	2020-09-02	완판	완판		19:47
7	A468	식품	2018-02-17	2019-06-15	완판		완판	20:45
8	A377	의류	2021-02-20	2021-08-10	완판	완판	완판	17:24
9	A430	의류	2018-02-20	2021-04-20	완판	완판	완판	21:54
10	A989	가전	2021-01-11	2021-06-21	완판	완판		20:55
11	A300	가전	2019-03-17	2021-07-02	완판		완판	17:36
12	A153	가전	2021-02-12	2020-05-09	완판	완판		18:21
13	A834	식품	2021-01-16	2018-05-25	완판	완판	완판	13:11
14	A420	가전	2019-01-15	2019-06-19		완판	완판	16:54
15	A399	식품	2017-03-06	2017-04-22	완판	완판		19:20

⑨ '제품코드'의 마지막 글자가 짝수이고, '판매시작일'의 년도가 2019 또는 2020인 데이터

▶ AND, OR, ISEVEN, RIGHT, YEAR 함수 사용

[ ]

⑩ '구분'이 "식품"이 아니고, '1차', '2차', '3차'가 모두 "완판"인 데이터

▶ AND, COUNTA 함수 사용

[ ]

⑪ '3차'가 공백이 아니면서 '판매종료일'이 '판매시작일'의 3개월 후 날짜보다 작은 데이터

▶ ISBLANK, EDATE, NOT, AND 함수 사용

[ ]

⑫ 판매종료시간이 오후 1시부터 5시 50분까지인 데이터

▶ AND 함수 사용

[ ]

정답

① =AND(LEFT(A2, 1)="R", H2>AVERAGE($H$2:$H$15))

② =AND(OR(MID(A2, 3, 1)="4", MID(A2, 3, 1)="6"), MONTH(C2)=2)

③ =AND(MID(A2, 4, 1)*1<=5, RIGHT(D2, 1)="중")

④ =AND(FIND("주", B2)>=1, OR(D2="여고", D2="남고"))

⑤ =OR(H2>=LARGE($H$2:$H$15, 2), H2<=SMALL($H$2:$H$15, 2))

⑥ =OR(H2=MAX($H$2:$H$15), H2=MIN($H$2:$H$15))

⑦ =AND(COUNTIF(E2:G2, ">=70")=3, RANK.EQ(H2, $H$2:$H$15)<=5)

⑧ =OR(DAY(C2)<=10, E2<F2)

⑨ =AND(ISEVEN(RIGHT(A2, 1)) , OR(YEAR(C2)=2019, YEAR(C2)=2020))

⑩ =AND(B2<>"식품", COUNTA(E2:G2)=3)

⑪ =AND(NOT(ISBLANK(G2)), D2<EDATE(C2, 3))

⑫ =AND(H2>=13/24, H2<=(17/24+50/(24*60)))

대표기출문제

'C:\길벗컴활1급총정리\엑셀\기능\01고급필터.xlsm' 파일을 열어서 작업하세요.

2140181

[기출 1] 24.상시, 23.상시, 22.상시, 21.상시, 20.상시, 13.상시, 13.1, 12.3

'기출1' 시트에서 다음과 같이 고급 필터를 수행하시오.

▶ '상품코드'가 "PB"로 시작하여 "RL"로 끝나고, '거래금액'이 전체 거래금액 평균보다 작은 행인 데이터를 표시하되, '구매자', '상품코드', '종류', '수량', '거래금액' 필드만 표시하시오.

▶ 조건은 [A31:A32] 영역 내에 알맞게 입력하시오. (AND, RIGHT, LEFT, AVERAGE 함수 사용)

▶ 결과는 [A34] 셀부터 표시하시오.

2140182

[기출 2] 24.상시, 20.상시, 19.상시, 18.상시, 17.상시

'기출2' 시트에서 다음과 같이 고급 필터를 수행하시오.

▶ '차량번호'의 네 번째 글자가 "하" 또는 "호"이고, '주문코드'의 뒤에 두 글자가 20 이상인 데이터를 표시하시오.

▶ 조건은 [A32:A33] 영역 내에 알맞게 입력하시오. (RIGHT, MID, AND, OR 함수 사용)

▶ 결과는 [A35] 셀부터 표시하시오.

2140183

[기출 3] 23.상시, 22.상시, 21.상시, 19.1, 18.상시, 17.상시, 14.2

'기출3' 시트에서 다음과 같이 고급 필터를 수행하시오.

▶ '판매부수'가 상위 10위 이내이거나 하위 10위 이내이면서 'E-Book'이 공백이 아닌 데이터를 표시하시오.

▶ 조건은 [H1:H2] 영역 내에 알맞게 입력하시오. (LARGE, SMALL, OR, AND, NOT, ISBLANK 함수 사용)

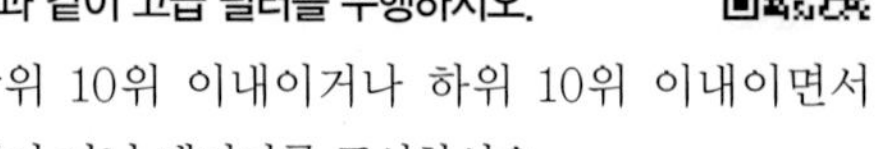

▶ 결과는 [H4] 셀부터 표시하시오.

2140184

[기출 4] 22.상시, 21.상시, 20.상시, 17.상시

'기출4' 시트에서 다음과 같이 고급 필터를 수행하시오.

▶ '대출일'의 년도가 2020년이고 월이 6월 이전이면서 '대출일'의 10년 후 날짜가 '상환일' 보다 크거나 같은 데이터를 표시하되, '대표자', '주민번호', '대출일', '상환일', '대출금액', '연이율' 필드만 표시하시오.

▶ 조건은 [A32:A33] 영역 내에 알맞게 입력하시오. (YEAR, MONTH, EDATE, AND 함수 사용)

▶ 결과는 [A35] 셀부터 표시하시오.

2140185

[기출 5] 20.상시, 19.2, 18.2, 15.상시, 13.상시

'기출5' 시트에서 다음과 같이 고급 필터를 수행하시오.

▶ '내부평가', '외부평가', '연구점수'가 모두 30점 이상이고 '총점'이 150 이상이면서 '연구분야'가 "인공지능"이 아닌 데이터를 표시하시오.

▶ 조건은 [A31:A32] 영역 내에 알맞게 입력하시오. (COUNTIF, AND 함수 사용)

▶ 결과는 [A34] 셀부터 표시하시오.

[기출 1]

〈정답〉

	A	B	C	D	E
30					
31	조건				
32	FALSE				
33					
34	구매자	상품코드	종류	수량	거래금액
35	양영솔	PB-16-RL	PB	370	1,443,000
36	오이설	PB-36-RL	PB	320	8,736,000
37	허하영	PB-12-RL	PB	500	5,850,000

〈해설〉

1. 조건과 추출할 필드명을 다음과 같이 입력한다.

	A	B	C	D	E
31	조건				
32	FALSE				
33					
34	구매자	상품코드	종류	수량	거래금액

[A32] : =AND(LEFT(B3, 2)="PB", RIGHT(B3, 2)="RL", H3<AVERAGE($H$3:$H$29))

2. 데이터 범위 안에 셀 포인터를 놓고 [데이터] → 정렬 및 필터 → **고급**을 클릭한다.
3. '고급 필터' 대화상자에서 다음과 같이 지정하고 〈확인〉을 클릭한다.

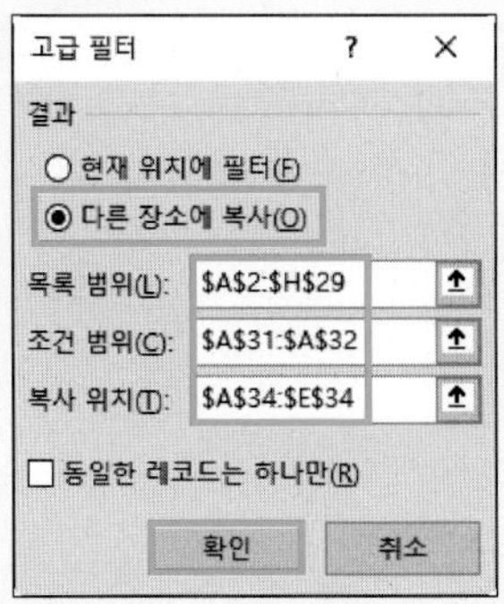

[기출 2]

〈정답〉

	A	B	C	D	E	F
31						
32	조건					
33	FALSE					
34						
35	출고일	입고일	주문코드	차량번호	차량종류	대여시간
36	2020-01-06	2020-01-12	VO-20	123호4448	미니밴	134
37	2020-01-26	2020-01-30	VO-21	109하4010	소형	95
38	2020-02-26	2020-02-29	VO-22	157하4339	미니밴	65
39	2020-03-02	2020-03-03	VO-23	132하4199	소형	3
40	2020-03-18	2020-03-28	EI-24	122하4036	미니밴	237
41	2020-03-18	2020-03-21	EI-25	102하4030	소형	65
42	2020-01-21	2020-01-26	EI-27	116하4321	세단	114

〈해설〉

• '고급 필터' 대화상자

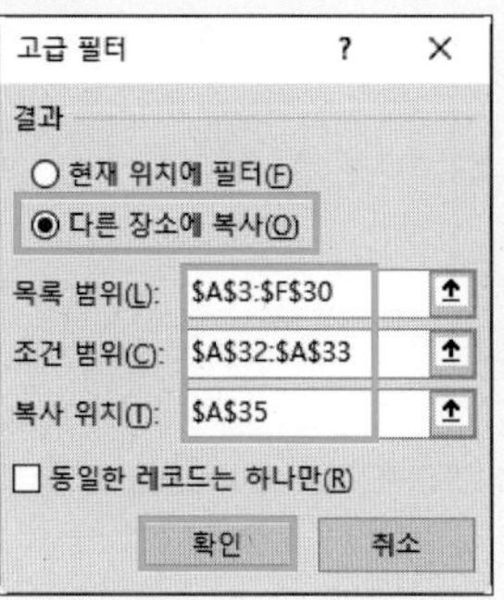

[A33] : =AND(OR(MID(D4, 4, 1)="하", MID(D4, 4, 1)="호"), RIGHT(C4, 2)*1)=20)

[기출 3]

〈정답〉

	H	I	J	K	L	M
1	조건					
2	TRUE					
3						
4	도서코드	분류	페이지	E-Book	판매부수	도서가격
5	RC-H06	과학	352	○	65,600	30,000
6	HM-G09	인문	512	○	12,500	16,000
7	RC-G03	사회	288	○	2,300	42,000
8	RC-E05	과학	360	○	66,800	40,000
9	RC-Q02	사회	424	○	69,400	26,000
10	RC-K02	과학	576	○	71,300	10,000
11	HM-I02	인문	392	○	13,200	31,000
12	RC-J00	과학	408	○	12,600	50,000
13	HM-T07	인문	256	○	10,100	38,000

〈해설〉

• '고급 필터' 대화상자

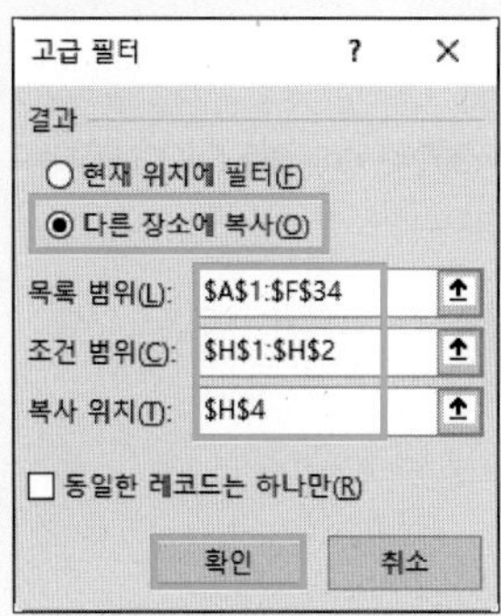

[H2] : =AND(OR(E2>=LARGE($E$2:$E$34, 10), E2<=SMALL($E$2:$E$34, 10)), NOT(ISBLANK(D2)))

[기출 4]

〈정답〉

	A	B	C	D	E	F
31						
32	조건					
33	FALSE					
34						
35	대표자	주민번호	대출일	상환일	대출금액	연이율
36	주이준	770506-2******	2020-02-21	2028-02-21	7,128,000	2.1%
37	서명세	630521-1******	2020-03-16	2029-03-16	36,624,000	1.3%
38	최혜은	800727-2******	2020-03-14	2027-03-14	49,770,000	4.3%

〈해설〉

• '고급 필터' 대화상자

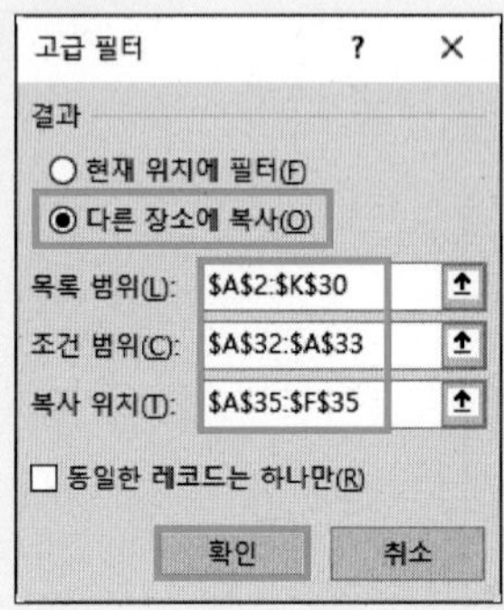

[A33] : =AND(YEAR(E3)=2020, MONTH(E3)<=6, EDATE(E3, 120)>=F3)

[기출 5]

〈정답〉

	A	B	C	D	E	F	G
30							
31	조건						
32	FALSE						
33							
34	연구원ID	이름	연구분야	내부평가	외부평가	연구점수	총점
35	CIE-83	임송빈	광자통신	35	32	94	161
36	CIE-14	조정민	재생에너지	48	35	81	164
37	ANS-74	문채이	재생에너지	32	49	78	159

〈해설〉

• '고급 필터' 대화상자

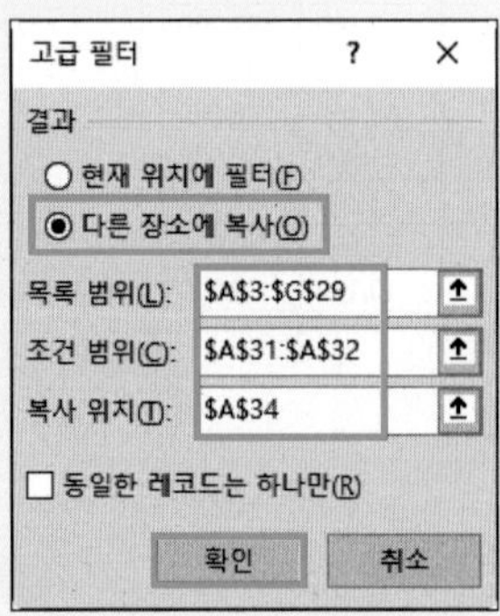

[A32] : =AND(COUNTIF(D4:F4, ">=30")=3, G4>=150, C4<>"인공지능")

2 조건부 서식

출제 비율 100% / 배점 5점

조건부 서식 문제는 지시사항대로 조건식을 설정하여 **조건에 맞는 자료에만 서식이 적용되게 하는 작업**입니다. 1급 시험에서는 대부분 함수를 사용하여 조건식을 세워야 합니다. **5점짜리 한 문제가 출제되며, 부분 점수는 없습니다.**

	A	B	C	D	E	F	G
1	[표1]						
2	수험번호	이름	응시횟수	데이터베이스	데이터통신	운영체제	소프트웨어
3	가052	홍길동	1	54	55	69	90
4	나124	이신영	2	95	98	86	100
5	가051	강석호	1	95	85	50	70
6	다952	임수경	3	38	75	54	94
7	나052	양세진	2	24	90	48	69
8	라512	김용민	1	80	83	95	24
9	가215	최준경	3	75	89	98	63
10	다095	유구희	1	86	75	70	75
11	나065	이아현	2	98	86	89	89
12	라658	명세진	1	63	89	90	54
13	라982	김우희	1	55	88	55	95
14	다357	김천명	3	98	95	96	100
15	가094	이상정	2	54	50	53	90
16	나094	최정운	1	95	95	92	66

➡

	A	B	C	D	E	F	G
1	[표1]						
2	수험번호	이름	응시횟수	데이터베이스	데이터통신	운영체제	소프트웨어
3	가052	홍길동	1	54	55	69	90
4	나124	이신영	2	95	98	86	100
5	가051	강석호	1	95	85	50	70
6	***다952***	***임수경***	***3***	***38***	***75***	***54***	***94***
7	나052	양세진	2	24	90	48	69
8	라512	김용민	1	80	83	95	24
9	가215	최준경	3	75	89	98	63
10	다095	유구희	1	86	75	70	75
11	나065	이아현	2	98	86	89	89
12	라658	명세진	1	63	89	90	54
13	라982	김우희	1	55	88	55	95
14	***다357***	***김천명***	***3***	***98***	***95***	***96***	***100***
15	가094	이상정	2	54	50	53	90
16	나094	최정운	1	95	95	92	66

※ '응시횟수'가 3 이상이고, '소프트웨어'가 '소프트웨어'의 전체 평균 이상인 행에만 서식이 적용되도록 조건부 서식을 적용한 화면입니다.

2140202

작업 순서

답안 작업 순서를 기억해 두면 시험장에 작업 시간을 확 줄일 수 있습니다. 엑셀 화면을 떠올리면서 기억해 두세요.

1. 조건부 서식이 적용될 범위를 블록으로 지정한다.
2. [홈] → 스타일 → 조건부 서식 → **새 규칙**을 선택한다.
3. '새 서식 규칙' 대화상자에서 '수식을 사용하여 서식을 지정할 셀 결정'을 선택하고 조건을 입력한다.
4. 〈서식〉 단추를 클릭한 후 '셀 서식' 대화상자에서 서식을 지정한다.

합격포인트

- 조건부 서식은 **제시된 조건에 맞는 자료에만 서식이 적용되도록 정확한 조건식을 만드는 것이 합격포인트**입니다.
- 수식 작성에 익숙하지 않으면 고급 필터와 마찬가지로 작업 방법만 숙지하고 [문제2] 계산작업을 먼저 공부하세요.
- 하나 더, **행에 서식을 적용할 때는 $A1처럼 열 문자 앞에 $를, 열에 서식을 적용할 때는 A$1처럼 행 번호 앞에 $를 붙인다는 것!** 잊지마세요.

☞ 직접 실습하려면 'C:\길벗컴활1급총정리\엑셀\기능\02조건부서식.xlsm' 파일을 열어서 작업하세요.

※ 아래 그림을 참고하여 조건부 서식의 조건을 이해하고 암기하세요.

	A	B	C	D	E	F	G	H	I
1	학생코드	이름	등록일	구분	국어	영어	수학	과학	총점
2	RA4918	최예스더	2021-02-20	여고	82	85	64	74	76
3	WO144	송종환	2018-02-20	남고	79	73	97	77	82
4	WO7184	윤영주	2021-01-11	남고	76	84	91	85	84
5	RR2196	장민	2019-03-17	여고	81	89	89	93	88
6	RA7401	주재훈	2020-03-21	남중	90	78	73	79	80
7	WO1180	이종한	2019-01-25	남중	69	99	85	67	80
8	RR6279	오진주	2021-02-01	여고	60	76	67	89	73
9	RA6094	배신영	2021-02-12	여중	67	93	83	71	79
10	RA6926	남진	2021-01-16	남고	69	98	78	62	77
11	WO8100	황윤형	2021-02-09	남중	69	63	70	73	69
12	RA5239	노마리아	2020-03-15	여중	78	85	99	80	86
13	RA6684	손예슬	2017-03-06	여고	88	95	65	92	85
14	WO4863	오지완	2018-02-17	남고	96	68	65	60	72
15	RR5241	주현	2019-01-15	여중	98	76	66	65	76

전문가의 조언

- 셀 주소의 열 문자 앞에 $를 표시할 때는 셀 주소가 선택된 상태에서 F4를 두 번 누르면 됩니다.
- 문제의 조건이 어떻게 수식으로 표현되었는지 살펴보고, 잘 이해되지 않는 부분은 일단 암기해 두세요.

01 행 전체

23.상시, 22.상시, 21.상시, 20.상시, 19.상시, 19.2, 18.상시, 18.2, 18.1, 17.상시, 16.2, …

2140211

23.상시, 22.상시, 21.상시, 19.2, 18.2, 17.상시, 16.2, 15.상시, 14.2, …

[유형 1] '학생코드'가 "R"로 시작하면서(조건1) '총점'이 '총점'의 전체 평균을 초과하는(조건2) 행 전체

▶ LEFT, AVERAGE, AND 함수 사용

[=AND(LEFT($A2, 1)="R"(조건1), $I2>AVERAGE($I$2:$I$15)(조건2))]

조건부 서식을 직접 실행하려면 [A2:I15] 영역을 블록으로 지정한 상태에서 [홈] → 스타일 → 조건부 서식 → **새 규칙**을 선택하여 '새 서식 규칙' 대화상자에서 지정하면 됩니다.

2140212

20.상시, 18.상시, 15.상시, 10.2

[유형 2] '이름'의 전체 글자수가 3보다 크거나 같고(조건1), '국어', '영어', '수학', '과학'이 모두 70점 이상인(조건2) 행 전체

▶ COUNTIF, LEN, AND 함수 사용

[=AND(LEN($B2)>=3(조건1), COUNTIF($E2:$H2, ">=70")=4(조건2))]

2140213

17.상시, 16.상시, 14.1, 13.2, 10.3

[유형 3] '학생코드'의 오른쪽 세 글자가 200 이상이고(조건1), '구분'이 "여고"가 아닌(조건2) 행 전체

▶ RIGHT, AND, VALUE 함수 사용

[=AND(VALUE(RIGHT($A2, 3))>=200(조건1), $D2<>"여고"(조건2))]

2140214

23.상시, 22.상시, 21.상시, 20.상시, 18.상시, 17.상시, 07.4

[유형 4] '등록일'이 홀수 달이고(조건1) 2020년 1월 1일 이후인(조건2) 행 전체

▶ MONTH, MOD, AND, DATE 함수 사용

[=AND(MOD(MONTH($C2), 2)=1(조건1), $C2>=DATE(2020, 1, 1)(조건2))]

2140215

19.상시, 18.상시, 16.상시, 09.4

[유형 5] 행 번호가 짝수이고(조건1) '과학' 점수가 '총점'보다 높은(조건2) 행 전체

▶ ISEVEN, ROW, AND 함수 사용

[=AND(ISEVEN(ROW( ))(조건1), $H2>$I2(조건2))]

- ROW(인수)는 행 번호를 반환하는 함수로, 인수를 생략하면 ROW( )가 입력된 셀의 행 번호를 반환합니다.
- [유형 5]의 ROW( )는 조건부 서식이 적용되는 범위의 행, 즉 2부터 15까지가 차례대로 반환되며, ISEVEN( ) 함수를 통해 짝수인 행만 참(TRUE)이 반환됩니다.

2140216

22.상시, 21.상시, 20.상시, 19.1, 14.2, 13.1, 12.3

[유형 6] '학생코드'의 오른쪽 세 글자를 100으로 나눈 몫이 홀수이고(조건1) '총점'이 전체 총점의 80% 이상인(조건2) 행 전체

▶ AND, ISODD, QUOTIENT, RIGHT, PERCENTILE.INC 함수 사용

[=AND(ISODD(QUOTIENT(RIGHT($A2, 3), 100))(조건1), $I2>=PERCENTILE.INC($I$2:$I$15, 0. 8)(조건2))]

=AND(ISODD(QUOTIENT(RIGHT($A2, 3), 100)), $I2>=PERCENTILE.INC($I$2:$I$15, 0.8))

(❶: QUOTIENT(RIGHT($A2, 3), 100), ❷: ISODD(❶), ❸: $I2>=PERCENTILE.INC($I$2:$I$15, 0.8), ❹: =AND(❷, ❸))

❶ QUOTIENT(RIGHT($A2, 3), 100)) : [A2] 셀의 값 "RA4918"의 오른쪽 3글자 918을 100으로 나눈 몫인 9를 반환합니다.

❷ ISODD(❶) → ISODD(9) : 9는 홀수이므로 TRUE를 반환합니다.

❸ $I2>=PERCENTILE.INC($I$2:$I$15, 0.8) : [I2] 셀의 값 76은 [I2:I15]의 80번째 백분위수 값인 84.4보다 작으므로 FALSE를 반환합니다.

❹ =AND(❷, ❸) → =AND(TRUE, FALSE) : 두 조건이 모두 TRUE가 아니므로 조건부 서식이 적용되지 않습니다.

22.상시, 21.상시, 20.상시, 18.상시, 15.1, 12.2

[유형 7] '총점'이 상위 세 번째 값보다 크거나 하위 세 번째 값보다 작은 행 전체
(조건1: 상위 세 번째 값보다 크거나 / 조건2: 하위 세 번째 값보다 작은)

▶ LARGE, SMALL, OR 함수 사용

[=OR($I2>LARGE($I$2:$I$15, 3), $I2<SMALL($I$2:$I$15, 3))]
(조건1 / 조건2)

23.상시, 22.상시, 21.상시, 20.상시, 19.상시, 18.상시, 15.상시, 11.3

[유형 8] '총점'이 상위 3위 이내이거나 하위 3위 이내인 행 전체
(조건1 / 조건2)

▶ RANK.EQ, OR 함수 사용

[=OR(RANK.EQ($I2, $I$2:$I$15)<=3, RANK.EQ($I2, $I$2:$I$15, 1)<=3)]
(조건1 / 조건2)

RANK.EQ(인수, 범위, '옵션') 함수는 '옵션'을 0 또는 생략하면 내림차순을 기준으로 순위를 구하고, 0 이외의 값이면 오름차순을 기준으로 순위를 구합니다.

22.상시, 21.상시, 20.상시, 19.상시, 16.상시, 15.상시

[유형 9] '등록일'이 가장 빠른 날짜와 가장 늦은 날짜의 행 전체
(조건1 / 조건2)

▶ OR, MAX, MIN 함수 사용

[=OR($C2=MIN($C$2:$C$15), $C2=MAX($C$2:$C$15))]
(조건1 / 조건2)

24.상시, 22.상시

[유형 10] '구분'이 "남고"이고 '등록일'의 요일이 '화요일'이나 '토요일'인 행 전체
(조건1 / 조건2)

▶ OR, WEEKDAY, AND 함수 사용

▶ WEEKDAY 함수는 '월요일'이 1이 되도록 작성

[=AND($D2="남고", OR(WEEKDAY($C2, 2)=2, WEEKDAY($C2, 2)=6)]
(조건1 / 조건2)

WEEKDAY(날짜, 옵션) 함수의 옵션을 2로 지정하면 1(월요일) ~ 7(일요일)로 요일번호를 반환합니다.

23.상시

[유형 11] '학생코드'에 18이 포함되거나 '국어'가 95 이상인 행 전체
(조건1 / 조건2)

▶ OR, IFERROR, SEARCH 함수 사용

[=OR(IFERROR(SEARCH(18, $A2), FALSE), $E2>=95)]

전문가의 조언

- 셀 주소의 행 번호 앞에 $를 표시할 때는 셀 주소가 선택된 상태에서 F4를 한 번 누르면 됩니다.
- 문제의 조건이 어떻게 수식으로 표현되었는지 살펴보고, 잘 이해되지 않는 부분은 일단 암기해 두세요.

02 열 전체

22.상시, 21.상시, 20.1, 19.상시, 18.상시, 17.1

20.상시, 19.상시, 17.1

[유형 1] 열 번호가 짝수인 열 전체
(조건)

▶ COLUMN, ISEVEN 함수 사용

[=ISEVEN(COLUMN( ))]
(조건)

- COLUMN(인수)은 열 번호를 반환하는 함수로, 인수를 생략하면 COLUMN( ) 이 입력된 셀의 열 번호를 반환합니다.
- [유형 1]의 COLUMN( )은 조건부 서식이 적용되는 범위의 모든 열이, A는 1, B는 2, C는 3과 같이 숫자로 차례대로 반환되며, ISEVEN( ) 함수를 통해 짝수인 열만 참(TRUE)이 반환됩니다.

※ 열 머리글까지 포함하여 조건부 서식을 적용해야 합니다. 1행을 포함한 [A1:I15] 영역을 블록으로 지정한 상태에서 [홈] → 스타일 → 조건부 서식 → **새 규칙**을 선택하세요.

22.상시, 21.상시, 20.1, 18.상시

[유형 2] 열 번호를 3으로 나눈 나머지가 홀수이면서 [A1:I1] 영역의 끝나는 글자가 "학"인 열 전체
(조건1 / 조건2)

▶ COLUMN, MOD, ISODD, AND, RIGHT 함수 사용

[=AND(ISODD(MOD(COLUMN( ), 3)), RIGHT(A$1, 1)="학")]
(조건1 / 조건2)

=AND(ISODD(MOD(COLUMN( ), 3)), RIGHT(A$1, 1)="학")
❶ ❷ ❸ ❹ ❺

❶ COLUMN( ) : 현재 셀이 [A1] 셀에 있다면 열 번호 1을 반환합니다.
❷ MOD(❶, 3) → MOD(1, 3) : 1을 3으로 나눈 나머지인 1을 반환합니다.
❸ ISODD(❷) → ISODD(1) : 1은 홀수이므로 TRUE를 반환합니다.
❹ RIGHT(A$1, 1)="학" : [A1] 셀 값 "학생코드"의 오른쪽 한 글자인 "드"는 "학"과 다르므로 FALSE를 반환합니다.
❺ =AND(❸, ❹) → =AND(TRUE, FALSE) : 조건이 모두 TRUE가 아니므로 조건부 서식이 적용되지 않습니다.

2140261

아래 그림을 참고하여 조건부 서식의 조건을 수식으로 적으시오[①~⑬].

	A	B	C	D	E	F	G	H
1	제품코드	판매구분	제조일	1월	2월	3월	4월	총판매량
2	B7184	홈쇼핑	2021-05-11	410	423	51	461	1345
3	A5241	인터넷	2021-03-15	77	470	490	247	1284
4	C6926	매장	2021-06-16	252	257	422	480	1411
5	A1180	매장	2021-02-25	396	403	318	481	1598
6	B6279	홈쇼핑	2021-01-01	299	270	453	355	1377
7	B8100	매장	2021-04-09	191	119	226	176	712
8	A6094	인터넷	2021-03-12	327	428	219	378	1352
9	A4863	홈쇼핑	2021-01-17	261	296	345	58	960
10	A144	매장	2021-02-20	495	466	131	155	1247
11	A4918	홈쇼핑	2021-05-20	182	268	258	345	1053
12	C6684	홈쇼핑	2021-06-06	123	349	436	443	1351
13	B5239	매장	2021-03-15	420	125	237	200	982
14	A2196	인터넷	2021-02-17	148	355	202	472	1177
15	C7401	인터넷	2021-05-21	121	71	301	233	726

① '제품코드'가 "B"로 시작하면서 '총판매량'이 총판매량의 전체 평균 초과인 행 전체

▶ LEFT, AVERAGE, AND 함수 사용

[ ]

② '제품코드'의 오른쪽 두 글자가 50 이상이고, '판매구분'이 "매장"이 아닌 행 전체

▶ RIGHT, AND, VALUE 함수 사용

[ ]

③ '제품코드'의 2~4번째 글자를 100으로 나눈 몫이 짝수이고, '총판매량'이 전체 '총판매량'의 70% 이상인 행 전체

▶ ISEVEN, QUOTIENT, MID, PERCENTILE.INC, AND 함수 사용

[ ]

④ '판매구분'의 전체 글자수가 3이고, '1월', '2월', '3월', '4월' 판매량이 모두 200 이상인 행 전체

▶ COUNTIF, LEN, AND 함수 사용

[ ]

⑤ '제조일'이 짝수 달이고 2021년 3월 1일 이후인 행 전체

▶ MONTH, MOD, AND, DATE 함수 사용

[ ]

⑥ '제조일'이 가장 빠른 날짜와 가장 늦은 날짜의 행 전체

▶ OR, MAX, MIN 함수 사용

[ ]

⑦ '총판매량'이 가장 크거나 가장 작은 행 전체

▶ LARGE, SMALL, OR 함수 사용

[ ]

⑧ '총판매량'이 가장 크거나 가장 작은 행 전체

▶ RANK.EQ, OR 함수 사용

[ ]

⑨ 행 번호가 짝수이고 '1월' 판매량이 '2월' 판매량 보다 많은 행 전체

▶ ISEVEN, ROW, AND 함수 사용

[ ]

⑩ '판매구분'이 "매장"이고 '제조일'의 요일이 '월요일'이나 '수요일'인 행 전체

▶ OR, WEEKDAY, AND 함수 사용

▶ WEEKDAY 함수는 '월요일'이 1이 되도록 작성

[ ]

⑪ '제품코드'에 7이 포함되거나 '총판매량'이 1500 이상인 행 전체

▶ OR, IFERROR, SEARCH 함수 사용

[ ]

⑫ 열 번호를 3으로 나눈 나머지가 짝수인 열 전체

▶ COLUMN, MOD, ISEVEN 함수 사용

[ ]

⑬ 열 번호가 홀수이고, [A1:H1] 영역의 끝나는 글자가 "월"인 열 전체

▶ AND, COLUMN, ISODD, RIGHT 함수 사용

[ ]

정답

① =AND(LEFT($A2, 1)="B", $H2>AVERAGE($H$2:$H$15))

② =AND(VALUE(RIGHT($A2, 2))>=50, $B2<>"매장")

③ =AND(ISEVEN(QUOTIENT(MID($A2, 2, 3),100)), $H2>=PERCENTILE.INC($H$2:$H$15, 0.7))

④ =AND(LEN($B2)=3, COUNTIF($D2:$G2, ">=200")=4)

⑤ =AND(MOD(MONTH($C2), 2)=0, $C2>=DATE(2021, 3, 1))

⑥ =OR($C2=MAX($C$2:$C$15), $C2=MIN($C$2:$C$15))

⑦ =OR($H2=LARGE($H$2:$H$15, 1), $H2=SMALL($H$2:$H$15, 1))

⑧ =OR(RANK.EQ($H2, $H$2:$H$15)=1, RANK.EQ($H2, $H$2:$H$15, 1)=1)

⑨ =AND(ISEVEN(ROW( )), $D2>$E2)

⑩ =AND($B2="매장", OR(WEEKDAY($C2, 2)=1, WEEKDAY($C2, 2)=3))

⑪ =OR(IFERROR(SEARCH(7, $A2), FALSE), $H2>=1500)

⑫ =ISEVEN(MOD(COLUMN( ), 3))

⑬ =AND(ISODD(COLUMN( )), RIGHT(A$1,1)="월")

※ 1행을 포함한 [A1:H15] 영역을 블록으로 지정한 상태에서 [홈] → 스타일 → 조건부 서식 → **새 규칙**을 선택하세요.

대표기출문제

'C:\길벗컴활1급총정리\엑셀\기능\02조건부서식.xlsm' 파일을 열어서 작업하세요.

2140281

[기출 1] 24.상시, 22.상시, 21.상시, 19.2, 18.2, 17.상시, 16.2, 15.상시, 14.2

'기출1' 시트에서 다음과 같이 조건부 서식을 설정하시오.

▶ [A3:I17] 영역에 대해서 '재배시기'의 글자 수가 2이고, '거래액'이 전체 '거래액'의 평균보다 크고, '사용비료'가 "복합" 또는 "자급"인 전체 행에 대하여 글꼴 스타일 '굵게', 글꼴 색 '표준 색-파랑'으로 적용하시오.

▶ 단, 규칙 유형은 '수식을 사용하여 서식을 지정할 셀 결정'을 사용하고, 한 개의 규칙으로만 작성하시오.

▶ AVERAGE, LEN, AND, OR 함수 사용

2140282

[기출 2] 22.상시, 21.상시, 19.1, 18.상시, 17.상시, 14.2

'기출2' 시트에서 다음과 같이 조건부 서식을 설정하시오.

▶ [A4:G17] 영역에 대해서 '회원코드'의 시작 글자가 "PE"이고 4번째 글자가 4이거나, '월사용액'이 상위 5위 이내인 전체 행에 대하여 글꼴 스타일 '굵은 기울임꼴', 글꼴 색 '표준 색-빨강'으로 적용하시오.

▶ 단, 규칙 유형은 '수식을 사용하여 서식을 지정할 셀 결정'을 사용하고, 한 개의 규칙으로만 작성하시오.

▶ LEFT, MID, LARGE, AND, OR 함수 사용

2140283

[기출 3] 23.상시, 22.상시, 21.상시, 20.상시, 19.1, 14.2, 13.1, 09.4

'기출3' 시트에서 다음과 같이 조건부 서식을 설정하시오.

▶ [A4:H17] 영역에 대해서 행 번호가 홀수이고 '수령일'의 월이 짝수이고 '수령시간'이 오후 12시 이후인 전체 행에 대하여 글꼴 스타일 '기울임꼴', 글꼴 색 '표준 색-파랑'으로 적용하시오.

▶ 단, 규칙 유형은 '수식을 사용하여 서식을 지정할 셀 결정'을 사용하고, 한 개의 규칙으로만 작성하시오.

▶ ROW, ISODD, MOD, MONTH, AND 함수 사용

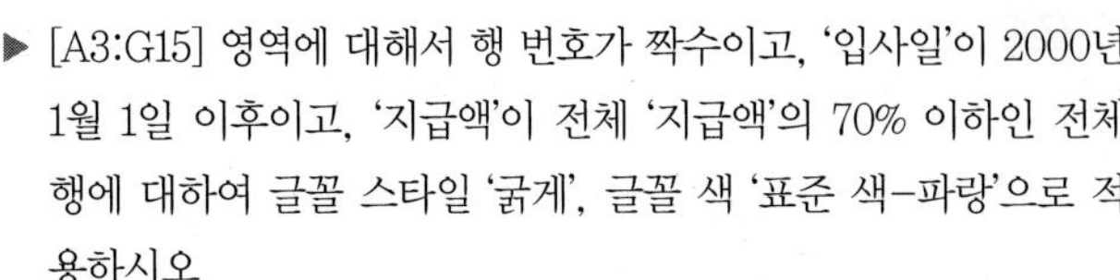

2140284

[기출 4] 24.상시, 23.상시, 19.상시, 18.상시, 16.상시

'기출4' 시트에서 다음과 같이 조건부 서식을 설정하시오.

▶ [A3:G15] 영역에 대해서 행 번호가 짝수이고, '입사일'이 2000년 1월 1일 이후이고, '지급액'이 전체 '지급액'의 70% 이하인 전체 행에 대하여 글꼴 스타일 '굵게', 글꼴 색 '표준 색-파랑'으로 적용하시오.

▶ 단, 규칙 유형은 '수식을 사용하여 서식을 지정할 셀 결정'을 사용하고, 한 개의 규칙으로만 작성하시오.

▶ ISEVEN, ROW, DATE, PERCENTILE.INC, AND 함수 사용

2140285

[기출 5] 22.상시, 21.상시, 20.상시, 19.상시, 18.상시, 15.상시

'기출5 시트에서 다음과 같이 조건부 서식을 설정하시오.

▶ [A3:F16] 영역에 대해서 '사원코드'의 끝나는 글자가 5 이상이고, '평가점수'가 상위 5위 이내인 전체 행에 대하여 글꼴 스타일 '굵게', 글꼴 색 '표준 색-빨강'으로 적용하시오.

▶ 단, 규칙 유형은 '수식을 사용하여 서식을 지정할 셀 결정'을 사용하고, 한 개의 규칙으로만 작성하시오.

▶ RIGHT, RANK.EQ, AND 함수 사용

2140286

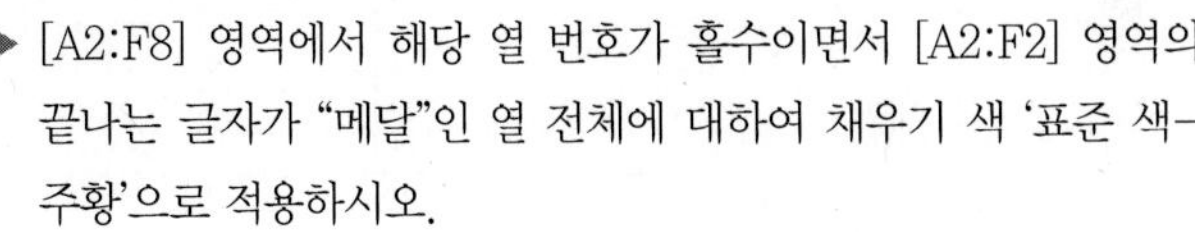

[기출 6] 22.상시, 21.상시, 20.1, 18.상시

'기출6' 시트에서 다음과 같이 조건부 서식을 설정하시오.

▶ [A2:F8] 영역에서 해당 열 번호가 홀수이면서 [A2:F2] 영역의 끝나는 글자가 "메달"인 열 전체에 대하여 채우기 색 '표준 색-주황'으로 적용하시오.

▶ 단, 규칙 유형은 '수식을 사용하여 서식을 지정할 셀 결정'을 사용하고, 한 개의 규칙으로만 작성하시오.

▶ AND, COLUMN, ISODD, RIGHT 함수 사용

정답 및 해설

[기출 1]

〈정답〉

	A	B	C	D	E	F	G	H	I
1									
2	농작물	생산지	계약종류	거래액	재배시기	등급	사용비료	거래수수료	규모
3	고추	전남	계약재배	53,000,000	봄	C	복합	100,000	대형
4	참깨	제주	계약재배	32,000,000	봄	B	자급	90,000	중형
5	양파	제주	계약재배	22,000,000	가을	A	자급	66,000	중형
6	양파	전남	포전매매	34,000,000	가을	A	유기질	120,000	중형
7	마늘	경남	포전매매	28,000,000	여름	A	유기질	112,000	중형
8	**감자**	**전남**	**포전매매**	**46,000,000**	**여름**	**B**	**자급**	**92,000**	**중형**
9	**감자**	**제주**	**포전매매**	**54,000,000**	**월동**	**A**	**자급**	**108,000**	**중형**
10	마늘	전북	계약재배	32,000,000	가을	A	유기질	90,000	대형
11	**고추**	**전북**	**포전매매**	**44,000,000**	**월동**	**A**	**자급**	**120,000**	**대형**
12	참깨	전남	계약재배	24,000,000	월동	B	자급	70,000	대형
13	**양파**	**전남**	**포전매매**	**45,000,000**	**여름**	**C**	**자급**	**90,000**	**대형**
14	마늘	제주	포전매매	38,000,000	여름	B	자급	114,000	중형
15	**마늘**	**전북**	**포전매매**	**57,000,000**	**여름**	**B**	**복합**	**114,000**	**대형**
16	**양파**	**제주**	**계약재배**	**58,000,000**	**월동**	**C**	**복합**	**100,000**	**대형**
17	**고추**	**전북**	**포전매매**	**53,000,000**	**가을**	**A**	**복합**	**106,000**	**중형**

〈해설〉

1. 조건부 서식을 적용할 [A3:I17] 영역을 블록으로 지정한다.
2. [홈] → 스타일 → 조건부 서식 → **새 규칙**을 선택한다.
3. '새 서식 규칙' 대화상자에서 '수식을 사용하여 서식을 지정할 셀 결정'을 선택하고 다음과 같이 조건을 입력한다.

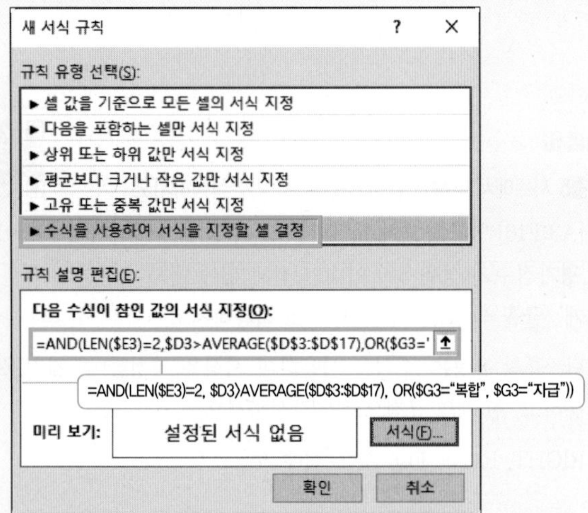

4. '새 서식 규칙' 대화상자에서 〈서식〉을 클릭한 후 '셀 서식' 대화상자에서 글꼴 스타일 '굵게', 글꼴 색 '표준 색-파랑'을 지정하고 〈확인〉을 클릭한다.
5. '새 서식 규칙' 대화상자에서도 〈확인〉을 클릭한다.

[기출 2]

〈정답〉

	A	B	C	D	E	F	G
1							
2	[표1]						
3	회원코드	카드종류	월사용액	발급지사	포인트비율	사용기간(월)	포인트
4	GP-32	SHA02	719,000	지사A	1%	38	7,190
5	CE-05	SHA05	2,103,000	지사B	1%	36	63,090
6	GP-28	SHA01	605,000	지사B	4%	30	24,200
7	***PE-01***	***SHA03***	***9,143,000***	***지사C***	***3%***	***12***	***457,150***
8	GP-09	SHA04	230,000	지사C	5%	25	11,500
9	***PE-10***	***SHA01***	***8,775,000***	***지사B***	***3%***	***30***	***438,750***
10	***PE-40***	***SHA04***	***8,909,000***	***지사C***	***3%***	***28***	***445,450***
11	***CE-35***	***SHA04***	***9,096,000***	***지사A***	***1%***	***8***	***272,880***
12	CE-34	SHA02	3,441,000	지사C	1%	39	103,230
13	GP-12	SHA04	952,000	지사B	3%	20	28,560
14	***PE-13***	***SHA05***	***9,379,000***	***지사C***	***4%***	***7***	***562,740***
15	GP-02	SHA05	2,805,000	지사C	3%	14	140,250
16	PE-32	SHA05	2,928,000	지사B	1%	31	87,840
17	CE-06	SHA04	4,124,000	지사B	4%	14	247,440

〈해설〉

• '새 서식 규칙' 대화상자

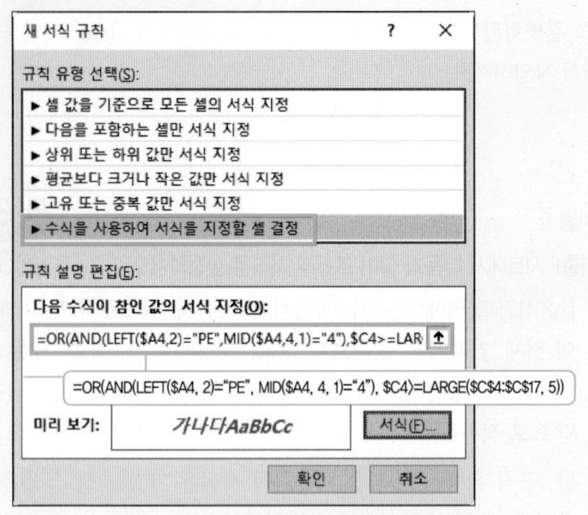

[기출 3]

〈정답〉

	A	B	C	D	E	F	G	H
1								
2	[표1]							
3	대여코드	대여자	수령일	수령시간	대여시간	대여장비	건설사	대여비용
4	RE-7-208	우청호	2020-01-25	09:10	221	크레인	재경그룹	495,000
5	RE-7-209	백은영	2020-03-26	13:00	192	불도저	재경그룹	540,000
6	IA-5-406	정희원	2019-12-09	10:50	72	지게차	인형건설	150,000
7	*IA-5-401*	*임재율*	*2020-02-08*	*15:30*	*24*	*굴착기*	*재경그룹*	*180,000*
8	IA-5-402	임여설	2019-09-14	06:20	24	굴착기	인형건설	180,000
9	ZQ-3-302	손윤혁	2020-06-16	07:00	72	굴착기	재경그룹	180,000
10	IA-5-403	배세윤	2020-02-20	13:20	192	굴착기	미래건축	810,000
11	IA-5-404	백은희	2019-11-09	08:00	48	지게차	미래건축	150,000
12	IA-5-405	고윤혜	2020-04-23	15:30	72	크레인	미래건축	110,000
13	ZQ-3-301	우유현	2020-01-22	07:30	146	불도저	미래건축	342,000
14	ZQ-3-303	최채민	2020-05-18	14:30	216	지게차	재경그룹	675,000
15	ZQ-3-304	백도연	2020-04-18	06:00	192	불도저	미래건축	540,000
16	ZQ-3-305	허민진	2020-03-01	12:20	203	지게차	미래건축	675,000
17	ZQ-3-306	윤정연	2019-06-10	10:30	230	굴착기	재경그룹	810,000

〈해설〉

• '새 서식 규칙' 대화상자

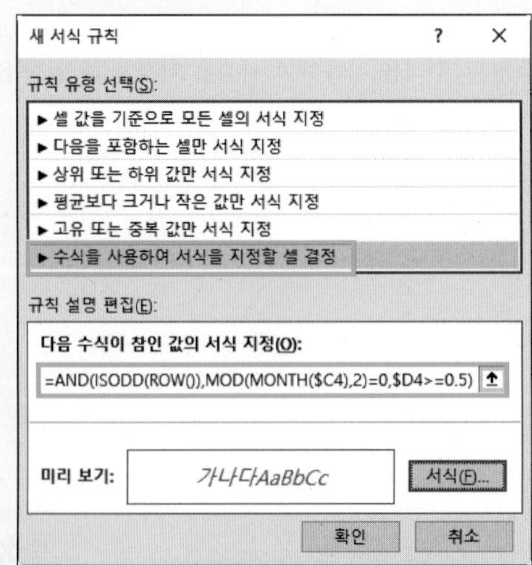

※ 시간 데이터는 밤 12시(자정)를 0.0으로 시작하여 6시는 0.25, 낮 12시(정오)는 0.5, 18시는 0.75로 저장됩니다.

[기출 4]

〈정답〉

	A	B	C	D	E	F	G
1	[표1]						
2	사원코드	사원명	입사일	성과급	지급액	성과등급	매출기여도
3	C6G03	박다해	1997-04-23	127%	8,040,567	C	3,015.21
4	**G1T01**	**곽은경**	**2015-08-22**	**182%**	**12,869,352**	**A**	**4,826.01**
5	A3D07	손동현	2007-04-21	110%	5,489,820	D	2,058.68
6	**G1C06**	**오헌**	**2003-07-11**	**136%**	**12,310,232**	**C**	**4,616.34**
7	G1Q00	문윤채	1992-05-11	167%	15,133,827	B	5,675.19
8	**G1S07**	**조동율**	**2005-09-13**	**127%**	**11,840,774**	**C**	**4,440.29**
9	E9A08	안연지	2018-11-11	152%	7,714,728	B	2,893.02
10	**A3W04**	**안찬헌**	**2006-11-25**	**125%**	**5,881,950**	**C**	**2,205.73**
11	E9G10	허태윤	1998-05-24	120%	9,955,660	D	3,733.37
12	A3I08	오서애	1991-06-29	143%	7,018,083	C	2,631.78
13	G1U00	최송아	2004-12-12	151%	13,092,662	B	4,909.75
14	G1N06	정영연	1993-03-28	145%	13,886,845	C	5,207.57
15	G1O09	윤선영	2002-12-19	166%	13,875,092	B	5,203.16

〈해설〉

• '새 서식 규칙' 대화상자

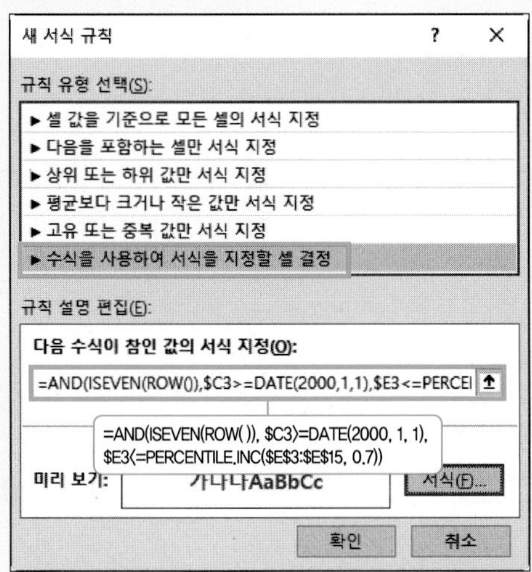

[기출 5]

〈정답〉

	A	B	C	D	E	F
1	[표1]					
2	사원코드	이름	직책	평가점수	자격증	자격수당
3	kr8113	고여원	팀원	3.9	1	95,000
4	de9738	노차빈	팀장	3.3	4	-
5	us7420	조슬영	파트장	4.8	2	190,000
6	**kr8406**	**오효연**	**본부장**	**4.7**	**7**	**525,000**
7	au8718	임희슬	팀원	3.9	4	380,000
8	kr7833	장성혁	실장	4.6	1	95,000
9	au8824	남지원	파트장	4.1	0	-
10	us9203	주송희	팀장	4.7	2	190,000
11	kr8119	이윤주	실장	3.5	4	380,000
12	au9503	유연지	파트장	3.9	2	190,000
13	kr9523	전하연	팀원	5.2	6	450,000
14	**kr7238**	**황화영**	**팀원**	**4.8**	**6**	**450,000**
15	us9227	백시빈	파트장	3.3	6	-
16	us8814	조현진	팀원	4	7	525,000

〈해설〉

• '새 서식 규칙' 대화상자

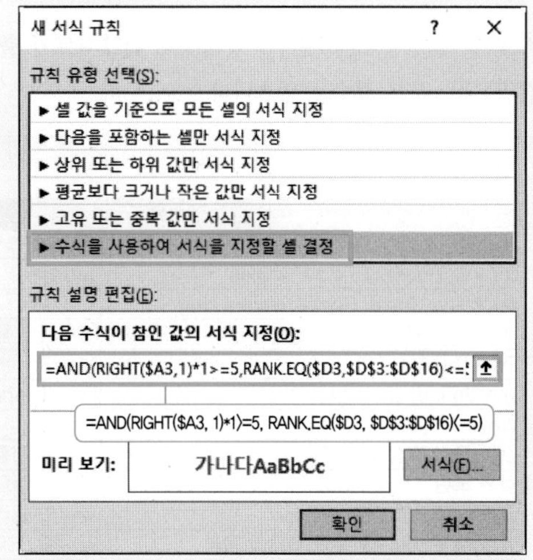

[기출 6]

〈정답〉

	A	B	C	D	E	F
1	[표1]					
2	순위	국가명	금메달	은메달	동메달	합계
3	1	중국	39	25	33	97
4	2	한국	32	28	28	88
5	3	일본	28	16	15	59
6	4	싱가포르	16	25	17	58
7	5	북한	14	17	26	57
8	12	인도네시아	8	9	11	28

〈해설〉

• '새 서식 규칙' 대화상자

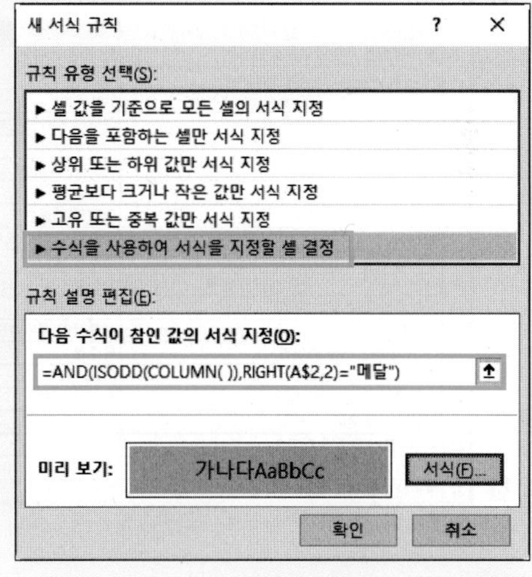

2140301

3 페이지 레이아웃

출제 비율 80% / 배점 5점

페이지 레이아웃 문제는 문제에 **제시된 형태대로 워크시트가 출력되도록 머리글, 바닥글, 인쇄 영역 등을 지정하는 작업**입니다. 1문제가 출제되고 **배점은 5점**입니다. **부분 점수는 없습니다.**

	A	B	C	D
1		[표1		
2		서명	저자	출판년
3		2030년에는 투명망토가 나올까	얀 파울 스취턴	2015
4		Duck & Goose : Find a Pumpkin	Tad Hills	2009
5		Duck and Goose, Goose Needs a Hug	Tad Hills	2012
6		ENJOY 홋카이도(2015-2016)	정태관,박용준,민보영	2015
7		Extra Yarn	Mac Barnett	2014
8		The Unfinished Angel	Creech, Sharon	2011
9		Why? 소프트웨어와 코딩	조영선	2015
10		값싼 음식의 실제 가격	마이클 캐롤런	2016
11		겉은 노란	파트릭 종대 룬드베리	2014
12		글쓰는 여자의 공간	타니아 슐리	2016
13		나는 누구인가 - 인문학 최고의 공부	강신주, 고미숙 외5	2014
14		나는 단순하게 살기로 했다	사사키 후미오	2015
15		나이트 워치 상	세르게이 루키야넨코	2015
16		내 몸의 바운스를 깨워라	옥주현	2013
17		당나귀와 다이아몬드	D&B	2011
18		돼지 루퍼스, 학교에 가다	킴 그리스웰	2014
19		라플라스의 마녀	히가시노게이고	2016
20		뭐? 나랑 너랑 닮았다고!?	고미 타로	2015
21		벤저민 그레이엄의 정량분석 Quant	스티븐 P. 그라이너	2012
22		부동산의 보이지 않는 진실	이재범 외1	2016
23		부시파일럿, 나는 길이 없는 곳으로 간다	오현호	2016
24		빼꼼 아저씨네 동물원	케빈 월드론	2015

⬇

❶ ❷ ❸ ❹ ❺ ❻ ❼ ❽

2023-05-27

2024-05-27

1/2

2/2

	B	C	D
2	서명	저자	출판년
3	2030년에는 투명망토가 나올까	얀 파울 스취턴	2015
4	Duck & Goose : Find a Pumpkin	Tad Hills	2009
5	Duck and Goose, Goose Needs a Hug	Tad Hills	2012
6	ENJOY 홋카이도(2015-2016)	정태관,박용준,민보영	2015
7	Extra Yarn	Mac Barnett	2014
8	The Unfinished Angel	Creech, Sharon	2011
9	Why? 소프트웨어와 코딩	조영선	2015
10	값싼 음식의 실제 가격	마이클 캐롤런	2016
11	겉은 노란	파트릭 종대 룬드베리	2014
12	글쓰는 여자의 공간	타니아 슐리	2016
13	나는 누구인가 - 인문학 최고의 공부	강신주, 고미숙 외5	2014
14	나는 단순하게 살기로 했다	사사키 후미오	2015
15	나이트 워치 상	세르게이 루키야넨코	2015
16	내 몸의 바운스를 깨워라	옥주현	2013
17	당나귀와 다이아몬드	D&B	2011
18	돼지 루퍼스, 학교에 가다	킴 그리스웰	2014
19	라플라스의 마녀	히가시노게이고	2016
20	뭐? 나랑 너랑 닮았다고!?	고미 타로	2015
21	벤저민 그레이엄의 정량분석 Quant	스티븐 P. 그라이너	2012
22	부동산의 보이지 않는 진실	이재범 외1	2016

		C	D
42	혁신교육에 대한 교육학적 성찰	한국교육연구네트워크	2014

※ 워크시트에 머리글, 바닥글 등을 지정하고, 두 페이지로 인쇄되도록 설정하여 화면으로 출력한 모양입니다.

❶ **용지 방향** : 내용이 용지의 가로 방향으로 출력되도록 지정함

❷ **페이지 가운데 맞춤** : 내용이 인쇄 용지의 가운데에 출력되도록 지정함

❸ **머리글** : 매 페이지 상단의 오른쪽 영역에 시스템의 현재 날짜를 표시함

❹ **바닥글** : 매 페이지 하단의 가운데 영역에 페이지 번호를 표시함

❺ **인쇄 영역** : [B2:D42] 영역만 인쇄되도록 지정함

❻ **인쇄 제목** : 2행이 페이지마다 반복하여 인쇄되도록 지정함

❼ **행/열 머리글** : 행과 열의 머리글이 인쇄되도록 지정함

❽ **페이지 나누기** : [B2:D22] 영역은 1페이지, [B23:D42] 영역은 2페이지에 인쇄되도록 지정함

2140302

작업 순서

페이지 레이아웃

[페이지 레이아웃] → **페이지 설정**의 ⧉을 클릭한다.

페이지 나누기

새로운 페이지의 맨 처음에 표시할 셀을 클릭한 후 [페이지 레이아웃] → 페이지 설정 → 나누기 → **페이지 나누기 삽입**을 클릭한다.

합격포인트

- 페이지 레이아웃 문제는 **제시된 조건들을 설정하는 '페이지 설정' 창의 요소들을 기억하는 것이 합격포인트**입니다.
- 문제의 지시사항과 '페이지 설정' 창의 요소들의 명칭이 비슷해서 한 두 번만 제대로 연습하면 누구나 쉽게 5점을 얻을 수 있습니다.

☞ 직접 실습하려면 'C:\길벗컴활1급총정리\엑셀\기능\03페이지레이아웃.xlsm' 파일을 열어서 작업하세요.

2150311

24.상시, 23.상시, 22.상시, 21.상시, 20.상시, 20.1, 19.상시, 19.2, 18.2, …

01 용지 방향 / 자동 맞춤

❶ 인쇄용지가 가로로 인쇄되도록 용지 방향을 설정하시오.

❷ 한 페이지에 맞게 배율이 자동으로 조정되도록 설정하시오.

❸ 첫 페이지 번호가 10부터 시작하도록 설정하시오.

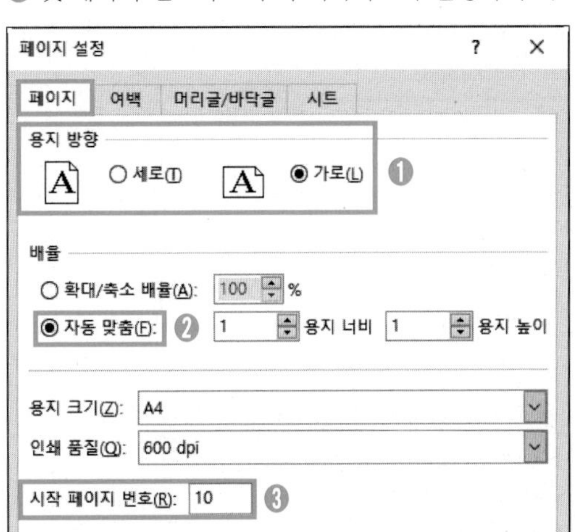

[페이지 레이아웃] → **페이지 설정**의 ⧉을 클릭한 후 '페이지 설정' 대화상자의 '페이지' 탭에서 설정합니다.

2140312

24.상시, 23.상시, 22.상시, 21.상시, 20.상시, 20.1, 18.2

02 페이지 가운데 맞춤

인쇄될 내용이 페이지의 정 가운데에 인쇄되도록 페이지 가운데 맞춤을 설정하시오.

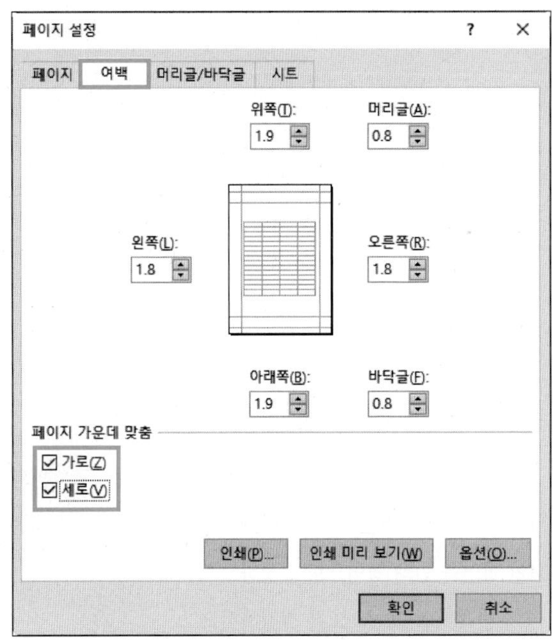

2140313

24.상시, 23.상시, 22.상시, 21.상시, 20.상시, 20.1, 19.2 , 19.1, 18.1, …

03 머리글

매 페이지 상단의 오른쪽 구역에는 시스템의 현재 날짜가 표시되도록 머리글을 설정하시오.

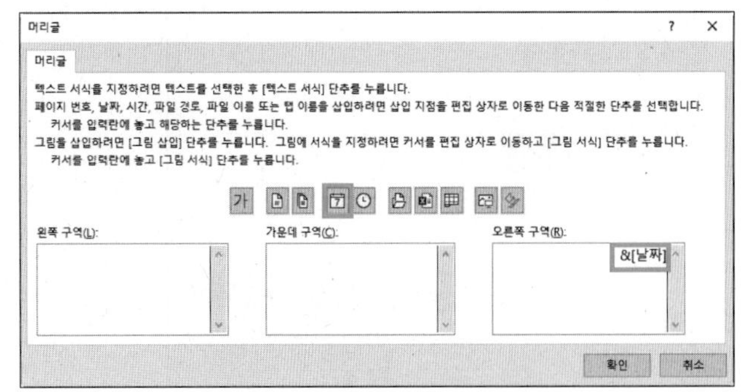

2140314

04 바닥글

24.상시, 23.상시, 22.상시, 21.상시, 20.상시, 20.1, 19.2, 19.1, 18.2

매 페이지 하단의 가운데 구역에는 페이지 번호가 [표시 예]와 같이 표시되도록 바닥글을 설정하시오.

[표시 예 : 현재 페이지 번호가 1이고 전체 페이지 번호가 2인 경우 → 1/2]

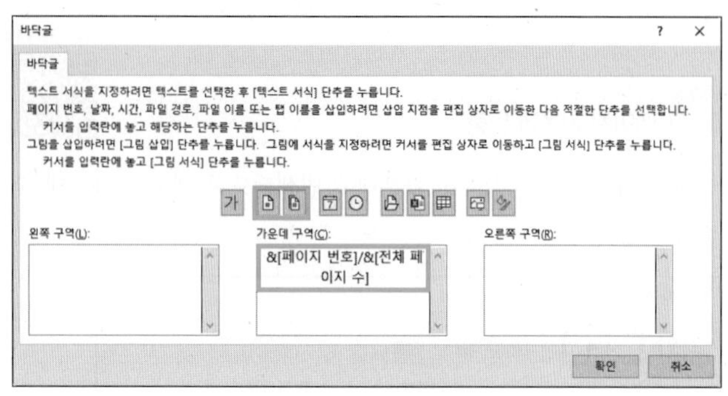

2150315

05 인쇄 영역 / 인쇄 제목 / 행 · 열 머리글

24.상시, 23.상시, 22.상시, 21.상시, 20.상시, 20.1, 19.상시, 19.2, 19.1, …

❶ [B2:D42] 영역을 인쇄 영역으로 설정하시오.

❷ [2:2] 행이 반복하여 표시되도록 설정하시오.

❸ 메모를 시트에 표시된대로 인쇄되도록 설정하시오.

❹ 시트에 삽입된 그림이 인쇄되지 않도록 설정하시오.

❺ 행 머리글(1, 2, 3 등)과 열 머리글(A, B, C 등)이 인쇄되도록 설정하시오.

2140316

06 인쇄 영역 추가

22.상시, 21.상시, 20.상시, 18.1, 17.상시

[B23:D42] 영역을 기존 인쇄 영역에 추가하시오.

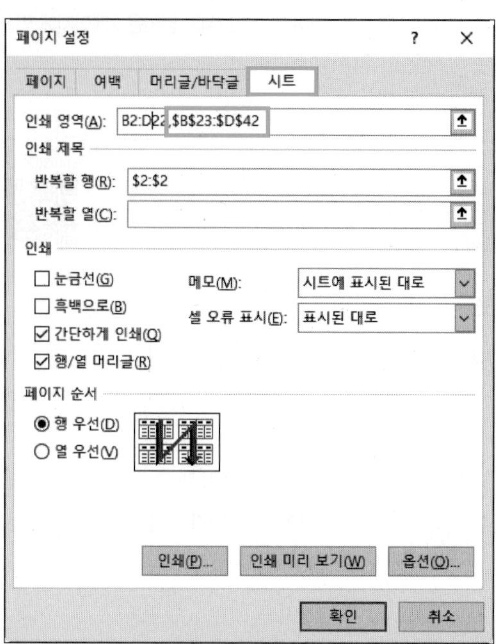

2140317

07 페이지 나누기

22.상시, 21.상시, 20.상시, 20.1, 19.상시

[B2:D22] 영역은 1페이지에, [B23:D42] 영역은 2페이지에 표시되도록 페이지 나누기를 수행하시오.

[B23] 셀을 클릭한 후 [페이지 레이아웃] → 페이지 설정 → 나누기 → **페이지 나누기 삽입**을 선택합니다.

대표기출문제

'C:\길벗컴활1급총정리\엑셀\기능\03페이지레이아웃.xlsm' 파일을 열어서 작업하세요.

2140381

[기출 1] 24.상시, 23.상시, 22.상시, 21.상시, 20.상시, 20.1, 19.상시, 19.2, 19.1, …

'기출1' 시트에서 다음과 같이 페이지 레이아웃을 설정하시오.

▶ 인쇄 용지가 가로로 인쇄되도록 용지 방향을 '가로'로 설정하고, 인쇄될 내용이 페이지의 정 가운데에 인쇄되도록 페이지 가운데 맞춤을 설정하시오.

▶ 홀수 페이지 하단의 왼쪽 구역과 짝수 페이지 하단의 오른쪽 구역에 현재 페이지 번호가 [표시 예]와 같이 표시되도록 바닥글을 설정하시오.

[표시 예 : 현재 페이지 번호 1 → 1페이지]

▶ 기존 인쇄 영역에 [A20:I30] 영역을 인쇄 영역으로 추가하고, [1:4] 행이 반복하여 표시되도록 설정하시오.

2140382

[기출 2] 24.상시, 23.상시, 22.상시, 21.상시, 20.상시, 20.1, 19.상시, 19.2, 19.1, …

'기출2' 시트에서 다음과 같이 페이지 레이아웃을 설정하시오.

▶ [A1:J37] 영역을 인쇄 영역으로 설정하고, [1:2] 행이 매 페이지마다 반복하여 인쇄되도록 인쇄 제목을 설정하시오.

▶ 매 페이지 상단의 오른쪽 구역에는 회사로고가 표시되도록 머리글을 설정하시오.

– 파일명 : 길벗.JPG

▶ [A1:J22] 영역은 1페이지에, [A23:J37] 영역은 2페이지에 표시되도록 페이지 나누기를 수행하시오.

정답 및 해설

[기출 1]

〈정답〉

– 1페이지

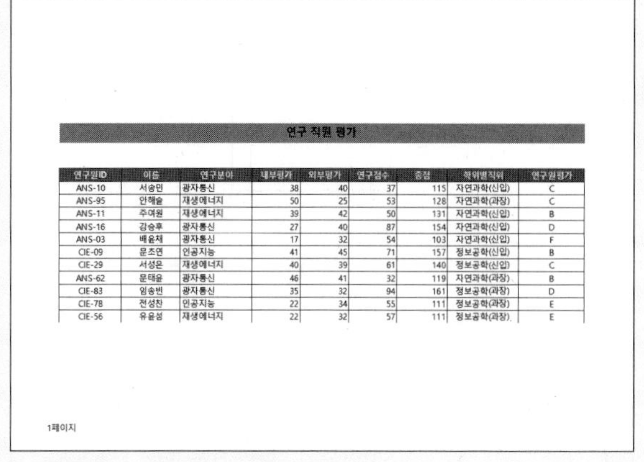

연구 직원 평가

연구원ID	이름	연구분야	내부평가	외부평가	연구점수	총점	학위별직위	연구원평가
ANS-10	서송민	광자통신	38	40	37	115	자연과학(신입)	C
ANS-95	안해슬	재생에너지	50	25	53	128	자연과학(과장)	C
ANS-11	주여원	재생에너지	39	42	50	131	자연과학(신입)	B
ANS-16	강승후	광자통신	27	40	87	154	자연과학(신입)	D
ANS-03	배윤채	광자통신	17	32	54	103	자연과학(신입)	F
CIE-09	문초연	인공지능	41	45	71	157	정보공학(신입)	B
CIE-29	서성은	재생에너지	40	39	61	140	정보공학(신입)	C
ANS-62	문태윤	광자통신	46	41	32	119	자연과학(과장)	B
CIE-83	임송빈	광자통신	35	32	94	161	정보공학(과장)	D
CIE-78	전성찬	인공지능	22	34	55	111	정보공학(과장)	E
CIE-56	유윤성	재생에너지	22	32	57	111	정보공학(과장)	E

1페이지

– 2페이지

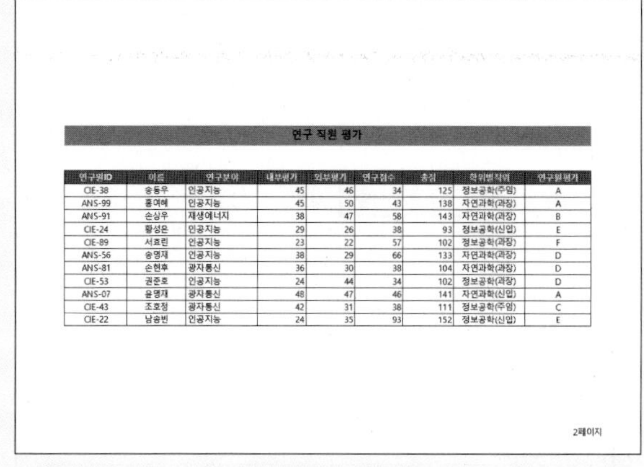

연구 직원 평가

연구원ID	이름	연구분야	내부평가	외부평가	연구점수	총점	학위별직위	연구원평가
CIE-38	송동우	인공지능	45	46	34	125	정보공학(주임)	A
ANS-99	홍여혜	인공지능	45	50	43	138	자연과학(과장)	A
ANS-91	손상우	재생에너지	38	47	58	143	자연과학(과장)	B
CIE-24	황성은	인공지능	29	26	38	93	정보공학(신입)	E
CIE-89	서효린	인공지능	23	22	57	102	정보공학(과장)	F
ANS-56	송명재	인공지능	38	29	66	133	자연과학(과장)	D
ANS-81	손현후	광자통신	36	30	38	104	자연과학(과장)	D
CIE-53	권준호	인공지능	24	44	34	102	정보공학(과장)	D
ANS-07	윤명재	광자통신	48	47	46	141	자연과학(신입)	A
CIE-43	조호정	광자통신	42	31	38	111	정보공학(주임)	C
CIE-22	남송빈	인공지능	24	35	93	152	정보공학(신입)	E

2페이지

〈해설〉

1. [페이지 레이아웃] → **페이지 설정**의 [⧉]을 클릭한다.
2. '페이지 설정' 대화상자의 '페이지' 탭에서 다음과 같이 지정한다.

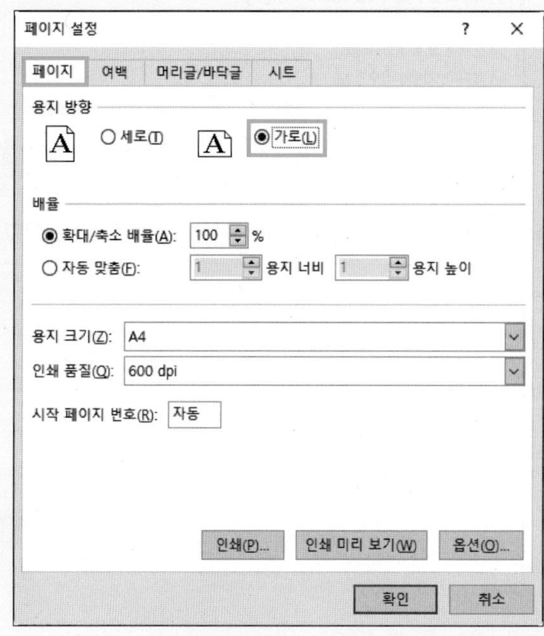

3. '페이지 설정' 대화상자의 '여백' 탭에서 다음과 같이 지정한다.

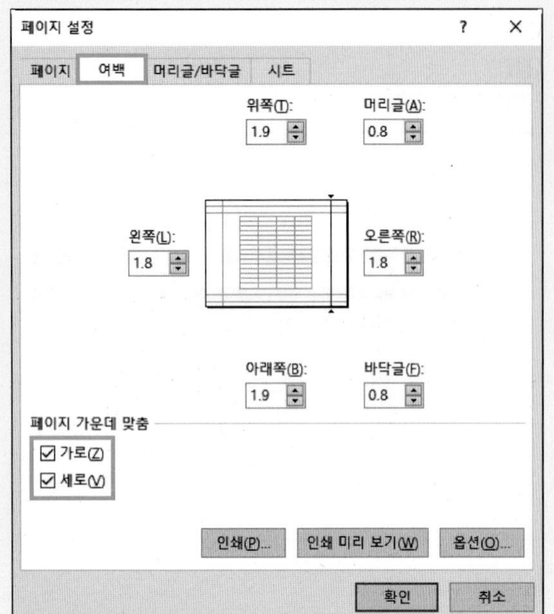

4. '페이지 설정' 대화상자의 '머리글/바닥글' 탭에서 '짝수와 홀수 페이지를 다르게 지정'을 선택한 후 〈바닥글 편집〉을 클릭한다.

5. '바닥글' 대화상자의 '홀수 페이지 바닥글' 탭에서 다음과 같이 지정한다.

6. '바닥글' 대화상자의 '짝수 페이지 바닥글' 탭에서 다음과 같이 지정한 후 〈확인〉을 클릭한다.

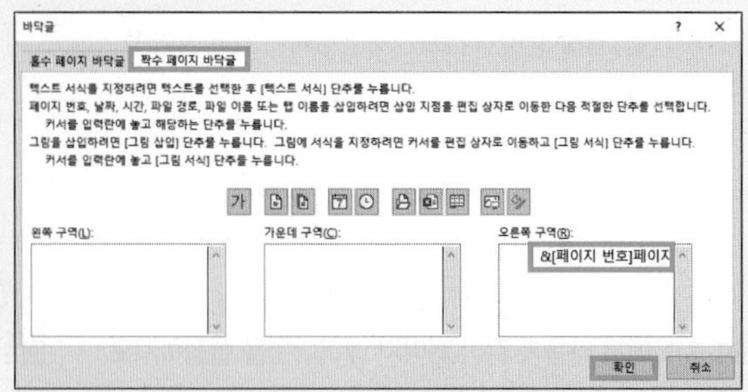

7. '페이지 설정' 대화상자의 '시트' 탭에서 다음과 같이 지정한 후 〈확인〉을 클릭한다.

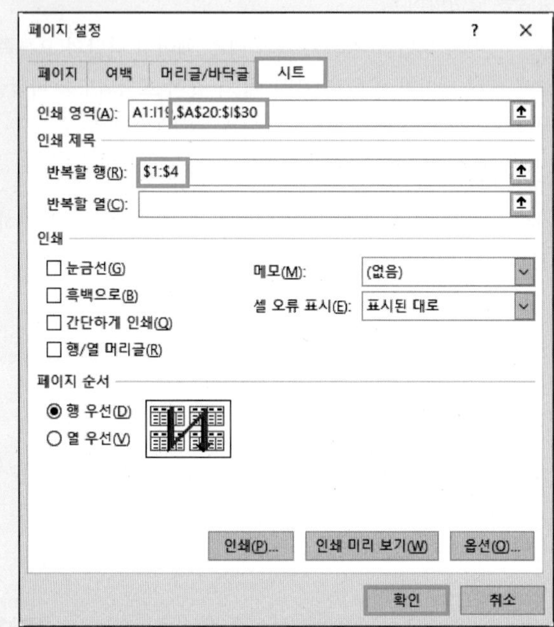

[기출 2]

〈정답〉

– 1페이지

[표1]

번호	사원코드	소속지사	이름	주민번호	정년날짜	직책	평가점수	자격증	자격수당
1	kr8113	한국	고여원	761018-2******	2037-02-28	팀원	3.9	1	95,000
2	de9738	무소속	노자빈	810115-2******	2041-08-31	팀장	3.3	4	-
3	us7420	미국	조슬영	801105-1******	2041-02-28	파트장	4.8	2	190,000
4	kr8406	한국	오효연	720102-1******	2032-08-31	본부장	4.7	7	525,000
5	au8718	호주	임희슬	811217-2******	2042-02-28	팀원	3.9	4	380,000
6	kr7833	한국	장성혁	861109-2******	2047-02-28	실장	4.6	1	95,000
7	au8824	호주	남지원	890628-2******	2049-08-31	파트장	4.1	0	-
8	us9203	미국	주송희	861024-1******	2047-02-28	팀장	4.7	2	190,000
9	kr8119	한국	이윤주	891123-2******	2050-02-28	실장	3.5	4	380,000
10	au9503	호주	유연지	860926-1******	2047-02-28	파트장	3.9	2	190,000
11	kr9523	한국	천하연	740808-2******	2035-02-28	팀원	5.2	6	450,000
12	us9227	미국	백시빈	840207-2******	2044-08-31	파트장	3.3	6	-
13	us8814	미국	조현진	770703-1******	2038-02-28	팀원	4	7	525,000
14	kr7238	한국	황화영	880429-1******	2048-08-31	팀원	4.8	6	450,000
15	au9703	호주	남청연	710407-1******	2031-08-31	본부장	5.4	1	95,000
16	kr7340	한국	정윤애	771024-2******	2038-02-28	파트장	5.1	4	380,000
17	au9029	호주	고호정	720626-1******	2032-08-31	실장	3.9	7	525,000
18	de7338	무소속	한래환	760411-2******	2036-08-31	본부장	5.5	4	380,000
19	kr8917	한국	배성연	781217-1******	2039-02-28	실장	3.3	0	-
20	kr9207	한국	강연서	800412-1******	2040-08-31	팀원	4.5	5	375,000

– 2페이지

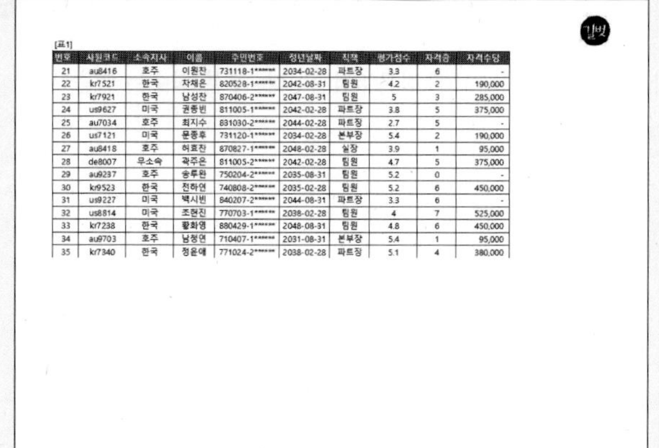

[표1]

번호	사원코드	소속지사	이름	주민번호	정년날짜	직책	평가점수	자격증	자격수당
21	au8416	호주	이원찬	731118-1******	2034-02-28	파트장	3.3	6	-
22	kr7521	한국	차채은	820528-1******	2042-08-31	팀원	4.2	2	190,000
23	kr7921	한국	남성찬	870406-2******	2047-08-31	팀원	5	3	285,000
24	us9627	미국	권종빈	811005-1******	2042-02-28	파트장	3.8	5	375,000
25	au7034	호주	최지수	831030-2******	2044-02-28	파트장	2.7	5	-
26	us7121	미국	문종후	731120-1******	2034-02-28	본부장	5.4	2	190,000
27	au8418	호주	허효찬	870827-1******	2048-02-28	실장	3.9	1	95,000
28	de8007	무소속	곽주은	811005-2******	2042-02-28	팀원	4.7	5	375,000
29	au9237	호주	송루원	750204-2******	2035-08-31	팀원	5.2	0	-
30	kr9523	한국	전하연	740808-2******	2035-02-28	팀원	5.2	6	450,000
31	us9227	미국	백시빈	840207-2******	2044-08-31	파트장	3.3	6	-
32	us8814	미국	조현진	770703-1******	2038-02-28	팀원	4	7	525,000
33	kr7238	한국	황화영	880429-1******	2048-08-31	팀원	4.8	6	450,000
34	au9703	호주	남청연	710407-1******	2031-08-31	본부장	5.4	1	95,000
35	kr7340	한국	정윤애	771024-2******	2038-02-28	파트장	5.1	4	380,000

〈해설〉

- '머리글' 대화상자

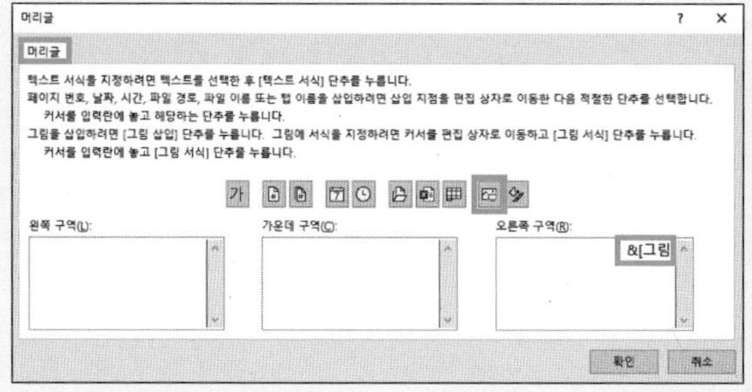

- '페이지 설정' 대화상자의 '시트' 탭

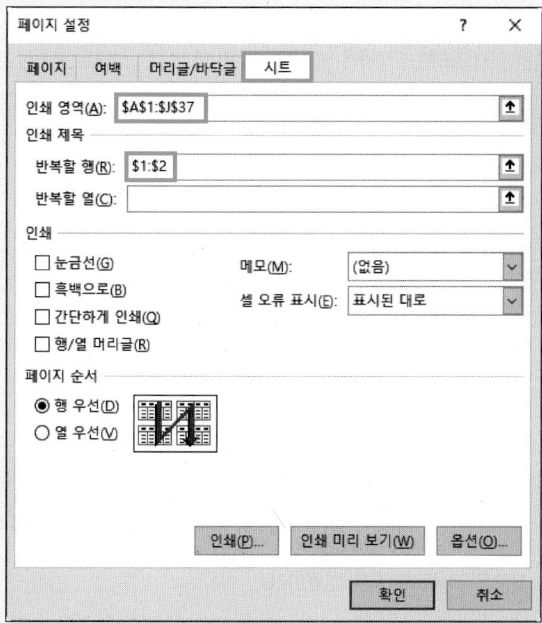

- 페이지 나누기

  [A23] 셀을 클릭한 후 [페이지 레이아웃] → 페이지 설정 → 나누기 → **페이지 나누기 삽입** 선택

2140401 

4 시트 보호

출제 비율 20% / 배점 5점

시트 보호 문제는 워크시트의 **데이터를 변경하지 못하도록 설정하는 작업**입니다. 1문제가 출제되고 **배점은 5점**입니다. **부분 점수는 없습니다.**

	A	B	C	D	E	F	G
1							
2		자동차 판매 현황					
3							
4							
5		차량명	차량총액	인도금	할부원금	상환기간(월)	월납입금
6		싼타매	35,000,000	15,000,000	20,000,000	36	555,555.56
7		코란다	24,000,000	5,000,000	19,000,000	24	791,666.67
8		SN5	28,000,000	7,500,000	20,500,000	24	854,166.67
9		크루지	30,000,000	8,000,000	22,000,000	44	500,000.00
10		윈스타	32,000,000	8,000,000	24,000,000	18	1,333,333.33
11		KS7	36,000,000	15,000,000	21,000,000	36	583,333.33
12		그랜지	40,000,000	20,000,000	20,000,000	18	1,111,111.11

⬇

	A	B	C	D	E	F	G
1							
2		자동차 판매 현황					
3							
4							
5		차량명	차량총액	인도금	할부원금	상환기간(월)	월납입금
6		싼타매	35,000,000	15,000,000	20,000,000	36	555,555.56
7		코란다	24,000,000	5,000,000	19,000,000	24	791,666.67
8		SN5	28,000,000	7,500,000	20,500,000	24	854,166.67
9		크루지	30,000,000	8,000,000	22,000,000	44	500,000.00
10		윈스타	32,000,000	8,000,000	24,000,000	18	1,333,333.33
11		KS7	36,000,000	15,000,000	21,000,000	36	583,333.33
12		그랜지	40,000,000	20,000,000	20,000,000	18	1,111,111.11

1 페이지

※ 데이터를 수정하지 못하도록 셀 잠금, 수식 숨기기, 텍스트 잠금을 적용하고, [B2:G12] 영역만 인쇄되도록 조정하여 '페이지 나누기 미리보기' 상태로 표시한 화면입니다.

전문가의 조언

셀 잠금 및 텍스트 잠금을 수행해도 화면상에는 변화가 없지만, 보호된 셀이나 도형에 수정을 시도하면 시트 보호를 해제하라는 경고문이 나타나거나 도형이 선택되지 않는 것을 확인할 수 있습니다.

2140402 

작업 순서

답안 작업 순서에 익숙하면 시험장에서 당황하지 않고 조금 더 빠르게 답안을 작성할 수 있습니다. 다음의 순서를 보면서 차례대로 엑셀 화면을 떠올려 보세요. 컴퓨터 없이 이미지 트레이닝을 반복하다 보면 엑셀 화면이 조금 더 친숙하게 느껴질 겁니다.

셀 잠금과 수식 숨기기를 적용하여 시트 보호하기

1. 셀 잠금과 수식 숨기기를 적용할 영역을 선택한 후 Ctrl + 1을 누른다.
2. '셀 서식' 대화상자의 '보호' 탭에서 '잠금'과 '숨김' 속성을 선택한다.
3. [검토] → 변경 내용 → **시트 보호**를 클릭한다.
4. 보호 시 허용할 내용을 선택한다.

차트 잠금을 적용하여 시트 보호하기

1. 차트 영역의 바로 가기 메뉴에서 **[차트 영역 서식]**을 선택한다.
2. '차트 영역 서식' 창에서 '잠금' 속성을 선택한다.
3. [검토] → 변경 내용 → **시트 보호**를 클릭한다.
4. 보호 시 허용할 내용을 선택한다.

도형의 텍스트 잠금을 적용하여 시트 보호하기

1. 도형의 바로 가기 메뉴에서 **[도형 서식]**을 선택한다.
2. '도형 서식' 창에서 '텍스트 잠금' 속성을 선택한다.
3. [검토] → 변경 내용 → **시트 보호**를 클릭한다.
4. 보호 시 허용할 내용을 선택한다.

통합 문서 보기

[보기] → 통합 문서 보기 → **기본/페이지 나누기 미리 보기/페이지 레이아웃** 중 선택한다.

합격포인트

시트 보호 작업은 **제시된 조건들을 설정하는 메뉴를 정확히 알고 있는 것이 합격포인트**입니다. 즉 메뉴만 알면 바로 작업할 수 있는 쉬운 문제라는 거죠. 실수하지 않도록 다음 기능들을 여러 번 읽어보세요.

☞ 직접 실습하려면 'C:\길벗컴활1급총정리\엑셀\기능\04시트보호.xlsm' 파일을 열어서 작업하세요.

2140411

22.상시, 21.상시, 20.상시, 19.1, 18.상시, 17.상시

01 셀 잠금 / 수식 숨기기

[G6:G12] 영역에 셀 잠금과 수식 숨기기를 적용하시오.

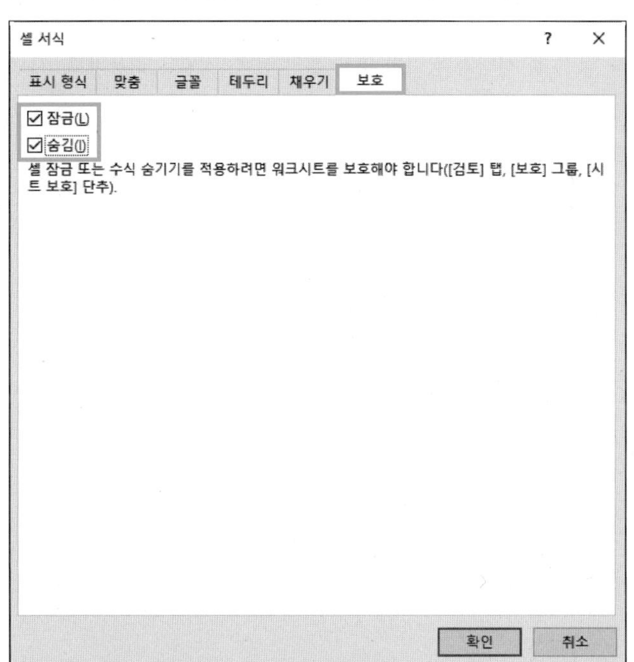

'잠금'을 설정한 셀만 시트 보호가 수행되며, '숨김'을 설정한 셀은 수식 입력줄에 수식이 표시되지 않습니다.

2140412

22.상시, 21.상시, 20.상시, 19.1, 18.상시, 17.상시

02 잠금

차트는 편집할 수 없도록 보호하시오.

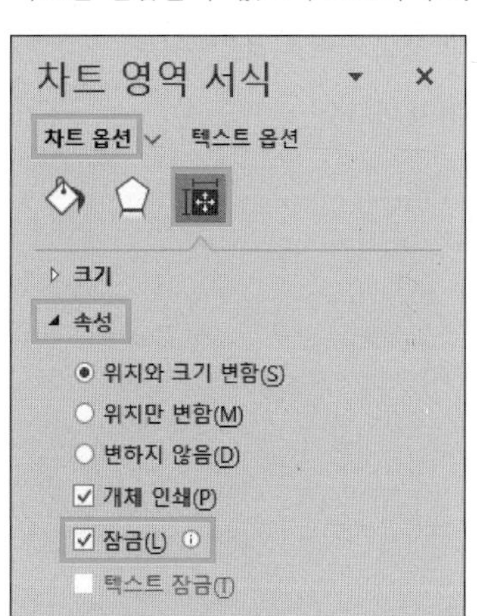

차트 영역의 바로 가기 메뉴에서 **[차트 영역 서식]**을 선택한 후 '차트 영역 서식' 창에서 설정합니다.

2140413

22.상시, 21.상시, 20.상시, 18.상시, 17.상시

03 텍스트 잠금

도형의 텍스트를 수정할 수 있도록 잠금을 해제하시오.

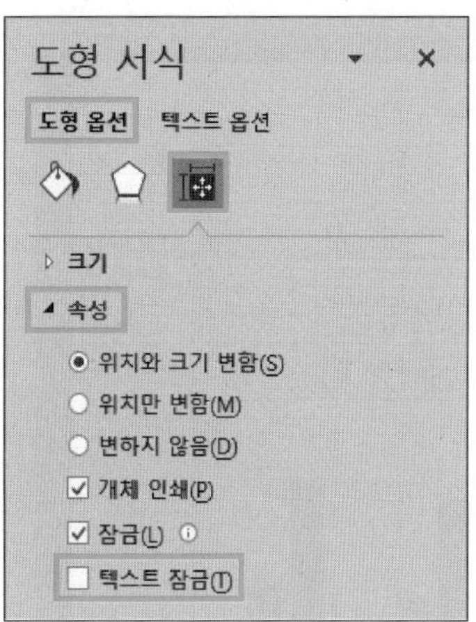

도형의 바로 가기 메뉴에서 **[도형 서식]**을 선택한 후 '도형 서식' 창에서 설정합니다.

2140414

22.상시, 21.상시, 20.상시, 19.1, 18.상시, 17.상시

04 시트 보호

❶ 잠긴 셀의 내용과 워크시트를 보호하시오.

❷ 잠긴 셀의 선택과 잠기지 않은 셀의 선택은 허용하시오.

❸ 시트 보호 해제 암호는 지정하지 마시오.

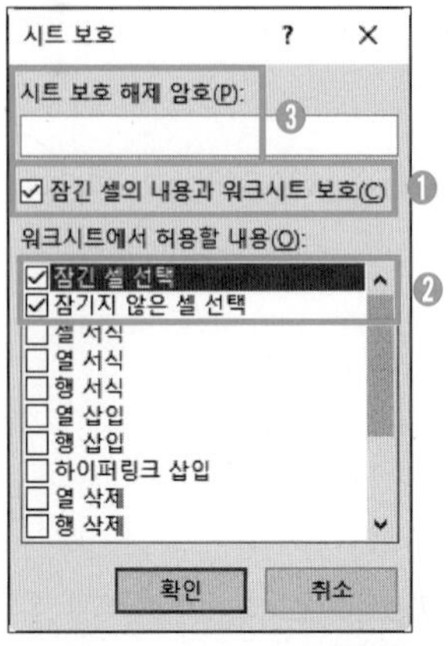

[검토] → 보호 → **시트 보호**를 클릭한 후 '시트 보호' 대화상자에서 설정합니다.

2140415

22.상시, 21.상시, 20.상시

05 통합 문서 보기

페이지 나누기 미리 보기로 표시하고 [B2:G24] 영역만 1페이지로 인쇄되도록 페이지 나누기 구분선을 조정하시오.

1. [보기] → 통합 문서 보기 → **페이지 나누기 미리 보기**를 클릭합니다.

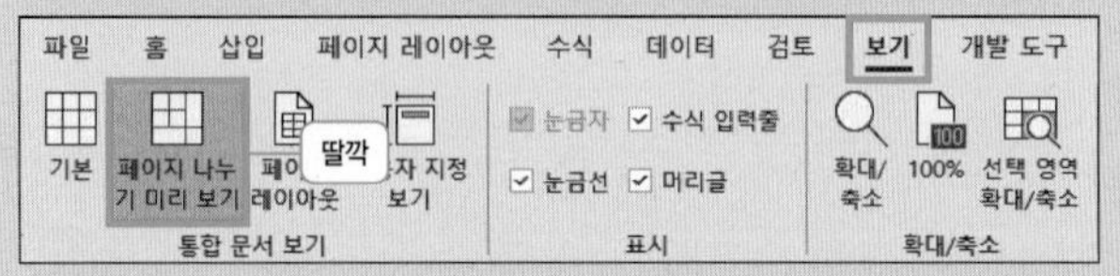

2. 파란색 페이지 나누기 구분선 위로 마우스 포인터를 이동해 포인터의 모양이 ↔, ↕ 등으로 변경됐을 때 드래그하여 [B2:G24] 영역만 표시되도록 조정합니다.

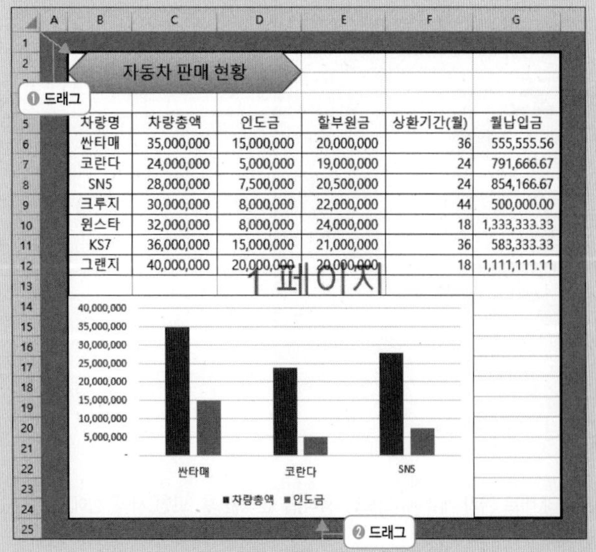

차량명	차량총액	인도금	할부원금	상환기간(월)	월납입금
싼타매	35,000,000	15,000,000	20,000,000	36	555,555.56
코란다	24,000,000	5,000,000	19,000,000	24	791,666.67
SN5	28,000,000	7,500,000	20,500,000	24	854,166.67
크루지	30,000,000	8,000,000	22,000,000	44	500,000.00
윈스타	32,000,000	8,000,000	24,000,000	18	1,333,333.33
KS7	36,000,000	15,000,000	21,000,000	36	583,333.33
그랜지	40,000,000	20,000,000	20,000,000	18	1,111,111.11

대표기출문제

'C:\길벗컴활1급총정리\엑셀\기능\04시트보호.xlsm' 파일을 열어서 작업하세요.

2140481

[기출 1] 22.상시, 21.상시, 20.상시, 19.1, 18.상시, 17.상시

'기출1' 시트에서 다음과 같이 시트 보호와 통합 문서 보기를 설정하시오.

[A5:G13] 영역에 셀 잠금과 수식 숨기기를 적용한 후 잠긴 셀의 내용과 워크시트를 보호하시오.

▶ 도형의 텍스트 잠금은 해제하시오.

▶ 잠긴 셀의 선택과 잠기지 않은 셀의 선택, 셀 서식은 허용하고, 시트 보호 해제 암호는 지정하지 마시오.

▶ '기출1' 시트를 페이지 나누기 미리 보기로 표시하고, [A2:G13] 영역만 1페이지로 인쇄되도록 페이지 나누기 구분선을 조정하시오.

2140482

[기출 2] 22.상시, 21.상시, 20.상시, 19.1, 18.상시, 17.상시

'기출2' 시트에서 다음과 같이 시트 보호를 설정하시오.

▶ 워크시트 전체 셀의 셀 잠금을 해제한 후 [F3:G10] 영역에만 셀 잠금과 수식 숨기기를 적용하여 이 영역의 내용만을 보호하시오.

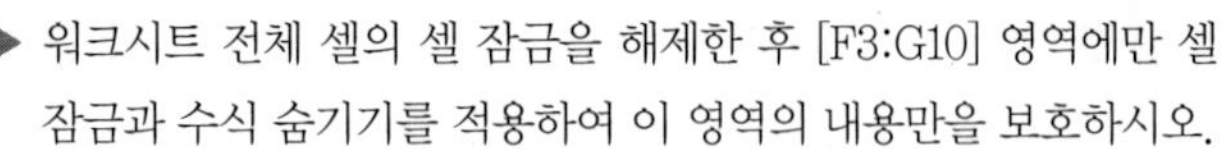

▶ 차트는 편집할 수 없도록 보호하시오.

▶ 잠긴 셀 선택과 잠기지 않은 셀의 선택, 정렬은 허용하고, 시트 보호 해제 암호는 지정하지 마시오.

정답 및 해설

[기출 1]

〈정답〉

일반의약품 판매가격 현황

코드	제품명	제조사	구분	평균가	최저가격	순위
DH1897	위생천	광동제약	소화제	580	500	5
HY1955	챔프	동아제약	해열진통제	2,000	1,600	4
DA1956	판피린큐	동아제약	해열진통제	400	350	8
DG1985	애시논액	동아제약	소화제	4,800	4,150	2
GY1958	포타디연고	삼일제약	외용연고제	500	400	7
SE1987	부루펜시럽	삼일제약	해열진통제	4,300	3,900	3
HD1957	생록천	광동제약	소화제	500	420	6
DH1980	후시딘	동화약품	외용연고제	5,200	4,500	1

〈해설〉

1. [A5:G13] 영역을 블록으로 지정한 후 Ctrl + 1을 누른다.
2. '셀 서식' 대화상자의 '보호' 탭에서 '잠금'과 '숨김'을 선택한 후 〈확인〉을 클릭한다.

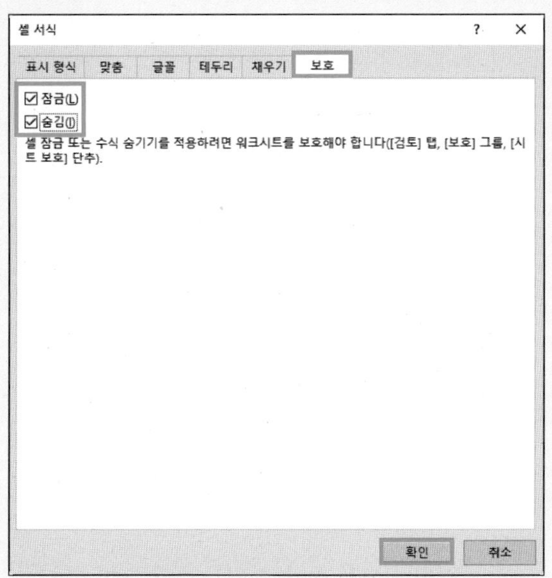

3. 도형의 바로 가기 메뉴에서 **[도형 서식]**을 선택한다.
4. '도형 서식' 창의 [도형 옵션] → (크기 및 속성) → **속성**에서 '텍스트 잠금'의 체크 표시를 해제한다.

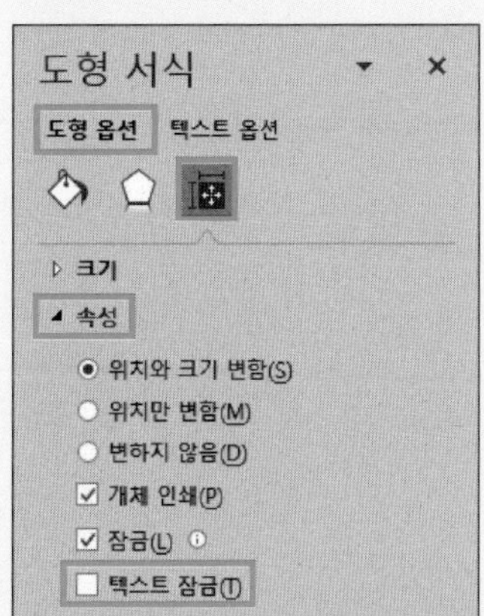

5. [검토] → 보호 → **시트 보호**를 클릭한다.
6. '시트 보호' 대화상자에서 다음과 같이 지정하고 〈확인〉을 클릭한다.

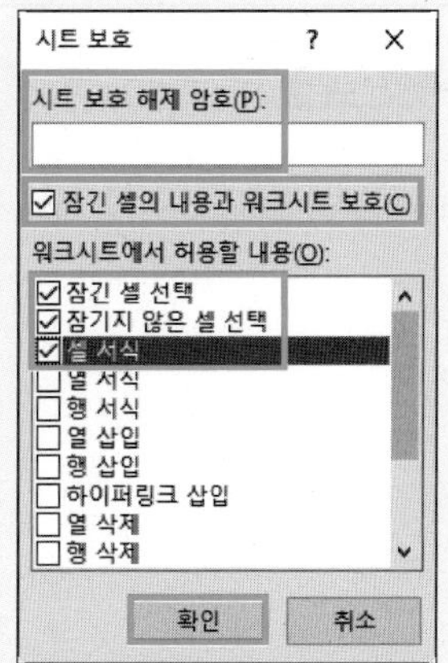

7. [보기] → 통합 문서 보기 → **페이지 나누기 미리 보기**를 클릭한다.
8. [A2:G13] 영역만 인쇄되도록 페이지 나누기 구분선을 마우스로 드래그하여 조정한다.

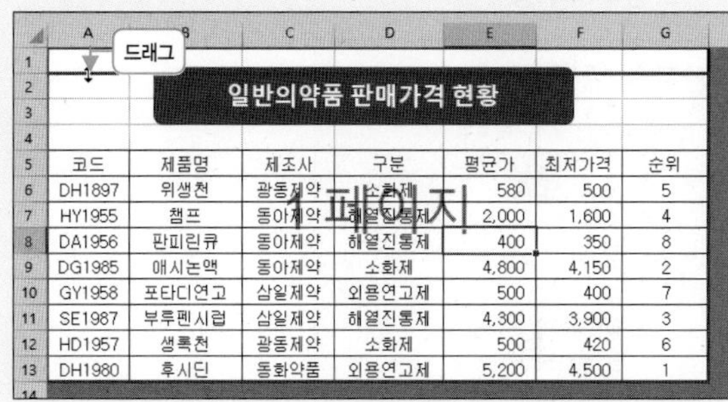

[기출 2]

〈해설〉

- 워크시트 전체의 '셀 서식' 대화상자

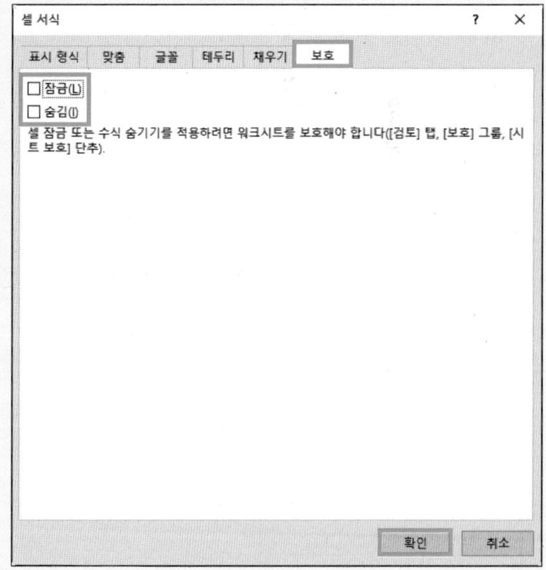

• [F3:G10] 영역의 '셀 서식' 대화상자

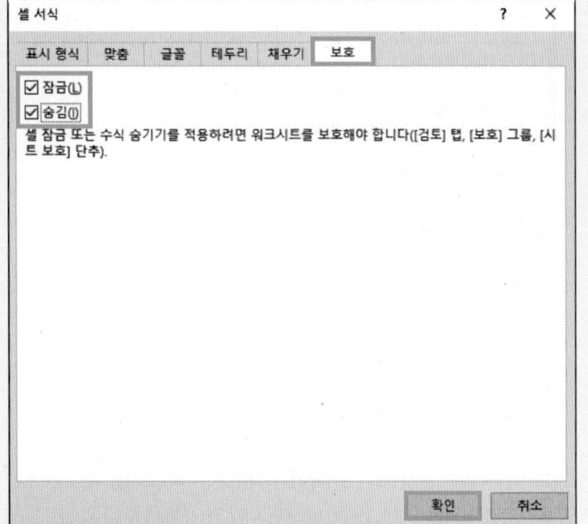

• '차트 영역 서식' 창

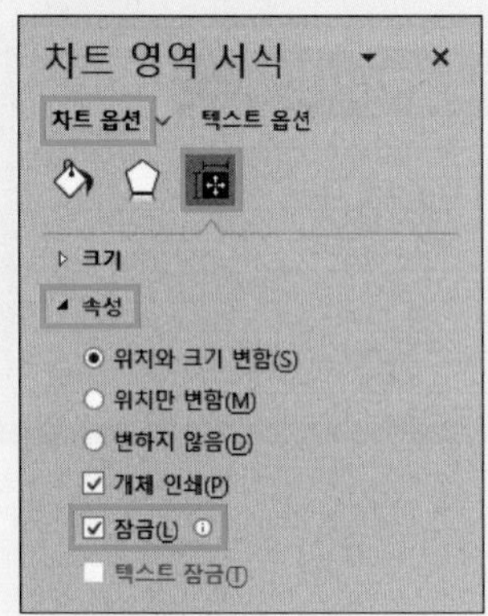

• '시트 보호' 대화상자

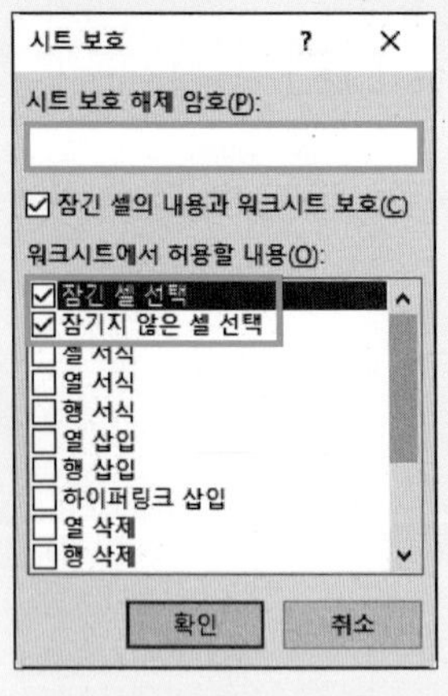

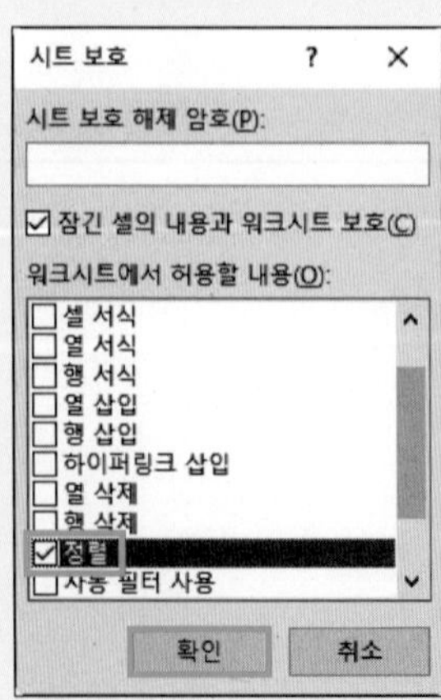

문제 2 계산작업(30점)

2140500  

계산작업은 **배열 수식 2문제**, **사용자 정의 함수 1문제**, 그리고 찾기/참조 함수, 논리 함수, 기타 함수 등을 사용하는 **일반 수식 2문제**로, 총 5문제가 출제됩니다. 배점은 문제당 6점입니다.

No	출제 수식		배점	목표 점수	출제 비율
1	배열 수식		12점	12점	100%
2	일반 수식	찾기/참조 함수	12점	6점	100%
		논리 함수			100%
		기타 함수			50%
3	사용자 정의 함수		6점	6점	100%
합계			30점	24점	

2140501 

1 배열 수식

출제 비율 100% / 배점 12점

배열 수식 문제는 피연산자나 함수의 인수로 **배열을 사용하여 자료의 합계, 평균, 개수 등을 계산하는 수식**을 작성하는 작업입니다. **6점짜리 두 문제**가 출제되며, 부분 점수는 없습니다.

• 배열 수식에서 지금까지 출제된 함수들은 다음과 같습니다.

함수	기능
IF(조건, 인수1, 인수2)	조건을 비교하여 '참'이면 인수1, '거짓'이면 인수2 반환 예 =IF(D4>90, "우수", "미달") : [D4] 셀의 값이 90을 초과하면 "우수", 그렇지 않으면 "미달"을 반환함
SUM(인수1, 인수2, …)	인수들의 합계 반환 예 =SUM(A1:A10) : [A1:A10] 영역의 합계를 반환함
AVERAGE(인수1, 인수2, …)	인수들의 평균 반환 예 =AVERAGE(A1:A10) : [A1:A10] 영역의 평균을 반환함
MATCH(찾을값, 범위, 옵션)	• 범위에서 찾을값과 같은 데이터를 찾아 그 위치에 대한 일련번호를 반환함. 옵션에 따라 찾는 방식이 다름 • 옵션 – -1 : 찾을값보다 크거나 같은 값 중 가장 작은 값(내림차순 정렬) – 0 : 찾을값과 첫 번째로 정확하게 일치하는 값 – 1 : 찾을값보다 작거나 같은 값 중에서 가장 큰 값(오름차순 정렬) 예 =MATCH(90, A1:A10, 1) : [A1:A10] 영역에서 90보다 작거나 같은 값 중에서 가장 큰 값을 찾아 그 위치에 대한 일련번호를 반환함
INDEX(범위, 행 번호, 열 번호)	지정된 범위에서 행 번호와 열 번호의 위치에 있는 데이터 반환 예 =INDEX(A1:C30, 2, 2) : [A1:C30] 영역에서 2행 2열에 있는 데이터를 반환함
MAX(인수1, 인수2, …)	인수들 중에서 가장 큰 수 반환 예 =MAX(A1:A10) : [A1:A10] 영역에서 가장 큰 수를 반환함
MIN(인수1, 인수2, …)	인수들 중에서 가장 작은 수 반환 예 =MIN(A1:A10) : [A1:A10] 영역에서 가장 작은 수를 반환함
COUNT(인수1, 인수2, …)	인수들 중에서 숫자가 있는 셀의 개수 반환 예 =COUNT(A1:A10) : [A1:A10] 영역에서 숫자가 있는 셀의 개수를 반환함
RIGHT(텍스트, 개수)	텍스트의 오른쪽부터 지정한 개수만큼 반환 예 =RIGHT("컴퓨터활용능력", 2) : "능력"을 반환함
LEFT(텍스트, 개수)	텍스트의 왼쪽부터 지정한 개수만큼 반환 예 =LEFT("컴퓨터활용능력", 3) : "컴퓨터"를 반환함

TEXT(인수, 형식)	인수를 지정한 형식의 텍스트로 변환하여 반환 예 =TEXT(1000, "0원") : "1000원"을 반환함
REPT(텍스트, 개수)	텍스트를 개수만큼 반복하여 반환 예 =REPT("■", 4) : "■■■■"를 반환함
IFERROR(인수, 오류 시 표시할 값)	인수로 지정한 수식이나 셀에서 오류가 발생하면 오류 시 표시할 값을 반환하고, 그렇지 않으면 결과값 반환 예 =IFERROR((A1+B1)/C1, "오류") : (A1+B1)/C1의 결과가 오류이면 "오류"를 반환하고, 그렇지 않으면 결과값을 반환함
MONTH(날짜)	날짜에서 월 반환 예 =MONTH("2021-07-05") : 7을 반환함
ROUND(인수, 반올림 자릿수)	인수를 지정한 자릿수로 반올림한 값 반환 예 =ROUND(28.685, 1) : 28.7을 반환함
LARGE(범위, N번째)	범위 중 N번째로 큰 값 반환 예 =LARGE(A4:C7, 2) : [A4:C7] 영역에서 두 번째로 큰 값을 반환함
SMALL(범위, N번째)	범위 중 N번째로 작은 값 반환 예 =SMALL(A4:C7, 2) : [A4:C7] 영역에서 두 번째로 작은 값을 반환함
QUOTIENT(인수1, 인수2)	인수1을 인수2로 나누어 몫에 해당하는 정수 부분만 반환 예 =QUOTIENT(11, 2) : 5를 반환함
LEN(텍스트)	텍스트의 길이(개수) 반환 예 =LEN("컴퓨터활용능력") : 7을 반환함
COUNTIFS (조건1 범위, 조건1, 조건2 범위, 조건2, …)	여러 개의 조건을 지정하여 조건에 맞는 셀의 개수 반환 예 =COUNTIFS(C4:C11, "판매부", D4:D11, "1급") : [C4:C11] 영역에서 "판매부"가 입력된 셀들을 찾아 [D4:D11] 영역의 같은 행들에서 "1급"이 입력된 셀들의 개수를 반환함
COUNTA(인수1, 인수2, …)	인수들 중에서 자료가 입력되어 있는 셀의 개수 반환 예 =COUNTA(A1:A10) : [A1:A10] 영역에서 자료가 입력된 셀의 개수를 반환함
RANK.EQ(인수, 범위, 옵션)	• 지정된 범위에서 인수의 순위를 반환함. 옵션에 따라 순위 부여 방식이 다름 • 옵션 – 0 또는 생략 : 내림차순을 기준으로 순위 부여 – 0 이외의 값 : 오름차순을 기준으로 순위 부여 예 =RANK.EQ(E3, E3:E7) : [E3:E7] 영역에서 내림차순을 기준으로 [E3] 셀의 순위를 반환함
MAXA(인수1, 인수2, …)	• 인수 중에서 가장 큰 값 반환 • MAX와 다른 점은 숫자는 물론 빈 셀, 논리값, 숫자로 표시된 텍스트 등도 인수로 사용함 예 =MAXA(D4:D9) : [D4:D9] 영역에서 가장 큰 값을 반환함
FIND(찾을 텍스트, 문자열, 시작 위치)	문자열의 시작 위치에서부터 찾을 텍스트를 찾아 그 위치값을 반환함 예 =FIND("친", "친구친구", 2) : 3을 반환함
FIXED(인수, 자릿수, 논리값)	인수를 반올림하여 지정된 자릿수까지 텍스트로 반환 예 =FIXED(1234.8, 0, FALSE) : 1234.8을 일의 자리로 반올림한 1235에 쉼표가 표시된 1,235를 반환함

작업 순서

수식을 입력한 후 Ctrl + Shift + Enter를 누른다.

합격포인트

- 배열 수식은 통계 계산에 사용하는 수식으로, 출제 패턴이 정해져 있어 **주요 패턴 몇 가지를 확실하게 암기하는 것이 합격포인트입니다.**
- 수식이 잘 세워지지 않으면 [잠깐만요]의 작성 방법을 문제에 그대로 대입해 보세요.

☞ 직접 실습하려면 'C:\길벗컴활1급총정리\엑셀\기능\05배열수식.xlsm' 파일을 열어서 작업하세요.

전문가의 조언

먼저 [잠깐만요]의 수식 작성 방법을 확실히 암기하세요. 그러고 나서 적용하는 연습을 몇 번만 반복하면 배열 수식 문제가 매우 쉽다는 걸 알게 될 겁니다.

01 개수

24.상시, 23.상시, 22.상시, 21.상시, 20.상시, 20.1, 19.상시, 19.2, 19.1, 18.상시, 18.2, …

※ 아래 그림을 참고하여 배열 수식을 이해하고 형식을 암기하세요[유형 1~8].

	A	B	C	D	E	F	G	H	I
1	카드종류	적립률	결제여부	숙박	인원	판매처	판매일	결제금액	판매방법별순위
2	국민카드	3%	완료	리조트	5	인터넷A팀	2021-04-21	350,000	인터넷4
3	농협카드	3%	예정	호텔	8	홈쇼핑C팀	2021-02-01	550,000	홈쇼핑2
4	국민카드	2%	완료	펜션	15	인터넷B팀	2021-03-18	153,000	인터넷5
5	농협카드	1%	완료	리조트	4	홈쇼핑A팀	2021-05-05	100,000	홈쇼핑3
6	농협카드	3%	예정	호텔	8	인터넷C팀	2021-03-15	490,000	인터넷3
7	국민카드	1%	완료	펜션	35	인터넷A팀	2021-04-05	1,540,000	인터넷1
8	농협카드	3%	완료	리조트	25	홈쇼핑A팀	2021-02-09	580,000	홈쇼핑1
9	농협카드	3%	완료	호텔	50	인터넷B팀	2021-02-08	1,050,000	인터넷2
10									
11	개수	1	3	3건	2	2	★★	38%	

2140511

24.상시, 22.상시, 20.상시, 19.2, 18.상시, 18.2, 14.2, 13.2, 12.2, …

[유형 1] SUM 함수 사용

카드종류가 "국민카드"이고 적립률이 3%인 개수를 [B11] 셀에 계산하시오.
(조건1: 카드종류가 "국민카드", 조건2: 적립률이 3%)

[=SUM((A2:A9="국민카드") * (B2:B9=3%))]
(조건1: A2:A9="국민카드", 조건2: B2:B9=3%)

복잡한 수식을 입력하면 좌우의 괄호가 맞지 않아 수식에 오류가 발생하는 경우가 많습니다. 이런 경우에는 같은 레벨의 괄호 또는 인수 단위로 충분한 거리를 두고 수식을 입력하면 구분하기가 훨씬 쉽습니다.

=SUM((A2:A9="국민카드") * (B2:B9=3%))

이렇게 수식 중간에 공백을 주고 입력해도 결과는 바르게 나옵니다.

잠깐만요 개수 구하기 배열 수식

조건이 2개일 때 배열 수식을 이용하여 개수를 구하는 방법 3가지는 다음과 같습니다. 문제에 주어진 조건을 수식으로 만들어 '조건' 부분에 대입하면 됩니다. 조건의 개수에 따라 조건을 지정하는 부분이 늘어납니다.

방법1 : =SUM((조건1) * (조건2))
방법2 : =SUM(IF((조건1) * (조건2), 1))
방법3 : =COUNT(IF((조건1) * (조건2), 1))

1. **조건1** : 카드종류가 "국민카드" → A2:A9="국민카드"
2. 조건2 : 적립률이 3% → B2:B9=3%
3. 위의 조건을 개수 구하기 배열 수식의 '조건' 부분에 대입하면 다음과 같습니다.
   방법1 : =SUM((A2:A9="국민카드") * (B2:B9=3%))
   방법2 : =SUM(IF((A2:A9="국민카드") * (B2:B9=3%),1))
   방법3 : =COUNT(IF((A2:A9="국민카드") * (B2:B9=3%),1))
   ※ 수식을 입력하고 Ctrl + Shift + Enter를 누르면 수식 입력줄에 {=SUM((A2:A9="국민카드")*(B2:B9=3%))}와 같이 표시됩니다.

잠깐만요

배열 수식을 입력한 후 Ctrl+Shift+Enter를 눌러도 중괄호({ })가 입력되지 않는 경우

입력기가 '한컴 입력기'로 설정되었기 때문입니다. 다음과 같이 Windows 작업 표시줄 알림 영역의 '입력기' 아이콘을 클릭하고 [한국어 Microsoft 입력기]를 선택한 후 Ctrl+Shift+Enter를 누르면 수식에 중괄호({ })가 입력됩니다.

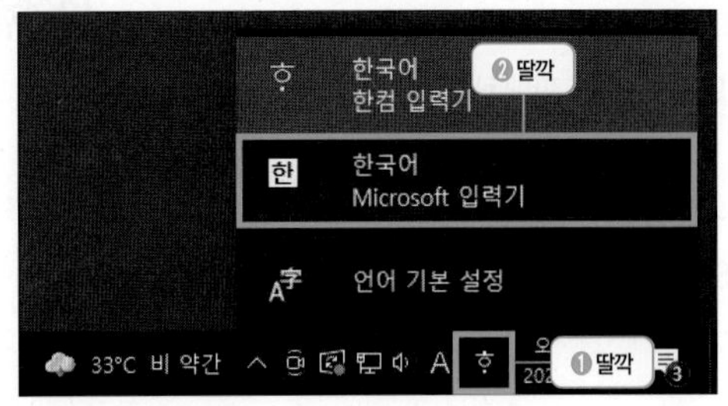

2140512

24.상시, 22.상시, 21.상시, 20.상시, 20.1, 19.상시, 19.2, 19.1, 18.1, …

[유형 2] SUM, IF 함수 사용

카드종류가 "국민카드"이고 결제여부가 "완료"인 개수를 [C11] 셀에 계산하시오.
(조건1: 카드종류가 "국민카드", 조건2: 결제여부가 "완료")

[=SUM(IF((A2:A9="국민카드") * (C2:C9="완료"), 1))]
(조건1: A2:A9="국민카드", 조건2: C2:C9="완료", 개수_구할_값: 1)

2140513

23.상시, 22.상시, 21.상시, 20.상시, 19.상시, 19.1, 14.1, 05.1, 03.1, …

[유형 3] COUNT, IF 함수와 & 연산자 사용

결제여부가 "완료"이고, 숙박이 "리조트"인 개수를 [D11] 셀에 계산하시오.
(조건1: 결제여부가 "완료", 조건2: 숙박이 "리조트")

▶ 개수 뒤에 "건" 표시

[=COUNT(IF((C2:C9="완료") * (D2:D9="리조트"), 1))& "건"]
(조건1: C2:C9="완료", 조건2: D2:D9="리조트", 개수_구할_값: 1)

2140514

22.상시, 21.상시, 20.상시, 19.2, 19.1, 14.1, 11.3

[유형 4] COUNT, IF, RIGHT 함수 사용

카드종류가 "국민카드"이고 판매처가 "A팀"인 개수를 [E11] 셀에 계산하시오.
(조건1: 카드종류가 "국민카드", 조건2: 판매처가 "A팀")

[=COUNT(IF((A2:A9="국민카드") * (RIGHT(F2:F9,2)="A팀"), 1))]
(조건1: A2:A9="국민카드", 조건2: RIGHT(F2:F9,2)="A팀", 개수_구할_값: 1)

COUNTIFS 함수를 이용해서도 개수를 구하는 배열 수식을 작성할 수 있습니다. 자주 출제되지는 않지만 어렵지 않으니 같이 기억해 두세요.

2140515

24.상시, 23.상시, 20.상시, 19.상시, 17.상시, 13.3

[유형 5] COUNTIFS 함수 사용

카드종류가 "국민카드"(조건1)이고 판매처가 "인터넷A팀"(조건2)인 개수를 [F11] 셀에 계산하시오.

[=COUNTIFS(A2:A9, "국민카드"(조건1), F2:F9, "인터넷A팀"(조건2))]

2140516

20.상시, 19.상시, 18.1, 16.상시

[유형 6] SUM, IF, REPT 함수 사용

결제여부가 "완료"(조건1)이고 판매처가 "인터넷A팀"(조건2)인 개수만큼 "★"를 반복해서 [G11] 셀에 표시하시오.

▶ [표시 예 : 4 → ★★★★, 2 → ★★]

[=REPT("★", SUM(IF((C2:C9="완료")(조건1)*(F2:F9="인터넷A팀")(조건2), 1(개수_구할_값))))]

잠깐만요

- 배열 수식에서는 조건에 만족하는 개수, 합계, 평균 등을 구한 후 표시 형식을 지정하거나 특정 텍스트를 반복해서 표시하는 등의 문제가 출제되고 있습니다.
- 복잡해 보이지만 수식을 조금 자세히 들여다보면 하나도 어렵지 않습니다. 위에서 암기한 방법대로 개수나 합계를 구하는 수식을 작성한 후 수식의 가장 바깥쪽에 해당 함수 하나만 추가하면 됩니다.
- {=REPT("★"(반복_표시할_텍스트), SUM(IF((C2:C9="완료")*(F2:F9="인터넷A팀"), 1))(개수))}
- {=TEXT(SUM(IF((C2:C9="완료")*(F2:F9="인터넷A팀"),1))(개수), "0개"(표시형식))}
- {=ROUND(SUM(IF((C2:C9="완료")*(F2:F9="인터넷A팀"), 1))(개수), -1(반올림_자릿수))}
- {=IFERROR(SUM(IF((C2:C9="완료")*(F2:F9="인터넷A팀"), 1))(개수), ""(오류시_표시할_값))}

2140517

22.상시, 21.상시, 18.상시, 17.상시, 15.상시, 15.1

[유형 7] COUNT, COUNTA, IF, TEXT 함수 사용

결제여부가 "완료"(조건1)이고 숙박이 "리조트"(조건2)인 데이터의 예약률을 [H11] 셀에 계산하시오.

▶ 예약률은 '결제여부와 숙박별 예약 건수 / 전체 예약 건수'로 계산하여 백분율(%)로 표시

[=TEXT(COUNT(IF((C2:C9="완료")(조건1) * (D2:D9="리조트")(조건2), 1(개수_구할_값)))(결제여부와 숙박별 예약건수) / COUNTA(C2:C9)(전체 예약 건수), "0%")]

2150518

24.상시

[유형 8] LEFT, SUM, IF 함수 사용

판매방법별(조건1) 순위를(조건2) [I2:I9] 영역에 계산하시오.

▶ 판매방법은 판매처의 앞 세 글자임

▶ [표시 예 : 인터넷1, 홈쇼핑2, 인터넷2]

[=LEFT(F2,3) & SUM(IF((LEFT(F2,3)=LEFT($F$2:$F$9,3))(조건1) * (H2<$H$2:$H$9)(조건2), 1(개수_구할_값)))+1]

체크체크 ☑☐☐

2150561

아래 그림을 참고하여 배열 수식을 작성하시오[①~⑧].

	A	B	C	D	E	F	G	H
1	가공일	가공품명	가공팀	제조원가	수량	매출액	지역별순위	
2	2021-04-08	참치	서울A팀	1,200	20,000	24,000,000	서울1	
3	2021-04-10	꽁치	서울B팀	1,400	15,000	21,000,000	서울4	
4	2021-04-15	닭가슴살	인천A팀	1,300	18,000	23,400,000	인천5	
5	2021-05-01	참치	서울A팀	500	25,000	12,500,000	서울6	
6	2021-05-04	참치	인천B팀	1,200	22,000	26,400,000	인천3	
7	2021-06-03	꽁치	인천B팀	1,400	18,000	25,200,000	인천4	
8	2021-06-09	닭가슴살	인천A팀	1,500	21,000	31,500,000	인천1	
9	2021-06-20	번데기	서울B팀	500	30,000	15,000,000	서울5	
10	2021-07-05	참치	서울A팀	1,200	18,000	21,600,000	서울3	
11	2021-07-10	꽁치	인천B팀	1,400	20,000	28,000,000	인천2	
12	2021-07-19	닭가슴살	서울A팀	1,500	15,000	22,500,000	서울2	
13	2021-07-20	번데기	서울B팀	500	22,000	11,000,000	서울7	
14								
15	개수	3	2	3건	3	3	●●●	33%

① 가공품명이 "참치"이고 수량이 20,000 이상인 개수를 [B15] 셀에 계산

▶ SUM 함수를 이용한 배열 수식

[　　　　　　　　　　　　　　　　　　　　　　　　]

② 가공품명이 "꽁치"이고 가공팀이 "인천B팀"인 개수를 [C15] 셀에 계산

▶ SUM, IF 함수를 이용한 배열 수식

[　　　　　　　　　　　　　　　　　　　　　　　　]

③ 가공팀이 "서울A팀"이고, 제조원가가 1,000원 이상인 개수를 [D15] 셀에 계산

▶ 개수 뒤에 "건" 표시

▶ COUNT, IF 함수와 & 연산자를 이용한 배열 수식

[　　　　　　　　　　　　　　　　　　　　　　　　]

④ 가공품명이 "참치"이고 가공팀이 "A팀"인 개수를 [E15] 셀에 계산

▶ COUNT, IF, RIGHT 함수를 이용한 배열 수식

[　　　　　　　　　　　　　　　　　　　　　　　　]

⑤ 가공품명이 "참치"이고 매출액이 20,000,000 이상인 개수를 [F15] 셀에 계산

▶ COUNTIFS 함수를 이용한 배열 수식

[　　　　　　　　　　　　　　　　　　　　　　　　]

⑥ 가공품명이 "참치"이고 가공팀이 "서울A팀"인 개수만큼 "●"를 반복해서 [G15] 셀에 표시

▶ [표시 예 : 3 → ●●●]

▶ SUM, IF, REPT 함수를 이용한 배열 수식

[　　　　　　　　　　　　　　　　　　　　　　　　]

⑦ 가공팀이 "B팀"이고, 제조원가가 1,000 이상인 데이터의 제조율을 [H15] 셀에 계산

▶ 제조율은 '가공팀과 제조원가별 제조 건수 / 전체 제조 건수'로 계산하여 백분율(%)로 표시

▶ COUNT, COUNTA, IF, TEXT, RIGHT 함수를 이용한 배열 수식

[　　　　　　　　　　　　　　　　　　　　　　　　]

⑧ 지역별 순위를 [G2:G13] 영역에 계산

▶ 지역은 가공팀의 앞 두 글자임

▶ [표시 예 : 서울1, 인천1, 서울2]

[　　　　　　　　　　　　　　　　　　　　　　　　]

정답

① [B15] : {=SUM((B2:B13="참치") * (E2:E13>=20000))}

② [C15] : {=SUM(IF((B2:B13="꽁치") * (C2:C13="인천B팀"), 1))}

③ [D15] : {=COUNT(IF((C2:C13="서울A팀") * (D2:D13>=1000), 1)) & "건"}

④ [E15]: {=COUNT(IF((B2:B13="참치") * (RIGHT(C2:C13, 2)="A팀"), 1))}

⑤ [F15] : {=COUNTIFS(B2:B13, "참치", F2:F13,">=20000000")}

⑥ [G15] : {=REPT("●", SUM(IF((B2:B13="참치") * (C2:C13="서울A팀"), 1)))}

⑦ [H15] : {=TEXT(COUNT(IF((RIGHT(C2:C13, 2)="B팀") * (D2:D13>=1000), 1)) / COUNTA(C2:C13), "0%")}

⑧ [G2] : {=LEFT(C2, 2) & SUM(IF((LEFT(C2, 2)=LEFT($C$2:$C$13, 2)) * (F2<$F$2:$F$13), 1))+1}

• **먼저 SUM만 사용하는 방법과 SUM과 IF를 사용하는 방법 2가지를 확실하게 암기하세요.**

• 문제를 보자마자 **대략적인 수식이 세워질 때까지 문제들을 반복해서 풀어보세요.**

22.상시, 21.상시, 20.상시, 19.2, 19.1, 18.상시, 18.2, 18.1, 17.상시, 16.3, 16.1, 15.상시, …

02 합계

※ 아래 그림을 참고하여 배열 수식을 이해하고 형식을 암기하세요[유형 1~6].

	A	B	C	D	E	F	G	H
1	카드종류	적립률	결제여부	숙박	인원	판매처	판매일	결제금액
2	국민카드	3%	완료	리조트	5	인터넷A팀	2021-04-21	350,000
3	농협카드	3%	예정	호텔	8	홈쇼핑C팀	2021-02-01	550,000
4	국민카드	2%	완료	펜션	15	인터넷B팀	2021-03-18	153,000
5	농협카드	1%	완료	리조트	4	홈쇼핑A팀	2021-05-09	100,000
6	농협카드	3%	예정	호텔	8	인터넷C팀	2021-03-15	490,000
7	국민카드	1%	완료	펜션	35	인터넷A팀	2021-04-05	1,540,000
8	농협카드	3%	완료	리조트	25	홈쇼핑A팀	2021-02-09	580,000
9	농협카드	3%	완료	호텔	50	인터넷B팀	2021-02-08	1,050,000
10								
11	합계	2,043,000	153,000	♥♥♥♥	☆☆☆☆☆	1,890	2,043,000	

2140518

22.상시, 21.상시, 19.2, 18.2, 14.2, 13.2

[유형 1] SUM 함수 사용

카드종류가 "국민카드"인 결제금액의 합계를 [B11] 셀에 계산하시오.
(조건: 카드종류가 "국민카드" / 합계_구할_값: 결제금액)

[=SUM((A2:A9="국민카드") * H2:H9)]
(조건: (A2:A9="국민카드") / 합계_구할_범위: H2:H9)

잠깐만요 | 합계 구하기 배열 수식

조건이 1개일 때, 합계를 구하는 배열 수식은 다음과 같습니다. 조건의 수에 따라 조건을 지정하는 부분이 늘어납니다.

방법1 : =SUM((조건) * 합계_구할_값)
방법2 : =SUM(IF(조건, 합계_구할_값))

2140519

22.상시, 21.상시, 20.상시, 19.2, 19.1, 16.3, 16.1, 15.상시, 14.1, 13.3, …

[유형 2] SUM, IF, MONTH 함수 사용

카드종류가 "국민카드"이고 판매월이 3월 이전인 결제금액의 합계를 [C11] 셀에 계산하시오.
(조건1: 카드종류가 "국민카드" / 조건2: 판매월이 3월 이전 / 합계_구할_값: 결제금액)

[=SUM(IF((A2:A9="국민카드") * (MONTH(G2:G9)<=3), H2:H9))]
(조건1: (A2:A9="국민카드") / 조건2: (MONTH(G2:G9)<=3) / 합계_구할_범위: H2:H9)

2140520

22.상시, 21.상시, 20.상시, 15.상시, 19.1, 18.1, 15.3, 15.1, 12.2

[유형 3] SUM, IF, REPT 함수 사용

결제여부가 "완료"이고 판매처가 "인터넷A팀"인 인원의 합계를 10으로 나눈 값만큼 "♥"를 반복해서 [D11] 셀에 표시하시오.
(조건1: 결제여부가 "완료", 조건2: 판매처가 "인터넷A팀", 합계_구할_값: 인원)

▶ [표시 예 : 40 → ♥♥♥♥, 20 → ♥♥]

[=REPT("♥", SUM(IF((C2:C9="완료") * (F2:F9="인터넷A팀"), E2:E9)) / 10)]
(조건1: (C2:C9="완료"), 조건2: (F2:F9="인터넷A팀"), 합계_구할_범위: E2:E9)

2140521

20.상시, 18.상시, 17.상시

[유형 4] SUM, REPT, QUOTIENT함수 사용

결제여부가 "예정"이고 판매처가 "홈쇼핑C팀"인 결제금액의 합계를 100,000으로 나눈 값만큼 "☆"를 반복해서 [E11] 셀에 표시하시오.
(조건1: 결제여부가 "예정", 조건2: 판매처가 "홈쇼핑C팀", 합계_구할_값: 결제금액)

▶ [표시 예 : 300,000 → ☆☆☆, 100,000 → ☆]

[=REPT("☆", QUOTIENT(SUM((C2:C9="예정") * (F2:F9="홈쇼핑C팀") * H2:H9), 100000))]
(조건1: (C2:C9="예정"), 조건2: (F2:F9="홈쇼핑C팀"), 합계_구할_범위: H2:H9)

2140522

22.상시, 21.상시, 20.상시, 15.상시, 19.1, 18.1, 16.3, 16.1, 15.3, 15.1, 14.3, 12.2

[유형 5] SUM, IF, TEXT 함수 사용

결제여부가 "완료"이고 판매처가 "인터넷A팀"인 결제금액의 합계를 [F11] 셀에 계산하시오.
(조건1: 결제여부가 "완료", 조건2: 판매처가 "인터넷A팀", 합계_구할_값: 결제금액)

▶ 합계는 천원 단위로 표시 [표시 예 : 0 → 0, 1,321,420 → 1,321]

[=TEXT(SUM(IF((C2:C9="완료") * (F2:F9="인터넷A팀"), H2:H9)), "#,##0,")]
(조건1: (C2:C9="완료"), 조건2: (F2:F9="인터넷A팀"), 합계_구할_범위: H2:H9)

2140523

18.상시, 13상시

[유형 6] SUM, IF, IFERROR, FIND 함수 사용

카드종류가 "국민카드"이고 판매처에 "인터넷"이 포함된 결제금액의 합계를 [G11] 셀에 계산하시오.
(조건1: 카드종류가 "국민카드", 조건2: 판매처에 "인터넷"이 포함된, 합계_구할_값: 결제금액)

[=SUM(IF((A2:A9="국민카드") * IFERROR(FIND("인터넷", F2:F9)>=1, FALSE), H2:H9))]
(조건1: (A2:A9="국민카드"), 조건2: IFERROR(FIND("인터넷", F2:F9)>=1, FALSE), 합계_구할_범위: H2:H9)

수식의 이해

=SUM(IF((A2:A9="국민카드") * IFERROR(FIND("인터넷", F2:F9)>=1, FALSE), H2:H9))
(❶: FIND("인터넷", F2:F9), ❷: IFERROR(FIND("인터넷", F2:F9)>=1, FALSE))

❶ FIND("인터넷",F2:F9) : 판매처에서 "인터넷"을 찾아 그 위치를 반환합니다.

❷ IFERROR(❶>=1, FALSE) : '❶>=1'의 결과로 오류가 발생하면 "FALSE"를 반환하고, 그렇지 않으면, '❶>=1'의 결과인 "TRUE"를 반환합니다. 예를 들어 ❶의 반환값이 1이라면 '1>=1'이 참이 되어 "TRUE"를 반환하고, 찾는 문자열이 없어 오류가 발생하면 "FALSE"를 반환합니다.

※ IFERROR( ) 함수를 사용한 이유는 문제에 사용하라고 제시되었기 때문입니다.

2140562

아래 그림을 참고하여 배열 수식을 작성하시오[①~⑥].

	A	B	C	D	E	F	G
1	가공일	가공품명	가공팀	제조원가	수량	매출액	
2	2021-04-08	참치	서울A팀	1,200	20,000	24,000,000	
3	2021-04-10	꽁치	서울B팀	1,400	15,000	21,000,000	
4	2021-04-15	닭가슴살	인천A팀	1,300	18,000	23,400,000	
5	2021-05-01	참치	서울A팀	500	25,000	12,500,000	
6	2021-05-04	참치	인천B팀	1,200	22,000	26,400,000	
7	2021-06-03	꽁치	인천B팀	1,400	18,000	25,200,000	
8	2021-06-09	닭가슴살	인천A팀	1,500	21,000	31,500,000	
9	2021-06-20	번데기	서울B팀	500	30,000	15,000,000	
10	2021-07-05	참치	서울A팀	1,200	18,000	21,600,000	
11	2021-07-10	꽁치	인천B팀	1,400	20,000	28,000,000	
12	2021-07-19	닭가슴살	서울A팀	1,500	15,000	22,500,000	
13	2021-07-20	번데기	서울B팀	500	22,000	11,000,000	
14							
15	합계	85,000	62,900,000	◆◆◆◆◆◆	◆◆◆◆◆	53,200	15,000

① 가공품명이 "참치"인 수량의 합계를 [B15] 셀에 계산

▶ SUM 함수를 이용한 배열 수식

[ ]

② 가공일이 5월 이전이고 가공품명이 "참치"인 매출액의 합계를 [C15] 셀에 계산

▶ SUM, IF, MONTH 함수를 이용한 배열 수식

[ ]

③ 가공품명이 "참치"이고 가공팀이 "서울A팀"인 수량의 합계를 10,000으로 나눈 값만큼 "◆"를 반복해서 [D15] 셀에 표시

▶ [표시 예 : 40,000 → ◆◆◆◆, 20,000 → ◆◆]

▶ SUM, IF, REPT 함수를 이용한 배열 수식

[ ]

④ 가공품명이 "닭가슴살"이고 가공팀이 "인천A팀"인 매출액의 합계를 10,000,000으로 나눈 값만큼 "◆"를 반복해서 [E15] 셀에 표시

▶ [표시 예 : 30,000,000 → ◆◆◆, 10,000,000 → ◆]

▶ SUM, REPT, QUOTIENT 함수를 이용한 배열 수식

[ ]

⑤ 가공품명이 "꽁치"이고 가공팀이 "인천B팀"인 매출액의 합계를 [F15] 셀에 계산

▶ 합계는 천원 단위로 표시 [표시 예 : 0 → 0, 1,321,420 → 1,321]

▶ SUM, IF, TEXT 함수를 이용한 배열 수식

[ ]

⑥ 가공품명이 "꽁치"이고 가공팀에 "서울"이 포함된 수량의 합계를 [G15] 셀에 계산

▶ SUM, IF, IFERROR, FIND 함수를 이용한 배열 수식

[ ]

정답

① [B15] : {=SUM((B2:B13="참치") * E2:E13)}

② [C15] : {=SUM(IF((MONTH(A2:A13)<=5) * (B2:B13="참치"), F2:F13))}

③ [D15] : {=REPT("◆", SUM(IF((B2:B13="참치") * (C2:C13="서울A팀"), E2:E13)) / 10000)}

④ [E15] : {=REPT("◆", QUOTIENT(SUM((B2:B13="닭가슴살") * (C2:C13="인천A팀") * F2:F13), 10000000))}

⑤ [F15] : {=TEXT(SUM(IF((B2:B13="꽁치") * (C2:C13="인천B팀"), F2:F13)), "#,##0,")}

⑥ [G15] : {=SUM(IF((B2:B13="꽁치") * IFERROR(FIND("서울", C2:C13)>=1, FALSE), E2:E13))}

- 평균을 구하는 문제에서 주의할 점은 개수나 합계와 달리 **반드시 IF문이 포함되어야 한다**는 것입니다.
- 예를 들어, { 10, 20, 30, 40 }의 자료 중에서 2번째와 4번째만 조건에 맞는 자료일 경우, IF를 사용하면 { 20, 40 }처럼 2개의 평균을 구하므로 30이 되지만, IF를 사용하지 않으면 { 0, 20, 0, 40 }처럼 0이 포함되는 4개의 평균을 구하므로 15가 됩니다.

24.상시, 23.상시, 22.상시, 21.상시, 20.상시, 19.상시, 18.상시, 17.상시, 17.1, 16.상시, …

03 평균

※ 아래 그림을 참고하여 배열 수식을 이해하고 형식을 암기하세요[유형 1~6].

	A	B	C	D	E	F	G	H
1	카드종류	적립률	결제여부	숙박	인원	판매처	판매일	결제금액
2	국민카드	3%	완료	리조트	5	인터넷A팀	2021-04-21	350,000
3	농협카드	3%	예정	호텔	8	홈쇼핑C팀	2021-02-01	550,000
4	국민카드	2%	완료	펜션	15	인터넷B팀	2021-03-18	153,000
5	농협카드	1%	완료	리조트	4	홈쇼핑A팀	2021-05-09	100,000
6	농협카드	3%	예정	호텔	8	인터넷C팀	2021-03-15	490,000
7	국민카드	1%	완료	펜션	35	인터넷A팀	2021-04-05	1,540,000
8	농협카드	3%	완료	리조트	25	홈쇼핑A팀	2021-02-09	580,000
9	농협카드	3%	완료	호텔	50	인터넷B팀	2021-02-08	1,050,000
10								
11	평균	716,600	642,500	930,000	20명	18.3	없음	

2140524

23.상시, 22.상시, 21.상시, 20.상시, 19.상시, 18.상시, 17.상시, 16.2, …

[유형 1] AVERAGE, IF, LEFT 함수 사용

판매처가 "인터넷"으로 시작하는 결제금액의 평균을 [B11] 셀에 계산하시오.

조건 평균_구할_값

[=AVERAGE(IF(LEFT(F2:F9, 3)="인터넷", H2:H9))]

조건 평균_구할_범위

잠깐만요 평균 구하기 배열 수식

조건이 1개일 때의 평균을 구하는 배열 수식은 다음과 같습니다. 조건의 수에 따라 조건을 지정하는 부분이 늘어납니다.

=AVERAGE(IF(조건, 평균_구할_범위))

2140525

23.상시, 22.상시, 21.상시, 20.상시, 19.상시, 18.상시, 17.상시, 16.1, …

[유형 2] AVERAGE, IF, RIGHT 함수 사용

판매처가 "A팀"인 결제금액의 평균을 [C11] 셀에 계산하시오.

조건 평균_구할_값

[=AVERAGE(IF(RIGHT(F2:F9, 2)="A팀", H2:H9))]

조건 평균_구할_범위

2140526

23.상시, 22.상시, 21.상시, 20.상시, 19.상시, 18.상시, 17.상시, 13.1, …

[유형 3] AVERAGE, IF, LARGE 함수 사용

결제금액이 상위 4위 이내인 결제금액의 평균을 [D11] 셀에 계산하시오.

조건 평균_구할_값

[=AVERAGE(IF(H2:H9>=LARGE(H2:H9, 4), H2:H9))]

조건 평균_구할_범위

2140527

22.상시, 21.상시, 20.상시, 19.상시, 18.상시, 17.상시, 16.상시, 14.1, …

[유형 4] AVERAGE, IF, LEN, TEXT 함수 사용

적립률이 1%가 아니고, 숙박이 두 글자인 인원의 평균을 [E11] 셀에 계산하시오.

조건1 조건2 평균_구할_값

▶ 평균 뒤에 "명" 표시 [표시 예 : 0 → 0명, 15 → 15명]

[=TEXT(AVERAGE(IF((B2:B9<>1%) * (LEN(D2:D9)=2), E2:E9)), "0명")]

조건1 조건2 평균_구할_범위

2140528

24.상시, 22.상시, 21.상시, 20.상시, 19.상시, 18.상시, 17.상시, 16.2, …

[유형 5] AVERAGE, IF, ROUND 함수 사용

카드종류가 "국민카드"이고 결제여부가 "완료"인 인원의 평균을 [F11] 셀에 계산하시오.

조건1 조건2 평균_구할_값

▶ 평균은 반올림하여 소수점 첫째 자리까지 표시

[=ROUND(AVERAGE(IF((A2:A9="국민카드") * (C2:C9="완료"), E2:E9)), 1)]

조건1 조건2 평균_구할_범위

2140529

23.상시, 21.상시, 20.상시, 19.상시, 18.상시, 17.상시, 16.상시, 16.1, …

[유형 6] AVERAGE, IF, IFERROR, MONTH 함수 사용

카드종류가 "국민카드"이고 판매월이 2월인 인원의 평균을 [G11] 셀에 계산하시오.

조건1 조건2 평균_구할_값

▶ 해당 데이터가 없는 경우 "없음"으로 표시

[=IFERROR(AVERAGE(IF((A2:A9="국민카드") * (MONTH(G2:G9)=2), E2:E9)), "없음")]

조건1 조건2 평균_구할_범위

2140563

아래 그림을 참고하여 배열 수식을 작성하시오[①~⑥].

	A	B	C	D	E	F	G
1	가공일	가공품명	가공팀	제조원가	수량	매출액	
2	2021-04-08	참치	서울A팀	1,200	20,000	24,000,000	
3	2021-04-10	꽁치	서울B팀	1,400	15,000	21,000,000	
4	2021-04-15	닭가슴살	인천A팀	1,300	18,000	23,400,000	
5	2021-05-01	참치	서울A팀	500	25,000	12,500,000	
6	2021-05-04	참치	인천B팀	1,200	22,000	26,400,000	
7	2021-06-03	꽁치	인천B팀	1,400	18,000	25,200,000	
8	2021-06-09	닭가슴살	인천A팀	1,500	21,000	31,500,000	
9	2021-06-20	번데기	서울B팀	500	30,000	15,000,000	
10	2021-07-05	참치	서울A팀	1,200	18,000	21,600,000	
11	2021-07-10	꽁치	인천B팀	1,400	20,000	28,000,000	
12	2021-07-19	닭가슴살	서울A팀	1,500	15,000	22,500,000	
13	2021-07-20	번데기	서울B팀	500	22,000	11,000,000	
14							
15	평균	20,714	21,100,000	28,633,000	20,000개	21,000	없음

① 가공팀이 "서울"로 시작하는 수량의 평균을 [B15] 셀에 계산

▶ AVERAGE, IF, LEFT 함수를 이용한 배열 수식

[ ]

② 가공팀이 "B팀"인 매출액의 평균을 [C15] 셀에 계산

▶ AVERAGE, IF, RIGHT 함수를 이용한 배열 수식

[ ]

③ 매출액이 상위 3위 이내인 매출액의 평균을 [D15] 셀에 계산

▶ 평균은 반올림하여 천의 자리까지 표시

▶ AVERAGE, IF, LARGE, ROUND 함수를 이용한 배열 수식

[ ]

④ 가공일이 6월이 아니고, 가공품명이 두 글자인 수량의 평균을 [E15] 셀에 계산

▶ 평균에 1000 단위 구분 기호와 "개" 표시 [표시 예 : 0 → 0개, 15000 → 15,000개]

▶ AVERAGE, IF, LEN, MONTH, TEXT 함수를 이용한 배열 수식

[ ]

⑤ 가공품명이 "참치"이고 가공팀이 "서울A팀"인 수량의 평균을 [F15] 셀에 계산

▶ AVERAGE, IF 함수를 이용한 배열 수식

[ ]

⑥ 가공월이 6월이고 가공품명이 "참치"인 수량의 평균을 [G15] 셀에 계산

▶ 해당 데이터가 없는 경우 "없음"으로 표시

▶ AVERAGE, IF, IFERROR, MONTH 함수를 이용한 배열 수식

[ ]

정답

① [B15] : {=AVERAGE(IF(LEFT(C2:C13,2)="서울", E2:E13))}

② [C15] : {=AVERAGE(IF(RIGHT(C2:C13,2)="B팀", F2:F13))}

③ [D15] : {=ROUND(AVERAGE(IF(F2:F13>=LARGE(F2:F13,3), F2:F13)), -3)}

④ [E15] : {=TEXT(AVERAGE(IF((MONTH(A2:A13)<>6) * (LEN(B2:B13)=2), E2:E13)), "#,##0개")}

⑤ [F15] : {=AVERAGE(IF((B2:B13="참치") * (C2:C13="서울A팀"), E2:E13))}

⑥ [G15] : {=IFERROR(AVERAGE(IF((MONTH(A2:A13)=6)*(B2:B13="참치"), E2:E13)), "없음")}

04 최대값

23.상시, 22.상시, 21.상시, 20.상시, 19.상시, 18.상시, 17.상시, 16.상시, 15.상시, 13.3, …

※ 아래 그림을 참고하여 배열 수식을 이해하고 형식을 암기하세요[유형 1~5].

	A	B	C	D	E	F	G	H
1	카드종류	적립률	결제여부	숙박	인원	판매처	판매일	결제금액
2	국민카드	3%	완료	리조트	5	인터넷A팀	2021-04-21	350,000
3	농협카드	3%	예정	호텔	8	홈쇼핑C팀	2021-02-01	550,000
4	국민카드	2%	완료	펜션	15	인터넷B팀	2021-03-18	153,000
5	농협카드	1%	완료	리조트	4	홈쇼핑A팀	2021-05-09	100,000
6	농협카드	3%	예정	호텔	8	인터넷C팀	2021-03-15	490,000
7	국민카드	1%	완료	펜션	35	인터넷A팀	2021-04-05	1,540,000
8	농협카드	3%	완료	리조트	25	홈쇼핑A팀	2021-02-09	580,000
9	농협카드	3%	완료	호텔	50	인터넷B팀	2021-02-08	1,050,000
10								
11	최대값	1,540,000	153,000원	1,540,000원	580,000	3		

2140530

23.상시, 22.상시, 21.상시, 20.상시, 18.상시, 17.상시

[유형 1] MAX, IF 함수 사용

카드종류가 "국민카드"인 결제금액의 최대값을 [B11] 셀에 계산하시오.
조건 최대값_구할_값

[=MAX(IF(A2:A9="국민카드", H2:H9))]
조건 최대값_구할_범위

잠깐만요 최대값 구하기 배열 수식

조건이 1개일 때 최대값을 구하는 배열 수식은 다음과 같습니다. 조건의 수에 따라 조건을 지정하는 부분이 늘어납니다.

방법1 : =MAX((조건) * 최대값_구할_범위)
방법2 : =MAX(IF(조건, 최대값_구할_범위))
방법3 : =LARGE(IF(조건, 최대값_구할_범위), 1)

2140531

19.상시, 17.상시, 05.4, 05.2, 04.1

[유형 2] MAX, MONTH, FIXED 함수와 & 연산자 사용

카드종류가 "국민카드"이고 판매월이 3월 이하인 결제금액의 최대값을
조건1 조건2 최대값_구할_값
[C11] 셀에 계산하시오.

▶ 최대값에 1000 단위 구분 기호와 "원" 표시[표시 예 : 153,000원]

[=FIXED(MAX((A2:A9="국민카드") * (MONTH(G2:G9)<=3) * H2:H9) ,0) & "원"]
조건1 조건2 최대값_구할_범위

2140532

20.상시, 16.상시, 15.상시

[유형 3] MAXA, IF, LEFT, TEXT 함수 사용

판매처가 "인터넷"으로 시작하는 결제금액의 최대값을 [D11] 셀에 계산하시오.

조건 / 최대값_구할_값

▶ 최대값에 1000 단위 구분 기호와 "원" 표시

[표시 예 : 0 → 0원, 1,321 → 1,321원]

[=TEXT(MAXA(IF(LEFT(F2:F9,3)="인터넷", H2:H9)), "#,##0원")]

조건 / 최대값_구할_범위

MAXA가 MAX와 다른 점은 숫자는 물론 빈 셀, 논리값, 숫자로 표시된 텍스트 등도 인수로 사용하여 최대값을 구한다는 것입니다.

2140533

23.상시, 16.3, 12.1, 11.1, 04.3

[유형 4] LARGE, IF 함수 사용

적립률이 3%이고 숙박이 "리조트"인 결제금액의 최대값을 [E11] 셀에 계산하시오.

조건1 / 조건2 / 최대값_구할_값

[=LARGE(IF((B2:B9=3%) * (D2:D9="리조트"), H2:H9), 1)]

조건1 / 조건2 / 최대값_구할_범위

2140534

22.상시, 21.상시, 20.상시, 13.3

[유형 5] MAX, IF, RANK.EQ 함수 사용

적립률이 3%이고 숙박이 "리조트"인 결제금액 중 가장 큰 값의 전체 순위를 [F11] 셀에 계산하시오.

조건1 / 조건2 / 최대값_구할_값

[=RANK.EQ(MAX(IF((B2:B9=3%) * (D2:D9="리조트"), H2:H9)), H2:H9)]

조건1 / 조건2 / 최대값_구할_범위

인수 / 범위

체크체크 ☑☐☐

2140564

아래 그림을 참고하여 배열 수식을 작성하시오[①~⑤].

	A	B	C	D	E	F
1	가공일	가공품명	가공팀	제조원가	수량	매출액
2	2021-04-08	참치	서울A팀	1,200	20,000	24,000,000
3	2021-04-10	꽁치	서울B팀	1,400	15,000	21,000,000
4	2021-04-15	닭가슴살	인천A팀	1,300	18,000	23,400,000
5	2021-05-01	참치	서울A팀	500	25,000	12,500,000
6	2021-05-04	참치	인천B팀	1,200	22,000	26,400,000
7	2021-06-03	꽁치	인천B팀	1,400	18,000	25,200,000
8	2021-06-09	닭가슴살	인천A팀	1,500	21,000	31,500,000
9	2021-06-20	번데기	서울B팀	500	30,000	15,000,000
10	2021-07-05	참치	서울A팀	1,200	18,000	21,600,000
11	2021-07-10	꽁치	인천B팀	1,400	20,000	28,000,000
12	2021-07-19	닭가슴살	서울A팀	1,500	15,000	22,500,000
13	2021-07-20	번데기	서울B팀	500	22,000	11,000,000
14						
15	최대값	26,400,000	20,000개	24,000,000원	30,000	1

① 가공품명이 "참치"인 매출액의 최대값을 [B15] 셀에 계산

▶ MAX, IF 함수를 이용한 배열 수식

[ ]

② 가공월이 6월 이상이고 가공품명이 "꽁치"인 수량의 최대값을 [C15] 셀에 계산

▶ 최대값에 1000 단위 구분 기호와 "개" 표시
[표시 예 : 200,000개]

▶ MAX, MONTH, FIXED 함수와 & 연산자를 이용한 배열 수식

[ ]

③ 가공팀이 "서울"로 시작하는 매출액의 최대값을 [D15] 셀에 계산

▶ 최대값에 1000 단위 구분 기호와 "원" 표시

[표시 예 : 0 → 0원, 1,321 → 1,321원]

▶ MAXA, IF, LEFT, TEXT 함수를 이용한 배열 수식

[ ]

④ 가공품명이 "번데기"이고, 가공팀이 "서울B팀"인 수량의 최대값을 [E15] 셀에 계산

▶ LARGE, IF 함수를 이용한 배열 수식

[ ]

⑤ 가공품명이 "번데기"이고, 가공팀이 "서울B팀"인 수량 중 가장 큰 값의 전체 순위를 [F15] 셀에 계산

▶ MAX, IF, RANK.EQ 함수를 이용한 배열 수식

[ ]

정답

① [B15] : {=MAX(IF(B2:B13="참치", F2:F13))}

② [C15] : {=FIXED(MAX((MONTH(A2:A13)>=6) * (B2:B13="꽁치") * E2:E13), 0) & "개"}

③ [D15] : {=TEXT(MAXA(IF(LEFT(C2:C13,2)="서울", F2:F13)), "#,##0원")}

④ [E15] : {=LARGE(IF((B2:B13="번데기") * (C2:C13="서울B팀"), E2:E13), 1)}

⑤ [F15] : {=RANK.EQ(MAX(IF((B2:B13="번데기") * (C2:C13="서울B팀"), E2:E13)), E2:E13)}

05 최소값

18.상시, 17.상시, 16.3, 13.상시

※ 아래 그림을 참고하여 배열 수식을 이해하고 형식을 암기하세요[유형 1~2].

	A	B	C	D	E	F	G	H
1	카드종류	적립률	결제여부	숙박	인원	판매처	판매일	결제금액
2	국민카드	3%	완료	리조트	5	인터넷A팀	2021-04-21	350,000
3	농협카드	3%	예정	호텔	8	홈쇼핑C팀	2021-02-01	550,000
4	국민카드	2%	완료	펜션	15	인터넷B팀	2021-03-18	153,000
5	농협카드	1%	완료	리조트	4	홈쇼핑A팀	2021-05-09	100,000
6	농협카드	3%	예정	호텔	8	인터넷C팀	2021-03-15	490,000
7	국민카드	1%	완료	펜션	35	인터넷A팀	2021-04-05	1,540,000
8	농협카드	3%	완료	리조트	25	홈쇼핑A팀	2021-02-09	580,000
9	농협카드	3%	완료	호텔	50	인터넷B팀	2021-02-08	1,050,000
10								
11	최소값	2021-03-18	350,000					

2140535

17.상시, 13.상시

[유형 1] MIN, IF 함수 사용

카드종류가 "국민카드"(조건)인 데이터 중 가장 빠른 판매일을(최소값_구할_값) [B11] 셀에 계산하시오.

[=MIN(IF(A2:A9="국민카드"(조건), G2:G9(최소값_구할_범위)))]

잠깐만요 최소값 구하기 배열 수식

조건이 1개일 때의 최소값을 구하는 배열 수식은 다음과 같습니다. 조건의 수에 따라 조건을 지정하는 부분이 늘어납니다.

방법1 : =MIN(IF(조건, 최소값_구할_범위)

방법2 : =SMALL(IF(조건, 최소값_구할_범위), 1)

2140536

18.상시, 16.3

[유형 2] SMALL, IF 함수 사용

적립률이 3%이고(조건1) 숙박이 "리조트"인(조건2) 결제금액의 최소값을(최소값_구할_값) [C11] 셀에 계산하시오.

[=SMALL(IF((B2:B9=3%)(조건1) * (D2:D9="리조트")(조건2) , H2:H9(최소값_구할_범위)), 1)]

전문가의 조언

- 배열 수식 문제에서 제일 어려운 문제입니다.
- 지금까지 나온 문제는 모두 INDEX(찾을범위, 행위치, 열위치) 함수가 가장 바깥쪽에 놓이는 수식이 출제됐다는 것을 염두에 두고 수식 작성법을 정확하게 암기하세요.

06 찾기

24.상시, 23.상시, 22.상시, 21.상시, 20.상시, 20.1, 19.상시, 19.1, 18.2, 17.1, 16.2, …

※ 아래 그림을 참고하여 수식을 이해하고 형식을 암기하세요[유형 1~3].

	A	B	C	D	E	F	G	H
1	카드종류	적립률	결제여부	숙박	인원	판매처	판매일	결제금액
2	국민카드	3%	완료	리조트	5	인터넷A팀	2021-04-21	350,000
3	농협카드	3%	예정	호텔	8	홈쇼핑C팀	2021-02-01	550,000
4	국민카드	2%	완료	펜션	15	인터넷B팀	2021-03-18	153,000
5	농협카드	1%	완료	리조트	4	홈쇼핑A팀	2021-05-09	100,000
6	농협카드	3%	예정	호텔	8	인터넷C팀	2021-03-15	490,000
7	국민카드	1%	완료	펜션	35	인터넷A팀	2021-04-05	1,540,000
8	농협카드	3%	완료	리조트	25	홈쇼핑A팀	2021-02-09	580,000
9	농협카드	3%	완료	호텔	50	인터넷B팀	2021-02-08	1,050,000
10								
11	찾기	펜션	2021-05-09	펜션				

2140537

24.상시, 23.상시, 22.상시, 21.상시, 20.상시, 20.1, 19.상시, 19.1, …

[유형 1] INDEX, MATCH, MAX 함수 사용

카드종류가 "국민카드"인 최대 결제금액의 숙박을 [B11] 셀에 계산하시오.

[=INDEX(D2:D9(찾을범위(숙박)), MATCH(MAX((A2:A9="국민카드")*H2:H9)(찾을값(국민카드_최대_결제금액)), (A2:A9="국민카드")*H2:H9(찾을범위(국민카드_결제금액)), 0(옵션))(행 위치))]

수식의 이해

=INDEX(D2:D9,MATCH(MAX((A2:A9="국민카드")*H2:H9),(A2:A9="국민카드")*H2:H9,0))

➊ MAX((A2:A9="국민카드")*H2:H9 : '카드종류'가 "국민카드"인 내역의 '결제금액' 중 최대값인 1,540,000을 반환합니다.

➋ MATCH(➊,(A2:A9="국민카드")*H2:H9,0) → MATCH(1540000, (A2:A9="국민카드")*H2:H9,0) : 1,540,000을 '카드종류'가 "국민카드"인 '결제금액'에서 찾아 그 위치인 6을 반환합니다.

➌ =INDEX(D2:D9, ➋) → =INDEX(D2:D9, 6) : [D2:D9] 영역에서 6행에 해당하는 "펜션"을 반환합니다.

※INDEX(찾을범위, 행위치, 열위치) 함수에서 범위를 한 개의 열로 지정할 때는 열위치를 생략할 수 있습니다.

2140538

22.상시, 21.상시, 20.상시, 15.상시, 13.상시, 12.2, 11.3, 07.3, 07.1, …

[유형 2] INDEX, MATCH, MIN, IF 함수 사용

결제여부가 "완료"인 최소 인원의 판매일을 [C11] 셀에 계산하시오.

[=INDEX(G2:G9, MATCH(MIN(IF(C2:C9="완료", E2:E9)), (C2:C9="완료")*E2:E9, 0))]

찾을값(완료_최소_인원) 찾을범위(완료_인원) 옵션

찾을범위(판매일) 행위치

2140539

19.상시, 18.2, 15.상시, 13.상시, 06.1, 05.2

[유형 3] INDEX, MATCH, LARGE, IF 함수 사용

결제여부가 "완료"인 두 번째로 많은 인원의 숙박을 [D11] 셀에 계산하시오.

[=INDEX(D2:D9, MATCH(LARGE(IF(C2:C9="완료", E2:E9), 2), (C2:C9="완료")*E2:E9, 0))]

찾을값(완료_두번째_많은_인원) 찾을범위(완료_인원) 옵션

찾을범위(숙박) 행위치

2140565

아래 그림을 참고하여 배열 수식을 작성하시오[①~⑤].

	A	B	C	D	E	F
1	가공일	가공품명	가공팀	제조원가	수량	매출액
2	2021-04-08	참치	서울A팀	1,200	20,000	24,000,000
3	2021-04-10	꽁치	서울B팀	1,400	15,000	21,000,000
4	2021-04-15	닭가슴살	인천A팀	1,300	18,000	23,400,000
5	2021-05-01	참치	서울A팀	500	25,000	12,500,000
6	2021-05-04	참치	인천B팀	1,200	22,000	26,400,000
7	2021-06-03	꽁치	인천B팀	1,400	18,000	25,200,000
8	2021-06-09	닭가슴살	인천A팀	1,500	21,000	31,500,000
9	2021-06-20	번데기	서울B팀	500	30,000	15,000,000
10	2021-07-05	참치	서울A팀	1,200	18,000	21,600,000
11	2021-07-10	꽁치	인천B팀	1,400	20,000	28,000,000
12	2021-07-19	닭가슴살	서울A팀	1,500	15,000	22,500,000
13	2021-07-20	번데기	서울B팀	500	22,000	11,000,000
14						
15	최소값	2021-04-08	22,000			
16	찾기	인천B팀	2021-06-03	꽁치		

① 가공품명이 "참치"인 데이터 중 가장 빠른 가공일을 [B15] 셀에 계산

▶ MIN, IF 함수를 이용한 배열 수식

[ ]

② 가공품명이 "번데기"이고, 가공팀이 "서울B팀"인 수량의 최소값을 [C15] 셀에 계산

▶ SMALL, IF 함수를 이용한 배열 수식

[ ]

③ 가공품명이 "참치"인 최대 매출액의 가공팀을 [B16] 셀에 계산

▶ INDEX, MATCH, MAX 함수를 이용한 배열 수식

[ ]

④ 가공팀이 "인천B팀"인 최소 수량의 가공일을 [C16] 셀에 계산

▶ INDEX, MATCH, MIN, IF 함수를 이용한 배열 수식

[ ]

⑤ 가공팀이 "인천B팀"인 두 번째로 많은 수량의 가공품명을 [D16] 셀에 계산

▶ INDEX, MATCH, LARGE, IF 함수를 이용한 배열 수식

[ ]

정답

① [B15] : {=MIN(IF(B2:B13="참치", A2:A13))}

② [C15] : {=SMALL(IF((B2:B13="번데기") * (C2:C13="서울B팀"), E2:E13), 1)}

③ [B16] : {=INDEX(C2:C13, MATCH(MAX((B2:B13="참치") * F2:F13), (B2:B13="참치") * F2:F13, 0))}

④ [C16] : {=INDEX(A2:A13, MATCH(MIN(IF(C2:C13="인천B팀", E2:E13)), (C2:C13="인천B팀") * E2:E13, 0))}

⑤ [D16] : {=INDEX(B2:B13, MATCH(LARGE(IF(C2:C13="인천B팀", E2:E13), 2), (C2:C13="인천B팀") * E2:E13, 0))}

대표기출문제

'C:\길벗컴활1급총정리\엑셀\기능\05배열수식.xlsm' 파일을 열어서 작업하세요.

※ 아래 그림을 참고하여 배열 수식을 작성하시오.

	A	B	C	D	E	F	G	H
1	[표1]							
2	성명	직업	신청일	성별	구매건수	구매금액	구입코드	대출금액
3	고광섭	자영업	2021-03-02	남	21	9,870,000	J21K	5,000,000
4	권창영	회사원	2021-04-02	남	25	11,750,000	H33K	7,000,000
5	김동진	공무원	2021-03-09	남	12	5,640,000	K95L	5,500,000
6	김병준	자영업	2021-02-20	남	12	5,640,000	J32K	2,000,000
7	김영희	자영업	2021-02-12	여	15	7,050,000	J35L	5,000,000
8	김은조	공무원	2021-03-09	여	57	26,790,000	Y46L	10,000,000
9	마동탁	자영업	2021-01-22	여	25	5,350,000	J71K	2,000,000
10	서현명	공무원	2021-02-15	여	25	11,750,000	K54L	5,000,000
11	정수만	회사원	2021-01-01	여	35	9,970,000	H69L	15,000,000
12	정종수	자영업	2021-03-01	남	5	2,350,000	J45L	2,000,000
13	채경찬	회사원	2021-02-14	남	20	9,400,000	H12L	5,000,000
14	하민지	자영업	2021-03-12	여	35	16,450,000	J78L	10,000,000
15	[표2]							
16	개수	3건	☆☆☆☆	1	2		최대값	최소값
17	합계	5,500,000	★	2,000,000		성명	권창영	정종수
18	평균	12	없음	19		합계/인원수	177(5명)	
19	최대값	5,000,000	35	5,000,000				

2140581

[기출 1] 24.상시, 22.상시, 21.상시, 20.상시, 19.2, 19.1, 16.3, 16.1, 15.상시, 14.1, …

[표1]의 직업과 성별을 이용하여 직업이 "자영업"이고 성별이 "여"인 데이터의 개수를 [표2]의 [B16] 셀에 계산하시오.

▶ 개수 뒤에 "건" 표시 [표시 예 : 2 → 2건]

▶ SUM, IF 함수와 & 연산자를 사용한 배열 수식

2140582

[기출 2] 23.상시, 22.상시, 21.상시, 20.상시, 19.2, 19.1, 14.1

[표1]의 성별과 신청일을 이용하여 성별이 "여"이고 신청월이 2월 이전인 데이터의 개수를 [표2]의 [C16] 셀에 표시하시오.

▶ 개수만큼 "☆"를 반복하여 표시
[표시 예 : 4 → ☆☆☆☆, 2 → ☆☆]

▶ COUNT, IF, MONTH, REPT 함수를 사용한 배열 수식

2140583

[기출 3] 24.상시, 22.상시, 21.상시, 20.상시, 20.1, 19.상시, 19.2, 19.1, 18.1, 15.1, …

[표1]의 성별과 구입코드를 이용하여 성별이 "여"이고 구입코드의 마지막 글자가 "K"인 데이터의 개수를 [표2]의 [D16] 셀에 계산하시오.

▶ SUM, IF, RIGHT 함수를 사용한 배열 수식

2140584

[기출 4] 24.상시, 23.상시, 22.상시, 21.상시, 20.상시, 19.2, 19.1, 14.1, 11.3

[표1]의 구입코드를 이용하여 구입코드에 "K"와 3을 포함하는 코드의 개수를 [표2]의 [E16] 셀에 계산하시오.

▶ IF, COUNT, FIND 함수를 사용한 배열 수식

2140585

[기출 5] 22.상시, 21.상시, 20.상시, 20.1, 19.상시, 19.2, 19.1, 18.1, 15.1, 14.3, 13.1, …

[표1]의 직업, 성별, 대출금액을 이용하여 직업이 "공무원"이고 성별이 "남"인 대출금액의 합계를 [표2]의 [B17] 셀에 계산하시오.

▶ SUM, IF 함수를 사용한 배열 수식

2140586

[기출 6] 20.상시, 18.상시, 17.상시

[표1]의 성별, 신청일, 구매건수를 이용하여 성별이 "남"이고 신청월이 3월 이후인 구매건수의 합계를 50으로 나눈 값만큼 "★"를 반복하여 [표2]의 [C17] 셀에 표시하시오.

▶ [표시 예 : 200 → ★★★★, 100 → ★★]

▶ SUM, MONTH, QUOTIENT, REPT 함수를 사용한 배열 수식

2140587

[기출 7] 22.상시, 21.상시, 20.상시, 20.1, 19.상시, 19.2, 19.1, 18.1, 15.1, 14.3, 13.1, …

[표1]의 구매건수, 구입코드, 대출금액을 이용하여 구매건수가 10 이하이고 구입코드의 마지막 글자가 "L"인 대출금액의 합계를 [표2]의 [D17] 셀에 계산하시오.

▶ SUM, IF, RIGHT 함수를 사용한 배열 수식

2140588

[기출 8] 23.상시, 22.상시, 21.상시, 20.상시, 19.상시, 18.상시, 17.상시, 16.상시, …

[표1]의 구매건수, 구매금액, 대출금액을 이용하여 구매건수가 30 이상이고 구매금액이 5,000,000 이상인 대출금액의 평균을 [표2]의 [B18] 셀에 계산하시오.

▶ 평균은 백만 단위로 표시

▶ [표시 예 : 1,000,000 → 1]

▶ AVERAGE, IF, TEXT 함수를 사용한 배열 수식

2140589

[기출 9] 23.상시, 21.상시, 20.상시, 19.상시, 18.상시, 17.상시, 16.상시, 16.1, 14.3, …

[표1]의 신청일, 구매금액, 구매건수를 이용하여 신청월이 1월이고 구매금액이 5,000,000 이하인 구매건수의 평균을 [표2]의 [C18] 셀에 계산하시오.

▶ 해당 데이터가 없는 경우에는 "없음"으로 표시

▶ AVERAGE, IF, MONTH, IFERROR 함수를 사용한 배열 수식

2140590

[기출 10] 24.상시, 23.상시, 22.상시, 21.상시, 20.상시, 19.상시, 18.상시, 17.상시, …

[표1]의 구매금액, 구입코드, 구매건수를 이용하여 구매금액이 3,000,000을 초과하고 구입코드의 첫 글자가 "K"인 구매건수의 평균을 [표2]의 [D18] 셀에 계산하시오.

▶ 평균은 반올림하여 정수로 표시

▶ AVERAGE, IF, LEFT, ROUND 함수 사용

2140591

[기출 11] 23.상시, 22.상시, 21.상시, 20.상시, 18.상시, 17.상시

[표1]의 성별, 구매건수, 대출금액을 이용하여 성별이 "여"이고 구매건수가 30 미만인 대출금액의 최대값을 [표2]의 [B19] 셀에 계산하시오.

▶ MAX, IF 함수를 사용한 배열 수식

2140592

[기출 12] 20.상시, 16.상시, 15.상시

[표1]의 성별, 신청일, 구매건수를 이용하여 성별이 "여"이고 신청월이 1월인 구매건수의 최대값을 [표2]의 [C19] 셀에 계산하시오.

▶ MAXA, MONTH 함수를 사용한 배열 수식

2140593

[기출 13] 22.상시, 21.상시, 20.상시, 18.상시, 17.상시

[표1]의 성별, 구입코드, 대출금액을 이용하여 성별이 "여"이고 구입코드의 첫 글자가 "K"인 대출금액의 최대값을 [표2]의 [D19] 셀에 계산하시오.

▶ MAX, IF, LEFT 함수를 사용한 배열 수식

2140594

[기출 14] 24.상시, 22.상시, 21.상시, 20.상시, 20.1, 19.상시, 19.1, 18.2, 17.1, 16.2, …

[표1]의 성명, 구매건수, 구매금액을 이용하여 구매건수가 30 이하인 사람 중 구매금액이 가장 많은 사람의 성명을 [표2]의 [G17] 셀에 표시하시오.

▶ INDEX, MATCH, MAX 함수를 사용한 배열 수식

2140595

[기출 15] 23.상시, 22.상시, 21.상시, 20.상시, 20.1, 19.상시, 19.2, 19.1, 17.1, 16.3, …

[표1]의 성명, 성별, 구매금액을 이용하여 성별이 "남"인 사람 중 구매금액이 가장 작은 사람의 성명을 [표2]의 [H17] 셀에 표시하시오.

▶ INDEX, MATCH, MIN, IF 함수를 사용한 배열 수식

2140596

[기출 16] 22.상시, 21.상시, 20.상시, 19.2, 18.상시, 18.2, 14.2, 13.2, 12.2, 10.2, …

[표1]의 성별과 구매건수를 이용하여 성별이 "여"이고 구매건수가 전체 구매건수의 평균보다 큰 회원의 구매건수 합계와 인원수를 [표2]의 [G18] 셀에 계산하시오.

▶ [표시 예 : 170(3명)]

▶ CONCAT, SUM, AVERAGE 함수를 사용한 배열 수식

정답

[기출 1]

[B16] : {=SUM(IF((B3:B14="자영업") * (D3:D14="여"), 1)) &"건"}

조건1 조건2 개수_구할 값

[기출 2]

[C16] : {=REPT("☆", COUNT(IF((D3:D14="여") * (MONTH(C3:C14)<=2), 1)))}

조건1 조건2 개수_구할 값

[기출 3]

[D16] : {=SUM(IF((D3:D14="여") * (RIGHT(G3:G14, 1)="K"), 1)) }

조건1 조건2 개수_구할 값

[기출 4]

[E16] : {=COUNT(IF((FIND("K", G3:G14, 1)>=1) * (FIND(3, G3:G14, 1)>=1), 1))}

조건1 조건2 개수_구할 값

[기출 5]

[B17] : {=SUM(IF((B3:B14="공무원") * (D3:D14="남"), H3:H14))}

조건1 조건2 합계_구할_범위

[기출 6]

[C17] : {=REPT("★",QUOTIENT(SUM((D3:D14="남") * (MONTH(C3:C14)>=3) * E3:E14), 50))}

조건1 조건2 합계_구할_범위

[기출 7]

[D17] : {=SUM(IF((E3:E14<=10) * (RIGHT(G3:G14, 1)="L"), H3:H14))}

조건1 조건2 합계_구할_범위

[기출 8]

[B18] : {=TEXT(AVERAGE(IF((E3:E14>=30) * (F3:F14>=5000000), H3:H14)), "0,,")}

조건1 조건2 평균_구할_범위

[기출 9]

[C18] : {=IFERROR(AVERAGE(IF((MONTH(C3:C14)=1) * (F3:F14<=5000000), E3:E14)), "없음")}

조건1 조건2 평균_구할_범위

[기출 10]

[D18] : {=ROUND(AVERAGE(IF((F3:F14>3000000) * (LEFT(G3:G14, 1)="K"), E3:E14)), 0)}

조건1 조건2 평균_구할_범위

[기출 11]

[B19] : {=MAX(IF((D3:D14="여") * (E3:E14<30), H3:H14))}

조건1 조건2 최대값_구할_범위

[기출 12]

[C19] : {=MAXA((D3:D14="여") * (MONTH(C3:C14)=1) * E3:E14)}

조건1 조건2 최대값_구할_범위

[기출 13]

[D19] : {=MAX(IF((D3:D14="여") * (LEFT(G3:G14, 1)="K"), H3:H14))}

조건1 조건2 최대값_구할_범위

[기출 14]

[G17] : {=INDEX(A3:A14, MATCH(MAX((E3:E14<=30)*F3:F14), (E3:E14<=30)*F3:F14, 0))}

30이하_최대_구매금액 30이하_구매금액 옵션

[기출15]

[H17] : {=INDEX(A3:A14, MATCH(MIN(IF(D3:D14="남", F3:F14)), (D3:D14="남")*F3:F14, 0))}

남_최소_구매금액 남_구매금액 옵션

[기출 16]

[G18] : {=CONCAT(SUM((D3:D14="여") * (E3:E14>AVERAGE(E3:E14)) * E3:E14), "(", SUM((D3:D14="여") * (E3:E14>AVERAGE(E3:E14))), "명)")}

구매건수_합계 인원수

2140601 

2 찾기/참조 함수

출제 비율 100% / 배점 6점

찾기/참조 함수 문제는 **다른 셀의 값을 참조해서 원하는 값을 찾는 작업**입니다. **6점짜리 한 문제가 출제되며, 부분 점수는 없습니다.**

• 찾기/참조 함수 문제에서 지금까지 출제된 함수들은 다음과 같습니다.

함수	기능
VLOOKUP(찾을값, 범위, 열 번호, 옵션)	범위의 첫 번째 열에서 찾을값과 같은 데이터를 찾은 후 찾을값이 있는 행에서 지정된 열 번호에 있는 데이터 반환, 옵션에 따라 찾는 방법이 다름 • 옵션 – TRUE 또는 생략 : 근사값을 찾음 – FALSE : 정확하게 일치하는 값을 찾음 예 =VLOOKUP(A1, B2:C3, 2, FALSE) : [B2:C3] 영역의 첫 번째 열에서 [A1] 셀의 값과 정확히 일치하는 값을 찾고, 찾은 값이 있는 행에서 두 번째 열의 값을 반환함
HLOOKUP(찾을값, 범위, 행 번호, 옵션)	범위의 첫 번째 행에서 찾을값과 같은 데이터를 찾은 후 찾을값이 있는 열에서 지정된 행 번호에 있는 데이터 반환, 옵션에 따라 찾는 방법이 다름 • 옵션 – TRUE 또는 생략 : 근사값을 찾음 – FALSE : 정확하게 일치하는 값을 찾음 예 =HLOOKUP(A1, B2:C3, 2, FALSE) : [B2:C3] 영역의 첫 번째 행에서 [A1] 셀의 값과 정확히 일치하는 값을 찾고, 찾은 값이 있는 열에서 두 번째 행의 값을 반환함
CONCAT(텍스트1, 텍스트2, …)	인수로 주어진 텍스트들을 연결하여 1개의 문자열로 반환 예 =CONCAT("컴퓨터", "활용") : "컴퓨터활용"을 반환함
YEAR(날짜)	날짜에서 연도만 반환 예 =YEAR("2021-05-07") : 2021을 반환함
CHOOSE(인수, 첫 번째, 두 번째, …)	인수가 1이면 1번째, 인수가 2이면 2번째, … 인수가 n이면 n번째를 반환함 예 =CHOOSE(1, "A", "B", "C") : 첫 번째 "A"를 반환함
ROUNDUP(인수, 올림 자릿수)	인수를 지정한 자릿수로 올림하여 반환 예 =ROUNDUP(25.63, 1) : 25.7을 반환함
LOOKUP(찾을값, 범위1, 범위2)	범위1에서 찾을값과 같은 데이터를 찾은 후 같은 행의 범위2에 있는 데이터 반환 예 =LOOKUP(A1, B1:B10, C1:C10) : [B1:B10] 영역에서 [A1] 셀의 값과 같은 데이터를 찾은 후 [C1:C10]에서 같은 행에 있는 데이터를 반환함
REPLACE(텍스트1, 시작 위치, 개수, 텍스트2)	텍스트1의 시작 위치에서 개수만큼 텍스트2로 변환하여 반환 예 =REPLACE("홍길동", 2, 1," "*") : "홍*동"을 반환함
VALUE(텍스트)	텍스트를 숫자로 변환하여 반환 예 =VALUE(A1) : [A1] 셀의 텍스트를 숫자로 변환하여 반환함
WEEKDAY(날짜, 옵션)	• 날짜에 해당하는 요일번호 반환 • 옵션 – 1 또는 생략 : 1(일요일) ~ 7(토요일) – 2 : 1(월요일) ~ 7(일요일) – 3 : 0(월요일) ~ 6(일요일) 예 =WEEKDAY("2021-05-05", 1) : 4(수요일)를 반환함
EDATE(시작 날짜, 개월 수)	'시작 날짜'에서 '개월 수'를 더한 날짜 반환 예 =EDATE("2021-7-1", 3) : 2021-10-01을 반환함
OFFSET(범위, 행, 열, 높이, 너비)	선택한 범위에서 지정한 행과 열만큼 떨어진 위치에 있는 데이터 영역의 데이터 반환 예 =OFFSET(A1, 1, 1, 2, 2) : [A1] 셀에서 아래쪽으로 1행, 오른쪽으로 1열 떨어진 [B2] 셀을 기준으로 2행 2열 데이터 영역의 데이터를 반환함
MOD(인수1, 인수2)	인수1을 인수2로 나눈 나머지 반환 예 =MOD(10, 3) : 1을 반환함
ROW(범위)	지정된 범위의 행 번호 반환 예 =ROW(A1) : [A1] 셀의 행 번호인 1을 반환함
ISERROR(인수)	인수가 오류 값이면 'TRUE', 그렇지 않으면 'FALSE' 반환 예 =ISERROR(A1) : [A1] 셀에 오류가 발생했으면 'TRUE'를, 그렇지 않으면 'FALSE'를 반환함
PMT(이자, 기간, 현재가치, 미래가치, 납입시점)	정기적으로 지급(상환)할 금액 반환, 일정 금액을 대출받았을 경우 이자를 포함하여 매월 상환해야 하는 금액 반환 예 =PMT(6%/12, 12, -10000000) : 10,000,000원을 대출받았을 경우 이자(월이율 6%/12)를 포함하여 매월 상환해야 하는 금액을 반환함
DAY(날짜)	날짜에서 일만 반환 예 =DAY("2021-06-05") : 5를 반환함

합격포인트

- 찾기/참조 함수는 **수식을 정확하게 세우는 것이 합격포인트**인데, 너무 당연한 말이죠. 문제가 조금 어려워 수식 세우는 연습을 많이 해야 합니다.
- 조금 어렵다 싶은 문제는 [수식 만들기]와 [수식의 이해]에서 순서를 두어 설명했습니다. **완전하게 이해하지 않으면 실제 시험장에서는 손도 못 댄다는 것**을 명심하고 열심히 공부하시기 바랍니다.

☞ 'C:\길벗컴활1급총정리\엑셀\기능\06찾기참조함수.xlsm' 파일을 열어서 작업하세요.

전문가의 조언

- 다른 함수들과 어떤 형태로 중첩되어 출제되는지 살펴보세요.
- **헷갈리는 수식은 일단 암기해 두는 것도 좋은 방법**입니다.

24.상시, 23.상시, 22.상시, 21.상시, 20.상시, 20.1, 19.상시, 19.2, 19.1, 17.1, 16.3, …

01 VLOOKUP 함수

※ 아래 그림을 참고하여 수식을 이해하고 작성해 보세요[유형 1~5].

	A	B	C	D	E	F	G
1	[표1]						
2	직원코드	판매수량	지역	지역담당자	접수번호	할인여부	판매금액
3	AA177	150	서울	서울/김영식	1-서울		4,350,000원
4	AE386	274	경상도	경상도/임숙경	2-경상도	추가할인	7,672,000원
5	AA463	207	서울	서울/김영식	3-서울		5,796,000원
6	AE165	103	경상도	경상도/임숙경	4-경상도		2,987,000원
7	AB398	211	경기도	경기도/하석민	5-경기도		5,908,000원
8	AA441	349	서울	서울/김영식	6-서울	추가할인	9,074,000원
9	AC619	201	강원도	강원도/구지훈	7-강원도		5,628,000원
10	AC543	450	강원도	강원도/구지훈	8-강원도	추가할인	11,700,000원
11	[표2]			[표3]			
12	코드	지역	담당자	판매수량	판매단가		
13	AA	서울	김영식	100	30,000		
14	AB	경기도	하석민	200	29,000		
15	AC	강원도	구지훈	300	28,000		
16	AE	경상도	임숙경	400	26,000		

2140611

23.상시, 15.상시

[유형 1] VLOOKUP, LEFT 함수 사용

직원코드의 앞 두 글자와 [표2]를 이용하여 [C3:C10] 영역에 지역을 표시하시오.

[=VLOOKUP(LEFT(A3, 2), $A$13:$C$16, 2, FALSE)]

찾을값 / 범위 / 열위치 / 옵션

수식 만들기

1. 최종적으로 구할 값은? 지역
2. 지역은 직원코드의 앞 두 글자와 [표2]를 이용하여 표시

	A	B	C
11	[표2]		
12	코드	지역	담당자
13	AA	서울	김영식
14	AB	경기도	하석민
15	AC	강원도	구지훈
16	AE	경상도	임숙경

3. [표2]에서 지역을 찾아와 표시하려면 VLOOKUP 함수 사용

=VLOOKUP(찾을값, 찾을범위, 열위치, 옵션)

❶ **찾을값** : [표2]의 첫 번째 열은 직원코드의 앞 두 글자로 되어 있으므로 LEFT(A3,2)

❷ **찾을범위** : [A13:C16]

❸ **열위치** : '찾을범위'에서 지역이 2열에 있으므로 2

❹ **옵션** : '찾을값'과 정확히 일치하는 값을 찾아야 하므로 FALSE

=VLOOKUP(LEFT(A3,2),$A$13:$C$16,2,FALSE)

2140612

19.2, 19.1, 16.2

[유형 2] VLOOKUP, LEFT, CONCAT 함수 사용

직원코드의 앞 두 글자와 [표2]를 이용하여 [D3:D10] 영역에 지역/담당자를 표시하시오.

▶ 지역과 담당자는 [표2]를 참조

▶ 지역과 담당자 사이에 "/" 기호를 추가하여 표시
[표시 예 : 서울/김영식]

[=CONCAT(VLOOKUP(LEFT(A3, 2), $A$13:$C$16, 2, FALSE), "/", VLOOKUP(LEFT(A3, 2), $A$13:$C$16, 3, FALSE))]

인수1: 찾을값 / 찾을범위 / 열위치 / 옵션 — 인수2 — 인수3: 찾을값 / 찾을범위 / 열위치 / 옵션

수식 만들기

1. 최종적으로 구할 값은? 지역과 담당자를 "/"로 연결한 값
   =CONCAT(지역, "/", 담당자)
2. 지역은 [표2]의 두 번째 열, 담당자는 세 번째 열에 있음
   - 지역 : VLOOKUP(LEFT(A3, 2), A13:C16, 2, FALSE)
   - 담당자 : VLOOKUP(LEFT(A3, 2), A13:C16, 3, FALSE)

   ↓

   =CONCAT(VLOOKUP(LEFT(A3, 2), A13:C16, 2, FALSE), "/", VLOOKUP(LEFT(A3, 2), A13:C16, 3, FALSE))

2140613

19.2, 19.1, 16.2

[유형 3] VLOOKUP, CONCAT, ROW, LEFT 함수 사용

직원코드의 앞 두 글자와 [표2]를 이용하여 [E3:E10] 영역에 접수번호를 표시하시오.

▶ 접수번호는 행 번호에서 2를 뺀 값과 직원코드의 앞 두 글자에 따른 지역을 연결하여 표시

▶ [표시 예 : 행 번호가 3이고, 직원코드의 앞 두 글자가 "AA"인 경우 → 1-서울]

[=CONCAT(ROW( )-2, "-", VLOOKUP(LEFT(A3, 2), $A$13:$C$16, 2, FALSE))]

찾을값 / 찾을범위 / 열위치 / 옵션

인수1 / 인수2 / 인수3

2140614

22.상시, 21.상시, 20.상시, 19.상시, 18.상시, 17.상시, 17.1, 16.상시, …

[유형 4] VLOOKUP, IF 함수 사용

판매수량과 [표3]을 이용하여 [F3:F10] 영역에 할인여부를 표시하시오.

▶ 판매금액 = 판매수량 × 판매단가

▶ 판매단가는 [표3]을 참조하여 계산

▶ 할인여부는 판매금액이 7,000,000 이상이면 "추가할인", 그 외는 빈 칸으로 표시

[=IF(B3*VLOOKUP(B3, $D$13:$E$16, 2)>=7000000, "추가할인", " ")]

조건 / 참 / 거짓

2140615

20.상시, 19.상시

[유형 5] VLOOKUP, ROUNDUP, TEXT 함수 사용

판매수량과 [표3]을 이용하여 [G3:G10] 영역에 판매금액을 표시하시오.

▶ 판매금액 = 판매수량 × 판매단가

▶ 판매단가는 [표3]을 참조하되, 이때 사용되는 판매수량은 십의 자리에서 올림하여 백의 자리까지 산출하여 적용

▶ [표시 예 : 0 → 0원, 4300000 → 4,300,000원]

[=TEXT(B3*VLOOKUP(ROUNDUP(B3, −2), $D$13:$E$16, 2), "#,##0원")]

찾을값 / 찾을범위 / 열위치

인수 / 표시형식

※ 아래 그림을 참고하여 수식을 이해하고 작성해 보세요[유형 6–9].

	A	B	C	D	E	F	G	H
1	[표1]						작성일 :	2021-05-01
2	직원코드	대출금액	대출일	대출기간(년)	지역	지점번호	비고1	비고2
3	AE165	43,000,000	2017-01-11	5	경상도	123-○○-7895	매우부담	1년미만
4	AB398	25,600,000	2020-05-24	3	경기도	123-○○-5837	매우부담	2년이상
5	AK441	13,700,000	2019-02-11	7	없음		여유	3년이상
6	AC619	37,100,000	2014-04-07	10	강원도	123-○○-9510	보통	2년이상
7	AE463	24,000,000	2016-05-23	10	경상도	123-○○-7895	보통	3년이상
8	AK543	49,200,000	2012-04-07	10	없음		부담	1년미만
9	AE177	48,500,000	2018-03-12	5	경상도	123-○○-7895	매우부담	1년이상
10	AE386	6,700,000	2019-02-23	3	경상도	123-○○-7895	여유	1년미만
11	[표2]			[표3]		[표4]		
12	코드	지역	지점번호	월상환액	비고1	남은월	비고2	
13	AA	서울	123-58-5920	0	여유	0	1년미만	
14	AB	경기도	123-91-5837	200,000	보통	12	1년이상	
15	AC	강원도	123-58-9510	400,000	부담	24	2년이상	
16	AE	경상도	123-58-7895	600,000	매우부담	36	3년이상	

2140616

22.상시, 21.상시, 20.상시, 17.상시, 16.3, 14.1, 12.3, 12.2, 11.1, 10.2, …

[유형 6] VLOOKUP, IFERROR, LEFT 함수 사용

직원코드의 앞 두 글자와 [표2]를 이용하여 [E3:E10] 영역에 지역을 표시하시오.

▶ 해당 데이터가 없는 경우 "없음"으로 표시

[=IFERROR(VLOOKUP(LEFT(A3, 2), $A$13:$C$16, 2, FALSE), "없음")]

찾을값 / 찾을범위 / 열위치 / 옵션

인수 / 오류시_표시할_값

수식 만들기

1. 최종적으로 구할 값? 해당 데이터가 없으면 "없음", 그렇지 않으면 지역
   =IFERROR(지역, "없음")
2. 지역 : VLOOKUP(LEFT(A3, 2), A13:C16, 2, FALSE)

   ↓

   =IFERROR(VLOOKUP(LEFT(A3, 2), A13:C16, 2, FALSE), "없음")

2140617

18.상시, 16.3, 15.3, 14.1, 09.1, 08.1

[유형 7] VLOOKUP, IFERROR, LEFT, REPLACE 함수 사용

직원코드의 앞 두 글자와 [표2]를 이용하여 [F3:F10] 영역에 지점번호를 표시하되, 지점번호의 5번째부터 두 글자를 "○○" 기호로 바꾸어 표시하시오.

▶ [표시 예 : 123-58-5920 → 123-○○-5920]

▶ 단, 오류 발생 시 빈 칸으로 표시하시오.

[=IFERROR(REPLACE(VLOOKUP(LEFT(A3, 2), $A$13:$C$16, 3, FALSE), 5, 2, "○○"), " ")]

찾을값 / 찾을범위 / 열위치 / 옵션

텍스트1 / 시작위치 / 개수 / 텍스트2

수식 만들기

1. 최종적으로 구할 값? 오류가 발생하면 빈 칸, 그렇지 않으면 지점번호 표시
   =IFERROR(지점번호 , " ")
2. 지점번호의 5번째부터 두 글자를 "○○" 기호로 바꾸어 표시하되, 오류 발생 시 빈 칸
   REPLACE(지점번호, 5, 2,"○○")

   ↓

   =IFERROR(REPLACE(지점번호, 5, 2, "○○") , " ")
3. 지점번호 : VLOOKUP(LEFT(A3, 2), A13:C16, 3, FALSE)

   ↓

   =IFERROR(REPLACE(VLOOKUP(LEFT(A3, 2), A13:C16, 3, FALSE), 5, 2, "○○") ," ")

2140618

22.상시, 21.상시, 20.상시, 15.상시, 10.1

[유형 8] VLOOKUP, PMT 함수 사용

대출금액과 대출기간(년)을 이용하여 월상환액을 구한 후 [표3]에서 월상환액에 대한 비고1을 찾아 [G3:G10] 영역에 표시하시오.

▶ 연이율은 3%임

[=VLOOKUP(PMT(3%/12, D3*12, −B3), $D$13:$E$16, 2)]

찾을값 / 찾을범위 / 열위치

2140619

20.1, 15.1, 12.2

[유형 9] VLOOKUP, EDATE, QUOTIENT 함수 사용

대출일, 대출기간(년), 작성일과 [표4]를 이용하여 [H3:H10] 영역에 남은월에 대한 비고2를 표시하시오.

▶ 비고2는 남은월을 기준으로 [표4]에서 찾아 표시

▶ 남은월은 대출남은기간/30으로 계산

▶ 대출남은기간은 대출일에서 대출기간(년)이 지난날에서 작성일(H1)을 뺀 값임

[=VLOOKUP(QUOTIENT(EDATE(C3, D3*12)−$H$1, 30),

인수1 / 인수2

찾을값

$F$13:$G$16, 2)]

찾을범위 / 열위치

수식 만들기

1. 최종적으로 구할 값은? 비고2
2. 비고2는 남은월을 기준으로 [표4]에서 찾아 표시해야 하므로 VLOOKUP 함수 사용
   =VLOOKUP(남은월, F13:G16, 2)
3. 남은월은 대출남은기간/30
   QUOTIENT(대출남은기간, 30)
   ↓
   =VLOOKUP(**QUOTIENT(대출남은기간, 30)**, F13:G16, 2)
5. 대출남은기간은 대출일(C3)에서 대출기간(년)(D3)이 지난날에서 작성일(H1)을 뺀 값
   EDATE(C3, D3*12)−H1
   ↓
   =VLOOKUP(QUOTIENT(**EDATE(C3, D3*12)−H1**, 30), F13:G16, 2)

※ 아래 그림을 참고하여 수식을 이해하고 작성해 보세요[유형 10~14].

	A	B	C	D	E	F	G	H
1	[표1]							
2	직원코드	판매수량	판매일	배송비	판매금액1	판매금액2	지역/직위	결제날짜
3	AC167	207	2021-01-23	무료	5,382,000	4,843,800	강원도(부장)	3월 1일
4	AB398	24	2021-07-11	8,000	696,000	696,000	경기도(과장)	7월 25일
5	AA441	99	2021-02-01	5,000	2,970,000	2,970,000	서울(대리)	2월 10일
6	AC542	349	2021-05-05	무료	8,027,000	7,224,300	강원도(과장)	5월 10일
7	AA177	30	2021-09-12	8,000	900,000	900,000	서울(대리)	9월 25일
8	AB386	450	2021-05-09	무료	10,800,000	9,720,000	경기도(과장)	5월 10일
9	[표2]	판매월		[표3]		판매수량		
10	판매수량	1	7	코드	지역	0	100	300
11	0	5,000	8,000	AA	서울	30,000	28,000	25,000
12	100	3,000	5,000	AB	경기도	29,000	27,000	24,000
13	200	무료	3,000	AC	강원도	28,000	26,000	23,000
14	[표4] 판매일에 따른 월코드와 결제일							
15	날짜(일)	월코드	월	결제일				
16	1	0	이번달	10				
17	10	0	이번달	25				
18	15	1	다음달	5				
19	20	2	다다음달	1				

2140620

24.상시, 23.상시, 20.상시, 20.1, 19.상시, 17.상시, 11.1

[유형 10] VLOOKUP, MATCH, MONTH 함수 사용

판매수량, 판매일과 [표2]를 이용하여 [D3:D8] 영역에 배송비를 표시하시오.

[=VLOOKUP(B3, $A$11:$C$13, MATCH(MONTH(C3), $B$10:$C$10, 1)+1)]

찾을값 / 범위 / 옵션

찾을값 / 찾을범위 / 열위치

수식 만들기

1. 최종적으로 구할 값은? 배송비
2. 배송비는 [표2]에서 찾아와 표시

	A	B	C
9	[표2]	판매월	
10	판매수량	1	7
11	0	5,000	8,000
12	100	3,000	5,000
13	200	무료	3,000

=VLOOKUP(B3, A11:C13, 열 위치)

3. 열 위치는 판매일의 월에 따라 달라지므로 MATCH 함수를 이용해 해당 월이 포함되는 상대적인 위치 계산

   MATCH(찾을값, 찾을범위, 옵션)
   ❶ ❷ ❸

❶ **찾을값** : MONTH(C3)

❷ **찾을범위** : [B10:C10]

❸ **옵션** : '찾을값' 보다 크지 않은 값 중에서 가장 근접한 값을 찾아야 하므로 1 또는 생략

MATCH(B3, C10:E10, 1)

VLOOKUP 함수의 찾을범위는 A열부터 시작하고, MATCH 함수의 찾을범위는 B열부터 시작합니다. 즉 MATCH 함수의 결과값이 1일 경우 VLOOKUP 함수의 2번째 열의 값을 넣어야 하므로 +1을 해줘야 합니다.

	A	B	C
9	[표2]	판매월	
10	판매수량	1	7
11	0	5,000	8,000
12	100	3,000	5,000
13	200	무료	3,000

MATCH(B3, C10:E10, 1)+1

↓

=VLOOKUP(B3, A11:C13, **MATCH(B3, C10:E10, 1)+1**)

2140621

20.상시, 20.1, 18.상시, 16.상시, 16.1, 13.3, 11.2

[유형 11] VLOOKUP, MATCH, LEFT 함수 사용

직원코드, 판매수량과 [표3]을 이용하여 [E3:E8] 영역에 판매금액1을 표시하시오.

▶ 판매금액1 = 판매수량 × 판매단가

▶ 판매단가는 직원코드의 앞 두 글자와 판매수량을 이용하여 [표3]에서 찾아 계산

[=B3*VLOOKUP(LEFT(A3, 2), $D$11:$H$13, MATCH(B3, $F$10:$H$10, 1)+2, FALSE)]

- LEFT(A3, 2) : 찾을값
- $D$11:$H$13 : 찾을범위
- MATCH(B3, $F$10:$H$10, 1)+2 : 열위치
- FALSE : 옵션

2140622

20.상시, 20.1, 17.상시, 13.2, 10.3

[유형 12] VLOOKUP, MATCH, LEFT, IF 함수 사용

직원코드, 판매수량과 [표3]을 이용하여 [F3:F8] 영역에 판매금액2를 표시하시오.

▶ 판매금액2 = 판매수량 × 판매단가 × (1−할인율)

▶ 판매단가는 직원코드의 앞 두 글자와 판매수량을 이용하여 [표3]에서 찾아 계산

▶ 할인율은 판매수량이 200 이상이면 10%, 그렇지 않으면 0으로 계산

[=B3*VLOOKUP(LEFT(A3, 2), $D$11:$H$13, MATCH(B3, $F$10:$H$10, 1)+2, FALSE)*(1−IF(B3>=200, 10%, 0))]

- LEFT(A3, 2) : 찾을값
- $D$11:$H$13 : 찾을범위
- MATCH(B3, $F$10:$H$10, 1)+2 : 열위치
- FALSE : 옵션
- B3>=200 : 조건
- 10% : 참
- 0 : 거짓

2140623

22.상시, 21.상시, 15.상시

[유형 13] VLOOKUP, CHOOSE, MOD, RIGHT, LEFT 함수와 & 연산자 사용

직원코드와 [표3]을 이용하여 [G3:G8] 영역에 지역과 직위를 연결하여 표시하시오.

▶ 지역은 직원코드의 앞 두 글자와 [표3]을 이용하여 계산

▶ 직위는 직원코드의 뒤 세 글자를 4로 나눈 나머지가 0이면 "사원", 1이면 "대리", 2이면 "과장", 3이면 "부장"으로 표시

▶ [표시 예 : 강원도(부장)]

[=VLOOKUP(LEFT(A3, 2), $D$11:$H$13, 2, FALSE) & "(" & CHOOSE(MOD(RIGHT(A3, 3), 4)+1, "사원","대리","과장","부장") & ")"]

- LEFT(A3, 2) : 찾을값
- $D$11:$H$13 : 찾을범위
- 2 : 열위치
- FALSE : 옵션
- MOD(RIGHT(A3, 3), 4)+1 : 인수
- "사원" : 첫번째
- "대리" : 두번째
- "과장" : 세번째
- "부장" : 네번째

'MOD(RIGHT(A3, 3), 4)+1'에서 +1을 하는 이유

MOD 함수의 결과값이 0일 경우 CHOOSE(인수, 첫 번째, 두 번째, …) 함수에서 첫 번째 항목을 넣기 위해 MOD 함수의 결과값에 +1을 해줘야 합니다.

2140624

20.상시, 19.2, 16.상시

[유형 14] VLOOKUP, CONCAT, MONTH, DAY 함수 사용

판매일과 [표4]를 이용하여 [H3:H8] 영역에 결제날짜를 표시하시오.

▶ 결제날짜는 결제월과 결제일을 이용하여 표시 [표시 예 : 3월 1일]

▶ 결제월은 판매일의 월 + 월코드로 계산

▶ 월코드와 결제일은 판매일과 [표4]를 이용하여 계산

[=CONCAT(MONTH(C3)+VLOOKUP(DAY(C3), $A$16:$D$19, 2), "월 ", VLOOKUP(DAY(C3), $A$16:$D$19, 4), "일")]

- MONTH(C3)+VLOOKUP(DAY(C3), $A$16:$D$19, 2) : 인수1 (DAY(C3) : 찾을값, $A$16:$D$19 : 찾을범위, 2 : 열위치)
- "월 " : 인수2
- VLOOKUP(DAY(C3), $A$16:$D$19, 4) : 인수3 (DAY(C3) : 찾을값, $A$16:$D$19 : 찾을범위, 4 : 열위치)
- "일" : 인수4

수식 만들기

1. 최종적으로 구할 값은? 결제날짜
2. 결제날짜는 결제월과 결제일을 이용하여 '3월 1일'과 같이 표시
   =CONCAT(결제월, "월 ", 결제일, "일")
3. 결제월은 판매일의 월 + 월코드
   – 월 : MONTH(C3)
   – 월코드 : 판매일(C3)과 [표4]를 이용하여 계산

	A	B	C	D
14	[표4] 판매일에 따른 월코드와 결제일			
15	날짜(일)	월코드	월	결제일
16	1	0	이번달	10
17	10	0	이번달	25
18	15	1	다음달	5
19	20	2	다다음달	1

VLOOKUP(DAY(C3), A16:D19, 2)

↓

=CONCAT(MONTH(C3)+VLOOKUP(DAY(C3), A16:D19, 2), "월 ", 결제일, "일")

4. 결제일은 판매일(C3)과 [표4]를 이용하여 계산
   VLOOKUP(DAY(C3), A16:D19, 4)

   ↓

   =CONCAT(MONTH(C3)+VLOOKUP(DAY(C3), A16:D19, 2), "월 ", VLOOKUP(DAY(C3), A16:D19, 4), "일")

2140661

아래 그림을 참고하여 수식을 작성하시오[①~④].

	A	B	C	D	E	F	G
1	[표1]						
2	제품코드	주문번호	주문량	단가	분류-배달업체	비고	결제금액
3	가-854	1-과일	45	15,000	과일-서울유통		607,500원
4	라-125	2-정육	10	23,500	정육-삼진물산		225,600원
5	나-548	3-채소	15	12,700	채소-길벗상사		182,880원
6	가-325	4-과일	20	54,900	과일-서울유통	고액판매	988,200원
7	다-215	5-잡곡	5	65,200	잡곡-경기유통		306,440원
8	나-285	6-채소	15	32,100	채소-길벗상사		452,610원
9	가-351	7-과일	23	43,600	과일-서울유통	고액판매	902,520원
10	다-652	8-잡곡	20	75,300	잡곡-경기유통	고액판매	1,355,400원
11	[표2]			[표3]			
12	코드	분류	배달업체	판매금액	할인율		
13	가	과일	서울유통	100,000	3%		
14	나	채소	길벗상사	200,000	4%		
15	다	잡곡	경기유통	300,000	6%		
16	라	정육	삼진물산	500,000	10%		

① 제품코드의 첫 글자와 [표2]를 이용하여 [B3:B10] 영역에 주문번호 표시

▶ 주문번호는 행 번호에서 2를 뺀 값과 제품코드의 첫 글자에 따른 분류를 연결하여 표시

▶ [표시 예 : 행 번호가 3이고, 제품코드의 첫 글자가 "가"인 경우 → 1-과일]

▶ VLOOKUP, CONCAT, ROW, LEFT 함수 사용

[ ]

② 제품코드의 첫 글자와 [표2]를 이용하여 [E3:E10] 영역에 분류-배달업체 표시

▶ 분류와 배달업체는 [표2]를 참조

▶ [표시 예 : 과일-서울유통]

▶ VLOOKUP, CONCAT, LEFT 함수 사용

[ ]

③ 주문량, 단가와 [표3]을 이용하여 [F3:F10] 영역에 비고 표시

▶ 결제금액 = 주문량 × 단가 × (1-할인율)

▶ 할인율은 [표3]을 참조하되, 이때 사용되는 판매금액은 '주문량 × 단가'임

▶ 결제금액이 800,000 이상이면 "고액판매", 그 외는 빈 칸으로 표시

▶ VLOOKUP, IF 함수 사용

[ ]

④ 주문량, 단가와 [표3]을 이용하여 [G3:G10] 영역에 결제금액 표시

▶ 결제금액 = 주문량 × 단가 × (1-할인율)

▶ 할인율은 [표3]을 참조하되, 이때 사용되는 판매금액은 '주문량 × 단가'를 천의 자리에서 올림하여 만의 자리까지 산출하여 적용

▶ [표시 예 : 0 → 0원, 607,500 → 607,500원]

▶ VLOOKUP, ROUNDUP, TEXT 함수 사용

[ ]

2140662

아래 그림을 참고하여 수식을 작성하세요[⑤~⑧].

	A	B	C	D	E	F	G	H
1	[표1]						작성일 :	2021-04-20
2	장비코드	장비매입금	계약일	렌탈기간(년)	장비명	담당자	비고	비고2
3	3U8992	43,000,000	2017-01-11	6	현미경	배*한	보통	1년이상
4	2Z8522	25,600,000	2020-05-24	10	질량분석기	조*숙	없음	3년이상
5	4S4476	13,700,000	2019-02-11	3	이온빔	서*세	낮음	1년미만
6	2Z8908	37,100,000	2021-04-07	5	질량분석기	조*숙	보통	3년이상
7	5R2630	24,000,000	2016-05-23	10	없음		없음	3년이상
8	3U1487	49,200,000	2012-04-07	9	현미경	배*한	낮음	1년미만
9	4S1188	48,500,000	2021-03-12	1	이온빔	서*세	높음	1년미만
10	1T2422	86,700,000	2017-02-23	7	분광기	안*후	높음	2년이상
11	[표2]			[표3]		[표4]		
12	코드	장비명	담당자	월렌탈비	비고	남은월	비고2	
13	1T	분광기	안동후	0	없음	0	1년미만	
14	2Z	질량분석기	조인숙	300,000	낮음	12	1년이상	
15	3U	현미경	배유한	600,000	보통	24	2년이상	
16	4S	이온빔	서명세	900,000	높음	36	3년이상	

⑤ 장비코드의 앞 두 글자와 [표2]를 이용하여 [E3:E10] 영역에 장비명 표시

▶ 해당 데이터가 없는 경우 "없음"으로 표시

▶ VLOOKUP, IFERROR, LEFT 함수 사용

[ ]

⑥ 장비코드의 앞 두 글자와 [표2]를 이용하여 [F3:F10] 영역에 담당자를 표시하되, 담당자의 두 번째 글자를 "*" 기호로 바꾸어 표시

▶ [표시 예 : 홍길동 → 홍*동]

▶ 단, 오류 발생 시 빈 칸으로 표시하시오.

▶ VLOOKUP, IFERROR, LEFT, REPLACE 함수 사용

[ ]

⑦ 장비매입금과 렌탈기간(년)을 이용하여 월렌탈비를 구한 후 [표3]에서 월렌탈비에 대한 비고를 찾아 [G3:G10] 영역에 표시

▶ 연이율은 3%임

▶ VLOOKUP, PMT 함수 사용

[ ]

⑧ 계약일, 렌탈기간(년), 작성일과 [표4]를 이용하여 [H3:H10] 영역에 남은월에 대한 비고2 표시

▶ 비고2는 남은월을 기준으로 [표4]에서 찾아 표시

▶ 남은월은 렌탈남은기간/30으로 계산

▶ 렌탈남은기간은 계약일에서 렌탈기간(년)이 지난날에서 작성일(H1)을 뺀 값임

▶ VLOOKUP, EDATE, QUOTIENT 함수 사용

[ ]

2140663

아래 그림을 참고하여 수식을 작성하시오[⑨~⑬].

	A	B	C	D	E	F	G	H
1	[표1]							
2	보험코드	가입기간	보험가입일	가입장려금	월납입금	총납입금	지점/직업	월납입일
3	SH05-016	180	2021-01-06	180,000	43,000	7,353,000	은평(일반)	1월 10일
4	EX01-158	84	2021-03-05	150,000	28,000	2,352,000	서초(공무원)	3월 10일
5	EA03-061	156	2021-04-20	180,000	27,000	4,001,400	서초(전문직)	6월 1일
6	RZ04-112	24	2021-05-25	120,000	38,500	924,000	마포(일반)	7월 1일
7	SU10-059	96	2021-09-02	165,000	52,100	5,001,600	은평(기타)	9월 10일
8	RD04-108	168	2021-09-23	200,000	31,000	4,947,600	마포(일반)	11월 1일
9	[표2]	가입월		[표3]			가입기간	
10	가입기간	1	7	지점코드	가입지점	0	50	100
11	0	120,000	145,000	E	서초	32,000	28,000	27,000
12	60	150,000	165,000	R	마포	38,500	34,000	31,000
13	120	180,000	200,000	S	은평	67,000	52,100	43,000
14	[표4] 보험가입일에 따른 월코드와 납입일							
15	날짜(일)	월코드	월	납입일				
16	1	0	이번달	10				
17	10	0	이번달	25				
18	15	1	다음달	5				
19	20	2	다다음달	1				

⑨ 가입기간, 보험가입일과 [표2]를 이용하여 [D3:D8] 영역에 가입장려금 표시

▶ VLOOKUP, MATCH, MONTH 함수 사용

[ ]

⑩ 보험코드, 가입기간과 [표3]을 이용하여 [E3:E8] 영역에 월납입금 표시

▶ 월납입금은 보험코드의 첫 글자와 가입기간을 이용하여 [표3]에서 찾아 계산

▶ VLOOKUP, MATCH, LEFT 함수 사용

[ ]

⑪ 보험코드, 가입기간과 [표3]을 이용하여 [F3:F8] 영역에 총납입금 표시

▶ 총납입금 = 월납입금 × 가입기간 × (1 – 할인율)

▶ 월납입금은 보험코드의 첫 글자와 가입기간을 이용하여 [표3]에서 찾아 계산

▶ 할인율은 가입기간이 100 이상이면 5%, 그렇지 않으면 0으로 계산

▶ VLOOKUP, MATCH, LEFT, IF 함수 사용

[ ]

⑫ 보험코드와 [표3]을 이용하여 [G3:G8] 영역에 지점과 직업을 연결하여 표시

▶ 지점은 보험코드의 첫 글자와 [표3]을 이용하여 계산

▶ 직업은 보험코드의 뒤 세 글자를 4로 나눈 나머지가 0이면 "일반", 1이면 "전문직", 2이면 "공무원", 3이면 "기타"로 표시

▶ [표시 예 : 은평(일반)]

▶ VLOOKUP, CHOOSE, MOD, RIGHT, LEFT 함수와 & 연산자 사용

[ ]

⑬ 보험가입일과 [표4]를 이용하여 [H3:H8] 영역에 월납입일 표시

▶ 월납입일은 납입월과 납입일을 이용하여 표시 [표시 예 : 3월 1일]

▶ 납입월은 보험가입일의 월 + 월코드로 계산

▶ 월코드와 납입일은 보험가입일과 [표4]를 이용하여 계산

▶ VLOOKUP, CONCAT, MONTH, DAY 함수 사용

[ ]

정답

① [B3] : =CONCAT(ROW( )–2, "–", VLOOKUP(LEFT(A3, 1), $A$13:$C$16, 2, FALSE))

② [E3] : =CONCAT(VLOOKUP(LEFT(A3, 1), $A$13:$C$16, 2, FALSE), "–", VLOOKUP(LEFT(A3, 1), $A$13:$C$16, 3, FALSE))

③ [F3] : =IF(C3*D3*(1–VLOOKUP(C3*D3, $D$13:$E$16, 2)))=800000, "고액판매", "")

④ [G3]: =TEXT(C3*D3*(1–VLOOKUP(ROUNDUP(C3*D3, –4), $D$13:$E$16, 2)), "#,##0원")

⑤ [E3] : =IFERROR(VLOOKUP(LEFT(A3,2), $A$13:$C$16, 2, FALSE), "없음")

⑥ [F3] : =IFERROR(REPLACE(VLOOKUP(LEFT(A3, 2), $A$13:$C$16, 3, FALSE), 2, 1, "*"), "")

⑦ [G3] : =VLOOKUP(PMT(3%/12,D3*12,–B3), $D$13:$E$16, 2)

⑧ [H3] : =VLOOKUP(QUOTIENT(EDATE(C3, D3*12)–$H$1, 30), $F$13:$G$16, 2)

⑨ [D3] : =VLOOKUP(B3, $A$11:$C$13, MATCH(MONTH(C3), $B$10:$C$10, 1)+1)

⑩ [E3] : =VLOOKUP(LEFT(A3,1), $D$11:$H$13, MATCH(B3, $F$10:$H$10, 1)+2, FALSE)

⑪ [F3] : =VLOOKUP(LEFT(A3, 1), $D$11:$H$13, MATCH(B3, $F$10:$H$10, 1)+2, FALSE)*B3*(1–IF(B3>=100, 5%, 0))

⑫ [G3] : =VLOOKUP(LEFT(A3, 1), $D$11:$H$13, 2, FALSE) & "(" & CHOOSE(MOD(RIGHT(A3, 3), 4)+1, "일반", "전문직", "공무원", "기타") & ")"

⑬ [H3] : =CONCAT(MONTH(C3)+VLOOKUP(DAY(C3), $A$16:$D$19, 2), "월 ", VLOOKUP(DAY(C3), $A$16:$D$19, 4), "일")

- VLOOKUP과 마찬가지로 다른 함수들과 어떤 형태로 중첩되어 출제되는지 살펴보세요.
- **헷갈리는 수식은 일단 암기해 두는 것도 좋은 방법**입니다.

22.상시, 21.상시, 20.상시, 19.상시, 17.상시, 16.상시

02 HLOOKUP 함수

※ 아래 그림을 참고하여 수식을 이해하고 작성해 보세요[유형 1~3]

	A	B	C	D	E	F	G	H
1	[표1]							
2	직원코드	이름	판매수량	결제방법	지역/직위	순이익률	할인율	
3	AA171	권창영	99	신용카드	서울(사원)	3.0%	1%	
4	AE386	김영민	274	체크카드	경상(과장)	6.0%	3%	
5	AA463	명노찬	207	현금	서울(주임)	4.0%	5%	
6	AE165	윤선중	24	현금	경상(과장)	4.0%	3%	
7	AB398	이민준	211	체크카드	경기(과장)	4.5%	3%	
8	AA441	오수진	349	현금	서울(사원)	6.0%	10%	
9	AC619	강진구	30	신용카드	강원(과장)	3.5%	1%	
10	AC543	배종숙	450	신용카드	강원(주임)	8.0%	5%	
11	[표2]							
12	코드	AA	AB	AC	AE	1	3	5
13	지역	서울	경기	강원	경상	사원	주임	과장
14	[표3] 순이익률표				[표4] 할인율			
15	판매수량	0	100	300	판매수량	0	100	300
16	AA	3.0%	4.0%	6.0%	현금	3.0%	5.0%	10.0%
17	AB	3.2%	4.5%	6.5%	기타	1.0%	3.0%	5.0%
18	AC	3.5%	5.5%	8.0%				
19	AE	4.0%	6.0%	10.0%				

2140625

22.상시, 21.상시, 20.상시, 16.상시

[유형 1] HLOOKUP, LEFT, RIGHT, VALUE 함수와 & 연산자 사용

직원코드와 [표2]를 이용하여 [E3:E10] 영역에 지역과 직위를 표시하시오.

▶ 지역 : 직원코드의 앞 두 글자를 이용하여 [표2]에서 추출

▶ 직위 : 직원코드의 뒤 한 글자를 이용하여 [표2]에서 추출

▶ [표시 예 : 직원코드가 AA171인 경우 → 서울(사원)]

[=HLOOKUP(LEFT(A3, 2), $B$12:$E$13, 2, FALSE) & "(" & HLOOKUP(VALUE(RIGHT(A3, 1)), $F$12:$H$13, 2) & ")"]

찾을값 / 찾을범위 / 행위치 / 옵션 / 찾을값 / 찾을범위 / 행위치

VALUE 함수를 사용하는 이유

HLOOKUP(VALUE(RIGHT(A3, 1)), $F$12:$H$13, 2)

- HLOOKUP 함수의 '찾을범위'인 [F12:H13]의 첫 번째 행이 수치 데이터로 입력되어 있으므로 '찾을값'도 반드시 수치 데이터로 지정해야 합니다.
- RIGHT 함수는 결과로 텍스트를 반환하므로 VALUE 함수를 이용하여 수치 데이터로 변경한 것입니다. VALUE 함수 대신 'RIGHT(A3,1)*1'로 지정해도 텍스트를 수치 데이터로 변경할 수 있습니다.

2140626

20.상시, 19.상시

[유형 2] HLOOKUP, MATCH, LEFT 함수 사용

판매수량과 직원코드의 앞 두 글자에 따른 순이익률을 [표3]을 이용하여 [F3:F10] 영역에 표시

[=HLOOKUP(C3, $B$15:$D$19, MATCH(LEFT(A3, 2), $A$16:$A$19, 0)+1)]

찾을값 / 찾을범위 / 옵션 (MATCH)

찾을값 / 찾을범위 / 행위치 (HLOOKUP)

2140627

22.상시, 21.상시, 20.상시, 17.상시

[유형 3] HLOOKUP, MATCH 함수 사용

판매수량과 결제방법과 [표4]를 이용하여 [G3:G10] 영역에 할인율을 표시하시오.

▶ 결제방법에서 "현금"을 제외한 나머지 카드는 "기타"로 처리

[=HLOOKUP(C3, $F$15:$H$17, MATCH(D3, {"현금","체크카드"}, -1)+1)]

찾을값 / 찾을범위 / 옵션 (MATCH)

찾을값 / 찾을범위 / 행위치 (HLOOKUP)

수식의 이해 MATCH(D3,{"현금","체크카드"},-1)

- MATCH(찾을값, 찾을범위, 옵션)는 '범위'에서 '옵션'을 적용하여 '찾을값'과 같은 데이터를 찾아 그 위치에 대한 일련번호를 반환하는 함수입니다.
- **{"현금", "체크카드"}** : '결제방법'은 "현금", "신용카드", "체크카드" 중 하나인데, [표4] 할인율에는 "현금"과 "기타"가 있습니다. 즉 '결제방법'의 "현금"과 "현금" 외의 코드로 구분하여 할인율을 적용하라는 의미입니다. 이런 경우 "현금"만 정확히 찾고 나머지는 모두 "기타"로 처리해야 하는데, "현금", "신용카드", "체크카드", "기타"를 내림차순으로 정렬하면 "현금", "체크카드", "신용카드", "기타"로 되므로 "현금"과 "기타"가 있는 [E16:E17]을 범위로 사용할 수 없습니다. 왜냐하면, 내림차순이어서 '옵션'으로 -1을 사용해야 하는데, 이 경우 "체크카드"와 "신용카드"가 "기타"보다 크므로 "현금"으로 처리됩니다. 이건 { 10, 5 }로 구성된 데이터에서 6을 검색하면 6과 같거나 큰 값 중 가장 작은 값인 10을 찾는 것과 같은 이치입니다. 이런 경우 별도로 찾을 데이터가 있는 '범위'를 만들어 주면 됩니다. 가장 큰 "현금"과 두 번째 큰 항목인 "체크카드"를 두 번째로 하여 '범위'를 만들면 "현금"을 제외한 모든 결제방법은 "체크카드"로 처리됩니다. "체크카드"가 "기타" 역할을 하는 거죠.
- **-1** : '옵션'을 -1로 지정하면 '찾을값'과 같은 값이 없을 경우 '찾을값'보다 큰 값 중에서 가장 작은 값을 찾습니다. 이때 '범위'는 반드시 내림차순으로 정렬되어 있어야 합니다.

INDEX 함수는 행위치 또는 열위치를 지정하기 위해 MATCH 함수와 중첩하여 사용하는 문제가 주로 출제됩니다.

24.상시, 23.상시, 22.상시, 21.상시, 20.상시, 19.상시, 19.1, 16.2, 15.상시, 15.1, 12.2, …

03 INDEX 함수

※ 아래 그림을 참고하여 수식을 이해하고 작성해 보세요[유형 1~2].

	A	B	C	D	E	F
1	[표1]					
2	직원코드	판매수량	판매일	배송비		
3	AC167	207	2019-12-23	무료		
4	AB398	24	2020-12-11	5,000		
5	AE165	99	2021-02-01	8,000		
6	AC542	349	2020-05-05	무료		
7	AA177	30	2021-09-12	8,000		
8	AB386	350	2021-01-09	3,000		
9	[표2]			[표3]	판매연도	
10	직원코드	판매수량	판매일	판매수량	2019	2021
11	AC542	349	2020-05-05	0	5,000	8,000
12	AA177	30	2021-09-12	100	3,000	5,000
13	AB386	350	2021-01-09	200	무료	3,000

2140628 

24.상시, 23.상시, 22.상시, 21.상시, 20.상시, 19.상시, 19.1, 16.2, …

[유형 1] INDEX, MATCH 함수 사용

[표1]을 이용하여 [표2]의 [B11:C13] 영역에 직원코드에 해당하는 판매수량과 판매일을 표시하시오.

[=INDEX($A$3:$D$8, MATCH($A11, $A$3:$A$8, 0), MATCH(B$10, $A$2:$D$2, 0))]

(찾을범위: $A$3:$D$8 / 행위치: MATCH($A11, $A$3:$A$8, 0) / 열위치: MATCH(B$10, $A$2:$D$2, 0))

수식 만들기

1. 최종적으로 구할 값은? 판매수량
2. 직원코드에 해당하는 판매수량을 [표1]에서 찾아 표시하려면 INDEX 함수 사용

=INDEX(찾을범위, 행위치, 열위치)

  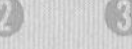

❶ **찾을범위** : [A3:D8]

❷ **행위치** : [A3:A8] 영역에서 [A11] 셀의 값과 동일한 값이 있는 상대 위치를 MATCH 함수로 찾음
MATCH(A11, A3:A8, 0)

❸ **열위치** : [A2:D2]에서 [B10] 셀의 값과 동일한 값이 있는 상대 위치를 MATCH 함수로 찾음
MATCH(B10, A2:D2, 0)

↓

=INDEX(A3:D8, MATCH(A11, A3:A8, 0), MATCH(B$10, A2:D2, 0))

※ 판매수량을 계산한 후 채우기 핸들을 드래그하여 판매일을 계산하면 판매일이 숫자 형식으로 표시됩니다. 판매일의 표시 형식을 '날짜' 형식으로 변경하여 결과를 확인하세요.

2140629

22.상시, 21.상시, 20.상시, 19.상시, 15.상시, 15.3, 12.2

[유형 2] INDEX, MATCH, YEAR 함수 사용

판매수량, 판매일과 [표3]을 이용하여 판매수량과 판매연도에 따른 배송비를 [D3:D8] 영역에 표시하시오.

[=INDEX($E$11:$F$13, MATCH(B3, $D$11:$D$13, 1), MATCH(YEAR(C3), $E$10:$F$10, 1))]

(찾을범위: $E$11:$F$13 / 행위치: MATCH(B3, $D$11:$D$13, 1) / 열위치: MATCH(YEAR(C3), $E$10:$F$10, 1))

체크체크 ☑☐☐

2140664

아래 그림을 참고하여 수식을 작성하시오[①~⑤].

	A	B	C	D	E	F	G	H
1	[표1]							
2	연구소코드	소장	규모	자금원	연구/정보	유보금1	세제혜택	유보금2
3	13-CVG	송영후	11	후원	생화학(정부)	0.2%	면제	0.2%
4	11-CQV	남재연	20	세금	무기화학(공인)	3.5%	통상	3.5%
5	11-EXF	박대경	9	모회사	무기화학(민간)	0.5%	면제	0.5%
6	12-URG	박윤이	13	세금	유기화학(정부)	0.8%	감면	0.8%
7	13-BWF	주유주	15	후원	생화학(민간)	0.2%	면제	0.2%
8	11-CTF	손지아	13	모회사	무기화학(민간)	1.2%	감면	1.2%
9	13-ATV	우수인	6	세금	생화학(공인)	0.1%	면제	0.1%
10	11-DJF	주태환	7	모회사	무기화학(민간)	0.5%	면제	0.5%
11	[표2]							
12	코드	11	12	13	G	V	F	
13	연구범주	무기화학	유기화학	생화학	정부	공인	민간	
14	[표3] 유보금 비율				[표4] 세제혜택			
15	규모	0	10	20	규모	0	10	20
16	11	0.5%	1.2%	3.5%	후원	면제	면제	면제
17	12	0.4%	0.8%	1.0%	기타	면제	감면	통상
18	13	0.1%	0.2%	0.4%				
19	[표5]							
20	연구소코드	규모	자금원					
21	13-CVG	11	후원					
22	11-EXF	9	모회사					
23	13-BWF	15	후원					

① 연구소코드와 [표2]를 이용하여 [E3:E10] 영역에 연구/정보 표시
- ▶ 연구 : 연구소코드의 앞 두 글자를 이용하여 [표2]에서 추출
- ▶ 정보 : 연구소코드의 뒤 한 글자를 이용하여 [표2]에서 추출
- ▶ [표시 예 : 연구소코드가 "13-CVG"인 경우 → 생화학(정부)]
- ▶ HLOOKUP, LEFT, RIGHT, VALUE 함수와 & 연산자 사용

[ ]

② 규모와 연구소코드의 앞 두 글자에 따른 유보금을 [표3]에서 찾아 [F3:F10] 영역에 표시
- ▶ HLOOKUP, MATCH, LEFT, VALUE 함수 사용

[ ]

③ 규모와 자금원에 따른 세제혜택을 [표4]를 이용하여 [G3:G10] 영역에 표시
- ▶ 자금원에서 "후원"을 제외한 나머지는 "기타"로 처리
- ▶ HLOOKUP, MATCH 함수 사용

[ ]

④ 규모와 연구소코드의 앞 두 글자에 따른 유보금을 [표3]에서 찾아 [H3:H10] 영역에 표시
- ▶ INDEX, MATCH, LEFT, VALUE 함수 사용

[ ]

⑤ [표1]을 이용하여 [표5]의 [B21:C23] 영역에 연구소코드에 해당하는 규모와 자금원 표시

▶ INDEX, MATCH 함수 사용

[ ]

정답

① [E3] : =HLOOKUP(VALUE(LEFT(A3, 2)), $B$12:$D$13, 2, FALSE) & "(" & HLOOKUP(RIGHT(A3, 1), $E$12:$G$13, 2, FALSE) & ")"

② [F3] : =HLOOKUP(C3, $B$15:$D$18, MATCH(VALUE(LEFT(A3, 2)), $A$16:$A$18, 0)+1)

③ [G3] : =HLOOKUP(C3, $F$15:$H$17, MATCH(D3, {"후원", "세금"}, -1)+1)

④ [H3] : =INDEX($B$16:$D$18, MATCH(VALUE(LEFT(A3, 2)), $A$16:$A$18, 1), MATCH(C3, $B$15:$D$15, 1))

⑤ [B21] : =INDEX($A$3:$H$10, MATCH($A21, $A$3:$A$10, 0), MATCH(B$20, $A$2:$H$2, 0))

MATCH 함수의 옵션은 범위가 내림차순으로 정렬되어 있을 때는 -1, 오름차순으로 정렬되어 있을 때는 1, 정렬되어 있지 않을 때는 0으로 지정해야 한다는 것을 기억해 두세요.

22.상시, 21.상시, 20.상시, 19.상시, 19.2, 16.3, 17.상시, 15.상시, 12.1, 11.1

04 MATCH 함수

※ 아래 그림을 참고하여 수식을 이해하고 작성해 보세요[유형 1~2].

	A	B	C	D	E	F
1	[표1]					
2	직원코드	대출금액	대출일	대출기간(년)	판매여부	월상환액
3	AE165	3,000,000	2017-01-11	2	판매가능	₩128,678
4	AB398	5,600,000	2020-05-24	3	판매가능	₩161,133
5	AK441	3,700,000	2019-02-11	3	판매불가능	없음
6	AC619	7,100,000	2014-04-07	3	판매가능	₩204,916
7	AE463	4,000,000	2016-05-23	1	판매가능	₩338,775
8	AK543	9,200,000	2012-04-07	1	판매불가능	없음
9	AE177	8,500,000	2018-03-12	3	판매가능	₩245,695
10	AE386	1,700,000	2019-02-23	1	판매가능	₩143,979
11	[표2]					
12	코드	1	2	3		
13	AA	3.0%	2.8%	2.5%		
14	AB	3.0%	2.5%	2.3%		
15	AC	3.2%	3.0%	2.5%		
16	AE	3.0%	2.8%	2.6%		

2140630

16.3, 15.상시, 11.1

[유형 1] MATCH, IF, ISERROR, LEFT 함수 사용

직원코드의 앞 두 글자가 [표2]에 있으면 "판매가능", 없으면 "판매불가능"을 [E3:E10] 영역에 표시하시오.

[=IF(ISERROR(MATCH(LEFT(A3, 2), $A$13:$A$16, 0)), "판매불가능", "판매가능")]

찾을값 찾을범위 옵션

2140631

19상시, 15.상시

[유형 2] MATCH, PMT, OFFSET, IFERROR, LEFT 함수 사용

대출금액, 대출기간(년)과 [표2]를 이용하여 [F3:F10] 영역에 월상환액을 계산하여 표시하시오.

▶ 이율은 직원코드의 앞 두 글자와 대출기간(년)을 이용하여 [표2]에서 찾아 계산

▶ 이율은 연 단위이고, 월상환액은 양수로 표시

▶ 오류 발생 시 "없음"을 표시

[=IFERROR(PMT(OFFSET($A$12, MATCH(LEFT(A3, 2),$A$13:$A$16, 0), D3)/12, D3*12, -B3), "없음")]

기준셀 행 열

이자 기간 현재가치

수식 만들기

1. 최종적으로 구할 값은? 오류 발생시 "없음" 그렇지 않으면 월상환액 표시
=IFERROR(월상환액, "없음")
2. 월상환액은 대출금액(B3), 대출기간(년)(D3)과 [표2]를 이용하여 계산
PMT(이율/12, D3*12, −B3)
↓
=IFERROR(PMT(이율/12, D3*12, −B3), "없음")
3. 이율은 직원코드의 앞 두 글자와 대출기간(년)을 이용하여 [표2]에서 찾아 계산

	A	B	C	D
11	[표2]			
12	코드	1	2	3
13	AA	3.0%	2.8%	2.5%
14	AB	3.0%	2.5%	2.3%
15	AC	3.2%	3.0%	2.5%
16	AE	3.0%	2.8%	2.6%

– 남은 함수 MATCH, OFFSET, LEFT 중 특정 값을 찾아와 표시할 수 있는 함수는 OFFSET 함수임
OFFSET(기준셀, 행, 열)
▶ **기준셀** : OFFSET 함수에서 행과 열이 1일 경우 [표2]의 가장 첫 번째에 있는 [B13] 셀을 찾아 표시하도록 [B13] 셀에서 위로 1행, 왼쪽으로 1열 이동한 [A12] 셀 지정
▶ **행** : [표2]의 행은 직원코드의 앞 두 글자에 따라 표시되어 있고, 직원코드의 앞 두 글자가 [표2]에서 몇 번째 행에 있는지 찾아 표시해야 하므로 MATCH(LEFT(A3,2),A13:A16,0)
▶ **열** : [표2]의 열은 대출기간(년)에 따라 표시되어 있으므로 [D3]
OFFSET(A12, MATCH(LEFT(A3, 2), A13:A16, 0), D3)
↓
=IFERROR(PMT(OFFSET(A12, MATCH(LEFT(A3, 2), A13:A16, 0), D3)/12, D3*12, −B3), "없음")

수식의 이해

=IFERROR(PMT(OFFSET(A12,MATCH(LEFT(A3, 2), A13:A16, 0), D3)/12, D3*12, −B3), "없음")
❶ ❷ ❸

❶ MATCH(LEFT(A3, 2), A13:A16, 0) : 옵션이 0이므로 [A13:A16] 영역에서 [A3] 셀의 왼쪽 2글자인 "AE"와 정확히 일치하는 값을 찾습니다. "AE"를 찾은 후 [A13:A16]에서 "AE"의 상대적 위치 4가 반환됩니다.
❷ OFFSET(A12, ❶, D3) → OFFSET(A12, 4, D3) : [A12] 셀에서 아래쪽으로 4행, 오른쪽으로 2열([D3] 셀의 값) 떨어진 셀인 [C16] 셀의 값 2.8%가 반환됩니다.
❸ PMT(❷/12, D3*12, −B3) → PMT(2.8%/12, D3*12, −B3)
– 2.8%/12 : 이율이 연이율이므로 12로 나눠 월이율로 맞춥니다.
– D3*12 : 대출기간이 년 단위이므로 12를 곱해 월로 맞춥니다.
– −B3 : 대출금액은 현재 받은 돈이므로 현재 가치이고, 결과값이 양수로 나오도록 음수로 입력하면 '−B3'입니다.
– 월상환액 128,678이 반환됩니다.
• =IFERROR(❸, "없음") → =IFERROR(128678, "없음") : 128678은 오류가 아니므로 128678이 그대로 표시됩니다.

※ 아래 그림을 참고하여 수식을 이해하고 작성해 보세요[05~06].

	A	B	C	D	E	F	G
1	[표1]					[표2]	
2	주문코드	주문일자	요일	상품명		코드	상품명
3	1KA225	04월 30일	목요일	화장지		1	화장지
4	3YA542	05월 03일	일요일	물티슈		2	각티슈
5	2KB859	05월 19일	화요일	각티슈		3	물티슈
6	3HA548	04월 22일	수요일	물티슈		4	키친타올
7	4DC587	06월 12일	금요일	키친타올			
8	2KA541	03월 31일	화요일	각티슈			
9	1AA921	05월 27일	수요일	화장지			
10	4HC758	06월 02일	화요일	키친타올			

2140632

05 CHOOSE 함수

22.상시, 21.상시, 19.2, 12.1

[유형 1] CHOOSE, WEEKDAY 함수 사용
주문일자를 이용하여 [C3:C10] 영역에 주문일자의 요일을 표시하시오.
▶ 단, 요일의 return-type은 '2'로 설정
▶ 표시 예 : 월요일

[=CHOOSE(WEEKDAY(B3, 2), "월요일", "화요일", "수요일", "목요일", "금요일", "토요일", "일요일")]
인수 / 첫 번째 / 두 번째 / 세 번째 / 네 번째 / 다섯 번째 / 여섯 번째 / 일곱 번째

WEEKDAY(날짜, 옵션) 함수의 옵션을 2로 지정하면 1(월요일) ~ 7(일요일)로 요일번호를 반환합니다.

2140633

06 LOOKUP 함수

20.상시, 17.상시

[유형 1] LOOKUP, LEFT 함수 사용
주문코드의 첫 글자와 [표2]를 이용하여 [D3:D10] 영역에 상품명을 표시하시오.

[=LOOKUP(LEFT(A3, 1)*1, $F$3:$F$6, $G$3:$G$6)]
찾을값 / 범위1 / 범위2

2140665 

아래 그림을 참고하여 수식을 작성하시오[①~④].

	A	B	C	D	E	F	G	H
1	[표1]							
2	거래처코드	외상매출금	거래일	상환기간(년)	거래여부	월납입액	거래요일	지원부서
3	RN07-054	5,500,000	2020-10-14	2	거래	₩236,397	수요일	인사부
4	RN03-151	4,500,000	2019-04-16	2	거래	₩193,415	화요일	마케팅부
5	SA09-123	9,000,000	2019-10-07	3	거래	₩259,752	월요일	영업부
6	FA09-044	12,000,000	2018-09-16	2	거래취소	없음	일요일	인사부
7	RX07-011	2,500,000	2018-03-29	1	거래	₩211,734	목요일	마케팅부
8	RQ04-061	5,000,000	2018-10-01	1	거래취소	없음	월요일	마케팅부
9	SL06-193	8,500,000	2019-07-26	3	거래	₩242,350	금요일	영업부
10	SA01-132	6,500,000	2020-03-05	3	거래	₩187,599	목요일	생산부
11	[표2]					[표3]		
12	코드	1	2	3		번호	부서	
13	RN	4.0%	3.0%	2.5%		1	마케팅부	
14	RX	3.0%	2.5%	2.0%		2	생산부	
15	SA	3.5%	3.0%	2.5%		3	영업부	
16	SL	2.0%	1.8%	1.7%		4	인사부	

① 거래처코드의 앞 두 글자가 [표2]에 있으면 "거래", 없으면 "거래취소"를 [E3:E10] 영역에 표시

▶ MATCH, IF, ISERROR, LEFT 함수 사용

[ ]

② 거래처코드, 외상매출금, 상환기간(년)과 [표2]를 이용하여 [F3:F10] 영역에 월납입액 표시

▶ 이율은 거래처코드의 앞 두 글자와 상환기간(년)을 이용하여 [표2]에서 찾아 계산

▶ 이율은 연 단위이고, 월납입액은 양수로 표시

▶ 오류 발생 시 "없음"을 표시

▶ IFERROR, PMT, OFFSET, MATCH, LEFT 함수 사용

[ ]

③ 거래일을 이용하여 [G3:G10] 영역에 거래일의 요일 표시

▶ 단, 요일의 return-type은 '2'로 설정

▶ 표시 예 : 월요일

▶ CHOOSE, WEEKDAY 함수 사용

[ ]

④ 거래처코드의 마지막 글자와 [표3]을 이용하여 [H3:H10] 영역에 지원부서 표시

▶ LOOKUP, RIGHT 함수 사용

[ ]

정답

① [E3] : =IF(ISERROR(MATCH(LEFT(A3, 2), $A$13:$A$16, 0)), "거래취소", "거래")

② [F3] : =IFERROR(PMT(OFFSET($A$12, MATCH(LEFT(A3, 2), $A$13:$A$16, 0), D3)/12, D3*12, -B3), "없음")

③ [G3] : =CHOOSE(WEEKDAY(C3, 2), "월요일", "화요일", "수요일", "목요일", "금요일", "토요일", "일요일")

④ [H3] : =LOOKUP(RIGHT(A3, 1)*1, $F$13:$F$16, $G$13:$G$16)

대표기출문제

'C:\길벗컴활1급총정리\엑셀\기능\06찾기참조함수.xlsm' 파일을 열어서 작업하세요.

※ 아래 그림을 이용하여 수식을 작성하시오[기출 1~4].

	A	B	C	D	E	F	G	H	I
1	[표1]								
2	대여코드	대여일자	차량번호	차량종류	대여시간	대여금액	할인율	대여요일	대여방식/지역
3	TO-07	2021-04-02	101하4176	소형	174	5,220,000원	9%	금	전화(경기)
4	EI-25	2021-02-20	102하4030	소형	6	180,000원	할인없음	월	인터넷(경기)
5	VO-02	2021-02-05	143허4331	미니밴	93	1,395,000원	5%	금	방문(충청)
6	EI-03	2021-08-11	104호4978	수입차	213	6,390,000원	15%	수	인터넷(서울)
7	VO-04	2021-09-12	158호4606	수입차	107	3,210,000원	7%	월	방문(경기)
8	VO-05	2021-09-03	105하4367	소형	12	360,000원	할인없음	금	방문(충청)
9	EI-06	2021-10-16	131하4442	미니밴	57	855,000원	10%	월	인터넷(서울)
10	EI-26	2021-02-27	124허4409	소형	153	4,590,000원	12%	월	인터넷(충청)
11	EI-27	2021-05-15	116하4321	세단	95	1,900,000원	10%	월	인터넷(서울)
12	[표2]		[표3] 할인율						
13	차량종류	시간당요금	차량구분	대여방식	50	100	200		
14	미니밴	15,000	EI	인터넷	10%	12%	15%		
15	세단	20,000	VO	방문	5%	7%	9%		
16	소형	30,000	TO	전화	7%	9%	11%		
17	수입차	30,000							

2140681 

[기출 1] 20.상시, 17.상시

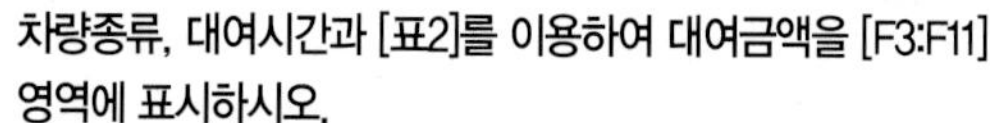

차량종류, 대여시간과 [표2]를 이용하여 대여금액을 [F3:F11] 영역에 표시하시오.

▶ 대여금액 = 대여시간 × 시간당요금

▶ [표시 예 : 12000000 → 12,000,000원, 0 → 0원]

▶ LOOKUP, TEXT 함수 사용

2140682 

[기출 2] 20.상시, 20.1, 19.상시, 17.상시

대여코드, 대여시간과 [표3]을 이용하여 대여코드의 앞 두 글자와 대여시간에 따른 할인율을 [G3:G11] 영역에 표시하시오.

▶ 해당 데이터가 없는 경우 "할인없음"으로 표시

▶ IFERROR, VLOOKUP, MATCH, LEFT 함수 사용

2140683

[기출 3] 22.상시, 21.상시, 19.2, 12.1

대여일자를 이용하여 [H3:H11] 영역에 대여요일을 표시하시오.

▶ 단, 요일의 return-type은 '2'로 설정

▶ 토요일과 일요일인 경우 "월"로 표시

▶ [표시 예 : 월]

▶ CHOOSE, WEEKDAY 함수 사용

2140684

[기출 4] 22.상시, 21.상시, 15.상시

대여코드와 [표3]을 이용하여 [I3:I11] 영역에 대여방식과 지역을 연결하여 표시하시오.

▶ 대여방식은 대여코드의 앞 두 글자와 [표3]을 이용하여 계산

▶ 지역은 대여코드의 뒤 두 글자를 3으로 나눈 나머지가 0이면 "서울", 1이면 "경기", 2이면 "충청"으로 표시

▶ [표시 예 : 전화(경기)]

▶ VLOOKUP, CHOOSE, MOD, RIGHT, LEFT 함수와 & 연산자 사용

※ 아래 그림을 이용하여 수식을 작성하시오[기출 5~7].

	A	B	C	D	E	F	G	H
1	[표1]							
2	대여코드	렌탈신청일	종류	가격	렌탈기간	번호-할인율	할인율	종류-할인율
3	A001	2021-01-02	정수기	35,000	12	1-2%	2%	정수기-2%
4	C006	2020-05-03	정수기	120,000	18	2-4%	4%	정수기-4%
5	A003	2020-03-01	공기청정기	26,000	12	3-2%	2%	공기청정기-2%
6	B005	2020-05-23	안마기	74,000	24	4-4%	4%	안마기-4%
7	C006	2020-04-03	정수기	210,000	30	5-6%	6%	정수기-6%
8	C002	2021-01-09	안마기	98,000	13	6-3%	3%	안마기-3%
9	B005	2019-12-08	공기청정기	350,000	36	7-8%	8%	공기청정기-8%
10	[표2] 렌탈기간별 할인율표							
11	할인율	0	12	24	36			
12		11	23	35	50			
13	0	0%	2%	3%	4%			
14	50,000	2%	3%	4%	5%			
15	100,000	3%	4%	5%	6%			
16	200,000	4%	5%	6%	7%			
17	300,000	5%	6%	7%	8%			

2140685

[기출 5] 22.상시, 21.상시, 19.2, 12.1

가격, 렌탈기간과 [표2]를 이용하여 [F3:F9] 영역에 번호와 할인율을 표시하시오.

▶ 번호는 행 번호에서 2를 뺀 값으로 표시

▶ [표시 예 : 행 번호가 3이고, 할인율이 2인 경우 → 1-2%]

▶ VLOOKUP, CONCAT, ROW, TEXT, MATCH 함수 사용

2140686

[기출 6] 24.상시, 23.상시, 22.상시, 21.상시, 20.상시, 19.상시, 19.1, 16.2, 15.상시, …

가격, 렌탈기간과 [표2]를 이용하여 가격과 렌탈기간에 따른 할인율을 [G3:G9] 영역에 표시하시오.

▶ INDEX, MATCH 함수 사용

2140687

[기출 7] 20.상시, 19.상시

종류, 가격, 렌탈기간과 [표2]를 이용하여 종류와 가격에 따른 할인율을 [H3:H9] 영역에 표시하시오.

▶ [표시 예 : 종류가 정수기, 할인율이 2%인 경우 → 정수기-2%]

▶ TEXT, CONCAT, HLOOKUP, MATCH 함수 사용

정답

[기출 1]

[F3] : =TEXT(E3*LOOKUP(D3, $A$14:$A$17, $B$14:$B$17), "#,##0원")

[기출 2]

[G3] : =IFERROR(VLOOKUP(LEFT(A3, 2), $C$14:$G$16, MATCH(E3, $E$13:$G$13, 1)+2, FALSE), "할인없음")

(찾을값: LEFT(A3, 2) / 찾을범위: $C$14:$G$16 / 열위치: MATCH(E3, $E$13:$G$13, 1)+2 / 옵션: FALSE)

[기출 3]

[H3] : =CHOOSE(WEEKDAY(B3, 2), "월", "화", "수", "목", "금", "월", "월")

[기출 4]

[I3] : =VLOOKUP(LEFT(A3, 2), $C$14:$G$16, 2, FALSE) & "(" & CHOOSE(MOD(RIGHT(A3, 2), 3)+1, "서울", "경기", "충청") & ")"

[기출 5]

[F3] : =CONCAT(ROW( )-2, "-", TEXT(VLOOKUP(D3, $A$13:$E$17, MATCH(E3, $B$11:$E$11, 1)+1), "0%"))

(찾을값: D3 / 찾을범위: $A$13:$E$17 / 열위치: MATCH(E3, $B$11:$E$11, 1)+1)

[기출 6]

[G3] : =INDEX($B$13:$E$17, MATCH(D3, $A$13:$A$17, 1), MATCH(E3, $B$11:$E$11, 1))

(찾을범위: $B$13:$E$17 / 행위치: MATCH(D3, $A$13:$A$17, 1) / 열위치: MATCH(E3, $B$11:$E$11, 1))

[기출 7]

[H3] : =CONCAT(C3, "-", TEXT(HLOOKUP(E3, $B$11:$E$17, MATCH(D3, $A$13:$A$17, 1)+2), "0%"))

(찾을값: E3 / 찾을범위: $B$11:$E$17 / 행위치: MATCH(D3, $A$13:$A$17, 1)+2)

2140701

3 논리 함수

출제 비율 100% / 배점 6점

논리 함수 문제는 제시된 조건을 수식으로 작성하여 **조건의 참과 거짓 여부에 따라 다른 결과를 추출하는 작업입니다. 보통 6점짜리 한 문제가 출제되며, 부분 점수는 없습니다.**

• 논리 함수 문제에서 지금까지 출제된 함수들은 다음과 같습니다. 앞에서 공부한 함수는 제외하였습니다.

함수	기능
AND(인수1, 인수2, …)	주어진 인수가 모두 참이면 참 반환 예 =AND(A1, A2) : [A1]과 [A2] 셀의 값이 모두 참인 경우에만 참을 반환함
FREQUENCY(배열1, 배열2)	배열2의 범위에 대한 배열1 요소들의 빈도수 반환 예 =FREQUENCY(A1:A10, B1:B10) : [B1:B10] 영역에 대한 [A1:A10] 영역의 값들의 빈도수를 반환함
COUNTIF(범위, 조건)	지정된 범위에서 조건에 맞는 셀의 개수 반환 예 =COUNTIF(A1:A10, "컴퓨터") : [A1:A10] 영역에서 "컴퓨터"가 입력된 셀들의 개수를 반환함
SUBSTITUTE(텍스트, 인수1, 인수2)	텍스트에서 인수1을 인수2로 변환하여 반환 예 =SUBSTITUTE("컴활2급", "2", "1") : "컴활1급"을 반환함
OR(인수1, 인수2, …)	인수 중 하나라도 참이면 참 반환 예 =OR(A1, A2) : [A1]과 [A2] 셀의 값 중 하나라도 참이면 참을 반환함
TRUNC(인수, 자릿수)	인수에 대해 자릿수 미만의 수치를 버린 값 반환 예 =TRUNC(5.278, 2) : 5.27을 반환함
ABS(인수)	인수로 주어진 숫자의 절대값 반환 예 =ABS(-5) : 5를 반환함
ISBLANK(인수)	인수가 빈 셀이면 'TRUE', 그렇지 않으면 'FALSE' 반환 예 =ISBLANK(A1) : [A1] 셀이 빈 셀이면 'TRUE'를, 그렇지 않으면 'FALSE'를 반환함
ISNUMBER(인수)	인수가 숫자이면 TRUE 반환 예 =ISNUMBER(5) : 'TRUE'를 반환함, 숫자가 아니었으면 'FALSE'를 반환함
NETWORKDAYS(날짜1, 날짜2, 휴일날짜)	주말(토, 일)과 지정한 휴일날짜를 제외한 날짜1과 날짜2 사이의 작업 일수 반환 예 =NETWORKDAYS("2021-5-3", "2021-5-10", "2021-5-5") : 5를 반환함

합격포인트

• 논리 함수에서는 문제에서 제시한 조건들을 IF, AND, OR, **IFERROR 등의 함수를 이용하여 정확한 조건식으로 만드는 것이 합격포인트**입니다.

• 중첩함수를 사용하여 복잡한 수식을 작성하는 문제는 한 번에 완벽하게 입력하려고 애쓰지 말고, 논리 순서에 맞추어 차례대로 수식을 완성해 보세요.

☞ 'C:\길벗컴활1급총정리\엑셀\기능\07논리함수.xlsm' 파일을 열어서 작업하세요.

전문가의 조언

• IF 함수 문제는 IF 함수의 논리 규칙에 맞게 우리말로 수식을 세워보면 좀 더 쉽게 이해할 수 있습니다.
• 어렵게 느껴지면 [수식 만들기]를 반복해서 읽어보세요.

01 IF 함수

24.상시, 23.상시, 22.상시, 21.상시, 20.상시, 20.1, 19.상시, 19.2, 18.1, 17.상시, …

※ 아래 그림을 참고하여 수식을 이해하고 작성해 보세요[유형 1~3].

	A	B	C	D	E	F	G
1	[표1]					기준일 :	2021-04-20
2	생년월일	성별	초과시간	알바시작일	초과수당	알바일수	주민번호
3	2001-04-04	남	3	2021-03-19	29,000	23일	010404-3******
4	2000-06-03	남		2021-04-02	-	13일	000603-3******
5	2002-06-20	여	2	2021-02-25	19,000	39일	020620-4******
6	1998-05-27	남		2021-05-01	-		980527-1******
7	2000-02-01	여		2021-02-10	-	50일	000201-4******
8	1997-11-03	여	1	2021-03-27	10,000	17일	971103-2******
9	2001-04-02	여	5	2021-04-25	48,000		010402-4******
10	2003-09-11	남	2	2021-03-15	19,000	27일	030911-3******

2140711

23.상시, 20.상시, 19.2

[유형 1] IF, ISNUMBER, ROUND 함수 사용

초과시간을 이용하여 [E3:E10] 영역에 초과수당을 계산하여 표시하시오.

▶ 초과수당 = 초과시간 × 9,500

▶ 초과수당은 초과시간이 숫자가 아니면 0으로 표시

▶ 초과수당은 반올림하여 천의 자리까지 표시

[=IF(ISNUMBER(C3), ROUND(C3*9500, -3), 0)]

조건 / 참 / 거짓

※ 아래 그림을 참고하여 수식을 이해하고 작성해 보세요[유형 4~8].

	A	B	C	D	E	F	G	H
1	[표1]							
2	학생코드	학원등록일	학년	학원비	보강시간	할인율	비고	구분
3	A001	2021-01-02	고1	150,000	213	2%	3시간33분	선유고(1)
4	C006	2020-05-03	고1	300,000	107	5%	1시간47분	상암고(1)
5	A003	2020-03-01	고3	200,000	55	5%	1시간	선유고(2)
6	B005	2019-12-08	고3	550,000	186	10%	3시간6분	경성고(1)
7	B005	2020-05-23	예비중	120,000	51	5%	1시간	경성고(2)
8	C006	2020-04-03	고1	350,000	85	5%	1시간25분	상암고(2)
9	C002	2021-01-09	고2	400,000	123	2%	2시간3분	상암고(3)
10	[표2]							
11	보강시간		개수1	개수2				
12	1 ~	50	없음	0				
13	51 ~	100	3건	2				
14	101 ~	200	3건	2				
15	201 ~	300	1건	1				

2140712

18.1, 17.상시

[유형 2] IF, NETWORKDAYS, TEXT 함수 사용

알바시작일과 기준일을 이용하여 [F3:F10] 영역에 알바일수를 표시하시오.

- ▶ 알바일수는 2자리로 표시
  [표시 예 : 알바일수가 3일인 경우 → 03일]
- ▶ 알바일수가 0 이하면 빈 칸으로 표시

[=IF(NETWORKDAYS(D3, $G$1)<=0, "", TEXT(NETWORKDAYS(D3, $G$1), "00일"))]
조건 / 참 / 거짓

2140714

22.상시, 21.상시, 20.상시

[유형 4] IF, AND, YEAR 함수 사용

학원등록일을 이용하여 학원등록일의 연도가 2019년이고 학원비가 200,000 이상이면 10%, 학원등록일의 연도가 2020년이고 학원비가 100,000 이상이면 5%, 그 외는 2%를 [F3:F9] 영역에 표시하시오.

[=IF(AND(YEAR(B3)=2019, D3>=200000), 10%, IF(AND(YEAR(B3)=2020, D3>=100000), 5%, 2%))]
조건 / 참 / 거짓

2140713

19.상시, 15.상시, 14.1, 13.상시

[유형 3] IF, YEAR, TEXT 함수와 & 연산자 사용

생년월일과 성별을 이용하여 [G3:G10] 영역에 주민번호를 표시하시오.

- ▶ 생년월일을 이용하여 주민번호의 앞에 6자리를 계산하고, 8번째 자리는 성별이 "남"이면 1, "여"이면 2로 표시한 다음 뒤의 6자리는 "******"로 표시
- ▶ 출생년도가 2000년 이상일 때는 주민번호의 8번째 자리를 성별이 "남"이면 3, "여"이면 4로 표시
- ▶ [표시 예 : 생년월일이 2001-04-04, 성별이 "남"일 경우 → 010404-3******]

[=TEXT(A3, "YYMMDD-") & IF(B3="남", IF(YEAR(A3)>=2000, 3, 1), IF(YEAR(A3)>=2000, 4, 2)) & "******"]
인수 / 표시형식 / 조건 / 참 / 거짓

수식 만들기

IF 함수를 사용하는 논리 수식은 먼저 IF 함수의 논리 규칙에 맞게 우리말로 수식을 세웁니다. IF 함수 부분만 살펴보면 다음과 같습니다.

> 주민번호의 8번째 자리는 ❶ 성별이 "남"인 사람 중 ❷ 출생년도가 2000년 이상이면 ❸ 3, 그렇지 않으면 ❹ 1, 성별이 "남"이 아닌 사람 중 ❺ 출생년도가 2000년 이상이면 ❻ 4, 그렇지 않으면 ❼ 2

IF(성별이 "남", IF(출생년도가 2000 이상, 3, 1), IF(출생년도가 2000 이상, 4, 2)
❶ ❷ ❸❹ ❺ ❻❼

2140715

20.상시, 19.상시

[유형 5] IF, MOD, ROUNDUP, TEXT 함수와 & 연산자 사용

보강시간을 이용하여 [G3:G9] 영역에 비고를 계산하여 표시하시오.

- ▶ 비고는 보강시간을 시간과 분으로 환산하여 계산
- ▶ 보강시간이 60 미만이면 시간으로만 표시하고, 보강시간이 60 이상이면 시간과 분을 나누어 표시
- ▶ [표시 예 : 55 → 1시간, 65 → 1시간5분]

[=IF(E3<60, TEXT(ROUNDUP(E3/60, 0), "0시간"), TEXT((E3-MOD(E3, 60))/60, "0시간")&TEXT(MOD(E3, 60), "0분"))]
조건 / 참 / 거짓

2140716

22.상시, 21.상시, 20.상시, 16.상시

[유형 6] IF, COUNTIF, LEFT 함수와 & 연산자 사용

학생코드를 이용하여 구분별 누적개수를 [H3:H9] 영역에 표시하시오.

▶ 구분은 학생코드의 첫 글자가 "A"이면 "선유고", "B"이면 "경성고", "C"이면 "상암고"임

▶ [표시 예 : 선유고(1), 경성고(1), 선유고(2)]

[=IF(LEFT(A3, 1)="A", "선유고("&COUNTIF($A$3:A3, "A*")&")", IF(LEFT(A3, 1)="B", "경성고("&COUNTIF($A$3:A3, "B*")&")", "상암고("&COUNTIF($A$3:A3, "C*")&")"))]

수식의 이해 COUNTIF($A$3:A3, "A*")의 의미

[A3:A3] 영역에서 "A"로 시작하는 학생코드의 개수를 구해 반환합니다. [A3] 셀에 입력한 수식의 채우기 핸들을 드래그하여 나머지 셀에 수식을 입력하면 아래와 같이 변경되면서 누적 개수를 계산합니다.

- **[A3] 셀** : COUNTIF($A$3:A3, "A*") → [A3:A3] 영역에서 "A"로 시작하는 학생코드의 개수 구함
- **[A4] 셀** : COUNTIF($A$3:A4, "A*") → [A3:A4] 영역에서 "A"로 시작하는 학생코드의 개수 구함

⋮

- **[A9] 셀** : COUNTIF($A$3:A9, "A*") → [A3:A9] 영역에서 "A"로 시작하는 학생코드의 개수 구함

※ 'A*'는 "A"로 시작하는 모든 문자를 의미합니다.

2140717

22.상시, 21.상시, 20.1, 18.1, 17.상시, 17.1, 16.2

[유형 7] IF, FREQUENCY, TEXT 함수를 사용한 배열 수식

보강시간과 [표2]를 이용하여 보강시간별 개수를 [C12:C15] 영역에 표시하시오.

▶ 개수가 0보다 큰 경우 계산된 값 뒤에 "건"을 추가하여 표시하고, 그 외는 "없음"으로 표시

▶ [표시 예 : 0 → 없음, 3 → 3건]

[{=IF(FREQUENCY(E3:E9, B12:B15)>0, TEXT(FREQUENCY(E3:E9, B12:B15), "0건"), "없음")}]

조건 / 참 / 거짓

※ 결과값이 들어갈 [C12:C15] 영역을 블록으로 지정한 후 수식을 입력하고 Ctrl + Shift + Enter를 누르세요.

2150718

24.상시

[유형 8] IF, FREQUENCY, RIGHT 함수를 사용한 배열 수식

학년, 보강시간과 [표2]를 이용하여 학년의 마지막 글자가 1이거나 3인 학생의 보강시간별 개수를 [D12:D15] 영역에 표시하시오.

[{=FREQUENCY(IF((RIGHT(C3:C9,1)="1")+(RIGHT(C3:C9,1)="3"), E3:E9), B12:B15)}]

조건1 / 조건2 / 참

※ 결과값이 들어갈 [D12:D15] 영역을 블록으로 지정한 후 수식을 입력하고 Ctrl + Shift + Enter를 누르세요.

체크체크 ☑☐☐

2150761

아래 그림을 참고하여 수식을 작성하시오[①~⑧].

	A	B	C	D	E	F	G	H	I	J	K
1	[표1]									기준일 :	2021-06-10
2	생년월일	성별	회원코드	가입일	가입기간	기부금	봉사시간	봉사점수	봉사시간2	등급	구분
3	1992-08-08	남	1920808**	2009-01-12	108개월	900,000	350	70	5시간50분	열심	1900남(1)
4	1999-05-15	남	1990515**	2015-08-20	051개월	100,000	897	180	14시간57분	새싹	1900남(2)
5	1997-04-13	여	2970413**	2021-06-01		500,000		0	0시간	새싹	1900여(1)
6	1998-05-27	남	1980527**	2006-12-22	126개월	900,000	222	40	3시간42분	열심	1900남(3)
7	2000-05-27	여	4000527**	2004-11-26	144개월	200,000	809	160	13시간29분	일반	2000여(1)
8	2002-01-24	남	3020124**	2016-10-04	041개월	300,000	481	100	8시간1분	일반	2000남(1)
9	1996-07-17	남	1960717**	2020-01-09	012개월	500,000		0	0시간	새싹	1900남(4)
10	[표2]										
11	봉사시간		인원1	인원2							
12	0~	300	1명	2							
13	301~	500	2명	1							
14	501~	700	없음	0							
15	701~	900	2명	1							

① 생년월일과 성별을 이용하여 [C3:C9] 영역에 회원코드 표시

▶ 생년월일을 이용하여 회원코드의 첫 글자는 출생년도가 2000년 미만인 사람 중 성별이 "남"이면 1, "여"이면 2로 표시하고, 출생년도가 2000년 이상인 사람 중 성별이 "남"이면 3, "여"이면 4로 표시하고, 회원코드의 2~7자리는 연월일로 표시

▶ [표시 예 : 생년월일이 1992-08-08, 성별이 "남"인 경우 → 1920808**]

▶ IF, YEAR, TEXT 함수와 & 연산자 사용

[ ]

② 가입일과 기준일을 이용하여 [E3:E9] 영역에 가입기간 표시

▶ 가입기간은 한 달을 30일로 계산하여 월 단위로 표시

▶ 가입기간은 3자리로 표시 [표시 예 : 가입기간이 3일인 경우 → 003개월]

▶ 가입기간이 1 미만이면 빈 칸으로 표시

▶ IF, NETWORKDAYS, TEXT 함수 사용

[ ]

③ 봉사시간을 이용하여 [H3:H9] 영역에 봉사점수 계산

▶ 봉사점수 = 봉사시간 × 20%

▶ 봉사시간은 봉사시간이 숫자가 아니면 0으로 표시

▶ 봉사점수를 반올림하여 십의 자리까지 표시

▶ IF, ISNUMBER, ROUND 함수 사용

[ ]

④ 봉사시간을 이용하여 [I3:I9] 영역에 봉사시간2 표시

▶ 봉사시간2는 봉사시간을 시간과 분으로 환산하여 계산

▶ 봉사시간이 60 미만이면 시간으로만 표시하고, 봉사시간이 60 이상이면 시간과 분을 나누어 표시

▶ [표시 예 : 55 → 1시간, 65 → 1시간5분]

▶ IF, MOD, ROUNDUP, TEXT 함수와 & 연산자 사용

[ ]

⑤ 가입일과 기부금을 이용하여 가입일의 연도가 2010년 미만이고 기부금이 500,000 이상이면 "열심", 가입일의 연도가 2020년 미만이고 기부금이 200,000 이상이면 "일반", 그 외는 "새싹"을 [J3:J9] 영역에 표시

▶ IF, AND, YEAR 함수 사용

[ ]

⑥ 회원코드를 이용하여 구분별 누적개수를 [K3:K9] 영역에 표시

▶ 구분은 회원코드의 첫 글자가 "1"이면 "1900남", "2"이면 "1900여", "3"이면 "2000남", "4"이면 "2000여"임

▶ [표시 예 : 1900남(1), 2000여(1), 1900남(2)]

▶ IF, COUNTIF, LEFT 함수와 & 연산자 사용

[ ]

⑦ 봉사시간을 이용하여 봉사시간별 인원수를 [C12:C15] 영역에 표시

▶ 인원수가 0보다 큰 경우 계산된 값 뒤에 "명"을 추가하여 표시하고, 그 외는 "없음"으로 표시

▶ [표시 예 : 0 → 없음, 2 → 2명]

▶ IF, FREQUENCY, TEXT 함수를 사용한 배열 수식

[ ]

⑧ 회원코드와 봉사시간을 이용하여 회원코드의 오른쪽 세 글자가 "7**"이거나 "8**"인 회원의 봉사시간별 인원수를 [D12:D15] 영역에 표시

▶ IF, FREQUENCY, RIGHT 함수를 사용한 배열 수식

[ ]

정답

① [C3] : =IF(YEAR(A3)<2000, IF(B3="남", 1, 2), IF(B3="남", 3, 4)) & TEXT(A3, "YYMMDD") & "**"

② [E3] : =IF(NETWORKDAYS(D3, $K$1)/30<1, " ", TEXT(NETWORKDAYS(D3, $K$1)/30, "000개월"))

③ [H3] : =IF(ISNUMBER(G3), ROUND(G3*20%, -1), 0)

④ [I3] : =IF(G3<60, TEXT(ROUNDUP(G3/60, 0), "0시간"), TEXT((G3-MOD(G3, 60))/60, "0시간")&TEXT(MOD(G3, 60), "0분"))

⑤ [J3] : =IF(AND(YEAR(D3)<2010, F3>=500000), "열심", IF(AND(YEAR(D3)<2020, F3>=200000), "일반", "새싹"))

⑥ [K3] : =IF(LEFT(C3, 1)="1", "1900남("&COUNTIF($C$3:C3, "1*")&")", IF(LEFT(C3, 1)="2", "1900여("&COUNTIF($C$3:C3,"2*")&")", IF(LEFT(C3, 1)="3", "2000남("&COUNTIF($C$3:C3, "3*")&")", "2000여("&COUNTIF($C$3:C3, "4*")&")")))

⑦ [C12:C15] : {=IF(FREQUENCY(G3:G9, B12:B15)>0, TEXT(FREQUENCY(G3:G9, B12:B15), "0명"), "없음")}

※ 결과값이 들어갈 [C12:C15] 영역을 블록으로 지정한 후 수식을 입력하고 Ctrl+Shift+Enter를 누르세요.

⑧ [D12:D15] : {=FREQUENCY(IF((RIGHT(C3:C9, 3)="7**") + (RIGHT(C3:C9, 3)="8**"), G3:G9), B12:B15)}

※ 결과값이 들어갈 [D12:D15] 영역을 블록으로 지정한 후 수식을 입력하고 Ctrl+Shift+Enter를 누르세요.

02 IFERROR

24.상시, 23.상시, 22.상시, 21.상시, 20.상시, 15.3

※ 아래 그림을 참고하여 수식을 이해하고 작성해 보세요[유형 1~2].

	A	B	C	D	E	F	G
1	이름	학년	필기	실기	면접	그래프1	그래프2
2	홍가람	1	70	92	57	■■22점	2(▲▲)
3	이성훈	3	90	70	95	실기보강	-2(▽▽)
4	구인하	2	61	97	75	■■■36점	3(▲▲▲)
5	이숙민	2	80	93	87	■13점	1(▲)
6	김형호	1	85	60	85	실기보강	-2(▽▽)
7	양성진	3	85	95	85	■10점	1(▲)
8	임호성	2	75	99	98	■■24점	2(▲▲)
9	김용화	1	88	77	60	실기보강	-1(▽)

2140718

22.상시, 21.상시, 20.상시, 15.3

[유형 1] IFERROR, REPT, TEXT 함수와 & 연산자 사용

실기와 필기 점수의 차이만큼 [F2:F9] 영역에 그래프1을 표시하시오.

▶ '(실기-필기)/10'의 값만큼 "■" 표시

▶ [표시 예 : '실기-필기'의 값이 25일 경우 → ■■25점]

▶ [표시 예 : '실기-필기'의 값이 -25일 경우 → 실기보강]

[=IFERROR(REPT("■", (D2-C2)/10)&TEXT(D2-C2, "0점"), "실기보강")]

인수 / 오류시_표시할_값

수식의 이해 REPT("■", (D2-C2)/10)

"■"를 '(D2-C2)/10'의 값만큼 반복하여 표시합니다. '(D2-C2)/10'의 값이 음수이면 #VALUE 오류가 나타납니다.

※ REPT(텍스트, 개수) 함수에서 '개수'가 실수일 경우 소수점 이하의 값은 버리고 정수값 만큼만 '텍스트'를 반복하여 표시합니다. 예를 들어 '(D2-C2)/10'의 값이 3.19인 경우 지정된 '텍스트'를 3번 반복하여 표시합니다.

2140719

23.상시, 20.상시

[유형 2] IFERROR, REPT, TRUNC, ABS 함수와 & 연산자 사용

실기와 필기 점수의 차이만큼 [G2:G9] 영역에 그래프2를 표시하시오.

▶ '(실기-필기)/10'의 값만큼 "▲" 또는 "▽" 표시

▶ [표시 예 : '(실기-필기)/10'의 정수 값이 3일 경우 → "3(▲▲▲)", -3일 경우 → "-3(▽▽▽)", 0일 경우 → "0( )"]

[=TRUNC((D2-C2)/10) & "(" & IFERROR(REPT("▲", (D2-C2)/10), REPT("▽", ABS((D2-C2)/10))) & ")"]

인수 / 오류시_표시할_값

체크체크 ☑☐☐

2140762

아래 그림을 참고하여 수식을 작성하시오[①~②].

	A	B	C	D	E	F	G
1	지점	담당자	냉장보관	유통기한	매장청결	위생1	위생2
2	가로수길점	문송윤	76	90	71	☆14점	-1(■)
3	압구정점	정서영	85	61	90	폐기	2(□□)
4	혜화점	유채율	52	96	75	☆☆☆☆44점	-2(■■)
5	신촌점	송초한	56	95	69	☆☆☆39점	-2(■■)
6	홍대점	주주안	76	100	60	☆☆24점	-4(■■■■)
7	해운대점	조은진	80	95	53	☆15점	-4(■■■■)
8	동성로점	정경호	94	80	80	폐기	0()
9	제주점	고영하	100	88	77	폐기	-1(■)

① 냉장보관과 유통기한의 차이만큼 [F2:F9] 영역에 위생1 표시

- ▶ '(유통기한−냉장보관)/10'의 값만큼 "☆" 표시
- ▶ [표시 예 : '유통기한−냉장보관'의 값이 14일 경우 → ☆14점]
- ▶ [표시 예 : '유통기한−냉장보관'의 값이 −14일 경우 → 폐기]
- ▶ IFERROR, REPT, TEXT 함수와 & 연산자 사용

[ ]

② 유통기한과 매장청결의 차이만큼 [G2:G9] 영역에 위생2 표시

- ▶ '(매장청결−유통기한)/10'의 값만큼 "□" 또는 "■" 표시
- ▶ [표시 예 : '(매장청결−유통기한)/10'의 정수 값이 2일 경우 → "2(□□)", −2일 경우 → "−2(■■)", 0일 경우 → "0()"]
- ▶ IFERROR, REPT, TRUNC, ABS 함수와 & 연산자 사용

[ ]

정답

① [F2] : =IFERROR(REPT("☆", (D2−C2)/10)&TEXT(D2−C2, "0점"), "폐기")

② [G2] : =TRUNC((E2−D2)/10) & "(" & IFERROR(REPT("□", (E2−D2)/10), REPT("■", ABS((E2−D2)/10))) & ")"

대표기출문제

'C:\길벗컴활1급총정리\엑셀\기능\07논리함수.xlsm' 파일을 열어서 작업하세요.

※ 아래 그림을 이용하여 수식을 작성하시오[기출 1~3].

	A	B	C	D	E	F	G	H
1	[표1]							
2	성명	상품코드	수량	단가	판매금액	총판매시간	비고	분류
3	김새롬	4D055	56	5,300	296,800	50	1시간	생필품(1)
4	권충수	3A835	90	2,500	225,000	90	1시간30분	의류(1)
5	임원이	5A430	19	6,200	117,800	55	1시간	가전(1)
6	이구름	4C317	79	2,000	158,000	35	1시간	생필품(2)
7	김중건	5A794	15	5,300	79,500	85	1시간25분	가전(2)
8	배사공	3B666	100	2,000	200,000	45	1시간	의류(2)
9	김진상	4B383	69	5,300	365,700	97	1시간37분	생필품(3)
10	고진웅	5C766	55	3,000	165,000	68	1시간8분	가전(3)
11	[표2]							
12	수량		개수					
13	1 ~	20	2건					
14	21 ~	50						
15	51 ~	70	3건					
16	71 ~	100	3건					

2140781

[기출 1] 20.상시, 19.상시

총판매시간을 이용하여 비고를 [G3:G10] 영역에 표시하시오.

- ▶ 비고는 총판매시간을 시간과 분으로 환산하여 계산
- ▶ 총판매시간이 60 미만이면 시간으로만 표시하고, 60 이상이면 시간과 분을 나누어 표시
- ▶ [표시 예 : 55 → 1시간, 65 → 1시간5분]
- ▶ IF, MOD, ROUNDUP, TEXT 함수와 & 연산자 사용

2140782

[기출 2] 22.상시, 21.상시, 20.상시, 16.상시

상품코드를 이용하여 분류별 누적개수를 [H3:H10] 영역에 표시하시오.

- ▶ 분류는 상품코드의 첫 글자가 "3"이면 "의류", "4"이면 "생필품", "5"이면 "가전"임
- ▶ [표시 예 : 의류(1), 생필품(1), 가전(2)]
- ▶ IF, COUNTIF, LEFT 함수와 & 연산자 사용

2140783

[기출 3] 22.상시, 21.상시, 20.1, 18.1, 17.상시, 17.1, 16.2

수량과 [표2]를 이용하여 수량별 개수를 [C13:C16] 영역에 표시하시오.

- ▶ 개수가 0보다 큰 경우 계산된 값 뒤에 "건"을 추가하여 표시하고, 그 외는 빈 칸으로 표시
- ▶ [표시 예 : 5 → 5건]
- ▶ IF, FREQUENCY, TEXT 함수를 사용한 배열 수식

※ 아래 그림을 이용하여 수식을 작성하시오[기출 4~5].

	A	B	C	D	E	F	G
1						기준일	2021-03-20
2	이름	판매시작일	1월	2월	3월	판매일수	그래프
3	김한응	2021-03-22	64	84	89		2(☆☆)
4	김태정	2021-03-07	56	90	90	10일	3(☆☆☆)
5	황선철	2021-01-12	11	13	72	49일	0()
6	이만수	2021-02-22	85	95	37	20일	1(☆)
7	이봉삼	2021-03-12	79	66	47	06일	-1(★)
8	이원섭	2021-03-21	85	99	85		1(☆)
9	김주희	2021-03-15	61	85	58	05일	2(☆☆)
10	김환식	2021-02-12	93	51	70	26일	-4(★★★★)

2140784

[기출 4] 20.상시, 17.상시, 13.3

판매시작일과 기준일을 이용하여 [F3:F10] 영역에 판매일수를 표시하시오.

▶ 판매일수는 2자리로 표시 [표시 예 : 판매일수가 2일인 경우 → 02일]

▶ 판매일수가 0 이하면 빈 칸으로 표시

▶ IF, NETWORKDAYS, TEXT 함수 사용

2140785

[기출 5] 23.상시, 22.상시, 21.상시, 18.2, 14.3

1월과 2월 판매량의 차이만큼 [G3:G10] 영역에 그래프를 표시하시오.

▶ '(2월-1월)/10'의 값만큼 "☆" 또는 "★" 표시

▶ [표시 예 : '(2월-1월)/10'의 정수 값이 3일 경우 → 3(☆☆☆), -3일 경우 → -3(★★★), 0일 경우 → 0( )]

▶ IFERROR, REPT, TRUNC, ABS 함수와 & 연산자 사용

정답

[기출 1]

[G3] : =IF(F3<60, TEXT(ROUNDUP(F3/60, 0), "0시간"), TEXT((F3-MOD(F3, 60))/60, "0시간") & TEXT(MOD(F3, 60), "0분"))

[기출 2]

[H3] : =IF(LEFT(B3, 1)="3", "의류("&COUNTIF($B$3:B3, "3*")&")", IF(LEFT(B3, 1)="4", "생필품("&COUNTIF($B$3:B3, "4*")&")", "가전("&COUNTIF($B$3:B3, "5*")&")"))

[기출 3]

[C13:C16] : {=IF(FREQUENCY(C3:C10, B13:B16)>0, TEXT(FREQUENCY(C3:C10, B13:B16), 0건), " ")}

※ 결과값이 들어갈 [C13:C16] 영역을 블록으로 지정하고 수식을 입력한 후 Ctrl + Shift + Enter를 누르세요.

[기출 4]

[F3] : =IF(NETWORKDAYS(B3, $G$1)<=0, " ", TEXT(NETWORKDAYS(B3, $G$1), "00일"))

[기출 5]

[G3] : =TRUNC((D3-C3)/10) & "(" & IFERROR(REPT("☆", (D3-C3)/10), REPT("★", ABS((D3-C3)/10))) & ")"

2140801 

4 기타 함수

출제 비율 50% / 배점 6점

기타 함수 문제는 배열 수식, 찾기/참조 함수, 논리 함수 등 앞에서 배웠던 함수를 제외한 나머지 함수들을 이용하여 수식을 작성하는 문제입니다. 보통 한 회에 1문제가 출제되고 **배점은 6점**입니다. **부분 점수는 없습니다.**

• 기타 함수 문제에서 지금까지 출제된 함수들은 다음과 같습니다.

함수	기능
SUMPRODUCT(배열1, 배열2, …)	배열1과 배열2의 개별 요소들끼리 곱한 결과를 모두 더한 값 반환 예 =SUMPRODUCT(A1:A2, B1:B2) : [A1:A2] 영역의 값과 [B1:B2] 영역의 값을 대응([A1]×[B1], [A2]×[B2])되게 곱한 값의 합계값을 반환함
DAYS(마지막 날짜, 시작 날짜)	마지막 날짜에서 시작 날짜를 뺀 일 수를 계산하여 반환 예 =DAYS("2021-7-10", "2021-7-7") : 3을 반환함
SUMIF(조건 범위, 조건, 합계 범위)	조건에 맞는 셀을 찾아 합계 반환 예 =SUMIF(A1:A10, "컴퓨터", B1:B10) : [A1:A10] 영역에서 "컴퓨터"가 입력된 셀들을 찾은 후 [B1:B10] 영역의 같은 행에 있는 값들의 합계를 반환함
SUMIFS(합계 범위, 조건1 범위, 조건1, 조건2 범위, 조건2, …)	여러 개의 조건을 지정하여 조건에 맞는 셀들의 합계 반환 예 =SUMIFS(C1:C10, A1:A10, "컴퓨터", B1:B10, "1급") : [A1:A10] 영역에서 "컴퓨터"가 입력된 셀들을 찾고, [B1:B10] 영역에서 같은 행들에 있는 "1급"이 입력된 셀들을 찾은 후 [C1:C10] 영역에서 같은 행에 있는 값들의 합계를 반환함
MID(텍스트, 시작위치, 개수)	텍스트의 시작위치부터 지정한 개수만큼 반환 예 =MID("ABCDE", 3, 2): "CD"를 반환함
WORKDAY(시작날짜, 일수, 휴일날짜)	시작날짜에 주말과 휴일날짜를 제외하고 일수만큼 지난 날짜 반환 예 =WORKDAY("2021-5-3", 5, "2021-5-5") : 2021-5-11을 반환함(토요일, 일요일, 5월 5일 제외)
DAVERAGE(범위, 열번호, 조건)	범위에서 조건에 맞는 자료 중 지정된 열번호 열의 평균 반환 예 =DAVERAGE(B2:F8, 5, C11:C12) : [B2:F8] 영역에서 [C11:C12]에 입력된 조건을 만족하는 자료를 찾아 5열의 평균을 반환함

합격포인트

• 함수 문제는 모두 **수식을 정확하게 세우는 것이 합격포인트**입니다.

• 찾기/참조 함수를 열심히 공부했으면 기타 함수 문제가 상대적으로 쉽게 느껴질 겁니다.

• 기타 함수 문제는 상시 시험에서 종종 동일한 문제를 만나곤 하는 함수입니다. **너무 어려운 문제라면 문제와 정답을 기억해 두는 것도 한 가지 방법**입니다.

☞ 'C:\길벗컴활1급총정리\엑셀\기능\08기타함수.xlsm' 파일을 열어서 작업하세요.

전문가의 조언

배열 상수를 직접 입력할 때 열은 쉼표(,), 행은 세미콜론(;), 그리고 중괄호({ })로 묶어줍니다. 예를 들어,

1	2	3
4	5	6

라면, {1,2,3;4,5,6}와 같이 입력합니다.

01 SUMPRODUCT 함수

24.상시, 23.상시, 22.상시, 21.상시, 16.상시, 13.2

※ 아래 그림을 참고하여 수식을 이해하고 작성해 보세요[유형 1~2].

	A	B	C	D	E	F	G
1	[표1]						
2	이름	학년	필기	실기	면접	총점1	총점2
3	홍가람	1	70	92	57	78.4	76.2
4	이성훈	3	90	70	95	81	81.5
5	구인하	2	61	97	75	81.8	79.6
6	이숙민	2	80	93	87	87.9	87.3
7	김형호	1	85	60	85	72.5	75
8	양성진	3	85	95	85	90	90
9	임호성	2	95	95	98	95.6	95.9
10	김용화	1	88	77	60	76.9	78
11	[표2] 가중치표						
12	학년	필기	실기	면접			
13	1	40%	40%	20%			
14	2	30%	40%	30%			
15	3	20%	50%	30%			

2140811

24.상시, 23.상시, 22.상시, 21.상시, 13.2

[유형 1] SUMPRODUCT 함수와 배열 상수 사용

필기, 실기, 면접을 이용하여 필기, 실기, 면접에 가중치를 적용한 총점1을 [F3:F10] 영역에 표시하시오.

▶ '총점1'은 과목별 점수와 가중치를 곱한 값들의 합으로 계산

▶ 가중치는 필기는 30%, 실기는 50%, 면접은 20%임

[=SUMPRODUCT(C3:E3, {0.3,0.5,0.2})]

범위1 범위2

수식의 이해 =SUMPRODUCT(C3:E3, {0.3,0.5,0.2})

SUMPRODUCT(배열1, 배열2)는 배열1과 배열2를 곱한 후 결과를 모두 더하는 함수입니다. 인수로 배열을 지정할 때는 사용할 영역을 범위로 지정하거나 배열 상수를 직접 입력합니다. 배열 상수를 직접 입력할 때는 열의 구분은 쉼표(,)로, 행의 구분은 세미콜론(;)으로, 그리고 인수의 구분은 중괄호({ })로 합니다. '=SUMPRODUCT(C3:E3, {0.3,0.5,0.2})'에서 첫 번째 인수로 입력된 [C3:E3]이 열로 구분되어 있는 3개의 셀이므로 상수로 입력된 두 번째 인수는 첫 번째 인수의 개수와 같은 3개의 숫자를 쉼표(,)로 구분하고, 세 개가 한 개의 인수임을 나타내기 위해 앞뒤에 중괄호({ })를 입력해야 합니다. 만약에 첫 번째 인수가 [E3:E5]처럼 행으로 구분되어 있는 3개의 셀이라면 두 번째 인수도 3개의 숫자를 세미콜론(;)으로 구분하여 {0.3;0.5;0.2}과 같이 입력해야 합니다.

2140812

16.상시

[유형 2] SUMPRODUCT, OFFSET, MATCH 함수 사용

학년, 필기, 실기, 면접을 이용하여 학년과 과목에 따라 다른 가중치를 적용한 총점2를 [G3:G10] 영역에 계산하시오.

▶ '총점2'는 과목별 점수와 가중치를 곱한 값들의 합으로 계산

▶ 가중치는 학년과 과목을 이용하여 [표2]에서 찾아 계산

[=SUMPRODUCT(C3:E3, OFFSET($A$12, MATCH(B3, $A$13:$A$15, 0), 1, 1, 3))]

기준셀 행 열 높이 너비

범위1 범위2

수식의 이해

```
=SUMPRODUCT( C3:E3, OFFSET( $A$12, MATCH(B3, $A$13:$A$15, 0), 1, 1, 3 ) )
                                   ①
                    ②
              ③
```

① MATCH(B3, $A$13:$A$15, 0) : [B3] 셀의 값을 [A13:A15] 영역에서 찾아 그 위치를 일련번호로 반환(1)

② OFFSET($A$12, ①, 1, 1, 3) → OFFSET($A$12, 1, 1, 1, 3) : [A12] 셀을 기준으로 1행 1열 떨어진 셀 주소(B13)를 찾고, 이 주소를 기준으로 1행 3열의 범위(B13:D13)를 지정

③ =SUMPRODUCT(C3:E3, ②) → =SUMPRODUCT(C3:E3, B13:D13) : [C3:E3]과 [B13:D13]의 각 셀에 입력된 숫자를 같은 열에 있는 숫자끼리 곱한 다음 결과를 모두 더하는 것이므로 수식을 'C3*B13+D3*C13+E3*D13'와 같이 입력해도 됨

※ 아래 그림을 참고하여 수식을 이해하고 작성해 보세요[02~06].

	A	B	C	D	E	F
1	[표1]					
2	판매코드	판매일	판매상품	단가	판매수량	변경코드
3	가041	2021-03-01	녹차	35,000	12	가C41
4	나026	2020-05-23	커피	72,300	18	나C26
5	다073	2020-04-03	쌍화차	63,900	24	다C73
6	가025	2021-01-09	커피	45,000	24	가C25
7	다056	2019-12-08	녹차	54,500	30	다C56
8	나092	2021-01-02	녹차	25,500	27	나C92
9	가025	2020-05-03	쌍화차	32,000	48	가C25
10	[표2]					
11	판매수량		개수	수량합계	판매상품	비율
12	0	12	◆	12개	커피	23.0%
13	13	24	◆◆◆	66개	녹차	37.7%
14	25	36	◆◆	57개	쌍화차	39.3%
15	37	100	◆	48개		
16	[표3]	.				
17	커피/녹차 평균		42,000		판매상품	최빈수
18					커피	FALSE
19					녹차	FALSE

2140813

15.상시, 14.2, 13.상시

02 SUBSTITUTE, MID 함수 사용

판매코드를 이용하여 판매코드의 두 번째 글자가 "C"로 변경된 변경코드를 [F3:F9] 영역에 표시하시오.

▶ [표시 예 : 가041 → 가C41]

[=SUBSTITUTE(A3, MID(A3, 2, 1), "C")]

텍스트 인수1 인수2

2140814

24.상시, 23.상시, 19.상시, 17.상시

03 COUNTIFS, REPT 함수와 & 연산자 사용

판매수량을 이용하여 판매수량별 판매 건수를 구한 후 그 개수만큼 "◆"를 반복하여 [C12:C15] 영역에 표시하시오.

▶ [표시 예 : 3 → ◆◆◆]

[=REPT("◆", COUNTIFS($E$3:$E$9, ">="&A12, $E$3:$E$9, "<="&B12))]

조건1_적용_범위 조건1 조건2_적용_범위 조건2

2140815 

04 SUMIFS, TEXT 함수와 & 연산자 사용

20.상시, 15.1, 13.상시

판매수량을 이용하여 판매수량별 판매수량의 합계를 [D12:D15] 영역에 표시하시오.

▶ [표시 예 : 0 → 0개, 20 → 20개]

[=TEXT(SUMIFS($E$3:$E$9, $E$3:$E$9, ">="&A12, $E$3:$E$9, "<="&B12), "0개")]

합계_구할_범위 조건1_적용_범위 조건1 조건2_적용_범위 조건2

2140816 

05 SUMIF, SUM, TEXT 함수 사용

18.2, 12.3

판매상품과 판매수량을 이용하여 판매상품별 판매수량의 비율을 [F12:F14] 영역에 표시하시오.

▶ 비율 = 판매상품별 판매수량의 합계 / 전체 판매수량의 합계

▶ [표시 예 : 0인 경우 → 0.0%, 0.152인 경우 → 15.2%]

[=TEXT(SUMIF($C$3:$C$9, E12, $E$3:$E$9) / SUM($E$3:$E$9), "0.0%")]

조건_적용_범위 조건 합계_구할_범위

2140817 

06 DAVERAGE, MODE.SNGL, ROUNDUP 함수 사용

22.상시, 21.상시, 19.상시, 17.상시

판매상품이 "커피" 또는 "녹차"이면서, 판매수량이 판매수량의 최빈수 이상인 단가의 평균을 [표3]의 [C17] 셀에 계산하여 표시하시오.

▶ 조건은 [E17:G20] 영역에 입력

▶ 백의 자리에서 올림하여 천의 자리까지 표시

[조건]

	E	F
17	판매상품	조건
18	커피	FALSE
19	녹차	FALSE

[F18], [F19] : =E3>=MODE.SNGL($E$3:$E$9)

[=ROUNDUP(DAVERAGE(A2:F9, 4, E17:F19), -3)]

범위 열 조건

잠깐만요

DSUM, DAVERAGE 등의 데이터베이스 함수는 조건 지정 방법이 고급 필터와 동일합니다. 조건을 지정할 범위의 첫 행에는 원본 데이터 목록의 필드명을 입력하고, 그 아래 행에 조건을 입력합니다. 조건을 같은 행에 입력하면 AND, 다른 행에 입력하면 OR 조건입니다. 단, 수식을 조건으로 사용하는 경우에는 조건지정 영역에 필드명을 생략하거나 원본 데이터와 다른 필드명을 사용해야 합니다.

※ 아래 그림을 참고하여 수식을 이해하고 작성해 보세요[07~08].

	A	B	C	D
1	[표1]		기준일 :	2021-04-10
2	가입일	가입기간	알바종료일	급여입금일
3	2020-04-04	12개월	2021-05-07	05월12일수요일
4	2020-06-03	10개월	2021-05-21	05월26일수요일
5	2020-06-20	09개월	2021-06-05	06월09일수요일
6	2020-05-27	10개월	2021-06-08	06월11일금요일
7	2020-02-01	14개월	2021-06-16	06월21일월요일
8	2020-11-03	05개월	2021-06-22	06월25일금요일
9	2020-04-02	12개월	2021-07-01	07월06일화요일
10	2020-09-11	07개월	2021-07-20	07월23일금요일
11	2020-07-24	08개월	2021-08-10	08월13일금요일
12	[표2]			
13	휴일			
14	2021-05-05	어린이날		
15	2021-05-19	부처님오신날		

2140818 

07 DAYS, TEXT, QUOTIENT 함수 사용

22.상시, 21.상시, 18.상시, 15.상시

가입일과 기준일을 이용하여 [B3:B11] 영역에 가입기간을 표시하시오.

▶ 가입기간은 월단위로 표시하되, 한 달은 30일로 계산하고, 일 수가 부족한 달은 개월 수에 포함하지 않음

▶ [표시 예 : 02개월]

[=TEXT(QUOTIENT(DAYS($D$1, A3), 30), "00개월")]

인수1 인수2

2140819

08 WORKDAY, TEXT 함수 사용

19.상시, 13.2

알바종료일과 [표2]의 휴일을 이용하여 [D3:D11] 영역에 급여입금일을 표시하시오.

▶ 급여입금일은 알바종료일에서 주말과 휴일을 제외한 3일 후의 날로 계산

▶ [표시 예 : 알바종료일이 2021-05-07 → 급여입금일 : 05월12일 수요일]

[=TEXT(WORKDAY(C3, 3, $A$14:$A$15), "MM월DD일AAAA")]

시작날짜 일수 휴일날짜

> **※ 요일 서식 코드**
> - AAA : 월~일로 표시
> - DDD : Sun~Sat로 표시
> - AAAA : 월요일~일요일로 표시
> - DDDD : Sunday~Saturday로 표시

2140861

아래 그림을 참고하여 수식을 작성하시오[①~⑥].

	A	B	C	D	E	F	G	H	I
1	[표1]								
2	회원ID	주민번호	등급	6월	7월	8월	할인액	적립금	변경주민번호
3	vrkrjb	040118-4025213	VIP	280,000	200,000	250,000	50,800	41,500	040118-4******
4	sywee83	030701-3582943	골드	110,000	120,000	100,000	23,000	13,100	030701-3******
5	vwkwek3	040116-3029382	골드	150,000	145,000	130,000	29,550	16,800	040116-3******
6	gddyny	050125-3301922	일반	50,000	75,000	90,000	15,450	4,700	050125-3******
7	jbxdku234	041117-4238192	VIP	300,000	250,000	350,000	63,500	52,000	041117-4******
8	qduxy90	051109-4191037	일반	95,000	100,000	75,000	18,700	5,200	051109-4******
9	bgduv15	030131-3112039	골드	190,000	140,000	165,000	34,400	19,550	030131-3******
10	jnnmgr	010512-3245219	일반	35,000	50,000	17,000	6,960	1,860	010512-3******
11	[표2] 적립율표								
12	등급	6월	7월	8월	할인비율	할인액		그래프	할인액합계
13	VIP	5%	5%	7%	47%	0	10,000	★	6,960원
14	골드	3%	4%	5%	36%	10,001	30,000	★★★★	86,700원
15	일반	1%	2%	3%	17%	30,002	40,000	★	34,400원
16						40,001	100,000	★★	114,300원

① 6월, 7월, 8월을 이용하여 할인율을 적용한 할인액을 [G3:G10] 영역에 계산

▶ '할인액'은 월별 금액과 할인율을 곱한 값들의 합으로 계산

▶ 할인율은 6월은 6%, 7월은 7%, 8월은 8%임

▶ SUMPRODUCT 함수와 배열 상수 사용

[ ]

② 등급, 6월, 7월, 8월을 이용하여 등급과 월에 따라 다른 적립율을 적용한 적립금을 [H3:H10] 영역에 계산

▶ '적립금'은 월별 금액과 적립율을 곱한 값들의 합으로 계산

▶ 적립율은 등급과 월을 이용하여 [표2]에서 찾아 계산

▶ SUMPRODUCT, OFFSET, MATCH 함수 사용

[ ]

③ 주민번호를 이용하여 주민번호의 뒤에 6글자가 "******"로 변경된 변경주민번호를 [I3:I10] 영역에 표시

▶ [표시 예 : 040118-4025213 → 040118-4******]

▶ SUBSTITUTE, MID 함수 사용

[ ]

④ 등급과 할인액을 이용하여 등급별 할인액의 할인비율을 [E13:E15] 영역에 표시

▶ 할인비율 = 등급별 할인액의 합계 / 전체 할인액의 합계

▶ [표시 예 : 0인 경우 → 0%, 0.6 → 60%]

▶ SUMIF, SUM, TEXT 함수 사용

[ ]

⑤ 할인액을 이용하여 할인액별 주문건수를 구한 후 그 개수만큼 "★"를 반복하여 [H13:H16] 영역에 표시

▶ [표시 예 : 3 → ★★★]

▶ COUNTIFS, REPT 함수와 & 연산자 사용

[ ]

⑥ 할인액을 이용하여 할인액별 할인액의 합계를 [I13:I16] 영역에 표시

▶ [표시 예 : 0 → 0원, 9000 → 9,000원]

▶ SUMIFS, TEXT 함수와 & 연산자 사용

[ ]

2140862

※ 아래 그림을 참고하여 수식을 작성하시오[⑦~⑨].

	A	B	C	D	E	F
1	[표1]				기준일 :	2021-05-26
2	입사일	부서	인사고과	근속년수	교육시작일	교육종료일
3	2011-03-06	인사부	93	10년	2021-07-05	07월13일(화)
4	2015-06-28	인사부	79	05년	2021-07-02	07월12일(월)
5	2019-08-27	영업부	87	01년	2021-07-29	08월05일(목)
6	2018-05-19	인사부	87	03년	2021-07-14	07월21일(수)
7	2011-03-13	기획부	94	10년	2021-07-22	07월29일(목)
8	2014-01-12	영업부	92	07년	2021-07-21	07월28일(수)
9	2006-09-08	영업부	95	14년	2021-07-02	07월12일(월)
10	2019-11-03	기획부	92	01년	2021-07-10	07월16일(금)
11	[표2]			[표3]		
12	휴일			인사부/기획부 평균		93
13	2021-07-07	창사기념일				
14				부서	조건	
15				인사부	TRUE	
16				기획부	TRUE	

⑦ 입사일과 기준일을 이용하여 [D3:D10] 영역에 근속기간 표시

▶ 근속기간은 년단위로 표시하되, 일년은 360일로 계산하고 부족한 날짜는 년에 포함하지 않음

▶ [표시 예 : 02년]

▶ DAYS, TEXT, QUOTIENT 함수 사용

[ ]

⑧ 교육시작일과 [표2]의 휴일을 이용하여 [F3:F10] 영역에 교육종료일 표시

▶ 교육종료일은 교육시작일에서 주말과 휴일을 제외한 5일 후의 날로 계산

▶ [표시 예 : 교육시작일이 2021-07-05 → 교육종료일 : 07월 13일(화)]

▶ WORKDAY, TEXT 함수 사용

[ ]

⑨ 부서가 "인사부" 또는 "기획부"이면서, 인사고과가 인사고과의 최빈수 초과인 인사고과의 평균을 [표3]의 [F12] 셀에 계산하여 표시

▶ 조건은 [D14:F20] 영역에 입력

▶ 소수점 첫째 자리에서 올림하여 정수로 표시

▶ DAVERAGE, MODE.SNGL, ROUNDUP 함수 이용

[ ]

정답

① [G3] : =SUMPRODUCT(D3:F3, {0.06,0.07,0.08})

② [H3] : =SUMPRODUCT(D3:F3, OFFSET($A$12, MATCH(C3, $A$13:$A$15, 0), 1, 1, 3))

③ [I3] : =SUBSTITUTE(B3, MID(B3, 9, 6), "******")

④ [E13] : =TEXT(SUMIF($C$3:$C$10, A13, $G$3:$G$10)/SUM($G$3:$G$10), "0%")

⑤ [H13] : =REPT("★", COUNTIFS($G$3:$G$10, ">="&F13, $G$3:$G$10, "<="&G13))

⑥ [I13] : =TEXT(SUMIFS($G$3:$G$10, $G$3:$G$10, ">="&F13, $G$3:$G$10, "<="&G13), "#,##0원")

⑦ [D3] : =TEXT(QUOTIENT(DAYS($F$1, A3), 360), "00년")

⑧ [F3] : =TEXT(WORKDAY(E3, 5, $A$13), "MM월DD일(AAA)")

⑨ [F12] : =ROUNDUP(DAVERAGE(A2:F10, 3, D14:E16), 0)

[조건]

	D	E
14	부서	조건
15	인사부	TRUE
16	기획부	TRUE

[E15], [E16] : =C3>MODE.SNGL($C$3:$C$10)

대표기출문제

'C:\길벗컴활1급총정리\엑셀\기능\08기타함수.xlsm' 파일을 열어서 작업하세요.

※ 아래 그림을 이용하여 수식을 작성하시오[기출 1~3].

	A	B	C	D	E	F	G
1	[표1]						
2	이름	사원코드	직위	평일	주말	수당합계	변경코드
3	홍가람	4D055	과장	8		120,000	ZD055
4	이성훈	4A835	대리	10	2	166,000	ZA835
5	구인하	5A430	과장	4	5	160,000	KA430
6	이숙민	4C317	대리	2		26,000	ZC317
7	김형호	5A794	부장	8	1	185,000	KA794
8	양성진	4B666	차장	15	5	385,000	ZB666
9	임호성	4B383	사원	3		33,000	ZB383
10	김용화	5C766	과장	9	3	195,000	KC766
11	[표2] 수당표				[표2]		
12	직위	평일	주말		코드	개수	
13	부장	20,000	25,000		A	2건	
14	차장	18,000	23,000		B	1건	
15	과장	15,000	20,000		C	1건	
16	대리	13,000	18,000		D	1건	
17	사원	11,000	15,000				
18							

2140881

[기출 1] 23.상시, 16.상시

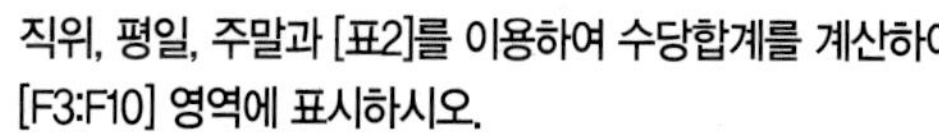

직위, 평일, 주말과 [표2]를 이용하여 수당합계를 계산하여 [F3:F10] 영역에 표시하시오.

▶ 시간당 수당금액은 [표2]에서 찾아 계산

▶ SUMPRODUCT, OFFSET, MATCH 함수 사용

2140882

[기출 2] 15.상시, 14.2, 13.상시

사원코드를 이용하여 사원코드의 첫 번째 글자가 5이면 사원코드의 첫 번째 글자가 "K"로 변경되고, 그 외는 "Z"로 변경된 변경코드를 [G3:G10] 영역에 표시하시오.

▶ [표시 예 : 4D055 → ZD055]

▶ IF, SUBSTITUTE, LEFT 함수 사용

2140883

[기출 3] 24.상시, 17.상시, 13.상시, 13.3

사원코드를 이용하여 평일이 5 이상인 코드별 개수를 계산하여 [F13:F16] 영역에 표시하시오.

▶ [표3]의 코드는 사원코드의 두 번째 글자에 따라 다름

▶ [표시 예 : 2 → 2건]

▶ COUNTIFS 함수와 & 연산자 사용

※ 아래 그림을 이용하여 수식을 작성하시오[기출 4~5].

	A	B	C	D	E
1	대여코드	대여일자	대여시간	반납일	미납기간
2	TO-07	2021-03-02	174	2021-03-11	약 02개월
3	EI-25	2021-02-20	6	2021-02-20	약 02개월
4	VO-02	2021-02-05	93	2021-02-10	약 02개월
5	EI-03	2021-01-11	213	2021-01-21	약 03개월
6	VO-04	2021-02-12	107	2021-02-18	약 02개월
7	VO-05	2021-03-03	12	2021-03-03	약 01개월
8	EI-06	2021-01-16	57	2021-01-19	약 03개월
9	EI-26	2021-04-01	153	2021-04-09	약 01개월
10	EI-27	2021-01-15	95	2021-01-20	약 03개월

2140884

[기출 4] 19.상시, 13.2

대여일자와 대여시간을 이용하여 [D2:D10] 영역에 반납일을 표시하시오.

▶ 반납일은 대여시간이 24시간 미만인 경우는 일 수로 포함하지 않음

▶ [표시 예 : 2020-04-01]

▶ WORKDAY, QUOTIENT, TEXT 함수 사용

2140885

[기출 5] 22.상시, 21.상시, 18.상시, 15.상시

대여일자와 기준일자(2021-05-01)를 이용하여 [E2:E10] 영역에 미납기간을 표시하시오.

▶ 미납기간은 월단위로 표시하되, 한 달은 30일로 계산하고, 일 수가 부족한 달은 개월수에 포함하지 않음

▶ [표시 예 : 약 02개월]

▶ DAYS, TEXT, QUOTIENT 함수 사용

정답

[기출 1]

[F3] : =SUMPRODUCT(D3:E3, OFFSET($A$12, MATCH(C3, $A$13:$A$17,0), 1, 1, 2))

기준셀 / 행 / 열 / 높이 / 너비

[기출 2]

[G3] : =IF(LEFT(B3, 1)="5", SUBSTITUTE(B3, LEFT(B3, 1), "K"), SUBSTITUTE(B3, LEFT(B3,1), "Z"))

조건 / 참 / 거짓

[기출 3]

[F13] : =COUNTIFS($D$3:$D$10, ">=5", $B$3:$B$10, "?"&E13&"*") & "건"

조건1_적용_범위 / 조건1 / 조건2_적용_범위 / 조건2

[기출 4]

[D2] : =TEXT(WORKDAY(B2, QUOTIENT(C2, 24)), "YYYY-MM-DD")

시작날짜 / 일수

[기출 5]

[E2] : =TEXT(QUOTIENT(DAYS("2021-05-01", B2), 30), "약 00개월")

인수1 / 인수2

2140901

5 사용자 정의 함수

출제 비율 100% / 배점 6점

사용자 정의 함수 문제는 SUM, AVERAGE 같은 **함수를 사용자가 직접 만들어 계산하는 작업**입니다. 깊이 들어가면 매우 어려운 내용인데 문제는 생각보다 훨씬 쉽게 나옵니다. **무조건 6점을 줍줍한다** 생각하고 행복하게 공부하세요.

• 사용자 정의 함수 작성에 사용되는 제어문은 다음과 같습니다.

문법	사용 예

If 조건식1 Then
  실행문1
ElseIf 조건식2 Then
  실행문2
Else
  실행문3
End If
	조건을 판별하여 조건에 맞는 실행문을 실행함
	예 If 총점>=80 Then
	    평가="우수"
	  ElseIf 총점>=60 Then
	    평가="보통"
	  Else
	    평가="노력요함"
	  End If
	※ 총점이 80 이상이면 평가에 "우수", 60 이상이면 "보통", 그 외는 "노력요함"을 입력

Select Case 수식 (또는 변수)
  Case is 조건1
    실행문1
  Case is 조건2
    실행문2
  Case Else
    실행문3
End Select
	조건을 판별하여 조건에 맞는 실행문을 실행함
	예 Select Case 총점
	    Case is >=80
	      평가="우수"
	    Case is >=60
	      평가="보통"
	    Case Else
	      평가="노력요함"
	  End Select
	※ 총점이 80 이상이면 평가에 "우수", 60 이상이면 "보통", 그 외는 "노력요함"을 입력

For 반복변수=시작값 To 최종값
  실행문
Next 반복변수
	반복변수가 시작값부터 최종값까지 1씩 증가하면서 실행문을 반복 실행함
	예 For A = 1 To 5 Step 1
	    MsgBox A
	  Next A
	※ 반복변수 A가 1부터 1씩 증가하면서 5가 될 때까지 매회 메시지 박스를 실행함

2140902

작업 순서

답안 작업 순서에 익숙하면 시험장에서 당황하지 않고 조금 더 빠르게 답안을 작성할 수 있습니다. 다음의 순서를 보면서 차례대로 엑셀 화면을 떠올려 보세요. 컴퓨터 없이 이미지 트레이닝을 반복하다 보면 엑셀 화면이 조금 더 친숙하게 느껴질 겁니다.

1. Alt + F11을 누른다.
2. 'Microsoft Visual Basic for Applications'에서 [삽입] → **모듈**을 선택한다.
3. 코드를 입력하고 Microsoft 'Visual Basic for Applications'를 종료한다.
4. 수식을 입력할 셀에서 '함수 삽입(fx)' 아이콘을 클릭한다.
5. '함수 마법사' 대화상자에서 사용자가 만든 함수를 선택하고 〈확인〉을 클릭한다.
6. '함수 인수' 대화상자에서 인수를 선택하고 〈확인〉을 클릭한다.

합격포인트

• 사용자 정의 함수는 **IF문과 SELECT문의 문법을 정확하게 기억하는 것이 합격포인트**입니다.

• IF문과 SELECT의 문법만 정확하게 알고 있으면 지금까지 출제된 모든 코드를 입력할 수 있습니다.

☞ 'C:\길벗컴활1급총정리\엑셀\기능\09사용자정의함수.xlsm' 파일을 열어서 작업하세요.

전문가의 조언

• **IF문은 거의 매회 출제**됩니다. 중요하겠죠.
• 게다가 IF문은 **[기타작업]의 프로시저 작성에서도 자주 출제되**니 여기서 확실히 숙지하고 넘어가는 것이 좋습니다.

01 IF문

24.상시, 23.상시, 22.상시, 21.상시, 20.상시, 20.1, 19.2, 18.1, 17.상시, 17.1, 16.3, …

※ 아래 그림을 참고하여 사용자 정의 함수를 이해하고 작성해 보세요[유형 1~3].

	A	B	C	D	E	F	G
1						기준 날짜	2021-03-30
2	지점	주문량	주문일	전월주문량	할인율1	할인율2	비고
3	오산점	300	2021-03-11	440	0.15	0.3	우수지점
4	안산점	150	2021-03-02	420	0.05	0.3	우수지점
5	수원점	550	2021-03-23	330	0.2	0.6	
6	서울점	410	2021-03-01	300	0.2	0.6	우수지점
7	안양점	90	2021-03-10	440	0	0.3	우수지점
8	성남점	150	2021-03-26	80	0.05	0.4	
9	인천점	310	2021-03-11	230	0.15	0.5	
10	일산점	460	2021-03-10	310	0.2	0.6	우수지점
11	파주점	550	2021-03-20	380	0.2	0.6	

2140911

24.상시, 23.상시, 22.상시, 21.상시, 20.상시, 19.2, 18.1, 17.상시, …

[유형 1] IF문 사용

사용자 정의 함수 'fn할인율1'을 작성하여 할인율1[E3:E11]을 표시하시오.

▶ 'fn할인율1'은 주문량을 인수로 받아 값을 되돌려줌

▶ 할인율1은 주문량이 400 이상이면 0.2, 300 이상이면 0.15, 200 이상이면 0.1, 100 이상이면 0.05, 그 외는 0으로 표시

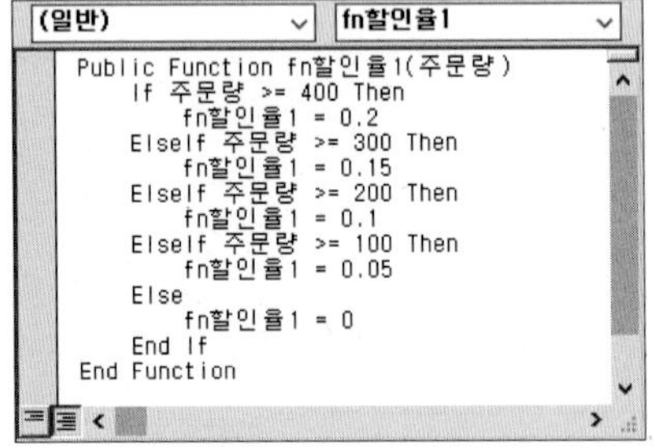

```
(일반)                fn할인율1
Public Function fn할인율1(주문량)
    If 주문량 >= 400 Then
        fn할인율1 = 0.2
    ElseIf 주문량 >= 300 Then
        fn할인율1 = 0.15
    ElseIf 주문량 >= 200 Then
        fn할인율1 = 0.1
    ElseIf 주문량 >= 100 Then
        fn할인율1 = 0.05
    Else
        fn할인율1 = 0
    End If
End Function
```

[=fn할인율1(B3)]

2140912

24.상시, 23.상시, 22.상시, 16.3, 14.1, 10.3

[유형 2] 다중 IF문 사용

사용자 정의 함수 'fn할인율2'를 작성하여 할인율2[F3:F11]를 표시하시오.

▶ 'fn할인율2'는 주문량과 전월주문량을 인수로 받아 값을 되돌려줌

▶ 할인율2는 주문량이 전월주문량 이상이면서 주문량이 400 이상이면 0.6, 200 이상이면 0.5, 200 미만은 0.4이고, 주문량이 전월주문량 미만이면 0.3으로 표시

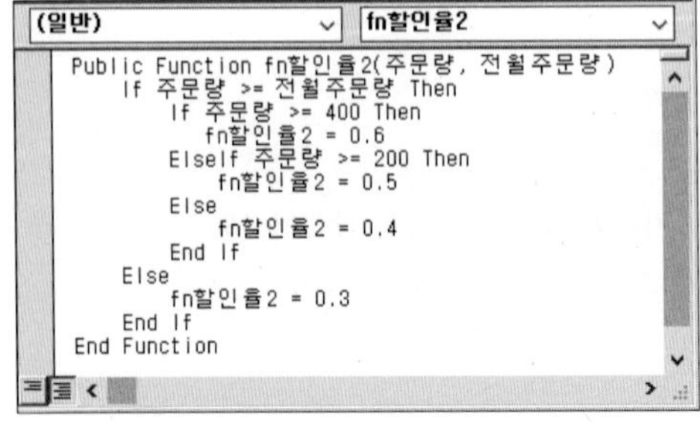

```
(일반)                fn할인율2
Public Function fn할인율2(주문량, 전월주문량)
    If 주문량 >= 전월주문량 Then
        If 주문량 >= 400 Then
            fn할인율2 = 0.6
        ElseIf 주문량 >= 200 Then
            fn할인율2 = 0.5
        Else
            fn할인율2 = 0.4
        End If
    Else
        fn할인율2 = 0.3
    End If
End Function
```

[=fn할인율2(B3,D3)]

2140913

22.상시, 21.상시, 20.상시, 20.1, 15.상시, 15.1, 14.3, 14.2, 13.3, 13.2, …

[유형 3] IF문, AND문, OR문, DAY 함수 사용

사용자 정의 함수 'fn비고'를 작성하여 비고[G3:G11]를 표시하시오.

▶ 'fn비고'는 주문량, 주문일, 전월주문량을 인수로 받아 값을 되돌려줌

▶ 비고는 기준날짜(G1)의 일에서 주문일의 일을 뺀 값이 15 이상이고, 주문량이 400 이상이거나 전월주문량이 400 이상이면 "우수지점", 그 외는 빈 칸으로 표시

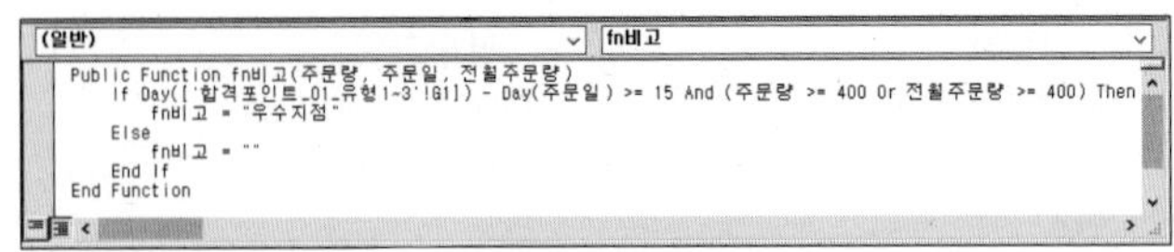

```
(일반)                fn비고
Public Function fn비고(주문량, 주문일, 전월주문량)
    If Day([합격포인트_01_유형1~3'!G1]) - Day(주문일) >= 15 And (주문량 >= 400 Or 전월주문량 >= 400) Then
        fn비고 = "우수지점"
    Else
        fn비고 = ""
    End If
End Function
```

[=fn비고(B3,C3,D3)]

워크시트의 셀을 참조할 때는 '합격포인트_01_유형1~3'!G1과 같이 느낌표(!)로 워크시트 이름(합격포인트_01_유형1~3)과 셀 주소(G1)를 구분하되, 시트 이름에 특수 문자가 있으므로 시트 이름을 작은 따옴표로 묶어서 입력해야 합니다.

'합격포인트_01_유형1~3'!G1
워크시트 셀주소

전문가의 조언

- SELECT문은 **조건이 여러 개일 때 유용**하게 사용하는 제어문입니다.
- IF문과 마찬가지로 **[기타작업]에서 프로시저를 작성할 때도 자주 사용**되니 여기서 확실히 숙지해야 합니다.

02 SELECT문 사용

24.상시, 22.상시, 21.상시, 19.1, 18.2, 15.3, 13.2, 11.2, 10.2

※ 아래 그림을 참고하여 사용자 정의 함수를 이해하고 작성해 보세요[유형 1~2].

	A	B	C	D	E	F
1	사원코드	입사일	성과급	매출기여도	휴가일수	소속지사
2	G1101	2017-08-22	1.82	4,225	12	강서구182%
3	A3207	2009-04-21	1.1	2,175	18	강서구110%
4	C6309	2009-06-13	1.06	4,921	18	강서구106%
5	A3500	2001-09-22	1.97	2,902	20	관악구197%
6	G1700	2015-05-18	1.78	3,902	15	송파구178%
7	C6800	2021-05-30	1.06	2,723	10	송파구106%
8	C6405	2008-03-01	1.35	2,523	18	관악구135%
9	E9605	2016-09-26	1.08	3,178	12	관악구108%
10	C6203	2002-04-23	1.27	3,863	20	강서구127%

2140914

24.상시, 22.상시, 21.상시, 18.2, 15.3, 13.2, 11.2

[유형 1] SELECT문 사용

사용자 정의 함수 'fn휴가일수'를 작성하여 휴가일수[E2:E10]를 표시하시오.

▶ 'fn휴가일수'는 입사일을 인수로 받아 값을 되돌려줌

▶ 휴가일수는 입사일이 2005년 12월 31일 이전이면 20, 2010년 12월 31일 이전이면 18, 2015년 12월 31일 이전이면 15, 2020년 12월 31일 이전이면 12, 그 외는 10으로 표시

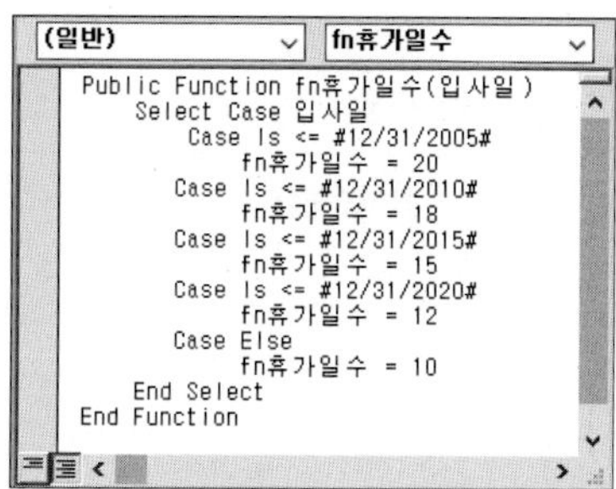

```
(일반)                fn휴가일수
Public Function fn휴가일수(입사일)
    Select Case 입사일
        Case Is <= #12/31/2005#
            fn휴가일수 = 20
        Case Is <= #12/31/2010#
            fn휴가일수 = 18
        Case Is <= #12/31/2015#
            fn휴가일수 = 15
        Case Is <= #12/31/2020#
            fn휴가일수 = 12
        Case Else
            fn휴가일수 = 10
    End Select
End Function
```

[=fn휴가일수(B2)]

날짜를 비교할 때는 날짜를 샵(#)으로 묶어야 하며, #년-월-일#로 입력하면 자동으로 '#월/일/년#'으로 변경됩니다.

2140915

24.상시, 22.상시, 19.1

[유형 2] SELECT문, MID 함수, FORMAT 함수, & 연산자 사용

사용자 정의 함수 'fn소속지사'를 작성하여 소속지사[F2:F10]를 표시하시오.

▶ 'fn소속지사'는 사원코드와 성과급을 인수로 받아 값을 되돌려줌

▶ 소속지사는 사원코드의 3번째 글자가 1~3이면 "강서구"와 성과급, 4~6이면 "관악구"와 성과급, 그 외는 "송파구"와 성과급을 표시

▶ 성과급은 백분율로 표시

▶ [표시 예 : 강서구182%]

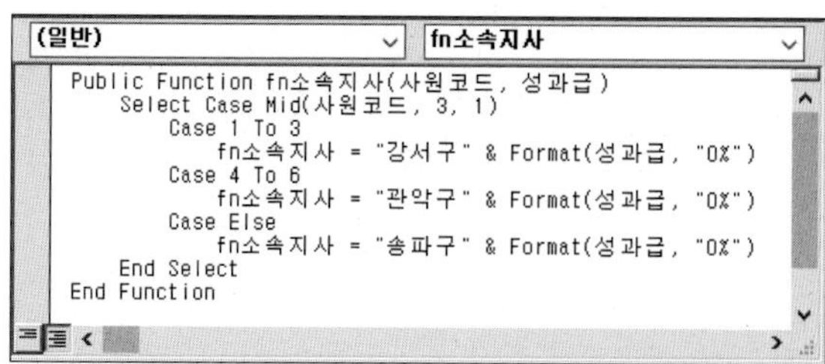

```
(일반)                fn소속지사
Public Function fn소속지사(사원코드, 성과급)
    Select Case Mid(사원코드, 3, 1)
        Case 1 To 3
            fn소속지사 = "강서구" & Format(성과급, "0%")
        Case 4 To 6
            fn소속지사 = "관악구" & Format(성과급, "0%")
        Case Else
            fn소속지사 = "송파구" & Format(성과급, "0%")
    End Select
End Function
```

[=fn소속지사(A2,C2)]

FOR문이 자주 출제되지는 않지만 [기타작업]에서 프로시저 작성을 할 때 필요하니 미리 공부한다 생각하고 공부하세요.

03 FOR문

16.1, 13.상시

※ 아래 그림을 참고하여 사용자 정의 함수를 이해하고 작성해 보세요.

	A	B	C	D	E
1	사원코드	입사일	성과급	매출기여도	평가지수
2	G1101	2017-08-22	1.82	4,225	◆◆◆◆
3	A3207	2009-04-21	1.1	2,175	노력
4	C6309	2009-06-13	1.06	4,921	◆◆◆◆
5	A3500	2001-09-22	1.97	2,902	노력
6	G1700	2015-05-18	1.78	3,902	◆◆◆
7	C6800	2021-05-30	1.06	2,723	노력
8	C6405	2008-03-01	1.35	2,523	노력
9	E9605	2016-09-26	1.08	3,178	◆◆◆
10	C6203	2002-04-23	1.27	3,863	◆◆◆

2140916

16.1, 13.상시

[유형 1] FOR문, IF문, & 연산자 사용

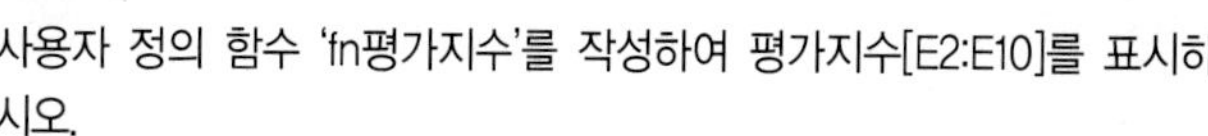

사용자 정의 함수 'fn평가지수'를 작성하여 평가지수[E2:E10]를 표시하시오.

▶ 'fn평가지수'는 매출기여도를 인수로 받아 값을 되돌려줌

▶ 평가지수는 매출기여도가 3000 이상이면 '매출기여도/1000'의 값만큼 "◆"를 반복하여 표시하고, 그 외에는 "노력"으로 표시하시오.

▶ [표시 예 : 매출기여도가 3500인 경우 → ◆◆◆, 2100인 경우 → 노력]

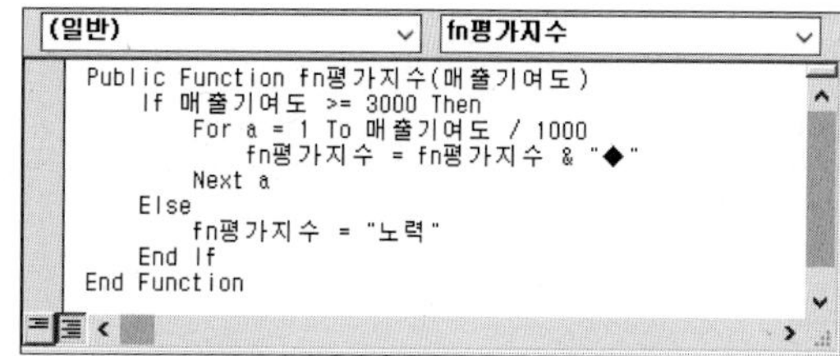

```
(일반)                fn평가지수
Public Function fn평가지수(매출기여도)
    If 매출기여도 >= 3000 Then
        For a = 1 To 매출기여도 / 1000
            fn평가지수 = fn평가지수 & "◆"
        Next a
    Else
        fn평가지수 = "노력"
    End If
End Function
```

[=fn평가지수(D2)]

대표기출문제

'C:\길벗컴활1급총정리\엑셀\기능\09사용자정의함수.xlsm' 파일을 열어서 작업하세요.

※ 아래 그림을 이용하여 사용자 정의 함수를 작성하시오[기출 1~4].

	A	B	C	D	E	F	G
1	주문코드	주문일자	판매수량	상품명	배달날짜	5월할인	사은품
2	1KA221	04월 30일	250	화장지-1	다음달2일		
3	3YA542	05월 03일	352	물티슈-2	12일	5%	
4	3KB853	05월 19일	658	물티슈-3	22일	15%	300원쿠폰
5	3HA542	04월 07일	540	물티슈-2	12일		300원쿠폰
6	4DC581	05월 12일	95	키친타올-1	22일	3%	
7	2KA541	03월 31일	647	각티슈-1	다음달2일		1000원쿠폰
8	1AA923	05월 02일	254	화장지-3	12일	5%	
9	3HC752	06월 02일	842	물티슈-2	12일		300원쿠폰
10	2KA292	04월 29일	571	각티슈-2	다음달2일		1000원쿠폰

2140981

[기출 1] 24.상시, 22.상시, 21.상시, 19.1, 18.2, 15.3, 13.2

사용자 정의 함수 'fn상품명'을 작성하여 상품명[D2:D10]을 표시하시오.

▶ 'fn상품명'은 주문코드를 인수로 받아 값을 되돌려줌

▶ 상품명은 주문코드의 첫 번째 글자가 1이면 "화장지", 2이면 "각티슈", 3이면 "물티슈", 그 외는 "키친타올"을 표시한 후 그 뒤에 주문코드의 마지막 글자를 연결하여 표시

▶ [표시 예 : 상품명이 "1KA221"일 경우 → 화장지-1]

▶ SELECT문, LEFT 함수, RIGHT 함수, & 연산자 사용

```
Public Function fn상품명(주문코드)
End Function
```

2140982

[기출 2] 24.상시, 22.상시, 21.상시, 19.1, 18.2, 15.3, 13.2

사용자 정의 함수 'fn배달날짜'를 작성하여 배달날짜[E2:E10]를 표시하시오.

▶ 'fn배달날짜'는 주문일자를 인수로 받아 값을 되돌려줌

▶ 배달날짜는 주문일자의 일이 10일 이전이면 "12일", 20일 이전이면 "22일", 그 외는 "다음달2일"로 표시

▶ SELECT문, DAY 함수 사용

```
Public Function fn배달날짜(주문일자)
End Function
```

2140983

[기출 3] 24.상시, 23.상시, 22.상시, 21.상시, 20.상시, 20.1, 19.2, 18.1, 17.상시, …

사용자 정의 함수 'fn5월할인'을 작성하여 5월할인[F2:F10]을 표시하시오.

▶ 'fn5월할인'은 주문일자와 판매수량을 인수로 받아 값을 되돌려줌

▶ 5월할인은 주문일자가 5월이면서 판매수량이 600 이상이면 15%, 400 이상이면 10%, 200 이상이면 5%, 200 미만은 3%로 표시하고 주문일자가 5월이 아니면 빈 칸으로 표시

▶ 5월할인은 백분율로 표시

▶ IF문, MONTH 함수, FORMAT 함수 사용

```
Public Function fn5월할인(주문일자, 판매수량)
End Function
```

2140984

[기출 4] 24.상시, 23.상시, 22.상시, 21.상시

사용자 정의 함수 'fn사은품'을 작성하여 사은품[G2:G10]을 표시하시오.

▶ 'fn사은품'은 주문코드와 판매수량을 인수로 받아 값을 되돌려줌

▶ 사은품은 판매수량이 400 이상이고 주문코드의 첫 글자가 1 또는 2이면 "1000원쿠폰", 판매수량이 400 이상이고 주문코드의 첫 글자가 3 또는 4이면 "300원쿠폰", 그 외는 빈칸을 표시

▶ IF문, LEFT 함수 사용

```
Public Function fn사은품(주문코드, 판매수량)
End Function
```

정답

[기출 1]

```
(일반)                                  fn상품명

Public Function fn상품명(주문코드)
    Select Case Left(주문코드, 1)
        Case "1"
            fn상품명 = "화장지" & "-" & Right(주문코드, 1)
        Case "2"
            fn상품명 = "각티슈" & "-" & Right(주문코드, 1)
        Case "3"
            fn상품명 = "물티슈" & "-" & Right(주문코드, 1)
        Case Else
            fn상품명 = "키친타올" & "-" & Right(주문코드, 1)
        End Select
End Function
```

[D2] : =fn상품명(A2)

[기출 2]

```
(일반)                    fn배달날짜

Public Function fn배달날짜(주문일자)
    Select Case Day(주문일자)
        Case Is <= 10
            fn배달날짜 = "12일"
        Case Is <= 20
            fn배달날짜 = "22일"
        Case Else
            fn배달날짜 = "다음달2일"
    End Select
End Function
```

[E2] : =fn배달날짜(B2)

[기출 3]

```
(일반)                         fn5월할인

Public Function fn5월할인(주문일자, 판매수량)
    If Month(주문일자) = 5 Then
        If 판매수량 >= 600 Then
            fn5월할인 = Format(0.15, "0%")
        ElseIf 판매수량 >= 400 Then
            fn5월할인 = Format(0.1, "0%")
        ElseIf 판매수량 >= 200 Then
            fn5월할인 = Format(0.05, "0%")
        Else
            fn5월할인 = Format(0.03, "0%")
        End If
    Else
        fn5월할인 = ""
    End If
End Function
```

[F2] : =fn5월할인(B2,C2)

[기출 4]

```
(일반)                                  fn사은품

Public Function fn사은품(주문코드, 판매수량)
    If 판매수량 >= 400 And (Left(주문코드, 1) = "1" Or Left(주문코드, 1) = "2") Then
        fn사은품 = "1000원쿠폰"
    ElseIf 판매수량 >= 400 And (Left(주문코드, 1) = "3" Or Left(주문코드, 1) = "4") Then
        fn사은품 = "300원쿠폰"
    Else
        fn사은품 = ""
    End If
End Function
```

[G2] : =fn사은품(A2,C2)

문제 3 분석작업(20점)

분석작업은 **피벗 테이블, 데이터 유효성 검사, 통합, 정렬, 부분합, 데이터 표, 시나리오, 목표값 찾기, 자동 필터, 중복된 항목 제거, 텍스트 나누기 중에서 2문제가 출제**됩니다. **피벗 테이블이 매회 고정적으로 출제**되고, 나머지 한 문제는 중복된 항목을 제거하고 부분합을 실행하는 등 **2가지의 기능이 혼합된 문제가 출제**됩니다. 문제당 10점으로 출제됩니다.

No	출제 항목	배점	목표 점수	출제 비율
1	피벗 테이블	10점	10점	100%
2	데이터 유효성 검사	10점	10점	50%
3	통합			30%
4	정렬			30%
5	부분합			30%
6	데이터 표			30%
7	시나리오			10%
8	목표값 찾기			10%
9	자동 필터			10%
10	중복된 항목 제거			10%
11	텍스트 나누기			10%
합계		20점	20점	

1 피벗 테이블

출제 비율 100% / 배점 10점

피벗 테이블 문제는 ACCDB, XLSX, CSV, TXT 등의 파일을 이용하여 피벗 테이블을 작성하고 지시사항에 따라 피벗 테이블을 수정하는 작업입니다. 1문제가 출제되고 배점은 10점입니다. 부분 점수는 없습니다.

농작물

생산지	계약종류	계약일	재배면적
전남	계약재배	2019-08-18	3811
제주	계약재배	2019-09-26	2403
제주	계약재배	2018-12-02	2006
전남	포전매매	2018-02-28	1892
경남	포전매매	2019-12-08	1801
전남	포전매매	2018-06-27	1915
제주	포전매매	2018-05-03	2800
전북	계약재배	2018-08-18	3701
전북	포전매매	2018-03-13	4287
전남	계약재배	2019-05-07	4480
전남	포전매매	2018-08-06	4126

레코드: 1/28 필터 없음 검색

➡

	A	B	C	D	E
1	❶❷❹❽	생산지	(모두)		
2					
3	❸	평균 : 재배면적		계약종류	
4	❻	연	계약일	계약재배	포전매매
5	❺	⊟2019년			
6			1사분기	3,493	
7		❺	2사분기	4,480	4,007
8			3사분기	2,755	2,193
9			4사분기		2,735
10	❾	2019년 요약		3,288	2,881
11	❺	⊟2018년			❼
12			1사분기	2,819	2,925
13		❺	2사분기	4,204	2,358
14			3사분기	3,785	3,248
15			4사분기	2,006	
16	❾	2018년 요약		3,236	2,910
17	❿	총합계		3,262	2,901

※ 농장물 재배 관련 데이터를 년도별, 분기별, 계약 종류별로 재배면적을 계산해 표시한 피벗 테이블입니다.

① **피벗 테이블 작성** : ACCDB 파일을 이용하여 피벗 테이블을 작성함
② **레이아웃** : 필터에 '생산지', 행 영역에 '계약일', 열 영역에 '계약종류', 값 영역에 '재배면적' 필드를 지정함
③ **값 영역 계산 함수** : '평균'으로 지정함
④ **보고서 레이아웃** : 개요 형식으로 지정함
⑤ **그룹** : '계약일' 필드를 '연'과 '분기'로 그룹을 지정함
⑥ **정렬** : '연' 필드를 기준으로 내림차순 정렬함
⑦ **표시 형식** : '숫자' 범주를 이용하여 1000 단위 구분 기호(,)를 표시함
⑧ **피벗 테이블 스타일** : '연한 주황, 피벗 스타일 밝게 17'로 지정한 후 '행 머리글', '열 머리글', '줄무늬 열' 옵션을 지정함
⑨ **부분합** : 그룹 하단에 표시되도록 설정함
⑩ **행의 총합계** : 행의 총합계만 표시되도록 설정함

작업 순서

답안 작업 순서에 익숙하면 시험장에서 당황하지 않고 조금 더 빠르게 답안을 작성할 수 있습니다. 다음의 순서를 보면서 차례대로 엑셀 화면을 떠올려 보세요. 컴퓨터 화면없이 이미지 트레이닝을 반복하다 보면 엑셀 화면이 조금 더 친숙하게 느껴질 겁니다.

2151001

ACCDB 파일로 피벗 테이블 작성하기

1. [데이터] → 데이터 가져오기 및 변환 → 데이터 가져오기 → 기타 원본에서 → **Microsoft Query에서**를 선택한다.
2. '데이터 원본 선택' 대화상자에서 'MS Access Database*'를 선택한 후 〈확인〉을 클릭
3. '데이터베이스 선택' 대화상자 : 불러올 파일 선택
4. '쿼리 마법사 – 열 선택' 대화상자 : 불러올 열 선택
5. '쿼리 마법사 – 데이터 필터' 대화상자 : 조건 지정
6. '쿼리 마법사 – 정렬 순서' 대화상자 : 정렬 지정
7. '쿼리 마법사 – 마침' 대화상자 : 'Microsoft Excel(으)로 데이터 되돌리기'를 선택
8. '데이터 가져오기' 대화상자 : '피벗 테이블 보고서'와 작성 위치 선택
9. '피벗 테이블 필드' 창에서 레이아웃을 지정한다.
10. 피벗 테이블의 속성을 지정한다.

2151002

ACCDB/XLSX 파일로 피벗 테이블 작성하기

1. [삽입] → 표 → **피벗 테이블**을 클릭한다.
2. '피벗 테이블 만들기' 대화상자 : '외부 데이터 원본 사용'을 선택한 후 〈연결 선택〉을 클릭
3. '기존 연결' 대화상자 : 〈더 찾아보기〉 클릭
4. '데이터 원본 선택' 대화상자 : 불러올 파일 선택
5. '테이블 선택' 대화상자 : 불러올 테이블 선택
6. '피벗 테이블 만들기' 대화상자 : 피벗 테이블의 삽입 위치 지정
7. '피벗 테이블 필드' 창에서 레이아웃을 지정한다.
8. 피벗 테이블의 속성을 지정한다.

2141003

CSV/TXT 파일로 피벗 테이블 작성하기

1. [삽입] → 표 → **피벗 테이블**을 클릭한다.
2. '피벗 테이블 만들기' 대화상자 : '외부 데이터 원본 사용'을 선택한 후 〈연결 선택〉을 클릭
3. '기존 연결' 대화상자 : 〈더 찾아보기〉 클릭
4. '데이터 원본 선택' 대화상자 : 불러올 파일 선택
5. '텍스트 마법사 – 3단계 중 1단계' 대화상자 : '구분 기호로 분리됨'과 '내 데이터에 머리글 표시' 선택
6. '텍스트 마법사 – 3단계 중 2단계' 대화상자 : 구분 기호 선택
7. '텍스트 마법사 – 3단계 중 3단계' 대화상자 : 불러올 때 제외할 열 지정
8. '피벗 테이블 만들기' 대화상자 : 피벗 테이블의 삽입 위치를 지정하고, '데이터 모델에 이 데이터 추가'라는 지시사항이 있을 경우 선택
9. '피벗 테이블 필드' 창에서 레이아웃을 지정한다.
10. 피벗 테이블의 속성을 지정한다.

잠깐만요

사용하는 엑셀 프로그램의 버전이 달라 [삽입] → 표 → **피벗 테이블**을 클릭했을 때, 하위 메뉴가 표시되면 **[외부 데이터 원본에서]**를 선택한 후 〈연결 선택〉을 클릭하면 됩니다.

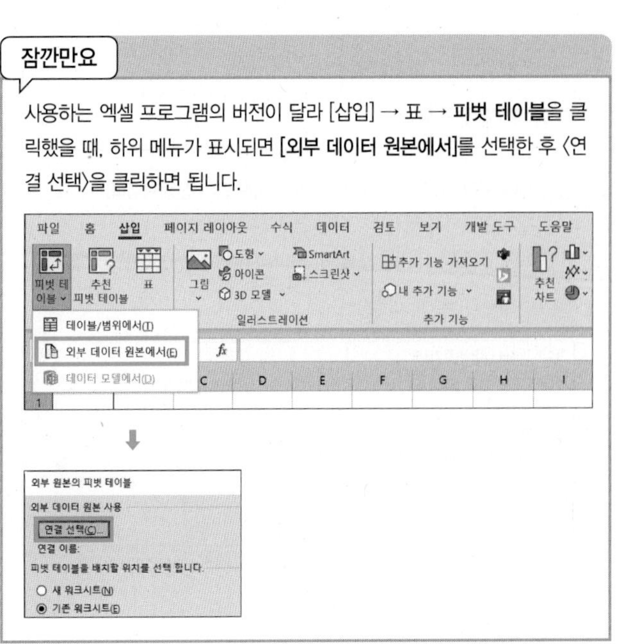

합격포인트

- 피벗 테이블은 문제지에 제시된 피벗 테이블을 보자마자 레이아웃, 정렬, 그룹 지정 등의 작업 순서가 머릿속에 한 번에 그려질 수 있도록 **피벗 테이블 작업 각 단계에서 설정할 값들과 메뉴를 정확하게 기억하는 것이 합격포인트**입니다.
- 시험장에서 어버버~~ 하다가는 시간만 소비하게 만들어 불합격의 주범이 된다는 걸 명시하세요.

☞ 직접 실습하려면 'C:\길벗컴활1급총정리\엑셀\기능\10피벗테이블.XLSX' 파일을 열어서 작업하세요.

쉽습니다. 몇 번만 정확하게 따라 해보면 매우 쉽다는 걸 느낄겁니다.

2151011

24.상시, 23.상시, 22.상시, 21.상시, 20.상시, 20.1, 19.상시, 19.2, 19.1, …

01 원본 데이터 지정 작업

22.상시, 21.상시

[유형 1] CSV 파일

▶ 외부 데이터 원본으로 〈재배현황01.csv〉의 데이터를 사용하시오.

- 원본 데이터는 쉼표(,)로 분리되어 있으며, 첫 행에 머리글이 포함되어 있음
- '농작물, '생산지', '계약종류', '계약일', '재배면적', '재배시기', '거래수수료' 열만 가져와 데이터 모델에 이 데이터를 추가하시오.

1. [삽입] → 표 → 피벗 테이블 이용
2. '텍스트 마법사' 1단계 대화상자

텍스트 마법사 - 3단계 중 1단계

데이터가 구분 기호로 분리됨(으)로 설정되어 있습니다.
데이터 형식이 올바로 선택되었다면 [다음] 단추를 누르고, 아닐 경우 적절하게 선택하십시오.
원본 데이터 형식
원본 데이터의 파일 유형을 선택하십시오.
① ◉ 구분 기호로 분리됨(D) - 각 필드가 쉼표나 탭과 같은 문자로 나누어져 있습니다.
② ○ 너비가 일정함(W) - 각 필드가 일정한 너비로 정렬되어 있습니다.
구분 시작 행(R): 1 원본 파일(O): 949 : 한국어
☑ 내 데이터에 머리글 표시(M) ③

① 문제에 구분자(쉼표, 탭, 공백 등)가 제시된 경우 선택합니다.
② 문제에 구분자가 제시되지 않은 경우 선택합니다.
③ 문제에 '첫 행에 머리글 포함'이라는 지시사항이 있는 경우 선택합니다.

3. '텍스트 마법사' 2단계 대화상자

텍스트 마법사 - 3단계 중 2단계

데이터의 구분 기호를 설정합니다. 미리 보기 상자에서 적용된 텍스트를 볼 수 있습니다.
구분 기호 ①
☐ 탭(T)
☐ 세미콜론(M)
☑ 쉼표(C)
☐ 공백(S)
☐ 기타(O):
☐ 연속된 구분 기호를 하나로 처리(R)
텍스트 한정자(Q): "

① 문제에 제시된 구분자(쉼표, 탭, 공백 등)를 선택합니다.

4. '텍스트 마법사' 3단계 대화상자

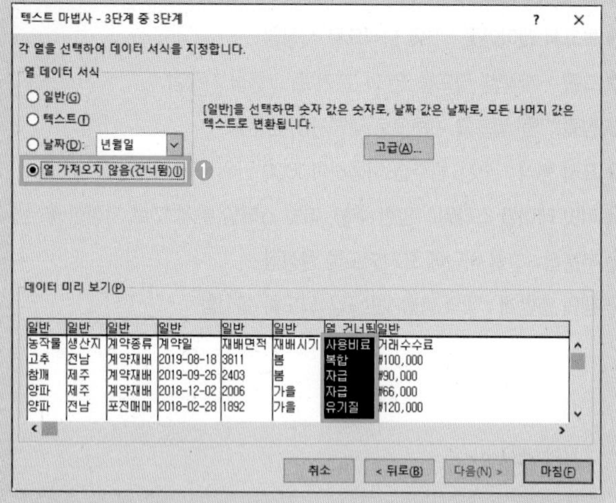

① 제외하고 불러올 필드를 선택한 후 '열 가져오지 않음'을 선택합니다.

5. '피벗 테이블 만들기' 대화상자

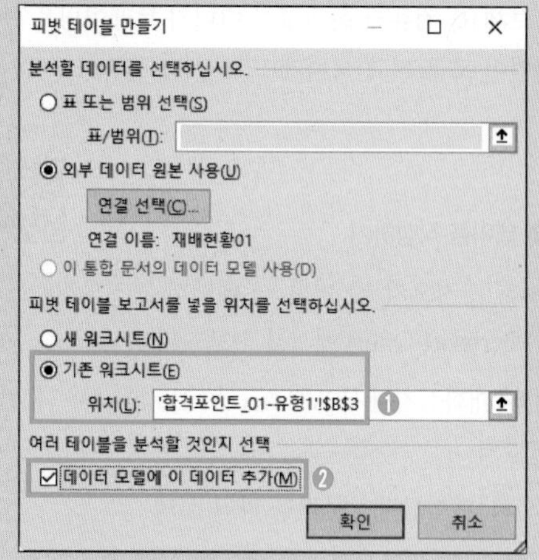

① 문제에 제시된 그림과 동일한 위치에 피벗 테이블이 삽입될 수 있도록 삽입 위치를 지정합니다.
② 문제에 '데이터 모델에 이 데이터를 추가'라는 지시사항이 있는 경우 선택합니다.

csv 파일은 '데이터 모델에 이 데이터 추가' 옵션을 선택하지 않으면 파일을 가져올 수 없다는 오류 메시지가 표시됩니다.

24.상시, 23.상시, 22.상시, 21.상시, 20.상시, 20.1, 19.상시, 19.2, 19.1, 18.상시, …

[유형 2] ACCDB 파일

외부 데이터 가져오기 기능을 이용하여 〈재배현황02.accdb〉의 〈농산물〉 테이블에서 '농작물, '생산지', '계약종류', '계약일', '재배면적', '재배시기', '거래수수료' 열을 이용하시오.

1. [데이터] → 데이터 가져오기 및 변환 → 데이터 가져오기 → 기타 원본에서 → Microsoft Query에서 이용
2. '쿼리 마법사 – 열 선택' 대화상자

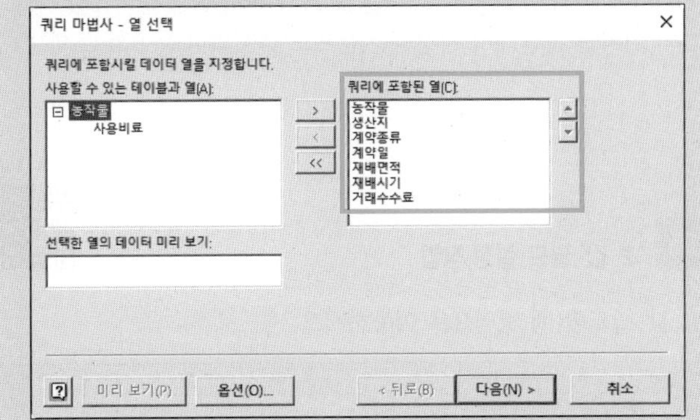

3. '피벗 테이블 만들기' 대화상자

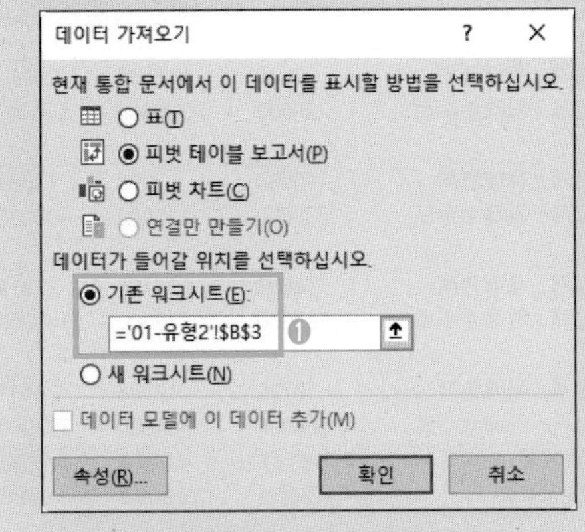

① 문제에 제시된 그림과 동일한 위치에 피벗 테이블이 삽입될 수 있도록 삽입 위치를 지정합니다.

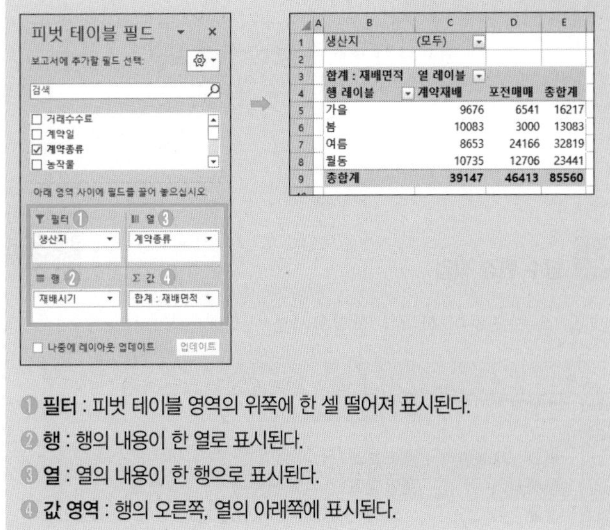

	A	B	C	D	E
1		생산지	(모두)		
2					
3		합계 : 재배면적	열 레이블		
4		행 레이블	계약재배	포전매매	총합계
5		가을	9676	6541	16217
6		봄	10083	3000	13083
7		여름	8653	24166	32819
8		월동	10735	12706	23441
9		총합계	39147	46413	85560

① **필터** : 피벗 테이블 영역의 위쪽에 한 셀 떨어져 표시된다.
② **행** : 행의 내용이 한 열로 표시된다.
③ **열** : 열의 내용이 한 행으로 표시된다.
④ **값 영역** : 행의 오른쪽, 열의 아래쪽에 표시된다.

- 처음에는 여기가 조금 어렵게 느껴집니다. 문제에 제시된 그림만 보고 레이아웃을 판단해서 설정해야 하기 때문이죠.
- 겁먹지 말고 집중해서 몇 번만 해보세요. 생각보다 쉽습니다. **행 영역에 지정한 내용은 하나의 열에 모두 표시되고, 열 영역에 지정한 내용은 하나의 행에 모두 표시된다**는 것을 기억하면 좋아요.

2141012

02 레이아웃 작업

24.상시, 23.상시, 22.상시, 21.상시, 20.상시, 20.1, 19.상시, 19.2, 19.1, …

피벗 테이블 보고서의 레이아웃을 〈그림〉을 참조하여 설정하시오.

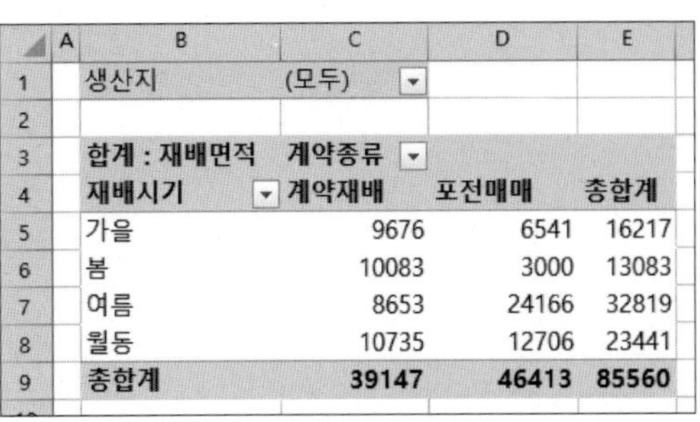

	A	B	C	D	E
1		생산지	(모두)		
2					
3		합계 : 재배면적	계약종류		
4		재배시기	계약재배	포전매매	총합계
5		가을	9676	6541	16217
6		봄	10083	3000	13083
7		여름	8653	24166	32819
8		월동	10735	12706	23441
9		총합계	39147	46413	85560

2141013

03 보고서 레이아웃 설정 작업

24.상시, 23.상시, 22.상시, 21.상시, 20.상시, 20.1, 19.상시, 18.2, 18.1, …

보고서 레이아웃은 '개요 형식'으로 설정하시오.

값 영역에서 임의의 셀을 클릭한 후 [디자인] → 레이아웃 → 보고서 레이아웃 → **개요 형식으로 표시**를 선택합니다.

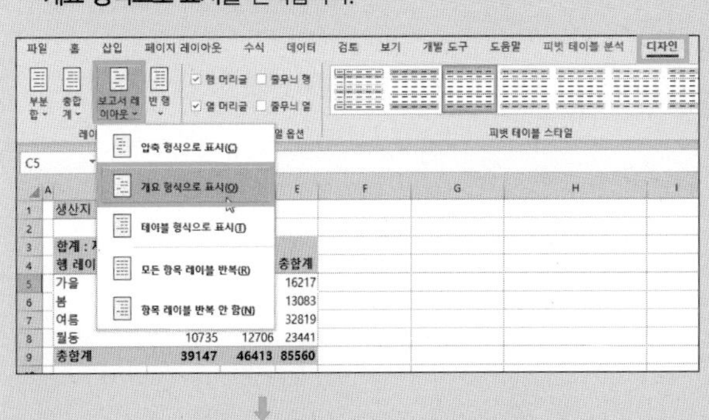

	A	B	C	D	E
1		생산지	(모두)		
2					
3		합계 : 재배면적	계약종류		
4		재배시기	계약재배	포전매매	총합계
5		가을	9676	6541	16217
6		봄	10083	3000	13083
7		여름	8653	24166	32819
8		월동	10735	12706	23441
9		총합계	39147	46413	85560

- **어디서 어떻게 필요한 메뉴를 호출하는지 잘 기억**해 두세요.
- 나머지는 직관적이라 쉽게 설정할 수 있습니다.

2141014

04 24.상시, 23.상시, 22.상시, 21.상시, 20.상시, 20.1, 19.상시, 19.2, 19.1, …

함수 변경 작업

〈그림〉을 참조하여 함수를 설정하시오.

	A	B	C	D	E
1		생산지	(모두)		
2					
3		평균 : 재배면적	계약종류		
4		재배시기	계약재배	포전매매	총합계
5		가을	3225.333333	2180.333333	2702.833333
6		봄	3361	3000	3270.75
7		여름	2884.333333	3020.75	2983.545455
8		월동	3578.333333	3176.5	3348.714286
9		총합계	3262.25	2900.8125	3055.714286

값 영역에서 임의의 셀을 클릭한 후 바로 가기 메뉴의 **[값 요약 기준]**에서 사용할 함수를 선택하면 됩니다.

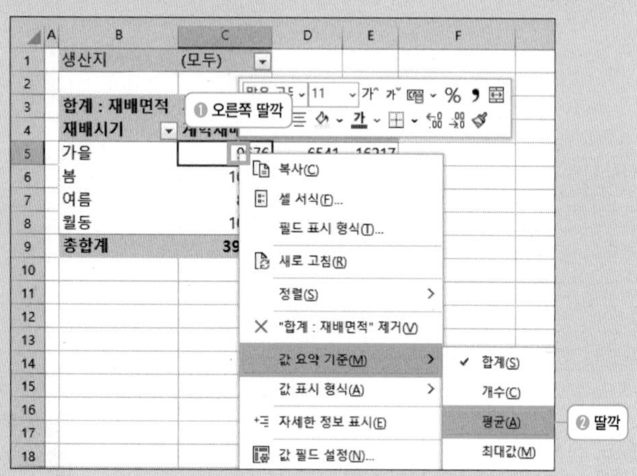

전문가의 조언

- 값 영역에 두 개 이상의 필드를 지정하면 열 영역에 'Σ 값' 필드가 자동으로 생성됩니다.
- 문제에 따라서 제시된 그림을 보고 수험자가 직접 'Σ 값' 필드의 위치를 판단해서 지정하는 문제도 출제되니 눈여겨 보세요.

2141015

05 24.상시, 23.상시, 22.상시, 21.상시, 20.상시, 20.1, 19.상시, 16.3, …

'Σ 값' 필드 설정 작업

'Σ 값' 필드를 행 영역으로 이동하시오.

	A	B	C	D	E	F
1		생산지	(모두)			
2						
3				계약종류		
4		재배시기	값	계약재배	포전매매	총합계
5		가을				
6			합계 : 재배면적	9676	6541	16217
7			합계 : 거래수수료	230000	326000	556000
8		봄				
9			합계 : 재배면적	10083	3000	13083
10			합계 : 거래수수료	288000	120000	408000
11		여름				
12			합계 : 재배면적	8653	24166	32819
13			합계 : 거래수수료	261000	879000	1140000
14		월동				
15			합계 : 재배면적	10735	12706	23441
16			합계 : 거래수수료	268000	464000	732000
17		전체 합계 : 재배면적		39147	46413	85560
18		전체 합계 : 거래수수료		1047000	1789000	2836000

열 영역에 표시된 'Σ 값' 필드를 행 영역으로 드래그합니다.

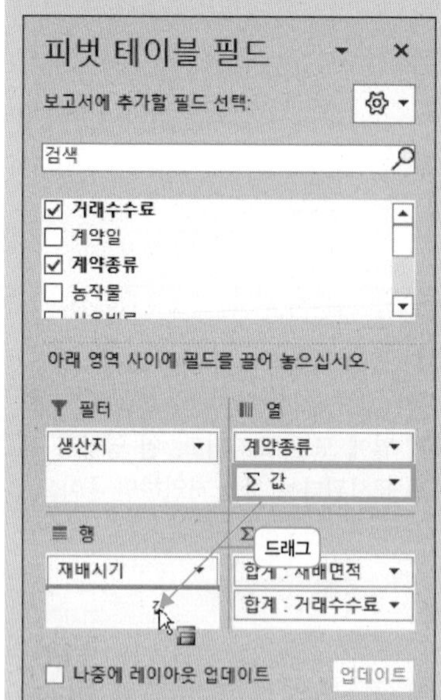

잠깐만요

- '∑ 값' 필드가 열 영역에 있을 경우 : '값 영역'에 지정한 필드명이 하나의 행에 모두 표시됨

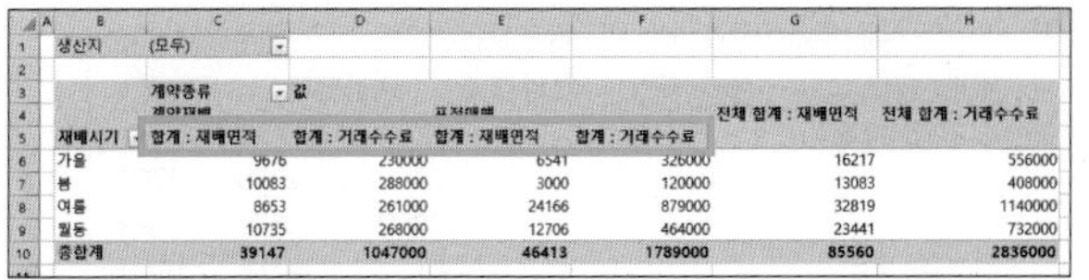

생산지	(모두)					
	계약종류	값				
	계약재배		포전매매		전체 합계 : 재배면적	전체 합계 : 거래수수료
재배시기	합계 : 재배면적	합계 : 거래수수료	합계 : 재배면적	합계 : 거래수수료		
가을	9676	230000	6541	326000	16217	556000
봄	10083	288000	3000	120000	13083	408000
여름	8653	261000	24166	879000	32819	1140000
월동	10735	268000	12706	464000	23441	732000
총합계	39147	1047000	46413	1789000	85560	2836000

- '∑ 값' 필드가 행 영역에 있는 경우 : '값 영역'에 지정한 필드명이 하나의 열에 모두 표시됨

생산지	(모두)			
		계약종류		
재배시기	값	계약재배	포전매매	총합계
가을				
	합계 : 재배면적	9676	6541	16217
	합계 : 거래수수료	230000	326000	556000
봄				
	합계 : 재배면적	10083	3000	13083
	합계 : 거래수수료	288000	120000	408000
여름				
	합계 : 재배면적	8653	24166	32819
	합계 : 거래수수료	261000	879000	1140000
월동				
	합계 : 재배면적	10735	12706	23441
	합계 : 거래수수료	268000	464000	732000
전체 합계 : 재배면적		39147	46413	85560
전체 합계 : 거래수수료		1047000	1789000	2836000

2141061

다음 완성된 피벗 테이블을 만들기 위해 '피벗 테이블 필드' 창의 각 영역에 지정할 필드를 적으시오.

① 필터 – (　　　), 행 – (　　　), 열 – (　　　), 값 – (　　　)

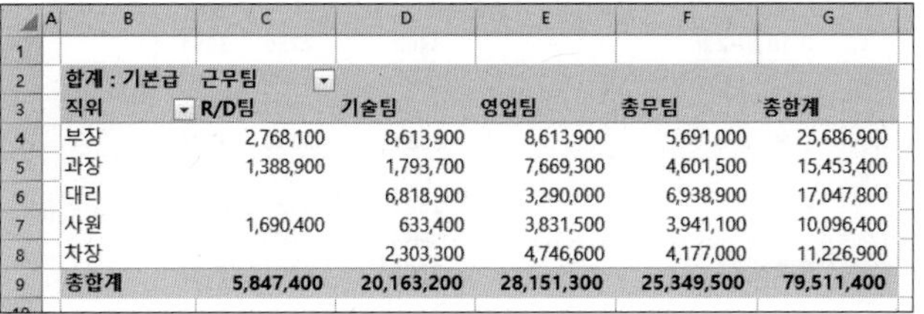

합계 : 기본급	근무팀				
직위	R/D팀	기술팀	영업팀	총무팀	총합계
부장	2,768,100	8,613,900	8,613,900	5,691,000	25,686,900
과장	1,388,900	1,793,700	7,669,300	4,601,500	15,453,400
대리		6,818,900	3,290,000	6,938,900	17,047,800
사원	1,690,400	633,400	3,831,500	3,941,100	10,096,400
차장		2,303,300	4,746,600	4,177,000	11,226,900
총합계	5,847,400	20,163,200	28,151,300	25,349,500	79,511,400

② 필터 – (　　　), 행 – (　　　), 열 – (　　　), 값 – (　　　)

순번	(모두)	
호봉	값	
1		
	합계 : 식대	1,600,000
	평균 : 기본급	1,408,513
2		
	합계 : 식대	2,100,000
	평균 : 기본급	1,575,652
3		
	합계 : 식대	1,400,000
	평균 : 기본급	1,585,436
4		
	합계 : 식대	200,000
	평균 : 기본급	845,200
전체 합계 : 식대		5,300,000
전체 평균 : 기본급		1,500,215

③ 필터 – (　　　), 행 – (　　　), 열 – (　　　), 값 – (　　　)

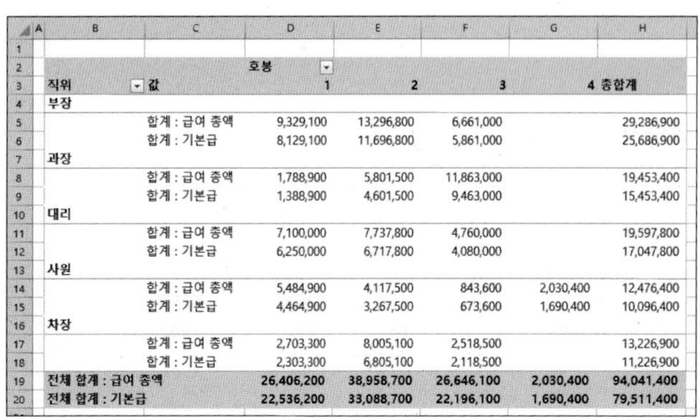

		호봉				
직위	값	1	2	3	4	총합계
부장						
	합계 : 급여 총액	9,329,100	13,296,800	6,661,000		29,286,900
	합계 : 기본급	8,129,100	11,696,800	5,861,000		25,686,900
과장						
	합계 : 급여 총액	1,788,900	5,801,500	11,863,000		19,453,400
	합계 : 기본급	1,388,900	4,601,500	9,463,000		15,453,400
대리						
	합계 : 급여 총액	7,100,000	7,737,800	4,760,000		19,597,800
	합계 : 기본급	6,250,000	6,717,800	4,080,000		17,047,800
사원						
	합계 : 급여 총액	5,484,900	4,117,500	843,600	2,030,400	12,476,400
	합계 : 기본급	4,464,900	3,267,500	673,600	1,690,400	10,096,400
차장						
	합계 : 급여 총액	2,703,300	8,005,100	2,518,500		13,226,900
	합계 : 기본급	2,303,300	6,805,100	2,118,500		11,226,900
전체 합계 : 급여 총액		26,406,200	38,958,700	26,646,100	2,030,400	94,041,400
전체 합계 : 기본급		22,536,200	33,088,700	22,196,100	1,690,400	79,511,400

④ 필터 – (　　　), 행 – (　　　), 열 – (　　　), 값 – (　　　)

성명	(모두)	
근무팀	평균 : 기본급	합계 : 식대
R/D팀	1,461,850	400,000
기술팀	1,680,267	1,200,000
영업팀	1,563,961	1,800,000
총무팀	1,334,184	1,900,000
총합계	1,500,215	5,300,000

⑤ 필터 – (　　　), 행 – (　　　), 열 – (　　　), 값 – (　　　)

근무팀	호봉	합계 : 급여 총액
⊟R/D팀		6,987,400
	1	1,788,900
	3	3,168,100
	4	2,030,400
⊟기술팀		23,353,200
	1	15,507,700
	2	968,900
	3	6,876,600
⊟영업팀		33,511,300
	1	9,109,600
	2	12,352,400
	3	12,049,300
⊟총무팀		30,189,500
	2	25,637,400
	3	4,552,100
총합계		94,041,400

정답

① 행 – 직위, 열 – 근무팀, 값 – 기본급
② 필터 – 순번, 행 – 호봉, 값 – 식대, 기본급
③ 행 – 직위, 열 – 호봉, 값 – 급여 총액, 기본급
④ 필터 – 성명, 행 – 근무팀, 값 – 기본급, 식대
⑤ 행 – 근무팀, 호봉, 값 – 급여 총액

2141016 

06 그룹 지정 작업

24.상시, 23.상시, 22.상시, 21.상시, 20.상시, 20.1, 19.상시, 19.2, …

전문가의 조언

- 행이나 열 영역에 날짜 형식이나 시간 형식의 필드를 지정하면 자동으로 '연', '분기', '월' 또는 '시', '분', '초' 등의 필드가 생성되고 그룹이 자동으로 지정됩니다.
- **주의할 점은,** 자동으로 그룹이 지정된 피벗 테이블은 모양이 문제지와 약간 다르기 때문에 반드시 **사용자가 직접 그룹을 지정해야 한다는** 것입니다.

24.상시, 23.상시, 22.상시, 21.상시, 20.상시, 20.1, 19.상시, 19.2, 18.상시, 18.1, …

[유형 1] 〈그림〉과 같이 '분기'와 '연도'별로 그룹을 지정하시오.

	A	B	C	D	E
1		생산지	(모두)		
2					
3		평균 : 재배면적	계약종류		
4		계약일	계약재배	포전매매	총합계
5		⊟2018년	3236.166667	2909.727273	3024.941176
6		1사분기	2818.5	2924.5	2898
7		2사분기	4204	2357.5	2973
8		3사분기	3785	3248.333333	3463
9		4사분기	2006		2006
10		⊟2019년	3288.333333	2881.2	3103.272727
11		1사분기	3492.5		3492.5
12		2사분기	4480	4007	4243.5
13		3사분기	2755	2193	2614.5
14		4사분기		2735.333333	2735.333333
15		총합계	3262.25	2900.8125	3055.714286

'계약일' 필드의 바로 가기 메뉴에서 **[그룹]**을 선택한 후 '그룹화' 대화상자에서 '분기'와 '연'을 선택합니다.

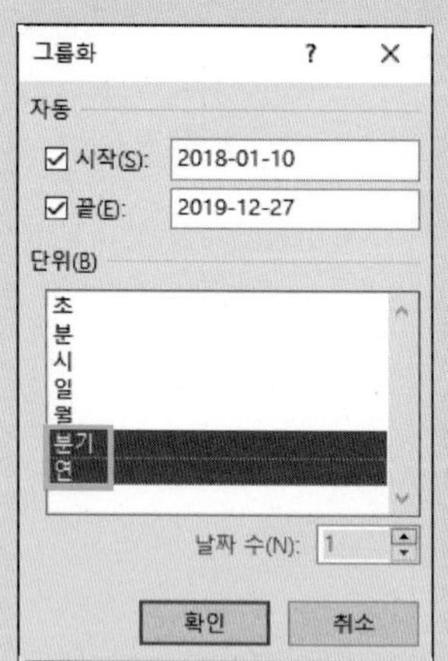

※ 사용하는 엑셀 프로그램의 버전이 교재와 다른 경우 '년(계약일)', '분기(계약일)', '개월(계약일)' 등으로 표시될 수 있습니다. 시험장에서는 교재처럼 표시된다는 것을 알아두세요.

22.상시, 21.상시, 20.상시, 19.상시, 18.상시, 16.2, 15.3, 15.1, 14.2, 13.3, 13.상시

[유형 2] '재배시기'를 〈그림〉과 같이 그룹을 지정하시오.

	A	B	C	D	E	F
1		생산지	(모두)			
2						
3		평균 : 재배면적		계약종류		
4		재배시기2	재배시기	계약재배	포전매매	총합계
5		⊟10월~2월		3402	2750	3051
6			가을	3225	2180	2703
7			월동	3578	3177	3349
8		⊟3월~9월		3123	3018	3060
9			봄	3361	3000	3271
10			여름	2884	3021	2984
11		총합계		3262	2901	3056

1. 텍스트를 그룹으로 지정하려면 하나의 그룹으로 지정할 부분을 블록으로 지정한 후 바로 가기 메뉴에서 **[그룹]**을 선택합니다.

	A	B	C	D	E
1		생산지	(모두)		
2					
3		평균 : 재배면적	계약종류		
4		재배시기	계약재배	포전매매	총합계
5		가을			
6		봄			
7		여름			
8		월동	3578	3177	3349
9		총합계		2901	3056

❶ 딸깍 ❷ Ctrl+딸깍 ❸ 오른쪽 딸깍 ❹ 딸깍

복사(C) / 셀 서식(F)... / 새로 고침(R) / 정렬(S) / 필터(T) / "재배시기" 부분합(B) / 확장/축소(E) / 그룹(G)... / 그룹 해제(U)...

2. 자동으로 입력된 "그룹1"을 **10월~2월**로 변경합니다. 나머지도 동일한 방법으로 그룹을 지정하면 됩니다.

	A	B	C	D	E	F
1		생산지	(모두)			
2						
3		평균 : 재배면적		계약종류		
4		재배시기2	재배시기	계약재배	포전매매	총합계
5		⊟10월~2월		3402	2750	3051
6			가을	3225	2180	2703
7			월동	3578	3177	3349
8		⊟봄		3361	3000	3271
9			봄	3361	3000	3271
10		⊟여름		2884	3021	2984
11			여름	2884	3021	2984
12		총합계		3262	2901	3056

2141017 

07 표시 형식 지정 작업

24.상시, 23.상시, 22.상시, 21.상시, 20.상시, 20.1, 19.상시, 19.2, 19.1, …

'재배면적' 필드의 표시 형식을 '값 필드 설정'의 셀 서식에서 '숫자' 범주를 이용하여 '1000 단위 구분 기호(,)'를 표시하시오.

	A	B	C	D	E
1		생산지	(모두) ▾		
2					
3		평균 : 재배면적	계약종류 ▾		
4		재배시기 ▾	계약재배	포전매매	총합계
5		가을	3,225	2,180	2,703
6		봄	3,361	3,000	3,271
7		여름	2,884	3,021	2,984
8		월동	3,578	3,177	3,349
9		총합계	3,262	2,901	3,056

값 영역의 바로 가기 메뉴에서 **[값 필드 설정]**을 선택한 후 '값 필드 설정' 대화상자에서 〈표시 형식〉을 클릭하여 지정합니다.

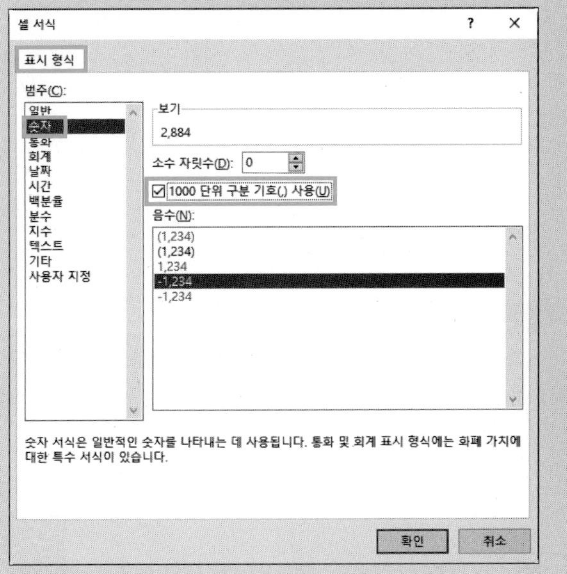

잠깐만요

'셀 서식' 대화상자의 '사용자 지정' 범주를 이용하여 형식을 지정하는 문제가 가끔 출제됩니다.

문제	형식
천 단위 콤마를 표시하고 뒤에 "원"자 표시	#,##0"원"
값 영역에 표시된 값이 양수나 음수면 천 단위마다 콤마(,)를 표시하고 0이면 "*"로 표시	#,###;-#,###;"*"

2141018 

08 정렬 작업

24.상시, 22.상시, 21.상시, 20.상시, 18.1, 16.2, 15.1, 12.1, 11.2, 10.3

22.상시, 21.상시, 20.상시, 18.1, 16.2

[유형 1] '재배시기' 필드를 기준으로 내림차순 정렬하시오.

	A	B	C	D	E
1		생산지	(모두) ▾		
2					
3		평균 : 재배면적	계약종류 ▾		
4		재배시기 ▾	계약재배	포전매매	총합계
5		월동	3,578	3,177	3,349
6		여름	2,884	3,021	2,984
7		봄	3,361	3,000	3,271
8		가을	3,225	2,180	2,703
9		총합계	3,262	2,901	3,056

'재배시기' 필드를 클릭한 후 [데이터] → 정렬 및 필터 → **텍스트 내림차순 정렬(**⇣**)** 아이콘을 클릭합니다.

파일 홈 삽입 페이지 레이아웃 수식 데이터 검토 보기 개발 도구
데이터 가져오기 · 텍스트/CSV · 웹 · 테이블/범위에서 · 최근에 사용한 원본 · 기존 연결 — 데이터 가져오기 및 변환
모두 새로 고침 · 쿼리 및 연결 · 속성 · 연결 편집 — 쿼리 및 연결
정렬

B6 · 봄

	A	B	C	D	E	F	G
1		생산지	(모두) ▾				
2							
3		평균 : 재배면적	계약종류 ▾				
4		재배시기 ▾	계약재배	포전매매	총합계		
5		가을	3,225	2,180	2,703		
6		봄	3,361	3,000	3,271		
7		여름	2,884	3,021	2,984		
8		월동	3,578	3,177	3,349		
9		총합계	3,262	2,901	3,056		

※ '지배시기' 필드의 목록 단추(▾)를 클릭한 후 **[텍스트 내림차순 정렬]**을 선택해도 됩니다.

22.상시, 21.상시, 20.상시, 15.1, 12.1, 11.2, 10.3

[유형 2] '재배시기' 필드를 〈그림〉과 같이 정렬하시오.

	A	B	C	D	E
1		생산지	(모두) ▾		
2					
3		평균 : 재배면적	계약종류 ▾		
4		재배시기 ▾	계약재배	포전매매	총합계
5		봄	3361	3000	3271
6		여름	2884	3021	2984
7		가을	3225	2180	2703
8		월동	3578	3177	3349
9		총합계	3262	2901	3056

'봄'과 '여름'이 입력된 [B6:B7] 영역을 블록으로 지정한 후 테두리 부분을 드래그하여 [B4] 셀로 이동하면 됩니다.

	A	B	C	D	E
1		생산지	(모두) ▾		
2					
3		평균 : 재배면적	계약종류 ▾		
4		재배시기 ▾	계약재배	포전매매	총합계
5		가을 (드래그, B4:B5)	3225	2180	2703
6		봄	3361	3000	3271
7		여름	2884	3021	2984
8		월동	3578	3177	3349
9		총합계	3262	2901	3056

2141019

24.상시, 23.상시, 22.상시, 21.상시, 20.상시, 20.1, 19.상시, 18.상시, …

09 피벗 테이블 스타일 / 피벗 테이블 스타일 옵션 지정 작업

피벗 테이블 스타일은 '연한 주황, 피벗 스타일 밝게 17', 피벗 테이블 스타일 옵션은 '행 머리글', '열 머리글', '줄무늬 열'을 설정하시오.

	A	B	C	D	E
1		생산지	(모두)		
2					
3		평균 : 재배면적	계약종류		
4		재배시기	계약재배	포전매매	총합계
5		봄	3361	3000	3271
6		여름	2884	3021	2984
7		가을	3225	2180	2703
8		월동	3578	3177	3349
9		**총합계**	**3262**	**2901**	**3056**

[디자인] → **피벗 테이블 스타일**의 (자세히) 단추를 클릭하여 스타일의 종류를 선택한 후 피벗 테이블 스타일 옵션을 지정합니다.

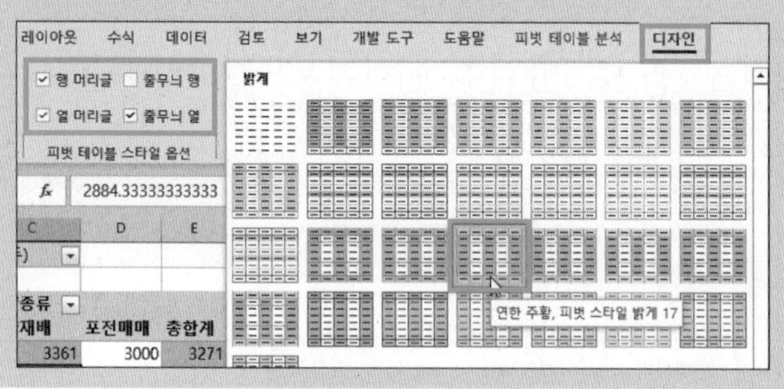

전문가의 조언

어디서 어떻게 메뉴를 호출하여 어떤 작업을 하는지 잘 기억해 두세요.

2141020

22.상시, 21.상시, 20.상시, 17.상시, 16.3, 14.1, 12.3, 12.2, 11.1, 10.2, …

10 계산 필드 작업

STDEV 함수를 이용하여 '1월', '2월', '3월' 필드의 표준 편차를 구하는 '표준편차' 계산 필드를 추가하시오.

	A	B	C	D	E
1					
2	성명	합계 : 1월	합계 : 2월	합계 : 3월	합계 : 표준편차
3	구미성	66	55	68	7
4	김숙희	87	77	82	5
5	이영자	97	90	57	21.36195996
6	최복선	99	72	79	14.0118997
7	(비어 있음)	692	799	759	54.06477596
8	**총합계**	**1041**	**1093**	**1045**	**28.93671255**

[피벗 테이블 분석] → 계산 → 필드, 항목 및 집합 → **계산 필드**를 선택한 후 '계산 필드 삽입' 대화상자에서 지정합니다.

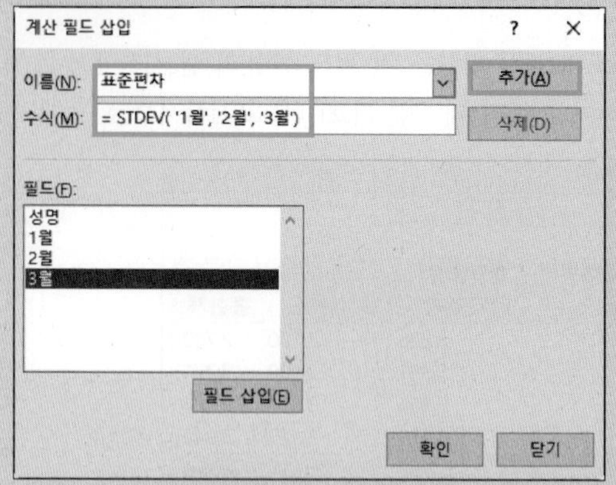

※ '1월', '2월', '3월'은 직접 입력하지 않고 '필드' 영역에서 해당 필드를 더블클릭하면 자동으로 작은따옴표(')로 묶인 상태로 입력됩니다.

전문가의 조언

한 번이라도 출제된 나머지 기능들입니다. **합격하고 싶다면 잘 정리**해 두세요.

2151021

24.상시, 23.상시, 22.상시, 21.상시, 20.상시, 20.1, 19.상시, 19.1, 18.1, …

11 기타

23.상시, 22.상시, 21.상시, … **행의 총합계만 표시 / 열의 총합계만 표시**	[디자인] → 레이아웃 → 총합계 → **열의 총합계만 설정/행의 총합계만 설정** 선택
22.상시, 21.상시, 20.상시, … **빈 셀 "*" 표시**	[피벗 테이블 분석] → 피벗 테이블 → **옵션**을 클릭한 후 '피벗 테이블 옵션' 대화상자의 '레이아웃 및 서식' 탭에서 '빈 셀 표시'의 입력란에 *를 입력함
24.상시 **오류 셀 "해당없음" 표시**	[피벗 테이블 분석] → 피벗 테이블 → **옵션**을 클릭한 후 '피벗 테이블 옵션' 대화상자의 '레이아웃 및 서식' 탭에서 '오류 값 표시'의 입력란에 **해당없음**을 입력함
23.상시, 22.상시, 21.상시 **레이블이 있는 셀 병합 및 가운데 맞춤**	[피벗 테이블 분석] → 피벗 테이블 → **옵션**을 클릭한 후 '피벗 테이블 옵션' 대화상자의 '레이아웃 및 서식' 탭에서 '레이블이 있는 셀 병합 및 가운데 맞춤'을 선택함
22.상시, 21.상시, 20.상시, … **그룹 아래에 요약 표시**	[디자인] → 레이아웃 → 부분합 → **그룹 하단에 모든 부분합 표시** 선택
24.상시 **각 항목 다음에 빈줄 삽입**	[디자인] → 레이아웃 → 빈 행 → **각 항목 다음에 빈줄 삽입** 선택
22.상시, 21.상시, 20.상시, … **행 합계 비율/열 합계 비율/총합계 비율**	값 영역의 바로 가기 메뉴에서 [값 표시 형식] → **행 합계 비율/열 합계 비율/총합계 비율** 중 하나를 선택함

22.상시, 21.상시, 20.상시, 19.1 **'확장(+)/축소(-)' 단추 표시**	[피벗 테이블 분석] → 표시 → **+/- 단추** 클릭
24.상시, 23.상시, 22.상시, … **특정 데이터만 표시**	특정 데이터만 표시할 필드의 목록 단추(▼)를 클릭하여 표시할 필드만 선택함
24.상시, 22.상시, 21.상시, … **특정 데이터만 별도 시트에 표시**	작성된 피벗 테이블에서 별도 시트에 표시할 데이터가 있는 부분을 더블클릭함. '가을의 계약재배'만을 다른 시트에 표시하려면 [C5] 셀을 더블클릭하면 됨

	A	B	C
3		합계 : 재배면적	재배시기 ▼
4		농작물 ▼	가을

텍스트 오름차순 정렬(S)
텍스트 내림차순 정렬(O)
기타 정렬 옵션(M)...
"농작물"에서 필터 해제(C)
레이블 필터(L)
값 필터(V)
검색
■(모두 선택)
☑감자
☐고추
☑마늘
☐양파
☐참깨

	A	B	C	D	E
1		생산지	(모두) ▼		
2					
3		합계 : 재배면적	계약종류 ▼		
4		재배시기 ▼	계약재배	포전매매	총합계
5		가을	9676	6541	16217
6		봄		3000	13083
7		여름		24166	32819
8		월동		12706	23441
9		총합계	39147	46413	85560

합계 : 재배면적
값: 9676
행: 가을
열: 계약재배

대표기출문제

'C:\길벗컴활1급총정리\엑셀\기능\10피벗테이블.xlsm' 파일을 열어서 작업하세요.

2141081

[기출 1] 24.상시, 23.상시, 22.상시, 21.상시, 20.상시, 20.1, 19.상시, 19.2, 19.1, …

'기출1' 시트에서 다음의 지시사항에 따라 피벗 테이블 보고서를 작성하시오.

▶ 외부 데이터 원본으로 〈대여현황.txt〉의 데이터를 사용하시오.
- 원본 데이터의 구분 기호는 쉼표(,)와 "/"로 구분되어 있으며, 첫 행에 머리글이 포함되어 있음
- '결제상태', '대여장비', '대여시간', '대여비용' 열만 가져와 데이터 모델에 이 데이터를 추가하시오.

▶ 피벗 테이블 보고서의 레이아웃과 위치는 〈그림〉을 참조하여 설정하고, 보고서 레이아웃을 테이블 형식으로 표시하시오.

▶ 피벗 테이블 스타일은 '연한 녹색, 피벗 스타일 밝게 21', 피벗 테이블 스타일 옵션은 '행 머리글', '열 머리글', '줄무늬 열'을 설정하시오.

▶ '대여시간'과 '대여비용' 필드의 표시 형식은 '값 필드 설정'의 셀 서식에서 '숫자' 범주를 이용하여 1000 단위 구분 기호(,)를 표시하시오.

▶ 행의 총합계는 표시되지 않도록 설정하시오.

	A	B	C	D	E
1					
2				결제상태 ▼	
3		대여장비 ▼	값	예정	완료
4		굴착기	평균: 대여시간	96	126
5			평균: 대여비용	495,000	495,000
6		불도저	평균: 대여시간	183	174
7			평균: 대여비용	500,400	441,000
8		지게차	평균: 대여시간	89	133
9			평균: 대여비용	289,000	415,600
10		크레인	평균: 대여시간	122	194
11			평균: 대여비용	238,333	495,000
12		전체 평균: 대여시간		138	144
13		전체 평균: 대여비용		398,750	461,333

2141082

[기출 2] 24.상시, 23.상시, 22.상시, 21.상시, 20.상시, 20.1, 19.상시, 19.2, 19.1, …

'기출2' 시트에서 다음의 지시사항에 따라 피벗 테이블 보고서를 작성하시오.

▶ 외부 데이터 원본으로 〈자재판매현황.xlsx〉의 〈5월〉 테이블을 이용하시오.

▶ 피벗 테이블 보고서의 레이아웃과 위치는 〈그림〉을 참조하여 설정하고, 보고서 레이아웃을 개요 형식으로 표시하시오.

▶ '단가(원/㎡)' 필드를 〈그림〉과 같이 그룹을 지정하고, 빈 셀에 "***"를 표시하시오.

▶ '회원등급' 필드가 〈그림〉과 같이 표시되도록 정렬하고 열의 총합계만 표시하시오.

▶ '판매금액'의 표시 형식은 '값 필드 설정'의 셀 서식을 이용하여 '회계' 범주에서 지정하시오.

	A	B	C	D
1				
2	합계 : 판매금액	회원등급 ▼		
3	단가(원/㎡) ▼	Platinum	Gold	Silver
4	2001-3000	***	2,328,000	13,050,500
5	3001-4000	58,500,450	87,454,900	46,031,310
6	4001-5000	54,316,800	19,708,700	3,214,400
7	5001-6000	209,935,440	17,324,320	2,017,600
8	총합계	322,752,690	126,815,920	64,313,810

2151083

[기출 3] 24.상시, 23.상시, 22.상시, 21.상시, 20.상시, 20.1, 19.상시, 19.2, 19.1, …

'기출3' 시트에서 다음의 지시사항에 따라 피벗 테이블 보고서를 작성하시오.

▶ 외부 데이터 가져오기 기능을 이용하여 〈원자재통관.accdb〉의 〈원자재〉 테이블에서 '물류코드', '원자재종류, '수입규모(t)', '입고시간', '통관수수료' 열을 이용하시오.

▶ '물류코드' 필드가 "A" 또는 "B"로 시작하는 데이터만을 가져오시오.

▶ 피벗 테이블 보고서의 레이아웃과 위치는 〈그림〉을 참조하여 설정하고, 보고서 레이아웃을 개요 형식으로 표시하시오.

▶ '원자재종류' 필드가 '농산물'이거나 '육류'인 데이터만 표시하시오.

▶ '입고시간' 필드를 기준으로 '오전/오후'로 그룹을 설정하고, 각 그룹의 하단에 최대값과 최소값 부분합이 표시되도록 설정하시오.

▶ 확장(+)/축소(-) 단추가 표시되지 않도록 설정하고 각 항목 다음에 빈 줄을 삽입하시오.

▶ '합계 : 통관수수료' 필드를 기준으로 내림차순 정렬하고, '통관수수료' 필드의 표시 형식은 '값 필드 설정'의 셀 서식에서 '사용자 지정' 범주를 이용하여 지정하시오.

	A	B	C	D
1				
2	원자재종류	(다중 항목)		
3				
4	**입고시간2**	**입고시간**	**합계 : 수입규모(t)**	**합계 : 통관수수료**
5	**오전**			
6		10:54:25 AM	100	710,000원
7		10:53:47 AM	111	642,000원
8		11:14:17 AM	25	560,000원
9		9:15:14 AM	12	444,000원
10	**오전 최대**		**111**	**710,000원**
11	**오전 최소**		**12**	**444,000원**
12				
13	**오후**			
14		1:56:03 PM	150	720,000원
15		3:49:54 PM	132	684,000원
16		5:12:18 PM	10	530,000원
17	**오후 최대**		**150**	**720,000원**
18	**오후 최소**		**10**	**530,000원**
19				
20	**총합계**		**540**	**4,290,000원**

시간 데이터를 '오전/오후'로 그룹을 지정하려면 텍스트를 그룹으로 지정하는 것과 같이 그룹으로 지정할 부분을 모두 선택한 후 바로 가기 메뉴에서 [그룹]을 선택하면 됩니다.

2141084

[기출 4] 24.상시, 23.상시, 21.상시, 20.상시, 20.1, 19.상시, 19.2, 19.1, 18.상시, …

'기출4' 시트에서 다음의 지시사항에 따라 피벗 테이블 보고서를 작성하시오.

▶ 외부 데이터 원본으로 〈자격수당.csv〉의 데이터를 사용하시오.

– 원본 데이터는 쉼표(,)로 분리되어 있으며, 첫 행에 머리글이 포함되어 있음

– '소속지사', '정년날짜', '직책', '평가점수' 열만 가져와 데이터 모델에 이 데이터를 추가하시오.

▶ 피벗 테이블 보고서의 레이아웃과 위치는 〈그림〉을 참조하여 설정하고, 보고서 레이아웃을 테이블 형식으로 표시하시오.

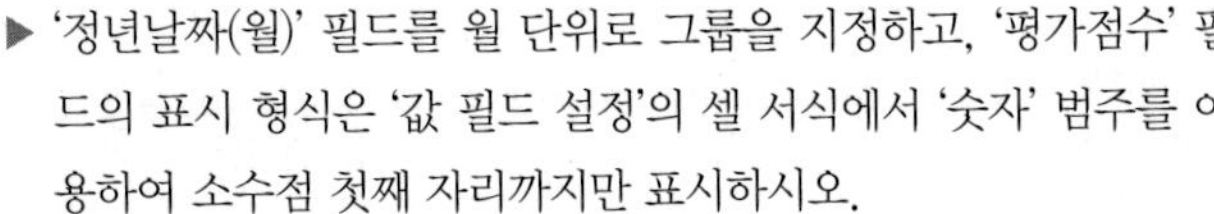

▶ '정년날짜(월)' 필드를 월 단위로 그룹을 지정하고, '평가점수' 필드의 표시 형식은 '값 필드 설정'의 셀 서식에서 '숫자' 범주를 이용하여 소수점 첫째 자리까지만 표시하시오.

▶ '피벗 테이블 옵션'에서 '레이블이 있는 셀 병합 및 가운데 맞춤'을 지정하시오.

▶ 피벗 테이블 스타일은 '연한 노랑, 피벗 스타일 보통 19'로 지정하시오.

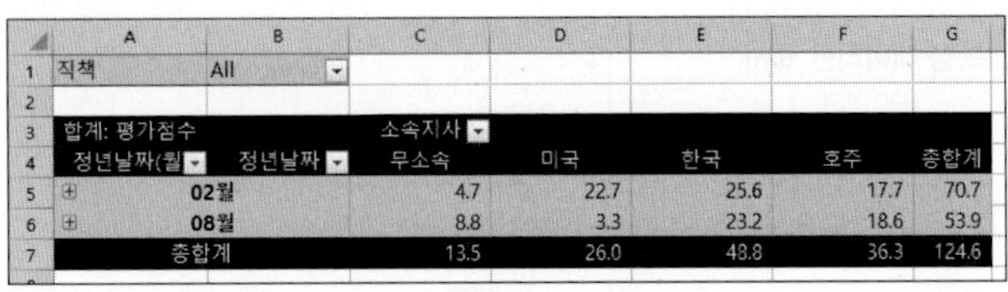

	A	B	C	D	E	F	G
1	직책	All					
2							
3	합계: 평가점수		소속지사				
4	정년날짜(월)	정년날짜	무소속	미국	한국	호주	총합계
5	⊞	02월	4.7	22.7	25.6	17.7	70.7
6	⊞	08월	8.8	3.3	23.2	18.6	53.9
7	종합계		13.5	26.0	48.8	36.3	124.6

2151085

[기출 5] 24.상시, 23.상시, 22.상시, 21.상시, 20.상시, 20.1, 19.상시, 19.2, 19.1, …

'기출5' 시트에서 다음의 지시사항에 따라 피벗 테이블 보고서를 작성하시오.

▶ 외부 데이터 가져오기 기능을 이용하여 〈연구직평가표.accdb〉의 〈평가내역〉 테이블에서 '연구원ID', '연구분야', '내부평가', '외부평가', '연구점수', '연구원평가' 열을 이용하시오.

▶ 피벗 테이블 보고서의 레이아웃과 위치는 〈그림〉을 참조하여 설정하고, 보고서 레이아웃을 개요 형식으로 표시하시오.

▶ '내부평가', '외부평가', '연구점수'를 SUM 함수로 합계를 계산하는 '총점' 계산 필드를 추가하시오.

▶ '연구원평가' 필드가 'A'인 데이터만 표시하시오.

▶ '연구원ID' 필드가 'ANS'로 시작하면 '자연과학', 'CIE'로 시작하면 '정보공학'으로 그룹을 설정하시오.

▶ '총점' 필드를 총합계 비율로 표시하시오.

▶ '연구원ID'가 'ANS-07'인 연구원의 '광자통신' 데이터만 별도 시트에 작성하시오(시트명을 '광자통신연구원'으로 지정하고, '기출5' 시트 앞에 위치시킴).

	A	B	C	D	E	F
1						
2		연구원평가	A			
3						
4		**합계 : 총점**		**연구분야**		
5		**연구원ID2**	**연구원ID**	**광자통신**	**인공지능**	**총합계**
6		**⊟자연과학**		**34.90%**	**34.16%**	**69.06%**
7			ANS-07	34.90%	0.00%	34.90%
8			ANS-99	0.00%	34.16%	34.16%
9		**⊟정보공학**		**0.00%**	**30.94%**	**30.94%**
10			CIE-38	0.00%	30.94%	30.94%
11		**총합계**		**34.90%**	**65.10%**	**100.00%**

정답 및 해설

[기출 1]

1. [삽입] → 표 → **피벗 테이블**을 클릭한다.
2. '피벗 테이블 만들기' 대화상자에서 '외부 데이터 원본 사용'을 선택한 후 〈연결 선택〉을 클릭한다.
3. '기존 연결' 대화상자에서 〈더 찾아보기〉를 클릭한다.
4. '데이터 원본 선택' 대화상자에서 '대여현황.txt' 파일을 선택하고 〈열기〉를 클릭한다.
5. '텍스트 마법사 – 3단계 중 1단계' 대화상자에서 '구분 기호로 분리됨'과 '내 데이터에 머리글 표시'를 선택한 후 〈다음〉을 클릭한다.
6. '텍스트 마법사 – 3단계 중 2단계' 대화상자에서 그림과 같이 지정한 후 〈다음〉을 클릭한다.

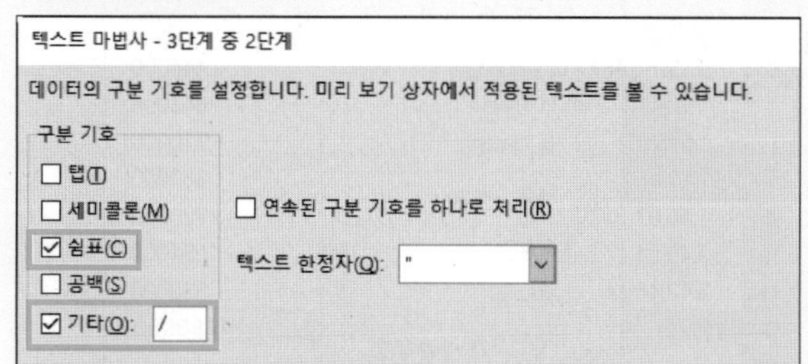

7. '텍스트 마법사 – 3단계 중 3단계' 대화상자에서 '대여코드'를 선택하고 '열 가져오지 않음(건너뜀)'을 선택한다. 이어서 '수령일'도 동일하게 지정한 후 〈마침〉을 클릭한다.
8. '피벗 테이블 만들기' 대화상자에서 피벗 테이블의 삽입 위치로 [B2] 셀을 지정하고 '데이터 모델에 이 데이터 추가'를 선택한 후 〈확인〉을 클릭한다.
9. '피벗 테이블 필드' 창에서 그림과 같이 레이아웃을 지정한 후 'Σ 값' 필드를 행 영역으로 드래그한다.

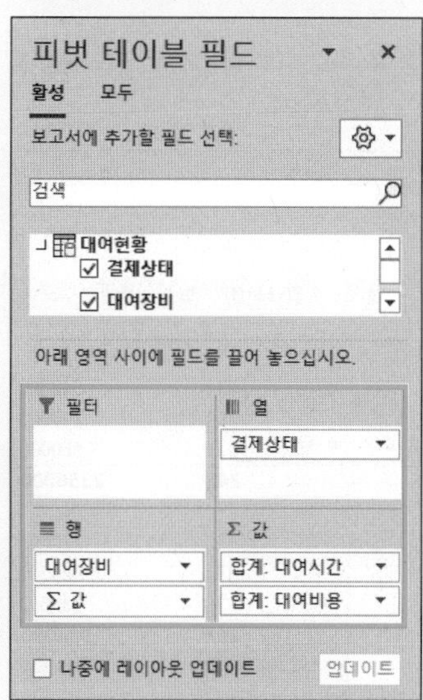

10. '대여시간' 필드의 바로 가기 메뉴에서 [값 요약 기준] → **평균**을 선택한다. '대여비용' 필드도 동일하게 변경한다.
11. [디자인] → 레이아웃 → 보고서 레이아웃 → **테이블 형식으로 표시**를 선택한다.
12. [디자인] → **피벗 테이블 스타일**의 ▼(자세히)를 클릭한 후 '연한 녹색, 피벗 스타일 밝게 21'을 선택한다.
13. [디자인] → **피벗 테이블 스타일 옵션**의 '행 머리글', '열 머리글', '줄무늬 열'을 선택한다.
14. '대여시간' 필드의 바로 가기 메뉴에서 **[값 필드 설정]**을 선택한다.
15. '값 필드 설정' 대화상자에서 〈표시 형식〉을 클릭한다.
16. '셀 서식' 대화상자의 '범주'에서 '숫자'의 '1000 단위 구분 기호(,) 사용'을 선택한 후 〈확인〉을 클릭한다.
17. '값 필드 설정' 대화상자에서도 〈확인〉을 클릭한다.
18. '대여비용'도 동일한 방법으로 지정한다.
19. [디자인] → 레이아웃 → 총합계 → **열의 총합계만 설정**을 선택한다.

[기출 2]

• '피벗 테이블 필드' 창

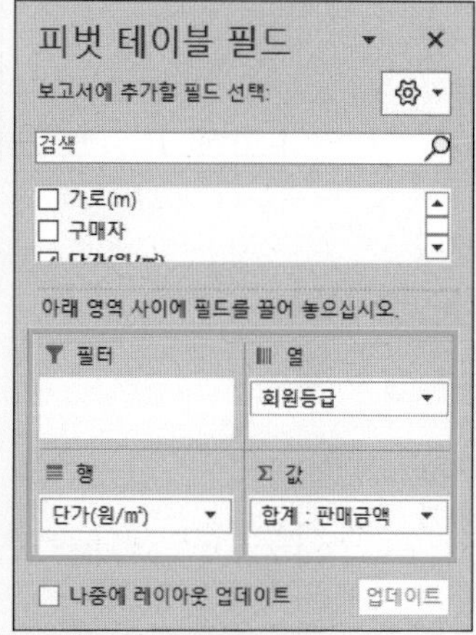

• '그룹화' 대화상자

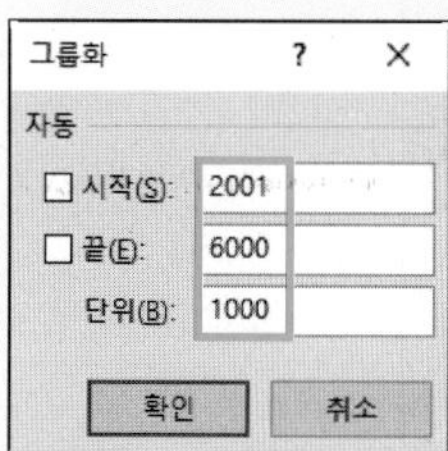

• '회원필드' 정렬

[C3] 셀의 테두리 부분을 드래그하여 [A3] 셀로 이동한다.

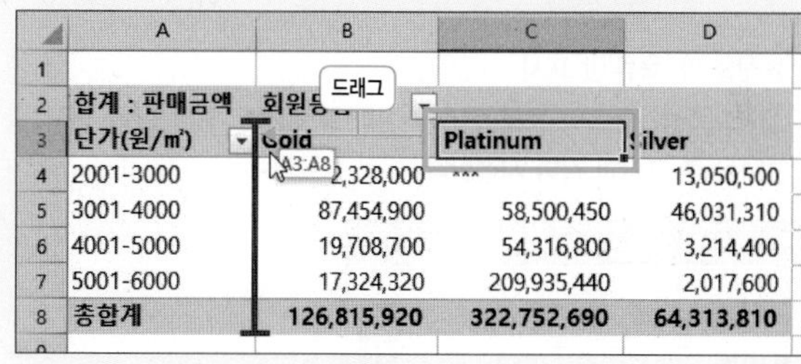

	A	B	C	D
1				
2	합계 : 판매금액	회원등급		
3	단가(원/㎡)	Gold	Platinum	Silver
4	2001-3000	2,328,000		13,050,500
5	3001-4000	87,454,900	58,500,450	46,031,310
6	4001-5000	19,708,700	54,316,800	3,214,400
7	5001-6000	17,324,320	209,935,440	2,017,600
8	총합계	126,815,920	322,752,690	64,313,810

[기출 3]

• '쿼리 마법사 – 열 선택' 대화상자

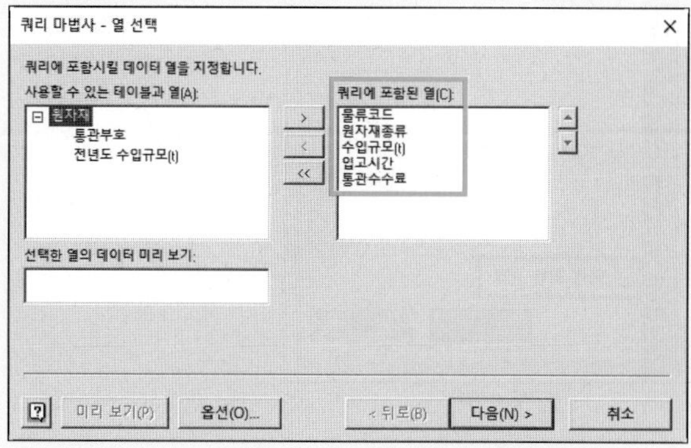

• '쿼리 마법사 - 데이터 필터' 대화상자

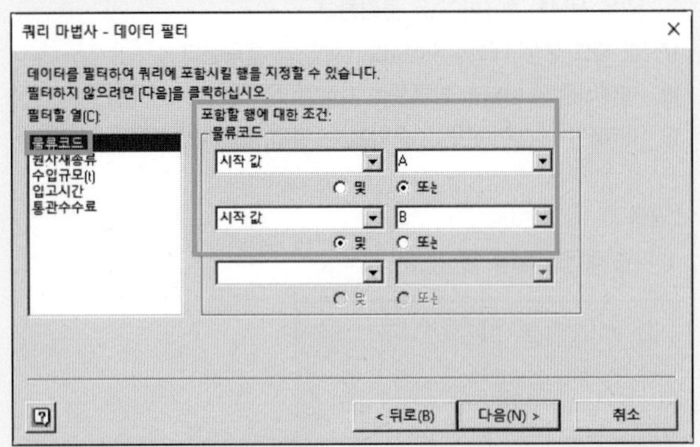

• '피벗 테이블 필드' 창

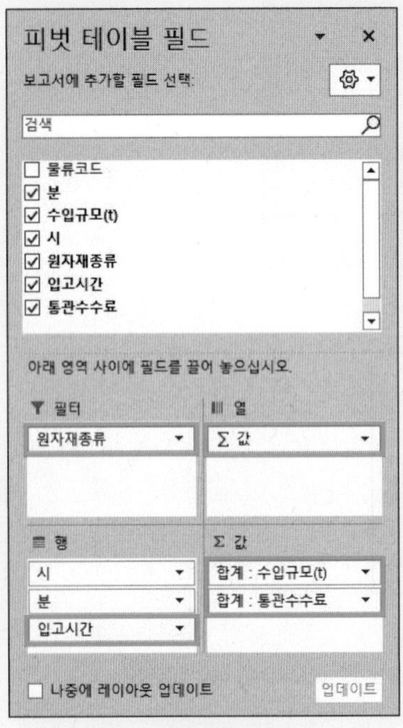

• '농산물'과 '육류'만 표시

'원자재종류' 필드의 목록 단추(▼)를 클릭하여 '여러 항목 선택'을 선택한 후 그림과 같이 지정한다.

• 그룹 지정

1. '입고시간'이 표시된 임의의 셀을 클릭한 후 바로 가기 메뉴에서 **[그룹 해제]**를 선택한다.

※ 행이나 열 영역에 시간 형식의 필드를 지정하면 해당 필드의 데이터에 따라 자동으로 '시', '분' 등의 필드가 생성되고 그룹이 자동으로 지정됩니다. 자동으로 지정된 그룹을 해제하고 오전/오후로 그룹을 지정해야 합니다.

2. "오전"으로 그룹을 지정할 부분을 범위로 지정한 후 바로 가기 메뉴에서 **[그룹]**을 선택한다.

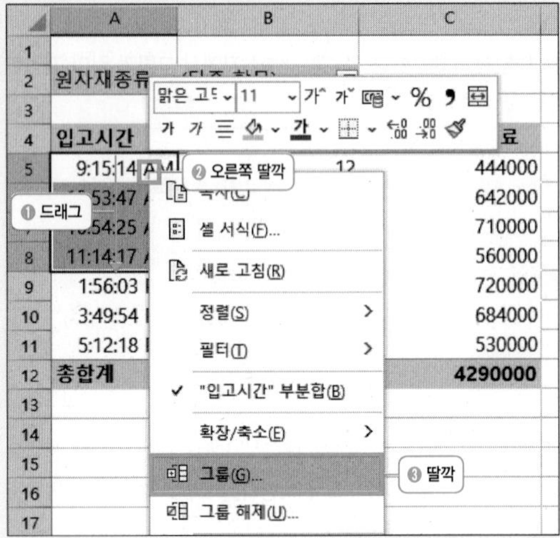

3. "그룹1"을 **오전**으로 변경한다. 같은 방법으로 나머지를 **오후**로 그룹을 지정한다.

• 각 그룹 하단에 최대값/최소값 부분합 표시

1. [디자인] → 레이아웃 → 부분합 → **그룹 하단에 모든 부분합 표시**를 선택한다.

2. 요약이 표시된 셀을 선택한 후 바로 가기 메뉴에서 **[필드 설정]**을 선택한다.

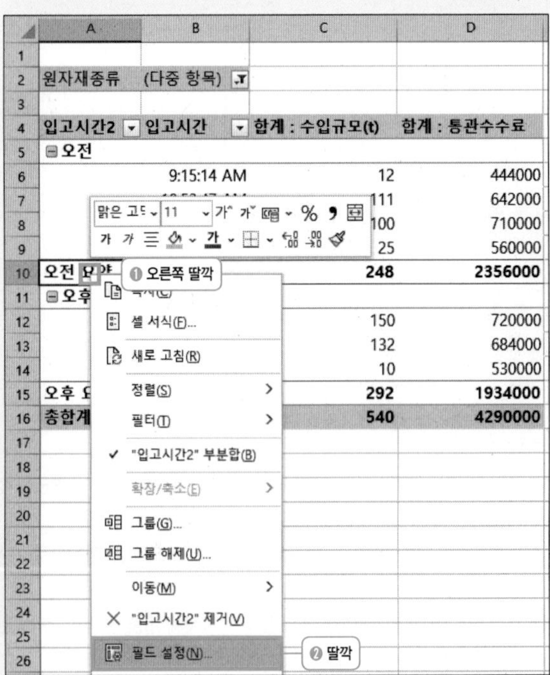

3. '필드 설정' 대화상자에서 그림과 같이 지정한 후 〈확인〉을 클릭한다.

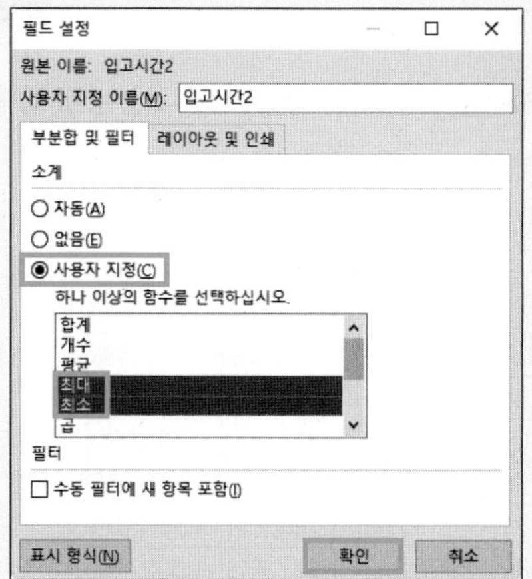

• '셀 서식' 대화상자

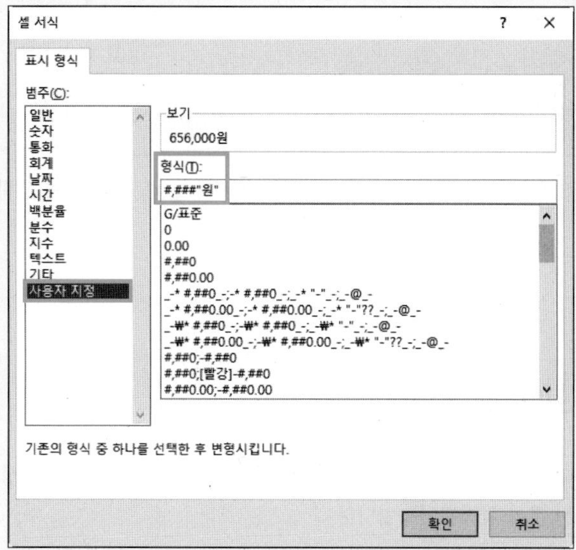

[기출 4]

• '피벗 테이블 필드' 창

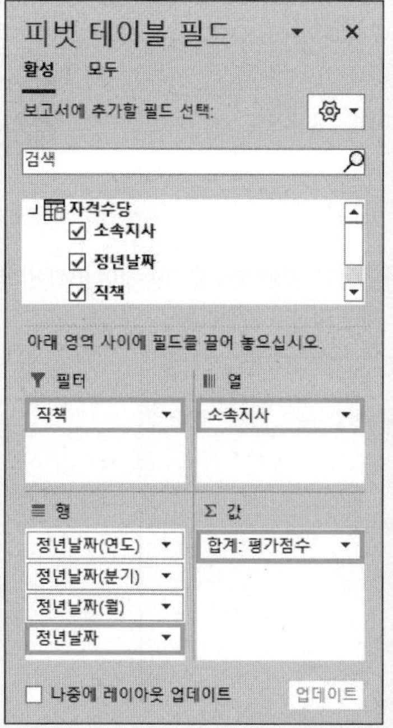

• '그룹화' 대화상자

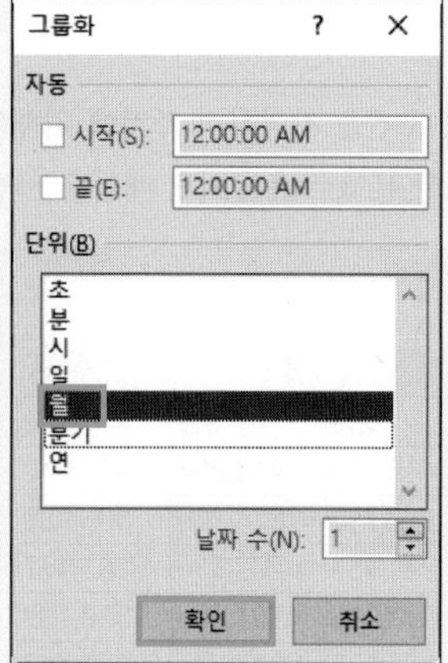

[기출 5]

〈정답〉

	A	B	C	D	E	F
1	연구원ID	연구분야	내부평가	외부평가	연구점수	연구원평가
2	ANS-07	광자통신	48	47	46	A

〈해설〉

• '피벗 테이블 필드' 창

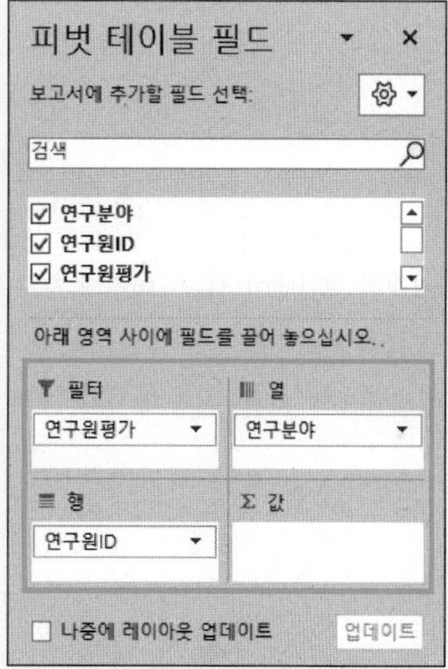

• '계산 필드 삽입' 대화상자

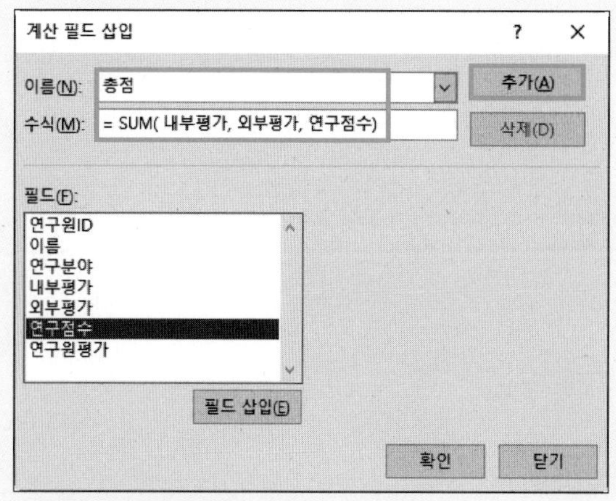

• 별도 시트에 표시

[D7] 셀을 더블클릭한다.

2141101

2 데이터 유효성 검사

출제 비율 50% / 배점 10점

데이터 유효성 검사 문제는 **유효성 조건을 지정하여 조건에 위배되는 데이터를 입력하면 오류 메시지를 표시하게 하는 작업입니다.** 통합 등의 다른 기능과 혼합되어 **2가지 기능이 한 문제로 출제되고 배점은** 10점입니다. 부분 점수는 없습니다.

	E	F	G	H	I	J
1		[표2]				
2			이자율			
3		408,843	1%	2%	3%	4%
4	기간	12	417,734	415,485	413,254	411,040
5		24	831,313	822,750	814,309	805,989
6		36	1,240,778	1,221,957	1,203,526	1,185,477
7		48	1,646,171	1,613,266	1,581,254	1,550,109
8		60	2,047,532	1,996,832	1,947,833	1,900,467

➡

E	F	G	H	I	J
	[표2]				
		이자율			
	408,843	1%	2%	3%	4%
기간	12	417,734	415,485	413,254	411,040
		납입기간 월 단위임	822,750	814,309	805,989
			1,221,957	1,203,526	1,185,477
			1,613,266	1,581,254	1,550,109
	60	2,047,532	1,996,832	1,947,833	1,900,467

※ [F4:F8] 영역에 12의 배수만 입력되도록 설정하고 설명 메시지를 입력하였기 때문에 [F4:F8] 영역을 클릭하면 입력에 대한 설명이 표시되고, 잘못된 데이터를 입력하면 오류 메시지가 표시됩니다.

작업 순서

1. 데이터 범위를 블록으로 지정한 후 [데이터] → 데이터 도구 → **데이터 유효성 검사( )**를 클릭한다.
2. '데이터 유효성' 대화상자에서 유효성 조건, 설명 메시지, 오류 메시지 등을 지정한다.

합격포인트

- 데이터 유효성 검사에서는 **조건에 맞는 수식을 정확하게 작성하는 것이 합격포인트**입니다.
- [2번 계산작업]을 공부하고 왔기 때문에 어렵지 않을 겁니다. **여기가 어렵게 느껴지면 합격 예상이 어려운 상황**입니다. 2번 문제로 돌아가 수식 작성 연습을 더 하고 오세요.

☞ 직접 실습하려면 'C:\길벗컴활1급총정리\엑셀\기능\11데이터유효성검사.xlsm' 파일을 열어서 작업하세요.

2141111

01 사용자 지정

24.상시, 23.상시, 22.상시, 21.상시

22.상시, 21.상시

[유형 1] [데이터 유효성 검사] 기능과 MOD 함수를 이용하여 [F4:F8] 영역에는 12의 배수만 입력되도록 제한 대상을 설정하시오.

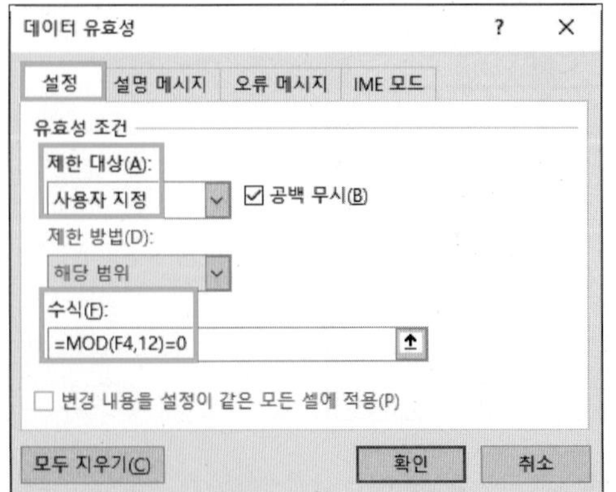

23.상시, 22.상시, 21.상시

[유형 2] [데이터 유효성 검사] 기능과 SEARCH 함수를 이용하여 [A2:A7] 영역에는 반드시 "A"가 포함된 직원코드가 입력되도록 제한 대상을 설정하시오.

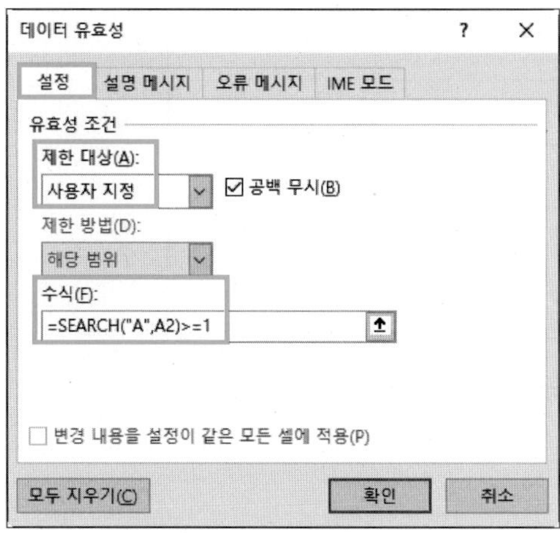

23.상시, 22.상시, 21.상시

[유형 3] [데이터 유효성 검사] 기능과 QUOTIENT 함수를 이용하여 [C2:C10] 영역에는 3.3으로 나눈 몫이 34 이하인 값만 입력되도록 제한 대상을 설정하시오.

데이터 유효성

설정 | 설명 메시지 | 오류 메시지 | IME 모드

유효성 조건

제한 대상(A): 사용자 지정 ☑ 공백 무시(B)

제한 방법(D): 해당 범위

수식(F): =QUOTIENT(C2,3.3)<=34

☐ 변경 내용을 설정이 같은 모든 셀에 적용(P)

모두 지우기(C) 확인 취소

체크체크 ☐☐☐

2141161

다음 조건을 지정할 수 있는 유효성 조건의 수식을 적으시오.

① MOD 함수를 이용하여 [B2:B10] 영역에는 30의 배수만 입력되도록 제한 대상 설정

[ ]

② SEARCH 함수를 이용하여 [B2:B10] 영역에는 반드시 "*"가 포함된 ID가 입력되도록 제한 대상 설정

[ ]

③ QUOTIENT 함수를 이용하여 [B2:B10] 영역에는 50으로 나눈 몫이 4 이상인 값만 입력되도록 제한 대상 설정

[ ]

정답

① =MOD(B2, 30)=0

② =SEARCH("*", B2)>=1

② =QUOTIENT(B2, 50)>=4

2141112

02 정수

24.상시, 22.상시, 21.상시

[데이터 유효성 검사] 기능을 이용하여 [D2:D9] 영역에는 1~10의 정수만 입력되도록 제한 대상을 설정하시오.

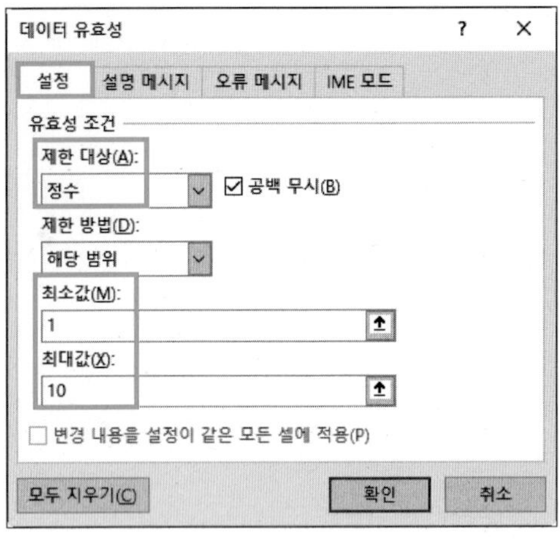

2141113

03 목록

22.상시, 21.상시

[데이터 유효성 검사] 기능을 이용하여 [B2:B9] 영역에는 '과일', '채소', '잡곡', '정육' 목록이 표시되도록 지정하시오.

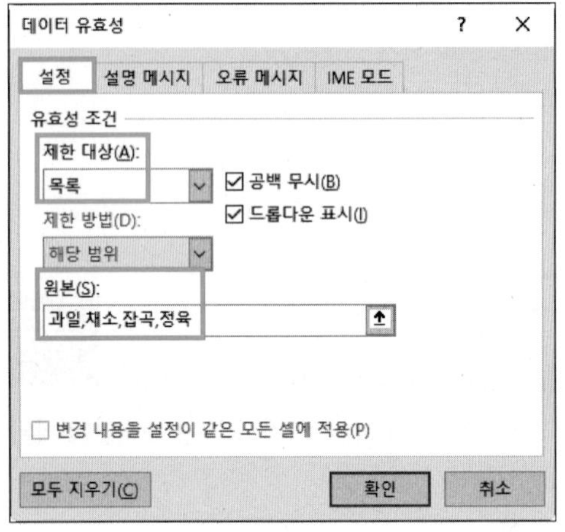

2141114

04 설명 메시지

24.상시, 23.상시, 22.상시, 21.상시

〈그림〉과 같은 설명 메시지를 표시하시오.

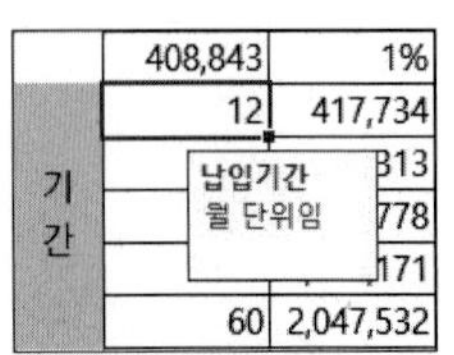

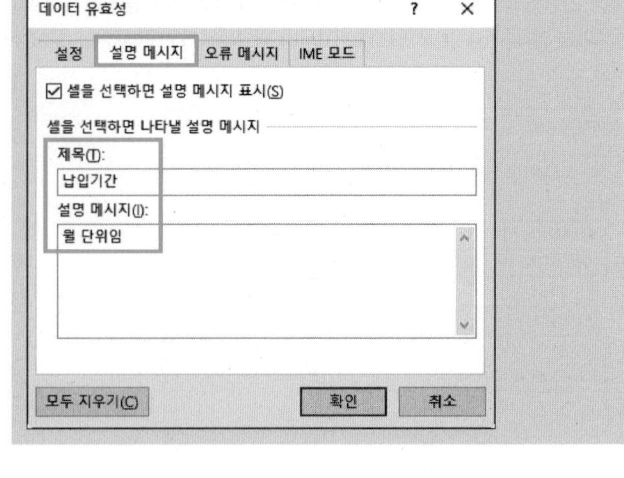

2141115

05 오류 메시지

24.상시, 23.상시, 22.상시, 21.상시

유효하지 않은 데이터를 입력한 경우 〈그림〉과 같은 오류 메시지가 표시되도록 설정하시오.

데이터 유효성 — 오류 메시지: 유효하지 않은 데이터를 입력하면 오류 메시지 표시(S) / 스타일(Y): 중지 / 제목(T): 입력오류 / 오류 메시지(E): 12의 배수만 입력해야 합니다.

대표기출문제

'C:\길벗컴활1급총정리\엑셀\기능\11데이터유효성검사.xlsm' 파일을 열어서 작업하세요.

2141181

[기출 1] 23.상시, 22.상시, 21.상시

'기출1' 시트에 대하여 다음의 지시사항을 처리하시오.

▶ [데이터 유효성 검사] 기능을 이용하여 [D3:D7] 영역에는 두 번째 글자 이후에 반드시 "@"가 포함된 이메일주소가 입력되도록 제한 대상을 설정하시오.

- [D3:D7] 영역의 셀을 클릭한 경우 〈그림〉과 같은 설명 메시지를 표시하고, 유효하지 않은 데이터를 입력한 경우 〈그림〉과 같은 오류 메시지가 표시되도록 설정하시오.

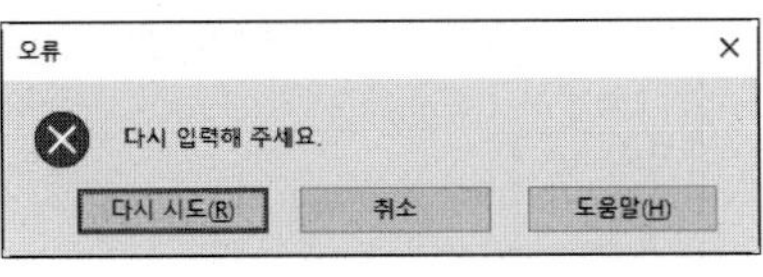

- SEARCH 함수 이용
- 기본 입력 모드가 '영문'이 되도록 설정하시오.

2141182

[기출 2] 23.상시, 22.상시, 21.상시

'기출2' 시트에 대하여 다음의 지시사항을 처리하시오.

▶ [데이터 유효성 검사] 기능을 이용하여 [C3:C9], [C12:C18], [C21:C25] 영역에 'PB', '합판', '무늬목', '집성목', '중섬유판' 목록이 표시되도록 지정하시오.

- [C3:C9], [C12:C18], [C21:C25]영역의 셀을 클릭한 경우 〈그림〉과 같은 설명 메시지를 표시하고, 유효하지 않은 데이터를 입력한 경우 오류 메시지가 표시되지 않도록 설정하시오.

종류	가로(m)	세로(m)
PB	4	5
무늬목	3	8
중섬		8
집성		1
P		1
P		5
중섬		6

상품종류
목록에 표시된 상품은 선택하고, 목록에 없는 상품은 직접 입력하시오.

- IME 모드가 '한글'이 되도록 설정하시오.

정답 및 해설

[기출 1]

1. [D3:D7] 영역을 블록으로 지정한 후 [데이터] → 데이터 도구 → **데이터 유효성 검사**(아이콘)를 클릭한다.
2. '데이터 유효성' 대화상자의 '설정' 탭에서 다음과 같이 지정한다.

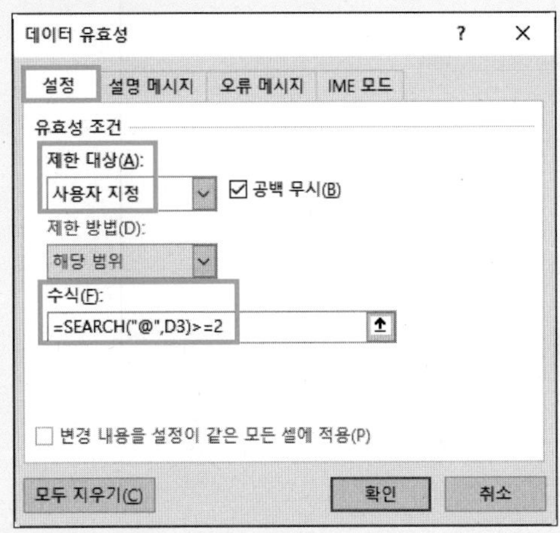

3. '데이터 유효성' 대화상자의 '설명 메시지' 탭에서 다음과 같이 지정한다.

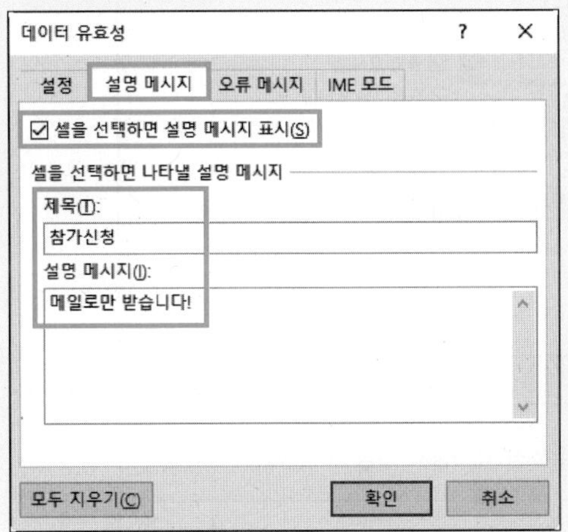

4. '데이터 유효성' 대화상자의 '오류 메시지' 탭에서 다음과 같이 지정한다.

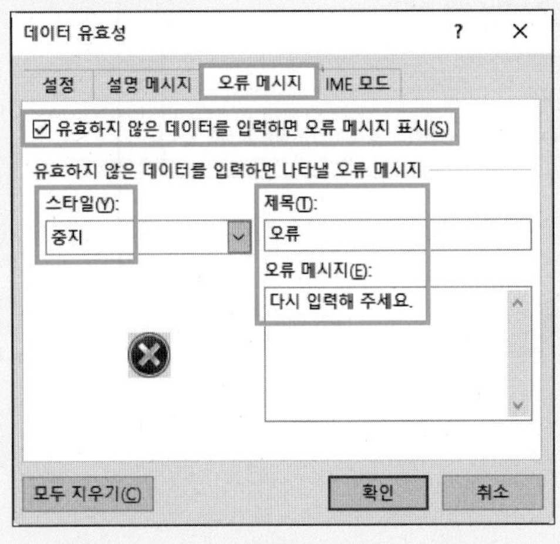

5. '데이터 유효성' 대화상자의 'IME 모드' 탭에서 다음과 같이 지정한 후 〈확인〉을 클릭한다.

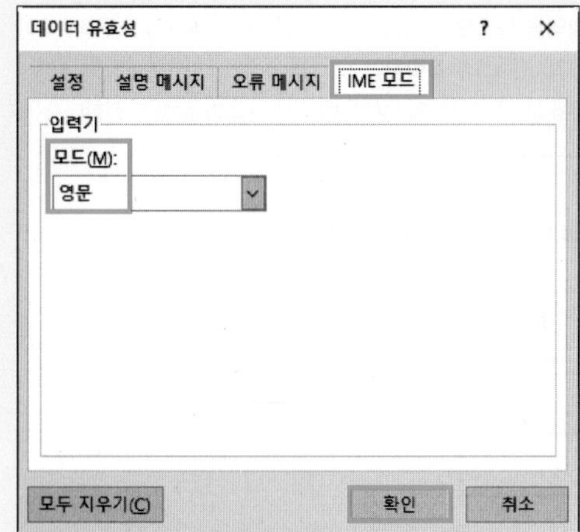

[기출 2]

1. '데이터 유효성' 대화상자 '설정' 탭

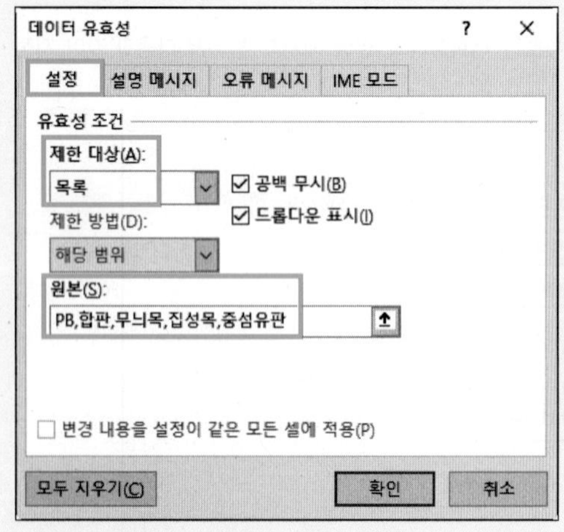

2. '데이터 유효성' 대화상자 '설명 메시지' 탭

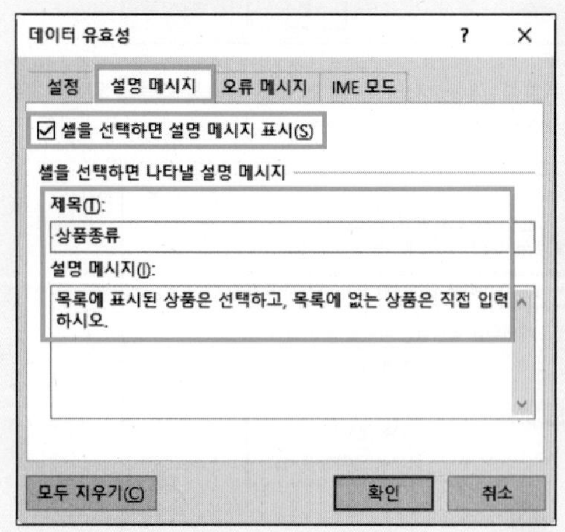

3. '데이터 유효성' 대화상자 '오류 메시지' 탭

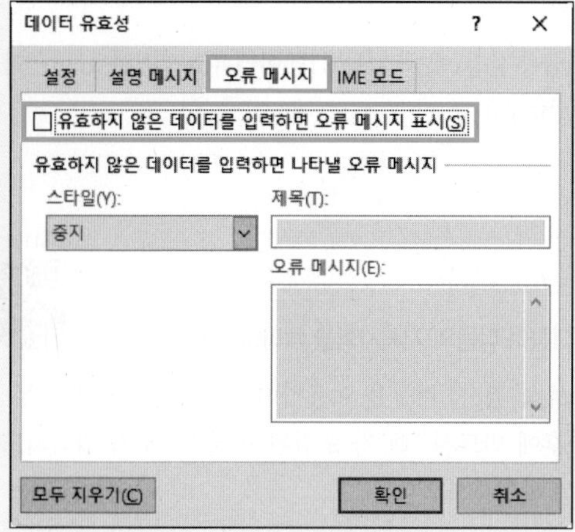

4. '데이터 유효성' 대화상자 'IME 모드' 탭

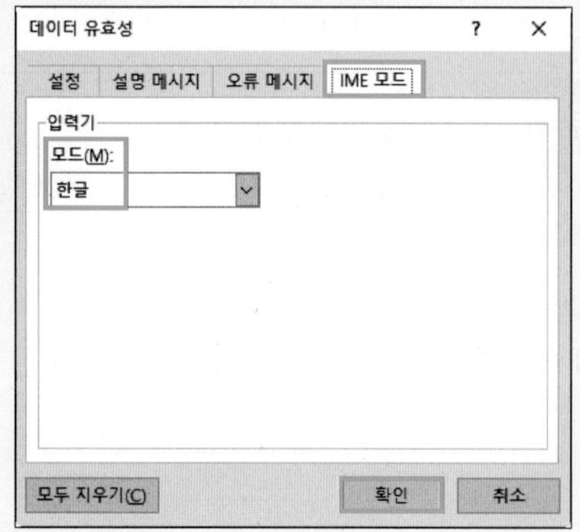

3 통합

출제 비율 30% / 배점 10점

통합 문제는 **여러 개의 표에 입력된 데이터를 합계나 평균으로 요약하여 하나의 표에 표시하는 작업**입니다. 데이터 유효성 검사 등의 다른 기능과 혼합되어 한 문제로 출제되고 **배점은 10점**입니다. 부분 점수는 없습니다.

	A	B	C	D	E	F	G
1	[표1] 1학년 1학기				[표2] 1학년 2학기		
2	과목	시험	점수		과목	시험	점수
3	국어	기말고사	38		국어	기말고사	39
4	영어	기말고사	20		영어	기말고사	37
5	수학	기말고사	18		수학	기말고사	37
6	국어	수행평가	14		국어	수행평가	10
7	영어	수행평가	13		영어	수행평가	7
8	수학	수행평가	6		수학	수행평가	20

→

	I	J
1	[표3] 과목별 평균	
2	과목	점수
3	국어	25
4	영어	19
5	수학	20

※ [표1]과 [표2]의 '과목'별 '점수'의 평균을 [표3]에 통합하여 표시한 화면입니다.

작업 순서

1. 통합된 내용이 표시될 범위를 블록으로 지정한 후 [데이터] → 데이터 도구 → **통합**을 클릭한다.
2. '통합' 대화상자에서 '함수', '참조 영역', '사용할 레이블'을 지정한 후 〈확인〉을 클릭한다.

합격포인트

- 통합 작업에서는 **'참조' 영역을 정확하게 지정하는 것이 합격포인트**인데, 통합할 때 기준이 되는 필드가 '참조' 범위의 첫 번째 열에 오도록 지정하면 되는 쉬운 작업입니다.
- 실수없이 10점을 확보할 수 있도록 신경 써 학습하세요.

☞ 직접 실습하려면 'C:\길벗컴활1급총정리\엑셀\기능\12통합.xlsm' 파일을 열어서 작업하세요.

2141211

01 24.상시, 23.상시, 22.상시, 21.상시, 20.상시, 20.1, 19.상시, 19.2, 19.1, …
통합 작성

데이터 도구 [통합] 기능을 이용하여 [A2:C9], [E2:G9] 영역에서 시험별 점수의 합계를 [J3:J5] 영역에 계산하시오.

	A	B	C	D	E	F	G	H	I	J
1	[표1] 1학년 1학기				[표2] 1학년 2학기				[표3] 시험별 합계	
2	과목	시험	점수		과목	시험	점수		시험	점수
3	국어	기말고사	38		국어	기말고사	39		기말고사	
4	영어	기말고사	20		영어	기말고사	37		수행평가	
5	수학	기말고사	18		수학	기말고사	37		중간고사	
6	국어	수행평가	14		국어	수행평가	10			
7	영어	수행평가	13		영어	수행평가	7			
8	수학	수행평가	6		수학	수행평가	20			
9	과학	중간고사	26		과학	중간고사	36			

결과가 표시될 부분인 [I2:J5] 영역을 블록으로 지정하고 [데이터] → 데이터 도구 → **통합**을 클릭한 후 '통합' 대화상자에서 지정합니다. 이때 '참조' 범위는 '시험' 필드가 첫 번째 열에 오도록 지정해야 합니다.

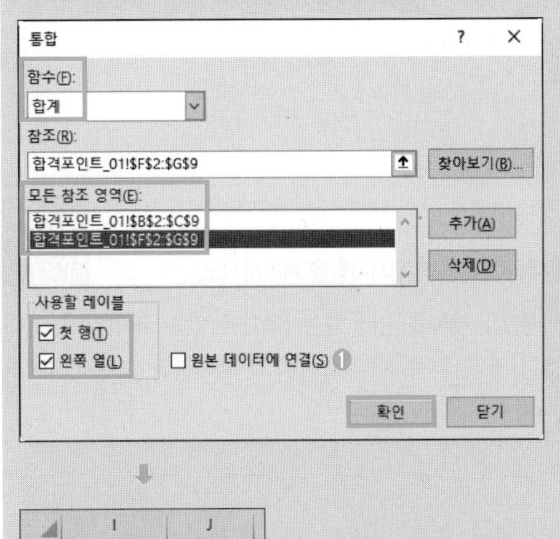

↓

	I	J
1	[표3] 시험별 합계	
2	과목	점수
3	기말고사	189
4	수행평가	70
5	중간고사	62

① '참조 영역'의 데이터가 변경되면 통합 표의 결과도 자동 업데이트 되도록 설정'하라는 지시사항이 있을 때는 '원본 데이터에 연결' 옵션을 선택하면 됩니다.

대표기출문제

'C:\길벗컴활1급총정리\엑셀\기능\12통합.xlsm' 파일을 열어서 작업하세요.

2141281

[기출 1] 24.상시, 23.상시, 22.상시, 21.상시, 20.상시, 20.1, 19.상시, 19.2, 19.1, …

'기출 1' 시트에 대하여 다음의 지시사항을 처리하시오.

데이터 도구 [통합] 기능을 이용하여 '1사분기', '2사분기', '3사분기' 시트의 [A2:F9] 영역에 있는 데이터에 대해 공항명별 여객과 화물의 평균을 '기출1' 시트의 [A2] 셀부터 표시하시오.

※ 참조 영역의 데이터가 변경되면 통합 표의 결과도 자동 업데이트 되도록 설정하시오.

1 2		A	B	C	D
	1				
	2	공항명		여객	화물
+	8	김포		3,093	1,056
+	15	인천		2,454	1,165
+	20	부산		4,290	1,139
+	27	제주		2,579	666

2141282

[기출 2] 24.상시, 23.상시, 22.상시, 21.상시, 20.상시, 20.1, 19.상시, 19.2, 19.1, …

'기출2' 시트에 대하여 다음의 지시사항을 처리하시오.

데이터 도구 [통합] 기능을 이용하여 [표1], [표2], [표3]에서 상품코드가 "MP", "PB", "MDF"로 시작하는 상품별 수량의 합계를 [I3:J5] 영역에 계산하시오.

2151283

[기출 3] 24.상시

'기출3' 시트에 대하여 다음의 지시사항을 처리하시오.

데이터 도구 [통합] 기능을 이용하여 [표1]에 있는 데이터에 대해 [표2]의 [H2:J7] 영역에 '종류'별 '숙박비'의 최대값과 '교통비'의 '최소값'을 계산하시오.

정답 및 해설

[기출 1]

1. [A2:C2] 영역을 블록으로 지정한 후 [데이터] → 데이터 도구 → **통합**을 클릭한다.
2. '통합' 대화상자에서 그림과 같이 지정한 후 〈확인〉을 클릭한다.

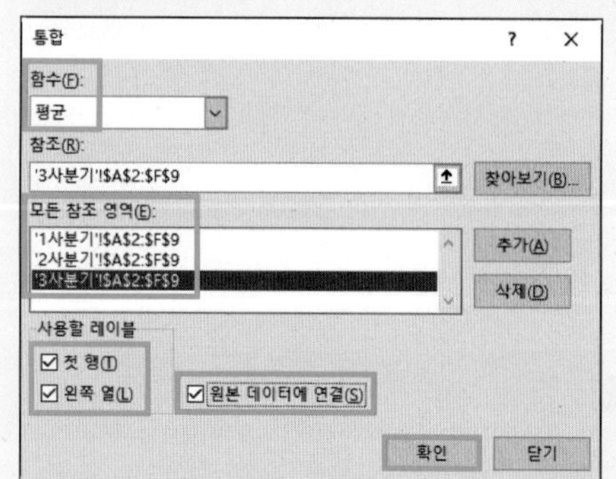

3. A열의 열 너비를 넓혀준다.

[기출 2]

〈정답〉

	H	I	J
1		[표4]	
2		상품코드	수량
3		MP*	1,180
4		PB*	3,150
5		MDF*	1,040

〈해설〉

1. [I3:I5] 영역에 다음과 같이 입력

	H	I	J
1		[표4]	
2		상품코드	수량
3		MP*	
4		PB*	
5		MDF*	

2. '통합' 대화상자

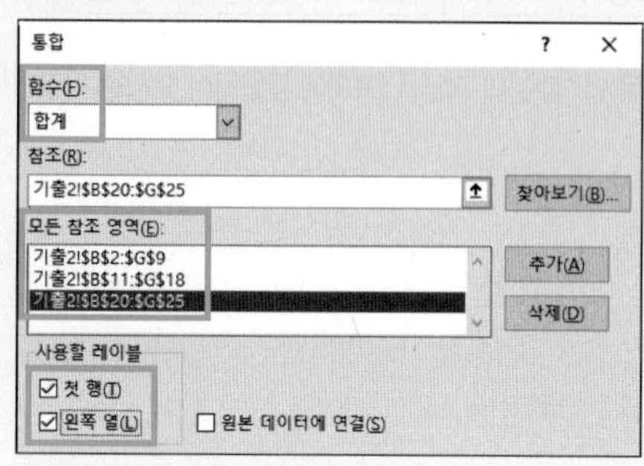

[기출 3]

〈정답〉

	H	I	J
1	[표2]		
2	종류	숙박비	교통비
3	효도관광	744,000	22,600
4	자유여행	876,000	18,500
5	모임여행	663,000	27,300
6	패키지관광	632,000	14,200
7	가족여행	502,000	18,800

〈해설〉

1. [H2:J2] 영역에 다음과 같이 입력한 후 [H2:J2] 영역을 블록으로 지정

	H	I	J
1	[표2]		
2	종류	숙박비	교통비
3			

2. '교통비' 최소값의 '통합' 대화상자 실행

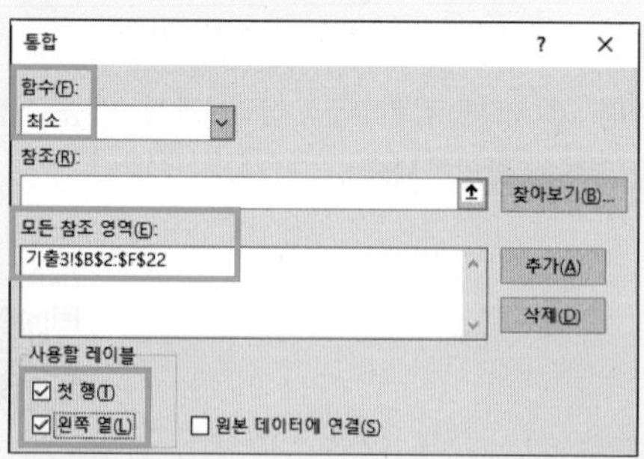

3. [H2:I2] 영역을 블록으로 지정한 후 '숙박비' 최대값의 '통합' 대화상자 실행

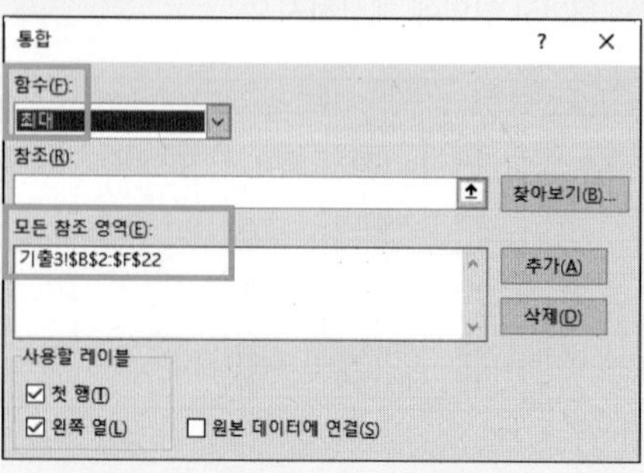

2141301

4 정렬

출제 비율 30% / 배점 10점

정렬 문제는 **셀 값, 셀 색, 사용자 지정 목록 등을 기준으로 데이터를 순서대로 나열되도록 하는 작업**입니다. 정렬 문제도 자동 필터를 적용하는 등의 다른 기능과 혼합되어 한 문제로 출제되고 **배점은 10점**입니다. 부분 점수는 없습니다.

	A	B	C	D	E
1	[표1]				
2	사원번호	이름	직책	부서	본봉
3	1003	이유림	과장	기획실	56,800
4	2105	김구완	대리	총무과	55,850
5	2106	송혜영	부장	총무과	102,500
6	2107	전주욱	대리	기획실	62,500
7	2208	윤인수	대리	기획실	56,520
8	2210	서정화	사원	총무과	64,250
9	3112	제갈량	부장	영업1부	95,620
10	3115	노지심	사원	영업1부	35,200
11	3321	이관우	사원	영업3부	58,000
12	3322	곽장비	사원	영업3부	45,600
13	3424	이충렬	과장	영업4부	85,110
14	4029	조자룡	과장	기획실	72,533

➡

	A	B	C	D	E
1	[표1]				
2	사원번호	이름	직책	부서	본봉
3	3112	제갈량	부장	영업1부	95,620
4	2106	송혜영	부장	총무과	102,500
5	4029	조자룡	과장	기획실	72,533
6	1003	이유림	과장	기획실	56,800
7	3424	이충렬	과장	영업4부	85,110
8	2105	김구완	대리	총무과	55,850
9	2107	전주욱	대리	기획실	62,500
10	2208	윤인수	대리	기획실	56,520
11	3321	이관우	사원	영업3부	58,000
12	2210	서정화	사원	총무과	64,250
13	3115	노지심	사원	영업1부	35,200
14	3322	곽장비	사원	영업3부	45,600

※ 자료를 '부장', '과장', '대리', '사원' 순으로 정렬하고, '직책'이 동일할 경우 '이름'을 기준으로 녹색이 위쪽에 표시되도록 정렬한 화면입니다.

작업 순서

1. 정렬할 영역을 블록으로 지정한 후 [데이터] → 정렬 및 필터 → **정렬**을 클릭한다.
2. '정렬' 대화상자에서 '열', '정렬 기준', '정렬'을 지정한다.

합격포인트

- '정렬' 대화상자에서 **설정값을 정확하게 지정하는 것이 합격포인트**인데, 어렵지 않습니다. 무조건 10점을 얻어야 합니다.
- **오름차순이나 내림차순으로 정렬할 수 없을 때는 '사용자 지정 목록'을 이용한다는 것!** 꼭 기억해 둬야 할 사항입니다.

☞ 직접 실습하려면 'C:\길벗컴활1급총정리\엑셀\기능\13정렬.xlsm' 파일을 열어서 작업하세요.

2141311

01 사용자 지정 목록

24.상시, 23.상시, 22.상시, 21.상시

'직책'을 '부장 – 과장 – 대리 – 사원' 순으로 정렬하시오.

	A	B	C	D	E
1	[표1]				
2	사원번호	이름	직책	부서	본봉
3	1003	이유림	과장	기획실	56,800
4	2105	김구완	대리	총무과	55,850
5	2106	송혜영	부장	총무과	102,500
6	2107	전주욱	대리	기획실	62,500
7	2208	윤인수	대리	기획실	56,520
8	2210	서정화	사원	총무과	64,250
9	3112	제갈량	부장	영업1부	95,620
10	3115	노지심	사원	영업1부	35,200
11	3321	이관우	사원	영업3부	58,000
12	3322	곽장비	사원	영업3부	45,600
13	3424	이충렬	과장	영업4부	85,110
14	4029	조자룡	과장	기획실	72,533

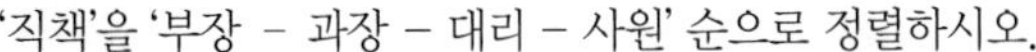

[데이터] → 정렬 및 필터 → **정렬**을 클릭한 후 '정렬' 대화상자에서 지정합니다.

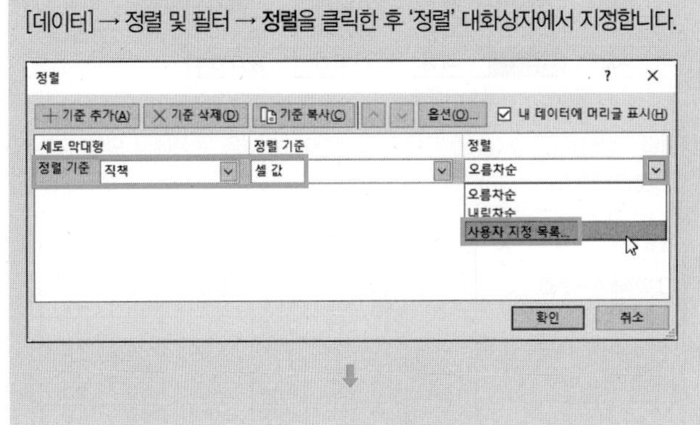

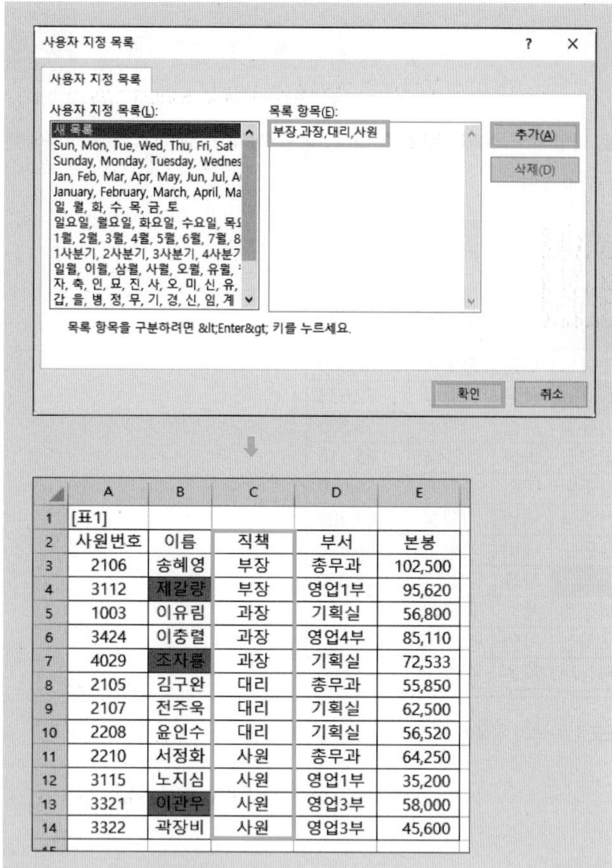

	A	B	C	D	E
1	[표1]				
2	사원번호	이름	직책	부서	본봉
3	2106	송혜영	부장	총무과	102,500
4	3112	제갈량	부장	영업1부	95,620
5	1003	이유림	과장	기획실	56,800
6	3424	이충렬	과장	영업4부	85,110
7	4029	조자룡	과장	기획실	72,533
8	2105	김구완	대리	총무과	55,850
9	2107	전주욱	대리	기획실	62,500
10	2208	윤인수	대리	기획실	56,520
11	2210	서정화	사원	총무과	64,250
12	3115	노지심	사원	영업1부	35,200
13	3321	이관우	사원	영업3부	58,000
14	3322	곽장비	사원	영업3부	45,600

2141312

02 '왼쪽에서 오른쪽'으로 정렬

24.상시, 22.상시, 21.상시

[C2:E14] 영역을 '행 2'를 기준으로 '왼쪽에서 오른쪽'으로 정렬하시오.

	A	B	C	D	E
1	[표1]				
2	사원번호	이름	직책	부서	본봉
3	1003	이유림	과장	기획실	56,800
4	2105	김구완	대리	총무과	55,850
5	2106	송혜영	부장	총무과	102,500
6	2107	전주욱	대리	기획실	62,500
7	2208	윤인수	대리	기획실	56,520
8	2210	서정화	사원	총무과	64,250
9	3112	제갈량	부장	영업1부	95,620
10	3115	노지심	사원	영업1부	35,200
11	3321	이관우	사원	영업3부	58,000
12	3322	곽장비	사원	영업3부	45,600
13	3424	이충렬	과장	영업4부	85,110
14	4029	조자룡	과장	기획실	72,533

'정렬' 대화상자에서 〈옵션〉 단추를 클릭하여 '방향'을 '왼쪽에서 오른쪽'으로 지정하면 됩니다.

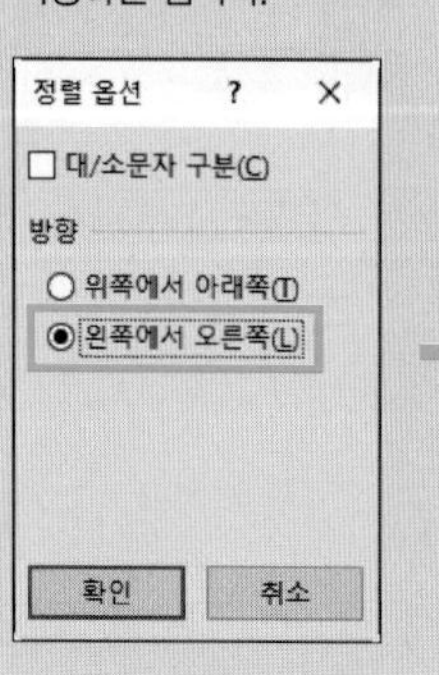

	A	B	C	D	E
1	[표1]				
2	사원번호	이름	본봉	부서	직책
3	1003	이유림	56,800	기획실	과장
4	2105	김구완	55,850	총무과	대리
5	2106	송혜영	102,500	총무과	부장
6	2107	전주욱	62,500	기획실	대리
7	2208	윤인수	56,520	기획실	대리
8	2210	서정화	64,250	총무과	사원
9	3112	제갈량	95,620	영업1부	부장
10	3115	노지심	35,200	영업1부	사원
11	3321	이관우	58,000	영업3부	사원
12	3322	곽장비	45,600	영업3부	사원
13	3424	이충렬	85,110	영업4부	과장
14	4029	조자룡	72,533	기획실	과장

대표기출문제

'C:\길벗컴활1급총정리\엑셀\기능\13정렬.xlsm' 파일을 열어서 작업하세요.

2141381

[기출 1] 24.상시, 23.상시, 22.상시, 21.상시

'기출1' 시트에 대하여 다음의 지시사항을 처리하시오.

[정렬] 기능을 이용하여 [표1]에서 '연구분야'를 '인공지능 – 광자통신 – 재생에너지' 순으로 정렬하고, 동일한 '연구분야'인 경우 '총점'의 셀 색이 'RGB(255, 0, 0)'과 'RGB(0, 112, 192)'인 셀이 위에서부터 순서대로 표시되도록 정렬하시오.

2141382

[기출 2] 24.상시, 22.상시, 21.상시

'기출2' 시트에 대하여 다음의 지시사항을 처리하시오.

[정렬] 기능을 이용하여 [표1]의 [B2:E12] 영역을 '행 2'를 기준으로 왼쪽에서 오른쪽'으로 정렬하여 '영어듣기 – 영어독해 – 전산이론 – 전산실기' 순으로 표시하시오.

정답 및 해설

[기출 1]

〈정답〉

	A	B	C	D	E	F	G
1	[표1]						
2	연구원ID	이름	연구분야	내부평가	외부평가	연구점수	총점
3	CIE-09	문초연	인공지능	41	45	71	157
4	ANS-99	홍여혜	인공지능	45	50	43	138
5	CIE-38	송동우	인공지능	45	46	34	125
6	CIE-61	장종연	인공지능	41	38	41	120
7	CIE-78	전성찬	인공지능	22	34	55	111
8	ANS-16	강승후	광자통신	27	40	87	154
9	CIE-83	임송빈	광자통신	35	32	94	161
10	CIE-93	임혜은	광자통신	47	17	99	163
11	ANS-03	배윤채	광자통신	17	32	54	103
12	ANS-10	서송민	광자통신	38	40	37	115
13	ANS-62	문태윤	광자통신	46	41	32	119
14	ANS-74	문채이	재생에너지	32	49	78	159
15	CIE-14	조정민	재생에너지	48	35	81	164
16	ANS-11	주여원	재생에너지	39	42	50	131
17	ANS-91	손상우	재생에너지	38	47	58	143
18	ANS-95	안해슬	재생에너지	50	25	53	128
19	CIE-29	서성은	재생에너지	40	39	61	140
20	CIE-56	유윤섬	재생에너지	22	32	57	111

〈해설〉

1. [A2:G20] 영역을 블록으로 지정한 후 [데이터] → 정렬 및 필터 → 정렬을 클릭한다.

2. '정렬' 대화상자에서 '정렬 기준'을 '연구분야'로 선택한 후 '정렬'에서 '사용자 지정 목록'을 선택한다.

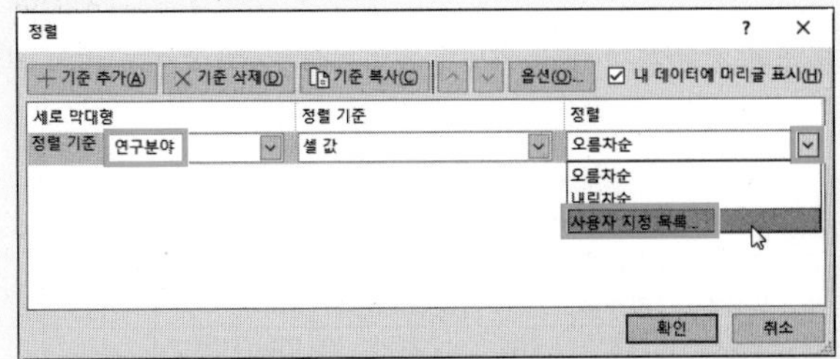

3. '사용자 지정 목록' 대화상자에서 **인공지능,광자통신,재생에너지**를 입력한 후 〈추가〉와 〈확인〉을 차례대로 클릭한다.

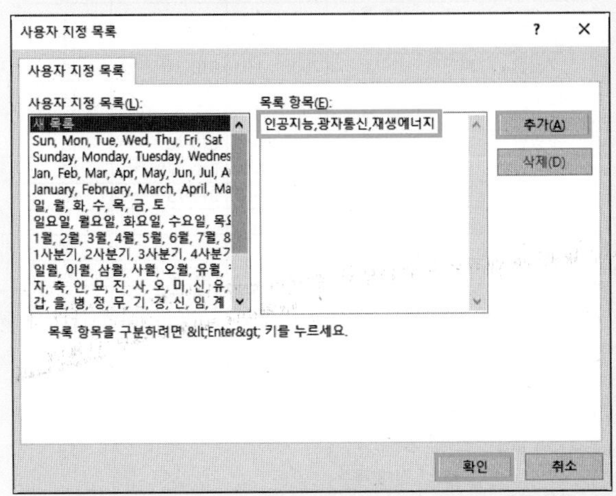

4. '정렬' 대화상자에서 〈기준 추가〉를 클릭하고 '다음 기준'에서 '총점', '정렬 기준'에서 '셀 색', '정렬'에서 '빨강'을 선택한다.

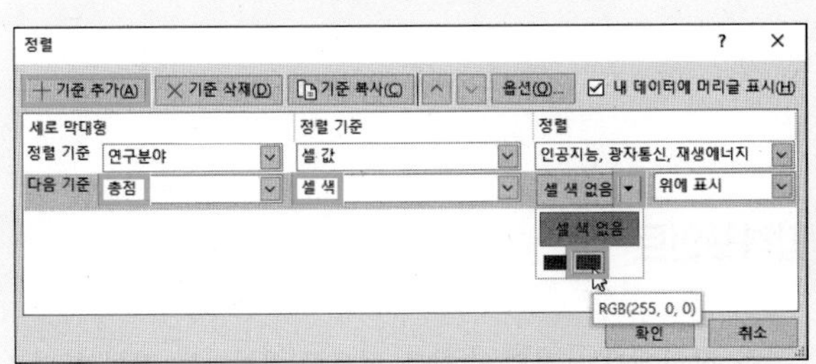

5. '정렬' 대화상자에서 '기준 추가'를 다시 클릭하고 '다음 기준'에서 '총점', '정렬 기준'에서 '셀 색', '정렬'에서 '파랑'을 선택한 후 〈확인〉을 클릭한다.

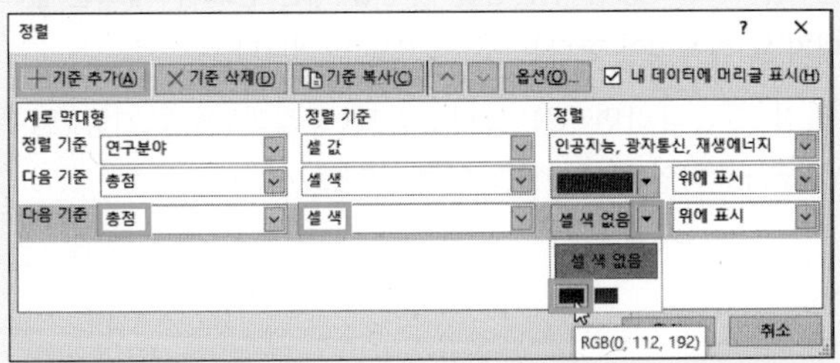

[기출 2]

〈정답〉

	A	B	C	D	E
1	[표1]				
2	이름	영어듣기	영어독해	전산이론	전산실기
3	강타	0	0	93	58
4	김민호	48	52	83	65
5	박미리	60	68	75	34
6	방정환	76	64	62	97
7	소식가	48	36	82	98
8	우희진	56	56	89	27
9	유강현	80	72	83	85
10	이기자	44	48	19	24
11	이나라	64	48	54	75
12	이순신	72	68	69	36

〈해설〉

1. '정렬 옵션' 대화상자

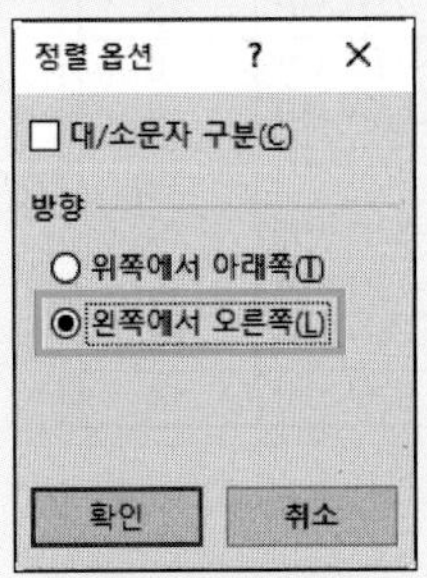

2. '사용자 지정 목록' 대화상자

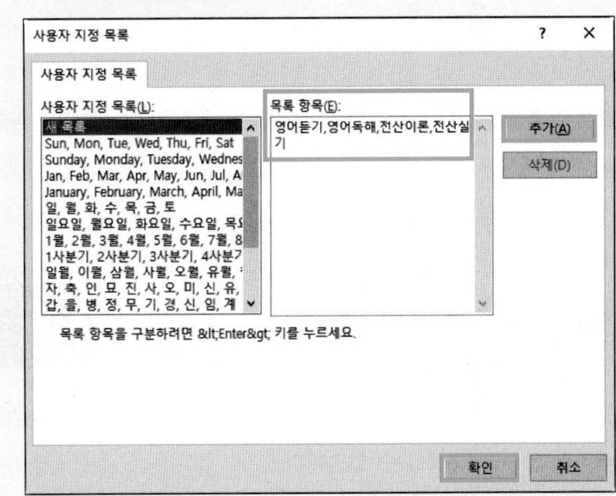

3. '정렬' 대화상자

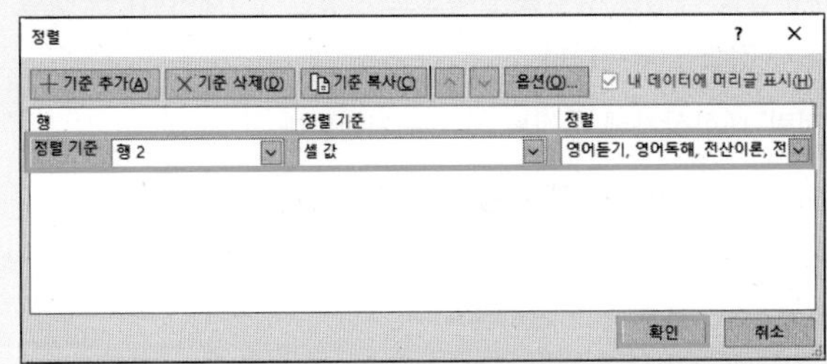

5 부분합

출제 비율 30% / 배점 10점

부분합 문제는 **정해진 항목을 기준으로 그룹별로 통계를 내는 작업**입니다. 중복된 항목 제거 등의 다른 기능과 혼합되어 2가지의 기능이 한 문제로 출제되고 **배점은 10점**입니다. 부분 점수는 없습니다.

	A	B	C	D	E	F
1	[표1]					
2	반	성명	성별	생년월일	연락처	출석일수
3	온유반	권지인	여	2007-01-02	010-84**-****	14
4	믿음반	김서영	여	2007-02-08	010-88**-****	15
5	온유반	김시연	여	2007-09-06	010-36**-****	12
6	믿음반	김종헌	남	2007-05-21	010-73**-****	13
7	믿음반	김종헌	남	2007-08-10	010-73**-****	12
8	온유반	김주한	남	2007-12-24	010-93**-****	9
9	믿음반	김주형	남	2007-06-29	010-42**-****	15
10	온유반	박준영	남	2007-10-10	010-71**-****	15
11	소망반	박진우	남	2007-02-03	010-71**-****	10
12	믿음반	송예린	여	2007-03-02	010-90**-****	15
13	소망반	오정은	여	2007-04-17	010-40**-****	15
14	소망반	유연서	여	2007-12-10	010-52**-****	13
15	소망반	윤서연	여	2007-02-08	010-73**-****	15
16	소망반	임형빈	남	2007-01-03	010-99**-****	12
17	온유반	차숙원	남	2007-08-27	010-62**-****	14

➡

	A	B	C	D	E	F
1	[표1]					
2	반	성명	성별	생년월일	연락처	출석일수
3	믿음반	김종헌	남	2007-05-21	010-73**-****	13
4	믿음반	김종헌	남	2007-08-10	010-73**-****	12
5	믿음반	김주형	남	2007-06-29	010-42**-****	15
6		3	남 개수			
7	믿음반	김서영	여	2007-02-08	010-88**-****	15
8	믿음반	송예린	여	2007-03-02	010-90**-****	15
9		2	여 개수			
10	믿음반 평균					14
11	소망반	박진우	남	2007-02-03	010-71**-****	10
12	소망반	임형빈	남	2007-01-03	010-99**-****	12
13		2	남 개수			
14	소망반	오정은	여	2007-04-17	010-40**-****	15
15	소망반	유연서	여	2007-12-10	010-52**-****	13
16	소망반	윤서연	여	2007-02-08	010-73**-****	15
17		3	여 개수			
18	소망반 평균					13
19	온유반	김주한	남	2007-12-24	010-93**-****	9
20	온유반	박준영	남	2007-10-10	010-71**-****	15
21	온유반	차숙원	남	2007-08-27	010-62**-****	14
22		3	남 개수			
23	온유반	권지인	여	2007-01-02	010-84**-****	14
24	온유반	김시연	여	2007-09-06	010-36**-****	12
25		2	여 개수			
26	온유반 평균					12.8
27		15	전체 개수			
28	전체 평균					13.26667

※ '반'별로 '출석일수'의 평균을 계산한 후 같은 반 내에서 남녀 성별로 인원수를 계산하여 표시한 화면입니다.

작업 순서

답안 작업 순서를 기억해 두세요. 시험장에서 당황하지 않고 조금 더 빠르게 답안을 작성할 수 있습니다.

1. 부분합을 작성할 영역을 블록으로 지정한 후 [데이터] → 정렬 및 필터 → **정렬**을 클릭한다.
2. '정렬' 대화상자에서 정렬 기준을 지정한다.
3. [데이터] → 개요 → **부분합**을 클릭한다.
4. 첫 번째 '부분합' 대화상자에서 '그룹화할 항목', '사용할 함수', '부분합 계산 항목'을 지정한다.
5. [데이터] → 개요 → **부분합**을 클릭한다.
6. 두 번째 '부분합' 대화상자에서 '그룹화할 항목', '사용할 함수', '부분합 계산 항목'을 지정하고 '새로운 값으로 대치'를 해제한다.

합격포인트

- 부분합 작업에서는 **작업 순서를 정확히 기억하는 것이 합격포인트**입니다.
- 제일 먼저 **그룹을 지정할 항목을 기준으로 정렬을 수행**해야 한다는 것, 그리고 **중첩 부분합을 작성할 때는 반드시 '새로운 값으로 대치'를 해제**해야 한다는 것! 잊으면 안됩니다.

☞ 직접 실습하려면 'C:\길벗컴활1급총정리\엑셀\기능\14부분합.xlsm' 파일을 열어서 작업하세요.

01 정렬 지정

2141411

24.상시, 23.상시, 22.상시, 21.상시, 18.2, 17.상시, 16.3, 13.3, 12.3, …

'반'을 기준으로 오름차순으로 정렬하고, '반'이 동일한 경우 '성별'을 기준으로 오름차순 정렬하시오.

	A	B	C	D	E	F
1	[표1]					
2	반	성명	성별	생년월일	연락처	출석일수
3	온유반	권지인	여	2007-01-02	010-84**-****	14
4	믿음반	김서영	여	2007-02-08	010-88**-****	15
5	온유반	김시연	여	2007-09-06	010-36**-****	12
6	믿음반	김종헌	남	2007-05-21	010-73**-****	13
7	믿음반	김종헌	남	2007-08-10	010-73**-****	12
8	온유반	김주한	남	2007-12-24	010-93**-****	9
9	믿음반	김주형	남	2007-06-29	010-42**-****	15
10	온유반	박준영	남	2007-10-10	010-71**-****	15
11	소망반	박진우	남	2007-02-03	010-71**-****	10
12	믿음반	송예린	여	2007-03-02	010-90**-****	15
13	소망반	오정은	여	2007-04-17	010-40**-****	15
14	소망반	유연서	여	2007-12-10	010-52**-****	13
15	소망반	윤서연	여	2007-02-08	010-73**-****	15
16	소망반	임형빈	남	2007-01-03	010-99**-****	12
17	온유반	차숙원	남	2007-08-27	010-62**-****	14

[데이터] → 정렬 및 필터 → **정렬**을 클릭한 후 '정렬' 대화상자에서 지정합니다.

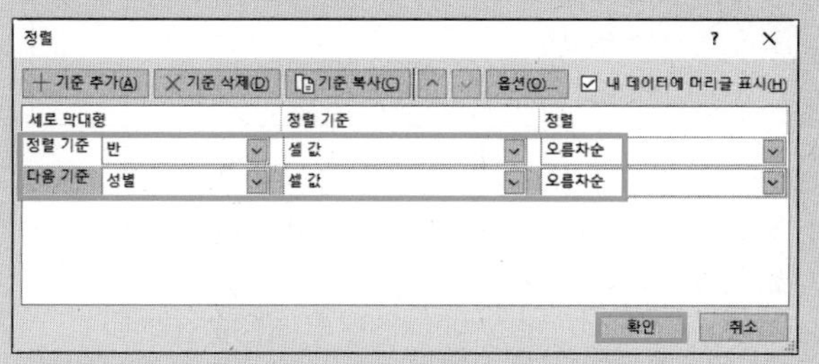

	A	B	C	D	E	F
1	[표1]					
2	반	성명	성별	생년월일	연락처	출석일수
3	믿음반	김종헌	남	2007-05-21	010-73**-****	13
4	믿음반	김종헌	남	2007-08-10	010-73**-****	12
5	믿음반	김주형	남	2007-06-29	010-42**-****	15
6	믿음반	김서영	여	2007-02-08	010-88**-****	15
7	믿음반	송예린	여	2007-03-02	010-90**-****	15
8	소망반	박진우	남	2007-02-03	010-71**-****	10
9	소망반	임형빈	남	2007-01-03	010-99**-****	12
10	소망반	오정은	여	2007-04-17	010-40**-****	15
11	소망반	유연서	여	2007-12-10	010-52**-****	13
12	소망반	윤서연	여	2007-02-08	010-73**-****	15
13	온유반	김주한	남	2007-12-24	010-93**-****	9
14	온유반	박준영	남	2007-10-10	010-71**-****	15
15	온유반	차숙원	남	2007-08-27	010-62**-****	14
16	온유반	권지인	여	2007-01-02	010-84**-****	14
17	온유반	김시연	여	2007-09-06	010-36**-****	12

02 부분합 작성

2141412

24.상시, 23.상시, 22.상시, 21.상시, 18.2, 17.상시, 16.3, 13.3, 12.3, …

[부분합] 기능을 이용하여 [표1]에서 '반'별 '출석일수'의 평균을 계산한 후 '성별'별 '성명'의 개수를 계산하시오.

– 평균과 개수는 위에 명시된 순서대로 처리하시오.

	A	B	C	D	E	F
1	[표1]					
2	반	성명	성별	생년월일	연락처	출석일수
3	믿음반	김종헌	남	2007-05-21	010-73**-****	13
4	믿음반	김종헌	남	2007-08-10	010-73**-****	12
5	믿음반	김주형	남	2007-06-29	010-42**-****	15
6	믿음반	김서영	여	2007-02-08	010-88**-****	15
7	믿음반	송예린	여	2007-03-02	010-90**-****	15
8	소망반	박진우	남	2007-02-03	010-71**-****	10
9	소망반	임형빈	남	2007-01-03	010-99**-****	12
10	소망반	오정은	여	2007-04-17	010-40**-****	15
11	소망반	유연서	여	2007-12-10	010-52**-****	13
12	소망반	윤서연	여	2007-02-08	010-73**-****	15
13	온유반	김주한	남	2007-12-24	010-93**-****	9
14	온유반	박준영	남	2007-10-10	010-71**-****	15
15	온유반	차숙원	남	2007-08-27	010-62**-****	14
16	온유반	권지인	여	2007-01-02	010-84**-****	14
17	온유반	김시연	여	2007-09-06	010-36**-****	12

- 부분합은 정렬을 수행한 다음 [데이터] → 개요 → **부분합**을 클릭한 후 '부분합' 대화상자에서 지정합니다.
- 두 번째 '부분합' 대화상자에서는 반드시 '새로운 값으로 대치'를 해제해야 합니다.

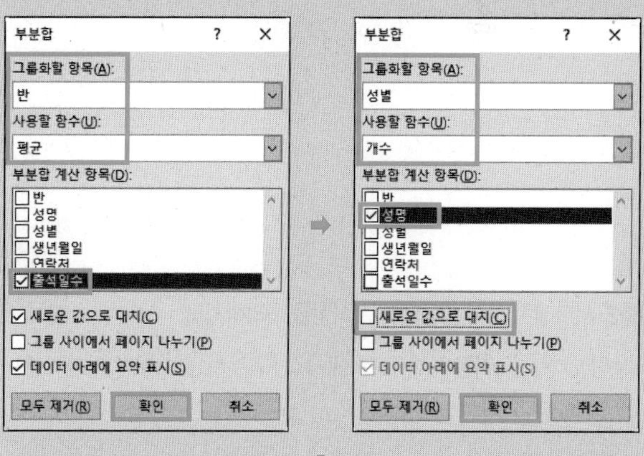

	A	B	C	D	E	F
1	[표1]					
2	반	성명	성별	생년월일	연락처	출석일수
3	믿음반	김종헌	남	2007-05-21	010-73**-****	13
4	믿음반	김종헌	남	2007-08-10	010-73**-****	12
5	믿음반	김주형	남	2007-06-29	010-42**-****	15
6		3	**남 개수**			
7	믿음반	김서영	여	2007-02-08	010-88**-****	15
8	믿음반	송예린	여	2007-03-02	010-90**-****	15
9		2	**여 개수**			
10	**믿음반 평균**					14
11	소망반	박진우	남	2007-02-03	010-71**-****	10
12	소망반	임형빈	남	2007-01-03	010-99**-****	12
13		2	**남 개수**			
14	소망반	오정은	여	2007-04-17	010-40**-****	15
15	소망반	유연서	여	2007-12-10	010-52**-****	13
16	소망반	윤서연	여	2007-02-08	010-73**-****	15
17		3	**여 개수**			
18	**소망반 평균**					13
19	온유반	김주한	남	2007-12-24	010-93**-****	9
20	온유반	박준영	남	2007-10-10	010-71**-****	15
21	온유반	차숙원	남	2007-08-27	010-62**-****	14
22		3	**남 개수**			
23	온유반	권지인	여	2007-01-02	010-84**-****	14
24	온유반	김시연	여	2007-09-06	010-36**-****	12
25		2	**여 개수**			
26	**온유반 평균**					12.8
27		15	**전체 개수**			
28	**전체 평균**					13.26667

대표기출문제

'C:\길벗컴활1급총정리\엑셀\기능\14부분합.xlsm' 파일을 열어서 작업하세요.

2141481

[기출 1] 24.상시, 23.상시, 22.상시, 21.상시, 18.2, 17.상시, 16.3, 13.3, 12.3, 11.3, …

'기출1' 시트에 대하여 다음의 지시사항을 처리하시오.

[부분합] 기능을 이용하여 [표1]에서 '단과대학'별 '졸업자'의 평균을 계산한 후 '성별'별 '취업률'의 최대값을 계산하시오.

- '단과대학'을 기준으로 오름차순으로 정렬하고, '단과대학'이 동일한 경우 '성별'을 기준으로 오름차순 정렬하시오.
- 평균과 최대값은 위에 명시된 순서대로 처리하시오.

2141482

[기출 2] 24.상시, 23.상시, 22.상시, 21.상시, 18.2, 17.상시, 16.3, 13.3, 12.3, 11.3, …

'기출2' 시트에 대하여 다음의 지시사항을 처리하시오.

[부분합] 기능을 이용하여 [표1]에서 '연구분야'별 '총점'의 개수를 계산한 후 평균을 계산하시오.

- '연구분야'를 기준으로 오름차순으로 정렬하시오.
- 개수와 평균을 위에 명시된 순서대로 처리하시오.

정답 및 해설

[기출 1]

〈정답〉

	A	B	C	D	E
1	[표1]				
2	단과대학	학과	성별	졸업자	취업률
3	사범대학	교육학과	남	40	58%
4	사범대학	국어교육과	남	45	58%
5			**남 최대**		58%
6	사범대학	수학교육과	여	35	60%
7	사범대학	국어교육과	여	50	64%
8	사범대학	영어 교육과	여	60	78%
9			**여 최대**		78%
10	**사범대학 평균**			46	
11	사회과학대학	심리학과	남	45	42%
12	사회과학대학	사회학과	남	50	72%
13	사회과학대학	사회복지학과	남	70	49%
14			**남 최대**		72%
15	사회과학대학	행정학과	여	49	73%
16	사회과학대학	심리학과	여	50	66%
17	사회과학대학	사회학과	여	51	51%
18	사회과학대학	정치외교학과	여	52	75%
19			**여 최대**		75%
20	**사회과학대학 평균**			52.42857	
21	인문대학	문헌정보학과	남	40	68%
22	인문대학	역사학과	남	55	42%
23	인문대학	국어국문학과	남	60	57%
24			**남 최대**		68%
25	인문대학	철학과	여	25	60%
26	인문대학	중어중문학과	여	40	85%
27	인문대학	역사학과	여	42	55%
28	인문대학	영어영문학과	여	50	46%
29			**여 최대**		85%
30	**인문대학 평균**			44.57143	
31			**전체 최대값**		85%
32	**전체 평균**			47.84211	

〈해설〉

1. [A2:E21] 영역을 블록으로 지정한 후 [데이터] → 정렬 및 필터 → **정렬**을 클릭한다.
2. '정렬' 대화상자에서 그림과 같이 지정한 후 〈확인〉을 클릭한다.

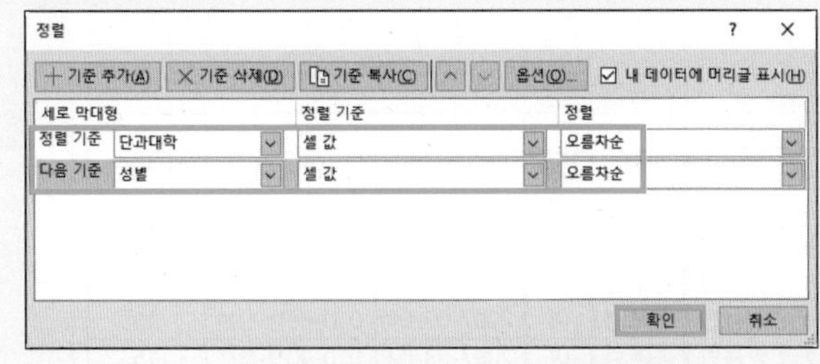

3. 블록이 지정된 상태에서 [데이터] → 개요 → **부분합**을 클릭한다.
4. '부분합' 대화상자에서 그림과 같이 지정한 후 〈확인〉을 클릭한다.

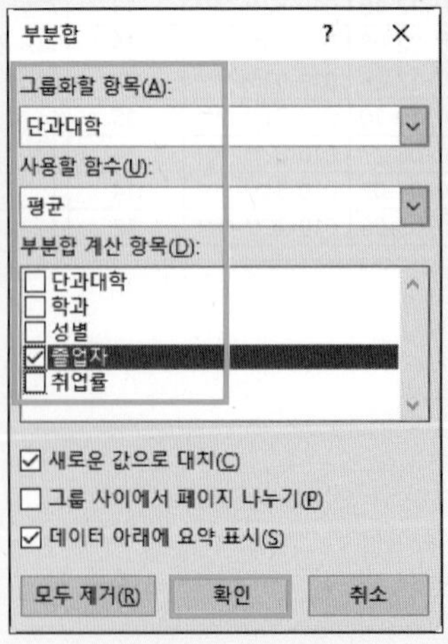

5. 블록이 지정된 상태에서 [데이터] → 개요 → **부분합**을 클릭한다.

6. '부분합' 대화상자에서 그림과 같이 지정하고, '새로운 값으로 대치'를 해제한 후 〈확인〉을 클릭한다.

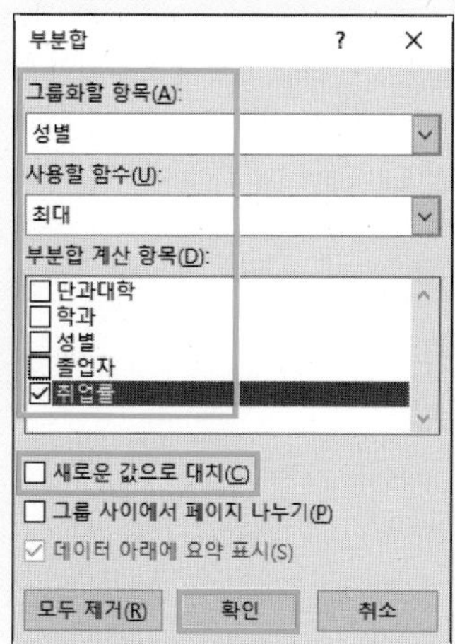

[기출 2]

〈정답〉

	A	B	C	D	E	F	G
1	[표1]						
2	연구원ID	이름	연구분야	내부평가	외부평가	연구점수	총점
3	ANS-03	배윤채	광자통신	17	32	54	103
4	ANS-10	서송민	광자통신	38	40	37	115
5	ANS-16	강승후	광자통신	27	40	87	154
6	ANS-62	문태윤	광자통신	46	41	32	119
7	CIE-83	임송빈	광자통신	35	32	94	161
8	CIE-93	임혜온	광자통신	47	17	99	163
9			**광자통신 평균**				135.8333
10			**광자통신 개수**				6
11	ANS-99	홍여혜	인공지능	45	50	43	138
12	CIE-09	문초연	인공지능	41	45	71	157
13	CIE-38	송동우	인공지능	45	46	34	125
14	CIE-61	장종연	인공지능	41	38	41	120
15	CIE-78	전성찬	인공지능	22	34	55	111
16			**인공지능 평균**				130.2
17			**인공지능 개수**				5
18	ANS-11	주여원	재생에너지	39	42	50	131
19	ANS-74	문채이	재생에너지	32	49	78	159
20	ANS-91	손상우	재생에너지	38	47	58	143
21	ANS-95	안해슬	재생에너지	50	25	53	128
22	CIE-14	조정민	재생에너지	48	35	81	164
23	CIE-29	서성은	재생에너지	40	39	61	140
24	CIE-56	유윤섬	재생에너지	22	32	57	111
25			**재생에너지 평균**				139.4286
26			**재생에너지 개수**				7
27			**전체 평균**				135.6667
28			**전체 개수**				18

〈해설〉

• '정렬' 대화상자

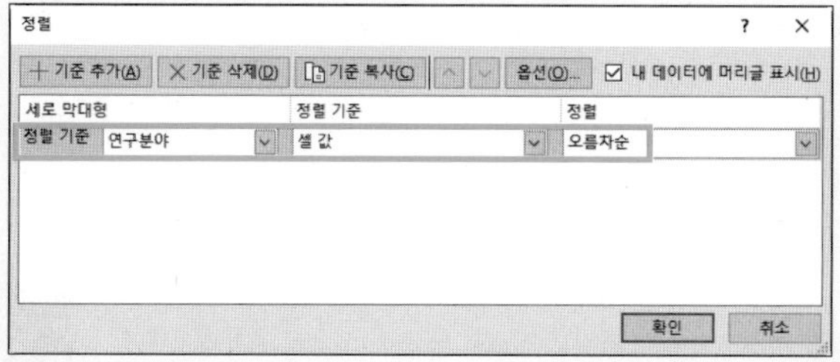

• 1차 '부분합' 대화상자

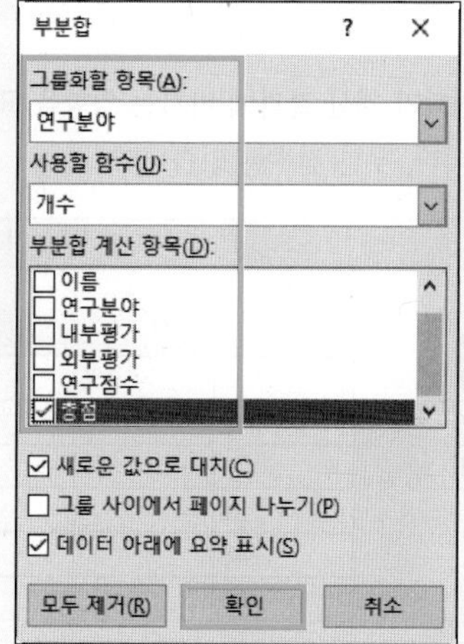

• 2차 '부분합' 대화상자

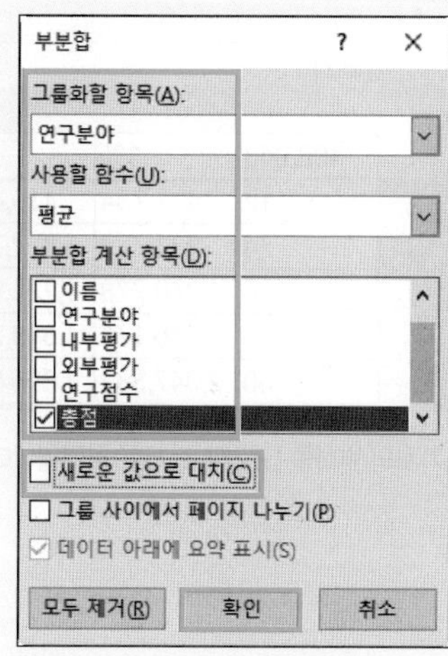

6 데이터 표

출제 비율 30% / 배점 10점

데이터 표 문제는 **특정 값의 변화가 계산 결과에 미치는 영향을 표의 형태로 표시하는 작업**입니다. 유효성 검사 등의 다른 기능과 혼합되어 한 문제로 출제되고 **배점은 10점**입니다. 부분 점수는 없습니다.

	A	B	C	D	E	F	G	H	I	J
1		[표1]				[표2]				
2		이자율	5%				이자율			
3		금액	35000				1%	2%	3%	4%
4		기간	12		기간	12				
5		미래가치	408,843			24				
6						36				
7						48				
8						60				

↓

	B	C	D	E	F	G	H	I	J
1	[표1]				[표2]				
2	이자율	5%				이자율			
3	금액	35000			408,843	1%	2%	3%	4%
4	기간	12		기간	12	417,734	415,485	413,254	411,040
5	미래가치	408,843			24	831,313	822,750	814,309	805,989
6					36	1,240,778	1,221,957	1,203,526	1,185,477
7					48	1,646,171	1,613,266	1,581,254	1,550,109
8					60	2,047,532	1,996,832	1,947,833	1,900,467

※ 이자율과 기간 변동에 따른 미래가치의 변화를 [표2]에 표시한 화면입니다.

작업 순서

1. 결과를 계산하는 수식을 표의 왼쪽 상단에 복사–붙여넣기 한다.
2. 데이터 표가 적용될 영역을 블록으로 지정한 후 [데이터] → 예측 → 가상 분석 → **데이터 표**를 선택한다.
3. '데이터 표' 대화상자에서 '행 입력 셀'과 '열 입력 셀'을 지정한다.

합격포인트

'데이터 표'는 **'데이터 표' 대화상자에서 '행 입력 셀'과 '열 입력 셀'을 정확하게 지정하는 것이 합격포인트**인데, 마찬가지로 어렵지 않습니다. 한 두 번만 정확하게 따라하면 됩니다.

☞ 직접 실습하려면 'C:\길벗컴활1급총정리\엑셀\기능\15데이터표.xlsm' 파일을 열어서 작업하세요.

01 23.상시, 22.상시, 21.상시, 20.상시, 19.상시, 18.1, 16.2, 16.1, 10.2, 06.4

데이터 표 작성

[표1]은 이자율(C2)과 기간(C4)의 값에 따른 미래가치(C5)를 계산한 것이다. [데이터 표] 기능을 이용하여 [G4:J8] 영역에 이자율과 기간의 변동에 따른 미래가치를 계산하시오.

	A	B	C	D	E	F	G	H	I	J
1		[표1]				[표2]				
2		이자율	5%				이자율			
3		금액	35000				1%	2%	3%	4%
4		기간	12		기간	12				
5		미래가치	408,843			24				
6						36				
7						48				
8						60				

데이터 표는 [데이터] → 예측 → 가상 분석 → **데이터 표**에서 지정합니다.

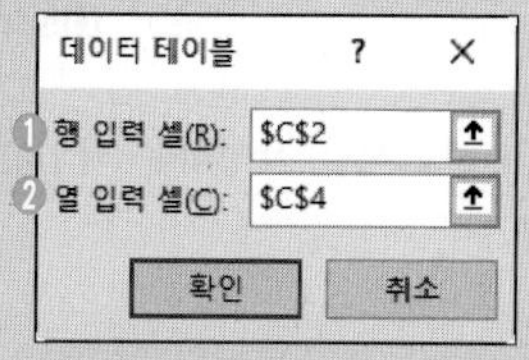

⬇

	B	C	D	E	F	G	H	I	J
1	[표1]				[표2]				
2	이자율	5%				이자율			
3	금액	35000			408,843	1%	2%	3%	4%
4	기간	12		기간	12	417,734	415,485	413,254	411,040
5	미래가치	408,843			24	831,313	822,750	814,309	805,989
6					36	1,240,778	1,221,957	1,203,526	1,185,477
7					48	1,646,171	1,613,266	1,581,254	1,550,109
8					60	2,047,532	1,996,832	1,947,833	1,900,467

❶ **행 입력 셀** : 변화되는 값이 행에 있을 때 변화되는 셀의 주소를 지정합니다. 변화되는 '이자율'이 3행에 있으므로 미래가치 계산에 사용된 셀 주소 [C2] 셀을 '행 입력 셀'에 지정합니다.

❷ **열 입력 셀** : 변화되는 값이 열에 있을 때 변화되는 셀의 주소를 지정합니다. 변화되는 '기간'이 F열에 있으므로 미래가치 계산에 사용된 셀 주소 [C4] 셀을 '열 입력 셀'에 지정합니다.

대표기출문제

'C:\길벗컴활1급총정리\엑셀\기능\15데이터표.xlsm' 파일을 열어서 작업하세요.

2141581

[기출 1] 23.상시, 22.상시, 21.상시, 20.상시, 19.상시, 18.1, 16.2, 16.1, 10.2, 06.4

'기출1' 시트에 대하여 다음의 지시사항을 처리하시오.

[표1]은 대출기간(D4)과 이율(F4)의 값에 따른 월상환액(G4)을 계산한 것이다. [데이터 표] 기능을 이용하여 [D9:G12] 영역에 대출기간과 이율의 변동에 따른 월상환액을 계산하시오.

2141582

[기출 2] 23.상시, 22.상시, 21.상시, 20.상시, 19.상시, 18.1, 16.2, 16.1, 10.2, 06.4

'기출2' 시트에 대하여 다음의 지시사항을 처리하시오.

'상반기 판매현황' 표의 실적율[B6]은 계획수량[B4]과 판매수량[B5]을 이용하여 계산한 것이다. [데이터 표] 기능을 이용하여 [E5:E8] 영역에 판매수량의 변동에 따른 실적율을 계산하시오.

정답 및 해설

[기출 1]

〈정답〉

	A	B	C	D	E	F	G
6			[표2]				
7				대출기간			
8			₩288,614	1	2	3	4
9		이율	2.0%	842,389	425,403	286,426	216,951
10			2.5%	844,661	427,604	288,614	219,140
11			3.0%	846,937	429,812	290,812	221,343
12			3.5%	849,216	432,027	293,021	223,560

〈해설〉

1. [G4] 셀을 선택하고 수식 입력줄의 수식을 복사(Ctrl+C)한 후 Esc를 누른다.
   ※ 셀에 입력된 수식을 변화 없이 그대로 복사하기 위해서는 수식 입력줄에 표시된 수식을 복사해야 합니다.
2. [C8] 셀을 클릭한 후 복사한 수식을 붙여넣기(Ctrl+V) 한다.
3. [C8:G12] 영역을 블록으로 지정한 후 [데이터] → 예측 → 가상 분석 → **데이터 테이블**를 선택한다.
4. '데이터 테이블' 대화상자에서 그림과 같이 지정한 후 〈확인〉을 클릭한다.

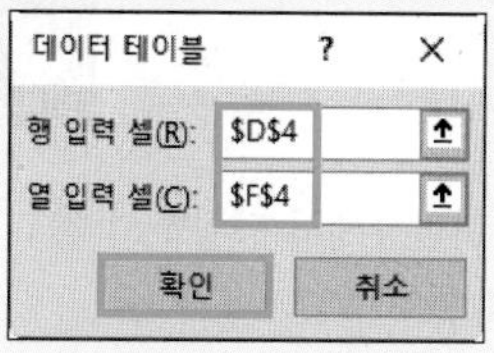

데이터 테이블 ? ×
행 입력 셀(R): $D$4
열 입력 셀(C): $F$4
확인 취소

[기출 2]

〈정답〉

	D	E
3	판매수량	실적율
4		48.98%
5	1,000	40.82%
6	1,500	61.22%
7	2,000	81.63%
8	2,500	102.04%

〈해설〉

- [E4] : =B5/B4
- '데이터 테이블' 대화상자

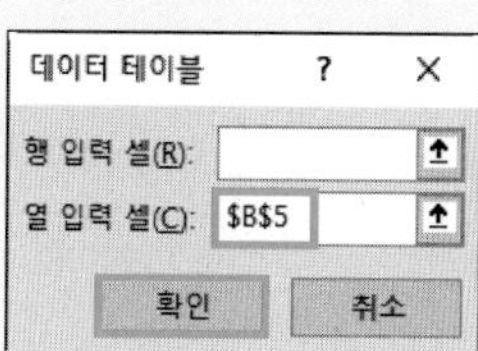

2141601

7 시나리오

출제 비율 10% / 배점 10점

시나리오 문제는 "제품 단가가 1,100으로 오르면 판매액이 얼마나 늘까?" 같은 **시나리오를 만들어 시나리오 요약 보고서를 작성하는 작업**입니다. 데이터 정렬 등의 다른 기능과 혼합되어 한 문제로 출제되고 **배점은 10점**입니다. 부분 점수는 없습니다.

	A	B	C	D	E
1	서울 대리점 판매현황				
2	품목	목표량	판매량	판매단가	판매액
3	냉장고	9	15	950	14,250
4	오디오	5	10	1,400	14,000
5	비디오	11	15	560	8,400
6	카메라	14	14	340	4,760
7	합계	39	54	3,250	41,410

➡

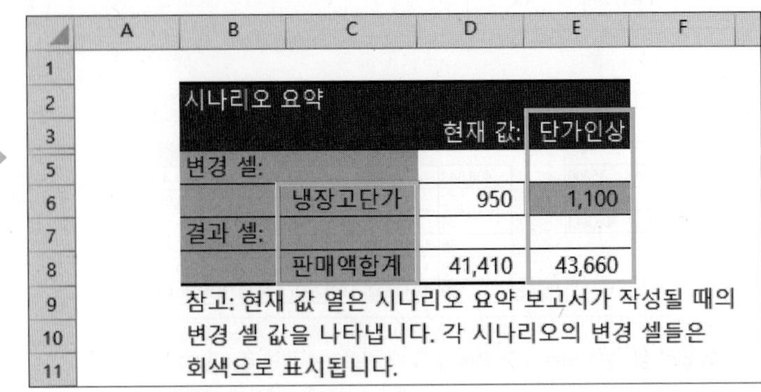

	A	B	C	D	E	F
1						
2		시나리오 요약				
3				현재 값:	단가인상	
5		변경 셀:				
6			냉장고단가	950	1,100	
7		결과 셀:				
8			판매액합계	41,410	43,660	
9		참고: 현재 값 열은 시나리오 요약 보고서가 작성될 때의				
10		변경 셀 값을 나타냅니다. 각 시나리오의 변경 셀들은				
11		회색으로 표시됩니다.				

※ 냉장고의 판매단가가 950에서 1,100으로 증가할 때의 판매액 합계를 '시나리오 요약 보고서'로 표시한 화면입니다.

2141602

작업 순서

답안 작업 순서를 잘 기억해 두세요. 시험장에서 당황하지 않고 조금 더 빠르게 답안을 작성할 수 있습니다.

1. 변경 셀과 결과 셀에 이름을 정의한다.
2. [데이터] → 예측 → 가상 분석 → **시나리오 관리자**를 선택한다.
3. '시나리오 관리자' 대화상자에서 〈추가〉를 클릭한다.
4. '시나리오 추가' 대화상자에서 시나리오의 이름과 변경 셀을 지정한다.
5. '시나리오 값' 대화상자에서 변경 값을 지정한다.
6. '시나리오 관리자' 대화상자에서 〈요약〉을 클릭한다.
7. '시나리오 요약' 대화상자에서 '보고서 종류'와 '결과 셀'을 지정한다.

합격포인트

- 시나리오 작업은 **순서대로 작업을 정확하게 수행하는 것이 합격 포인트**인데, 이것 또한 어렵지 않습니다.
- 먼저 이름 상자에 이름을 정의하고 '시나리오 추가', '시나리오 값' 대화상자에서 변경 셀과 변경 값을 정확하게 지정하면 됩니다.
- 출제율은 낮지만 혹시라도 출제되면 준비된 10점을 반드시 확보해야 합니다.

☞ 직접 실습해 보려면 'C:\길벗컴활1급총정리\엑셀\기능\16시나리오.xlsm' 파일을 열어서 작업하세요.

2141611

22.상시, 21.상시, 20.상시

01 이름 정의

[D3] 셀의 이름은 '냉장고단가'로 정의하시오.

[D3] 셀을 클릭하고 이름 상자에 **냉장고단가**를 입력한 후 Enter를 누릅니다.

냉장고단가 ▾ | 입력 → Enter | fx | 950

	A	B	C	D	E
1	서울 대리점 판매현황				
2	품목	목표량	판매량	판매단가	판매액
3	냉장고	9	15	950	14,250
4	오디오	5	10	1,400	14,000
5	비디오	11	15	560	8,400
6	카메라	14	14	340	4,760
7	합계	39	54	3,250	41,410

2141612 

02 시나리오 작성

22.상시, 21.상시, 20.상시

냉장고의 판매단가[D3]가 다음과 같이 변동하는 경우 판매액 합계[E7]의 변동 시나리오를 작성하시오.

▶ 시나리오 이름은 "단가인상", 냉장고의 판매단가는 1100으로 설정함

	A	B	C	D	E
1	서울 대리점 판매현황				
2	품목	목표량	판매량	판매단가	판매액
3	냉장고	9	15	950	14,250
4	오디오	5	10	1,400	14,000
5	비디오	11	15	560	8,400
6	카메라	14	14	340	4,760
7	합계	39	54	3,250	41,410

시나리오는 [데이터] → 예측 → 가상 분석 → **시나리오 관리자**를 선택한 후 '시나리오 관리자' 대화상자에서 〈추가〉를 클릭하여 지정합니다.

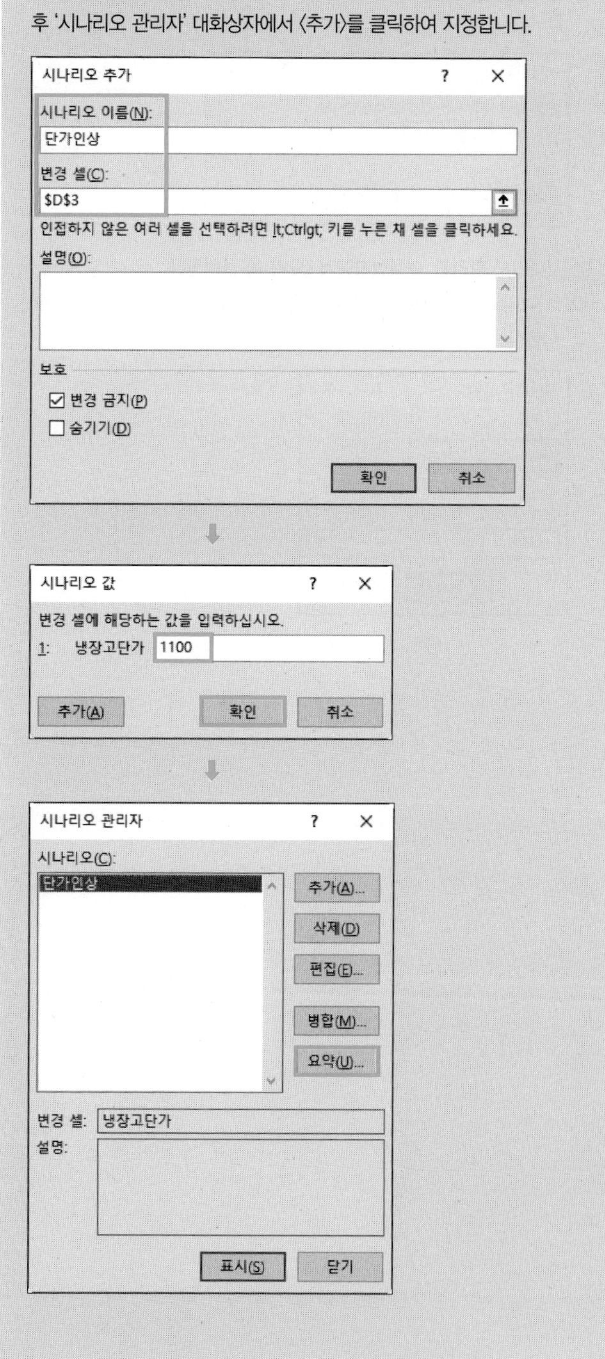

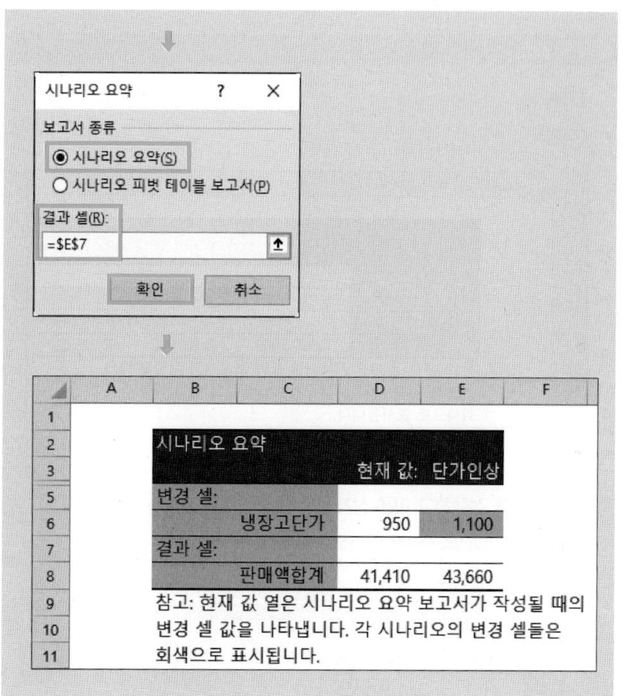

	A	B	C	D	E
2		시나리오 요약			
3				현재 값:	단가인상
5		변경 셀:			
6			냉장고단가	950	1,100
7		결과 셀:			
8			판매액합계	41,410	43,660
9		참고: 현재 값 열은 시나리오 요약 보고서가 작성될 때의			
10		변경 셀 값을 나타냅니다. 각 시나리오의 변경 셀들은			
11		회색으로 표시됩니다.			

잠깐만요

'시나리오 추가' 대화상자에서 범위 지정 단추(⬆)를 이용하여 '변경 셀'을 지정하면 '시나리오 추가' 대화상자가 '시나리오 편집'으로 변경됩니다.

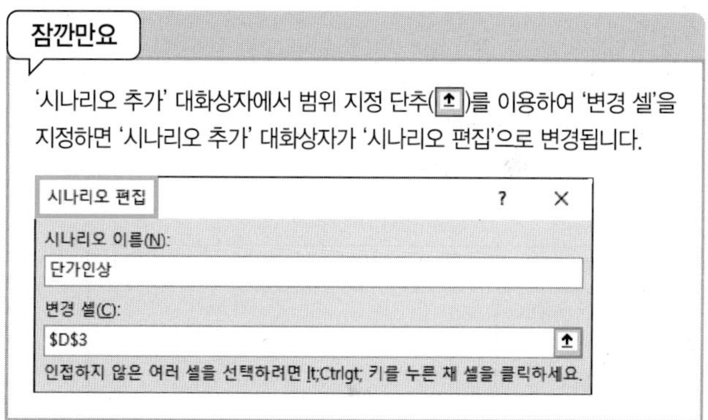

대표기출문제

C:\길벗컴활1급총정리\엑셀\기능\16시나리오.xlsm' 파일을 열어서 작업하세요.

2141681 

[기출 1] 22.상시, 21.상시, 20.상시

'기출1' 시트에 대하여 다음의 지시사항을 처리하시오.

[시나리오 관리자] 기능을 이용하여 [표1]에서 수량[B4]이 다음과 같이 변동하는 경우 순이익[B9]의 변동 시나리오를 작성하시오.

▶ [B4] 셀의 이름은 "수량", [B9] 셀의 이름은 "순이익"으로 정의하시오.

▶ 시나리오1 : 시나리오 이름은 '판매증가', 수량을 400으로 설정하시오.

▶ 시나리오2 : 시나리오 이름은 '판매감소', 수량을 150으로 설정하시오.

▶ 시나리오 요약 시트는 '기출1' 시트의 바로 왼쪽에 위치해야 함

정답 및 해설

[기출 1]

〈정답〉

	A	B	C	D	E	F
1						
2		시나리오 요약				
3				현재 값:	판매증가	판매감소
5		변경 셀:				
6			수량	250	400	150
7		결과 셀:				
8			순이익	153,375,000	248,100,000	90,225,000
9		참고: 현재 값 열은 시나리오 요약 보고서가 작성될 때의				
10		변경 셀 값을 나타냅니다. 각 시나리오의 변경 셀들은				
11		회색으로 표시됩니다.				

〈해설〉

1. [B4] 셀을 선택하고 이름 상자에 **수량**을 입력한 후 Enter를 누른다.

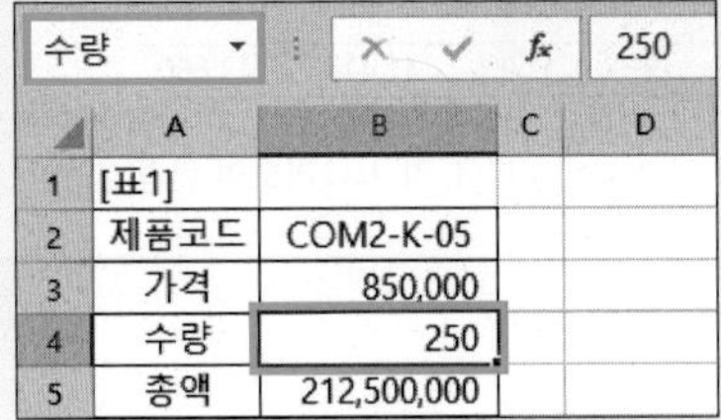

2. 동일한 방법으로 [B9] 셀의 이름을 **순이익**으로 정의한다.
3. [데이터] → 예측 → 가상 분석 → **시나리오 관리자**를 선택한다.
4. '시나리오 관리자' 대화상자에서 〈추가〉를 클릭한다.
5. '시나리오 추가' 대화상자에서 그림과 같이 지정한 후 〈확인〉을 클릭한다.

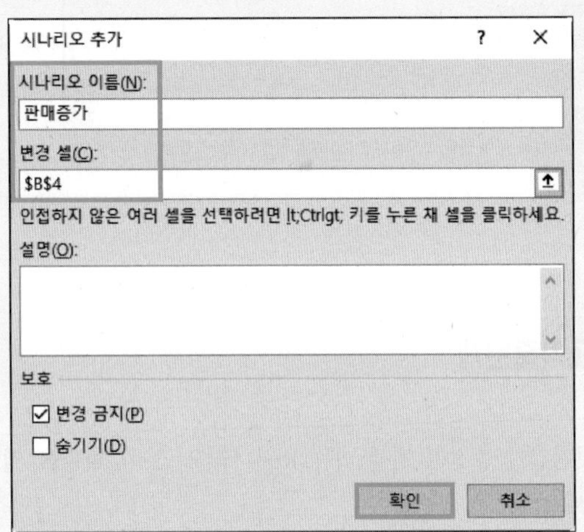

6. '시나리오 값' 대화상자의 수량에 **400**을 입력한 후 〈추가〉를 클릭한다.

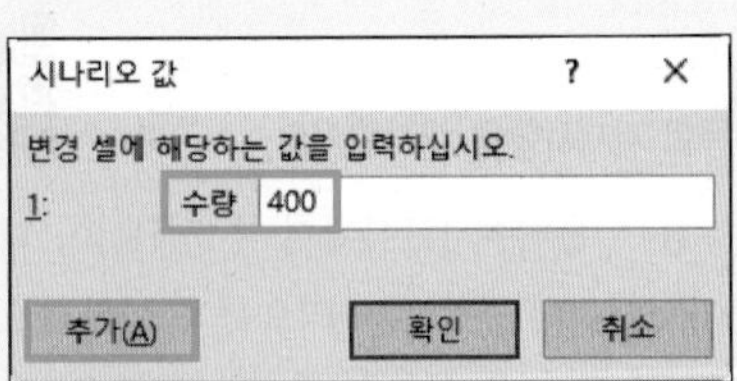

7. '시나리오 추가' 대화상자에서 그림과 같이 지정한 후 〈확인〉을 클릭한다.

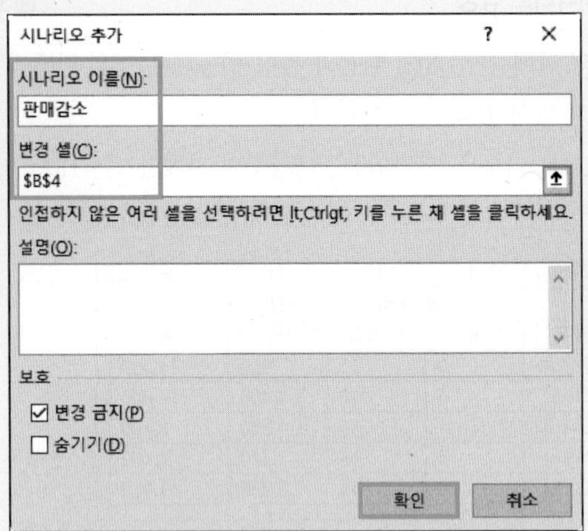

8. '시나리오 값' 대화상자의 수량에 **150**을 입력한 후 〈확인〉을 클릭한다.

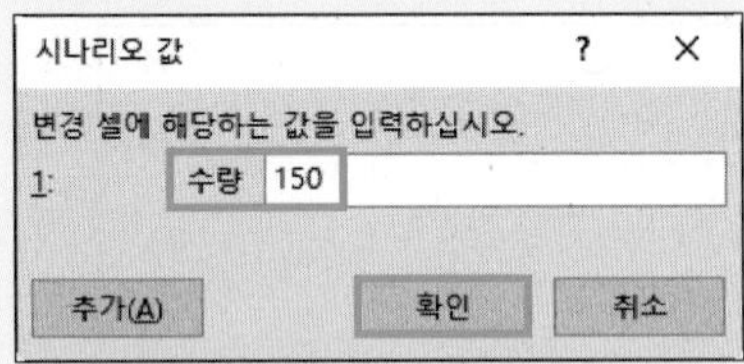

9. '시나리오 관리자' 대화상자에서 〈요약〉을 클릭한다.
10. '시나리오 요약' 대화상자에서 그림과 같이 지정한 후 〈확인〉을 클릭한다.

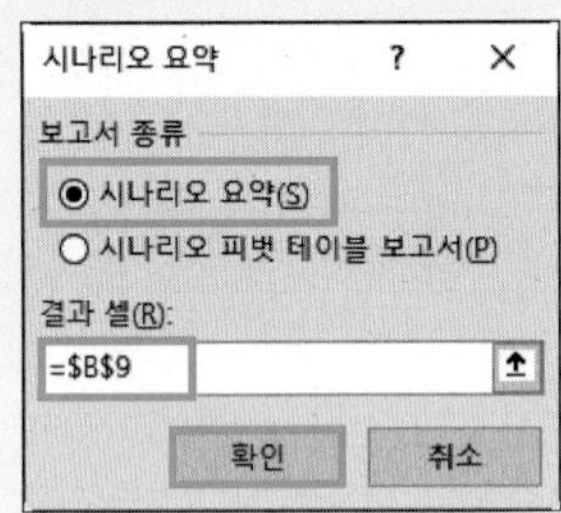

2141701

8 목표값 찾기

출제 비율 10% / 배점 10점

목표값 찾기 문제는 "평균이 90이 되려면 3월 판매량이 얼마가 되어야 할까?" 처럼 **목표로 하는 값을 찾기 위해 필요한 입력값을 구하는 작업**입니다. 이 문제도 데이터 유효성 검사 등의 다른 기능과 혼합되어 한 문제로 출제되고 **배점은 10점**입니다. 부분 점수는 없습니다.

	A	B	C
1	[표1] 홍길동의 상판기 판매량		
2	이름	홍길동	
3	1월	83	
4	2월	90	
5	3월	82	
6	평균	85	

➡

	A	B	C
1	[표1] 홍길동의 상판기 판매량		
2	이름	홍길동	
3	1월	83	
4	2월	90	
5	3월	97	
6	평균	90	

※ 홍길동의 평균[B6]이 90이 되기 위해 3월의 판매량[B5]이 82에서 97로 바뀐 화면입니다.

작업 순서

1. [데이터] → 예측 → 가상 분석 → **목표값 찾기**를 선택한다.
2. '목표값 찾기' 대화상자에서 '수식 셀', '찾는 값', '값을 바꿀 셀'을 지정한다.

합격포인트

목표값 찾기는 **'목표값 찾기' 대화상자를 정확하게 지정하는 것이 합격포인트**인데, 어렵지 않아 한 두 번만 해보면 금방 익힐 수 있습니다.

☞ 직접 실습하려면 'C:\길벗컴활1급총정리\엑셀\기능\17목표값찾기.xlsm' 파일을 열어서 작업하세요.

2141711

23.상시, 22.상시, 21.상시, 19.상시, 17.1, 15.상시, 10.1, 07.3, 05.4, …

01 목표값 찾기 작성

[목표값 찾기] 기능을 이용하여 평균[B6]이 90점이 되려면 3월[B5] 판매량이 얼마가 되는지 계산하시오.

	A	B	C
1	[표1] 홍길동의 상판기 판매량		
2	이름	홍길동	
3	1월	83	
4	2월	90	
5	3월	82	
6	평균	85	

목표값 찾기는 [데이터] → 예측 → 가상 분석 → **목표값 찾기**를 선택한 후 '목표값 찾기' 대화상자에서 지정합니다.

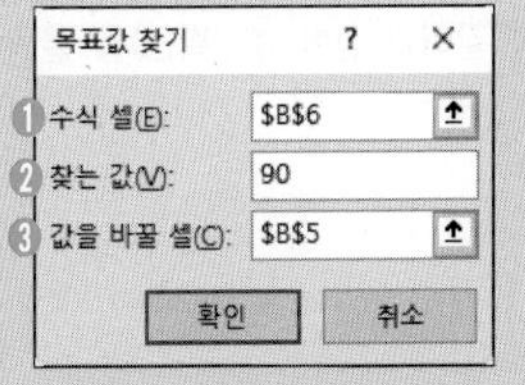

➡

	A	B	C
1	[표1] 홍길동의 상판기 판매량		
2	이름	홍길동	
3	1월	83	
4	2월	90	
5	3월	97	
6	평균	90	

❶ **수식 셀** : 결과값이 출력되는 셀 주소 지정 → 평균(B6)
❷ **찾는 값** : 목표로 하는 값 입력 → 90
❸ **값을 바꿀 셀** : 목표값을 만들기 위해 사용되는 셀 주소 지정 → 3월 판매량(B5)

대표기출문제

'C:\길벗컴활1급총정리\엑셀\기능\17목표값찾기.xlsm' 파일을 열어서 작업하세요.

2141781

[기출 1] 23.상시, 22.상시, 21.상시, 19.상시, 17.1, 15.상시, 10.1, 07.3, 05.4, 03.4, …

'기출1' 시트에 대하여 다음의 지시사항을 처리하시오.

[목표값 찾기] 기능을 이용하여 [표1]에서 '매출액'의 합계[D9]가 5,000,000이 되려면 '엑셀2016' 판매량[C3]이 얼마가 되어야 하는지 계산하시오.

정답 및 해설

[기출 1]

〈정답〉

	A	B	C	D
1	[표1]			
2	도서명	판매단가	판매량	매출액
3	엑셀2016	18,100	44	804,200
4	전산개론	11,050	30	331,500
5	한글2010	13,200	49	646,800
6	인터넷	16,300	76	1,238,800
7	자바	14,500	32	464,000
8	정보처리	15,300	99	1,514,700
9	합계			5,000,000

〈해설〉

1. [데이터] → 예측 → 가상 분석 → **목표값 찾기**를 선택한다.
2. '목표값 찾기' 대화상자에서 그림과 같이 지정한 후 〈확인〉을 클릭한다.

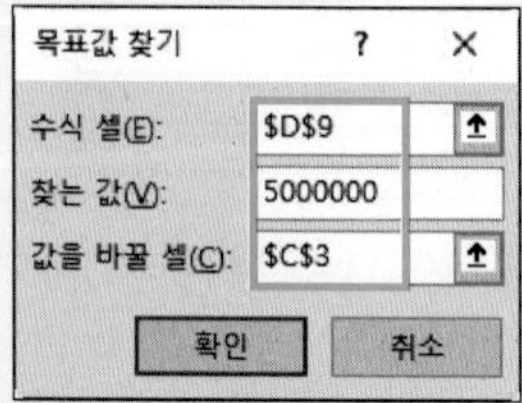

3. '목표값 찾기 상태' 대화상자에서도 〈확인〉을 클릭한다.

2141801

9 자동 필터

출제 비율 10% / 배점 10점

자동 필터 문제는 **특정 조건에 만족하는 데이터만을 표시하는 작업**입니다. 데이터 유효성 검사 등의 다른 기능과 혼합되어 한 문제로 출제되고 **배점은 10점**입니다. 부분 점수는 없습니다.

	A	B	C	D	E
1	[표1]				
2	사원번호	이름	직책	부서	본봉
3	3112	제갈량	부장	영업1부	95,620
4	2106	송혜영	부장	총무과	102,500
5	4029	조자룡	과장	기획실	72,533
6	1003	이유림	과장	기획실	56,800
7	3424	이충렬	과장	영업4부	85,110
8	2105	김구완	대리	총무과	55,850
9	2107	전주욱	대리	기획실	62,500
10	2208	윤인수	대리	기획실	56,520
11	3321	이관우	사원	영업3부	58,000
12	2210	서정화	사원	총무과	64,250
13	3115	노지심	사원	영업1부	35,200
14	3322	곽장비	사원	영업3부	45,600

➡

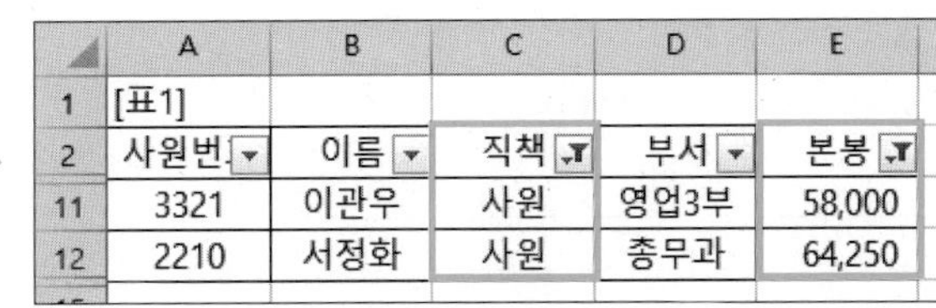

	A	B	C	D	E
1	[표1]				
2	사원번	이름	직책	부서	본봉
11	3321	이관우	사원	영업3부	58,000
12	2210	서정화	사원	총무과	64,250

※ 사원 데이터 중에서 '직책'이 "사원"이고 '본봉'이 50,000 이상인 데이터만 표시한 화면입니다.

작업 순서

1. [데이터] → 정렬 및 필터 → **필터(▼)**를 클릭한다.
2. 조건을 지정할 필드에서 자동 필터 목록 단추(▼)를 클릭하여 조건을 지정한다.

합격포인트

- 자동 필터는 **'사용자 지정 필터'와 '상위 10 자동 필터' 대화상자에서 조건을 정확하게 지정하는 것이 합격포인트**입니다.
- 지금까지 순조롭게 학습을 잘 진행해왔다면 이제 이 정도는 눈 감고도 지정할 수 있을 정도로 쉬울 겁니다. 쉬워서 실수하지 않도록 잘 살펴보세요.

☞ 직접 실습해 보려면 'C:\길벗컴활1급총정리\엑셀\기능\18자동필터.xlsm' 파일을 열어서 작업하세요.

※ 아래 그림을 참고하여 자동 필터를 실행해 보세요.

	A	B	C	D	E
1	[표1]				
2	사원번호	이름	직책	부서	본봉
3	3112	제갈량	부장	영업1부	95,620
4	2106	송혜영	부장	총무과	102,500
5	4029	조자룡	과장	기획실	72,533
6	1003	이유림	과장	기획실	56,800
7	3424	이충렬	과장	영업4부	85,110
8	2105	김구완	대리	총무과	55,850
9	2107	전주욱	대리	기획실	62,500
10	2208	윤인수	대리	기획실	56,520
11	3321	이관우	사원	영업3부	58,000
12	2210	서정화	사원	총무과	64,250
13	3115	노지심	사원	영업1부	35,200
14	3322	곽장비	사원	영업3부	45,600

2141811 

01 숫자 필터
24.상시, 22.상시, 21.상시, 20.상시, 19.상시, 18.상시, 17.상시, 16.상시, …

24.상시, 22.상시, 21.상시, 20.상시, 19.상시, 16.상시, 14.1, 12.1, 11.1, 10.1, …

[유형 1] [필터] 기능을 이용하여 '사원번호'가 2000~3000 사이이고, '본봉'이 60,000 이상인 데이터 행만 표시되도록 숫자 필터를 설정하시오.

1. [데이터] → 정렬 및 필터 → **필터(▼)**를 클릭합니다.
2. 조건을 지정할 필드의 목록 단추(▼)를 클릭하여 [숫자 필터] → **사용자 지정 필터**를 선택한 다음 '사용자 지정 자동 필터' 대화상자에서 지정합니다.

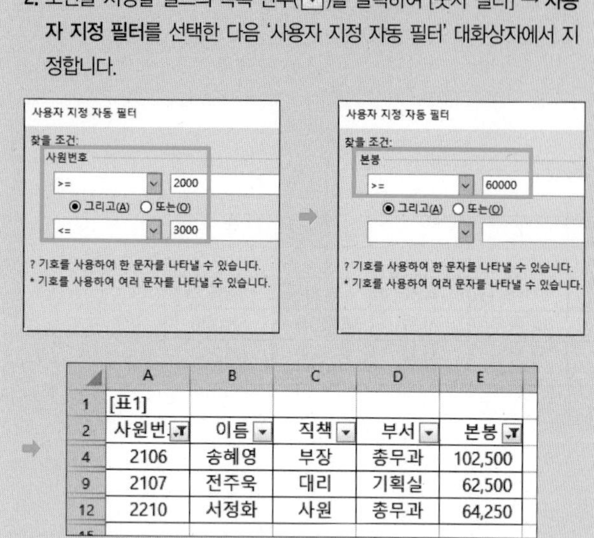

	A	B	C	D	E
1	[표1]				
2	사원번호	이름	직책	부서	본봉
4	2106	송혜영	부장	총무과	102,500
9	2107	전주욱	대리	기획실	62,500
12	2210	서정화	사원	총무과	64,250

22.상시, 21.상시, 20.상시, 19.상시, 18.상시, 17.상시

[유형 2] [필터] 기능을 이용하여 '본봉'이 상위 25%에 해당하는 데이터 행만 표시되도록 숫자 필터를 설정하시오.

1. [데이터] → 정렬 및 필터 → **필터(▼)**를 클릭합니다.
2. 조건을 지정할 필드의 목록 단추(▼)를 클릭하여 [숫자 필터] → **상위 10**을 선택한 다음 '상위 10 자동 필터' 대화상자에서 지정합니다.

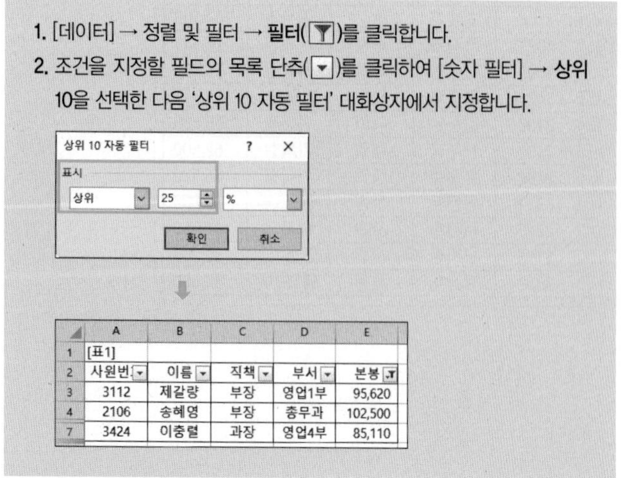

	A	B	C	D	E
1	[표1]				
2	사원번호	이름	직책	부서	본봉
3	3112	제갈량	부장	영업1부	95,620
4	2106	송혜영	부장	총무과	102,500
7	3424	이충렬	과장	영업4부	85,110

2141812 

02 텍스트 필터
24.상시, 22.상시, 21.상시, 20.상시, 19.상시, 15.1, 13.2, 08.2, 07.2, …

[필터] 기능을 이용하여 '부서'가 "영업"으로 시작하는 데이터 행만 표시되도록 텍스트 필터를 설정하시오.

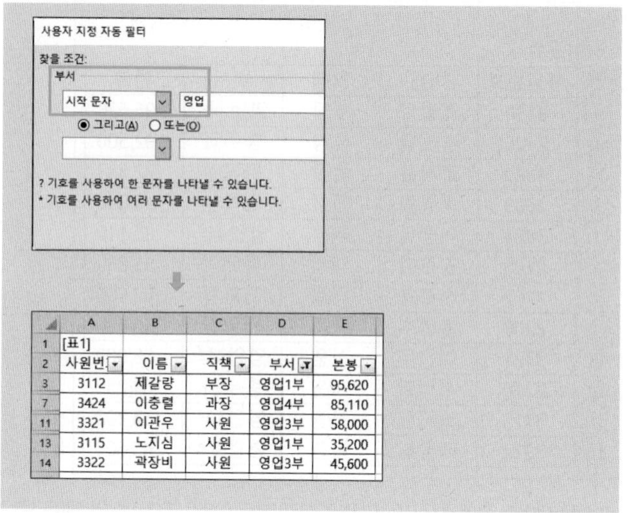

	A	B	C	D	E
1	[표1]				
2	사원번호	이름	직책	부서	본봉
3	3112	제갈량	부장	영업1부	95,620
7	3424	이충렬	과장	영업4부	85,110
11	3321	이관우	사원	영업3부	58,000
13	3115	노지심	사원	영업1부	35,200
14	3322	곽장비	사원	영업3부	45,600

대표기출문제

'C:\길벗컴활1급총정리\엑셀\기능\18자동필터.xlsm' 파일을 열어서 작업하세요.

2141881

[기출 1] 24.상시, 22.상시, 21.상시, 20.상시, 19.상시, 14.1, 12.1, 11.1, 10.1, 07.2, …

'기출1' 시트에 대하여 다음의 지시사항을 처리하시오.

[필터] 기능을 이용하여 [표1]에서 '이름'을 기준으로 오름차순 정렬한 후 '운영체제'와 '소프트웨어공학'이 70점 이하인 데이터 행만 표시되도록 숫자 필터를 설정하시오.

2141882 

[기출 2] 24.상시, 22.상시, 21.상시, 20.상시, 19.상시, 14.1, 12.1, 11.1, 10.1, 07.2, …

'기출2' 시트에 대하여 다음의 지시사항을 처리하시오.

[필터] 기능을 이용하여 [표1]에서 '환자코드'가 "1"로 끝나고, '생년월일'이 1990년 이후인 데이터 행만을 표시하시오.

2141883 

[기출 3] 24.상시, 22.상시, 21.상시, 20.상시, 19.상시, 14.1, 12.1, 11.1, 10.1, 07.2, …

'기출3' 시트에 대하여 다음의 지시사항을 처리하시오.

[필터] 기능을 이용하여 [표1]에서 '퇴직금'이 상위 5개 항목에 해당하는 데이터 행만 표시되도록 숫자 필터를 설정하시오.

정답 및 해설

[기출 1]

〈정답〉

	A	B	C	D	E
1	[표1]				
2	이름	데이터베이스	데이터통신	운영체제	소프트웨어공학
3	강석호	95	85	50	70
8	양세진	24	90	48	69

〈해설〉

1. [A2:E2] 영역을 블록으로 지정한 후 [데이터] → 정렬 및 필터 → **필터**를 클릭한다.
2. '이름'의 자동 필터 목록 단추(▾)를 클릭한 후 **[텍스트 오름차순 정렬]**을 선택한다.

	A	B	C	D	E
1	[표1]				
2	이름	데이터베이스	데이터통신	운영체제	소프트웨어공학
				50	70
				95	24
				55	95
				96	100
				90	54
				48	69
				70	75
				53	90
				86	100
				89	89
				54	94
				92	66
				98	63

텍스트 오름차순 정렬(S)
텍스트 내림차순 정렬(O)
색 기준 정렬(T)
시트 보기(V)
"이름"에서 필터 해제(C)
색 기준 필터(I)
텍스트 필터(F)
검색
(모두 선택)
강석호
김용민
김우희

3. '운영체제' 필드의 자동 필터 목록 단추(▾)를 클릭한 후 [숫자 필터] → **사용자 지정 필터**를 선택한다.
4. '사용자 지정 자동 필터' 대화상자를 다음과 같이 지정한 후 〈확인〉을 클릭한다.

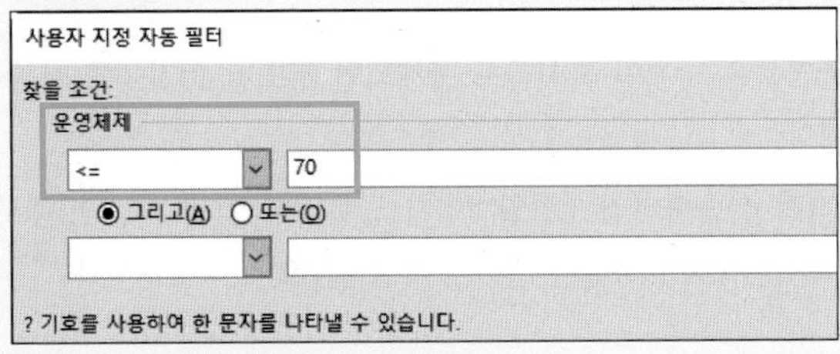

5. 동일하게 '소프트웨어공학'에도 지정한다.

[기출 2]

〈정답〉

	A	B	C	D	E	F
1						
2	환자코드	성명	생년월일	성별	진료과목	담당의사
11	A011	이수만	2000-11-03	남	흉부외과	박종식
12	D371	이종호	1995-05-14	남	정형외과	하석태
14	F301	오현정	1994-09-30	여	호흡기내과	김지수

〈해설〉

1. '환자코드'의 '사용자 지정 자동 필터' 대화상자

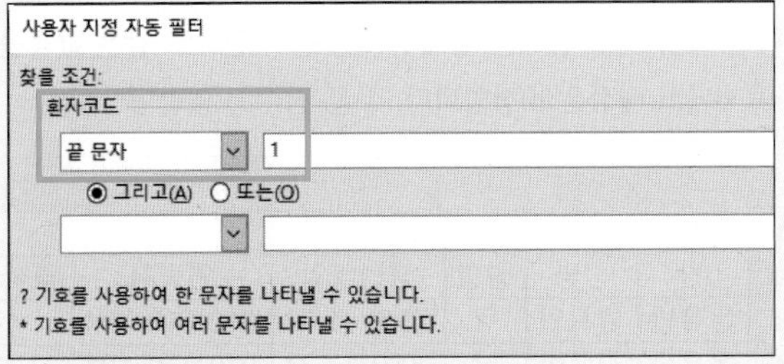

2. '생년월일'의 '사용자 지정 자동 필터' 대화상자

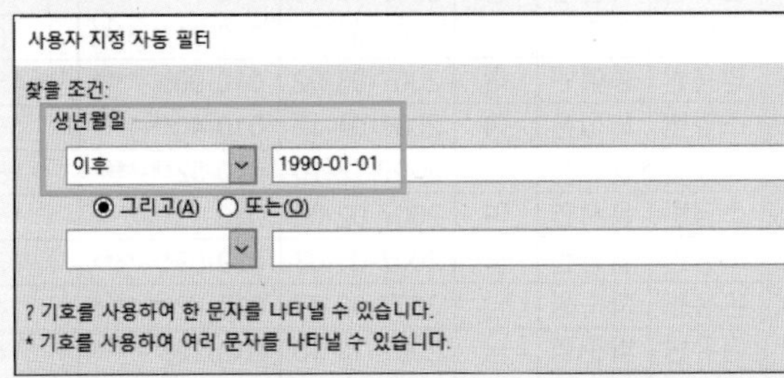

[기출 3]

〈정답〉

	A	B	C	D	E	F	G	H
1	[표1]							
2	성명	부서명	직책	근속기간	기본급	상여금	수당	퇴직금
3	강감찬	회계부	부장	25	2,800	11,200	1,400	82,600
5	최강석	기획인사부	부장	21	2,800	11,200	1,400	71,400
6	조민준	영업부	차장	25	2,500	10,000	1,250	73,750
8	김재욱	회계부	과장	18	2,000	8,000	400	44,400
9	서정화	회계부	차장	22	2,500	10,000	1,250	66,250

〈해설〉

- '상위 10 자동 필터' 대화상자

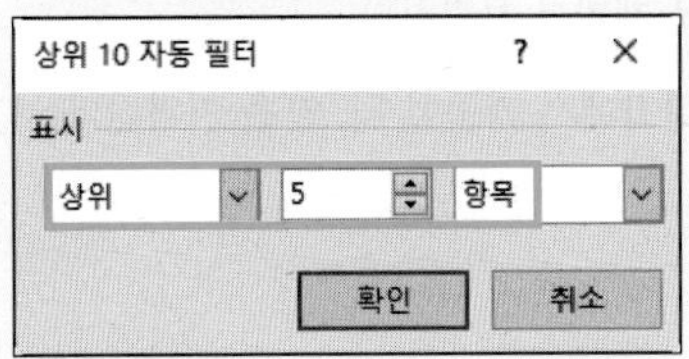

10 중복된 항목 제거

출제 비율 10% / 배점 10점

2141901

중복된 항목 제거 문제는 **정해진 열들을 기준으로 같은 값들을 찾아 제거하는 작업**입니다. 이 문제도 부분합 등의 다른 기능과 혼합되어 한 문제로 출제되고 **배점은 10점**입니다. 부분 점수는 없습니다.

	A	B	C	D	E	F
1	[표1]					
2	반	성명	성별	생년월일	연락처	출석일수
3	온유반	권지인	여	2007-01-02	010-84**-****	14
4	온유반	김주한	남	2007-12-24	010-93**-****	9
5	믿음반	김주형	남	2007-06-29	010-42**-****	15
6	온유반	박준영	남	2007-10-10	010-71**-****	15
7	소망반	박진우	남	2007-02-03	010-71**-****	10
8	믿음반	송예린	여	2007-03-02	010-90**-****	15
9	소망반	오정은	여	2007-04-17	010-40**-****	15
10	소망반	유연서	여	2007-12-10	010-52**-****	13
11	소망반	윤서연	여	2007-02-08	010-73**-****	15
12	소망반	임형빈	남	2007-01-03	010-99**-****	12
13	온유반	차숙원	남	2007-08-27	010-62**-****	14
14	온유반	박준영	남	2007-10-10	010-22**-****	14
15	믿음반	송예린	여	2007-03-02	010-87**-****	12
16	믿음반	김주형	남	2007-06-29	010-42**-****	15

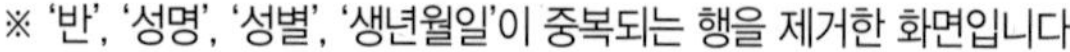

➡

	A	B	C	D	E	F
1	[표1]					
2	반	성명	성별	생년월일	연락처	출석일수
3	온유반	권지인	여	2007-01-02	010-84**-****	14
4	온유반	김주한	남	2007-12-24	010-93**-****	9
5	믿음반	김주형	남	2007-06-29	010-42**-****	15
6	온유반	박준영	남	2007-10-10	010-22**-****	14
7	소망반	박진우	남	2007-02-03	010-71**-****	10
8	믿음반	송예린	여	2007-03-02	010-90**-****	15
9	소망반	오정은	여	2007-04-17	010-40**-****	15
10	소망반	유연서	여	2007-12-10	010-52**-****	13
11	소망반	윤서연	여	2007-02-08	010-73**-****	15
12	소망반	임형빈	남	2007-01-03	010-99**-****	12
13	온유반	차숙원	남	2007-08-27	010-62**-****	14

※ '반', '성명', '성별', '생년월일'이 중복되는 행을 제거한 화면입니다.

작업 순서

1. 중복된 항목을 제거할 영역을 블록으로 지정한 후 [데이터] → 데이터 도구 → **중복된 항목 제거**를 클릭한다.
2. '중복된 항목 제거' 대화상자에서 기준이 될 '열'을 지정한다.

합격포인트

- 기능이 어렵지 않아 **실행할 메뉴를 기억하는 것이 합격포인트**라고 할 수 있습니다.
- 출제율은 낮지만 혹시라도 출제되면 무조건 10점을 확보해야 합니다.

☞ 직접 실습하려면 'C:\길벗컴활1급총정리\엑셀\기능\19중복된항목제거.xlsm' 파일을 열어서 작업하세요.

2141911

01 중복된 항목 제거

22.상시, 21.상시

데이터 도구를 이용하여 [표1]에서 '반', '성명', '성별', '생년월일' 열을 기준으로 중복된 값이 입력된 셀을 포함하는 행을 삭제하시오.

	A	B	C	D	E	F
1	[표1]					
2	반	성명	성별	생년월일	연락처	출석일수
3	온유반	권지인	여	2007-01-02	010-84**-****	14
4	온유반	김주한	남	2007-12-24	010-93**-****	9
5	믿음반	김주형	남	2007-06-29	010-42**-****	15
6	온유반	박준영	남	2007-10-10	010-71**-****	15
7	소망반	박진우	남	2007-02-03	010-71**-****	10
8	믿음반	송예린	여	2007-03-02	010-90**-****	15
9	소망반	오정은	여	2007-04-17	010-40**-****	15
10	소망반	유연서	여	2007-12-10	010-52**-****	13
11	소망반	윤서연	여	2007-02-08	010-73**-****	15
12	소망반	임형빈	남	2007-01-03	010-99**-****	12
13	온유반	차숙원	남	2007-08-27	010-62**-****	14
14	온유반	박준영	남	2007-10-10	010-22**-****	14
15	믿음반	송예린	여	2007-03-02	010-87**-****	12
16	믿음반	김주형	남	2007-06-29	010-42**-****	15

[데이터] → 데이터 도구 → **중복된 항목 제거**를 클릭한 후 '중복된 항목 제거' 대화상자에서 지정합니다.

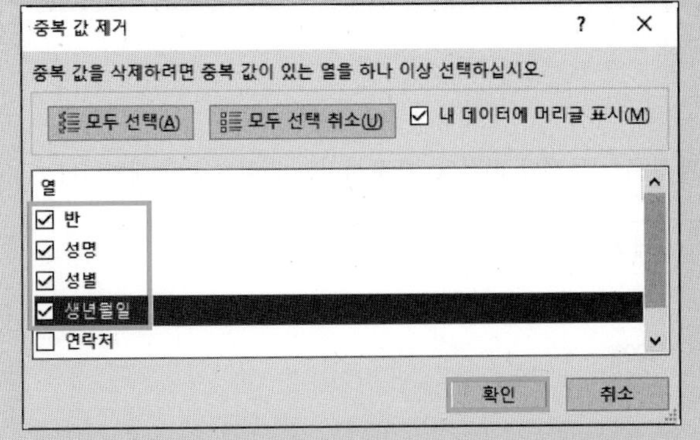

⇓

	A	B	C	D	E	F
1	[표1]					
2	반	성명	성별	생년월일	연락처	출석일수
3	온유반	권지인	여	2007-01-02	010-84**-****	14
4	온유반	김주한	남	2007-12-24	010-93**-****	9
5	믿음반	김주형	남	2007-06-29	010-42**-****	15
6	온유반	박준영	남	2007-10-10	010-22**-****	14
7	소망반	박진우	남	2007-02-03	010-71**-****	10
8	믿음반	송예린	여	2007-03-02	010-90**-****	15
9	소망반	오정은	여	2007-04-17	010-40**-****	15
10	소망반	유연서	여	2007-12-10	010-52**-****	13
11	소망반	윤서연	여	2007-02-08	010-73**-****	15
12	소망반	임형빈	남	2007-01-03	010-99**-****	12
13	온유반	차숙원	남	2007-08-27	010-62**-****	14

대표기출문제

'C:\길벗컴활1급총정리\엑셀\기능\19중복된항목제거.xlsm' 파일을 열어서 작업하세요.

2141981

[기출 1] 22.상시, 21.상시

'기출1' 시트에 대하여 다음의 지시사항을 처리하시오.

데이터 도구를 이용하여 [표1]에서 '단과대학', '학과', '성별' 열을 기준으로 중복된 값이 입력된 셀을 포함하는 행을 삭제하시오.

정답 및 해설

[기출 1]

〈정답〉

	A	B	C	D	E
1	[표1]				
2	단과대학	학과	성별	졸업자	취업률
3	인문대학	철학과	여	25	60%
4	사범대학	수학교육과	여	35	60%
5	사범대학	국어교육과	여	50	64%
6	사범대학	교육학과	남	40	58%
7	인문대학	문헌정보학과	남	40	68%
8	인문대학	중어중문학과	여	40	85%
9	인문대학	역사학과	여	42	55%
10	사범대학	국어교육과	남	45	58%
11	사회과학대학	심리학과	남	45	42%
12	사회과학대학	행정학과	여	49	73%
13	사회과학대학	사회학과	남	50	72%
14	사회과학대학	심리학과	여	50	66%
15	인문대학	영어영문학과	여	50	46%

〈해설〉

1. 중복된 항목을 제거할 [A2:E11] 영역을 블록으로 지정한 후 [데이터] → 데이터 도구 → **중복된 항목 제거**를 클릭한다.
2. '중복된 항목 제거' 대화상자에서 그림과 같이 지정한 후 〈확인〉을 클릭한다.

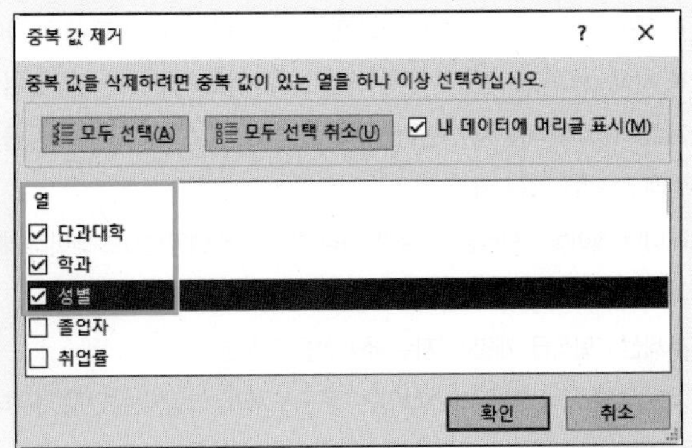

3. 'Microsoft Excel' 대화상자에서 제거된 항목 수를 확인한 후 〈확인〉을 클릭한다.

기타작업(35점)

2142000

기타작업은 차트, 매크로, 프로시저 총 3문제가 고정적으로 출제됩니다. 차트와 매크로는 문제당 10점씩, 프로시저는 15점으로 출제됩니다.

No	출제 항목	배점	목표 점수	출제 비율
1	차트	10점	20점	100%
2	매크로	10점		
3	프로시저	15점	10점	
합계		35점	30점	

1 차트

출제 비율 100% / 배점 10점

2142001

차트 문제는 **제공된 차트를 문제의 지시사항대로 수정하여 완성하는 작업**입니다. 5개의 문항이 출제되고, 한 문항에 2점입니다. 한 문항에 보통 두 가지 세부 기능을 지정하도록 출제되며, 부분 점수는 없습니다.

• 다음은 자주 출제되는 지시사항을 모두 적용하여 완성한 차트입니다.

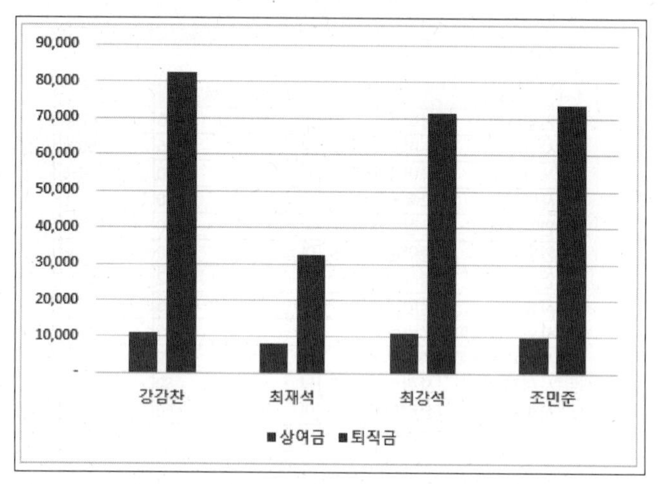

➡

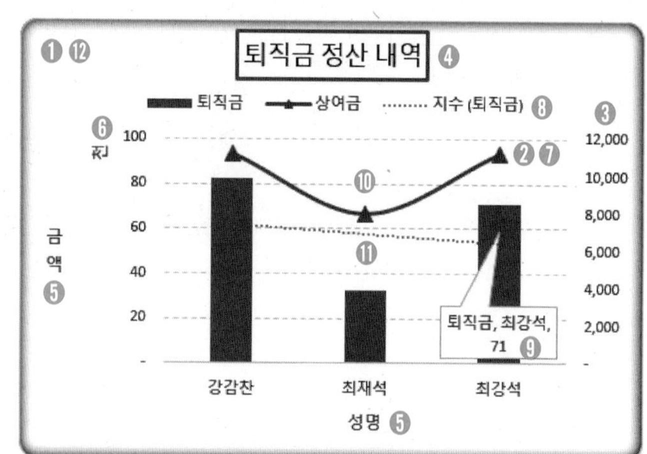

❶ **데이터 범위** : '조민준'의 데이터 삭제함
❷ **차트 종류** : '상여금' 계열의 차트 종류를 '표식이 있는 꺾은선형'으로 변경함
❸ **보조 축** : '상여금' 계열을 보조 축으로 지정함
❹ **차트 제목** : '차트 위'에 표시한 후 도형 스타일을 '색 윤곽선 – 파랑, 강조 1'로 지정함
❺ **축 제목** : 세로(값) 축 제목과 가로(항목) 축 제목을 표시한 후 세로(값) 축 제목의 '텍스트 방향'을 '스택형'으로 지정함
❻ **축 서식** : 세로(값) 축을 주 단위 20000, 최대 경계 100000, 표시 단위 '천'으로 지정하고, 차트에 단위 레이블을 표시함
❼ **계열 서식** : 표식을 형식 '삼각형(▲)', 크기 10, 선 스타일 '완만한 선'을 지정함
❽ **범례** : '위쪽'에 표시함
❾ **데이터 레이블** : '퇴직금' 계열의 '최강석' 요소에 설명선으로 데이터 레이블 '계열 이름', '항목 이름', '값'을 '축에 가깝게'로 표시함
❿ **가로 눈금선** : '파선'으로 표시함
⓫ **추세선** : '퇴직금' 계열에 '지수' 추세선을 지정함
⓬ **차트 영역 서식** : 테두리 스타일은 '둥근 모서리', 그림자는 '안쪽 가운데'로 지정함

작업 순서

차트 작업에 작업 순서는 큰 의미가 없지만 순서대로 수행하지 않을 경우 문제지에 제시된 모양과 다르게 표시될 수 있으므로 문제에 제시된 순서대로 작업하는 것이 좋습니다.

합격포인트

- 차트 작업에 사용되는 기능 중 직관적이어서 너무 쉬운 기능은 제외하고 상대적으로 어렵게 느껴지거나 혼동될 가능성이 있는 기능들만 정리하였습니다.
- **다음에 나열된 내용들을 정확하게 숙지하는 것이 합격포인트입니다.**

☞ 직접 실습하려면 'C:\길벗컴활1급총정리\엑셀\기능\20차트.xlsm' 파일을 열어서 작업하세요.

2142011

24.상시, 23.상시, 22.상시, 21.상시, 21.1, 19.1, 18.2, 18.1

01 차트 제목을 셀에 연동

차트 제목을 추가하여 [A1] 셀과 연동하시오.

1. 차트에 '차트 제목'을 추가합니다.
2. 차트에 삽입된 '차트 제목'이 선택된 상태에서 수식 입력줄을 클릭하고 =을 입력한 후 [A1] 셀을 클릭하고 Enter를 누릅니다.

A1 | ='01'!$A$1

	A	B	C
1	퇴직금 정산 내역		
2	성명	상여금	퇴직금
3	강감찬	11,200	82,600
4	최재석	8,000	32,400
5	최강석	11,200	71,400
6	조민준	10,000	73,750

차트 제목

↓

	A	B	C
1	퇴직금 정산 내역		
2	성명	상여금	퇴직금
3	강감찬	11,200	82,600
4	최재석	8,000	32,400
5	최강석	11,200	71,400
6	조민준	10,000	73,750

퇴직금 정산 내역

2142012

22.상시, 21.상시, 20.상시, 20.1, 19.상시, 19.2, 18.상시, 18.2, 18.1, 17.1, …

02 설명선으로 표시된 데이터 레이블 표시

'퇴직금' 계열의 '조민준' 요소에만 설명선으로 표시된 데이터 레이블을 〈그림〉과 같이 표시하시오.

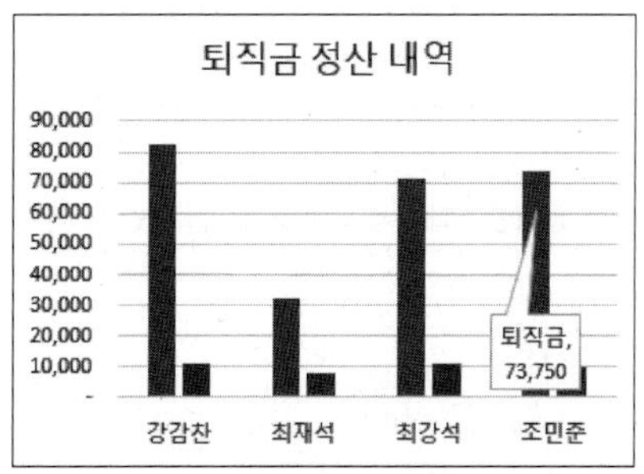

1. '퇴직금' 계열의 '조민준' 요소만을 선택한 상태에서 [차트 디자인] → 차트 레이아웃 → 차트 요소 추가 → 데이터 레이블 → **데이터 설명선**을 선택합니다.
2. 차트에 삽입된 '데이터 레이블'을 클릭한 후 다시 한번 클릭합니다.

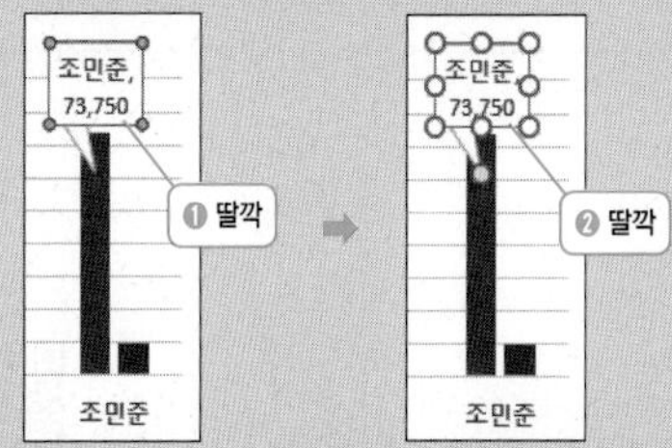

3. '데이터 레이블 서식' 창에서 레이블 내용과 위치를 지정합니다.

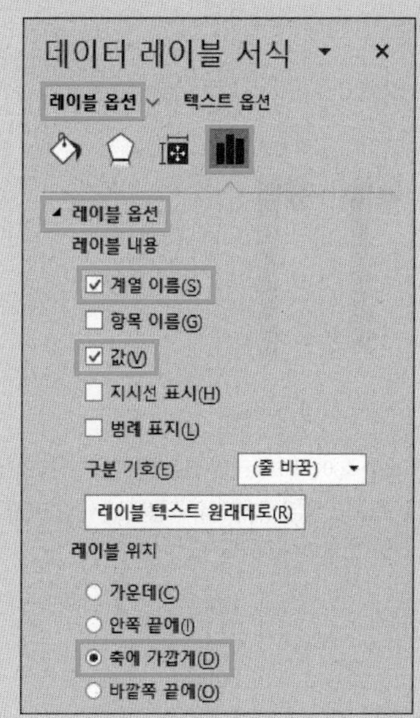

잠깐만요

- 데이터 계열을 클릭하면 전체 데이터 계열이 선택되고, 그 상태에서 특정 요소를 한 번 더 클릭하면 해당 요소만 선택됩니다. 데이터 레이블도 마찬가지입니다. 이 문제의 경우 데이터 레이블이 하나만 표시된 상태라 화면상으로는 구분되지 않지만, 데이터 레이블을 한 번 클릭하면 전체 데이터 레이블이 선택되고, 한 번 더 클릭하면 해당 데이터 레이블만 선택됩니다.
- 데이터 레이블을 한 번만 클릭한 상태에서 데이터 레이블 옵션을 지정하면 데이터 계열 전체에 데이터 레이블이 표시됩니다.
  - 데이터 레이블을 한 번만 클릭한 상태에서 데이터 레이블 옵션을 지정한 경우

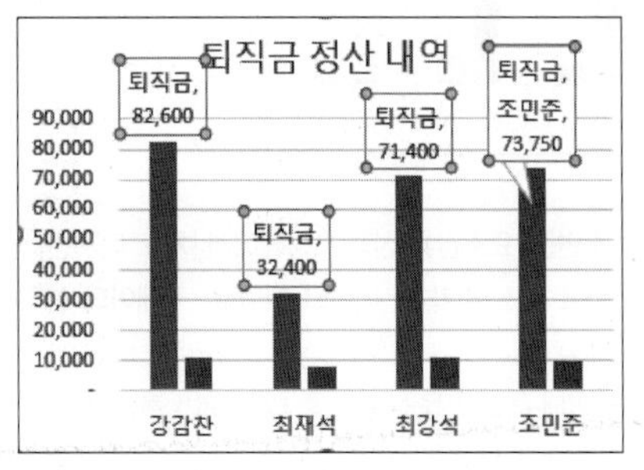

03 축의 최대값 지정

22.상시, 21.상시, 16.2

가로 축 교차를 '축의 최대값'으로 지정하시오.

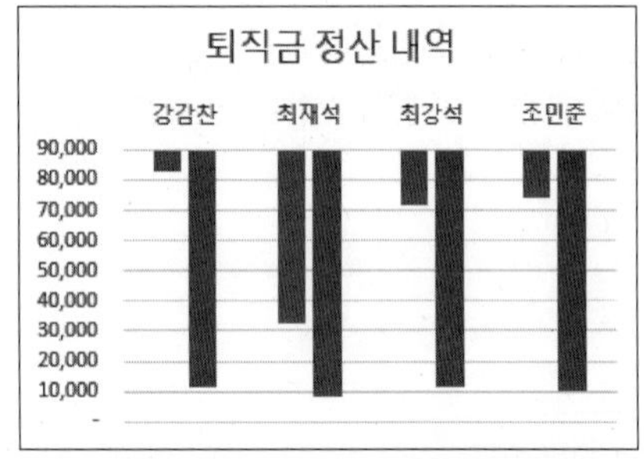

'가로 축 교차' 옵션은 '기본 세로 축'에서, '세로 축 교차' 옵션은 '기본 가로 축'에서 설정합니다. 세로(값) 축을 선택한 후 '축 서식' 창에서 지정하세요.

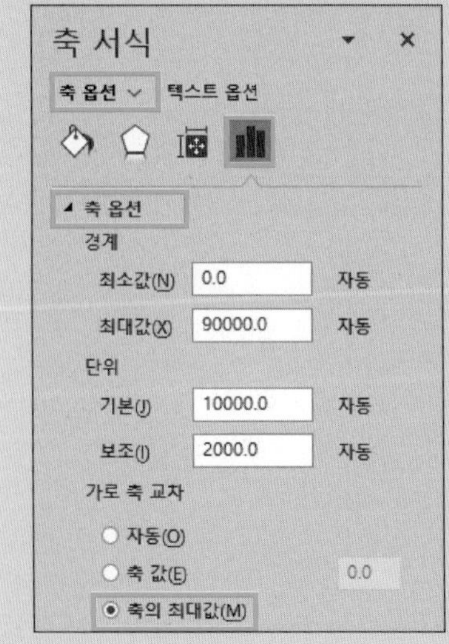

04 주 눈금 지정

22.상시, 21.상시, 16.2

세로(값) 축의 주 눈금이 교차되도록 지정하시오.

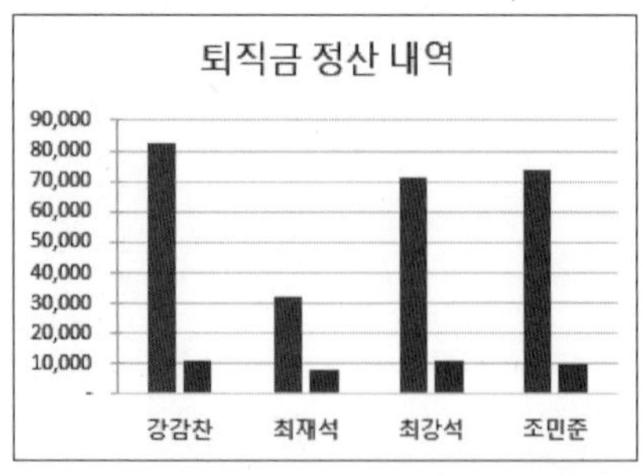

세로(값) 축을 선택한 후 '축 서식' 창에서 지정합니다.

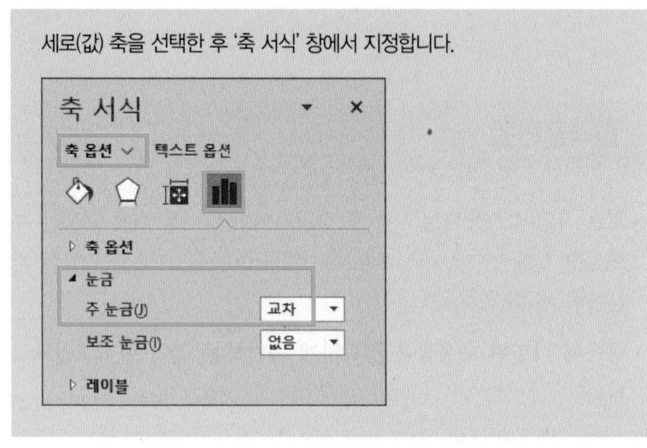

대표기출문제

'C:\길벗컴활1급총정리\엑셀\기능\20차트.xlsm' 파일을 열어서 작업하세요.

2142081

[기출 1] 24.상시, 23.상시, 22.상시, 21.상시, 20.상시, 20.1, 19.상시, 19.2, 19.1, …

'기출1' 시트의 차트를 지시사항에 따라 아래 〈그림〉과 같이 수정하시오.

※ 차트는 반드시 문제에서 제공한 차트를 사용하여야 하며, 신규로 작성 시 0점 처리됨

① 차트의 색상형을 '다양한 색상표 3'으로 지정하고, 차트 제목을 삽입한 후 [A1] 셀과 연동하시오.

② '할인요금T' 계열을 추가하고, '행/열 전환'을 지정하시오.

③ 세로(값) 축의 최소값 경계와 기본 단위를 〈그림〉과 같이 지정하고, 계열 겹치기를 30%, 간격 너비를 100%로 지정하시오.

④ '독일' 계열에 '지수 추세선'을 추가하고, 너비를 2pt, 화살표 꼬리 유형을 '열린 화살표'로 지정하시오.

⑤ 차트 영역의 테두리 스타일은 '둥근 모서리', 그림자는 '안쪽 가운데'로 설정하시오.

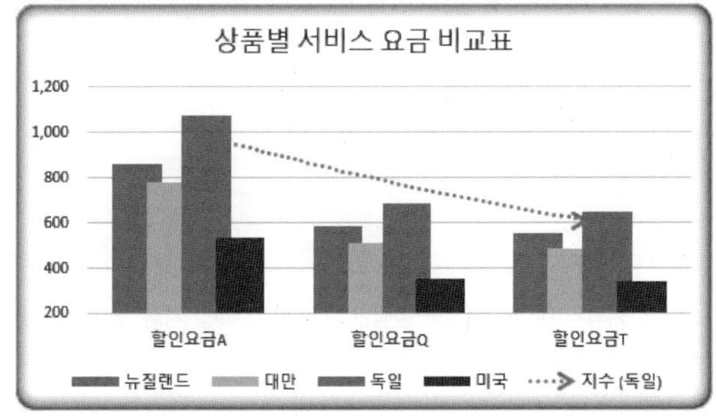

2142082

[기출 2] 24.상시, 23.상시, 22.상시, 21.상시, 20.상시, 20.1, 19.상시, 19.2, 19.1, …

'기출2' 시트의 차트를 지시사항에 따라 아래 〈그림〉과 같이 수정하시오.

※ 차트는 반드시 문제에서 제공한 차트를 사용하여야 하며, 신규로 작성 시 0점 처리됨

① 차트 레이아웃을 '레이아웃 3', 차트 스타일을 '스타일 6'으로 지정하고, 가로(항목) 축의 레이블을 〈그림〉과 같이 지정하시오.

② '실적율'의 차트 종류를 '표식이 있는 꺾은선형'으로 변경하고 '보조 축'으로 지정하시오.

③ '실적율' 계열의 선을 '완만한 선'으로 설정하고, 표식 옵션의 형식을 '▲'으로 변경하시오.

④ 세로(값) 축과 가로(항목) 축의 선을 '검정, 텍스트 1'로 지정하고, '세로(값) 축'의 주 눈금이 교차되도록 설정하시오.

⑤ 기본 주 가로 눈금선을 삭제하고, 그림 영역에 도형 스타일 '반투명 – 황금색, 강조 4, 윤각선 없음'을 지정하시오.

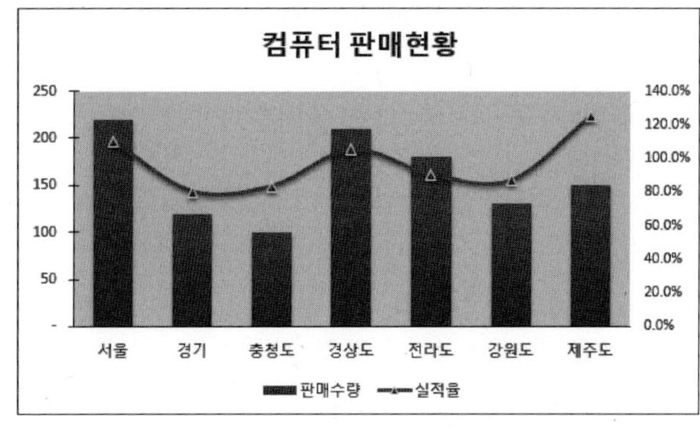

2142083

[기출 3] 24.상시, 23.상시, 22.상시, 21.상시, 20.상시, 20.1, 19.상시, 19.2, 19.1, …

'기출3' 시트의 차트를 지시사항에 따라 아래 〈그림〉과 같이 수정하시오.

※ 차트는 반드시 문제에서 제공한 차트를 사용하여야 하며, 신규로 작성 시 0점 처리됨

① 차트가 〈그림〉과 같이 표시되도록 원본 데이터와 계열 순서를 변경하시오.

② 세로(값) 축의 표시 단위를 '천'으로 지정하고 차트에 단위 레이블을 〈그림〉과 같이 표시하시오.

③ 세로(값) 축의 '가로 축 교차'를 '축의 최대값'으로 지정하고, 가로 주 눈금선을 '파선'으로 지정하시오.

④ '성과급' 계열의 '조찬진'과 '신동희' 요소에 데이터 설명선으로 표시된 데이터 레이블을 〈그림〉과 같이 표시하시오.

⑤ 차트 영역의 글꼴을 'HY중고딕', 도형 효과의 네온을 '네온: 5pt, 주황, 강조색 2'로 지정하시오.

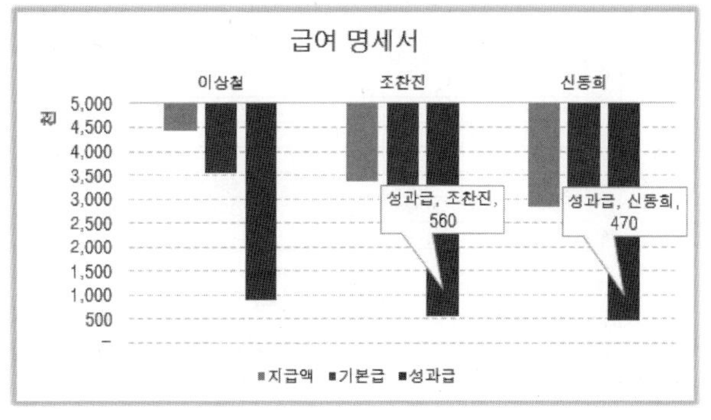

2142084

[기출 4] 24.상시, 23.상시, 22.상시, 21.상시, 20.상시, 20.1, 19.상시, 19.2, 19.1, …

'기출4' 시트의 차트를 지시사항에 따라 아래 〈그림〉과 같이 수정하시오.

※ 차트는 반드시 문제에서 제공한 차트를 사용하여야 하며, 신규로 작성 시 0점 처리됨

① 세로(값) 축을 '값을 거꾸로'로 표시하고, '출석' 계열을 삭제하시오.

② 세로(축) 제목을 〈그림〉과 같이 표시하고, 텍스트 방향을 '스택형'으로 표시하시오.

③ '과제' 계열의 이름을 '수행평가'로 수정하고, 범례 위치를 〈그림〉과 같이 변경하시오.

④ 3차원 회전의 X를 20°, '직각으로 축 고정'을 지정하고 '기말' 계열의 간격 너비를 100%, 세로 막대 모양을 '원통형'으로 지정하시오.

⑤ 세로 주 눈금선을 표시하고 그림 영역의 패턴 채우기를 '점선: 5%'로 지정하시오.

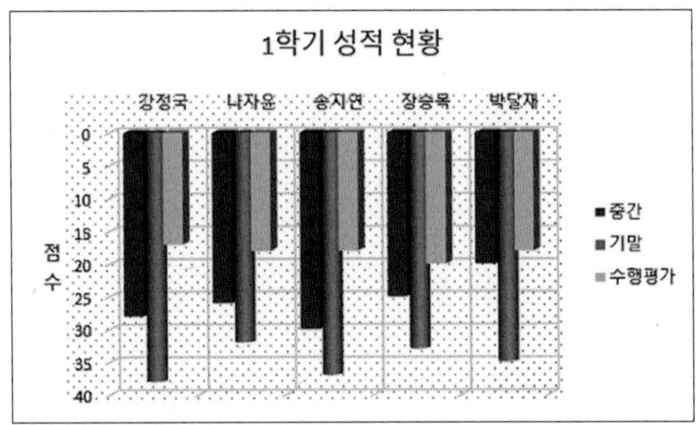

정답 및 해설

[기출 1]

① 색상형 변경 및 차트 제목 표시

1. 차트를 선택한 후 [차트 디자인] → 차트 스타일 → 색 변경 → **다양한 색상표 3**을 선택한다.
2. [차트 디자인] → 차트 레이아웃 → 차트 요소 추가 → 차트 제목 → **차트 위**를 선택한다.
3. 차트에 삽입된 '차트 제목'이 선택된 상태에서 수식 입력줄을 클릭하고 =을 입력한 후 [A1] 셀을 클릭하고 Enter를 누른다.

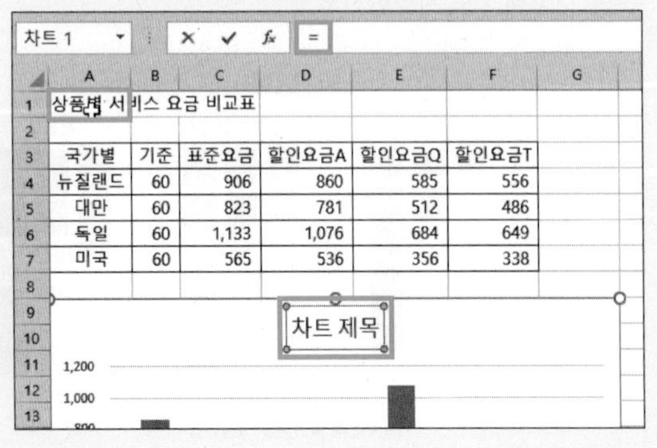

상품별 서비스 요금 비교표

국가별	기준	표준요금	할인요금A	할인요금Q	할인요금T
뉴질랜드	60	906	860	585	556
대만	60	823	781	512	486
독일	60	1,133	1,076	684	649
미국	60	565	536	356	338

② 계열 추가 및 '행/열 전환' 지정

1. [F3:F7] 영역을 복사하여 차트 영역에 붙여넣기한다.

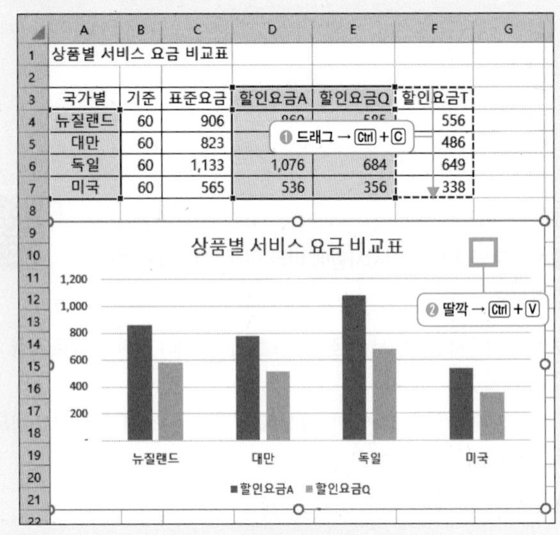

2. [차트 디자인] → 데이터 → **행/열 전환**을 클릭한다.

③ 최소값 경계/기본 단위 및 계열 겹치기/간격 너비 변경

1. 세로(값) 축을 더블클릭한 후 '축 서식' 창에서 다음과 같이 지정한다.

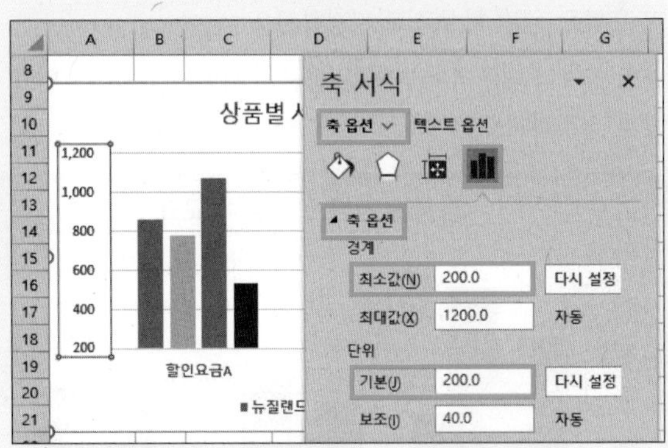

2. 임의의 데이터 계열을 클릭한 후 '데이터 계열 서식' 창에서 다음과 같이 지정한다.

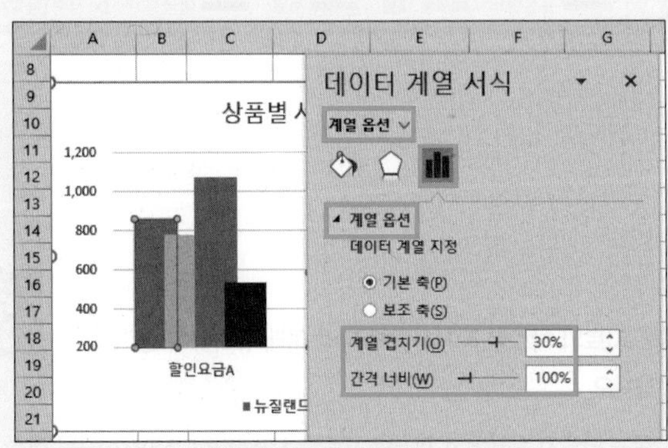

④ 추세선 표시 및 서식 변경

1. '독일' 계열을 선택한 후 [차트 디자인] → 차트 레이아웃 → 차트 요소 추가 → 추세선 → **지수**를 선택한다.

2. 차트에 표시된 추세선을 더블클릭한 후 '추세선 서식' 창에서 다음과 같이 지정한다.

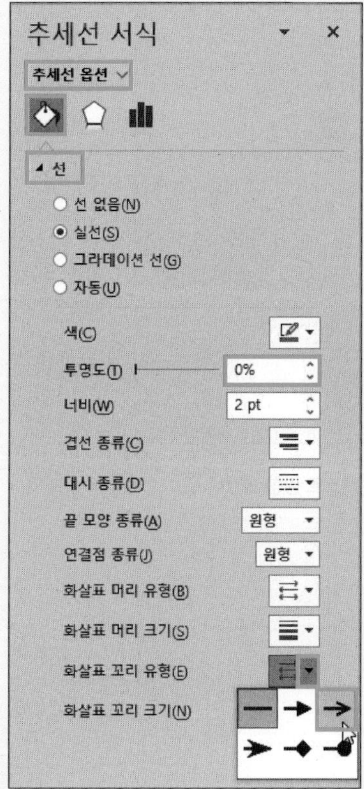

⑤ **테두리 스타일과 그림자 설정**

차트 영역을 더블클릭한 후 '차트 영역 서식' 창에서 다음과 같이 지정한다.

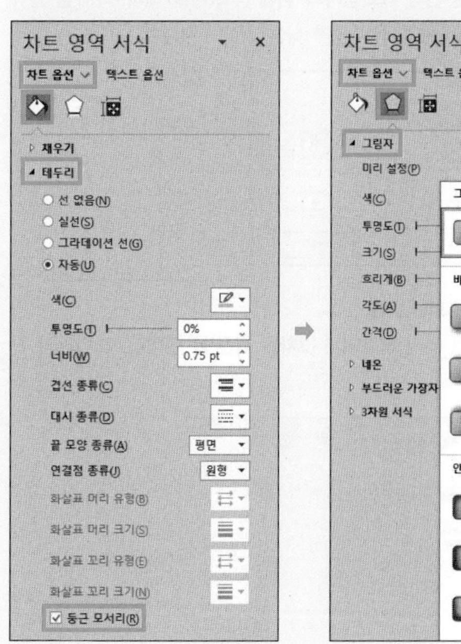

[기출 2]

① **가로(항목) 축의 레이블 표시**

1. 차트 영역의 바로 가기 메뉴에서 **[데이터 선택]**을 선택한다.

2. '데이터 원본 선택' 대화상자에서 '가로(항목) 축 레이블'의 〈편집〉 단추를 클릭한 후 다음과 같이 지정한다.

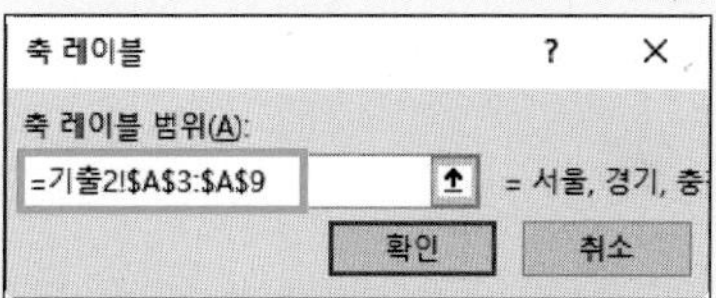

④ **'세로(값) 축'의 주 눈금 지정**

[기출 3]

① **원본 데이터 및 계열 순서 변경**

차트 영역의 바로 가기 메뉴에서 **[데이터 선택]**을 선택한 후 다음과 같이 지정한다.

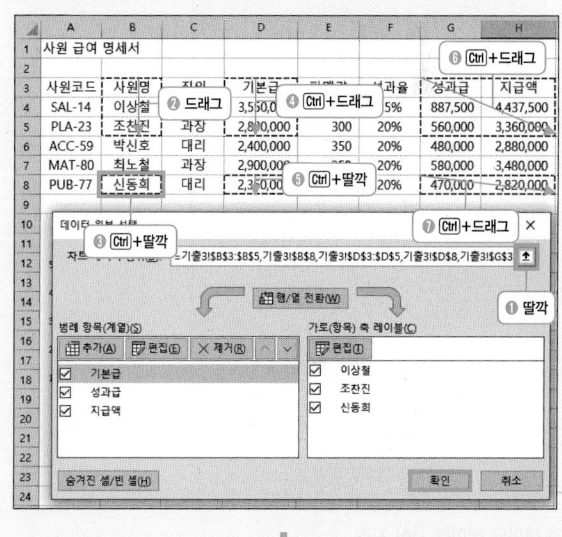

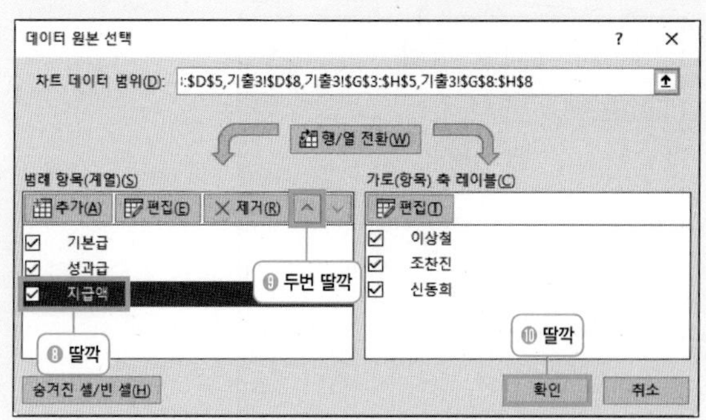

② 세로(값) 축의 표시 단위 지정

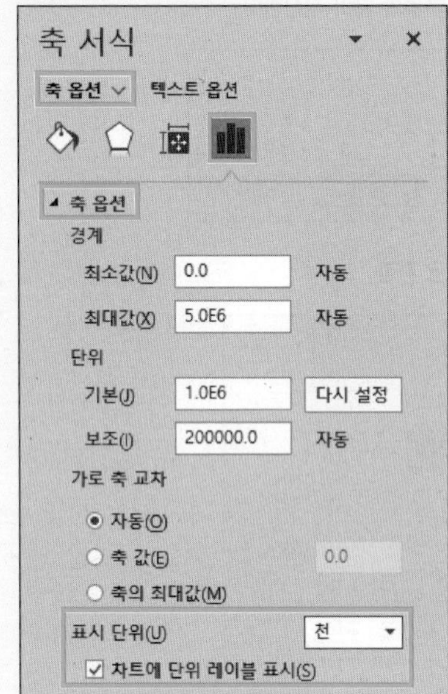

③ 세로(값) 축의 '가로 축 교차' 지정

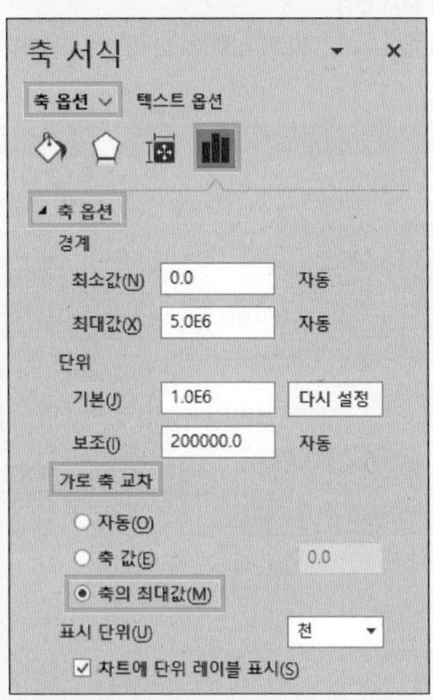

④ 데이터 레이블 서식 지정

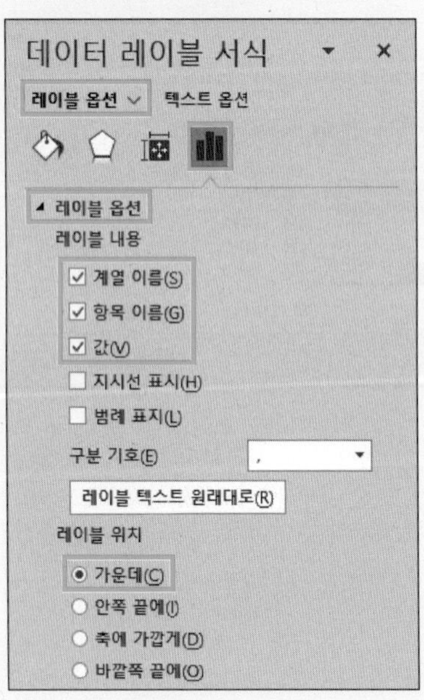

[기출 4]

① 세로(값) 축의 '값을 거꾸로' 지정

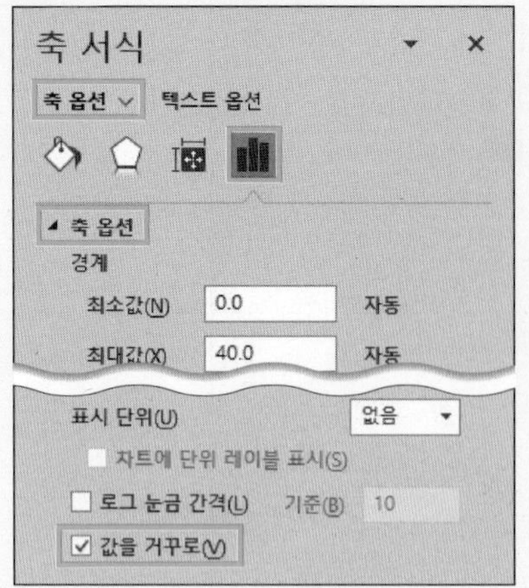

② 세로(값) 축 제목의 텍스트 방향 변경

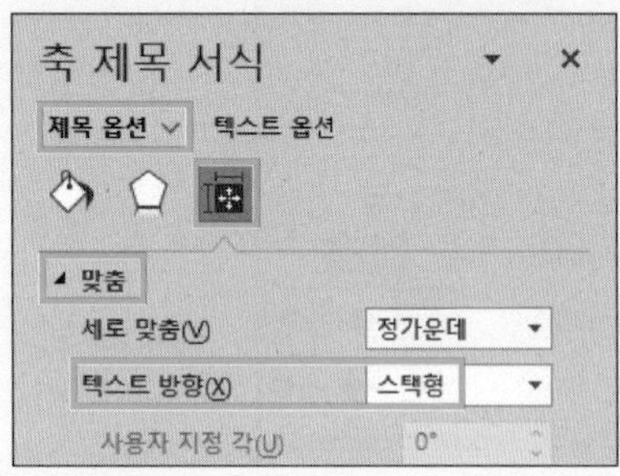

③ 계열 이름 변경

1. 차트 영역의 바로 가기 메뉴에서 **[데이터 선택]**을 선택한다.
2. '데이터 원본 선택' 대화상자의 '범례 항목(계열)'에서 '과제'를 선택하고 〈편집〉 단추를 클릭한 후 다음과 같이 지정한다.

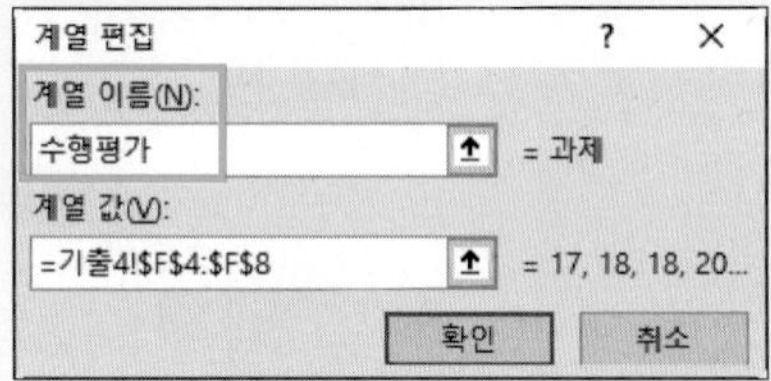

④ 3차원 회전의 X회전 변경

차트 영역의 바로 가기 메뉴에서 **[3차원 회전]**을 선택한 후 다음과 같이 지정한다.

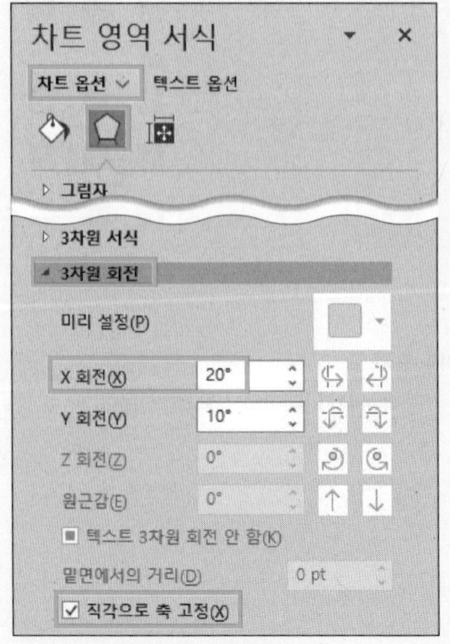

2 매크로

출제 비율 100% / 배점 10점

매크로 문제는 **사용자 지정 표시 형식이나 조건부 서식을 지정하는 매크로를 작성한 후 도형이나 단추에 연결하여 실행하는 작업**입니다. 2개의 문항이 출제되며, 한 문항에 5점입니다.

	A	B	C	D	E	F	G	H	I
1									
2									
3									
4									
5	학년	반	이름	3/3	3/10	3/17	3/24	3/31	출석
6	1	사랑반	김영서	1	1	1	1	1	5
7	1	사랑반	이환	1	1	0	1	1	4
8	1	사랑반	김유준	0	1	1	1	1	4
9	1	화평반	김지환	1	1	1	1	1	5
10	1	화평반	원가은	0	1	1	1	1	4
11	2	중성반	곽용빈	1	1	1	1	1	5
12	2	중성반	이승아	1	1	1	1	1	5
13	2	중성반	한정우	1	1	1	1	1	5
14	2	중성반	이창재	1	1	1	1	1	5
15	2	중성반	노석진	0	1	1	1	0	3
16	2	중성반	권한지	0	0	1	1	1	3
17	2	중성반	최경주	1	1	1	1	0	4

➡

	A	B	C	D	E	F	G	H	I
1									
2–3		서식적용 ❶			그래프보기 ❷				
4									
5	학년	반	이름	❶ 3/3	3/10	3/17	3/24	3/31	❷ 출석
6	1	사랑반	김영서	O	O	O	O	O	5
7	1	사랑반	이환	O	O	X	O	O	4
8	1	사랑반	김유준	X	O	O	O	O	4
9	1	화평반	김지환	O	O	O	O	O	5
10	1	화평반	원가은	X	O	O	O	O	4
11	2	중성반	곽용빈	O	O	O	O	O	5
12	2	중성반	이승아	O	O	O	O	O	5
13	2	중성반	한정우	O	O	O	O	O	5
14	2	중성반	이창재	O	O	O	O	O	5
15	2	중성반	노석진	X	O	O	O	X	3
16	2	중성반	권한지	X	X	O	O	O	3
17	2	중성반	최경주	O	O	O	O	X	4

❶ 〈서식적용〉 단추를 클릭하면 [D6:H17] 영역의 값들 중 1은 "O"으로, 0은 "X"로 표시합니다.

❷ 〈그래프보기〉 단추를 클릭하면 [I6:I17] 영역에 출석 일수에 따른 데이터 막대를 표시합니다.

2142102

작업 순서

매크로 작업은 작업 순서를 정확하게 지키는 것이 매우 중요합니다. 다음 순서를 꼭 기억해 두세요.

1. 도형을 삽입한 후 바로 가기 메뉴에서 **[매크로 지정]**을 선택한다.
2. '매크로 지정' 대화상자에서 매크로 이름을 지정한 후 〈기록〉을 클릭한다.
3. '매크로 기록' 대화상자에서 〈확인〉을 클릭한다.
4. 순서대로 매크로 기록 작업을 수행한다.
5. [개발 도구] → 코드 → **기록 중지**를 클릭한다.
6. 도형의 바로 가기 메뉴에서 **[텍스트 편집]**을 선택한 후 텍스트를 입력한다.

합격포인트

- 매크로 작업은 **사용자 지정 표시 형식을 정확하게 지정하는 것이 합격포인트**입니다.
- 사용자 지정 표시 형식에서 조건이나 글꼴 색을 지정할 때는 대괄호([ ])를 사용합니다.
- 조건이 없을 때는 양수, 음수, 0, 텍스트 순으로 표시 형식이 지정됩니다.
- 하나 더, **매크로 기록 중 뭔가 잘못됐으면 당황하지 말고** [개발 도구] → 코드 → **매크로**에서 **삭제한 후 새로 작성**하세요.

☞ 직접 실습하려면 'C:\길벗컴활1급총정리\엑셀\기능\21매크로.xlsm' 파일을 열어서 작업하세요.

01 사용자 지정 표시 형식 지정

24.상시, 23.상시, 22.상시, 21.상시

2142111

23.상시, 22.상시, 21.상시

[유형 1] [C2:C10] 영역에 사용자 지정 표시 형식을 설정하시오.

▶ 셀 값이 0보다 크면 1000 단위 구분 기호를 표시, 0이면 0을 표시, 0보다 작으면 빨강색으로 "▣" 뒤에 한 칸 띄우고 숫자를 음수 기호 없이 1000 단위 구분 기호를 표시, 텍스트이면 "※" 기호를 표시하시오.

[표시 예 : 1500인 경우 → 1,500, 0인 경우 → 0, -2000인 경우 → ▣ 2,000]

	A	B	C
1	판매월	품명	순이익
2	1월	하이트	65000
3	2월	카스	500000
4	1월	라거	0
5	3월	바트	225000
6	2월	진로	-22500
7	3월	백세주	-35000
8	1월	시원	미등록
9	2월	짐레트	550000
10	3월	마주앙	600000

사용자 지정 표시 형식은 조건이 없을 때는 기본적으로 양수, 음수, 0, 텍스트 순으로 표시 형식이 적용됩니다.

#,### ; [빨강]"▣" #,### ; 0 ; "※"
양수 음수 0값 텍스트

셀 서식

표시 형식 | 맞춤 | 글꼴 | 테두리 | 채우기 | 보호

범주(C): 일반, 숫자, 통화, 회계, 날짜, 시간, 백분율, 분수, 지수, 텍스트, 기타, 사용자 지정

보기: 65,000

형식(T): #,###;[빨강]"▣" #,###;0;"※"

G/표준, 0, 0.00, #,##0, #,##0.00, _-* #,##0_-;-* #,##0_-;_-* "-"_-;_-@_-, _-* #,##0.00_-;-* #,##0.00_-;_-* "-"??_-;_-@_-

⬇

	A	B	C
1	판매월	품명	순이익
2	1월	하이트	65,000
3	2월	카스	500,000
4	1월	라거	0
5	3월	바트	225,000
6	2월	진로	▣ 22,500
7	3월	백세주	▣ 35,000
8	1월	시원	※
9	2월	짐레트	550,000
10	3월	마주앙	600,000

2142112

24.상시, 23.상시, 22.상시, 21.상시

[유형 2] [D2:D11] 영역에 사용자 지정 표시 형식을 설정하시오.

▶ 셀 값이 100,000 이상이면 빨강색으로 1000 단위 구분 기호와 숫자 앞에 "★"를 표시하고, 50,000 미만이면 파랑색으로 1000 단위 구분 기호와 숫자 앞에 "☆"를 표시하고, 그 외에는 1000 단위 구분 기호만 표시하시오.

[표시 예 : 200000인 경우 → ★200,000, 0인 경우 → ☆0]

	A	B	C	D
1	품목명	수량	판매금액	미수금
2	Blue	20	240,000	8370
3	Red300	7	84,000	312000
4	Violet550	7	80,500	156000
5	Red334	12	300,000	0
6	Yellow	12	150,000	38700
7	Violet550	7	80,500	97000
8	Violet600	15	278,250	702000
9	Yellow	15	180,000	58000
10	Violet600	8	90,000	93000
11	Red334	20	280,000	49000

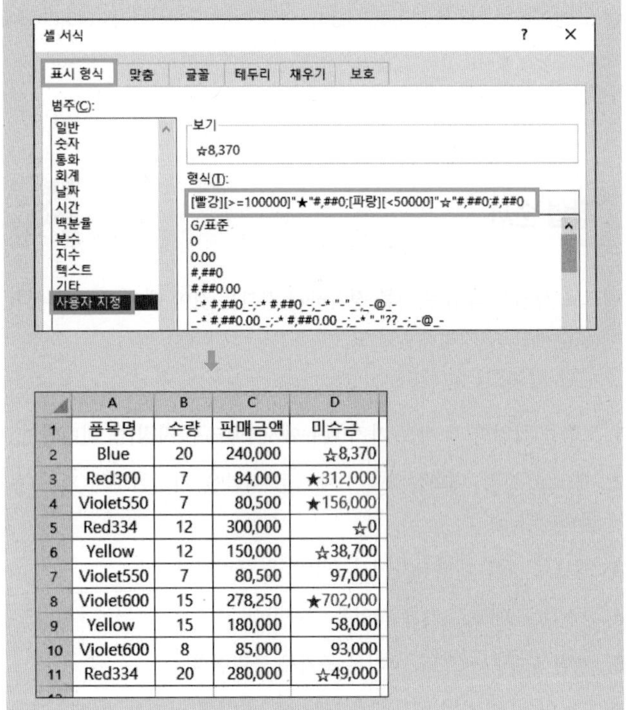

	A	B	C	D
1	품목명	수량	판매금액	미수금
2	Blue	20	240,000	☆8,370
3	Red300	7	84,000	★312,000
4	Violet550	7	80,500	★156,000
5	Red334	12	300,000	☆0
6	Yellow	12	150,000	☆38,700
7	Violet550	7	80,500	97,000
8	Violet600	15	278,250	★702,000
9	Yellow	15	180,000	58,000
10	Violet600	8	85,000	93,000
11	Red334	20	280,000	☆49,000

2142113

24.상시, 23.상시, 22.상시, 21.상시

[유형 3] [D2:D7] 영역에 사용자 지정 표시 형식을 설정하시오.

▶ 셀 값이 5,000,000 이상인 경우 빨강색으로 천 단위로 절삭하고 1000 단위 구분 기호를 표시한 후 앞에는 "★ "를, 뒤에는 "천원"을 표시하고, 0인 경우 "※"를 표시하고, 그 외는 천 단위로 절삭하고 1000 단위 구분 기호를 표시한 후 뒤에 "천원"을 표시하시오.

[표시 예 : 6540000인 경우 → ★ 6,540천원, 1230000인 경우 → 1,230천원, 100인 경우 → 0천원]

	A	B	C	D
1	대리점	계획수량	판매수량	총판매금액
2	서울	200	220	2640000
3	인천	300	220	6600000
4	부산	150	120	1440000
5	광주	120	폐업	0
6	제주	200	210	6300000
7	대전	150	150	4500000

표시 형식의 마지막에 1000 단위 구분 기호(,)를 표시하면 할 때마다 3자리씩 생략합니다.

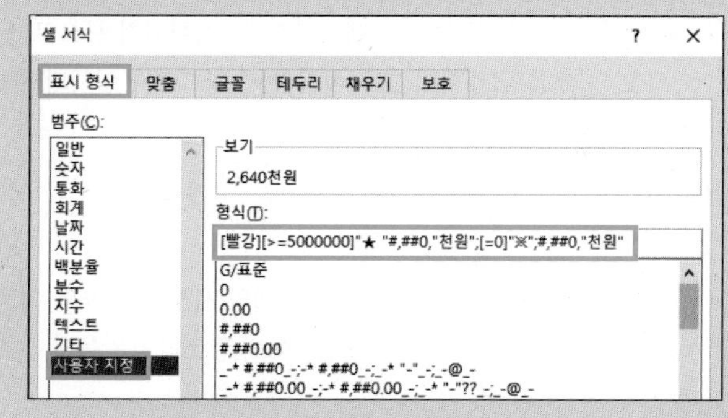

⬇

	A	B	C	D
1	대리점	계획수량	판매수량	총판매금액
2	서울	200	220	2,640천원
3	인천	300	220	★ 6,600천원
4	부산	150	120	1,440천원
5	광주	120	폐업	※
6	제주	200	210	★ 6,300천원
7	대전	150	150	4,500천원

2142114

24.상시, 23.상시, 22.상시, 21.상시

[유형 4] [D2:D8] 영역에 사용자 지정 표시 형식을 설정하시오.

▶ 셀 값이 90 이상이면 빨강색으로 "★"를, 80 이상이면 파랑색으로 "☆"를 표시한 후 뒤에 숫자를 표시하고, 그 외는 숫자만을 [표시 예]와 같이 표시하시오.

[표시 예 : 90인 경우 → `★      90`, 81인 경우 → `☆      81`, 79인 경우 → `      79`]

	A	B	C	D
1	성명	시험	과제	총점
2	이덕환	48	42	90
3	안치연	39	40	79
4	강청기	43	38	81
5	연구현	39	49	88
6	오지락	45	49	94
7	사은숙	29	23	52
8	봉하영	41	20	61

서식 코드 중 * 기호는 * 기호 다음에 있는 특정 문자를 셀의 너비만큼 반복하여 채웁니다. * 다음에 빈 칸을 삽입하였으므로 빈 칸이 셀의 너비만큼 반복하여 채워 줍니다.

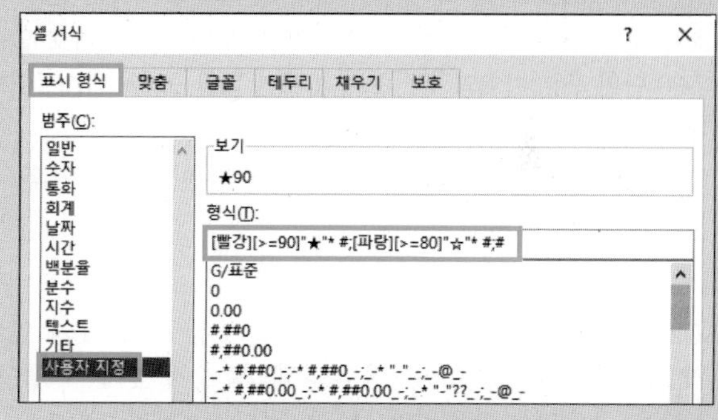

⬇

	A	B	C	D
1	성명	시험	과제	총점
2	이덕환	48	42	★ 90
3	안치연	39	40	79
4	강청기	43	38	☆ 81
5	연구현	39	49	☆ 88
6	오지락	45	49	★ 94
7	사은숙	29	23	52
8	봉하영	41	20	61

체크체크 ☑☐☐

2142161

다음 조건에 맞는 사용자 지정 표시 형식을 적으시오[①~④].

	A	B	C	D	E
1	상품코드	이익금	가격변동	판매금액	전달대비판매량
2	A-001	1500000	100	3560000	250
3	A-002	-250000	49	500000	5
4	A-003	0	39	940000	50
5	A-004	225000	89	7300000	120
6	A-005	-25402	99	950000	9
7	A-006	오류	109	0	102
8	A-007	550000	201	1000000	78

① [B2:B8] 영역의 셀 값이 양수면 파랑색으로 1000 단위 구분 기호와 숫자 뒤에 "원" 표시, 음수면 빨강색으로 음수 기호 없이 1000 단위 구분 기호와 "원" 표시, 0이면 "0원" 표시, 텍스트이면 "확인" 표시

[표시 예 : 65000인 경우 → 65,000원, -35000인 경우 → 35,000원]

[ ]

② [C2:C8] 영역의 셀 값이 100 이상이면 빨강색으로 숫자 앞에 "▼"를 표시하고, 50 이상이면 파랑색으로 숫자 앞에 "◆"를 표시하고, 그 외에는 숫자 앞에 "▲"를 표시

[표시 예 : 100인 경우 → ▼100, 70인 경우 → ◆70, 0인 경우 → ▲0]

[ ]

③ [D2:D8] 영역의 셀 값이 1,000,000 이상인 경우 빨강색으로 백만 단위로 절삭하고 숫자 앞에는 "◎ "를, 뒤에는 "백만원"을 표시하고, 0인 경우 "※"를 표시하고, 그 외는 천 단위로 절삭하고 숫자 뒤에 "천원"을 표시

[표시 예 : 6000000인 경우 → ◎ 6백만, 500000인 경우 → 500천원, 100인 경우 → 0천원]

[ ]

④ [E2:E8] 영역의 셀 값이 10 이하면 파랑색으로 "▲"를, 100 이상이면 빨강색으로 "▼"를 표시한 후 뒤에 숫자를 표시하고, 그 외는 숫자만을 [표시 예]와 같이 표시

[표시 예 : 0인 경우 → ▲ 0, 50인 경우 → 50, 150인 경우 → ▼ 150]

[ ]

정답

① [파랑]#,###"원";[빨강]#,###"원";0"원";"확인"

② [빨강][>=100]"▼"0;[파랑][>=50]"◆"0;"▲"0

③ [빨강][>=1000000]"◎ "0,,"백만원";[=0]"※";0,"천원"

④ [파랑][<=10]"▲"* 0;[빨강][>=100]"▼"* 0;0

대표기출문제

'C:\길벗컴활1급총정리\엑셀\기능\21매크로.xlsm' 파일을 열어서 작업하세요.

2142181

[기출 1] 24.상시, 23.상시, 22.상시, 21.상시

'기출 1' 시트에서 다음과 같은 기능을 수행하는 매크로를 현재 통합문서에 작성하시오.

① [D4:E11] 영역에 사용자 지정 표시 형식을 설정하는 '표시형식적용' 매크로를 생성하시오.

▶ 셀 값이 90 이상이면 빨강색으로 "우수"를, 60 미만이면 파랑색으로 "노력"을 표시한 후 문자와 숫자 사이에 공백을 셀의 너비만큼 표시하고, 그 외는 숫자만을 표시하시오.

[표시 예 : 90인 경우 → 우수 90, 50인 경우 → 노력 50, 0인 경우 → 노력 0]

▶ [개발 도구] → [삽입] → [양식 컨트롤]의 '단추'를 동일 시트의 [H3:H4] 영역에 생성한 후 텍스트를 "표시형식적용"으로 입력하고, 단추를 클릭하면 '표시형식적용' 매크로가 실행되도록 설정하시오.

② [F4:F11] 영역에 조건부 서식을 적용하는 '그래프보기' 매크로를 생성하시오.

▶ 규칙 유형은 '셀 값을 기준으로 모든 셀의 서식 지정'으로 선택하고, 서식 스타일을 '아이콘 집합', 아이콘 스타일을 '4색 신호등'으로 설정하시오.

▶ 숫자 값이 90 이상이면 ●(녹색), 80 이상이면 ●(노랑), 70 이상이면 ●(빨강), 그 외에는 ●(검정)으로 표시하시오.

▶ [개발 도구] → [삽입] → [양식 컨트롤]의 '단추'를 동일 시트의 [H6:H7] 영역에 생성한 후 텍스트를 "그래프보기"로 입력하고, 단추를 클릭하면 '그래프보기' 매크로가 실행되도록 설정하시오.

※ 셀 포인터의 위치에 관계없이 매크로가 실행되어야 정답으로 인정됨

전문가의 조언

조건부 서식 기능을 이용하여 막대 그래프, 아이콘 집합 등을 표시하는 문제가 간혹 출제되는데 어렵지 않습니다. 〈해설〉를 참고하여 정확히 한번만 따라해보면 알 수 있습니다.

2142182

[기출 2] 24.상시, 23.상시, 22.상시, 21.상시

'기출 2' 시트에서 다음과 같은 기능을 수행하는 매크로를 현재 통합문서에 작성하시오.

① [D4:D12] 영역에 사용자 지정 표시 형식을 설정하는 '서식적용' 매크로를 생성하시오.

▶ 셀 값이 0.2 이상이면 빨강색으로 "★" 뒤에 백분율로 표시하고, 0.1 이상이면 파랑색으로 "☆" 뒤에 백분율로 표시하고, 그 외는 백분율로만 표시하시오.

[표시 예 : 0.2인 경우 → ★20%, 0.1인 경우 → ☆10%, 0.08인 경우 → 8%]

▶ [도형] → [기본 도형]의 '사각형: 빗면(▣)'을 동일 시트의 [G3:G4] 영역에 생성한 후 텍스트를 "서식적용"으로 입력하고, 단추를 클릭하면 '서식적용' 매크로가 실행되도록 설정하시오.

② [D4:D12] 영역에 표시 형식을 '일반'으로 적용하는 '서식해제' 매크로를 생성하시오.

▶ [도형] → [기본 도형]의 '사각형: 빗면(▣)'을 동일 시트의 [G6:G7] 영역에 생성한 후 텍스트를 "서식해제"로 입력하고, 단추를 클릭하면 '서식해제' 매크로가 실행되도록 설정하시오.

※ 셀 포인터의 위치에 관계없이 매크로가 실행되어야 정답으로 인정됨

2142183

[기출 3] 24.상시, 23.상시, 22.상시, 21.상시

'기출3' 시트에서 다음과 같은 기능을 수행하는 매크로를 현재 통합문서에 작성하시오.

① [E3:E15] 영역에 사용자 지정 표시 형식을 설정하는 '표시단위적용' 매크로를 생성하시오.

▶ 셀 값이 50,000,000 이상인 경우 빨강색으로 백만 단위로 절삭하고 숫자 앞에는 "▼"를, 뒤에는 "백만원"을 표시하고, 10,000,000 미만인 경우 파랑색으로 백만 단위로 절삭하고 숫자 앞에는 "▲"를, 뒤에는 "백만원"을 표시하고, 그 외는 백만 단위로 절삭하고 뒤에 "백만원"만을 표시하시오.

[표시 예 : 89000000 → ▼89백만원, 9000000 → ▲9백만원, 100 → ▲0백만원]

▶ [개발 도구] → [삽입] → [양식 컨트롤]의 '단추'를 동일 시트의 [G2:G3] 영역에 생성한 후 텍스트를 "표시단위적용"으로 입력하고, 단추를 클릭하면 '표시단위적용' 매크로가 실행되도록 설정하시오.

② [C3:C15] 영역에 조건부 서식을 적용하는 '색조보기' 매크로를 생성하시오.

▶ 규칙 유형은 '셀 값을 기준으로 모든 셀의 서식 지정'으로 선택하고, 서식 스타일을 '3가지 색조'로 설정하시오.

▶ 중간값의 종류를 숫자, 값을 50,000,000, 색을 '테마 색 – 흰색, 배경 1', 최대값의 색을 '표준 색 – 파랑'으로 표시하시오.

▶ [개발 도구] → [삽입] → [양식 컨트롤]의 '단추'를 동일 시트의 [G5:G6] 영역에 생성한 후 텍스트를 "색조보기"로 입력하고, 단추를 클릭하면 '색조보기' 매크로가 실행되도록 설정하시오.

※ 셀 포인터의 위치에 관계없이 매크로가 실행되어야 정답으로 인정됨

2142184

[기출 4] 24.상시, 23.상시, 22.상시, 21.상시

'기출4' 시트에서 다음과 같은 기능을 수행하는 매크로를 현재 통합문서에 작성하시오.

① [D3:D11] 영역에 사용자 지정 표시 형식을 설정하는 '서식적용2' 매크로를 생성하시오.

▶ 값이 양수면 숫자를 소수점 첫째 자리까지 표시하고, 음수면 빨강색으로 "▼"를 셀의 왼쪽에 붙여서 표시하고, 숫자는 오른쪽에 붙여서 소수점 첫째 자리까지 표시하고, 0이나 텍스트면 아무것도 표시하지 마시오.

[표시 예 : 2.05인 경우 → | 2.1|, −8.87인 경우 → |▼ 8.9|]

▶ [개발 도구] → [삽입] → [양식 컨트롤]의 '단추'를 동일 시트의 [F2:F3] 영역에 생성한 후 텍스트를 "서식적용"으로 입력하고, 단추를 클릭하면 '서식적용2' 매크로가 실행되도록 설정하시오.

② [D3:D11] 영역에 표시 형식을 '일반'으로 적용하는 '서식해제2' 매크로를 생성하시오.

▶ [개발 도구] → [삽입] → [양식 컨트롤]의 '단추'를 동일 시트의 [F5:F6] 영역에 생성한 후 텍스트를 "서식해제"로 입력하고, 단추를 클릭하면 '서식해제2' 매크로가 실행되도록 설정하시오.

정답 및 해설

[기출 1]

〈정답〉

	A	B	C	D	E	F	G	H
1	성적 현황							
2								
3	성명	전공학과	결석수	중간고사	기말고사	평점		표시형식적용
4	이미영	컴퓨터	1	우수 90	88	89		
5	구기자	국문	3	우수 100	노력 59	79.5		
6	한명구	경영	2	87	우수 95	91		그래프보기
7	사오정	국문	8	85	82	83.5		
8	오동추	컴퓨터	5	노력 46	75	60.5		
9	윤수아	경영	6	66	노력 59	62.5		
10	김기자	컴퓨터	4	68	88	78		
11	우주태	경영	2	우수 90	우수 95	92.5		

〈해설〉

① **'표시형식적용' 매크로**

1. [개발 도구] → 컨트롤 → 삽입 → 양식 컨트롤에서 '단추(▭)'를 선택한 후 [H3:H4] 영역에 맞게 드래그한다.
2. '매크로 지정' 대화상자의 매크로 이름에 **표시형식적용**을 입력하고 〈기록〉을 클릭한다.
3. '매크로 기록' 대화상자에서 〈확인〉을 클릭한다.
4. 서식을 적용할 [D4:E11] 영역을 블록으로 지정한 후 Ctrl + 1을 누른다.
5. '셀 서식' 대화상자에서 그림과 같이 지정한 후 〈확인〉을 클릭한다.

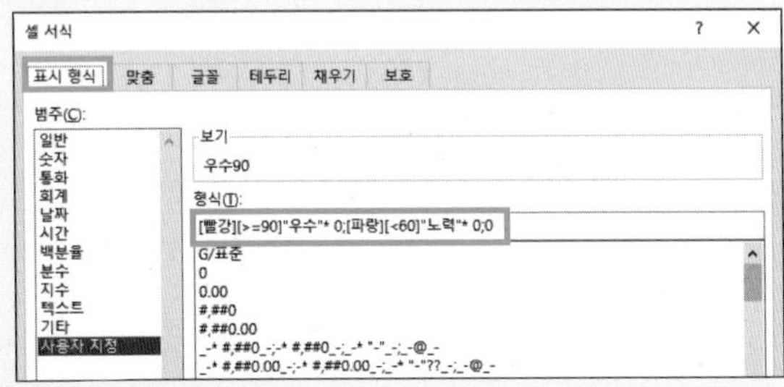

6. 임의의 셀을 클릭한 후 '기록 중지(□)' 아이콘을 클릭한다.
7. '단추'의 바로 가기 메뉴에서 [텍스트 편집]을 선택한 후 텍스트를 **표시형식적용**으로 수정한다.

② **'그래프보기' 매크로**

1. [개발 도구] → 컨트롤 → 삽입 → 양식 컨트롤에서 '단추(▭)'를 선택한 후 [H6:H7] 영역에 맞게 드래그한다.
2. '매크로 지정' 대화상자의 매크로 이름에 **그래프보기**를 입력하고 〈기록〉을 클릭한다.
3. '매크로 기록' 대화상자에서 〈확인〉을 클릭한다.
4. [F4:F11] 영역을 블록으로 지정한 후 [홈] → 스타일 → 조건부 서식 → 새 규칙을 선택한다.
5. '새 서식 규칙' 대화상자에서 그림과 같이 지정하고 〈확인〉을 클릭한다.

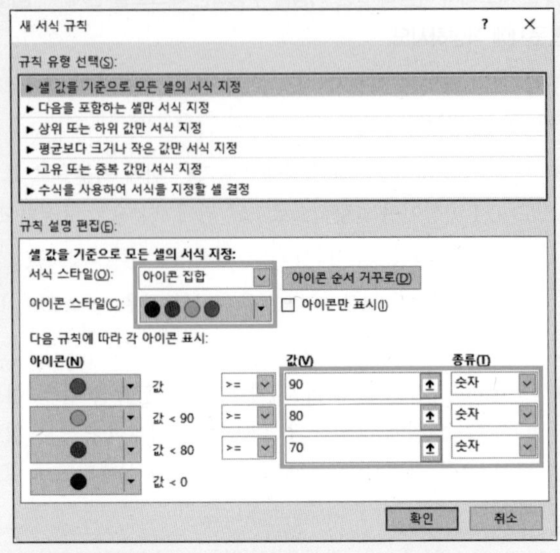

6. 임의의 셀을 클릭한 후 '기록 중지(□)' 아이콘을 클릭한다.
7. '단추'의 바로 가기 메뉴에서 [텍스트 편집]을 선택한 후 텍스트를 **그래프보기**로 수정한다.

[기출 2]

	A	B	C	D	E	F	G
1	제품 생산 현황						
2							
3	제품코드	생산부서	생산량	불량률	최대생산량		서식적용
4	PE-12	생산1부	800	0%	1,000		
5	PE-23	생산2부	2,000	☆11%	2,500		
6	PE-34	생산3부	960	4%	1,200		서식해제
7	CE-10	제조1부	720	6%	900		
8	CE-20	제조2부	1,200	★20%	1,500		
9	CE-30	제조3부	2,800	☆11%	3,500		
10	AM-11	생산1부	640	6%	800		
11	AM-22	생산2부	720	8%	900		
12	AM-33	생산3부	1,200	★24%	1,500		

① **'서식적용' 매크로**

• '셀 서식' 대화상자

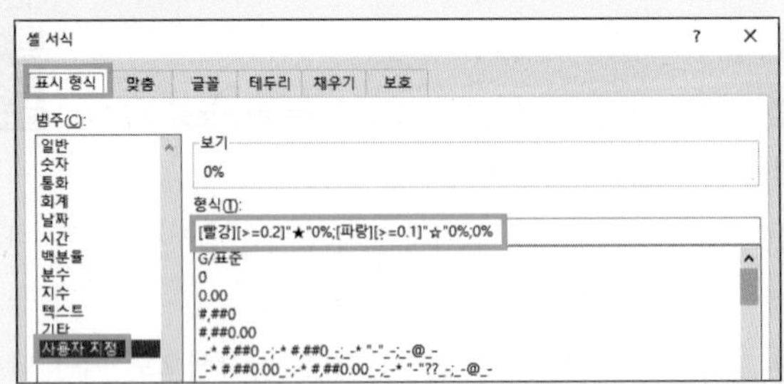

② **'서식해제' 매크로**

• '셀 서식' 대화상자

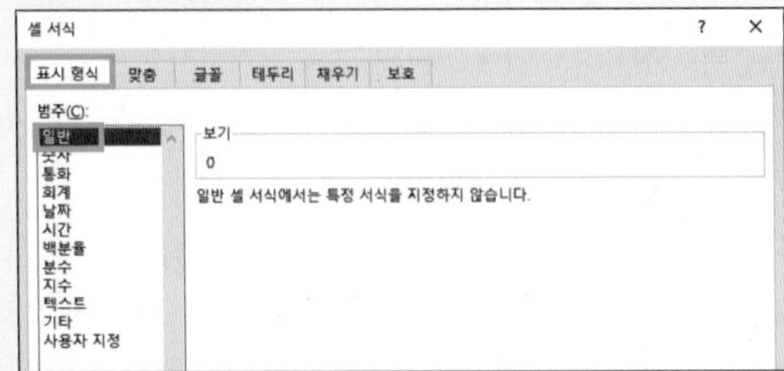

[기출 3]

〈정답〉

	A	B	C	D	E	F	G
1							
2	성명	주민번호	출자금액	관할지부	대출금액		표시단위적용
3	송종환	691028-1******	26,300,000	동대문	▲8백만원		
4	최혜은	800727-2******	55,300,000	마포	50백만원		
5	윤영서	860729-2******	15,300,000	마포	▲8백만원		색조보기
6	장슬지	631106-1******	66,300,000	광진	43백만원		
7	주재훈	610122-1******	66,100,000	동대문	47백만원		
8	이종한	870517-1******	11,200,000	광진	▲7백만원		
9	남태현	821211-2******	73,800,000	마포	47백만원		
10	황윤형	830918-2******	[illegible]	마포	▼60백만원		
11	오진주	600303-1******	54,700,000	동대문	30백만원		
12	배신영	650805-1******	83,100,000	마포	37백만원		
13	노장우	730626-2******	76,300,000	강남	39백만원		
14	오지완	671121-1******	34,800,000	강남	21백만원		
15	주현일	840806-2******	76,800,000	마포	▼61백만원		

〈해설〉

① **'표시단위적용' 매크로**

- '셀 서식' 대화상자

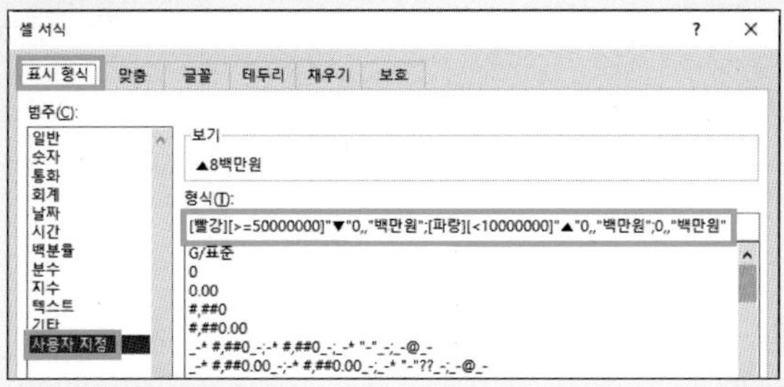

② **'색조보기' 매크로**

- '새 서식 규칙' 대화상자

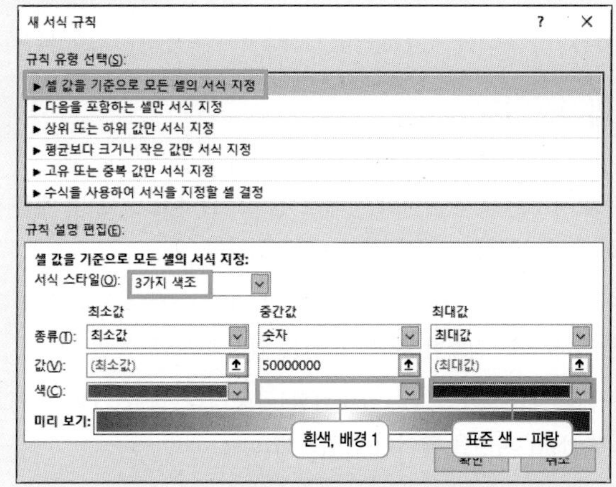

[기출 4]

〈정답〉

	A	B	C	D	E	F
1	[표1] 지점별 영업 실적					
2	지점명	1월	2월	전월대비 증감율		서식적용
3	서울점	10,854,000	9,970,000	▼ 8.9		
4	오산점	16,345,000	16,016,000	▼ 2.1		
5	안양점	7,602,000	7,720,000	1.5		서식해제
6	인천점	3,477,000	4,347,000	20.0		
7	수원점	15,380,000	14,549,000	▼ 5.7		
8	성남점	14,512,000	14,987,000	3.2		
9	파주점	5,512,000	휴점			
10	부천점	6,405,000	6,916,000	7.4		
11	안산점	14,320,000	17,571,000	18.5		

〈해설〉

① **'서식적용2' 매크로**

- '셀 서식' 대화상자

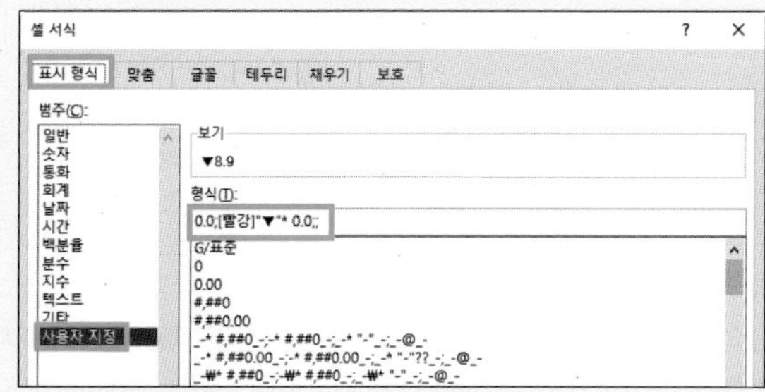

② **'서식해제2' 매크로**

- '셀 서식' 대화상자

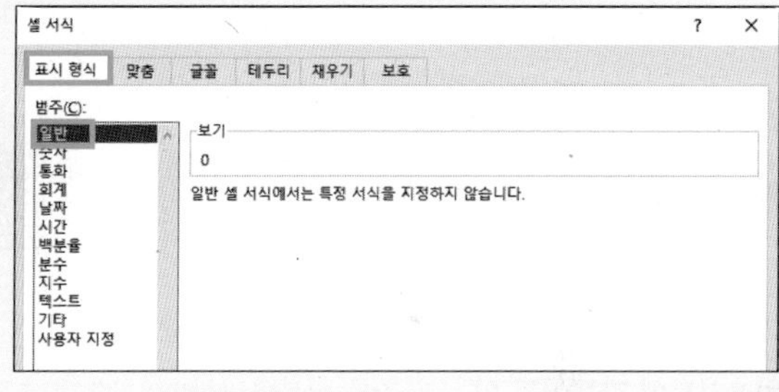

3 프로시저

출제 비율 100% / 배점 15점

프로시저 문제는 **폼에서 데이터를 처리하기 위해 폼의 실행, 폼의 자료 처리, 폼의 종료 등을 수행하는 프로시저를 만드는 작업**입니다. 3개의 문항이 **출제되며, 한 문항당 5점**이고 부분 점수는 없습니다.

	A	B	C	D	E	F
1	[표1]					
2	고객명	고객등급	매출금액	결제방식	할인금액	관리
3	홍길동	고급	50000	현금	5000	
4						
5						
6						
7						
8						
9						
10						

➡

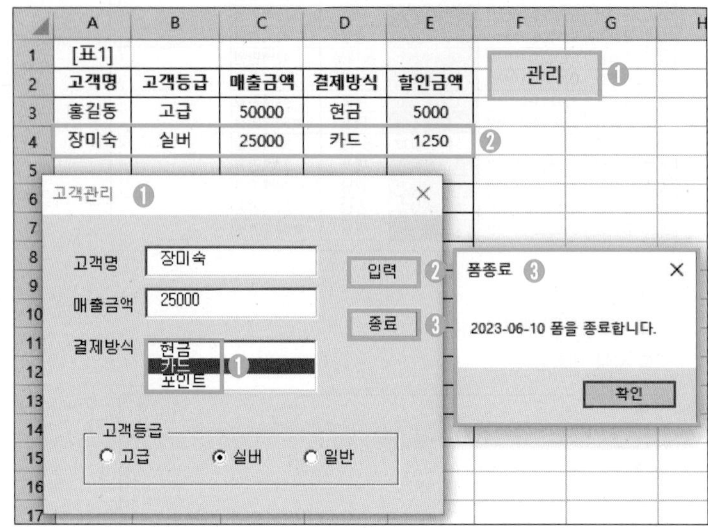

❶ '관리' 단추를 클릭하면 '결제방식' 목록이 표시된 〈고객관리〉 폼이 표시됩니다.

❷ 〈고객관리〉 폼에서 '입력' 단추를 클릭하면 폼에 입력된 데이터가 워크시트의 [표1]에 추가됩니다.

❸ '종료' 단추를 클릭하면 시스템의 현재 날짜가 표시된 메시지 박스를 표시한 후 폼을 종료합니다.

2142202

작업 순서

1. [개발 도구] → 컨트롤 → **디자인 모드**(📐)를 클릭한다.
2. 워크시트에 만들어져 있는 단추를 더블클릭한다.
3. 'Click( )', 'UserForm_Initialize( )', 'Worksheet_Change( )' 등의 프로시저를 찾아 코드를 입력한다.

합격포인트

- 프로시저는 출제 패턴이 정해져 있으므로 **주요 코드 몇 개를 확실하게 암기해 두는 것이 합격포인트**입니다.
- 어려워 보인다고 미리 겁먹지 말고 자주 출제되는 코드 몇 개만 암기하세요. 최소한 2문항 10점은 쉽게 확보할 수 있습니다.

☞ 직접 실습하려면 'C:\길벗컴활1급총정리\엑셀\기능\22프로시저.xlsm' 파일을 열어서 작업하세요.

거의 매회 출제되며 코드가 짧아 점수 획득이 매우 쉬운 프로시저입니다. **무조건 외워야 합니다.**

01 폼 초기화 프로시저

24.상시, 23.상시, 22.상시, 21.상시, 20.상시, 20.1, 19.상시, 19.2, 19.1, 18.상시, …

2142211

24.상시, 23.상시, 22.상시, 21.상시, 20.상시, 20.1, 19.상시, 19.2, …

[유형 1] 〈고객조회〉 폼의 '고객코드(cmb구분)' 목록에는 [B4:B9] 영역의 값이 표시되도록 프로시저를 작성하시오.

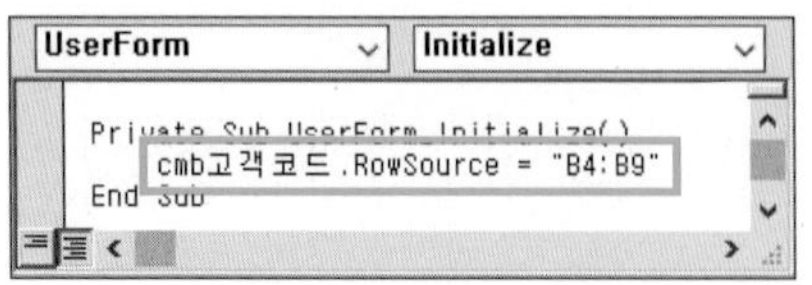

Alt + F11를 눌러 VBA를 실행한 후 〈고객조회〉 폼의 'UserForm_Initialize( )' 프로시저에 코드를 입력합니다.

2142212

22.상시, 21.상시, 18.상시, 15.상시

[유형 2] 〈상품주문〉 폼의 '상품(lst상품)' 목록에는 '기타작업-1' 시트의 [A3:B7] 영역의 값이 표시되도록 프로시저를 작성하시오.

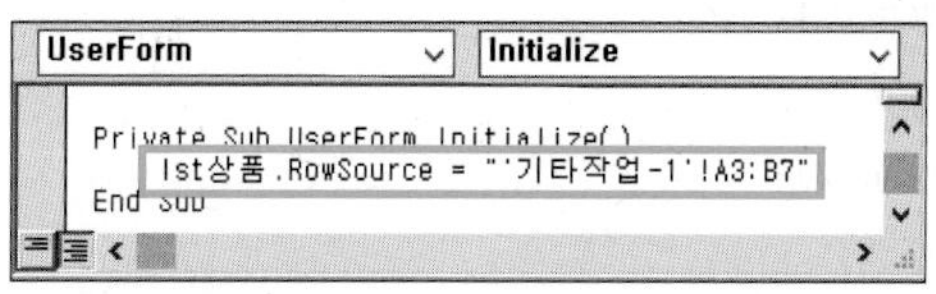

다른 워크시트에 있는 셀의 데이터를 참조할 경우 시트 이름과 셀 주소를 느낌표(!)로 구분하고, 시트 이름에 한글, 영어 외에 다른 문자가 포함되어 있을 경우에는 작은따옴표(' ')로 묶어서 입력해야 합니다.

예 '기타작업-1'!A3:B7

2142213

22.상시, 21.상시, 17.상시, 15.1

[유형 3] 〈식당예약〉 폼의 '음식명(cmb음식명)' 목록에는 "닭백숙", "오리백숙", "닭도리탕"이 표시되도록 프로시저를 작성하시오.

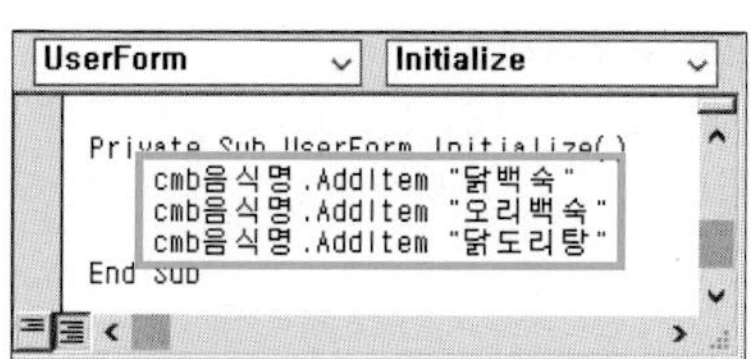

AddItem 메서드는 데이터를 직접 콤보 상자나 목록 상자에 추가할 때 이용합니다.

2142214

24.상시, 22.상시, 21.상시, 16.2, 16.1, 15.1, 14.1

[유형 4] 〈고객관리〉 폼의 '고객등급'은 '실버(opt실버)'가 초기값으로 선택되도록 프로시저를 작성하시오

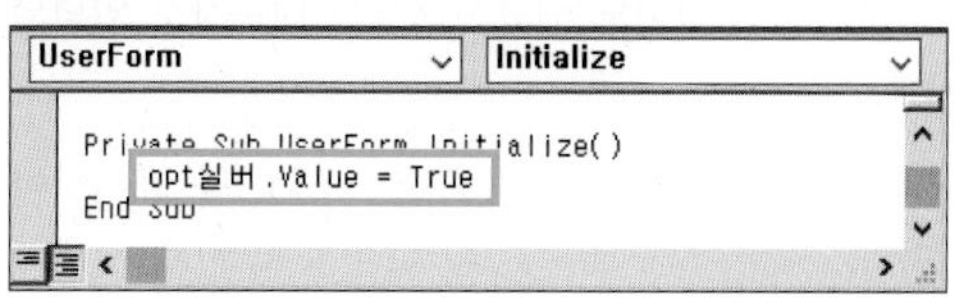

2142215

24.상시, 22.상시, 21.상시, 19.상시, 17.상시, 15.상시, 13.1, 09.1, …

[유형 5] 〈식당예약〉 폼의 '예약날짜(txt예약날짜)'에는 기본적으로 현재 시스템의 날짜가, '예약시간(txt예약시간)'에는 현재 시스템의 시간이 표시되도록 프로시저를 작성하시오.

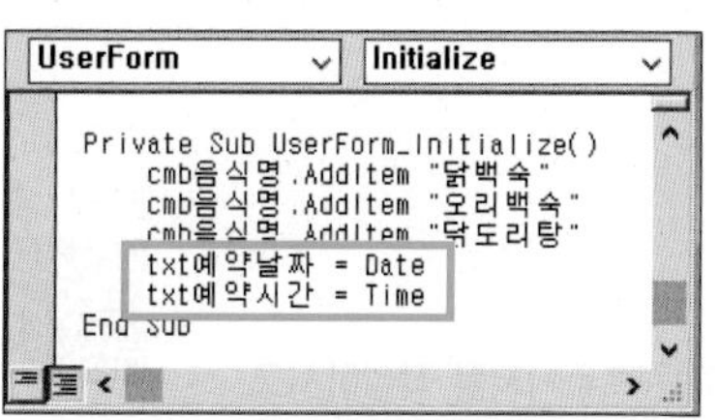

현재 시스템의 날짜는 Date, 시간은 Time, 날짜와 시간은 Now 함수를 이용하여 표시합니다.

2142216

22.상시, 21.상시, 15.상시

[유형 6] 〈볼링장예약〉 폼의 '예약날짜(cmb예약날짜)' 목록에는 현재 날짜부터 5일전까지의 날짜가 표시되도록 프로시저를 작성하시오.

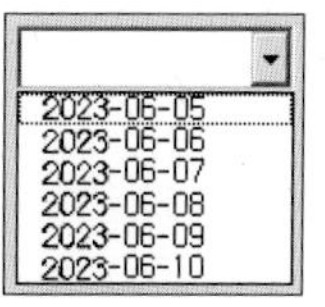

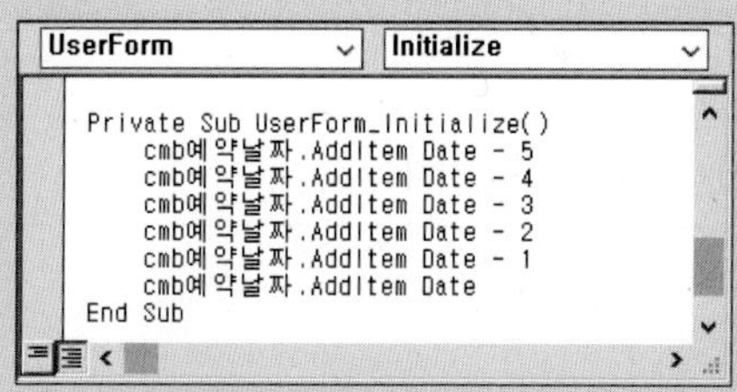

cmb예약날짜.AddItem Date – 5 : 'cmb예약날짜' 콤보 상자에 현재 날짜에서 5를 뺀 값을 목록으로 추가합니다.

- AddItem : 데이터를 직접 콤보 상자나 목록 상자에 추가할 때 사용하는 메서드
- Date : 시스템의 현재 날짜를 나타내는 명령어

체크체크 ☑☐☐ 2142261

다음에 제시된 기능을 수행하는 프로시저를 작성하시오.

① '제품명(cmb제품명)' 목록에는 [D3:D10] 영역의 값 표시

```
Private Sub UserForm_Initialize( )
    (                              )
End Sub
```

② '제품명(cmb제품명)' 목록에는 '기타작업-1' 시트의 [D3:F10] 영역의 값 표시

```
Private Sub UserForm_Initialize( )
    (                              )
End Sub
```

③ '구분(cmb구분)'에는 "유아", "초등생", "중등생", "고등생" 목록 표시

```
Private Sub UserForm_Initialize( )
    (                              )
    (                              )
    (                              )
    (                              )
End Sub
```

④ '성별'은 '남(opt남)'이 초기값으로 선택

```
Private Sub UserForm_Initialize( )
    (                              )
End Sub
```

⑤ '접수날짜(txt접수날짜)'에는 기본적으로 현재 시스템의 날짜가, '접수시간(txt접수시간)'에는 현재 시스템의 시간 표시

```
Private Sub UserForm_Initialize( )
    (                              )
    (                              )
End Sub
```

⑥ '시험일(cmb시험일)' 목록에는 현재 날짜부터 2일전까지의 날짜 표시

```
Private Sub UserForm_Initialize( )
    (                              )
    (                              )
    (                              )
End Sub
```

정답

① cmb제품명.RowSource = "D3:D10"

② cmb제품명.RowSource = "'기타작업-1'!D3:F10"

③ cmb구분.AddItem "유아"
cmb구분.AddItem "초등생"
cmb구분.AddItem "중등생"
cmb구분.AddItem "고등생"

④ opt남.Value = True

⑤ txt접수날짜.Value = Date
txt접수시간.Value = Time

⑥ cmb시험일.AddItem Date − 2
cmb시험일.AddItem Date − 1
cmb시험일.AddItem Date

전문가의 조언

- **프로시저 3문제 중 가장 어려운 문제입니다.**
- 여기 수록된 문제 수준으로 출제되면 맞히고 **이보다 더 어렵게 출제되면 틀린다는 생각으로 공부하세요.**
- 이 문제에서 List, Listindex 속성과 IsNull, UCase 함수를 확실하게 이해하고 넘어가세요.

02 폼의 자료를 워크시트에 입력 / 워크시트의 자료를 폼에 표시

24.상시, 23.상시, 22.상시, 21.상시, 20.상시, 20.1, 19.상시, 19.2, 19.1, 18.상시, …

2142217

24.상시, 23.상시, 22.상시, 21.상시, 20.상시, 20.1, 19.상시, 19.2, …

[유형 1] 〈상품주문2〉 폼의 '주문(cmd주문)' 단추를 클릭하면 폼에 입력된 데이터가 [표1]에 입력되어 있는 마지막 행 다음에 연속하여 추가되도록 프로시저를 작성하시오.

▶ 목록 상자(lst상품)에서 상품을 선택했을 때에만 폼의 데이터를 워크시트에 입력되도록 설정하시오.

▶ 목록 상자(lst상품)에서 상품을 선택하지 않았으면 〈그림〉과 같은 메시지 박스를 표시하고 목록 상자(lst상품)의 첫 번째 항목을 선택하시오.

▶ 'ID(txtID)'는 소문자로 입력해도 워크시트에는 대문자로 입력되도록 설정하시오

▶ '금액'은 '수량×단가'이고, 1000 단위 구분 기호(,)를 표시하여 입력하시오.

▶ List와 ListIndex, UCase와 Format 함수 사용

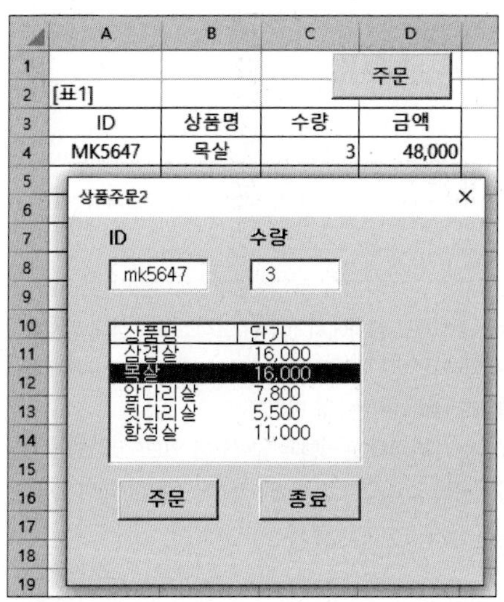

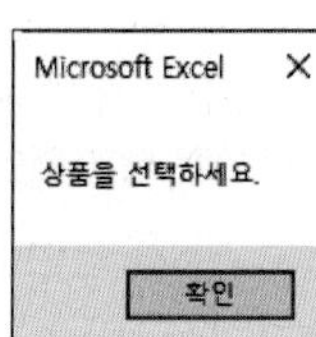

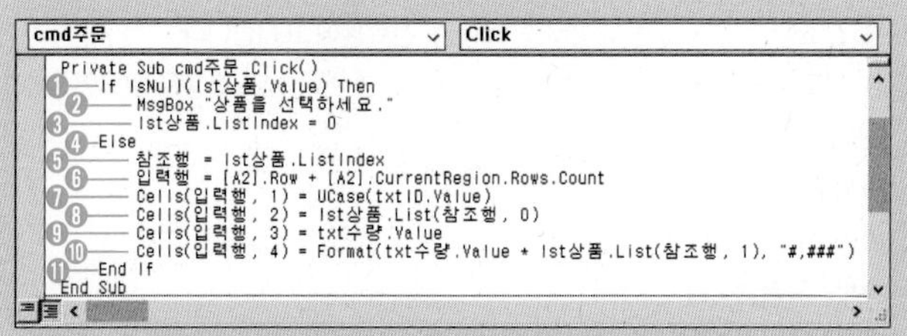

```
cmd주문        Click
Private Sub cmd주문_Click()
①   If IsNull(lst상품.Value) Then
②       MsgBox "상품을 선택하세요."
③       lst상품.ListIndex = 0
④   Else
⑤       참조행 = lst상품.ListIndex
⑥       입력행 = [A2].Row + [A2].CurrentRegion.Rows.Count
⑦       Cells(입력행, 1) = UCase(txtID.Value)
⑧       Cells(입력행, 2) = lst상품.List(참조행, 0)
⑨       Cells(입력행, 3) = txt수량.Value
⑩       Cells(입력행, 4) = Format(txt수량.Value * lst상품.List(참조행, 1), "#,###")
⑪   End If
End Sub
```

① 'lst상품' 목록 상자의 값이 널(Is Null)이면 ②~③번을 수행하고 끝냅니다.
- IsNull( ) : 유효한 데이터를 전혀 포함하지 않으면 참(True)을, 포함하면 거짓(False)을 반환하는 함수

② "상품을 선택하세요."라는 메시지를 표시합니다.

③ 'lst상품' 목록 상자의 인덱스 번호를 0으로 치환합니다. 목록 상자의 행 번호는 0에서 시작하므로 인덱스 번호를 0으로 지정하면 첫 번째 항목이 선택됩니다.
- ListIndex : 목록 상자 컨트롤의 목록 부분에서 선택한 항목의 인덱스 번호를 반환하거나 설정하는 속성

④ ①의 조건을 만족하지 않을 경우, 즉 'lst상품' 목록 상자의 값이 널이 아니면 ⑤~⑩번을 수행하고 끝냅니다.

⑤ '참조행' 변수에 'lst상품' 목록 상자에서 선택한 목록의 인덱스 번호를 치환합니다. 목록 상자의 행 번호는 0에서 시작하므로 목록 상자에서 3행을 클릭했다면 '참조행'에는 2가 치환됩니다.

⑥ '입력행' 변수에 [a2] 셀의 행 번호인 2와 [a2] 셀과 연결된 범위에 있는 데이터의 행수를 더하여 치환합니다(2+3=5).

⑦ 지정된 셀 위치, 즉 5행 1열에 'txtID'를 표시하되, 대문자로 변환하여 표시합니다.
- UCase( ) : 문자열을 모두 대문자로 변환하는 함수

⑧ 5행 2열에 'lst상품' 목록 상자의 참조행, 0열에 있는 데이터를 입력합니다.
- List( ) : 목록 상자나 콤보 상자 목록의 항목 위치를 지정하는 속성
- 행 번호와 열 번호는 0부터 시작하므로 'lst상품.List(0, 0)'은 'lst상품' 목록 상자의 1행, 1열에 있는 데이터를 의미합니다.
- 'lst상품' 목록 상자에서 세 번째 행에 있는 '앞다리살'을 선택하면 인덱스 번호(ListIndex)는 0부터 시작하므로 2가 참조행 변수에 치환됩니다. 'lst상품.List(참조행, 0)'은 'lst상품.List(2, 0)'으로 'lst상품' 목록 상자의 세 번째 행, 첫 번째 열에 있는 데이터 '앞다리살'을 의미하고 lst상품.List(2, 1)은 세 번째 행, 두 번째 열에 있는 '7,800'을 의미합니다.

⑨ 5행 3열에 'txt수량'을 입력합니다.

⑩ 5행 4열에 (txt수량) * 'lst상품' 목록 상자의 (참조행, 2열의 데이터)의 결과를 천 단위 구분 기호를 적용하여 입력합니다.

⑪ If문의 끝입니다.

이 문제에서 다음 내용을 확실히 기억해 두세요.
- Format 함수를 이용하여 영문자를 대문자로 변환하는 방법
- 시간을 오전/오후로 구분해서 입력하는 방법
- 콤보 상자가 선택되지 않도록 하는 방법

2142218

24.상시, 23.상시, 22.상시, 21.상시, 20.상시, 20.1, 19.상시, 19.2, …

[유형 2] 〈식당예약2〉 폼의 '예약(cmd예약)' 단추를 클릭하면 폼에 입력된 데이터가 [표1]에 입력되어 있는 마지막 행 다음에 연속하여 추가되도록 프로시저를 작성하시오.

▶ '예약번호'는 데이터가 입력되는 순서를 나타내는 번호를 입력하시오.

▶ 'ID(txtID)'는 5자를 소문자로 입력해도 워크시트에는 대문자로 입력되도록 설정하시오.

▶ '구분'은 '예약시간(txt예약시간)'을 "오전"과 "오후"로 구분하여 표시하시오.

▶ 입력 후에는 '음식명(cmb음식명)'이 선택되지 않도록 설정하시오.

▶ Format, Hour 함수 이용

▶ 입력되는 데이터는 워크시트에 입력된 기존 데이터와 같은 형식의 데이터로 입력하시오.

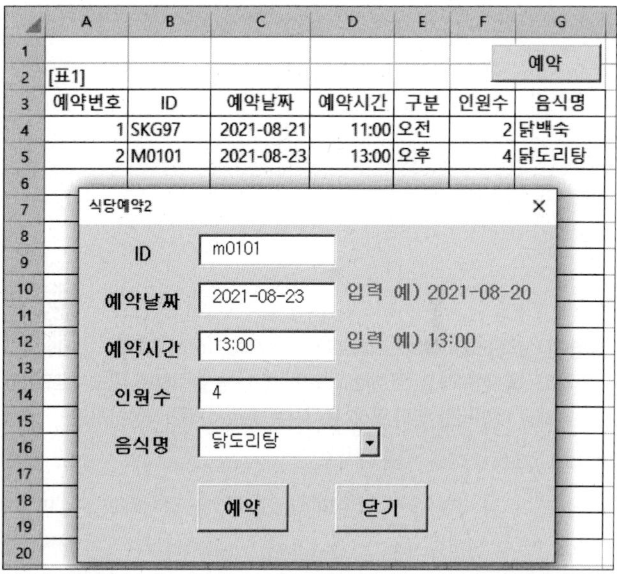

[코드 설명]

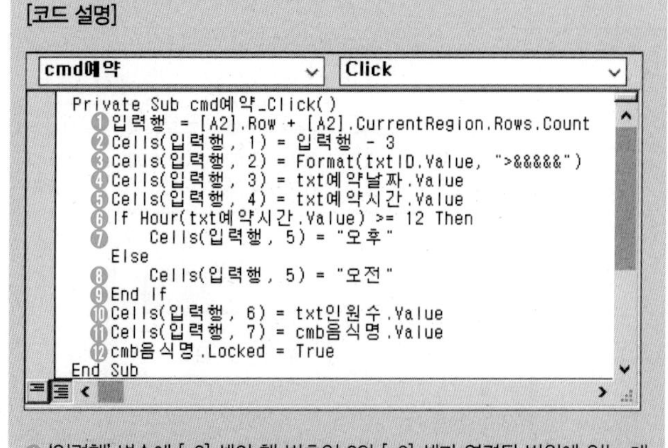

```
cmd예약        Click
Private Sub cmd예약_Click()
①  입력행 = [A2].Row + [A2].CurrentRegion.Rows.Count
②  Cells(입력행, 1) = 입력행 - 3
③  Cells(입력행, 2) = Format(txtID.Value, ">&&&&&")
④  Cells(입력행, 3) = txt예약날짜.Value
⑤  Cells(입력행, 4) = txt예약시간.Value
⑥  If Hour(txt예약시간.Value) >= 12 Then
⑦      Cells(입력행, 5) = "오후"
   Else
⑧      Cells(입력행, 5) = "오전"
⑨  End If
⑩  Cells(입력행, 6) = txt인원수.Value
⑪  Cells(입력행, 7) = cmb음식명.Value
⑫  cmb음식명.Locked = True
End Sub
```

① '입력행' 변수에 [a2] 셀의 행 번호인 2와 [a2] 셀과 연결된 범위에 있는 데이터의 행수를 더하여 치환합니다(2+4 = 6).

② 지정된 셀 위치, 즉 6행 1열에 '입력행-3'의 결과를 입력합니다.
- '입력행'의 값 6에서 3을 빼면 3이고, '입력행'의 값은 데이터를 입력할 때마다 1씩 증가하므로, '입력행-3'의 값은 데이터를 입력할 때마다 1, 2, 3, … 으로 변경됩니다.
  - 'tx예약날짜'의 값을 날짜 데이터로, 'txt예약시간'의 값을 시간 데이터로, 'txt수량'의 값을 숫자로 워크시트에 입력하려면 반드시 'txt예약날짜.Value', 'txt예약시간.Value', 'txt수량.Value'와 같이 'Value' 속성을 붙여야 합니다. 'Value' 속성을 생략하면 데이터가 텍스트로 입력됩니다.

③ 6행 2열에 'txtID'를 대문자로 변환하여 입력합니다.
④ 6행 3열에 '예약날짜(txt예약날짜)'를 입력합니다.
⑤ 6행 4열에 '예약시간(txt예약시간)'을 입력합니다.
⑥ '예약시간(txt예약시간)'의 '시'가 12보다 크거나 같으면 ⑦을 수행하고 그렇지 않으면 ⑧을 수행합니다.
⑦ 6행 5열에 "오후"를 입력합니다.
⑧ 6행 5열에 "오전"을 입력합니다.
⑨ If문의 끝입니다.
⑩ 6행 6열에 '인원수(txt인원수)'를 입력합니다.
⑪ 6행 7열에 '음식명(cmb음식명)'을 입력합니다.
⑫ 'cmb음식명'의 값을 편집할 수 없도록 잠금을 설정합니다.
- Locked : 편집 가능 여부를 지정하는 속성

2142219

23.상시, 22.상시, 21.상시, 12.3, 12.1, 11.3, 11.2, 08.3, 07.1, 05.1, …

[유형 3] 〈고객조회2〉 폼의 '고객코드(cmb고객코드)'에서 조회할 '고객코드'를 선택하고 '조회(cmd조회)' 단추를 클릭하면 워크시트의 [표1]에서 해당 데이터를 찾아 폼에 표시하는 프로시저를 작성하시오.

▶ ListIndex 속성을 이용하시오.

▶ '성별'이 '남'이면 옵션 단추의 '남(opt남)'을 선택하고, '여'면 '여(opt여)'를 선택하시오.

▶ '주문금액'은 천 단위마다 콤마를 표시하시오.

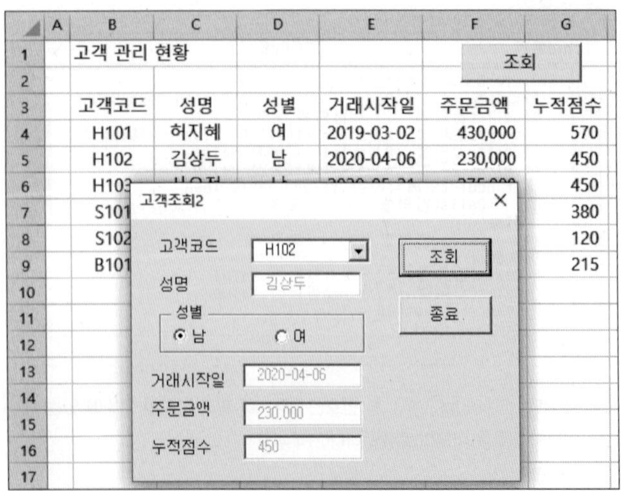

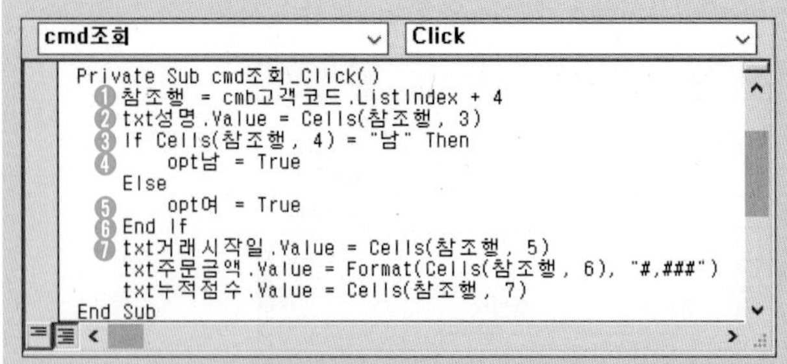

```
cmd조회                    Click
Private Sub cmd조회_Click()
①  참조행 = cmb고객코드.ListIndex + 4
②  txt성명.Value = Cells(참조행, 3)
③  If Cells(참조행, 4) = "남" Then
④      opt남 = True
    Else
⑤      opt여 = True
⑥  End If
⑦  txt거래시작일.Value = Cells(참조행, 5)
    txt주문금액.Value = Format(Cells(참조행, 6), "#,###")
    txt누적점수.Value = Cells(참조행, 7)
End Sub
```

① • cmb고객코드.ListIndex는 콤보 상자에서 선택한 고객코드의 상대 위치를 반환합니다. 콤보 상자에서 상대적인 위치는 0에서 시작하므로 'H102'를 선택하면 'cmb고객코드.ListIndex'는 1을 반환합니다.
• 워크시트에서 'H102'에 대한 정보는 5행에 입력되어 있으므로 'H102'가 있는 행을 지정하기 위해 'cmb고객코드.ListIndex'에 반환한 값 1에 4를 더한 것입니다.
• 결론적으로 4를 더한 이유는 [표1]의 실제 데이터의 위치가 워크시트의 4행부터 시작하기 때문입니다.

② '참조행', 3열에 있는 데이터를 'txt성명' 컨트롤에 표시합니다.
③ '참조행', 4열에 있는 데이터가 "남"이면 ④를 수행하고 그렇지 않으면 ⑤를 수행합니다.
④ 'opt남'을 선택합니다.
⑤ 'opt여'를 선택합니다.
⑥ If문의 끝입니다.
⑦ '참조행', 5열에 있는 데이터를 'txt거래시작일' 컨트롤에 표시합니다. 나머지도 동일한 방법으로 수행합니다.

자주 출제되며 쉽게 점수를 얻을 수 있는 코드입니다. **꼭 암기하세요.**

03 폼 종료 및 메시지 박스 표시

24.상시, 23.상시, 22.상시, 21.상시, 20.상시, 20.1, 19.상시, 19.2, 19.1, 18.2, 17.상시, …

2142220

24.상시, 23.상시, 22.상시, 21.상시, 19.상시, 17.상시, 13.2

[유형 1] 〈볼링장예약〉 폼의 '닫기(cmd닫기)' 단추를 클릭하면 〈그림〉과 같은 메시지 박스를 표시한 후 폼을 종료하는 프로시저를 작성하시오.

▶ 전체 예약건수 표시

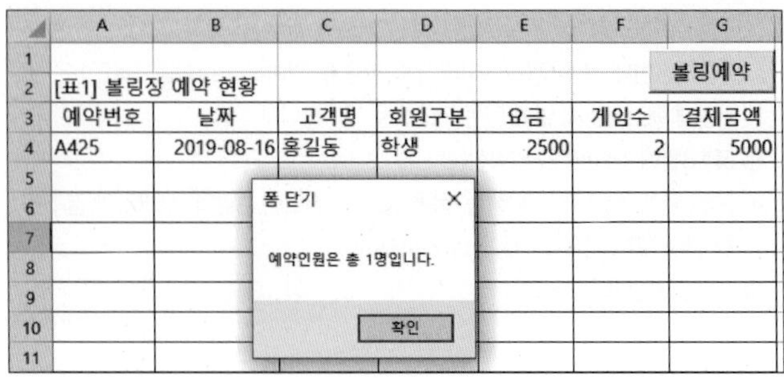

[코드 설명]

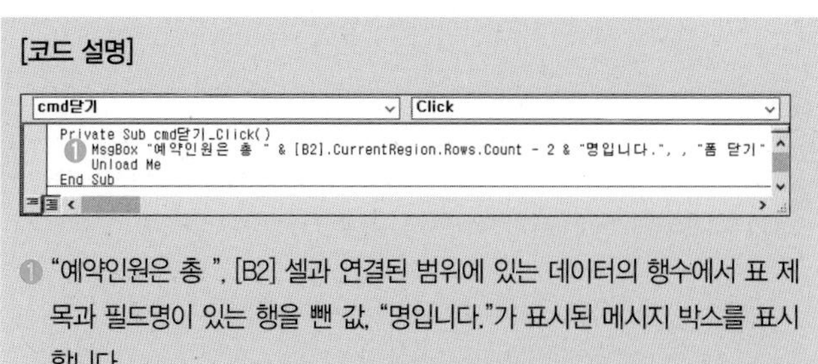

```
cmd닫기                                  Click
Private Sub cmd닫기_Click()
  ① MsgBox "예약인원은 총 " & [B2].CurrentRegion.Rows.Count - 2 & "명입니다.", , "폼 닫기"
    Unload Me
End Sub
```

① "예약인원은 총 ", [B2] 셀과 연결된 범위에 있는 데이터의 행수에서 표 제목과 필드명이 있는 행을 뺀 값, "명입니다."가 표시된 메시지 박스를 표시합니다.
- 'MsgBox'는 대화상자에 메시지를 표시하는 명령입니다.

2142221

24.상시, 23.상시, 22.상시, 21.상시, 19.2, 18.1, 16.2, 15.1

[유형 2] 〈고객관리〉 폼의 '종료(cmd종료)' 단추를 클릭하면 〈그림〉과 같은 메시지 박스를 표시한 후 폼을 종료하는 프로시저를 작성하시오.

- 시스템의 현재 시간 표시

〈정답〉

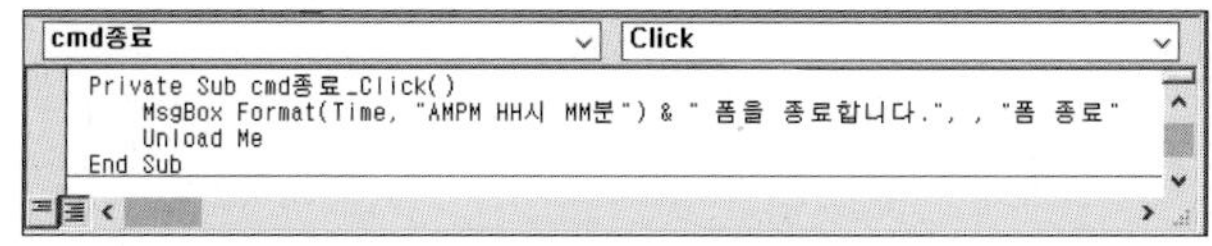

```
cmd종료                                  Click
Private Sub cmd종료_Click()
    MsgBox Format(Time, "AMPM HH시 MM분") & " 폼을 종료합니다.", , "폼 종료"
    Unload Me
End Sub
```

2142222

23.상시, 22.상시, 21.상시, 20.상시, 20.1, 14.2

[유형 3] 〈상품주문〉 폼의 '종료(cmd종료)' 단추를 클릭하면 '기타작업-2' 시트의 [A1] 셀에 "컴활합격"을 입력한 후 폼을 종료하는 프로시저를 작성하시오.

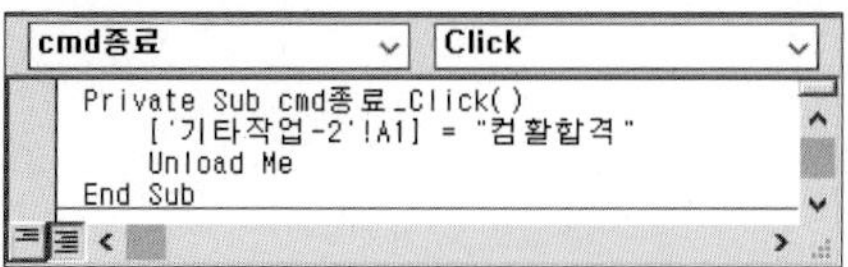

```
cmd종료                                  Click
Private Sub cmd종료_Click()
    ['기타작업-2'!A1] = "컴활합격"
    Unload Me
End Sub
```

자주 출제되는 내용은 아니지만 코드가 간단하여 쉽게 작성할 수 있습니다. **이런 문제 놓치면 마음 상합니다.**

04 Change/Activate

24.상시, 22.상시, 21.상시, 14.1, 10.2, 05.4, 05.2, 05.1, 04.3, 04.2

2142223

22.상시, 21.상시, 10.2, 05.4, 04.3

[유형 1] 셀의 데이터가 변경(Change)되면 해당 셀로 셀 포인터가 이동되고 글꼴 스타일을 '굵게', 글꼴 크기를 13으로 표시하는 이벤트 프로시저를 작성하시오.

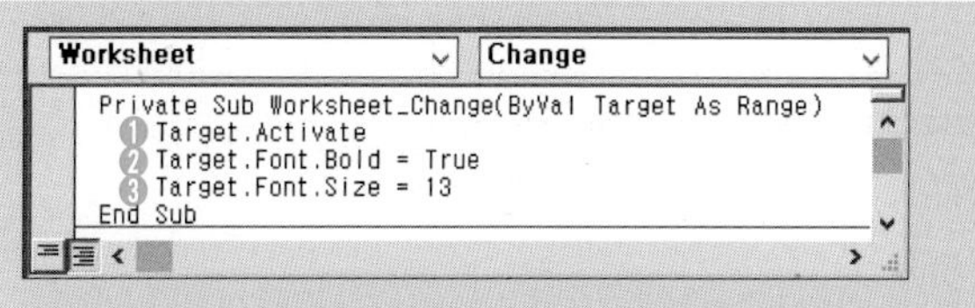

```
Worksheet                                Change
Private Sub Worksheet_Change(ByVal Target As Range)
  ① Target.Activate
  ② Target.Font.Bold = True
  ③ Target.Font.Size = 13
End Sub
```

① 현재 작업하고 있는 워크시트에서 변화가 있는 셀을 활성화합니다. 즉, 해당 셀로 셀 포인터를 이동합니다.
② 현재 작업하고 있는 워크시트에서 변화가 있는 셀의 글꼴 스타일을 '굵게'로 변경합니다.
③ 현재 작업하고 있는 워크시트에서 변화가 있는 셀의 글꼴 크기를 13 포인트로 변경합니다.

2142224

24.상시, 22.상시, 21.상시, 14.1, 05.2, 05.1, 04.2

[유형 2] 시트를 활성화(Activate)하면 해당 시트의 [F1] 셀에 "컴활합격"을 입력한 후 글꼴 스타일을 '기울임꼴', 글꼴을 '궁서체'로 표시하는 이벤트 프로시저를 작성하시오.

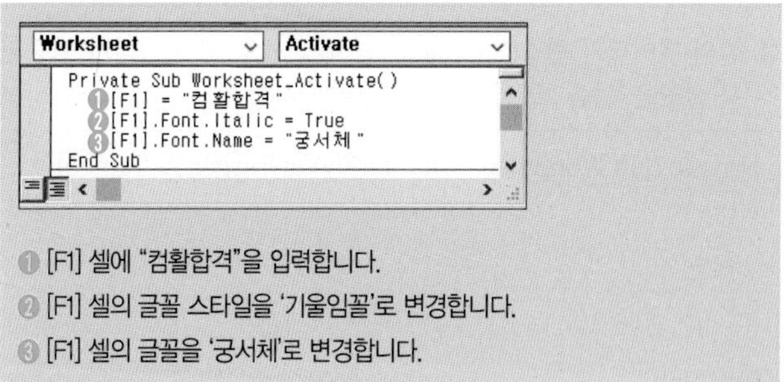

```
Worksheet                                Activate
Private Sub Worksheet_Activate()
  ① [F1] = "컴활합격"
  ② [F1].Font.Italic = True
  ③ [F1].Font.Name = "궁서체"
End Sub
```

① [F1] 셀에 "컴활합격"을 입력합니다.
② [F1] 셀의 글꼴 스타일을 '기울임꼴'로 변경합니다.
③ [F1] 셀의 글꼴을 '궁서체'로 변경합니다.

2142262

다음에 제시된 기능을 수행하는 프로시저를 작성하시오.

① '종료(cmd종료)' 단추를 클릭하면 입력된 데이터의 전체 건수가 〈그림〉과 같이 표시된 메시지 박스 표시

	A	B	C	D
1	[표1]			
2	고객명	고객등급	매출금액	결제방식
3	홍길동	고급	50000	현금
4	장미숙	실버	25000	카드
5				
6				

폼종료
입력된 데이터는 총 2건입니다.
확인

```
Private Sub cmd종료_Click( )
    (                                              )
End Sub
```

② '종료(cmd종료)' 단추를 클릭하면 현재 시스템의 날짜가 〈그림〉과 같이 표시된 메시지 박스 표시

```
Private Sub cmd종료_Click( )
    (                                              )
End Sub
```

③ '종료(cmd종료)' 단추를 클릭하면 '기타작업-1' 시트의 [A1] 셀에 시스템의 현재 시간을 입력

```
Private Sub cmd종료_Click( )
    (                                              )
End Sub
```

④ 셀의 데이터가 변경(Change)되면 해당 셀로 셀 포인터가 이동되고 글꼴을 '돋움', 글꼴 스타일을 '굵게'로 설정

```
Private Sub Worksheet_Change(ByVal Target As Range)
    (                                              )
    (                                              )
    (                                              )
End Sub
```

⑤ 시트가 활성화(Activate)하면 해당 시트의 [A1] 셀에 현재 시스템의 날짜를 입력한 후 글꼴 스타일을 '기울임꼴', 글꼴 크기를 10으로 설정

```
Private Sub Worksheet_Activate( )
    (                                              )
    (                                              )
    (                                              )
End Sub
```

정답

① MsgBox "입력된 데이터는 총 " & [A1].CurrentRegion.Rows.Count - 2 & "건입니다.", , "폼종료"

② MsgBox Format(Date, "yyyy년 mm월 dd일") & " 폼을 종료합니다.", , "폼종료"

③ ['기타작업-1'!A1] = Time

④ Target.Activate
Target.Font.Name = "돋움"
Target.Font.Bold = True

⑤ [A1] = Date
[A1].Font.Italic = True
[A1].Font.Size = 10

대표기출문제

'C:\길벗컴활1급총정리\엑셀\기능\22프로시저.xlsm' 파일을 열어서 작업하세요.

2142281

[기출 1] 24.상시, 23.상시, 22.상시, 21.상시, 20.상시, 20.1, 19.상시, 19.2, 19.1 …

'기출1' 시트에서 다음과 같은 작업을 수행하도록 프로시저를 작성하시오.

① '신청' 단추를 클릭하면 〈수강신청〉 폼이 나타나도록 설정하고, 폼이 초기화되면 '프로그램(lst프로그램)' 목록에는 [G5:I11] 영역의 값이 표시되고, '구분'은 '기존회원(opt기존회원)'이 초기값으로 선택되도록 프로시저를 작성하시오.

② 〈수강신청〉 폼의 '등록(cmd등록)' 단추를 클릭하면 클릭하면 폼에 입력된 데이터가 [표1]에 입력되어 있는 마지막 행 다음에 연속하여 추가되도록 프로시저를 작성하시오.

- ▶ 목록 상자(lst프로그램)에서 프로그램을 선택했을 때에만 폼의 데이터를 워크시트에 입력되도록 설정하시오.
- ▶ 목록 상자(lst프로그램)에서 과목을 선택하지 않았으면 '신청자(txt신청자)' 컨트롤에 '선택안함'을 표시한 후, 목록 상자(lst프로그램)의 첫 번째 항목을 선택하시오.
- ▶ ListIndex와 List를 이용하시오.
- ▶ 선택한 옵션 단추의 Caption 속성을 이용하여 '구분'을 입력하시오.
- ▶ '레슨비'는 천 단위마다 콤마를 표시하여 입력하시오.

[표1] **수강신청**

신청자	구분	프로그램명	강사	레슨비
홍길동	기존회원	배드민턴	홍지석	50,000
장길산	신규회원	필라테스	이하정	40,000

[표2]

프로그램명	강사	레슨비
헬스	이숙민	50,000
요가	강유라	40,000
배드민턴	홍지석	50,000
탁구	양희승	40,000
농구	김혁수	40,000
필라테스	이하정	40,000
풋살	강윤식	35,000

신청

수강신청

신청자 장길산

등록

종료

구분

기존회원 신규회원

③ 〈수강신청〉 폼의 '종료(cmd종료)' 단추를 클릭하면 [B3] 셀에 "수강신청"을 입력하고 글꼴 스타일을 '굵게'로 지정한 후 폼이 종료되도록 구현하시오.

2142282

[기출 2] 24.상시, 23.상시, 22.상시, 21.상시, 20.상시, 20.1, 19.상시, 19.2, 19.1, …

'기출2' 시트에서 다음과 같은 작업을 수행하도록 프로시저를 작성하시오.

① '등록' 단추를 클릭하면 〈주문등록〉 폼이 나타나도록 설정하고, 폼이 초기화 되면 '주문날짜(txt주문날짜)'에 현재 날짜가 표시되고, '상품종류(cmb상품종류)' 목록에는 [J5:J10] 영역이 표시되도록 프로시저를 작성하시오.

② 〈주문등록〉 폼의 '입력(cmd입력)' 단추를 클릭하면 폼에 입력된 데이터가 [표1]에 입력되어 있는 마지막 행 다음에 연속하여 추가되도록 프로시저를 작성하시오.

- ▶ '주문번호'는 데이터가 입력되는 순서를 나타내는 번호를 입력하시오.
- ▶ '구분'은 현재 시간이 12:00:00보다 크거나 같으면 "오후", 그 외는 "오전"으로 입력하시오.
- ▶ '단가'는 [표2]를 참조하여 입력하시오.
- ▶ '금액'은 '단가 × 수량'으로 계산하시오.
- ▶ 입력되는 데이터는 워크시트에 입력된 기존 데이터와 같은 형식의 데이터로 입력하시오.

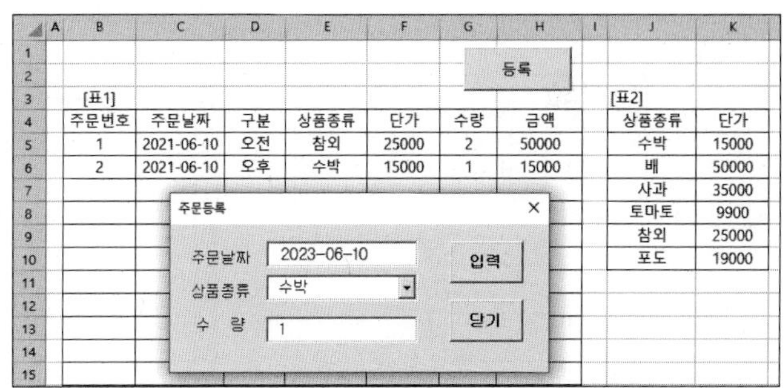

[표1]

주문번호	주문날짜	구분	상품종류	단가	수량	금액
1	2021-06-10	오전	참외	25000	2	50000
2	2021-06-10	오후	수박	15000	1	15000

[표2]

상품종류	단가
수박	15000
배	50000
사과	35000
토마토	9900
참외	25000
포도	19000

③ 〈주문등록〉 폼의 '닫기(cmd닫기)' 단추를 클릭하면 〈그림〉과 같이 전체 주문건수가 표시된 메시지를 표시한 후 폼이 종료되도록 구현하시오.

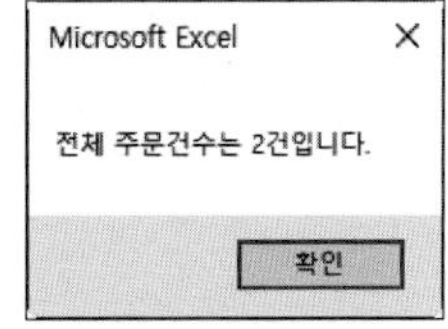

2142283

[기출 3] 24.상시, 23.상시, 22.상시, 21.상시, 20.상시, 20.1, 19.상시, 19.2, 19.1, …

'기출3' 시트에서 다음과 같은 작업을 수행하도록 프로시저를 작성하시오.

① '건물관리' 단추를 클릭하면 〈건물관리〉 폼이 나타나도록 설정하고, 폼이 초기화(Initialize)되면 '지역명(cmb지역명)' 목록에는 "마포구", "용산구", "서대문구", "종로구"가 표시되도록 프로시저를 작성하시오.

② 〈건물관리〉 폼의 '입력(cmd입력)' 단추를 클릭하면 폼에 입력된 데이터가 [표1]에 입력되어 있는 마지막 행 다음에 연속하여 추가되고, 폼의 모든 컨트롤의 값이 초기화 되도록 프로시저를 작성하시오.

- ▶ '할인액'은 '건물명'의 끝에 두 글자가 "1호"이면 관리비의 10%, 그 외는 5%로 계산하시오.
- ▶ '보증금', '임차료', '관리비'는 숫자로 입력하시오.
- ▶ If, Right, Val 함수를 사용하시오.
- ▶ 입력되는 데이터는 워크시트에 입력된 기존 데이터와 같은 형식의 데이터로 입력하시오.

[표1]					단위 : 천원
지역명	건물명	보증금	임차료	관리비	할인액
용산구	삼화301호	130000	10350	1750	175
용산구	삼화302호	130000	10350	1750	87.5
마포구	유봉301호	440000	6000	2590	259
마포구	유봉302호	440000	6000	2590	129.5

건물관리

건물관리
지 역 명 마포구
건 물 명 유봉302호 입력 예) 삼화301호
보 증 금 440000 단위 : 천원
임 차 료 6000 단위 : 천원
관 리 비 2590 단위 : 천원
입력 닫기

③ '기출3' 시트의 데이터가 변경(Change)되면 해당 셀로 셀 포인터가 이동되고 글꼴이 '굴림체'로, 글꼴 크기가 12로 설정되도록 이벤트 프로시저를 작성하시오.

2142284 

[기출 4] 24.상시, 23.상시, 22.상시, 21.상시, 20.상시, 20.1, 19.상시, 19.2, 19.1, …

'기출4' 시트에서 다음과 같은 작업을 수행하도록 프로시저를 작성하시오.

① '수강생정보' 단추를 클릭하면 〈수강생정보〉 폼이 나타나도록 설정하고, 폼이 초기화(Initialize)되면 '이름(cmb이름)' 목록에는 [A3:A10] 영역의 값이 표시되도록 프로시저를 작성하시오.

② 〈수강생정보〉 폼에서 '이름(cmb이름)'을 선택한 후 '검색(cmd검색)' 단추를 클릭하면 선택한 성명에 해당하는 데이터가 폼에 표시되는 프로시저를 작성하시오.

- ▶ '수강생코드'는 소문자로 입력되어 있어도 폼에는 대문자로 표시되도록 설정하시오.
- ▶ '회비'에는 1000 단위 구분 기호(,)를 표시하시오.
- ▶ 검색한 후에는 '이름(cmb이름)'이 선택되지 않도록 설정하시오.
- ▶ UCase, Format 함수를 이용하시오.

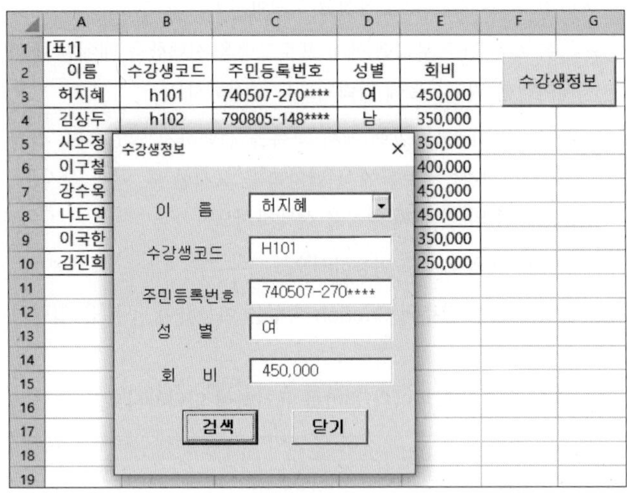

[표1]				
이름	수강생코드	주민등록번호	성별	회비
허지혜	h101	740507-270****	여	450,000
김상두	h102	790805-148****	남	350,000
사오정				350,000
이구철				400,000
강수옥				450,000
나도연				450,000
이국한				350,000
김진희				250,000

③ 〈수강생정보〉 폼의 '닫기(cmd닫기)' 단추를 클릭하면 〈그림〉과 같은 메시지 박스를 표시한 후 폼을 종료하는 프로시저를 작성하시오.

- ▶ 시스템의 현재 날짜와 시간 표시

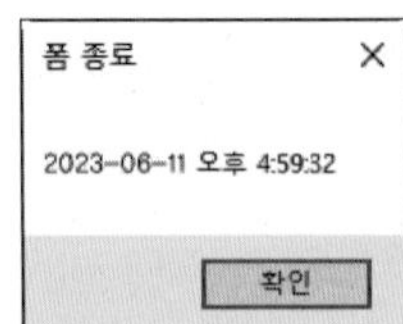

정답 및 해설

[기출 1]

① '신청' 단추 및 폼 초기화 프로시저

• '신청' 단추 클릭 프로시저

1. [개발 도구] → 컨트롤 → 디자인 모드를 클릭한다.
2. '신청' 단추를 더블클릭한다.
3. 'cmd수강신청_Click( )' 프로시저에 다음과 같이 코드를 입력한다.

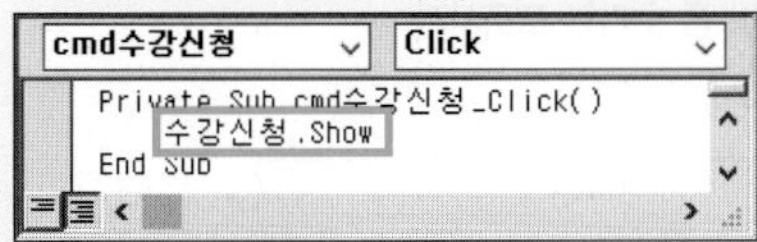

```
Private Sub cmd수강신청_Click()
    수강신청.Show
End Sub
```

• 폼 초기화 프로시저

1. 프로젝트 탐색기에서 〈수강신청〉 폼을 선택하고 '코드 보기(▤)' 아이콘을 클릭한다.
2. 개체 선택 콤보 상자에서 'UserForm'을 선택하고, 프로시저 선택 콤보 상자에서 'Initialize'를 선택한다.
3. 'UserForm_Initialize( )' 프로시저에 다음과 같이 코드를 입력한다.

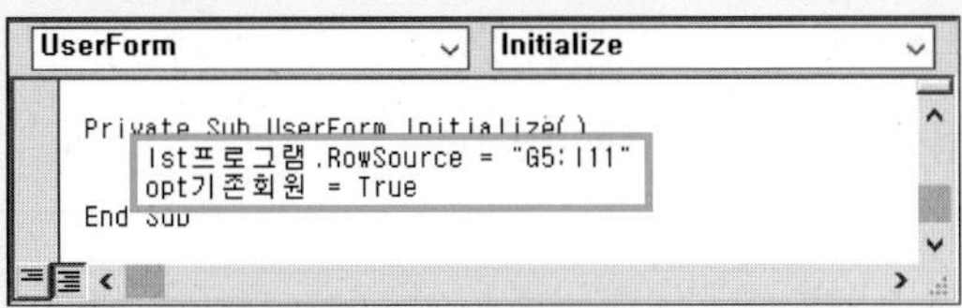

```
Private Sub UserForm_Initialize()
    lst프로그램.RowSource = "G5:I11"
    opt기존회원 = True
End Sub
```

② '등록(cmd등록)' 단추 클릭 프로시저

1. 프로젝트 탐색기에서 〈수강신청〉 폼을 더블클릭하여 〈수강신청〉 폼이 화면에 나오게 한다.
2. '등록' 단추를 더블클릭하여 'cmd등록_Click( )' 프로시저가 나오게 한다.
3. 'cmd등록_Click( )' 프로시저에 다음과 같이 코드를 입력한다.

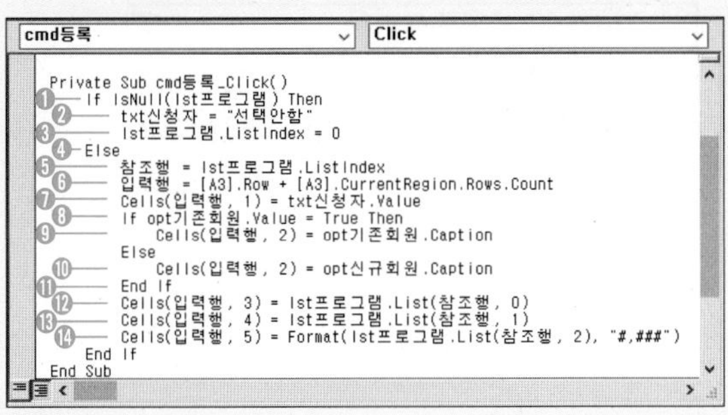

```
Private Sub cmd등록_Click()
①  If IsNull(lst프로그램) Then
②      txt신청자 = "선택안함"
③      lst프로그램.ListIndex = 0
④  Else
⑤      참조행 = lst프로그램.ListIndex
⑥      입력행 = [A3].Row + [A3].CurrentRegion.Rows.Count
⑦      Cells(입력행, 1) = txt신청자.Value
⑧      If opt기존회원.Value = True Then
⑨          Cells(입력행, 2) = opt기존회원.Caption
        Else
⑩          Cells(입력행, 2) = opt신규회원.Caption
⑪      End If
⑫      Cells(입력행, 3) = lst프로그램.List(참조행, 0)
⑬      Cells(입력행, 4) = lst프로그램.List(참조행, 1)
⑭      Cells(입력행, 5) = Format(lst프로그램.List(참조행, 2), "#,###")
    End If
End Sub
```

❶ 'lst프로그램' 목록 상자의 값이 널(Is Null)이면 ❷~❸을 수행하고 끝냅니다.
  • IsNull( ) : 유효한 데이터를 전혀 포함하지 않으면 참(True)을, 포함하면 거짓(False)을 반환하는 함수

❷ 'txt신청자'에 '선택안함'을 표시합니다.

❸ 'lst프로그램' 목록 상자의 인덱스 번호를 0으로 치환합니다. 목록 상자의 행 번호는 0에서 시작하므로 인덱스 번호를 0으로 지정하면 첫 번째 항목이 선택됩니다.

❹ ❶의 조건을 만족하지 않을 경우, 즉 'lst프로그램' 목록 상자의 값이 널이 아니면 ❺~⓮를 수행하고 끝냅니다.

❺ '참조행' 변수에 'lst프로그램' 목록 상자에서 선택한 목록의 인덱스 번호를 치환합니다. 목록 상자의 행 번호는 0에서 시작하므로 목록 상자에서 3행을 클릭했다면 '참조행'에는 2가 치환됩니다.

❻ '입력행' 변수에 [A3] 셀의 행 번호인 3과 [A3] 셀과 연결된 범위에 있는 데이터의 행수를 더하여 치환합니다(3+4=7).

❼ 입력행 1열에 'txt신청자' 컨트롤의 값을 입력합니다.

❽ 'opt기존회원'을 선택하면 ❾를 수행하고, 아니면 ❿을 수행합니다.

❾ 입력행 2열에 'opt기존회원' 컨트롤의 캡션, 즉 "기존회원"을 입력합니다.

❿ 입력행 2열에 'opt신규회원' 컨트롤의 캡션, 즉 "신규회원"을 입력합니다.

⓫ If문의 끝입니다.

⓬ 입력행 3열에 'lst프로그램' 목록 상자의 참조행, 0열에 있는 데이터를 입력합니다.

⓭ 입력행 4열에 'lst프로그램' 목록 상자의 참조행, 1열에 있는 데이터를 입력합니다.

⓮ 입력행 5열에 'lst프로그램' 목록 상자의 참조행, 2열에 있는 데이터를 천 단위 구분 기호를 적용하여 입력합니다.

③ '종료(cmd종료)' 단추 클릭 프로시저

1. 프로젝트 탐색기에서 〈수강신청〉 폼을 더블클릭하여 〈수강신청〉 폼이 화면에 나오게 한다.
2. '종료' 단추를 더블클릭하여 'cmd종료_Click( )' 프로시저가 나오게 한다.
3. 'cmd종료_Click( )' 프로시저에 다음과 같이 코드를 입력한다.

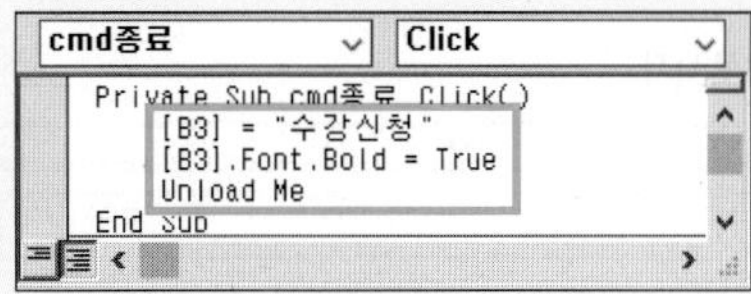

```
Private Sub cmd종료_Click()
    [B3] = "수강신청"
    [B3].Font.Bold = True
    Unload Me
End Sub
```

[기출 2]

① '등록' 단추 및 폼 초기화 프로시저

• '등록' 단추 클릭 프로시저

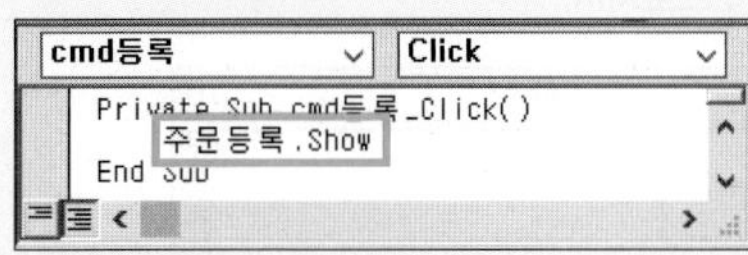

```
Private Sub cmd등록_Click()
    주문등록.Show
End Sub
```

• 폼 초기화 프로시저

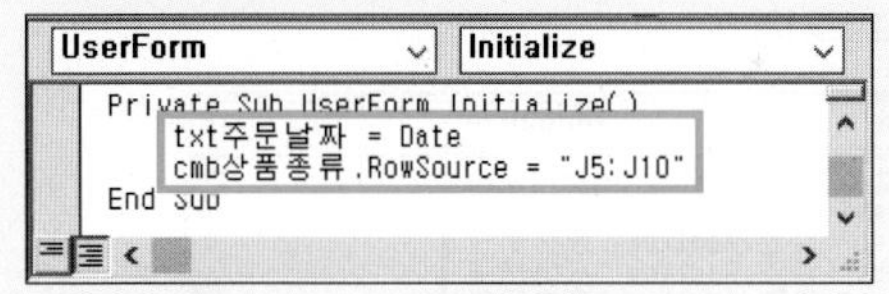

```
Private Sub UserForm_Initialize()
    txt주문날짜 = Date
    cmb상품종류.RowSource = "J5:J10"
End Sub
```

② '입력(cmd입력)' 단추 클릭 프로시저

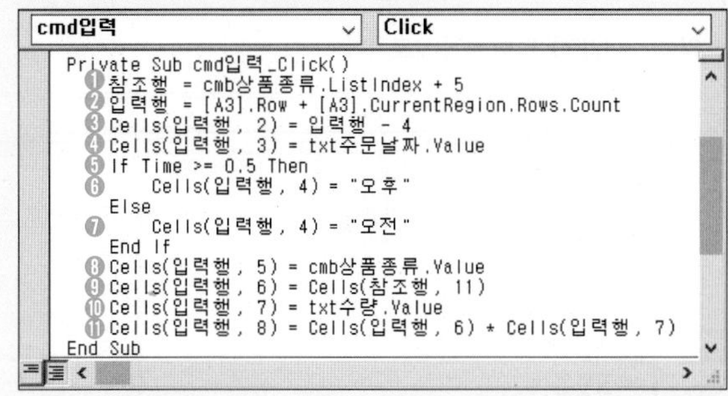

```
Private Sub cmd입력_Click()
①  참조행 = cmb상품종류.ListIndex + 5
②  입력행 = [A3].Row + [A3].CurrentRegion.Rows.Count
③  Cells(입력행, 2) = 입력행 - 4
④  Cells(입력행, 3) = txt주문날짜.Value
⑤  If Time >= 0.5 Then
⑥      Cells(입력행, 4) = "오후"
    Else
⑦      Cells(입력행, 4) = "오전"
    End If
⑧  Cells(입력행, 5) = cmb상품종류.Value
⑨  Cells(입력행, 6) = Cells(참조행, 11)
⑩  Cells(입력행, 7) = txt수량.Value
⑪  Cells(입력행, 8) = Cells(입력행, 6) + Cells(입력행, 7)
End Sub
```

❶ • cmb상품종류.ListIndex는 콤보 상자에서 선택한 상품종류의 상대 위치를 반환합니다. 콤보 상자에서 상대적인 위치는 0에서 시작하므로 "수박"을 선택했다면 cmb상품종류.ListIndex는 0을 반환합니다.
  • 워크시트에서 '수박'에 대한 정보는 5행에 입력되어 있으므로 '수박'이 있는 행을 지정하기 위해 cmb코드.ListIndex에서 반환한 값 0에 5를 더한 것입니다.
  • 결론적으로 5를 더한 이유는 [표2]에서 실제 데이터의 위치가 워크시트의 5행에서 시작하기 때문입니다.

❷ '입력행' 변수에 [A3] 셀의 행 번호인 3과 [A3] 셀과 연결된 범위에 있는 데이터의 행수를 더하여 치환합니다.

❸ 지정된 셀 위치, 즉 5행 2열에 '입력행-4'를 표시합니다.

- '입력행'의 값 5에서 4를 빼면 1이고, '입력행'의 값은 데이터를 입력할 때마다 1씩 증가하므로, '입력행-4'의 값은 데이터를 입력할 때마다 1, 2, 3, …으로 변경됩니다.

❹ 입력행 3열에 'txt주문날짜'를 표시합니다.

❺ 시스템의 현재 시간이 0.5 이상이면 ❻번을 수행하고 아니면 ❼번을 수행합니다.

- 시간 데이터는 밤 12시(자정)를 0.0으로 시작하여 6시는 0.25, 낮 12시(정오)는 0.5, 18시는 0.75로 저장됩니다.

❻ 입력행 4열에 "오후"를 표시합니다.

❼ 입력행 4열에 "오전"을 표시합니다.

❽ 입력행 5열에 'cmb상품종류'를 표시합니다.

❾ 입력행 6열에 참조행 11열의 값을 표시합니다.

❿ 입력행 7열에 'txt수량'을 표시합니다.

⓫ 입력행 8열에 '입력행 6열'의 값에 '입력행 7열'의 값을 곱한 값을 표시합니다.

③ '닫기' 단추 클릭 프로시저

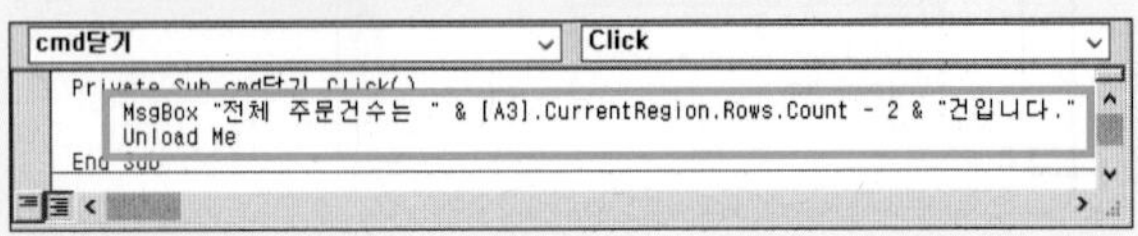

```
cmd닫기    Click
Private Sub cmd닫기_Click()
    MsgBox "전체 주문건수는 " & [A3].CurrentRegion.Rows.Count - 2 & "건입니다."
    Unload Me
End Sub
```

[기출 3]

① '건물관리' 단추 및 폼 초기화 프로시저

• '건물관리' 단추 클릭 프로시저

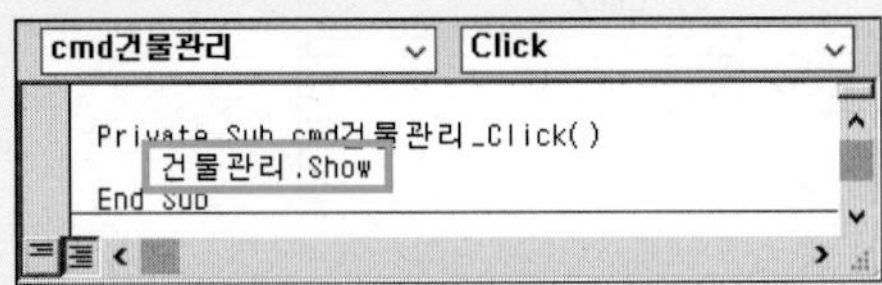

```
cmd건물관리    Click
Private Sub cmd건물관리_Click()
    건물관리.Show
End Sub
```

• 폼 초기화 프로시저

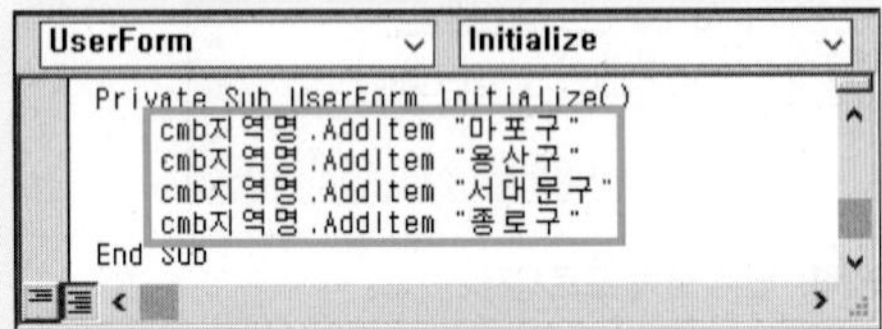

```
UserForm    Initialize
Private Sub UserForm_Initialize()
    cmb지역명.AddItem "마포구"
    cmb지역명.AddItem "용산구"
    cmb지역명.AddItem "서대문구"
    cmb지역명.AddItem "종로구"
End Sub
```

② '입력(cmd입력)' 단추 클릭 프로시저

```
cmd입력    Click
Private Sub cmd입력_Click()
    입력행 = [A2].Row + [A2].CurrentRegion.Rows.Count
    Cells(입력행, 1) = cmb지역명
    Cells(입력행, 2) = txt건물명
    Cells(입력행, 3) = Val(txt보증금)
    Cells(입력행, 4) = Val(txt임차료)
    Cells(입력행, 5) = Val(txt관리비)
    If Right(txt건물명, 2) = "1호" Then
        Cells(입력행, 6) = txt관리비 * 0.1
    Else
        Cells(입력행, 6) = txt관리비 * 0.05
    End If
    cmb지역명 = ""
    txt건물명 = ""
    txt보증금 = ""
    txt임차료 = ""
    txt관리비 = ""
End Sub
```

※ Val 함수를 이용하라는 지시사항이 있을 때는 Val 함수를 이용하여 숫자로 입력해야 합니다.

③ 워크시트의 Change 이벤트에 기능 설정

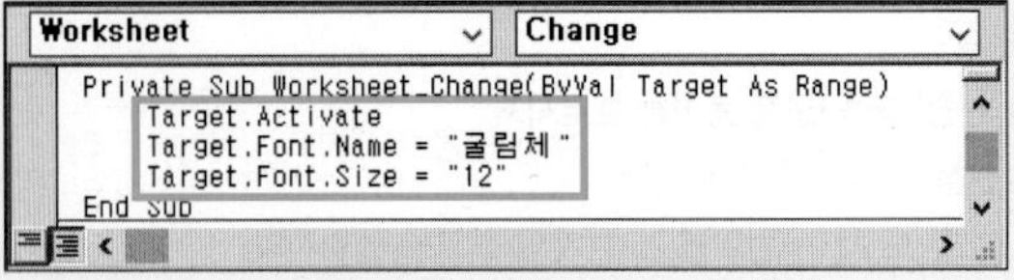

```
Worksheet    Change
Private Sub Worksheet_Change(ByVal Target As Range)
    Target.Activate
    Target.Font.Name = "굴림체"
    Target.Font.Size = "12"
End Sub
```

[기출 4]

① '수강생정보' 단추 및 폼 초기화 프로시저

• '수강생정보' 단추 클릭 프로시저

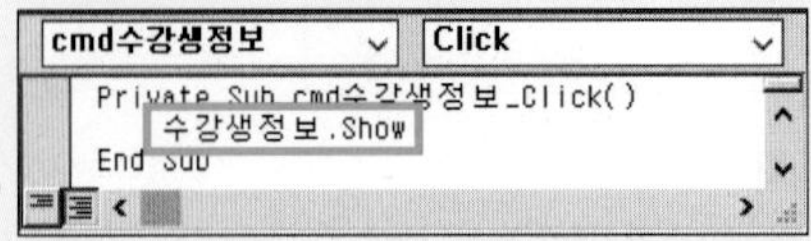

```
cmd수강생정보    Click
Private Sub cmd수강생정보_Click()
    수강생정보.Show
End Sub
```

• 폼 초기화 프로시저

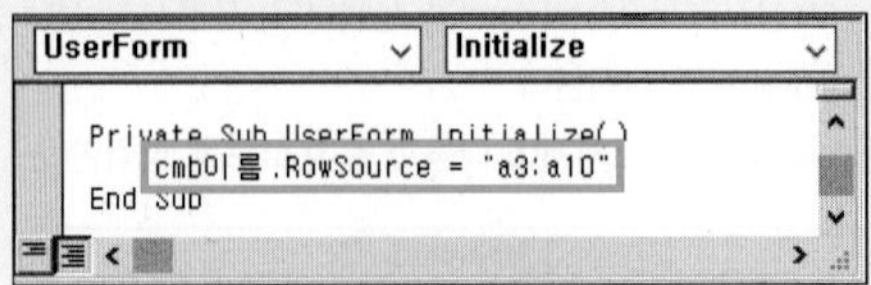

```
UserForm    Initialize
Private Sub UserForm_Initialize()
    cmb이름.RowSource = "a3:a10"
End Sub
```

② '검색(cmd검색)' 단추 클릭 프로시저

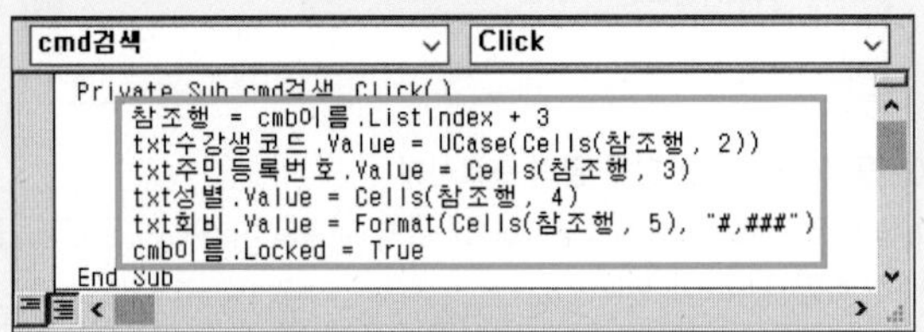

```
cmd검색    Click
Private Sub cmd검색_Click()
    참조행 = cmb이름.ListIndex + 3
    txt수강생코드.Value = UCase(Cells(참조행, 2))
    txt주민등록번호.Value = Cells(참조행, 3)
    txt성별.Value = Cells(참조행, 4)
    txt회비.Value = Format(Cells(참조행, 5), "#,###")
    cmb이름.Locked = True
End Sub
```

③ '닫기(cmd닫기)' 단추 클릭 프로시저

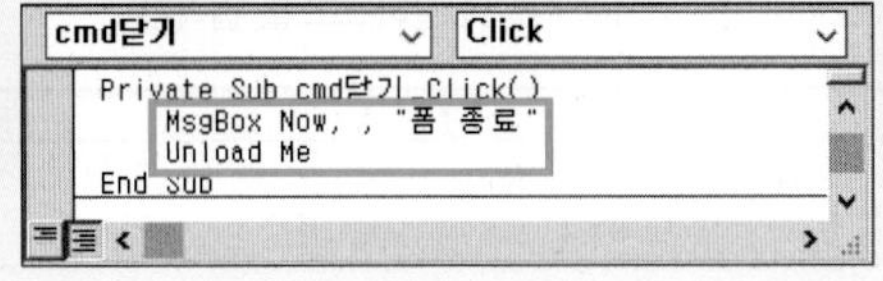

```
cmd닫기    Click
Private Sub cmd닫기_Click()
    MsgBox Now, , "폼 종료"
    Unload Me
End Sub
```

엑셀

최신기출문제

최신기출문제

시험지는 문제의 표지 및 전체 지시사항 1면, 문제 3면 이렇게 총 4면으로 구성되어 있습니다. 문제 1면에는 작업할 파일의 암호, 외부 데이터 위치, 시험 전반에 관한 지시사항이 들어 있습니다. 각각의 기출문제에서는 시험 전반에 관한 지시사항은 생략하였습니다. 아래는 실제 시험지와 동일한 문제 1면입니다. 시험 전반에 관한 지시사항을 한 번 읽어보세요.

국 가 기 술 자 격 검 정

2025년 컴퓨터활용능력 실기 기출문제

프로그램명	제한시간
EXCEL 2021	45분

수험번호 :

성명 :

1급	01회

〈 유 의 사 항 〉

- 인적 사항 누락 및 잘못 작성으로 인한 불이익은 수험자 책임으로 합니다.
- 화면에 암호 입력창이 나타나면 아래의 암호를 입력하여야 합니다.
  - ○ **암호 : 7%2153**
- 작성된 답안은 주어진 경로 및 파일명을 변경하지 마시고 그대로 저장해야 합니다. 이를 준수하지 않으면 실격 처리됩니다.
  답안 파일명의 예 : C:\OA\수험번호8자리.xlsm
- **외부 데이터 위치 : C:\OA\파일명**
- 별도의 지시사항이 없는 경우, 다음과 같이 처리 시 실격 처리됩니다.
  - ○ 제시된 시트 및 개체의 순서나 이름을 임의로 변경한 경우
  - ○ 제시된 시트 및 개체를 임의로 추가 또는 삭제한 경우
  - ○ 외부 데이터를 시험 시작 전에 열어본 경우
- 답안은 반드시 문제에서 지시 또는 요구한 셀에 입력하여야 하며 다음과 같이 처리 시 채점 대상에서 제외됩니다.
  - ○ 제시된 함수가 있을 경우 제시된 함수만을 사용하여야 하며 그 외 함수 사용 시 채점대상에서 제외
  - ○ 수험자가 임의로 지시하지 않은 셀의 이동, 수정, 삭제, 변경 등으로 인해 셀의 위치 및 내용이 변경된 경우 해당 작업에 영향을 미치는 관련문제 모두 채점 대상에서 제외
  - ○ 도형 및 차트의 개체가 중첩되어 있거나 동일한 계산결과 시트가 복수로 존재할 경우 해당 개체나 시트는 채점 대상에서 제외
- 수식 작성 시 제시된 문제 파일의 데이터는 변경 가능한(가변적) 데이터임을 감안하여 문제 풀이를 하시오.
- 별도의 지시사항이 없는 경우, 주어진 각 시트 및 개체의 설정값 또는 기본 설정값(Default)으로 처리하시오.
- 저장 시간은 별도로 주어지지 않으므로 제한된 시간 내에 저장을 완료해야 하며, 제한 시간 내에 저장이 되지 않은 경우에는 실격 처리됩니다.
- 출제된 문제의 용어는 Microsoft Office 2021(LTSC 2108 버전) 기준으로 작성되어 있습니다.

대 한 상 공 회 의 소

EXAMINATION

01 회 2024년 상시01 컴퓨터활용능력 1급

- **준 비 하 세 요 :** 'C:\길벗컴활1급총정리\기출\01회' 폴더에서 '24년상시01.xlsm' 파일을 열어서 작업하시오.
- **외부 데이터 위치 :** C:\길벗컴활1급총정리\기출\01회

4124011

문제 1 기본작업(15점) 주어진 시트에서 다음의 과정을 수행하고 저장하시오.

1. '기본작업' 시트에서 다음과 같이 고급 필터를 수행하시오. (5점)

▶ [A3:H28] 영역에서 '개설일'의 연도가 2018년 이후이고, '휴무일정보'가 "일요일"이거나 "공휴일"로 끝나는 데이터의 '센터코드', '지역', '개설일', '면적', '휴무일정보' 필드만 순서대로 표시하시오.

▶ 조건은 [A30:A31] 영역 내에 알맞게 입력하시오. (AND, YEAR, RIGHT 함수 사용)

▶ 결과는 [A33] 셀부터 표시하시오.

2. '기본작업' 시트에서 다음과 같이 조건부 서식을 설정하시오. (5점)

▶ [A4:H28] 영역에서 '운영구분'이 "직영"이고 '개설일'의 일이 짝수인 데이터의 행 전체에 대하여 글꼴 스타일은 '굵은 기울임꼴', 글꼴 색은 '표준 색-파랑'으로 적용하시오.

▶ 단, 규칙 유형은 '수식을 사용하여 서식을 지정할 셀 결정'을 사용하고, 한 개의 규칙으로만 작성하시오.

▶ AND, DAY, ISEVEN 함수 사용

3. '기본작업' 시트에서 다음과 같이 페이지 레이아웃을 설정하시오. (5점)

▶ 인쇄 용지가 가로로 인쇄되도록 용지 방향을 설정하고, [A1:H28] 영역을 인쇄 영역으로 설정하시오.

▶ 페이지의 내용이 95%로 축소되어 인쇄되도록 설정하시오.

▶ 매 페이지 하단의 가운데 구역에는 페이지 번호가 표시되도록 바닥글을 설정하시오.

– 페이지 번호의 글꼴은 'HY견고딕'으로 지정하시오.

4124012

문제 2 계산작업(30점) '계산작업' 시트에서 다음의 과정을 수행하고 저장하시오.

1. [표1]의 운영구분, 개설연월, 면적과 기준날짜(I2)를 이용하여 [표2]의 [L4:L5] 영역에 운영구분별 운영기간이 20년 이상인 면적의 평균을 계산하여 표시하시오. (6점)

▶ 운영기간 : 기준날짜의 연도 – 개설연월의 연도

▶ 면적의 평균은 자리 내림하여 정수로 표시

▶ AVERAGE, IF, ROUNDDOWN, YEAR 함수를 사용한 배열 수식

2. [표1]의 지역과 운영구분을 이용하여 [표3]의 [L9:L16] 영역에 지역별 운영구분의 개수를 [표시 예]와 같이 표시하시오. (6점)

▶ [표시 예 : 직영 4곳 – 위탁 1곳]

▶ SUM, CONCAT 함수를 사용한 배열 수식

3. [표1]의 지역과 취급품목정보를 이용하여 [표3]의 [M9:O16] 영역에 지역별 취급품목정보별 비율을 계산하여 표시하시오. (6점)

▶ 비율 : 지역별 취급품목정보별 개수 / 지역별 개수

▶ [표시 예 : 75%]

▶ COUNTIF, COUNTIFS, TEXT 함수 사용

4. [표1]의 센터코드, 운영구분, 면적을 이용하여 [표4]의 [L20:L21] 영역에 운영구분별 면적이 가장 넓은 센터코드를 표시하시오. (6점)

▶ INDEX, MATCH, MAX 함수를 사용한 배열 수식

5. 사용자 정의 함수 'fn비고'를 작성하여 [표1]의 [I4:I28] 영역에 비고를 계산하여 표시하시오. (6점)

▶ 'fn비고'는 취급품목정보, 보유차량, 휴무일정보를 인수로 받아 비고를 계산하는 함수이다.

▶ 비고는 취급품목정보가 "종이류"로 시작하면 보유차량과 휴무정보를 [표시 예]와 같이 표시하고, 그 외는 공백으로 표시하시오. 보유차량은 보유차량이 없으면 "보유차량 없음"을 표시하고 보유차량이 있으면 보유차량 숫자 뒤에 "대"를 표시하시오.

[표시 예 : 일요일(1대), 일요일(보유차량 없음), 일요일(2대)]

▶ IF ~ End If문 사용

```
Public Function fn비고(취급품목정보, 보유차량, 휴무일정보)
End Function
```

4124013

문제 3 분석작업(20점) 주어진 시트에서 다음의 과정을 수행하고 작업하시오.

1. '분석작업-1' 시트에서 다음의 지시사항에 따라 피벗 테이블 보고서를 작성하시오. (10점)

▶ 외부 데이터 가져오기 기능을 이용하여 〈재활용센터.accdb〉의 〈센터관리〉 테이블에서 '지역', '운영구분', '면적', '보유차량' 열을 이용하시오.

▶ 피벗 테이블 보고서의 레이아웃과 위치는 〈그림〉을 참조하여 설정하고, 보고서 레이아웃을 개요 형식으로 표시하시오.

▶ '지역' 필드는 "산" 자로 끝나는 데이터만 표시되도록 설정하시오.

▶ '면적'과 '보유차량' 필드의 표시 형식은 '값 필드 설정'의 셀 서식에서 '숫자' 범주를 이용하여 〈그림〉과 같이 지정하시오.

▶ 각 항목 다음에 빈줄이 삽입되도록 설정하시오.

	A	B	C
1	운영구분	(모두)	
2			
3	지역	값	
4	마산		
5		평균 : 면적	226.5
6		평균 : 보유차량	1.0
7			
8	부산		
9		평균 : 면적	265.3
10		평균 : 보유차량	0.7
11			
12	울산		
13		평균 : 면적	239.3
14		평균 : 보유차량	1.7
15			
16	전체 평균 : 면적		245.9
17	전체 평균 : 보유차량		1.1

2. '분석작업-2' 시트에 대하여 다음의 지시사항을 처리하시오. (10점)

▶ [정렬] 기능을 이용하여 '2행'을 기준으로 '접수번호 – 종류 – 기간 – 숙박비 – 교통비 – 식비' 순으로 정렬하시오.

▶ [통합] 기능을 이용하여 [표2]의 [H2:J7] 영역에 '종류'별 '숙박비'의 '최대값'과 '교통비'의 '최소값'을 계산하시오.

문제 4 기타작업(35점) 주어진 시트에서 다음 과정을 수행하고 저장하시오.

1. '기타작업-1' 시트에서 다음과 같은 기능을 수행하는 매크로를 현재 통합문서에 작성하시오. (각 5점)

① [E3:E27] 영역에 사용자 지정 표시 형식을 설정하는 '서식적용' 매크로를 생성하시오.

▶ '전년대비매출'이 양수이면 파랑색으로 "▲"와 숫자를, 음수이면 자홍색으로 "▼"와 음수 기호, 숫자를, 0이면 숫자만을, 텍스트이면 빨강색으로 "※"만을 표시하시오.

[표시 예 : '전년대비매출'이 0.34일 경우 ▲34% → , -0.21일 경우 → ▼-21%, 0일 경우 → 0%, "폐업"일 경우 → ※]

▶ [도형] → [기본 도형]의 '빗면(▣)'을 동일 시트의 [G2:G3] 영역에 생성한 후 텍스트를 "서식적용"으로 입력하고, 도형을 클릭하면 '서식적용' 매크로가 실행되도록 설정하시오.

② [E3:E27] 영역에 표시 형식을 '일반'으로 적용하는 '서식해제' 매크로를 생성하시오.

▶ [도형] → [기본 도형]의 '빗면(▣)'을 동일 시트의 [G5:G6] 영역에 생성한 후 텍스트를 "서식해제"로 입력하고, 도형을 클릭하면 '서식해제' 매크로가 실행되도록 설정하시오.

※ 셀 포인터의 위치에 관계없이 매크로가 실행되어야 정답으로 인정됨

2. '기타작업-2' 시트에서 다음의 지시사항에 따라 차트를 수정하시오. (각 2점)

※ 차트는 반드시 문제에서 제공한 차트를 사용하여야 하며, 신규로 차트 작성시 0점 처리됨

① 차트 종류를 '표식이 있는 꺾은선형'으로 변경하고 '효도관광' 요소를 차트에 추가하여 표시하시오.

② 차트 제목은 '차트 위'로 설정한 후 [A1] 셀과 연동시키고, 범례 위치는 오른쪽으로 지정하시오.

③ '식비' 계열에 '하강선'을 표시하고, '자유여행' 요소의 각 계열에 〈그림〉과 같이 설명선으로 표시된 데이터 레이블을 표시하시오.

④ 기본 세로(값) 축과 가로(항목) 축이 〈그림〉과 같이 표시되도록 설정하시오.

⑤ 차트 영역의 테두리 스타일은 '둥근 모서리', 차트의 색상형은 '다양한 색상표 3'으로 설정하시오.

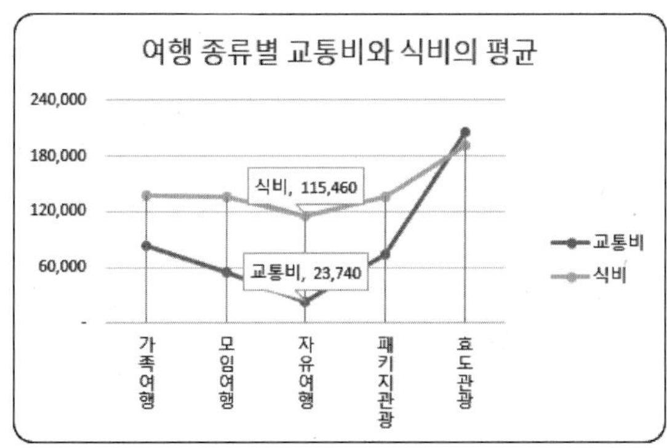

3. '기타작업-3' 시트에서 다음과 같은 작업을 수행하고 저장하시오. (각 5점)

① '숙소예약' 단추를 클릭하면 〈숙소예약〉 폼이 나타나고, 폼이 초기화(Initialize)되면 '예약날짜'(txt예약날짜) 컨트롤에 현재 날짜가 표시되고, [G4:G7] 영역의 값이 '방이름'(cmb방이름) 콤보 상자의 목록에 설정되도록 프로시저를 작성하시오.

② 〈숙소예약〉 폼의 '예약(cmd예약)' 단추를 클릭하면 폼에 입력된 데이터가 시트의 표에 입력되어 있는 마지막 행 다음에 연속하여 추가되도록 프로시저를 작성하시오.

▶ '이용금액'은 '숙박일수 × 방값'으로 계산하되, '이용금액'은 '숙박일수'가 2 이하면 0%, 4 이하면 5%, 6 이하면 8%, 그 외는 10%가 할인됨

▶ 입력되는 데이터는 워크시트에 입력된 기존 데이터와 같은 형식의 데이터로 입력하시오.

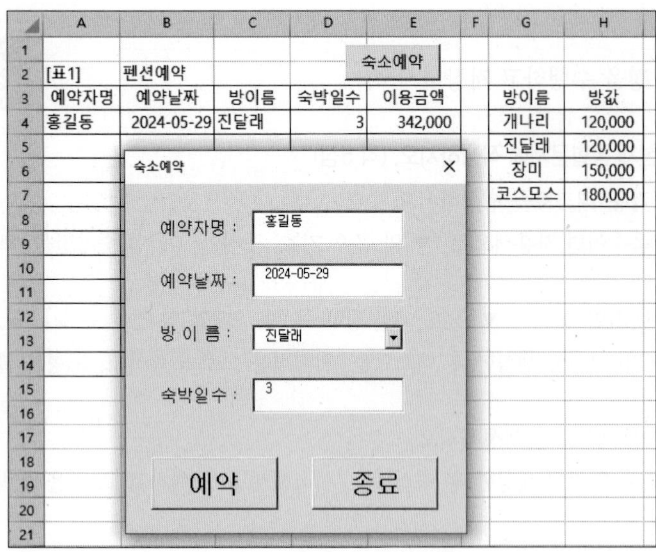

③ 〈숙소예약〉 폼의 '종료(cmd종료)' 단추를 클릭하면 〈그림〉과 같이 예약인원이 표시된 메시지 박스를 나타낸 후 폼을 종료하고 [B2] 셀의 글꼴색을 'RGB(100, 100, 200)'으로 설정하시오.

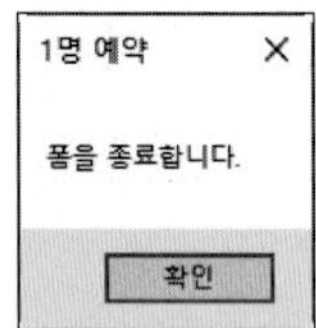

기출문제 정답 및 해설

채점 프로그램을 이용하여 여러분이 완성한 답안 파일을 채점해 보세요. 채점 프로그램 사용법에 대한 내용은 9쪽을 참고하세요.

문제 1 기본작업

정답

01. 고급 필터 _ 참고 : 고급 필터 18쪽

정답

	A	B	C	D	E
29					
30	조건				
31	TRUE				
32					
33	센터코드	지역	개설일	면적	휴무일정보
34	c01	서울	2021-12-20	836	일요일
35	c02	부산	2019-08-04	173	일요일, 공휴일
36	d01	수원	2020-05-27	246	토요일, 일요일, 공휴일
37	d02	대전	2018-06-09	278	일요일
38	d12	울산	2024-05-12	187	공휴일

• '고급 필터' 대화상자

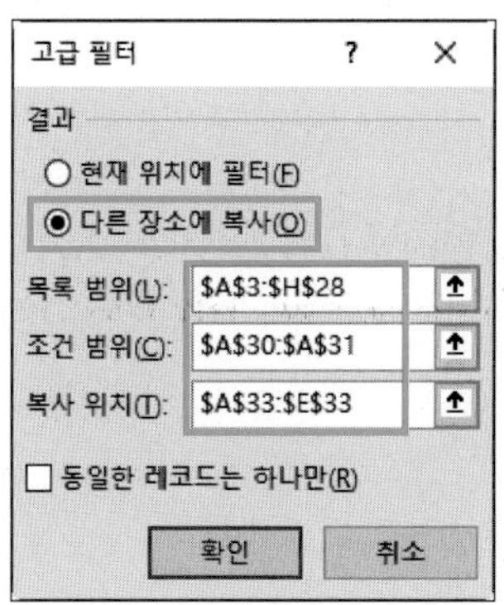

[A31] : =AND(YEAR(D4)>=2018,(RIGHT(H4,3)="일요일")+(RIGHT(H4,3)="공휴일"))

02. 조건부 서식 _ 참고 : 조건부 서식 25쪽

정답

	A	B	C	D	E	F	G	H
1								
2	[표1]							
3	센터코드	지역	운영구분	개설일	면적	취급품목정보	보유차량	휴무일정보
4	*c01*	*서울*	*직영*	*2021-12-20*	*836*	*종이류, 가구, 가전 등*	*1*	*일요일*
5	c02	부산	위탁	2019-08-04	173	가전가구	2	일요일, 공휴일
6	c03	울산	위탁	2001-03-05	200	스티로폼류, 플라스틱류, 가구, 가전 등	3	토요일, 일요일
7	*c04*	*대전*	*직영*	*2011-07-02*	*113*	*가구, 플라스틱류, 캔류, 고철류 등*	*0*	*토요일, 일요일*
8	*c05*	*수원*	*직영*	*2003-01-14*	*129*	*가구가전*	*1*	*월요일*
9	c06	성남	직영	1999-11-17	351	가구가전	2	토요일, 일요일
10	c07	강릉	위탁	2010-10-21	163	종이류, 플라스틱류, 가전, 의류 등	0	공휴일
11	c08	마산	직영	2017-03-27	157	종이류, 고철류, 의류, 플라스틱류 등	0	토요일, 일요일, 공휴일
12	c09	서울	위탁	2014-10-10	112	종이류, 의류, 가전 등	1	일요일
13	c10	부산	위탁	2009-11-07	149	옷, 신발, 가방, 가구 등	0	토요일, 일요일
14	c11	울산	위탁	2010-03-04	331	종이류, 의류, 플라스틱류, 스티로폼류 등	1	일요일
15	c12	대전	위탁	2017-11-23	136	종이류, 플라스틱류, 의류, 고철류 등	0	토요일, 일요일, 공휴일
16	d01	수원	위탁	2020-05-27	246	종이류, 합성수지, 가구, 고철류 등	2	토요일, 일요일, 공휴일
17	d02	대전	직영	2018-06-09	278	옷, 가전, 신발, 가방, 가구 등	1	일요일
18	*d03*	*서울*	*직영*	*2004-04-18*	*238*	*가구, 의류, 플라스틱류, 스티로폼류 등*	*0*	*토요일, 일요일, 공휴일*
19	d04	성남	위탁	2010-11-13	168	의류, 플라스틱류, 공병, 고철 등	0	토요일, 일요일
20	*d05*	*성남*	*직영*	*2014-12-08*	*443*	*종이류, 합성수지, 가구, 의류 등*	*3*	*토요일*
21	d06	수원	위탁	2012-02-24	152	플라스틱류, 고철, 의류 등	3	월요일
22	*d07*	*수원*	*직영*	*2013-08-24*	*347*	*가구가전*	*1*	*공휴일*
23	d08	강릉	위탁	2001-05-09	531	종이류, 가전, 알루미늄 등	3	공휴일
24	*d09*	*마산*	*직영*	*2005-09-04*	*296*	*종이류, 의류, 캔류, 가구, 가전 등*	*2*	*일요일*
25	*d10*	*서울*	*직영*	*2011-06-12*	*524*	*가전가구*	*1*	*토요일, 일요일, 공휴일*
26	*d11*	*부산*	*직영*	*2014-11-18*	*474*	*종이류, 고철류, 공병, 의류 등*	*0*	*일요일*
27	*d12*	*울산*	*직영*	*2024-05-12*	*187*	*스티로폼류, 플라스틱류, 가구, 가전 등*	*1*	*공휴일*
28	d13	대전	위탁	2014-04-06	332	폐지, 알루미늄 등	0	

• '새 서식 규칙' 대화상자

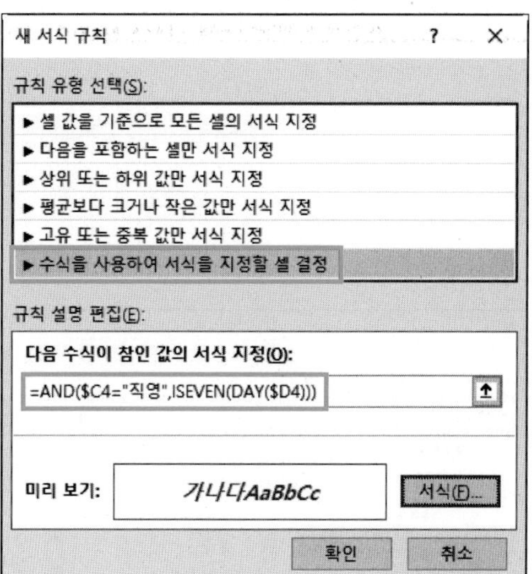

03. 페이지 레이아웃 _ 참고 : 페이지 레이아웃 32쪽

정답

[표1]

센터코드	지역	운영구분	개설일	면적	취급품목정보	보유차량	휴무일정보
c01	서울	직영	2021-12-20	836	종이류, 가구, 가전 등	1	일요일
c02	부산	위탁	2019-08-04	173	가전가구	2	일요일, 공휴일
c03	울산	위탁	2001-03-05	200	스티로폼류, 플라스틱류, 가구, 가전 등	3	토요일, 일요일
c04	대전	직영	2011-07-02	113	가구, 플라스틱류, 캔류, 고철류 등	0	토요일, 일요일
c05	수원	직영	2003-01-14	129	가구가전	1	월요일
c06	성남	직영	1999-11-17	351	가구가전	2	토요일, 일요일
c07	강릉	위탁	2010-10-21	163	종이류, 플라스틱류, 가전, 의류 등	0	공휴일
c08	마산	직영	2017-03-27	157	종이류, 고철류, 의류, 플라스틱류 등	0	토요일, 일요일, 공휴일
c09	서울	위탁	2014-10-10	112	종이류, 의류, 가전 등	1	일요일
c10	부산	위탁	2009-11-07	149	옷, 신발, 가방, 가구 등	0	토요일, 일요일
c11	울산	위탁	2010-03-04	331	종이류, 의류, 플라스틱류, 스티로폼류 등	1	일요일
c12	대전	위탁	2017-11-23	136	종이류, 플라스틱류, 의류, 고철류 등	0	토요일, 일요일, 공휴일
d01	수원	위탁	2020-05-27	246	종이류, 합성수지, 가구, 고철류 등	2	토요일, 일요일, 공휴일
d02	대전	직영	2018-06-09	278	옷, 가전, 신발, 가방, 가구 등	1	일요일
d03	서울	직영	2004-04-18	238	가구, 의류, 플라스틱류, 스티로폼류 등	0	토요일, 일요일, 공휴일
d04	성남	위탁	2010-11-13	168	의류, 플라스틱류, 공병, 고철 등	0	토요일, 일요일
d05	성남	직영	2014-12-08	443	종이류, 합성수지, 가구, 의류 등	3	토요일
d06	수원	위탁	2012-02-24	152	플라스틱류, 고철, 의류 등	3	월요일
d07	수원	직영	2013-08-24	347	가구가전	1	공휴일
d08	강릉	위탁	2001-05-09	531	종이류, 가전, 알루미늄 등	3	공휴일
d09	마산	직영	2005-09-04	296	종이류, 의류, 캔류, 가구, 가전 등	2	일요일
d10	서울	직영	2011-06-12	524	가전가구	1	토요일, 일요일, 공휴일
d11	부산	직영	2014-11-18	474	종이류, 고철류, 공병, 의류 등	0	일요일
d12	울산	직영	2024-05-12	187	스티로폼류, 플라스틱류, 가구, 가전 등	1	공휴일
d13	대전	위탁	2014-04-06	332	폐지, 알루미늄 등	0	

1

• '페이지 설정' 대화상자의 '페이지' 탭

페이지 설정 ? ×

페이지 | 여백 | 머리글/바닥글 | 시트

용지 방향

○ 세로(T) ◉ 가로(L)

배율

◉ 확대/축소 배율(A): 95 %

○ 자동 맞춤(F): 1 용지 너비 1 용지 높이

용지 크기(Z): A4

인쇄 품질(Q): 600 dpi

시작 페이지 번호(R): 자동

인쇄(P)... 인쇄 미리 보기(W) 옵션(O)...

확인 취소

• '바닥글' 대화상자

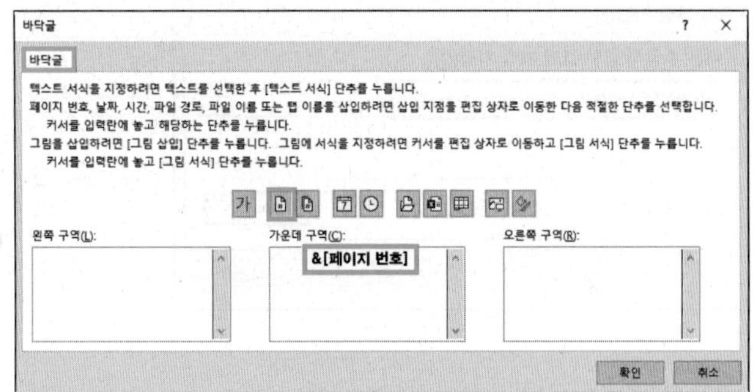

• '페이지 설정' 대화상자의 '시트' 탭

페이지 설정 ? ×

페이지 | 여백 | 머리글/바닥글 | 시트

인쇄 영역(A): A1:H28

인쇄 제목

반복할 행(R):

반복할 열(C):

인쇄

☐ 눈금선(G) 메모(M): (없음)

☐ 흑백으로(B) 셀 오류 표시(E): 표시된 대로

☐ 간단하게 인쇄(Q)

☐ 행/열 머리글(R)

페이지 순서

◉ 행 우선(D)

○ 열 우선(V)

인쇄(P)... 인쇄 미리 보기(W) 옵션(O)...

확인 취소

정답

[표1] 기준날짜 : 2024-02-10

센터코드	지역	운영구분	개설연월	면적	취급품목정보	보유차량	휴무일정보	비고
c02	부산	위탁	2019-08	173	가전가구	2	일요일, 공휴일	
c11	울산	위탁	2010-03	331	종이류, 의류, 플라스틱류, 스티로폼류 등	1	일요일	일요일(1대)
c04	대전	직영	2011-07	113	가구, 플라스틱류, 캔류, 고철류 등	0	토요일, 일요일	
c06	성남	직영	1999-11	351	가구가전	2	토요일, 일요일	
c08	마산	직영	2017-03	157	종이류, 고철류, 의류, 플라스틱류 등	0	토요일, 일요일, 공휴일	토요일, 일요일, 공휴일(보유차량 없음)
d13	대전	위탁	2014-04	332	폐지, 알루미늄 등	0		
d01	수원	위탁	2020-05	246	종이류, 합성수지, 가구, 고철류 등	2	토요일, 일요일, 공휴일	토요일, 일요일, 공휴일(2대)
d12	울산	직영	2024-05	187	스티로폼류, 플라스틱류, 가구, 가전 등	1	공휴일	
d02	대전	직영	2018-06	278	옷, 가전, 신발, 가방, 가구 등	1	일요일	
c09	서울	위탁	2014-10	112	종이류, 의류, 가전 등	1	일요일	일요일(1대)
c07	강릉	위탁	2010-10	163	종이류, 플라스틱류, 가전, 의류 등	0	공휴일	공휴일(보유차량 없음)
d10	서울	직영	2011-06	524	가전가구	1	토요일, 일요일, 공휴일	
d03	서울	직영	2004-04	238	가구, 의류, 플라스틱류, 스티로폼류 등	0	토요일, 일요일, 공휴일	
c12	대전	위탁	2017-11	136	종이류, 플라스틱류, 의류, 고철류 등	0	토요일, 일요일, 공휴일	토요일, 일요일, 공휴일(보유차량 없음)
d07	수원	직영	2013-08	347	가구가전	1	공휴일	
c01	서울	직영	2021-12	836	종이류, 가구, 가전 등	1	일요일	일요일(1대)
d11	부산	직영	2014-11	474	종이류, 고철류, 공병, 의류 등	0	일요일	일요일(보유차량 없음)
d08	강릉	위탁	2001-05	531	종이류, 가전, 알루미늄 등	3	공휴일	공휴일(3대)
d05	성남	직영	2014-12	443	종이류, 합성수지, 가구, 의류 등	3	토요일	토요일(3대)
c03	울산	위탁	2001-03	200	스티로폼류, 플라스틱류, 가구, 가전 등	3	토요일, 일요일	
c10	부산	위탁	2009-11	149	옷, 신발, 가방, 가구 등	0	토요일, 일요일	
d04	성남	위탁	2010-11	168	의류, 플라스틱류, 공병, 고철 등	0	토요일, 일요일	
c05	수원	직영	2003-01	129	가구가전	1	월요일	
d09	마산	직영	2005-09	296	종이류, 의류, 캔류, 가구, 가전 등	2	일요일	일요일(2대)
d06	수원	위탁	2012-02	152	슬라스틱류, 고철, 의류 등	3	월요일	

[표2]

운영구분	평균면적
직영	239
위탁	365

[표3]

지역	운영구분개수	가구	가전	의류
서울	직영 3곳 - 위탁 1곳	75%	75%	50%
부산	직영 1곳 - 위탁 2곳	67%	33%	33%
울산	직영 1곳 - 위탁 2곳	67%	67%	33%
대전	직영 2곳 - 위탁 2곳	50%	25%	25%
수원	직영 2곳 - 위탁 2곳	75%	50%	25%
성남	직영 2곳 - 위탁 1곳	67%	33%	67%
강릉	직영 0곳 - 위탁 2곳	0%	100%	50%
마산	직영 2곳 - 위탁 0곳	50%	50%	100%

[표4]

운영구분	센터코드
직영	c01
위탁	d08

1 운영구분별 평균면적(L4) _ 참고 : 배열 수식 43쪽

{=ROUNDDOWN(AVERAGE(IF((YEAR($I$2)−YEAR($D$4:$D$28))>=20) * ($C$4:$C$28=K4), $E$4:$E$28)), 0)}

2 지역별 운영구분개수(L9) _ 참고 : 배열 수식 43쪽

{=CONCAT("직영 ", SUM(($B$4:$B$28=K9) * ($C$4:$C$28="직영")), "곳 - 위탁 ", SUM(($B$4:$B$28=K9) * ($C$4:$C$28="위탁")), "곳")}

3 지역별 취급품목정보별 비율(M9) _ 참고 : 기타 함수 77쪽

=TEXT(COUNTIFS($B$4:$B$28, $K9, $F$4:$F$28, "*"&M$8&"*") / COUNTIF($B$4:$B$28, $K9), "0%")

4 운영구분별 면적이 가장 넓은 센터코드(L20) _ 참고 : 찾기/참조 함수 58쪽

{=INDEX($A$4:$A$28, MATCH(MAX(($C$4:$C$28=K20) * $E$4:$E$28), ($C$4:$C$28=K20) * $E$4:$E$28, 0))}

5 비고(I4) _ 참고 : 사용자 정의 함수 83쪽

=fn비고(F4,G4,H4)

```
Public Function fn비고(취급품목정보, 보유차량, 휴무일정보)
  If Left(취급품목정보, 3) = "종이류" Then
    If 보유차량 = 0 Then
      fn비고 = 휴무일정보 & "(보유차량 없음)"
    Else
      fn비고 = 휴무일정보 & "(" & 보유차량 & "대)"
    End If
  Else
    fn비고 = ""
  End If
End Function
```

01. 피벗 테이블 _ 참고 : 피벗 테이블 88쪽

• '피벗 테이블 필드' 창

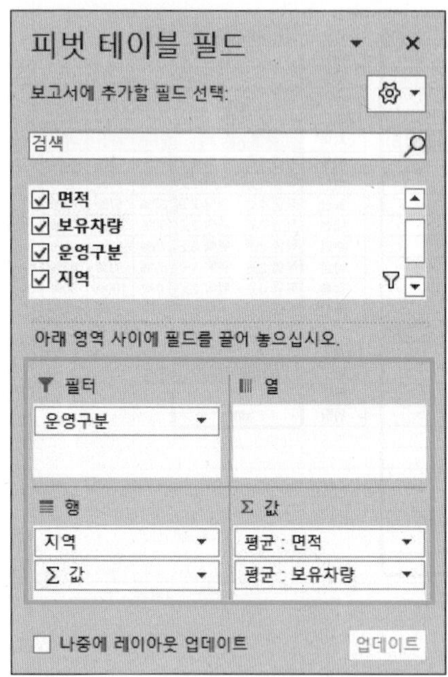

• '지역' 필드의 '레이블 필터' 대화상자

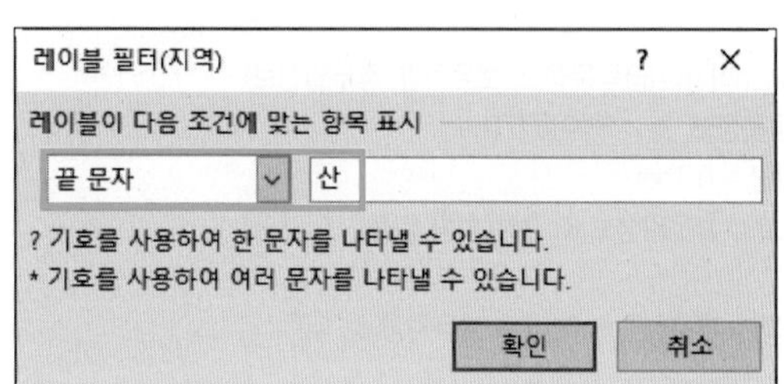

02. 정렬 / 통합 _ 참고 : 정렬 109쪽 / 통합 107쪽

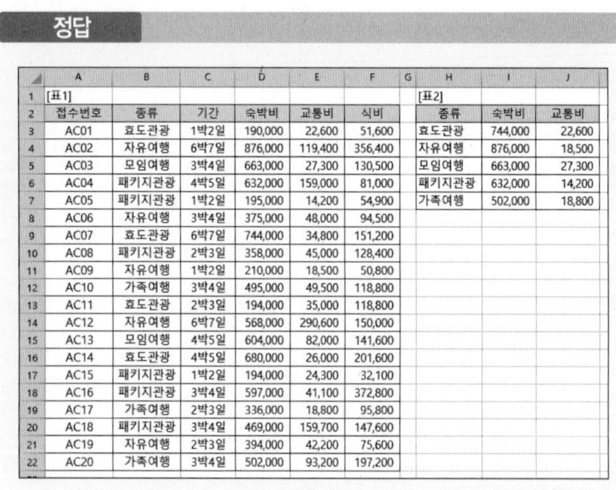

정답

	A	B	C	D	E	F	G	H	I	J
1	[표1]							[표2]		
2	접수번호	종류	기간	숙박비	교통비	식비		종류	숙박비	교통비
3	AC01	효도관광	1박2일	190,000	22,600	51,600		효도관광	744,000	22,600
4	AC02	자유여행	6박7일	876,000	119,400	356,400		자유여행	876,000	18,500
5	AC03	모임여행	3박4일	663,000	27,300	130,500		모임여행	663,000	27,300
6	AC04	패키지관광	4박5일	632,000	159,000	81,000		패키지관광	632,000	14,200
7	AC05	패키지관광	1박2일	195,000	14,200	54,900		가족여행	502,000	18,800
8	AC06	자유여행	3박4일	375,000	48,000	94,500				
9	AC07	효도관광	6박7일	744,000	34,800	151,200				
10	AC08	패키지관광	2박3일	358,000	45,000	128,400				
11	AC09	자유여행	1박2일	210,000	18,500	50,800				
12	AC10	가족여행	3박4일	495,000	49,500	118,800				
13	AC11	효도관광	2박3일	194,000	35,000	118,800				
14	AC12	자유여행	6박7일	568,000	290,600	150,000				
15	AC13	모임여행	4박5일	604,000	82,000	141,600				
16	AC14	효도관광	4박5일	680,000	26,000	201,600				
17	AC15	패키지관광	1박2일	194,000	24,300	32,100				
18	AC16	패키지관광	3박4일	597,000	41,100	372,800				
19	AC17	가족여행	2박3일	336,000	18,800	95,800				
20	AC18	패키지관광	3박4일	469,000	159,700	147,600				
21	AC19	자유여행	2박3일	394,000	42,200	75,600				
22	AC20	가족여행	3박4일	502,000	93,200	197,200				

• '사용자 지정 목록' 대화상자

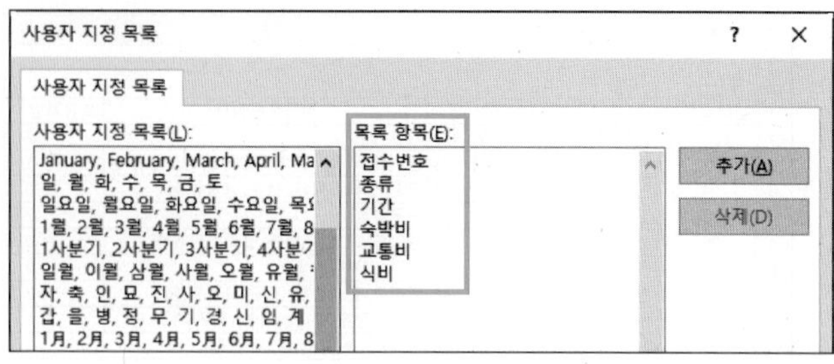

• '정렬' 대화상자

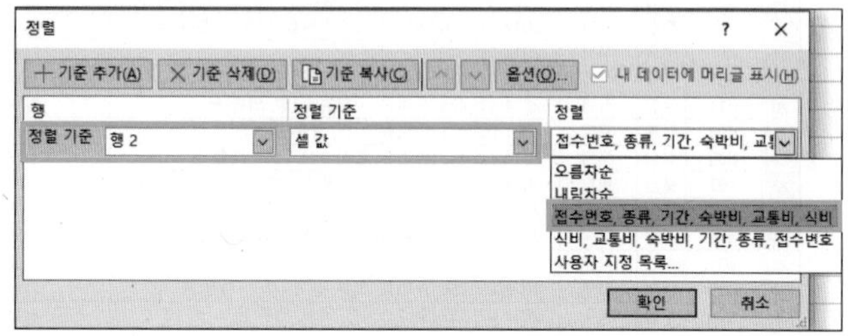

• 데이터 통합

1. 다음과 같이 입력하고 [H2:J2] 영역을 블록으로 지정한 후 [데이터] → 데이터 도구 → **통합**을 클릭한다.

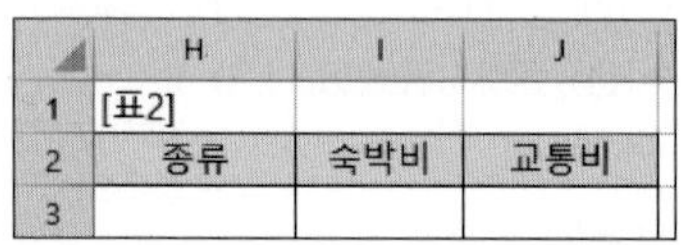

	H	I	J
1	[표2]		
2	종류	숙박비	교통비
3			

2. '통합' 대화상자에서 다음과 같이 지정한다.

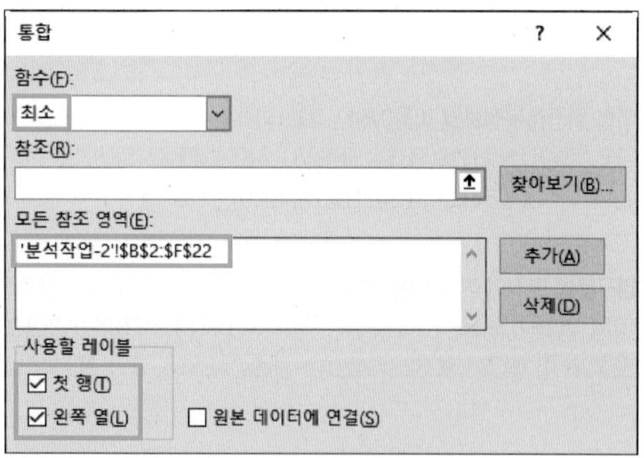

3. [H2:I2] 영역을 블록으로 지정하고 [데이터] → 데이터 도구 → **통합**을 클릭한 후 다음과 같이 지정한다.

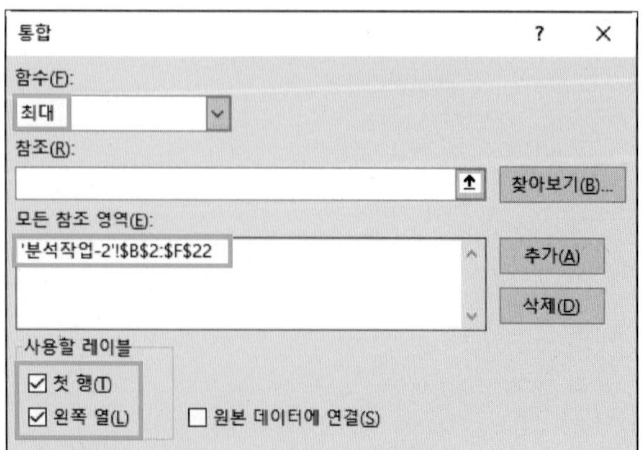

01. 매크로 작성 _ 참고 : 매크로 135쪽

1 '서식적용' 매크로 실행

정답

	A	B	C	D	E	F	G
1	[표1]						
2	센터코드	지역	운영구분	취급품목정보	전년대비매출		서식적용
3	c01	서울	직영	종이류, 가구, 가전 등	▲34%		
4	c02	부산	위탁	가전가구	▲14%		서식해제
5	c03	울산	위탁	스티로폼류, 플라스틱류, 가구, 가전 등	▼-27%		
6	c04	대전	직영	가구, 플라스틱류, 캔류, 고철류 등	▲30%		
7	c05	수원	직영	가구가전	0%		
8	c06	성남	직영	가구가전	▲38%		
9	c07	강릉	위탁	종이류, 플라스틱류, 가전, 의류 등	▼-8%		
10	c08	마산	직영	종이류, 고철류, 의류, 플라스틱류 등	※		
11	c09	서울	위탁	종이류, 의류, 가전 등	▲31%		
12	c10	부산	위탁	옷, 신발, 가방, 가구 등	0%		
13	c11	울산	위탁	종이류, 의류, 플라스틱류, 스티로폼류 등	▲58%		
14	c12	대전	위탁	종이류, 플라스틱류, 의류, 고철류 등	▲9%		
15	d01	수원	위탁	종이류, 합성수지, 가구, 고철류 등	▲50%		
16	d02	대전	직영	옷, 가전, 신발, 가방, 가구 등	▲63%		
17	d03	서울	직영	가구, 의류, 플라스틱류, 스티로폼류 등	▼-7%		
18	d04	성남	위탁	의류, 플라스틱류, 공병, 고철 등	※		
19	d05	성남	직영	종이류, 합성수지, 가구, 의류 등	▼-12%		
20	d06	수원	위탁	슬라스틱류, 고철, 의류 등	▲34%		
21	d07	수원	직영	가구가전	▼-18%		
22	d08	강릉	위탁	종이류, 가전, 알루미늄 등	▲19%		
23	d09	마산	직영	종이류, 의류, 캔류, 가구, 가전 등	▼-5%		
24	d10	서울	직영	가전가구	▲3%		
25	d11	부산	직영	종이류, 고철류, 공병, 의류 등	▲10%		
26	d12	울산	직영	스티로폼류, 플라스틱류, 가구, 가전 등	▲32%		
27	d13	대전	위탁	폐지, 알루미늄 등	▼-18%		

• '셀 서식' 대화상자

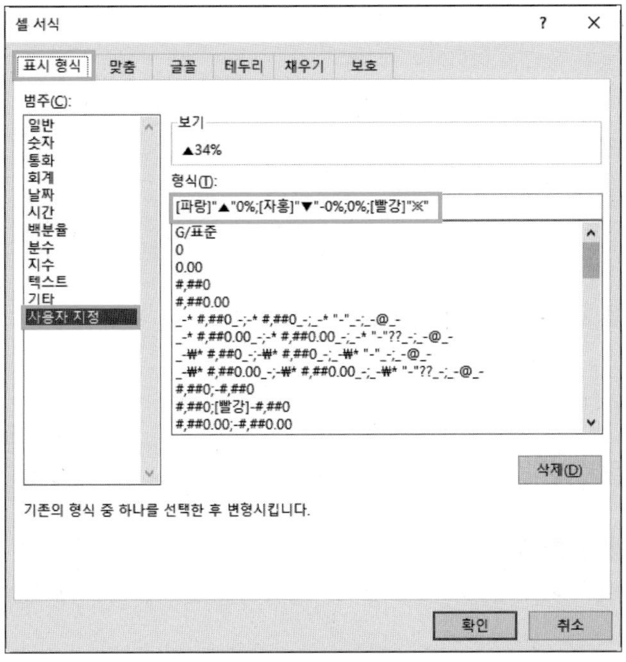

03. 프로시저 작성 _ 참고 : 프로시저 142쪽

1 '숙소예약' 단추 및 폼 초기화 프로시저

• '숙소예약' 단추 클릭 프로시저

정답

```
Private Sub cmd숙소예약_Click( )
    숙소예약.Show
End Sub
```

• 폼 초기화 프로시저

정답

```
Private Sub UserForm_Initialize( )
    txt예약날짜.Value = Date
    cmb방이름.RowSource = "G4:G7"
End Sub
```

2 '예약' 단추에 기능 구현하기

정답

```
Private Sub cmd예약_Click( )
    참조행 = cmb방이름.ListIndex + 4
    입력행 = [A2].Row + [A2].CurrentRegion.Rows.Count
    Cells(입력행, 1) = txt예약자명.Value
    Cells(입력행, 2) = txt예약날짜.Value
    Cells(입력행, 3) = cmb방이름.Value
    Cells(입력행, 4) = txt숙박일수.Value
    If txt숙박일수.Value <= 2 Then
        Cells(입력행, 5) = Cells(입력행, 4) * Cells(참조행, 8)
    ElseIf txt숙박일수.Value <= 4 Then
        Cells(입력행, 5) = Cells(입력행, 4) * Cells(참조행, 8) * 0.95
    ElseIf txt숙박일수.Value <= 6 Then
        Cells(입력행, 5) = Cells(입력행, 4) * Cells(참조행, 8) * 0.92
    Else
        Cells(입력행, 5) = Cells(입력행, 4) * Cells(참조행, 8) * 0.9
    End If
End Sub
```

3 '종료' 단추에 기능 구현하기

정답

```
Private Sub cmd종료_Click( )
    MsgBox "폼을 종료합니다.", , [A2].CurrentRegion.Rows.Count - 2 &
    "명 예약"
    [B2].Font.Color = RGB(100, 100, 200)
    Unload Me
End Sub
```

EXAMINATION

02회 2024년 상시02 컴퓨터활용능력 1급

• 준 비 하 세 요 : 'C:\길벗컴활1급총정리\기출\02회' 폴더에서 '24년상시02.xlsm' 파일을 열어서 작업하시오.
• 외부 데이터 위치 : C:\길벗컴활1급총정리\기출\02회

4124021

문제 1 기본작업(15점) 주어진 시트에서 다음의 과정을 수행하고 저장하시오.

1. '기본작업-1' 시트에서 다음과 같이 고급 필터를 수행하시오. (5점)

▶ [A2:H30] 영역에서 '진료일'이 2023년이고, '진료과목'이 "외과"로 끝나고, '환자코드'가 "A" 또는 "B"로 시작하는 데이터의 '환자코드', '성명', '생년월일', '진료과목', '진료일' 필드만 순서대로 표시하시오.
▶ 조건은 [A32:D36] 영역 내에 알맞게 입력하시오. (YEAR, RIGHT 함수 사용)
▶ 결과는 [A37] 셀부터 표시하시오.

2. '기본작업-1' 시트에서 다음과 같이 조건부 서식을 설정하시오. (5점)

▶ [A3:H30] 영역에서 '생년월일'이 2000~2003년이거나 '진료시간'이 오전 9부터 12시 59분까지인 데이터의 행 전체에 대하여 글꼴 스타일은 '굵은 기울임꼴', 글꼴 색은 '표준 색-빨강'으로 적용하시오.
▶ 단, 규칙 유형은 '수식을 사용하여 서식을 지정할 셀 결정'을 사용하고, 한 개의 규칙으로만 작성하시오.
▶ OR, AND, YEAR, HOUR 함수 사용

3. '기본작업-2' 시트에서 다음과 같이 페이지 레이아웃을 설정하시오. (5점)

▶ 행이 추가돼도 높이는 한 페이지에 인쇄되고 너비는 최대 두 페이지까지 인쇄되도록 설정하시오.
▶ 매 페이지 하단의 오른쪽 구역에는 페이지 번호가 [표시 예]와 같이 표시되도록 설정하시오.
　– 첫 페이지의 번호가 10이 되도록 설정하시오.
　[표시 예 : 현재 페이지 번호가 1인 경우 → 10페이지]
▶ 메모가 워크시트에 표시된 대로 인쇄되도록 설정하고, 페이지 여백을 '좁게'로 설정하시오.

4124022

문제 2 계산작업(30점) '계산작업' 시트에서 다음의 과정을 수행하고 저장하시오.

1. [표1]의 가입자일련번호와 요양개시일자를 이용하여 [A3:A35] 영역에 처방번호를 표시하시오. (6점)

▶ 처방번호는 가입자일련번호가 동일한 경우 요양개시일자가 가장 빠른 항목에 1을 부여하고, 나머지 항목은 요양개시일자 순으로 1씩 추가하여 표시
▶ 표시 예 : 가입자일련번호가 123456이고 요양개시일자가 2번째로 빠른 경우 → 123456-2
▶ IF, SUM 함수를 이용한 배열 수식과 & 연산자 사용

2. [표1]의 성분코드와 [표2]를 이용하여 [H3:H35] 영역에 성분정보를 표시하시오. (6점)

▶ 성분정보는 성분코드의 7~9번째 문자를 이용
▶ 성분코드의 7번째 문자가 A이고, 8~9번째 문자가 TB이면 '내복정제'로 표시
▶ 성분정보가 오류인 경우 '기타'로 표시
▶ IFERROR, INDEX, MATCH, MID 함수 사용

3. [표1]의 성별과 요양개시일자를 이용하여 첫 요양개시일자의 해당 월에서 '여성'의 처방 건수를 [P2] 셀에 계산하시오. (6점)

▶ 첫 요양개시일자의 해당 월은 요양개시일자 중에서 가장 빠른 날짜의 월로 계산
▶ 가장 빠른 요양개시일자가 2023-02-25이면 2월 한달 동안의 여성들의 처방 건수를 계산함
▶ COUNTIFS, EOMONTH, MIN 함수 사용

4. [표1]의 연령대코드와 총투여일수를 이용하여 [표3]의 [P14:P20] 영역에 연령대별 이용도를 표시하시오. (6점)

▶ 연령대는 연령대코드의 일의 자리에서 내림하여 십의 자리까지 표시
▶ 이용도는 '■' 기호를 연령대별 총투여일수의 평균값만큼 반복하여 표시
▶ [표시 예 : 평균값이 2.8인 경우 → ■■, 3.1인 경우 → ■■■]
▶ AVERAGE, IF, REPT, ROUNDDOWN 함수를 이용한 배열 수식

5. 사용자 정의 함수 'fn금액'을 작성하여 [표1]의 [M3:M35] 영역에 금액을 계산하여 표시하시오. (6점)

▶ 'fn금액'은 시도, 일회투약량, 일일투약량, 총투여일수, 단가를 인수로 받아 금액을 계산하는 함수이다.
▶ 금액은 일회투약량 × 일일투약량 × 총투여일수 × 단가 × 가중치로 계산하시오.
▶ 가중치는 시도가 '서울'이면 1.1, '제주'이면 1.3, 그 외에는 1.2로 계산하시오.
▶ SELECT CASE문 사용

```
Public Function fn금액(시도, 일회투약량, 일일투약량, 총투여일수, 단가)
End Function
```

4124023

분석작업(20점) 주어진 시트에서 다음의 과정을 수행하고 작업하시오.

1. '분석작업-1' 시트에서 다음의 지시사항에 따라 피벗 테이블 보고서를 작성하시오. (10점)

▶ 외부 데이터 가져오기 기능을 이용하여 〈요양보호.accdb〉에서 〈요양보호관리대상〉 테이블의 '성별', '연령대코드', '시도', '일회투약량', '일일투약량' 열을 이용하시오.
▶ '시도' 필드가 '서울'이거나 '경기'인 데이터만을 가져오시오.
▶ 피벗 테이블 보고서의 레이아웃과 위치는 〈그림〉을 참조하여 설정하고, 보고서 레이아웃을 개요 형식으로 표시하시오.
▶ '연령대코드' 필드는 〈그림〉과 같이 그룹화를 설정하시오.
▶ '일일투약량'과 '일회투약량' 필드의 표시 형식은 '값 필드 설정'의 셀 서식에서 '숫자' 범주를 이용하여 〈그림〉과 같이 지정하시오.
▶ 각 필드의 최대값과 최소값 부분합을 그룹 하단에 표시하시오.

	A	B	C	D
1				
2	성별	(모두)		
3				
4	시도	연령대코드	평균 : 일일투약량	평균 : 일회투약량
5	⊟경기			
6		30-39	1.3	0.5
7		40-49	1.8	0.6
8		50-59	0.2	0.2
9		60-69	1.0	0.7
10		80-89	1.8	0.9
11		90-100	1.2	0.4
12	경기 최대		2.1	0.9
13	경기 최소		0.2	0.2
14	⊟서울			
15		40-49	1.0	0.5
16		50-59	0.4	0.3
17		60-69	1.1	0.7
18		70-79	0.6	0.3
19		80-89	1.4	0.6
20		90-100	1.8	0.9
21	서울 최대		2.4	0.9
22	서울 최소		0.2	0.2
23	총합계		1.0	0.5
24				

2. '분석작업-2' 시트에 대하여 다음의 지시사항을 처리하시오. (10점)

▶ [데이터 유효성 검사] 기능을 이용하여 [B3:B30] 영역에는 '성명' 중간에 빈 칸이 삽입되지 않도록 제한 대상을 설정하시오.

– [B3:B30] 영역을 클릭한 경우 〈그림〉과 같은 설명 메시지를 표시하고, 유효하지 않은 데이터를 입력한 경우 〈그림〉과 같은 오류 메시지가 표시되도록 설정하시오.

[표1]		
환자코드	성명	생년월일
A011	이수만	2000-11-03
A013	이우	06-04
A014	성이	05-03
A015	유경	1-23
A017	임효인	1959-09-08

입력제한
빈칸 입력 금지

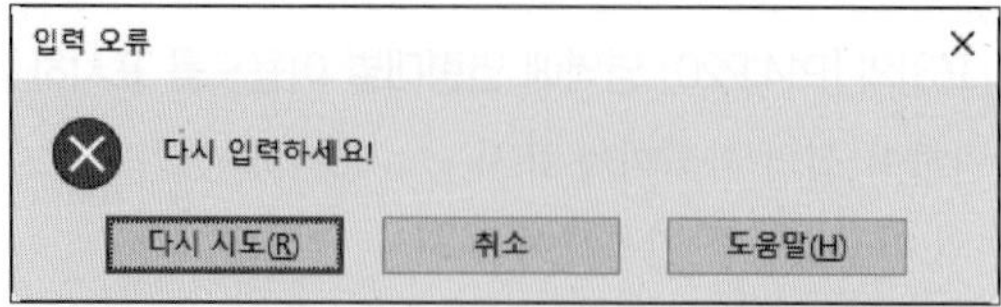

– FIND, ISERROR 함수 사용

▶ [필터] 기능을 이용하여 '환자코드'를 기준으로 오름차순 정렬하고, '생년월일'이 1980년 이후이고 '진료과목'이 "내과" 또는 "외과"로 끝나는 데이터 행만 표시되도록 필터를 설정하시오.

4124024

문제 4 기타작업(35점) 주어진 시트에서 다음 과정을 수행하고 저장하시오.

1. '기타작업-1' 시트에서 다음과 같은 기능을 수행하는 매크로를 현재 통합문서에 작성하시오. (각 5점)

① [E4:E13] 영역에 사용자 지정 표시 형식을 설정하는 '서식적용' 매크로를 생성하시오.

▶ '목표달성률'이 1 이상이면 "좋음", 0.5 미만이면 "나쁨", 그 외는 "보통"을 숫자 앞에 표시하되, 숫자는 백분율로 표시하시오.
[표시 예 : '목표달성률'이 1.1일 경우 → 좋음 110%, 0일 경우 → 나쁨 0%]

▶ [개발 도구] → [삽입] → [양식 컨트롤]의 '단추'를 동일 시트의 [G3:G4] 영역에 생성한 후 텍스트를 "서식적용"으로 입력하고, 단추를 클릭하면 '서식적용' 매크로가 실행되도록 설정하시오.

② [E4:E13] 영역에 표시 형식을 '일반'으로 적용하는 '서식해제' 매크로를 생성하시오.

▶ [개발 도구] → [삽입] → [양식 컨트롤]의 '단추'를 동일 시트의 [G6:G7] 영역에 생성한 후 텍스트를 "서식해제"로 입력하고, 단추를 클릭하면 '서식해제' 매크로가 실행되도록 설정하시오.

※ 셀 포인터의 위치에 관계없이 매크로가 실행되어야 정답으로 인정됨

2. '기타작업-2' 시트에서 다음의 지시사항에 따라 차트를 수정하시오. (각 2점)

※ 차트는 반드시 문제에서 제공한 차트를 사용하여야 하며, 신규로 차트 작성시 0점 처리됨

① '일회투약량' 계열을 삭제하고, 차트 종류를 '묶은 세로 막대형' 차트로 변경하시오.

② 기본 세로(값) 축의 최대값과 기본 단위를 〈그림〉과 같이 지정하고, 범례를 위쪽에 표시하시오.

③ '일일투약량' 계열의 '80대' 요소에 〈그림〉과 같이 데이터 레이블을 표시하고, 범례 표지가 없는 데이터 테이블을 표시하시오.

④ '총투여일수' 계열은 채우기를 '알약.png'로 지정하고, '그림 또는 질감 채우기' – '다음 배율에 맞게 쌓기'의 '단위/사진'을 3으로 지정하시오.

⑤ 그림 영역은 채우기를 패턴의 '점선: 20%'로 지정하고, 패턴 채우기의 전경색은 '테마 색 – 회색, 강조 3'으로 지정하시오.

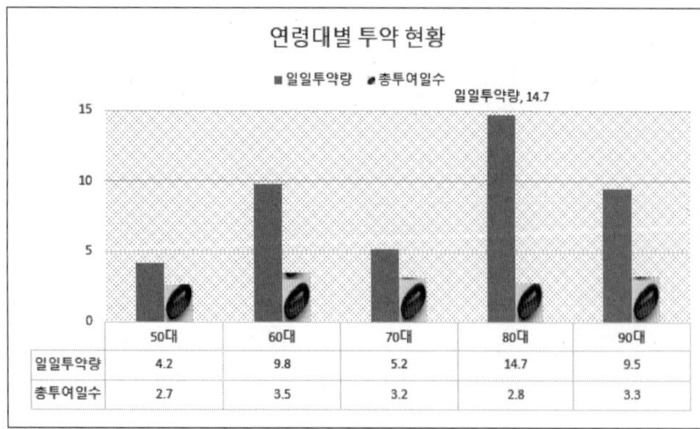

3. ‘기타작업-3’ 시트에서 다음과 같은 작업을 수행하고 저장하시오. (각 5점)

① ‘지점매출’ 단추를 클릭하면 〈매출현황〉 폼이 나타나고, 폼이 초기화(Initialize)되면 ‘지점’을 표시하는 옵션 단추 중 ‘강남(opt강남)’이 기본적으로 선택되고, ‘제품명(cmb제품명)’ 목록에는 [G4:G8] 영역이 표시되도록 프로시저를 작성하시오.

② 〈매출현황〉 폼의 ‘입력(cmd입력)’ 단추를 클릭하면 폼에 입력된 데이터가 시트의 표에 입력되어 있는 마지막 행 다음에 연속하여 추가되도록 프로시저를 작성하시오.

▶ ‘지점’에는 ‘강남(op일반)’을 선택하면 “강남”, ‘용산(opt용산)’을 선택하면 “용산”, ‘종로(opt종로)’를 선택하면 “종로”를 입력하시오.

▶ ‘총판매액’은 ‘판매량 × 판매가’로 계산하여 1000 단위 구분 기호를 표시하시오(Format 함수 사용).
[표시 예 : ‘총판매액’이 130000일 경우 → 130,000원, 0일 경우 → 0원]

▶ 입력되는 데이터는 워크시트에 입력된 기존 데이터와 같은 형식의 데이터로 입력하시오.

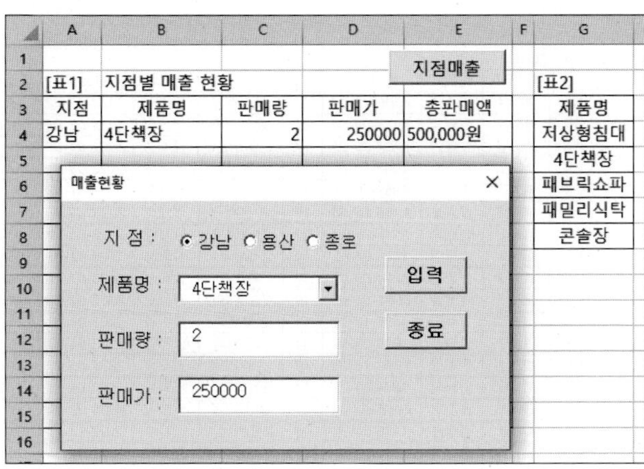

③ ‘기타작업-3’ 시트가 활성화되면 [B2] 셀의 글꼴이 ‘궁서체’, 글꼴 크기가 12로 지정되도록 구현하시오.

EXAMINATION

02회 기출문제 정답 및 해설

문제 1 기본작업

정답

01. 고급 필터 _ 참고 : 고급 필터 18쪽

정답

	A	B	C	D	E
31					
32	조건	환자코드			
33	0	A*			
34	0	B*			
35					
36					
37	환자코드	성명	생년월일	진료과목	진료일
38	A013	이영덕	1973-06-04	흉부외과	2023-02-03
39	A015	유경수	2005-11-23	정형외과	2023-03-20
40	A018	강말순	1985-12-05	흉부외과	2023-03-20
41	A051	전만호	1975-05-08	신경외과	2023-04-12
42	B219	김창무	1999-08-16	신경외과	2023-03-06

• '고급 필터' 대화상자

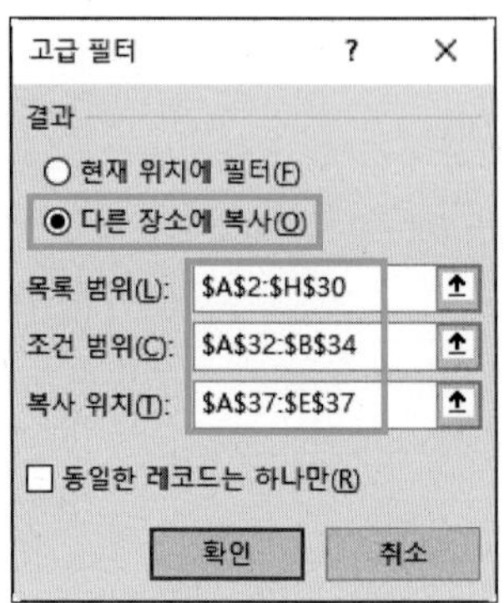

[A33], [A34] : =(YEAR(G3)=2023)*(RIGHT(E3,2)="외과")

02. 조건부 서식 _ 참고 : 조건부 서식 25쪽

정답

	A	B	C	D	E	F	G	H
1	[표1]							
2	환자코드	성명	생년월일	성별	진료과목	담당의사	진료일	진료시간
3	A011	이수만	2000-11-03	남	흉부외과	박종식	2022-12-22	15:20
4	A013	이영덕	1973-06-04	남	흉부외과	박종식	2023-02-03	10:00
5	A014	성애연	1987-05-03	여	호흡기내과	김지수	2023-01-05	09:10
6	A015	유경수	2005-11-23	남	정형외과	하석태	2023-03-20	14:20
7	A017	임효인	1959-09-08	여	소화기내과	남민종	2023-01-16	17:50
8	A018	강말순	1985-12-05	여	흉부외과	박종식	2023-03-20	10:20
9	A051	전만호	1975-05-08	남	신경외과	임지영	2023-04-12	17:30
10	B215	소금진	1988-04-01	남	피부과	김종남	2023-02-08	13:00
11	B216	김병철	2004-05-07	남	피부과	김종남	2023-01-12	10:20
12	B217	이샛별	2001-05-09	여	가정의학과	편영표	2023-02-23	11:20
13	B218	심수미	1986-12-12	여	산부인과	곽수지	2023-02-28	16:00
14	B219	김창무	1999-08-16	남	신경외과	임지영	2023-03-06	13:50
15	C101	진보람	1948-10-05	여	신경외과	임지영	2023-05-21	09:30
16	C106	이남석	1974-08-25	남	가정의학과	편영표	2023-04-16	16:20
17	C109	전준호	1958-04-07	남	흉부외과	박종식	2023-03-14	11:30
18	C228	김정근	1978-04-09	남	호흡기내과	김지수	2022-12-14	16:30
19	C229	이태백	1953-07-01	남	가정의학과	편영표	2023-01-10	10:00
20	D051	양경숙	1988-05-04	여	피부과	김종남	2023-03-20	11:00
21	D052	강진희	1993-05-08	여	산부인과	곽수지	2023-02-08	09:30
22	D210	용화숙	1980-04-02	여	피부과	김종남	2023-02-27	12:59
23	D213	이유라	1998-09-04	여	산부인과	곽수지	2023-02-21	16:20
24	D217	황귀영	1943-07-25	남	흉부외과	박종식	2023-03-12	15:00
25	D331	장길산	1952-02-12	남	소화기내과	남민종	2023-02-19	14:00
26	D371	이종호	1995-05-14	남	정형외과	하석태	2023-01-15	11:20
27	D372	김서우	2001-03-12	여	산부인과	곽수지	2022-12-03	14:00
28	F301	오현정	1994-09-30	여	호흡기내과	김지수	2022-12-28	11:50
29	F302	김상호	1975-05-06	남	소화기내과	남민종	2023-02-22	13:50
30	F491	박철수	1977-08-15	남	정형외과	하석태	2023-02-09	10:40

• '새 서식 규칙' 대화상자

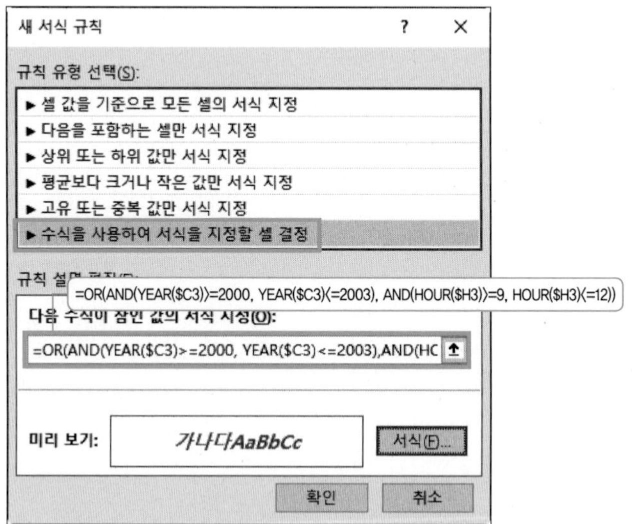

03. 페이지 레이아웃 _ 참고 : 페이지 레이아웃 32쪽

정답

1페이지

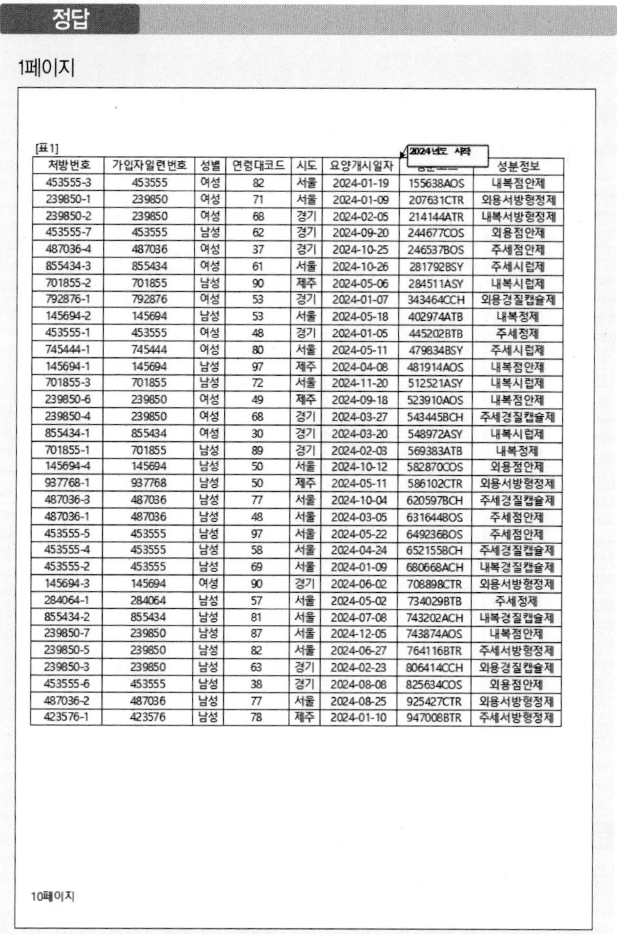

[표1]

2024년도 시작

처방번호	가입자일련번호	성별	연령대코드	시도	요양개시일자	[illegible]	성분정보
453555-3	453555	여성	82	서울	2024-01-19	155638AOS	내복점안제
239850-1	239850	여성	71	서울	2024-01-09	207631CTR	외용서방형정제
239850-2	239850	여성	68	경기	2024-02-05	214144ATR	내복서방형정제
453555-7	453555	남성	62	경기	2024-09-20	244677COS	외용점안제
487036-4	487036	여성	37	경기	2024-10-25	246537BOS	주세점안제
855434-3	855434	여성	61	서울	2024-10-26	281792BSY	주세시럽제
701855-2	701855	남성	90	제주	2024-05-06	284511ASY	내복시럽제
792876-1	792876	여성	53	경기	2024-01-07	343464CCH	외용경질캡슐제
145694-2	145694	남성	53	서울	2024-05-18	402974ATB	내복정제
453555-1	453555	여성	48	경기	2024-01-05	445202BTB	주세정제
745444-1	745444	여성	80	서울	2024-05-11	479834BSY	주세시럽제
145694-1	145694	남성	97	제주	2024-04-08	481914AOS	내복점안제
701855-3	701855	남성	72	서울	2024-11-20	512521ASY	내복시럽제
239850-6	239850	여성	49	제주	2024-09-18	523910AOS	내복점안제
239850-4	239850	여성	68	경기	2024-03-27	543445BCH	주세경질캡슐제
855434-1	855434	여성	30	경기	2024-03-20	548972ASY	내복시럽제
701855-1	701855	남성	89	경기	2024-02-03	569383ATB	내복정제
145694-4	145694	남성	50	서울	2024-10-12	582870COS	외용점안제
937768-1	937768	남성	50	제주	2024-05-11	586102CTR	외용서방형정제
487036-3	487036	남성	77	서울	2024-10-04	620597BCH	주세경질캡슐제
487036-1	487036	남성	48	서울	2024-03-05	631644BOS	주세점안제
453555-5	453555	남성	97	서울	2024-05-22	649236BOS	주세점안제
453555-4	453555	남성	58	서울	2024-04-24	652155BCH	주세경질캡슐제
453555-2	453555	남성	69	서울	2024-01-09	680668ACH	내복경질캡슐제
145694-3	145694	여성	90	경기	2024-06-02	708898CTR	외용서방형정제
284064-1	284064	남성	57	서울	2024-05-02	734029BTB	주세정제
855434-2	855434	남성	81	서울	2024-07-08	743202ACH	내복경질캡슐제
239850-7	239850	남성	87	서울	2024-12-05	743874AOS	내복점안제
239850-5	239850	남성	82	서울	2024-06-27	764116BTR	주세서방형정제
239850-3	239850	남성	63	경기	2024-02-23	806414CCH	외용경질캡슐제
453555-6	453555	남성	38	경기	2024-08-08	825634COS	외용점안제
487036-2	487036	남성	77	서울	2024-08-25	925427CTR	외용서방형정제
423576-1	423576	남성	78	제주	2024-01-10	947008BTR	주세서방형정제

10페이지

2페이지

일회투약량	일일투약량	총투여일수	단가	금액
0.2	0.6	3	5,600	2,218
0.2	0.6	5	9,100	6,006
0.7	0.7	2	7,900	9,290
0.8	1.6	2	7,900	24,269
0.2	0.4	3	9,000	2,592
0.7	1.4	5	8,500	45,815
0.2	0.2	3	8,500	1,326
0.2	0.2	2	7,000	672
0.3	0.3	5	7,800	3,861
0.6	1.8	5	4,100	26,568
0.3	0.3	3	5,800	1,723
0.2	0.6	1	7,300	1,139
0.3	0.9	2	5,700	3,386
0.3	0.3	1	7,100	831
0.9	0.9	5	3,600	17,496
0.7	2.1	4	8,200	57,859
0.9	1.8	5	9,100	88,452
0.2	0.4	2	8,200	1,443
0.8	0.8	2	4,300	7,155
0.3	0.6	4	6,300	4,990
0.5	1	2	6,500	7,150
0.9	1.8	5	8,900	79,299
0.2	0.2	3	4,200	554
0.7	0.7	4	3,700	7,977
0.4	1.2	4	6,500	14,976
0.3	0.6	2	4,700	1,861
0.8	1.6	1	9,700	13,658
0.8	2.4	3	5,300	33,581
0.7	2.1	2	8,700	28,136
0.3	0.6	3	3,600	2,333
0.5	1.5	1	7,700	6,930
0.2	0.2	4	7,000	1,232
0.3	0.3	1	4,900	573

11페이지

• '페이지 설정' 대화상자의 '페이지' 탭

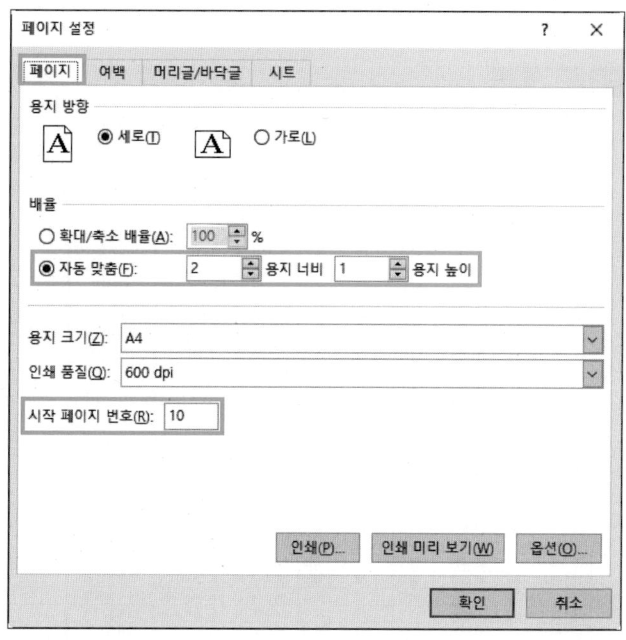

• '바닥글' 대화상자

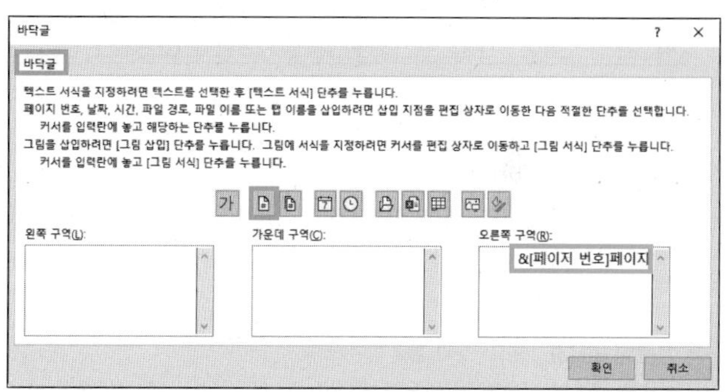

• '페이지 설정' 대화상자의 '시트' 탭

페이지 설정

페이지 | 여백 | 머리글/바닥글 | 시트

인쇄 영역(A):

인쇄 제목

반복할 행(R):

반복할 열(C):

인쇄

☐ 눈금선(G)

☐ 흑백으로(B)

☐ 간단하게 인쇄(Q)

☐ 행/열 머리글(R)

메모(M): 시트에 표시된 대로

셀 오류 표시(E): 표시된 대로

페이지 순서

◉ 행 우선(D)

○ 열 우선(V)

인쇄(P)... | 인쇄 미리 보기(W) | 옵션(O)...

확인 | 취소

• [페이지 레이아웃] → 페이지 설정 → 여백 → **좁게** 선택

문제 2 계산작업

정답

정답

[표1]

처방번호	가입자일련번호	성별	연령대코드	시도	요양개시일자	성분코드	성분정보	일회투약량	일일투약량	총투여일수	단가	금액
453555-1	453555	여성	48	경기	2024-01-05	445202BTB	주세정제	6	18	5	150	97,200
792876-1	792876	여성	53	경기	2024-01-07	343464CCH	외용경질캡슐제	2	2	2	170	1,632
453555-2	453555	남성	69	서울	2024-01-09	680668ACH	내복경질캡슐제	7	7	4	170	36,652
239850-1	239850	여성	71	서울	2024-01-09	207631CTR	외용서방형정제	2	6	5	160	10,560
423576-1	423576	남성	78	제주	2024-01-10	947008BTR	주세서방형정제	3	3	1	210	2,457
453555-3	453555	여성	82	서울	2024-01-19	155638AOS	내복점안제	2	6	3	190	7,524
701855-1	701855	남성	89	경기	2024-02-03	569383ATB	내복정제	9	18	5	160	155,520
239850-2	239850	여성	68	경기	2024-02-05	214144ATR	내복서방형정제	7	7	2	140	16,464
239850-3	239850	남성	63	경기	2024-02-23	806414CCH	외용경질캡슐제	3	6	3	60	3,888
487036-1	487036	남성	48	서울	2024-03-05	631644BOS	주세점안제	5	10	2	120	13,200
855434-1	855434	여성	30	경기	2024-03-20	548972ASY	내복시럽제	7	21	4	150	105,840
239850-4	239850	여성	68	경기	2024-03-27	543445BCH	주세경질캡슐제	9	9	5	120	58,320
145694-1	145694	남성	97	제주	2024-04-08	481914AOS	내복점안제	2	6	1	130	2,028
453555-4	453555	남성	58	서울	2024-04-24	652155BCH	주세경질캡슐제	2	2	3	80	1,056
284064-1	284064	남성	57	서울	2024-05-02	734029BTB	주세정제	3	6	2	80	3,168
701855-2	701855	남성	90	제주	2024-05-06	284511ASY	내복시럽제	2	2	3	150	2,340
937768-1	937768	남성	50	제주	2024-05-11	586102CTR	외용서방형정제	8	8	2	80	13,312
745444-1	745444	여성	80	서울	2024-05-11	479834BSY	주세시럽제	3	3	3	100	2,970
145694-2	145694	남성	53	서울	2024-05-18	402974ATB	내복정제	3	3	5	140	6,930
453555-5	453555	남성	97	서울	2024-05-22	649236BOS	주세점안제	9	18	5	160	142,560
145694-3	145694	여성	90	경기	2024-06-02	708898CTR	외용서방형정제	4	12	4	120	27,648
239850-5	239850	남성	82	서울	2024-06-27	764116BTR	주세서방형정제	7	21	2	160	51,744
855434-2	855434	남성	81	서울	2024-07-08	743202ACH	내복경질캡슐제	8	16	1	170	23,936
453555-6	453555	남성	38	경기	2024-08-08	825634COS	외용점안제	5	15	1	140	12,600
487036-2	487036	남성	77	서울	2024-08-25	925427CTR	외용서방형정제	2	2	4	130	2,288
239850-6	239850	여성	49	제주	2024-09-18	523910AOS	내복점안제	3	3	1	130	1,521
453555-7	453555	남성	62	경기	2024-09-20	244677COS	외용점안제	8	16	2	140	43,008
487036-3	487036	남성	77	서울	2024-10-04	620597BCH	주세경질캡슐제	3	6	4	110	8,712
145694-4	145694	남성	50	서울	2024-10-12	582870COS	외용점안제	2	4	2	150	2,640
487036-4	487036	여성	37	경기	2024-10-25	246537BOS	주세점안제	2	4	3	160	4,608
855434-3	855434	여성	61	서울	2024-10-26	281792BSY	주세시럽제	7	14	5	150	80,850
701855-3	701855	남성	72	서울	2024-11-20	512521ASY	내복시럽제	3	9	2	100	5,940
239850-7	239850	남성	87	서울	2024-12-05	743874AOS	내복점안제	8	24	3	100	63,360

첫 요양개시 월의 여성 처방건수	4

[표2] 성분코드별 성분정보

코드	TB	TR	CH	SY	OS
A	내복정제	내복서방형정제	내복경질캡슐제	내복시럽제	내복점안제
B	주세정제	주세서방형정제	주세경질캡슐제	주세시럽제	주세점안제
C	외용정제	외용서방형정제	외용경질캡슐제	외용시럽제	외용점안제

[표3] 연령대별 이용도

연령대	이용도
30	■■
40	■■
50	■■
60	■■■
70	■■■
80	■■
90	■■■

1 처방번호(A3) _ 참고 : 배열 수식 43쪽

{=B3&"-"&SUM(IF((B3=$B$3:$B$35)*(F3>$F$3:$F$35), 1))+1}

2 성분정보(H3) _ 참고 : 찾기/참조 함수 58쪽

=IFERROR(INDEX($P$7:$T$9, MATCH(MID(G3,7, 1), $O$7:$O$9, 0), MATCH(MID(G3,8,2), $P$6:$T$6, 0)), "기타")

3 첫 요양개시 월의 여성 처방건수(P2) _ 참고 : 기타 함수 77쪽

=COUNTIFS(F3:F35, "<="&EOMONTH(MIN(F3:F35), 0), C3:C35, "여성")

4 연령대별 이용도(P14) _ 참고 : 배열 수식 43쪽

{=REPT("■", AVERAGE(IF(ROUNDDOWN($D$3:$D$35,-1) =O14, $K$3:$K$35)))}

5 금액(M3) _ 참고 : 사용자 정의 함수 83쪽

=fn금액(E3,I3,J3,K3,L3)

```
Public Function fn금액(시도, 일회투약량, 일일투약량, 총투여일수, 단가)
  Select Case 시도
    Case "서울"
      fn금액 = 일회투약량 * 일일투약량 * 총투여일수 * 단가 * 1.1
    Case "제주"
      fn금액 = 일회투약량 * 일일투약량 * 총투여일수 * 단가 * 1.3
    Case Else
      fn금액 = 일회투약량 * 일일투약량 * 총투여일수 * 단가 * 1.2
  End Select
End Function
```

01. 피벗 테이블 _ 참고 : 피벗 테이블 88쪽

• '쿼리 마법사 – 데이터 필터' 대화상자

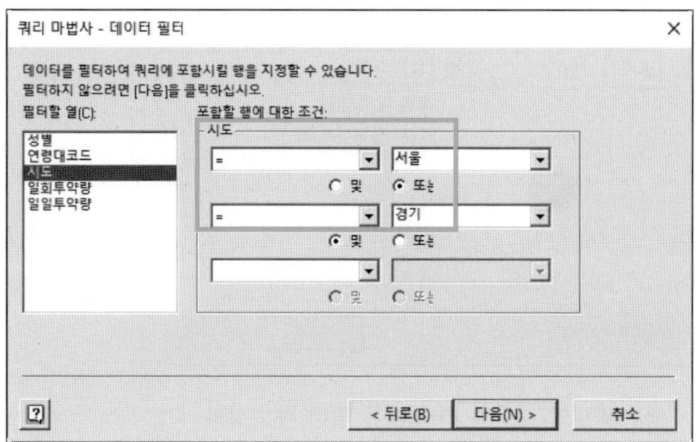

• '피벗 테이블 필드' 창

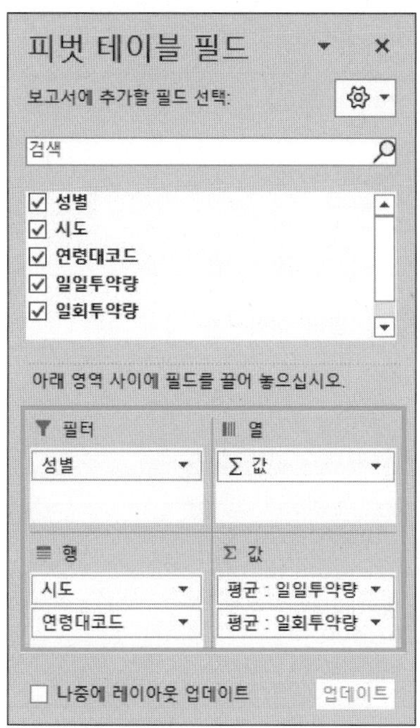

• '그룹화' 대화상자

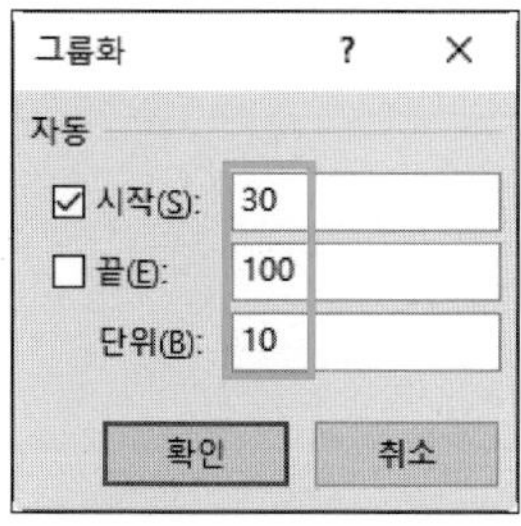

• 최대값, 최소값 부분합 표시

1. [디자인] → 레이아웃 → 부분합 → **그룹 하단에 모든 부분합 표시**를 선택한다.
2. 부분합이 표시된 셀의 바로 가기 메뉴에서 **[필드 설정]**을 선택한다.

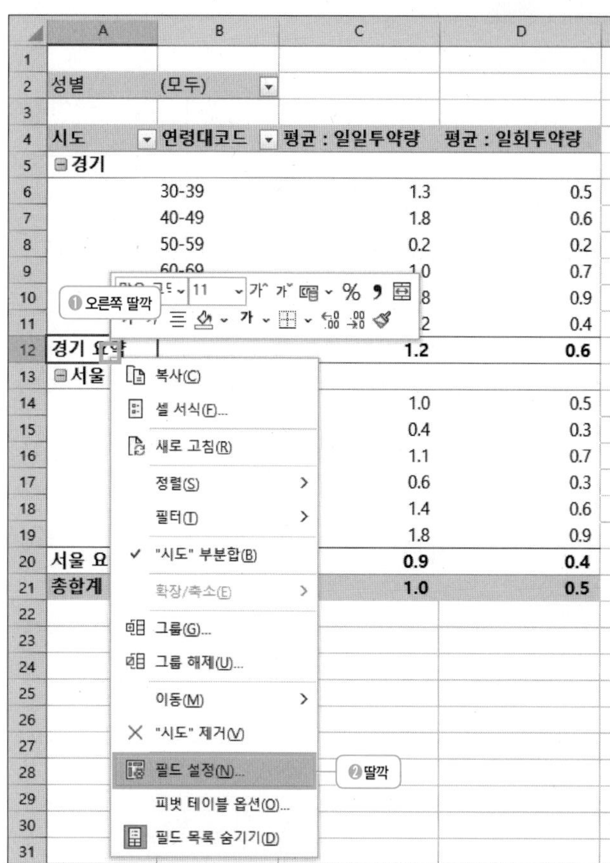

3. '필드 설정' 대화상자에서 다음과 같이 선택한 후 〈확인〉을 클릭한다.

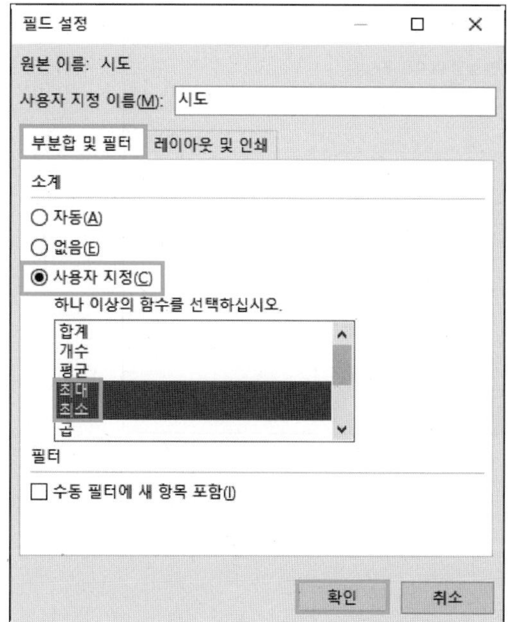

02. 데이터 유효성 검사 / 필터 _ 참고 : 데이터 유효성 검사 102쪽 / 자동 필터 123쪽

정답

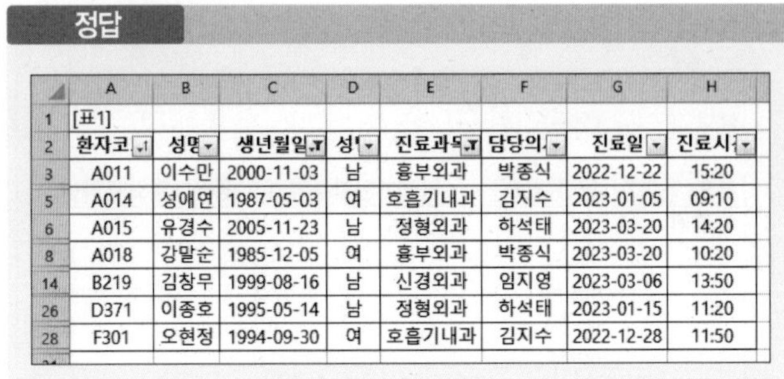

	A	B	C	D	E	F	G	H
1	[표1]							
2	환자코	성명	생년월일	성	진료과목	담당의	진료일	진료시
3	A011	이수만	2000-11-03	남	흉부외과	박종식	2022-12-22	15:20
5	A014	성애연	1987-05-03	여	호흡기내과	김지수	2023-01-05	09:10
6	A015	유경수	2005-11-23	남	정형외과	하석태	2023-03-20	14:20
8	A018	강말순	1985-12-05	여	흉부외과	박종식	2023-03-20	10:20
14	B219	김창무	1999-08-16	남	신경외과	임지영	2023-03-06	13:50
26	D371	이종호	1995-05-14	남	정형외과	하석태	2023-01-15	11:20
28	F301	오현정	1994-09-30	여	호흡기내과	김지수	2022-12-28	11:50

• '데이터 유효성' 대화상자의 '설정' 탭

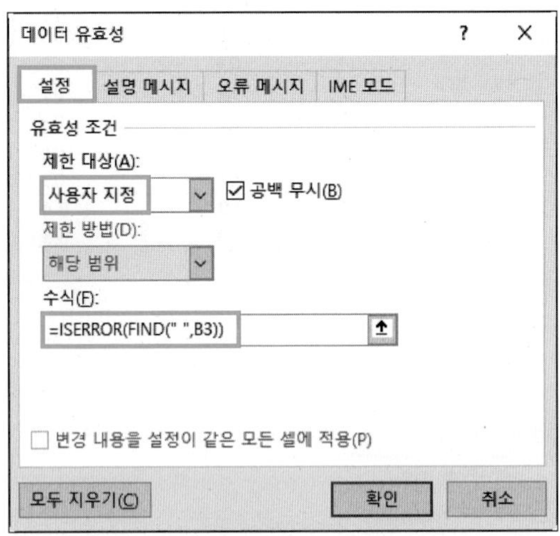

• '데이터 유효성' 대화상자의 '설명 메시지' 탭

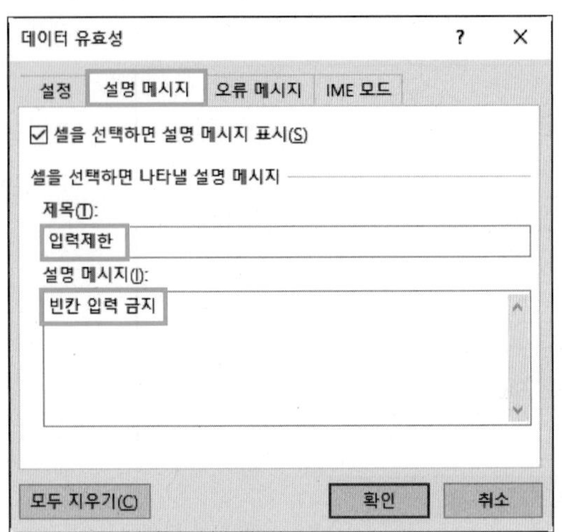

• '데이터 유효성' 대화상자의 '오류 메시지' 탭

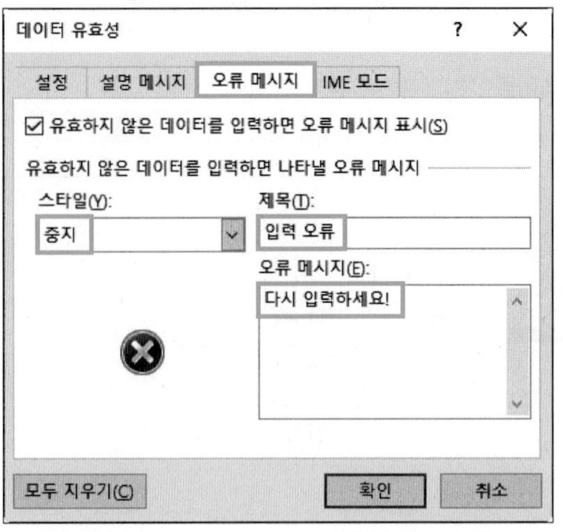

• '생년월일'의 '사용자 지정 자동 필터' 대화상자

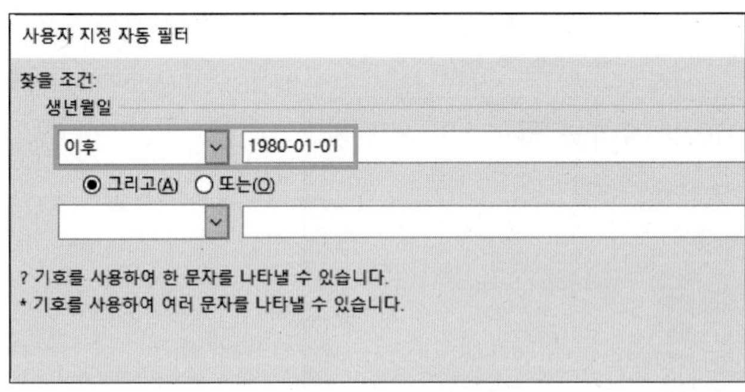

• '진료과목'의 '사용자 지정 자동 필터' 대화상자

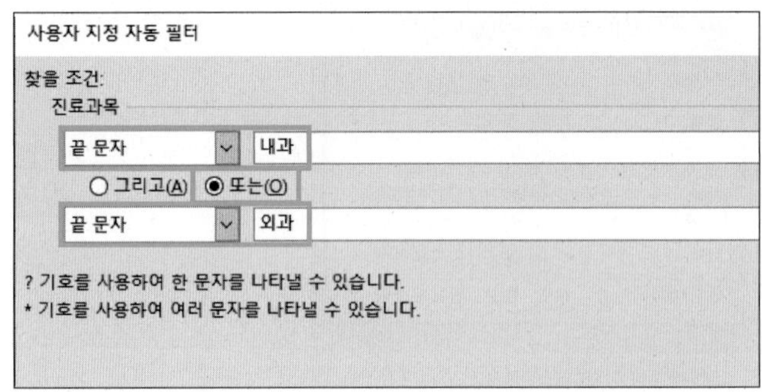

문제 4 기타작업 정답

01. 매크로 작성 _ 참고 : 매크로 135쪽

1 '서식적용' 매크로 실행

정답

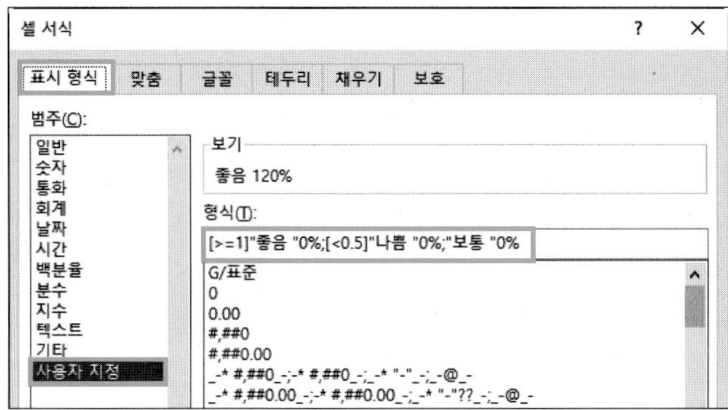

	A	B	C	D	E	F	G
1							
2	[표1]						
3	대리점	담당자	목표액	판매액	목표달성률		서식적용
4	서울	이미영	12,000,000	15,500,000	좋음 129%		
5	경기	김정훈	15,000,000	5,240,000	나쁨 35%		
6	인천	최은정	10,000,000	8,800,000	보통 88%		서식해제
7	대전	한성호	12,000,000	14,420,000	좋음 120%		
8	천안	최은주	15,000,000	9,250,000	보통 62%		
9	부산	남성훈	12,000,000	10,800,000	보통 90%		
10	광주	장서연	14,000,000	12,700,000	보통 91%		
11	원주	이민준	13,000,000	5,540,000	나쁨 43%		
12	목포	김민서	15,000,000	12,800,000	보통 85%		
13	울산	이지훈	12,000,000	11,500,000	보통 96%		

• '셀 서식' 대화상자

셀 서식

표시 형식 | 맞춤 | 글꼴 | 테두리 | 채우기 | 보호

범주(C): 일반, 숫자, 통화, 회계, 날짜, 시간, 백분율, 분수, 지수, 텍스트, 기타, 사용자 지정

보기: 좋음 120%

형식(T): [>=1]"좋음 "0%;[<0.5]"나쁨 "0%;"보통 "0%

G/표준
0
0.00
#,##0
#,##0.00
_-* #,##0_-;-* #,##0_-;_-* "-"_-;_-@_-
_-* #,##0.00_-;-* #,##0.00_-;_-* "-"??_-;_-@_-

02. 차트 수정 _ 참고 차트 128쪽

4 '총투여일수' 계열을 '알약.png'로 채우기

'총투여일수' 계열을 더블클릭한 후 '데이터 계열 서식' 창에서 '알약.png'을 삽입하고 '다음 배율에 맞게 쌓기'의 '단위/사진'을 3으로 지정한다.

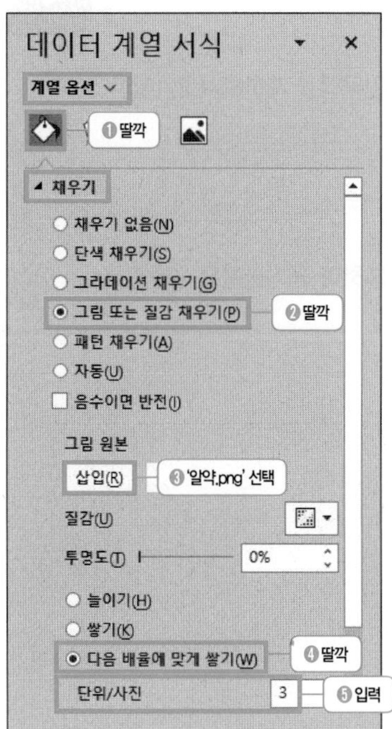

03. 프로시저 작성 _ 참고 : 프로시저 142쪽

1 '지점매출' 단추 및 폼 초기화 프로시저

• '지점매출' 단추 클릭 프로시저

정답

```
Private Sub cmd지점매출_Click( )
    매출현황.Show
End Sub
```

• 폼 초기화 프로시저

정답

```
Private Sub UserForm_Initialize( )
    opt강남.Value = True
    cmb제품명.RowSource = "G4:G8"
End Sub
```

2 '입력' 단추에 기능 구현하기

정답

```
Private Sub cmd입력_Click( )
    입력행 = [A2].Row + [A2].CurrentRegion.Rows.Count
    If opt강남.Value <= True Then
        Cells(입력행, 1) = "강남"
    ElseIf opt용산.Value <= True Then
        Cells(입력행, 1) = "용산"
    Else
        Cells(입력행, 1) = "종로"
    End If
    Cells(입력행, 2) = cmb제품명.Value
    Cells(입력행, 3) = txt판매량.Value
    Cells(입력행, 4) = txt판매가.Value
    Cells(입력행, 5) = Format(Cells(입력행, 3) * Cells(입력행, 4), "#,##0원")
End Sub
```

3 워크시트 활성화 기능 구현하기

정답

```
Private Sub Worksheet_Activate( )
    [B2].Font.Name = "궁서체"
    [B2].Font.Size = 12
End Sub
```

EXAMINATION

03 회 2024년 상시03 컴퓨터활용능력 1급

- **준 비 하 세 요 :** 'C:\길벗컴활1급총정리\기출\03회' 폴더에서 '24년상시03.xlsm' 파일을 열어서 작업하시오.
- **외부 데이터 위치 :** C:\길벗컴활1급총정리\기출\03회

4124031

문제 1 기본작업(15점) 주어진 시트에서 다음의 과정을 수행하고 저장하시오.

1. '기본작업-1' 시트에서 다음과 같이 고급 필터를 수행하시오. (5점)

▶ [A2:J29] 영역에서 '입차시간'이 10시부터 11시 50분까지인 데이터의 '차량번호', '주차장', '입차시간', '퇴차시간', '이용금액' 필드만 순서대로 표시하시오.

▶ 조건은 [A31:A32] 영역 내에 알맞게 입력하시오. (AND 함수 사용)

▶ 결과는 [A34] 셀부터 표시하시오.

2. '기본작업-1' 시트에서 다음과 같이 조건부 서식을 설정하시오. (5점)

▶ [A3:J29] 영역에서 '정산금액'이 '정산금액'의 평균 이하이고 '기타'가 빈 셀인 데이터의 행 전체에 대하여 글꼴 스타일은 '굵은 기울임꼴', 글꼴 색은 '표준 색-파랑'으로 적용하시오.

▶ 단, 규칙 유형은 '수식을 사용하여 서식을 지정할 셀 결정'을 사용하고, 한 개의 규칙으로만 작성하시오.

▶ AND, AVERAGE, ISBLANK 함수 사용

3. '기본작업-2' 시트에서 다음과 같이 페이지 레이아웃을 설정하시오. (5점)

▶ 인쇄 용지가 가로로 인쇄되도록 용지 방향을 설정하고, 2행이 매 페이지마다 반복하여 인쇄되도록 인쇄 제목을 설정하시오.

▶ 모든 페이지 상단의 오른쪽 구역에 현재 날짜를 삽입하고, 첫 페이지 상단의 가운데 구역에 "지역별 강수량"을 삽입한 후 글꼴 크기가 15로 인쇄되도록 머리글을 설정하시오.

▶ 행/열 머리글이 인쇄되도록 설정하시오.

4124032

문제 2 계산작업(30점) '계산작업' 시트에서 다음의 과정을 수행하고 저장하시오.

1. [표1]의 구분, 입차시간과 [표2]의 할인금액 표를 이용하여 [F3:F29] 영역에 구분별 입차시간에 따른 할인금액을 계산하시오. (6점)

▶ 단, 오류인 경우 0을 표시

▶ IFERROR, VLOOKUP, MATCH 함수 사용

2. [표1]의 입차시간과 퇴차시간을 이용하여 [표3]의 [N10:N14] 영역에 이용시간별 빈도수 만큼 "★"를 반복하여 표시하시오. (6점)

▶ 이용시간 = 퇴차시간 – 입차시간(분은 계산에 감안하지 않고 시간만 사용)
[표시 예 : 빈도수가 3인 경우 → ★★★]

▶ FREQUENCY, REPT, HOUR 함수를 이용한 배열 수식

3. [표1]의 결제방법을 이용하여 [M18:N20] 영역에 출차방법과 결제형태에 따른 비율을 계산하시오. (6점)

▶ 비율 = 출차방법과 결제형태별 개수 / 전체 개수

▶ 결제방법이 '무인자동출차'나 '수동출차' 단독으로 표시된 경우는 '무료'에 해당함

▶ IF, COUNTA, COUNTIFS, & 연산자와 만능문자 사용

4. [표1]의 주차장, 입차시간, 퇴차시간을 이용하여 [표5]의 [M25:O30] 영역에 현재시간대를 기준으로 주차장별 시간별 주차가능대수를 계산하시오. (6점)

▶ 시간별 주차가능대수 = 주차장별 주차가능대수 − 입차시간이 현재시간보다 이전인 차량대수 + 퇴차시간이 현재시간보다 이전인 차량대수

▶ SUM, IF 함수를 이용한 배열 수식

5. 사용자 정의 함수 'fn기타'를 작성하여 [표1]의 [J3:J29] 영역에 기타를 계산하여 표시하시오. (6점)

▶ 'fn기타'는 구분과 이용금액을 인수로 받아 기타를 계산하는 함수이다.

▶ 구분이 '입퇴원'이고 이용금액이 5000원 이하인 경우 "※무료", 구분이 '예약'이고 이용금액이 5000원 이하인 경우 "요금할인", 그 외는 공백으로 표시하시오.

▶ If~End If문 사용

```
Public Function fn기타(구분, 이용금액)
End Function
```

4124033

문제 3 분석작업(20점) 주어진 시트에서 다음의 과정을 수행하고 작업하시오.

1. '분석작업-1' 시트에서 다음의 지시사항에 따라 피벗 테이블 보고서를 작성하시오. (10점)

▶ 외부 데이터 원본으로 〈주차현황.xlsx〉의 〈병원주차관리〉 테이블을 이용하시오.

▶ 피벗 테이블 보고서의 레이아웃과 위치는 〈그림〉을 참조하여 설정하고, 보고서 레이아웃을 개요 형식으로 표시하시오.

▶ '차량번호' 필드는 개수로 계산한 후 사용자 지정 이름을 '차량수'로 변경하시오.

▶ '주차장' 필드를 '차량수'를 기준으로 내림차순 정렬하시오.

▶ '이용금액' 필드의 표시 형식은 '값 필드 설정'의 셀 서식에서 '회계' 범주를 이용하여 〈그림〉과 같이 지정하시오.

▶ 피벗 테이블 스타일은 '연한 주황, 피벗 스타일 밝게 17'로 설정한 후 '줄무늬 행' 옵션을 설정하시오.

	A	B	C	D
1	결제방법	(모두)		
2				
3	구분	주차장	차량수	평균 : 이용금액
4	⊟예약		7	12,565
5		지상-2	5	15,197
6		지하	2	5,985
7	⊟입퇴원		10	16,398
8		지상-1	4	15,575
9		지상-2	4	17,763
10		지하	2	15,313
11	⊟진료		10	15,001
12		지하	7	13,335
13		지상-1	3	18,888
14	총합계		27	14,887

2. '분석작업-2' 시트에 대하여 다음의 지시사항을 처리하시오. (10점)

▶ [데이터 유효성 검사] 기능을 이용하여 [C3:C24] 영역에는 1~200까지의 정수만 입력되도록 제한 대상을 설정하시오.

– [C3:C24] 영역을 클릭한 경우 〈그림〉과 같은 설명 메시지를 표시하고, 유효하지 않은 데이터를 입력한 경우 〈그림〉과 같은 오류 메시지가 표시되도록 설정하시오.

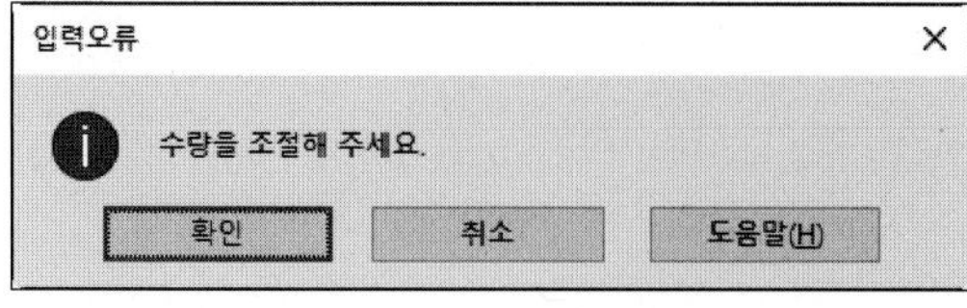

▶ [부분합] 기능을 이용하여 [표1]에서 '등급'별 '할부기간(월)'의 평균을 계산한 후 '구매자'의 개수를 계산하시오.
- '등급'을 기준으로 오름차순으로 정렬하시오.
- '할부기간(월)'의 평균은 셀 서식의 '숫자' 범주를 이용하여 소수점 첫째 자리까지만 표시하시오.
- 평균과 개수는 위에 명시된 순서대로 처리하시오.

4124034

문제 4 기타작업(35점) 주어진 시트에서 다음 과정을 수행하고 저장하시오.

1. '기타작업-1' 시트에서 다음과 같은 기능을 수행하는 매크로를 현재 통합문서에 작성하시오. (각 5점)

① [F4:F20] 영역에 사용자 지정 표시 형식을 설정하는 '서식적용' 매크로를 생성하시오.

▶ '이용금액'이 10000 이상이면 빨강색으로 "★"를 셀의 너비만큼 반복하여 표시한 뒤에 숫자를, 5000 이상이면 "★"를 셀의 너비만큼 반복하여 표시한 뒤에 숫자를, 그 외는 숫자만 표시하시오.

[표시 예 : '이용금액'이 17535일 경우 → ★★★17,535원, 9450일 경우 → ★★★ 9,450원, 0일 경우 → 0원]

▶ [개발 도구] → [삽입] → [양식 컨트롤]의 '단추'를 동일 시트의 [H3:H4] 영역에 생성한 후 텍스트를 "서식적용"으로 입력하고, 단추를 클릭하면 '서식적용' 매크로가 실행되도록 설정하시오.

② [F4:F20] 영역에 표시 형식을 '일반'으로 적용하는 '서식해제' 매크로를 생성하시오.

▶ [개발 도구] → [삽입] → [양식 컨트롤]의 '단추'를 동일 시트의 [H6:H7] 영역에 생성한 후 텍스트를 "서식해제"로 입력하고, 단추를 클릭하면 '서식해제' 매크로가 실행되도록 설정하시오.

※ 셀 포인터의 위치에 관계없이 매크로가 실행되어야 정답으로 인정됨

2. '기타작업-2' 시트에서 다음의 지시사항에 따라 차트를 수정하시오. (각 2점)

※ 차트는 반드시 문제에서 제공한 차트를 사용하여야 하며, 신규로 차트 작성시 0점 처리됨

① '기간' 계열의 차트 종류를 '표식이 있는 꺾은선형' 차트로 변경한 후 '보조 축'으로 지정하시오.

② 차트 제목을 추가하여 [B1] 셀, 기본 가로 축 제목을 추가하여 [A2] 셀과 연결하여 표시하시오.

③ '기간' 계열에 데이터 레이블을 〈그림〉과 같이 표시하시오.

④ 기본 주 세로 눈금선을 표시하고, 범례 위치를 오른쪽에 표시하시오.

⑤ 차트 영역의 테두리를 '둥근 모서리'로 지정하고, 도형 스타일을 '색 윤곽선 - 파랑, 강조 5'로 지정하시오.

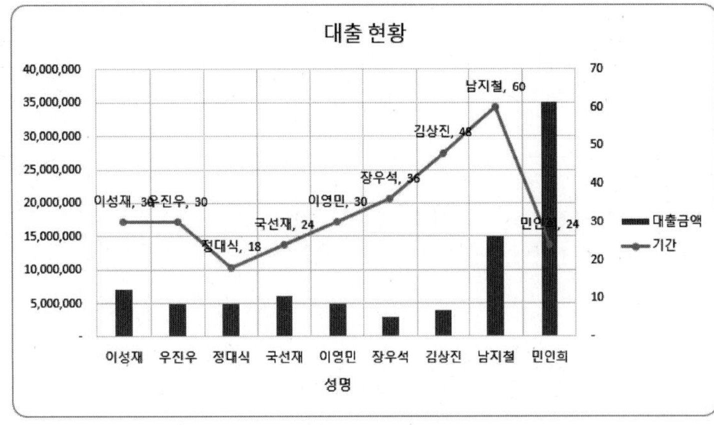

3. '기타작업-3' 시트에서 다음과 같은 작업을 수행하고 저장하시오. (각 5점)

① '정산' 단추를 클릭하면 〈알바정산〉 폼이 나타나고, 폼이 초기화(Initialize)되면 '정산일(txt정산일)' 텍스트 상자에 현재 날짜가 표시되고 날짜를 변경할 수 없도록 잠금이 설정되도록 프로시저를 작성하시오.

② 〈알바정산〉 폼의 '입력(cmd입력)' 단추를 클릭하면 폼에 입력된 데이터가 시트의 표에 입력되어 있는 마지막 행 다음에 연속하여 추가되도록 프로시저를 작성하시오.

▶ 수령액 = 근무일수 × 일당 × 0.98

▶ 입력되는 데이터는 워크시트에 입력된 기존 데이터와 같은 형식의 데이터로 입력하시오.

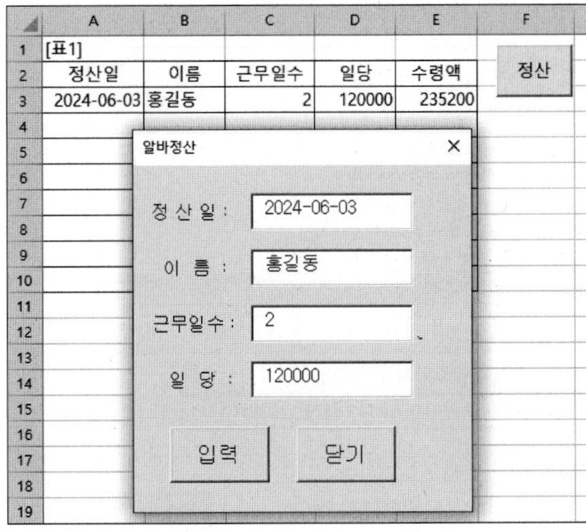

③ 〈알바정산〉 폼의 '닫기(cmd닫기)' 단추를 클릭하면 〈그림〉과 같은 현재 시간이 표시된 메시지를 표시한 후 폼이 종료되도록 프로시저를 작성하시오.

EXAMINATION
03회 기출문제 정답 및 해설

문제 1 기본작업

정답

01. 고급 필터 _ 참고 : 고급 필터 18쪽

정답

	A	B	C	D	E
30					
31	조건				
32	FALSE				
33					
34	차량번호	주차장	입차시간	퇴차시간	이용금액
35	60가1659	지상-1	10:01	13:51	12,250
36	51나7326	지하	10:15	12:52	8,295
37	22가3590	지하	10:25	11:30	3,675
38	23허2827	지하	10:31	11:59	4,480
39	18가7048	지하	10:35	13:05	9,450
40	38나9193	지상-1	10:40	20:50	35,350
41	75호9572	지상-2	11:06	17:25	21,665
42	37나2896	지하	11:45	20:21	30,660
43	86가4414	지상-2	11:46	12:27	2,835

• '고급 필터' 대화상자

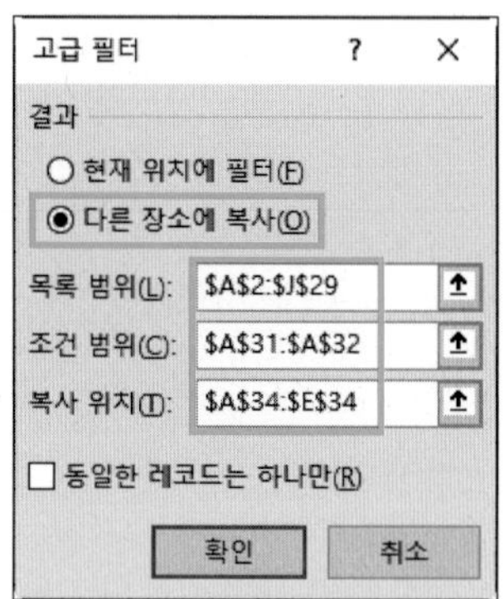

[A32] : =AND(D3>=10/24,D3<=(11/24+50/(24*60)))

02. 조건부 서식 _ 참고 : 조건부 서식 25쪽

정답

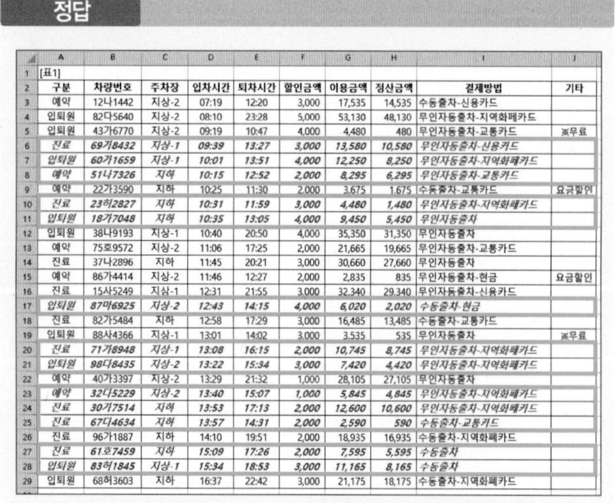

	A	B	C	D	E	F	G	H	I	J
1	[표1]									
2	구분	차량번호	주차장	입차시간	퇴차시간	할인금액	이용금액	정산금액	결제방법	기타
3	예약	12나1442	지상-2	07:19	12:20	3,000	17,535	14,535	수동출차-신용카드	
4	입퇴원	82다5640	지상-2	08:10	23:28	5,000	53,130	48,130	무인자동출차-지역화폐카드	
5	입퇴원	43가6770	지상-2	09:19	10:47	4,000	4,480	480	무인자동출차-교통카드	※무료
6	진료	69가8432	지상-1	09:39	13:27	3,000	13,580	10,580	무인자동출차-신용카드	
7	입퇴원	60가1659	지상-1	10:01	13:51	4,000	12,250	8,250	무인자동출차-지역화폐카드	
8	예약	51나7326	지하	10:15	12:52	2,000	8,295	6,295	무인자동출차-교통카드	
9	예약	22가3590	지하	10:25	11:30	2,000	3,675	1,675	수동출차-교통카드	요금할인
10	진료	23허2827	지하	10:31	11:59	3,000	4,480	1,480	무인자동출차-지역화폐카드	
11	입퇴원	18가7048	지하	10:35	13:05	4,000	9,450	5,450	무인자동출차	
12	입퇴원	38나9193	지상-1	10:40	20:50	4,000	35,350	31,350	무인자동출차	
13	예약	75호9572	지상-2	11:06	17:25	2,000	21,665	19,665	무인자동출차-교통카드	
14	진료	37나2896	지하	11:45	20:21	3,000	30,660	27,660	무인자동출차	
15	예약	86가4414	지상-2	11:46	12:27	2,000	2,835	835	무인자동출차-현금	요금할인
16	진료	15사5249	지상-1	12:31	21:55	3,000	32,340	29,340	무인자동출차-신용카드	
17	입퇴원	87마6925	지상-2	12:43	14:15	4,000	6,020	2,020	수동출차-현금	
18	진료	82가5484	지하	12:58	17:29	3,000	16,485	13,485	수동출차-교통카드	
19	입퇴원	88사4366	지상-1	13:01	14:02	3,000	3,535	535	무인자동출차	※무료
20	진료	71가8948	지상-1	13:08	16:15	2,000	10,745	8,745	무인자동출차-지역화폐카드	
21	입퇴원	98다8435	지상-2	13:22	15:34	3,000	7,420	4,420	무인자동출차-지역화폐카드	
22	예약	40가3397	지상-2	13:29	21:32	1,000	28,105	27,105	무인자동출차	
23	예약	32다5229	지상-2	13:40	15:07	1,000	5,845	4,845	무인자동출차-지역화폐카드	
24	진료	30가7514	지하	13:53	17:13	2,000	12,600	10,600	무인자동출차-지역화폐카드	
25	진료	67다4634	지하	13:57	14:31	2,000	2,590	590	수동출차-교통카드	
26	진료	96가1887	지하	14:10	19:51	2,000	18,935	16,935	수동출차-지역화폐카드	
27	진료	61호7459	지하	15:09	17:26	2,000	7,595	5,595	수동출차	
28	입퇴원	83허1845	지상-1	15:34	18:53	3,000	11,165	8,165	수동출차	
29	입퇴원	68허3603	지하	16:37	22:42	3,000	21,175	18,175	수동출차-지역화폐카드	

• '새 서식 규칙' 대화상자

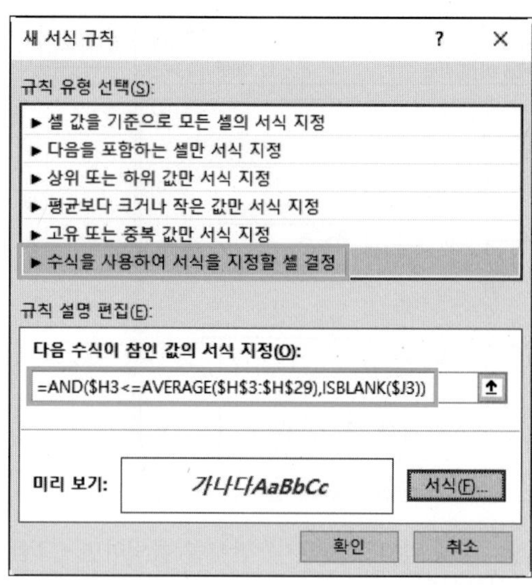

03. 페이지 레이아웃 _ 참고 : 페이지 레이아웃 32쪽

정답

1페이지

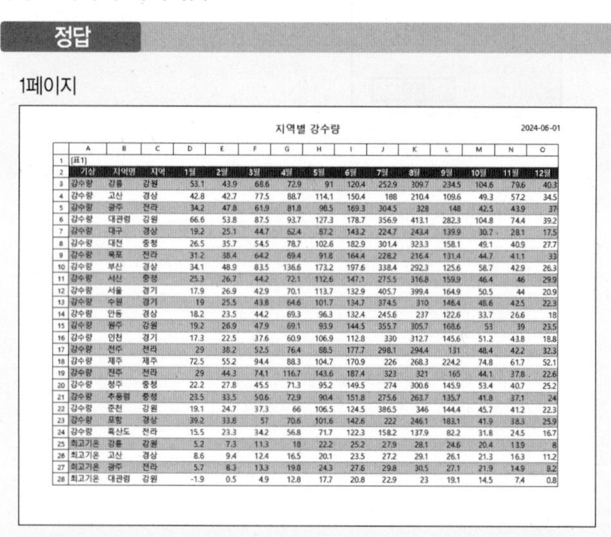

지역별 강수량　　2024-06-01

	A	B	C	D	E	F	G	H	I	J	K	L	M	N	O
1	[표1]														
2	기상	지역명	지역	1월	2월	3월	4월	5월	6월	7월	8월	9월	10월	11월	12월
3	강수량	강릉	강원	53.1	43.9	68.6	72.9	91	120.4	252.9	309.7	234.5	104.6	79.6	40.3
4	강수량	고산	경상	42.8	42.7	77.5	88.7	114.1	150.4	188	210.4	109.6	49.3	57.2	34.5
5	강수량	광주	전라	34.2	47.8	61.9	81.8	98.5	169.3	304.5	328	148	42.5	43.9	37
6	강수량	대관령	강원	66.6	53.8	87.5	93.7	127.3	178.7	356.9	413.1	282.3	104.8	74.4	39.2
7	강수량	대구	경상	19.2	25.1	44.7	62.4	87.2	143.2	224.7	243.4	139.9	30.7	28.1	17.5
8	강수량	대전	충청	26.5	35.7	54.5	78.7	102.6	182.9	301.4	323.3	158.1	49.1	40.9	27.7
9	강수량	목포	전라	31.2	38.4	64.2	69.4	91.8	164.4	228.2	216.4	131.4	44.7	41.1	33
10	강수량	부산	경상	34.1	48.9	83.5	136.6	173.2	197.6	338.4	292.3	125.6	58.7	42.9	26.3
11	강수량	서산	충청	25.3	26.7	44.2	72.1	112.6	147.1	275.5	316.8	159.9	46.4	46	29.9
12	강수량	서울	경기	17.9	26.9	42.9	70.1	113.7	132.9	405.7	399.4	164.9	50.5	44	20.9
13	강수량	수원	경기	19	25.5	43.8	64.6	101.7	134.7	374.5	310	146.4	48.6	42.5	22.3
14	강수량	안동	경상	18.2	23.5	44.2	69.3	96.3	132.4	245.6	237	122.6	33.7	26.6	18
15	강수량	원주	강원	19.2	26.9	47.9	69.1	93.9	144.5	355.7	305.7	168.6	53	39	23.5
16	강수량	인천	경기	17.3	22.5	37.6	60.9	106.9	112.8	330	312.7	145.6	51.2	43.8	18.8
17	강수량	전주	전라	29	38.2	52.5	76.4	88.5	177.7	298.1	294.4	131	48.4	42.2	32.3
18	강수량	제주	제주	72.5	55.2	94.4	88.3	104.7	170.9	226	268.3	224.2	74.8	61.7	52.1
19	강수량	진주	전라	29	44.3	74.1	116.7	143.6	187.4	323	321	165	44.1	37.8	22.6
20	강수량	청주	충청	22.2	27.8	45.5	71.3	95.2	149.5	274	300.6	145.9	53.4	40.7	25.2
21	강수량	추풍령	충청	23.5	33.5	50.6	72.9	90.4	151.8	275.6	263.7	135.7	41.8	37.1	24
22	강수량	춘천	강원	19.1	24.7	37.3	66	106.5	124.5	386.5	346	144.4	45.7	41.2	22.3
23	강수량	포항	경상	39.2	33.8	57	70.6	101.6	142.6	222	246.1	183.1	41.9	38.3	25.9
24	강수량	흑산도	전라	15.5	23.3	34.2	56.8	71.7	122.3	158.2	137.9	82.2	31.8	24.5	16.7
25	최고기온	강릉	강원	5.2	7.3	11.3	18	22.2	25.2	27.9	28.1	24.6	20.4	13.9	8
26	최고기온	고산	경상	8.6	9.4	12.4	16.5	20.1	23.5	27.2	29.1	26.1	21.3	16.3	11.2
27	최고기온	광주	전라	5.7	8.3	13.3	19.8	24.3	27.6	29.8	30.5	27.1	21.9	14.9	8.2
28	최고기온	대관령	강원	-1.9	0.5	4.9	12.8	17.7	20.8	22.9	23	19.1	14.5	7.4	0.8

2페이지

2024-06-01

	A	B	C	D	E	F	G	H	I	J	K	L	M	N	O
2	기상	지역명	지역	1월	2월	3월	4월	5월	6월	7월	8월	9월	10월	11월	12월
29	최고기온	대구	경상	6	8.9	13.8	20.7	25.3	28.4	30.4	30.8	27	22	14.8	8.3
30	최고기온	대전	충청	4.1	7	12.3	19.4	24.1	27.6	29.4	29.9	26.3	20.8	13.4	6.6
31	최고기온	목포	전라	6.3	8	12	17.8	22.2	25.7	28.3	29.9	26.7	21.8	15.1	8.8
32	최고기온	부산	경상	8.2	10.2	13.6	18.3	21.7	24.4	27.3	29.2	26.5	22.5	16.5	10.6
33	최고기온	서산	충청	3.5	5.7	10.6	17.3	22.2	26.2	28.4	29.6	26.1	20.5	12.9	6.1
34	최고기온	서울	경기	2.1	5.2	10.6	17.8	23.2	27.2	28.7	29.6	26	19.9	11.8	4.5
35	최고기온	수원	경기	2.7	5.5	10.9	18	23.1	27	29	29.9	26.2	20.2	12.2	5.2
36	최고기온	안동	경상	3.9	6.9	12.2	19.4	24.2	27.6	29.2	29.5	25.7	20.4	13	6.2
37	최고기온	원주	강원	2.4	5.6	11.4	19.1	24	27.8	29.5	30	25.9	20	11.9	4.6
38	최고기온	인천	경기	2.5	5.1	10.1	16.5	21.7	25.6	27.8	29.1	25.9	20	12.1	5.1
39	최고기온	전주	전라	4.9	7.4	12.7	19.7	24.6	28.1	30.4	30.9	27.3	21.7	14.3	7.3
40	최고기온	제주	제주	8.6	9.8	13.1	17.7	21.7	24.9	29.1	29.8	26	21.5	16.2	11.1
41	최고기온	진주	전라	7.2	9.7	14	20.1	24.5	27.4	29.5	30.4	27.2	22.4	15.6	9.6
42	최고기온	청주	충청	3.4	6.5	12.2	19.6	24.3	27.8	29.8	30.2	26.4	20.8	13	5.8
43	최고기온	추풍령	충청	3.1	6.1	11.6	18.9	23.5	26.8	28.6	28.8	25.2	20	12.7	5.6
44	최고기온	춘천	강원	1.9	5.6	11.3	19	23.9	27.7	29.2	29.6	25.6	19.6	11.2	3.9
45	최고기온	포항	경상	6.8	9.1	13	19.1	23.1	25.7	28.7	29.2	25.6	21.5	15.4	9.2
46	최고기온	흑산도	전라	5.3	6.3	9.4	14.2	18.6	22.4	25.5	27.6	24	19.3	13.7	8.1
47	평균온도	강릉	강원	0.9	2.8	6.7	13.1	17.5	21.1	24.4	24.5	20.5	15.7	9.4	3.5
48	평균온도	고산	경상	6.2	6.7	9.3	13.3	16.8	20.6	24.7	26.2	23.1	18.4	13.3	8.6
49	평균온도	광주	전라	1.1	2.9	7.3	13.3	18.4	22.5	25.7	26.2	22.1	16	9.3	3.3
50	평균온도	대관령	강원	-7	-4.7	0	6.9	12	15.9	19.2	19.2	14.5	8.7	2.1	-4.2
51	평균온도	대구	경상	1.1	3.5	8.1	14.4	19.2	23.1	26	26.3	22	16.2	9.2	3.1
52	평균온도	대전	충청	-1	1.3	6.3	12.9	18.1	22.4	25.3	25.6	21.1	14.5	7.5	1.2
53	평균온도	목포	전라	2	3.2	6.9	12.4	17.3	21.5	24.9	26.1	22.3	16.7	10.3	4.4
54	평균온도	부산	경상	3.6	5.4	8.9	13.7	17.5	20.8	24.1	25.8	22.6	17.8	11.8	6.1
55	평균온도	서산	충청	-1.6	0.1	4.7	10.9	16.4	21.1	24.4	25.1	20.6	14.1	7.1	0.9

• '페이지 설정' 대화상자의 '페이지' 탭

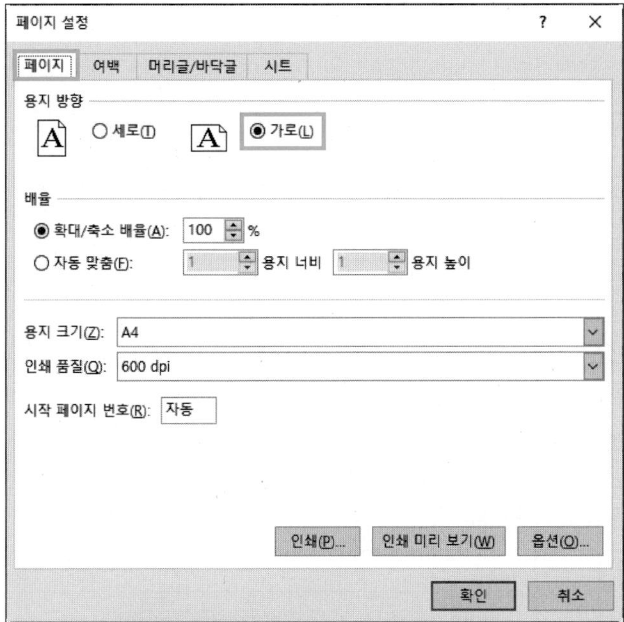

• '페이지 설정' 대화상자의 '머리글/바닥글' 탭

페이지 설정
페이지 여백 머리글/바닥글 시트
머리글(A):
(없음)
머리글 편집(C)... 바닥글 편집(U)...
바닥글(F):
(없음)
짝수와 홀수 페이지를 다르게 지정(D)
첫 페이지를 다르게 지정(I)
문서에 맞게 배율 조정(L)
페이지 여백에 맞추기(M)
인쇄(P)... 인쇄 미리 보기(W) 옵션(O)...
확인 취소

• '머리글' 대화상자의 '머리글' 탭

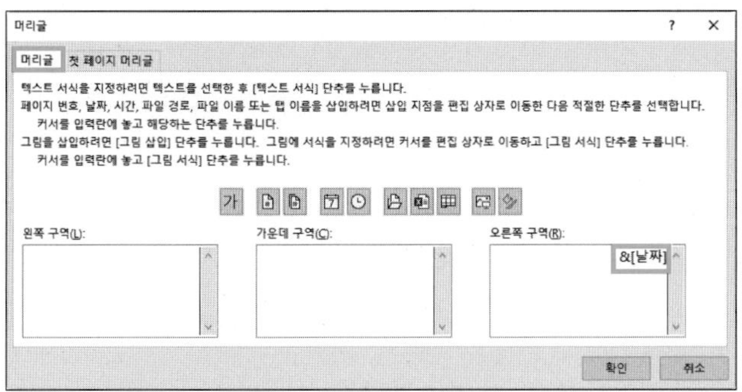

• '머리글' 대화상자의 '첫 페이지 머리글' 탭

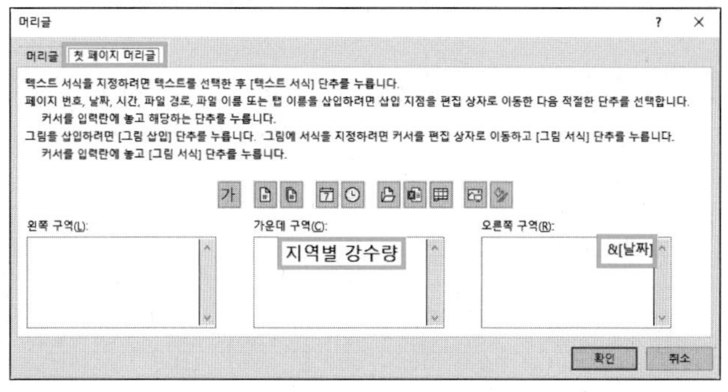

• '페이지 설정' 대화상자의 '시트' 탭

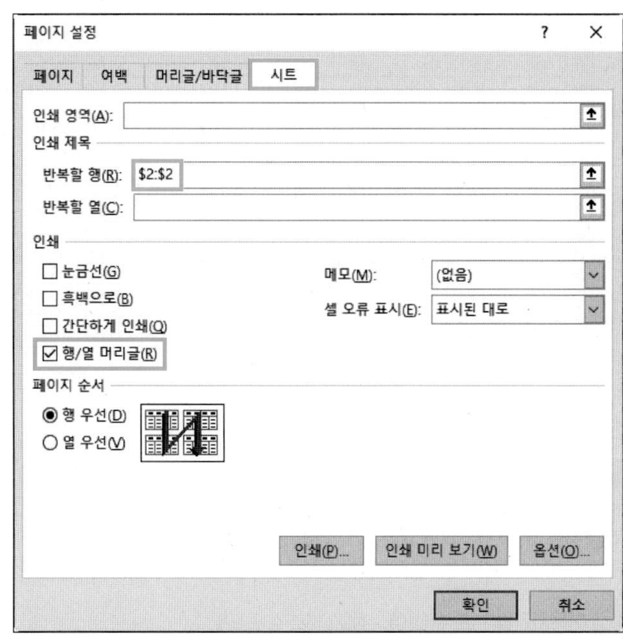

문제 2 계산작업

정답

정답

[표1]

구분	차량번호	주차장	입차시간	퇴차시간	할인금액 ❶	이용금액	정산금액	결제방법	기타 ❺
진료	69가8432	지상-1	09:39	13:27	3,000	13,580	10,580	무인자동출차-신용카드	
예약	51나7326	지하	10:15	12:52	2,000	8,295	6,295	무인자동출차-교통카드	
진료	23허2827	지하	10:31	11:59	3,000	4,480	1,480	무인자동출차-지역화페카드	
입퇴원	87마6925	지상-2	12:43	14:15	4,000	6,020	2,020	수동출차-현금	
예약	12나1442	지상-2	07:19	12:20	3,000	17,535	14,535	수동출차-신용카드	
진료	67다4634	지하	13:57	14:31	2,000	2,590	590	수동출차-교통카드	
입퇴원	88사4366	지상-1	13:01	14:02	3,000	3,535	535	무인자동출차	※무료
예약	86가4414	지상-2	11:46	12:27	2,000	2,835	835	무인자동출차-현금	요금할인
진료	82가5484	지하	12:58	17:29	3,000	16,485	13,485	수동출차-교통카드	
입퇴원	83허1845	지상-1	15:34	18:53	3,000	11,165	8,165	수동출차	
예약	32다5229	지상-2	13:40	15:07	1,000	5,845	4,845	무인자동출차-지역화페카드	
입퇴원	43가6770	지상-2	09:19	10:47	4,000	4,480	480	무인자동출차-교통카드	※무료
입퇴원	60가1659	지상-1	10:01	13:51	4,000	12,250	8,250	무인자동출차-지역화페카드	
예약	75호9572	지상-2	11:06	17:25	2,000	21,665	19,665	무인자동출차-교통카드	
진료	37나2896	지하	11:45	20:21	3,000	30,660	27,660	무인자동출차	
입퇴원	18가7048	지하	10:35	13:05	4,000	9,450	5,450	무인자동출차	
예약	22가3590	지하	10:25	11:30	2,000	3,675	1,675	수동출차-교통카드	요금할인
입퇴원	68허3603	지하	16:37	22:42	3,000	21,175	18,175	수동출차-지역화페카드	
예약	40가3397	지상-2	13:29	21:32	1,000	28,105	27,105	무인자동출차	
진료	71가8948	지상-1	13:08	16:15	2,000	10,745	8,745	무인자동출차-지역화페카드	
진료	61호7459	지하	15:09	17:26	2,000	7,595	5,595	수동출차	
진료	30가7514	지하	13:53	17:13	2,000	12,600	10,600	무인자동출차-지역화페카드	
입퇴원	98다8435	지상-2	13:22	15:34	3,000	7,420	4,420	무인자동출차-지역화페카드	
진료	96가1887	지하	14:10	19:51	2,000	18,935	16,935	수동출차-지역화페카드	
진료	15사5249	지상-1	12:31	21:55	3,000	32,340	29,340	무인자동출차-신용카드	
입퇴원	82다5640	지상-2	08:10	23:28	5,000	53,130	48,130	무인자동출차-지역화페카드	
입퇴원	38나9193	지상-1	10:40	20:50	4,000	35,350	31,350	무인자동출차	

[표2] 할인금액

	0:00	9:00	13:00	15:00	18:00
구분	8:59	12:59	14:59	17:59	23:59
예약	3,000	2,000	1,000	1,000	3,000
진료	4,000	3,000	2,000	2,000	4,000
입퇴원	5,000	4,000	3,000	3,000	5,000

[표3]

이용시간		빈도수 ❷
1시간초과	2시간이전	★★★★★★★★★★★
2시간초과	4시간이전	★★★★★★
4시간초과	6시간이전	★★★★★
6시간초과	8시간이전	★
8시간초과		★★★★

[표4]

	무인자동출차	수동출차 ❸
카드	44%	22%
현금	4%	4%
무료	19%	7%

[표5]

주차가능대수	10대	15대	20대
현재시간	지상-1	지상-2	지하 ❹
9:00	10	13	20
10:00	9	12	20
11:00	7	13	16
12:00	7	11	17
13:00	6	12	17
15:00	7	10	16

1 구분별 입차시간에 따른 할인금액(F3) _ 참고 : 찾기/참조 함수 58쪽

=IFERROR(VLOOKUP(A3, $L$4:$Q$6, MATCH(D3,$M$2:$Q$2,1)+1, FALSE), 0)

2 이용시간별 빈도수(N10) _ 참고 : 배열 수식 43쪽

{=REPT("★", FREQUENCY(HOUR(E3:E29)−HOUR(D3:D29), M10:M14))}

3 출차방법과 결제형태에 따른 비율(M18) _ 참고 : 기타 함수 77쪽

=IF($L18="무료", COUNTIFS($I$3:$I$29, "〈〉*카드", $I$3:$I$29, "〈〉*현금", $I$3:$I$29, M$17) / COUNTA($I$3:$I$29), COUNTIFS ($I$3:$I$29, "*"&$L18, $I$3:$I$29, M$17&"*") / COUNTA($I$3:$I$29))

4 주차장별 주차가능 대수의 합계(M25) _ 참고 : 배열 수식 43쪽

{=M$23−SUM(IF(($D$3:$D$29〈=$L25)*($C$3:$C$29 =M$24), 1))+SUM(IF(($E$3:$E$29〈=$L25)*($C$3:$C$29 =M$24), 1))}

5 기타(J3) _ 참고 : 사용자 정의 함수 83쪽

=fn기타(A3,G3)

```
Public Function fn기타(구분, 이용금액)
    If 구분 = "입퇴원" And 이용금액 <= 5000 Then
        fn기타 = "※무료"
    ElseIf 구분 = "예약" And 이용금액 <= 5000 Then
        fn기타 = "요금할인"
    Else
        fn기타 = ""
    End If
End Function
```

01. 피벗 테이블 _ 참고 : 피벗 테이블 88쪽

• '피벗 테이블 필드' 창

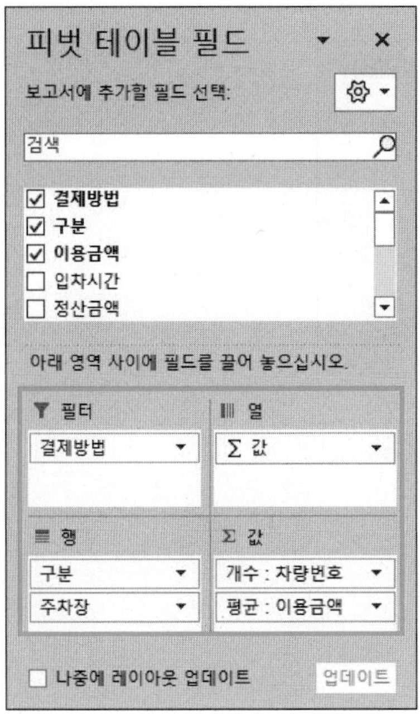

02. 데이터 유효성 검사 / 부분합 _ 참고 : 데이터 유효성 검사 102쪽 / 부분합 112쪽

정답

	A	B	C	D	E	F	G
1	[표1]						
2	구매자	물품코드	수량	단가	판매금액	등급	할부기간(월)
3	강한후	JJ2222	95	3,000	285,000	비회원	6
4	김새롬	SS2222	25	5,300	132,500	비회원	6
5	김진상	SS2222	90	5,300	477,000	비회원	24
6	설진성	SS3333	120	2,500	300,000	비회원	9
7	안대훈	SS2222	32	5,300	169,600	비회원	6
8	유벼리	SS2222	21	5,300	111,300	비회원	2
9	한아름	SS1111	20	2,000	40,000	비회원	2
10	7					**비회원 개수**	
11						**비회원 평균**	7.9
12	권충수	SS3333	90	2,500	225,000	정회원	9
13	김성완	JJ1111	80	1,500	120,000	정회원	6
14	김솔오	JJ2222	50	3,000	150,000	정회원	6
15	김은소	JJ1111	55	1,500	82,500	정회원	2
16	오덕우	JJ2222	110	3,000	330,000	정회원	12
17	임원이	SS3333	55	2,500	137,500	정회원	6
18	임유승	SS3333	50	2,500	125,000	정회원	3
19	7					**정회원 개수**	
20						**정회원 평균**	6.3
21	고진웅	JJ2222	55	3,000	165,000	준회원	3
22	김중건	SS2222	25	5,300	132,500	준회원	3
23	민병욱	JJ1111	60	1,500	90,000	준회원	3
24	박호영	SS1111	20	2,000	40,000	준회원	2
25	배사공	SS1111	100	2,000	200,000	준회원	6
26	이구름	SS1111	30	2,000	60,000	준회원	3
27	임채빈	JJ2222	20	3,000	60,000	준회원	2
28	한마식	JJ1111	45	1,500	67,500	준회원	2
29	8					**준회원 개수**	
30						**준회원 평균**	3.0
31	22					**전체 개수**	
32						**전체 평균**	5.6

• '데이터 유효성' 대화상자의 '설정' 탭

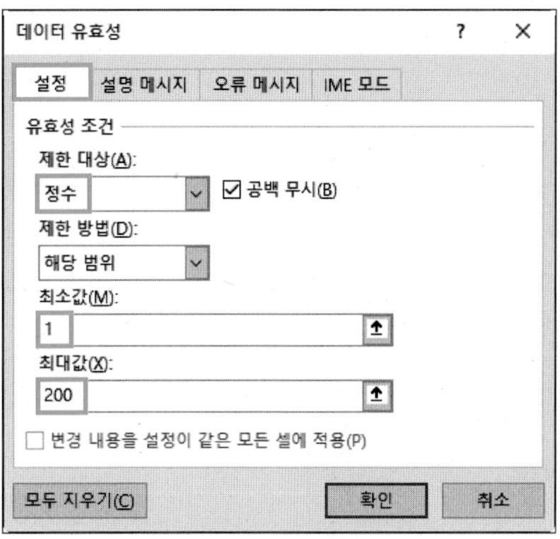

• '데이터 유효성' 대화상자의 '설명 메시지' 탭

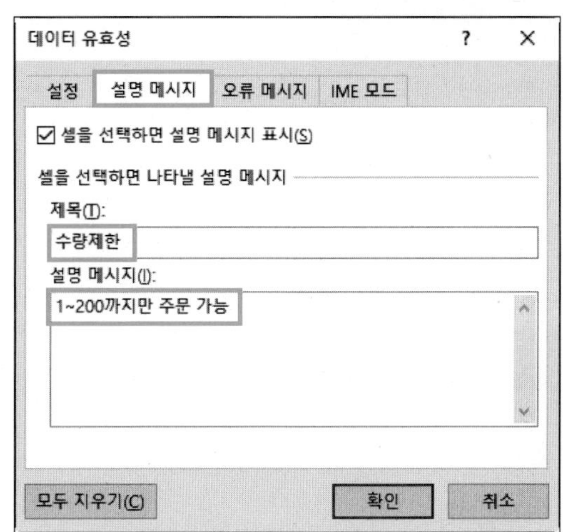

• '데이터 유효성' 대화상자의 '오류 메시지' 탭

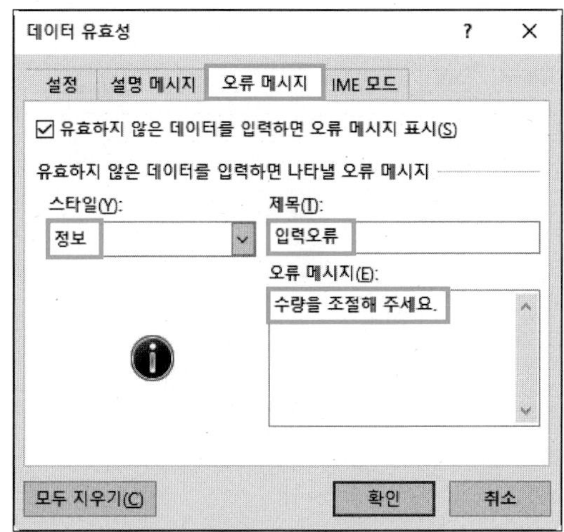

• '정렬' 대화상자

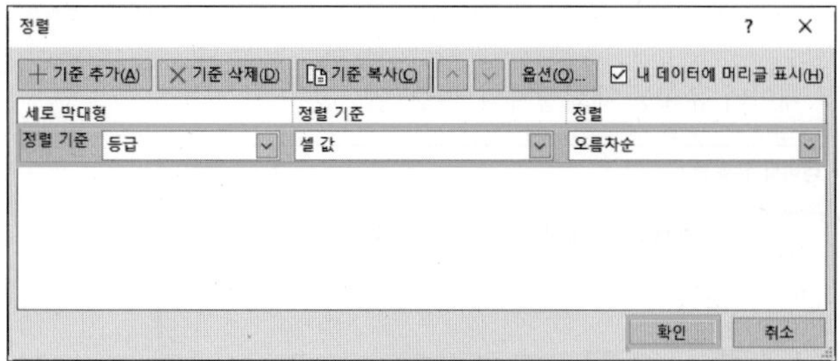

• '할부기간(월)'의 '평균 부분합' 대화상자

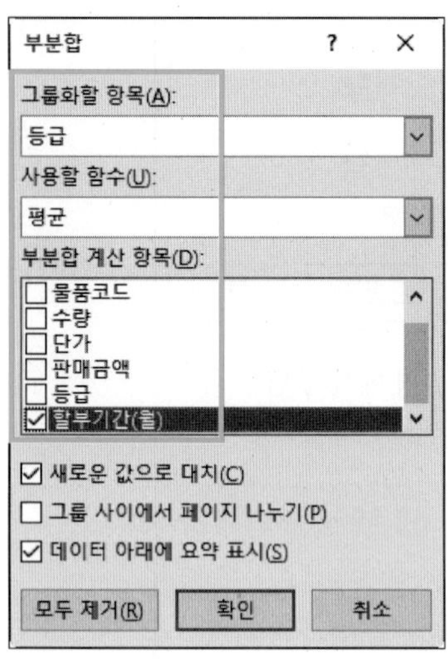

• '구매자'의 '개수 부분합' 대화상자

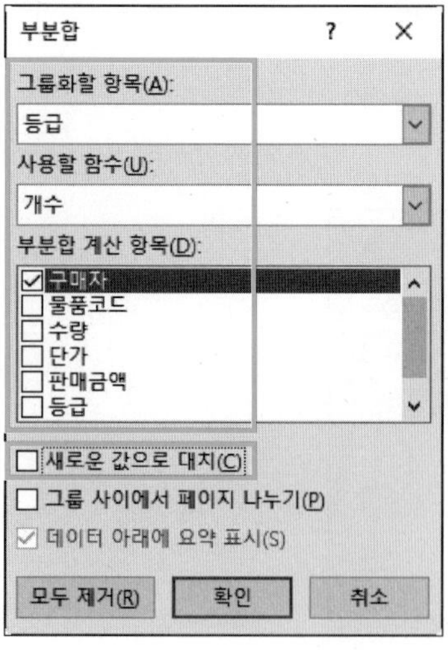

문제 4 기타작업

정답

01. 매크로 작성 _ 참고 : 매크로 135쪽

1 '서식적용' 매크로 실행

정답

[표1]

구분	차량번호	주차장	입차시간	퇴차시간	이용금액
예약	12나1442	지상-2	07:19	12:20	★★★17,535원
입퇴원	18가7048	지하	10:35	13:05	★★★ 9,450원
예약	22가3590	지하	10:25	11:30	3,675원
예약	32다5229	지상-2	13:40	15:07	★★★ 5,845원
입퇴원	38나9193	지상-1	10:40	20:50	★★★35,350원
예약	40가3397	지상-2	13:29	21:32	★★★28,105원
입퇴원	43가6770	지상-2	09:19	10:47	4,480원
예약	51나7326	지하	10:15	12:52	★★★ 8,295원
입퇴원	60가1659	지상-1	10:01	13:51	★★★12,250원
입퇴원	68허3603	지하	16:37	22:42	★★★21,175원
예약	75호9572	지상-2	11:06	17:25	★★★21,665원
입퇴원	82다5640	지상-2	08:10	23:28	★★★53,130원
입퇴원	83허1845	지상-1	15:34	18:53	★★★11,165원
예약	86가4414	지상-2	11:46	12:27	2,835원
입퇴원	87마6925	지상-2	12:43	14:15	★★★ 6,020원
입퇴원	88사4366	지상-1	13:01	14:02	3,535원
입퇴원	98다8435	지상-2	13:22	15:34	★★★ 7,420원

서식적용
서식해제

• '셀 서식' 대화상자

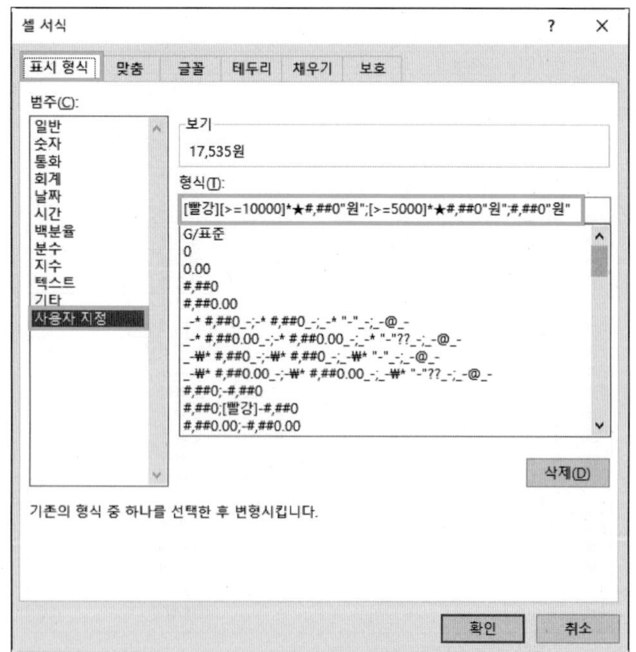

03. 프로시저 작성 _ 참고 : 프로시저 142쪽

1 '정산' 단추 및 폼 초기화 프로시저

• '정산' 단추 클릭 프로시저

정답

```
Private Sub cmd정산_Click( )
   알바정산.Show
End Sub
```

• 폼 초기화 프로시저

정답

```
Private Sub UserForm_Initialize( )
   txt정산일.Value = Date
   txt정산일.Locked = True
End Sub
```

2 '입력' 단추에 기능 구현하기

정답

```
Private Sub cmd입력_Click( )
   입력행 = [A1].Row + [A1].CurrentRegion.Rows.Count
   Cells(입력행, 1) = txt정산일.Value
   Cells(입력행, 2) = txt이름.Value
   Cells(입력행, 3) = txt근무일수.Value
   Cells(입력행, 4) = txt일당.Value
   Cells(입력행, 5) = Cells(입력행, 3) * Cells(입력행, 4) * 0.98
End Sub
```

3 '닫기' 단추에 기능 구현하기

정답

```
Private Sub cmd닫기_Click( )
   MsgBox Format(Time, "hh시 nn분 폼을 종료합니다."), , "종료"
   Unload Me
End Sub
```

EXAMINATION
04회 2024년 상시04 컴퓨터활용능력 1급

• **준 비 하 세 요 :** 'C:\길벗컴활1급총정리\기출\04회' 폴더에서 '24년상시04.xlsm' 파일을 열어서 작업하시오.
• **외부 데이터 위치 :** C:\길벗컴활1급총정리\기출\04회

4124041 

문제 1 기본작업(15점) 주어진 시트에서 다음의 과정을 수행하고 저장하시오.

1. '기본작업-1' 시트에서 다음과 같이 고급 필터를 수행하시오. (5점)

▶ [A2:J29] 영역에서 '상품명'이 "소과"로 끝나고 '상품상태'가 3 이상이고 '사진'이 "유"인 데이터의 '리뷰번호', '상품명', '상품상태', '맛', '포장상태', '사진', '포인트' 필드만 순서대로 표시하시오.
▶ 조건은 [A31:A32] 영역 내에 알맞게 입력하시오. (AND, RIGHT 함수 사용)
▶ 결과는 [A34] 셀부터 표시하시오.

2. '기본작업-1' 시트에서 다음과 같이 조건부 서식을 설정하시오. (5점)

▶ [A3:J29] 영역에서 '마트'에 "종로"가 포함된 데이터의 행 전체에 대하여 글꼴 스타일은 '기울임꼴', 글꼴 색은 '표준 색-빨강'으로 적용하시오.
▶ 단, 규칙 유형은 '수식을 사용하여 서식을 지정할 셀 결정'을 사용하고, 한 개의 규칙으로만 작성하시오.
▶ FIND, ISNUMBER 함수 사용

3. '기본작업-2' 시트에서 다음과 같이 페이지 레이아웃을 설정하시오. (5점)

▶ 인쇄될 내용이 페이지의 정 가운데에 인쇄되도록 페이지 가운데 맞춤을 설정하시오.
▶ 매 페이지 하단의 가운데 구역에는 시트 이름과 페이지 번호가 [표시 예]와 같이 표시되도록 바닥글을 설정하시오.
[표시 예 : 시트 이름이 '기본작업-2'이고, 현재 페이지 번호가 1인 경우 → 기본작업-2 중 1쪽]
▶ 워크시트에 삽입된 그림이 인쇄되지 않도록 설정하고, '부서명'별로 서로 다른 페이지에 인쇄되도록 페이지 나누기를 실행하시오.

4124042 

문제 2 계산작업(30점) '계산작업' 시트에서 다음의 과정을 수행하고 저장하시오.

1. [표1]의 상품코드와 [표2]를 이용하여 [C3:C29] 영역에 과일코드와 크기코드별 상품명을 표시하시오. (6점)

▶ 상품코드의 첫 번째 글자는 과일코드, 두 번째 글자는 크기코드임
▶ INDEX, MATCH, RIGHT 함수 사용

2. [표1]의 상품상태, 맛, 포장상태를 이용하여 [G3:G29] 영역에 평점을 표시하시오. (6점)

▶ '평점'은 상품상태, 맛, 포장상태 점수에 항목별 가중치를 곱한 값들의 합을 계산한 후 그 값만큼 "★"를 표시
▶ 항목별 가중치는 상품상태는 50%, 맛은 30%, 포장상태 20%로 계산
▶ [표시 예 : 각 항목의 점수에 항목별 가중치를 곱한 값이 3.6인 경우 → ★★★☆☆, 1.2인 경우 → ★☆☆☆☆]
▶ SUMPRODUCT, REPT, TRUNC 함수 사용

3. [표1]의 상품코드와 상품상태를 이용하여 [표3]의 [N9:N12] 영역에 상품코드의 마지막 글자가 "M"이거나 "L"인 상품의 상품상태별 빈도수를 계산하시오. (6점)

▶ FREQUENCY, RIGHT, IF 함수를 이용한 배열 수식

4. [표1]의 사진과 마트를 이용하여 [표4]의 [M16:N17] 영역에 사진과 마트별 비율을 표시하시오. (6점)

▶ 비율 : 사진별 마트별 개수 / 전체 개수

▶ [표시 예 : 6/27]

▶ SUM, IF, LEFT, COUNTA, CONCAT 함수를 이용한 배열 수식

5. 사용자 정의 함수 'fn포인트'를 작성하여 [표1]의 [I3:I29] 영역에 포인트를 계산하여 표시하시오. (6점)

▶ 'fn포인트'는 맛과 포장상태를 인수로 받아 포인트를 계산하는 함수이다.

▶ 포인트는 맛과 포장상태를 더한 값이 10이면 1000, 8~9이면 800, 6~7이면 600, 3~5인 경우 300, 그외는 0으로 계산하시오.

▶ SELECT CASE문 사용

```
Public Function fn포인트(맛, 포장상태)
End Function
```

4124043

문제 3 분석작업(20점) 주어진 시트에서 다음의 과정을 수행하고 작업하시오.

1. '분석작업-1' 시트에서 다음의 지시사항에 따라 피벗 테이블 보고서를 작성하시오. (10점)

▶ 외부 데이터 가져오기 기능을 이용하여 〈제주농원.accdb〉에서 〈구매후기〉 테이블의 '상품명', '상품상태', '포인트', '마트' 열을 이용하시오.

▶ 피벗 테이블 보고서의 레이아웃과 위치는 〈그림〉을 참조하여 설정하고, 보고서 레이아웃을 개요 형식으로 표시하시오.

▶ '상품명' 필드는 '합계 : 상품상태'를 기준으로 상위 5개 항목만 표시되도록 필터를 설정하시오.

▶ '포인트' 필드의 표시 형식은 '값 필드 설정'의 셀 서식에서 '숫자' 범주를 이용하여 〈그림〉과 같이 지정하시오.

▶ 부분합을 그룹 하단에 표시하시오.

▶ '마트' 필드가 '명품마트'인 자료만 별도의 시트에 작성하시오(시트명을 '명품마트'로 지정하고, '분석작업-1' 시트 앞에 위치시킴)

	A	B	C	D
1				
2	마트	상품명	합계 : 상품상태	합계 : 포인트
3	⊟명품마트			
4		감귤중과	10	1,400
5		레드향대과	6	1,200
6		레드향중과	5	600
7		천애향대과	12	2,000
8		천애향소과	7	1,800
9	명품마트 요약		40	7,000
10	⊟상공마트			
11		감귤대과	4	800
12		감귤소과	13	2,300
13		천애향대과	5	1,300
14		천애향소과	9	1,900
15		천애향중과	3	800
16	상공마트 요약		34	7,100
17	총합계		74	14,100

2. '분석작업-2' 시트에 대하여 다음의 지시사항을 처리하시오. (10점)

▶ [데이터 유효성 검사] 기능을 이용하여 [A3:A29] 영역에는 중복된 '리뷰번호'가 입력되지 않도록 제한 대상을 설정하시오.

- [A3:A29] 영역을 클릭한 경우 〈그림〉과 같은 설명 메시지를 표시하고, 유효하지 않은 데이터를 입력한 경우 〈그림〉과 같은 오류 메시지가 표시되도록 설정하시오.

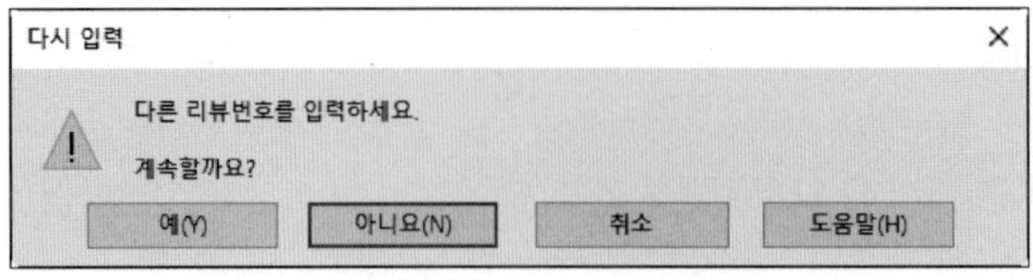

- COUNTIF 함수 사용

▶ [정렬] 기능을 이용하여 '상품명'을 '레드향소과 - 천애향소과 - 감귤소과 - 레드향중과 - 천애향중과 - 감귤중과 - 레드향대과 - 천애향대과 - 감귤대과' 순으로 정렬하고, 동일한 '상품명'인 경우 '포인트'에 적용된 조건부 서식 아이콘 '▲'이 위에 표시되도록 정렬하시오.

문제 4 기타작업(35점) 주어진 시트에서 다음 과정을 수행하고 저장하시오.

1. '기타작업-1' 시트에서 다음과 같은 기능을 수행하는 매크로를 현재 통합문서에 작성하시오. (각 5점)

① [F3:F12] 영역에 사용자 지정 표시 형식을 설정하는 '서식적용' 매크로를 생성하시오.

▶ '사진'이 1이면 "유", 0이면 "무", 텍스트면 빨강색으로 "※"를 표시하시오.

[표시 예 : '사진'이 1일 경우 → 유, 텍스트일 경우 → ※]

▶ [도형] → [설명선]의 '말풍선: 사각형(▭)'을 동일 시트의 [H2:H3] 영역에 생성한 후 텍스트를 "서식적용"으로 입력하고, 도형을 클릭하면 '서식적용' 매크로가 실행되도록 설정하시오.

② [F3:F12] 영역에 표시 형식을 '일반'으로 적용하는 '서식해제' 매크로를 생성하시오.

▶ [도형] → [설명선]의 '말풍선: 사각형(▭)'을 동일 시트의 [H5:H6] 영역에 생성한 후 텍스트를 "서식해제"로 입력하고, 도형을 클릭하면 '서식해제' 매크로가 실행되도록 설정하시오.

※ 셀 포인터의 위치에 관계없이 매크로가 실행되어야 정답으로 인정됨

2. '기타작업-2' 시트에서 다음의 지시사항에 따라 차트를 수정하시오. (각 2점)

※ 차트는 반드시 문제에서 제공한 차트를 사용하여야 하며, 신규로 차트 작성시 0점 처리됨

① '포장상태' 계열을 〈그림〉과 같이 추가하고, 범례를 차트 아래쪽에 표시하시오.

② 차트 제목과 세로(값) 축 제목을 〈그림〉과 같이 표시하시오.

③ 세로(값) 축의 기본 단위와 최대값을 〈그림〉과 같이 지정하고, 축의 주 눈금을 바깥쪽으로 표시하시오.

④ '상품상태' 계열의 '대시 종류'를 '사각 점선', 색을 '검정, 텍스트 1'로 지정하시오.

⑤ 차트 영역의 테두리 스타일은 '둥근 모서리', 그림자는 '오프셋: 오른쪽 아래'로 설정하시오.

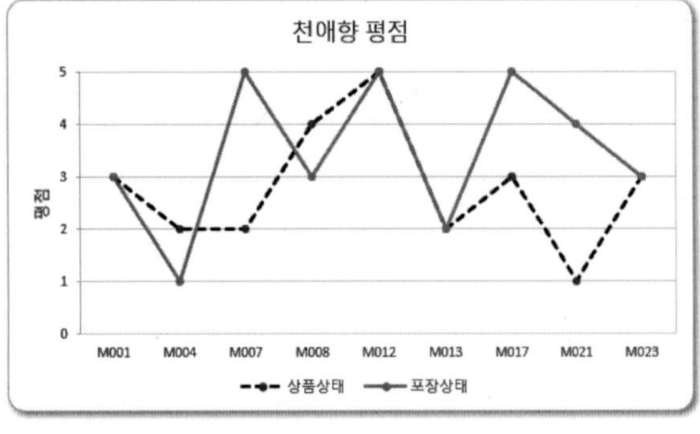

3. '기타작업-3' 시트에서 다음과 같은 작업을 수행하고 저장하시오. (각 5점)

① '구매후기' 단추를 클릭하면 〈후기등록〉 폼이 나타나고, 폼이 초기화(Initialize)되면 '상품명(cmb상품명)' 목록에는 [H4:H7] 영역이 표시되도록 프로시저를 작성하시오.

② 〈후기등록〉 폼의 '등록(cmd등록)' 단추를 클릭하면 폼에 입력된 데이터가 시트의 표에 입력되어 있는 마지막 행 다음에 연속하여 추가되도록 프로시저를 작성하시오.

▶ '평점'에는 '상품상태', '맛', '포장상태'의 합계가 25 이상이면 "매우좋음", 20 이상이면 "좋음", 15 이상이면 "보통", 그 외는 "나쁨"으로 입력하시오.

▶ 입력되는 데이터는 워크시트에 입력된 기존 데이터와 같은 형식의 데이터로 입력하시오

③ 〈후기등록〉 폼의 '닫기(cmd닫기)' 단추를 클릭하면 현재 날짜를 표시한 〈그림〉과 같은 메시지 박스를 표시한 후 〈확인〉을 클릭하면 폼을 종료하는 프로시저를 작성하시오.

EXAMINATION 04회 기출문제 정답 및 해설

문제 1 기본작업 정답

01. 고급 필터 _ 참고 : 고급 필터 18쪽

정답

	A	B	C	D	E	F	G
30							
31	조건						
32	FALSE						
33							
34	리뷰번호	상품명	상품상태	맛	포장상태	사진	포인트
35	M020	레드향소과	3	5	1	유	600
36	M025	천애향소과	4	4	4	유	800
37	M022	감귤소과	5	3	4	유	600
38	M003	감귤소과	3	1	3	유	300

• '고급 필터' 대화상자

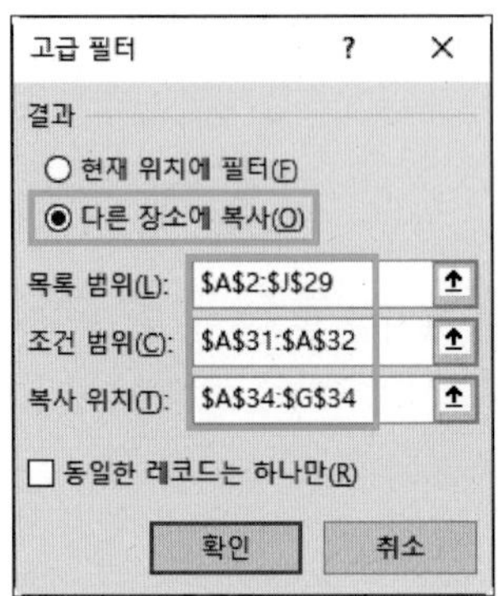

[A32] : =AND(RIGHT(C3,2)="소과",D3>=3,H3="유")

02. 조건부 서식 _ 참고 : 조건부 서식 25쪽

정답

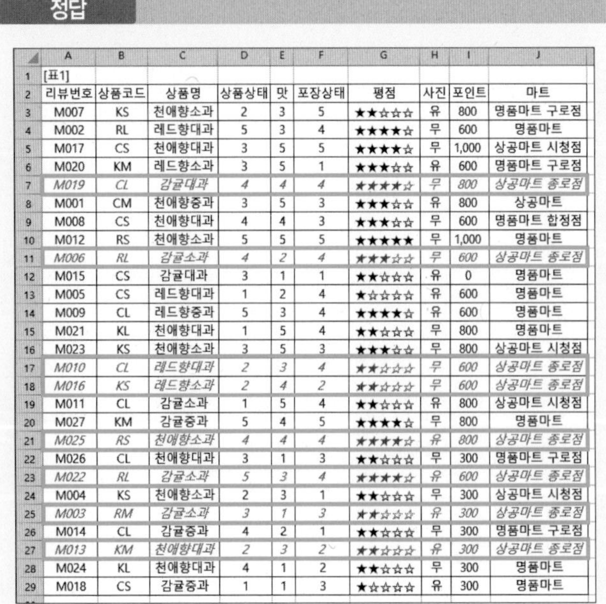

	A	B	C	D	E	F	G	H	I	J
1	[표1]									
2	리뷰번호	상품코드	상품명	상품상태	맛	포장상태	평점	사진	포인트	마트
3	M007	KS	천애향소과	2	3	5	★★☆☆☆	유	800	명품마트 구로점
4	M002	RL	레드향대과	5	3	4	★★★★☆	무	600	명품마트
5	M017	CS	천애향대과	3	5	5	★★★★☆	무	1,000	상공마트 시청점
6	M020	KM	레드향소과	3	5	1	★★★☆☆	유	600	명품마트 구로점
7	*M019*	*CL*	*감귤대과*	*4*	*4*	*4*	★★★★☆	*무*	*800*	*상공마트 종로점*
8	M001	CM	천애향중과	3	5	3	★★★☆☆	유	800	상공마트
9	M008	CS	천애향대과	4	4	3	★★★☆☆	무	600	명품마트 합정점
10	M012	RS	천애향소과	5	5	5	★★★★★	무	1,000	명품마트
11	*M006*	*RL*	*감귤소과*	*4*	*2*	*4*	★★★☆☆	*무*	*600*	*상공마트 종로점*
12	M015	CS	감귤대과	3	1	1	★★☆☆☆	유	0	명품마트
13	M005	CS	레드향대과	1	2	4	★☆☆☆☆	유	600	명품마트
14	M009	CL	레드향중과	5	3	4	★★★★☆	유	600	명품마트
15	M021	KL	천애향대과	1	5	4	★★☆☆☆	무	800	명품마트
16	M023	KS	천애향소과	3	5	3	★★★☆☆	무	800	상공마트 시청점
17	*M010*	*CL*	*레드향대과*	*2*	*3*	*4*	★★☆☆☆	*무*	*600*	*상공마트 종로점*
18	*M016*	*KS*	*레드향소과*	*2*	*4*	*2*	★★☆☆☆	*무*	*600*	*상공마트 종로점*
19	M011	CL	감귤소과	1	5	4	★★☆☆☆	유	800	상공마트 시청점
20	M027	KM	감귤중과	5	4	5	★★★★☆	무	800	명품마트
21	*M025*	*RS*	*천애향소과*	*4*	*4*	*4*	★★★★☆	*유*	*800*	*상공마트 종로점*
22	M026	CL	천애향대과	3	1	3	★★☆☆☆	무	300	명품마트 구로점
23	*M022*	*RL*	*감귤소과*	*5*	*3*	*4*	★★★★☆	*유*	*600*	*상공마트 종로점*
24	M004	KS	천애향소과	2	3	1	★★☆☆☆	무	300	상공마트 시청점
25	*M003*	*RM*	*감귤소과*	*3*	*1*	*3*	★★☆☆☆	*유*	*300*	*상공마트 종로점*
26	M014	CL	감귤중과	4	2	1	★★☆☆☆	무	300	명품마트 구로점
27	*M013*	*KM*	*천애향대과*	*2*	*3*	*2*	★★☆☆☆	*유*	*300*	*상공마트 종로점*
28	M024	KL	천애향대과	4	1	2	★★☆☆☆	무	300	명품마트
29	M018	CS	감귤중과	1	1	3	★☆☆☆☆	유	300	명품마트

• '새 서식 규칙' 대화상자

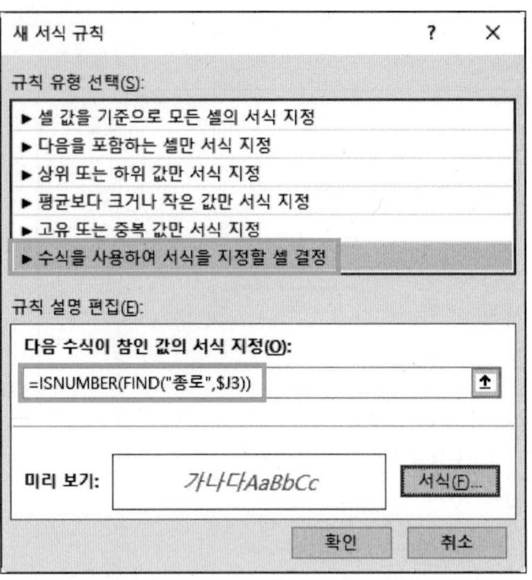

03. 페이지 레이아웃 _ 참고 : 페이지 레이아웃 32쪽

정답

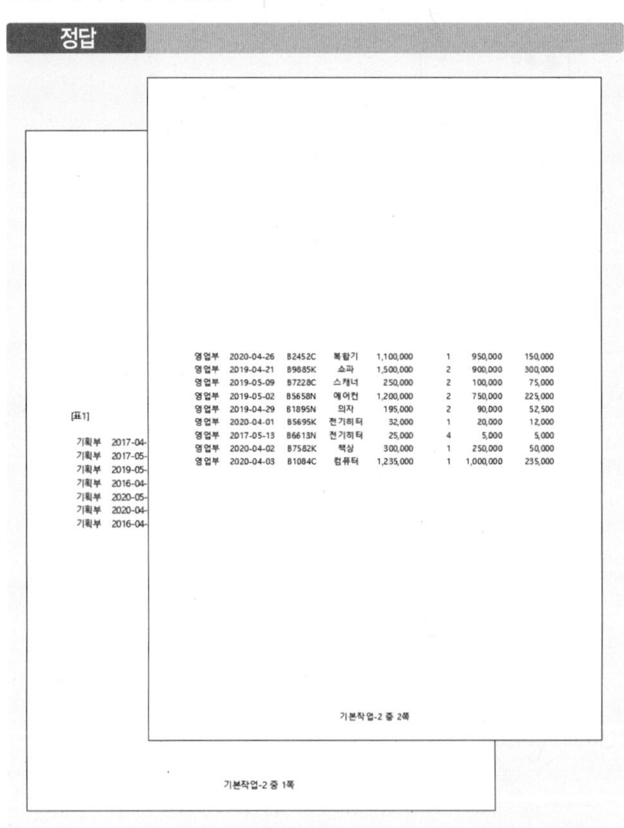

• 페이지 설정' 대화상자의 '여백' 탭

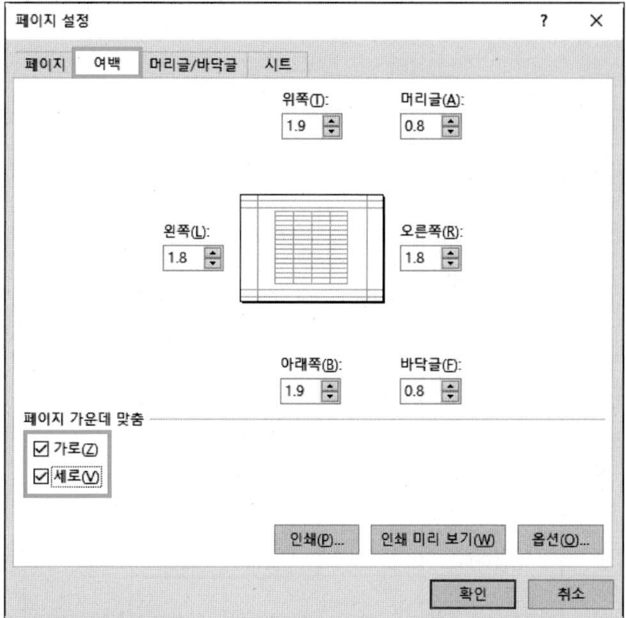

• '바닥글' 대화상자

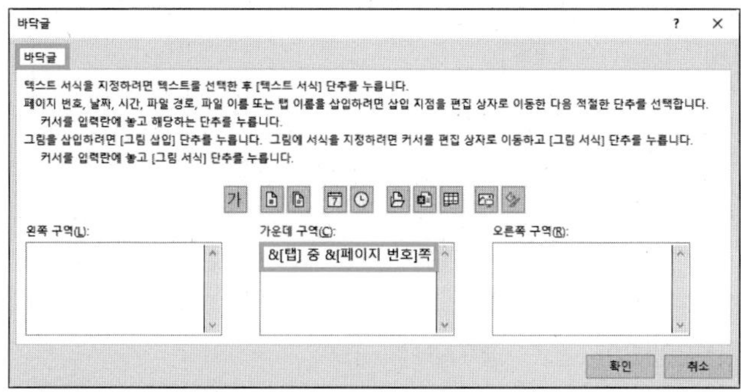

• 페이지 설정' 대화상자의 '시트' 탭

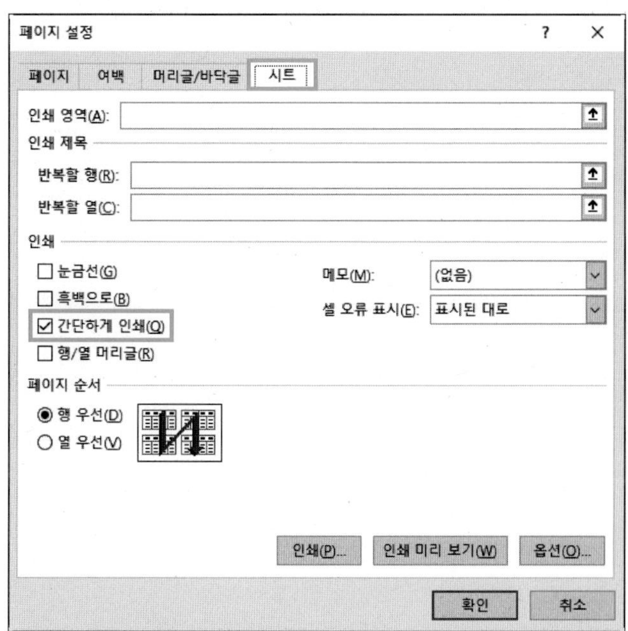

• [A10] 셀을 선택한 후 [페이지 레이아웃] → 페이지 설정 → 나누기 → **페이지 나누기 삽입**을 선택한다. 다른 부서도 같은 방법으로 페이지를 나눈다.

문제 2 계산작업

정답

정답

[표1]

리뷰번호	상품코드	상품명 ❶	상품상태	맛	포장상태	평점 ❷	사진	포인트 ❺	마트
M001	CM	천애향중과	3	5	3	★★★☆☆	유	800	상공마트
M002	RL	레드향대과	5	3	4	★★★★☆	무	600	명품마트
M003	RM	레드향중과	3	1	3	★★☆☆☆	유	300	상공마트 종로점
M004	KS	감귤소과	2	3	1	★★☆☆☆	무	300	상공마트 시청점
M005	CS	천애향소과	1	2	4	★☆☆☆☆	유	600	명품마트
M006	RL	레드향대과	4	2	4	★★★☆☆	무	600	상공마트 종로점
M007	KS	감귤소과	2	3	5	★★☆☆☆	유	800	명품마트 구로점
M008	CS	천애향소과	4	4	3	★★★☆☆	무	600	명품마트 합정점
M009	CL	천애향대과	5	3	4	★★★★☆	유	600	명품마트
M010	CL	천애향대과	2	3	4	★★☆☆☆	무	600	상공마트 종로점
M011	CL	천애향대과	1	5	4	★★☆☆☆	유	800	상공마트 시청점
M012	RS	레드향소과	5	5	5	★★★★★	무	1,000	명품마트
M013	KM	감귤중과	2	3	2	★★☆☆☆	유	300	상공마트 종로점
M014	CL	천애향대과	4	2	1	★★☆☆☆	무	300	명품마트 구로점
M015	CS	천애향소과	3	1	1	★★☆☆☆	유	0	명품마트
M016	KS	감귤소과	2	4	2	★★☆☆☆	무	600	상공마트 종로점
M017	CS	천애향소과	3	5	5	★★★★☆	무	1,000	상공마트 시청점
M018	CS	천애향소과	1	1	3	★☆☆☆☆	유	300	명품마트
M019	CL	천애향대과	4	4	4	★★★★☆	무	800	상공마트 종로점
M020	KM	감귤중과	3	5	1	★★★☆☆	유	600	명품마트 구로점
M021	KL	감귤대과	1	5	4	★★☆☆☆	무	800	명품마트
M022	RL	레드향대과	5	3	4	★★★★☆	유	600	상공마트 종로점
M023	KS	감귤소과	3	5	3	★★★☆☆	무	800	상공마트 시청점
M024	KL	감귤대과	4	1	2	★★☆☆☆	무	300	명품마트
M025	RS	레드향소과	4	4	4	★★★★☆	유	800	상공마트 종로점
M026	CL	천애향대과	3	1	3	★★☆☆☆	무	300	명품마트 구로점
M027	KM	감귤중과	5	4	5	★★★★☆	무	800	명품마트

[표2]

과일코드	S	M	L
C	천애향소과	천애향중과	천애향대과
K	감귤소과	감귤중과	감귤대과
R	레드향소과	레드향중과	레드향대과

[표3]

상품상태		빈도수 ❸
0초과	1이하	2
1초과	2이하	2
2초과	3이하	4
3초과		8

[표4]

사진	상공	명품 ❹
유	6/27	6/27
무	7/27	8/27

1 과일코드와 크기코드별 상품명(C3) _ 참고 : 찾기/참조 함수 58쪽

=INDEX($M$3:$O$5, MATCH(B3,$L$3:$L$5,1), MATCH(RIGHT(B3,1), $M$2:$O$2,0))

2 평점(G3) _ 참고 : 기타 함수 77쪽

=REPT("★", TRUNC(SUMPRODUCT(D3:F3,{0.5,0.3,0.2})))&REPT("☆", 5-TRUNC(SUMPRODUCT(D3:F3,{0.5,0.3, 0.2})))

3 상품상태별 빈도수(N9) _ 참고 : 논리 함수 71쪽

{=FREQUENCY(IF((RIGHT(B3:B29,1)="M")+(RIGHT(B3: B29,1)="L"), D3:D29), M9:M12)}

4 사진과 마트별 비율(M16) _ 참고 : 배열 수식 43쪽

{=CONCAT(SUM(IF(($H$3:$H$29=$L16)*(LEFT($J$3: $J$29, 2)=M$15), 1)), "/", COUNTA($H$3:$H$29))}

5 포인트(I3) _ 참고 : 사용자 정의 함수 83쪽

=fn포인트(E3,F3)

```
Public Function fn포인트(맛, 포장상태)
  Select Case 맛 + 포장상태
     Case 10
        fn포인트 = 1000
     Case 8 To 9
        fn포인트 = 800
     Case 6 To 7
        fn포인트 = 600
     Case 3 To 5
        fn포인트 = 300
     Case Else
        fn포인트 = 0
  End Select
End Function
```

01. 피벗 테이블 _ 참고 : 피벗 테이블 88쪽

정답

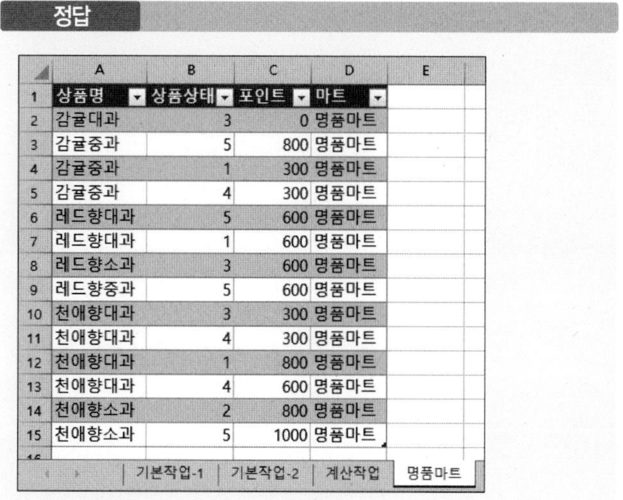

상품명	상품상태	포인트	마트
감귤대과	3	0	명품마트
감귤중과	5	800	명품마트
감귤중과	1	300	명품마트
감귤중과	4	300	명품마트
레드향대과	5	600	명품마트
레드향대과	1	600	명품마트
레드향소과	3	600	명품마트
레드향중과	5	600	명품마트
천애향대과	3	300	명품마트
천애향대과	4	300	명품마트
천애향대과	1	800	명품마트
천애향대과	4	600	명품마트
천애향소과	2	800	명품마트
천애향소과	5	1000	명품마트

기본작업-1 | 기본작업-2 | 계산작업 | 명품마트

• '피벗 테이블 필드' 창

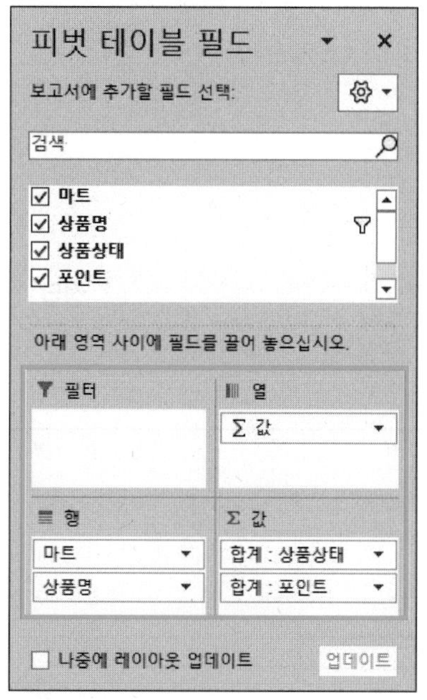

• '상품명' 필드의 '상위 10 필터' 대화상자

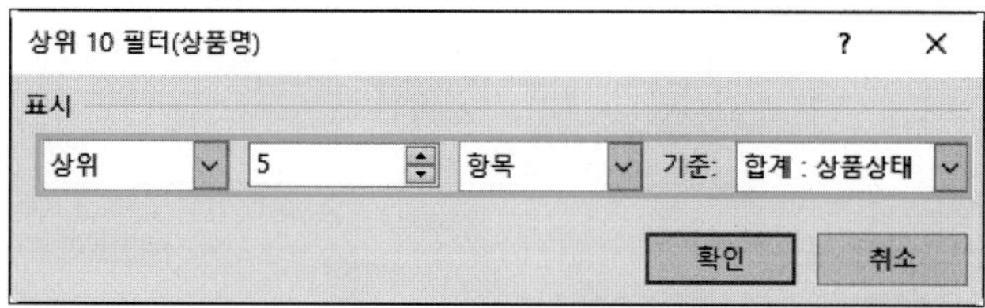

02. 데이터 유효성 검사 / 정렬 _ 참고 : 데이터 유효성 검사 102쪽 / 정렬 109쪽

정답

	A	B	C	D	E	F	G
1	[표1]						
2	리뷰번호	상품명	상품상태	맛	포장상태	평점	포인트
3	M016	레드향소과	2	4	2	★★☆☆☆	600
4	M020	레드향소과	3	5	1	★★★☆☆	600
5	M007	천애향소과	2	3	5	★★☆☆☆	▲ 800
6	M023	천애향소과	3	5	3	★★★☆☆	▲ 800
7	M025	천애향소과	4	4	4	★★★★☆	▲ 800
8	M012	천애향소과	5	5	5	★★★★★	▲ 1,000
9	M004	천애향소과	2	3	1	★★☆☆☆	▼ 300
10	M011	감귤소과	1	5	4	★★☆☆☆	▲ 800
11	M003	감귤소과	3	1	3	★★☆☆☆	▼ 300
12	M006	감귤소과	4	2	4	★★★☆☆	600
13	M022	감귤소과	5	3	4	★★★★☆	600
14	M009	레드향중과	5	3	4	★★★★☆	600
15	M001	천애향중과	3	5	3	★★★☆☆	▲ 800
16	M027	감귤중과	5	4	5	★★★★☆	▲ 800
17	M018	감귤중과	1	1	3	★☆☆☆☆	▼ 300
18	M014	감귤중과	4	2	1	★★☆☆☆	▼ 300
19	M005	레드향대과	1	2	4	★☆☆☆☆	600
20	M010	레드향대과	2	3	4	★★☆☆☆	600
21	M002	레드향대과	5	3	4	★★★★☆	600
22	M021	천애향대과	1	5	4	★★☆☆☆	▲ 800
23	M017	천애향대과	3	5	5	★★★★☆	▲ 1,000
24	M013	천애향대과	2	3	2	★★☆☆☆	▼ 300
25	M026	천애향대과	3	1	3	★★☆☆☆	▼ 300
26	M024	천애향대과	4	1	2	★★☆☆☆	▼ 300
27	M008	천애향대과	4	4	3	★★★☆☆	600
28	M019	감귤대과	4	4	4	★★★★☆	▲ 800
29	M015	감귤대과	3	1	1	★★☆☆☆	▼ 0

• '데이터 유효성' 대화상자의 '설정' 탭

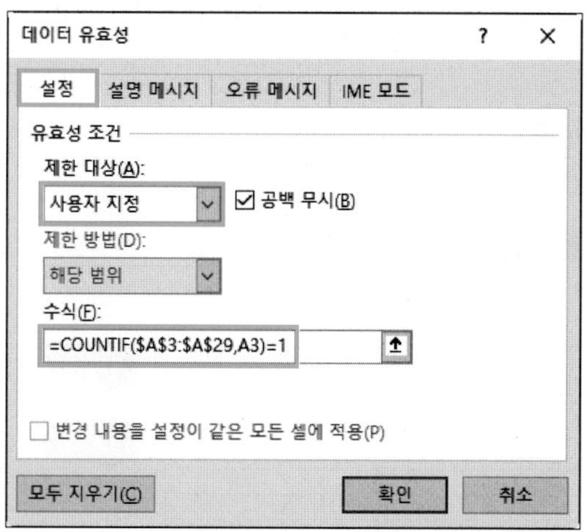

• '데이터 유효성' 대화상자의 '설명 메시지' 탭

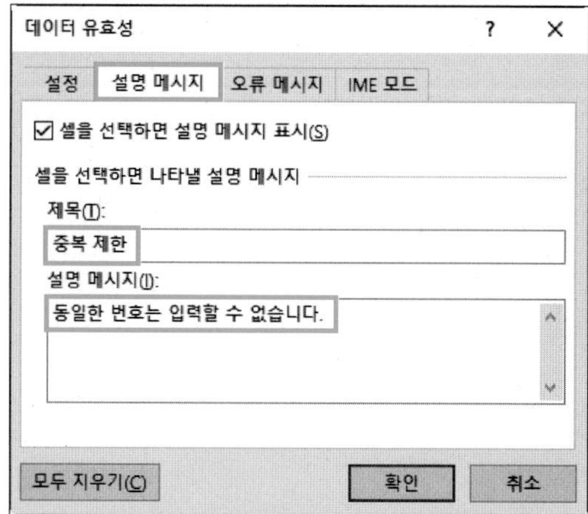

• '데이터 유효성' 대화상자의 '오류 메시지' 탭

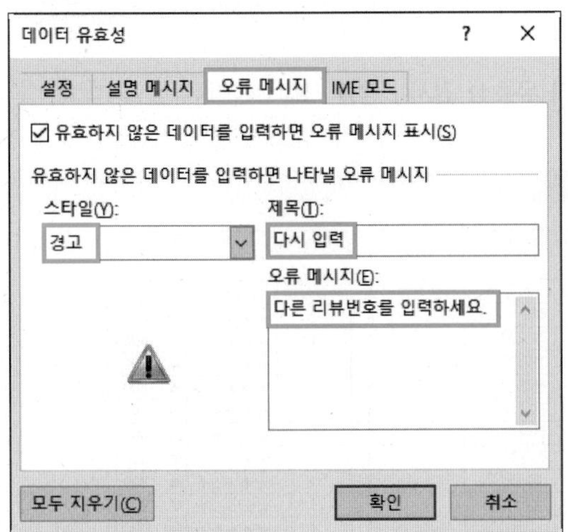

• '정렬' 대화상자

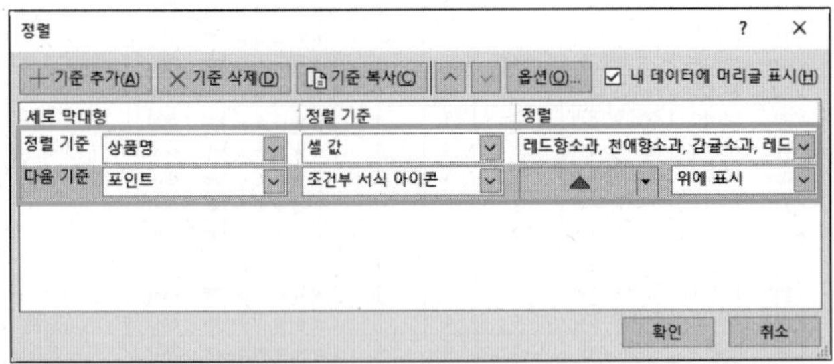

문제 4 기타작업 정답

01. 매크로 작성 _ 참고 : 매크로 135쪽

1 '서식적용' 매크로 실행

정답

	A	B	C	D	E	F	G	H
1	[표1]							
2	리뷰번호	상품명	상품상태	맛	포장상태	사진		서식적용
3	M001	천애향중과	3	5	3	유		
4	M002	레드향대과	5	3	4	무		
5	M003	감귤소과	3	1	3	유		서식해제
6	M004	천애향소과	2	3	1	무		
7	M005	레드향대과	1	2	4	※		
8	M006	감귤소과	4	2	4	무		
9	M007	천애향소과	2	3	5	유		
10	M008	천애향대과	4	4	3	※		
11	M009	레드향중과	5	3	4	유		
12	M010	레드향대과	2	3	4	무		

• '셀 서식' 대화상자

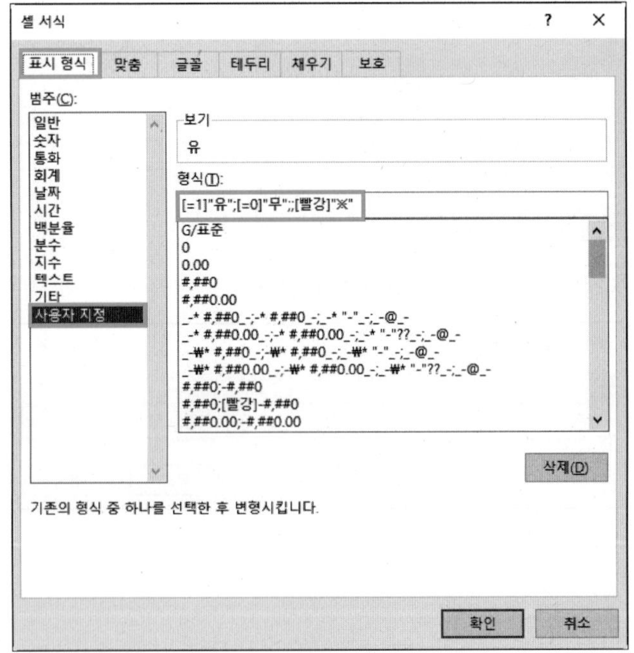

03. 프로시저 작성 _ 참고 : 프로시저 142쪽

1 '구매후기' 단추 및 폼 초기화 프로시저

• '구매후기' 단추 클릭 프로시저

정답

```
Private Sub cmd구매후기_Click( )
    후기등록.Show
End Sub
```

• 폼 초기화 프로시저

정답

```
Private Sub UserForm_Initialize( )
    cmb상품명.RowSource = "H4:H7"
End Sub
```

2 '등록' 단추에 기능 구현하기

정답

```
Private Sub cmd등록_Click( )
    입력행 = [A2].Row + [A2].CurrentRegion.Rows.Count
    Cells(입력행, 1) = txt구매자명.Value
    Cells(입력행, 2) = cmb상품명.Value
    Cells(입력행, 3) = txt상품상태.Value
    Cells(입력행, 4) = txt맛.Value
    Cells(입력행, 5) = txt포장상태.Value
    If Cells(입력행, 3) + Cells(입력행, 4) + Cells(입력행, 5) >= 25 Then
        Cells(입력행, 6) = "매우좋음"
    ElseIf Cells(입력행, 3) + Cells(입력행, 4) + Cells(입력행, 5) >=20 Then
        Cells(입력행, 6) = "좋음"
    ElseIf Cells(입력행, 3) + Cells(입력행, 4) + Cells(입력행, 5) >=15 Then
        Cells(입력행, 6) = "보통"
    Else
        Cells(입력행, 6) = "나쁨"
    End If
End Sub
```

3 '닫기' 단추에 기능 구현하기

정답

```
Private Sub cmd닫기_Click( )
    MsgBox Date, , "폼 종료"
    Unload Me
End Sub
```

EXAMINATION

05회 2023년 상시01 컴퓨터활용능력 1급

- 준 비 하 세 요 : 'C:\길벗컴활1급총정리\기출\05회' 폴더에서 '23년상시01.xlsm' 파일을 열어서 작업하시오.
- 외부 데이터 위치 : C:\길벗컴활1급총정리\기출\05회

4123011

문제 1 기본작업(15점) 주어진 시트에서 다음의 과정을 수행하고 저장하시오.

1. '기본작업' 시트에서 다음과 같이 고급 필터를 수행하시오. (5점)

▶ [A2:H32] 영역에서 '월납입액'이 상위 5위 이내이면서 대출일이 2021년 이후인 데이터의 '대출일', '고객명', '대출지점', '월납입액' 필드만 순서대로 표시하시오.

▶ 조건은 [A34:A35] 영역 내에 알맞게 입력하시오. (AND, LARGE, YEAR 함수 사용)

▶ 결과는 [A37] 셀부터 표시하시오.

2. '기본작업' 시트에서 다음과 같이 조건부 서식을 설정하시오. (5점)

▶ [A3:H32] 영역에서 '대출지점'이 "서울"이거나 "경기"이면서, '고객명'의 성이 "김"씨인 데이터의 행 전체에 대하여 글꼴 스타일은 '기울임꼴', 글꼴 색은 '표준 색-녹색'으로 적용하시오.

▶ 단, 규칙 유형은 '수식을 사용하여 서식을 지정할 셀 결정'을 사용하고, 한 개의 규칙으로만 작성하시오.

▶ AND, OR, LEFT 함수 사용

3. '기본작업' 시트에서 다음과 같이 페이지 레이아웃을 설정하시오. (5점)

▶ 용지 방향을 '가로'로 지정하고 인쇄될 내용이 페이지의 가로 · 세로 가운데에 인쇄되도록 페이지 가운데 맞춤을 설정하시오.

▶ [A2:H32] 영역을 인쇄 영역으로 설정하고, 페이지의 내용이 120% 확대되어 인쇄되도록 설정하시오.

▶ 매 페이지 상단의 오른쪽 구역에는 현재 시스템의 날짜가 표시되도록 머리글을 설정하시오.

4123012

문제 2 계산작업(30점) '계산작업' 시트에서 다음의 과정을 수행하고 저장하시오.

1. [표1]의 고객등급, 대출액, 대출기간과 [표2]를 이용하여 [G3:G32] 영역에 대출수수료를 계산하여 표시하시오. (6점)

▶ 대출수수료 = 기본수수료+고객등급 및 대출액별 수수료

▶ 기본수수료는 대출기간이 20 미만이면 50, 20 이상 60 미만이면 100, 그 외에는 150임

▶ IF, MATCH, VLOOKUP 함수 사용

2. [표1]의 고객등급, 대출액, 대출기간을 이용하여 [H3:H32] 영역에 월납입액을 양수로 계산하여 표시하시오. (6점)

▶ 연이율은 고객등급이 '일반'이면 4%, 그 외에는 3.5%임

▶ IF, PMT 함수 이용

3. [표1]의 고객번호와 대출일을 이용하여 [표3]의 [B44:E46] 영역에 대출년도와 지역별 대출 건수를 계산하여 표시하시오. (6점)

▶ 지역은 고객번호의 첫 글자로 구분함

▶ COUNT, IF, YEAR, LEFT 함수를 사용한 배열 수식

4. [표1]의 대출종류와 대출액을 이용하여 [표4]의 [H36:J39] 영역에 대출형태별 순위에 해당하는 대출액을 계산하여 표시하시오. (6점)

- ▶ 대출형태는 대출종류의 뒤에 두 글자로 구분함
- ▶ LARGE, RIGHT 함수를 사용한 배열 수식

5. 사용자 정의 함수 'fn비고'를 작성하여 [표1]의 [I3:I32] 영역에 비고를 계산하여 표시하시오. (6점)

- ▶ 'fn비고'는 대출액과 대출기간을 인수로 받아 비고를 계산하는 함수이다.
- ▶ 비고는 대출액이 10,000,000원 이상이면서 대출기간이 20개월 미만이면 "●", 대출액이 10,000,000원 이상이면서 대출기간이 20개월 이상이면 "◎", 그 외는 빈칸으로 표시하시오.
- ▶ IF ~ ELSE문 사용

```
Public Function fn비고(대출액, 대출기간)
End Function
```

4124053

문제 3 분석작업(20점) 주어진 시트에서 다음의 과정을 수행하고 작업하시오.

1. '분석작업-1' 시트에서 다음의 지시사항에 따라 피벗 테이블 보고서를 작성하시오. (10점)

- ▶ 외부 데이터 가져오기 기능을 이용하여 〈대출관리.accdb〉의 〈대출정보〉 테이블에서 '기간', '대출금액', '대출지점' 열을 이용하시오.
- ▶ 피벗 테이블 보고서의 레이아웃과 위치는 〈그림〉을 참조하여 설정하고, 보고서 레이아웃을 테이블 형식으로 표시하시오.
- ▶ '기간' 필드는 〈그림〉과 같이 그룹화를 설정하시오.
- ▶ '대출금액' 필드의 표시 형식은 '값 필드 설정'의 셀 서식에서 '회계' 범주를 이용하여 〈그림〉과 같이 지정하시오.
- ▶ 피벗 테이블 스타일은 '흰색, 피벗 스타일 밝게 8', 피벗 테이블 스타일 옵션은 '행 머리글', '열 머리글', '줄무늬 열'을 설정하시오.

	A	B	C
1			
2	기간	값	
3	1-12	개수 : 대출지점	1
4		평균 : 대출금액	2,500,000
5	13-24	개수 : 대출지점	8
6		평균 : 대출금액	8,625,000
7	25-36	개수 : 대출지점	13
8		평균 : 대출금액	6,230,769
9	37-48	개수 : 대출지점	3
10		평균 : 대출금액	10,666,667
11	49-60	개수 : 대출지점	5
12		평균 : 대출금액	11,800,000
13	전체 개수 : 대출지점		30
14	전체 평균 : 대출금액		8,116,667

※ 작업 완성된 그림이며 부분점수 없음

2. '분석작업-2' 시트에 대하여 다음의 지시사항을 처리하시오. (10점)

- ▶ [데이터 유효성 검사] 기능을 이용하여 [D8:D14] 영역에는 12의 배수만 입력되도록 제한 대상을 설정하시오.
  - [D8:D14] 영역에 유효하지 않은 데이터를 입력한 경우 〈그림〉과 같은 오류 메시지가 표시되도록 설정하시오.

- ▶ [데이터 표] 기능을 이용하여 [E8:K14] 영역에 '납입횟수'와 '이자'의 반영비율에 따른 '미래가치'를 계산하시오.

4123014

문제 4 기타작업(35점) 주어진 시트에서 다음 과정을 수행하고 저장하시오.

1. '기타작업-1' 시트에서 다음과 같은 기능을 수행하는 매크로를 현재 통합문서에 작성하시오. (각 5점)

① [G3:G22] 영역에 사용자 지정 표시 형식을 설정하는 '서식적용' 매크로를 생성하시오.

▶ '대여기간'이 30 이상이면 파랑색으로 숫자를, −1이면 자홍색으로 "▣ 소장"을, 그 외는 숫자만 표시하시오.
[표시 예 : '대여기간'이 35일 경우 → 35, −1일 경우 → ▣ 소장, 0일 경우 → 0]

▶ [도형] → [기본 도형]의 '사각형: 빗면(▢)'을 동일 시트의 [I2:I3] 영역에 생성한 후 텍스트를 "서식적용"으로 입력하고, 도형을 클릭하면 '서식적용' 매크로가 실행되도록 설정하시오.

② [G3:G22] 영역에 표시 형식을 '일반'으로 적용하는 '서식해제' 매크로를 생성하시오.

▶ [도형] → [기본 도형]의 '사각형: 빗면(▢)'을 동일 시트의 [I5:I6] 영역에 생성한 후 텍스트를 "서식해제"로 입력하고, 단추를 클릭하면 '서식해제' 매크로가 실행되도록 설정하시오.

※ 셀 포인터의 위치에 관계없이 매크로가 실행되어야 정답으로 인정됨

2. '기타작업-2' 시트에서 다음의 지시사항에 따라 차트를 수정하시오. (각 2점)

※ 차트는 반드시 문제에서 제공한 차트를 사용하여야 하며, 신규로 차트작성 시 0점 처리됨

① '전동칫솔' 요소가 표시되지 않도록 데이터 범위를 수정하시오.

② 차트 제목과 가로 축 제목, 세로 축 제목을 〈그림〉과 같이 입력하시오.

③ 가로 축의 기본 단위는 〈그림〉과 같이 지정하고, 값이 거꾸로 표시되도록 설정하시오.

④ '백화점' 계열에만 데이터 레이블을 〈그림〉과 같이 표시되도록 설정하시오.

⑤ 범례는 도형 스타일을 '강한 효과 – 검정, 어둡게 1', 차트 영역의 테두리는 '표준 색 – 파랑'으로 지정하시오.

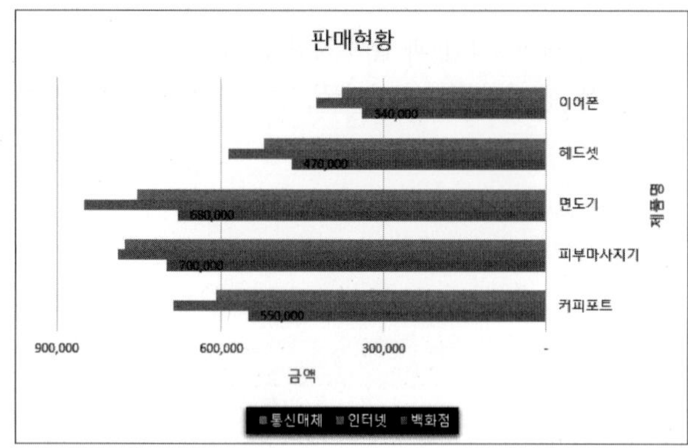

3. '기타작업-3' 시트에서 다음과 같은 작업을 수행하도록 프로시저를 작성하시오. (각 5점)

① '매출등록' 단추를 클릭하면 〈매출등록〉 폼이 나타나고, 폼이 초기화(Initialize)되면 '제품명(cmb제품명)' 목록에는 "세탁기", "냉장고", "건조기", "식기세척기", "인덕션"이 표시되도록 프로시저를 작성하시오.

② 〈매출등록〉 폼의 '등록(cmd등록)' 단추를 클릭하면 폼에 입력된 데이터가 시트의 표에 입력되어 있는 마지막 행 다음에 연속하여 추가되도록 프로시저를 작성하시오.

▶ '판매금액'에는 1000 단위 구분 기호를 표시하시오.
[표시 예 : '판매금액'이 15000일 경우 → 15,000, 0일 경우 → 0]

▶ FORMAT 함수 사용

③ 〈매출등록〉 폼의 '종료(cmd종료)' 단추를 클릭하면 폼을 종료한 후 [A1] 셀의 글꼴을 '궁서체'로 설정하시오.

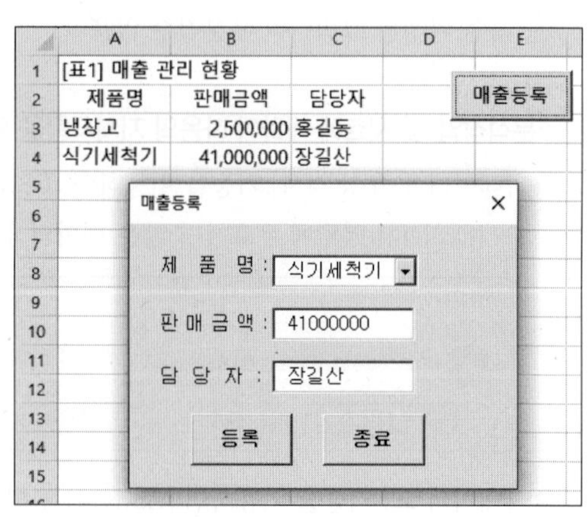

기출문제 정답 및 해설

문제 1 기본작업

정답

01. 고급 필터 _ 참고 : 고급 필터 18쪽

정답

	A	B	C	D
33				
34	조건			
35	FALSE			
36				
37	대출일	고객명	대출지점	월납입액
38	2021-12-09	우진우	충청	₩ 526,249
39	2022-06-24	민애라	부산	₩ 350,833
40	2021-09-02	김상진	부산	₩ 303,974

• '고급 필터' 대화상자

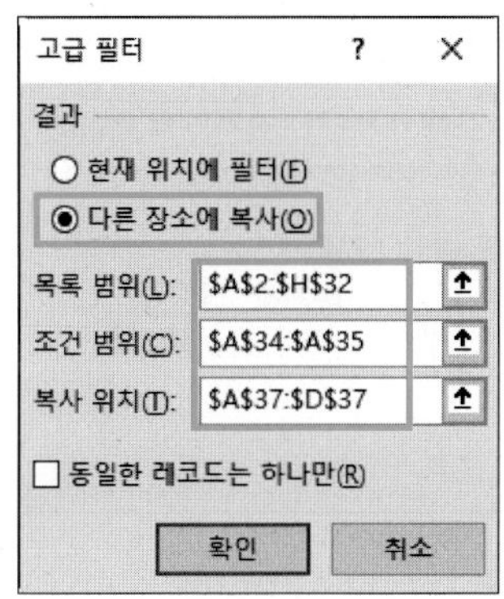

[A35] : =AND(H3>=LARGE($H$3:$H$32,5),YEAR(A3)>=2021)

02. 조건부 서식 _ 참고 : 조건부 서식 25쪽

정답

	A	B	C	D	E	F	G	H
1	[표1]							
2	대출일	고객명	대출지점	대출종류	대출액	대출기간	대출수수료	월납입액
3	2020-05-17	김진석	충청	무보증신용	5,000,000	36개월	1,500	₩ 147,620
4	2019-06-12	구준식	서울	예부적금담보	2,000,000	60개월	1,550	₩ 36,383
5	2021-08-17	이진태	경기	무보증신용	8,000,000	30개월	1,500	₩ 280,666
6	2020-08-16	이재철	경기	무보증신용	2,000,000	36개월	1,700	₩ 59,048
7	*2021-12-18*	*김세희*	*서울*	*주택자금*	*12,000,000*	*60개월*	*950*	*₩ 218,301*
8	2019-12-03	박순영	부산	주택자금	35,000,000	24개월	900	₩1,512,095
9	*2021-03-25*	*김성재*	*경기*	*무보증신용*	*5,000,000*	*30개월*	*1,100*	*₩ 174,307*
10	2021-05-18	설진구	부산	예부적금담보	3,000,000	36개월	1,700	₩ 88,572
11	2019-08-31	이영민	경기	예부적금담보	3,500,000	36개월	1,700	₩ 103,334
12	2019-10-09	도희철	서울	국민주택기금	15,000,000	60개월	950	₩ 272,876
13	2021-12-09	우진우	충청	주택자금	15,000,000	30개월	1,300	₩ 526,249
14	2022-06-24	민애라	부산	국민주택기금	10,000,000	30개월	1,300	₩ 350,833
15	2020-08-21	민승렬	부산	예부적금담보	1,000,000	48개월	1,500	₩ 22,356
16	2021-03-22	최만용	서울	주택자금	15,000,000	60개월	1,350	₩ 276,248
17	2019-01-20	오태열	서울	주택자금	27,000,000	48개월	900	₩ 603,612
18	2020-02-13	장우석	충청	국민주택기금	7,000,000	30개월	1,500	₩ 245,583
19	*2022-05-26*	*김연주*	*경기*	*예부적금담*	*4,000,000*	*48개월*	*1,700*	*₩ 90,316*
20	2022-06-07	이민주	경기	국민주택기금	5,000,000	30개월	1,300	₩ 174,307
21	2022-06-12	정대식	서울	무보증신용	5,000,000	30개월	1,100	₩ 174,307
22	*2022-11-27*	*김춘복*	*경기*	*무보증신용*	*3,000,000*	*24개월*	*1,700*	*₩ 130,275*
23	2021-06-24	이영진	서울	예부적금담보	3,000,000	36개월	1,700	₩ 88,572
24	2021-07-20	진영태	충청	주택자금	15,000,000	60개월	1,150	₩ 272,876
25	2021-08-03	임현석	경기	국민주택기금	6,000,000	24개월	1,100	₩ 259,216
26	2020-05-01	남지철	충청	국민주택기금	5,000,000	24개월	1,100	₩ 216,014
27	2022-05-14	국선재	부산	국민주택기금	5,000,000	18개월	1,450	₩ 286,657
28	2021-09-02	김상진	부산	국민주택기금	7,000,000	24개월	1,500	₩ 303,974
29	2020-09-12	민인희	충청	무보증신용	3,000,000	24개월	1,700	₩ 130,275
30	2022-10-24	최철식	경기	예부적금담보	2,500,000	12개월	1,450	₩ 212,304
31	2020-12-09	박철형	충청	무보증신용	10,000,000	36개월	1,100	₩ 293,021
32	2022-12-15	성철수	서울	무보증신용	5,000,000	18개월	1,450	₩ 286,657

• '새 서식 규칙' 대화상자

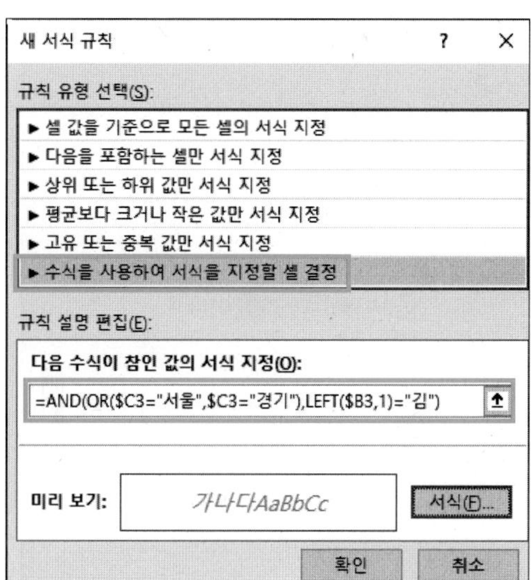

03. 페이지 레이아웃 _ 참고 : 페이지 레이아웃 32쪽

정답

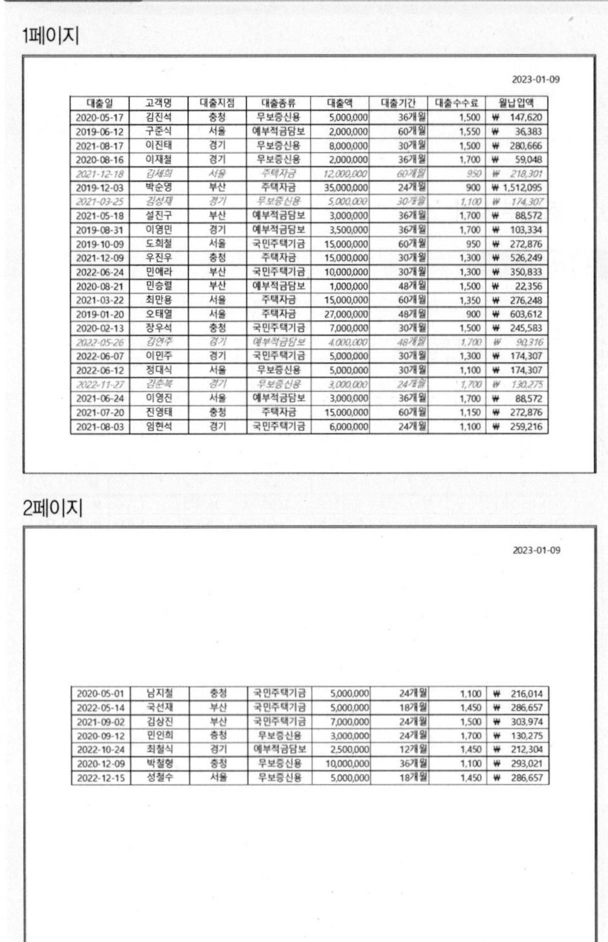

1페이지

2023-01-09

대출일	고객명	대출지점	대출종류	대출액	대출기간	대출수수료	월납입액
2020-05-17	김진석	충청	무보증신용	5,000,000	36개월	1,500	₩ 147,620
2019-06-12	구준식	서울	예부적금담보	2,000,000	60개월	1,550	₩ 36,383
2021-08-17	이진태	경기	무보증신용	8,000,000	30개월	1,500	₩ 280,666
2020-08-16	이재철	경기	무보증신용	2,000,000	36개월	1,700	₩ 59,048
2021-12-18	김세희	서울	주택자금	12,000,000	60개월	950	₩ 218,301
2019-12-03	박순영	부산	주택자금	35,000,000	24개월	900	₩ 1,512,095
2021-03-25	김성재	경기	무보증신용	5,000,000	30개월	1,100	₩ 174,307
2021-05-18	설진구	부산	예부적금담보	3,000,000	36개월	1,700	₩ 88,572
2019-08-31	이영민	경기	예부적금담보	3,500,000	36개월	1,700	₩ 103,334
2019-10-09	도희철	서울	국민주택기금	15,000,000	60개월	950	₩ 272,876
2021-12-09	우진우	충청	주택자금	15,000,000	30개월	1,300	₩ 526,249
2022-06-24	민애라	부산	국민주택기금	10,000,000	30개월	1,300	₩ 350,833
2020-08-21	민승렬	부산	예부적금담보	1,000,000	48개월	1,500	₩ 22,356
2021-03-22	최만용	서울	주택자금	15,000,000	60개월	1,350	₩ 276,248
2019-01-20	오태열	서울	주택자금	27,000,000	48개월	900	₩ 603,612
2020-02-13	장우석	충청	국민주택기금	7,000,000	30개월	1,500	₩ 245,583
2022-05-26	김연주	경기	예부적금담보	4,000,000	48개월	1,700	₩ 90,316
2022-06-07	이민주	경기	국민주택기금	5,000,000	30개월	1,300	₩ 174,307
2022-06-12	정대식	서울	무보증신용	5,000,000	30개월	1,100	₩ 174,307
2022-11-27	김춘복	경기	무보증신용	3,000,000	24개월	1,700	₩ 130,275
2021-06-24	이영진	서울	예부적금담보	3,000,000	36개월	1,700	₩ 88,572
2021-07-20	진영태	충청	주택자금	15,000,000	60개월	1,150	₩ 272,876
2021-08-03	임현석	경기	국민주택기금	6,000,000	24개월	1,100	₩ 259,216

2페이지

2023-01-09

2020-05-01	남지철	충청	국민주택기금	5,000,000	24개월	1,100	₩ 216,014
2022-05-14	국선재	부산	국민주택기금	5,000,000	18개월	1,450	₩ 286,657
2021-09-02	김상진	부산	국민주택기금	7,000,000	24개월	1,500	₩ 303,974
2020-09-12	민인희	충청	무보증신용	3,000,000	24개월	1,700	₩ 130,275
2022-10-24	최철식	경기	예부적금담보	2,500,000	12개월	1,450	₩ 212,304
2020-12-09	박철형	충청	무보증신용	10,000,000	36개월	1,100	₩ 293,021
2022-12-15	성철수	서울	무보증신용	5,000,000	18개월	1,450	₩ 286,657

• '페이지 설정' 대화상자의 '페이지' 탭

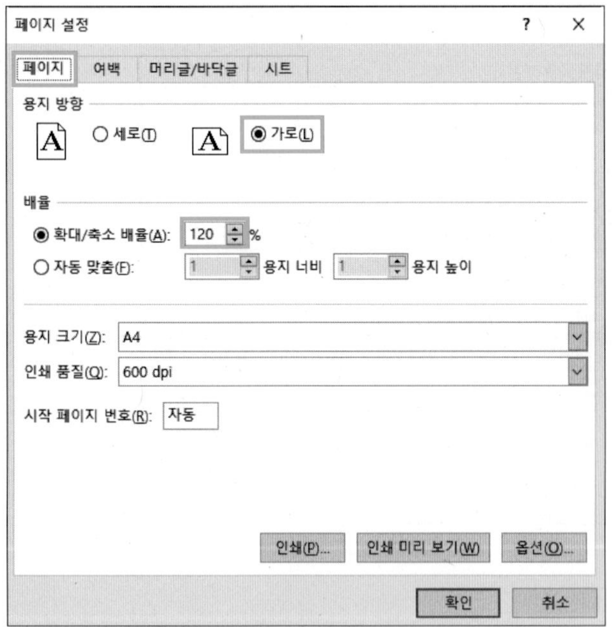

• '페이지 설정' 대화상자의 '여백' 탭

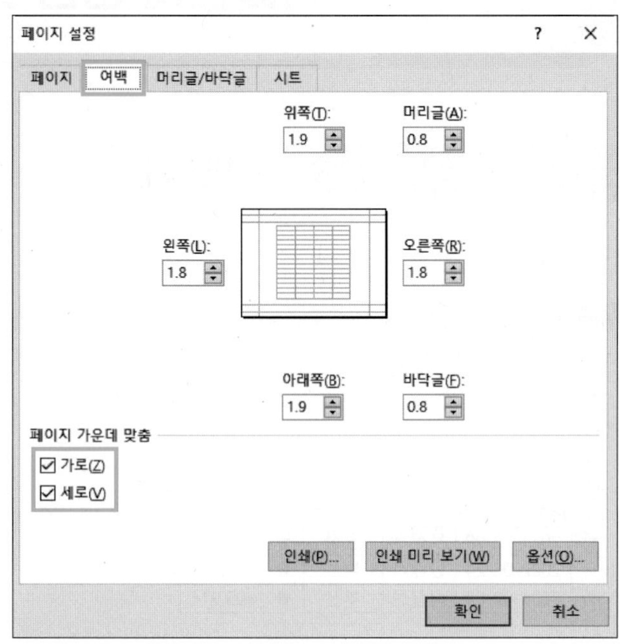

• '바닥글' 대화상자

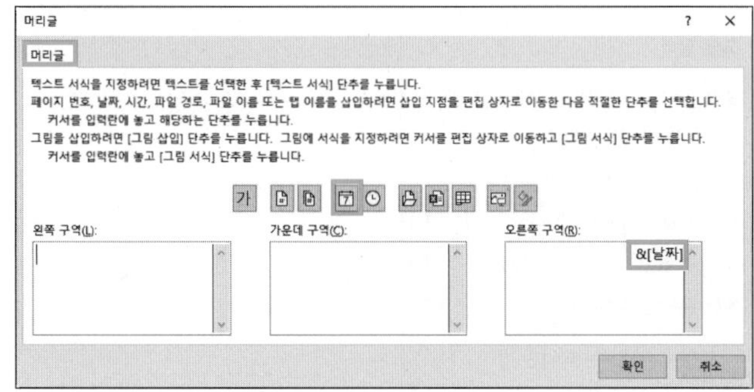

• '페이지 설정' 대화상자의 '시트' 탭

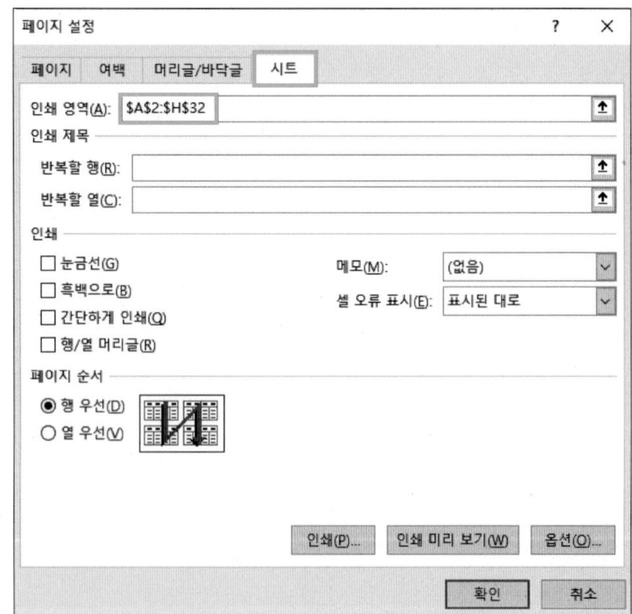

정답

	A	B	C	D	E	F	G ①	H ②	I ⑤	J
1	[표1]									
2	고객번호	고객등급	대출일	대출종류	대출액	대출기간	대출수수료	월납입액	비고	
3	C04-08	일반	2022-12-15	무보증신용	5,000,000	18개월	1,450	₩286,657		
4	P01-23	최우수	2022-06-12	무보증신용	5,000,000	30개월	1,100	₩174,307		
5	K02-12	일반	2022-11-27	무보증신용	3,000,000	24개월	1,700	₩130,275		
6	K02-26	우수	2022-10-24	예부적금담보	2,500,000	12개월	1,450	₩212,304		
7	P01-27	일반	2021-08-17	무보증신용	8,000,000	30개월	1,500	₩280,666		
8	S03-37	우수	2022-12-09	무보증신용	10,000,000	12개월	1,050	₩849,216	●	
9	K02-59	일반	2022-02-13	국민주택기금	7,000,000	30개월	1,500	₩245,583		
10	C03-08	우수	2021-06-12	예부적금담보	2,000,000	60개월	1,550	₩36,383		
11	P02-14	최우수	2021-03-25	무보증신용	5,000,000	30개월	1,100	₩174,307		
12	K01-07	일반	2021-06-24	예부적금담보	3,000,000	36개월	1,700	₩88,572		
13	S04-02	우수	2022-06-07	국민주택기금	5,000,000	30개월	1,300	₩174,307		
14	K03-26	최우수	2021-12-18	주택자금	12,000,000	60개월	950	₩218,301	◎	
15	S03-05	최우수	2021-10-09	국민주택기금	15,000,000	60개월	950	₩272,876	◎	
16	P01-37	일반	2020-05-17	무보증신용	5,000,000	36개월	1,500	₩147,620		
17	S01-02	일반	2022-09-02	국민주택기금	7,000,000	24개월	1,500	₩303,974		
18	P04-48	일반	2021-08-31	예부적금담보	3,500,000	36개월	1,700	₩103,334		
19	C02-67	우수	2020-08-21	예부적금담보	1,000,000	48개월	1,500	₩22,356		
20	C02-38	최우수	2022-01-20	주택자금	27,000,000	48개월	900	₩603,612	◎	
21	C01-38	일반	2022-05-14	국민주택기금	5,000,000	18개월	1,450	₩286,657		
22	C02-01	일반	2021-03-22	주택자금	15,000,000	60개월	1,350	₩276,248	◎	
23	S01-64	일반	2022-09-12	무보증신용	3,000,000	24개월	1,700	₩130,275		
24	P04-15	일반	2021-05-18	예부적금담보	3,000,000	36개월	1,700	₩88,572		
25	C02-28	일반	2022-06-24	국민주택기금	10,000,000	16개월	1,250	₩642,856	●	
26	K04-26	우수	2021-07-20	주택자금	15,000,000	60개월	1,150	₩272,876	◎	
27	K03-52	최우수	2021-08-03	국민주택기금	6,000,000	24개월	1,100	₩259,216		
28	C03-88	일반	2022-05-26	예부적금담보	4,000,000	48개월	1,700	₩90,316		
29	S04-31	최우수	2022-12-03	주택자금	35,000,000	24개월	900	₩1,512,095	◎	
30	K02-06	일반	2020-08-16	무보증신용	2,000,000	36개월	1,700	₩59,048		
31	K04-35	최우수	2022-05-01	국민주택기금	5,000,000	24개월	1,100	₩216,014		
32	S01-42	일반	2021-12-09	주택자금	15,000,000	30개월	1,300	₩526,249	◎	

[표2] 고객등급과 대출액별 수수료

고객등급	0 이상 5,000,000 미만	5,000,000 이상 10,000,000 미만	10,000,000 이상 50,000,000 미만	50,000,000 이상
일반	1,600	1,400	1,200	1,000
우수	1,400	1,200	1,000	800
최우수	1,200	1,000	800	600

[표4] 대출형태와 순위별 매출액 ④

대출형태	1위	2위	3위
신용	10,000,000	8,000,000	5,000,000
담보	4,000,000	3,500,000	3,000,000
기금	15,000,000	10,000,000	7,000,000
자금	35,000,000	27,000,000	15,000,000

[표3] 대출년와 지역별 대출 건수 ③

대출년도	서울 C	인천 P	대전 K	부산 S
2020	1	1	1	0
2021	2	4	4	2
2022	5	1	4	5

1 대출수수료(G3) _ 참고 : 찾기/참조 함수 58쪽

=IF(F3<20, 50, IF(F3<60, 100, 150))+VLOOKUP(B3, $A$37:$E$39, MATCH(E3, $B$35:$E$35, 1)+1, FALSE)

2 월납입액(H3) _ 참고 : 논리 함수 71쪽

=PMT(IF(B3="일반", 4%, 3.5%)/12, F3, -E3)

3 대출년도와 지역별 대출 건수(B44) _ 참고 : 배열 수식 43쪽

{=COUNT(IF((LEFT($A$3:$A$32, 1)=B$43) * (YEAR($C$3:$C$32)=$A44), 1))}

4 대출형태와 순위별 대출액(H36) _ 참고 : 배열 수식 43쪽

{=LARGE((RIGHT($D$3:$D$32, 2)=$G36) * $E$3:$E$32, H$35)}

5 비고(I3) _ 참고 : 사용자 정의 함수 83쪽

=fn비고(E3,F3)

```
Public Function fn비고(대출액, 대출기간)
  If 대출액 >= 10000000 And 대출기간 < 20 Then
    fn비고 = "●"
  ElseIf 대출액 >= 10000000 And 대출기간 >= 20 Then
    fn비고 = "◎"
  Else
    fn비고 = ""
  End If
End Function
```

01. 피벗 테이블 _ 참고 : 피벗 테이블 88쪽

• '피벗 테이블 필드' 창

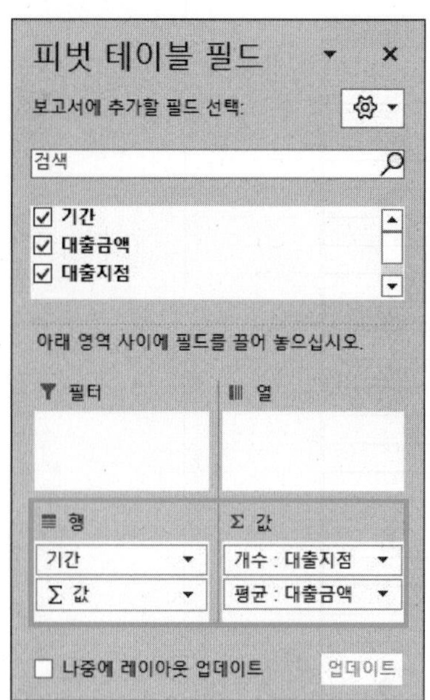

• '그룹화' 대화상자

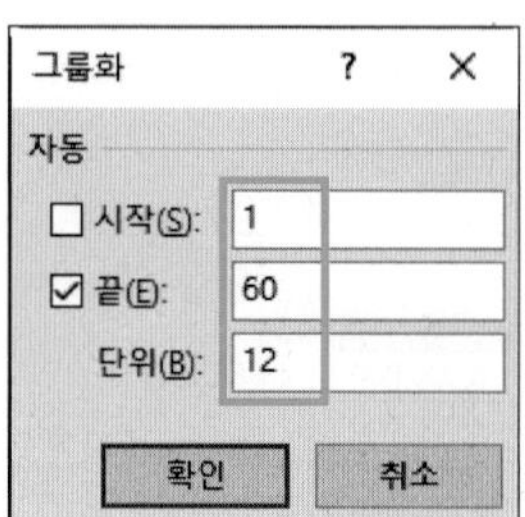

02. 데이터 유효성 검사 / 데이터 표 _ 참고 : 데이터 유효성 검사 102쪽 / 데이터 표 116쪽

정답

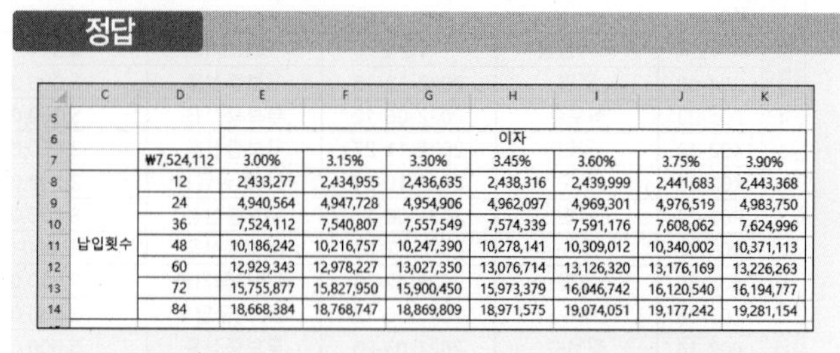

	C	D	E	F	G	H	I	J	K
5									
6			이자						
7		₩7,524,112	3.00%	3.15%	3.30%	3.45%	3.60%	3.75%	3.90%
8	납입횟수	12	2,433,277	2,434,955	2,436,635	2,438,316	2,439,999	2,441,683	2,443,368
9		24	4,940,564	4,947,728	4,954,906	4,962,097	4,969,301	4,976,519	4,983,750
10		36	7,524,112	7,540,807	7,557,549	7,574,339	7,591,176	7,608,062	7,624,996
11		48	10,186,242	10,216,757	10,247,390	10,278,141	10,309,012	10,340,002	10,371,113
12		60	12,929,343	12,978,227	13,027,350	13,076,714	13,126,320	13,176,169	13,226,263
13		72	15,755,877	15,827,950	15,900,450	15,973,379	16,046,742	16,120,540	16,194,777
14		84	18,668,384	18,768,747	18,869,809	18,971,575	19,074,051	19,177,242	19,281,154

• '데이터 유효성' 대화상자의 '설정' 탭

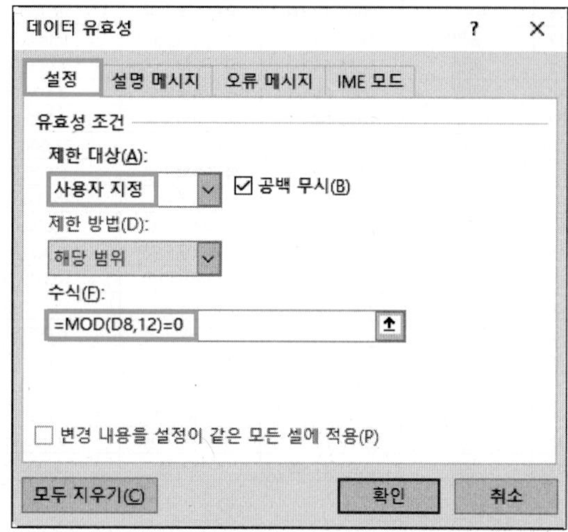

• '데이터 유효성' 대화상자의 '오류 메시지' 탭

데이터 유효성

설정 | 설명 메시지 | 오류 메시지 | IME 모드

☑ 유효하지 않은 데이터를 입력하면 오류 메시지 표시(S)

유효하지 않은 데이터를 입력하면 나타낼 오류 메시지

스타일(Y): 중지

제목(T): 입력오류

오류 메시지(E): 12의 배수만 입력해야 합니다.

모두 지우기(C) 확인 취소

• '데이터 테이블' 대화상자

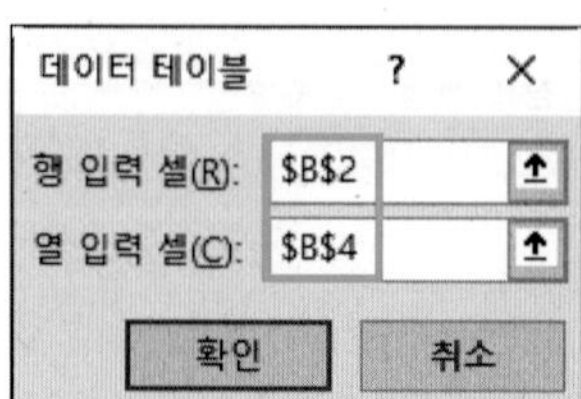

[D7] : =FV(B2/12,B4,-B3)

01. 매크로 작성 _ 참고 : 매크로 135쪽

1 '서식적용' 매크로 실행

정답

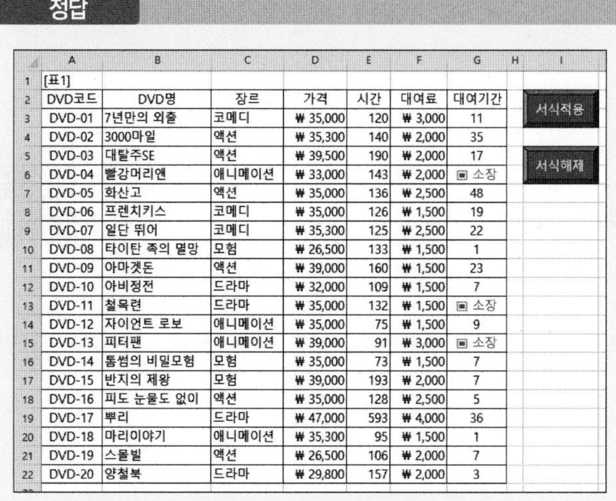

	A	B	C	D	E	F	G
1	[표1]						
2	DVD코드	DVD명	장르	가격	시간	대여료	대여기간
3	DVD-01	7년만의 외출	코메디	₩ 35,000	120	₩ 3,000	11
4	DVD-02	3000마일	액션	₩ 35,300	140	₩ 2,000	35
5	DVD-03	대탈주SE	액션	₩ 39,500	190	₩ 2,000	17
6	DVD-04	빨강머리앤	애니메이션	₩ 33,000	143	₩ 2,000	▣ 소장
7	DVD-05	화산고	액션	₩ 35,000	136	₩ 2,500	48
8	DVD-06	프렌치키스	코메디	₩ 35,000	126	₩ 1,500	19
9	DVD-07	일단 뛰어	코메디	₩ 35,300	125	₩ 2,500	22
10	DVD-08	타이탄 족의 멸망	모험	₩ 26,500	133	₩ 1,500	1
11	DVD-09	아마겟돈	액션	₩ 39,000	160	₩ 1,500	23
12	DVD-10	아비정전	드라마	₩ 32,000	109	₩ 1,500	7
13	DVD-11	철목련	드라마	₩ 35,000	132	₩ 1,500	▣ 소장
14	DVD-12	자이언트 로보	애니메이션	₩ 35,000	75	₩ 1,500	9
15	DVD-13	피터팬	애니메이션	₩ 39,000	91	₩ 3,000	▣ 소장
16	DVD-14	톰썸의 비밀모험	모험	₩ 35,000	73	₩ 1,500	7
17	DVD-15	반지의 제왕	모험	₩ 39,000	193	₩ 2,000	7
18	DVD-16	피도 눈물도 없이	액션	₩ 35,000	128	₩ 2,500	5
19	DVD-17	뿌리	드라마	₩ 47,000	593	₩ 4,000	36
20	DVD-18	마리이야기	애니메이션	₩ 35,300	95	₩ 1,500	1
21	DVD-19	스몰빌	액션	₩ 26,500	106	₩ 2,000	7
22	DVD-20	양철북	드라마	₩ 29,800	157	₩ 2,000	3

• '셀 서식' 대화상자

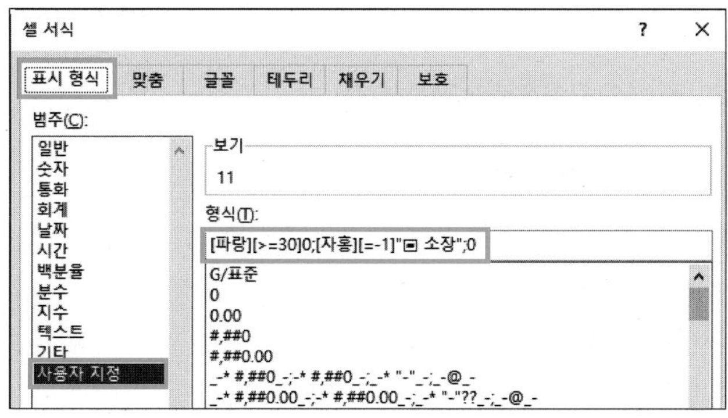

02. 차트 수정 _ 참고 차트 128쪽

3 값을 거꾸로 표시하기

기본 가로 축을 더블클릭한 후 다음과 같이 설정한다.

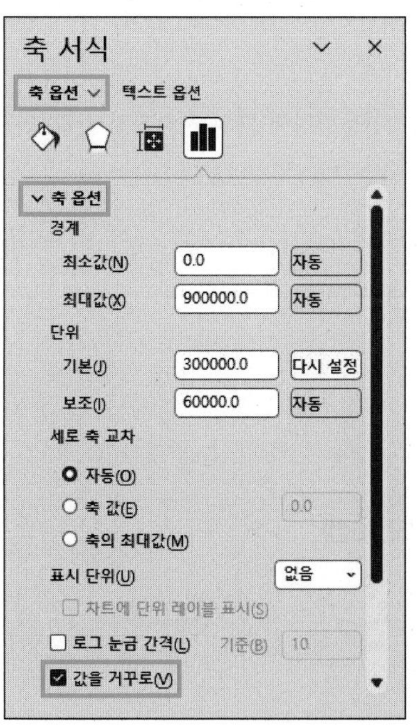

03. 프로시저 작성 _ 참고 : 프로시저 142쪽

1 '매출등록' 단추 및 폼 초기화 프로시저

• '매출등록' 단추 클릭 프로시저

정답

```
Private Sub cmd매출등록_Click( )
    매출등록.Show
End Sub
```

• 폼 초기화 프로시저

정답

```
Private Sub UserForm_Initialize( )
    cmb제품명.AddItem "세탁기"
    cmb제품명.AddItem "냉장고"
    cmb제품명.AddItem "건조기"
    cmb제품명.AddItem "식기세척기"
    cmb제품명.AddItem "인덕션"
End Sub
```

2 '등록' 단추에 기능 구현하기

정답

```
Private Sub cmd등록_Click( )
    입력행 = [A1].Row + [A1].CurrentRegion.Rows.Count
    Cells(입력행, 1) = cmb제품명
    Cells(입력행, 2) = Format(txt판매금액, "#,##0")
    Cells(입력행, 3) = txt담당자
End Sub
```

3 '종료' 단추에 기능 구현하기

정답

```
Private Sub cmd종료_Click( )
    Unload Me
    [A1].Font.Name = "궁서체"
End Sub
```

EXAMINATION

06회 2023년 상시02 컴퓨터활용능력 1급

- **준 비 하 세 요 :** 'C:\길벗컴활1급총정리\기출\06회' 폴더에서 '23년상시02.xlsm' 파일을 열어서 작업하시오.
- **외부 데이터 위치 :** C:\길벗컴활1급총정리\기출\06회

4123021

문제 1 기본작업(15점) 주어진 시트에서 다음의 과정을 수행하고 저장하시오.

1. '기본작업' 시트에서 다음과 같이 고급 필터를 수행하시오. (5점)

▶ [A3:H33] 영역에서 '이름'이 "오" 자로 끝나고 '접수번호'에 "07"이 포함된 데이터의 '접수번호, '이름', '생년월일', '목적지' 필드만 순서대로 표시하시오.

▶ 조건은 [J3:J4] 영역 내에 알맞게 입력하시오. (AND, FIND, RIGHT 함수 사용)

▶ 결과는 [J6] 셀부터 표시하시오.

2. '기본작업' 시트에서 다음과 같이 조건부 서식을 설정하시오. (5점)

▶ [A4:H33] 영역에서 '출발일자'가 2023년 6월 1일 이후이면서 '출발시간'이 오후 12시~오후 6시인 데이터의 행 전체에 대하여 채우기 색은 '표준 색-노랑'으로 적용하시오.

▶ 단, 규칙 유형은 '수식을 사용하여 서식을 지정할 셀 결정'을 사용하고, 한 개의 규칙으로만 작성하시오.

▶ AND, DATE 함수 사용

3. '기본작업' 시트에서 다음과 같이 페이지 레이아웃을 설정하시오. (5점)

▶ [A3:H33] 영역을 인쇄 영역으로 설정하고 페이지의 내용이 자동으로 확대/축소되어 인쇄되도록 설정하시오.

▶ 행 머리글(1, 2, 3 등)과 열 머리글(A, B, C 등)이 인쇄되도록 설정하시오.

▶ 페이지 하단의 오른쪽 구역에는 오늘의 날짜가 인쇄되도록 바닥글을 설정하시오.

4123022

문제 2 계산작업(30점) '계산작업' 시트에서 다음의 과정을 수행하고 저장하시오.

1. [표3]의 전력량과 [표1]을 이용하여 [F12:F35] 영역에 사용량요금을 계산하시오. (6점)

▶ 사용량요금 = 전력사용요금×사용전력량

▶ '전력사용요금'은 [표1]의 전력량별 요금표를 참조하되, 이때 사용되는 전력량은 십의 자리에서 올림하여 백의 자리까지 산출하여 적용(예 165kwh → 200kwh)

▶ '사용전력량'은 전력량을 100으로 나눈 나머지만 적용함[예 : 165kwh → 65kwh]

▶ MOD, VLOOKUP, ROUNDUP 함수 사용

2. [표3]의 전력량을 이용하여 [표2]의 [H3:H7] 영역에 전력량별 세대수를 계산하여 표시하시오. (6점)

▶ 표시 예 : 5세대

▶ IF, COUNT 함수와 & 연산자를 사용한 배열 수식

3. [표3]의 전력량을 이용하여 [표2]의 [H8] 셀에 상위 4위 이내인 전력량의 평균을 계산하여 표시하시오. (6점)

▶ IF, AVERAGE, LARGE 함수를 사용한 배열 수식

4. 사용자 정의 함수 'fn연체일'을 작성하여 [I12:I35] 영역에 연체일을 계산하여 표시하시오. (6점)

▶ 'fn연체일'은 기준일과 납입일을 인수로 받아 값을 되돌려줌
▶ 납입일이 기준일보다 작거나 같으면 "정상납부", 납입일이 기준일보다 크면 연체일을 표시하되, 연체일 뒤에 "일 연체"를 함께 표시[표시 예 : 2일 연체]
▶ 연체일 = 납입일 – 기준일
▶ IF ~ ELSE문 사용

```
Public Function fn연체일(기준일, 납입일)
End Function
```

5. [표3]의 전력량과 전월전력량을 이용하여 [J12:J35] 영역에 전력량과 전월전력량의 차이만큼 그래프를 표시하시오. (6점)

▶ '(전력량–전월전력량)/100'의 값만큼 "▶" 또는 "◁" 표시
▶ [표시 예] : '(전력량–전월전력량)/100'의 정수 값이 3일 때 "▶▶▶", –3일 때 "◁◁◁"
▶ IFERROR, ABS, REPT 함수 사용

문제 3 분석작업(20점) 주어진 시트에서 다음의 과정을 수행하고 작업하시오.

1. '분석작업-1' 시트에서 다음의 지시사항에 따라 피벗 테이블 보고서를 작성하시오. (10점)

▶ 외부 데이터 원본으로 〈여행예약현황.txt〉의 데이터를 사용하시오.
 – 원본 데이터는 탭과 "/"로 분리되어 있으며, 내 데이터에 머리글을 표시하시오.
 – '기본운임', '좌석구분', '출발일자', '목적지' 열만 가져와 데이터 모델에 이 데이터를 추가하시오.
▶ 피벗 테이블 보고서의 레이아웃과 위치는 〈그림〉을 참조하여 설정하고, 보고서 레이아웃을 개요 형식으로 표시하시오.
▶ 행 필드는 '출발일자'의 월로 표시하고 열의 총합계만 표시하시오.
▶ '목적지' 필드는 '싱가포르'와 '홍콩'만 표시하시오.
▶ '기본운임' 필드의 표시 형식은 '값 필드 설정'의 셀 서식에서 '회계' 범주를 이용하여 〈그림〉과 같이 지정하시오.

	A	B	C	D
1	목적지	(다중 항목)		
2				
3	평균: 기본운임	좌석구분		
4	출발일자(월)	비즈니스석	일반석	할인석
5	01월	322,000		
6	02월		446,000	
7	03월	53,000		
8	04월			174,000
9	07월	243,000		
10	10월		54,000	179,000
11	11월			136,000
12	총합계	206,000	250,000	163,000

※ 작업 완성된 그림이며 부분점수 없음

2. '분석작업-2' 시트에 대하여 다음의 지시사항을 처리하시오. (10점)

▶ [정렬] 기능을 이용하여 '목적지'를 '베이징 – 광저우 – 뉴델리 – 마닐라 – 홍콩 – 싱가포르 – 상하이 – '도쿄' 순으로 정렬하고, 동일한 '목적지'인 경우 '생년월일'의 글꼴 색이 'RGB(0, 112, 192)'인 값이 위에 표시되고 , 글꼴 색이 'RGB(255, 0, 0)'인 값이 아래쪽에 표시되도록 정렬하시오.
▶ [통합] 기능을 이용하여 [표2]의 [I3:J6] 영역에 [표1]에 대한 '좌석구분'별 '기본운임'의 평균을 계산하시오.

	I	J
2	[표2]	
3	좌석구분	기본운임
4	일반석	228,571
5	비즈니스석	242,125
6	할인석	290,125

4123024

문제 4 기타작업(35점) 주어진 시트에서 다음 과정을 수행하고 저장하시오.

1. '기타작업-1' 시트에서 다음과 같은 기능을 수행하는 매크로를 현재 통합문서에 작성하시오. (각 5점)

① [G4:G23] 영역에 사용자 지정 표시 형식을 설정하는 '서식적용' 매크로를 생성하시오.

▶ '결제방법'이 1이면 "신용카드", -1이면 "현금", 나머지는 공백으로 표시하시오.

▶ [개발 도구] → [삽입] → [양식 컨트롤]의 '단추'를 동일 시트의 [I3:I4] 영역에 생성한 후 텍스트를 "서식적용"으로 입력하고, 단추를 클릭하면 '서식적용' 매크로가 실행되도록 설정하시오.

② [G4:G23] 영역에 표시 형식을 '일반'으로 설정하는 '서식해제' 매크로를 생성하시오.

▶ [개발 도구] → [삽입] → [양식 컨트롤]의 '단추'를 동일 시트의 [I5:I6] 영역에 생성한 후 텍스트를 "서식해제"로 입력하고, 단추를 클릭하면 '서식해제' 매크로가 실행되도록 설정하시오.

※ 셀 포인터의 위치에 관계없이 매크로가 실행되어야 정답으로 인정됨

2. '기타작업-2' 시트에서 다음의 지시사항에 따라 차트를 수정하시오. (각 2점)

※ 차트는 반드시 문제에서 제공한 차트를 사용하여야 하며, 신규로 차트작성 시 0점 처리됨

① 가로(항목) 축 레이블과 데이터 계열 이름을 〈그림〉과 같이 설정하시오.

② 차트 제목을 [A2] 셀과 연동하고 세로(값) 축 제목을 추가하여 [E3] 셀과 연동하고 텍스트 상자의 텍스트 방향을 '세로'로 지정하시오.

③ 차트 종류를 '3차원 누적 세로 막대형'으로 변경한 후 '3차원 회전'에서 '직각으로 축 고정'을 지정하시오.

④ 데이터 계열의 간격 깊이를 30%, 간격 너비를 50%로 변경한 후 세로 막대 모양을 '원통형'으로 표시하시오.

⑤ '보충역입영' 계열에 〈그림〉과 같이 데이터 레이블을 표시하고 차트 영역의 그림자는 '안쪽: 가운데'로 설정하시오.

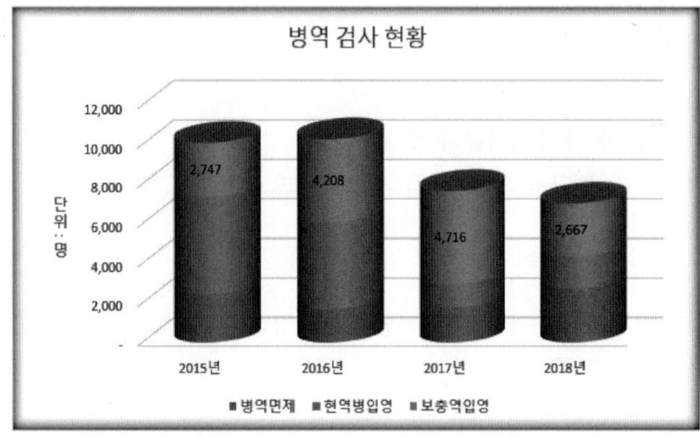

3. '기타작업-3' 시트에서 다음과 같은 작업을 수행하도록 프로시저를 작성하시오. (각 5점)

① '구독신청' 단추를 클릭하면 〈잡지구독신청〉 폼이 나타나고, 폼이 초기화(Initialize)되면 현재 날짜만을 표시하는 함수를 이용하여 '신청일(txt신청일)'에는 현재 날짜를 표시하고, '잡지명(cmb잡지명)' 목록에는 [H4:I7] 영역이 표시되도록 프로시저를 작성하시오.

② 〈잡지구독신청〉 폼의 '신청(cmd신청)' 단추를 클릭하면 폼에 입력된 데이터가 시트의 표에 입력되어 있는 마지막 행 다음에 연속하여 추가하되, Listindex를 사용하여 프로시저를 작성하시오.

▶ '신청구분'은 '신규(opt신규)'를 선택하면 "신규", '재구독(opt재구독)'을 선택하면 "재구독"을 입력하시오.

▶ 결제금액 = 구독부수 × (정가×90%)

▶ 입력되는 데이터는 워크시트에 입력된 기존 데이터와 같은 형식의 데이터로 입력하시오.

③ 〈잡지구독신청〉 폼의 '종료(cmd종료)' 단추를 클릭하면 폼을 종료한 후 [B2] 셀에 "구독신청현황"을 입력하시오.

	A	B	C	D	E	F	G	H	I
1					구독신청				
2	[표1]							[표1]	
3	신청자명	신청일	잡지명	구독부수	신청구분	결제금액		잡지명	정가
4	홍길동	2023-07-31	바둑돌	1	신규	9900		상공수학	9,000
5	장길산	2023-07-31	영화2023	2	재구독	27000		바둑돌	11,000
6								영화2023	15,000
7								상공과학	12,000

잡지구독신청

신청자명 장길산

신 청 일 2023-07-31

잡 지 명 영화2023

구독부수 2

신청구분 ○ 신규 ◉ 재구독

신청 종료

기출문제 정답 및 해설

문제 1 기본작업

정답

01. 고급 필터 _ 참고 : 고급 필터 18쪽

정답

	J	K	L	M
2				
3	조건			
4	TRUE			
5				
6	접수번호	이름	생년월일	목적지
7	RP0702	최정오	2013-05-23	도쿄
8	RP0807	정봉오	2008-05-06	도쿄
9	RP0728	한희오	2014-02-14	싱가포르

• '고급 필터' 대화상자

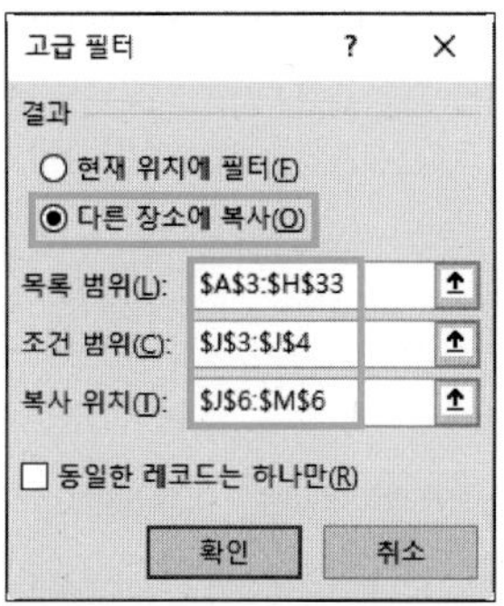

[J4] : =AND(RIGHT(B4,1)="오",FIND("07",A4)>=1)

02. 조건부 서식 _ 참고 : 조건부 서식 25쪽

정답

	A	B	C	D	E	F	G	H
1								
2	[표1]							
3	접수번호	이름	생년월일	기본운임	좌석구분	출발일자	출발시간	목적지
4	RP0702	최정오	2013-05-23	422,000	일반석	2023-03-04	18:50	도쿄
5	RP0807	정봉오	2008-05-06	315,000	할인석	2023-07-22	15:20	도쿄
6	RP0706	이미진	1995-05-20	364,000	일반석	2023-01-09	18:10	뉴델리
7	RP0523	강현오	1999-04-07	290,000	할인석	2023-08-20	0:00	광저우
8	RP0811	김발솔	2003-11-11	382,000	비즈니스석	2023-02-14	10:50	베이징
9	RP0207	이수태	2000-05-15	440,000	일반석	2023-07-16	19:50	광저우
10	RP0215	박승솔	2010-02-15	152,000	일반석	2023-03-02	23:50	광저우
11	RP0519	이현묘	2013-11-05	329,000	비즈니스석	2023-07-25	4:40	베이징
12	RP0701	강오언	2010-02-18	287,000	비즈니스석	2023-11-17	2:20	상하이
13	RP0825	최종미	1985-07-01	251,000	일반석	2023-01-26	20:10	상하이
14	RP0609	이원아	2000-03-20	159,000	비즈니스석	2023-02-13	6:40	상하이
15	RP0320	박샘해	1989-03-13	179,000	할인석	2023-10-13	19:30	싱가포르
16	RP0621	정준전	2008-10-31	174,000	할인석	2023-04-04	14:30	홍콩
17	RP0204	이동숙	2014-07-10	53,000	비즈니스석	2023-03-17	6:10	싱가포르
18	RP0830	한샘지	2010-11-12	432,000	할인석	2023-11-25	16:30	뉴델리
19	RP0308	서생진	1989-05-02	316,000	일반석	2023-05-23	4:50	마닐라
20	RP0414	최미한	1997-01-11	255,000	일반석	2023-10-16	18:50	뉴델리
21	RP0822	박언진	1989-09-09	130,000	일반석	2023-08-01	6:50	뉴델리
22	RP0229	정준전	2008-03-30	136,000	할인석	2023-11-25	16:50	홍콩
23	RP0803	박동리	1985-06-07	395,000	할인석	2023-09-04	2:50	베이징
24	RP0326	한현전	1998-08-18	162,000	비즈니스석	2023-03-16	21:10	도쿄
25	RP0127	강종동	2009-11-23	143,000	일반석	2023-05-15	16:00	베이징
26	RP0416	강장철	2000-06-13	60,000	일반석	2023-05-19	23:30	마닐라
27	RP0805	강정정	1985-05-14	243,000	비즈니스석	2023-07-14	4:50	홍콩
28	RP0817	김발솔	1987-11-30	44,000	일반석	2023-06-05	13:30	상하이
29	RP0918	김진준	2007-11-04	400,000	할인석	2023-06-01	18:40	도쿄
30	RP0728	한희오	2014-02-14	446,000	일반석	2023-02-07	23:50	싱가포르
31	RP0912	한대용	1987-12-04	322,000	비즈니스석	2023-01-10	5:10	싱가포르
32	RP0713	박준아	1999-05-01	54,000	일반석	2023-10-27	23:00	홍콩
33	RP0824	김진준	2006-01-26	123,000	일반석	2023-04-10	22:50	마닐라

• '새 서식 규칙' 대화상자

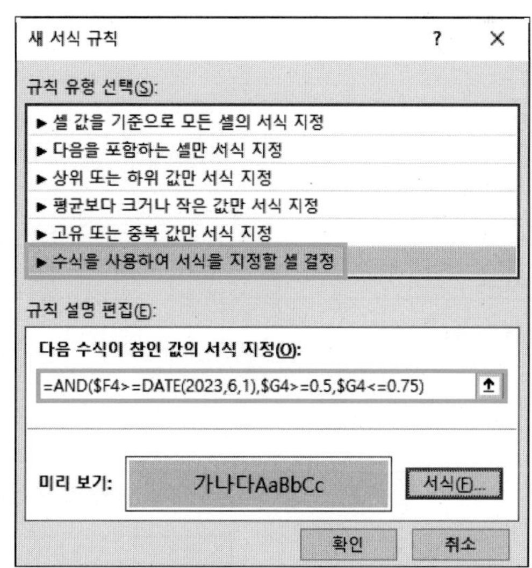

※ 시간 데이터는 밤 12시(자정)를 0.0으로 시작하여 6시는 0.25, 낮 12시(정오)는 0.5, 18시는 0.75로 저장됩니다.

03. 페이지 레이아웃 _ 참고 : 페이지 레이아웃 32쪽

정답

	A	B	C	D	E	F	G	H
3	접수번호	이름	생년월일	기본운임	좌석구분	출발일자	출발시간	목적지
4	RP0702	최정오	2013-05-23	422,000	일반석	2023-03-04	18:50	도쿄
5	RP0807	정봄오	2008-05-06	315,000	할인석	2023-07-22	15:20	도쿄
6	RP0706	이미진	1995-05-20	364,000	일반석	2023-01-09	18:10	뉴델리
7	RP0523	강현오	1999-04-07	290,000	할인석	2023-08-20	0:00	광저우
8	RP0811	김발슬	2003-11-11	382,000	비즈니스석	2023-02-14	10:50	베이징
9	RP0207	이수태	2000-05-15	440,000	일반석	2023-07-16	19:50	광저우
10	RP0215	박승슬	2010-02-15	152,000	일반석	2023-03-02	23:50	광저우
11	RP0519	이현묘	2013-11-05	329,000	비즈니스석	2023-07-25	4:40	베이징
12	RP0701	강오연	2010-02-18	287,000	비즈니스석	2023-11-17	2:20	상하이
13	RP0825	최종미	1985-07-01	251,000	일반석	2023-01-26	20:10	상하이
14	RP0609	이원아	2000-03-20	159,000	비즈니스석	2023-02-13	6:40	상하이
15	RP0320	박샘해	1989-03-13	179,000	할인석	2023-10-13	19:30	싱가포르
16	RP0621	정준전	2008-10-31	174,000	할인석	2023-04-04	14:30	홍콩
17	RP0204	이동숙	2014-07-10	53,000	비즈니스석	2023-03-17	6:10	싱가포르
18	RP0830	한샘지	2010-11-12	432,000	할인석	2023-11-25	16:30	뉴델리
19	RP0308	서생진	1989-05-02	316,000	일반석	2023-05-23	4:50	마닐라
20	RP0414	최미한	1997-01-11	255,000	일반석	2023-10-16	18:50	뉴델리
21	RP0822	박연진	1989-09-09	130,000	일반석	2023-08-01	6:50	뉴델리
22	RP0229	정준전	2008-03-30	136,000	할인석	2023-11-25	16:50	홍콩
23	RP0803	박동리	1985-06-07	395,000	할인석	2023-09-04	2:50	베이징
24	RP0326	한현전	1998-08-18	162,000	비즈니스석	2023-03-16	21:10	도쿄
25	RP0127	강종동	2009-11-23	143,000	일반석	2023-05-15	16:00	베이징
26	RP0416	강장철	2000-06-13	60,000	일반석	2023-05-19	23:30	마닐라
27	RP0805	강정정	1985-05-14	243,000	비즈니스석	2023-07-14	4:50	홍콩
28	RP0817	김발슬	1987-11-30	44,000	일반석	2023-06-05	13:30	상하이
29	RP0918	김진준	2007-11-04	400,000	할인석	2023-06-01	18:40	도쿄
30	RP0728	한희오	2014-02-14	446,000	일반석	2023-02-07	23:50	싱가포르
31	RP0912	한대용	1987-12-04	322,000	비즈니스석	2023-01-10	5:10	싱가포르
32	RP0713	박준아	1999-05-01	54,000	일반석	2023-10-27	23:00	홍콩
33	RP0824	김진준	2006-01-26	123,000	일반석	2023-04-10	22:50	마닐라

2023-06-16

• '페이지 설정' 대화상자의 '페이지' 탭

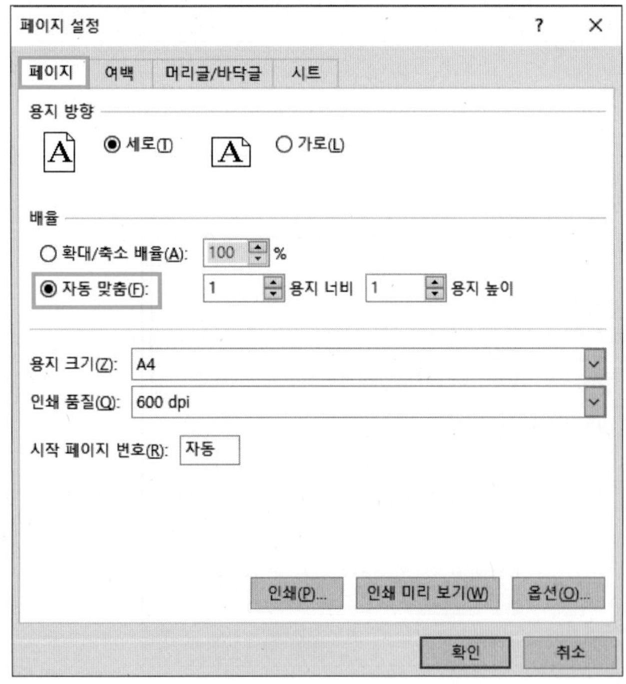

• '바닥글' 대화상자

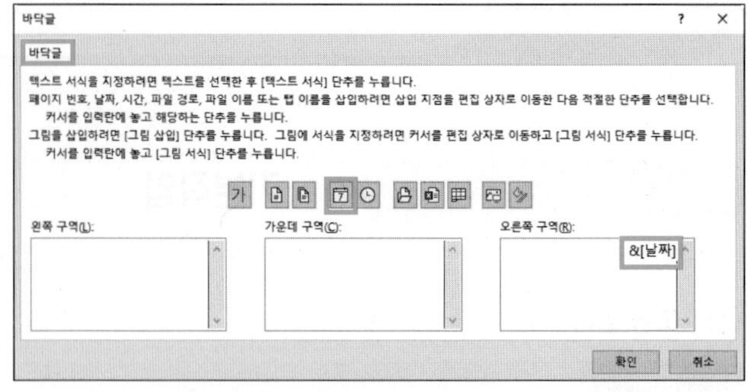

• '페이지 설정' 대화상자의 '시트' 탭

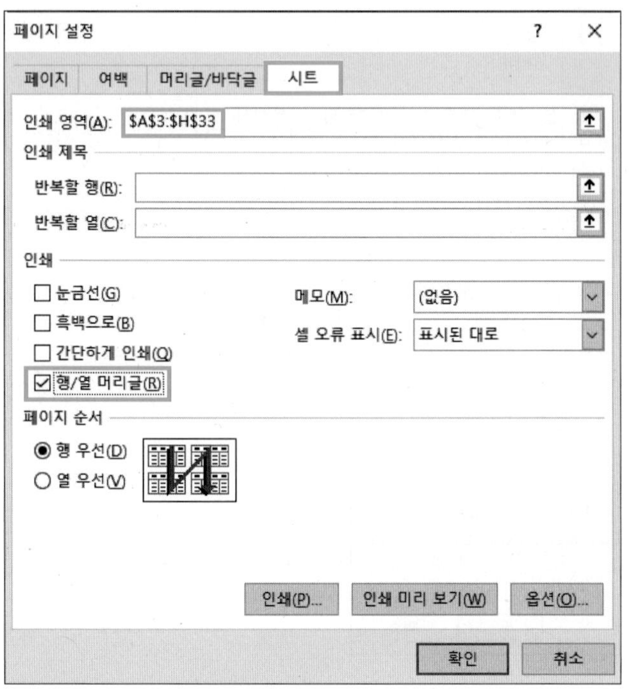

문제 2 계산작업

정답

	A	B	C	D	E	F	G	H	I	J
1	[표1] 전력량별 요금표					[표2]		2		
2	구간		기본요금	전력량요금		구간		세대수		
3	0	200	410	60.7		0	~ 200	4세대		
4	201	300	910	125.9		201	~ 300	10세대		
5	301	400	1,600	187.9		301	~ 400	5세대		
6	401	500	3,850	280.6		401	~ 500	4세대		
7	501	600	7,300	417.7		501	~ 600	1세대		
8						전력량 상위4위까지 평균		490.5	3	
9										
10	[표3]					1			기준일 :	2023-05-25
11	호수	가족수	전력량	공동요금	전기요금	사용량요금	납입일	전월전력 4	연체일	그래프 5
12	101	1	423	25,000	183,987	6,454	2023-05-19	435	정상납부	
13	102	7	324	35,000	495,797	4,510	2023-05-06	124	정상납부	▶▶
14	103	2	222	40,000	43,314	2,770	2023-05-10	387	정상납부	◁
15	104	2	438	25,000	190,253	10,663	2023-06-01	425	7일 연체	
16	105	3	171	35,000	3,050	4,310	2023-05-01	194	정상납부	
17	106	6	241	25,000	507,135	5,162	2023-05-27	292	2일 연체	
18	201	4	348	25,000	382,306	9,019	2023-05-12	500	정상납부	◁
19	202	6	154	25,000	2,817	3,278	2023-05-19	161	정상납부	
20	203	6	363	35,000	455,115	11,838	2023-05-15	501	정상납부	◁
21	204	4	476	35,000	196,184	21,326	2023-06-25	252	31일 연체	▶▶
22	205	7	365	40,000	523,141	12,214	2023-05-21	542	정상납부	◁
23	206	3	460	35,000	189,835	16,836	2023-06-11	350	17일 연체	▶
24	301	4	157	40,000	2,875	3,460	2023-05-23	230	정상납부	
25	302	2	203	25,000	39,744	378	2023-05-10	325	정상납부	◁
26	303	4	237	35,000	44,796	4,658	2023-05-17	239	정상납부	
27	304	7	282	40,000	467,786	10,324	2023-05-29	421	4일 연체	◁
28	305	3	257	25,000	188,644	7,176	2023-05-30	497	5일 연체	◁◁
29	306	5	134	35,000	2,569	2,064	2023-05-08	210	정상납부	
30	401	6	588	40,000	405,095	36,758	2023-05-20	481	정상납부	▶
31	402	5	292	25,000	200,478	11,583	2023-05-25	590	정상납부	◁◁
32	403	2	220	35,000	381,880	2,518	2023-05-03	192	정상납부	
33	404	3	244	35,000	183,486	5,540	2023-05-30	395	5일 연체	◁
34	405	5	266	25,000	523,808	8,309	2023-05-21	275	정상납부	
35	406	3	307	35,000	168,804	1,315	2023-05-11	154	정상납부	▶

1 사용량요금(F12) _ 참고 : 찾기/참조 함수 58쪽

```
=VLOOKUP( ROUNDUP(C12, -2), $A$3:$D$7, 4 ) * MOD(C12, 100)
```

2 전력량별 세대수(H3) _ 참고 : 배열 수식 43쪽

```
{=COUNT( IF( ($C$12:$C$35>=F3) * ($C$12:$C$35<=G3), 1) ) & “세대”}
```

3 전력량 상위4위까지 평균(H8) _ 참고 : 배열 수식 43쪽

```
{=AVERAGE( IF( C12:C35>=LARGE(C12:C35,4), C12:C35 ) )}
```

4 연체일(I12) _ 참고 : 사용자 정의 함수 83쪽

```
=fn연체일($J$10,G12)
```

```
Public Function fn연체일(기준일, 납입일)
  If 납입일 <= 기준일 Then
    fn연체일 = "정상납부"
  Else
    fn연체일 = 납입일 - 기준일 & "일 연체"
  End If
End Function
```

5 그래프(J12) _ 참고 : 논리 함수 71쪽

```
=IFERROR( REPT(“▶”,(C12-H12)/100), REPT(“◁”, ABS ((C12-H12)/100) ) )
```

01. 피벗 테이블 _ 참고 : 피벗 테이블 88쪽

• '피벗 테이블 필드' 창

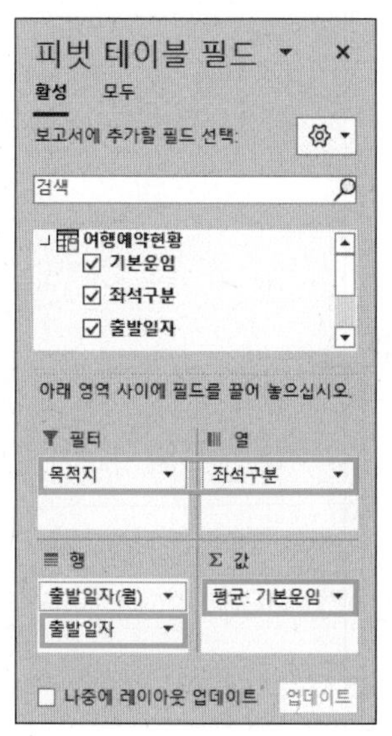

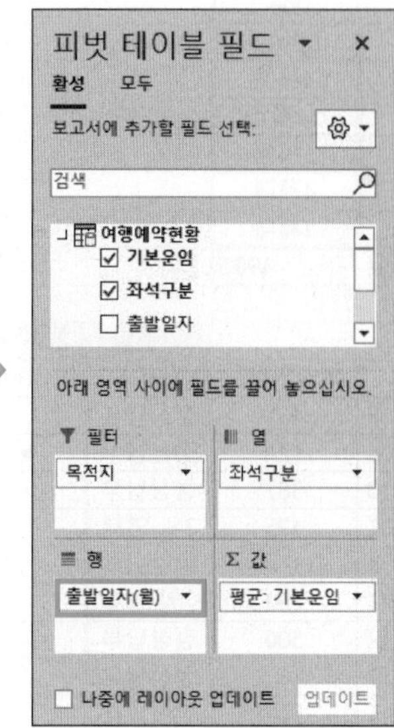

※ 행 영역의 '출발일자(월)' 필드는 '출발일자' 필드를 행 영역으로 이동하면 자동으로 생기는 '출발일자(월)' 필드를 이용합니다.

02. 정렬 / 통합 _ 참고 : 정렬 109쪽 / 통합 107쪽

정답

	A	B	C	D	E	F	G	H	I	J
1										
2	[표1]								[표2]	
3	접수번호	이름	생년월일	좌석구분	출발일자	기본운임	목적지		좌석구분	기본운임
4	RP2319	이현묘	2013-11-05	비즈니스석	2023-07-25	329,000	베이징		일반석	228,571
5	RP2311	김발솔	2003-11-11	비즈니스석	2023-02-14	382,000	베이징		비즈니스석	242,125
6	RP2327	강종동	2009-11-23	일반석	2023-05-15	143,000	베이징		할인석	290,125
7	RP2303	박동리	1985-06-07	할인석	2023-09-04	395,000	베이징			
8	RP2307	이수태	2000-05-15	일반석	2023-07-16	440,000	광저우			
9	RP2315	박승솔	2010-02-15	일반석	2023-03-02	152,000	광저우			
10	RP2323	강현오	1999-04-07	할인석	2023-08-20	290,000	광저우			
11	RP2306	이미진	1995-05-20	일반석	2023-01-09	364,000	뉴델리			
12	RP2314	최미한	1997-01-11	일반석	2023-10-16	255,000	뉴델리			
13	RP2322	박언진	1989-09-09	일반석	2023-08-01	130,000	뉴델리			
14	RP2330	한샘지	2010-11-12	할인석	2023-11-25	432,000	뉴델리			
15	RP2308	서생진	1989-05-02	일반석	2023-05-23	316,000	마닐라			
16	RP2316	강장철	2000-06-13	일반석	2023-05-19	60,000	마닐라			
17	RP2324	김진준	2006-01-26	일반석	2023-04-10	123,000	마닐라			
18	RP2313	박준아	1999-05-01	일반석	2023-10-27	54,000	홍콩			
19	RP2321	정준전	2008-10-31	할인석	2023-04-04	174,000	홍콩			
20	RP2329	정준전	2008-03-30	할인석	2023-11-25	136,000	홍콩			
21	RP2305	강정정	1985-05-14	비즈니스석	2023-07-14	243,000	홍콩			
22	RP2304	이동숙	2014-07-10	비즈니스석	2023-03-17	53,000	싱가포르			
23	RP2328	한현진	2014-02-14	일반석	2023-02-07	446,000	싱가포르			
24	RP2320	박샘해	1989-03-13	할인석	2023-10-13	179,000	싱가포르			
25	RP2312	한대용	1987-12-04	비즈니스석	2023-01-10	322,000	싱가포르			
26	RP2301	강오언	2010-02-18	비즈니스석	2023-11-17	287,000	상하이			
27	RP2309	이원아	2000-03-20	비즈니스석	2023-02-13	159,000	상하이			
28	RP2317	김발솔	1987-11-30	일반석	2023-06-05	44,000	상하이			
29	RP2325	최종미	1985-07-01	일반석	2023-01-26	251,000	상하이			
30	RP2302	최정오	2013-05-23	일반석	2023-03-04	422,000	도쿄			
31	RP2310	정봉오	2008-05-06	할인석	2023-05-22	315,000	도쿄			
32	RP2318	김진준	2007-11-04	할인석	2023-06-01	400,000	도쿄			
33	RP2326	한현전	1998-08-18	비즈니스석	2023-03-16	162,000	도쿄			

• '사용자 지정 목록' 대화상자

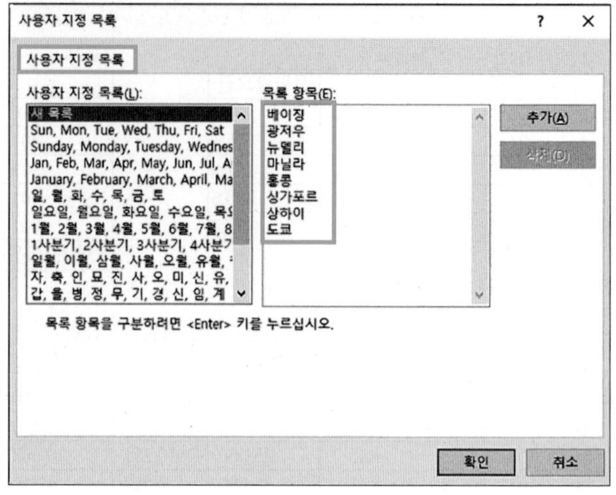

• '정렬' 대화상자

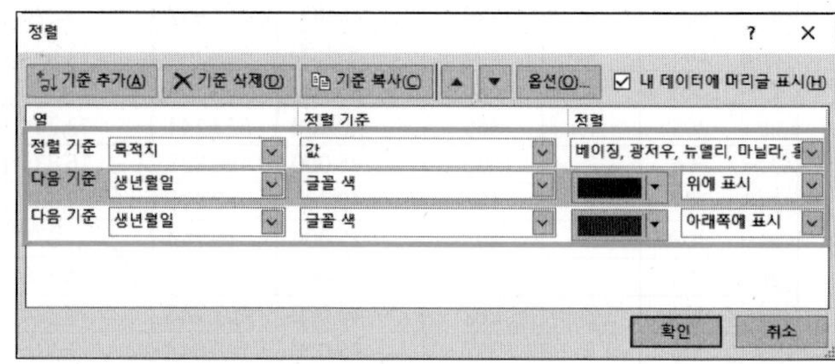

• 데이터 통합

1. 다음과 같이 입력한다.

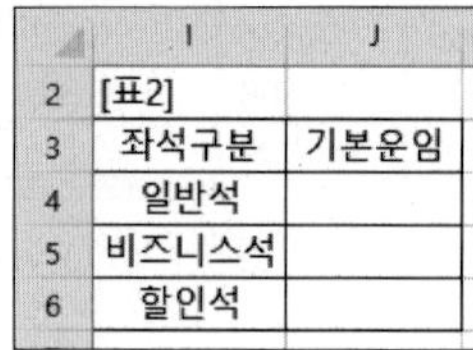

	I	J
2	[표2]	
3	좌석구분	기본운임
4	일반석	
5	비즈니스석	
6	할인석	

2. '통합' 대화상자

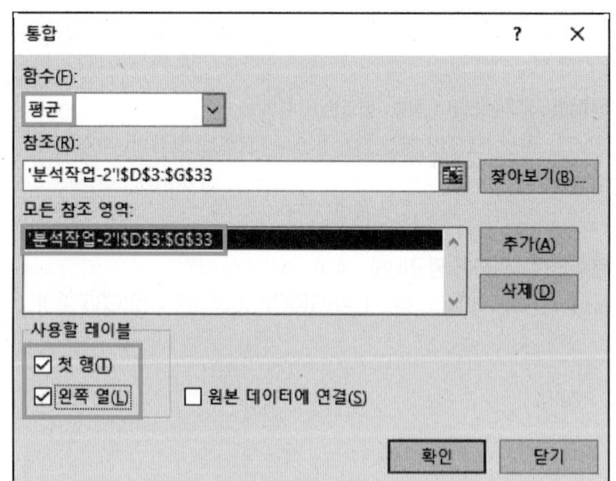

01. 매크로 작성 _ 참고 : 매크로 135쪽

1 '서식적용' 매크로 실행

정답

[표1]

신청번호	잡지명	신청구분	구독기간	구독부수	구독요금	결제방법
SJ001	상공수학	신규	1	5	1,116,000	신용카드
SJ002	바둑돌	재구독	2	3	720,000	
SJ003	영화2019	재구독	2	1	336,000	신용카드
SJ004	상공과학	신규	1	5	883,500	
SJ005	바둑돌	재구독	1	3	382,500	신용카드
SJ006	영화2019	구독	1	2	369,600	현금
SJ007	상공수학	재구독	2	5	1,920,000	
SJ008	영화2019	신규	1	4	781,200	현금
SJ009	상공수학	재구독	1	1	204,000	
SJ010	상공수학	재구독	2	5	1,920,000	신용카드
SJ011	상공과학	구독	1	4	668,800	현금
SJ012	영화2019	재구독	1	1	178,500	신용카드
SJ013	바둑돌	재구독	1	3	382,500	현금
SJ014	바둑돌	신규	1	5	697,500	신용카드
SJ015	상공과학	재구독	1	5	807,500	신용카드
SJ016	바둑돌	재구독	2	4	960,000	
SJ017	영화2019	재구독	1	5	892,500	
SJ018	바둑돌	신규	1	1	139,500	신용카드
SJ019	상공과학	신규	1	2	353,400	
SJ020	상공과학	구독	2	4	1,292,000	신용카드

서식적용
서식해제

• '셀 서식' 대화상자

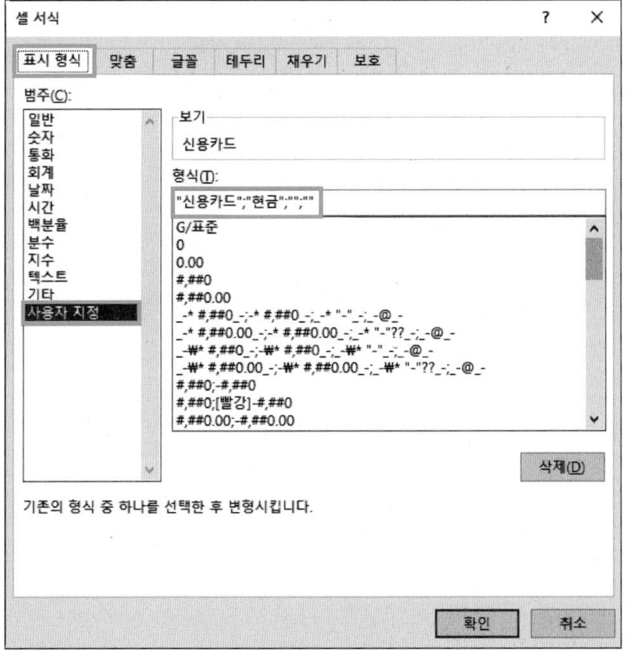

02. 차트 수정 _ 참고 : 차트 128쪽

1 가로(항목) 축 레이블과 데이터 계열 이름 지정

1. 차트 영역의 바로 가기 메뉴에서 **[데이터 선택]**을 선택한다.
2. '데이터 원본 선택' 대화상자의 '범례 항목(계열)'에서 '계열1'을 선택한 후 〈편집〉을 클릭한다.

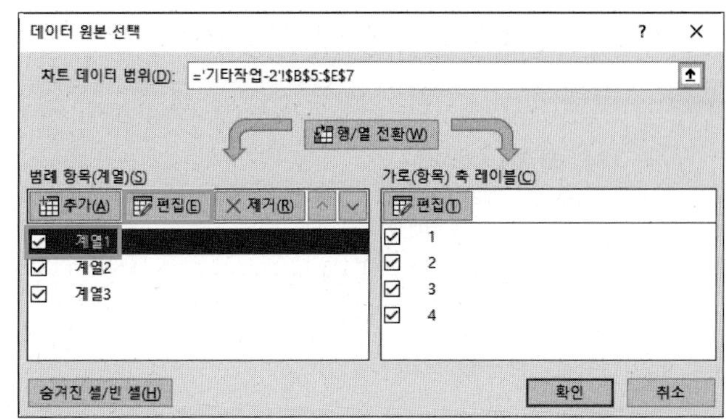

3. '계열 편집' 대화상자에서 '계열 이름'에 [A5] 셀을 지정한 후 〈확인〉을 클릭한다.
4. 같은 방법으로 '계열2'를 [A6], '계열3'을 [A7]로 지정한다.
5. '데이터 원본 선택' 대화상자의 '가로(항목) 축 레이블'에서 〈편집〉을 클릭한다.
6. '축 레이블' 대화상자에서 '축 레이블 범위'를 [B4:E4] 영역을 지정한 후 〈확인〉을 클릭한다.
7. '데이터 원본 선택' 대화상자에서도 〈확인〉을 클릭한다.

3 '직각으로 축 고정' 지정

차트 영역의 바로 가기 메뉴에서 **[3차원 회전]**을 선택한 후 '차트 영역 서식' 창에서 다음과 같이 지정한다.

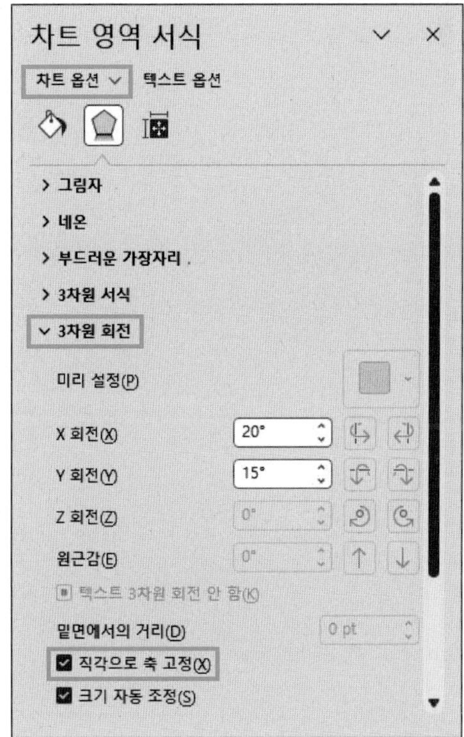

03. 프로시저 작성 _ 참고 : 프로시저 142쪽

1 '구독신청' 단추 및 폼 초기화 프로시저

• '구독신청' 단추 클릭 프로시저

정답

```
Private Sub cmd구독신청_Click( )
    잡지구독신청.Show
End Sub
```

• 폼 초기화 프로시저

정답

```
Private Sub UserForm_Initialize( )
    txt신청일.Value = Date
    cmb잡지명.RowSource = "H4:I7"
End Sub
```

2 '신청' 단추에 기능 구현하기

정답

```
Private Sub cmd신청_Click( )
    참조행 = cmb잡지명.ListIndex + 4
    입력행 = [a2].Row + [a2].CurrentRegion.Rows.Count
    Cells(입력행, 1) = txt신청자명.Value
    Cells(입력행, 2) = txt신청일.Value
    Cells(입력행, 3) = cmb잡지명.Value
    Cells(입력행, 4) = txt구독부수.Value
    If opt신규.Value = True Then
        Cells(입력행, 5) = "신규"
    Else
        Cells(입력행, 5) = "재구독"
    End If
    Cells(입력행, 6) = Cells(입력행, 4) * (Cells(참조행, 9) * 0.9)
End Sub
```

3 '종료' 단추에 기능 구현하기

정답

```
Private Sub cmd종료_Click( )
    Unload Me
    [b2] = "구독신청현황"
End Sub
```

EXAMINATION **07회**

2023년 상시03 컴퓨터활용능력 1급

- **준 비 하 세 요 :** 'C:\길벗컴활1급총정리\기출\07회' 폴더에서 '23년상시03.xlsm' 파일을 열어서 작업하시오.
- **외부 데이터 위치 :** C:\길벗컴활1급총정리\기출\07회

4123031 

문제 1 기본작업(15점) 주어진 시트에서 다음의 과정을 수행하고 저장하시오.

1. '기본작업-1' 시트에서 다음과 같이 고급 필터를 수행하시오. (5점)

▶ [A2:H22] 영역에서 '이용가맹점'의 마지막 글자가 짝수이고, '이용금액'이 200,000 이상인 데이터의 '이용일자', '이용카드', '이용가맹점', '이용금액', '결제원금' 필드만 순서대로 표시하시오.

▶ 조건은 [A24:A25] 영역 내에 알맞게 입력하시오. (AND, ISEVEN, RIGHT 함수 사용)

▶ 결과는 [A27] 셀부터 표시하시오.

2. '기본작업-1' 시트에서 다음과 같이 조건부 서식을 설정하시오. (5점)

▶ [A3:H22] 영역에서 '이용카드'에 "가족"이 포함되거나 '이용금액'이 500,000 이상인 데이터의 행 전체에 대하여 글꼴 스타일은 '굵은 기울임꼴', 글꼴 색은 '표준 색-파랑'으로 적용하시오.

▶ 단, 규칙 유형은 '수식을 사용하여 서식을 지정할 셀 결정'을 사용하고, 한 개의 규칙으로만 작성하시오.

▶ OR, IFERROR, SEARCH 함수 사용

3. '기본작업-2' 시트에서 다음과 같이 페이지 레이아웃을 설정하시오. (5점)

▶ [A60:I70] 영역을 인쇄 영역에 추가하고, 1행이 매 페이지마다 반복하여 인쇄되도록 인쇄 제목을 설정하시오.

▶ 인쇄될 내용이 페이지의 가로 · 세로 가운데에 인쇄되도록 페이지 가운데 맞춤을 설정하시오.

▶ 매 페이지 상단의 오른쪽 구역에는 페이지 번호가 [표시 예]와 같이 표시되도록 머리글을 설정하시오.
[표시 예 : 현제 페이지 1, 전체 페이지 3 → 1/3]

4123032 

문제 2 계산작업(30점) '계산작업' 시트에서 다음의 과정을 수행하고 저장하시오.

1. [표1]의 구분, 이용카드, 이용금액과 [표2]를 이용하여 [G3:G22] 영역에 적립률을 계산하여 표시하시오. (6점)

▶ 적립률은 구분이 "할부"이면 0%, 그 외에는 이용카드와 이용금액을 이용하여 [표2]에서 찾아서 표시

▶ 단, 오류 발생 시 빈칸으로 표시

▶ HLOOKUP, IF, IFERROR, MATCH 함수 사용

2. [표1]의 이용금액과 할부를 이용하여 [H3:H22] 영역에 결제원금을 표시하시오. (6점)

▶ 결제원금은 할부가 빈 셀이면 이용금액을 표시하고, 그 외에는 이용금액을 할부의 마지막 숫자로 나눈 값을 십의 자리에서 반올림하여 백의 자리까지 표시하시오.

▶ IF, ISBLANK, RIGHT, ROUND 함수 사용

3. [표1]의 구분, 이용카드, 이용금액을 이용하여 [B32:D33] 영역에 구분별 이용카드별 최고 이용금액과 이용건수를 표시하시오. (6점)

▶ 최고 이용금액에 1000 단위 구분 기호를 표시

▶ [표시 예 : 최고 이용금액이 356557이고, 이용건수가 12인 경우 → 356,557(총12건중)]

▶ COUNTIFS, FIXED, MAX와 & 연산자를 사용한 배열 수식

4. [표1]의 이용금액을 이용하여 [표4]의 [I26:I30] 영역에 이용금액별 이용비율을 계산하여 표시하시오. (6점)

▶ 이용비율 = 이용금액별 빈도수 / 전체 건수

▶ COUNT, FREQUENCY 함수를 이용한 배열 수식

5. 사용자 정의 함수 'fn비고'를 작성하여 [표1]의 [J3:J22] 영역에 비고를 계산하여 표시하시오. (6점)

▶ 'fn비고'는 이용일자와 결제후잔액을 인수로 받아 비고를 계산하는 함수이다.

▶ 결제후잔액이 0이면 이용일자의 월 뒤에 "월 결제완료"를 추가하여 표시하고 그 외에는 결제후잔액 뒤에 "원 이월"을 추가하여 표시하시오.

▶ [표시 예 : 결제후잔액이 0이고 이용일자가 2023-08-05인 경우 "8월 결제완료", 결제후잔액이 52000인 경우 "52000원 이월"로 표시]

▶ IF ~ ELSE문, MONTH 함수 사용

```
Public Function fn비고(이용일자, 결제후잔액)
End Function
```

4124073

문제 3 분석작업(20점) 주어진 시트에서 다음의 과정을 수행하고 작업하시오.

1. '분석작업-1' 시트에서 다음의 지시사항에 따라 피벗 테이블 보고서를 작성하시오. (10점)

▶ 외부 데이터 가져오기 기능을 이용하여 〈환자관리현황.accdb〉의 〈환자별부담금〉 테이블에서 '성별', '수급자등급', '일수', '본인부담금', '공단부담금' 열을 이용하시오.

▶ 피벗 테이블 보고서의 레이아웃과 위치는 〈그림〉을 참조하여 설정하고, 보고서 레이아웃을 개요 형식으로 표시하시오.

▶ '일수' 필드는 〈그림〉과 같이 그룹화를 설정하시오.

▶ '본인부담금'과 '공단부담금' 필드의 표시 형식은 '값 필드 설정'의 셀 서식에서 '숫자' 범주를 이용하여 〈그림〉과 같이 지정하시오.

▶ 피벗 테이블 스타일은 '연한 주황, 피벗 스타일 보통 10'으로 설정하시오.

	A	B	C	D
1				
2	수급자등급	(모두) ▾		
3				
4	성별 ▾	일수 ▾	평균 : 본인부담금	평균 : 공단부담금
5	⊟남		5,154	29,221
6		1-5	4,463	25,309
7		6-10	5,700	32,290
8		11-15	6,938	39,325
9		16-20	6,520	36,980
10	⊟여		5,350	30,333
11		1-5	5,281	29,945
12		6-10	4,689	26,589
13		11-15	5,292	30,005
14		16-20	7,790	44,160
15	총합계		5,246	29,745

※ 작업 완성된 그림이며 부분점수 없음

2. '분석작업-2' 시트에 대하여 다음의 지시사항을 처리하시오. (10점)

▶ [표1]의 '반환금'[B8]은 '투자금액(월)', '투자기간', '연이율', '세율', '세전'을 이용하여 계산한 것이다. [데이터 표] 기능을 이용하여 [표2]의 [F4:K9] 영역에 '투자금액(월)'과 '투자기간'에 따른 '반환금'을 계산하시오

▶ [목표값 찾기] 기능을 이용하여 '반환금(B8)'이 4,200,000이 되려면 '투자금액(월)'이 얼마가 되어야 하는지 계산하시오.

 기타작업(35점) 주어진 시트에서 다음 과정을 수행하고 저장하시오.

1. '기타작업-1' 시트에서 다음과 같은 기능을 수행하는 매크로를 현재 통합문서에 작성하시오. (각 5점)

① [E3:E24] 영역에 사용자 지정 표시 형식을 설정하는 '서식설정' 매크로를 생성하시오.

▶ '신청완료'가 1이면 "완료", 0이면 빨강색으로 "미신청", 그 외는 아무것도 표시하지 마시오.

[표시 예 : '신청완료'가 1일 경우 → 완료, 0일 경우 → 미신청]

▶ [도형] → [기본 도형]의 '사각형: 빗면(□)'을 동일 시트의 [G2:G3] 영역에 생성한 후 텍스트를 "서식설정"으로 입력하고, 도형을 클릭하면 '서식설정' 매크로가 실행되도록 설정하시오.

② [E3:E24] 영역에 표시 형식을 '일반'으로 설정하는 '서식해제' 매크로를 생성하시오.

▶ [도형] → [기본 도형]의 '사각형: 빗면(□)'을 동일 시트의 [G5:G6] 영역에 생성한 후 텍스트를 "서식해제"로 입력하고, 단추를 클릭하면 '서식해제' 매크로가 실행되도록 설정하시오.

※ 셀 포인터의 위치에 관계없이 매크로가 실행되어야 정답으로 인정됨

2. '기타작업-2' 시트에서 다음의 지시사항에 따라 차트를 수정하시오. (각 2점)

※ 차트는 반드시 문제에서 제공한 차트를 사용하여야 하며, 신규로 차트작성 시 0점 처리됨

① 차트 종류를 '원형 대 원형'으로 변경하고 범례를 〈그림〉과 같이 표시되도록 설정하시오.

② 차트 제목을 〈그림〉과 같이 표시하고, 차트의 색상형을 '다양한 색상표 3'으로 지정하시오.

③ 데이터 계열의 '둘째 영역 값'을 3, 간격 너비를 50%로 설정한 후 '서울' 항목의 도형 효과를 '기본 설정 3'으로 지정하시오.

④ 계열 선의 색은 '표준 색-빨강', 너비는 2pt, 대시 종류는 '사각 점선'으로 지정하시오.

⑤ 데이터 레이블을 〈그림〉과 같이 표시한 후 '구분 기호'를 '줄바꿈'으로 지정하시오.

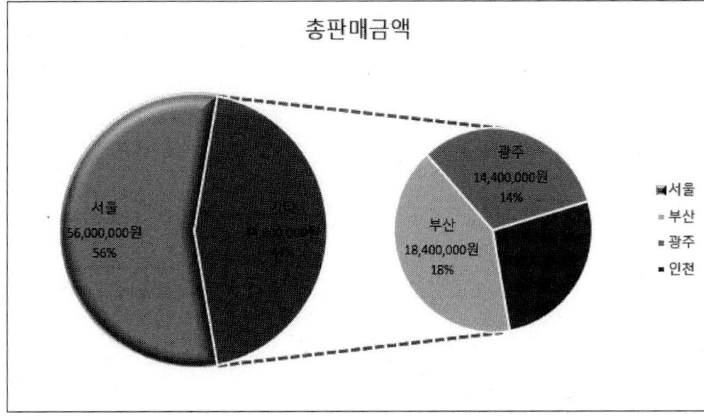

3. '기타작업-3' 시트에서 다음과 같은 작업을 수행하도록 프로시저를 작성하시오. (각 5점)

① '연봉입력' 단추를 클릭하면 〈연봉현황〉 폼이 나타나고, 폼이 초기화(Initialize)되면 '직위(cmb직위)' 목록에는 [G3:H8] 영역이 표시되도록 프로시저를 작성하시오.

② 〈연봉현황〉 폼의 '입력(cmd입력)' 단추를 클릭하면 폼에 입력된 데이터가 시트의 표에 입력되어 있는 마지막 행 다음에 연속하여 추가하되, Listindex를 사용하여 프로시저를 작성하시오.

▶ '직책'에는 '직위'와 '연차'를 연결하여 표시하시오.

[표시 예 : '직위'가 "사원"이고 '연차'가 3일 경우 → 사원3년차]

▶ 연봉 = 기본연봉 + 기본연봉 × 연차 × 10%

▶ 상여금 = 연봉 × 3%

▶ 수령액 = 연봉 + 상여금

▶ 입력되는 데이터는 워크시트에 입력된 기존 데이터와 같은 형식의 데이터로 입력하시오.

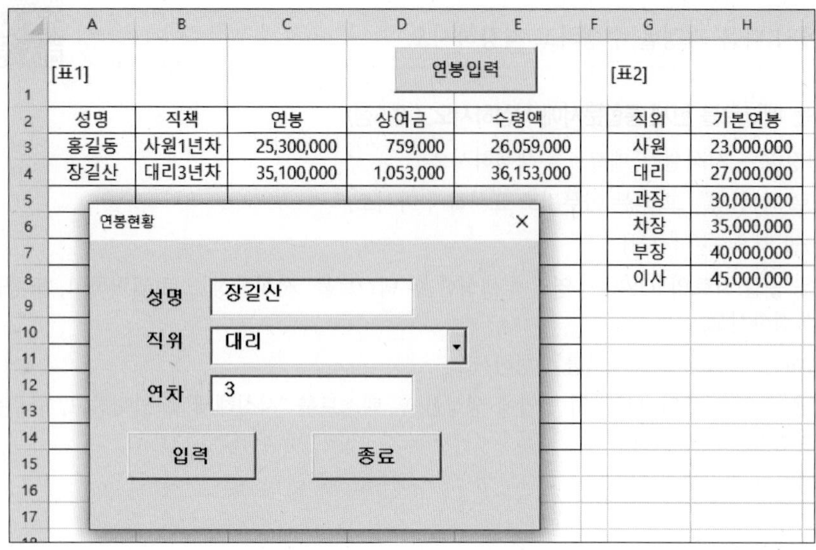

③ 〈연봉현황〉 폼의 '종료(cmd종료)' 단추를 클릭하면 〈그림〉과 같은 메시지 박스를 표시한 후 폼을 종료하는 프로시저를 작성하시오.

▶ 날짜만을 표시하는 함수를 이용하여 시스템의 현재 날짜 표시

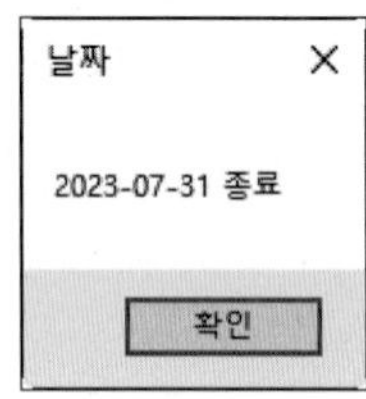

기출문제 정답 및 해설

문제 1 기본작업

정답

01. 고급 필터 _ 참고 : 고급 필터 18쪽

정답

	A	B	C	D	E
23					
24	조건				
25	FALSE				
26					
27	이용일자	이용카드	이용가맹점	이용금액	결제원금
28	2023-07-04	후불하이패스	C******_2	207,400	207,400
29	2023-09-11	신용가족	G******_2	372,300	372,300
30	2023-01-23	신용가족	한******_8	411,400	137,100
31	2023-08-24	후불하이패스	홈******_4	503,400	503,400
32	2023-03-25	신용본인	G******_4	327,900	327,900
33	2023-04-08	신용본인	경******_4	565,400	282,700
34	2023-11-08	신용가족	홈******_2	415,200	415,200

• '고급 필터' 대화상자

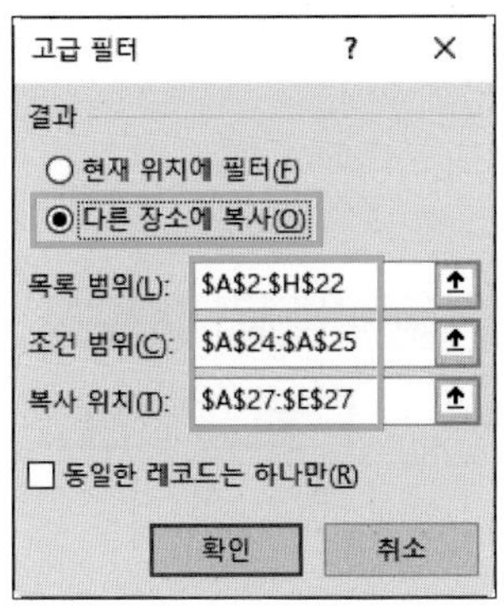

[A25] : =AND(ISEVEN(RIGHT(D3,1)),E3>=200000)

02. 조건부 서식 _ 참고 : 조건부 서식 25쪽

정답

	A	B	C	D	E	F	G	H
1	[표1]							
2	이용일자	구분	이용카드	이용가맹점	이용금액	할부	적립률	결제원금
3	*2023-07-21*	*할부*	*신용가족*	*G******_6*	*112,800*	*1/7*	*0.0%*	*16,100*
4	2023-07-04	일시불	후불하이패스	C******_2	207,400		2.0%	207,400
5	*2023-09-11*	*일시불*	*신용가족*	*G******_2*	*372,300*		*2.0%*	*372,300*
6	2023-04-14	일시불	후불하이패스	경******_4	5,200			5,200
7	2023-06-19	일시불	후불하이패스	C******_2	166,600		1.5%	166,600
8	*2023-10-20*	*일시불*	*신용가족*	*C******_6*	*174,100*		*1.0%*	*174,100*
9	2023-12-10	일시불	신용본인	C******_4	171,300		1.0%	171,300
10	*2023-01-23*	*할부*	*신용가족*	*한******_8*	*411,400*	*1/3*	*0.0%*	*137,100*
11	*2023-08-24*	*일시불*	*후불하이패스*	*홈******_4*	*503,400*		*2.5%*	*503,400*
12	*2023-06-25*	*일시불*	*신용가족*	*G******_8*	*58,400*		*0.5%*	*58,400*
13	2023-11-27	일시불	신용본인	G******_5	185,300		1.0%	185,300
14	*2023-11-11*	*할부*	*신용가족*	*G******_9*	*563,200*	*1/6*	*0.0%*	*93,900*
15	*2023-02-23*	*일시불*	*신용가족*	*경******_1*	*494,100*		*2.0%*	*494,100*
16	2023-01-04	일시불	신용본인	홈******_7	9,600			9,600
17	*2023-02-14*	*일시불*	*신용가족*	*한******_3*	*52,900*		*0.5%*	*52,900*
18	2023-03-25	일시불	신용본인	G******_4	327,900		2.0%	327,900
19	*2023-04-08*	*할부*	*신용본인*	*경******_4*	*565,400*	*1/12*	*0.0%*	*282,700*
20	*2023-11-08*	*일시불*	*신용가족*	*홈******_2*	*415,200*		*2.0%*	*415,200*
21	2023-07-10	할부	후불하이패스	C******_5	301,600	1/2	0.0%	150,800
22	2023-07-21	할부	신용본인	경******_2	191,700	1/4	0.0%	47,900

• '새 서식 규칙' 대화상자

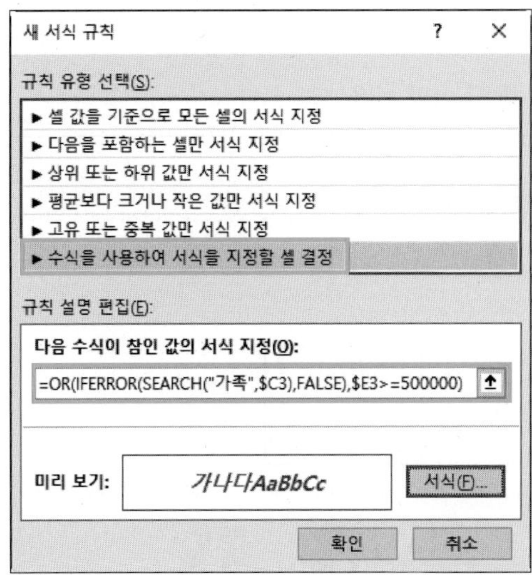

03. 페이지 레이아웃 _ 참고 : 페이지 레이아웃 32쪽

정답

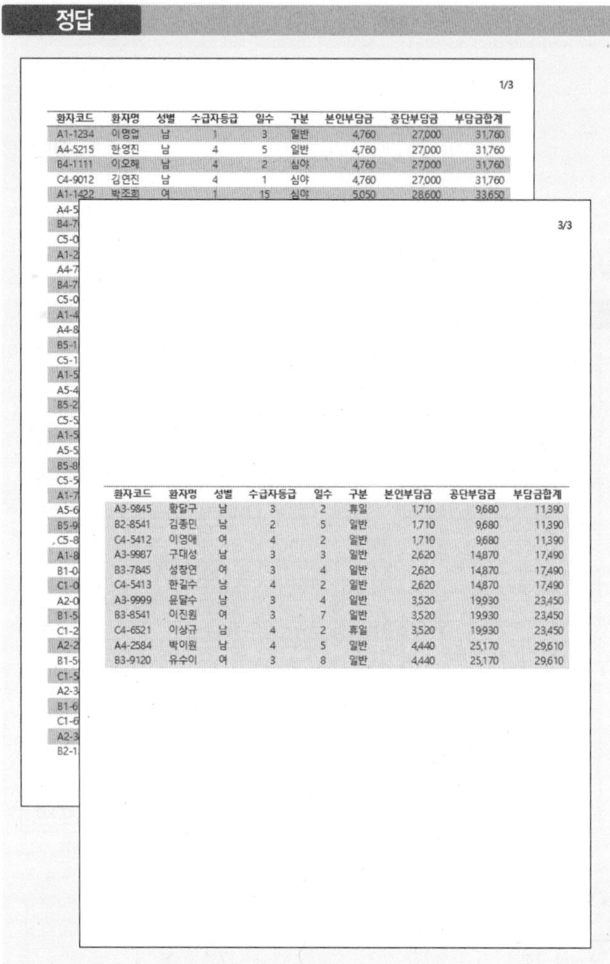

1/3

환자코드	환자명	성별	수급자등급	일수	구분	본인부담금	공단부담금	부담금합계
A1-1234	이명업	남	1	3	일반	4,760	27,000	31,760
A4-5215	한영진	남	4	5	일반	4,760	27,000	31,760
B4-1111	이오해	남	4	2	심야	4,760	27,000	31,760
C4-9012	김연진	남	4	1	심야	4,760	27,000	31,760
A1-1422	박조희	여	1	15	심야	5,050	28,600	33,650

3/3

환자코드	환자명	성별	수급자등급	일수	구분	본인부담금	공단부담금	부담금합계
A3-9845	황달구	남	3	2	휴일	1,710	9,680	11,390
B2-8541	김종민	남	2	5	일반	1,710	9,680	11,390
C4-5412	이영애	여	4	2	일반	1,710	9,680	11,390
A3-9987	구대성	남	3	3	일반	2,620	14,870	17,490
B3-7845	성창연	여	3	4	일반	2,620	14,870	17,490
C4-5413	한길수	남	4	2	일반	2,620	14,870	17,490
A3-9999	윤달수	남	3	4	일반	3,520	19,930	23,450
B3-8541	이진원	여	3	7	일반	3,520	19,930	23,450
C4-6521	이상규	남	4	2	휴일	3,520	19,930	23,450
A4-2584	박이원	남	4	5	일반	4,440	25,170	29,610
B3-9120	유수이	여	3	8	일반	4,440	25,170	29,610

• '페이지 설정' 대화상자의 '여백 ' 탭

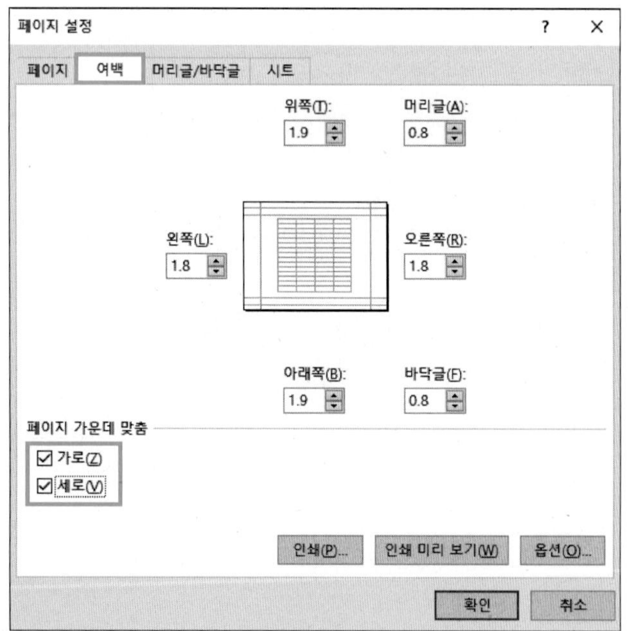

• '머리글' 대화상자

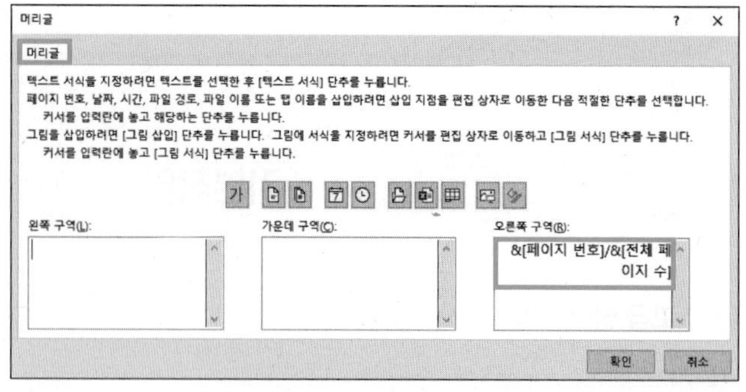

• '페이지 설정' 대화상자의 '시트' 탭

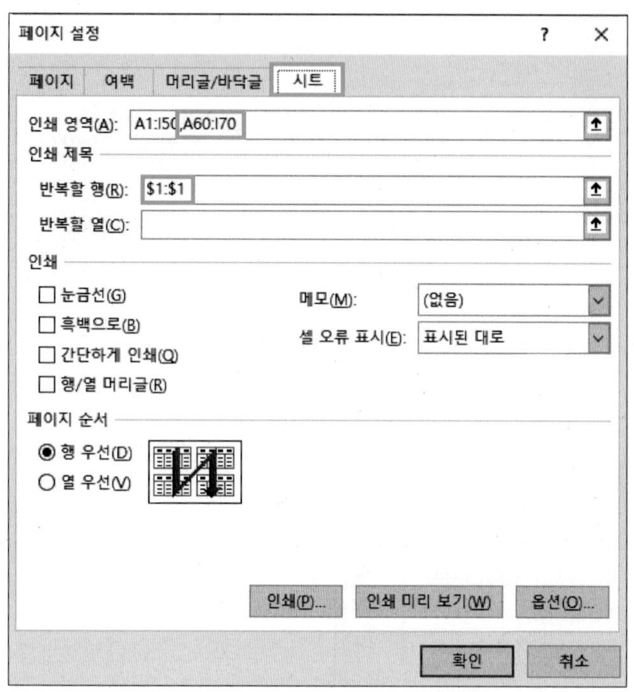

문제 2 계산작업

정답

[표1]

이용일자	구분	이용카드	이용가맹점	이용금액	할부	적립률 ❶	결제원금 ❷	결제후잔액	비고 ❺
2023-07-21	할부	신용본인	경******_2	191,700	1/4	0.0%	47,900	143,800	143800원 이월
2023-10-20	일시불	신용가족	C******_6	174,100		1.0%	174,100	0	10월 결제완료
2023-02-14	일시불	신용가족	한******_3	52,900		0.5%	52,900	0	2월 결제완료
2023-03-25	일시불	신용본인	G******_4	327,900		2.0%	327,900	0	3월 결제완료
2023-07-21	할부	신용가족	G******_6	112,800	1/7	0.0%	16,100	96,700	96700원 이월
2023-06-19	일시불	후불하이패스	C******_2	166,600		1.5%	166,600	0	6월 결제완료
2023-04-08	할부	신용본인	경******_4	565,400	1/2	0.0%	282,700	282,700	282700원 이월
2023-11-08	일시불	신용가족	홈******_2	415,200		2.0%	415,200	0	11월 결제완료
2023-04-14	일시불	후불하이패스	경******_4	5,200			5,200	0	4월 결제완료
2023-11-27	일시불	신용본인	G******_5	185,300		1.0%	185,300	0	11월 결제완료
2023-11-11	할부	신용가족	G******_9	563,200	1/6	0.0%	93,900	469,300	469300원 이월
2023-07-04	일시불	후불하이패스	C******_2	207,400		2.0%	207,400	0	7월 결제완료
2023-12-10	일시불	신용본인	C******_4	171,300		1.0%	171,300	0	12월 결제완료
2023-01-23	할부	신용가족	한******_8	411,400	1/3	0.0%	137,100	274,300	274300원 이월
2023-08-24	일시불	후불하이패스	홈******_4	503,400		2.5%	503,400	0	8월 결제완료
2023-01-04	일시불	신용본인	홈******_7	9,600			9,600	0	1월 결제완료
2023-02-23	일시불	신용가족	경******_1	494,100		2.0%	494,100	0	2월 결제완료
2023-07-10	할부	후불하이패스	C******_5	301,600	1/2	0.0%	150,800	150,800	150800원 이월
2023-06-25	일시불	신용가족	G******_8	58,400		0.5%	58,400	0	6월 결제완료
2023-09-11	일시불	신용가족	G******_2	372,300		2.0%	372,300	0	9월 결제완료

[표2]

이용금액	10,000 이상 100,000 미만	100,000 이상 200,000 미만	200,000 이상 500,000 미만	500,000 이상
신용	0.5%	1%	2%	3%
하이패스	0.8%	1.5%	2%	2.5%

[표3] 구분별 이용카드별 최고 이용금액과 건수 ❸

구분	신용본인	신용가족	후불하이패스
할부	565,400(총2건중)	563,200(총3건중)	301,600(총1건중)
일시불	327,900(총4건중)	494,100(총6건중)	503,400(총4건중)

[표4] 이용금액별 이용비율

이용금액		이용비율 ❹
	10,000 이하	10%
10,000 초과	100,000 이하	10%
100,000 초과	300,000 이하	35%
300,000 초과	500,000 이하	30%
500,000 초과	1,000,000 이하	15%

1 적립률(G3) _ 참고 : 찾기/참조 함수 58쪽

=IFERROR(IF(B3="할부", 0%, HLOOKUP(E3, $B$25:$E$28, MATCH(C3, $A$27:$A$28, 1)+2)), "")

2 결제원금(H3) _ 참고 : 논리 함수 71쪽

=IF(ISBLANK(F3), E3, ROUND(E3 / RIGHT(F3, 1), −2))

3 구분별 이용카드별 최고 이용금액과 건수(B32) _ 참고 : 배열 수식 43쪽

{=FIXED(MAX(($B$3:$B$22=$A32) * ($C$3:$C$22=B$31) * $E$3:$E$22), 0) & "(총" & COUNTIFS($B$3:$B$22, $A32, $C$3:$C$22, B$31) & "건중)"}

4 이용비율(I26:I30) _ 참고 : 찾기/참조 함수 58쪽

{=FREQUENCY(E3:E22,H26:H30) / COUNT(E3:E22)}

5 비고(J3) _ 참고 : 사용자 정의 함수 83쪽

=fn비고(A3,I3)

```
Public Function fn비고(이용일자, 결제후잔액)
    If 결제후잔액 = 0 Then
        fn비고 = Month(이용일자) & "월 결제완료"
    Else
        fn비고 = 결제후잔액 & "원 이월"
    End If
End Function
```

01. 피벗 테이블 _ 참고 : 피벗 테이블 88쪽

• '피벗 테이블 필드' 창

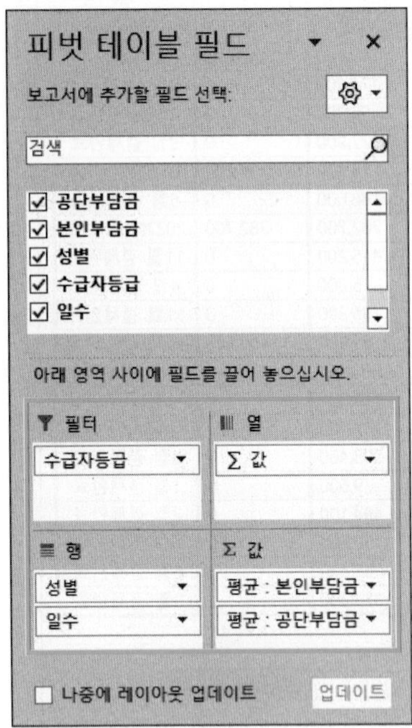

• '그룹화' 대화상자

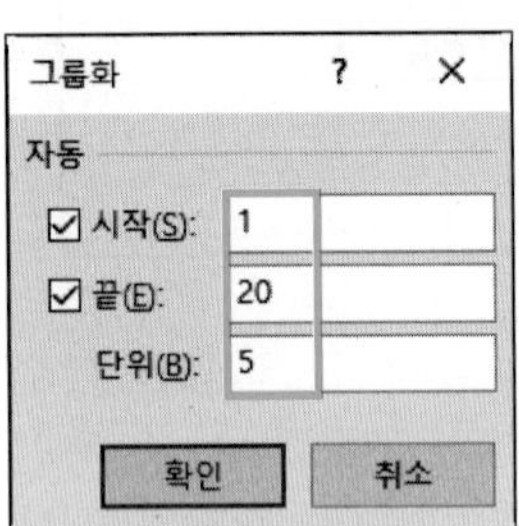

02. 데이터 표 / 목표값 찾기 _ 참고 : 데이터 표 116쪽 / 목표값 찾기 121쪽

정답

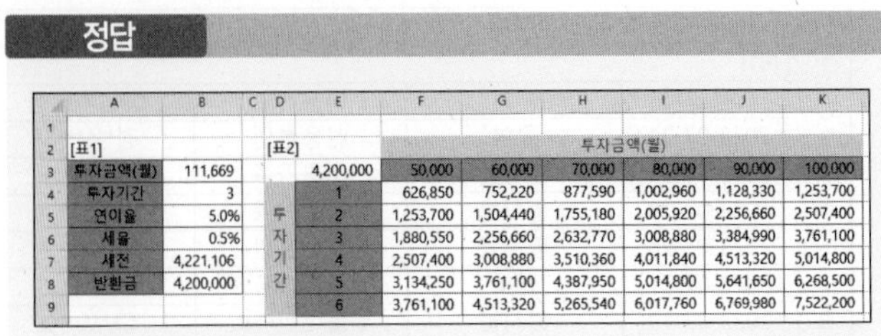

	A	B	C	D	E	F	G	H	I	J	K
1											
2	[표1]			[표2]		투자금액(월)					
3	투자금액(월)	111,669			4,200,000	50,000	60,000	70,000	80,000	90,000	100,000
4	투자기간	3		투자기간	1	626,850	752,220	877,590	1,002,960	1,128,330	1,253,700
5	연이율	5.0%			2	1,253,700	1,504,440	1,755,180	2,005,920	2,256,660	2,507,400
6	세율	0.5%			3	1,880,550	2,256,660	2,632,770	3,008,880	3,384,990	3,761,100
7	세전	4,221,106			4	2,507,400	3,008,880	3,510,360	4,011,840	4,513,320	5,014,800
8	반환금	4,200,000			5	3,134,250	3,761,100	4,387,950	5,014,800	5,641,650	6,268,500
9					6	3,761,100	4,513,320	5,265,540	6,017,760	6,769,980	7,522,200

• '데이터 테이블' 대화상자

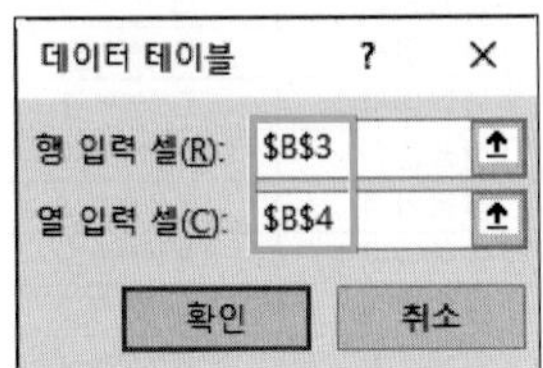

[E3] : =B7*(1-B6)

• '목표값 찾기' 대화상자

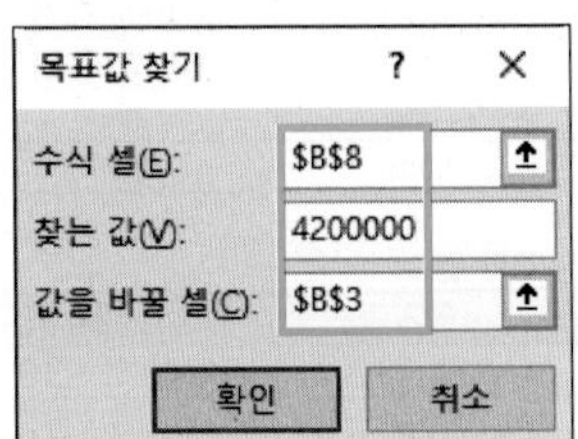

01. 매크로 작성 _ 참고 : 매크로 135쪽

1 '서식적용' 매크로 실행

정답

	A	B	C	D	E	F	G
1	[표1]						
2	학번	성명	학과	학점	신청완료		서식설정
3	221001	홍길동	경영	C	완료		
4	221002	강감찬	경영	C			
5	221003	이순신	전산	B	미신청		서식해제
6	221004	이율곡	전산	C			
7	221005	성삼문	경영	A	미신청		
8	221006	정약용	경영	A	완료		
9	221007	심영보	마케팅	B			
10	221008	김준석	전산	B	완료		
11	221009	박성미	마케팅	C			
12	221010	서원석	경영	B	미신청		
13	221011	권은영	마케팅	D	완료		
14	221012	박종욱	마케팅	A	완료		
15	221013	김상철	전산	D			
16	221014	최옥자	경영	B	완료		
17	221015	한영희	경영	C	완료		
18	221016	민들레	마케팅	A			
19	221017	송현우	전산	D			
20	221018	이욱현	경영	B	미신청		
21	231019	황유선	마케팅	B			
22	231020	심상섭	전산	C	미신청		
23	231021	이창섭	경영	C	완료		
24	231022	손범수	마케팅	D			

• '셀 서식' 대화상자

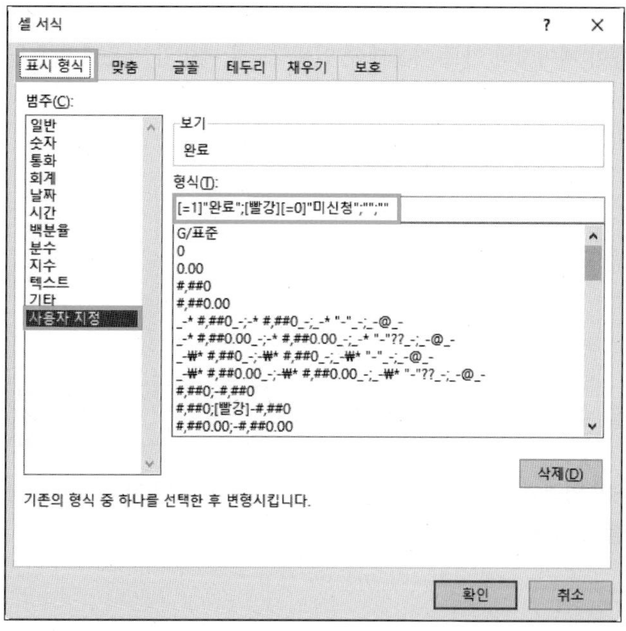

02. 차트 수정 _ 참고 : 차트 128쪽

2 색상형 지정

차트 영역을 선택한 후 [차트 디자인] → 차트 스타일 → 색 변경 → **다양한 색상표 3**을 선택한다.

3 도형 효과 지정

1. 데이터 계열을 클릭한 후 '서울' 데이터 요소를 다시 한 번 클릭하여 해당 데이터 요소만을 선택한다.

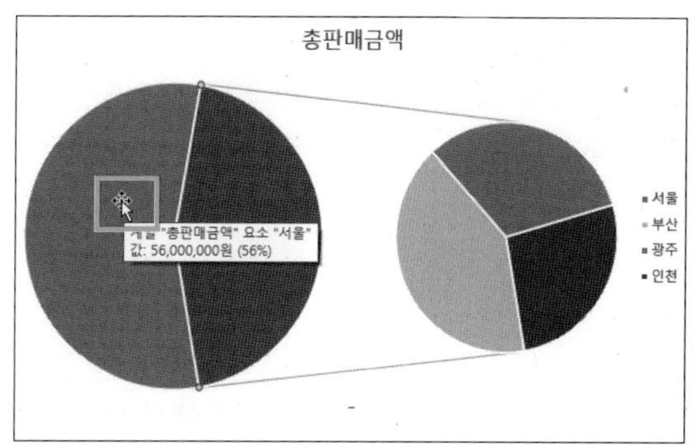

2. [서식] → 도형 스타일 → 도형 효과 → 미리 설정 → **기본 설정 3**을 선택한다.

03. 프로시저 작성 _ 참고 : 프로시저 142쪽

1 '연봉입력' 단추 및 폼 초기화 프로시저

• '연봉입력' 단추 클릭 프로시저

정답

```
Private Sub cmd연봉입력_Click( )
    연봉현황.Show
End Sub
```

• 폼 초기화 프로시저

정답

```
Private Sub UserForm_Initialize( )
    cmb직위.RowSource = "G3:H8"
End Sub
```

2 '입력' 단추에 기능 구현하기

정답

```
Private Sub cmd입력_Click( )
    참조행 = cmb직위.ListIndex + 3
    입력행 = [a1].Row + [a1].CurrentRegion.Rows.Count
    Cells(입력행, 1) = txt성명.Value
    Cells(입력행, 2) = cmb직위.Value & txt연차.Value & "년차"
    Cells(입력행, 3) = Cells(참조행, 8) + Cells(참조행, 8) * txt연차.Value * 0.1
    Cells(입력행, 4) = Cells(입력행, 3) * 0.03
    Cells(입력행, 5) = Cells(입력행, 3) + Cells(입력행, 4)
End Sub
```

3 '종료' 단추에 기능 구현하기

정답

```
Private Sub cmd종료_Click( )
    MsgBox Date & " 종료", vbOKOnly, "날짜"
    Unload Me
End Sub
```

EXAMINATION

08회 2023년 상시04 컴퓨터활용능력 1급

• 준 비 하 세 요 : 'C:\길벗컴활1급총정리\기출\08회' 폴더에서 '23년상시04.xlsm' 파일을 열어서 작업하시오.
• 외부 데이터 위치 : C:\길벗컴활1급총정리\기출\08회

4123041

문제 1 기본작업(15점) 주어진 시트에서 다음의 과정을 수행하고 저장하시오.

1. '기본작업-1' 시트에서 다음과 같이 고급 필터를 수행하시오. (5점)

▶ [B3:H35] 영역에서 '연봉'이 '연봉'의 중간값을 초과하고 '특근비'가 '특근비'의 평균 이상인 데이터의 '사원코드', '직무', '연봉', '특근비' 필드만 순서대로 표시하시오.

▶ 조건은 [J3:J4] 영역 내에 알맞게 입력하시오. (AND, AVERAGE , MEDIAN 함수 사용)

▶ 결과는 [J6] 셀부터 표시하시오.

2. '기본작업-1' 시트에서 다음과 같이 조건부 서식을 설정하시오. (5점)

▶ [B4:H35] 영역에서 '특근비'가 상위 3위 이내이거나 하위 3위 이내인 데이터의 행 전체에 대하여 글꼴 스타일은 '기울임꼴', 글꼴 색은 '표준 색-빨강'으로 적용하시오.

▶ 단, 규칙 유형은 '수식을 사용하여 서식을 지정할 셀 결정'을 사용하고, 한 개의 규칙으로만 작성하시오.

▶ OR, RANK.EQ 함수 사용

3. '기본작업-2' 시트에서 다음과 같이 페이지 레이아웃을 설정하시오. (5점)

▶ 인쇄 용지가 가로로 인쇄되도록 용지 방향을 설정하고, 인쇄될 내용이 페이지의 가로 가운데에 인쇄되도록 페이지 가운데 맞춤을 설정하시오.

▶ [B2:I30] 영역을 인쇄 영역으로 설정하고 2~3행이 매 페이지마다 반복하여 인쇄되도록 인쇄 제목을 설정하시오.

▶ 매 페이지 하단의 가운데 구역에는 페이지 번호가 [표시 예]와 같이 표시되도록 바닥글을 설정하시오.
[표시 예 : 현재 페이지 번호가 1이고, 전체 페이지 번호가 3인 경우 → 1/3]

▶ [B2:I15] 영역은 1페이지에 출력되고, [B16:I30] 영역은 2페이지에 출력되도록 페이지 나누기를 실행하시오.

4123042

문제 2 계산작업(30점) '계산작업' 시트에서 다음의 과정을 수행하고 저장하시오.

1. [표1]의 출석, 중간고사, 기말고사, 과제물과 [표5], [표6]을 이용하여 [I4:I30] 영역에 출석점수가 70 미만이면 "재수강", 그렇지 않으면 반영비율을 적용한 출석, 중간고사, 기말고사, 과제물의 합계 점수별 종합평가를 표시하시오.(6점)

▶ IF, HLOOKUP, SUMPRODUCT 함수 사용

2. [표1]의 학번, 수강과목, 중간고사를 이용하여 [표2]의 [N4:O6] 영역에 학과와 수강과목별 중간고사의 평균을 계산하여 표시하시오. (6점)

▶ 학번의 세 번째 글자는 학과코드임

▶ 단, 오류일 경우 공백을 표시

▶ IFERROR, IF, AVERAGE, MID 함수를 사용한 배열 수식

3. [표1]의 학번, 수강과목, 기말고사, 수업태도를 이용하여 [표3]의 [M10:O12] 영역에 수강과목과 수업태도별 기말고사 최고점 학생의 학번을 표시하시오. (6점)

▶ INDEX, MATCH, MAX 함수를 사용한 배열 수식

4. [표1]의 중간고사와 기말고사를 이용하여 [표4]의 [L16] 셀에 중간고사 점수가 80점 이상인 학생 중 기말고사 점수가 중간고사 점수보다 큰 학생의 성적 향상 비율을 계산하여 표시하시오. (6점)

▶ 성적 향상 비율 = 조건 만족 인원수 / 전체 인원수

▶ 조건은 [N15] 셀부터 작성

▶ COUNTA, DCOUNT 함수 사용

5. 사용자 정의 함수 'fn시상여부'를 작성하여 [표1]의 [J4:J30] 영역에 시상여부를 계산하여 표시하시오. (6점)

▶ 'fn시상여부'는 출석, 중간고사, 기말고사, 수업태도를 인수로 받아 시상여부를 계산하는 함수이다.

▶ 시상여부는 출석이 90 이상이고 수업태도가 'A'인 경우 "Best★"과 함께 중간고사와 기말고사의 평균을 표시하고, 그 외에는 공백으로 표시하시오. [표시 예 : Best★75]

▶ IF ~ ELSE문 사용

```
Public Function fn시상여부(출석, 중간고사, 기말고사, 수업태도)
End Function
```

4124083

문제 3 분석작업(20점) 주어진 시트에서 다음의 과정을 수행하고 작업하시오.

1. '분석작업-1' 시트에서 다음의 지시사항에 따라 피벗 테이블 보고서를 작성하시오. (10점)

▶ 외부 데이터 가져오기 기능을 이용하여 〈상반기진료.accdb〉의 〈진료내역〉 테이블에서 '성별', '진료과목', '진료일', '진료비' 열을 이용하시오.

▶ 피벗 테이블 보고서의 레이아웃과 위치는 〈그림〉을 참조하여 설정하고, 보고서 레이아웃을 개요 형식으로 표시하시오.

▶ '진료일' 필드는 〈그림〉과 같이 그룹화를 설정하시오.

▶ '진료비' 필드의 표시 형식은 '값 필드 설정'의 셀 서식에서 '회계' 범주를 이용하여 〈그림〉과 같이 지정하시오.

▶ 레이블이 있는 셀은 병합하고 가운데 맞춤되도록 설정하시오.

	A	B	C
1			
2	진료과목	(모두)	
3			
4	성별	진료일	최대 : 진료비
5	⊟남		58,200
6		1월	58,200
7		2월	47,000
8		3월	46,000
9		4월	31,000
10		12월	19,000
11	⊟여		46,000
12		1월	40,000
13		2월	46,000
14		3월	27,000
15		5월	30,100
16		12월	45,000
17	총합계		58,200

※ 작업 완성된 그림이며 부분점수 없음

2. '분석작업-2' 시트에 대하여 다음의 지시사항을 처리하시오. (10점)

▶ [텍스트 나누기] 기능을 이용하여 [A3:A31] 영역의 데이터를 각 열로 구분되어 입력되도록 실행하시오.
- 데이터는 쉼표(,)와 슬래시(/)로 구분되어 있음

▶ [통합] 기능을 이용하여 [표2]의 [K3:L4] 영역에 [표1]에 대한 '외과'로 끝나는 '진료과목'의 '진료비' 평균을 계산하시오.

문제 4 기타작업(35점) 주어진 시트에서 다음 과정을 수행하고 저장하시오.

1. '기타작업-1' 시트에서 다음과 같은 기능을 수행하는 매크로를 현재 통합문서에 작성하시오. (각 5점)

① [F3:F27] 영역에 사용자 지정 표시 형식을 설정하는 '서식설정' 매크로를 생성하시오.

▶'과제물'이 90 이상이면 "♣"와 점수를 표시하고, 0이면 빨강색으로 "※"를 표시하고, 나머지 점수는 두 자리 숫자로 표시하고, 텍스트는 '파랑'으로 표시하시오.

[표시 예 : 95 → ♣ 95, 0 → ※, 5 → 05, 미등록 → 미등록]

▶[개발 도구] → [삽입] → [양식 컨트롤]의 '단추'를 동일 시트의 [I2:I3] 영역에 생성한 후 텍스트를 "서식설정"으로 입력하고, 단추를 클릭하면 '서식설정' 매크로가 실행되도록 설정하시오.

② [G3:G27] 영역에 조건부 서식을 적용하는 '그래프보기' 매크로를 생성하시오.

▶규칙 유형은 '셀 값을 기준으로 모든 셀의 서식 지정'으로 선택하고, 서식 스타일은 '3가지 색조'로 설정하시오.

▶중간값의 종류를 숫자, 값을 70, 색을 '테마 색 – 흰색, 배경 1', 최대값의 색을 '표준 색 – 파랑'으로 표시하시오.

▶[개발 도구] → [삽입] → [양식 컨트롤]의 '단추'를 동일 시트의 [I4:I5] 영역에 생성한 후 텍스트를 "그래프보기"로 입력하고, 단추를 클릭하면 '그래프보기' 매크로가 실행되도록 설정하시오.

※ 셀 포인터의 위치에 관계없이 매크로가 실행되어야 정답으로 인정됨

2. '기타작업-2' 시트에서 다음의 지시사항에 따라 차트를 수정하시오. (각 2점)

※ 차트는 반드시 문제에서 제공한 차트를 사용하여야 하며, 신규로 차트작성 시 0점 처리됨

① 차트의 계열 이름을 〈그림〉과 같이 표시하고 '예체계열'이 차트에 표시되지 않도록 데이터 범위를 변경하시오.

② 차트 종류를 '표식이 있는 꺾은선형'으로 변경한 후 '최고/최저값 연결선'을 표시하시오.

③ '인문계열'의 '국어' 요소에 〈그림〉과 같이 데이터 레이블을 표시한 후 데이터 레이블 도형을 '직사각형'으로 표시하시오.

④ '자연계열'에 '이동 평균' 추세선을 추가하고, 추세선에 도형 스타일 '강한 선 – 어둡게 1'을 지정하시오.

⑤ 차트 영역의 테두리는 '둥근 모서리', 그림 영역의 패턴 채우기는 '점선 50%'로 지정하시오.

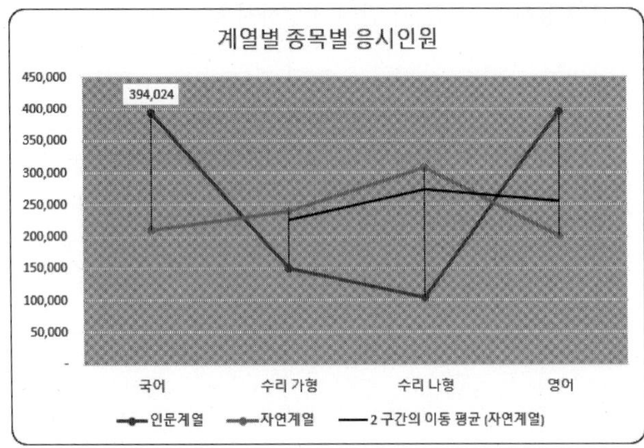

3. '기타작업-3' 시트에서 다음과 같은 작업을 수행하도록 프로시저를 작성하시오. (각 5점)

① '서류전형' 단추를 클릭하면 〈서류전형〉 폼이 나타나고, 폼이 초기화(Initialize)되면 '한국사(cmb한국사)' 목록에는 [H3:H9] 영역이 표시되고 '운전면허'의 '예(opt예)'가 선택되도록 프로시저를 작성하시오.

② 〈서류전형〉 폼의 '입력(cmd입력)' 단추를 클릭하면 폼에 입력된 데이터가 시트의 표에 입력되어 있는 마지막 행 다음에 연속하여 추가되도록 프로시저를 작성하시오.

▶ '운전면허'에는 '예(opt예)'를 선택하면 "예", '아니오(opt아니오)'를 선택하면 "아니오"를 입력하시오.

▶ '평가'에는 '한국사' 자격증과 '운전면허'가 있고 외국어점수가 500 이상이면 "응시가능", 그 외는 "응시불가능"으로 입력하시오.

▶ 입력되는 데이터는 워크시트에 입력된 기존 데이터와 같은 형식의 데이터로 입력하시오.

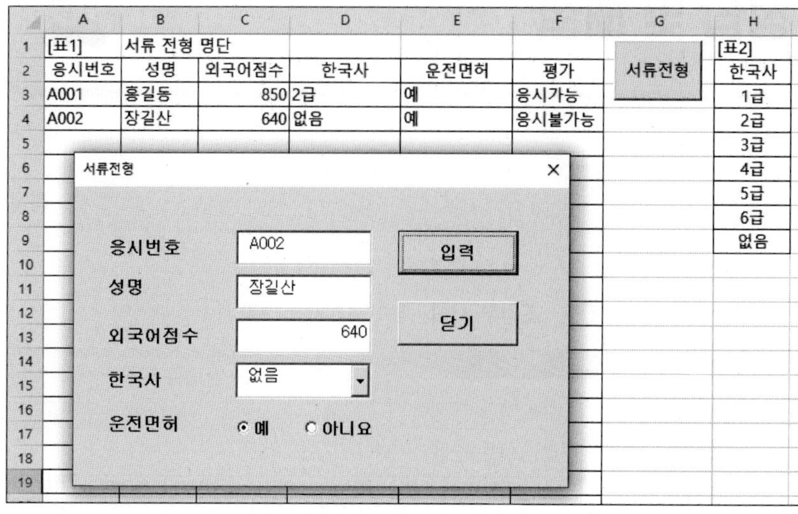

③ 〈서류전형〉 폼의 '닫기(cmd닫기)' 단추를 클릭하면 폼을 닫은 후 [B1] 셀의 글꼴 스타일을 '굵게'로 설정하시오.

EXAMINATION

08회 기출문제 정답 및 해설

문제 1 기본작업

정답

01. 고급 필터 _ 참고 : 고급 필터 18쪽

정답

	I	J	K	L	M
2					
3		조건			
4		FALSE			
5					
6		사원코드	직무	연봉	특근비
7		A9671	인사직	58,000,000	197,000
8		A1387	경리직	65,000,000	180,000
9		A4492	연구직	70,000,000	129,000
10		A1492	연구직	56,000,000	119,000
11		A4629	인사직	63,000,000	178,000
12		A4668	총무직	61,000,000	192,000
13		A5172	연구직	57,000,000	123,000
14		A5180	생산직	62,000,000	143,000
15		A2115	연구직	55,000,000	158,000
16		A4703	총무직	64,000,000	134,000

• '고급 필터' 대화상자

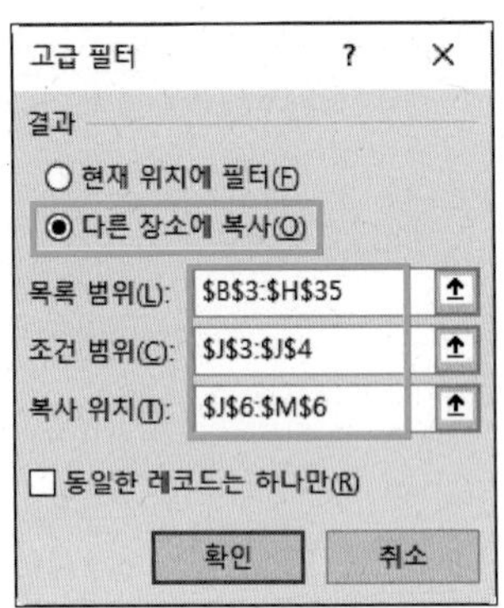

[J4] : =AND(E4>MEDIAN($E$4:$E$35),G4>=AVERAGE($G$4:$G$35))

02. 조건부 서식 _ 참고 : 조건부 서식 25쪽

정답

	A	B	C	D	E	F	G	H
1								
2		[표1]						
3		사원코드	호봉	직무	연봉	연월차	특근비	식대
4		*A8802*	*2*	*총무직*	*48,000,000*	*19*	*29,000*	*140,000*
5		*A9671*	*3*	*인사직*	*58,000,000*	*23*	*197,000*	*150,000*
6		A8048	3	경리직	52,000,000	21	66,000	150,000
7		A1387	4	경리직	65,000,000	26	180,000	160,000
8		A4492	4	연구직	70,000,000	28	129,000	160,000
9		A7687	2	인사직	40,000,000	16	145,000	140,000
10		A1727	2	기획직	50,000,000	20	55,000	150,000
11		A5671	2	연구직	40,000,000	16	97,000	140,000
12		A9865	3	생산직	53,000,000	21	111,000	150,000
13		A1492	3	연구직	56,000,000	22	119,000	150,000
14		A4629	3	인사직	63,000,000	25	178,000	160,000
15		A4668	3	총무직	61,000,000	24	192,000	150,000
16		A2973	2	기획직	48,000,000	19	61,000	140,000
17		A3585	2	인사직	49,000,000	20	78,000	150,000
18		*A2261*	*4*	*기획직*	*65,000,000*	*26*	*47,000*	*160,000*
19		A1719	1	생산직	31,000,000	12	91,000	130,000
20		*A5566*	*2*	*생산직*	*38,000,000*	*15*	*200,000*	*140,000*
21		A8960	1	기획직	32,000,000	13	169,000	130,000
22		A2821	3	인사직	54,000,000	22	78,000	150,000
23		*A8426*	*4*	*경리직*	*66,000,000*	*26*	*24,000*	*160,000*
24		A8219	4	인사직	68,000,000	27	88,000	160,000
25		A4788	3	기획직	62,000,000	25	68,000	160,000
26		A7261	3	경리직	61,000,000	24	68,000	150,000
27		A5514	2	생산직	44,000,000	18	185,000	140,000
28		A5172	3	연구직	57,000,000	23	123,000	150,000
29		A5180	3	생산직	62,000,000	25	143,000	160,000
30		A2115	3	연구직	55,000,000	22	158,000	150,000
31		A5417	1	총무직	34,000,000	14	122,000	130,000
32		A4453	2	총무직	50,000,000	20	90,000	150,000
33		*A1512*	*2*	*총무직*	*44,000,000*	*18*	*196,000*	*140,000*
34		A4750	2	경리직	44,000,000	18	126,000	140,000
35		A4703	3	총무직	64,000,000	26	134,000	160,000

• '새 서식 규칙' 대화상자

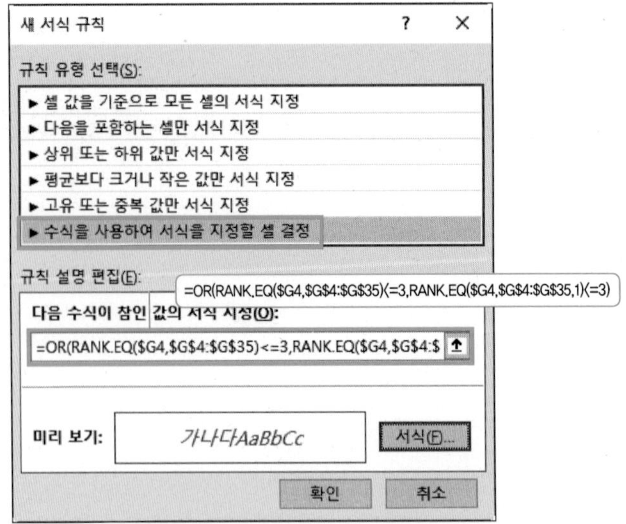

03. 페이지 레이아웃 _ 참고 : 페이지 레이아웃 32쪽

정답

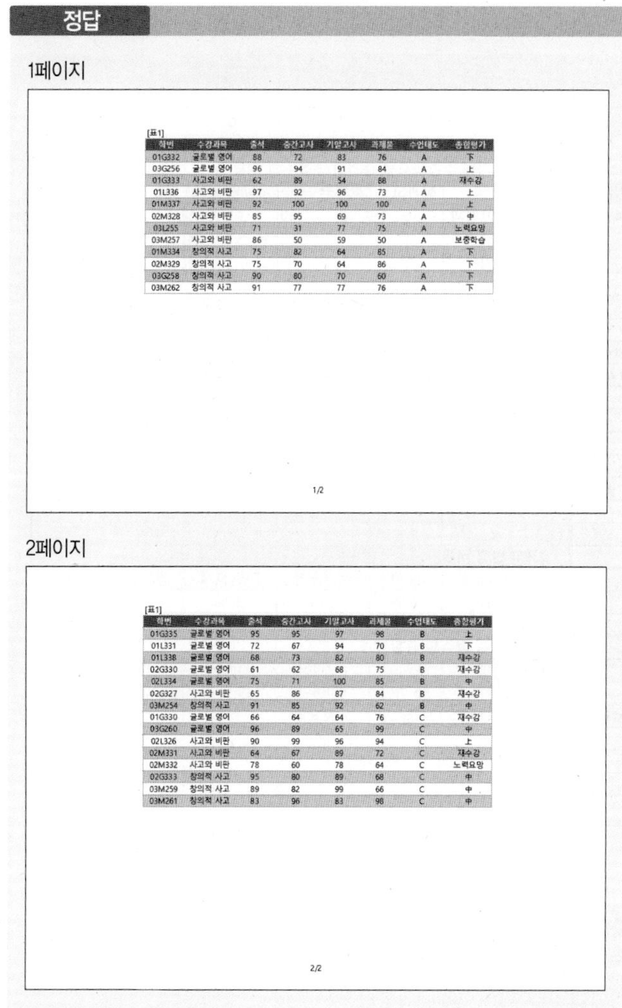

1페이지

[표1]

학번	수강과목	출석	중간고사	기말고사	과제물	수업태도	종합평가
01G332	글로벌 영어	88	72	83	76	A	下
03G256	글로벌 영어	96	94	91	84	A	上
01G333	사고와 비판	62	89	54	88	A	재수강
01L336	사고와 비판	97	92	96	73	A	上
01M337	사고와 비판	92	100	100	100	A	上
02M328	사고와 비판	85	95	69	73	A	中
03L255	사고와 비판	71	31	77	75	A	노력요망
03M257	사고와 비판	86	50	59	50	A	보충학습
01M334	창의적 사고	75	82	64	85	A	下
02M329	창의적 사고	75	70	64	86	A	下
03G258	창의적 사고	90	80	70	60	A	下
03M262	창의적 사고	91	77	77	76	A	下

1/2

2페이지

[표1]

학번	수강과목	출석	중간고사	기말고사	과제물	수업태도	종합평가
01G335	글로벌 영어	95	95	97	98	B	上
01L331	글로벌 영어	72	67	94	70	B	下
01L338	글로벌 영어	68	73	82	80	B	재수강
02G330	글로벌 영어	61	62	68	75	B	재수강
02L334	글로벌 영어	75	71	100	85	B	中
02G327	사고와 비판	65	86	87	84	B	재수강
03M254	창의적 사고	91	85	92	62	B	中
01G330	글로벌 영어	66	64	64	76	C	재수강
03G260	글로벌 영어	96	89	65	99	C	中
02L326	사고와 비판	90	99	96	94	C	上
02M331	사고와 비판	64	67	89	72	C	재수강
02M332	사고와 비판	78	60	78	64	C	노력요망
02G333	창의적 사고	95	80	89	68	C	中
03M259	창의적 사고	89	82	99	66	C	中
03M261	창의적 사고	83	96	83	98	C	中

2/2

• '페이지 설 정' 대화상자의 '페이지 ' 탭

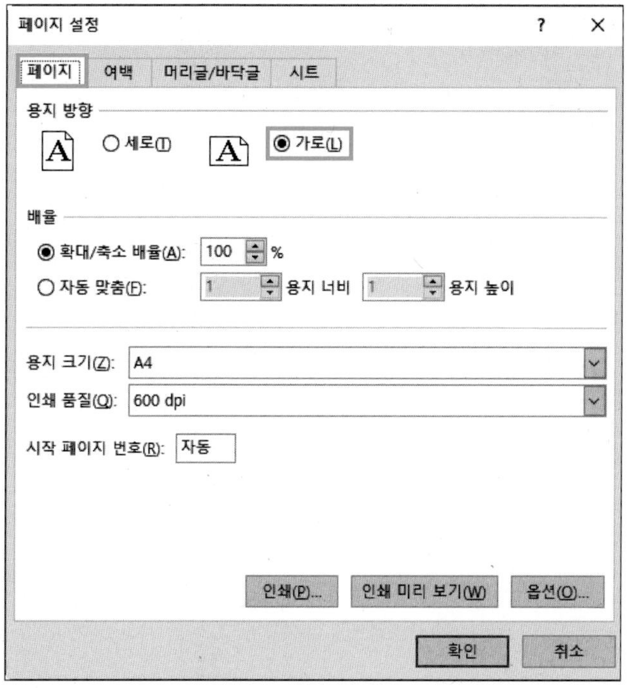

• '페이지 설정' 대화상자의 '여백 ' 탭

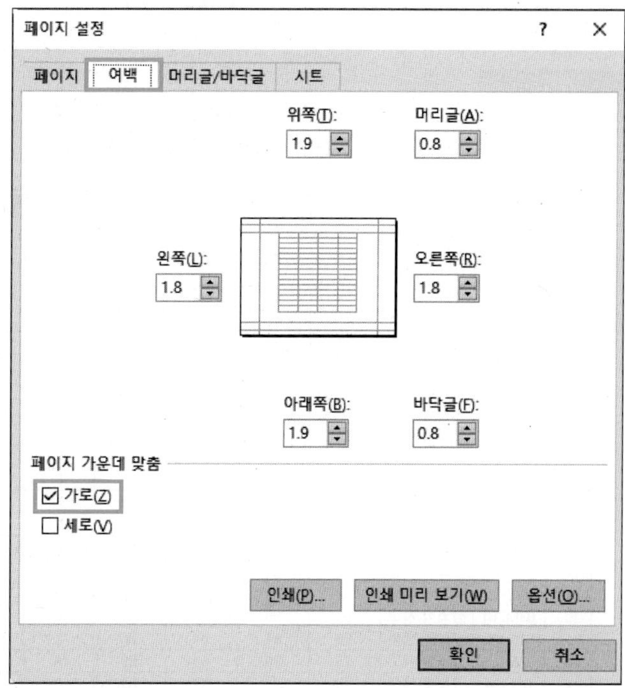

• '머리글' 대화상자

바닥글

바닥글

텍스트 서식을 지정하려면 텍스트를 선택한 후 [텍스트 서식] 단추를 누릅니다.
페이지 번호, 날짜, 시간, 파일 경로, 파일 이름 또는 탭 이름을 삽입하려면 삽입 지점을 편집 상자로 이동한 다음 적절한 단추를 선택합니다.
커서를 입력란에 놓고 해당하는 단추를 누릅니다.
그림을 삽입하려면 [그림 삽입] 단추를 누릅니다. 그림에 서식을 지정하려면 커서를 편집 상자로 이동하고 [그림 서식] 단추를 누릅니다.
커서를 입력란에 놓고 [그림 서식] 단추를 누릅니다.

왼쪽 구역(L):

가운데 구역(C): &[페이지 번호]/&[전체 페이지 수]

오른쪽 구역(R):

확인 취소

• '페이지 설정' 대화상자의 '시트' 탭

페이지 설정

페이지 | 여백 | 머리글/바닥글 | 시트

인쇄 영역(A): B2:I30

인쇄 제목

반복할 행(R): $2:$3

반복할 열(C):

인쇄

☐ 눈금선(G)
☐ 흑백으로(B)
☐ 간단하게 인쇄(Q)
☐ 행/열 머리글(R)

메모(M): (없음)

셀 오류 표시(E): 표시된 대로

페이지 순서

◉ 행 우선(D)
○ 열 우선(V)

인쇄(P)... 인쇄 미리 보기(W) 옵션(O)...

확인 취소

• 페이지 나누기 실행

[B16] 셀을 선택한 후 [페이지 레이아웃] → 페이지 설정 → 나누기 → **페이지 나누기 삽입**을 선택한다.

정답

	A	B	C	D	E	F	G	H	I	J
1										
2		[표1]								
3		학번	수강과목	출석	중간고사	기말고사	과제물	수업태도	종합평가	시상여부
4		03G258	창의적 사고	90	80	70	60	A	下	Best★75
5		01G335	글로벌 영어	95	95	97	98	B	上	
6		02L326	사고와 비판	90	99	96	94	C	上	
7		01M334	창의적 사고	75	82	64	85	A	下	
8		02G330	글로벌 영어	61	62	68	75	B	재수강	
9		02M332	사고와 비판	78	60	78	64	C	노력요망	
10		01L336	사고와 비판	97	92	96	73	A	上	Best★94
11		03G256	글로벌 영어	96	94	91	84	A	上	Best★92.5
12		03M257	사고와 비판	86	50	59	50	A	보충학습	
13		03M259	창의적 사고	89	82	99	66	C	中	
14		03G260	글로벌 영어	96	89	65	99	C	中	
15		01L338	글로벌 영어	68	73	82	80	B	재수강	
16		01M337	사고와 비판	92	100	100	100	A	上	Best★100
17		03M254	창의적 사고	91	85	92	62	B	中	
18		01L331	글로벌 영어	72	67	94	70	B	下	
19		01G333	사고와 비판	62	89	54	88	A	재수강	
20		03L255	사고와 비판	71	31	77	75	A	노력요망	
21		03M261	창의적 사고	83	96	83	98	C	中	
22		01G330	글로벌 영어	66	64	64	76	C	재수강	
23		02M329	창의적 사고	75	70	64	86	A	下	
24		02L334	글로벌 영어	75	71	100	85	B	中	
25		02G327	사고와 비판	65	86	87	84	B	재수강	
26		03M262	창의적 사고	91	77	77	76	A	下	Best★77
27		02G333	창의적 사고	95	80	89	68	C	中	
28		02M328	사고와 비판	85	95	69	73	A	中	
29		01G332	글로벌 영어	88	72	83	76	A	下	
30		02M331	사고와 비판	64	67	89	72	C	재수강	

[표2] 학과별 수강과목별 중간고사 점수의 평균

학과명	학과코드	창의적 사고	사고와 비판
전자계산학과	G	80	87.5
영문학과	L		74
경영학과	M	82	74.4

[표3] 수강과목별 수업태도별 기말고사 최고점 학생

수강과목	A	B	C
창의적 사고	03M262	03M254	03M259
글로벌 영어	03G256	02L334	03G260
사고와 비판	01M337	02G327	02L326

[표4]

성적 향상 비율	중간고사	
22%	>=80	FALSE

[표5] 반영 비율

성적	출석	중간고사	기말고사	과제물
비율	20%	30%	30%	20%

[표6] 합계 점수별 종합평가

점수	0 이상 60 미만	60 이상 70 미만	70 이상 80 미만	80 이상 90 미만	90 이상
종합평가	보충학습	노력요망	下	中	上

1 종합평가(I4) _ 참고 : 찾기/참조 함수 58쪽

=IF(D4〈70, "재수강", HLOOKUP(SUMPRODUCT(D4:G4, $M$21:$P$21), $M$24:$Q$26, 3))

2 학과별 수강과목별 중간고사 점수의 평균(N4) _ 참고 : 배열 수식 43쪽

{=IFERROR(AVERAGE(IF((MID($B$4:$B$30, 3, 1)=$M4) * ($C$4:$C$30=N$3), $E$4:$E$30)), " ")}

3 과목별 수업태도별 기말고사 최고점 학생(M10) _ 참고 : 배열 수식 43쪽

{=INDEX($B$4:$B$30, MATCH(MAX(($C$4:$C$30=$L10) * ($H$4:$H$30=M$9) * $F$4:$F$30), ($C$4:$C$30=$L10) * ($H$4:$H$30=M$9) * $F$4:$F$30, 0))}

4 성적 향상 비율(L16) _ 참고 : 기타 함수 77쪽

=DCOUNT(B3:J30,5,N15:P16) / COUNTA(F4:F30)

※ [O16] : =F4〉E4

※ DCOUNT(범위, 열 번호, 조건)는 '범위'에서 '조건'에 맞는 자료를 대상으로 지정된 '열 번호'에서 숫자가 입력된 셀의 개수를 구하는 함수로 '열 번호'는 숫자가 입력된 임의의 열을 지정하면 됩니다. 그러므로 3 ~ 6 중 어떤 열을 '열 번호'로 지정해도 관계 없습니다.

5 시상여부(J3) _ 참고 : 사용자 정의 함수 83쪽

=fn시상여부(D4,E4,F4,H4)

```
Public Function fn시상여부(출석, 중간고사, 기말고사, 수업태도)
    If 출석 >= 90 And 수업태도 = "A" Then
        fn시상여부 = "Best★" & (중간고사 + 기말고사) / 2
    Else
        fn시상여부 = ""
    End If
End Function
```

01. 피벗 테이블 _ 참고 : 피벗 테이블 88쪽

• '피벗 테이블 필드' 창

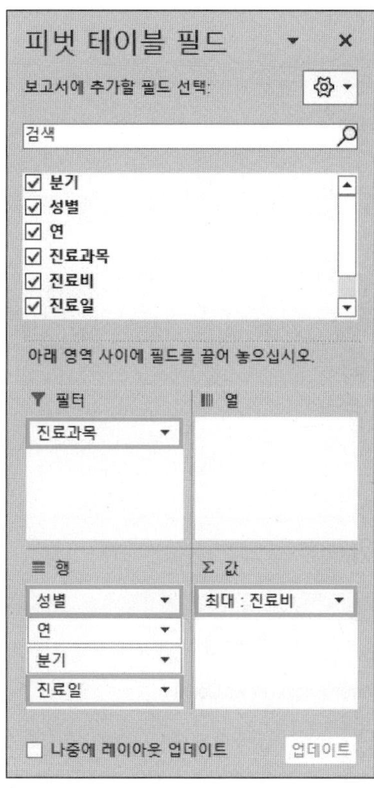

• '그룹화' 대화상자

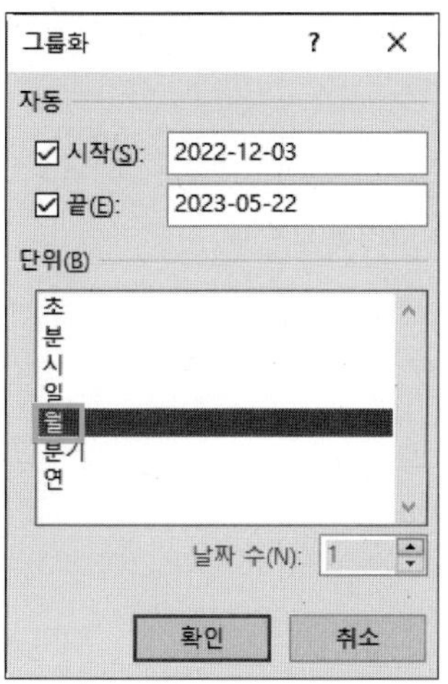

02. 텍스트 나누기 / 통합 _ 참고 : 통합 107쪽

정답

[표1]

환자코드	성명	생년월일	성별	진료과목	담당의사	진료일	진료시간	진료비
A014	성애연	1987-05-03	여	호흡기내과	김지수	2023-01-05	9:10	40000
B215	소금진	1988-04-01	남	피부과	김종남	2023-02-08	13:00	47000
A018	강말순	1985-12-05	여	흉부외과	박종식	2023-03-20	10:20	20000
F302	김상호	1975-05-06	남	소화기내과	남민종	2023-02-22	13:50	16000
B216	김병철	2004-05-07	남	피부과	김종남	2023-01-12	10:20	11000
A051	전만호	1975-05-08	남	신경외과	임지영	2023-04-12	17:30	13000
C109	전준호	1958-04-07	남	흉부외과	박종식	2023-03-14	11:30	43000
D210	용화숙	1980-04-02	여	피부과	김종남	2023-02-27	13:30	25000
A011	이수만	2000-11-03	남	흉부외과	박종식	2022-12-22	15:20	12500
D371	이종호	1995-05-14	남	정형외과	하석태	2023-01-15	11:20	58200
C101	진보람	1948-10-05	여	신경외과	임지영	2023-05-21	9:30	30100
F301	오현정	1994-09-30	여	호흡기내과	김지수	2022-12-28	11:50	45000
C229	이태백	1953-07-01	남	가정의학과	편영표	2023-01-10	10:00	13000
D372	김서우	2001-03-12	여	산부인과	곽수지	2022-12-03	14:00	12500
D051	양경숙	1988-05-04	여	피부과	김종남	2023-03-20	11:00	27000
A013	이영덕	1973-06-04	남	흉부외과	박종식	2023-02-03	10:00	31000
D052	강진희	1993-05-08	여	산부인과	곽수지	2023-02-08	9:30	29400
B217	이샛별	2001-05-09	여	가정의학과	편영표	2023-02-23	11:20	24000
C228	김정근	1978-04-09	남	호흡기내과	김지수	2022-12-14	16:30	19000
A017	임효인	1959-09-08	여	소화기내과	남민종	2023-01-16	17:50	28000
D213	이유라	1998-09-04	여	산부인과	곽수지	2023-02-21	16:20	20000
D331	장길산	1952-02-12	남	소화기내과	남민종	2023-02-19	14:00	21000
B219	김창무	1999-08-16	남	신경외과	임지영	2023-03-06	13:50	14000
A015	유경수	2005-11-23	남	정형외과	하석태	2023-03-20	14:20	46000
C106	이남석	1974-08-25	남	가정의학과	편영표	2023-04-16	16:20	31000
D217	황귀영	1943-07-25	남	흉부외과	박종식	2023-03-12	15:00	13000
B218	심수미	1986-12-12	여	산부인과	곽수지	2023-02-28	16:00	46000
F491	박철수	1977-08-15	남	정형외과	하석태	2023-02-09	10:40	17500

[표2] 외과 진료과목의 진료비 평균

진료과목	진료비
*외과	27118.18

• 텍스트 나누기

[A3:A31] 영역을 블럭으로 지정한 후 [데이터] → 데이터 도구 → **텍스트 나누기**를 클릭한다.

• 데이터 통합

1. 다음과 같이 입력한다.

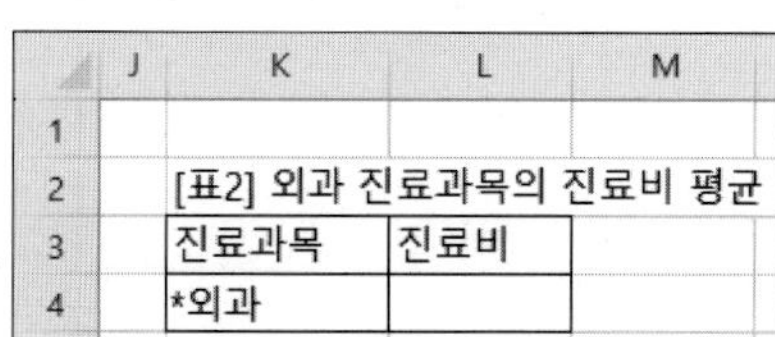

[표2] 외과 진료과목의 진료비 평균

진료과목	진료비
*외과	

2. '통합' 대화상자

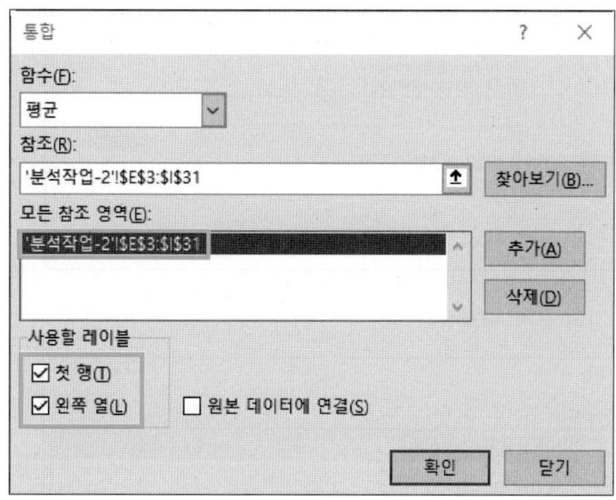

01. 매크로 작성 _ 참고 : 매크로 135쪽

1 '서식적용' 매크로 실행

정답

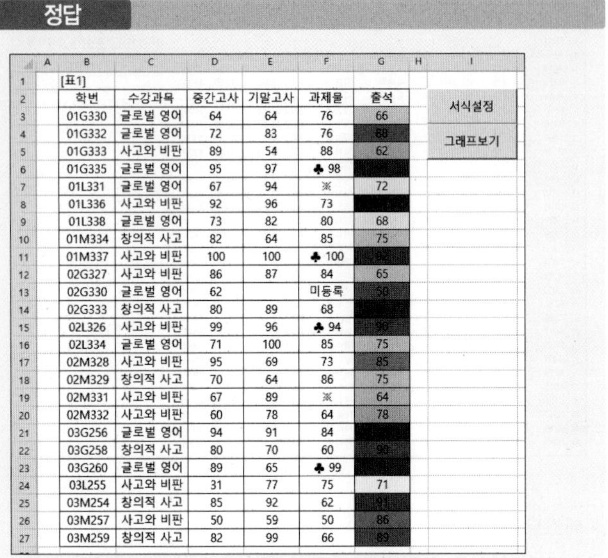

	A	B	C	D	E	F	G	H	I
1		[표1]							
2		학번	수강과목	중간고사	기말고사	과제물	출석		서식설정
3		01G330	글로벌 영어	64	64	76	66		
4		01G332	글로벌 영어	72	83	76	88		그래프보기
5		01G333	사고와 비판	89	54	88	62		
6		01G335	글로벌 영어	95	97	♣ 98	[illegible]		
7		01L331	글로벌 영어	67	94	※	72		
8		01L336	사고와 비판	92	96	73	[illegible]		
9		01L338	글로벌 영어	73	82	80	68		
10		01M334	창의적 사고	82	64	85	75		
11		01M337	사고와 비판	100	100	♣ 100	92		
12		02G327	사고와 비판	86	87	84	65		
13		02G330	글로벌 영어	62		미등록	50		
14		02G333	창의적 사고	80	89	68	[illegible]		
15		02L326	사고와 비판	99	96	♣ 94	90		
16		02L334	글로벌 영어	71	100	85	75		
17		02M328	사고와 비판	95	69	73	85		
18		02M329	창의적 사고	70	64	86	75		
19		02M331	사고와 비판	67	89	※	64		
20		02M332	사고와 비판	60	78	64	78		
21		03G256	글로벌 영어	94	91	84	[illegible]		
22		03G258	창의적 사고	80	70	60	90		
23		03G260	글로벌 영어	89	65	♣ 99	[illegible]		
24		03L255	사고와 비판	31	77	75	71		
25		03M254	창의적 사고	85	92	62	91		
26		03M257	사고와 비판	50	59	50	86		
27		03M259	창의적 사고	82	99	66	89		

• '셀 서식' 대화상자

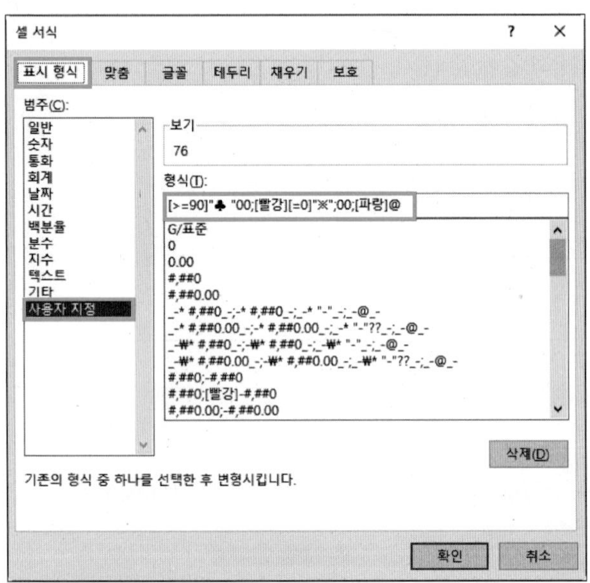

• '새 서식 규칙' 대화상자

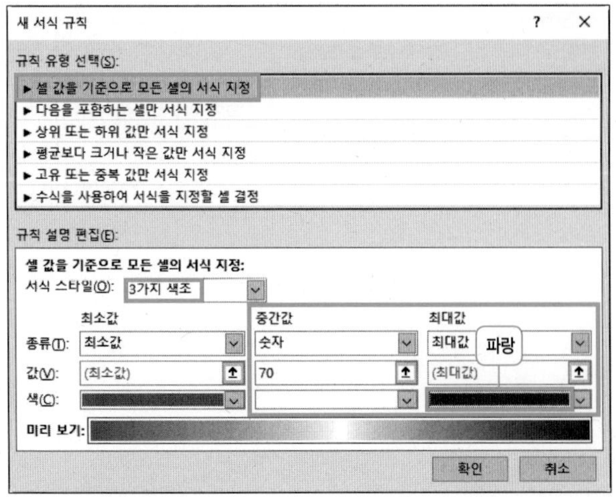

03. 프로시저 작성 _ 참고 : 프로시저 142쪽

1 '서류전형' 단추 및 폼 초기화 프로시저

• '서류전형' 단추 클릭 프로시저

정답

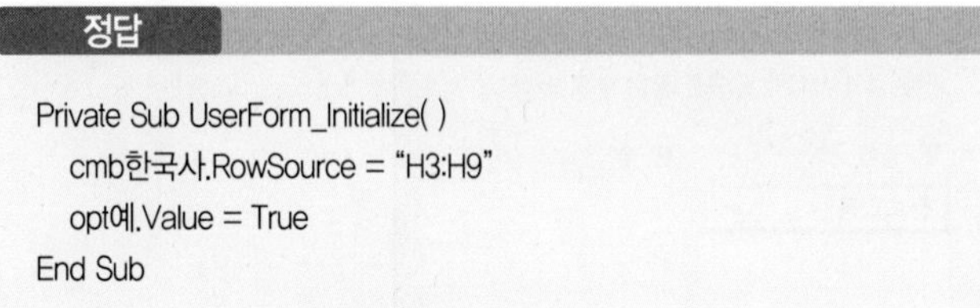

```
Private Sub cmd서류전형_Click( )
    서류전형.Show
End Sub
```

• 폼 초기화 프로시저

정답

```
Private Sub UserForm_Initialize( )
    cmb한국사.RowSource = "H3:H9"
    opt예.Value = True
End Sub
```

2 '입력' 단추에 기능 구현하기

정답

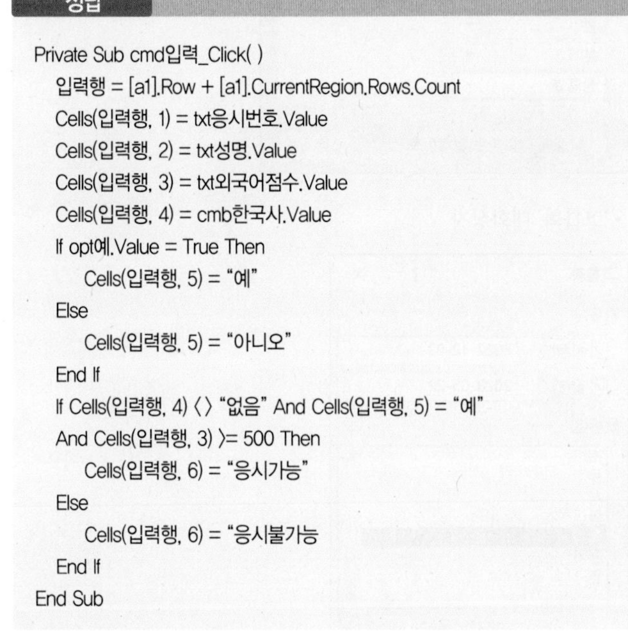

```
Private Sub cmd입력_Click( )
    입력행 = [a1].Row + [a1].CurrentRegion.Rows.Count
    Cells(입력행, 1) = txt응시번호.Value
    Cells(입력행, 2) = txt성명.Value
    Cells(입력행, 3) = txt외국어점수.Value
    Cells(입력행, 4) = cmb한국사.Value
    If opt예.Value = True Then
        Cells(입력행, 5) = "예"
    Else
        Cells(입력행, 5) = "아니오"
    End If
    If Cells(입력행, 4) <> "없음" And Cells(입력행, 5) = "예"
    And Cells(입력행, 3) >= 500 Then
        Cells(입력행, 6) = "응시가능"
    Else
        Cells(입력행, 6) = "응시불가능"
    End If
End Sub
```

3 '닫기' 단추에 기능 구현하기

정답

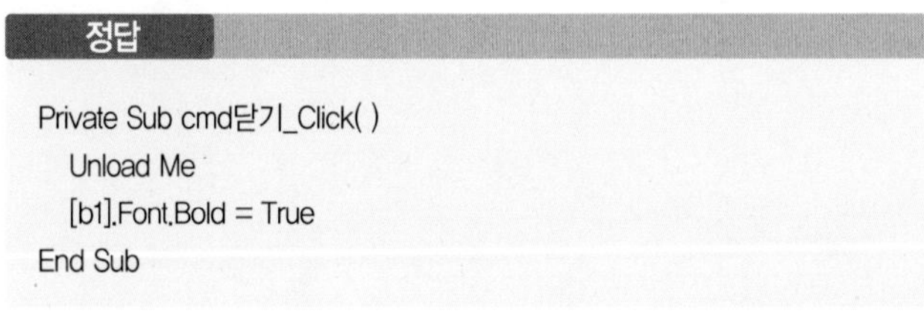

```
Private Sub cmd닫기_Click( )
    Unload Me
    [b1].Font.Bold = True
End Sub
```

EXAMINATION **09회**

2022년 상시01 컴퓨터활용능력 1급

- **준 비 하 세 요 :** 'C:\길벗컴활1급총정리\기출\09회' 폴더에서 '22년상시01.xlsm' 파일을 열어서 작업하시오.
- **외부 데이터 위치 :** C:\길벗컴활1급총정리\기출\09회

4122011

문제 1 기본작업(15점) 주어진 시트에서 다음의 과정을 수행하고 저장하시오.

1. '기본작업-1' 시트에서 다음과 같이 고급 필터를 수행하시오. (5점)

▶ [B2:K32] 영역에서 '1차', '2차', '3차'가 모두 "O"이고, '총점'이 280 이상인 행만을 대상으로 표시하시오.

▶ 조건은 [B34:B35] 영역 내에 알맞게 입력하시오. (AND, COUNTA 함수 사용)

▶ 결과는 [B37] 셀부터 표시하시오.

2. '기본작업-1' 시트에서 다음과 같이 조건부 서식을 설정하시오. (5점)

▶ [B3:K32] 영역에서 '회원코드' 앞의 두 자리가 짝수이고, '가입일'이 2018년인 행 전체에 대하여 글꼴 스타일 '굵은 기울임꼴', 글꼴 색 '표준 색-파랑'으로 적용하시오.

▶ 단, 규칙 유형은 '수식을 사용하여 서식을 지정할 셀 결정'을 사용하고, 한 개의 규칙으로만 작성하시오.

▶ LEFT, MOD, YEAR, AND 함수 사용

3. '기본작업-2' 시트에서 다음과 같이 페이지 레이아웃을 설정하시오. (5점)

▶ 인쇄용지가 가로로 인쇄되도록 용지 방향을 설정하고, 데이터 영역 전체를 인쇄 영역으로 지정하시오.

▶ 매 페이지 하단의 가운데 구역에는 현재 페이지 번호가 [표시 예]와 같이 표시되도록 바닥글을 설정하시오.
[표시 예 : 현재 페이지 번호 1 → 1쪽]

▶ 2행이 매 페이지마다 반복하여 인쇄되도록 인쇄 제목을 설정하고, [B16:K35] 영역이 2페이지, [B36:K50] 영역이 3페이지에 출력되도록 페이지 나누기를 삽입하시오.

4122012

문제 2 계산작업(30점) '계산작업' 시트에서 다음의 과정을 수행하고 저장하시오.

1. [표1]의 출석일수, 1차, 2차, 3차를 이용하여 [J3:J32] 영역에 성적평가를 계산하여 표시하시오. (6점)

▶ 성적평가는 출석일수가 18일 이상이고 1차, 2차, 3차 점수가 모두 60점 이상이면 "Pass", 그렇지 않으면 "-"으로 표시

▶ IF, AND, COUNTIF 함수 사용

2. [표1]의 결석일수, 1차, 2차, 3차와 [표3]을 이용하여 [K3:K32] 영역에 수강료할인율을 계산하여 표시하시오. (6점)

▶ 1차, 2차, 3차 점수의 평균을 기준으로 [표3]의 평균별 할인율표에서 수강료할인율을 찾아 표시

▶ 결석일수가 0일 경우 수강료할인율에 0.5% 추가

▶ IF, AVERAGE, VLOOKUP 함수 사용

3. [표1]의 수강과목을 이용하여 [표2]의 [C36:E38] 영역에 난이도별 과목별 인원수를 계산하여 표시하시오. (6점)

▶ 수강과목에서 "-"을 기준으로 앞 부분은 과목, 뒷 부분은 난이도임

▶ IF, COUNT, FIND 함수를 사용한 배열 수식

4. [표1]의 수강과목, 1차, 2차, 3차를 이용하여 [I36:K44] 영역에 1차, 2차, 3차 각각의 수강과목별 최대점수를 찾아 표시하시오. (6점)

▶ INDEX, MATCH, MAX 함수를 사용한 배열 수식

5. 사용자 정의 함수 'fn비고'를 작성하여 [L3:L32] 영역에 비고를 계산하여 표시하시오. (6점)

▶ 'fn비고'는 출석일수와 결석일수를 인수로 받아 값을 되돌려줌

▶ 비고는 '출석일수÷(출석일수+결석일수)'가 1이면 "출석우수", 0.8 미만이면, "재수강", 그 외에는 빈칸으로 표시하시오.

▶ SELECT CASE문 사용

```
Public Function fn비고(출석일수, 결석일수)
End Function
```

4122013

문제 3 분석작업(20점) 주어진 시트에서 다음의 과정을 수행하고 작업하시오.

1. '분석작업-1' 시트에서 다음의 지시사항에 따라 피벗 테이블 보고서를 작성하시오. (10점)

▶ 〈수강과목성적.accdb〉의 〈성적현황〉 테이블을 이용하시오.

▶ 피벗 테이블 보고서의 레이아웃과 위치는 〈그림〉을 참조하여 설정하고, 보고서 레이아웃을 개요 형식으로 표시하시오.

▶ 행 필드는 '가입일'의 분기로 표시하고, '3분기'의 하위 데이터만 표시하시오.

▶ '1차', '2차', '3차' 필드의 표시 형식은 값 필드 설정의 셀 서식에서 '숫자' 범주를 이용하여 〈그림〉과 같이 설정하시오.

▶ 피벗 테이블 스타일은 '밤색, 피벗 스타일 어둡게 3'으로 설정하시오.

	A	B	C	D	E
1					
2	분기	수강과목	평균 : 1차	평균 : 2차	평균 : 3차
3	⊞1사분기		75	76	81
4	⊞2사분기		87	83	80
5	⊟3사분기		72	91	77
6		데이터분석-고급	55	100	60
7		데이터분석-초급	65	78	75
8		코딩-고급	78	95	75
9		클라우드-초급	90	100	100
10	⊞4사분기		79	75	78
11	총합계		81	82	79

※ 작업 완성된 그림이며 부분점수 없음

2. '분석작업-2' 시트에 대하여 다음의 지시사항을 처리하시오. (10점)

▶ [정렬] 기능을 이용하여 [표1], [표2], [표3], [표4]의 '제품명'을 '냉장고 – TV – 세탁기 – 인덕션 – 의류건조기' 순으로 정렬하시오.

▶ [통합] 기능을 이용하여 [표1], [표2], [표3], [표4]에 대해 첫 행만을 기준으로 목표량과 생산량의 평균을 [표5]의 [C19:D23] 영역에 계산하시오.

4122014

문제 4 기타작업(35점) 주어진 시트에서 다음 과정을 수행하고 저장하시오.

1. '기타작업-1' 시트에서 다음과 같은 기능을 수행하는 매크로를 현재 통합문서에 작성하시오. (각 5점)

① [I3:I32] 영역에 사용자 지정 표시 형식을 설정하는 '서식적용' 매크로를 생성하시오.

▶ 값이 280 이상일 경우 빨강색으로 "★"를, 260 이상일 경우에는 파랑색으로 "☆"를 표시한 후 뒤에 숫자를 표시하고, 그 외는 숫자만을 표시하시오.

[표시 예 : 280인 경우 → ★280, 260인 경우 → ☆260, 0인 경우 → 0]

▶ [개발 도구] → [삽입] → [양식 컨트롤]의 '단추'를 동일 시트의 [K2:K3] 영역에 생성한 후 텍스트를 "서식적용"으로 입력하고, 단추를 클릭하면 '서식적용' 매크로가 실행되도록 설정하시오.

② [I3:I32] 영역에 표시 형식을 '일반'으로 적용하는 '서식해제' 매크로를 생성하시오.

▶ [개발 도구] → [삽입] → [양식 컨트롤]의 '단추'를 동일 시트의 [K5:K6] 영역에 생성한 후 텍스트를 "서식해제"로 입력하고, 단추를 클릭하면 '서식해제' 매크로가 실행되도록 설정하시오.

2. '기타작업-2' 시트에서 다음의 지시사항에 따라 차트를 수정하시오. (각 2점)

※ 차트는 반드시 문제에서 제공한 차트를 사용하여야 하며, 신규로 차트작성 시 0점 처리됨

① 행/열 방향을 〈그림〉과 같이 변경하시오.

② 차트 제목과 가로 축 제목을 〈그림〉과 같이 표시하시오.

③ 범례를 위쪽에 표시하고, 세로 축 기본 단위를 〈그림〉과 같이 지정하시오.

④ '생산량'의 '세탁기' 요소에만 〈그림〉과 같이 데이터 레이블을 표시하고, 계열의 간격 너비를 50%로 지정하시오.

⑤ 차트 영역의 테두리 스타일을 '둥근 모서리', 네온을 '네온: 5pt, 파랑, 강조색 1'로 설정하시오.

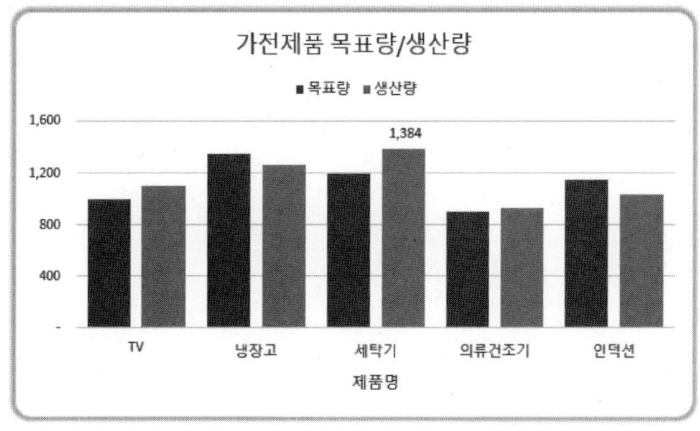

3. '기타작업-3' 시트에서 다음과 같은 작업을 수행하도록 프로시저를 작성하시오. (각 5점)

① '성적등록' 단추를 클릭하면 〈학원생성적〉 폼이 나타나도록 설정하고, 폼이 초기화(Initialize)되면 '수강과목(cmb수강과목)' 목록에는 [J5:J13] 영역의 값이 표시되도록 프로시저를 작성하시오

② 〈학원생성적〉 폼의 '등록(cmd등록)' 단추를 클릭하면 폼에 입력된 데이터가 [표1]에 입력되어 있는 마지막 행 다음에 연속하여 추가되는 프로시저를 작성하시오.

▶ '평균'에는 '1차', '2차', '3차'의 평균을 정수로 입력하시오. (Int 함수 사용)

▶ 입력되는 데이터는 워크시트에 입력된 기존 데이터와 같은 형식의 데이터로 입력하시오.

성적등록

[표1] 수강생 성적

성명	수강과목	결석일수	1차	2차	3차	평균
홍길동	코딩-고급	5	92	97	100	96

[표2]

수강과목
코딩-초급
코딩-중급
코딩-고급
데이터분석-초급
데이터분석-중급
데이터분석-고급
클라우드-초급
클라우드-중급
클라우드-고급

학원생성적

성 명 : 홍길동

수강과목 : 코딩-고급

결석일수 : 5

1차 : 92

2차 : 97

3차 : 100

등록

닫기

③ 〈학원생성적〉 폼의 '닫기(cmd닫기)' 단추를 클릭하면 〈그림〉과 같은 메시지 박스를 표시한 후 폼을 종료하는 프로시저를 작성하시오.

▶ 시스템의 현재 시간 표시

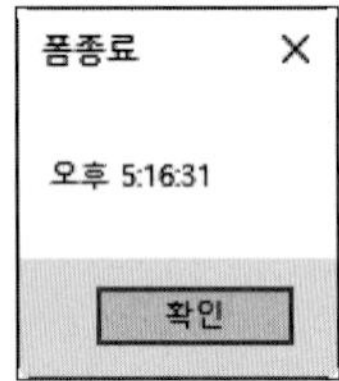

기출문제 정답 및 해설

문제 1 기본작업

정답

01. 고급 필터 _ 참고 : 고급 필터 18쪽

정답

	A	B	C	D	E	F	G	H	I	J	K
33											
34		조건									
35		FALSE									
36											
37		회원코드	가입일	성명	수강과목	출석일수	결석일수	1차	2차	3차	총점
38		36L1	2019-05-07	김성수	코딩-초급	25	0	O	O	O	280
39		14F6	2020-09-12	장하다	클라우드-초급	24	1	O	O	O	290
40		55F7	2019-04-12	김정근	코딩-초급	22	3	O	O	O	280

• '고급 필터' 대화상자

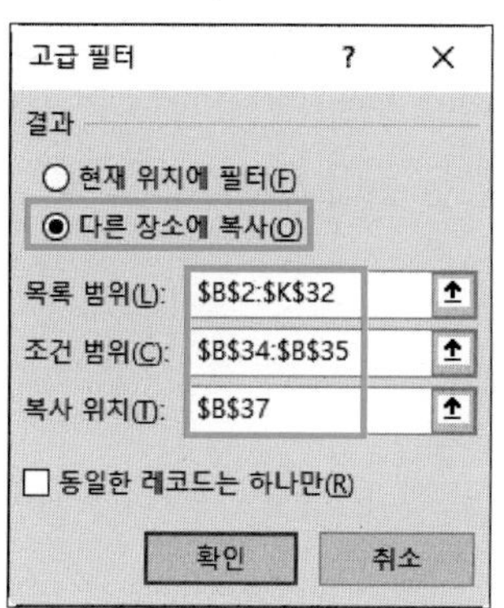

[B35] : =AND(COUNTA(H3:J3)=3,K3>=280)

02. 조건부 서식 _ 참고 : 조건부 서식 25쪽

정답

	A	B	C	D	E	F	G	H	I	J	K
1											
2		회원코드	가입일	성명	수강과목	출석일수	결석일수	1차	2차	3차	총점
3		43K3	2021-10-04	강경수	데이터분석-중급	24	1	O	O		250
4		73F8	2018-06-23	김홍성	데이터분석-고급	25	0	O	O		240
5		51F2	2018-10-05	이영덕	데이터분석-중급	25	0			O	215
6		27F3	2018-04-21	최재형	데이터분석-초급	23	2	O			220
7		41L9	2020-05-13	우나경	코딩-중급	23	2	O			220
8		***10K8***	***2018-10-02***	***장길산***	***클라우드-중급***	***22***	***3***	***O***		***O***	***265***
9		93L8	2018-08-20	최지원	데이터분석-초급	20	5			O	235
10		53L8	2019-10-22	이태백	데이터분석-고급	24	1		O		230
11		97K8	2021-07-06	참사랑	코딩-고급	25	0	O	O	O	260
12		55K1	2020-06-04	양경숙	코딩-고급	24	1	O			250
13		55K6	2018-06-06	조진홍	클라우드-초급	23	2				215
14		32L8	2019-04-18	지옥민	클라우드-초급	25	0	O		O	255
15		***46F6***	***2018-02-19***	***강진희***	***클라우드-중급***	***25***	***0***	***O***			***210***
16		***28K5***	***2018-02-04***	***김창무***	***코딩-중급***	***25***	***0***			***O***	***230***
17		68L7	2021-06-10	김종남	코딩-고급	24	1		O	O	245
18		11F5	2018-03-22	편영표	클라우드-고급	25	0		O	O	250
19		***54K8***	***2018-06-23***	***유경수***	***데이터분석-초급***	***23***	***2***		***O***		***230***
20		53K3	2019-02-27	김소소	코딩-고급	25	0	O		O	240
21		36L1	2019-05-07	김성수	코딩-초급	25	0	O	O	O	280
22		13F3	2019-05-20	양진민	데이터분석-초급	25	0	O	O	O	270
23		14F6	2020-09-12	장하다	클라우드-초급	24	1	O	O	O	290
24		95L3	2018-04-27	차태현	코딩-중급	25	0	O	O	O	265
25		80L1	2021-10-12	소미선	코딩-고급	23	2	O			205
26		***18F6***	***2018-10-26***	***김영수***	***클라우드-초급***	***23***	***2***		***O***	***O***	***230***
27		81K8	2020-05-26	권태산	클라우드-고급	15	10	O	O	O	260
28		39L7	2021-09-01	임지영	데이터분석-초급	25	0		O		200
29		65F1	2018-08-13	김미연	데이터분석-고급	25	0		O		215
30		55F7	2019-04-12	김정근	코딩-초급	22	3	O	O	O	280
31		31L9	2018-08-09	곽수지	코딩-고급	23	2		O		235
32		58F1	2020-05-04	임세일	클라우드-초급	17	8	O	O	O	265

• '새 서식 규칙' 대화상자

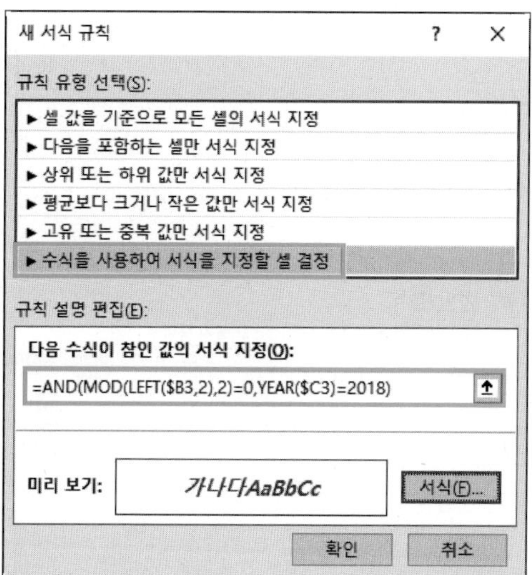

03. 페이지 레이아웃 _ 참고 : 페이지 레이아웃 32쪽

정답

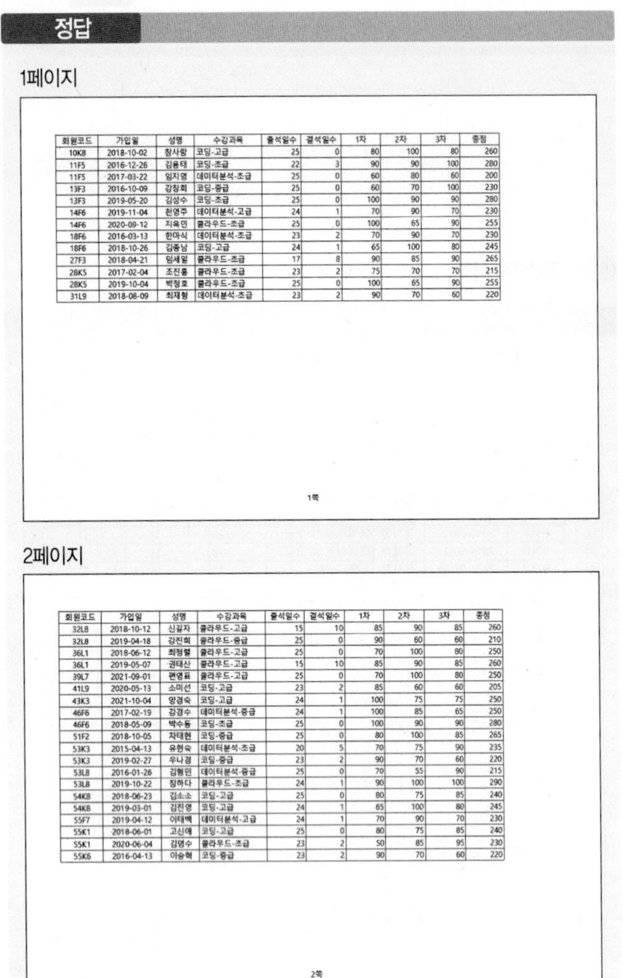

1페이지

회원코드	가입일	성명	수강과목	출석일수	결석일수	1차	2차	3차	총점
10K8	2018-10-02	참사랑	코딩-고급	25	0	80	100	80	260
11F5	2016-12-26	김용태	코딩-초급	22	3	90	90	100	280
11F5	2017-03-22	임지영	데이터분석-초급	25	0	60	80	60	200
13F3	2016-10-09	강창희	코딩-중급	25	0	60	70	100	230
13F3	2019-05-20	김성수	코딩-초급	25	0	100	90	90	280
14F6	2019-11-04	천영주	데이터분석-고급	24	1	70	90	70	230
14F6	2020-09-12	지욱민	클라우드-초급	25	0	100	65	90	255
18F6	2016-03-13	한마식	데이터분석-초급	23	2	70	90	70	230
18F6	2018-10-26	김종남	코딩-고급	24	1	65	100	80	245
27F3	2018-04-21	임세일	클라우드-초급	17	8	90	85	90	265
28K5	2017-02-04	조진홍	클라우드-초급	23	2	75	70	70	215
28K5	2019-10-04	박정호	클라우드-초급	25	0	100	65	90	255
31L9	2018-08-09	최재형	데이터분석-초급	23	2	90	70	60	220

1쪽

2페이지

회원코드	가입일	성명	수강과목	출석일수	결석일수	1차	2차	3차	총점
32L8	2018-10-12	신길자	클라우드-고급	15	10	85	90	85	260
32L8	2019-04-18	강진희	클라우드-중급	25	0	90	60	60	210
36L1	2018-06-12	최정렬	클라우드-고급	25	0	70	100	80	250
36L1	2019-05-07	권태산	클라우드-고급	15	10	85	90	85	260
39L7	2021-09-01	편영표	클라우드-고급	25	0	70	100	80	250
41L9	2020-05-13	소미선	코딩-고급	23	2	85	60	60	205
43K3	2021-10-04	양경숙	코딩-고급	24	1	100	75	75	250
46F6	2017-02-19	강경수	데이터분석-중급	24	1	100	85	65	250
46F6	2018-05-09	박수동	코딩-초급	25	0	100	90	90	280
51F2	2018-10-05	차태현	코딩-중급	25	0	80	100	85	265
53K3	2015-04-13	유현숙	데이터분석-초급	20	5	70	75	90	235
53K3	2019-02-27	우나경	코딩-중급	23	2	90	70	60	220
53L8	2016-01-26	김형민	데이터분석-중급	25	0	70	55	90	215
53L8	2019-10-22	장하다	클라우드-초급	24	1	90	100	100	290
54K8	2018-06-23	김소소	코딩-고급	25	0	80	75	85	240
54K8	2019-03-01	김진영	코딩-고급	24	1	65	100	80	245
55F7	2019-04-12	이태백	데이터분석-고급	24	1	70	90	70	230
55K1	2018-06-01	고신애	코딩-고급	25	0	80	75	85	240
55K1	2020-06-04	김영수	클라우드-초급	23	2	50	85	95	230
55K6	2016-04-13	이승혁	코딩-중급	23	2	90	70	60	220

2쪽

• '페이지 설정' 대화상자의 '페이지' 탭

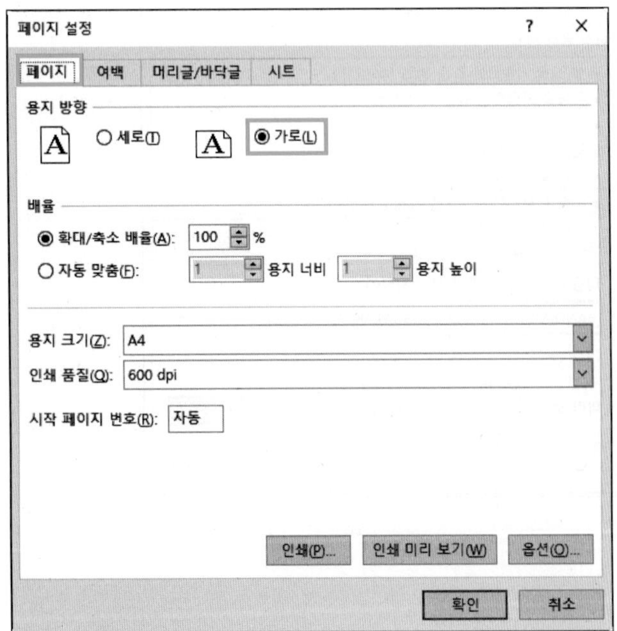

• '바닥글' 대화상자

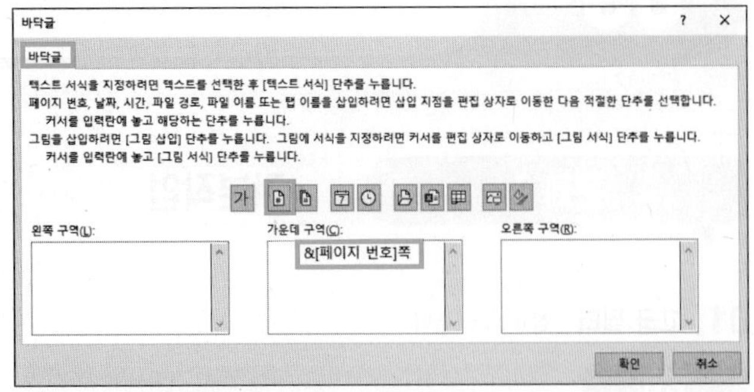

• 페이지 나누기 실행

1. [B16] 셀을 선택한 후 [페이지 레이아웃] → 페이지 설정 → 나누기 → **페이지 나누기 삽입**을 선택한다.
2. [B36] 셀을 선택한 후 [페이지 레이아웃] → 페이지 설정 → 나누기 → **페이지 나누기 삽입**을 선택한다.

정답

[표1]

성명	수강과목	출석일수	결석일수	1차	2차	3차	총점	성적평가	수강료할인율	비고
양경숙	코딩-고급	24	1	100	75	75	250	Pass	3.5%	
김홍성	데이터분석-고급	25	0	90	80	70	240	Pass	4.0%	출석우수
차태현	코딩-중급	25	0	80	100	85	265	Pass	4.0%	출석우수
임세일	클라우드-초급	17	8	90	85	90	265	-	3.5%	재수강
소미선	코딩-고급	23	2	85	60	60	205	Pass	2.5%	
참사랑	코딩-고급	25	0	80	100	80	260	Pass	4.0%	출석우수
장길산	클라우드-중급	22	3	100	75	90	265	Pass	3.5%	
장하다	클라우드-초급	24	1	90	100	100	290	Pass	5.0%	
유경수	데이터분석-초급	23	2	70	90	70	230	Pass	3.0%	
김영수	클라우드-초급	23	2	50	85	95	230	-	3.0%	
곽수지	코딩-고급	23	2	75	90	70	235	Pass	3.0%	
강진희	클라우드-중급	25	0	90	60	60	210	Pass	3.5%	출석우수
강경수	데이터분석-중급	24	1	100	85	65	250	Pass	3.5%	
조진홍	클라우드-초급	23	2	75	70	70	215	Pass	3.0%	
이영덕	데이터분석-중급	25	0	70	55	90	215	-	3.5%	출석우수
임지영	데이터분석-초급	25	0	60	80	60	200	Pass	3.0%	출석우수
김소소	코딩-고급	25	0	80	75	85	240	Pass	4.0%	출석우수
우나경	코딩-중급	23	2	90	70	60	220	Pass	3.0%	
권태산	클라우드-고급	15	10	85	90	85	260	-	3.5%	재수강
김성수	코딩-초급	25	0	100	90	90	280	Pass	5.5%	출석우수
지옥민	클라우드-초급	25	0	100	65	90	255	Pass	4.0%	출석우수
양진민	데이터분석-초급	25	0	90	80	100	270	Pass	5.5%	출석우수
김정근	코딩-초급	22	3	90	90	100	280	Pass	5.0%	
김종남	코딩-고급	24	1	65	100	80	245	Pass	3.5%	
최지원	데이터분석-초급	20	5	70	75	90	235	Pass	3.0%	
편영표	클라우드-고급	25	0	70	100	80	250	Pass	4.0%	출석우수
김창무	코딩-중급	25	0	60	70	100	230	Pass	3.5%	출석우수
이태백	데이터분석-고급	24	1	70	90	70	230	Pass	3.0%	
최재형	데이터분석-초급	23	2	90	70	60	220	Pass	3.0%	
김미연	데이터분석-고급	25	0	55	100	60	215	-	3.5%	출석우수

[표2] 난이도별 과목별 인원수

난이도	코딩	데이터분석	클라우드
초급	2	5	5
중급	3	2	2
고급	6	3	2

[표3] 평균별 할인율표

평균		수강료할인율
0	60 미만	0%
60 이상	70 미만	2.5%
70 이상	80 미만	3%
80 이상	90 미만	3.5%
90 이상		5%

[표4] 수강과목별 최대점수

수강과목	1차	2차	3차
코딩-초급	100	90	100
코딩-중급	90	100	100
코딩-고급	100	100	85
데이터분석-초급	90	90	100
데이터분석-중급	100	85	90
데이터분석-고급	90	100	70
클라우드-초급	100	100	100
클라우드-중급	100	75	90
클라우드-고급	85	100	85

1 성적평가(J3) _ 참고 : 논리 함수 71쪽

=IF(AND(D3>=18, COUNTIF(F3:H3, ">=60")=3), "Pass", "-")

2 수강료할인율(K3) _ 참고 : 찾기/참조 함수 58쪽

=VLOOKUP(AVERAGE(F3:H3), $B$42:$D$46, 3) + IF(E3=0, 0.5%, 0)

3 난이도별 과목별 인원수(C36) _ 참고 : 배열 수식 43쪽

{=COUNT(IF((FIND($B36,$C$3:$C$32,1)>=1) * (FIND(C$35,$C$3:$C$32,1)>=1), 1))}

4 수강과목별 최대점수(I36) _ 참고 : 배열 수식 43쪽

{=INDEX(F$3:F$32, MATCH(MAX(($C$3:$C$32 =$H36)*F$3:F$32), ($C$3:$C$32 =$H36)*F$3:F$32, 0))}

5 비고(L3) _ 참고 : 사용자 정의 함수 83쪽

=fn비고(D3, E3)

```
Public Function fn비고(출석일수, 결석일수)
    Select Case 출석일수 / (출석일수 + 결석일수)
        Case 1
            fn비고 = "출석우수"
        Case Is < 0.8
            fn비고 = "재수강"
        Case Else
            fn비고 = ""
    End Select
End Function
```

문제 3 분석작업 정답

01. 피벗 테이블 _ 참고 : 피벗 테이블 88쪽

• '피벗 테이블 필드' 창

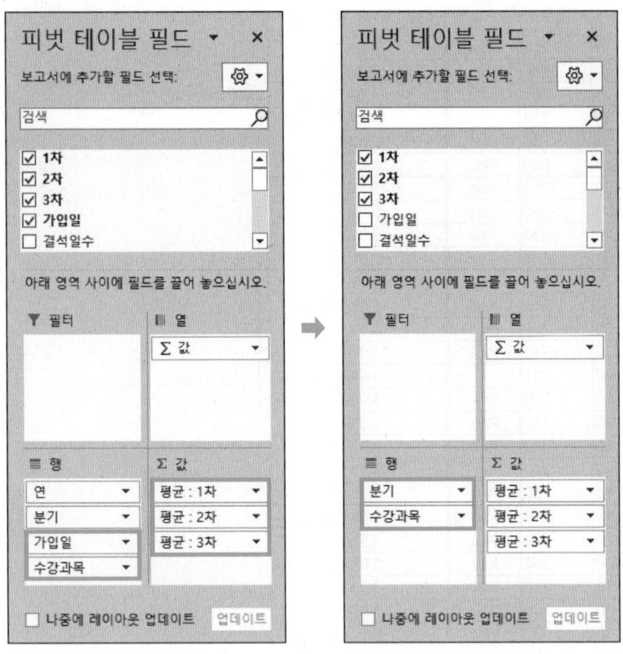

※ 행 영역의 '분기' 필드는 '가입일' 필드를 행 영역으로 이동하면 자동으로 생기는 '분기' 필드를 이용합니다.

02. 정렬 / 통합 _ 참고 : 정렬 109쪽 / 통합 107쪽

정답

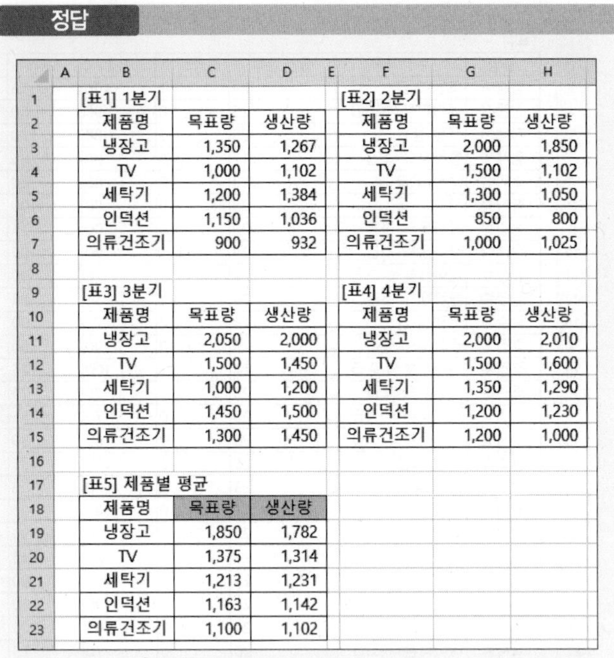

	A	B	C	D	E	F	G	H
1		[표1] 1분기				[표2] 2분기		
2		제품명	목표량	생산량		제품명	목표량	생산량
3		냉장고	1,350	1,267		냉장고	2,000	1,850
4		TV	1,000	1,102		TV	1,500	1,102
5		세탁기	1,200	1,384		세탁기	1,300	1,050
6		인덕션	1,150	1,036		인덕션	850	800
7		의류건조기	900	932		의류건조기	1,000	1,025
8								
9		[표3] 3분기				[표4] 4분기		
10		제품명	목표량	생산량		제품명	목표량	생산량
11		냉장고	2,050	2,000		냉장고	2,000	2,010
12		TV	1,500	1,450		TV	1,500	1,600
13		세탁기	1,000	1,200		세탁기	1,350	1,290
14		인덕션	1,450	1,500		인덕션	1,200	1,230
15		의류건조기	1,300	1,450		의류건조기	1,200	1,000
16								
17		[표5] 제품별 평균						
18		제품명	목표량	생산량				
19		냉장고	1,850	1,782				
20		TV	1,375	1,314				
21		세탁기	1,213	1,231				
22		인덕션	1,163	1,142				
23		의류건조기	1,100	1,102				

• '정렬' 대화상자

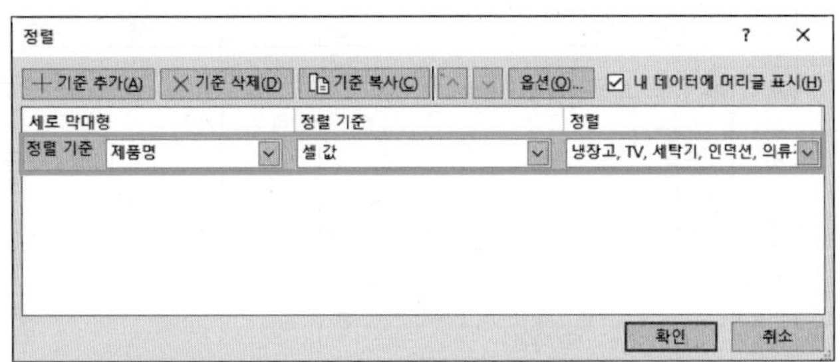

• '통합' 대화상자

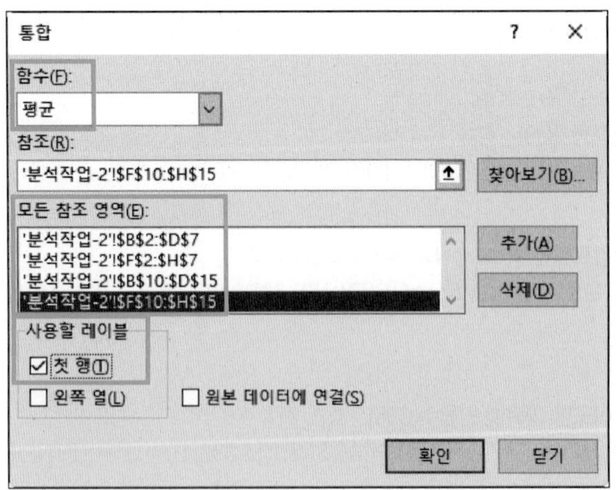

※ [C18:D18] 영역만 블록으로 지정한 상태에서 '통합'을 실행합니다.

01. 매크로 작성 _ 참고 : 매크로 135쪽

1 '서식적용' 매크로 실행

정답

성명	수강과목	출석일수	결석일수	1차	2차	3차	총점
양경숙	코딩-고급	24	1	100	75	75	250
김홍성	데이터분석-고급	25	0	90	80	70	240
차태현	코딩-중급	25	0	80	100	85	☆265
임세일	클라우드-초급	17	8	90	85	90	☆265
소미선	코딩-고급	23	2	85	60	60	205
참사랑	코딩-고급	25	0	80	100	80	☆260
장길산	클라우드-중급	22	3	100	75	90	☆265
장하다	클라우드-초급	24	1	90	100	100	★290
유경수	데이터분석-초급	23	2	70	90	70	230
김영수	클라우드-초급	23	2	50	85	95	230
곽수지	코딩-고급	23	2	75	90	70	235
강진희	클라우드-중급	25	0	90	60	60	210
강경수	데이터분석-중급	24	1	100	85	65	250
조진홍	클라우드-초급	23	2	75	70	70	215
이영덕	데이터분석-중급	25	0	70	55	90	215
임지영	데이터분석-초급	25	0	60	80	60	200
김소소	코딩-고급	25	0	80	75	85	240
우나경	코딩-중급	23	2	90	70	60	220
권태산	클라우드-고급	15	10	85	90	85	☆260
김성수	코딩-초급	25	0	100	90	90	★280
지옥민	클라우드-초급	25	0	100	65	90	255
양진민	데이터분석-초급	25	0	90	80	100	☆270
김정근	코딩-초급	22	3	90	90	100	★280
김종남	코딩-고급	24	1	65	100	80	245
최지원	데이터분석-초급	20	5	70	75	90	235
편영표	클라우드-고급	25	0	70	100	80	250
김창무	코딩-중급	25	0	60	70	100	230
이태백	데이터분석-고급	24	1	70	90	70	230
최재형	데이터분석-초급	23	2	90	70	60	220
김미연	데이터분석-고급	25	0	55	100	60	215

• '셀 서식' 대화상자

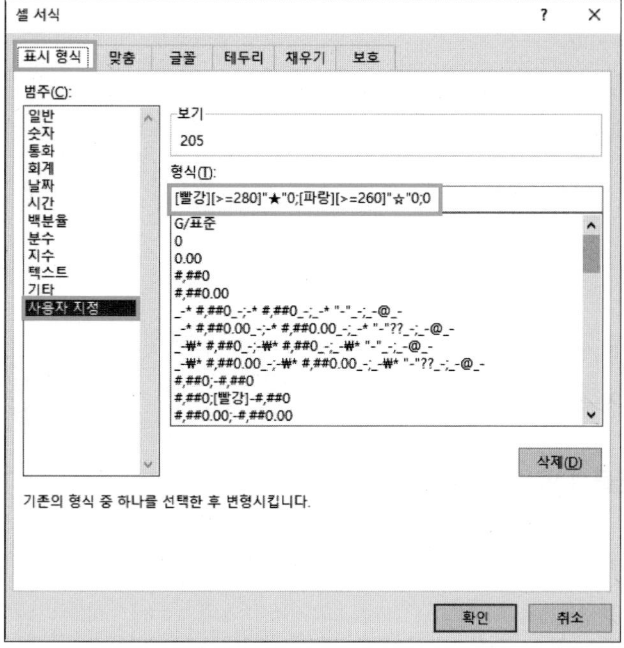

03. 프로시저 작성 _ 참고 : 프로시저 142쪽

1 '성적등록' 단추 및 폼 초기화 프로시저

• '성적등록' 단추 클릭 프로시저

정답

```
Private Sub cmd성적등록_Click( )
    학원생성적.Show
End Sub
```

• 폼 초기화 프로시저

정답

```
Private Sub UserForm_Initialize( )
    cmb수강과목.RowSource = "J5:J13"
End Sub
```

2 '등록' 단추에 기능 구현하기

정답

```
Private Sub cmd등록_Click( )
    입력행 = [B3].Row + [B3].CurrentRegion.Rows.Count
    Cells(입력행, 2) = txt성명.Value
    Cells(입력행, 3) = cmb수강과목.Value
    Cells(입력행, 4) = txt결석일수.Value
    Cells(입력행, 5) = txt1차.Value
    Cells(입력행, 6) = txt2차.Value
    Cells(입력행, 7) = txt3차.Value
    Cells(입력행, 8) = Int((Cells(입력행, 5) + Cells(입력행, 6) +
                    Cells(입력행, 7)) / 3)
End Sub
```

3 '닫기' 단추에 기능 구현하기

정답

```
Private Sub cmd닫기_Click( )
    MsgBox Time, vbOKOnly, "폼종료"
    Unload Me
End Sub
```

EXAMINATION **10회**

2022년 상시02 컴퓨터활용능력 1급

- **준 비 하 세 요 :** 'C:\길벗컴활1급총정리\기출\10회' 폴더에서 '22년상시02.xlsm' 파일을 열어서 작업하시오.
- **외부 데이터 위치 :** C:\길벗컴활1급총정리\기출\10회

4122021 

문제 1 **기본작업(15점)** 주어진 시트에서 다음의 과정을 수행하고 저장하시오.

1. '기본작업-1' 시트에서 다음과 같이 고급 필터를 수행하시오. (5점)

▶ [A2:I28] 영역에서 '동'이 "목련동"이고, '가족수'가 짝수인 행만을 대상으로 '동', '호수', '가족수', '전기사용량'만을 표시하시오.

▶ 조건은 [K2:K3] 영역 내에 알맞게 입력하시오. (AND, ISEVEN 함수 사용)

▶ 결과는 [K5] 셀부터 표시하시오.

2. '기본작업-1' 시트에서 다음과 같이 조건부 서식을 설정하시오. (5점)

▶ [A3:I28] 영역에서 '동'이 "장미동"이고, '납부일자'의 요일이 '화요일'이나 '금요일'인 행 전체에 대하여 글꼴 스타일 '기울임꼴', 글꼴 색 '표준 색-녹색'으로 적용하시오.

▶ 단, 규칙 유형은 '수식을 사용하여 서식을 지정할 셀 결정'을 사용하고, 한 개의 규칙으로만 작성하시오.

▶ OR, WEEKDAY, AND 함수 사용

▶ WEEKDAY 함수는 '월요일'이 1이 되도록 작성

3. '기본작업-2' 시트에서 다음과 같이 페이지 레이아웃을 설정하시오. (5점)

▶ 용지 높이가 2페이지에 맞게 자동 배열되어 표시되도록 설정하고, [A3:J90] 영역을 인쇄 영역으로 지정하시오.

▶ 홀수 페이지 하단의 왼쪽 구역과 짝수 페이지 하단의 오른쪽 구역에 현재 페이지 번호가 [표시 예]와 같이 표시되도록 바닥글을 설정하시오.

[표시 예 : 현재 페이지 번호 1 → 1페이지]

▶ 3행이 매 페이지마다 반복하여 인쇄되도록 인쇄 제목을 설정하시오.

4122022 

문제 2 **계산작업(30점)** '계산작업' 시트에서 다음의 과정을 수행하고 저장하시오.

1. [표1]의 가족수, 전기사용량과 [표2]를 이용하여 [F3:F28] 영역에 전기요금을 계산하여 표시하시오. (6점)

▶ 전기요금 = 기본요금 + 전기사용량×전력량요금×(1-할인율)

▶ 전기사용량의 전력량과 가족수를 기준으로 [표2]에서 기본요금, 전력량요금, 할인율을 찾아와 계산

▶ VLOOKUP, MATCH 함수 사용

2. [표1]의 호수와 공동요금을 이용하여 [G3:G28] 영역에 단위별공동요금을 계산하여 표시하시오. (6점)

▶ 단위별공동요금은 공동요금을 호수의 끝자리가 1이면 20, 2면 30, 3이면 50으로 나눈 몫임

▶ QUOTIENT, CHOOSE, RIGHT 함수 사용

3. [표1]의 동, 호수, 전기사용량을 이용하여 [표3]의 [B43:D45] 영역에 동별 호수의 끝자리별 최대 전기사용량을 계산하여 표시하시오. (6점)

▶ VALUE, RIGHT, MAX 함수를 사용한 배열 수식

4. **[표1]의 동과 전기사용량을 이용하여 [G43:G45] 영역에 동별 전기사용량이 전체 전기사용량의 평균보다 큰 가구의 전기사용량 합계와 개수를 계산하여 표시하시오. (6점)**

▶ [표시 예 : 3600(6세대)]

▶ CONCAT, SUM, AVERAGE 함수를 사용한 배열 수식

5. **사용자 정의 함수 'fn엘리베이터요금'을 작성하여 [I3:I28] 영역에 엘리베이터요금을 계산하여 표시하시오. (6점)**

▶ 'fn엘리베이터요금'은 공동요금과 층수를 인수로 받아 값을 되돌려줌

▶ 엘리베이터요금은 '층수'가 2 이하이거나 '공동요금'이 25,000 이하이면 공동요금의 20%, 그 외는 25%로 표시하시오.

▶ IF문 사용

```
Public Function fn엘리베이터요금(공동요금, 층수)
End Function
```

4122023

문제 3 분석작업(20점) 주어진 시트에서 다음의 과정을 수행하고 작업하시오.

1. **'분석작업-1' 시트에서 다음의 지시사항에 따라 피벗 테이블 보고서를 작성하시오. (10점)**

▶ 외부 데이터 원본으로 〈차량대여.csv〉의 데이터를 사용하시오.

- 원본 데이터는 쉼표(,)로 분리되어 있으며, 첫 행에 머리글이 포함되어 있음
- '상호', '행선지', '금액', '세액' 열만 가져와 데이터 모델에 이 데이터를 추가하시오.

▶ 피벗 테이블 보고서의 레이아웃과 위치는 〈그림〉을 참조하여 설정하고, 보고서 레이아웃을 개요 형식으로 표시하시오.

▶ '상호' 필드는 'LG화학', '국보화학', '금호산업'만 표시하고, '금액' 필드를 열 합계 비율을 기준으로 〈그림〉과 같이 나타나도록 작성한 후 사용자 지정 이름을 '금액비율'로 지정하시오.

▶ '금액'과 '세액' 필드의 표시 형식은 값 필드 설정의 셀 서식에서 '회계' 범주를 이용하여 〈그림〉과 같이 설정하시오.

▶ '피벗 테이블 옵션'에서 '레이블이 있는 셀 병합 및 가운데 맞춤'을 지정하시오.

	A	B	C	D	E
1		상호	(다중 항목)		
2					
3		행선지	합계: 금액	합계: 세액	금액비율
4		강릉	150,000	16,875	10.91%
5		경주	220,000	24,750	16.00%
6		광주	200,000	22,500	14.55%
7		대구	170,000	19,125	12.36%
8		대전	80,000	9,000	5.82%
9		부산	220,000	24,750	16.00%
10		수원	60,000	6,750	4.36%
11		인천	55,000	6,188	4.00%
12		전주	170,000	19,125	12.36%
13		평택	50,000	5,625	3.64%
14		총합계	1,375,000	154,688	100.00%

※ 작업 완성된 그림이며 부분점수 없음

2. **'분석작업-2' 시트에 대하여 다음의 지시사항을 처리하시오. (10점)**

▶ [데이터 유효성 검사] 기능을 이용하여 [B3] 셀에는 [D3:D8] 영역의 목록을 선택할 수 있도록 제한 대상을 설정하시오.

▶ [표1]의 '전체 반의 수'[B6]은 '아동수', '선생님별 아동 비율', '추가아동'을 이용하여 계산한 것이다. [데이터 표] 기능을 이용하여 [표2]의 [C13:G17] 영역에 '아동수'와 '선생님별 아동 비율'에 따른 '전체 반의 수'를 계산하시오.

4122024

문제 4 기타작업(35점) 주어진 시트에서 다음 과정을 수행하고 저장하시오.

1. '기타작업-1' 시트에서 다음과 같은 기능을 수행하는 매크로를 현재 통합문서에 작성하시오. (각 5점)

① [D3:D20] 영역에 사용자 지정 표시 형식을 설정하는 '서식적용' 매크로를 생성하시오.

▶ 값이 양수면 숫자를 소수점 첫째 자리까지 표시하고, 음수면 빨강색으로 "▼"를 셀의 왼쪽에 붙여서 표시하고, 숫자는 오른쪽에 붙여서 소수점 첫째 자리까지 표시하고, 0이나 텍스트면 아무것도 표시하지 마시오.

[표시 예 : 2.05인 경우 → | 2.1|, -8.87인 경우 → |▼ 8.9|]

▶ [개발 도구] → [삽입] → [양식 컨트롤]의 '단추'를 동일 시트의 [F2:F3] 영역에 생성한 후 텍스트를 "서식적용"으로 입력하고, 단추를 클릭하면 '서식적용' 매크로가 실행되도록 설정하시오.

② [D3:D20] 영역에 표시 형식을 '일반'으로 적용하는 '서식해제' 매크로를 생성하시오.

▶ [개발 도구] → [삽입] → [양식 컨트롤]의 '단추'를 동일 시트의 [F5:F6] 영역에 생성한 후 텍스트를 "서식해제"로 입력하고, 단추를 클릭하면 '서식해제' 매크로가 실행되도록 설정하시오.

2. '기타작업-2' 시트에서 다음의 지시사항에 따라 차트를 수정하시오. (각 2점)

※ 차트는 반드시 문제에서 제공한 차트를 사용하여야 하며, 신규로 차트작성 시 0점 처리됨

① '전기요금'과 '단위별공동요금'만 표시되도록 데이터 계열을 수정하고, '레이아웃 4'를 지정하시오.

② '단위별공동요금' 계열의 차트 종류를 '표식이 있는 꺾은선형'으로 변경한 후 보조 축으로 지정하시오.

③ 차트 제목을 추가하여 [C1] 셀, 기본 가로 축 제목을 추가하여 [B2] 셀과 연동하시오.

④ 기본 주 세로 눈금선을 표시하고 범례를 위쪽에 표시하시오.

⑤ 차트 영역의 테두리 스타일을 '둥근 모서리', 그림자를 '안쪽: 가운데'로 설정하시오.

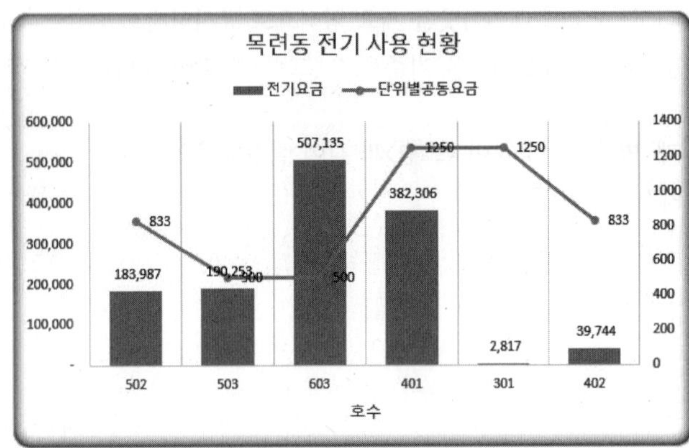

3. '기타작업-3' 시트에서 다음과 같은 작업을 수행하도록 프로시저를 작성하시오. (각 5점)

① '등록' 단추를 클릭하면 〈비품등록〉 폼이 나타나도록 설정하고, 폼이 초기화(Initialize)되면 '구입날짜(txt구입날짜)'에는 시스템의 현재 날짜가 표시되고, '비품명(cmb비품명)' 목록에는 [G4:G8] 영역의 값이 표시되도록 프로시저를 작성하시오.

② 〈비품등록〉 폼의 '등록(cmd등록)' 단추를 클릭하면 폼에 입력된 데이터가 [표1]에 입력되어 있는 마지막 행 다음에 연속하여 추가되는 프로시저를 작성하시오.

▶ Format문을 사용하여 '가격'을 [표시 예]와 같이 입력하시오.

[표시 예 : 200000 → 200,000원, 0 → 0원]

▶ '부가세'는 '가격'의 10%로 입력하시오.

▶ 입력되는 데이터는 워크시트에 입력된 기존 데이터와 같은 형식의 데이터로 입력하시오.

③ 〈비품등록〉 폼의 '종료(cmd종료)' 단추를 클릭하면 〈그림〉과 같은 메시지 박스를 표시한 후 폼을 종료하는 프로시저를 작성하시오.

▶ 시스템의 현재 날짜와 시간 표시

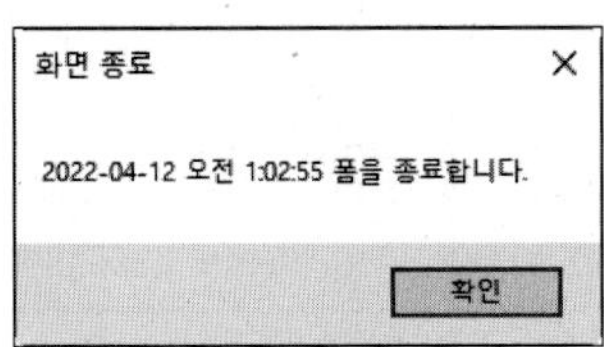

EXAMINATION

10회 기출문제 정답 및 해설

문제 1 기본작업 정답

01. 고급 필터 _ 참고 : 고급 필터 18쪽

정답

	K	L	M	N
1				
2	조건			
3	FALSE			
4				
5	동	호수	가족수	전기사용량
6	목련동	503	2	438
7	목련동	603	6	741
8	목련동	401	4	548
9	목련동	301	6	154
10	목련동	402	2	203
11	목련동	902	2	660

• '고급 필터' 대화상자

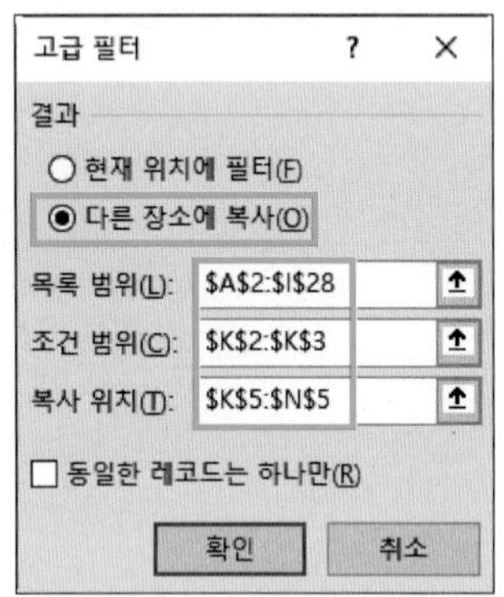

[K3] : =AND(A3="목련동",ISEVEN(D3))

02. 조건부 서식 _ 참고 : 조건부 서식 25쪽

정답

	A	B	C	D	E	F	G	H	I
1									
2	동	호수	납부일자	가족수	전기사용량	공동요금	전기요금	단위별공동요금	층수
3	목련동	502	2022-02-01 화요일	1	423	25000	183987.1	833	5
4	장미동	303	2022-02-07 월요일	7	724	35000	495797.32	700	3
5	국화동	403	2022-02-20 일요일	2	222	40000	43313.8	800	4
6	목련동	503	2022-02-12 토요일	2	438	25000	190252.6	500	5
7	장미동	503	2022-02-13 일요일	3	171	35000	3049.723	700	5
8	목련동	603	2022-02-25 금요일	6	741	25000	507135.13	500	6
9	목련동	401	2022-02-02 수요일	4	548	25000	382305.7	1250	4
10	목련동	301	2022-02-03 목요일	6	154	25000	2817.136	1250	3
11	장미동	701	2022-02-07 월요일	6	663	35000	455114.59	1750	7
12	*장미동*	*802*	*2022-02-08 화요일*	*4*	*476*	*35000*	*196183.94*	*1166*	*8*
13	국화동	702	2022-02-12 토요일	7	765	40000	523141.45	1333	7
14	장미동	303	2022-02-09 수요일	3	460	35000	189834.9	700	3
15	국화동	501	2022-02-21 월요일	4	157	40000	2874.541	2000	5
16	목련동	402	2022-02-25 금요일	2	203	25000	39743.7	833	4
17	*장미동*	*302*	*2022-02-01 화요일*	*4*	*237*	*35000*	*44796.331*	*1166*	*3*
18	국화동	903	2022-02-12 토요일	7	682	40000	467786.26	800	9
19	목련동	901	2022-02-16 수요일	3	457	25000	188644.455	1250	9
20	장미동	103	2022-02-23 수요일	5	134	35000	2569.456	700	1
21	국화동	203	2022-02-21 월요일	6	588	40000	405094.84	800	2
22	목련동	402	2022-02-13 일요일	5	492	25000	200477.896	833	4
23	장미동	502	2022-02-19 토요일	2	520	35000	381880	1166	5
24	*장미동*	*603*	*2022-02-04 금요일*	*3*	*444*	*35000*	*183485.86*	*700*	*6*
25	목련동	402	2022-02-08 화요일	5	766	25000	523808.38	833	4
26	목련동	902	2022-02-07 월요일	2	660	25000	481210	833	9
27	*장미동*	*501*	*2022-02-15 화요일*	*5*	*157*	*35000*	*2854.288*	*1750*	*5*
28	*장미동*	*201*	*2022-02-22 화요일*	*3*	*407*	*35000*	*168803.71*	*1750*	*2*

• '새 서식 규칙' 대화상자

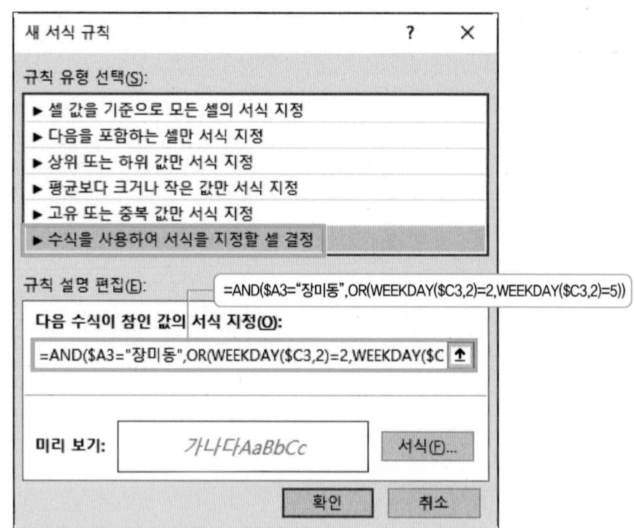

03. 페이지 레이아웃 _ 참고 : 페이지 레이아웃 32쪽

정답

1페이지

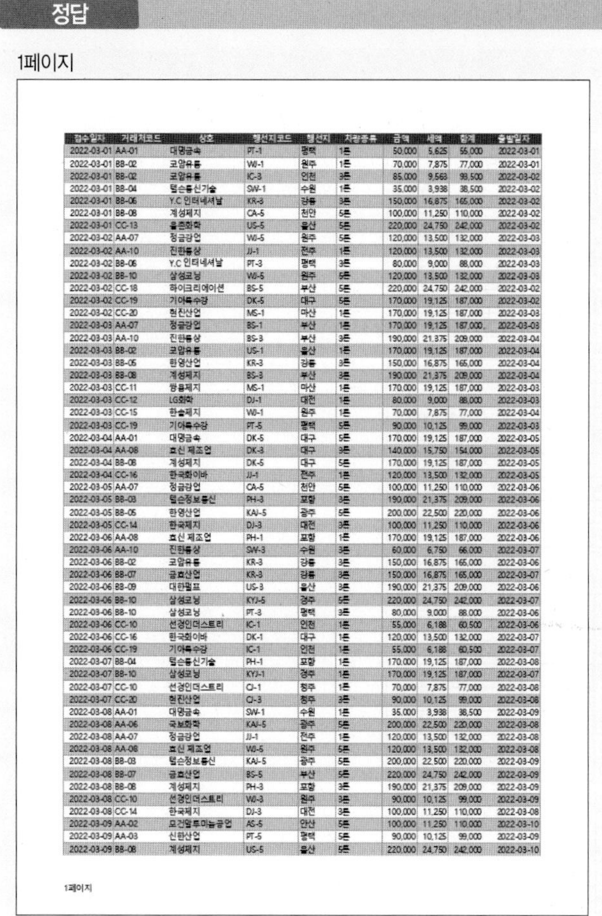

접수일자	거래처코드	상호	행선지코드	행선지	차량종류	금액	세액	합계	출발일자
2022-03-01	AA-01	대명금속	PT-1	평택	1톤	50,000	5,625	55,000	2022-03-01
2022-03-01	BB-02	코암유통	WJ-1	원주	1톤	70,000	7,875	77,000	2022-03-01
2022-03-01	BB-02	코암유통	IC-3	인천	3톤	85,000	9,563	93,500	2022-03-02
2022-03-01	BB-04	텔슨통신기술	SW-1	수원	1톤	35,000	3,938	38,500	2022-03-02
2022-03-01	BB-06	Y.C 인터내셔날	KR-3	강릉	3톤	150,000	16,875	165,000	2022-03-02
2022-03-01	BB-08	계성제지	CA-5	천안	5톤	100,000	11,250	110,000	2022-03-02
2022-03-01	CC-13	율촌화학	US-5	울산	5톤	220,000	24,750	242,000	2022-03-02
2022-03-02	AA-07	정금강업	WJ-5	원주	5톤	120,000	13,500	132,000	2022-03-03
2022-03-02	AA-10	진한통상	JJ-1	전주	1톤	120,000	13,500	132,000	2022-03-03
2022-03-02	BB-06	Y.C 인터내셔날	PT-3	평택	3톤	80,000	9,000	88,000	2022-03-03
2022-03-02	BB-10	삼성코닝	WJ-5	원주	5톤	120,000	13,500	132,000	2022-03-03
2022-03-02	CC-18	하이크리에이션	BS-5	부산	5톤	220,000	24,750	242,000	2022-03-02
2022-03-02	CC-19	기아특수강	DK-5	대구	5톤	170,000	19,125	187,000	2022-03-02
2022-03-02	CC-20	현진산업	MS-1	마산	1톤	170,000	19,125	187,000	2022-03-03
2022-03-03	AA-07	정금강업	BS-1	부산	1톤	170,000	19,125	187,000	2022-03-03
2022-03-03	AA-10	진한통상	BS-3	부산	3톤	190,000	21,375	209,000	2022-03-04
2022-03-03	BB-02	코암유통	US-1	울산	1톤	170,000	19,125	187,000	2022-03-04
2022-03-03	BB-05	한영산업	KR-3	강릉	3톤	150,000	16,875	165,000	2022-03-04
2022-03-03	BB-08	계성제지	BS-3	부산	3톤	190,000	21,375	209,000	2022-03-04
2022-03-03	CC-11	쌍용제지	MS-1	마산	1톤	170,000	19,125	187,000	2022-03-03
2022-03-03	CC-12	LG화학	DJ-1	대전	1톤	80,000	9,000	88,000	2022-03-03
2022-03-03	CC-15	한솔제지	WJ-1	원주	1톤	70,000	7,875	77,000	2022-03-04
2022-03-03	CC-19	기아특수강	PT-5	평택	5톤	90,000	10,125	99,000	2022-03-03
2022-03-04	AA-01	대명금속	DK-5	대구	5톤	170,000	19,125	187,000	2022-03-05
2022-03-04	AA-08	효신 제조업	DK-3	대구	3톤	140,000	15,750	154,000	2022-03-05
2022-03-04	BB-08	계성제지	DK-5	대구	5톤	170,000	19,125	187,000	2022-03-05
2022-03-04	CC-16	한국화이바	JJ-1	전주	1톤	120,000	13,500	132,000	2022-03-05
2022-03-05	AA-07	정금강업	CA-5	천안	5톤	100,000	11,250	110,000	2022-03-06
2022-03-05	BB-03	텔슨정보통신	PH-3	포항	3톤	190,000	21,375	209,000	2022-03-06
2022-03-05	BB-05	한영산업	KAJ-5	광주	5톤	200,000	22,500	220,000	2022-03-06
2022-03-05	CC-14	한국제지	DJ-3	대전	3톤	100,000	11,250	110,000	2022-03-06
2022-03-06	AA-08	효신 제조업	PH-1	포항	1톤	170,000	19,125	187,000	2022-03-06
2022-03-06	AA-10	진한통상	SW-3	수원	3톤	60,000	6,750	66,000	2022-03-07
2022-03-06	BB-02	코암유통	KR-3	강릉	3톤	150,000	16,875	165,000	2022-03-06
2022-03-06	BB-07	금호산업	KR-3	강릉	3톤	150,000	16,875	165,000	2022-03-07
2022-03-06	BB-09	대한펄프	US-3	울산	3톤	190,000	21,375	209,000	2022-03-06
2022-03-06	BB-10	삼성코닝	KYJ-5	경주	5톤	220,000	24,750	242,000	2022-03-07
2022-03-06	BB-10	삼성코닝	PT-3	평택	3톤	80,000	9,000	88,000	2022-03-06
2022-03-06	CC-10	선경인더스트리	IC-1	인천	1톤	55,000	6,188	60,500	2022-03-06
2022-03-06	CC-16	한국화이바	DK-1	대구	1톤	120,000	13,500	132,000	2022-03-07
2022-03-06	CC-19	기아특수강	IC-1	인천	1톤	55,000	6,188	60,500	2022-03-07
2022-03-07	BB-04	텔슨통신기술	PH-1	포항	1톤	170,000	19,125	187,000	2022-03-08
2022-03-07	BB-10	삼성코닝	KYJ-1	경주	1톤	170,000	19,125	187,000	2022-03-07
2022-03-07	CC-10	선경인더스트리	CJ-1	청주	1톤	70,000	7,875	77,000	2022-03-08
2022-03-07	CC-20	현진산업	CJ-3	청주	3톤	90,000	10,125	99,000	2022-03-08
2022-03-08	AA-01	대명금속	SW-1	수원	1톤	35,000	3,938	38,500	2022-03-09
2022-03-08	AA-06	국보화학	KAJ-5	광주	5톤	200,000	22,500	220,000	2022-03-08
2022-03-08	AA-07	정금강업	JJ-1	전주	1톤	120,000	13,500	132,000	2022-03-08
2022-03-08	AA-08	효신 제조업	WJ-5	원주	5톤	120,000	13,500	132,000	2022-03-08
2022-03-08	BB-03	텔슨정보통신	KAJ-5	광주	5톤	200,000	22,500	220,000	2022-03-09
2022-03-08	BB-07	금호산업	BS-5	부산	5톤	220,000	24,750	242,000	2022-03-09
2022-03-08	BB-08	계성제지	PH-3	포항	3톤	190,000	21,375	209,000	2022-03-09
2022-03-08	CC-10	선경인더스트리	WJ-3	원주	3톤	90,000	10,125	99,000	2022-03-09
2022-03-08	CC-14	한국제지	DJ-3	대전	3톤	100,000	11,250	110,000	2022-03-08
2022-03-09	AA-02	모건알루미늄공업	AS-5	안산	5톤	100,000	11,250	110,000	2022-03-10
2022-03-09	AA-03	신한산업	PT-5	평택	5톤	90,000	10,125	99,000	2022-03-09
2022-03-09	BB-08	계성제지	US-5	울산	5톤	220,000	24,750	242,000	2022-03-10

1페이지

2페이지

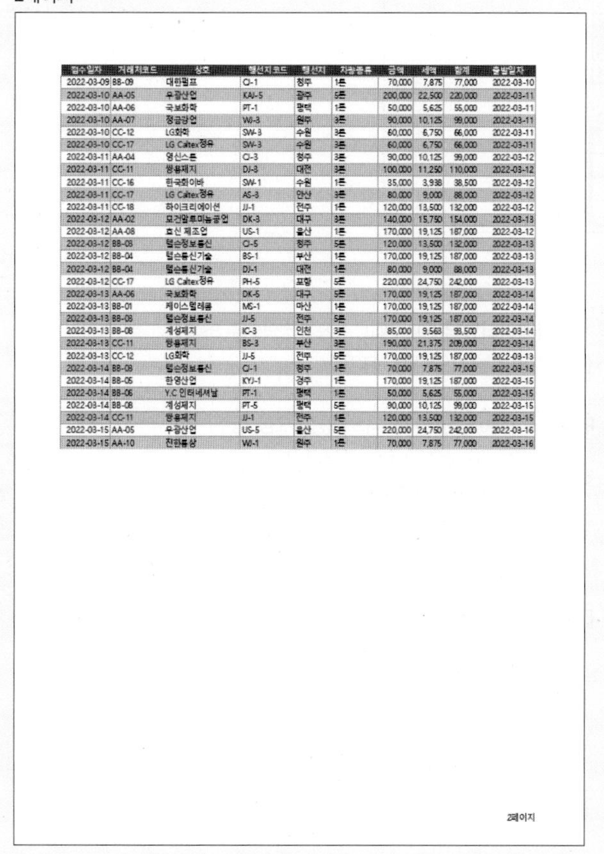

접수일자	거래처코드	상호	행선지코드	행선지	차량종류	금액	세액	합계	출발일자
2022-03-09	BB-09	대한펄프	CJ-1	청주	1톤	70,000	7,875	77,000	2022-03-10
2022-03-10	AA-05	우광산업	KAJ-5	광주	5톤	200,000	22,500	220,000	2022-03-11
2022-03-10	AA-06	국보화학	PT-1	평택	1톤	50,000	5,625	55,000	2022-03-11
2022-03-10	AA-07	정금강업	WJ-3	원주	3톤	90,000	10,125	99,000	2022-03-11
2022-03-10	CC-12	LG화학	SW-3	수원	3톤	60,000	6,750	66,000	2022-03-11
2022-03-10	CC-17	LG Caltex정유	SW-3	수원	3톤	60,000	6,750	66,000	2022-03-11
2022-03-11	AA-04	영신스톤	CJ-3	청주	3톤	90,000	10,125	99,000	2022-03-12
2022-03-11	CC-11	쌍용제지	DJ-3	대전	3톤	100,000	11,250	110,000	2022-03-12
2022-03-11	CC-16	한국화이바	SW-1	수원	1톤	35,000	3,938	38,500	2022-03-12
2022-03-11	CC-17	LG Caltex정유	AS-3	안산	3톤	80,000	9,000	88,000	2022-03-12
2022-03-11	CC-18	하이크리에이션	JJ-1	전주	1톤	120,000	13,500	132,000	2022-03-12
2022-03-12	AA-02	모건알루미늄공업	DK-3	대구	3톤	140,000	15,750	154,000	2022-03-13
2022-03-12	AA-08	효신 제조업	US-1	울산	1톤	170,000	19,125	187,000	2022-03-12
2022-03-12	BB-03	텔슨정보통신	CJ-5	청주	5톤	120,000	13,500	132,000	2022-03-13
2022-03-12	BB-04	텔슨통신기술	BS-1	부산	1톤	170,000	19,125	187,000	2022-03-13
2022-03-12	BB-04	텔슨통신기술	DJ-1	대전	1톤	80,000	9,000	88,000	2022-03-13
2022-03-12	CC-17	LG Caltex정유	PH-5	포항	5톤	220,000	24,750	242,000	2022-03-13
2022-03-13	AA-06	국보화학	DK-5	대구	5톤	170,000	19,125	187,000	2022-03-14
2022-03-13	BB-01	케이스텔레콤	MS-1	마산	1톤	170,000	19,125	187,000	2022-03-14
2022-03-13	BB-03	텔슨정보통신	JJ-5	전주	5톤	170,000	19,125	187,000	2022-03-14
2022-03-13	BB-08	계성제지	IC-3	인천	3톤	85,000	9,563	93,500	2022-03-14
2022-03-13	CC-11	쌍용제지	BS-3	부산	3톤	190,000	21,375	209,000	2022-03-14
2022-03-13	CC-12	LG화학	JJ-5	전주	5톤	170,000	19,125	187,000	2022-03-13
2022-03-14	BB-03	텔슨정보통신	CJ-1	청주	1톤	70,000	7,875	77,000	2022-03-15
2022-03-14	BB-05	한영산업	KYJ-1	경주	1톤	170,000	19,125	187,000	2022-03-15
2022-03-14	BB-06	Y.C 인터내셔날	PT-1	평택	1톤	50,000	5,625	55,000	2022-03-15
2022-03-14	BB-08	계성제지	PT-5	평택	5톤	90,000	10,125	99,000	2022-03-15
2022-03-14	CC-11	쌍용제지	JJ-1	전주	1톤	120,000	13,500	132,000	2022-03-15
2022-03-15	AA-05	우광산업	US-5	울산	5톤	220,000	24,750	242,000	2022-03-16
2022-03-15	AA-10	진한통상	WJ-1	원주	1톤	70,000	7,875	77,000	2022-03-16

2페이지

- '페이지 설정' 대화상자의 '페이지' 탭

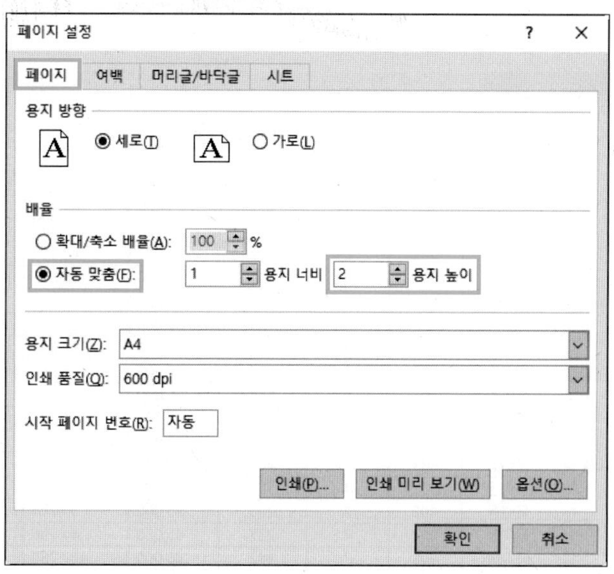

- '페이지 설정' 대화상자의 '머리글/바닥글' 탭

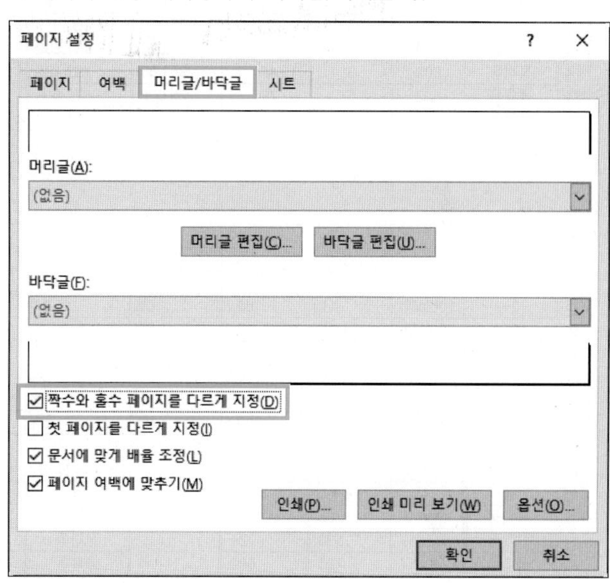

- '바닥글' 대화상자의 '홀수 페이지 바닥글' 탭

바닥글

홀수 페이지 바닥글 | 짝수 페이지 바닥글

텍스트 서식을 지정하려면 텍스트를 선택한 후 [텍스트 서식] 단추를 누릅니다.
페이지 번호, 날짜, 시간, 파일 경로, 파일 이름 또는 탭 이름을 삽입하려면 삽입 지점을 편집 상자로 이동한 다음 적절한 단추를 선택합니다.
커서를 입력란에 놓고 해당하는 단추를 누릅니다.
그림을 삽입하려면 [그림 삽입] 단추를 누릅니다. 그림에 서식을 지정하려면 커서를 편집 상자로 이동하고 [그림 서식] 단추를 누릅니다.
커서를 입력란에 놓고 [그림 서식] 단추를 누릅니다.

왼쪽 구역(L): &[페이지 번호]페이지

가운데 구역(C):

오른쪽 구역(R):

확인 취소

- '바닥글' 대화상자의 '짝수 페이지 바닥글' 탭

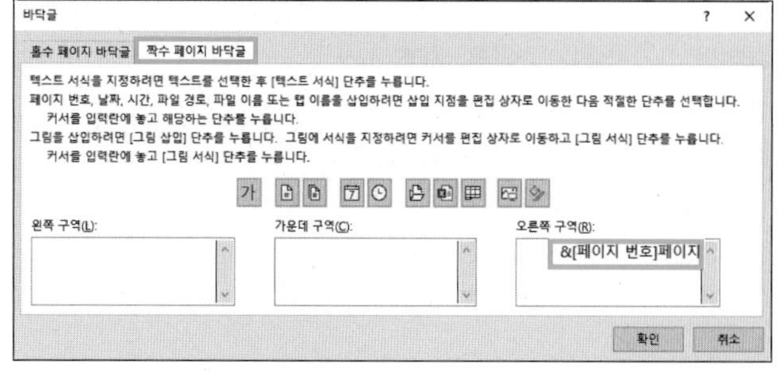

문제 2 계산작업

정답

	A	B	C	D	E	F ①	G ②	H	I ⑤
1	[표1]								
2	동	호수	가족수	전기사용량	공동요금	전기요금	단위별공동요금	층수	엘리베이터요금
3	목련동	502	1	423	25,000	183,987	833	5	5,000
4	장미동	303	7	724	35,000	495,797	700	3	8,750
5	국화동	403	2	222	40,000	43,314	800	4	10,000
6	목련동	503	2	438	25,000	190,253	500	5	5,000
7	장미동	503	3	171	35,000	3,050	700	5	8,750
8	목련동	603	6	741	25,000	507,135	500	6	5,000
9	목련동	401	4	548	25,000	382,306	1250	4	5,000
10	목련동	301	6	154	25,000	2,817	1250	3	5,000
11	장미동	701	6	663	35,000	455,115	1750	7	8,750
12	장미동	802	4	476	35,000	196,184	1166	8	8,750
13	국화동	702	7	765	40,000	523,141	1333	7	10,000
14	장미동	303	3	460	35,000	189,835	700	3	8,750
15	국화동	501	4	157	40,000	2,875	2000	5	10,000
16	목련동	402	2	203	25,000	39,744	833	4	5,000
17	장미동	302	4	237	35,000	44,796	1166	3	8,750
18	국화동	903	7	682	40,000	467,786	800	9	10,000
19	목련동	901	3	457	25,000	188,644	1250	9	5,000
20	장미동	103	5	134	35,000	2,569	700	1	7,000
21	국화동	203	6	588	40,000	405,095	800	2	8,000
22	목련동	402	5	492	25,000	200,478	833	4	5,000
23	장미동	502	2	520	35,000	381,880	1166	5	8,750
24	장미동	603	3	444	35,000	183,486	700	6	8,750
25	목련동	402	5	766	25,000	523,808	833	4	5,000
26	목련동	902	2	660	25,000	481,210	833	9	5,000
27	장미동	501	5	157	35,000	2,854	1750	5	8,750
28	장미동	201	3	407	35,000	168,804	1750	2	7,000
29									
30	[표2]								
31	전력량				가족수				
32	구간		기본요금	전력량요금	1명 이상	3명 이상	5명 이상		
33					2명 이하	4명 이하			
34	0~	100kWh	410	60.7	0%	3%	4%		
35	101~	200kWh	910	12.9	0%	3%	4%		
36	201~	300kWh	1600	187.9	0%	3%	5%		
37	301~	400kWh	3850	280.6	0%	3%	5%		
38	401~	500kWh	7300	417.7	0%	5%	6%		
39	500kWh초과		12940	709.5	0%	5%	6%		
40									
41	[표3] 동별 호수별 최대 전기사용량 ③					[표4] 동별 전기사용량 합계/개수			
42	동	1	2	3		동	합계/개수 ④		
43	목련동	548	766	741		목련동	3664(6세대)		
44	장미동	663	520	724		장미동	2843(5세대)		
45	국화동	157	765	682		국화동	2035(3세대)		

1 전기요금(F3) _ 참고 : 찾기/참조 함수 58쪽

=VLOOKUP(D3, $A$34:$G$39, 3) + D3 * VLOOKUP(D3, $A$34:$G$39, 4) * (1-VLOOKUP(D3, $A$34:$G$39, MATCH(C3, $E$32:$G$32, 1)+4))

2 단위별공동요금(G3) _ 참고 : 찾기/참조 함수 58쪽

=QUOTIENT(E3, CHOOSE(RIGHT(B3, 1), 20, 30, 50))

3 동별 호수별 최대 전기사용량(B43) _ 참고 : 배열 수식 43쪽

{=MAX(($A$3:$A$28=$A43) * (VALUE(RIGHT($B$3:$B$28, 1))=B$42)*$D$3:$D$28)}

4 동별 전기사용량 합계/개수(G43) _ 참고 : 배열 수식 43쪽

{=CONCAT(SUM(($A$3:$A$28=F43) * ($D$3:$D$28>AVERAGE($D$3:$D$28)) * $D$3:$D$28), "(", SUM(($A$3:$A$28=F43) * ($D$3:$D$28>AVERAGE($D$3:$D$28))), "세대)")}

5 엘리베이터요금(I3) _ 참고 : 사용자 정의 함수 83쪽

=fn엘리베이터요금(E3, H3)

```
Public Function fn엘리베이터요금(공동요금, 층수)
    If 층수 <= 2 Or 공동요금 <= 25000 Then
        fn엘리베이터요금 = 공동요금 * 0.2
    Else
        fn엘리베이터요금 = 공동요금 * 0.25
    End If
End Function
```

문제 3 분석작업 정답

01. 피벗 테이블 _ 참고 : 피벗 테이블 88쪽

• '피벗 테이블 필드' 창

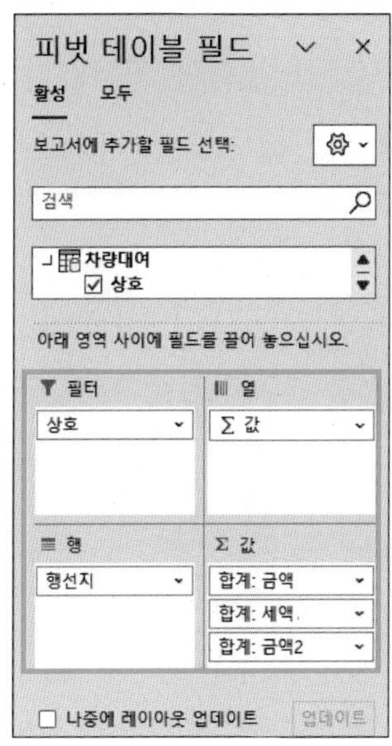

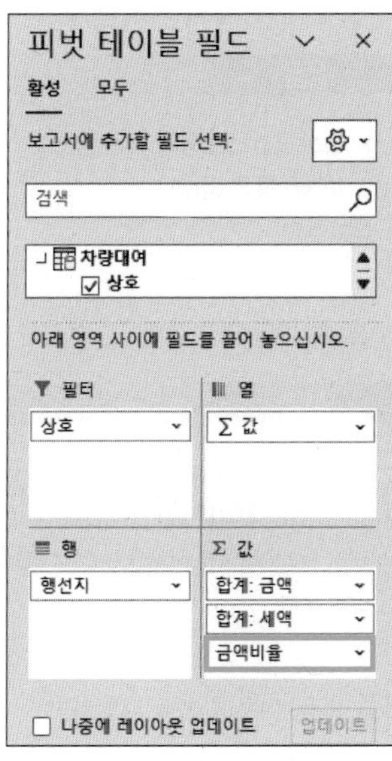

02. 데이터 유효성 검사 / 데이터 표 _ 참고 : 데이터 유효성 검사 102쪽 / 데이터 표 116쪽

정답

	A	B	C	D	E	F	G
10							
11		[표2]	아동수				
12		3	5	10	15	20	25
13	선생님별 아동 비율	2	2	3	5	7	8
14		4	1	2	3	4	5
15		6	1	1	2	3	4
16		8	1	1	2	2	3
17		10	0	1	1	2	2

• '데이터 유효성' 대화상자

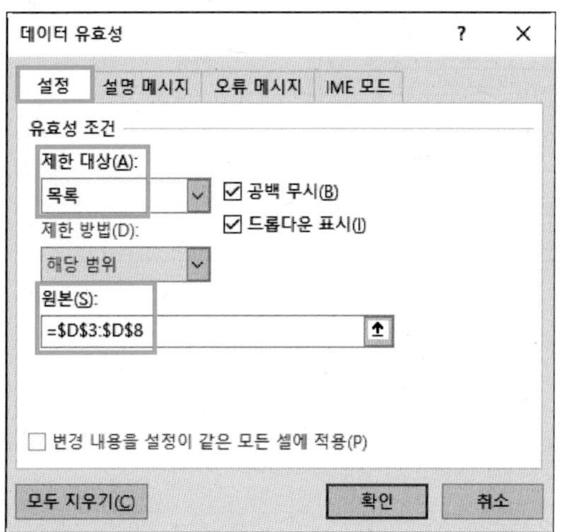

• '데이터 테이블' 대화상자

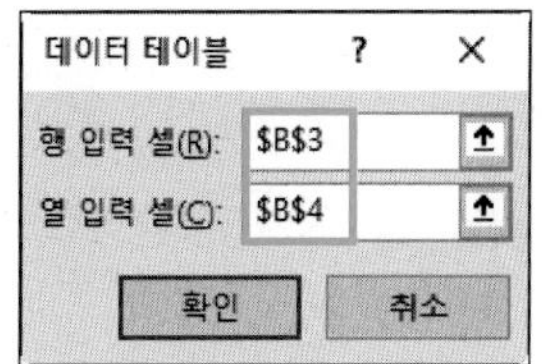

[B12] : =ROUND(B3/(B4+B5),0)

02. 매크로 작성 _ 참고 : 매크로 135쪽

1 '서식적용' 매크로 실행

정답

	A	B	C	D	E	F
1	[표1] 지점별 영업 실적					
2	지점명	1월	2월	전월대비 증감율		서식적용
3	서울점	10,854,000	9,970,000	▼ 8.9		
4	오산점	16,345,000	16,016,000	▼ 2.1		
5	안양점	7,602,000	7,720,000	1.5		서식해제
6	인천점	3,477,000	4,347,000	20.0		
7	수원점	15,380,000	14,549,000	▼ 5.7		
8	성남점	14,512,000	14,987,000	3.2		
9	파주점	5,512,000	휴점			
10	부천점	6,405,000	6,916,000	7.4		
11	안산점	14,320,000	17,571,000	18.5		
12	시흥점	10,594,000	10,594,000			
13	고양점	7,246,000	10,568,000	31.4		
14	화성점	10,253,000	10,151,000	▼ 1.0		
15	평택점	11,372,000	11,721,000	3.0		
16	김포점	10,478,000	15,642,000	33.0		
17	군포점	1,983,000	1,835,000	▼ 8.1		
18	하남점	14,761,000	12,956,000	▼ 13.9		
19	남양주점	9,169,000	8,794,000	▼ 4.3		
20	대전점	16,557,000	26,524,000	37.6		

• '셀 서식' 대화상자

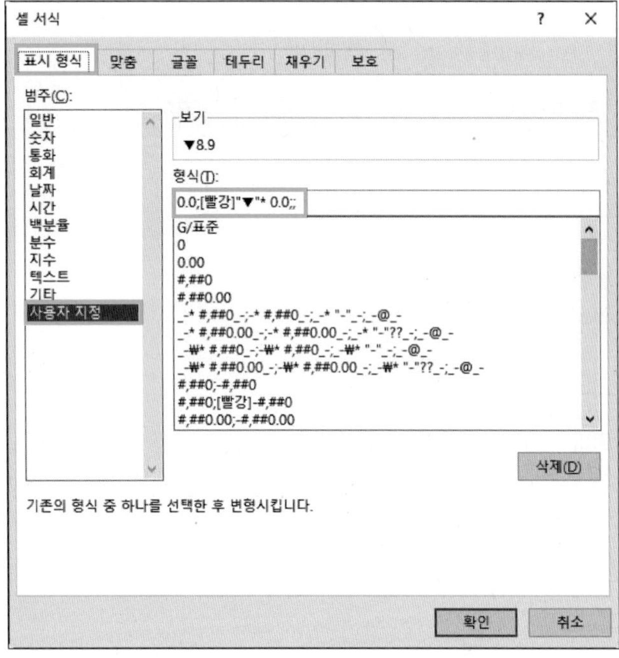

03. 프로시저 작성 _ 참고 : 프로시저 142쪽

1 '등록' 단추 및 폼 초기화 프로시저

• '등록' 단추 클릭 프로시저

정답

```
Private Sub cmd등록_Click( )
    비품등록.Showw
End Sub
```

• 폼 초기화 프로시저

정답

```
Private Sub UserForm_Initialize( )
        txt구입날짜.Value = Date
        cmb비품명.RowSource = "G4:G8"
End Sub
```

2 '등록' 단추에 기능 구현하기

정답

```
Private Sub cmd등록_Click( )
    입력행 = [A2].Row + [A2].CurrentRegion.Rows.Count
    Cells(입력행, 1) = txt구입날짜.Value
    Cells(입력행, 2) = txt담당자.Value
    Cells(입력행, 3) = cmb비품명.Value
    Cells(입력행, 4) = Format(txt가격.Value, "#,##0원")
    Cells(입력행, 5) = txt가격.Value * 0.1
End Sub
```

3 '종료' 단추에 기능 구현하기

정답

```
Private Sub cmd종료_Click( )
    MsgBox Now & " 폼을 종료합니다.", , "화면 종료"
    Unload Me
End Sub
```

엑셀

최종모의고사

최종모의고사

시험지는 문제의 표지 및 전체 지시사항 1면, 문제 3면 이렇게 총 4면으로 구성되어 있습니다. 문제 1면에는 작업할 파일의 암호, 외부 데이터 위치, 시험 전반에 관한 지시사항이 들어 있습니다. 각각의 모의고사에서는 시험 전반에 관한 지시사항은 생략하였습니다. 아래는 실제 시험지와 동일한 문제 1면입니다. 시험 전반에 관한 지시사항을 한 번 읽어보세요.

국가기술자격검정

2025년 컴퓨터활용능력 실기 모의고사

프로그램명	제한시간
EXCEL 2021	45분

수험번호 :

성명 :

1급	01회

〈유의사항〉

- 인적 사항 누락 및 잘못 작성으로 인한 불이익은 수험자 책임으로 합니다.
- 화면에 암호 입력창이 나타나면 아래의 암호를 입력하여야 합니다.
  - ○ **암호 : 5214$5**
- 작성된 답안은 주어진 경로 및 파일명을 변경하지 마시고 그대로 저장해야 합니다. 이를 준수하지 않으면 실격 처리됩니다.
  답안 파일명의 예 : C:\OA\수험번호8자리.xlsm
- **외부 데이터 위치 : C:\OA\파일명**
- 별도의 지시사항이 없는 경우, 다음과 같이 처리 시 실격 처리됩니다.
  - ○ 제시된 시트 및 개체의 순서나 이름을 임의로 변경한 경우
  - ○ 제시된 시트 및 개체를 임의로 추가 또는 삭제한 경우
  - ○ 외부 데이터를 시험 시작 전에 열어본 경우
- 답안은 반드시 문제에서 지시 또는 요구한 셀에 입력하여야 하며 다음과 같이 처리 시 채점 대상에서 제외됩니다.
  - ○ 제시된 함수가 있을 경우 제시된 함수만을 사용하여야 하며 그 외 함수 사용 시 채점대상에서 제외
  - ○ 수험자가 임의로 지시하지 않은 셀의 이동, 수정, 삭제, 변경 등으로 인해 셀의 위치 및 내용이 변경된 경우 해당 작업에 영향을 미치는 관련문제 모두 채점 대상에서 제외
  - ○ 도형 및 차트의 개체가 중첩되어 있거나 동일한 계산결과 시트가 복수로 존재할 경우 해당 개체나 시트는 채점 대상에서 제외
- 수식 작성 시 제시된 문제 파일의 데이터는 변경 가능한(가변적) 데이터임을 감안하여 문제 풀이를 하시오.
- 별도의 지시사항이 없는 경우, 주어진 각 시트 및 개체의 설정값 또는 기본 설정값(Default)으로 처리하시오.
- 저장 시간은 별도로 주어지지 않으므로 제한된 시간 내에 저장을 완료해야 하며, 제한 시간 내에 저장이 되지 않은 경우에는 실격 처리됩니다.
- 출제된 문제의 용어는 Microsoft Office 2021(LTSC 2108 버전) 기준으로 작성되어 있습니다.

대한상공회의소

EXAMINATION
01회 최종모의고사

• **준 비 하 세 요 :** 'C:\길벗컴활1급총정리\엑셀\모의' 폴더에서 '01회.xlsm' 파일을 열어서 작업하시오.
• **외부 데이터 위치 :** C:\길벗컴활1급총정리\엑셀\모의

6125011

문제 1 기본작업(15점) 주어진 시트에서 다음의 과정을 수행하고 저장하시오.

1. '기본작업' 시트에서 다음과 같이 고급 필터를 수행하시오. (5점)

▶ [A4:K31] 영역에서 '대여코드'의 마지막 글자가 짝수이고, '대여시간'이 100 이상인 행만을 대상으로 '대여코드', '대여자', '대여장비', '대여시간', '대여비용'만을 표시하시오.

▶ 조건은 [A33:A34] 영역 내에 알맞게 입력하시오. (AND, RIGHT, ISEVEN 함수 사용)

▶ 결과는 [A36] 셀부터 표시하시오.

2. '기본작업' 시트에서 다음과 같이 조건부 서식을 설정하시오. (5점)

▶ [A5:K31] 영역에 대해서 '대여비용'이 상위 3위 이내이거나 하위 3위 이내인 행 전체에 대하여 채우기 색을 '표준 색–파랑'으로 적용하시오.

▶ 단, 규칙 유형은 '수식을 사용하여 서식을 지정할 셀 결정'을 사용하고, 한 개의 규칙으로만 작성하시오.

▶ RANK.EQ, OR 함수 사용

3. '기본작업' 시트에서 다음과 같이 페이지 레이아웃을 설정하시오. (5점)

▶ [A2:K31] 영역을 인쇄 영역으로 지정하고 열이 추가되어도 너비는 한 페이지에 인쇄되고 최대 두 페이지까지 인쇄되도록 설정하시오.

▶ 행 머리글(1, 2, 3 등)과 열 머리글(A, B, C 등)이 인쇄되도록 설정하시오.

▶ 페이지 하단의 가운데에 오늘의 날짜가 인쇄되도록 바닥글을 설정하시오.
　– 오늘 날짜의 글꼴은 HY견고딕으로 지정하시오.

6151012

문제 2 계산작업(30점) '계산작업' 시트에서 다음의 과정을 수행하고 저장하시오.

1. [표1]의 대여일수를 이용하여 [G4:G30] 영역에 대여기간을 표시하시오. (6점)

▶ 대여일수의 앞뒤 공백을 제거한 후 대여일수와 대여일수에 1을 더해 '몇 박/몇 일'로 표시

▶ [표시 예 : 대여일수가 "2박"인 경우 → 2박/3일]

▶ CONCAT, TRIM, LEFT 함수 사용

2. [표1]의 대여장비와 건설사를 이용하여 [표2]의 [O4:R6] 영역에 대여장비와 건설사별 대여건수를 계산하여 표시하시오. (6점)

▶ [표시 예 : 5건]

▶ SUM, IF 함수와 & 연산자를 이용한 배열 수식

3. [표1]의 결제상태와 건설사를 이용하여 [표3]의 [O10:Q11] 영역에 결제상태와 건설사별 대여율을 계산하여 표시하시오. (6점)

▶ 대여율은 '결제상태와 건설사별 대여건수/전체 대여건수'로 계산하여 백분율(%)로 표시

▶ IF, COUNT, COUNTA, TEXT 함수를 이용한 배열 수식

4. **사용자 정의 함수 'fn할인율'을 작성하여 [I4:I30] 영역에 할인율을 계산하여 표시하시오. (6점)**

▶ 'fn할인율'은 결제일과 수령일을 인수로 받아 값을 되돌려줌

▶ 결제일이 "–"이면 "결제요망", 수령일과 결제일이 60일 이상 차이나면 20%, 40일 이상 60일 미만 차이나면 15%, 40일 미만 차이나면 10%로 계산

▶ IF ~ ELSE문 사용

```
Public Function fn할인율(결제일, 수령일)
End Function
```

5. **[표1]의 대여장비, 대여시간과 [표4]를 이용하여 [L4:L30] 영역에 대여비용을 계산하여 표시하시오. (6점)**

▶ HLOOKUP, MATCH 함수 사용

6125013

문제 3 분석작업(20점) 주어진 시트에서 다음의 과정을 수행하고 작업하시오.

1. **'분석작업-1' 시트에서 다음의 지시사항에 따라 피벗 테이블 보고서를 작성하시오. (10점)**

▶ [외부 데이터 가져오기] 기능을 사용하여 〈중장비대여현황.accdb〉의 〈대여내역〉 테이블에서 '수령일', '대여장비', '대여시간', '대여비용' 열을 이용하시오.

▶ 피벗 테이블 보고서의 레이아웃과 위치는 〈그림〉을 참조하여 설정하고, 보고서 레이아웃을 개요 형식으로 표시하시오.

▶ '수령일' 필드를 기준으로 〈그림〉과 같이 그룹을 설정하시오.

▶ 피벗 테이블 스타일을 '연한 주황, 피벗 스타일 밝게 17', 피벗 테이블 스타일 옵션을 '행 머리글', '열 머리글', '줄무늬 열'로 설정하시오.

▶ '대여시간'과 '대여비용' 필드의 표시 형식은 값 필드 설정의 셀 서식에서 '숫자' 범주를 이용하여 〈그림〉과 같이 표시하시오.

▶ 빈 셀은 "*"로 표시하고, 레이블이 있는 셀은 병합하고 가운데 맞춤되도록 설정하시오.

	A	B	C	D	E	F	G	H
1								
2				대여장비 ▾				
3		수령일 ▾	값	굴착기	불도저	지게차	크레인	총합계
4		4월						
5			평균 : 대여시간	*	145	118	*	132
6			평균 : 대여비용	*	898,000	945,000	*	921,500
7		5월						
8			평균 : 대여시간	103	50	133	*	93
9			평균 : 대여비용	1,071,000	231,000	1,065,500	*	732,800
10		6월						
11			평균 : 대여시간	151	98	53	173	104
12			평균 : 대여비용	1,147,500	555,000	335,333	908,000	664,875
13		7월						
14			평균 : 대여시간	39	127	*	86	85
15			평균 : 대여비용	180,000	864,000	*	495,000	508,500
16		8월						
17			평균 : 대여시간	188	158	*	152	162
18			평균 : 대여비용	1,485,000	990,000	*	701,500	969,500
19		**전체 평균 : 대여시간**		**126**	**113**	**98**	**130**	**114**
20		**전체 평균 : 대여비용**		**1,006,200**	**680,000**	**746,500**	**660,200**	**756,444**

※ 작업 완성된 그림이며 부분점수 없음

2. **'분석작업-2' 시트에 대하여 다음의 지시사항을 처리하시오. (10점)**

▶ [데이터 유효성 검사] 기능을 이용하여 [B3:B7], [G3:G7], [B12:B16] 영역에는 '서울', '대전', '부산', '광주', '제주' 목록이 표시되도록 제한 대상을 설정하시오.

– [B3:B7], [G3:G7], [B12:B16] 영역의 셀을 클릭한 경우 〈그림〉과 같은 설명 메시지를 표시하고, 유효하지 않은 데이터를 입력해도 오류 메시지가 표시되지 않도록 설정하시오.

▶ 데이터 도구 [통합] 기능을 이용하여 [A2:E7]과 [G2:J7] 영역에 대해 이용객 수의 평균을 [C12:E16] 영역에 계산하시오.

지역	대인
대전	▾ 86,425
제	56
광	24
부	55
서울	138,176

지역선택
목록에 없는
지역은 직접
입력하세요.

문제 4 기타작업(35점) 주어진 시트에서 다음 과정을 수행하고 저장하시오.

1. '기타작업-1' 시트에서 다음의 지시사항에 따라 차트를 수정하시오. (각 2점)

※ 차트는 반드시 문제에서 제공한 차트를 사용하여야 하며, 신규로 차트작성 시 0점 처리 됨

① [G4:G7] 영역을 '서버비', [C11:C14] 영역을 '인건비' 데이터 계열로 추가하고, [A4:A7] 영역을 가로(항목) 축의 레이블로 표시하시오.

② 차트 종류를 '누적 세로 막대형'으로 변경하고 가로 주 눈금선을 삭제하시오.

③ 범례를 〈그림〉과 같이 표시하고, 도형 스타일을 '미세 효과 – 파랑, 강조 5'로 지정하시오.

④ '라이센스비' 계열의 '클라우드' 요소에만 데이터 설명선으로 표시된 데이터 레이블을 '축에 가깝게'로 〈그림〉과 같이 표시하고, 세로(축)의 기본 단위를 4,000,000으로 지정하시오.

⑤ 차트 영역의 테두리 스타일은 '둥근 모서리', 그림자는 '안쪽 가운데'로 설정하시오.

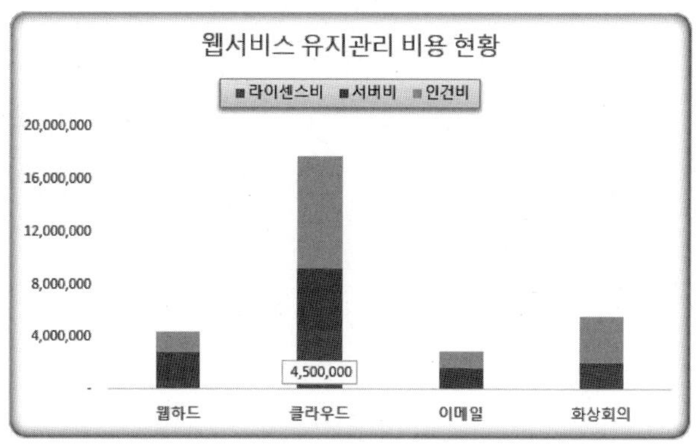

2. '기타작업-2' 시트에서 다음과 같은 기능을 수행하는 매크로를 현재 통합문서에 작성하시오. (각 5점)

① [D3:D29] 영역에 사용자 지정 표시 형식을 설정하는 '서식적용' 매크로를 생성하시오.

▶ 셀 값이 7 이상이면 빨강색으로 "장기"를, 2 이하이면 파랑색으로 "단기"를 셀의 왼쪽에 표시한 후 셀의 오른쪽에 숫자와 "일"을 표시하고, 그 외는 숫자와 "일"만을 [표시 예]와 같이 표시하시오.

[표시 예 : 7인 경우 → [장기 7일], 2인 경우 → [단기 2일], 6인 경우 → [6일]]

▶ [개발 도구] → [삽입] → [양식 컨트롤]의 단추(▭)를 동일 시트의 [K2:L3] 영역에 생성한 후 텍스트를 "서식적용"으로 입력하고, 단추를 클릭하면 '서식적용' 매크로가 실행되도록 설정하시오.

② [I3:I29] 영역에 조건부 서식을 적용하는 '그래프보기' 매크로를 생성하시오.

▶ 규칙 유형은 '셀 값을 기준으로 모든 셀의 서식 지정'으로 선택하고, 서식 스타일은 '3가지 색조', 최소값은 '표준 색–파랑', 중간값은 백분율, 50, '흰색, 배경 1', 최대값은 '표준 색–빨강'으로 설정하시오.

▶ [개발 도구] → [삽입] → [양식 컨트롤]의 '단추(▭)'를 동일 시트의 [K5:L6] 영역에 생성한 후 텍스트를 "그래프보기"로 입력하고, 단추를 클릭하면 '그래프보기' 매크로가 실행되도록 설정하시오.

3. '기타작업-3' 시트에서 다음과 같은 작업을 수행하도록 프로시저를 작성하시오. (각 5점)

① '입원' 단추를 클릭하면 〈입원등록〉 폼이 나타나도록 설정하고, 폼이 초기화(Initialize)되면 '진료과(cmb진료과)' 목록에는 [H6:H11] 영역의 값이 표시되고, '유형'을 표시하는 옵션 단추 중 '일반(opt일반)'이 기본적으로 선택되도록 프로시저를 작성하시오.

② 〈입원등록〉 폼의 '예약(cmd예약)' 단추를 클릭하면 폼에 입력된 데이터가 [표1]에 입력되어 있는 마지막 행 다음에 연속하여 추가되는 프로시저를 작성하시오.

▶ '유형'에는 '일반(opt일반)'을 선택하면 "일반", '응급(opt응급)'을 선택하면 "응급"을 입력하시오.

▶ '납부액'에는 '유형'이 '응급'이면 '진료비'의 2배, '일반'일 경우에는 '진료비'를 그대로 입력하되, 1000 단위 구분 기호를 표시하시오.

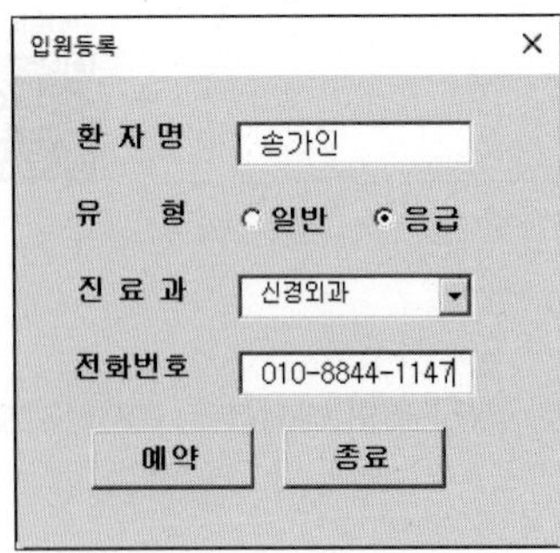

③ 〈입원등록〉 폼의 '종료(cmd종료)' 단추를 클릭하면 현재 날짜를 표시한 〈그림〉과 같은 메시지 박스를 표시한 후 폼을 종료하는 프로시저를 작성하시오.

▶ 현재 날짜만 표시하는 함수 사용

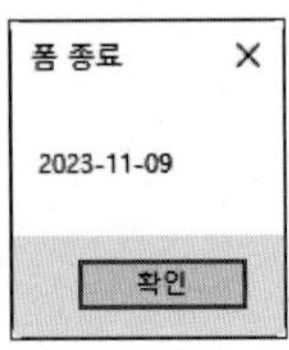

EXAMINATION

01회 최종모의고사 정답 및 해설

문제 1 기본작업 정답

01. 고급 필터 _ 참고 : 고급 필터 18쪽

정답

	A	B	C	D	E
32					
33	조건				
34	FALSE				
35					
36	대여코드	대여자	대여장비	대여시간	대여비용
37	ZQ-3-304	백도연	불도저	109	714,000
38	RE-7-204	서송희	불도저	152	990,000
39	RE-7-202	윤윤철	지게차	133	1,080,000
40	RE-7-206	장종호	불도저	174	990,000
41	ED-1-106	주명민	굴착기	188	1,485,000

• '고급 필터' 대화상자

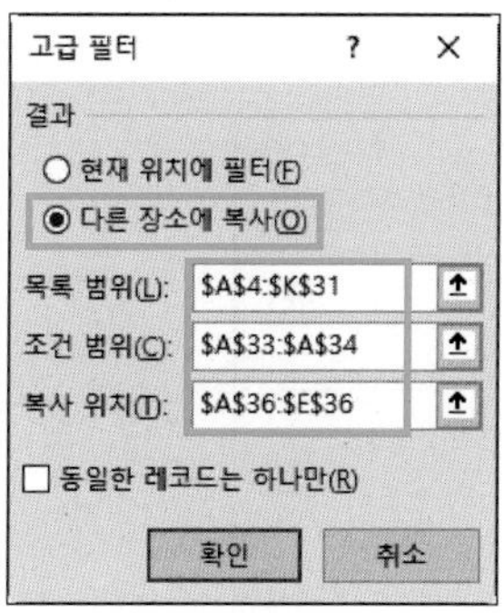

[A34] : =AND(ISEVEN(RIGHT(A5,1)),J5>=100)

02. 조건부 서식 _ 참고 : 조건부 서식 25쪽

정답

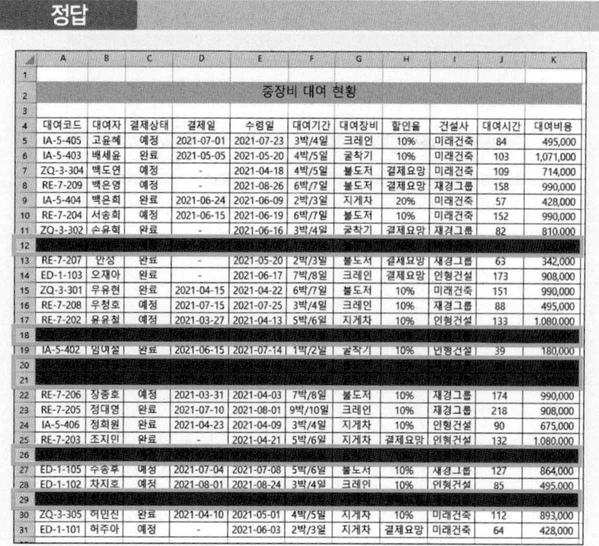

	A	B	C	D	E	F	G	H	I	J	K
1											
2	중장비 대여 현황										
3											
4	대여코드	대여자	결제상태	결제일	수령일	대여기간	대여장비	할인율	건설사	대여시간	대여비용
5	IA-5-405	고윤혜	예정	2021-07-01	2021-07-23	3박/4일	크레인	10%	미래건축	84	495,000
6	IA-5-403	배세윤	완료	2021-05-05	2021-05-20	4박/5일	굴착기	10%	미래건축	103	1,071,000
7	ZQ-3-304	백도연	예정	-	2021-04-18	4박/5일	불도저	결제요망	미래건축	109	714,000
8	RE-7-209	백은영	예정	-	2021-08-26	6박/7일	불도저	결제요망	재경그룹	158	990,000
9	IA-5-404	백은희	완료	2021-06-24	2021-06-09	2박/3일	지게차	20%	미래건축	57	428,000
10	RE-7-204	서송희	예정	2021-06-15	2021-06-19	6박/7일	불도저	10%	미래건축	152	990,000
11	ZQ-3-302	손유혁	완료	-	2021-06-16	3박/4일	굴착기	결제요망	재경그룹	82	810,000
12	[illegible]	[illegible]	[illegible]	[illegible]	[illegible]	[illegible]	[illegible]	[illegible]	[illegible]	[illegible]	[illegible]
13	RE-7-207	안성	완료	-	2021-05-20	2박/3일	불도저	결제요망	재경그룹	63	342,000
14	ED-1-103	오재아	완료	-	2021-06-17	7박/8일	크레인	결제요망	인형건설	173	908,000
15	ZQ-3-301	우유현	완료	2021-04-15	2021-04-22	6박/7일	불도저	10%	미래건축	151	990,000
16	RE-7-208	우청호	예정	2021-07-15	2021-07-25	3박/4일	크레인	10%	재경그룹	88	495,000
17	RE-7-202	유유철	예정	2021-03-27	2021-04-13	5박/6일	지게차	10%	인형건설	133	1,080,000
18	[illegible]	[illegible]	[illegible]	[illegible]	[illegible]	[illegible]	[illegible]	[illegible]	[illegible]	[illegible]	[illegible]
19	IA-5-402	임여설	완료	2021-06-15	2021-07-14	1박/2일	굴착기	10%	인형건설	39	180,000
20	[illegible]	[illegible]	[illegible]	[illegible]	[illegible]	[illegible]	[illegible]	[illegible]	[illegible]	[illegible]	[illegible]
21	[illegible]	[illegible]	[illegible]	[illegible]	[illegible]	[illegible]	[illegible]	[illegible]	[illegible]	[illegible]	[illegible]
22	RE-7-206	장종호	예정	2021-03-31	2021-04-03	7박/8일	불도저	10%	재경그룹	174	990,000
23	RE-7-205	정대영	완료	2021-07-10	2021-08-01	9박/10일	크레인	10%	재경그룹	218	908,000
24	IA-5-406	정희원	완료	2021-04-23	2021-04-09	3박/4일	지게차	10%	인형건설	90	675,000
25	RE-7-203	조지민	완료	-	2021-04-21	5박/6일	지게차	결제요망	인형건설	132	1,080,000
26	[illegible]	[illegible]	[illegible]	[illegible]	[illegible]	[illegible]	[illegible]	[illegible]	[illegible]	[illegible]	[illegible]
27	ED-1-105	수송후	예정	2021-07-04	2021-07-08	5박/6일	불도저	10%	재경그룹	127	864,000
28	ED-1-102	차지호	예정	2021-08-01	2021-08-24	3박/4일	크레인	10%	인형건설	85	495,000
29	[illegible]	[illegible]	[illegible]	[illegible]	[illegible]	[illegible]	[illegible]	[illegible]	[illegible]	[illegible]	[illegible]
30	ZQ-3-305	허민진	완료	2021-04-10	2021-05-01	4박/5일	지게차	10%	미래건축	112	893,000
31	ED-1-101	허주아	예정	-	2021-06-03	2박/3일	지게차	결제요망	미래건축	64	428,000

• '새 서식 규칙' 대화상자

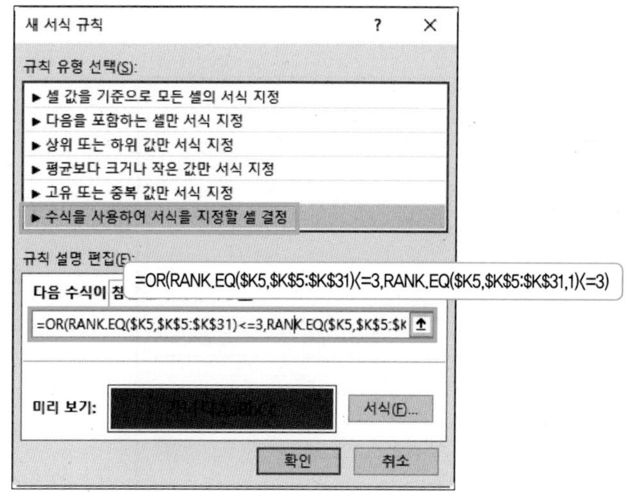

03. 페이지 레이아웃 _ 참고 : 페이지 레이아웃 32쪽

정답

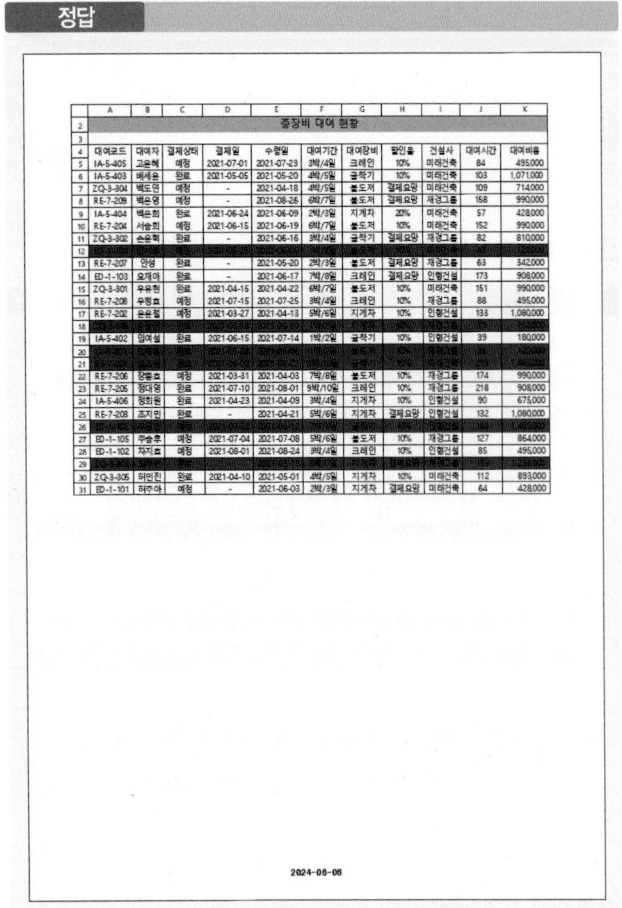

	A	B	C	D	E	F	G	H	I	J	K
2	중장비 대여 현황										
3											
4	대여코드	대여자	결제상태	결제일	수령일	대여기간	대여장비	할인율	건설사	대여시간	대여비용
5	IA-5-405	고윤혜	예정	2021-07-01	2021-07-23	3박/4일	크레인	10%	미래건축	84	495,000
6	IA-5-403	배세윤	완료	2021-05-05	2021-05-20	4박/5일	굴착기	10%	미래건축	103	1,071,000
7	ZQ-3-304	백도연	예정	-	2021-04-18	4박/5일	불도저	결제요망	미래건축	109	714,000
8	RE-7-209	백은영	예정	-	2021-08-26	6박/7일	불도저	결제요망	재경그룹	158	990,000
9	IA-5-404	백은희	완료	2021-06-24	2021-06-09	2박/3일	지게차	20%	미래건축	57	428,000
10	RE-7-204	서승희	예정	2021-06-15	2021-06-19	6박/7일	불도저	10%	미래건축	152	990,000
11	ZQ-3-302	손윤혁	완료	-	2021-06-16	3박/4일	굴착기	결제요망	재경그룹	82	810,000
12	[illegible]	[illegible]	[illegible]	[illegible]	[illegible]	[illegible]	[illegible]	[illegible]	[illegible]	[illegible]	[illegible]
13	RE-7-207	안성	완료	-	2021-05-20	2박/3일	불도저	결제요망	재경그룹	63	342,000
14	ED-1-103	오재아	완료	-	2021-06-17	7박/8일	크레인	결제요망	인형건설	173	908,000
15	ZQ-3-301	우유현	완료	2021-04-15	2021-04-22	6박/7일	불도저	10%	미래건축	151	990,000
16	RE-7-208	우정효	예정	2021-07-15	2021-07-25	3박/4일	크레인	10%	재경그룹	88	495,000
17	RE-7-202	윤윤철	예정	2021-03-27	2021-04-13	5박/6일	지게차	10%	인형건설	133	1,080,000
18	[illegible]	[illegible]	[illegible]	[illegible]	[illegible]	[illegible]	[illegible]	[illegible]	[illegible]	[illegible]	[illegible]
19	IA-5-402	임여설	완료	2021-06-15	2021-07-14	1박/2일	굴착기	10%	인형건설	39	180,000
20	[illegible]	[illegible]	[illegible]	[illegible]	[illegible]	[illegible]	[illegible]	[illegible]	[illegible]	[illegible]	[illegible]
21	[illegible]	[illegible]	[illegible]	[illegible]	[illegible]	[illegible]	[illegible]	[illegible]	[illegible]	[illegible]	[illegible]
22	RE-7-206	장종효	예정	2021-03-31	2021-04-03	7박/8일	불도저	10%	재경그룹	174	990,000
23	RE-7-205	정대영	완료	2021-07-10	2021-08-01	9박/10일	크레인	10%	재경그룹	218	908,000
24	IA-5-406	정희원	완료	2021-04-23	2021-04-09	3박/4일	지게차	10%	인형건설	90	675,000
25	RE-7-208	조지민	완료	-	2021-04-21	5박/6일	지게차	결제요망	인형건설	132	1,080,000
26	[illegible]	[illegible]	[illegible]	[illegible]	[illegible]	[illegible]	[illegible]	[illegible]	[illegible]	[illegible]	[illegible]
27	ED-1-105	주승후	예정	2021-07-04	2021-07-08	5박/6일	불도저	10%	재경그룹	127	864,000
28	ED-1-102	차지효	예정	2021-08-01	2021-08-24	3박/4일	크레인	10%	인형건설	85	495,000
29	[illegible]	[illegible]	[illegible]	[illegible]	[illegible]	[illegible]	[illegible]	[illegible]	[illegible]	[illegible]	[illegible]
30	ZQ-3-305	허민진	완료	2021-04-10	2021-05-01	4박/5일	지게차	10%	미래건축	112	893,000
31	ED-1-101	허주아	예정	-	2021-06-03	2박/3일	지게차	결제요망	미래건축	64	428,000

2024-06-06

• '페이지 설정' 대화상자의 '페이지' 탭

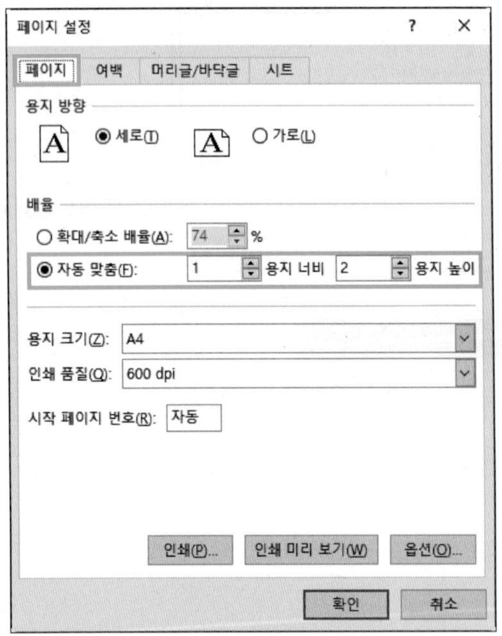

• 날짜 삽입 '바닥글' 대화상자

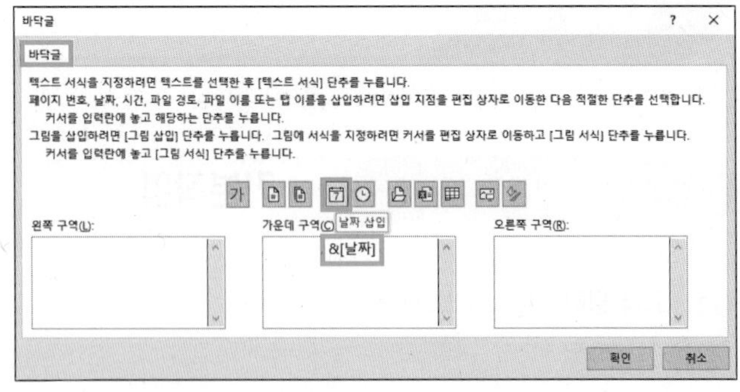

• 서식 지정 '바닥글' 대화상자

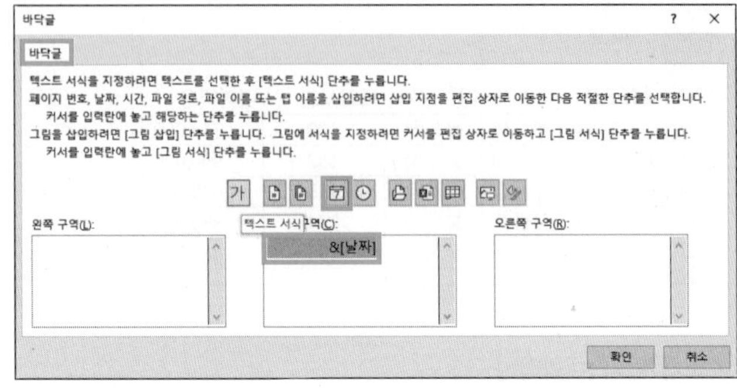

• '페이지 설정' 대화상자의 '시트' 탭

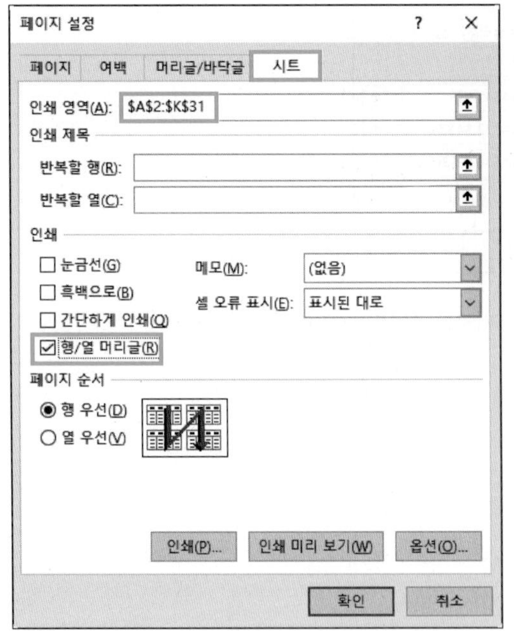

정답

[표1]

	A	B	C	D	E	F	G	H	I	J	K	L
3	대여코드	대여자	결제상태	결제일	수령일	대여일수	대여기간 ❶	대여장비	할인율 ❹	건설사	대여시간	대여비용 ❺
4	IA-5-405	고윤혜	예정	2021-07-01	2021-07-23	3박	3박/4일	크레인	10%	미래건축	84	495,000
5	IA-5-403	배세윤	완료	2021-05-05	2021-05-20	4박	4박/5일	굴착기	10%	미래건축	103	1,071,000
6	ZQ-3-304	백도연	예정	-	2021-04-18	4박	4박/5일	불도저	결제요망	미래건축	109	714,000
7	RE-7-209	백은영	예정	-	2021-08-26	6박	6박/7일	불도저	결제요망	재경그룹	158	990,000
8	IA-5-404	백은희	완료	2021-06-24	2021-06-09	2박	2박/3일	지게차	10%	미래건축	57	428,000
9	RE-7-204	서송희	예정	2021-06-15	2021-06-19	6박	6박/7일	불도저	10%	미래건축	152	990,000
10	ZQ-3-302	손윤혁	완료	-	2021-06-16	3박	3박/4일	굴착기	결제요망	재경그룹	82	810,000
11	ED-1-104	안서후	예정	2021-05-25	2021-06-06	1박	1박/2일	불도저	10%	미래건축	43	120,000
12	RE-7-207	안성	완료	-	2021-05-20	2박	2박/3일	불도저	결제요망	재경그룹	63	342,000
13	ED-1-103	오재아	완료	-	2021-06-17	7박	7박/8일	크레인	결제요망	인형건설	173	908,000
14	ZQ-3-301	우유현	완료	2021-04-15	2021-04-22	6박	6박/7일	불도저	10%	미래건축	151	990,000
15	RE-7-208	우청호	예정	2021-07-15	2021-07-25	3박	3박/4일	크레인	10%	재경그룹	88	495,000
16	RE-7-202	윤윤철	예정	2021-03-27	2021-04-13	5박	5박/6일	지게차	10%	인형건설	133	1,080,000
17	ZQ-3-306	윤정연	완료	2021-05-18	2021-06-10	1박	1박/2일	지게차	10%	재경그룹	39	150,000
18	IA-5-402	임여설	완료	2021-06-15	2021-07-14	1박	1박/2일	굴착기	10%	인형건설	39	180,000
19	IA-5-401	임재율	완료	2021-05-28	2021-05-08	1박	1박/2일	불도저	10%	재경그룹	36	120,000
20	RE-7-201	임조원	완료	2021-06-02	2021-06-27	9박	9박/10일	굴착기	10%	미래건축	219	1,485,000
21	RE-7-206	장종호	예정	2021-03-31	2021-04-03	7박	7박/8일	불도저	10%	재경그룹	174	990,000
22	RE-7-205	정대영	완료	2021-07-10	2021-08-01	9박	9박/10일	크레인	10%	재경그룹	218	908,000
23	IA-5-406	정희원	완료	2021-04-23	2021-04-09	3박	3박/4일	지게차	10%	인형건설	90	675,000
24	RE-7-203	조지민	완료	-	2021-04-21	5박	5박/6일	지게차	결제요망	인형건설	132	1,080,000
25	ED-1-106	주명민	예정	2021-07-22	2021-08-12	7박	7박/8일	굴착기	10%	인형건설	188	1,485,000
26	ED-1-105	주송후	예정	2021-07-04	2021-07-08	5박	5박/6일	불도저	10%	재경그룹	127	864,000
27	ED-1-102	차지호	예정	2021-08-01	2021-08-24	3박	3박/4일	크레인	10%	인형건설	85	495,000
28	ZQ-3-303	최채민	완료	-	2021-05-18	6박	6박/7일	지게차	결제요망	재경그룹	153	1,238,000
29	ZQ-3-305	허민진	완료	2021-04-10	2021-05-01	4박	4박/5일	지게차	10%	미래건축	112	893,000
30	ED-1-101	허주아	예정	-	2021-06-03	2박	2박/3일	지게차	결제요망	미래건축	64	428,000

[표2] ❷

대여장비	크레인	불도저	지게차	굴착기
인형건설	2건	0건	3건	2건
미래건축	1건	4건	3건	2건
재경그룹	2건	5건	2건	1건

[표3] ❸

결제상태	인형건설	미래건축	재경그룹
완료	15%	19%	22%
예정	11%	19%	15%

[표4]

대여장비	24	48	72	96
	47	71	95	119
크레인	110,000	314,000	495,000	655,000
불도저	120,000	342,000	540,000	714,000
지게차	150,000	428,000	675,000	893,000
굴착기	180,000	513,000	810,000	1,071,000

1 대여기간(G4) _ 참고 : 찾기/참조 함수 58쪽

=CONCAT(TRIM(F4), "/", LEFT(TRIM(F4), 1)+1, "일")

2 대여장비와 건설사별 대여건수(O4) _ 참고 : 배열 수식 43쪽

{=SUM(IF(($H$4:$H$30=O$3) * ($J$4:$J$30=$N4), 1))&"건"}

3 결제상태와 건설사별 대여율(O10) _ 참고 : 배열 수식 43쪽

{=TEXT(COUNT(IF(($C$4:$C$30=$N10)*($J$4:$J$30=O$9), 1))/COUNTA($C$4:$C$30), "0%")}

4 할인율(I4) _ 참고 : 사용자 정의 함수 83쪽

=fn할인율(D4, E4)

```
Public Function fn할인율(결제일, 수령일)
  If 결제일 = "-" Then
    fn할인율 = "결제요망"
  ElseIf 수령일 - 결제일 >= 60 Then
    fn할인율 = 0.2
  ElseIf 수령일 - 결제일 >= 40 Then
    fn할인율 = 0.15
  Else
    fn할인율 = 0.1
  End If
End Function
```

5 대여비용(L4) _ 참고 : 찾기/참조 함수 58쪽

=HLOOKUP(K4, $O$14:$T$19, MATCH(H4, $N$16:$N$19, 0)+2)

01. 피벗 테이블 _ 참고 : 피벗 테이블 88쪽

• '피벗 테이블 필드' 창

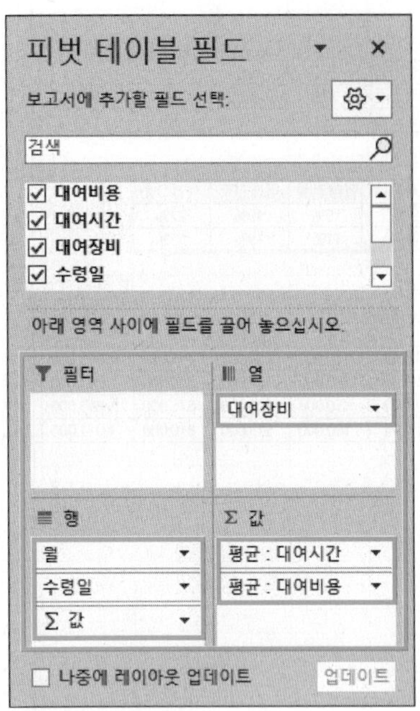

• '그룹화' 대화상자

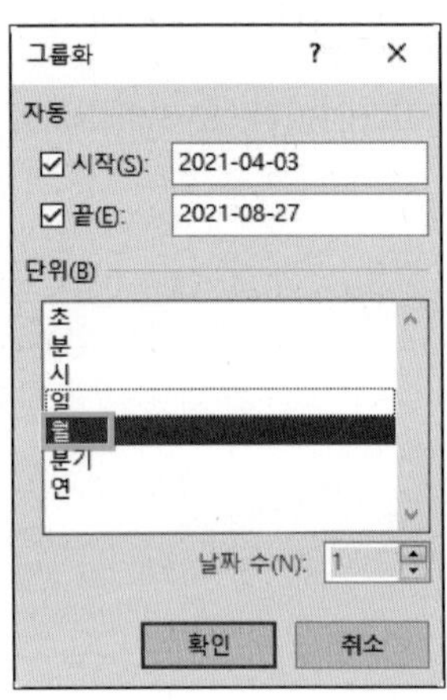

• '피벗 테이블 옵션' 대화상자

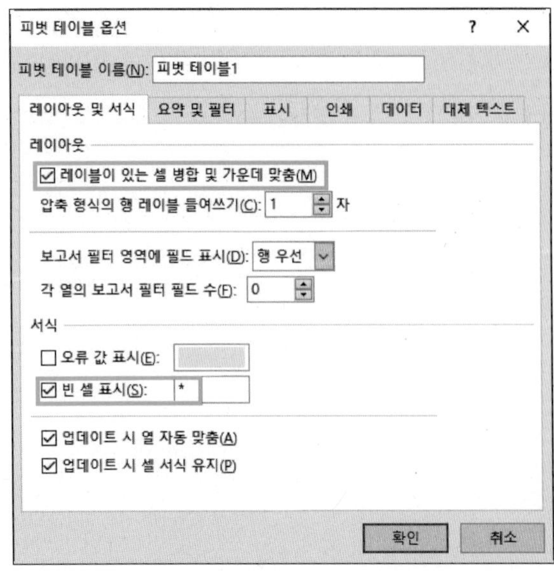

02. 데이터 유효성 검사 / 통합 _ 참고 : 데이터 유효성 검사 102쪽 / 통합 107쪽

정답

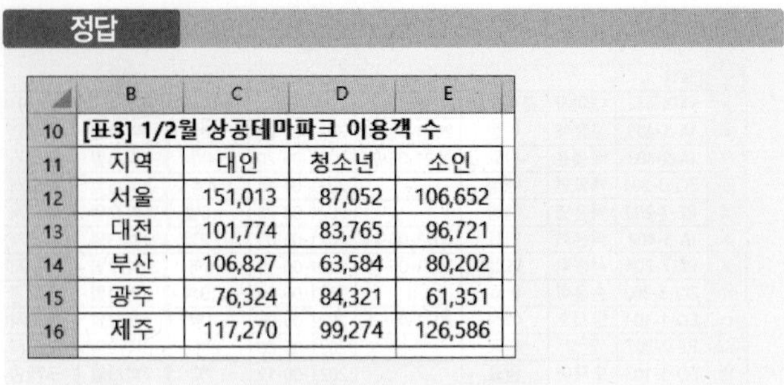

	B	C	D	E
10	[표3] 1/2월 상공테마파크 이용객 수			
11	지역	대인	청소년	소인
12	서울	151,013	87,052	106,652
13	대전	101,774	83,765	96,721
14	부산	106,827	63,584	80,202
15	광주	76,324	84,321	61,351
16	제주	117,270	99,274	126,586

• '데이터 유효성' 대화상자의 '설정' 탭

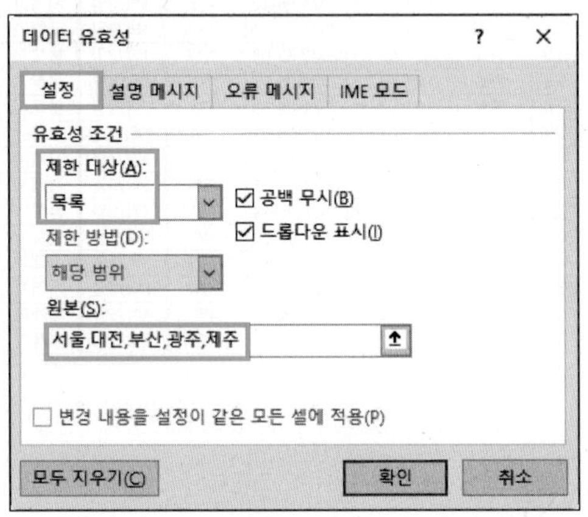

• '데이터 유효성' 대화상자의 '설명 메시지' 탭

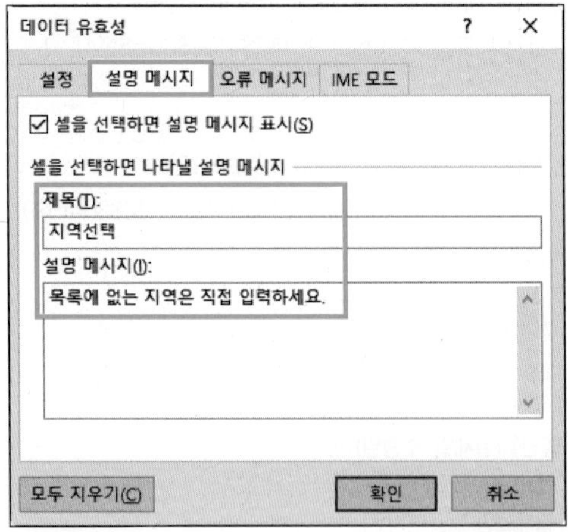

• '데이터 유효성' 대화상자의 '오류 메시지' 탭

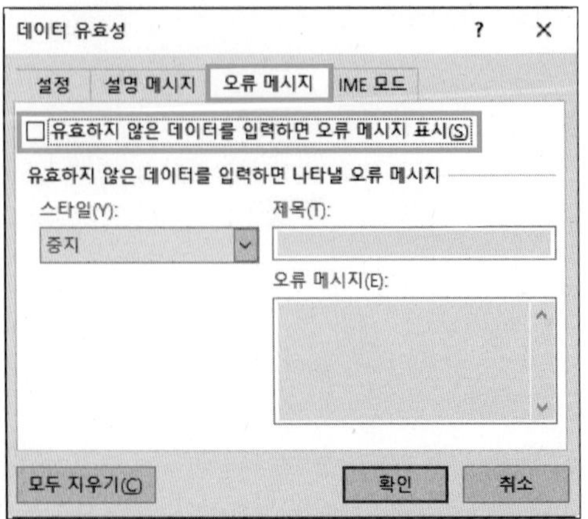

• '통합' 대화상자

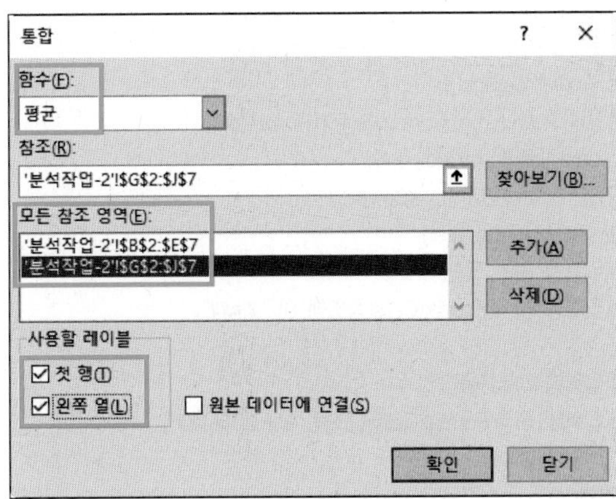

문제 4 기타작업

정답

01. 차트 수정 _ 참고 : 차트 128쪽

4 데이터 레이블 표시

1. '라이센스비' 계열의 '클라우드' 요소만을 선택한 상태에서 [차트 디자인] → 차트 레이아웃 → 차트 요소 추가 → 데이터 레이블 → **데이터 설명선**을 선택한다.
2. 차트에 표시된 '데이터 레이블'을 클릭하여 선택한 후 다시 한 번 클릭한다.

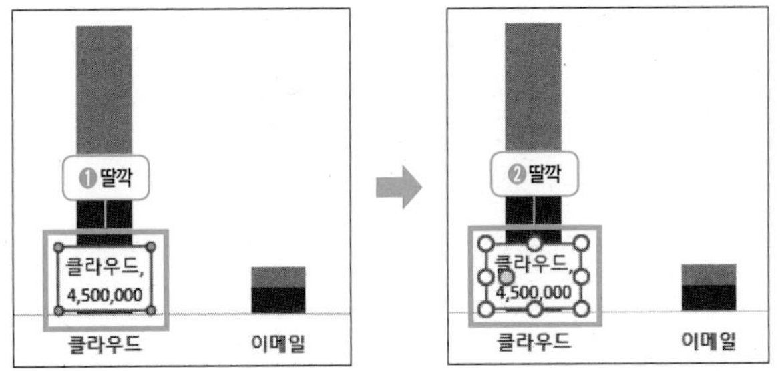

3. 이 상태에서 '데이터 레이블 서식' 창에서 레이블 내용과 위치를 지정한다.

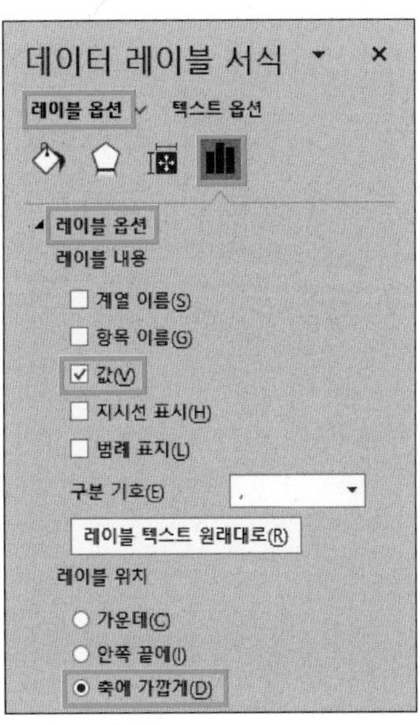

02. 매크로 작성 _ 참고 : 매크로 135쪽

1 '서식적용' / **2** '그래프보기' 매크로 실행

정답

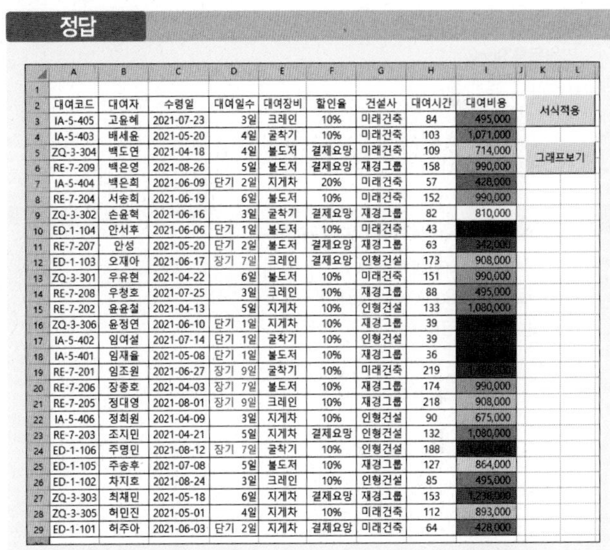

	A	B	C	D	E	F	G	H	I
1									
2	대여코드	대여자	수령일	대여일수	대여장비	할인율	건설사	대여시간	대여비용
3	IA-5-405	고윤혜	2021-07-23	3일	크레인	10%	미래건축	84	495,000
4	IA-5-403	배세윤	2021-05-20	4일	굴착기	10%	미래건축	103	1,071,000
5	ZQ-3-304	백도연	2021-04-18	4일	불도저	결제요망	미래건축	109	714,000
6	RE-7-209	백은영	2021-08-26	5일	불도저	결제요망	재경그룹	158	990,000
7	IA-5-404	백은희	2021-06-09	단기 2일	지게차	20%	미래건축	57	428,000
8	RE-7-204	서송희	2021-06-19	6일	불도저	10%	미래건축	152	990,000
9	ZQ-3-302	손윤혁	2021-06-16	3일	굴착기	결제요망	재경그룹	82	810,000
10	ED-1-104	안서후	2021-06-06	단기 1일	불도저	10%	미래건축	43	[illegible]
11	RE-7-207	안성	2021-05-20	단기 2일	불도저	결제요망	재경그룹	63	342,000
12	ED-1-103	오재아	2021-06-17	장기 7일	크레인	결제요망	인형건설	173	908,000
13	ZQ-3-301	우유현	2021-04-22	6일	불도저	10%	미래건축	151	990,000
14	RE-7-208	우청호	2021-07-25	3일	크레인	10%	재경그룹	88	495,000
15	RE-7-202	윤윤철	2021-04-13	5일	지게차	10%	인형건설	133	1,080,000
16	ZQ-3-306	윤정연	2021-06-10	단기 1일	지게차	10%	재경그룹	39	[illegible]
17	IA-5-402	임여설	2021-07-14	단기 1일	굴착기	10%	인형건설	39	[illegible]
18	IA-5-401	임재율	2021-05-08	단기 1일	불도저	10%	재경그룹	36	[illegible]
19	RE-7-201	임조원	2021-06-27	장기 9일	굴착기	10%	미래건축	219	[illegible]
20	RE-7-206	장종호	2021-04-03	장기 7일	불도저	10%	재경그룹	174	990,000
21	RE-7-205	정대영	2021-08-01	장기 9일	크레인	10%	재경그룹	218	908,000
22	IA-5-406	정희원	2021-04-09	3일	지게차	10%	인형건설	90	675,000
23	RE-7-203	조지민	2021-04-21	5일	지게차	결제요망	인형건설	132	1,080,000
24	ED-1-106	주명민	2021-08-12	장기 7일	굴착기	10%	인형건설	188	[illegible]
25	ED-1-105	주송후	2021-07-08	5일	불도저	10%	재경그룹	127	864,000
26	ED-1-102	차지호	2021-08-24	3일	크레인	10%	인형건설	85	495,000
27	ZQ-3-303	최채민	2021-05-18	6일	지게차	결제요망	재경그룹	153	1,238,000
28	ZQ-3-305	허민진	2021-05-01	4일	지게차	10%	미래건축	112	893,000
29	ED-1-101	허주아	2021-06-03	단기 2일	지게차	결제요망	미래건축	64	428,000

• '셀 서식' 대화상자

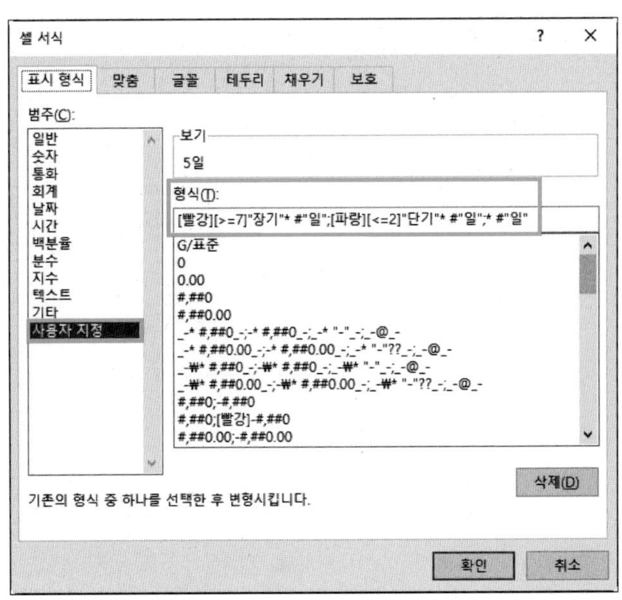

• '새 서식 규칙' 대화상자

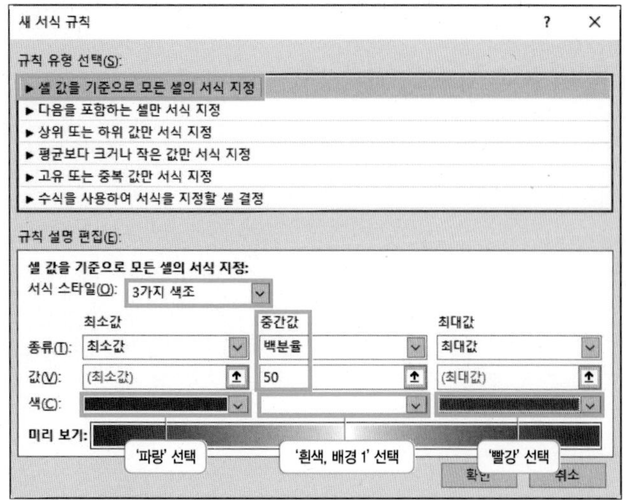

03. 프로시저 작성 _ 참고 : 프로시저 142쪽

1 '입원' 단추 및 폼 초기화 프로시저

• '입원' 단추 클릭 프로시저

정답

```
Private Sub cmd입원_Click( )
    입원등록.Show
End Sub
```

• 폼 초기화 프로시저

정답

```
Private Sub UserForm_Initialize( )
    cmb진료과.RowSource = "H6:H11"
    opt일반.Value = True
End Sub
```

2 '예약' 단추에 기능 구현하기

정답

```
Private Sub cmd예약_Click( )
    입력행 = [b4].Row + [b4].CurrentRegion.Rows.Count
    참조행 = cmb진료과.ListIndex + 6
    Cells(입력행, 2) = txt환자명.Value
    If opt일반.Value = True Then
        Cells(입력행, 3) = "일반"
        Cells(입력행, 6) = Format(Cells(참조행, 9), "#,###")
    Else
        Cells(입력행, 3) = "응급"
        Cells(입력행, 6) = Format(Cells(참조행, 9) * 2, "#,###")
    End If
    Cells(입력행, 4) = cmb진료과.Value
    Cells(입력행, 5) = txt전화번호.Value
End Sub
```

3 '종료' 단추에 기능 구현하기

정답

```
Private Sub cmd종료_Click( )
    MsgBox Date, vbOKOnly, "폼 종료"
    Unload Me
End Sub
```

EXAMINATION
02회 최종모의고사

• 준 비 하 세 요 : 'C:\길벗컴활1급총정리\엑셀\모의' 폴더에서 '02회.xlsm' 파일을 열어서 작업하시오.
• 외부 데이터 위치 : C:\길벗컴활1급총정리\엑셀\모의

6151021 

문제 1 기본작업(15점) 주어진 시트에서 다음의 과정을 수행하고 저장하시오.

1. '기본작업-1' 시트에서 다음과 같이 고급 필터를 수행하시오. (5점)

▶ [A2:H30] 영역에서 '주민번호'의 여덟 번째 글자가 '2'이고 '대출일'의 월이 4 또는 5인 행만을 대상으로 '대표자', '주민번호', '대출일'만을 표시하시오.
▶ 조건은 [J2:J3] 영역 내에 알맞게 입력하시오. (AND, OR, MID, MONTH 함수 사용)
▶ 결과는 [J5] 셀부터 표시하시오.

2. '기본작업-1' 시트에서 다음과 같이 조건부 서식을 설정하시오. (5점)

▶ [A3:H30] 영역에 대해서 '대출금액'이 상위 3위 이내이거나 하위 3위 이내인 행 전체에 대하여 글꼴 스타일을 '굵은 기울임꼴', 글꼴 색을 '표준 색-파랑'으로 적용하시오.
▶ 단, 규칙 유형은 '수식을 사용하여 서식을 지정할 셀 결정'을 사용하고, 한 개의 규칙으로만 작성하시오.
▶ LARGE, SMALL, OR 함수 사용

3. '기본작업-2' 시트에서 다음과 같이 시트 보호와 통합 문서 보기를 설정하시오. (5점)

▶ [G4:H13] 영역에 셀 잠금과 수식 숨기기를 적용하고 차트는 편집할 수 없도록 잠금을 적용한 후 잠긴 셀의 내용과 워크시트를 보호하시오.
▶ 잠긴 셀의 선택과 잠기지 않은 셀의 선택은 허용하고, 시트 보호 해제 암호는 지정하지 마시오.
▶ '기본작업-2' 시트를 페이지 나누기 미리 보기로 표시하고, [B1:H28] 영역만 1페이지로 인쇄되도록 페이지 나누기 구분선을 조정하시오.

6151022 

문제 2 계산작업(30점) '계산작업' 시트에서 다음의 과정을 수행하고 저장하시오.

1. [표1]의 출자금액, 상환일, 대출금액과 [K1] 셀의 기준일을 이용하여 [I3:I30] 영역에 추가대출여부를 표시하시오. (6점)

▶ 추가대출여부는 '대출금액/출자금액'이 0.5 이하이고 '상환일의 연도-기준일의 연도'가 8 미만이면 "가능", '대출금액/출자금액'이 0.7 이하이고 '상환일의 연도-기준일의 연도'가 8 미만이면 "보류", '대출금액/출자금액'이 0.7 초과이거나 '상환일의 연도-기준일의 연도'가 8 이상이면 "불가능"을 표시
▶ IFS, YEAR, AND, OR 함수 사용

2. [표1]의 대출일, 상환일, 대출금액, 연이율을 이용하여 월별대출상환금을 구한 후 [표2]의 기업 건전성 기준표에서 월별대출상환금에 대한 건전성기준을 찾아 [J3:J30] 영역에 표시하시오. (6점)

▶ 대출기간 : 상환일의 연도-대출일의 연도
▶ VLOOKUP, YEAR, PMT 함수 사용

3. [표1]의 관할지부와 대출금액을 이용하여 [표3]의 [N9:N12] 영역에 관할지부별 대출금액의 합계를 계산하여 표시하시오. (6점)

▶ IF, SUM 함수를 이용한 배열 수식

4. [표1]의 출자금액과 관할지부를 이용하여 [표3]의 [O9:O12] 영역에 관할지부별 최고 출자금액의 전체 순위를 계산하여 표시하시오.
(6점)

▶ IF, MAX, RANK.EQ 함수를 이용한 배열 수식

5. 사용자 정의 함수 'fn대출안정성'을 작성하여 [K3:K30] 영역에 대출안정성을 계산하여 표시하시오. (6점)

▶ 'fn대출안정성'은 출자금액과 대출금액을 인수로 받아 값을 되돌려줌

▶ '대출금액 / 출자금액'이 0.9 이상이면 "위험", 0.5 미만이면 "안전", 그 외는 공백으로 표시

▶ IF ~ ELSE문 사용

```
Public Function fn대출안정성(출자금액, 대출금액)
End Function
```

6151023

문제 3 분석작업(20점) 주어진 시트에서 다음의 과정을 수행하고 작업하시오.

1. '분석작업-1' 시트에서 다음의 지시사항에 따라 피벗 테이블 보고서를 작성하시오. (10점)

▶ 외부 데이터 원본으로 〈기업대출현황.csv〉의 데이터를 사용하시오.
- 원본 데이터는 쉼표(,)로 분리되어 있으며, 첫 행에 머리글이 포함되어 있음
- '관할지부', '대출금액', '연이율', '추가대출여부' 열만 가져와 데이터 모델에 이 데이터를 추가하시오.

▶ 피벗 테이블 보고서의 레이아웃과 위치는 〈그림〉을 참조하여 설정하고, 보고서 레이아웃을 테이블 형식으로 표시하시오.

▶ '대출금액' 필드의 표시 형식은 값 필드 설정의 셀 서식에서 '회계' 범주를, '연이율'은 '백분율' 범주를 이용하여 지정하시오.

▶ 피벗 테이블 스타일을 '밝은 회색, 피벗 스타일 밝게 15', 행의 총 합계는 표시되지 않도록 설정하시오.

	A	B	C	D	E	F
1						
2				추가대출여부 ▾		
3		관할지부 ▾	값	가능	보류	불가능
4		강남	최대값: 대출금액	18,080,000	38,913,000	42,420,000
5			평균: 연이율	2%	4%	3%
6		광진	최대값: 대출금액	24,804,000	43,095,000	50,150,000
7			평균: 연이율	1%	3%	4%
8		동대문	최대값: 대출금액	28,204,000	32,595,000	46,931,000
9			평균: 연이율	3%	3%	3%
10		마포	최대값: 대출금액	37,395,000	8,262,000	61,440,000
11			평균: 연이율	3%	3%	3%
12		전체 최대값: 대출금액		37,395,000	43,095,000	61,440,000
13		전체 평균: 연이율		3%	3%	3%

※ 작업 완성된 그림이며 부분점수 없음

2. '분석작업-2' 시트에 대하여 다음의 지시사항을 처리하시오. (10점)

▶ [데이터 도구]를 이용하여 [표1]의 [A2:A12] 영역의 데이터를 각 열로 구분되어 입력되도록 실행하시오
- 데이터는 슬래시(/)와 세미콜론(;)으로 구분되어 있음

▶ [부분합] 기능을 이용하여 [표1]에서 '부서명'별 '수령액'의 평균과 최대값을 계산하시오.
- '부서명'을 기준으로 오름차순으로 정렬하시오.
- 평균과 최대값은 위에 명시된 순서대로 처리하시오.

6151024

문제 4 기타작업(35점) 주어진 시트에서 다음 과정을 수행하고 저장하시오.

1. '기타작업-1' 시트에서 다음과 같은 기능을 수행하는 매크로를 현재 통합문서에 작성하시오. (각 5점)

① [G3:G14] 영역에 사용자 지정 표시 형식을 설정하는 '서식적용' 매크로를 생성하시오.

▶ 셀 값이 5,000,000 이상인 경우 빨강색으로 1000 단위로 절삭하고 1000 단위 구분 기호를 표시한 후 앞에는 "◆"를, 뒤에는 "천원"을 표시하고, 3,000,000 이상인 경우 파랑색으로 1000 단위로 절삭하고 1000 단위 구분 기호를 표시한 후 앞에는 "◇"를, 뒤에는 "천원"을 표시하고, 그 외는 1000 단위로 절삭하고 1000 단위 구분 기호를 표시한 후 뒤에 "천원"을 표시하시오.

[표시 예 : 5250000 → ◆5,250천원, 3230000 → ◇3,230천원, 100 → 0천원]

▶ [도형] → [기본 도형]의 '사각형: 빗면(□)'을 동일 시트의 [I2:I3] 영역에 생성한 후 텍스트를 "서식적용"으로 입력하고, 단추를 클릭하면 '서식적용' 매크로가 실행되도록 설정하시오.

② [G3:G14] 영역에 표시 형식을 '일반'으로 적용하는 '서식해제' 매크로를 생성하시오.

▶ [도형] → [기본 도형]의 '사각형: 빗면(□)'을 동일 시트의 [I5:I6] 영역에 생성한 후 텍스트를 "서식해제"로 입력하고, 단추를 클릭하면 '서식해제' 매크로가 실행되도록 설정하시오.

※ 셀 포인터의 위치에 관계없이 매크로가 실행되어야 정답으로 인정됨

2. '기타작업-2' 시트에서 다음의 지시사항에 따라 차트를 수정하시오. (각 2점)

※ 차트는 반드시 문제에서 제공한 차트를 사용하여야 하며, 신규로 차트작성 시 0점 처리 됨

① '비중' 계열의 차트 종류를 '표식이 있는 꺾은선형'으로 변경한 후 보조 축으로 지정하시오.

② 차트 제목을 '차트 위'로 지정한 후 [B2] 셀을 연결하여 표시하고, 세로(값) 축 제목의 텍스트 방향을 '스택형'으로 지정하시오.

③ 세로(값) 축과 보조 세로(값) 축의 최대값 경계와 기본 단위를 〈그림〉과 같이 지정하고, '5G' 계열의 계열 겹치기를 50%, 간격 너비를 100%로 지정하시오.

④ '비중' 계열의 '821' 요소에 〈그림〉과 같이 데이터 레이블을 표시한 후 데이터 레이블 도형을 '타원'으로 변경하고, 가로 주 눈금선을 '파선'으로 표시하시오.

⑤ '5G' 계열은 도형 효과의 미리 설정을 '기본 설정 1'로 지정하고 차트 영역은 도형 효과의 네온을 '네온: 5pt, 파랑, 강조색 1'을 지정하시오.

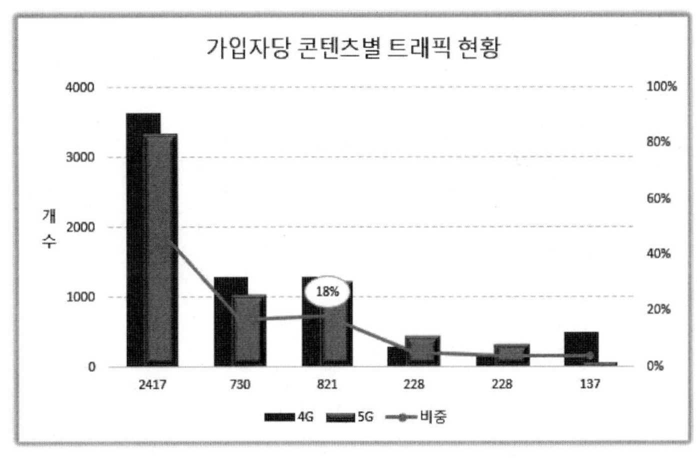

3. '기타작업-2' 시트에서 다음과 같은 작업을 수행하도록 프로시저를 작성하시오. (각 5점)

① '매출입력' 단추를 클릭하면 〈매출입력〉 폼이 나타나도록 설정하고, 폼이 초기화(Initialize)되면 '지점(cmb지점)' 목록에는 [G5:G10] 영역의 값이 표시되고, '연차'를 표시하는 옵션 단추 중 '1년(opt1년)'이 기본적으로 선택되도록 프로시저를 작성하시오.

② 〈매출입력〉 폼의 '입력(cmd입력)' 단추를 클릭하면 폼에 입력된 데이터가 [표1]에 입력되어 있는 마지막 행 다음에 연속하여 추가되는 프로시저를 작성하시오.

▶ '연차'에는 '1년(opt1년)'을 선택하면 "1년이하", '3년(opt3년)'을 선택하면 "3년이하", '5년(opt5년)'을 선택하면 "5년이하", '5년이상(opt5년이상)'을 선택하면 "5년이상"을 입력하시오. (IF문 사용)

▶ '평가'는 '월매출'이 50,000,000 이상이면 "우수", 30,000,000 이상이면 "양호", 20,000,000 이상이면 "보통", 그 외는 "미달"로 입력하시오. (Select Case문 사용)

③ 〈매출입력〉 폼의 '닫기(cmd닫기)' 단추를 클릭하면 폼을 종료하고, [B1] 셀의 글꼴 스타일을 '굵게'와 '기울임꼴'로 지정하는 프로시저를 작성하시오.

	A	B	C	D	E
1		영업사원별 매출현황			
2					
3	[표1]				
4	이름	지점	연차	월매출	평가
5	김을수	마포구	3년이하	35000000	양호
6	홍길동	광진구	3년이하	15000000	미달

매출입력

매출 입력

이 름 홍길동
지 점 광진구
월매출 15000000
연차 ○1년 ⊙3년 ○5년 ○5년이상

입력 닫기

EXAMINATION

02회 최종모의고사 정답 및 해설

문제 1 기본작업

정답

01. 고급 필터 _ 참고 : 고급 필터 18쪽

정답

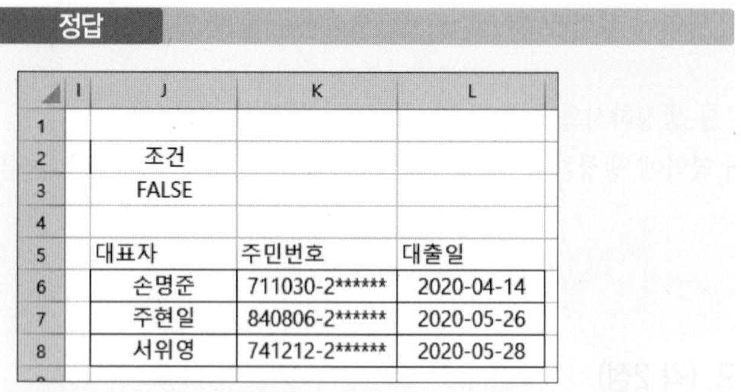

	J	K	L
1			
2	조건		
3	FALSE		
4			
5	대표자	주민번호	대출일
6	손명준	711030-2******	2020-04-14
7	주현일	840806-2******	2020-05-26
8	서위영	741212-2******	2020-05-28

• '고급 필터' 대화상자

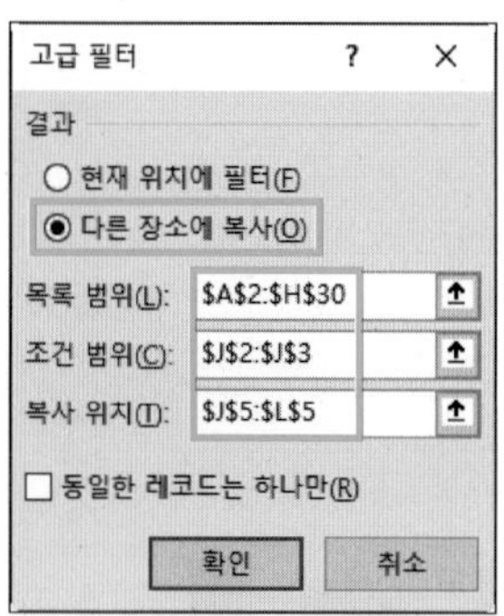

[J3] : =AND(MID(B3,8,1)="2",OR(MONTH(E3)=4,MONTH(E3)=5))

02. 조건부 서식 _ 참고 : 조건부 서식 28쪽

정답

	A	B	C	D	E	F	G	H
1	[표1]							
2	대표자	주민번호	출자금액	관할지부	대출일	상환일	대출금액	연이율
3	곽수현	771124-2******	61,500,000	동대문	2020-10-29	2027-10-29	32,595,000	3.6%
4	*주이준*	*770506-2*** ***	*8,100,000*	*강남*	*2021-02-21*	*2028-02-21*	*7,128,000*	*2.1%*
5	백대영	800627-1******	27,100,000	강남	2020-04-01	2031-04-01	24,390,000	3.9%
6	*윤명진*	*830409-1*** ***	*59,000,000*	*광진*	*2020-05-23*	*2031-05-23*	*50,150,000*	*3.2%*
7	이윤후	601027-2******	65,300,000	광진	2020-10-20	2026-10-20	34,609,000	3.6%
8	*강채인*	*600428-2*** ***	*10,800,000*	*마포*	*2020-09-02*	*2032-09-02*	*6,264,000*	*3.9%*
9	백원영	710803-1******	50,500,000	강남	2020-04-22	2034-04-22	42,420,000	4.5%
10	손명준	711030-2******	30,400,000	동대문	2020-04-14	2025-04-14	11,248,000	3.5%
11	서명세	630521-1******	65,400,000	마포	2021-03-16	2029-03-16	36,624,000	1.3%
12	송종환	691028-1******	26,300,000	동대문	2020-02-15	2028-02-15	8,153,000	2.9%
13	최혜은	800727-2******	55,300,000	마포	2021-03-14	2027-03-14	49,770,000	4.3%
14	윤영서	860729-2******	15,300,000	마포	2020-02-11	2026-02-11	8,262,000	2.9%
15	장슬지	631106-1******	66,300,000	광진	2020-03-17	2024-03-17	43,095,000	3.9%
16	주재훈	610122-1******	66,100,000	동대문	2020-09-07	2027-09-07	46,931,000	2.6%
17	*이종한*	*870517-1*** ***	*11,200,000*	*광진*	*2020-03-25*	*2028-03-25*	*7,392,000*	*1.2%*
18	남태현	821211-2******	73,800,000	마포	2021-03-21	2032-03-21	47,232,000	1.8%
19	*황윤형*	*830918-2*** ***	*94,600,000*	*마포*	*2020-10-14*	*2030-10-14*	*59,598,000*	*3.8%*
20	오진주	600303-1******	54,700,000	동대문	2020-06-15	2027-06-15	30,085,000	1.8%
21	배신영	650805-1******	83,100,000	마포	2020-07-18	2025-07-18	37,395,000	2.0%
22	노장우	730626-2******	76,300,000	강남	2020-01-10	2026-01-10	38,913,000	4.4%
23	오지완	671121-1******	34,800,000	강남	2021-03-17	2034-03-17	20,532,000	3.9%
24	*주현일*	*840806-2*** ***	*76,800,000*	*마포*	*2020-05-26*	*2026-05-26*	*61,440,000*	*3.7%*
25	주연재	710407-1******	45,200,000	강남	2020-01-18	2027-01-18	18,080,000	1.8%
26	허제훈	660627-1******	75,100,000	광진	2020-10-12	2032-10-12	45,811,000	3.9%
27	서위영	741212-2******	50,000,000	강남	2020-05-28	2027-05-28	39,500,000	1.9%
28	남동율	730508-2******	64,100,000	동대문	2020-03-24	2024-03-24	28,204,000	3.3%
29	김윤상	600215-2******	26,800,000	마포	2020-02-19	2027-02-19	12,596,000	3.8%
30	박정혁	680930-1******	68,900,000	광진	2020-06-17	2027-06-17	24,804,000	1.2%

• '새 서식 규칙' 대화상자

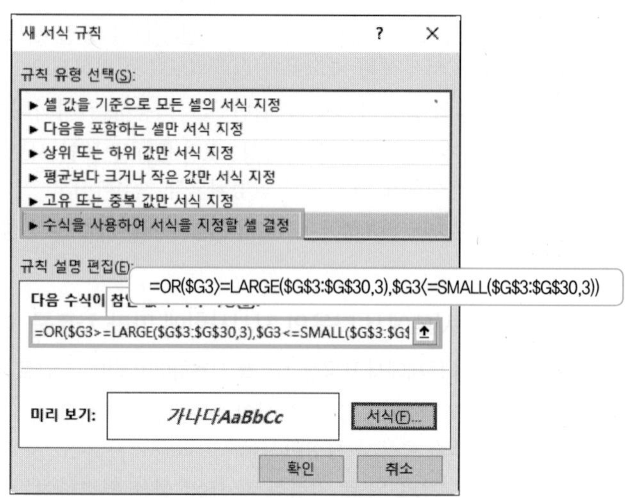

03. 시트 보호 / 통합 문서 보기 _ 참고 : 시트 보호 38쪽

정답

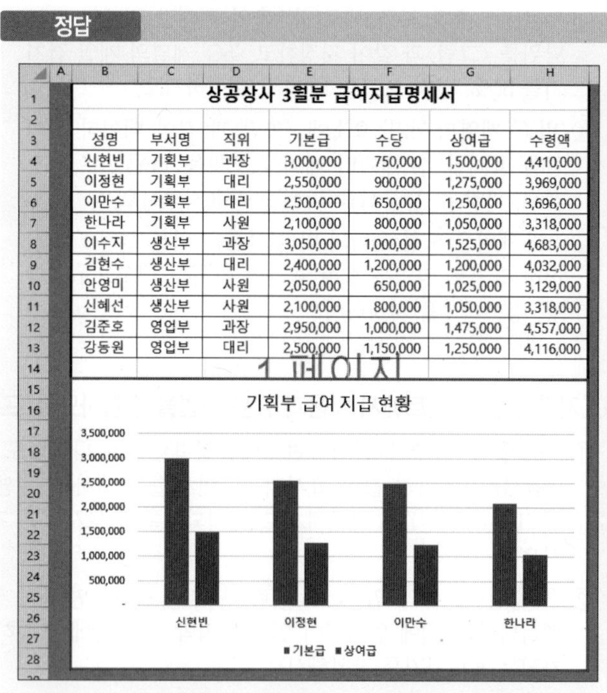

상공상사 3월분 급여지급명세서

성명	부서명	직위	기본급	수당	상여금	수령액
신현빈	기획부	과장	3,000,000	750,000	1,500,000	4,410,000
이정현	기획부	대리	2,550,000	900,000	1,275,000	3,969,000
이만수	기획부	대리	2,500,000	650,000	1,250,000	3,696,000
한나라	기획부	사원	2,100,000	800,000	1,050,000	3,318,000
이수지	생산부	과장	3,050,000	1,000,000	1,525,000	4,683,000
김현수	생산부	대리	2,400,000	1,200,000	1,200,000	4,032,000
안영미	생산부	사원	2,050,000	650,000	1,025,000	3,129,000
신혜선	생산부	사원	2,100,000	800,000	1,050,000	3,318,000
김준호	영업부	과장	2,950,000	1,000,000	1,475,000	4,557,000
강동원	영업부	대리	2,500,000	1,150,000	1,250,000	4,116,000

• [G4:H13] 영역의 '셀 서식' 대화상자

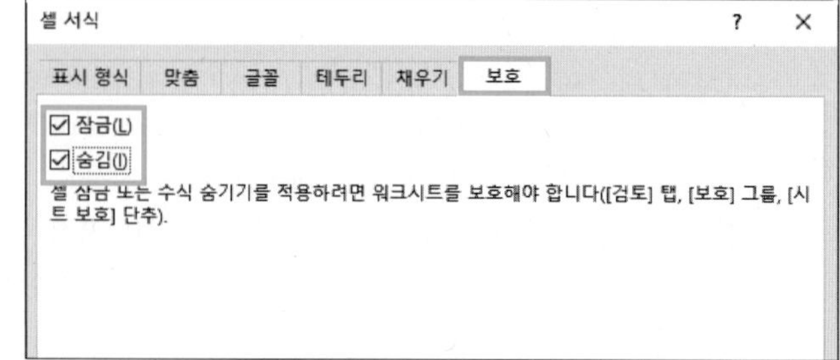

• '차트 영역 서식' 창

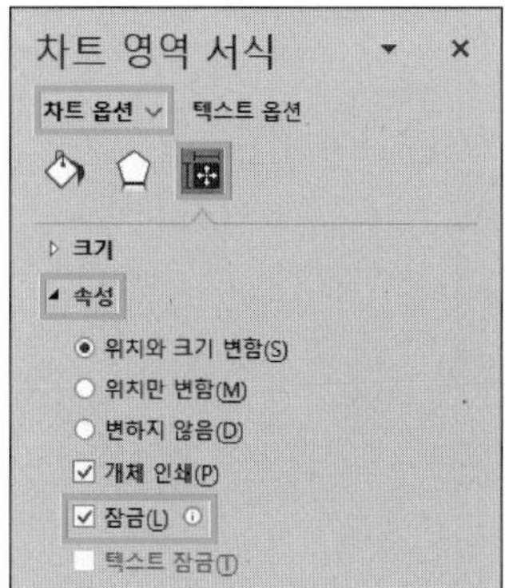

• '시트 보호' 대화상자

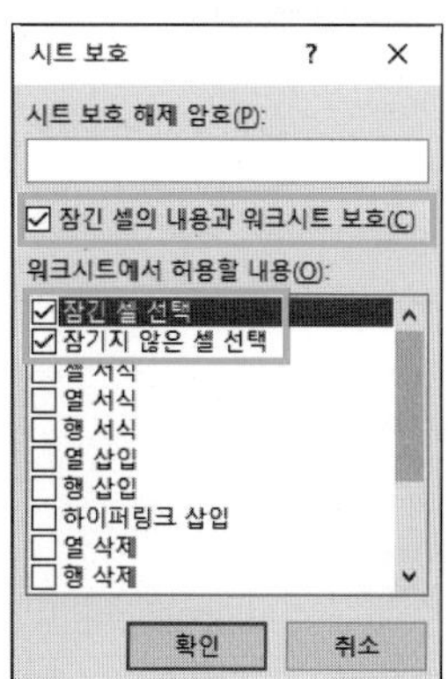

문제 2 계산작업

정답

정답

	A	B	C	D	E	F	G	H	I	J	K	L	M	N	O
1	[표1]									기준일 :	2021-04-01		[표2] 기업 건정성 기준표		
2	대표자	주민번호	출자금액	관할지부	대출일	상환일	대출금액	연이율	추가대출여부	건전성기준	대출안정성		월별대출상환금	건전성기준	
3	곽수현	771124-2******	61,500,000	동대문	2020-10-29	2027-10-29	32,595,000	3.6%	보류	중			0원	상	
4	주이준	770506-2******	8,100,000	강남	2021-02-21	2028-02-21	7,128,000	2.1%	불가능	상			200,000원	중	
5	백대영	800627-1******	27,100,000	강남	2020-04-01	2031-04-01	24,390,000	3.9%	불가능	중	위험		500,000원	하	
6	윤명진	830409-1******	59,000,000	광진	2020-05-23	2031-05-23	50,150,000	3.2%	불가능	중					
7	이윤후	601027-2******	65,300,000	광진	2020-10-20	2026-10-20	34,609,000	3.6%	보류	하			[표3]		
8	강채언	600428-2******	10,800,000	마포	2020-09-02	2032-09-02	6,264,000	3.9%	불가능	상			관할지부	대출금액 합계	최고 출자금액 순위
9	백원영	710803-1******	50,500,000	강남	2020-04-22	2034-04-22	42,420,000	4.5%	불가능	중			마포	319,181,000	1위
10	손명준	711030-2******	30,400,000	동대문	2020-04-14	2025-04-14	11,248,000	3.5%	가능	중	안전		광진	205,861,000	5위
11	서명세	630521-1******	65,400,000	마포	2021-03-16	2029-03-16	36,624,000	1.3%	불가능	중			강남	190,963,000	4위
12	송종환	691028-1******	26,300,000	동대문	2020-02-15	2028-02-15	8,153,000	2.9%	가능	상	안전		동대문	157,216,000	9위
13	최혜은	800727-2******	55,300,000	마포	2021-03-14	2027-03-14	49,770,000	4.3%	불가능	하	위험				
14	윤영서	860729-2******	15,300,000	마포	2020-02-11	2026-02-11	8,262,000	2.9%	보류	상					
15	장슬지	631106-1******	66,300,000	광진	2020-03-17	2024-03-17	43,095,000	3.9%	보류	하					
16	주재훈	610122-1******	66,100,000	동대문	2020-09-07	2027-09-07	46,931,000	2.6%	불가능	하					
17	이종한	870517-1******	11,200,000	광진	2020-03-25	2028-03-25	7,392,000	1.2%	보류	상					
18	남태헌	821211-2******	73,800,000	마포	2021-03-21	2032-03-21	47,232,000	1.8%	불가능	중					
19	황윤형	830918-2******	94,600,000	마포	2020-10-14	2030-10-14	59,598,000	3.8%	불가능	하					
20	오진주	600303-1******	54,700,000	동대문	2020-06-15	2027-06-15	30,085,000	1.8%	보류	중					
21	배신영	650805-1******	83,100,000	마포	2020-07-18	2025-07-18	37,395,000	2.0%	가능	하	안전				
22	노장우	730626-2******	76,300,000	강남	2020-01-10	2026-01-10	38,913,000	4.4%	보류	하					
23	오지완	671121-1******	34,800,000	강남	2021-03-17	2034-03-17	20,532,000	3.9%	불가능	상					
24	주현일	840806-2******	76,800,000	마포	2020-05-26	2026-05-26	61,440,000	3.7%	불가능	하					
25	주연재	710407-1******	45,200,000	강남	2020-01-18	2027-01-18	18,080,000	1.8%	가능	중	안전				
26	허제훈	660627-1******	75,100,000	광진	2020-10-12	2032-10-12	45,811,000	3.9%	불가능	중					
27	서위영	741212-2******	50,000,000	강남	2020-05-28	2027-05-28	39,500,000	1.9%	불가능	하					
28	남동율	730508-2******	64,100,000	동대문	2020-03-24	2024-03-24	28,204,000	3.3%	가능	하	안전				
29	김윤상	600215-2******	26,800,000	마포	2020-02-19	2027-02-19	12,596,000	3.8%	가능	상	안전				
30	박정혁	680930-1******	68,900,000	광진	2020-06-17	2027-06-17	24,804,000	1.2%	가능	중	안전				

1 추가대출여부(I3) _ 참고 : 논리 함수 71쪽

=IFS(AND(G3/C3<=0.5, YEAR(F3)−YEAR($K$1)<8), "가능", AND(G3/C3<=0.7, YEAR(F3)−YEAR($K$1)<8), "보류", OR(G3/C3>0.7, YEAR(F3)−YEAR($K$1)>=8), "불가능")

[함수 설명]
IFS(조건1, 인수1, 조건2, 인수2, … 조건n, 인수n)
조건1이 '참'이면 인수1을, 조건2가 '참'이면 인수2를, … 조건n이 '참'이면 인수n을 반환합니다.

2 건전성기준(J3) _ 참고 : 찾기/참조 함수 58쪽

=VLOOKUP(PMT(H3/12, (YEAR(F3)−YEAR(E3))*12,−G3), $M$3:$N$5, 2)

3 관할지부별 대출금액 합계(N9) _ 참고 : 배열 수식 43쪽

{=SUM(IF($D$3:$D$30=M9, $G$3:$G$30))}

4 관할지부별 최고 출자금액 순위(O9) _ 참고 : 배열 수식 43쪽

{=RANK.EQ(MAX(IF($D$3:$D$30=M9, $C$3:$C$30)), $C$3:$C$30)}

5 대출안정성(K3) _ 참고 : 사용자 정의 함수 83쪽

=fn대출안정성(C3, G3)

```
Public Function fn대출안정성(출자금액, 대출금액)
  If 대출금액 / 출자금액 >= 0.9 Then
    fn대출안정성 = "위험"
  ElseIf 대출금액 / 출자금액 < 0.5 Then
    fn대출안정성 = "안전"
  Else
    fn대출안정성 = ""
  End If
End Function
```

문제 3 분석작업

정답

01. 피벗 테이블 _ 참고 : 피벗 테이블 88쪽

• '텍스트 마법사 – 3단계 중 1단계' 대화상자

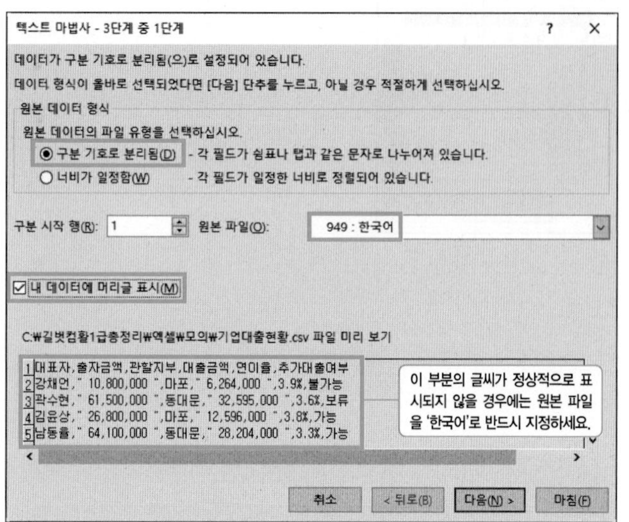

• '텍스트 마법사 – 3단계 중 2단계' 대화상자

• '텍스트 마법사 – 3단계 중 3단계' 대화상자

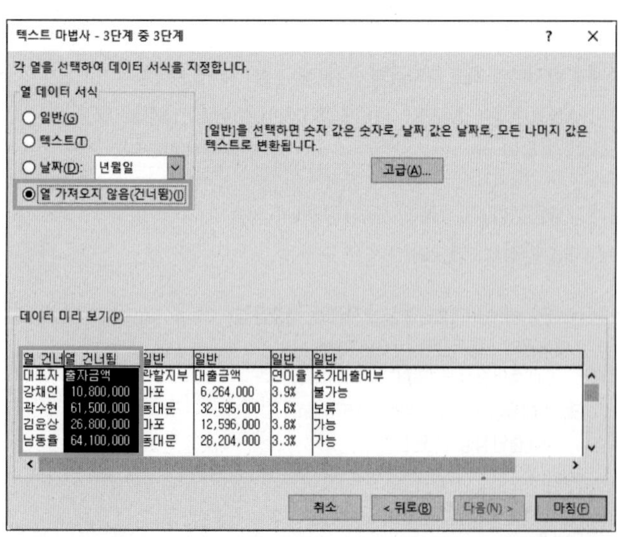

• '피벗 테이블 필드' 창

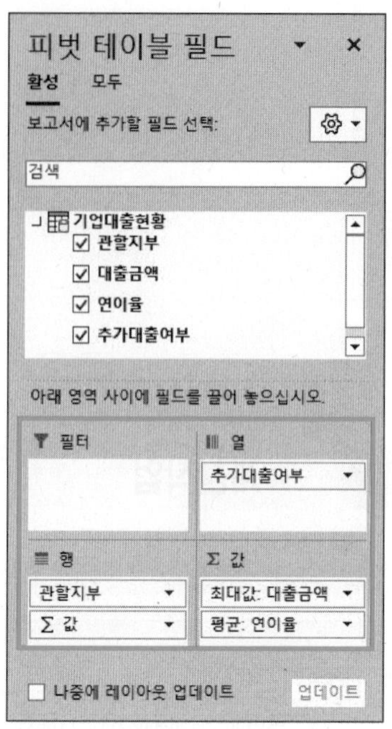

02. 텍스트 나누기 / 부분합 _ 참고 : 부분합 112쪽

정답

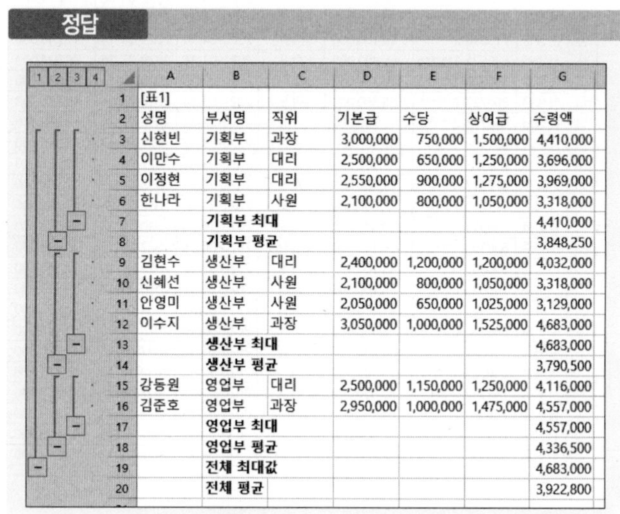

	A	B	C	D	E	F	G
1	[표1]						
2	성명	부서명	직위	기본급	수당	상여금	수령액
3	신현빈	기획부	과장	3,000,000	750,000	1,500,000	4,410,000
4	이만수	기획부	대리	2,500,000	650,000	1,250,000	3,696,000
5	이정현	기획부	대리	2,550,000	900,000	1,275,000	3,969,000
6	한나라	기획부	사원	2,100,000	800,000	1,050,000	3,318,000
7		**기획부 최대**					4,410,000
8		**기획부 평균**					3,848,250
9	김현수	생산부	대리	2,400,000	1,200,000	1,200,000	4,032,000
10	신혜선	생산부	사원	2,100,000	800,000	1,050,000	3,318,000
11	안영미	생산부	사원	2,050,000	650,000	1,025,000	3,129,000
12	이수지	생산부	과장	3,050,000	1,000,000	1,525,000	4,683,000
13		**생산부 최대**					4,683,000
14		**생산부 평균**					3,790,500
15	강동원	영업부	대리	2,500,000	1,150,000	1,250,000	4,116,000
16	김준호	영업부	과장	2,950,000	1,000,000	1,475,000	4,557,000
17		**영업부 최대**					4,557,000
18		**영업부 평균**					4,336,500
19		**전체 최대값**					4,683,000
20		**전체 평균**					3,922,800

• [A3:A12] 영역을 블록으로 지정한 후 [데이터] → 데이터 도구 → **텍스트 나누기** 클릭

• '텍스트 마법사 – 3단계 중 2단계' 대화상자

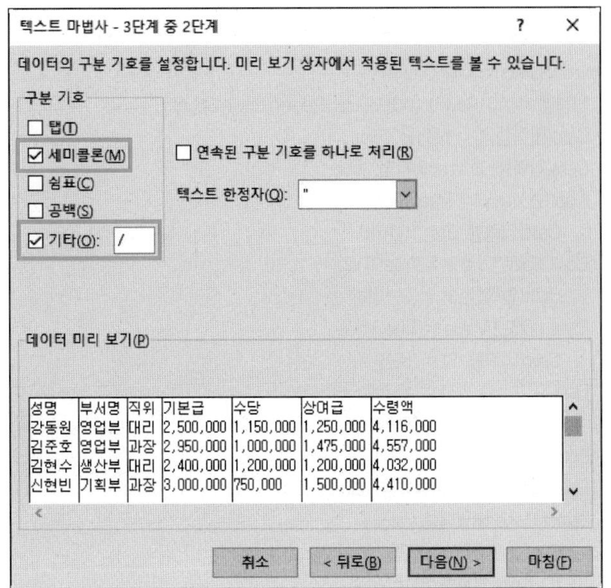

• '정렬' 대화상자

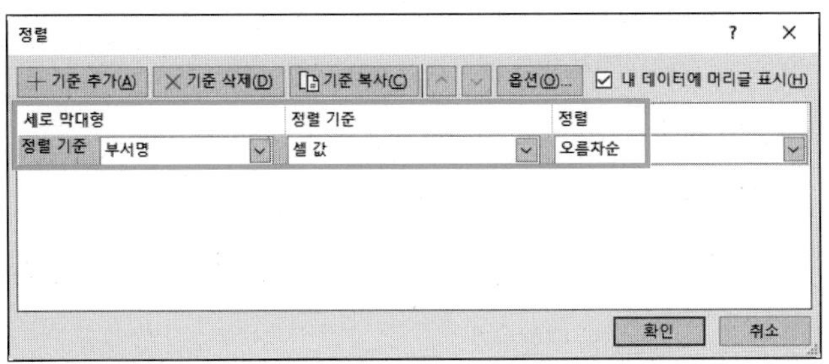

• '수령액 평균 부분합' 대화상자

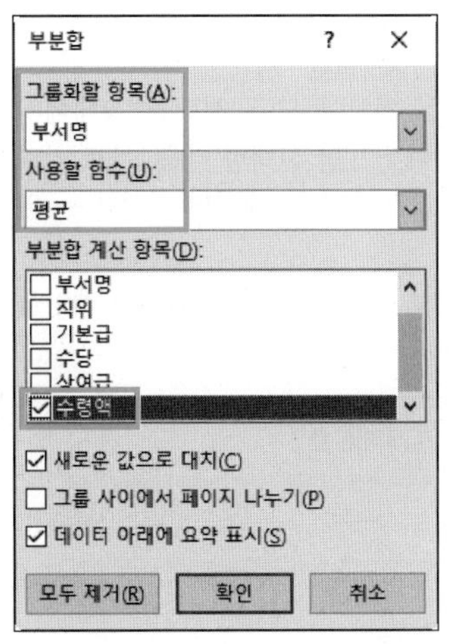

• '수령액 최대값 부분합' 대화상자

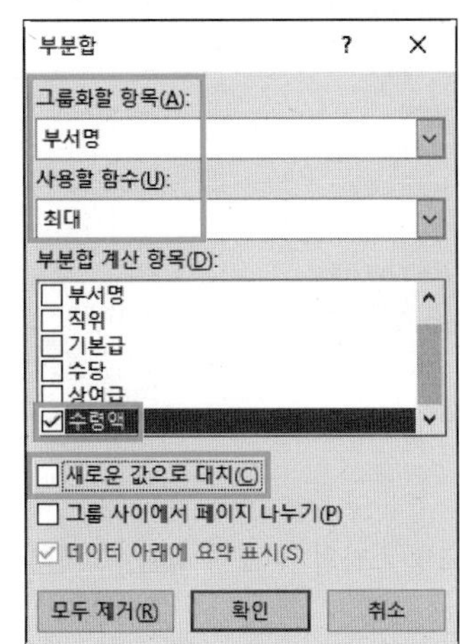

문제 4 기타작업

정답

01. 매크로 작성 _ 참고 : 매크로 135쪽

1 '서식적용' 매크로 실행

정답

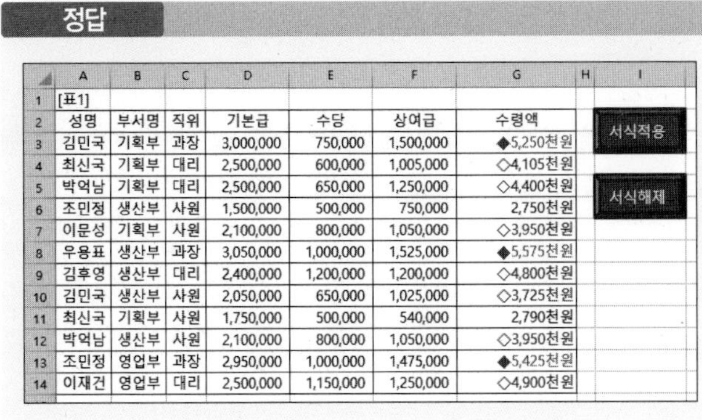

	A	B	C	D	E	F	G	H	I
1	[표1]								
2	성명	부서명	직위	기본급	수당	상여금	수령액		서식적용
3	김민국	기획부	과장	3,000,000	750,000	1,500,000	◆5,250천원		
4	최신국	기획부	대리	2,500,000	600,000	1,005,000	◇4,105천원		
5	박억남	기획부	대리	2,500,000	650,000	1,250,000	◇4,400천원		서식해제
6	조민정	생산부	사원	1,500,000	500,000	750,000	2,750천원		
7	이문성	기획부	사원	2,100,000	800,000	1,050,000	◇3,950천원		
8	우용표	생산부	과장	3,050,000	1,000,000	1,525,000	◆5,575천원		
9	김후영	생산부	대리	2,400,000	1,200,000	1,200,000	◇4,800천원		
10	김민국	생산부	사원	2,050,000	650,000	1,025,000	◇3,725천원		
11	최신국	기획부	사원	1,750,000	500,000	540,000	2,790천원		
12	박억남	생산부	사원	2,100,000	800,000	1,050,000	◇3,950천원		
13	조민정	영업부	과장	2,950,000	1,000,000	1,475,000	◆5,425천원		
14	이재건	영업부	대리	2,500,000	1,150,000	1,250,000	◇4,900천원		

• '셀 서식' 대화상자

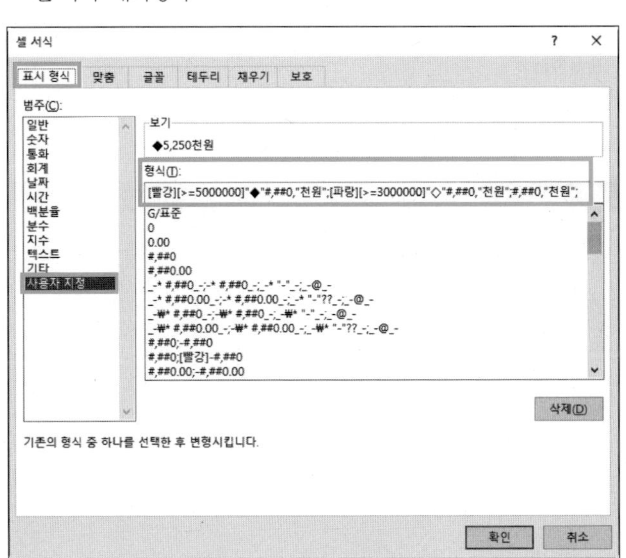

02. 차트 수정 _ 참고 : 차트 128쪽

4 데이터 레이블 표시 및 도형 지정

1. '비중' 계열을 클릭한 후 '비중' 계열이 모두 선택된 상태에서 '821' 요소를 다시 한 번 클릭하여 '821'만 선택한 다음 [차트 디자인] → 차트 레이아웃 → 차트 요소 추가 → 데이터 레이블 → **위쪽**을 선택한다.
2. 데이터 레이블을 선택한 후 바로 가기 메뉴에서 [데이터 레이블 도형 변경] → **타원**을 선택한다.

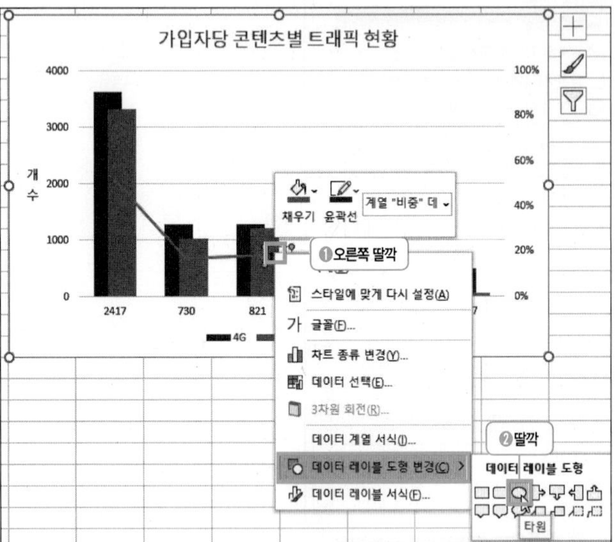

5 도형 효과의 미리 설정 지정

'5G' 계열을 선택한 후 [서식] → 도형 스타일 → 도형 효과 → 미리 설정 → **기본 설정** 1을 선택한다.

03. 프로시저 작성 _ 참고 : 프로시저 142쪽

1 '매출입력' 단추 및 폼 초기화 프로시저

- '매출입력' 단추 클릭 프로시저

정답

```
Private Sub cmd매출입력_Click( )
    매출입력.Show
End Sub
```

- 폼 초기화 프로시저

정답

```
Private Sub UserForm_Initialize( )
    cmb지점.RowSource = "G5:G10"
    opt1년.Value = True
End Sub
```

2 '입력' 단추에 기능 구현하기

정답

```
Private Sub cmd입력_Click( )
    입력행 = [A3].Row + [A3].CurrentRegion.Rows.Count
    Cells(입력행, 1) = txt이름.Value
    Cells(입력행, 2) = cmb지점.Value
    If opt1년.Value = True Then
        Cells(입력행, 3) = "1년이하"
    ElseIf opt3년.Value = True Then
        Cells(입력행, 3) = "3년이하"
    ElseIf opt5년.Value = True Then
        Cells(입력행, 3) = "5년이하"
    Else
        Cells(입력행, 3) = "5년이상"
    End If
    Cells(입력행, 4) = txt월매출.Value
    Select Case txt월매출.Value
        Case Is >= 50000000
            Cells(입력행, 5) = "우수"
        Case Is >= 30000000
            Cells(입력행, 5) = "양호"
        Case Is >= 20000000
            Cells(입력행, 5) = "보통"
        Case Else
            Cells(입력행, 5) = "미달"
    End Select
End Sub
```

3 '닫기' 단추에 기능 구현하기

정답

```
Private Sub cmd닫기_Click( )
    Unload Me
    [b1].Font.Bold = True
    [b1].Font.Italic = True
End Sub
```

EXAMINATION

03회 최종모의고사

• 준 비 하 세 요 : 'C:\길벗컴활1급총정리\엑셀\모의' 폴더에서 '03회.xlsm' 파일을 열어서 작업하시오.
• 외부 데이터 위치 : C:\길벗컴활1급총정리\엑셀\모의

6151031

문제 1 기본작업(15점) 주어진 시트에서 다음의 과정을 수행하고 저장하시오.

1. '기본작업-1' 시트에서 다음과 같이 고급 필터를 수행하시오. (5점)

▶ [A2:H30] 영역에서 '전체거래액'이 하위 10위 이내이면서, '농작물'이 "마늘"이나 "양파"인 행만을 표시하시오.
▶ 조건은 [A32:A33] 영역 내에 알맞게 입력하시오. (AND, OR, RANK.EQ 함수 사용)
▶ 결과는 [A35] 열부터 표시하시오.

2. '기본작업-1' 시트에서 다음과 같이 조건부 서식을 설정하시오. (5점)

▶ [A3:H30] 영역에 대해서 '재배면적(m^2)'을 1000으로 나눈 값이 홀수이고, '등급'이 "A"인 행 전체에 대하여 글꼴 스타일을 '굵게', 글꼴 색을 '표준 색-빨강'으로 적용하시오.
▶ 단, 규칙 유형은 '수식을 사용하여 서식을 지정할 셀 결정'을 사용하고, 한 개의 규칙으로만 작성하시오.
▶ AND, ISODD, QUOTIENT 함수 사용

3. '기본작업-2' 시트에서 다음과 같이 페이지 레이아웃을 설정하시오. (5점)

▶ 인쇄 용지가 가로로 인쇄되도록 용지 방향을 설정하고, 인쇄될 내용이 80%로 축소되어 인쇄되도록 '확대/축소 배율'을 설정하시오.
▶ 인쇄될 내용이 페이지의 정 가운데에 인쇄되도록 페이지 가운데 맞춤을 설정하시오.
▶ 홀수 페이지 하단의 왼쪽 구역과 짝수 페이지 하단의 오른쪽 구역에 전체 페이지 번호와 현재 페이지 번호가 [표시 예]와 같이 표시되도록 바닥글을 설정하시오.
[표시 예 : 현재 페이지 번호가 1이고 전체 페이지 번호가 2인 경우 → 1/2페이지]
▶ [A33:N51] 영역을 기존 인쇄 영역에 추가하고, [2:2] 행이 매 페이지마다 표시되도록 설정하시오.

6151032

문제 2 계산작업(30점) '계산작업' 시트에서 다음의 과정을 수행하고 저장하시오.

1. [표1]의 계약종류, 전체거래액과 [표5]를 이용하여 [I3:I30] 영역에 거래수수료를 계산하여 표시하시오. (6점)

▶ 거래수수료는 계약종류에 따른 '전체거래액 × 수수료율'과 최고수수료 중 작은 금액으로 표시
▶ 수수료율과 최고수수료는 [표5]를 참조
▶ HLOOKUP, MATCH, MIN 함수 사용

2. [표1]의 생산지, 계약종류, 전체거래액을 이용하여 [표2]의 [B34:C37] 영역에 생산지별 계약종류별 전체거래액의 평균을 계산하여 표시하시오. (6점)

▶ 평균은 백만 단위로 표시 [표시 예 : 100,000,000 → 100]
▶ 단, 생산지별 계약종류별 가장 높은 전체거래액은 제외하고 계산
▶ IF, AVERAGE, TEXT, MAX 함수를 사용한 배열 수식

3. [표1]의 재배면적(m^2)을 이용하여 [표3]의 [G34:G37] 영역에 재배면적별 거래건수를 계산하여 표시하시오. (6점)

▶ 계산된 거래건수 뒤에 "건" 표시 [표시 예 : 5건]

▶ COUNT, IF 함수와 & 연산자를 이용한 배열 수식

4. [표1]의 농작물, 계약종류, 전체거래액을 이용하여 [J34:J35] 영역에 계약종류별 최고 전체거래액의 농작물명을 표시하시오. (6점)

▶ INDEX, MAX, MATCH 함수를 이용한 배열 수식

5. 사용자 정의 함수 'fn규모'를 작성하여 [J3:J30] 영역에 규모를 계산하여 표시하시오. (6점)

▶ 'fn규모'는 재배면적(m2)을 인수로 받아 값을 되돌려줌

▶ 재배면적(m2)이 1500 이하이면 "소형", 3000 이하이면 "중형", 그 외는 "대형"으로 표시

▶ IF ~ ELSE문 사용

```
Public Function fn규모(재배면적)
End Function
```

문제 3 분석작업(20점) 주어진 시트에서 다음의 과정을 수행하고 작업하시오.

1. '분석작업-1' 시트에서 다음의 지시사항에 따라 피벗 테이블 보고서를 작성하시오. (10점)

▶ 외부 데이터 원본으로 〈거래현황.xlsx〉의 〈토지〉 테이블을 이용하시오.

▶ 피벗 테이블 보고서의 레이아웃과 위치는 〈그림〉을 참조하여 설정하고, 보고서 레이아웃을 개요 형식으로 표시하시오.

▶ 부분합은 그룹 하단에 표시하고, 확장(+)/축소(−) 단추가 표시되지 않도록 설정하시오.

▶ '합계 : 전체거래액'을 기준으로 '등급'을 내림차순 정렬하고, 피벗 테이블 스타일은 '연한 파랑, 피벗 스타일 보통 2'로 지정하시오.

▶ '전체거래액'과 '거래수수료' 필드의 표시 형식은 값 필드 설정의 셀 서식에서 '숫자' 범주를 이용하여 지정하시오.

▶ '계약종류'가 '계약재배'이고 '등급'이 'C'인 데이터만 별도 시트에 작성하시오(시트명을 'C등급계약재배'로 지정하고, '분석작업-1' 시트 앞에 위치시킴).

	A	B	C	D
1	생산지	(모두)		
2				
3	계약종류	등급	합계 : 전체거래액	합계 : 거래수수료
4	계약재배			
5		C	225,000,000	478,000
6		B	142,000,000	332,000
7		A	81,000,000	237,000
8	계약재배 요약		448,000,000	1,047,000
9	포전매매			
10		A	316,000,000	923,000
11		B	236,000,000	676,000
12		C	70,000,000	190,000
13	포전매매 요약		622,000,000	1,789,000
14	총합계		1,070,000,000	2,836,000

※ 작업 완성된 그림이며 부분점수 없음

2. '분석작업-2' 시트에 대하여 다음의 지시사항을 처리하시오. (10점)

▶ [데이터 유효성 검사] 기능을 이용하여 [A4:A11] 영역에는 월이 4월~6월인 데이터만 입력되도록 제한 대상을 설정하시오.

- [A4:A11] 영역의 셀을 클릭한 경우 〈그림〉과 같은 설명 메시지를 표시하고, 유효하지 않은 데이터를 입력한 경우 〈그림〉과 같은 오류 메시지가 표시되도록 설정하시오.

[표1] 2사분기 매출현황		
판매일	판매형태	납품수량
04월 20일	완제품	226
04월 29일	부품	278
05월		349
05월		321
05월		546
06월		246
06월 11일	부품	531

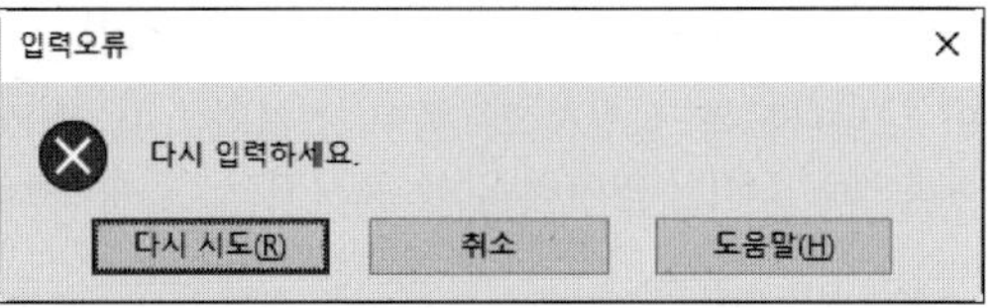

– MONTH, AND 함수 사용

▶ [표1]의 4월 20일은 반품수량(D4)의 값에 따른 매출액(E4)을 계산한 것이다. 데이터 표 기능을 이용하여 [표2]의 [I5:I12] 영역에 반품수량의 변동에 따른 매출액을 계산하시오.

문제 4 기타작업(35점) 주어진 시트에서 다음 과정을 수행하고 저장하시오.

1. '기타작업-1' 시트에서 다음의 지시사항에 따라 차트를 수정하시오. (각 2점)

※ 차트는 반드시 문제에서 제공한 차트를 사용하여야 하며, 신규로 차트작성 시 0점 처리 됨

① '2021년' 계열을 추가한 후 차트에 '최고/최저값 연결선'을 표시하시오.

② 차트 제목은 '차트 위', 세로(값) 축 제목은 '세로' 방향으로 〈그림〉과 같이 입력하고, 차트 제목의 글꼴을 'HY중고딕'으로 지정하시오.

③ 세로(값) 축의 주 눈금이 교차되도록 지정하고, 기본 주 세로 눈금선을 표시하시오.

④ '2020년' 계열의 '3월' 요소에만 〈그림〉과 같이 데이터 레이블을 표시하고, 범례를 '오른쪽'에 표시하시오.

⑤ 차트 영역의 테두리 스타일을 '둥근 모서리', 그림 영역의 도형 스타일을 '미세 효과 – 황금색, 강조 4'로 지정하시오.

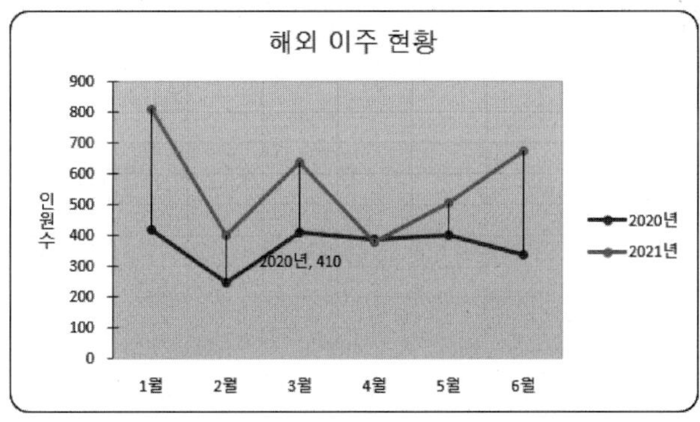

2. '기타작업-2' 시트에서 다음과 같은 기능을 수행하는 매크로를 현재 통합문서에 작성하시오. (각 5점)

① [D4:D15] 영역에 사용자 지정 표시 형식을 설정하는 '서식적용' 매크로를 생성하시오.

▶ 셀 값이 0 초과면 빨강색으로 "▲"를, 0 미만이면 파랑색으로 "▼"를 표시한 후 뒤에 숫자를 소수점 첫째 자리까지 표시하고, 0이면 "◇"를 표시하시오.

[표시 예 : 2.9 → ▲2.9, -3.3 → ▼3.3, 0 → ◇]

▶ [개발 도구] → [삽입] → [양식 컨트롤]의 '단추(▭)'를 동일 시트의 [G3:G4] 영역에 생성한 후 텍스트를 "서식적용"으로 입력하고, 단추를 클릭하면 '서식적용' 매크로가 실행되도록 설정하시오.

② [E4:E15] 영역에 조건부 서식을 적용하는 '그래프보기' 매크로를 생성하시오.

▶ 규칙 유형은 '셀 값을 기준으로 모든 셀의 서식 지정'으로 선택하고, 서식 스타일은 '데이터 막대', 최소값은 숫자 100,000, 최대값은 숫자 400,000으로 설정하시오.

▶ 막대 모양은 채우기를 '그라데이션 채우기', 색을 '표준 색–파랑'으로 설정하시오.

▶ [개발 도구] → [삽입] → [양식 컨트롤]의 '단추(▭)'를 동일 시트의 [G6:G7] 영역에 생성한 후 텍스트를 "그래프보기"로 입력하고, 단추를 클릭하면 '그래프보기' 매크로가 실행되도록 설정하시오.

3. '기타작업-3' 시트에서 다음과 같은 작업을 수행하도록 프로시저를 작성하시오. (각 5점)

① '원아등록' 단추를 클릭하면 〈원아등록〉 폼이 나타나도록 설정하고, 폼이 초기화(Initialize)되면 '구분(cmb구분)' 목록으로 [H4:H7] 영역의 값이, '반이름(cmb반이름)' 목록으로 [I4:I7] 영역의 값이 표시되고, '등록일(txt등록일)'에 현재 시스템의 날짜가 표시되도록 프로시저를 작성하시오.

② 〈원아등록〉 폼의 '등록(cmd등록)' 단추를 클릭하면 폼에 입력된 데이터가 [표1]에 입력되어 있는 마지막 행 다음에 연속하여 추가되도록 프로시저를 작성하시오.

▶ '나이'는 [표시 예]와 같이 입력하시오. (FORMAT 함수 사용)

[표시 예 : 5세]

▶ 입력되는 데이터는 워크시트에 입력된 기존 데이터와 같은 형식의 데이터로 입력하시오.

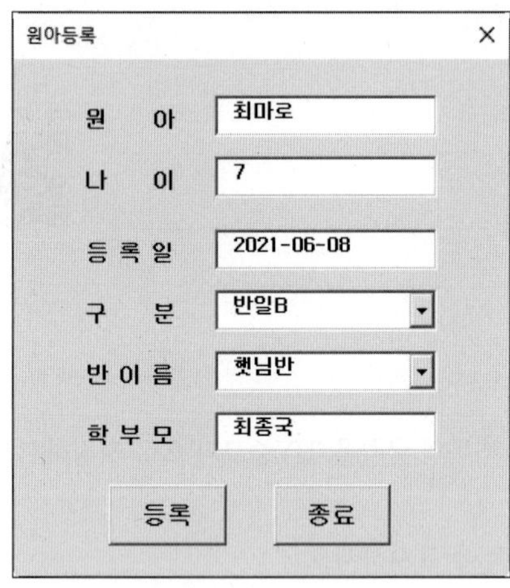

③ 〈원아등록〉 폼의 '종료(cmd종료)' 단추를 클릭하면 입력한 전체 데이터의 개수를 표시한 〈그림〉과 같은 메시지 박스를 표시한 후 폼을 종료하는 프로시저를 작성하시오.

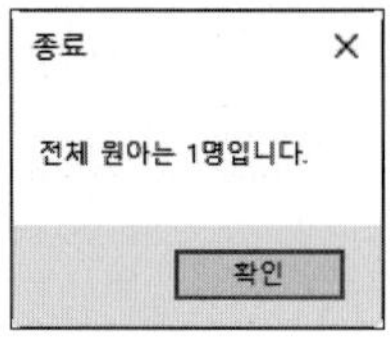

문제 1 기본작업

정답

01. 고급 필터 _ 참고 : 고급 필터 18쪽

정답

	A	B	C	D	E	F	G	H
31								
32	조건							
33	FALSE							
34								
35	농작물	생산지	계약종류	전체거래액	재배면적(m²)	재배시기	등급	거래수수료
36	양파	제주	계약재배	22,000,000	2,006	가을	A	66,000
37	마늘	경남	포전매매	28,000,000	1,801	여름	A	112,000
38	마늘	전북	계약재배	32,000,000	3,701	가을	A	90,000
39	양파	제주	계약재배	31,000,000	3,016	여름	C	90,000
40	마늘	경남	포전매매	29,000,000	1,870	월동	B	116,000

• '고급 필터' 대화상자

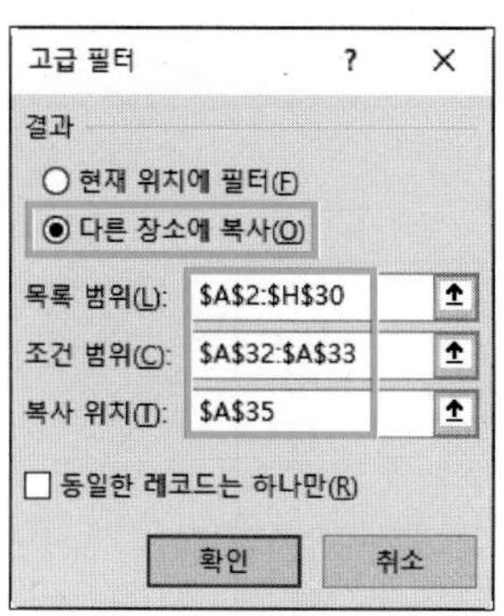

[A33] : =AND(RANK.EQ(D3, $D$3:$D$30, 1)<=10, OR(A3="마늘", A3="양파"))

02. 조건부 서식 _ 참고 : 조건부 서식 25쪽

정답

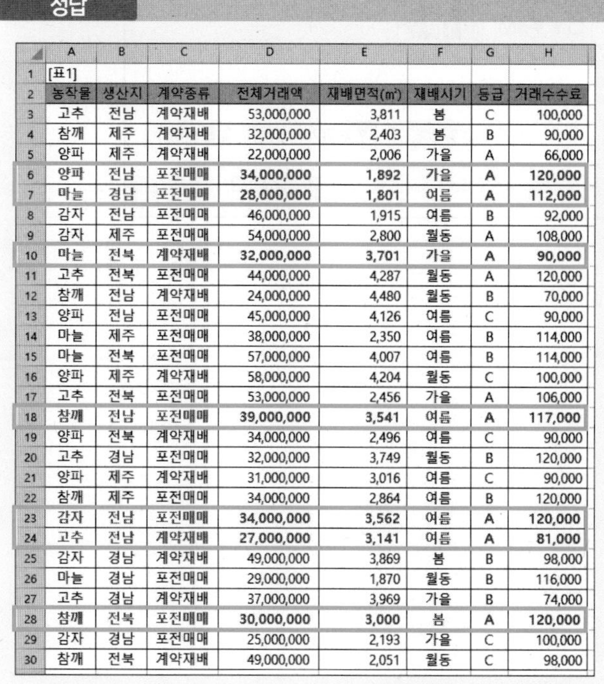

	A	B	C	D	E	F	G	H
1	[표1]							
2	농작물	생산지	계약종류	전체거래액	재배면적(m²)	재배시기	등급	거래수수료
3	고추	전남	계약재배	53,000,000	3,811	봄	C	100,000
4	참깨	제주	계약재배	32,000,000	2,403	봄	B	90,000
5	양파	제주	계약재배	22,000,000	2,006	가을	A	66,000
6	양파	전남	포전매매	34,000,000	1,892	가을	A	120,000
7	마늘	경남	포전매매	28,000,000	1,801	여름	A	112,000
8	감자	전남	포전매매	46,000,000	1,915	여름	B	92,000
9	감자	제주	포전매매	54,000,000	2,800	월동	A	108,000
10	마늘	전북	계약재배	32,000,000	3,701	가을	A	90,000
11	고추	전북	포전매매	44,000,000	4,287	월동	A	120,000
12	참깨	전남	계약재배	24,000,000	4,480	월동	B	70,000
13	양파	전남	포전매매	45,000,000	4,126	여름	C	90,000
14	마늘	제주	포전매매	38,000,000	2,350	여름	B	114,000
15	마늘	전북	포전매매	57,000,000	4,007	여름	B	114,000
16	양파	제주	계약재배	58,000,000	4,204	월동	C	100,000
17	고추	전북	포전매매	53,000,000	2,456	가을	A	106,000
18	참깨	전남	포전매매	39,000,000	3,541	여름	A	117,000
19	양파	전북	계약재배	34,000,000	2,496	여름	C	90,000
20	고추	경남	포전매매	32,000,000	3,749	월동	B	120,000
21	양파	제주	계약재배	31,000,000	3,016	여름	C	90,000
22	참깨	제주	포전매매	34,000,000	2,864	여름	B	120,000
23	감자	전남	포전매매	34,000,000	3,562	여름	A	120,000
24	고추	전남	계약재배	27,000,000	3,141	여름	A	81,000
25	감자	경남	계약재배	49,000,000	3,869	봄	B	98,000
26	마늘	경남	포전매매	29,000,000	1,870	월동	B	116,000
27	고추	경남	계약재배	37,000,000	3,969	가을	B	74,000
28	참깨	전북	포전매매	30,000,000	3,000	봄	A	120,000
29	감자	경남	포전매매	25,000,000	2,193	가을	C	100,000
30	참깨	전북	계약재배	49,000,000	2,051	월동	C	98,000

• '새 서식 규칙' 대화상자

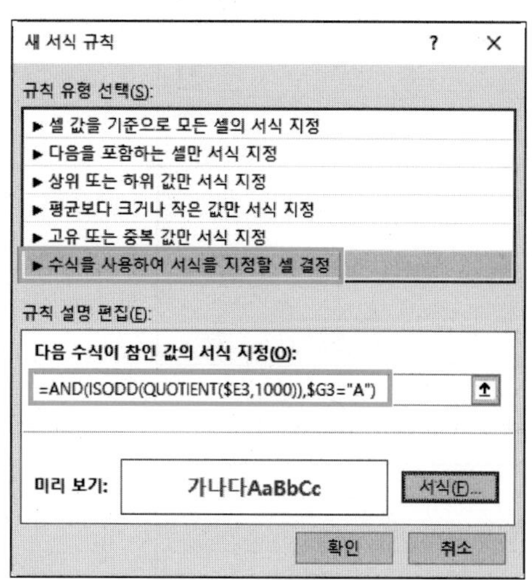

03. 페이지 레이아웃 _ 참고 : 페이지 레이아웃 32쪽

정답

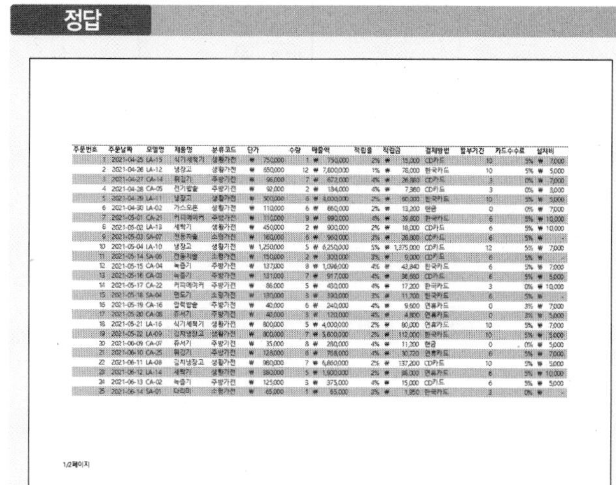

• '페이지 설정' 대화상자의 '페이지' 탭

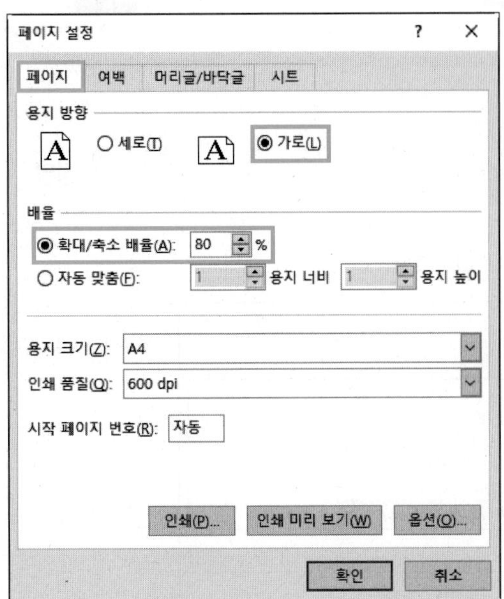

• '페이지 설정' 대화상자의 '여백' 탭

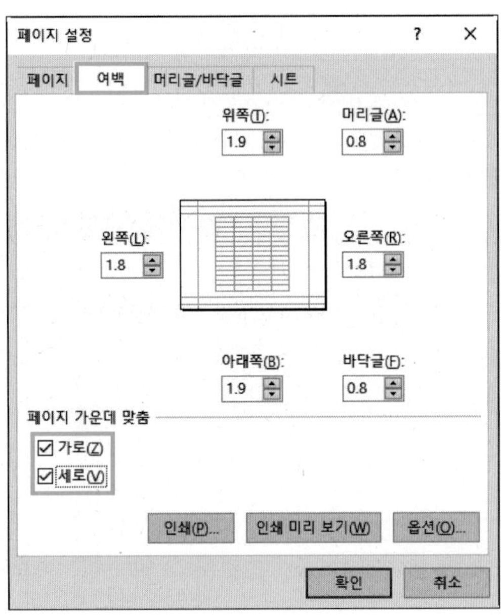

• '페이지 설정' 대화상자의 '머리글/바닥글' 탭

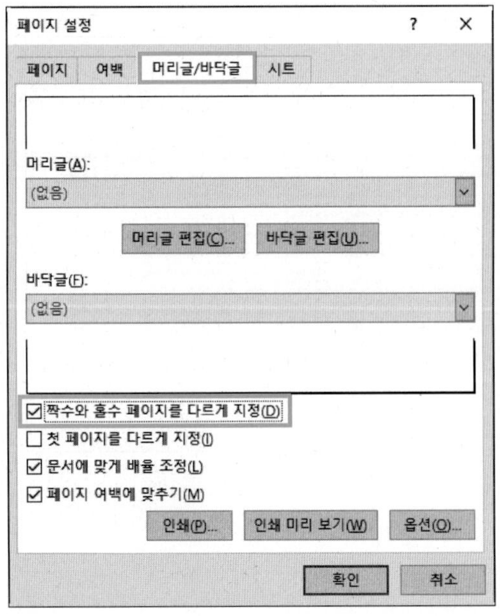

• '바닥글' 대화상자의 '홀수 페이지 바닥글' 탭

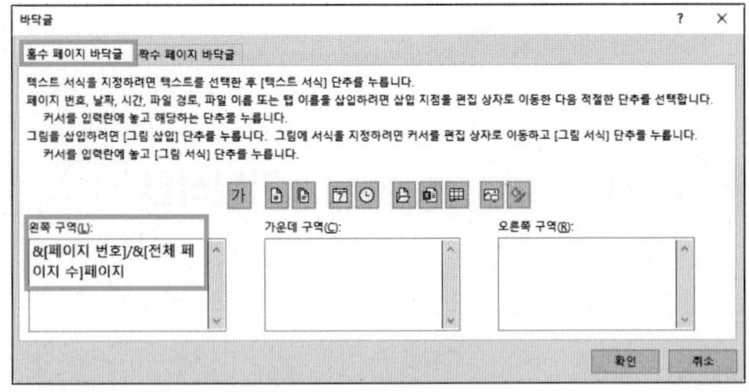

• '바닥글' 대화상자의 '짝수 페이지 바닥글' 탭

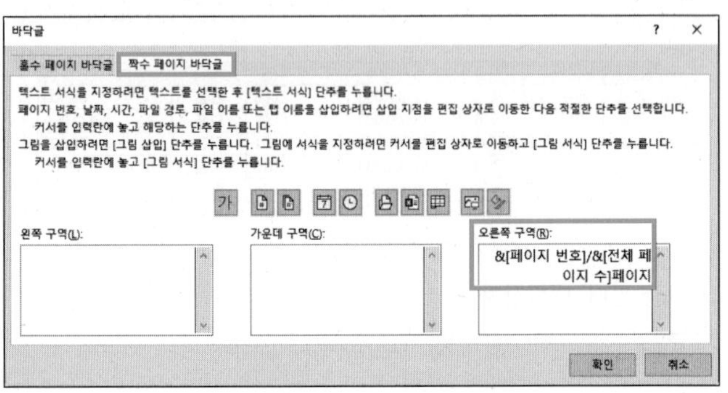

• '페이지 설정' 대화상자의 '시트' 탭

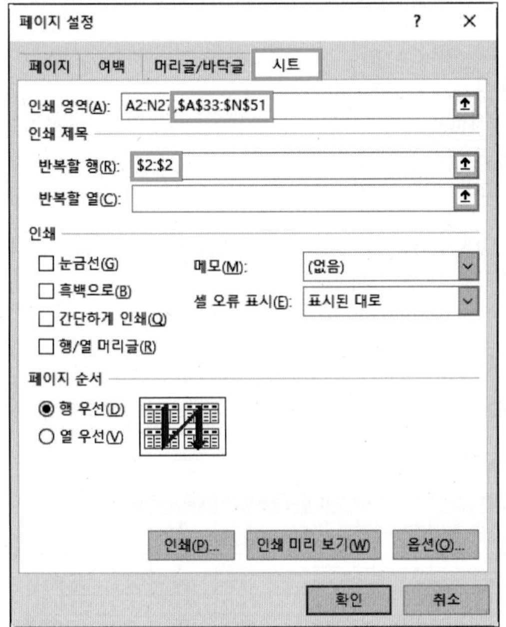

정답

	A	B	C	D	E	F	G	H	I	J
1	[표1]								❶	❺
2	농작물	생산지	계약종류	전체거래액	재배면적(㎡)	재배시기	등급	사용비료	거래수수료	규모
3	고추	전남	계약재배	53,000,000	3811	봄	C	복합	100,000	대형
4	참깨	제주	계약재배	32,000,000	2403	봄	B	자급	90,000	중형
5	양파	제주	계약재배	22,000,000	2006	가을	A	자급	66,000	중형
6	양파	전남	포전매매	34,000,000	1892	가을	A	유기질	120,000	중형
7	마늘	경남	포전매매	28,000,000	1801	여름	A	유기질	112,000	중형
8	감자	전남	포전매매	46,000,000	1915	여름	B	자급	92,000	중형
9	감자	제주	포전매매	54,000,000	2800	월동	A	자급	108,000	중형
10	마늘	전북	계약재배	32,000,000	3701	가을	A	유기질	90,000	대형
11	고추	전북	포전매매	44,000,000	4287	월동	A	자급	120,000	대형
12	참깨	전남	계약재배	24,000,000	4480	월동	B	자급	70,000	대형
13	양파	전남	포전매매	45,000,000	4126	여름	C	자급	90,000	대형
14	마늘	제주	포전매매	38,000,000	2350	여름	B	자급	114,000	중형
15	마늘	전북	포전매매	57,000,000	4007	여름	B	복합	114,000	대형
16	양파	제주	계약재배	58,000,000	4204	월동	C	복합	100,000	대형
17	고추	전북	포전매매	53,000,000	2456	가을	A	복합	106,000	중형
18	참깨	전남	포전매매	39,000,000	3541	여름	A	유기질	117,000	대형
19	양파	전북	계약재배	34,000,000	2496	여름	C	자급	90,000	중형
20	고추	경남	포전매매	32,000,000	3749	월동	B	유기질	120,000	대형
21	양파	제주	계약재배	31,000,000	3016	여름	C	유기질	90,000	대형
22	참깨	제주	포전매매	34,000,000	2864	여름	B	유기질	120,000	중형
23	감자	전남	포전매매	34,000,000	3562	여름	A	복합	120,000	대형
24	고추	전남	계약재배	27,000,000	3141	여름	A	자급	81,000	대형
25	감자	경남	계약재배	49,000,000	3869	봄	B	유기질	98,000	대형
26	마늘	경남	포전매매	29,000,000	1870	월동	B	자급	116,000	중형
27	고추	경남	계약재배	37,000,000	3969	가을	B	자급	74,000	대형
28	참깨	전북	포전매매	30,000,000	3000	봄	A	자급	120,000	중형
29	감자	경남	포전매매	25,000,000	2193	가을	C	자급	100,000	중형
30	참깨	전북	계약재배	49,000,000	2051	월동	C	유기질	98,000	중형
31										
32	[표2]		단위 : 백만원		[표3]		❸		[표4]	❹
33	생산지	계약재배	포전매매	❷	재배면적		거래건수		계약종류	농작물
34	전북	33	42		1000	2000	4건		계약재배	양파
35	전남	26	38		2001	3000	10건		포전매매	마늘
36	경남	37	27		3001	4000	9건			
37	제주	28	36		4001	5000	5건			
38										
39	[표5] 계약종류별 거래수수료율									
40	계약재배	전체거래액	0~	25,000,000~	35,000,000~	45,000,000~				
41			24,999,999	34,999,999	44,999,999	60000000				
42		수수료율	0.3%	0.3%	0.2%	0.2%				
43		최고수수료	70,000	90,000	90,000	100,000				
44	포전매매	전체거래액	0~	25,000,000~	35,000,000~	45,000,000~				
45			24,999,999	34,999,999	44,999,999	60000000				
46		수수료율	0.5%	0.4%	0.3%	0.2%				
47		최고수수료	100,000	120,000	120,000	120,000				

❶ 거래수수료(I3) _ 참고 : 찾기/참조 함수 58쪽

```
=MIN( D3*HLOOKUP( D3, $C$40:$F$47, MATCH(C3, $A$40:$A$47, 0)+2 ),HLOOKUP( D3, $C$40:$F$47, MATCH(C3, $A$40:$A$47, 0)+3 ) )
```

❷ 생산지별 계약종류별 전체거래액의 평균(B34) _ 참고 : 배열 수식 43쪽

```
{=TEXT( AVERAGE( IF( ($B$3:$B$30=$A34) * ($C$3:$C$30=B$33) * ($D$3:$D$30<>MAX(($B$3:$B$30=$A34)*($C$3:$C$30=B$33)*$D$3:$D$30)), $D$3:$D$30 ) ), "#,," )}
```

❸ 재배면적별 거래건수(G34) _ 참고 : 배열 수식 43쪽

```
{=COUNT( IF( ($E$3:$E$30>=E34)*($E$3:$E$30<=F34), 1 ) )&"건"}
```

❹ 계약종류별 최고 전체거래액의 농작물명(J34) _ 참고 : 배열 수식 43쪽

```
{=INDEX( $A$3:$A$30, MATCH( MAX( ($C$3:$C$30=I34)*$D$3:$D$30 ), ($C$3:$C$30=I34)*$D$3:$D$30, 0 ) )}
```

❺ 규모(J3) _ 참고 : 사용자 정의 함수 83쪽

```
=fn규모(E3)
```

```
Public Function fn규모(재배면적)
  If 재배면적 <= 1500 Then
    fn규모 = "소형"
  ElseIf 재배면적 <= 3000 Then
    fn규모 = "중형"
  Else
    fn규모 = "대형"
  End If
End Function
```

01. 피벗 테이블 _ 참고 : 피벗 테이블 88쪽

정답

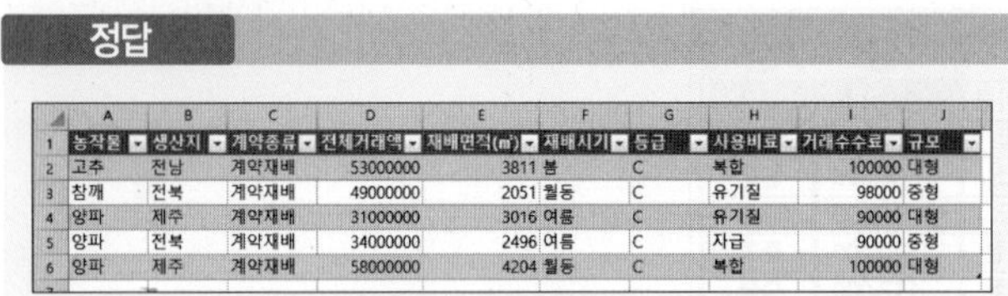

	A	B	C	D	E	F	G	H	I	J
1	농작물	생산지	계약종류	전체거래액	재배면적(㎡)	재배시기	등급	사용비료	거래수수료	규모
2	고추	전남	계약재배	53000000	3811	봄	C	복합	100000	대형
3	참깨	전북	계약재배	49000000	2051	월동	C	유기질	98000	중형
4	양파	제주	계약재배	31000000	3016	여름	C	유기질	90000	대형
5	양파	전북	계약재배	34000000	2496	여름	C	자급	90000	중형
6	양파	제주	계약재배	58000000	4204	월동	C	복합	100000	대형

• '피벗 테이블 필드' 창

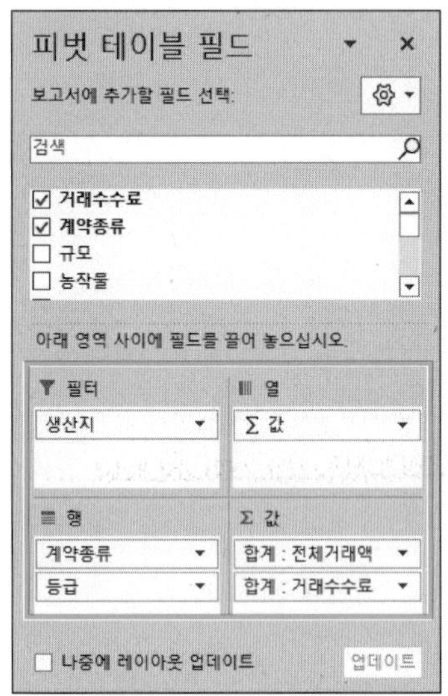

02. 데이터 유효성 검사 / 데이터 표 _ 참고 : 데이터 유효성 검사 102쪽 / 데이터 표 116쪽

정답

	F	G	H	I
1				
2		[표2]		
3				매출액
4				64,311
5			1	65,475
6			3	64,893
7			5	64,311
8		반품수량	7	63,729
9			9	63,147
10			11	62,565
11			13	61,983
12			15	61,401

• '데이터 유효성' 대화상자의 '설정' 탭

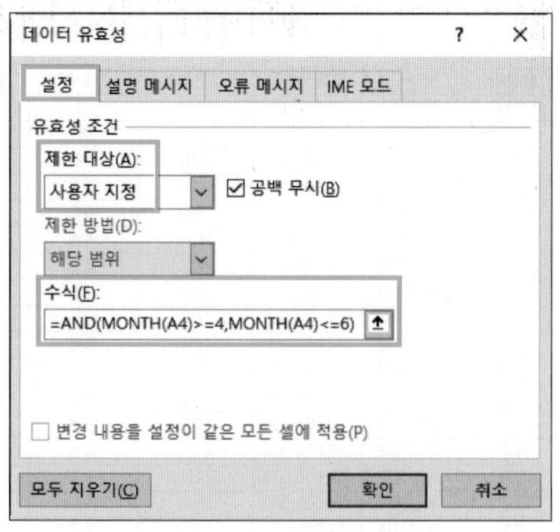

• '데이터 유효성' 대화상자의 '설명 메시지' 탭

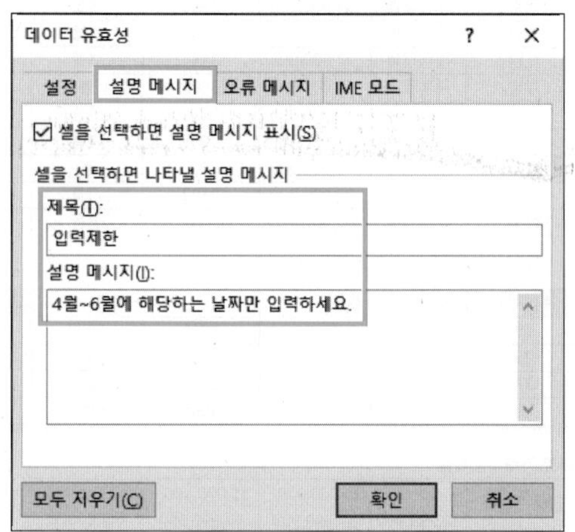

• '데이터 유효성' 대화상자의 '오류 메시지' 탭

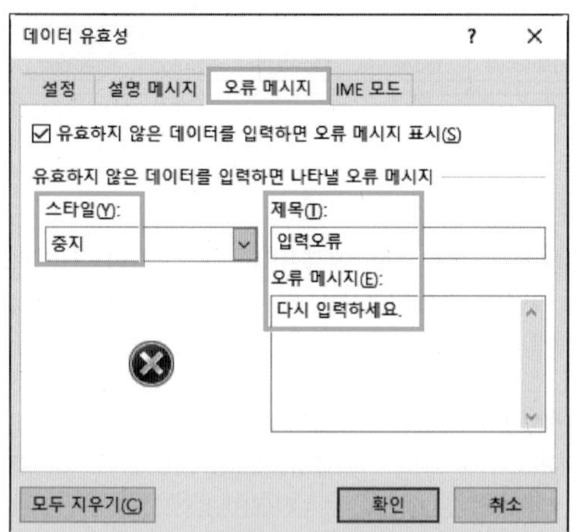

• '데이터 테이블' 대화상자

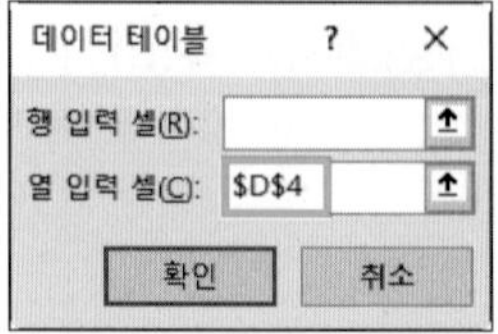

문제 4 기타작업

01. 차트 수정 _ 참고 : 차트 128쪽

1 최고/최저값 연결선 표시

차트를 선택한 후 [차트 디자인] → 차트 레이아웃 → 차트 요소 추가 → 선 → **최고/최저값 연결선**을 선택한다

02. 매크로 작성 _ 참고 : 매크로 135쪽

1 '서식적용' / **2** '그래프보기' 매크로 실행

정답

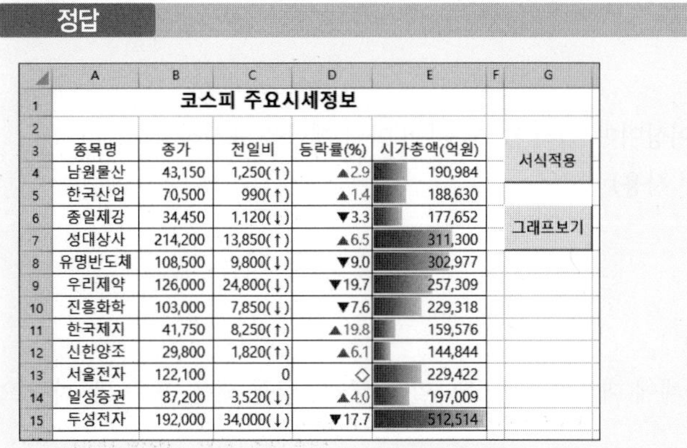

	A	B	C	D	E
1	코스피 주요시세정보				
2					
3	종목명	종가	전일비	등락률(%)	시가총액(억원)
4	남원물산	43,150	1,250(↑)	▲2.9	190,984
5	한국산업	70,500	990(↑)	▲1.4	188,630
6	종일제강	34,450	1,120(↓)	▼3.3	177,652
7	성대상사	214,200	13,850(↑)	▲6.5	311,300
8	유명반도체	108,500	9,800(↓)	▼9.0	302,977
9	우리제약	126,000	24,800(↓)	▼19.7	257,309
10	진흥화학	103,000	7,850(↓)	▼7.6	229,318
11	한국제지	41,750	8,250(↑)	▲19.8	159,576
12	신한양조	29,800	1,820(↑)	▲6.1	144,844
13	서울전자	122,100	0	◇	229,422
14	일성증권	87,200	3,520(↓)	▲4.0	197,009
15	두성전자	192,000	34,000(↓)	▼17.7	512,514

• '셀 서식' 대화상자

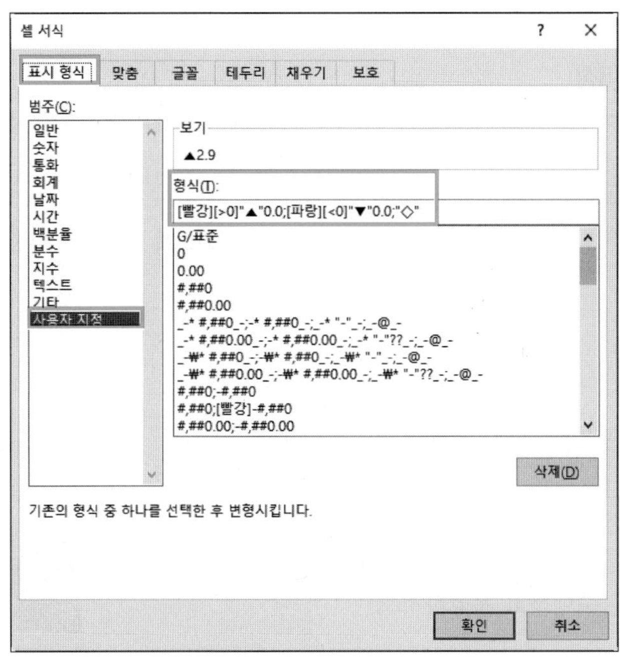

• '새 서식 규칙' 대화상자

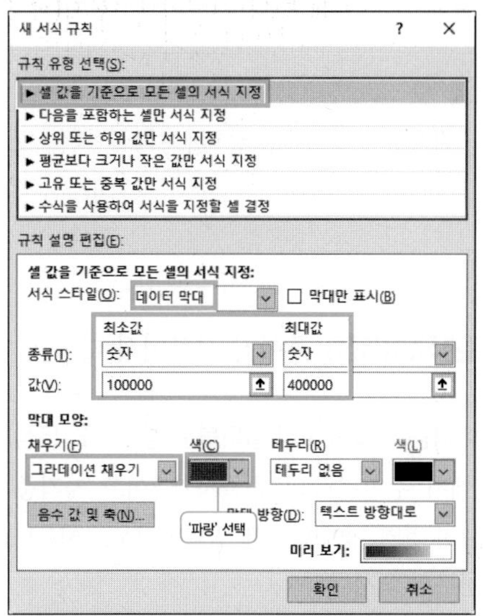

03. 프로시저 작성 _ 참고 : 프로시저 142쪽

1 '원아등록' 단추 및 폼 초기화 프로시저

• '원아등록' 단추 클릭 프로시저

정답

```
Private Sub cmd원아등록_Click( )
    원아등록.Show
End Sub
```

• 폼 초기화 프로시저

정답

```
Private Sub UserForm_Initialize( )
    txt등록일.Value = Date
    cmb구분.RowSource = "H4:H7"
    cmb반이름.RowSource = "I4:I7"
End Sub
```

2 '등록' 단추에 기능 구현하기

정답

```
Private Sub cmd등록_Click( )
    입력행 = [a2].Row + [a2].CurrentRegion.Rows.Count
    Cells(입력행, 1) = txt원아.Value
    Cells(입력행, 2) = Format(txt나이.Value, "#세")
    Cells(입력행, 3) = txt등록일.Value
    Cells(입력행, 4) = cmb구분.Value
    Cells(입력행, 5) = cmb반이름.Value
    Cells(입력행, 6) = txt학부모.Value
End Sub
```

3 '종료' 단추에 기능 구현하기

정답

```
Private Sub cmd종료_Click( )
    MsgBox "전체 원아는 " & [a2].CurrentRegion.Rows.Count - 2 & "명입
    니다.", vbOKOnly, "종료"
    Unload Me
End Sub
```

EXAMINATION

04회 최종모의고사

- **준 비 하 세 요 :** 'C:\길벗컴활1급총정리\엑셀\모의' 폴더에서 '04회.xlsm' 파일을 열어서 작업하시오.
- **외부 데이터 위치 :** C:\길벗컴활1급총정리\엑셀\모의

6125041

문제 1 기본작업(15점) 주어진 시트에서 다음의 과정을 수행하고 저장하시오.

1. '기본작업' 시트에서 다음과 같이 고급 필터를 수행하시오. (5점)

▶ [A2:H37] 영역에서 '주민번호'의 첫 글자가 7이고 '자격증수'가 4개 이상이며 '직책'이 "팀원"이 아닌 행만을 표시하시오.

▶ 조건은 [A39:A40] 영역 내에 알맞게 입력하시오. (AND, LEFT 함수 사용)

▶ 결과는 [A42] 셀부터 표시하시오.

2. '기본작업' 시트에서 다음과 같이 조건부 서식을 설정하시오. (5점)

▶ [A3:H37] 영역에서 '평가점수'가 가장 작은 값과 가장 큰 값의 행 전체에 대하여 글꼴 스타일을 '굵게', 글꼴 색을 '표준 색-파랑'으로 적용하시오.

▶ 단, 규칙 유형은 '수식을 사용하여 서식을 지정할 셀 결정'을 사용하고, 한 개의 규칙으로만 작성하시오.

▶ OR, MAX, MIN 함수 사용

3. '기본작업' 시트에서 다음과 같이 페이지 레이아웃을 설정하시오. (5점)

▶ 인쇄 용지가 가로로 인쇄되도록 용지 방향을 설정하고 인쇄될 내용이 페이지의 정 가운데에 인쇄되도록 페이지 가운데 맞춤을 설정하시오.

▶ [A2:H37] 영역을 인쇄 영역으로 설정하고 [2:2] 행이 반복하여 표시되도록 설정하시오.

▶ 매 페이지 상단의 왼쪽 구역에는 페이지 번호가 [표시 예]와 같이 표시되고 오른쪽 구역에는 회사로고가 표시되도록 머리글을 설정하시오.

- 파일명 : 길벗.JPG
- 첫 페이지의 번호가 5가 되도록 설정하시오.

  [표시 예 : 현재 페이지 번호가 1인 경우 → ▶ 5쪽]

▶ [A2:H22] 영역은 1페이지에 [A23:H37] 영역은 2페이지에 표시되도록 페이지 나누기를 수행하시오.

6151042

문제 2 계산작업(30점) '계산작업' 시트에서 다음의 과정을 수행하고 저장하시오.

1. [표1]의 사원코드와 [표2]를 이용하여 [B3:B31] 영역에 소속지사를 표시하시오. (6점)

▶ 소속지사는 사원코드의 앞 두 글자와 [표2]를 이용하여 표시하되, [표2]에 해당 소속지사가 없을 경우 "해당지사없음"을 표시

▶ XLOOKUP, LEFT 함수 사용

2. [표1]의 주민번호를 이용하여 [E3:E31] 영역에 정년일을 계산하여 표시하시오. (6점)

▶ 주민번호의 앞에 1, 2자리는 생년, 3, 4자리는 생월을 의미함

▶ 정년일은 생월이 6월 이전이면 생년에 60을 더한 연도의 8월 31일이고, 그 외는 생년에 61을 더한 연도의 2월 28일로 표시

[표시 예 : 761018-2****** → 2037-02-28]

▶ IF, DATE, MID, LEFT 함수 사용

3. 사용자 정의 함수 'fn자격수당'을 작성하여 [표1]의 [I3:I31] 영역에 자격수당을 계산하여 표시하시오. (6점)

▶ 'fn자격수당'은 평가점수와 자격증수를 인수로 받아 자격수당을 계산하는 함수이다.

▶ 자격수당은 평가점수가 3.5 미만이면 0, 3.5 이상이면서 자격증수가 5 이상이면 자격증수×75,000, 5 미만이면 자격증수×80,000으로 계산하시오.

▶ IF ~ ELSE문 사용

```
Public Function fn자격수당(평가점수, 자격증수)
End Function
```

4. [표1]의 직책, 평가점수, 자격증수를 이용하여 [표3]의 [D36:F40] 영역에 직책별 평가점수별 자격증수의 평균을 계산하여 표시하시오. (6점)

▶ 자격증수의 평균은 반올림하여 소수점 이하 첫째 자리까지 표시

▶ ROUND, AVERAGE, IF 함수를 이용한 배열 수식

5. [표1]의 이름, 주민번호, 직책을 이용하여 [표4]의 [I35:I39] 영역에 직책별 최고령자의 이름을 표시하시오. (6점)

▶ MIN, MATCH, INDEX, IF, LEFT 함수를 이용한 배열 수식

6125043

문제 3 분석작업(20점) 주어진 시트에서 다음의 과정을 수행하고 작업하시오.

1. '분석작업-1' 시트에서 다음의 지시사항에 따라 피벗 테이블 보고서를 작성하시오. (10점)

▶ [외부 데이터 가져오기] 기능을 사용하여 〈온라인판매현황.accdb〉의 〈6월1일〉 테이블에서 '상품코드', '주문시간', '구분', '결제방법', '결제금액' 열을 이용하시오.

▶ 피벗 테이블 보고서의 레이아웃과 위치는 〈그림〉을 참조하여 설정하고, 보고서 레이아웃을 개요 형식으로 표시하시오.

▶ '구분' 필드가 '의류'인 데이터만을 표시하고, '주문시간' 필드를 기준으로 '오전/오후'로 그룹을 지정하시오.

▶ '상품코드' 필드는 개수로 계산한 후 사용자 지정 이름을 "결제건수"로 변경하고, 열의 총합계만 표시하시오.

▶ 각 그룹 하단에 합계와 평균 부분합을 표시하고 오류 셀에는 "해당없음"을 표시하시오.

▶ '결제금액' 필드의 표시 형식은 값 필드 설정의 셀 서식에서 '회계' 범주를 이용하여 지정하시오.

	A	B	C	D	E	F	G	H	I
1		구분	의류						
2									
3				결제방법	값				
4				카드		포인트		현금	
5		주문시간2	주문시간	결제건수	합계 : 결제금액	결제건수	합계 : 결제금액	결제건수	합계 : 결제금액
6		⊟오전							
7			9:30:00 AM					1	70,000
8			9:50:00 AM					1	480,000
9			10:20:00 AM	1	840,000				
10			10:27:00 AM	1	720,000				
11		오전 합계		0	1,560,000			0	550,000
12		오전 평균		해당없음	780,000			해당없음	275,000
13		⊟오후							
14			5:31:00 PM	1	210,000				
15			5:38:00 PM	1	60,000				
16			5:42:00 PM			1	420,000		
17			5:47:00 PM	1	210,000				
18			5:56:00 PM			1	210,000		
19		오후 합계		0	480,000	0	630,000		
20		오후 평균		해당없음	160,000	해당없음	315,000		
21		총합계		5	2,040,000	2	630,000	2	550,000

※ 작업이 완성된 그림이며 부분점수 없음

2. '분석작업-2' 시트에 대하여 다음의 지시사항을 처리하시오. (10점)

▶ [정렬] 기능을 이용하여 [표1]에서 '학교'를 '중동고 – 현대고 – 세화고 – 휘문고' 순으로 정렬하고, 동일한 '학교'인 경우 '가중평균'이 내림차순으로 표시되도록 정렬하시오.

▶ [시나리오 관리자] 기능을 이용하여 중간비율[J4]과 기말비율[K4]이 다음과 같이 변동하는 경우 윤정희 가중평균[F3]의 변동 시나리오를 작성하시오.

- [F3] 셀의 이름은 "윤정희가중평균", [J4] 셀의 이름은 "중간비율", [K4] 셀의 이름은 "기말비율"로 정의하시오.
- 시나리오1 : 시나리오 이름은 '중간비율증가', 중간비율은 45%, 기말비율은 35%로 설정하시오.
- 시나리오2 : 시나리오 이름은 '기말비율증가', 중간비율은 35%, 기말비율은 45%로 설정하시오.
- 시나리오 요약 시트는 '분석작업-2' 시트의 바로 왼쪽에 위치해야 함

문제 4 기타작업(35점) 주어진 시트에서 다음 과정을 수행하고 저장하시오.

1. '기타작업-1' 시트에서 다음과 같은 기능을 수행하는 매크로를 현재 통합문서에 작성하시오. (각 5점)

① [D4:D19] 영역에 사용자 지정 표시 형식을 설정하는 '서식적용' 매크로를 생성하시오.

▶ '호수'가 10000 이상이면 단지 1자리, 호수 4자리로 표시하고, 그 외는 단지 1자리, 호수 3자리로 표시하시오.
[표시 예 : 1501 → 1단지 501호, 31054 → 3단지 1054호]

▶ [개발 도구] → [삽입] → [양식 컨트롤]의 '단추(□)'를 동일 시트의 [H3:H4] 영역에 생성한 후 텍스트를 "서식적용"으로 입력하고, 단추를 클릭하면 '서식적용' 매크로가 실행되도록 설정하시오.

② [F4:F19] 영역에 조건부 서식을 적용하는 '아이콘보기' 매크로를 생성하시오.

▶ 규칙 유형은 '셀 값을 기준으로 모든 셀의 서식 지정'으로 선택하고, 서식 스타일을 '아이콘 집합', 아이콘 스타일을 '3색 신호등(테두리 없음)'으로 설정하시오.

▶ 숫자 값이 250,000 이상이면 녹색원, 150,000 이상이면 노랑색원, 그 외는 빨강색원으로 표시하시오.

▶ [개발 도구] → [삽입] → [양식 컨트롤]의 '단추(□)'를 동일 시트의 [H6:H7] 영역에 생성한 후 텍스트를 "아이콘보기"로 입력하고, 단추를 클릭하면 '아이콘보기' 매크로가 실행되도록 설정하시오.

2. '기타작업-2' 시트에서 다음의 지시사항에 따라 차트를 수정하시오. (각 2점)

※ 차트는 반드시 문제에서 제공한 차트를 사용하여야 하며, 신규로 차트 작성시 0점 처리됨

① 차트 레이아웃을 '레이아웃 3', 차트 스타일을 '스타일 4'로 지정하시오.

② '아시아'와 '유럽' 계열의 차트 종류를 '묶은 세로 막대형'으로 변경하고, '전사매출' 계열을 보조 축으로 지정하시오.

③ 차트 제목과 가로(값) 축 제목을 〈그림〉과 같이 지정하고, '전사매출' 계열에서 가장 큰 값에 '데이터 설명선'으로 표시된 데이터 레이블을 〈그림〉과 같이 표시하시오.

④ '전사매출' 계열에 '선형 추세선'을 추가하고, 너비를 3pt, 화살표 꼬리 유형을 '화살표'로 지정하시오.

⑤ 기본 주 가로 눈금선을 삭제하고, 차트 영역에 도형 스타일을 '미세 효과 – 회색, 강조 3'으로 지정하시오.

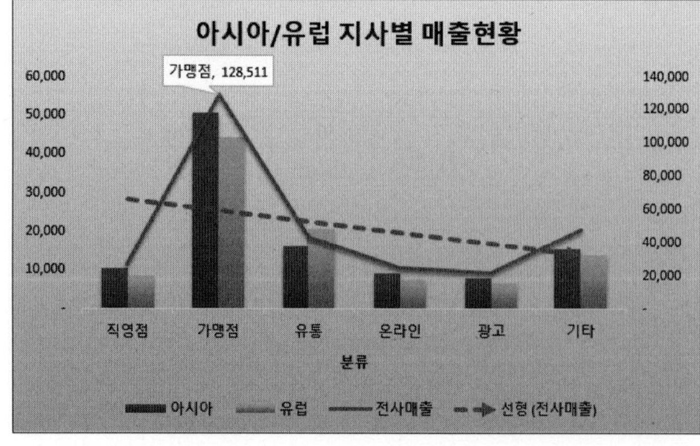

3. '기타작업-3' 시트에서 다음과 같은 작업을 수행하고 저장하시오. (각 5점)

① '이민신청' 단추를 클릭하면 〈이민신청〉 폼이 나타나고, 폼이 초기화(Initialize)되면 '직업(cmb직업)' 목록에는 [H4:H10] 영역의 값이 표시되고, '성별'은 '남성(opt남성)', '결혼여부'는 '미혼(opt미혼)'이 초기값으로 선택되도록 프로시저를 작성하시오.

② 〈이민신청〉 폼의 '신청(cmd신청)' 단추를 클릭하면 폼에 입력된 데이터가 [표1]에 입력되어 있는 마지막 행 다음에 연속하여 추가되도록 프로시저를 작성하시오.

▶ '성별'에는 '남성(opt남성)'을 선택하면 "남성", '여성(opt여성)'을 선택하면 "여성"을 입력하시오.

▶ '결혼여부'에는 '미혼(opt미혼)'을 선택하면 "미혼", '기혼(opt기혼)'을 선택하면 "기혼"을 입력하시오.

▶ 입력되는 데이터는 워크시트에 입력된 기존 데이터와 같은 형식의 데이터로 입력하시오.

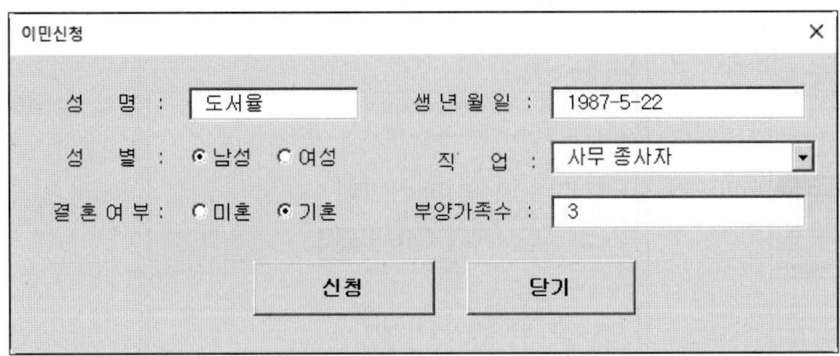

③ 〈이민신청〉 폼의 '닫기(cmd닫기)' 단추를 클릭하면 현재 시간을 표시한 〈그림〉과 같은 메시지 박스를 표시한 후 폼을 종료하는 프로시저를 작성하시오.

▶ 현재 시간만을 표시하는 함수를 사용하시오.

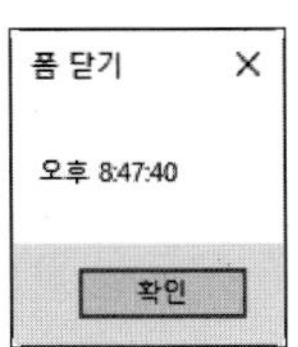

최종모의고사 정답 및 해설

문제 1 기본작업

정답

01. 고급 필터 _ 참고 : 고급 필터 18쪽

정답

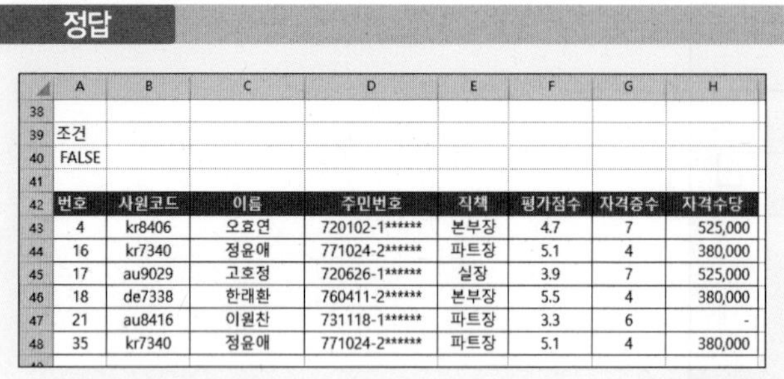

	A	B	C	D	E	F	G	H
38								
39	조건							
40	FALSE							
41								
42	번호	사원코드	이름	주민번호	직책	평가점수	자격증수	자격수당
43	4	kr8406	오효연	720102-1******	본부장	4.7	7	525,000
44	16	kr7340	정윤애	771024-2******	파트장	5.1	4	380,000
45	17	au9029	고호정	720626-1******	실장	3.9	7	525,000
46	18	de7338	한래환	760411-2******	본부장	5.5	4	380,000
47	21	au8416	이원찬	731118-1******	파트장	3.3	6	-
48	35	kr7340	정윤애	771024-2******	파트장	5.1	4	380,000

• '고급 필터' 대화상자

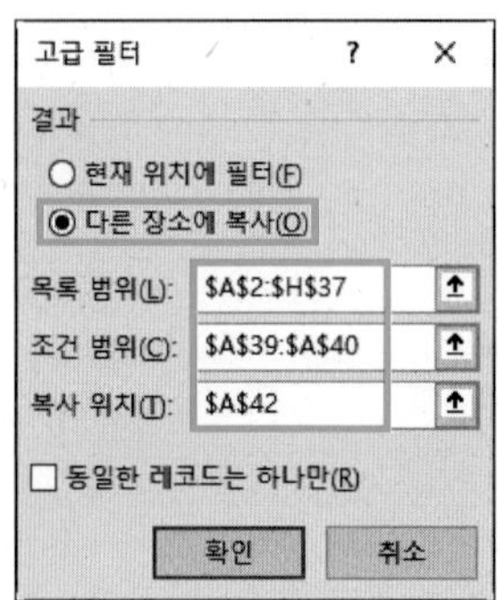

[A40] : =AND(LEFT(D3,1)="7",G3>=4,E3<>"팀원")

02. 조건부 서식 _ 참고 : 조건부 서식 25쪽

정답

	A	B	C	D	E	F	G	H
1	[표1]							
2	번호	사원코드	이름	주민번호	직책	평가점수	자격증수	자격수당
3	1	kr8113	고여원	761018-2******	팀원	3.9	1	95,000
4	2	de9738	노차빈	810115-2******	팀장	3.3	4	-
5	3	us7420	조슬영	801105-1******	파트장	4.8	2	190,000
6	4	kr8406	오효연	720102-1******	본부장	4.7	7	525,000
7	5	au8718	임희솔	811217-2******	팀원	3.9	4	380,000
8	6	kr7833	장성혁	861109-2******	실장	4.6	1	95,000
9	7	au8824	남지원	890628-2******	파트장	4.1	0	-
10	8	us9203	주송희	861024-1******	팀장	4.7	2	190,000
11	9	kr8119	이윤주	891123-2******	실장	3.5	4	380,000
12	10	au9503	유연지	860926-1******	파트장	3.9	2	190,000
13	11	kr9523	전하연	740808-2******	팀원	5.2	6	450,000
14	12	us9227	백시빈	840207-2******	파트장	3.3	6	-
15	13	us8814	조현진	770703-1******	팀원	4	7	525,000
16	14	kr7238	황화영	880429-1******	팀원	4.8	6	450,000
17	15	au9703	남청연	710407-1******	본부장	5.4	1	95,000
18	16	kr7340	정윤애	771024-2******	파트장	5.1	4	380,000
19	17	au9029	고호정	720626-1******	실장	3.9	7	525,000
20	**18**	**de7338**	한래환	**760411-2********	본부장	**5.5**	**4**	**380,000**
21	19	kr8917	배성연	781217-1******	실장	3.3	0	-
22	20	kr9207	강연서	800412-1******	팀원	4.5	5	375,000
23	21	au8416	이원찬	731118-1******	파트장	3.3	6	-
24	22	kr7521	차채은	820528-1******	팀원	4.2	2	190,000
25	23	kr7921	남성찬	870406-2******	팀원	5	3	285,000
26	24	us9627	권종빈	811005-1******	파트장	3.8	5	375,000
27	**25**	**au7034**	최지수	**831030-2********	파트장	**2.7**	**5**	-
28	26	us7121	문종후	731120-1******	본부장	5.4	2	190,000
29	27	au8418	허효찬	870827-1******	실장	3.9	1	95,000
30	28	de8007	곽주은	811005-2******	팀원	4.7	5	375,000
31	29	au9237	송루완	750204-2******	팀원	5.2	0	-
32	30	kr9523	전하연	740808-2******	팀원	5.2	6	450,000
33	31	us9227	백시빈	840207-2******	파트장	3.3	6	-
34	32	us8814	조현진	770703-1******	팀원	4	7	525,000
35	33	kr7238	황화영	880429-1******	팀원	4.8	6	450,000
36	34	au9703	남청연	710407-1******	본부장	5.4	1	95,000
37	35	kr7340	정윤애	771024-2******	파트장	5.1	4	380,000

• '새 서식 규칙' 대화상자

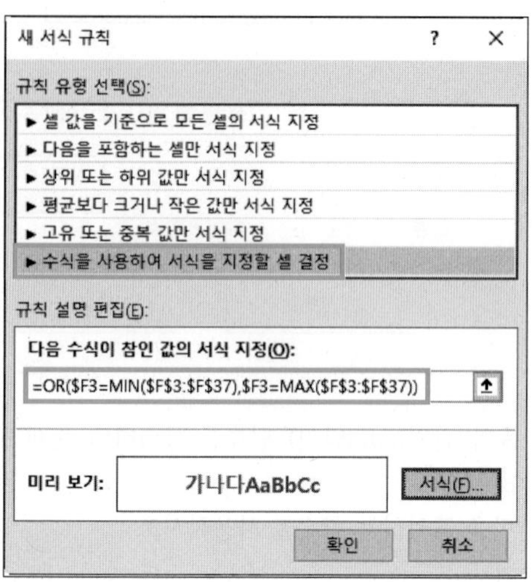

03. 페이지 레이아웃 _ 참고 : 페이지 레이아웃 32쪽

정답

▶5쪽

번호	사원코드	이름	주민번호	직책	평가점수	자격증수	자격수당
1	kr8113	고여원	761018-2******	팀원	3.9	1	95,000
2	de9738	노차빈	810115-2******	팀장	3.3	4	-
3	us7420	조슬영	801105-1******	파트장	4.8	2	190,000
4	kr8406	오효연	720102-1******	본부장	4.7	7	525,000
5	au8718	임희솔	811217-2******	팀원	3.9	4	380,000
6	kr7833	장성혁	861109-2******	실장	4.6	1	95,000
7	au8824	남지원	890628-2******	파트장	4.1	0	-
8	us9203	주송희	861024-1******	팀장	4.7	2	190,000
9	kr8119	이윤주	891123-2******	실장	3.5	4	380,000
10	au9503	유연지	860926-1******	파트장	3.9	2	190,000
11	kr9523	전하연	740808-2******	팀원	5.2	6	450,000
12	us9227	백시빈	840207-2******	파트장	3.3	6	-
13	us8814	조현진	770703-1******	팀원	4	7	525,000
14	kr7238	황화영	880429-1******	팀원	4.8	6	450,000
15	au9703	남청연	710407-1******	본부장	5.4	1	95,000
16	kr7340	정윤애	771024-2******	파트장	5.1	4	380,000
17	au9029	고호정	720626-1******	실장	3.9	7	525,000
18	de7338	한래환	760411-2******	본부장	5.5	4	380,000
19	kr8917	배성연	781217-1******	실장	3.3	0	-
20	kr9207	강연서	800412-1******	팀원	4.5	5	375,000

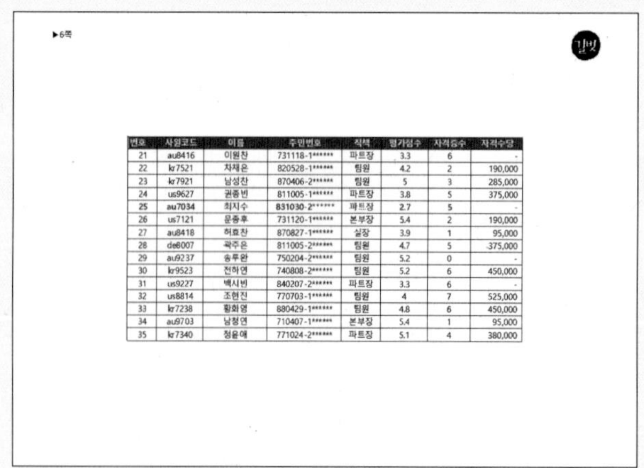

▶6쪽

번호	사원코드	이름	주민번호	직책	평가점수	자격증수	자격수당
21	au8416	이원찬	731118-1******	파트장	3.3	6	-
22	kr7521	차채은	820528-1******	팀원	4.2	2	190,000
23	kr7921	남성찬	870406-2******	팀원	5	3	285,000
24	us9627	권종빈	811005-1******	파트장	3.8	5	375,000
25	au7034	최지수	831030-2******	파트장	2.7	5	-
26	us7121	문종후	731120-1******	본부장	5.4	2	190,000
27	au8418	허효찬	870827-1******	실장	3.9	1	95,000
28	de8007	곽주은	811005-2******	팀원	4.7	5	375,000
29	au9237	송루완	750204-2******	팀원	5.2	0	-
30	kr9523	전하연	740808-2******	팀원	5.2	6	450,000
31	us9227	백시빈	840207-2******	파트장	3.3	6	-
32	us8814	조현진	770703-1******	팀원	4	7	525,000
33	kr7238	황화영	880429-1******	팀원	4.8	6	450,000
34	au9703	남청연	710407-1******	본부장	5.4	1	95,000
35	kr7340	정윤애	771024-2******	파트장	5.1	4	380,000

• '페이지 설정' 대화상자의 '페이지' 탭

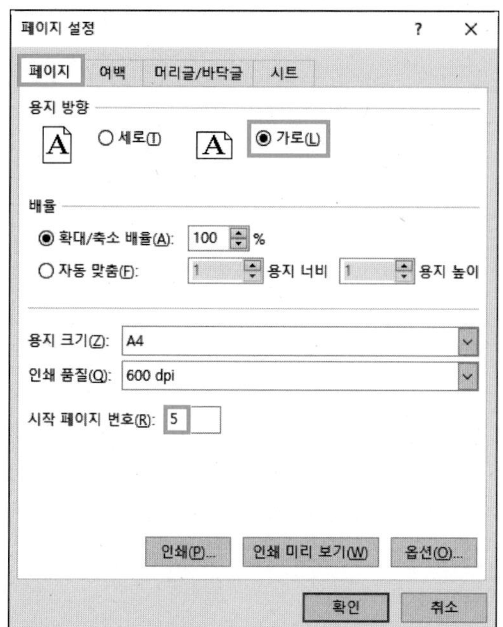

• '페이지 설정' 대화상자의 '여백' 탭

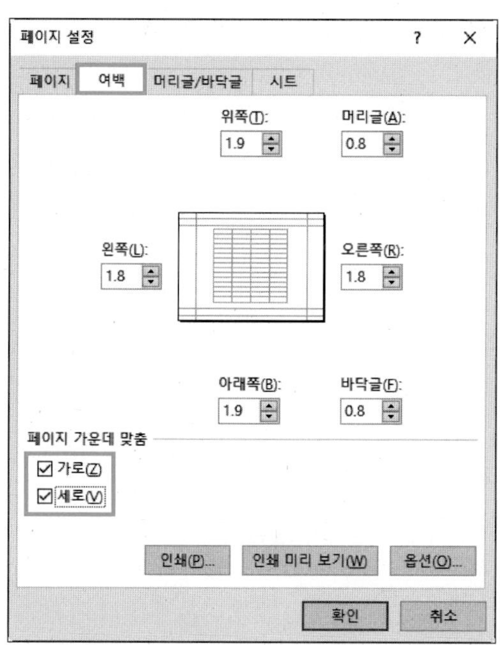

• '머리글' 대화상자

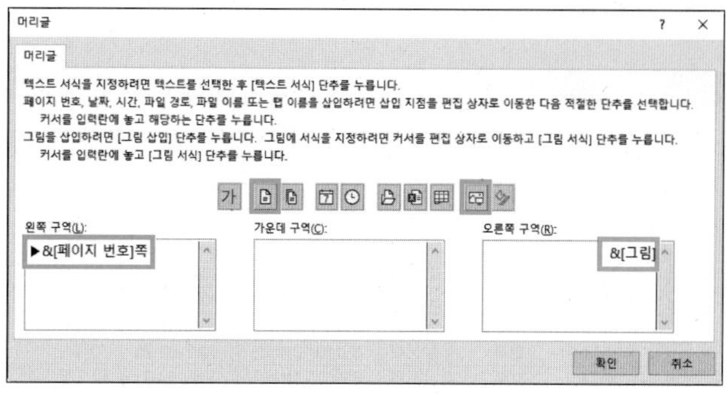

• '페이지 설정' 대화상자의 '시트' 탭

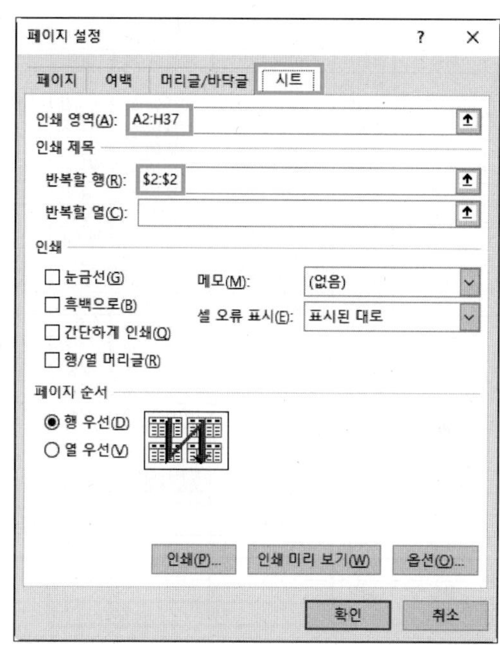

• 페이지 나누기 실행

[A23] 셀을 선택한 후 [페이지 레이아웃] → 페이지 설정 → 나누기 → **페이지 나누기 삽입**을 선택한다.

문제 2 계산작업

정답

정답

	A	B	C	D	E	F	G	H	I
1	[표1]	1			2				3
2	사원코드	소속지사	이름	주민번호	정년일	직책	평가점수	자격증수	자격수당
3	kr8113	한국	고여원	761018-2******	2037-02-28	팀원	3.9	1	80,000
4	de9738	해당지사없음	노차빈	810115-2******	2041-08-31	팀장	3.3	4	0
5	us7420	미국	조슬영	801105-1******	2041-02-28	파트장	4.8	2	160,000
6	kr8406	한국	오효연	720102-1******	2032-08-31	본부장	4.7	7	525,000
7	au8718	호주	임희슬	811217-2******	2042-02-28	팀원	3.9	4	320,000
8	kr7833	한국	장성혁	861109-2******	2047-02-28	실장	4.6	1	80,000
9	au8824	호주	남지원	890628-2******	2049-08-31	파트장	4.1	0	0
10	us9203	미국	주송희	861024-1******	2047-02-28	팀장	4.7	2	160,000
11	kr8119	한국	이윤주	891123-2******	2050-02-28	실장	3.5	4	320,000
12	au9503	호주	유연지	860926-1******	2047-02-28	파트장	3.9	2	160,000
13	kr9523	한국	전하연	740808-2******	2035-02-28	팀원	5.2	6	450,000
14	us9227	미국	백시빈	840207-2******	2044-08-31	파트장	3.3	6	0
15	us8814	미국	조현진	770703-1******	2038-02-28	팀원	4	7	525,000
16	kr7238	한국	황화영	880429-1******	2048-08-31	팀원	4.8	6	450,000
17	au9703	호주	남청연	710407-1******	2031-08-31	본부장	5.4	1	80,000
18	kr7340	한국	정윤애	771024-2******	2038-02-28	파트장	5.1	4	320,000
19	au9029	호주	고호정	720626-1******	2032-08-31	실장	5.8	7	525,000
20	de7338	해당지사없음	한래환	760411-2******	2036-08-31	본부장	3.9	4	320,000
21	kr8917	한국	배성연	781217-1******	2039-02-28	실장	5.4	0	0
22	kr9207	한국	강연서	800412-1******	2040-08-31	팀원	4.5	5	375,000
23	au8416	호주	이원찬	731118-1******	2034-02-28	파트장	3.3	6	0
24	kr7521	한국	차채은	820528-1******	2042-08-31	팀원	4.2	2	160,000
25	kr7921	한국	남성찬	870406-2******	2047-08-31	팀원	5	3	240,000
26	us9627	미국	권종빈	811005-1******	2042-02-28	파트장	3.8	5	375,000
27	au7034	호주	최지수	831030-2******	2044-02-28	파트장	2.7	5	0
28	us7121	미국	문종후	731120-1******	2034-02-28	본부장	5.4	2	160,000
29	au8418	호주	허효찬	870827-1******	2048-02-28	실장	3.9	1	80,000
30	de8007	해당지사없음	곽주은	811005-2******	2042-02-28	팀장	5.2	5	375,000
31	au9237	호주	송루완	750204-2******	2035-08-31	팀원	5.2	0	0
32									
33	[표2]		[표3]	4				[표4]	5
34	코드	소속지사	직책	3.0점	4.0점	5.0점		직책	최고령자
35	kr	한국		~ 3.9점	~ 4.9점	~ 5.9점		팀원	전하연
36	au	호주	팀원	2.5	5.0	3.0		파트장	이원찬
37	us	미국	파트장	4.8	1.0	4.0		팀장	노차빈
38	fr	프랑스	팀장	4.0	2.0	5.0		실장	고호정
39	eu	유럽	실장	2.5	1.0	3.5		본부장	남청연
40	cn	중국	본부장	4.0	7.0	1.5			

1 소속지사(B3) _ 참고 : 찾기/참조 함수 58쪽

=XLOOKUP(LEFT(A3, 2), $A$35:$A$40, $B$35:$B$40, "해당지사없음", 0, 1)

[함수 설명]

XLOOKUP(찾을값, 범위1, 범위2, 찾을값이 없을시 표시할 값, 옵션1, 옵션2)

범위1에서 찾을값과 같은 데이터를 찾은 후 같은 행/열의 범위2에 있는 데이터를 입력합니다.

XLOOKUP의 옵션1

- -1 : 찾을값보다 작거나 같은 값 중에서 가장 큰 값
- 0 또는 생략 : 찾을값과 첫 번째로 정확하게 일치하는 값
- 1 : 찾을값보다 크거나 같은 값 중에서 가장 작은 값
- 2 : 찾을값과 부분적으로 일치하는 값(와일드 카드 사용).

XLOOKUP의 옵션2

- 1 또는 생략 : 첫 번째 항목부터 검색함
- -1 : 마지막 항목부터 검색함
- 2 : 오름차순으로 정렬된 범위에서 검색함
- -2 : 내림차순으로 정렬된 범위에서 검색함

2 정년일(E3) _ 참고 : 논리 함수 71쪽

=IF(MID(D3,3,2)*1<=6, DATE(LEFT(D3, 2)+60, 8, 31), DATE(LEFT(D3, 2)+61,2,28))

3 자격수당(I3) _ 참고 : 사용자 정의 함수 83쪽

=fn자격수당(G3, H3)

```
Public Function fn자격수당(평가점수, 자격증수)
  If 평가점수 < 3.5 Then
      fn자격수당 = 0
  Else
      If 자격증수 >= 5 Then
          fn자격수당 = 자격증수 * 75000
      Else
          fn자격수당 = 자격증수 * 80000
      End If
  End If
End Function
```

4 직책별 평가점수별 자격증수 평균(D36) _ 참고 : 배열 수식 43쪽

{=ROUND(AVERAGE(IF(($F$3:$F$31=$C36)*($G$3:$G$31>=D$34)*($G$3:$G$31<=D$35), $H$3:$H$31)), 1)}

5 직급별 최고령자(I35) _ 참고 : 배열 수식 43쪽

{=INDEX($C$3:$C$31,MATCH(MIN(IF($F$3:$F$31=H35, LEFT($D$3: $D$31, 2)*1)), ($F$3:$F$31=H35)*LEFT($D$3: $D$31, 2), 0))}

문제 3 분석작업 정답

01. 피벗 테이블 _ 참고 : 피벗 테이블 88쪽

• '피벗 테이블 필드' 창

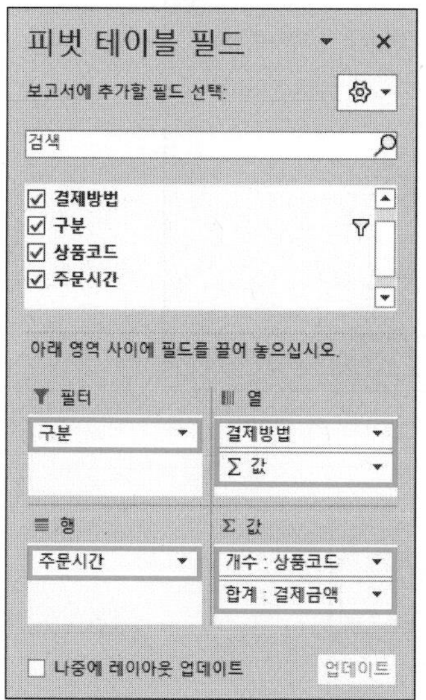

• 그룹 지정

1. '주문시간'이 표시된 임의의 셀을 선택한 후 바로 가기 메뉴에서 **[그룹 해제]**를 선택한다.
2. [B6:B9] 영역을 블록으로 지정한 후 바로 가기 메뉴에서 **[그룹]**을 선택한다.

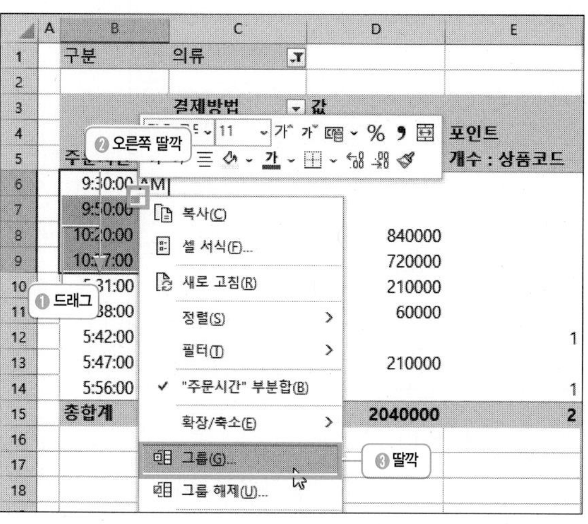

3. 수식 입력줄에서 '그룹1'을 **오전**으로 변경한다.
4. [B11:B19] 영역을 블록으로 지정한 후 바로 가기 메뉴에서 **[그룹]**을 선택한다.
5. 수식 입력줄에서 '그룹2'를 **오후**로 변경한다.

• 각 그룹 하단에 합계/평균 부분합 표시

1. [디자인] → 레이아웃 → 부분합 → **그룹 하단에 모든 부분합 표시**를 선택한다.
2. 요약이 표시된 셀을 선택한 후 바로 가기 메뉴에서 **[필드 설정]**을 선택한다.

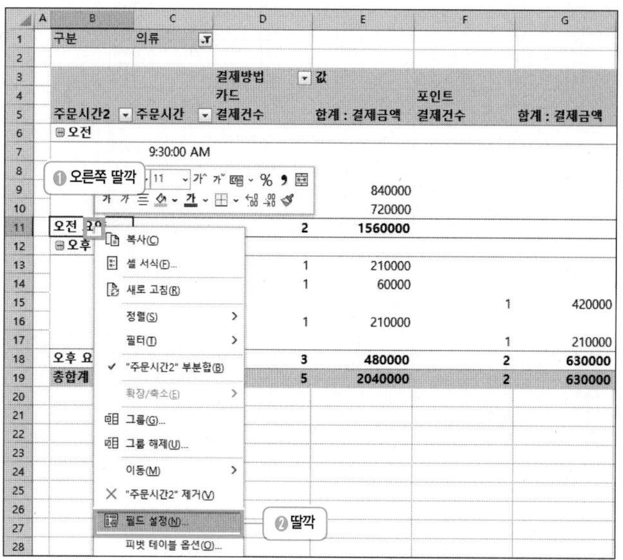

3. '필드 설정' 대화상자에서 그림과 같이 지정한 후 〈확인〉을 클릭한다.

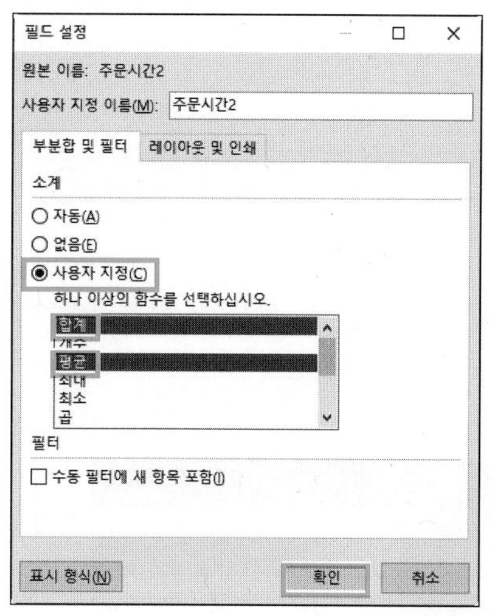

02. 정렬 / 시나리오 _ 참고 : 정렬 109쪽 / 시나리오 118쪽

• 정렬

정답

	A	B	C	D	E	F
1	[표1]					
2	이름	학교	출석점수	중간점수	기말점수	가중평균
3	윤정희	중동고	76	97	96	92.4
4	이세영	중동고	94	95	81	89.2
5	강성훈	중동고	80	83	93	86.4
6	홍승엽	중동고	97	90	76	85.8
7	유희원	중동고	86	77	91	84.4
8	김선길	현대고	100	96	91	94.8
9	김원중	현대고	91	80	96	88.6
10	최미인	현대고	100	77	91	87.2
11	장동성	현대고	99	92	76	87.0
12	양준희	현대고	100	79	80	83.6
13	우정아	현대고	100	79	74	81.2
14	서승완	세화고	100	100	97	98.8
15	노준호	세화고	96	91	94	93.2
16	강현진	세화고	100	80	90	88.0
17	고서환	세화고	93	93	74	85.4
18	안인영	세화고	100	75	72	78.8
19	한유라	휘문고	100	97	89	94.4
20	김강현	휘문고	100	84	90	89.6
21	박보영	휘문고	93	91	82	87.8
22	조영혜	휘문고	99	75	84	83.4
23	김주예	휘문고	97	84	72	81.8

• '정렬' 대화상자

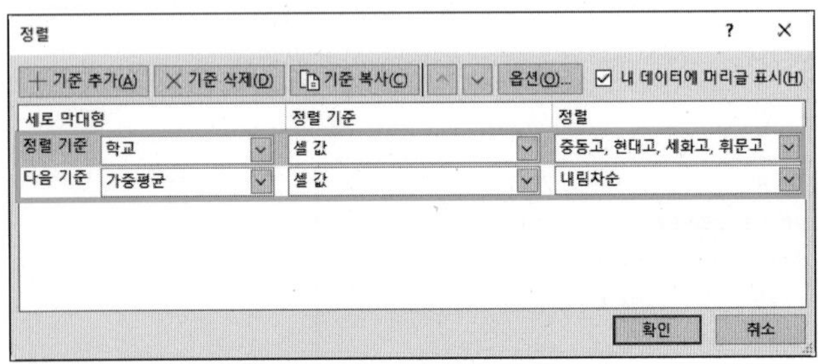

• 시나리오

정답

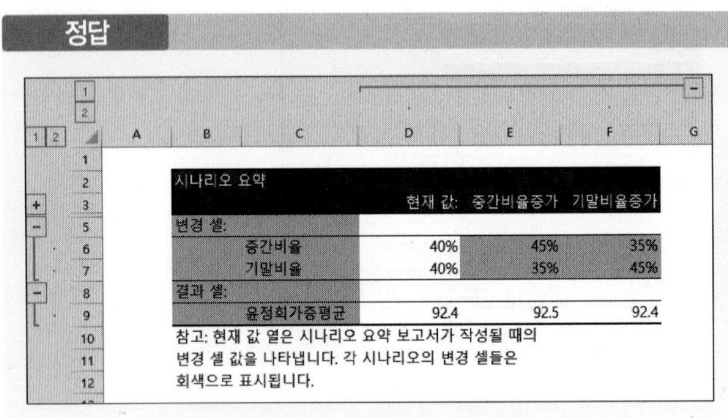

• '시나리오 편집' 대화상자

시나리오 편집

시나리오 이름(N):

중간비율증가

변경 셀(C):

$J$4:$K$4

인접하지 않은 여러 셀을 선택하려면 lt;Ctrlgt; 키를 누른 채 셀을 클릭하세요.

설명(O):

보호

☑ 변경 금지(P)

☐ 숨기기(D)

확인 취소

• '시나리오 값' 대화상자

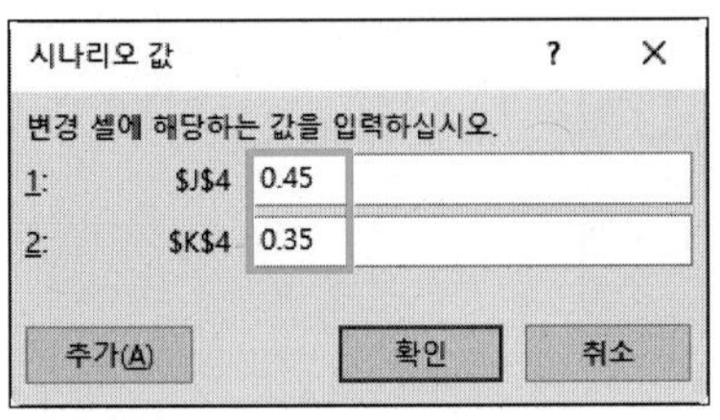

• '시나리오 편집' 대화상자

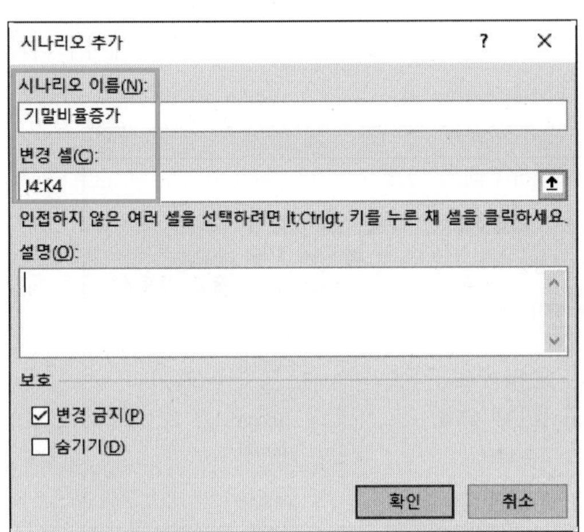

• '시나리오 값' 대화상자

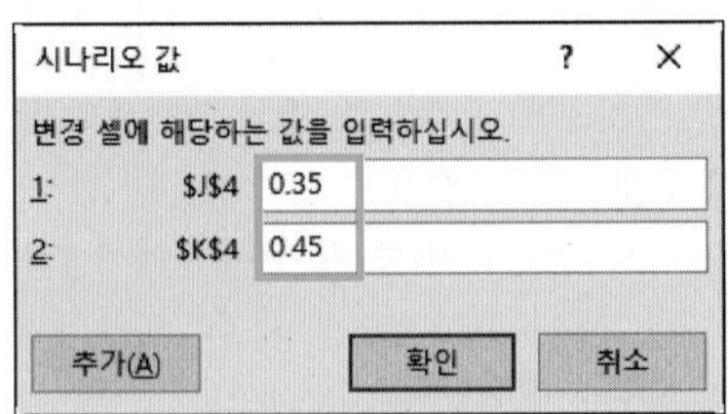

• '시나리오 요약' 대화상자

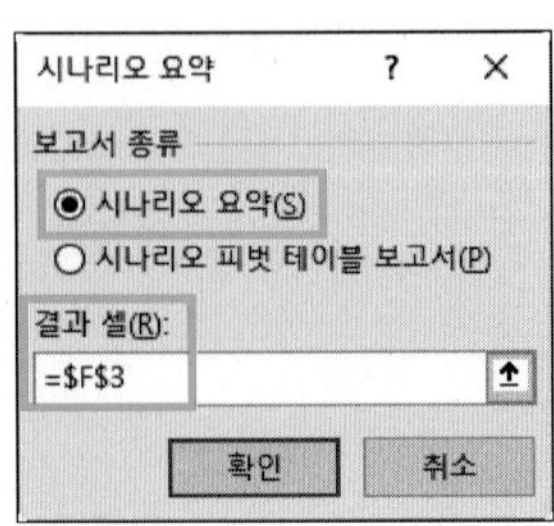

01. 매크로 작성 _ 참고 : 매크로 135쪽

1 '서식적용' / **2** '아이콘보기' 매크로 실행

정답

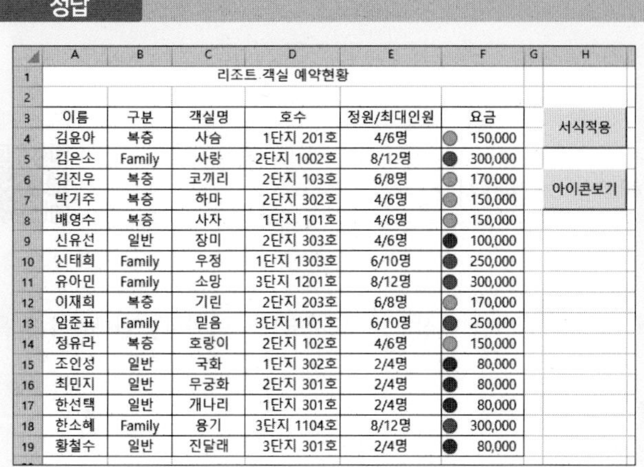

	A	B	C	D	E	F	G	H
1	리조트 객실 예약현황							
2								
3	이름	구분	객실명	호수	정원/최대인원	요금		서식적용
4	김윤아	복층	사슴	1단지 201호	4/6명	150,000		
5	김은소	Family	사랑	2단지 1002호	8/12명	300,000		
6	김진우	복층	코끼리	2단지 103호	6/8명	170,000		아이콘보기
7	박기주	복층	하마	2단지 302호	4/6명	150,000		
8	배영수	복층	사자	1단지 101호	4/6명	150,000		
9	신유선	일반	장미	2단지 303호	4/6명	100,000		
10	신태희	Family	우정	1단지 1303호	6/10명	250,000		
11	유아민	Family	소망	3단지 1201호	8/12명	300,000		
12	이재희	복층	기린	2단지 203호	6/8명	170,000		
13	임준표	Family	믿음	3단지 1101호	6/10명	250,000		
14	정유라	복층	호랑이	2단지 102호	4/6명	150,000		
15	조인성	일반	국화	1단지 302호	2/4명	80,000		
16	최민지	일반	무궁화	2단지 301호	2/4명	80,000		
17	한선택	일반	개나리	1단지 301호	2/4명	80,000		
18	한소혜	Family	용기	3단지 1104호	8/12명	300,000		
19	황철수	일반	진달래	3단지 301호	2/4명	80,000		

• '셀 서식' 대화상자

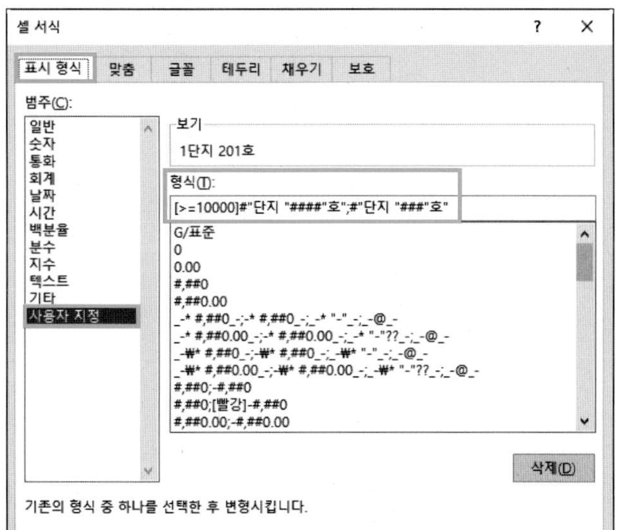

• '새 서식 규칙' 대화상자

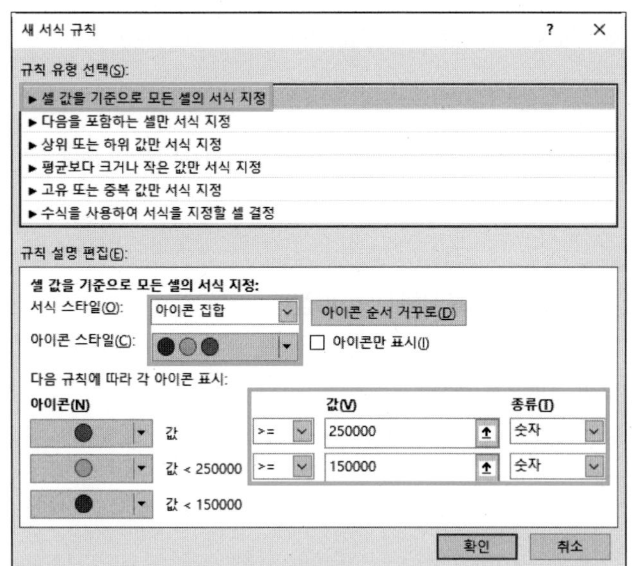

03. 프로시저 작성 _ 참고 : 프로시저 142쪽

1 '이민신청' 단추 및 폼 초기화 프로시저

• '이민신청' 단추 클릭 프로시저

정답

```
Private Sub cmd신청_Click( )
    이민신청.Show
End Sub
```

• 폼 초기화 프로시저

정답

```
Private Sub UserForm_Initialize( )
    cmb직업.RowSource = "H4:H10"
    opt남성.Value = True
    opt미혼.Value = True
End Sub
```

2 '신청' 단추에 기능 구현하기

정답

```
Private Sub cmd신청_Click( )
    입력행 = [A2].Row + [A2].CurrentRegion.Rows.Count
    Cells(입력행, 1) = txt성명.Value
    Cells(입력행, 2) = txt생년월일.Value
    If opt남성.Value = True Then
        Cells(입력행, 3) = "남성"
    Else
        Cells(입력행, 3) = "여성"
    End If
    Cells(입력행, 4) = cmb직업.Value
    If opt미혼.Value = True Then
        Cells(입력행, 5) = "미혼"
    Else
        Cells(입력행, 5) = "기혼"
    End If
    Cells(입력행, 6) = txt가족수.Value
End Sub
```

3 '닫기' 단추에 기능 구현하기

정답

```
Private Sub cmd닫기_Click( )
    MsgBox Time, vbOKOnly, "폼 닫기"
    Unload Me
End Sub
```

EXAMINATION

05회 최종모의고사

- **준 비 하 세 요 :** 'C:\길벗컴활1급총정리\엑셀\모의' 폴더에서 '05회.xlsm' 파일을 열어서 작업하시오.
- **외부 데이터 위치 :** C:\길벗컴활1급총정리\엑셀\모의

6151051

문제 1 기본작업(15점) 주어진 시트에서 다음의 과정을 수행하고 저장하시오.

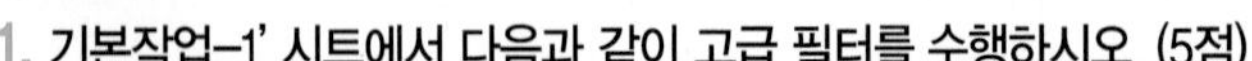

1. 기본작업-1' 시트에서 다음과 같이 고급 필터를 수행하시오. (5점)

▶ [A1:J34] 영역에서 'E-Book'이 빈 칸이 아니고, '판매부수'가 30,000 이상인 행만을 대상으로 '도서코드', '출판사', '판매부수'만을 표시하시오.

▶ 조건은 [L1:L2] 영역 내에 알맞게 입력하시오. (AND, NOT, ISBLANK 함수 사용)

▶ 결과는 [L4] 열부터 표시하시오.

2. '기본작업-1' 시트에서 다음과 같이 조건부 서식을 설정하시오. (5점)

▶ [A1:J34] 영역에 대해서 열 번호가 3의 배수이고, [A1:J1] 영역의 글자 수가 4인 열 전체에 대하여 글꼴 스타일을 '굵은 기울임꼴', 글꼴 색을 '표준 색-빨강'으로 적용하시오.

▶ 단, 규칙 유형은 '수식을 사용하여 서식을 지정할 셀 결정'을 사용하고, 한 개의 규칙으로만 작성하시오.

▶ AND, COLUMN, MOD, LEN 함수 사용

3. '기본작업-2' 시트에서 다음과 같이 시트 보호를 설정하시오. (5점)

▶ [G6:G17] 영역에 셀 잠금과 수식 숨기기를 적용하고 텍스트 상자는 편집할 수 없도록 잠금과 텍스트 잠금을 적용한 후 잠긴 셀의 내용과 워크시트를 보호하시오.

▶ 잠긴 셀의 선택과 잠기지 않은 셀의 선택, 셀 서식은 허용하시오.

▶ 시트 보호 해제 암호는 지정하지 마시오.

6125052

문제 2 계산작업(30점) '계산작업' 시트에서 다음의 과정을 수행하고 저장하시오.

1. [표1]의 재지, 페이지, 제작비용, 판매부수, 도서가격과 [표2]를 이용하여 [J3:J35] 영역에 예상이익을 계산하여 표시하시오. (6점)

▶ 예상이익 = 판매부수 × 도서가격 − 제작비용 − 인쇄비용

▶ 인쇄비용 = 페이지 × 판매부수 × 장당 인쇄비용

▶ 장당 인쇄비용은 [표2]를 참조

▶ VLOOKUP, MATCH 함수 사용

2. 사용자 정의 함수 'fnMD평가'를 작성하여 [K3:K35] 영역에 MD평가를 계산하여 표시하시오. (6점)

▶ 'fnMD평가'는 EBook과 판매부수를 인수로 받아 값을 되돌려줌

▶ EBook이 "ㅇ"이고, 판매부수가 20,000 이상이면 "추천", 그렇지 않으면 공백으로 표시

▶ IF ~ ELSE문 사용

```
Public Function fnMD평가(EBook, 판매부수)
End Function
```

3. [표1]의 출판사와 판매부수를 이용하여 [표3]의 [N12:N15] 영역에 출판사별 판매부수 그래프를 표시하시오. (6점)

▶ 출판사별 판매부수의 합계를 100,000으로 나눈 값만큼 "▣"로 표시

▶ [표시 예 : 판매부수의 합계가 341,300일 경우 → ▣▣▣]

▶ REPT, SUM, IF 함수를 이용한 배열 수식

4. [표1]의 도서코드, 출판사, 판매부수를 이용하여 [표3]의 [O12:O15] 영역에 출판사별 최다판매부수의 도서코드를 표시하시오. (6점)

▶ INDEX, MAX, MATCH 함수를 이용한 배열 수식

5. [표1]의 도서코드와 재지를 이용하여 [표4]의 [N19:Q21] 영역에 분류별 재지별 도서수를 계산하여 표시하시오. (6점)

▶ 분류는 도서코드의 앞 두 글자임

▶ [표시 예 : 0 → 0개, 50 → 50개]

▶ TEXT, COUNTIFS 함수 사용

6151053

문제 3 분석작업(20점) 주어진 시트에서 다음의 과정을 수행하고 작업하시오.

1. '분석작업-1' 시트에서 다음의 지시사항에 따라 피벗 테이블 보고서를 작성하시오. (10점)

▶ 외부 데이터 원본으로 〈도서판매현황.txt〉의 데이터를 사용하시오.
- 원본 데이터는 탭으로 분리되어 있으며, 첫 행에 머리글이 포함되어 있음
- '분류', '출판사', '판매부수', '도서가격' 열만 가져와 데이터 모델에 이 데이터를 추가하시오.

▶ 피벗 테이블 보고서의 레이아웃과 위치는 〈그림〉을 참조하여 설정하고, 보고서 레이아웃을 테이블 형식으로 표시하시오.

▶ '판매부수' 필드를 '총 합계 비율'로 표시하고, '분류' 필드를 〈그림〉과 같이 정렬하시오.

▶ '도서가격' 필드의 표시 형식은 값 필드 설정의 셀 서식에서 '회계' 범주를 이용하여 지정하시오.

	A	B	C	D	E	F	G	H
1								
2								
3				출판사 ▾				
4		분류 ▾	값	구공사	길영북스	문학사랑	북오십일	총합계
5		인문	합계: 판매부수	15.58%	0.43%	6.08%	1.19%	23.29%
6			평균: 도서가격	31,250	25,000	29,333	31,000	29,889
7		사회	합계: 판매부수	6.56%	9.27%	8.09%	0.94%	24.86%
8			평균: 도서가격	24,000	26,000	23,000	33,000	25,429
9		과학	합계: 판매부수	6.01%	8.77%	4.96%	17.27%	37.01%
10			평균: 도서가격	40,000	35,333	24,000	32,500	31,636
11		아동	합계: 판매부수	2.57%	0.23%	8.06%	3.98%	14.84%
12			평균: 도서가격	50,000	44,000	31,500	36,500	38,333
13		전체 합계: 판매부수		30.72%	18.70%	27.20%	23.38%	100.00%
14		전체 평균: 도서가격		34,143	32,429	26,545	33,375	31,061

※ 작업 완성된 그림이며 부분점수 없음

2. '분석작업-2' 시트에 대하여 다음의 지시사항을 처리하시오. (10점)

▶ [목표값 찾기] 기능을 이용하여 '강동현'의 평균[G4]이 90이 되려면 국어[D4]가 얼마가 되어야 하는지 계산하시오.

▶ [필터] 기능을 이용하여 '반'을 기준으로 오름차순 정렬한 후 '영어'와 '수학'이 90점 이상인 데이터 행만을 표시하시오.

문제 4 기타작업(35점) 주어진 시트에서 다음 과정을 수행하고 저장하시오.

1. '기타작업-1' 시트에서 다음의 지시사항에 따라 차트를 수정하시오. (각 2점)

※ 차트는 반드시 문제에서 제공한 차트를 사용하여야 하며, 신규로 차트작성 시 0점 처리 됨

① 행/열 방향을 〈그림〉과 같이 변경한 후 '2021년' 계열의 차트 종류를 '표식이 있는 꺾은선형'으로 변경하시오.

② 차트 제목을 〈그림〉과 같이 설정하고, 세로(값) 축 눈금의 표시 단위를 '10000'으로 설정하고 단위 레이블을 표시하시오.

③ 그림 영역의 도형 스타일을 '미세 효과 – 파랑, 강조 1'로 지정하고, 기본 주 세로 눈금선을 표시하시오.

④ 범례의 위치를 '위쪽'으로 변경하고, '2020년' 계열에 〈그림〉과 같이 데이터 레이블을 표시하시오.

⑤ 세로(값) 축의 가로 축 교차를 '축의 최대값'으로 지정하고, 차트 영역의 그림자를 '안쪽 가운데'로 지정하시오.

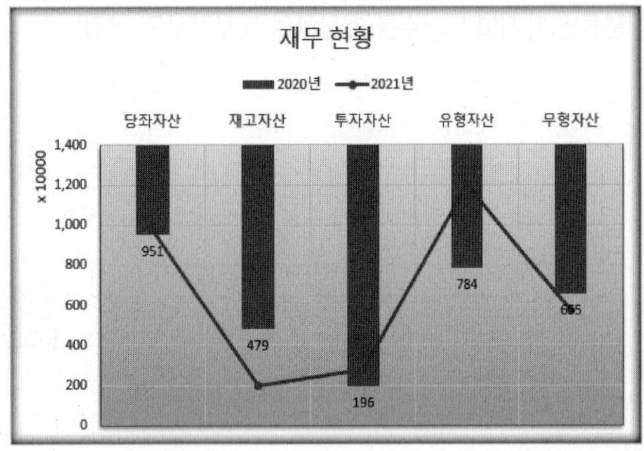

2. '기타작업-2' 시트에서 다음과 같은 기능을 수행하는 매크로를 현재 통합문서에 작성하시오. (각 5점)

① [H5:H26] 영역에 사용자 지정 표시 형식을 설정하는 '서식적용' 매크로를 생성하시오.

- ▶ 셀 값이 양수이면 빨강색으로 "흑자", 음수이면 파랑색으로 "적자", 0이면 "※", 텍스트이면 "폐간"을 표시하시오.
- ▶ [개발 도구] → [삽입] → [양식 컨트롤]의 '단추(▭)'를 동일 시트의 [G2:G3] 영역에 생성한 후 텍스트를 "서식적용"으로 입력하고, 단추를 클릭하면 '서식적용' 매크로가 실행되도록 설정하시오.

② [H5:H26] 영역에 표시 형식을 '일반'으로 적용하는 '서식해제' 매크로를 생성하시오.

- ▶ [개발 도구] → [삽입] → [양식 컨트롤]의 '단추(▭)'를 동일 시트의 [H2:H3] 영역에 생성한 후 텍스트를 "서식해제"로 입력하고, 단추를 클릭하면 '서식해제' 매크로가 실행되도록 설정하시오.

3. '기타작업-3' 시트에서 다음과 같은 작업을 수행하도록 프로시저를 작성하시오. (각 5점)

① '반출등록' 단추를 클릭하면 〈반출등록〉 폼이 나타나도록 설정하고, 폼이 초기화(Initialize)되면 '대리점(cmb대리점)' 목록으로 "관악점", "마포점", "서초점", "강남점"이 표시되고, '도서목록(lst도서목록)'으로 [I5:K10] 영역이 표시되도록 프로시저를 작성하시오.

② 〈반출등록〉 폼의 '등록(cmd등록)' 단추를 클릭하면 폼에 입력된 데이터가 [표1]에 입력되어 있는 마지막 행 다음에 연속하여 추가되도록 프로시저를 작성하시오.

- ▶ '반출창고'는 '용인(opt용인)'을 선택하면 "용인", '강서(opt강서)'를 선택하면 "강서", '김포(opt김포)'를 선택하면 "김포", '하남(opt하남)'을 선택하면 "하남"을 입력하시오.
- ▶ '개수'는 숫자로 입력하시오.
- ▶ '총금액'은 '도서가격×도서수'로 계산하고, 1000 단위 구분 기호를 표시하여 입력하시오.
- ▶ VAL, FORMAT 함수 사용

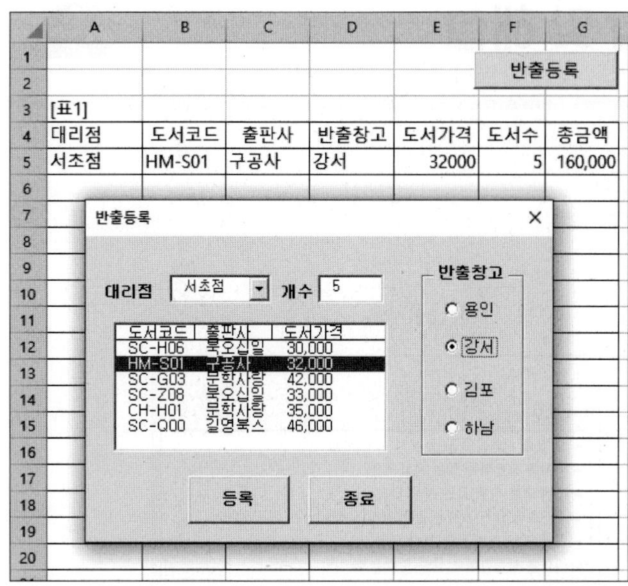

③ 워크시트의 데이터가 변경(Change)되면 해당 셀로 셀 포인터가 이동되고 글꼴이 '굴림체', 글꼴 스타일이 '굵게'로 설정되도록 프로시저를 작성하시오.

EXAMINATION

05회 최종모의고사 정답 및 해설

문제 1 기본작업

정답

01. 고급 필터 _ 참고 : 고급 필터 18쪽

정답

	K	L	M	N
1		조건		
2		TRUE		
3				
4		도서코드	출판사	판매부수
5		SC-H06	북오십일	65,600
6		SC-E05	구공사	66,800
7		SC-Q02	길영북스	69,400
8		SC-K02	길영북스	71,300
9		HM-J09	문학사랑	43,100

• '고급 필터' 대화상자

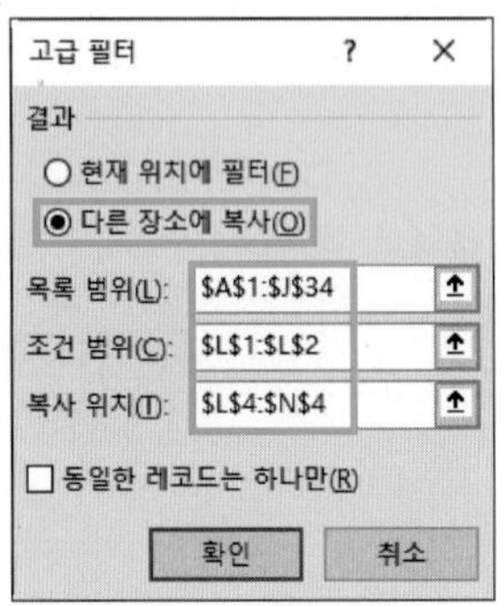

[L2] : =AND(NOT(ISBLANK(G2)),H2>=30000)

02. 조건부 서식 _ 참고 : 조건부 서식 25쪽

정답

	A	B	C	D	E	F	G	H	I	J
1	도서코드	분류	출판사	재지	페이지	제작비용	E-Book	판매부수	도서가격	예상이익
2	SC-H06	과학	북오십일	스노우지	352	26,620,000	○	65,600	30,000	1,502,647,200
3	HM-S01	인문	구공사	모조지	544	44,860,000		44,900	32,000	1,172,109,600
4	CH-K05	아동	북오십일	모조지	496	36,490,000		17,700	25,000	326,997,200
5	HM-G09	인문	구공사	스노우지	512	62,220,000	○	12,500	16,000	28,980,000
6	SC-T04	과학	북오십일	아트지	352	43,760,000		29,600	47,000	1,159,894,400
7	SC-L01	사회	문학사랑	뉴플러스	456	14,370,000		72,400	11,000	451,886,000
8	HM-K08	인문	구공사	모조지	512	56,250,000		44,600	37,000	1,388,433,200
9	SC-G03	사회	문학사랑	스노우지	288	22,450,000	○	2,300	42,000	60,902,000
10	CH-W06	아동	북오십일	아트지	352	65,830,000	○	26,500	48,000	1,038,266,000
11	SC-H04	사회	구공사	모조지	296	42,180,000		72,900	24,000	1,470,057,600
12	SC-Z08	사회	북오십일	모조지	416	33,720,000		10,400	33,000	270,542,400
13	SC-S06	사회	길영북스	뉴플러스	392	31,540,000		33,600	26,000	684,005,600
14	HM-O07	인문	문학사랑	아트지	584	35,680,000		14,400	42,000	426,156,800
15	SC-E05	과학	구공사	뉴플러스	360	66,950,000	○	66,800	40,000	2,316,474,000
16	CH-H01	아동	문학사랑	아트지	256	12,500,000		31,700	35,000	942,811,200
17	SC-Z07	사회	문학사랑	아트지	400	57,410,000		4,200	16,000	- 20,450,000
18	SC-Q02	사회	길영북스	스노우지	424	14,210,000	○	69,400	26,000	1,260,529,200
19	SC-K02	과학	길영북스	스노우지	576	31,570,000	○	71,300	10,000	- 16,739,600
20	HM-I02	인문	북오십일	아트지	392	30,210,000	○	13,200	31,000	285,850,800
21	SC-F05	과학	문학사랑	뉴플러스	472	15,060,000		36,800	22,000	620,844,000
22	SC-J00	과학	길영북스	아트지	408	16,300,000	○	12,600	50,000	526,306,400
23	SC-Q00	과학	길영북스	뉴플러스	264	13,690,000		33,500	46,000	1,412,338,000
24	CH-R06	아동	문학사랑	모조지	256	50,730,000		57,900	28,000	1,407,423,600
25	HM-L10	인문	구공사	아트지	536	45,060,000		71,100	40,000	2,151,076,800
26	CH-D10	아동	길영북스	아트지	296	25,880,000		2,600	44,000	73,897,600
27	HM-J09	인문	문학사랑	뉴플러스	560	48,810,000	○	43,100	8,000	78,766,000
28	SC-W02	과학	북오십일	뉴플러스	456	30,340,000		71,200	41,000	2,564,188,000
29	SC-B01	과학	문학사랑	아트지	328	67,060,000		1,300	23,000	- 44,835,200
30	SC-K04	과학	북오십일	모조지	520	38,300,000	○	25,500	12,000	148,360,000
31	SC-R07	과학	문학사랑	아트지	576	62,910,000		17,000	10,000	- 59,374,000
32	HM-R07	인문	길영북스	스노우지	576	22,830,000		4,800	11,000	- 17,031,600
33	HM-T07	인문	문학사랑	모조지	256	45,250,000	○	10,100	38,000	310,108,400
34	CH-J00	아동	구공사	아트지	408	51,580,000	○	28,500	50,000	1,175,744,000

• '새 서식 규칙' 대화상자

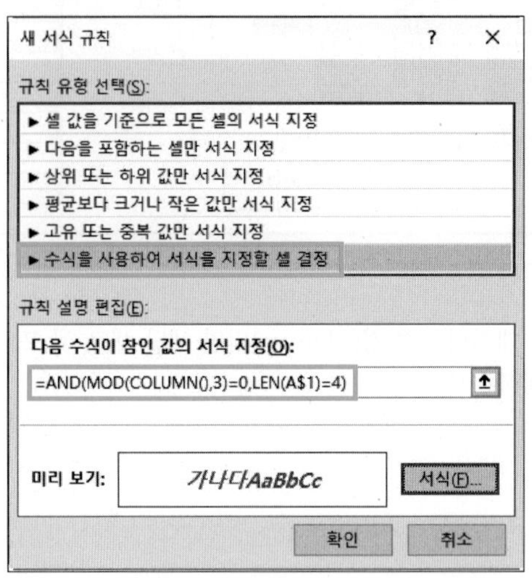

03. 시트 보호 _ 참고 : 시트 보호 38쪽

• [G6:G17] 영역의 '셀 서식' 대화상자

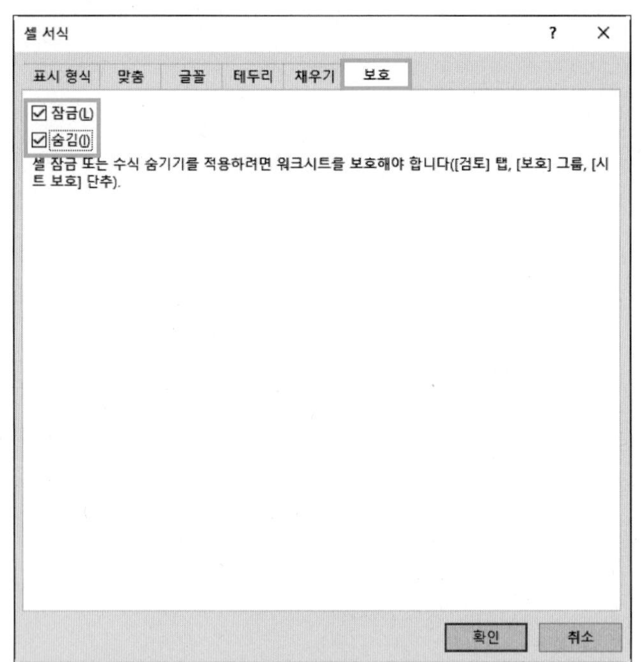

• '도형 서식' 창

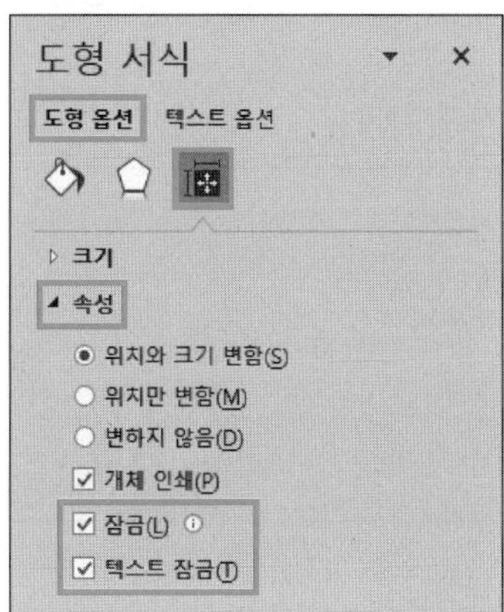

• '시트 보호' 대화상자

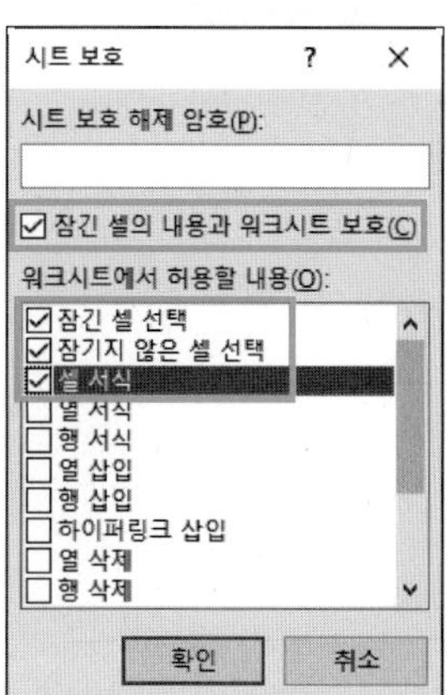

문제 2 계산작업

정답

정답

[표1]

	A	B	C	D	E	F	G	H	I	J	K
2	도서코드	분류	출판사	재지	페이지	제작비용	E-Book	판매부수	도서가격	예상이익	MD평가
3	SC-H06	과학	북오십일	스노우지	352	26,620,000	○	65,600	30,000	1,502,647,200	추천
4	HM-S01	인문	구공사	모조지	544	44,860,000		44,900	32,000	1,172,109,600	
5	CH-K05	아동	북오십일	모조지	496	36,490,000		17,700	25,000	326,997,200	
6	HM-G09	인문	구공사	스노우지	512	62,220,000	○	12,500	16,000	28,980,000	
7	SC-T04	과학	북오십일	아트지	352	43,760,000		29,600	47,000	1,159,894,400	
8	SC-L01	사회	문학사랑	뉴플러스	456	14,370,000		72,400	11,000	451,886,000	
9	HM-K08	인문	구공사	모조지	512	56,250,000		44,600	37,000	1,388,433,200	
10	SC-G03	사회	문학사랑	스노우지	288	22,450,000	○	2,300	42,000	60,902,000	
11	CH-W06	아동	북오십일	아트지	352	65,830,000	○	26,500	48,000	1,038,266,000	추천
12	SC-H04	사회	구공사	모조지	296	42,180,000		72,900	24,000	1,470,057,600	
13	SC-Z08	사회	북오십일	모조지	416	33,720,000		10,400	33,000	270,542,400	
14	SC-S06	사회	길영북스	뉴플러스	392	31,540,000		33,600	26,000	684,005,600	
15	HM-O07	인문	문학사랑	아트지	584	35,680,000		14,400	42,000	426,156,800	
16	SC-E05	과학	구공사	뉴플러스	360	66,950,000	○	66,800	40,000	2,316,474,000	추천
17	CH-H01	아동	문학사랑	아트지	256	12,500,000		31,700	35,000	942,811,200	
18	SC-Z07	사회	문학사랑	아트지	400	57,410,000		15,200	16,000	76,350,000	
19	SC-Q02	사회	길영북스	스노우지	424	14,210,000	○	69,400	26,000	1,260,529,200	추천
20	SC-K02	과학	길영북스	스노우지	576	21,570,000	○	51,300	10,000	- 10,899,600	추천
21	HM-I02	인문	북오십일	아트지	392	30,210,000	○	13,200	31,000	285,850,800	
22	SC-F05	과학	문학사랑	뉴플러스	472	15,060,000		36,800	22,000	620,844,000	
23	SC-J00	과학	길영북스	아트지	408	16,300,000	○	12,600	50,000	526,306,400	
24	SC-Q00	과학	길영북스	뉴플러스	264	13,690,000		33,500	46,000	1,412,338,000	
25	CH-R06	아동	문학사랑	모조지	256	50,730,000		57,900	28,000	1,407,423,600	
26	HM-L10	인문	구공사	아트지	536	45,060,000		71,100	40,000	2,151,076,800	
27	CH-D10	아동	길영북스	아트지	296	25,880,000		2,600	44,000	73,897,600	
28	HM-J09	인문	문학사랑	뉴플러스	560	48,810,000	○	43,100	8,000	78,766,000	추천
29	SC-W02	과학	북오십일	뉴플러스	456	30,340,000		71,200	41,000	2,564,188,000	
30	SC-B01	과학	문학사랑	아트지	328	27,060,000		1,300	35,000	10,764,800	
31	SC-K04	과학	북오십일	모조지	520	38,300,000	○	25,500	12,000	148,360,000	추천
32	SC-R07	과학	문학사랑	아트지	576	42,910,000		17,000	15,000	45,626,000	
33	HM-R07	인문	길영북스	스노우지	576	22,830,000		4,800	25,000	50,168,400	
34	HM-T07	인문	문학사랑	모조지	256	45,250,000	○	10,100	38,000	310,108,400	
35	CH-J00	아동	구공사	아트지	408	51,580,000	○	28,500	50,000	1,175,744,000	추천

[표2] 재지와 페이지에 따른 장당 인쇄비용

페이지 / 재지	0	201	301	401	501
	200	300	400	500	
스노우지	22	20	19	18	17
아트지	20	19	18	17	17
모조지	12	11	10	9	9
뉴플러스	15	13	12	10	9

[표3] 출판사별 판매부수 그래프와 최다판매도서의 도서코드

출판사	판매부수 그래프	최다판매량 도서코드
구공사	▣▣▣	SC-H04
문학사랑	▣▣▣	SC-L01
북오십일	▣▣	SC-W02
길영북스	▣▣	SC-Q02

[표4] 분류별 재지별 도서수

분류	스노우지	아트지	모조지	뉴플러스
SC	4개	5개	3개	6개
HM	2개	3개	3개	1개
CH	0개	4개	2개	0개

1 예상이익(J3) _ 참고 : 찾기/참조 함수 58쪽

=H3*I3-F3-E3*H3*VLOOKUP(D3, $M$5:$R$8, MATCH(E3, $N$3:$R$3, 1)+1, FALSE)

2 MD평가(K3) _ 참고 : 사용자 정의 함수 83쪽

=fnMD평가(G3, H3)

```
Public Function fnMD평가(EBook, 판매부수)
  If EBook = "○" And 판매부수 >= 20000 Then
    fnMD평가 = "추천"
  Else
    fnMD평가 = ""
  End If
End Function
```

3 출판사별 판매부수 그래프(N12) _ 참고 : 배열 수식 43쪽

{=REPT("▣", SUM(IF($C$3:$C$35=M12,$H$3:$H$35))/100000)}

4 출판사별 최다판매도서의 도서코드(O12) _ 참고 : 배열 수식 43쪽

{=INDEX($A$3:$A$35, MATCH(MAX(($C$3:$C$35=M12)*$H$3:$H$35), ($C$3:$C$35=M12)*$H$3:$H$35, 0))}

5 분류별 재지별 도서수(N19) _ 참고 : 기타 함수 77쪽

=TEXT(COUNTIFS($A$3:$A$35, $M19&"*", $D$3:$D$35, N$18), "0개")

01. 피벗 테이블 _ 참고 : 피벗 테이블 88쪽

• '피벗 테이블 필드' 창

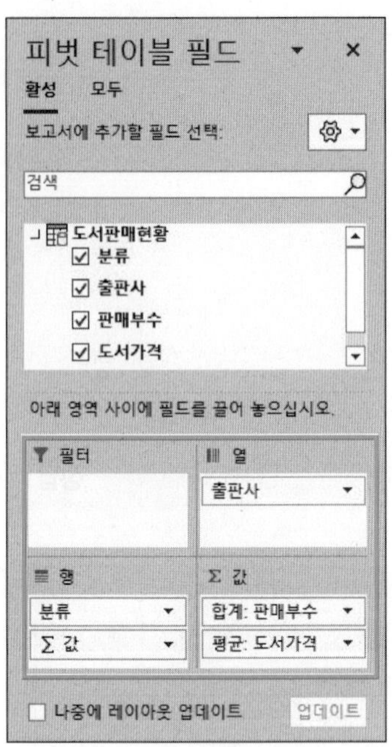

02. 목표값 찾기 / 자동 필터 _ 참고 : 목표값 찾기 121쪽 / 자동 필터 123쪽

정답

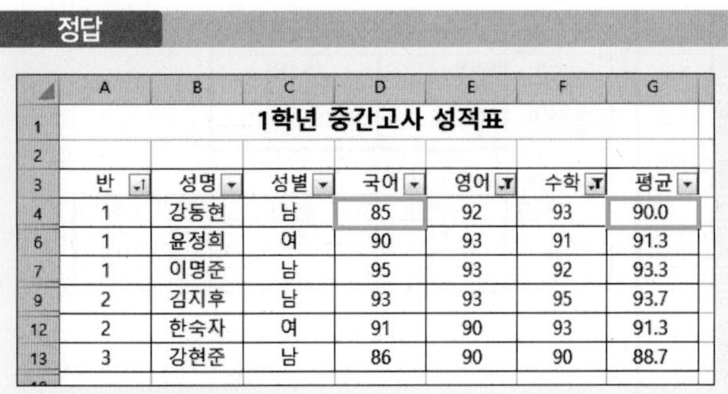

	A	B	C	D	E	F	G
1	1학년 중간고사 성적표						
2							
3	반	성명	성별	국어	영어	수학	평균
4	1	강동현	남	85	92	93	90.0
6	1	윤정희	여	90	93	91	91.3
7	1	이명준	남	95	93	92	93.3
9	2	김지후	남	93	93	95	93.7
12	2	한숙자	여	91	90	93	91.3
13	3	강현준	남	86	90	90	88.7

• '목표값 찾기' 대화상자

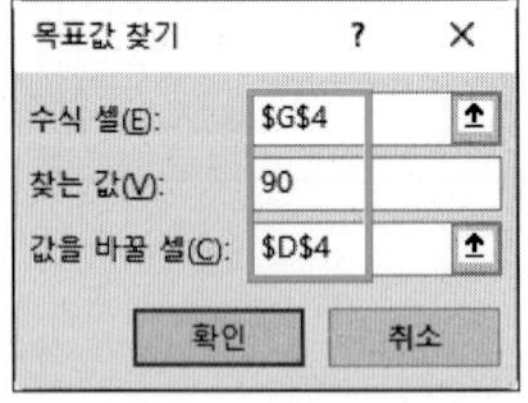

• '영어 사용자 지정 자동 필터' 대화상자

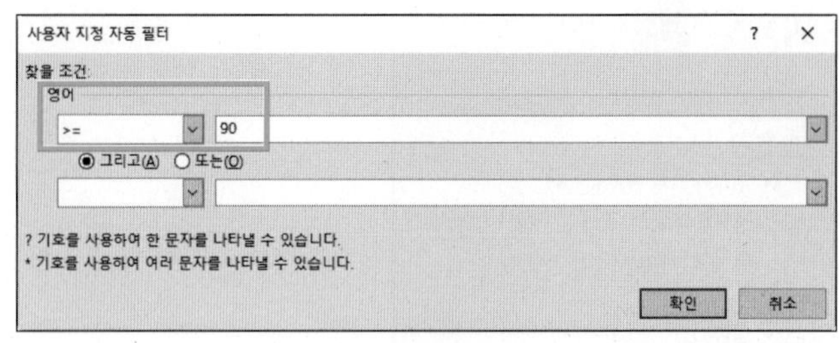

• '수학 사용자 지정 자동 필터' 대화상자

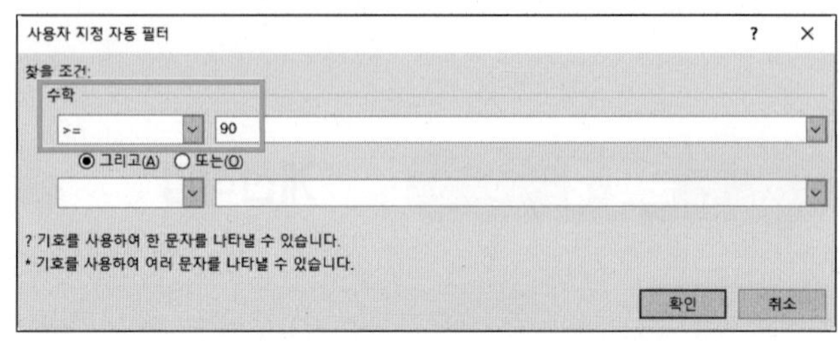

02. 매크로 작성 _ 참고 : 매크로 135쪽

1 '서식적용' 매크로 실행

	A	B	C	D	E	F	G	H
1								
2							서식적용	서식해제
3	[표1]							
4	도서코드	분류	출판사	페이지	제작비용	판매부수	도서가격	이익
5	HM-J09	인문	문학사랑	560	48,810,000	43,100	8,000	흑자
6	SC-E05	과학	구공사	360	66,950,000	66,800	40,000	흑자
7	SC-F05	과학	문학사랑	472	15,060,000	36,800	22,000	흑자
8	SC-L01	사회	문학사랑	456	14,370,000	72,400	11,000	흑자
9	SC-Q00	과학	길영북스	264	13,690,000	150	46,000	적자
10	SC-S06	사회	길영북스	392	31,540,000	33,600	26,000	흑자
11	SC-W02	과학	북오십일	456	30,340,000	71,200	41,000	흑자
12	SC-G03	사회	문학사랑	288	22,432,560	619	42,000	※
13	CH-K05	아동	북오십일	496	36,490,000	17,700	25,000	흑자
14	CH-R06	아동	문학사랑	256	50,730,000	57,900	28,000	흑자
15	HM-K08	인문	구공사	512	56,250,000	44,600	37,000	흑자
16	HM-S01	인문	구공사	544	44,860,000			폐간
17	HM-T07	인문	문학사랑	256	45,250,000	10,100	38,000	흑자
18	SC-H04	사회	구공사	296	42,180,000	72,900	24,000	흑자
19	SC-K04	과학	북오십일	520	38,300,000	25,500	12,000	흑자
20	SC-Q02	사회	길영북스	424	14,210,000	69,400	26,000	흑자
21	SC-Z08	사회	북오십일	416	33,720,000	10,400	33,000	흑자
22	HM-G09	인문	구공사	512	62,220,000	12,500	16,000	흑자
23	HM-R07	인문	길영북스	576	22,830,000	4,800	25,000	흑자
24	SC-H06	과학	북오십일	352	26,620,000	65,600	30,000	흑자
25	SC-K02	과학	길영북스	576	21,570,000	51,300	10,000	적자
26	CH-D10	아동	길영북스	296	25,880,000	2,600	44,000	흑자

• '셀 서식' 대화상자

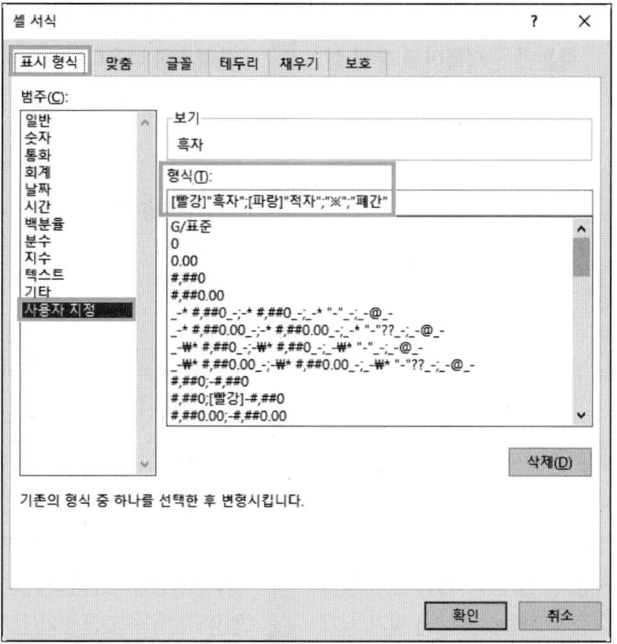

03. 프로시저 작성 _ 참고 : 프로시저 142쪽

1 '반출등록' 단추 및 폼 초기화 프로시저

• '반출등록' 단추 클릭 프로시저

정답

```
Private Sub cmd반출등록_Click( )
    반출등록.Show
End Sub
```

• 폼 초기화 프로시저

정답

```
Private Sub UserForm_Initialize( )
    cmb대리점.AddItem "관악점"
    cmb대리점.AddItem "마포점"
    cmb대리점.AddItem "서초점"
    cmb대리점.AddItem "강남점"
    lst도서목록.RowSource = "i5:k10"
End Sub
```

2 '등록' 단추에 기능 구현하기

정답

```
Private Sub cmd등록_Click( )
    입력행 = [A3].Row + [A3].CurrentRegion.Rows.Count
    참조행 = lst도서목록.ListIndex
    Cells(입력행, 1) = cmb대리점.Value
    Cells(입력행, 2) = lst도서목록.List(참조행, 0)
    Cells(입력행, 3) = lst도서목록.List(참조행, 1)
    If opt용인.Value = True Then
        Cells(입력행, 4) = "용인"
    ElseIf opt강서.Value = True Then
        Cells(입력행, 4) = "강서"
    ElseIf opt김포.Value = True Then
        Cells(입력행, 4) = "김포"
    Else
        Cells(입력행, 4) = "하남"
    End If
    Cells(입력행, 5) = lst도서목록.List(참조행, 2)
    Cells(입력행, 6) = Val(txt개수.Value)
    Cells(입력행, 7) = Format(Cells(입력행, 5) * Cells(입력행, 6), "#,###")
End Sub
```

3 워크시트의 Change 이벤트에 기능 설정하기

정답

```
Private Sub Worksheet_Change(ByVal Target As Range)
    Target.Activate
    Target.Font.Name = "굴림체"
    Target.Font.Bold = True
End Sub
```

액세스

데이터베이스 실무

문제 1 DB 구축

문제 2 입력 및 수정 기능 구현

문제 3 조회 및 출력 기능 구현

문제 4 처리 기능 구현

문제 1 DB 구축(25점)

<u>DB 구축은 테이블 완성, 관계 설정, 테이블 생성, 필드의 조회 기능 중 3문제</u>가 출제됩니다. <u>**'테이블 완성' 문제가 25점**</u>으로 고정적으로 출제되고, <u>**'테이블 완성'의 기능 중 '필드의 조회 기능'과 '관계 설정', '테이블 생성' 중 2문제가 각 5점**</u>으로 출제되고 있습니다.

No	출제 기능		배점	목표 점수	출제 비율
1	테이블 완성	속성	3점짜리 5개	15점	100%
		기능			
		필드의 조회 기능	5점짜리 2개	10점	70%
2	관계 설정				90%
3	테이블 생성				60%
합계			25점	25점	

1 테이블 완성

출제 비율 100% / 배점 20점

테이블 완성 문제는 **제공된 테이블에 지시사항대로 속성을 설정하거나 기능을 수행**하여 완성하는 작업입니다. **3점짜리 5문제와 5점짜리 1문제가 출제**됩니다. 그러니까 아래 그림에 색 번호로 표시된 12개의 속성과 4개의 기능 중 6개가 출제된다는 말입니다.

• 다음은 지금까지 출제된 12개의 속성과 4개의 기능을 적용한 테이블입니다.

고객

순번	등록일	고객ID	성명	성별	전화번호	구매횟수	구매금액	대리점코드	대리점명
1	2024-10-14	AA-0001	김수정	Yes	031-2344-7215	3	₩95,600	마E-019	대전점
4	2024-10-14	AA-0004	현진순	Yes	032- 357-9211	5	₩1,568,700	마F-026	설악점
5	2024-10-14	AA-0005	진선정	Yes	041-8355-6544	7	₩856,900	마D-027	청평점
7	2024-10-14	AA-0007	신명철	Yes	042-3256-8547	13	₩2,564,780	사I-036	경주점
8	2024-10-14	AA-0008	오수정	Yes	031- 256-8567	8	₩752,100	자B-018	대천점
9	2024-10-14	AA-0009	정진희	Yes	031- 357-2564	14	₩256,870	바H-031	강릉점
10	2024-10-14	AA-0010	이정렬	No	02-3156-7258	2	₩65,840	마F-026	설악점
2	2024-10-14	AA-0002	이정준	No	02 - 325-8697	11	₩3,654,800	마E-019	대전점
6	2024-10-14	AA-0006	이수신	Yes	02 -3256-3687	25	₩6,521,000	자B-018	대천점
3	2024-10-14	AA-0003	소현상	No	02 - 358-9214	1	₩45,000	마D-027	청평점
* 0						1	₩0		

레코드: 11/11 필터 없음 검색

⬇

고객 ⑫ ① ⑤ ⑥ ⑭ ⑧, ⑨ ⑩ ⑮, ⑪

⑬순번	등록일	고객ID	성명	성별	전화번호	구매횟수	구매금액	대리점코드	대리점이름	지역
1	10월 1③	AA-0001	김수정	Yes	031-2344-7215	3	₩95,600	대전점 ⑯	대전점	
2	10월 14일	AA-0002	이정준	No	02 - 325-8697	11	₩3,654,800			
3	10월 14일	AA-0003	소현상	No	02 - 358-9214	1	₩45,000			
4	10월 14일	AA-0004	현진순	Yes	032- 357-9211	5	₩1,568,700			
5	10월 14일	AA-0005	진선정	Yes	041-8355-6544	7	₩856,900			
6	10월 14일	AA-0006	이수신	Yes ⑦		25	₩6,521,000			
7	10월 14일	AA-0007	신명철	Yes	042-3256-8547	13	₩2,564,780			
8	10월 14일	AA-0008	오수정	Yes	031- 256-8567	8	₩752,100	대천점	대천점	
9	10월 14일	AA-0009	정진희	Yes		14	₩256,870	바H-031	강릉점	
10	②0월 14일	④-0010	이정렬	No	02-3156-7258	2	₩65,840	설악점	설악점	
* (새 항목)	11월 14일					1	₩0			

대리점명	평균매출액
대전점	150 만원
설악점	150 만원
경주점	710 만원
광주점	260 만원
대천점	650 만원

레코드: 1/10 필터 없음 검색

[속성]

① **형식** : '등록일' 필드는 '06월 05일' 형식으로 표시되도록 표시 형식을 설정함

② **기본값** : 새로운 레코드를 추가하는 경우 '등록일' 필드에는 기본적으로 시스템의 오늘 날짜가 입력되어 표시되도록 설정함

❸ **IME 모드** : '고객ID' 필드는 자동으로 영문 입력 상태가 되도록 IME 모드를 설정함
❹ **입력 마스크** : '고객ID' 필드에는 데이터가 'AA-0000' 형식으로 입력되도록 입력 마스크를 설정함
❺ **인덱스** : '고객ID' 필드에는 중복된 값이 입력될 수 없도록 인덱스를 설정함
❻ **필수** : '성명' 필드에는 반드시 값이 입력되도록 필수 속성을 설정함
❼ **빈 문자열 허용** : '전화번호' 필드에는 데이터를 입력하지 않아도 되게 설정함
❽ **유효성 검사 규칙** : '구매금액' 필드에는 0보다 큰 값만 입력되도록 유효성 검사 규칙을 설정함
❾ **유효성 검사 텍스트** : '구매금액' 필드에 0이하의 값이 입력되면 "0 보다 큰 값을 입력하세요."라는 메시지가 표시되도록 설정함
❿ **캡션** : '대리점명' 필드는 '대리점이름'으로 표시되도록 설정함
⓫ **필드 크기** : '지역' 필드의 크기를 40으로 설정함
⓬ **테이블 속성의 정렬 기준** : '고객' 테이블의 데이터들이 '순번' 필드를 기준으로 오름차순 정렬되어 표시되도록 설정함

[기능]
⓭ **기본 키 설정** : '순번' 필드를 기본키로 설정함
⓮ **데이터 형식 변경** : '성별' 필드에는 True/False 또는 Yes/No 두 가지 형태의 데이터만 입력되도록 데이터 형식을 'Yes/No'로 설정함
⓯ **필드 추가** : '지역' 필드를 '대리점명' 필드 뒤에 추가함
⓰ **조회 기능 설정** : 〈대리점〉 테이블의 '대리점명', '월평균매출액'이 콤보 상자 형태로 나타나도록 설정함

2240102

작업 순서

답안 작업 순서에 익숙하면 시험장에서 당황하지 않고 조금 더 빠르게 답안을 작성할 수 있습니다. 다음의 순서를 보면서 차례대로 액세스 화면을 떠올려 보세요. 컴퓨터 화면없이 이미지 트레이닝을 반복하다 보면 액세스 화면이 조금 더 친숙하게 느껴질 겁니다.

1. 작업할 테이블을 [**디자인 보기**]로 연다.
2. 속성을 설정할 필드를 선택한다.
3. 필드 속성 창의 '일반' 탭에서 해당 속성에 설정 값을 입력한다.

합격포인트

- 테이블 완성 작업은 대부분 쉽지만 '유효성 검사 규칙'과 '입력 마스크' 속성을 설정하는 것이 조금 까다롭습니다.
- 즉 '유효성 검사 규칙'과 '입력 마스크' 속성을 고민없이 **바로 설정할 수 있도록 반복 연습하는 것이 합격포인트**입니다.

전문가의 조언

'입력 마스크' 속성에서는 지시사항에 사용할 입력 마스크 대치 문자를 제대로 판단하는 것이 중요합니다. 자주 출제되는 내용이니 **입력 제한을 위한 대치 문자를 모두 기억해 두세요.**
☞ 직접 실습하려면 'C:\길벗컴활1급총정리\액세스\기능\01테이블완성.accdb' 파일을 열고 〈입력마스크〉 테이블에서 작업하세요.

24.상시, 23.상시, 22.상시, 21.상시, 20.상시, 19.상시, 19.2, 19.1, 17.1, 16.상시, …
01 입력 마스크 속성

2240111

24.상시, 23.상시, 22.상시, 21.상시, 20.상시, 19.상시, 19.2, 16.3, …
[유형 1] '고객ID' 필드는 'AA-0000'의 형식으로 입력되도록 입력 마스크를 설정하시오.

▶ 앞의 두 자리는 영문 대문자로 반드시 입력받되, 소문자가 입력되어도 대문자로 변환되도록 설정할 것
▶ 뒤의 네 자리는 1~9999 사이의 숫자로 입력받되, 공백 없이 반드시 입력되도록 설정할 것
▶ '-' 기호도 함께 저장하고, 화면에 표시되는 기호는 '#'으로 설정할 것

〈정답〉

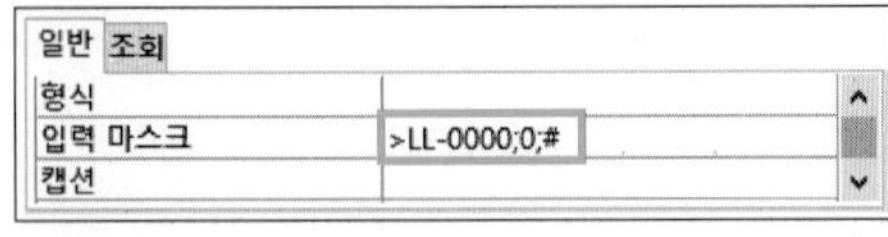

1. 〈입력마스크〉 테이블의 바로 가기 메뉴에서 **[디자인 보기]**를 선택합니다.

2. '고객ID' 필드를 클릭하여 '고객ID' 필드의 속성을 나오게 한 후 '일반' 탭의 '입력 마스크' 속성난을 클릭하세요.

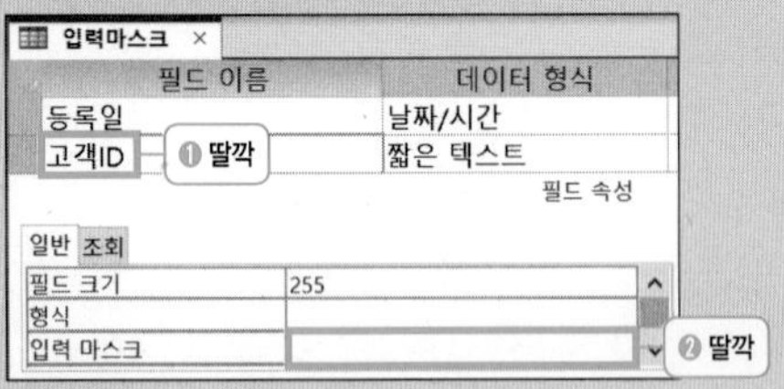

3. '입력 마스크' 속성난에 **〉LL-0000;0;#**을 입력하세요.

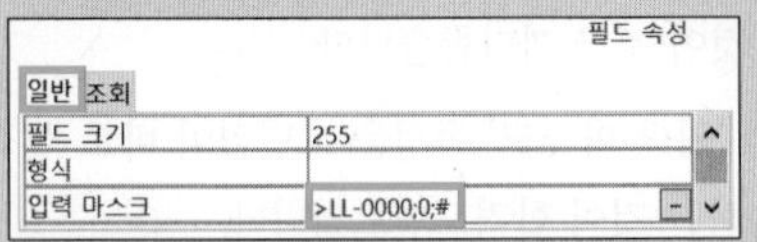

4. 닫기 단추(☒)를 클릭한 후 저장 여부를 묻는 대화상자가 표시되면 〈예〉를 클릭하세요.

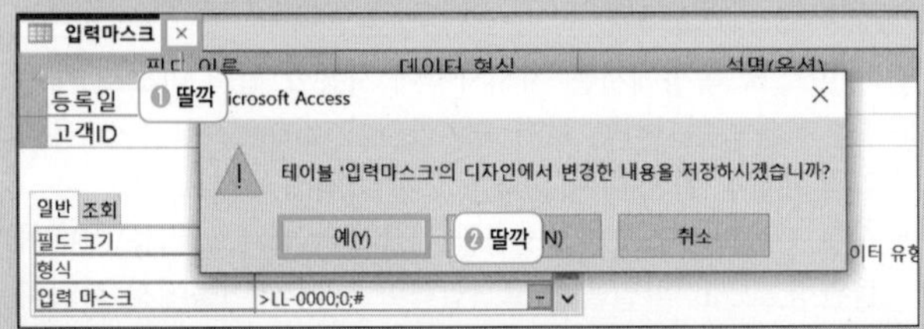

5. '탐색' 창에서 〈입력마스크〉 테이블을 더블클릭하여 〈입력마스크〉 테이블을 엽니다.

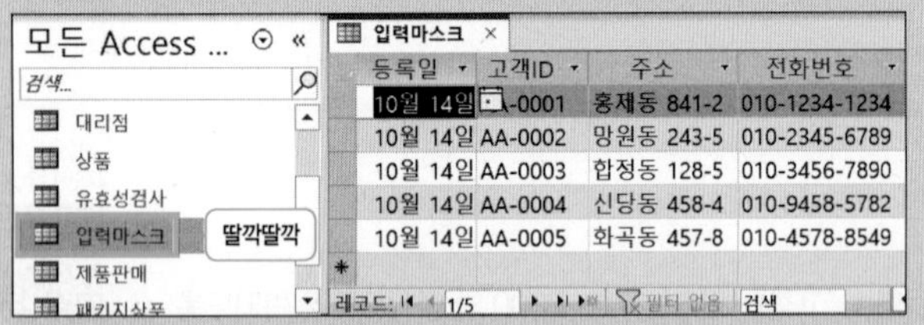

6. '고객ID' 필드에 고객ID를 입력하면서 입력 자리가 '##-####'으로 표시되는지 확인해 보세요.

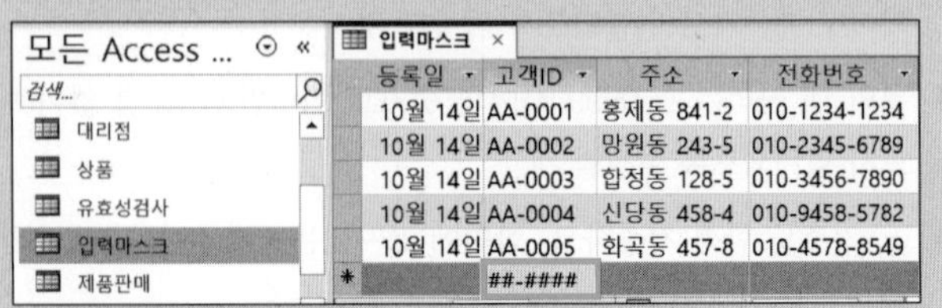

잠깐만요 입력 마스크 사용자 지정 형식

〉LL-0000 ; 0 ; #
❶ ❷ ❸

❶ 앞의 두 자리는 영문 대문자로 반드시 입력받되, 소문자가 입력되어도 대문자로 변환되도록 한다는 조건이 있으므로 입력 제한 문자 L과 〉를 사용해야 하며, 뒤의 네 자리는 0~9까지의 숫자를 공백없이 반드시 입력해야 한다는 조건이 있으므로 입력 제한 문자 0을 사용해야 합니다. 그리고 'AA-0000'과 같은 형식으로 입력되도록 하라는 지시사항이 있으므로 **〉LL-0000**을 입력합니다.

❷ '-' 기호도 함께 저장이라는 지시사항이 있으므로 **0**을 입력합니다. 저장하지 않을 때는 1이나 공백으로 지정합니다.

❸ 화면에 표시되는 기호는 '#'이라는 지시사항이 있으므로 **#**을 입력합니다.

입력 마스크 대치 문자의 종류

대치 문자	기능
0	필수 요소로서 0~9까지의 숫자를 입력함
9	선택 요소로서 0~9까지의 숫자나 공백을 입력함
L	필수 요소로서 A~Z까지의 영문자와 한글을 입력함
?	선택 요소로서 A~Z까지의 영문자와 한글을 입력함
〉	모든 문자를 대문자로 변환함
〈	모든 문자를 소문자로 변환함

23.상시, 22.상시, 21.상시, 20.상시, 19.상시, 19.1, 17.1, 16.상시, 16.3, 16.1, …

[유형 2] '전화번호' 필드는 '123-1234-1234'와 같은 형식으로 입력되도록 입력 마스크를 설정하시오.

▶ '-' 기호도 함께 저장하고, 자료 입력 시 화면에 표시되는 기호는 '#'으로 설정할 것

▶ 숫자는 0~9까지의 숫자와 공백만 입력할 수 있도록 설정할 것

〈정답〉

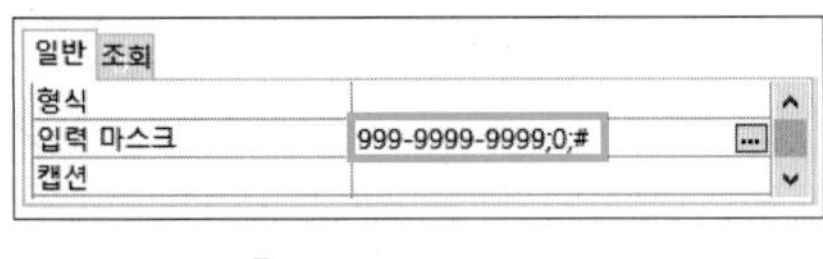

19.상시, 16.상시, 15.상시, 14.3, 14.2

[유형 3] '봉사내용' 필드는 다음과 같이 입력 마스크를 설정하시오.

▶ 앞의 두 글자는 한글을 선택적으로 입력받되, 뒤의 세 글자는 "도우미"가 고정적으로 입력되도록 설정할 것

▶ 데이터가 입력될 자리에 '*'이 표시되도록 설정할 것

〈정답〉

일반 조회	
형식	
입력 마스크	??"도우미";;*
캡션	

⬇

기관코드	봉사내용
P105	빨래도우미
	**도우미

20.상시, 16.상시, 15.상시

[유형 4] '연락처' 필드에 입력된 내용은 모두 '*' 형태로 표시되도록 입력 마스크를 설정하시오.

〈정답〉

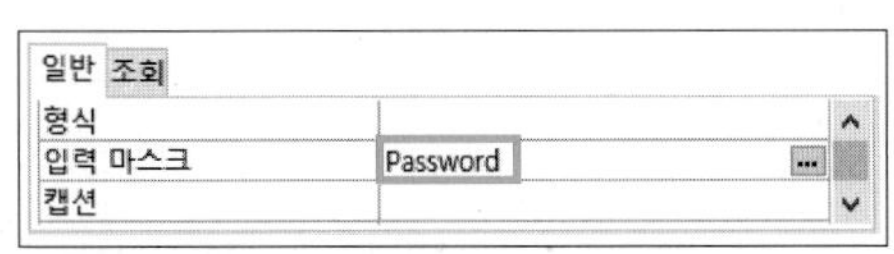

⬇

담당자명	연락처
홍길동	**********
정하영	***********
이도현	************
정현석	***********
이지영	************

24.상시, 23.상시, 22.상시, 21.상시

[유형 5] '기관코드' 필드는 'P101'과 같은 형식으로 입력되도록 입력 마스크를 설정하시오.

▶ "P"가 문자로 저장되도록 설정할 것

▶ 숫자는 0~9까지의 숫자만 입력될 수 있도록 설정할 것

〈정답〉

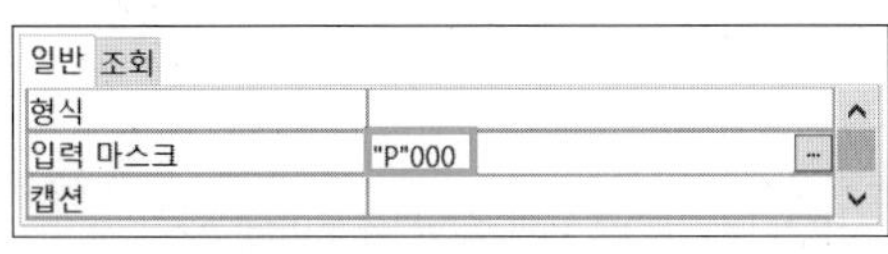

⬇

기관코드	봉사내용
P105	빨래도우미
P___	

체크체크 ☑☐☐ 2240161

지시사항에 해당하는 입력 마스크를 적으시오.

① 'FF01'과 같은 형식으로 입력되도록 설정 (　　　　　　)

▶ 영문 2글자는 대문자로 반드시 입력될 수 있도록 설정할 것

▶ 숫자 2글자는 0~9까지의 숫자가 반드시 입력될 수 있도록 설정할 것

② '1234'와 같은 형식으로 입력되도록 설정 (　　　　　　)

▶ 숫자는 0~9까지의 숫자나 공백이 입력될 수 있도록 설정할 것

▶ 데이터가 입력될 자리를 '*'로 표시되도록 설정할 것

③ 'S-00'과 같은 형식으로 입력되도록 설정 (　　　　　　)

▶ 영문자는 반드시 입력하되, 대문자로 입력할 수 있도록 설정할 것

▶ 숫자는 0~9까지의 숫자만 반드시 입력할 수 있도록 설정할 것

▶ '-' 기호도 테이블에 저장되도록 설정할 것

④ 다음과 같은 형식으로 입력되도록 설정 (　　　　　　)

▶ 앞의 세 글자는 한글을 선택적으로 입력받되, 뒤의 한 글자는 "반"이 고정적으로 입력되도록 설정할 것

▶ 데이터가 입력될 자리에 "@"가 표시되도록 설정할 것

⑤ '010-****-****'과 같은 형식으로 입력되도록 설정 (　　　　　　)

▶ "010" 문자열, 8자리 숫자, '-' 2자리가 반드시 입력되도록 설정할 것

▶ 숫자 입력 자리에는 0~9까지의 숫자만 입력할 수 있도록 설정할 것

▶ 자료 입력 시 화면에는 '*'을 표시하고 "010" 고정 문자와 '-' 기호도 테이블에 저장되도록 설정할 것

⑥ 입력된 내용은 모두 "*" 형태로 표시되도록 설정 (　　　　　　)

⑦ 'TA-01'과 같은 형식으로 입력되도록 설정 (　　　　　　)

▶ "TA-" 문자가 저장되도록 설정할 것

▶ 숫자는 0~9까지의 숫자만 입력될 수 있도록 설정할 것

정답

① >LL00 ② 9999;;* ③ >L-00;0 ④ ???"반";;@

⑤ "010"-0000-0000;0;* ⑥ Password ⑦ "TA-"00

전문가의 조언

'유효성 검사 규칙' 속성에서는 입력 제한을 위한 수식을 정확하게 작성하는 것이 중요합니다. 조금 까다롭게 느껴지는 수식이 있으면 지시사항과 입력 제한 수식을 함께 암기해 두세요.

☞ 직접 실습하려면 'C:\길벗컴활1급총정리\액세스\기능\01테이블완성.accdb' 파일을 열고 〈유효성검사〉 테이블에서 작업하세요.

24.상시, 23.상시, 22.상시, 21.상시, 20.상시, 19.상시, 18.상시, 17.상시, 16.상시, …

02 유효성 검사 규칙 속성

2240112

24.상시, 20.상시, 18.상시, 17.상시, 16.1, 13.1, 12.1, 11.1, …

[유형 1] '학번' 필드에는 4글자만 입력되도록 설정하고 4글자가 아닌 경우에는 "4글자만 입력하세요."라는 메시지가 표시되도록 설정하시오.

일반	조회
기본값	
유효성 검사 규칙	Len([학번])=4
유효성 검사 텍스트	4글자만 입력하세요.

- **Len(필드명)** : 필드에 입력된 값의 길이를 반환함
- '유효성 검사 텍스트' 속성은 '유효성 검사 규칙' 속성과 함께 출제됩니다.

23.상시, 22.상시, 21.상시, 20.상시, 19.상시, 18.상시, 17.상시, 16.상시, 16.1, …

[유형 2] '구매금액' 필드에는 0보다 큰 값만 입력되도록 설정하시오.

일반	조회
기본값	0
유효성 검사 규칙	>0
유효성 검사 텍스트	

23.상시, 22.상시, 21.상시, 20.상시, 20.1, 19.상시, 19.2, 19.1, 18.상시, 18.2, …

[유형 3] '등급' 필드에는 "A", "B", "C"만 입력되도록 설정하시오.

일반	조회
기본값	
유효성 검사 규칙	In ("A","B","C")
유효성 검사 텍스트	

유효성 검사 규칙 속성에 **"A" Or "B" Or "C"**를 입력해도 결과가 동일합니다.

19.상시, 18.상시, 16.상시, 16.1, 13.1, 12.1, 10.3

[유형 4] '사번' 필드에는 공백 문자가 입력되지 않도록 설정하시오.

일반	조회
기본값	
유효성 검사 규칙	InStr([사번]," ")=0
유효성 검사 텍스트	

InStr(필드명, 찾는 문자) : 필드에서 찾는 문자가 있는 위치를 반환하며, 반환값이 0인 경우 찾는 문자열이 없는 것임. 즉 " "을 찾을 수 없다는 규칙은 " "이 입력될 수 없게 한다는 의미임

24.상시, 22.상시, 21.상시, 19.상시, 17.상시, 14.1, 12.1, 11.2, 10.2, 10.1

[유형 5] '금액' 필드에는 '수량'에 '단가'를 곱한 값과 같은 값만 입력되도록 설정하시오.

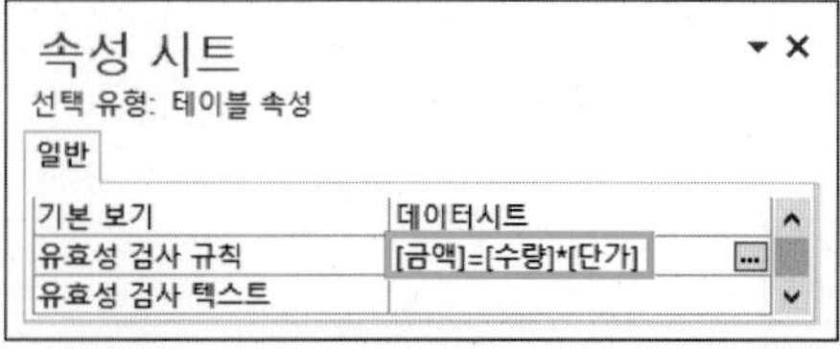

- 두 개 이상의 필드를 사용하여 유효성 검사 규칙을 설정할 때는 필드가 아닌 테이블 속성의 '유효성 검사 규칙' 속성에서 설정합니다.
- 테이블 유효성 검사 규칙은 테이블 디자인 보기 상태에서 [테이블 디자인] → 표시/숨기기 → **속성 시트**(▤)를 클릭한 후 테이블 속성 창의 '유효성 검사 규칙' 속성에 설정합니다.

24.상시, 22.상시, 21.상시, 20.상시, 18.상시

[유형 6] '수량' 필드에는 1~500 사이의 값만을 입력할 수 있도록 설정하시오.

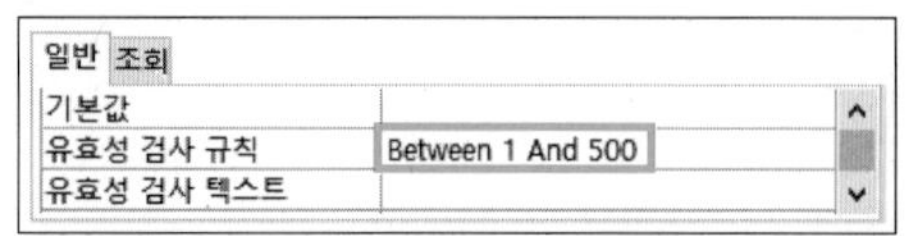

유효성 검사 규칙 속성에 **>=1 And <=500**을 입력해도 결과가 동일합니다.

20.상시, 19.상시, 17.상시, 16.1, 12.1, 11.2, 10.3, 10.1

[유형 7] '가입일' 필드에는 2000년 이후 출생자만 입력되도록 설정하시오.

일반	조회
기본값	
유효성 검사 규칙	>=#2000-01-01#
유효성 검사 텍스트	

날짜 데이터를 조건에 사용할 때는 #으로 날짜 데이터를 묶어줍니다.

22.상시, 21.상시, 20.상시, 18.상시, 17.상시, 14.1, 12.1, 11.2, 11.1, 10.3, 10.2, 10.1

[유형 8] '이메일' 필드에는 '@'이 반드시 포함되도록 설정하시오.

일반	조회
기본값	
유효성 검사 규칙	Like "*@*"
유효성 검사 텍스트	

Like : 만능 문자(*, ?)와 함께 사용하며, 문자 패턴을 비교함

전문가의 조언

기타 나머지 속성들은 문제의 지시사항을 통해 사용해야 할 속성을 쉽게 파악할 수 있습니다. 지시사항 중 사용해야 할 **속성을 의미하는 키워드를 표시해 두었으니 키워드와 속성을 연관지어 기억해 두세요.**

2240113

03 기타 속성

24.상시, 23.상시, 22.상시, 21.상시, 20.상시, 20.1, 19.상시, 19.2, 19.1, …

속성	지시사항
24.상시, 23.상시, 22.상시, 21.상시, … 필수	'담당자명' 필드에는 반드시 값이 입력되도록 설정하시오.
24.상시, 23.상시, 22.상시, 21.상시, … 기본값	새로운 레코드가 추가되는 경우 '날짜' 필드에는 현재 날짜가 입력되도록 설정하시오.
24.상시, 23.상시, 22.상시, 21.상시, … 인덱스	'학번' 필드에는 중복된 값이 입력될 수 없도록 인덱스를 설정하시오.
20.상시, 19.상시, 18.상시, 17.상시, … 형식	'날짜' 필드의 형식을 "mm월 dd일"로 설정하시오.
24.상시, 23.상시, 22.상시, 21.상시, … 필드 크기	'제품단가' 필드의 크기를 '바이트'로 설정하시오.
23.상시, 22.상시, 21.상시, 20.상시, … IME 모드	'등급' 필드에 포커스가 이동하면 입력기가 영숫자 반자가 되도록 설정하시오.
24.상시, 23.상시, 22.상시, 21.상시, … 빈 문자열 허용	'학점' 필드는 빈 문자열이 허용되지 않도록 설정하시오.
22.상시, 21.상시, 19.상시, 09.2, 07.4 캡션	'제품명' 필드는 필드 이름을 변경하지 않고, '상품이름'으로 표시되도록 설정하시오.
24.상시, 22.상시, 21.상시, 19.상시, … 테이블 정렬 기준	테이블을 열면 '학번'을 기준으로 오름차순 정렬되어 표시되도록 설정하시오.

테이블 정렬 기준은 테이블 디자인 보기 상태에서 [테이블 디자인] → 표시/숨기기 → **속성 시트(▤)**를 클릭한 후 테이블 속성 창의 '정렬 기준' 속성에 설정합니다.

잠깐만요 '형식' 속성의 사용자 지정 기호

형식	기호	설명
날짜	y	• y : 1년 중의 일을 표시(1~366)함 • yy : 연도의 마지막 두 자리를 표시함 • yyyy : 연도를 네 자리 숫자로 표시함
	m	• m : 필요에 따라 한 자리 또는 두 자리 숫자로 1~12까지의 월을 표시함 • mm : 01~12까지 두 자리 숫자로 월을 표시함 • mmm : Jan~Dec까지 월의 처음 세 자리를 표시함 • mmmm : January에서 December까지 완전한 월 이름을 표시함
	d	• d : 필요에 따라 한 자리 또는 두 자리 숫자로, 1~31까지의 일을 표시함 • dd : 01~31까지 두 자리 숫자로 일을 표시함 • ddd : sun~sat까지 요일의 처음 세 자리를 표시함 • dddd : Sunday~Saturday까지 완전한 요일 이름을 표시함
	a	• aaa : 요일을 '일'~'토'의 형태로 표시함 • aaaa : 요일을 '일요일'~'토요일'의 형태로 표시함
시간	h	• h : 한 자리 또는 두 자리 숫자로 0~23까지 시간을 표시함 • hh : 두 자리 숫자로 00~23까지 시간을 표시함

체크체크 ☑☐☐

2240162

지시사항에 해당하는 유효성 검사 규칙을 적으시오.

① 1~12까지의 값만 입력되도록 설정 (　　)

② "남자" 또는 "여자"만 입력되도록 설정 (　　)

③ '만료일' 필드에 입력되는 날짜는 '가입일' 필드에 입력된 날짜보다 반드시 크도록 설정 (　　)

④ "@" 문자가 반드시 포함되도록 설정 (　　)

⑤ 2024년 6월 1일 이후 날짜만 입력되도록 설정 (　　)

⑥ 2000을 초과하는 값만 입력되도록 설정

⑦ '비고' 필드에는 3글자만 입력되도록 설정 (　　)

⑧ '학번' 필드에는 공백 문자가 입력되지 않도록 설정 (　　)

정답

① Between 1 And 12　② In("남자", "여자")　③ [만료일]>[가입일]

④ Like "*@*"　⑤ >=#2024-6-1#　⑥ >2000　⑦ Len([비고])=3

⑧ InStr([학번], " ")=0

☞ 04~07을 직접 실습하려면 'C:\길벗컴활1급총정리\액세스\기능\01테이블완성.accdb' 파일을 열고 〈고객〉 테이블에서 작업하세요.

2240114

04 기본 키 설정하기

24.상시, 23.상시, 22.상시, 21.상시, 20.상시, 19.상시, 18.상시, 18.2, …

〈고객〉 테이블의 '순번' 필드를 기본 키로 설정하시오.

〈정답〉

고객

	필드 이름	데이터 형식
	순번	일련 번호
	등록일	
	고객ID	짧은 텍스트
	성명	짧은 텍스트
	성별	짧은 텍스트

❶ 오른쪽 딸깍 / 기본 키(K) ❷ 딸깍 / 잘라내기(T) / 복사(C) / 붙여넣기(P)

↓

고객

	필드 이름	데이터 형식
🔑	순번	일련 번호
	등록일	날짜/시간
	고객ID	짧은 텍스트

2240115

05 데이터 형식 변경하기

24.상시, 23.상시, 22.상시, 21.상시, 21.1, 19.상시, 15.3, 14.3, 14.2, …

〈고객〉 테이블의 '성별' 필드에는 True/False 또는 Yes/No 두 가지 형태의 데이터만 입력되도록 데이터 형식을 설정하시오.

〈정답〉

고객

필드 이름	데이터 형식
성별	짧은 텍스트 ❶ 딸깍
고객등급	
전화번호	
대리점코드	
대리점명	

짧은 텍스트 / 긴 텍스트 / 숫자 / 큰 번호 / 날짜/시간 / 날짜/시간 연장됨 / 통화 / 일련 번호 / Yes/No ❷ 딸깍 / OLE 개체

↓

고객

필드 이름	데이터 형식
성명	짧은 텍스트
성별	Yes/No
고객등급	짧은 텍스트

2240116

06 필드 추가하기

23.상시, 22.상시, 21.상시, 20.상시, 19.상시, 19.2, 18.상시, 18.2, 18.1, …

〈고객〉 테이블의 '지역' 필드를 '대리점명' 필드의 뒤에 추가하시오.

〈정답〉

고객

필드 이름	데이터 형식
대리점명	짧은 텍스트
지역	짧은 텍스트

↓

대리점명	지역
안양점	
순천점	
목포점	
속초점	

필드를 맨 뒤가 아니라 필드와 필드 사이에 추가할 때는 추가할 위치의 행 선택기를 클릭하고 Insert를 눌러 먼저 행을 추가한 후 추가할 필드명을 입력합니다.

전문가의 조언

조회 기능도 문제의 지시사항을 통해 사용해야 할 속성을 쉽게 파악할 수 있습니다. 지시사항에 사용해야 할 속성을 의미하는 키워드가 들어있기 때문이죠. **속성을 의미하는 키워드를 표시해 두었으니 키워드와 속성을 연관지어 기억해 두세요.**

07 조회 기능 설정하기

24.상시, 23.상시, 22.상시, 21.상시, 20.1, 19.상시, 19.2, 19.1, 18.상시, 18.2, 18.1, …

2240117

24.상시, 23.상시, 22.상시, 21.상시, 20.1, 19.상시, 19.2, 19.1, …

[유형 1] 〈고객〉 테이블의 '대리점코드' 필드에 다음과 같이 조회 속성을 설정하시오.

- ▶ 콤보 상자 형태로 〈대리점〉 테이블의 '대리점코드', '대리점명', '월평균매출액' 목록이 나타나도록 설정하시오.
- ▶ 필드에는 '대리점코드'가 저장되도록 설정하시오.
- ▶ 열 이름이 표시되도록 설정하고, 화면에 '대리점코드'는 표시되지 않도록 설정하시오.
- ▶ 행 수를 6으로 설정하시오.
- ▶ '대리점명'과 '월평균매출액' 필드의 열의 너비를 각각 2cm와 3cm, 목록 너비는 5cm로 설정하시오.
- ▶ 목록 이외의 값은 입력되지 않도록 하시오.

전화번호	대리점코드	대리점명
010-2307-6258	안양점	안양점
010-9811-8406		
010-2299-6240		
010-8907-1798		
010-1268-7973		
019-3856-3548		
010-7718-3664		
011-3709-8862	안동점	안동점

대리점명	월평균매출액
안양점	120만원
순천점	400만원
목포점	820만원
속초점	130만원
수원점	410만원

〈정답〉

필드 속성

일반 | 조회

컨트롤 표시	콤보 상자
행 원본 유형	테이블/쿼리
행 원본	SELECT 대리점.대리점코드, 대리점.대리점명, 대리점.월평균매출액 FROM 대리점;
바운드 열	1
열 개수	3
열 이름	예
열 너비	0cm;2cm;3cm
행 수	6
목록 너비	5cm
목록 값만 허용	예

1. 〈고객〉 테이블의 바로 가기 메뉴에서 **[디자인 보기]**를 선택합니다.
2. '대리점코드' 필드를 클릭하세요.
3. '조회' 탭에서 '컨트롤 표시' 속성을 '콤보 상자'로 변경하세요.

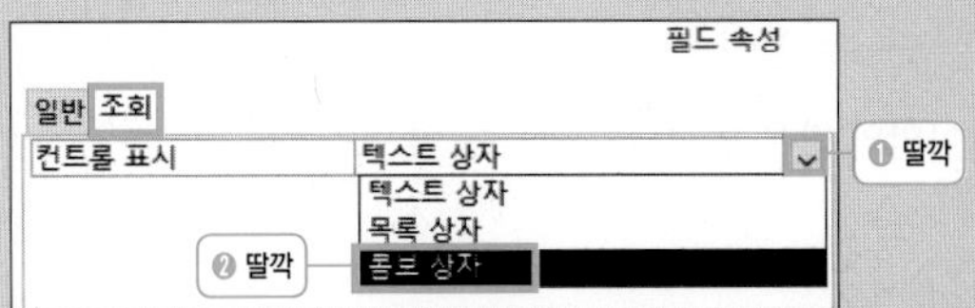

4. '행 원본' 속성의 작성기 단추(…)를 클릭하세요.
5. '테이블 추가' 창에서 〈대리점〉 테이블을 더블클릭한 후 닫기(×) 단추를 클릭하세요.
6. '쿼리 작성기' 창에서 〈대리점〉 테이블의 '대리점코드', '대리점명', '월평균매출액' 필드를 순서대로 드래그하세요.

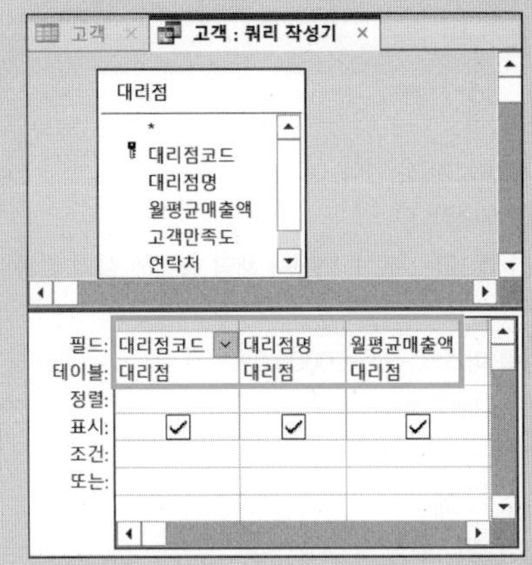

7. '쿼리 작성기' 창의 닫기(×) 단추를 클릭하세요.
8. 업데이트 확인 창에서 〈예〉를 클릭하세요.
9. 연결되는 필드의 개수가 3개이므로 '열 개수'에 3을 입력합니다.
   - ※ 바운드 열은 저장될 필드를 지정하는 것으로, '대리점코드'는 '행 원본' 속성에 지정된 필드 중에서 순서상 첫 번째이므로 1을 입력합니다. '대리점명'이 저장되도록 설정해야 한다면 2를 입력하면 됩니다.
   - ※ 열 개수는 지시사항에 없으므로 사용하는 필드의 개수를 세서 입력하면 됩니다.
   - ※ 열 너비를 입력할 때 각각은 세미콜론(;)으로 구분하며, **0;2;3**과 같이 입력하고 Enter를 누르면, cm가 자동으로 붙어 **0cm;2cm;3cm**와 같이 입력됩니다.
   - ※ 열 너비를 **0cm**로 설정하면, 해당 필드는 화면에 표시되지 않습니다.

24.상시, 22.상시, 21.상시, 19상시, 18.상시, 16.상시, 14.2, 13.3, 12.3, 12.2, 11.2, …

[유형 2] 〈고객〉 테이블의 '고객등급' 필드에 대해서 다음과 같이 조회 속성을 설정하시오.

▶ "VIP", "Gold", "Silver", "Bronze"가 콤보 상자의 형태로 나타나도록 설정하시오.

성명	성별	고객등급	전화번호
김성일	☑	VIP	010-2307-6258
양세일	☑	VIP	10-9811-8406
차수진	☐	Gold	10-2299-6240
노정휴	☑	Silver	10-8907-1798
황희지	☐	Bronze	10-1268-7973

〈정답〉

일반	조회
컨트롤 표시	콤보 상자
행 원본 유형	값 목록
행 원본	VIP;Gold;Silver;Bronze

대표기출문제

'C:\길벗컴활1급총정리\액세스\기능\01테이블완성.accdb' 파일을 열어서 작업하세요.

2240181

[기출 1] 24.상시, 23.상시, 22.상시, 21.상시, 20.상시, 19.상시, 19.2, 18.상시, …

회원 정보를 관리하기 위해 데이터베이스를 구축하고자 한다. 다음의 지시사항에 따라 〈회원〉 테이블을 완성하시오.

① '회원코드' 필드는 'A-F0001' 형식으로 입력되도록 입력 마스크를 설정하시오.

▶ 첫 번째와 세 번째 자리는 한글이나 영문이 반드시 입력되고, 뒤의 4자리는 숫자가 반드시 입력되도록 설정할 것

▶ '-'도 저장하고 데이터가 입력될 자리에 '*'이 표시되도록 설정할 것

② '성명' 필드에는 중복된 값이 입력될 수 있도록 인덱스를 설정하시오.

③ 새로운 레코드가 추가되는 경우 '가입일' 필드에는 현재 날짜가 입력되도록 설정하시오.

④ '회원등급' 필드에는 값이 반드시 입력되도록 설정하시오.

⑤ '이메일' 필드에 '@'이 반드시 포함되도록 유효성 검사 규칙을 설정하시오.

2240182

[기출 2] 24.상시, 23.상시, 22.상시, 21.상시, 20.상시, 20.1, 19.상시, 19.2, 19.1, …

여행 상품을 관리하기 위해 데이터베이스를 구축하고자 한다. 다음의 지시사항에 따라 〈패키지상품〉 테이블을 완성하시오.

① '패키지명' 필드를 기본키로 설정하시오.

② '패키지명' 필드는 'GP1101'과 같은 형식으로 입력되도록 입력 마스크를 설정하시오.

▶ 앞의 2자리 문자는 선택적으로 입력받되 소문자를 입력해도 대문자로 표시되도록 설정하고, 뒤의 4자리 숫자는 0 ~ 9까지의 숫자와 공백만 입력할 수 있도록 설정할 것

▶ 자료 입력 시 화면에 표시되는 기호는 '#'으로 설정할 것

③ '캐디등급' 필드에는 "아마추어", "프로", "준프로" 외에 다른 값은 입력되지 않도록 유효성 검사 규칙을 설정하시오.

④ '판매가' 필드의 값에 통화 기호가 표시되도록 설정하시오.

⑤ '판매가' 필드 뒤에 '숙소약도' 필드를 추가하고 데이터 형식을 '첨부 파일'로 설정하시오.

2240183

[기출 3] 24.상시, 23.상시, 22.상시, 21.상시, 20.1, 19.상시, 19.2, 19.1, 18.1, …

상품 정보를 관리하기 위해 데이터베이스를 구축하고자 한다. 다음의 지시사항에 따라 〈상품〉 테이블을 완성하시오.

① '상품코드' 필드는 IME 모드를 '영숫자 반자'로 설정하시오.

② '상품명' 필드에는 빈 문자열이 허용되지 않도록 설정하시오.

③ '제조사코드' 필드는 'DCM-01'과 같은 형식으로 입력되도록 입력 마스크를 설정하시오.

▶ 앞의 3글자는 "DCM"이 고정적으로 입력되고 뒤의 2글자는 0~9까지의 숫자가 반드시 입력되도록 설정하시오.

▶ '-'도 저장하고 데이터가 입력될 자리에 '*'이 표시되도록 설정할 것

④ '화소' 필드의 필드 크기를 '바이트'로 설정하시오.

⑤ '판매가'를 기준으로 내림차순으로 정렬되도록 테이블 속성을 설정하시오.

2240184

[기출 4] 24.상시, 23.상시,22.상시, 21.상시, 20.상시, 19.1, 18.상시, 18.2, 18.1, …

제품판매 정보를 관리하기 위해 데이터베이스를 구축하고자 한다. 다음의 지시사항에 따라 〈제품판매〉 테이블을 완성하시오.

① '주문번호' 필드에는 중복된 값이 입력될 수 없도록 인덱스를 설정하시오.

② '주문번호' 필드는 필드 이름을 변경하지 않고, 'No'로 표시되도록 설정하시오.

③ '판매일' 필드에는 2021년 이후 날짜만 입력되도록 설정하고, 다른 값이 입력되면 "2021년 이후 날짜만 입력"이라는 메시지가 표시되도록 설정하시오.

④ '제품단가' 필드에는 값이 반드시 입력되도록 설정하시오.

⑤ '판매량' 필드는 새 레코드 추가 시 기본적으로 1이 입력되도록 설정하시오.

2240185

[기출 5] 24.상시, 23.상시, 22.상시, 21.상시, 20.1, 19.상시, 19.2, 19.1, 18.상시, …

〈교환내역〉 테이블의 '회원코드' 필드에 다음과 같이 조회 속성을 설정하시오.

▶ 콤보 상자 형태로 〈회원〉 테이블의 '회원코드', '성명', '회원등급' 목록이 나타나도록 설정하시오.

▶ 필드에는 '회원코드'가 저장되도록 설정하시오.

▶ 열 이름이 표시되도록 설정하고, 화면에 '회원코드'는 표시되지 않도록 설정하시오.

▶ '성명'과 '회원등급' 필드의 열의 너비를 각각 2cm와 3cm, 목록 너비는 5cm로 설정하시오.

▶ 목록 이외의 값은 입력되지 않도록 하시오.

정답

[기출 1]

1. 〈회원〉 테이블을 **[디자인 보기]**로 연다.
2. 속성을 설정할 필드를 선택한다.
3. 필드 속성 창의 '일반' 탭 또는 '조회' 탭에서 해당 속성에 설정 값을 입력한다.

① '회원코드' 필드의 입력 마스크 → L-L0000;0;*
② '성명' 필드의 인덱스 → 예(중복 가능)
③ '가입일' 필드의 기본값 → Date( )
④ '회원등급' 필드의 필수 → 예
⑤ '이메일' 필드의 유효성 검사 규칙 → Like "*@*"

[기출 2]

② '패키지명' 필드의 입력 마스크 → >??9999;;#
③ '캐디등급' 필드의 유효성 검사 규칙 → In("아마추어", "프로", "준프로")
④ '판매가' 필드의 형식 → 통화
⑤ '숙소약도' 필드의 데이터 형식 → 첨부 파일

[기출 3]

① '상품코드' 필드의 IME 모드 → 영숫자 반자
② '상품명' 필드의 빈 문자열 허용 → 아니요
③ '제조사코드' 필드의 입력 마스크 → "DCM"-00;0;*
④ '화소' 필드의 필드 크기 → 바이트
⑤ 테이블 속성의 정렬 기준 → 판매가 Desc

[기출 4]

① '주문번호' 필드의 인덱스 → 예(중복 불가능)
② '주문번호' 필드의 캡션 → No
③ '판매일' 필드의 유효성 검사 규칙 → >=#2021-01-01#
'판매일' 필드의 유효성 검사 텍스트 → "2021년 이후 날짜만 입력"
④ '제품단가' 필드의 필수 → 예
⑤ '판매량' 필드의 기본값 → 1

[기출 5]

일반 | 조회

컨트롤 표시	콤보 상자
행 원본 유형	테이블/쿼리
행 원본	SELECT 회원.회원코드, 회원.성명, 회원.회원등급 FROM 회원;
바운드 열	1
열 개수	3
열 이름	예
열 너비	0cm;2cm;3cm
행 수	16
목록 너비	5cm
목록 값만 허용	예

2240201

2 관계 설정

출제 비율 90% / 배점 5점

관계 설정 문제는 **2~3개의 테이블을 대상으로 관계를 설정**하는 작업입니다. 보통 3개의 옵션을 설정하도록 출제되는데, **3개의 옵션을 모두 설정해야** 5점을 얻습니다. **부분 점수는 없습니다.**

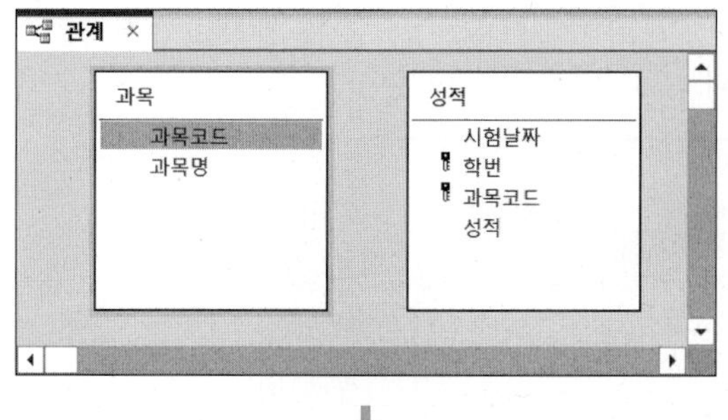

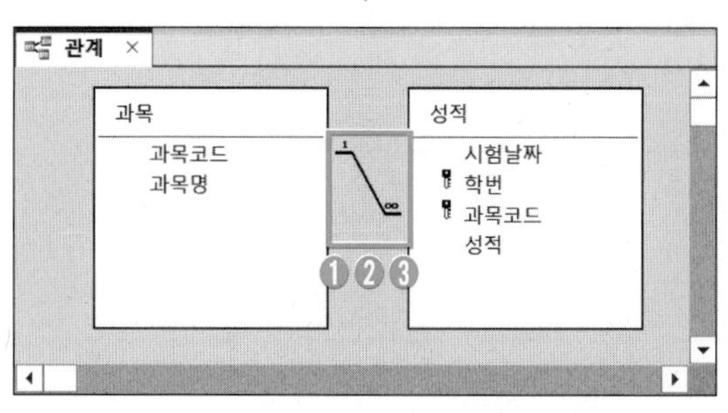

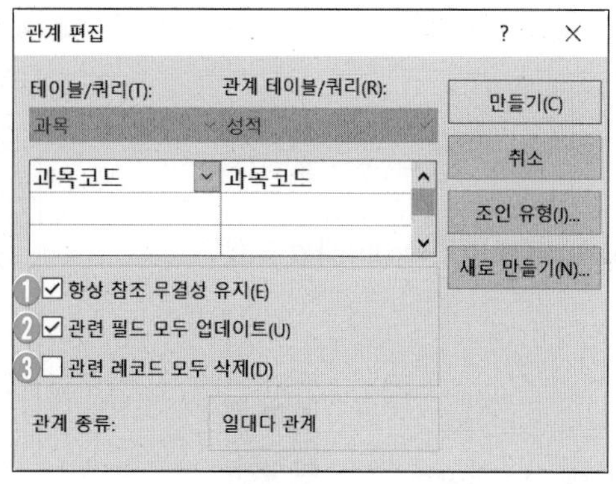

❶ 〈과목〉 테이블과 〈성적〉 테이블 간 항상 참조 무결성이 유지된다.

❷ 〈과목〉 테이블의 '과목코드' 필드가 변경되면 이를 참조하는 〈성적〉 테이블의 '과목코드' 필드도 함께 변경된다.

❸ 〈성적〉 테이블에서 참조하고 있는 〈과목〉 테이블의 레코드는 삭제할 수 없다.

※ 〈과목〉 테이블과 〈성적〉 테이블 간 참조 무결성을 강화하기 위해 관계를 설정하는 화면입니다.

2240202

작업 순서

답안 작업 순서를 기억해 두세요. 실제 시험장에서 답안 작성 시간을 확 줄일 수 있습니다.

1. [데이터베이스 도구] → 관계 → **관계**(▦)를 클릭한다.
2. '테이블 추가' 창의 '테이블' 탭에서 관계를 설정할 테이블을 차례대로 더블클릭한다.
   ※ '테이블 추가' 창이 표시되지 않으면, '관계' 창의 바로 가기 메뉴에서 **[테이블 표시]**를 선택한다.
3. 테이블 간의 관련 필드를 끌어서 연결한다.
4. '관계 편집' 대화상자에서 필요한 옵션을 선택하고 **〈만들기〉**를 클릭한다.

2240211

합격포인트

관계 설정은 출제되는 문제가 정해져 있으므로 관계 편집 대화상자를 기억해 두는 것이 합격포인트입니다.

- **"유지되도록, 변경되도록, 삭제할 수 있도록" 이라는 지시사항에는 옵션을 체크합니다.**
- **"변경되지 않도록, 삭제되지 않도록" 이라는 지시사항에는 옵션을 체크 하지 않습니다.**

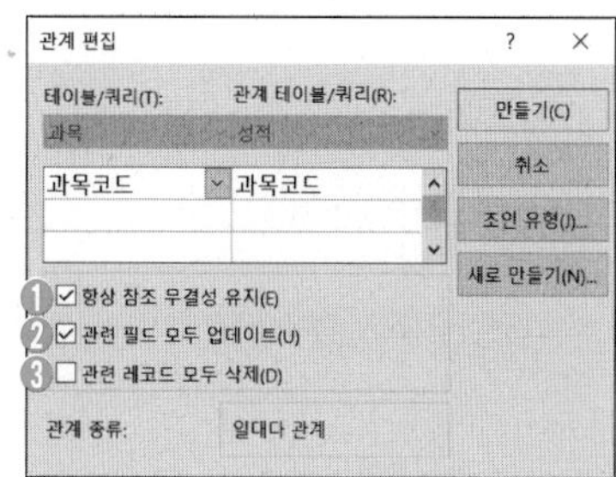

No	지시사항	'관계 편집' 대화상자 옵션 설정
❶	두 테이블 간에 항상 참조 무결성을 유지하도록 설정	☑항상 참조 무결성 유지(E)
❷	〈과목〉 테이블의 '과목코드' 필드가 변경되면, 〈성적〉 테이블의 '과목코드' 필드도 변경되도록 설정	☑관련 필드 모두 업데이트(U)
❸	〈성적〉 테이블이 참조하고 있는 〈과목〉 테이블의 레코드를 삭제할 수 있도록 설정	☑관련 레코드 모두 삭제(D)
	〈성적〉 테이블이 참조하고 있는 〈과목〉 테이블의 레코드를 삭제할 수 없도록 설정	☐관련 레코드 모두 삭제(D)

※ '항상 참조 무결성 유지' 옵션이 체크 되어야만 '관련 필드 모두 업데이트'나 '관련 레코드 모두 삭제' 옵션이 활성화되므로, 이제까지 모든 문제가 '항상 참조 무결성 유지' 옵션을 체크하도록 출제되었습니다.

※ '관련 필드 모두 업데이트'나 '관련 레코드 모두 삭제' 옵션에 대한 지시사항이 없을 때는 해당 옵션을 체크하지 않으면 됩니다.

대표기출문제

'C:\길벗컴활1급총정리\액세스\기능\02관계설정.accdb' 파일을 열어서 작업하세요.

2240281

[기출 1] 24.상시, 23.상시, 22.상시, 21.상시, 20.상시, 20.1, 19.상시, 19.2, 19.1, …

〈과외〉 테이블의 '학생ID' 필드는 〈학생〉 테이블의 '학생ID' 필드를 참조하며, 테이블 간의 관계는 M:1이다. 두 테이블에 대해 다음과 같이 관계를 설정하시오.

▶ 두 테이블 간에 항상 참조 무결성을 유지하도록 설정하시오.

▶ 〈학생〉 테이블의 '학생ID' 필드가 변경되면 이를 참조하는 〈과외〉 테이블의 '학생ID' 필드도 변경되도록 설정하시오.

▶ 〈과외〉 테이블에서 참조하고 있는 〈학생〉 테이블의 레코드를 삭제할 수 없도록 설정하시오.

2240282

[기출 2] 18.상시, 16.상시, 14.2, 10.3, 08.1, 06.4, 03.2, 03.1

〈제품판매〉 테이블의 '제조사코드' 필드는 〈제조사〉 테이블의 '제조사코드' 필드를, 〈제품판매〉 테이블의 '분류코드' 필드는 〈제품분류〉 테이블의 '분류코드' 필드를 참조하며, 각각 테이블 간의 관계는 M:1이다. 세 테이블에 대해 다음과 같이 관계를 설정하시오.

▶ 두 테이블 간에 항상 참조 무결성을 유지하도록 설정하시오.

▶ 〈제품판매〉 테이블에서 참조하고 있는 〈제조사〉와 〈제품분류〉 테이블의 레코드를 삭제할 수 있도록 설정하시오.

정답 및 해설

[기출 1]

〈정답〉

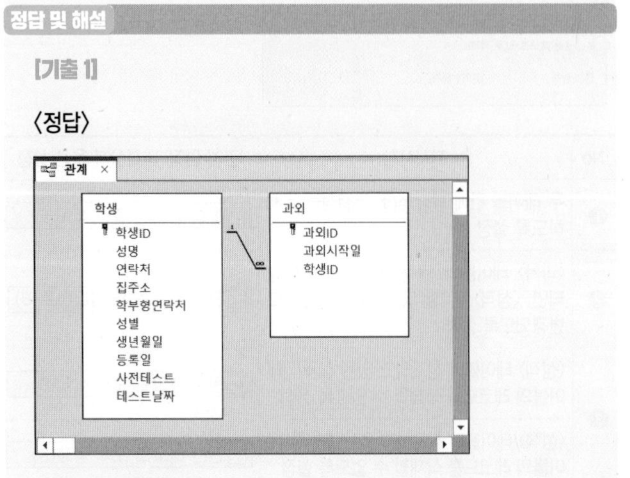

〈해설〉

1. [데이터베이스 도구] → 관계 → **관계**( )를 클릭한다.
2. '테이블 추가' 창의 '테이블' 탭에서 〈학생〉과 〈과외〉 테이블을 차례대로 더블클릭한 후 닫기( ) 단추를 클릭한다.
3. 〈학생〉 테이블의 '학생ID' 필드를 〈과외〉 테이블의 '학생ID' 필드로 드래그 앤 드롭한다.
4. '관계 편집' 대화상자에서 다음과 같이 옵션을 선택하고 **〈만들기〉**를 클릭한다.

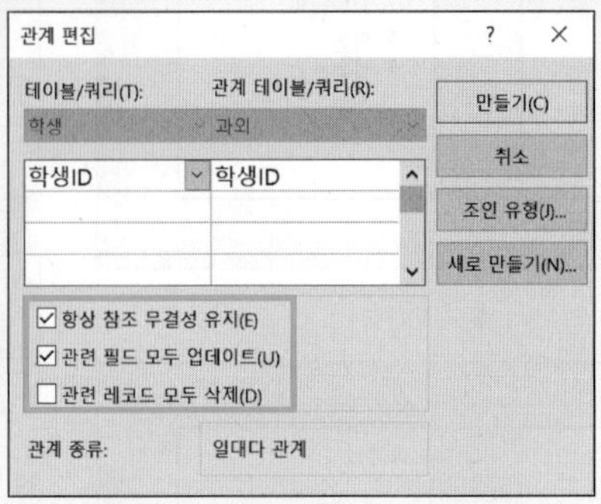

[기출 2]

〈정답〉

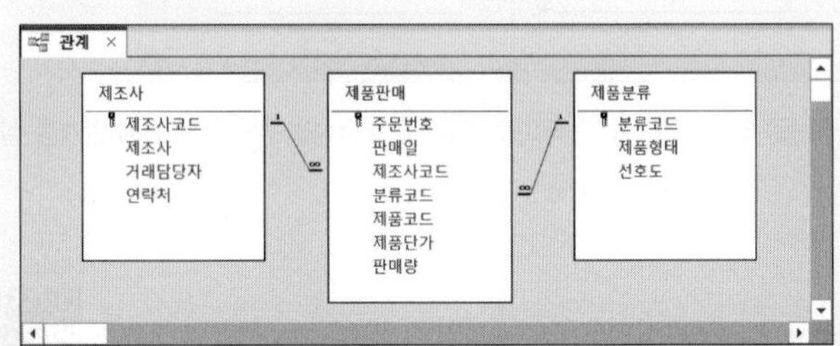

〈해설〉

• 〈제조사〉 테이블과 〈제품판매〉 테이블 간의 '관계 편집' 대화상자

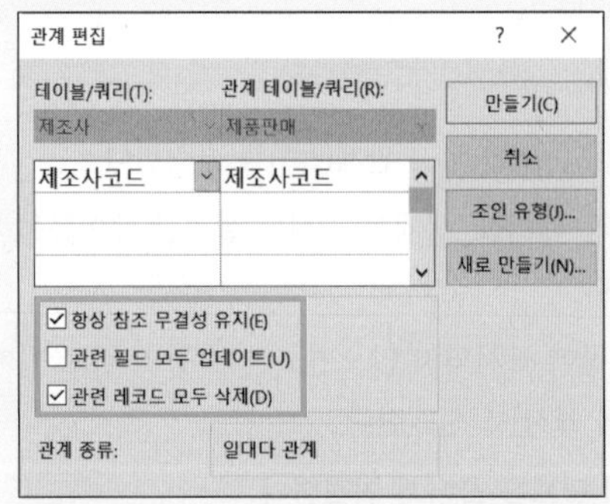

• 〈제품분류〉 테이블과 〈제품판매〉 테이블 간의 '관계 편집' 대화상자

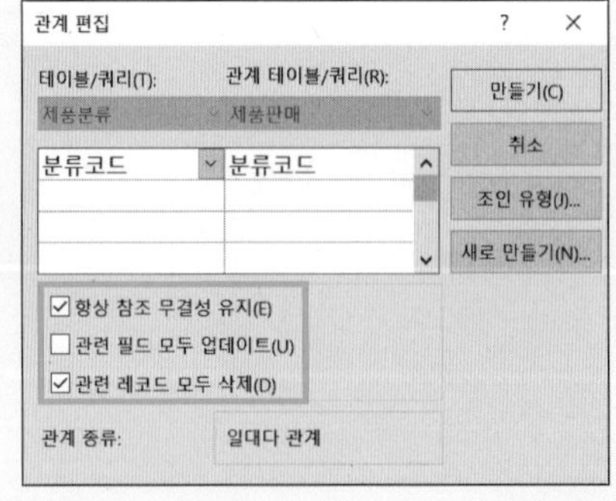

3 테이블 생성

출제 비율 70% / 배점 5점

2240301

테이블 생성 문제는 **외부 데이터를 액세스의 테이블로 가져오는** 작업입니다. 주어진 **지시사항을 모두 해결해야** 5점을 얻습니다. **부분 점수는 없습니다.**

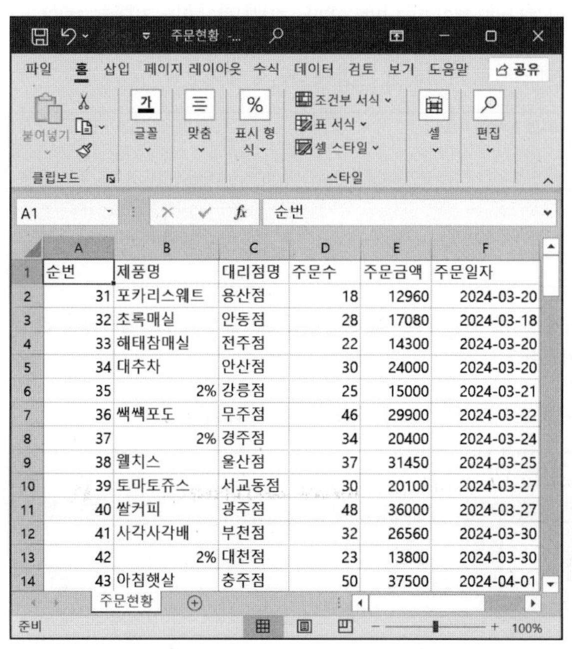

	A	B	C	D	E	F
1	순번	제품명	대리점명	주문수	주문금액	주문일자
2	31	포카리스웨트	용산점	18	12960	2024-03-20
3	32	초록매실	안동점	28	17080	2024-03-18
4	33	해태참매실	전주점	22	14300	2024-03-20
5	34	대추차	안산점	30	24000	2024-03-20
6	35	2%	강릉점	25	15000	2024-03-21
7	36	쌕쌕포도	무주점	46	29900	2024-03-22
8	37	2%	경주점	34	20400	2024-03-24
9	38	웰치스	울산점	37	31450	2024-03-25
10	39	토마토쥬스	서교동점	30	20100	2024-03-27
11	40	쌀커피	광주점	48	36000	2024-03-27
12	41	사각사각배	부천점	32	26560	2024-03-30
13	42	2%	대천점	23	13800	2024-03-30
14	43	아침햇살	충주점	50	37500	2024-04-01

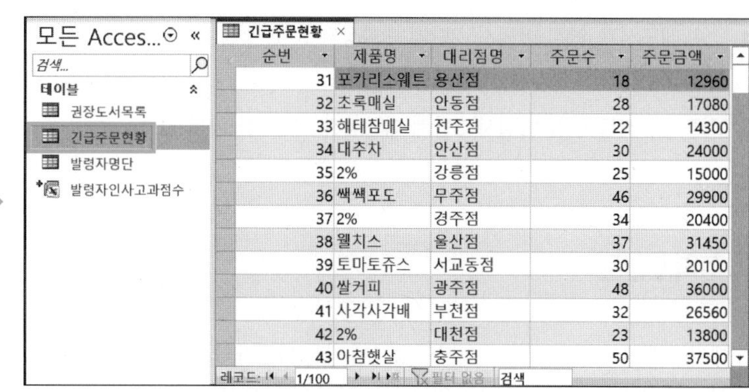

순번	제품명	대리점명	주문수	주문금액
31	포카리스웨트	용산점	18	12960
32	초록매실	안동점	28	17080
33	해태참매실	전주점	22	14300
34	대추차	안산점	30	24000
35	2%	강릉점	25	15000
36	쌕쌕포도	무주점	46	29900
37	2%	경주점	34	20400
38	웰치스	울산점	37	31450
39	토마토쥬스	서교동점	30	20100
40	쌀커피	광주점	48	36000
41	사각사각배	부천점	32	26560
42	2%	대천점	23	13800
43	아침햇살	충주점	50	37500

※ 엑셀 파일의 데이터인 '주문현황' 시트를 액세스의 테이블인 '긴급주문현황' 테이블로 가져온 화면입니다.

작업 순서

답안 작업 순서에 익숙하면 시험장에서 당황하지 않고 조금 더 빠르게 답안을 작성할 수 있습니다. 다음의 순서를 보면서 차례대로 액세스 화면을 떠올려 보세요.

2240302

엑셀 파일 가져오기

1. [외부 데이터] → 가져오기 및 연결 → 새 데이터 원본 → 파일에서 → Excel(아이콘)을 클릭한다.
2. '외부 데이터 가져오기 – Excel 스프레드시트' 창
   - 〈찾아보기〉를 클릭한 후 가져올 엑셀 파일을 선택한다.
   - '현재 데이터베이스의 새 테이블로 원본 데이터 가져오기'를 선택한다.
3. '스프레드시트 가져오기 마법사' 1단계 대화상자 : '워크시트 표시'나 '이름 있는 범위 표시' 선택
4. '스프레드시트 가져오기 마법사' 2단계 대화상자 : '첫 행에 열 머리글이 있음' 여부 지정
5. '스프레드시트 가져오기 마법사' 3단계 대화상자 : 제외할 필드 선택
6. '스프레드시트 가져오기 마법사' 4단계 대화상자 : 기본 키 지정
7. '스프레드시트 가져오기 마법사' 5단계 대화상자 : 테이블 이름 입력

2240303

텍스트 파일 가져오기

1. [외부 데이터] → 가져오기 및 연결 → 새 데이터 원본 → 파일에서 → **텍스트 파일**(아이콘)을 클릭한다.

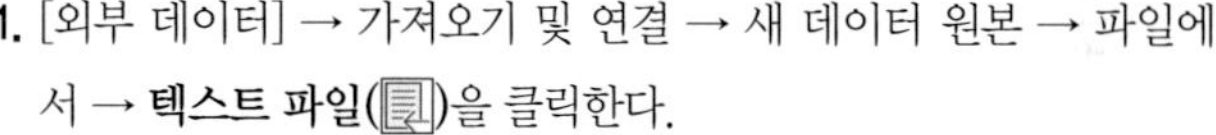

2. '외부 데이터 가져오기 – 텍스트 파일' 창
   - 〈찾아보기〉를 클릭한 후 가져올 텍스트 파일을 선택한다.
   - '현재 데이터베이스의 새 테이블로 원본 데이터 가져오기'를 선택한다.
3. '텍스트 가져오기 마법사' 1단계 대화상자 : 필드 구분 방법 선택
4. '텍스트 가져오기 마법사' 2단계 대화상자 : 필드를 나눌 구분 기호 선택, '첫 행에 필드 이름 포함' 여부 지정
5. '텍스트 가져오기 마법사' 3단계 대화상자 : 제외할 필드 선택
6. '텍스트 가져오기 마법사' 4단계 대화상자 : 기본 키 지정
7. '텍스트 가져오기 마법사' 5단계 대화상자 : 테이블 이름 입력

2240304

엑셀 파일 연결하기

1. [외부 데이터] → 가져오기 및 연결 → 새 데이터 원본 → 파일에서 → Excel(아이콘)을 클릭한다.

2. '외부 데이터 가져오기 – Excel 스프레드시트' 창

- 〈찾아보기〉를 클릭한 후 연결할 엑셀 파일을 선택한다.
- '연결 테이블을 만들어 데이터 원본에 연결'을 선택한다.

3. '스프레드시트 연결 마법사' 1단계 대화상자 : '워크시트 표시'나 '이름 있는 범위 표시' 선택
4. '스프레드시트 연결 마법사' 2단계 대화상자 : '첫 행에 열 머리글이 있음' 여부 지정
5. '스프레드시트 연결 마법사' 3단계 대화상자 : 테이블 이름 입력

합격포인트

- 테이블 생성 문제는 외부 데이터의 종류에 따른 **마법사의 각 단계에서 수행해야 할 작업을 정확히 알고 있는 것이 합격포인트**입니다.
- 단계별로 작업할 내용을 반드시 암기해야 하는 것은 아니지만 낯설지 않을 정도로는 알고 있어야 합니다.

2240311

01 엑셀 파일 가져오기 / 엑셀 파일 연결하기

1. '외부 데이터 가져오기 – Excel 스프레드시트' 창

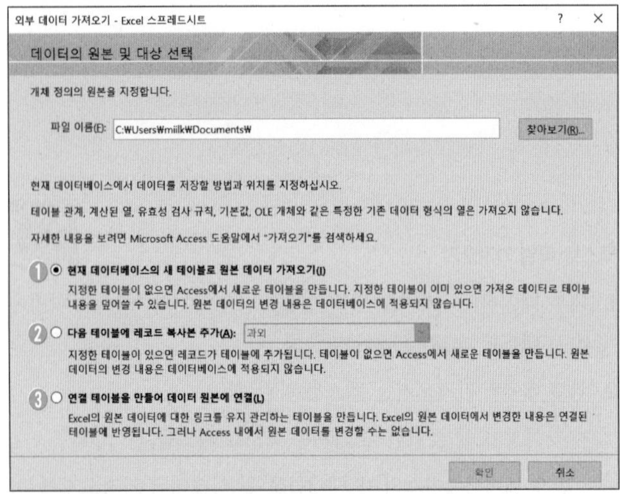

① 외부에서 가져온 데이터를 이용하여 새로운 테이블을 작성한다.

② 외부에서 가져온 데이터를 기존의 테이블에 추가합니다.

③ 외부에서 가져온 데이터를 이용하여 새로운 테이블을 작성하되 외부 데이터가 들어 있는 외부 파일과 연결한다.

2. '스프레드시트 가져오기 마법사' 1단계 대화상자

① 엑셀 시트를 단위로 하여 가져오거나 연결할 경우 사용한다.

② 엑셀에서 이름으로 정의된 범위를 단위로 하여 가져오거나 연결할 경우 사용한다.

3. '스프레드시트 가져오기 마법사' 2단계 대화상자

① 문제에 '첫 번째 행이 필드 이름'이라는 지시사항이 있는 경우 체크한다.

4. '스프레드시트 가져오기 마법사' 3단계 대화상자

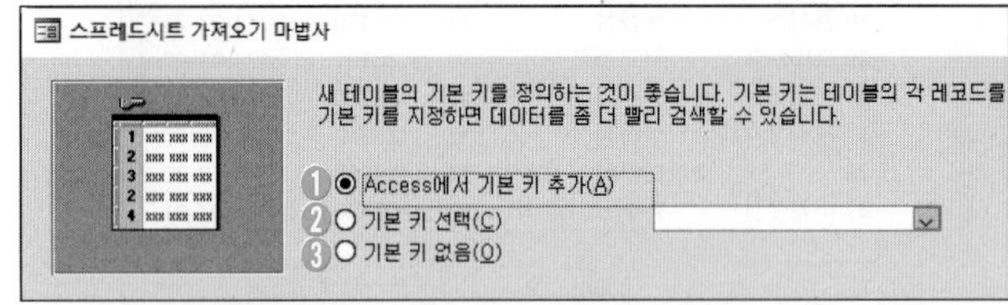

① 문제에 제외할 필드가 제시된 경우 해당 필드를 선택하고 '필드 포함 안 함'을 체크한다.

5. '스프레드시트 가져오기 마법사' 4단계 대화상자

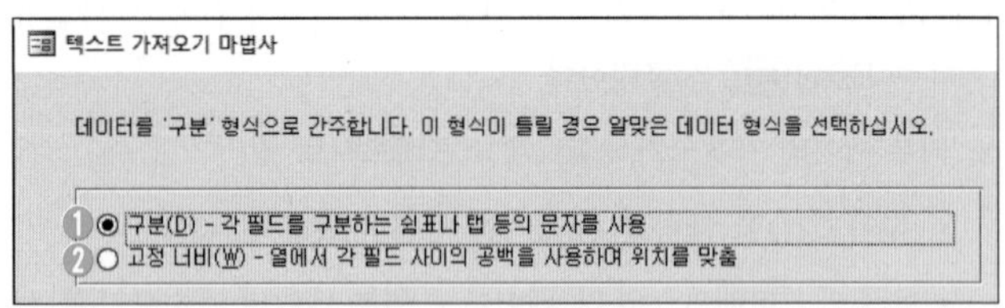

① Access에서 기본적으로 제공하는 기본 키를 새로운 필드로 추가한다.

② 외부에서 가져오는 데이터 중에서 기본 키로 사용할 필드를 선택한다.

③ 기본 키를 정의하지 않는다.

2240312

02 텍스트 파일 가져오기

1. '텍스트 가져오기 마법사' 1단계 대화상자

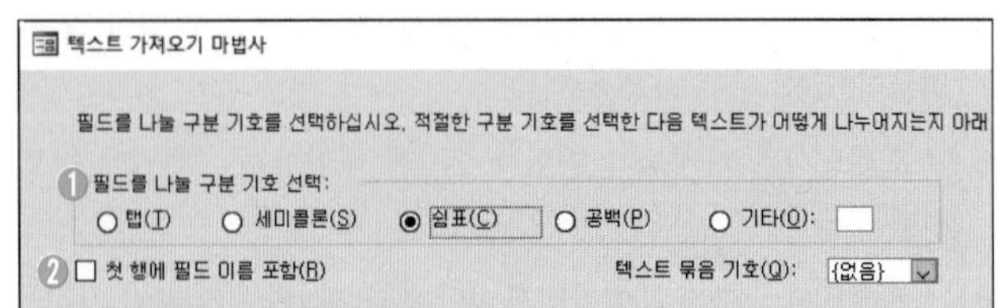

① 문제에 구분자(쉼표, 탭, 공백 등)가 제시된 경우 선택한다.

② 문제에 구분자가 제시되지 않은 경우 선택한다.

2. '텍스트 가져오기 마법사' 2단계 대화상자

텍스트 가져오기 마법사

필드를 나눌 구분 기호를 선택하십시오. 적절한 구분 기호를 선택한 다음 텍스트가 어떻게 나누어지는지 아래

① 필드를 나눌 구분 기호 선택:

○ 탭(T) ○ 세미콜론(S) ◉ 쉼표(C) ○ 공백(P) ○ 기타(O):

② ☐ 첫 행에 필드 이름 포함(R) 텍스트 묶음 기호(Q): {없음}

① 문제에 제시된 구분자(쉼표, 탭, 공백 등)를 선택한다.

② 문제에 '첫 번째 행이 필드 이름'이라는 지시사항이 있는 경우 체크한다.

대표기출문제

'C:\길벗컴활1급총정리\액세스\기능\03테이블생성.accdb' 파일을 열어서 작업하세요.

2240381

[기출 1] 24.상시, 23.상시, 22.상시, 21.상시, 20.상시, 17.상시, 16.상시, 16.2, …

'신규제품.xlsx' 파일을 테이블 형태로 가져오시오.

▶ '입고제품'으로 이름이 지정된 범위를 이용할 것

▶ 첫 번째 행은 필드 이름임

▶ '제품코드'를 기본 키로 지정하고 테이블 이름을 '신규입고제품'으로 할 것

2240382

[기출 2] 23.상시, 22.상시, 21.상시, 20.상시, 08.4, 06.2, 06.1, 05.3, 05.2, 04.4, …

'채용결과.txt' 파일을 가져와 다음과 같이 '채용결과' 테이블을 작성하시오.

▶ 첫 번째 행은 필드 이름임

▶ 구분자는 쉼표(,)임

▶ Access에서 제공하는 기본 키를 설정할 것

2240383

[기출 3] 13.상시, 11.1, 08.3, 08.2, 06.4, 05.1, 04.1, 03.4, 03.3, 03.2, 03.1, 02.3

다음의 지시사항에 따라 '전학원생.xlsx' 파일을 연결하시오.

▶ 첫 행은 열 머리글임

▶ 연결 테이블의 이름은 '전학원생'으로 할 것

2250384

[기출 4] 24.상시

외부 데이터 가져오기 기능을 이용하여 〈산업단지추가분.xlsx〉에서 내용을 가져와 〈산업단지현황〉 테이블에 추가하시오.

정답

[기출 1]

1. [외부 데이터] → 가져오기 및 연결 → 새 데이터 원본 → 파일에서 → Excel(▣)을 클릭한다.
2. '외부 데이터 가져오기 – Excel 스프레드시트' 창
   - 〈찾아보기〉를 클릭한 후 가져올 '신규제품.xlsx' 엑셀 파일을 선택한다.
   - '현재 데이터베이스의 새 테이블로 원본 데이터 가져오기'를 선택한다.
3. '스프레드시트 가져오기 마법사' 1단계 대화상자 : '이름 있는 범위 표시' 선택
4. '스프레드시트 가져오기 마법사' 2단계 대화상자 : '첫 행에 열 머리글이 있음' 선택
5. '스프레드시트 가져오기 마법사' 4단계 대화상자 : '제품코드'를 기본 키로 지정
6. '스프레드시트 가져오기 마법사' 5단계 대화상자 : 테이블 이름을 **신규입고제품**으로 입력

신규입고제품

제품코드	지점명	재고량	주문량	제품명	단가	주문금액	할인금액	실수령액
COM01	강동점	25	250	키보드	₩18,000	₩4,500,000	₩540,000	₩3,960,000
COM02	송파점	37	200	키보드	₩18,000	₩3,600,000	₩432,000	₩3,168,000
COM03	노원점	42	150	키보드	₩18,000	₩2,700,000	₩270,000	₩2,430,000
COM04	서초점	31	250	키보드	₩18,000	₩4,500,000	₩540,000	₩3,960,000
COM05	마포점	33	220	키보드	₩18,000	₩3,960,000	₩475,200	₩3,484,800
COM06	서초점	25	300	마우스	₩15,000	₩4,500,000	₩675,000	₩3,825,000
COM07	마포점	29	320	마우스	₩15,000	₩4,800,000	₩720,000	₩4,080,000
COM08	강동점	32	350	마우스	₩15,000	₩5,250,000	₩787,500	₩4,462,500
COM09	송파점	38	260	마우스	₩15,000	₩3,900,000	₩468,000	₩3,432,000
COM10	노원점	32	280	마우스	₩15,000	₩4,200,000	₩504,000	₩3,696,000
COM11	강동점	30	260	헤드셋	₩20,000	₩5,200,000	₩624,000	₩4,576,000
COM12	송파점	29	300	헤드셋	₩20,000	₩6,000,000	₩900,000	₩5,100,000
COM13	노원점	27	250	헤드셋	₩20,000	₩5,000,000	₩600,000	₩4,400,000
COM14	서초점	28	280	헤드셋	₩20,000	₩5,600,000	₩672,000	₩4,928,000
COM15	마포점	36	240	헤드셋	₩20,000	₩4,800,000	₩576,000	₩4,224,000

[기출 2]

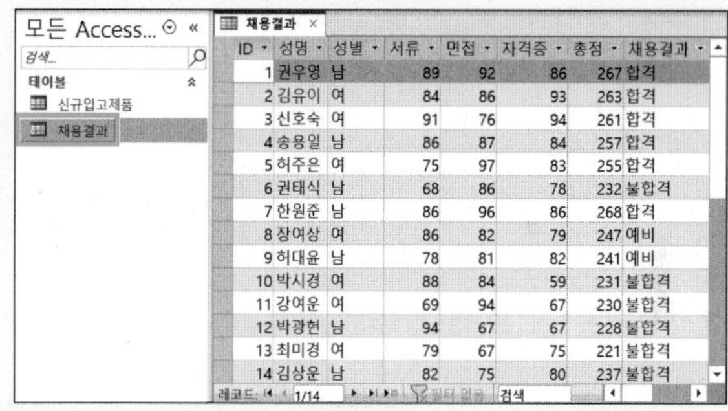

채용결과

ID	성명	성별	서류	면접	자격증	총점	채용결과
1	권우영	남	89	92	86	267	합격
2	김유이	여	84	86	93	263	합격
3	신호숙	여	91	76	94	261	합격
4	송용일	남	86	87	84	257	합격
5	허주은	여	75	97	83	255	합격
6	권태식	남	68	86	78	232	불합격
7	한원준	남	86	96	86	268	합격
8	장여상	여	86	82	79	247	예비
9	허대윤	남	78	81	82	241	예비
10	박시경	여	88	84	59	231	불합격
11	강여운	여	69	94	67	230	불합격
12	박광현	남	94	67	67	228	불합격
13	최미경	여	79	67	75	221	불합격
14	김상운	남	82	75	80	237	불합격

[기출 3]

전학원생

원아번호	원아명	생년월일	반번호	성별	주소
701	박민재	2019-05-05	c1	남자	서울시 마포구 합정동
702	송민철	2019-05-08	c3	남자	경기도 부천시 원미구
703	민지영	2017-08-02	c1	여자	서울시 마포구 상암동
801	이유석	2017-04-05	c2	남자	경기도 고양시 일산동
802	김양인	2018-03-02	c4	여자	서울시 서대문구 북가좌동
803	유연우	2018-10-15	c3	남자	서울시 마포구 서교동

[기출 4]

산업단지현황

유형번호	시도코드	단지명	조성상태	지정면적	관리면적	분양률	입주업체	가동업체	생산량	수출량
2	16-5	[illegible]	조성중	352	352	0	0	0	0	0
2	11-5	[illegible]	완료	1276	1276	91	53	42	385358	151042
4	17-4	[illegible]	완료	130	130	100	19	19	92035	274
3	10-4	리치	완료	187	187	100	36	34	22394	80
2	16-5	[illegible]	완료	611	611	100	115	115	1143100	96600
2	15-5	[illegible]	완료	104	104	33	0	0	0	0
4	10-4	뉴욕	완료	297	297	100	27	25	302268	123763
3	02-2	[illegible]	조성중	659	659	9	1	1	0	0
2	16-5	대한	완료	149	149	100	20	20	18192	8400
2	10-4	[illegible]	조성중	1453	1453	100	24	4	25390	1302

문제 2 입력 및 수정 기능 구현(20점)

입력 및 수정 기능 구현은 **폼 속성 1문제, 폼 기능 1문제, 매크로 작성 1문제**가 출제됩니다. **'폼 속성' 문제가 3~9점, '폼 기능' 문제가 3~6점, '매크로 작성' 문제가 5점**으로 고정적으로 출제되고 있습니다.

No	출제 속성 및 기능		배점	목표 점수	출제 비율
1	폼 완성	속성	3~9점	15점	100%
		기능	3~6점		100%
2	매크로 작성		5점	0점	100%
합계			20점	15점	

1 폼 완성

출제 비율 100% / 배점 15점

폼 완성 문제는 **제공된 미완성 폼에 지시사항을 수행하여** 완성된 폼을 만드는 작업입니다. **3점짜리 3문제와 6점짜리 1문제가 출제**됩니다. 즉 다음 그림에서 색 번호로 표시된 17개의 속성과 4개의 기능 중에서 4문제가 출제됩니다.

- 다음은 지금까지 출제된 17개의 속성을 적용한 폼입니다.

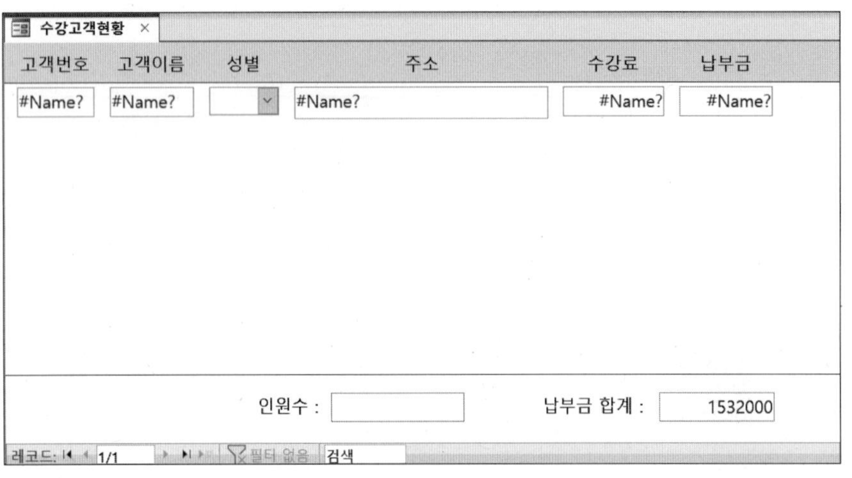

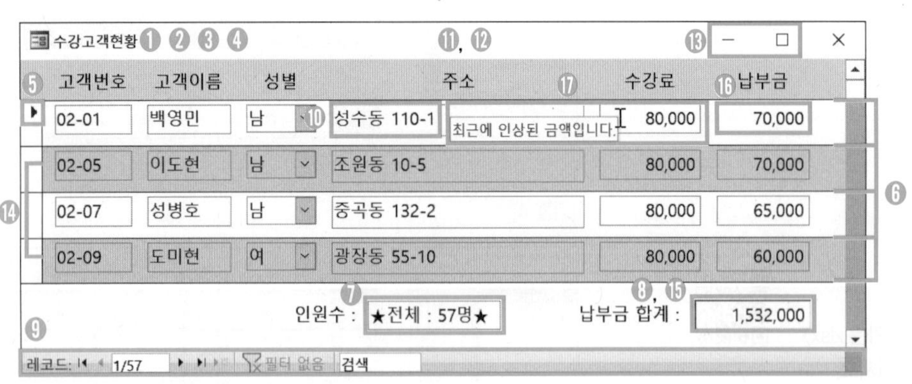

❶ **레코드 원본** : 〈수강고객현황〉 쿼리를 폼의 레코드 원본으로 설정함

❷ **추가 가능** : 폼에 새 레코드를 추가할 수 없도록 설정함

❸ **삭제 가능** : 폼에서 레코드를 삭제할 수 없도록 설정함

❹ **기본 보기** : 폼의 기본 보기를 여러 개의 레코드가 표시되는 '연속 폼'으로 설정함

⑤ **레코드 선택기** : 폼에 레코드 선택기가 표시되도록 설정함

⑥ **구분 선** : 폼에 구분선이 표시되도록 설정함

⑦ **컨트롤 원본** : 'txt인원수' 컨트롤에는 레코드의 수가 표시되도록 설정함

⑧ **형식** : 'txt납부금합계' 컨트롤에는 천 단위마다 콤마(,)가 표시되도록 설정함

⑨ **탐색 단추** : 폼에 탐색 단추가 표시되도록 설정함

⑩ **〈Enter〉 키 기능** : 'txt주소' 컨트롤에서는 Enter를 누르면 다른 곳으로 이동하지 않고 줄 바꿈이 일어나도록 설정함

⑪ **팝업** : 폼이 팝업 폼으로 열리도록 설정함

⑫ **모달** : 폼이 열려 있는 경우 다른 작업을 수행할 수 없도록 설정함

⑬ **최소화/최대화 단추** : 폼에 최소화 단추와 최대화 단추가 표시되도록 설정함

⑭ **다른 배경색** : 폼 본문의 배경색을 'Access 테마 3'으로 다르게 설정함

⑮ **특수 효과** : 'txt납부금합계' 컨트롤의 모양이 오목하게 표시되도록 특수 효과를 설정함

⑯ **탭 정지** : 'txt납부금' 컨트롤은 Tab을 이용하여 포커스를 이동할 수 없도록 설정함

⑰ **컨트롤 팁 텍스트** : 'txt수강료' 컨트롤에 마우스를 놓으면 "최근에 인상된 금액입니다."라는 메지지가 표시되도록 설정함

• 다음은 지금까지 출제된 4개의 기능을 적용한 폼입니다.

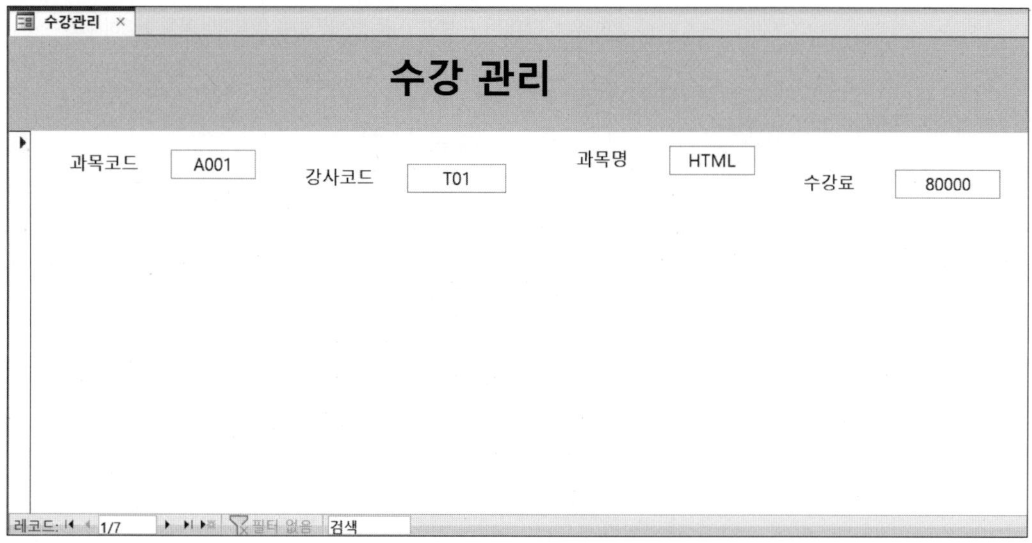

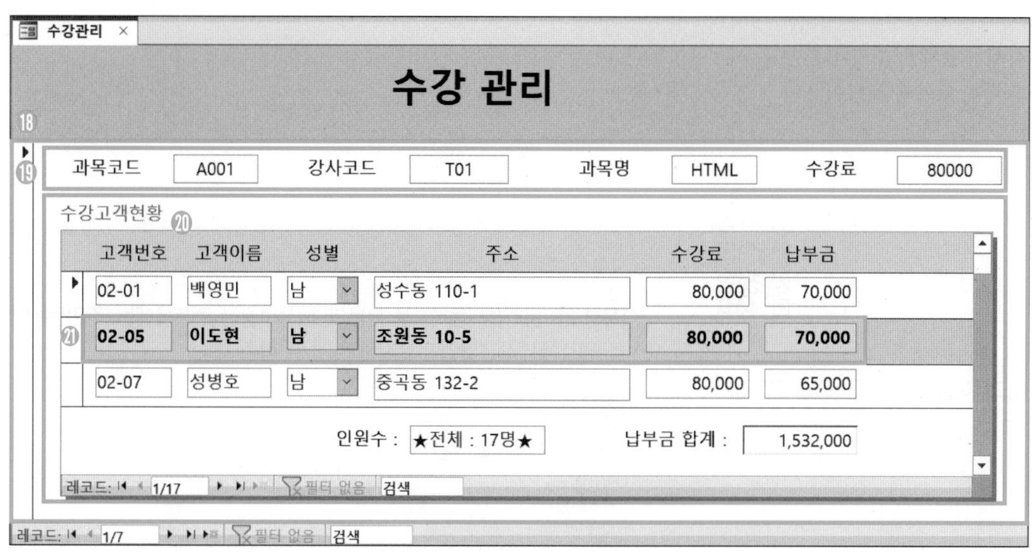

⑱ **탭 순서 변경** : 본문에서 탭을 누를 때 포커스가 'txt과목코드', 'txt강사코드', 'txt과목명', 'txt수강료', '수강고객현황' 순으로 이동되도록 설정함

⑲ **컨트롤 위치 조절** : 본문의 컨트롤들이 위쪽을 기준(위로 맞춤)으로 정렬되어 표시되도록 설정함

⑳ **컨트롤 생성** : 폼 본문에 '수강고객현황' 폼을 하위 폼으로 추가함

㉑ **조건부 서식 설정** : '고객이름' 필드의 첫 글자가 "이"인 레코드에만 글꼴 '굵게', 배경색 '표준 색 - 노랑'으로 표시되도록 조건부 서식을 설정함

2240402 

작업 순서

1. 작업할 폼의 바로 가기 메뉴에서 **[디자인 보기]**를 선택한다.
2. 속성을 설정할 개체를 더블클릭한다.
3. 속성 시트 창에서 해당 속성을 찾아 설정값을 입력한다.

합격포인트

- 폼 완성 작업은 대부분 쉽지만 '컨트롤 원본' 속성을 설정하는 것이 조금 어렵습니다.
- 그러니까 **'컨트롤 원본' 속성**을 고민없이 **바로 설정할 수 있도록 반복 연습하는 것이 합격포인트**겠죠.

☞ 직접 실습하려면 'C:\길벗컴활1급총정리\액세스\기능\04폼완성-합격포인트.accdb' 파일을 열어 작업하세요.

전문가의 조언

'컨트롤 원본' 속성에서는 지시사항에 맞게 수식을 작성하는 것이 어려울 수 있습니다. 문제가 **반복해서 출제**되고 있으니 **조금 어렵게 느껴지는 수식은 지시사항과 함께 암기해 두세요.**

1. '탐색' 창의 〈수강고객현황〉 폼의 바로 가기 메뉴에서 **[디자인 보기]**를 선택합니다.

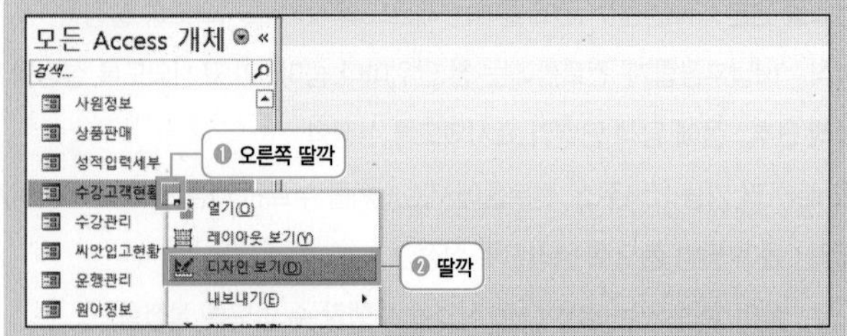

2. 폼 본문의 'txt고객이름' 컨트롤을 더블클릭한 후 'txt고객이름' 속성 시트 창의 '데이터' 탭에서 '컨트롤 원본' 속성을 '고객이름'으로 설정하고 닫기 단추(×)를 클릭하세요.

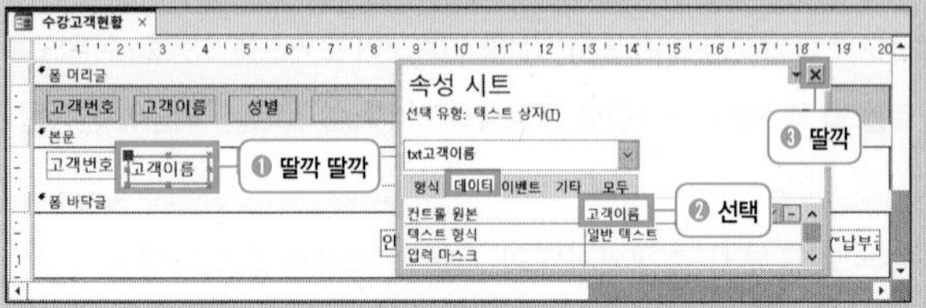

3. [양식 디자인] → 보기 → **폼 보기**(▤)를 클릭하여 폼을 실행하세요.

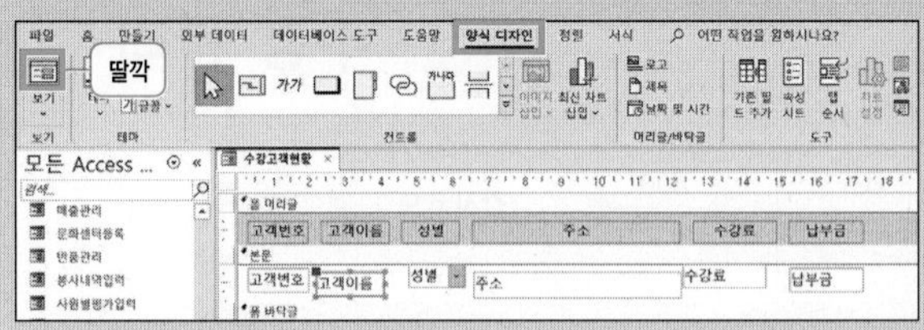

4. 'txt고객이름' 컨트롤에 고객이름이 표시되는지 확인한 다음 닫기 단추(×)를 클릭하세요. 저장 확인 대화상자가 표시되면 〈예〉를 클릭하세요.

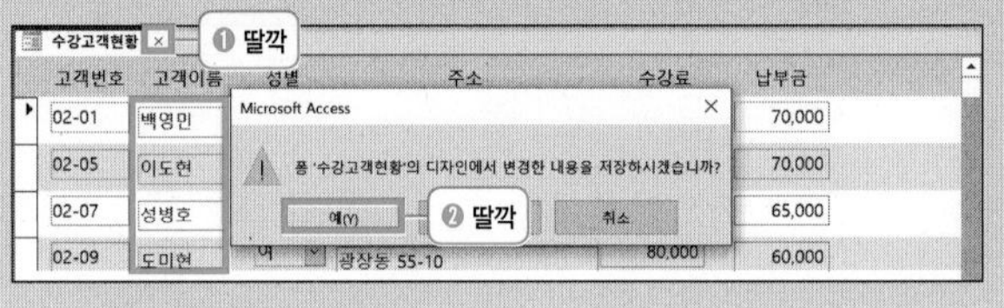

2240411 

01 컨트롤 원본 속성

24.상시, 23.상시, 22.상시, 21.상시, 20.상시, 20.2, 20.1, 19.상시, …

24.상시, 23.상시, 22.상시, 21.상시, 20.상시, 20.1, 19.상시, 19.2, 19.1, 18.상시, …

[유형 1] 〈수강고객현황〉 폼 본문의 'txt고객이름' 컨트롤을 '고객이름' 필드에 바운드 시키시오.

〈정답〉

형식 | 데이터 | 이벤트 | 기타 | 모두

컨트롤 원본	고객이름
텍스트 형식	일반 텍스트
입력 마스크	

⬇

고객번호	고객이름
02-01	백영민

19.상시, 18.2, 16.상시, 15.상시, 12.3, 11.1, 10.1

[유형 2] 〈문화센터등록〉 폼 본문의 'txt생년월일' 컨트롤에는 '주민등록번호' 필드에서 생년월일만 표시하시오(Left 함수 사용).

〈정답〉

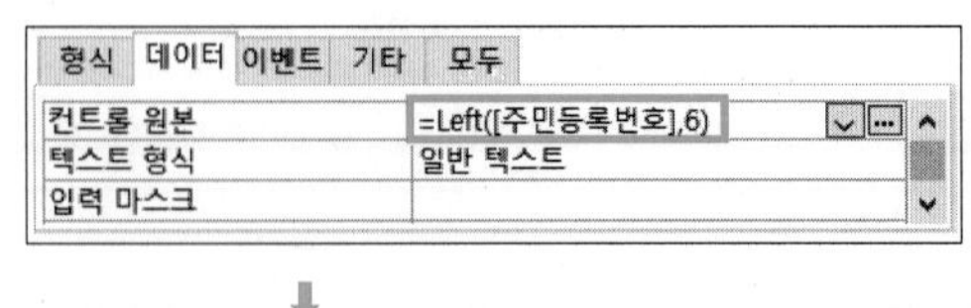
형식 | 데이터 | 이벤트 | 기타 | 모두

컨트롤 원본	=Left([주민등록번호],6)
텍스트 형식	일반 텍스트
입력 마스크	

⬇

주민등록번호	생년월일
500701-177042	500701

Left(필드명, 자릿수) : 필드 값의 왼쪽에서 주어진 자릿수만큼 추출함

19.상시, 17.상시, 15.3, 10.1

[유형 3] 〈문화센터등록〉 폼 바닥글의 'txt인원수' 컨트롤에 레코드 개수의 1/10 만큼 "★"을 반복하여 표시한 후 괄호 안에 실제 개수와 "명"을 표시하시오(String, Int, Count 함수와 & 연산자 사용).

〈정답〉

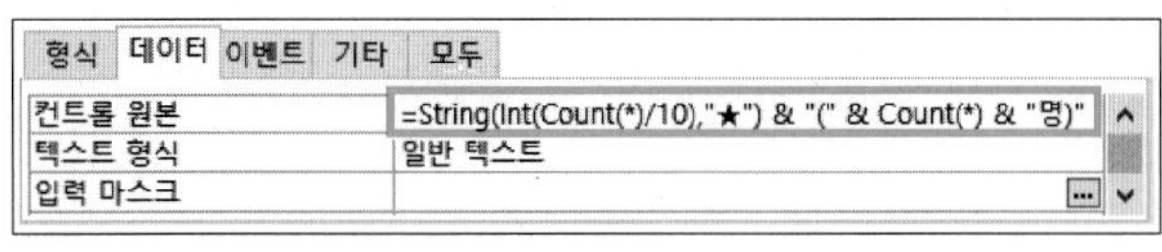

형식	데이터	이벤트	기타	모두

컨트롤 원본	=String(Int(Count(*)/10),"★") & "(" & Count(*) & "명)"
텍스트 형식	일반 텍스트
입력 마스크	

⬇

총 등록 인원수 : ★★(25명)

- String(개수, 문자) : 지정한 개수만큼 반복해서 문자를 표시함
- Count(인수) : 인수의 개수를 계산함

23.상시, 22.상시, 21.상시, 20.상시, 18.상시, 16.상시, 12.3, 11.1, 10.3

[유형 4] 〈원아정보〉 폼 바닥글의 'txt총인원' 컨트롤에는 총인원을 "▶ 총인원은 10명입니다 ◀"와 같이 표시하시오(Count 함수와 & 연산자 사용).

〈정답〉

컨트롤 원본	="▶ 총인원은 " & Count(*) & "명입니다 ◀"
텍스트 형식	일반 텍스트
입력 마스크	

⬇

▶ 총인원은 29명입니다 ◀

20.상시, 19.상시, 18.상시, 17상시, 15.1, 14.3, 12.3, 11.1

[유형 5] 〈일일소비입력〉 폼 본문의 'txt결제형태' 컨트롤에는 '출금항목' 필드가 체크 표시되어 있으면 "이체", 아니면 "카드"로 표시하시오.

〈정답〉

컨트롤 원본	=IIf([출금항목]=Yes,"이체","카드")
텍스트 형식	일반 텍스트
입력 마스크	

⬇

출금항목	금액	결제형태
☑	15100	이체
☐	52240	카드

IIf(조건, 인수1, 인수2) : 조건을 비교하여 참이면 인수1, 거짓이면 인수2를 표시함

20.상시, 19.상시, 18.상시, 17.상시, 17.1, 16.2, 16.1, 15.1, 14.3, 14.1, 13.3, 13.1, …

[유형 6] 〈사원별평가입력〉 폼 바닥글의 'txt총인원' 컨트롤에는 현재 등록된 전체 고객의 수를 "현재 총 인원 : 58명"과 같이 표시하시오(Format, Count 함수 사용).

〈정답〉

컨트롤 원본	=Format(Count(*),"현재 총 인원 "":"" #명")
텍스트 형식	일반 텍스트
입력 마스크	

⬇

현재 총 인원 : 58명

Format(변환할 데이터, "표시 형식") : 숫자나 날짜 등의 변환할 데이터를 "표시 형식"대로 변환함

※ 사용자 지정 기호가 아닌 ":", ";" 등의 기호를 결과로 표시할 때는 해당 기호를 이중 큰따옴표("" "")로 묶어줘야 합니다.

※ =Format(Count(*), **"현재 총 인원 "":"" #명")**을 입력하고 Enter를 누르면 자동으로 **=Format(Count(*), """현재 총 인원 : ""#₩명")**으로 변경됩니다.

24.상시, 22.상시, 21.상시, 20.상시, 20.1, 19.상시, 19.1, 18.상시, 18.1, 11.3, 11.1, …

[유형 7] 〈일일소비입력〉 폼 바닥글의 'txt합계' 컨트롤에는 '금액' 필드의 합계를 표시하시오.

〈정답〉

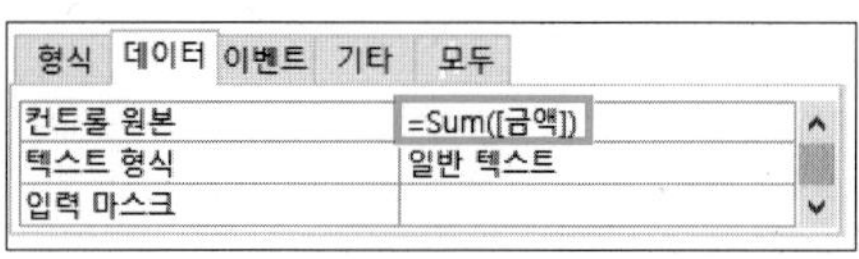

컨트롤 원본	=Sum([금액])
텍스트 형식	일반 텍스트
입력 마스크	

⬇

합계 10,323,544

Sum(인수) : 인수의 합계를 계산함

24.상시, 19.상시, 19.1, 06.2, 05.4, 05.3, 05.2, 05.1, 04.4, 04.3, 04.2, 04.1, …

[유형 8] 〈성적입력세부〉 폼 본문의 'txt이름' 컨트롤에는 '성명'과 '나이' 필드의 값을 "강민용(만 40세)"와 같이 표시하시오.

〈정답〉

컨트롤 원본	=[이름] & "(만 " & [나이] & "세)"
텍스트 형식	일반 텍스트
입력 마스크	

⬇

학번	이름
201905001	강민용(만 40세)

19.상시, 19.1, 18.상시, 16.2, 11.3, 10.3

[유형 9] 〈사원정보〉 폼 본문의 'txt성명' 컨트롤에 표시되는 '성명' 필드의 마지막 글자를 '*'로 표시하시오.(Left, Len 함수 사용)

〈정답〉

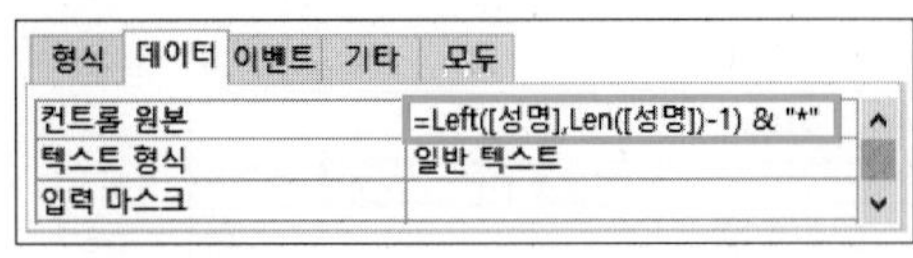

형식	데이터	이벤트	기타	모두

컨트롤 원본	=Left([성명],Len([성명])-1) & "*"
텍스트 형식	일반 텍스트
입력 마스크	

⬇

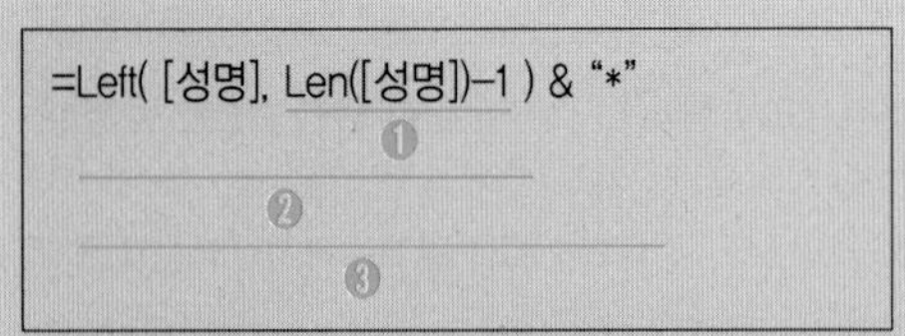

- ① Len([성명])–1 : '성명' 필드의 전체 길이에서 1을 뺀 값을 반환합니다. '성명' 필드의 값이 "홍만길"이라고 가정한다면 2를 반환합니다.
- ② Left([성명], ①) : '성명' 필드의 왼쪽에서부터 ①만큼의 글자를 추출합니다. ①이 2이므로 '성명' 필드의 값인 "홍만길"에서 왼쪽 2글자를 추출합니다. → 홍만
- ③ ② & "*" : ②의 결과와 "*"를 결합하여 표시합니다. → 홍만*

22.상시, 21.상시, 20.상시, 19.상시, 19.1, 18.상시, 15.상시, 14.2, 10.1, 09.3, 08.4, …

[유형 10] 〈성적입력세부〉 폼 바닥글의 'txt평균' 컨트롤에는 '점수' 필드의 평균을 표시하시오.

〈정답〉

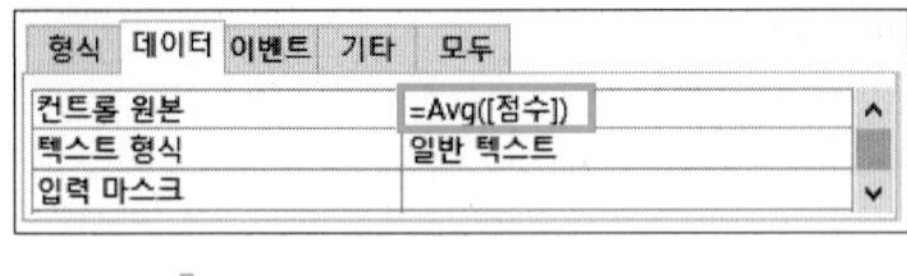

형식	데이터	이벤트	기타	모두

컨트롤 원본	=Avg([점수])
텍스트 형식	일반 텍스트
입력 마스크	

⬇

평균점수 | 9.5

Avg(인수) : 인수의 평균을 계산함

22.상시, 21.상시

[유형 11] 〈재무정보조회〉 폼 바닥글의 'Txt최대당기순이익' 컨트롤에는 '당기순이익' 필드의 최대값을 표시하시오.

〈정답〉

형식	데이터	이벤트	기타	모두

컨트롤 원본	=Max([당기순이익])
텍스트 형식	일반 텍스트
입력 마스크	

⬇

최대 당기순이익 : | ₩77,362,714

Max(인수) : 인수의 최대값을 계산함

24.상시, 23.상시, 22.상시, 21.상시, 20.상시, 19.상시, 18.상시, 17.상시, 16.상시, …

[유형 12] 〈봉사내역입력〉 폼 바닥글의 'txt봉사시수합계' 컨트롤에는 '학과'가 "회계학과"인 학생들의 '시수' 합계가 표시되도록 컨트롤 원본 속성을 설정하시오(〈봉사내역입력〉 쿼리와 DSum 함수 사용).

〈정답〉

형식	데이터	이벤트	기타	모두

컨트롤 원본	=DSum("시수","봉사내역입력","학과='회계학과'")
텍스트 형식	일반 텍스트
입력 마스크	

⬇

회계학과 학생들의 총 봉사 시수: | 20

DSum("시수","봉사내역입력","학과='회계학과'")의 의미

- **DSum(인수, 도메인, 조건)** : 도메인에서 조건에 맞는 자료를 대상으로 지정된 인수의 합계를 계산함
- **시수** : 합계를 구할 값이 들어있는 필드 이름
- **봉사내역입력** : 작업 대상 레코드가 들어있는 테이블이나 쿼리의 이름으로, 지시사항에 없을 경우에는 폼 속성 창의 '레코드 원본' 속성에서 확인해야 함
- **학과='회계학과'** : 조건으로서 〈봉사내역입력〉 쿼리에서 '학과' 필드의 값이 "회계학과"인 학생만을 대상으로 계산함

잠깐만요 **도메인 계산 함수**

함수	설명
DAvg(인수,도메인,조건)	도메인에서 조건에 맞는 자료를 대상으로 지정된 인수의 **평균**을 계산함
DSum(인수,도메인,조건)	도메인에서 조건에 맞는 자료를 대상으로 지정된 인수의 **합계**를 계산함
DCount(인수,도메인,조건)	도메인에서 조건에 맞는 자료를 대상으로 지정된 인수의 **개수**를 계산함
DMin(인수,도메인,조건)	도메인에서 조건에 맞는 자료를 대상으로 지정된 인수의 **최소값**을 계산함
DMax(인수,도메인,조건)	도메인에서 조건에 맞는 자료를 대상으로 지정된 인수의 **최대값**을 계산함
DLookup(인수,도메인,조건)	도메인에서 조건에 맞는 인수를 표시함

체크 체크 ☑☐☐ 2240461

지시사항에 해당하는 컨트롤 원본을 적으시오.

① '주당배당금' 필드의 평균이 표시되도록 설정 (　　　)

② 계약건수가 [표시 예]와 같이 표시되도록 설정 (　　　)

▶ [표시 예] ▶ 계약건수는 30건입니다. ◀

③ 'txt성명' 컨트롤에는 '성명' 필드의 내용이 표시되도록 설정 (　　　)

④ '제품가' 필드의 합계가 [표시 예]와 같이 표시되도록 설정
▶ [표시 예] 총제품가는 956,000원입니다. (　　　)
▶ Format, Sum 함수 사용

⑤ '회원코드' 필드의 마지막 글자가 "*"로 표시되도록 설정
▶ Left, Len 함수와 & 연산자 사용 (　　　)

⑥ '부서'와 '직위'가 [표시 예]와 같이 표시되도록 설정
▶ [표시 예] 영업부(부장) (　　　)

⑦ 레코드 개수의 1/100 만큼 "◆"을 반복하여 표시한 후 괄호 안에 실제 개수와 "건"이 표시되도록 설정 (　　　)
▶ [표시 예] ◆◆(210건)
▶ String, Int, Count 함수 사용

⑧ '입금현황' 필드가 "현금"이면 "5%할인"을, 아니면 공백이 표시되도록 설정 (　　　)

⑨ '직위' 필드의 값이 "대리"인 직원들의 '매출액' 합계가 표시되도록 설정
▶ 〈매출관리〉 쿼리와 DSum 함수 사용 (　　　)

⑩ 'txt서비스코드' 컨트롤에 표시된 '서비스코드'에 해당하는 '서비스명'이 표시되도록 설정 (　　　)
▶ 〈서비스〉 테이블과 DLookup 함수 사용

⑪ 'txt최대매출액' 컨트롤에는 '매출액' 필드의 최대값이 표시되도록 설정 (　　　)

정답

① =Avg([주당배당금]) ② ="▶ 계약건수는 " & Count(*) & "건입니다. ◀"
③ 성명 ④ =Format(Sum([제품가]), "총제품가는 #,##0원입니다.")
⑤ =Left([회원코드],Len([회원코드])-1) & "*"
⑥ =[부서] & "(" & [직위] & ")"
⑦ =String(Int(Count(*)/100),"◆") & "(" & Count(*) & "건)"
⑧ =IIf([입금현황]="현금", "5%할인"," ")
⑨ =DSum("매출액","매출관리","직위='대리'")
⑩ =DLookUp("서비스명","서비스","서비스코드=txt서비스코드")
⑪ =Max([매출액])

전문가의 조언

기타 나머지 속성들은 문제의 지시사항을 통해 사용해야 할 속성을 쉽게 파악할 수 있습니다. 지시사항 중 사용해야 할 **속성을 의미하는 키워드를 표시해 두었으니 키워드와 속성을 연관지어 기억해 두세요.**

2250412

02 기타 속성

24.상시, 23.상시, 22.상시, 21.상시, 20.상시, 20.1, 19.상시, 19.2, 19.1, …

속성	지시사항
16.상시, 12.1, 10.2, … 레코드 원본	〈수강고객현황〉 쿼리를 폼의 레코드 원본으로 설정하시오.
24.상시, 23.상시, 22.상시, … 추가 가능	폼에 레코드를 추가할 수 없도록 설정하시오.
24.상시, 23.상시, 22.상시, … 삭제 가능	폼에 레코드를 삭제할 수 없도록 설정하시오.
24.상시, 22.상시, 21.상시, … 기본 보기	폼이 〈그림〉과 같은 형태로 나타나도록 기본 보기 속성을 설정하시오.
23.상시, 22.상시, 21.상시, … 레코드 선택기	폼에 레코드 선택기가 표시되도록 설정하시오.
23.상시, 22.상시, 21.상시, … 구분 선	구분 선이 표시되도록 설정하시오.
22.상시, 21.상시, 19.상시, 19.1, … 형식	천 단위마다 콤마(,)가 표시되도록 형식 속성을 설정하시오.
24.상시, 22.상시, 21.상시, … 탐색 단추	폼의 탐색 단추가 표시되지 않도록 설정하시오.
19.상시, 18.상시, 18.2, 17.상시, … 〈Enter〉 키 기능	Enter를 누르면 필드에서 줄 바꿈이 되도록 관련 속성을 설정하시오.
22.상시, 20.상시, 18.1, 17.상시, … 팝업	폼이 팝업 폼으로 열리도록 설정하시오.
23.상시, 22.상시, 21.상시, … 모달	폼이 열려 있을 경우 다른 작업을 수행할 수 없도록 설정하시오.
20.상시, 18.상시, 05.1, 04.2 최소화/최대화 단추	폼에 최소화 단추와 최대화 단추가 둘 다 표시되도록 설정하시오.
24.상시, 23.상시, 22.상시, … 배경색	폼 본문의 배경색을 'Access 테마 9'로 설정하시오.
22.상시, 21.상시, 19.상시, … 특수 효과	특수 효과를 '오목'으로 설정하시오.
24.상시, 20.상시, 19.상시, … 탭 정지	포커스를 이동시킬 수 없도록 설정하시오.
24.상시, 22.상시, 21.상시 잠금	• 컨트롤의 잠금 속성을 '예'로 설정하시오. • 컨트롤을 편집할 수 없도록 관련 속성을 설정하시오. (단 포커스는 이동 가능함)
20.상시, 18.상시, 16.1, 12.2 컨트롤 팁 텍스트	컨트롤에 마우스를 가져가면 〈그림〉과 같이 관련 텍스트가 나타나도록 설정하시오.
23.상시 사용 가능	컨트롤을 〈그림〉과 같이 선택할 수 없도록 설정하시오.
23.상시 탭 인덱스	폼을 열었을 때 컨트롤에 포커스가 이동되도록 탭 인덱스를 설정하시오.
23.상시 폼의 정렬 기준	폼이 열릴 때 OO 필드를 기준으로 내림차순 정렬되어 표시되도록 설정하시오.
24.상시 스크롤 막대	폼에 스크롤 막대가 표시되지 않도록 설정하시오.

• **기본 보기** : 문제지의 폼 그림에 여러 개의 레코드가 표시되어 있으면 '연속 폼', 하나의 레코드만 표시되어 있으면 '단일 폼'을 선택함
• **탭 인덱스** : 탭 인덱스는 폼에서 해당 컨트롤의 탭 순서를 설정하는 것으로, 0부터 시작합니다. 탭 인덱스를 0으로 지정하면 폼을 열었을 때 해당 컨트롤에 포커스가 있게 됩니다.
• **폼의 정렬 기준** : 폼에 표시된 레코드의 정렬 기준을 설정하는 것으로, '폼 속성' 시트의 '데이터' 탭의 '정렬 기준' 속성에서 설정합니다. 오름차순은 Asc, 내림차순은 Desc를 정렬 기준 필드 뒤에 적어줍니다.

잠깐만요

설정하려는 속성이 속해있는 탭을 알고 있으면 문제를 좀 더 빠르게 해결할 수 있습니다. **눈으로 확인**할 수 있는 속성은 **'형식' 탭, 데이터와 관련**된 속성은 **'데이터' 탭, 나머지**는 **'기타' 탭**이라는 것을 염두에 두고 다음 표를 기억해 두세요.

'폼'의 주요 속성

탭	속성
형식	기본 보기, 구분 선, 레코드 선택기, 최소화/최대화 단추, 탐색 단추
데이터	레코드 원본, 추가 가능, 삭제 가능, 정렬 기준
기타	팝업, 모달

'컨트롤'의 주요 속성

탭	속성
형식	형식, 특수 효과, 글꼴 이름, 글꼴 크기, 텍스트 맞춤, 문자색
데이터	컨트롤 원본, 잠금, 사용 가능
기타	〈Enter〉 키 기능, 컨트롤 팁 텍스트, 탭 정지, 탭 인덱스

'본문 구역'의 주요 속성

탭	속성
형식	다른 배경색

2240413

22.상시, 21.상시, 20.상시, 19.상시, 16.3, 15.1, 13.3, 13.1, 12.3, 12.1, …

03 탭 순서 변경하기

〈수강고객현황〉 폼 본문의 컨트롤 탭 순서가 'txt고객번호', 'txt고객이름', 'cmb성별', 'txt주소', 'txt수강료', 'txt납부금'이 되도록 설정하시오.

1. 본문 바의 바로 가기 메뉴에서 **[탭 순서]** 선택합니다.
2. '탭 순서' 대화상자에서 이동할 컨트롤의 행 선택기를 클릭한 후 이동할 위치로 드래그하세요.

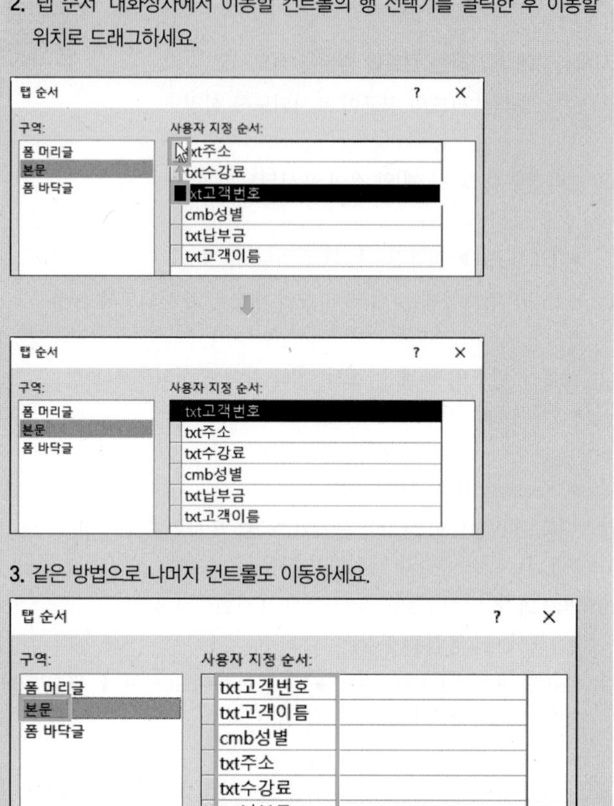

3. 같은 방법으로 나머지 컨트롤도 이동하세요.

탭 순서

구역: 폼 머리글 / 본문 / 폼 바닥글

사용자 지정 순서: txt고객번호, txt고객이름, cmb성별, txt주소, txt수강료, txt납부금

2240414

04 23.상시, 22.상시, 21.상시, 20.상시, 19.상시, 15.3, 15.1, 11.2, 09.3, …

컨트롤 위치 조절하기

23.상시, 22.상시, 21.상시, 20.상시, 19.상시, 15.3, 15.1, 11.2, 09.3, 09.1, 08.1, …

[유형 1] 〈수강고객현황〉 폼 본문의 모든 컨트롤에 대해 위쪽을 기준(위로 맞춤)으로 같은 지점에 위치하도록 설정하시오.

1. 본문 영역의 세로 눈금선을 드래그하여 본문의 모든 컨트롤을 선택하세요.

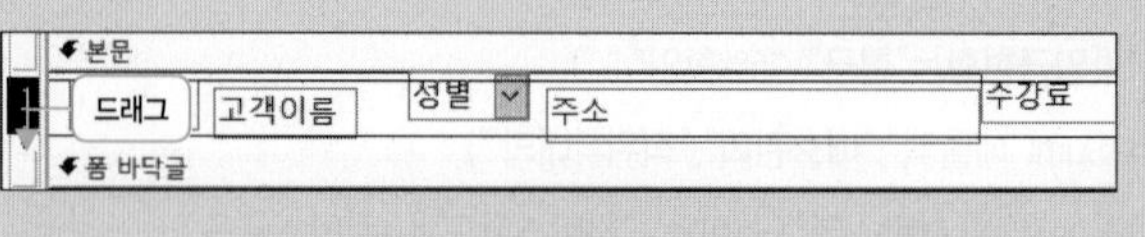

2. 바로 가기 메뉴의 [맞춤] → **위쪽**을 선택하세요.

[유형 2] 〈수강고객현황〉 폼 본문의 모든 컨트롤들 간의 가로 간격이 모두 같도록 설정하시오.

20.상시, 18.상시, 17.상시, 15.상시

1. 본문 영역의 세로 눈금선을 드래그하여 본문의 모든 컨트롤을 선택하세요. 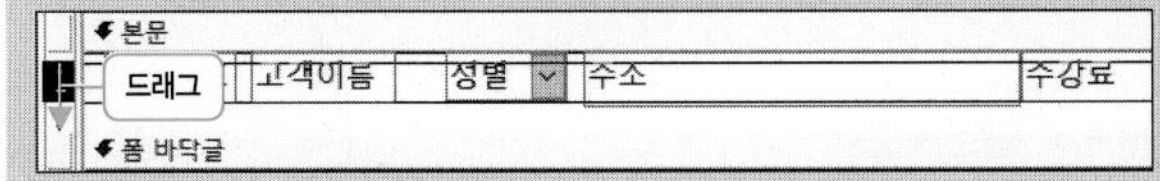
2. [정렬] → 크기 및 순서 조정 → 크기/공간 → **가로 간격 같음**을 선택하세요.

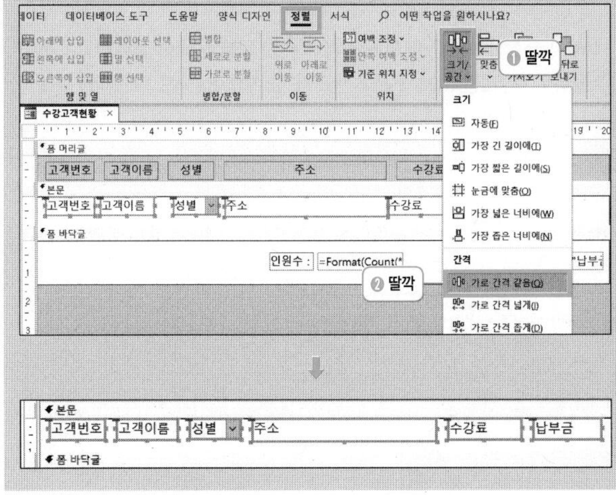

05 기본 폼과 하위 폼 연결하기

24.상시

2250417

〈수강관리〉 폼의 '과목코드' 필드를 이용하여 하위 폼에 〈수강고객현황〉 폼의 내용이 표시되도록 기본 폼과 하위 폼을 연결하시오.

1. 〈수강관리〉 폼의 바로 가기 메뉴에서 **[디자인 보기]**를 선택합니다.
2. 본문에 '언바운드'로 표시된 하위 폼을 더블클릭한 후 '속성 시트' 창이 표시되면, '데이터' 탭의 '원본 개체' 속성을 '수강고객현황'으로 설정합니다.

형식 | 데이터 | 이벤트 | 기타 | 모두

원본 개체	수강고객현황
기본 필드 연결	과목코드
하위 필드 연결	과목코드
빈 마스터에 필터 사용	예

※ '원본 개체' 속성을 설정하면 '기본 필드 연결'과 '하위 필드 연결' 속성에 설정된 값이 자동으로 표시됩니다.

2250415

06 컨트롤 생성하기

24.상시, 23.상시, 22.상시, 21.상시, 20.상시, 19.상시, 18.상시, 17.상시, …

[유형 1] 〈수강관리〉 폼 머리글에 다음과 같이 그림을 삽입하시오.

24.상시

▶ 그림 파일 이름 : 로고.png

▶ 그림 너비 : 1.6cm

▶ 그림 높이 : 1.3cm

▶ 그림 유형 : 포함

▶ 그림 이름 : IMG그림

1. 〈수강관리〉 폼의 바로 가기 메뉴에서 **[디자인 보기]**를 선택합니다.
2. [양식 디자인] → 컨트롤 → 이미지 삽입 → **찾아보기**를 클릭합니다.
3. '그림 삽입' 대화상자에서 찾는 위치를 'C:\길벗컴활1급총정리\액세스\기능'으로 지정한 후 '로고.png'를 선택한 다음 〈확인〉을 클릭한다.

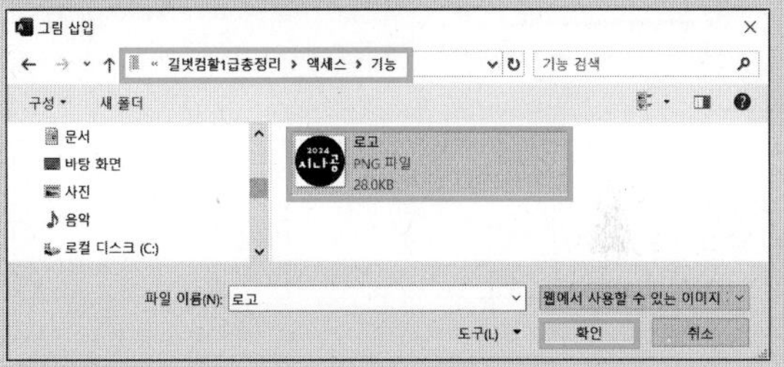

4. 폼 머리글의 제목 왼쪽에 마우스를 드래그하여 그림을 삽입한다.

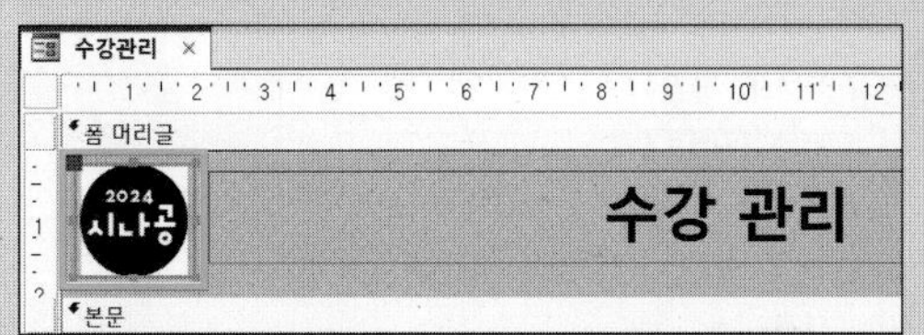

5. 삽입된 그림을 더블클릭한 후 '속성 시트' 창이 표시되면, 다음과 같이 속성을 설정한다.
   - '형식' 탭의 그림 유형 → 포함
   - '형식' 탭의 너비 → 1.6cm
   - '형식' 탭의 높이 → 1.3cm
   - '기타' 탭의 이름 → IMG그림

※ 너비나 높이를 입력할 때 1.6이나 1.3과 같이 입력하고 Enter를 누르면, cm가 자동으로 붙어 1.6cm 또는 1.3cm와 같이 입력됩니다.

23.상시, 22.상시, 21.상시, 20.상시, 20.1, 19.상시, 19.2, 19.1, 18.상시, 18.1, …

[유형 2] 〈상품판매〉 폼 머리글에 〈그림〉과 같이 레이블을 생성하시오.

▶ 레이블의 이름은 'lbl제목'로 설정하시오.

▶ 글꼴은 '궁서', 크기는 22로 설정하시오.

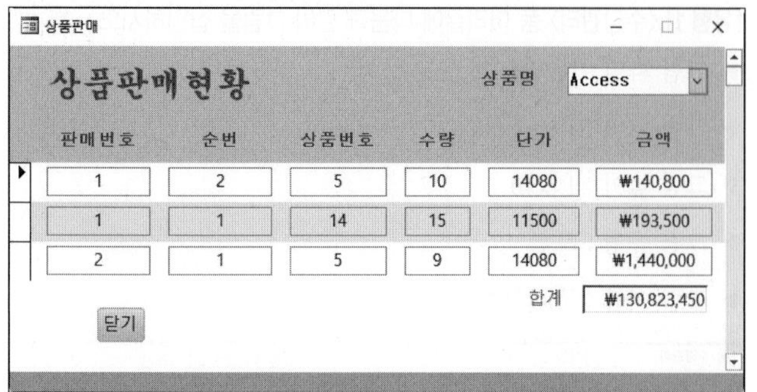

1. [양식 디자인] → 컨트롤 → **레이블(가가)**을 클릭한 후 폼 머리글에서 적당한 위치에 드래그하세요.
2. 〈그림〉과 같이 제목을 입력하세요.
3. [서식] → **글꼴**에서 글꼴을 '궁서', 크기를 22로 변경하세요.

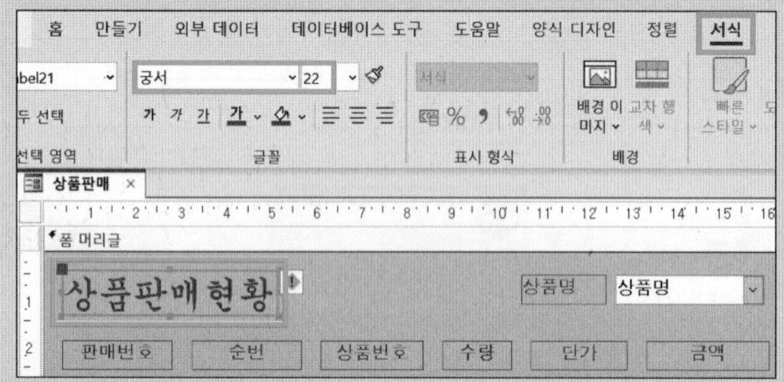

4. 작성된 레이블을 더블클릭하세요.
5. '속성 시트' 창의 '기타' 탭에서 '이름' 속성에 **lbl제목**을 입력하세요.

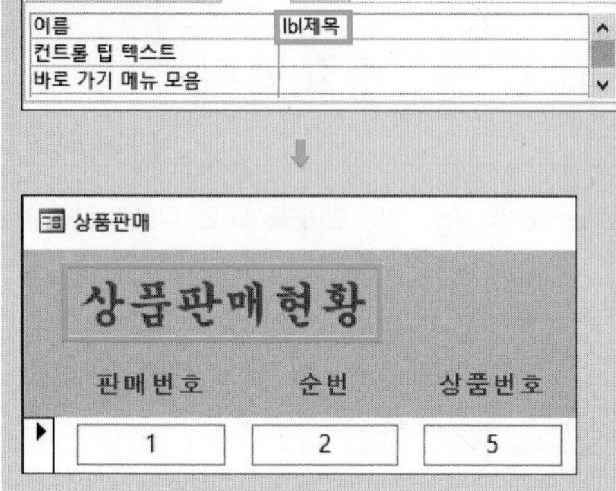

잠깐만요 [양식 디자인] → 컨트롤의 주요 컨트롤

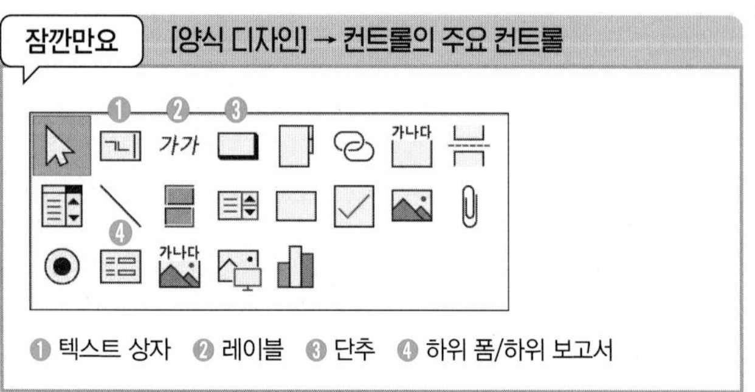

❶ 텍스트 상자 ❷ 레이블 ❸ 단추 ❹ 하위 폼/하위 보고서

전문가의 조언

조건부 서식을 설정할 때는 지시사항에 맞게 수식을 작성하는 것이 어려울 수 있습니다. 문제가 **반복해서 출제**되고 있으니 **조금 어렵게 느껴지는 수식은 지시사항과 함께 암기해 두세요.**

2240416

07 조건부 서식 설정하기

24.상시, 23.상시, 22.상시, 21.상시, 20.상시, 20.1, 19.상시, 19.2, 19.1, …

20.상시, 19.상시, 18.상시, 17.상시, 15.3, 13.3

[유형 1] 〈수강고객현황〉 폼의 본문에 있는 모든 컨트롤에 대해 '고객이름' 필드의 첫 글자가 "김"인 경우 글꼴 스타일은 '굵게', 배경색은 '표준색 – 노랑'으로 표시되도록 조건부 서식을 설정하시오.

1. 조건부 서식을 적용할 컨트롤들을 선택한 후 [서식] → 컨트롤 서식 → **조건부 서식**(▦)을 클릭하세요.
2. '조건부 서식 규칙 관리자' 대화상자에서 〈새 규칙〉을 클릭하세요.

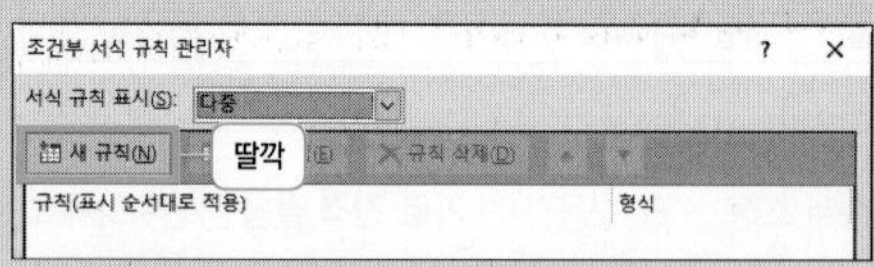

3. '새 서식 규칙' 대화상자에서 조건과 서식을 그림과 같이 설정하고 〈확인〉을 클릭한 후 '조건부 서식 규칙 관리자' 대화상자에서도 〈확인〉을 클릭하세요.

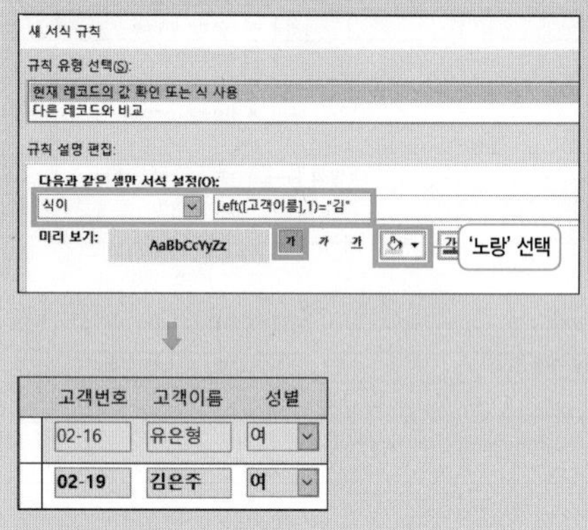

잠깐만요 조건 유형

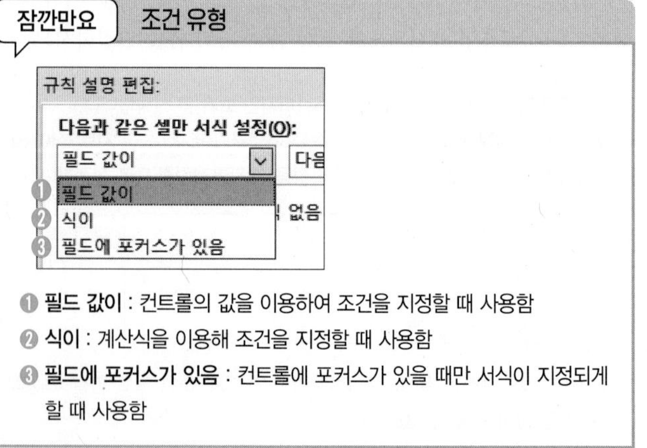

❶ **필드 값이** : 컨트롤의 값을 이용하여 조건을 지정할 때 사용함

❷ **식이** : 계산식을 이용해 조건을 지정할 때 사용함

❸ **필드에 포커스가 있음** : 컨트롤에 포커스가 있을 때만 서식이 지정되게 할 때 사용함

23.상시, 19.상시, 17.상시, 16.상시

[유형 2] 〈구매입력〉 폼의 본문에 있는 모든 컨트롤에 대하여 '구매일자'의 날짜가 짝수날인 경우 글꼴 스타일은 '굵게', 글꼴 색은 '표준색-빨강'으로 표시되도록 조건부 서식을 설정하시오.

〈정답〉

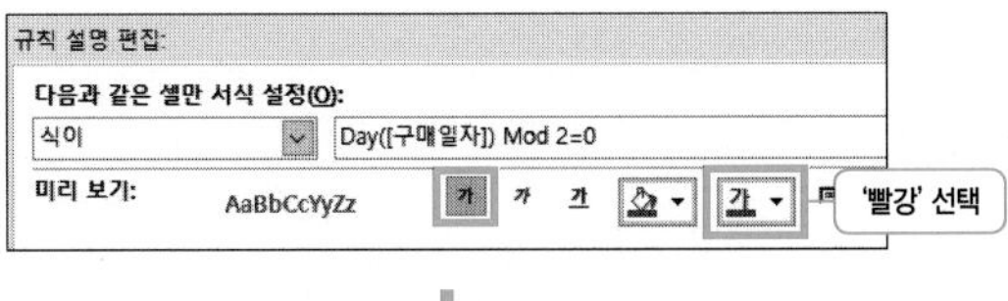

구매일자	이름	자재명
2020-02-23	이세종	TBA HOUSING1038928HNA1C
2020-03-04	**김진영**	**CMTS MODULEUBR7200-I/C**
2020-03-04	**이세종**	**TBA HOUSING1038928HNA**

- **Day(날짜)** : 지정된 날짜에서 일만 표시함
- **인수1 Mod 인수2** : 인수1을 인수2로 나눈 나머지를 구함

20.상시, 18.상시, 16.상시, 16.2, 15.3, 14.2, 14.1, 13.3, 13.1, 09.1

[유형 3] 〈매출관리〉 폼 본문의 '상품명' 컨트롤에 대하여 '상품명'의 글자수가 5 이하인 경우 글꼴 스타일은 '굵게'로 표시되도록 조건부 서식을 설정하시오.

〈정답〉

상품코드	상품명	지역코드
P-11	NAVCAN	S-0001
p-15	**Four**	S-0001
P-01	**wing**	S-0001

20.상시, 18.상시, 17.상시

[유형 4] 〈성적입력세부〉 폼의 본문 영역에서 '학점' 필드가 비어있는 모든 컨트롤에 대해 배경색을 노랑색으로 적용하는 조건부 서식을 설정하시오.

〈정답〉

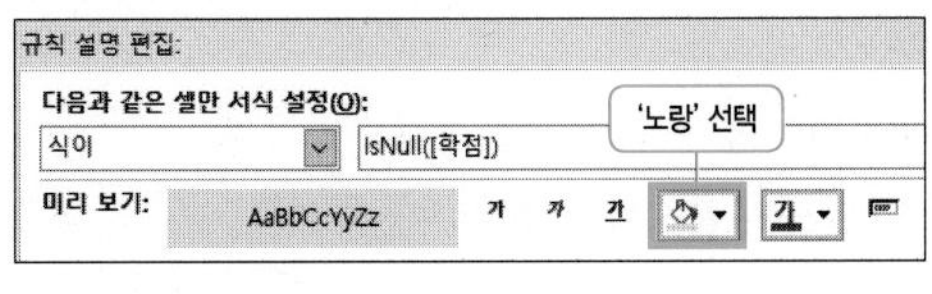

이름	점수	학점
황운준(만 25세)	0	
강민용(만 40세)	50	F
고민종(만 29세)	96	

IsNull(인수) : 인수에 값이 없으면 참을 반환하고, 그렇지 않으면 거짓을 반환함

23.상시, 20.상시, 19.상시, 18.상시, 16.상시

[유형 5] 〈반품관리〉 폼 본문의 모든 컨트롤에 대하여 '반품수'가 전체 반품수의 평균 이상인 경우 글꼴 스타일은 '굵게', 글꼴색은 빨강색으로 지정하는 조건부 서식을 설정하시오.

〈정답〉

소매점코드	소매점명	수량
S-23	용산점	18
S-04	**강릉점**	**48**
V-20	안동점	39

24.상시, 20.상시, 19.상시, 18.상시, 17.상시, 16.상시

[유형 6] 〈상품판매〉 폼의 본문 컨트롤에 대하여 본문에 있는 임의의 컨트롤에 커서가 위치하면 해당 컨트롤의 배경색이 노란색으로 채워지도록 조건부 서식을 설정하시오.

〈정답〉

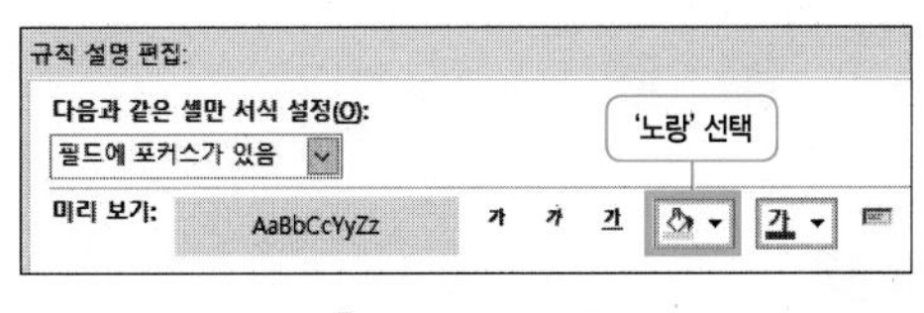

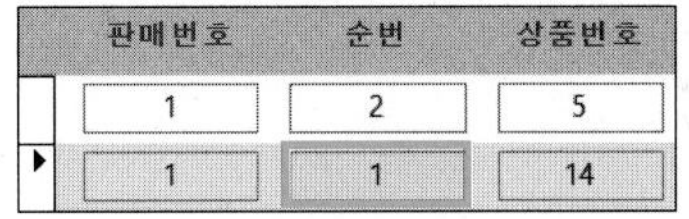

판매번호	순번	상품번호
1	2	5
1	1	14

24.상시, 20.상시, 19.상시, 17.상시, 16.3, 15.3, 14.2, 13.3

[유형 7] 〈운행관리〉 폼 본문의 'txt상호' 컨트롤에 대하여 '상호'에 "산업"이 포함된 경우 글꼴 스타일을 '굵은 기울임꼴'로 표시하는 조건부 서식을 설정하시오.

〈정답〉

접수일자	거래처코드	상호
2020-10-17	AA-03	***신한산업***
2020-10-17	BB-02	코암유통
2020-10-16	BB-05	***판영산업***

24.상시, 22.상시, 21.상시, 20.상시, 18.상시, 18.2, 17.상시, 16.상시, 16.2, 14.2, 14.1

[유형 8] 〈일일소비입력〉 폼에 본문의 'ck출금항목'을 제외한 모든 컨트롤에 대해 '분류명' 필드의 값이 "외식비"이고 '금액' 필드의 값이 20,000 이상인 경우 글꼴 스타일은 '굵게', 글꼴색은 '빨강'으로 표시되도록 조건부 서식을 설정하시오.

〈정답〉

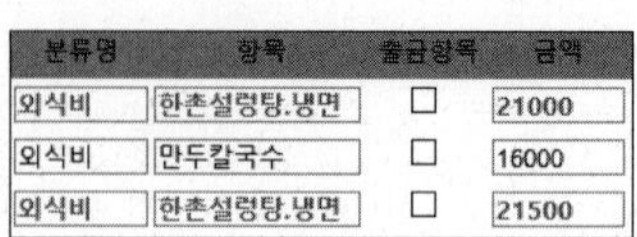

분류명	항목	출금항목	금액
외식비	한촌설렁탕,냉면	☐	21000
외식비	만두칼국수	☐	16000
외식비	한촌설렁탕,냉면	☐	21500

24.상시, 22.상시, 21.상시, 20.상시, 20.1, 19.상시, 19.1, 18.상시, 18.1, 17.상시, …

[유형 9] 〈씨앗입고현황〉 폼의 본문 영역의 모든 컨트롤에 대해 '입고수량'이 50 이상인 경우 글꼴 스타일 '굵게', '밑줄'이 표시되도록 조건부 서식을 설정하시오.

〈정답〉

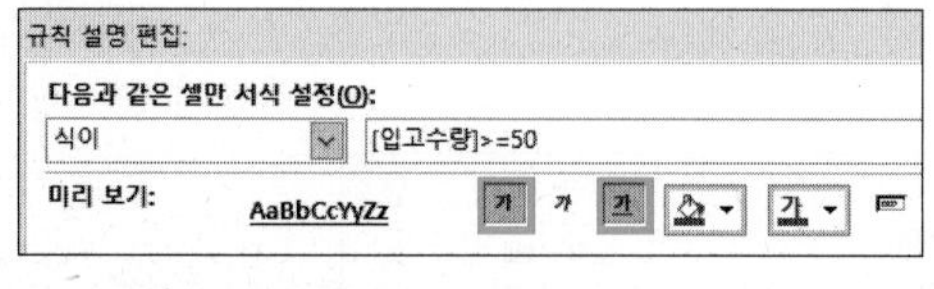

씨앗명	입고수량
물망초	35
치커리	55
양귀비	15

22.상시, 21.상시

[유형 10] 〈회사정보조회〉 폼의 'Txt시장구분' 컨트롤에 대해 '시장구분' 필드의 값이 '코스닥'인 경우 글꼴 스타일은 '굵게', 배경색은 '표준 색 – 진한 바다색 2'로 표시되도록 조건부 서식을 설정하시오.

〈정답〉

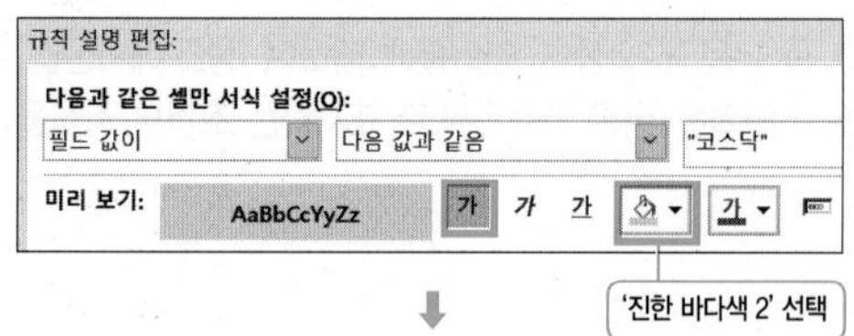

회사정보조회

종목코드	120
회사명	씨알씨
시장구분	코스닥
업종	건설업
주요제품	토목

체크체크 ☑☐☐ 2240462

다음은 조건부 서식의 조건이다. 알맞은 수식을 적으시오.

① '시가배당률' 필드의 값이 1.5 이상인 경우 (　　　)
② '성별' 필드의 값이 "여자"인 경우 (　　　)
③ '가입일자' 필드의 년도가 2024년인 경우 (　　　)
④ '누적학생수' 필드의 값이 '누적학생수' 필드의 전체 평균 이상인 경우 (　　　)
⑤ '지점' 필드의 앞 글자가 "서울"인 경우 (　　　)
⑥ '미납금액' 필드의 값이 0이 아니고 '연체횟수' 필드의 값이 0인 경우 (　　　)
⑦ '장르' 필드에 "액션"이 포함된 경우 (　　　)
⑧ "상품명" 필드의 글자수가 5 이하이고, '매출수량' 필드의 값이 500 이상인 경우 (　　　)
⑨ '직위' 필드가 비어 있는 경우 (　　　)
⑩ '판매일자' 필드의 날짜가 홀수날인 경우 (　　　)

정답

① [시가배당률]>=1.5 ② [성별]="여자" ③ Year([가입일자])=2024
④ [누적학생수]>=Avg([누적학생수]) ⑤ Left([지점], 2)="서울"
⑥ [미납금액]<>0 And [연체횟수]=0 ⑦ [장르] Like "*액션*"
⑧ Len([상품명])<=5 And [매출수량]>=500 ⑨ IsNull([직위])
⑩ Day([판매일자]) Mod 2 = 1

대표기출문제

'C:\길벗컴활1급총정리\액세스\기능\04폼완성-기출.accdb' 파일을 열어서 작업하세요.

2240481

[기출 1] 24.상시, 23.상시, 22.상시, 21.상시, 20.상시, 20.1, 19.상시, 19.2, …

〈구매현황〉 폼을 다음의 화면과 지시사항에 따라 완성하시오.

① 〈회원권〉 테이블을 레코드 원본으로 설정하시오.

② 폼의 '기본 보기' 속성을 〈그림〉과 같이 설정하시오.

③ 본문의 모든 컨트롤이 〈그림〉과 같이 위쪽을 기준으로 동일한 높이에 위치하도록 맞추시오.

④ 폼에 레코드를 추가하거나 삭제할 수 없도록 설정하시오.

⑤ 폼 바닥글의 'txt회원수' 컨트롤에는 전체 레코드의 수가 〈그림〉과 같이 표시되도록 컨트롤 원본 속성을 설정하시오.

▶ FORMAT, COUNT 함수를 이용할 것

2240482

[기출 2] 24.상시, 23.상시, 22.상시, 21.상시, 20.상시, 20.1, 19.상시, 19.2, 19.1, …

〈구매내역열람〉 폼을 다음의 화면과 지시사항에 따라 완성하시오.

① 폼 머리글에 〈그림〉과 같이 레이블을 생성한 후 폼 제목을 입력하고, 이름은 'lab제목', 글꼴은 '궁서', 크기는 25로 설정하시오.

② 폼 본문의 'txt구매일' 컨트롤에 '구매일' 필드를 바운드 시키시오.

③ 폼의 탐색 단추와 구분 선이 표시되도록 설정하시오.

④ 하위 폼에 대해 특수 효과를 '오목'으로 설정하시오.

⑤ 하위 폼에는 포커스가 이동되지 않도록 설정하시오.

2240483

[기출 3] 24.상시, 23.상시, 22.상시, 21.상시, 20.상시, 19.상시, 19.1, 18.상시, 18.2, …

〈패키지주문현황〉 폼을 다음의 화면과 지시사항에 따라 완성하시오.

① 폼 머리글 영역의 'txt조회' 컨트롤에는 Enter를 누르면 필드에서 줄 바꿈이 되도록 관련 속성을 설정하시오.

② 폼 본문에 있는 컨트롤들의 가로 간격을 모두 같게 설정하시오.

③ 폼 본문 영역의 'txt판매일' 컨트롤에는 '판매일' 필드의 년도 부분만 2자리로 표시되고, 월과 일은 '@' 문자로 표시되도록 형식 속성을 설정하시오.

④ 폼 본문 영역의 'txt판매처기호' 컨트롤에 '패키지명' 필드와 '판매처코드' 필드의 내용이 표시 예와 같이 표시되도록 컨트롤 원본 속성을 설정하시오.

▶ 표시 예 : GP127(TR1480)

⑤ 폼 본문의 탭 순서는 화면의 왼쪽부터 차례대로 이동되도록 설정하시오.

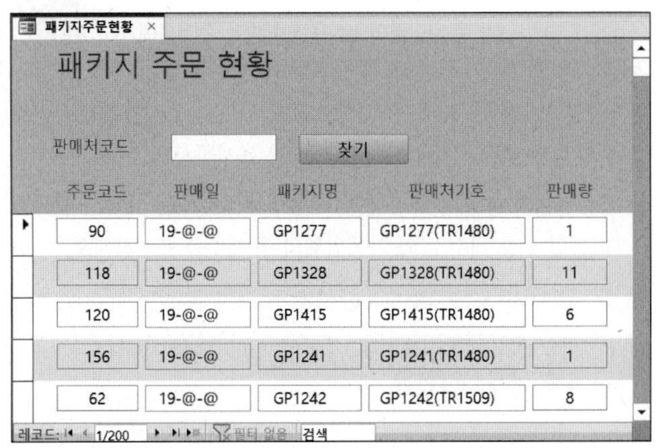

2240484

[기출 4] 24.상시, 23.상시, 22.상시, 21.상시, 20.상시, 20.1, 19.상시, 19.1, 18.상시, …

〈회원목록〉 폼을 다음의 화면과 지시사항에 따라 완성하시오.

① 폼 머리글의 배경색을 '밝은 텍스트'로 설정하시오.

② 폼에 레코드 선택기가 표시되지 않게 설정하시오.

③ 'txt주소' 컨트롤에 마우스를 가져가면 〈그림〉과 같이 관련 텍스트가 나타나도록 설정하시오(도로명 주소로 변경 예정).

④ 폼에 최소화/최대화 단추가 표시되지 않도록 설정하시오.

⑤ 폼이 팝업 폼으로 열리도록 설정하고, 폼이 열려 있을 경우 다른 작업을 수행할 수 없도록 설정하시오.

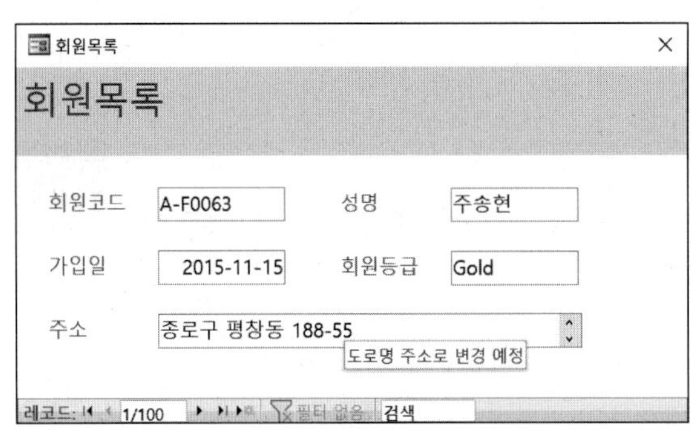

2240485

[기출 5] 23.상시, 22.상시, 19.상시, 18.상시, 15.1, 13.3, 12.1, 11.3, 11.2, 10.2, 09.3, …

〈판매내역입력〉 폼 본문의 'txt물품명' 컨트롤에는 〈물품〉 테이블의 '물품코드' 필드가 'txt물품코드' 컨트롤의 값과 같은 '물품명'을 표시하시오.

▶ DLookup 함수 사용

2250486

[기출 6] 24.상시, 20.상시, 19.상시, 16.상시, 13.3, 11.3, 10.2

〈산업단지현황조회〉 폼 바닥글의 'txt가동업체총계' 컨트롤에 가동업체의 총 개수가 표시되도록 컨트롤 원본 속성을 설정하시오.

▶ 〈산업단지현황〉 테이블의 '시도코드' 필드가 'txt시도코드' 컨트롤의 값과 같은 가동업체의 총 개수를 표시하시오.

▶ 가동업체의 총 개수가 0이면 "가동업체 없음"을, 그렇지 않으면 "가동업체 총 개수 : "와 가동업체의 총 개수를 표시하시오.

▶ IIF, DCOUNT 함수를 사용하시오.

2240488

[기출 7] 24.상시, 22.상시, 21.상시, 20.상시, 20.1, 19.상시, 19.1, 18.상시, 18.1, …

〈예약현황〉 폼의 본문에 있는 모든 컨트롤에 대하여 다음과 같이 조건부 서식을 설정하시오.

▶ '예약서비스'의 앞 두 글자가 "CA"로 시작하고 '요금'이 500,000 미만인 경우 글꼴 스타일을 '굵게', 글자 색을 '표준 색 – 빨강'으로 지정하시오.

2240489

[기출 8] 24.상시, 20.상시, 19.상시, 18.상시, 17.상시, 16.상시

〈과목리스트〉 폼의 본문 컨트롤에 대하여 다음과 같이 조건부 서식을 설정하시오.

▶ 본문에 있는 임의의 컨트롤에 커서가 위치하면 해당 컨트롤의 배경색이 노란색으로 채워지도록 지정하시오.

2240490

[기출 9] 24.상시, 22.상시, 20.상시, 19.상시, 17.상시, 16.3, 15.3, 14.2, 13.3

〈구매자명단〉 폼의 본문에 있는 모든 컨트롤에 대하여 다음과 같이 조건부 서식을 설정하시오.

▶ '배송주소'에 "종로구"가 포함된 레코드에 대해 글꼴 스타일을 '굵게', '밑줄'을 지정하시오.

정답 및 해설

[기출 1]

1. 〈구매현황〉 폼의 바로 가기 메뉴에서 **[디자인 보기]**를 선택한다.
2. 속성을 설정할 대상을 더블클릭한다.
3. 속성 시트 창의 각 탭에서 해당 속성에 설정값을 입력한다.

〈정답〉

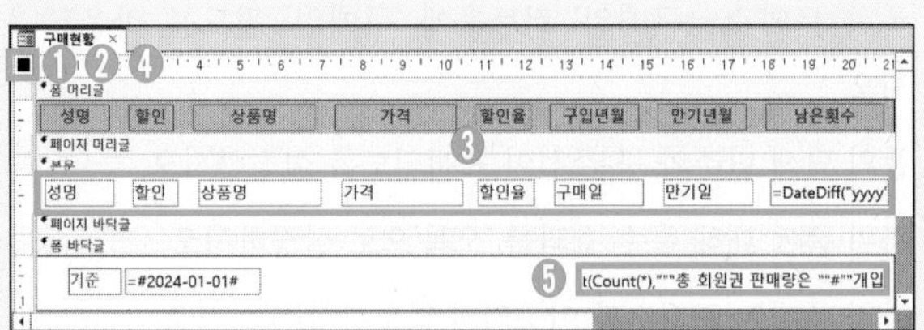

〈해설〉

❶, ❷ 폼의 속성 설정하기
- '데이터' 탭의 레코드 원본 → 회원권
- '형식' 탭의 기본 보기 → 연속 폼

❸ 본문 모든 컨트롤의 위치 조절하기
본문의 컨트롤을 모두 선택한 후 바로 가기 메뉴에서 [맞춤] → **위쪽**(아이콘)을 선택한다.

❹ 폼의 속성 설정하기
- '데이터' 탭의 추가 가능 → 아니요
- '데이터' 탭의 삭제 가능 → 아니요

❺ 'txt회원수' 컨트롤에 속성 설정하기
'데이터' 탭의 컨트롤 원본 속성 →
=Format(Count(*), "총 회원권 판매량은 #개입니다.")

[기출 2]

〈정답〉

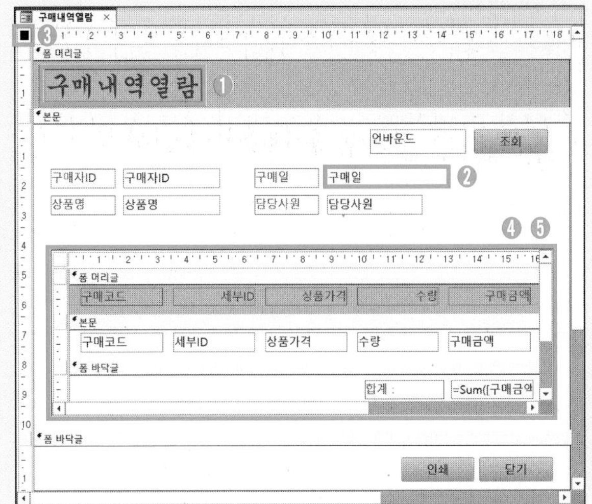

〈해설〉

❶ 제목 삽입하기

1. [양식 디자인] → 컨트롤 → **레이블(가가)**을 클릭한 후 폼 머리글의 적당한 위치에 드래그한다.
2. **구매내역열람**을 입력하고 Enter를 누른 후 [서식] → **글꼴**에서 글꼴을 '궁서', 크기를 25로 변경한 다음 문제의 그림과 같이 배치한다.
3. 작성된 레이블을 더블클릭한 후 '속성 시트' 창이 표시되면, '기타' 탭의 '이름' 속성에 **lab제목**을 입력한다.

❷ 'txt구매일' 컨트롤에 속성 설정하기

'데이터' 탭의 컨트롤 원본 → 구매일

❸ 폼의 속성 설정하기

- '형식' 탭의 탐색 단추 → 예
- '형식' 탭의 구분 선 → 예

❹ 하위 폼 컨트롤에 속성 설정하기

'형식' 탭의 특수 효과 → 오목

❺ 하위 폼 컨트롤에 속성 설정하기

'기타' 탭의 탭 정지 → 아니요

[기출 3]

〈정답〉

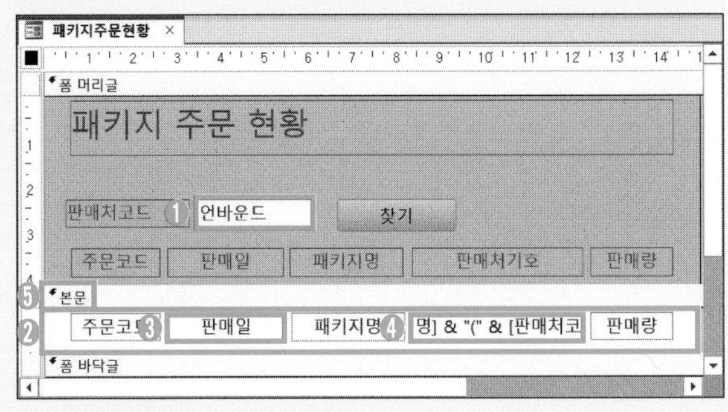

〈해설〉

❶ 'txt조회' 컨트롤의 속성 설정하기

'기타' 탭의 〈Enter〉 키 기능 → 필드에서 줄 바꿈

❷ 본문 모든 컨트롤의 가로 간격 조절하기

본문의 모든 컨트롤을 선택한 후 [정렬] → 크기 및 순서 조정 → 크기/공간 → **가로 간격 같음**(▯▯)을 선택한다.

❸ 'txt판매일' 컨트롤의 속성 설정하기

'형식' 탭의 형식 → yy-@-@

❹ 'txt판매처기호' 컨트롤의 속성 설정하기

'데이터' 탭의 컨트롤 원본 → =[패키지명] & "(" & [판매처코드] & ")"

❺ 본문 컨트롤의 탭 순서 설정하기

[기출 4]

〈정답〉

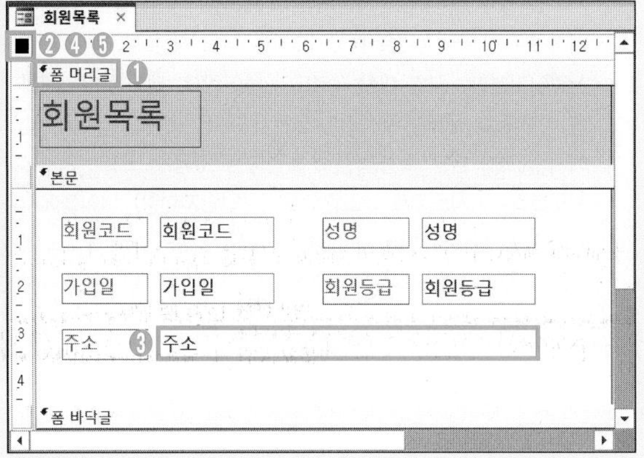

〈해설〉

❶ 폼 머리글의 속성 설정하기

'형식' 탭의 배경색 → 밝은 텍스트

❷ 폼의 속성 설정하기

'형식' 탭의 레코드 선택기 → 아니요

❸ 'txt주소' 컨트롤에 속성 설정하기

'기타' 탭의 컨트롤 팁 텍스트 → 도로명 주소로 변경 예정

❹ 폼의 속성 설정하기

'형식' 탭의 최소화/최대화 단추 → 표시 안 함

❺ 폼의 속성 설정하기

- '기타' 탭의 팝업 → 예
- '기타' 탭의 모달 → 예

[기출 5]

'txt물품명' 컨트롤에 속성 설정하기

'데이터' 탭의 컨트롤 원본 →
=DLookup("물품명","물품","물품코드=txt물품코드")

DLookup("물품명","물품","물품코드=txt물품코드")의 의미

- **DLookup(인수, 도메인, 조건)** : 도메인에서 조건에 맞는 인수를 표시함
- **물품명** : 찾아올 값이 들어 있는 필드 이름
- **물품** : 작업 대상 레코드가 들어 있는 테이블이나 쿼리의 이름으로서 문제에 제시되지 않은 경우에는 폼 속성의 '데이터' 탭에서 '레코드 원본' 속성을 통해 확인할 수 있음
- **물품코드=txt물품코드** : 조건으로서 〈물품〉 테이블에서 '물품코드' 필드의 값이 〈판매내역입력〉 폼의 'txt물품코드'에 표시된 값과 같은 물품의 물품명을 '물품명' 필드를 이용하여 표시함

[기출 6]

폼 바닥글의 'txt가동업체총계' 컨트롤에 속성 설정하기

'데이터' 탭의 컨트롤 원본 →

=IIf(DCount("가동업체","산업단지현황","시도코드=txt시도코드")=0,"가동업체 없음","가동업체 총 개수 : " & DCount("가동업체","산업단지현황","시도코드=txt시도코드"))

> IIf(조건, 인수1, 인수2)
>
> 조건을 비교하여 참이면 인수1, 거짓이면 인수2를 표시합니다.
>
> **DCount("가동업체","산업단지현황","시도코드=txt시도코드")의 의미**
>
> - **DCount(인수, 도메인, 조건)** : 도메인에서 조건에 맞는 자료를 대상으로 지정된 인수의 개수를 계산함
> - **가동업체** : 찾아올 값이 들어 있는 필드 이름으로, DCount 함수의 인수에는 데이터가 모두 입력된 임의의 필드를 지정하면 됨. 즉, DCount("가동업체", "산업단지현황", "시도코드=txt시도코드")'에서 '가동업체' 대신에 〈산업단지현황〉 테이블에 있는 필드 중 데이터가 모두 입력된 '유형번호', '시도코드' 등을 지정해도 됨
> - **산업단지현황** : 작업 대상 레코드가 들어 있는 테이블이나 쿼리의 이름으로, 문제에 제시되지 않은 경우 폼 속성의 '데이터' 탭에서 '레코드 원본' 속성을 통해 확인할 수 있음
> - **시도코드=txt시도코드** : 조건으로 〈산업단지현황〉 테이블에서 '시도코드' 필드의 값이 〈산업단지현황조회〉 폼의 'txt시도코드'에 표시된 값과 같은 가동업체의 개수를 '가동업체' 필드를 이용하여 계산함

[기출 7]

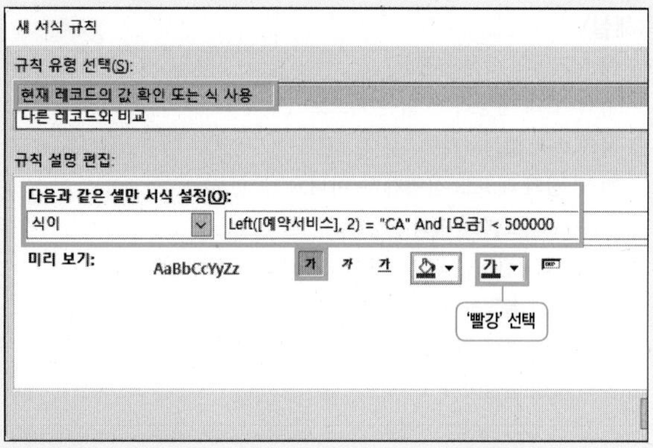

새 서식 규칙
규칙 유형 선택(S):
현재 레코드의 값 확인 또는 식 사용
다른 레코드와 비교
규칙 설명 편집:
다음과 같은 셀만 서식 설정(O):
식이
Left([예약서비스], 2) = "CA" And [요금] < 500000
미리 보기:
AaBbCcYyZz
'빨강' 선택

[기출 8]

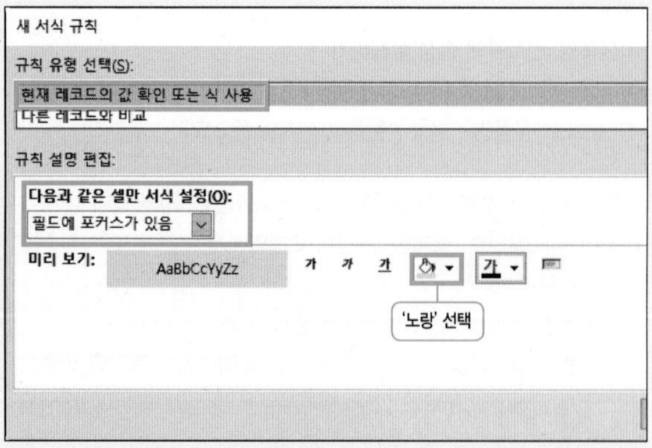

새 서식 규칙
규칙 유형 선택(S):
현재 레코드의 값 확인 또는 식 사용
다른 레코드와 비교
규칙 설명 편집:
다음과 같은 셀만 서식 설정(O):
필드에 포커스가 있음
미리 보기:
AaBbCcYyZz
'노랑' 선택

[기출 9]

새 서식 규칙
규칙 유형 선택(S):
현재 레코드의 값 확인 또는 식 사용
다른 레코드와 비교
규칙 설명 편집:
다음과 같은 셀만 서식 설정(O):
식이
[배송주소] Like "*종로구*"
미리 보기:
AaBbCcYyZz

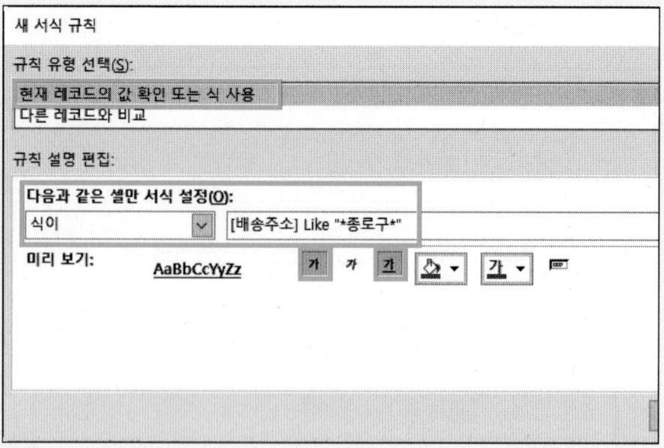

2240501

2 매크로 작성

출제 비율 100% / 배점 5점

매크로 작성 문제는 **폼이나 보고서에 조건에 맞는 자료만 표시하는 매크로를 만들어 폼의 컨트롤에 연결**하는 작업입니다. **5점짜리 1문제**가 고정적으로 출제되며, 지시사항을 모두 해결해야 5점을 얻습니다. **부분 점수는 없습니다.**

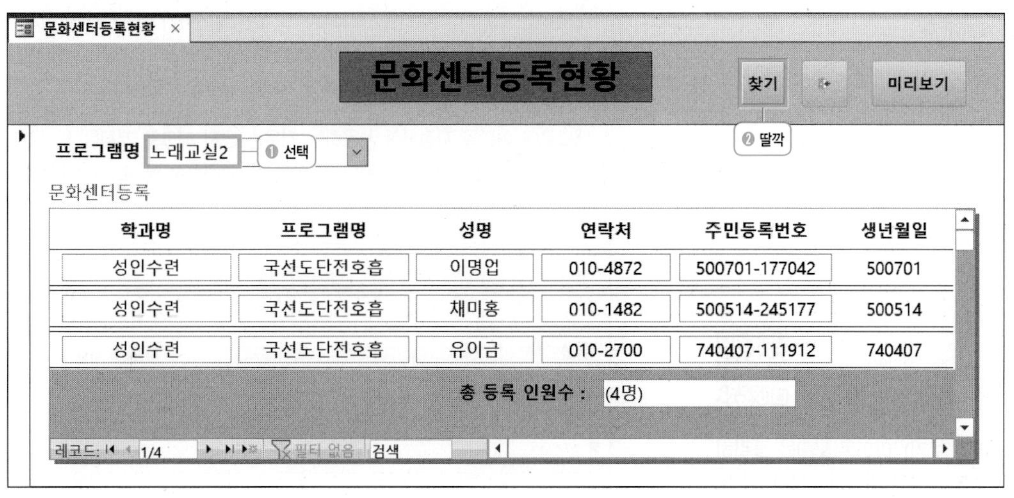

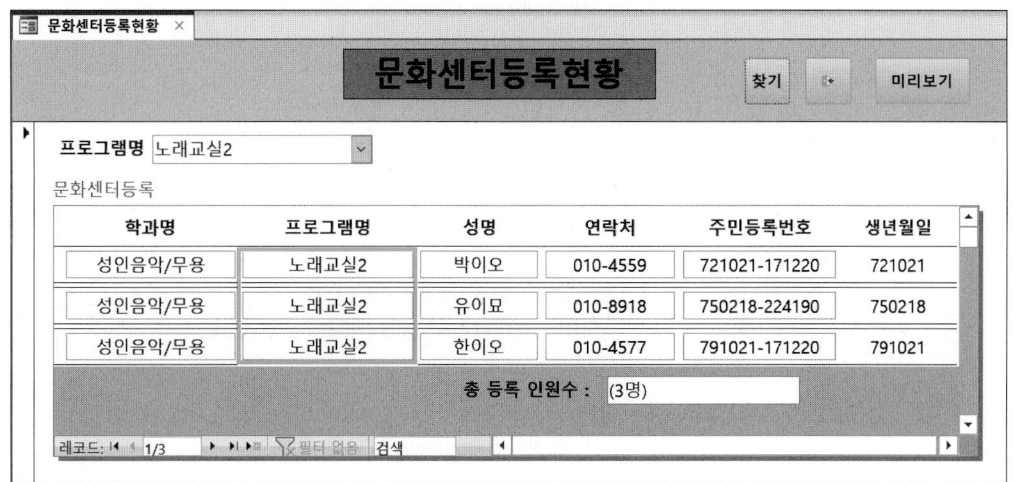

※ 프로그램명이 '노래교실2'인 자료만 폼에 표시한 것입니다.

2240502

작업 순서

매크로 작업에서는 순서가 매우 중요합니다. 잘 기억해 두세요.

1. [만들기] → 매크로 및 코드 → **매크로**()를 클릭한다.
2. '매크로' 창에서 매크로 함수를 선택하고 인수를 설정한다.
3. 매크로 이름을 입력한다.
4. 매크로를 지정할 폼을 **[디자인 보기]**로 연다.
5. 매크로를 지정할 컨트롤을 더블클릭한다.
6. 컨트롤 속성 시트 창의 '이벤트' 탭에서 사용할 이벤트를 클릭한다.
7. 목록 단추()를 클릭한 후 위에서 작성한 매크로를 선택한다.

합격포인트

- 매크로 작성 작업은 조건에 맞는 자료만 추출하기 위해 **정확한 조건식을 만드는 것이 합격포인트**입니다.
- 시험에 나오는 조건식들을 모두 모아놓았으니 반복해서 풀어보세요. 이해가 잘 안되는 조건식은 암기하세요.
- 함수의 기능과 인수의 사용법은 한두 번만 제대로 따라하면 쉽게 익힐 수 있습니다.

☞ 직접 실습하려면 'C:\길벗컴활1급총정리\액세스\기능\05매크로-합격포인트.accdb' 파일을 열어 작업하세요.

2240511

24.상시, 23.상시, 22.상시, 21.상시, 20.상시, 20.1, 19.상시, 19.2, …

01 OpenReport - 보고서 열기

〈고객별대여현황〉 폼의 '문서 미리 보기(미리 보기)' 아이콘(🔍)을 클릭하면 〈고객별대여현황〉 보고서를 '인쇄 미리 보기' 형식의 '대화 상자' 창 모드로 여는 〈보고서확인〉 매크로를 생성한 후 지정하시오.

▶ 매크로 조건 : 'cmb고객코드'에서 선택한 고객만을 대상으로 할 것

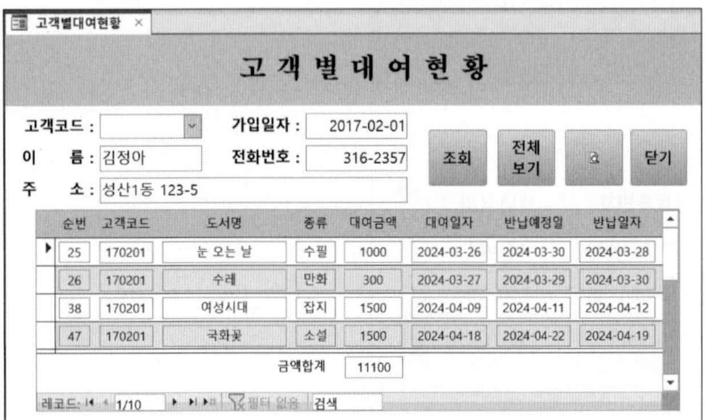

〈정답〉

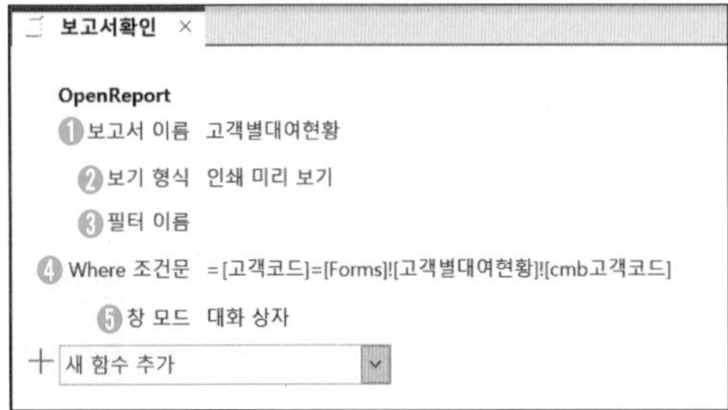

OpenReport

- 보고서를 호출하는 매크로 함수입니다.

① **보고서 이름** : 호출할 보고서의 이름을 지정함

② **보기 형식** : 보고서를 열 때의 보기 형식을 지정함. 보기 형식으로는 '인쇄 미리 보기' 형식만 고정적으로 출제되고 있음

③ **필터 이름** : 보고서에 표시할 레코드를 제한하는 필터의 이름을 입력함

④ **Where 조건문** : 조건을 지정하여 보고서에 표시할 레코드를 제한함

⑤ **창 모드** : 보고서가 열릴 때 창의 속성(기본, 숨김, 아이콘, 대화 상자)을 선택함

Where 조건문

- 〈고객별대여현황〉 폼의 'cmb고객코드' 컨트롤에 입력된 값과 〈고객별대여현황〉 보고서의 '고객코드' 필드의 값이 같은 자료만을 〈고객별대여현황〉 보고서에 표시합니다.
- 컨트롤에 연결된 필드를 확인하면, 조건에 사용할 필드를 알 수 있습니다. 'cmb고객코드' 컨트롤의 '행 원본' 속성에 연결된 필드가 〈고객〉 테이블의 '고객코드' 필드이므로 조건에 '고객코드' 필드를 사용합니다. 컨트롤이 콤보 상자가 아니라 텍스트 상자인 경우에는 '컨트롤 원본' 속성을 확인합니다.
- Where 조건문에 '고객코드' 필드의 경로가 없는 이유는 매크로가 실행될 때 열리는 〈고객별대여현황〉 보고서에 포함된 필드이기 때문입니다. 하지만 'cmb고객코드' 컨트롤은 〈고객별대여현황〉 보고서가 아니라 〈고객별대여현황〉 폼에 있는 컨트롤이므로 해당 개체의 경로를 지정해야 합니다.

1. 매크로에 이름을 지정하여 사용하는 경우는 먼저 매크로 개체를 생성한 후 이를 연결하여 사용하면 됩니다. [만들기] → 매크로 및 코드 → **매크로**(□)를 클릭하세요.

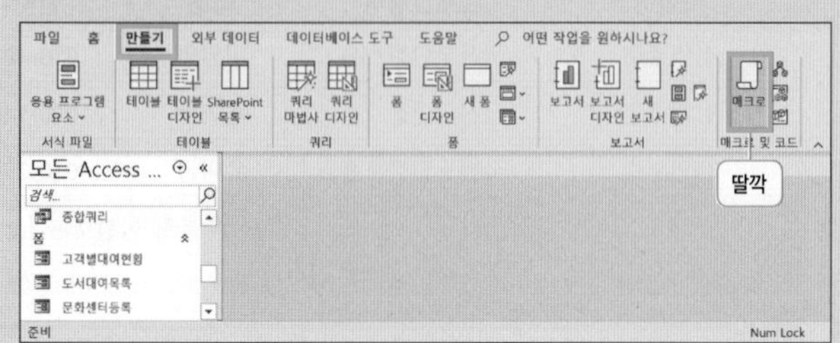

2. 매크로 함수 선택란의 목록 단추(⌄)를 누른 다음 'OpenReport' 함수를 선택하세요.

3. OpenReport 매크로 대화상자에서 〈정답〉과 같이 설정한 후 매크로 대화상자의 닫기 단추(×)를 클릭하세요. 저장 여부를 묻는 대화상자가 나타나면 〈예〉를 클릭하세요.

4. '다른 이름으로 저장' 대화상자에서 매크로 이름을 **보고서확인**으로 입력한 다음 〈확인〉을 클릭하세요.

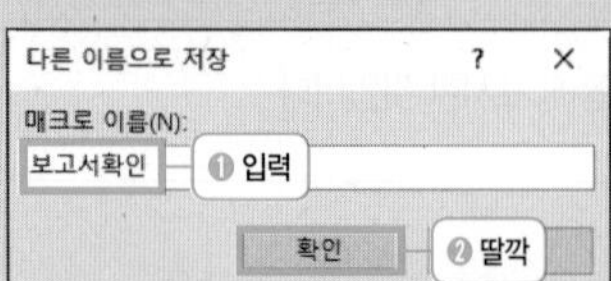

5. 〈고객별대여현황〉 폼을 디자인 보기로 연 다음 'cmd인쇄' 컨트롤을 더블클릭하세요. 'cmd인쇄' 속성 시트 창에서 'On Click' 이벤트의 목록 단추(⌄)를 누른 다음 〈보고서확인〉 매크로를 선택합니다.

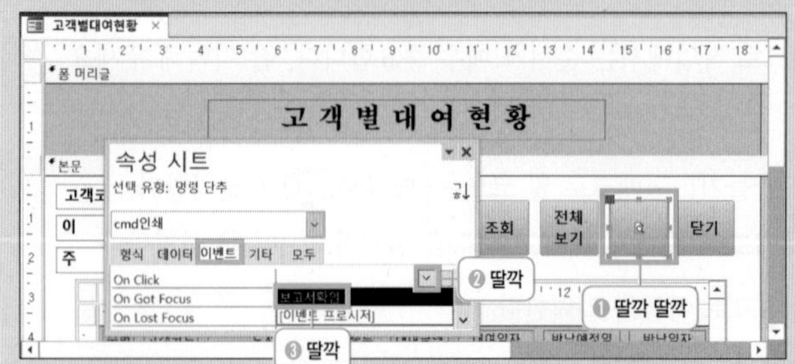

6. 폼을 실행한 후 'cmb고객코드' 컨트롤에 고객코드(예 : 170623)를 선택하고 '문서 미리 보기' 아이콘(🔍)을 클릭하세요. 〈고객별대여현황〉 보고서가 열리고 'cmb고객코드' 컨트롤에 표시된 고객코드의 정보가 〈고객별대여현황〉 보고서에 표시되는지 확인해 보세요.

고객별대여현황

고 객 별 대 여 현 황

고객코드 : 170623 ① 선택 2017-02-01
이 름 : 김정아 전화번호 : 316-2357 조회 전체 보기 ② 딸깍
주 소 : 성산1동 123-5

순번	고객코드	도서명	종류	대여금액	대여일자	반납예정일	반납일자
25	170201	눈 오는 날	수필	1000	2024-03-26	2024-03-30	2024-03-28
26	170201	수레	만화	300	2024-03-27	2024-03-29	2024-03-30
38	170201	여성시대	잡지	1500	2024-04-09	2024-04-11	2024-04-12
47	170201	국화꽃	소설	1500	2024-04-18	2024-04-22	2024-04-19

2240512

24.상시, 22.상시, 21.상시, 19.상시, 19.1, 18.1, 14.1, 08.2, 05.1, 04.4

02 OpenReport, MessageBox – 보고서를 연 후 메시지 상자 표시

〈회원관리〉 폼의 '보고서보기'(cmd보고서) 단추를 클릭하면 다음과 같은 기능이 구현되도록 〈보고서보기〉 매크로를 생성한 후 지정하시오.

▶ 〈회원목록〉 보고서를 '인쇄 미리 보기' 상태로 표시한 후 다음과 같이 메시지 상자를 표시할 것

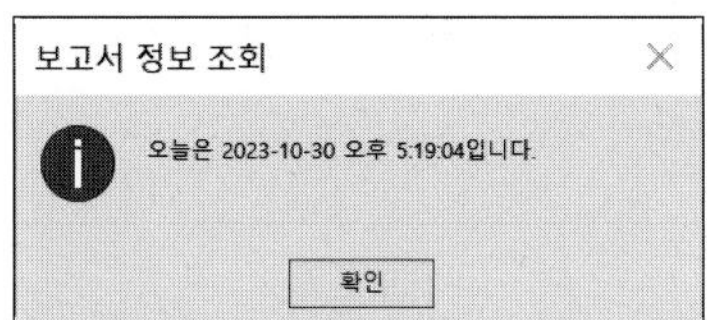

〈정답〉

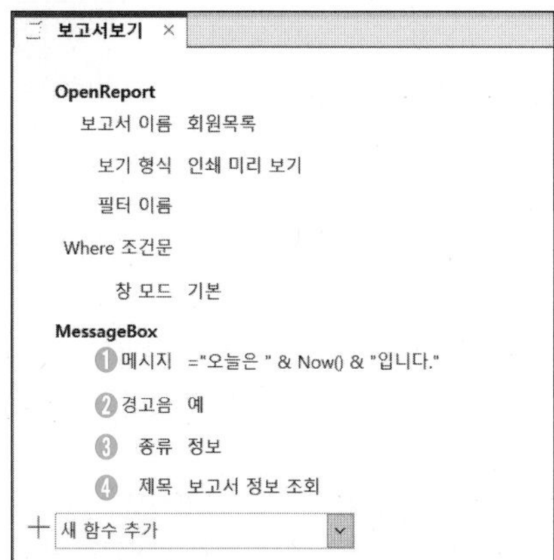

보고서보기

OpenReport
보고서 이름 회원목록
보기 형식 인쇄 미리 보기
필터 이름
Where 조건문
창 모드 기본
MessageBox
① 메시지 ="오늘은 " & Now() & "입니다."
② 경고음 예
③ 종류 정보
④ 제목 보고서 정보 조회
새 함수 추가

MessageBox
- 메시지를 표시하는 함수입니다.

① **메시지** : 메시지 상자에 표시할 내용을 입력함
② **경고음** : 메시지가 나타날 때 시스템의 경고음 유무를 선택함
③ **종류** : 메시지 상자에 나타낼 아이콘의 종류를 선택함
  – 위험(⊗)   – 경고?(❓)
  – 경고!(⚠)   – 정보(❶)
④ **제목** : 메시지 상자의 제목 표시줄에 표시할 내용을 입력함

="오늘은 " & Now() & "입니다."
- 큰따옴표(" ")로 묶인 문자열은 그대로 표시함
- Now() : 오늘 날짜와 시간을 표시함
- & : 문자열과 Now() 함수의 결과를 연결함

2240513

23.상시, 22.상시, 21.상시, 20.상시, 20.1, 19.상시, 19.2, 19.1, 18.상시, …

03 OpenForm – 폼 열기

〈봉사내역입력〉 폼의 '학생정보확인'(cmd보기) 단추를 클릭하면 〈재학생관리〉 폼을 '폼 보기' 형식의 '읽기 전용' 모드로 여는 〈재학생보기〉 매크로를 생성하여 지정하시오.

▶ 매크로 조건 : '학번' 필드의 값이 'txt학번'에 해당하는 재학생의 정보만 표시

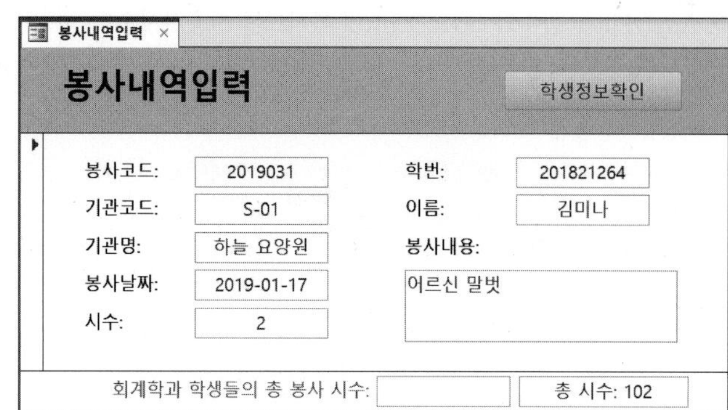

〈정답〉

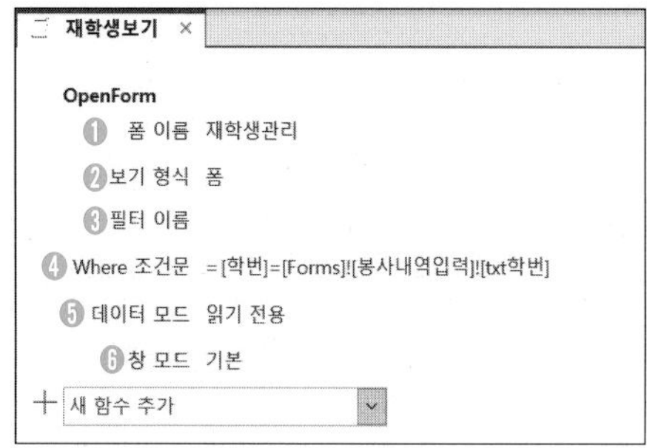

재학생보기

OpenForm
① 폼 이름 재학생관리
② 보기 형식 폼
③ 필터 이름
④ Where 조건문 =[학번]=[Forms]![봉사내역입력]![txt학번]
⑤ 데이터 모드 읽기 전용
⑥ 창 모드 기본
새 함수 추가

OpenForm
- 폼을 호출하는 매크로 함수입니다.

① **폼 이름** : 호출할 폼의 이름을 지정함
② **보기 형식** : 폼을 열 때의 보기 형식을 설정함. 보기 형식으로는 '폼' 형식만 고정적으로 출제되고 있음
③ **필터 이름** : 폼에 표시할 레코드를 제한하는 필터의 이름을 입력함
④ **Where 조건문** : 조건을 지정하여 폼에 표시할 레코드를 제한함
⑤ **데이터 모드** : 보기 형식이 데이터시트일 때 폼에서 데이터를 다룰 수 있는 범위(추가, 편집, 읽기 전용)를 선택함
⑥ **창 모드** : 폼이 열릴 때 창의 속성(기본, 숨김, 아이콘, 대화 상자)을 선택함

2250514

04 ApplyFilter, GoToControl – 폼 조회 후 컨트롤 이동

24.상시, 18.상시, 17.상시, 16.상시

〈문화센터등록현황〉 폼 머리글의 '찾기(cmd찾기)' 단추를 클릭하면 'cmb프로그램명' 컨트롤에서 선택한 '프로그램명'으로 필터를 수행하고, 폼 본문의 'txt연락처' 컨트롤로 포커스가 이동하는 〈조회후이동〉 매크로를 생성하여 지정하시오.

▶ ApplyFilter 함수와 GoToControl 메서드를 사용하시오.

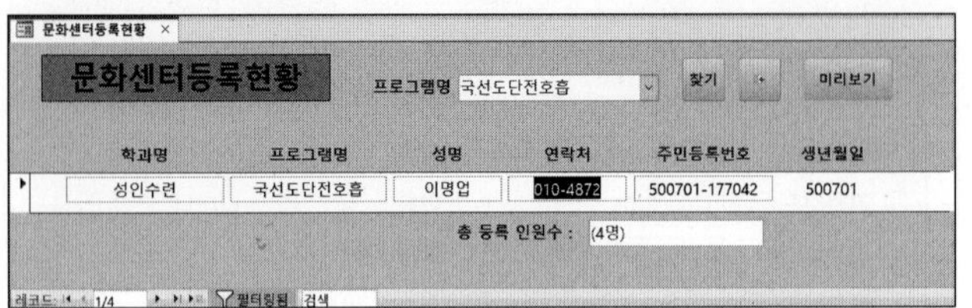

〈정답〉

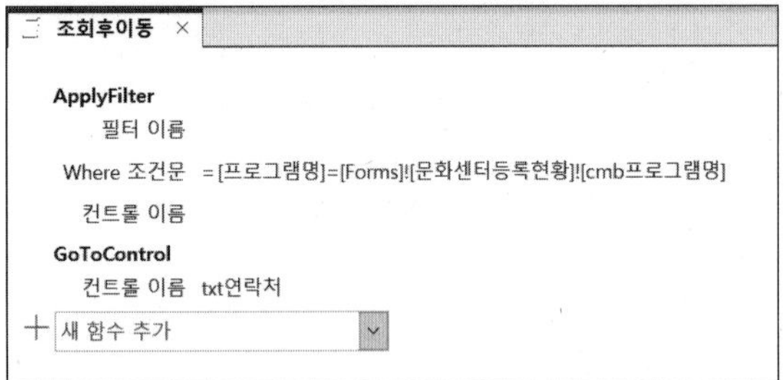

ApplyFilter
테이블이나 쿼리로부터 조건에 맞는 레코드를 검색하는 매크로 함수입니다.

GoToContorl
활성화된 폼에서 커서를 특정한 컨트롤로 이동시키는 매크로 함수입니다.

2240515

05 CloseWindow – 폼 종료

20.상시, 19.상시, 19.2, 19.1, 18.1, 14.1, 08.2, 18.1, 05.1, 04.4

〈지도학생〉 폼의 'cmd종료'(폼종료) 단추를 클릭하면 〈지도학생〉 폼을 저장한 후 종료하는 〈폼종료〉 매크로를 생성한 후 지정하시오.

지도학생

검색 학과 인쇄 폼종료

학번	성명	학과	전화번호	전자우편
1621010(복학)	홍민식	경영과	010-298-1094	minsik@hanmail.net
1621012(복학)	전미수	경영과	010-454-7629	msjun@yahoo.co.kr
1623006(복학)	최승희	의상과	010-224-0184	choish@yahoo.co.kr
1721004	이호진	경영과	010-728-6833	hojinlee@dh.co.kr

전체 인원수 36명

〈정답〉

폼종료

CloseWindow
① 개체 유형 폼
② 개체 이름 지도학생
③ 저장 예
새 함수 추가

CloseWindow
- 개체를 닫는 매크로 함수입니다.

① **개체 유형** : 닫을 개체의 유형을 선택함
② **개체 이름** : 닫을 개체의 이름을 입력하거나 목록에서 선택함
③ **저장** : 〈예〉, 〈아니요〉, 〈확인〉 등 저장 여부와 방법을 선택함. 〈확인〉을 선택하면 변경 사항이 있을 경우 저장 여부를 묻는 대화상자가 나타남

2240561

지시사항에 해당하는 'Where 조건문'을 적으시오.

① 〈학과별학생정보〉 폼의 머리글 영역에서 '보고서출력'(cmd출력) 단추를 클릭하면 'cmb조회' 컨트롤에서 선택한 학과이름과 동일한 학과의 정보만 표시되도록 설정할 것 (　　　　　)

② 〈씨앗정보찾기〉 폼의 '보고서'(cmd보고서) 단추를 클릭하면 '씨앗코드' 필드의 값이 'txt씨앗코드' 컨트롤에 해당하는 씨앗 정보만 표시되도록 설정할 것 (　　　　　)

③ 〈구매내역열람〉 폼의 '인쇄'(cmd인쇄) 단추를 클릭하면 '구매일' 필드의 날짜 중 일이 'txt구매일' 컨트롤에 입력된 날짜 중 일과 같은 정보만 표시만 표시되도록 설정할 것

▶ Day 함수 사용 (　　　　　)

④ 〈교환현황〉 폼의 '조회'(cmd조회) 단추를 클릭하면 '교환사유' 필드의 값이 'txt조회' 컨트롤에 입력된 값과 같은 정보만 표시되도록 설정할 것 (　　　　　)

정답

① [학과이름]=[Forms]![학과별학생정보]![cmb조회]
② [씨앗코드]=[Forms]![씨앗정보찾기]![txt씨앗코드]
③ day([구매일])=day([Forms]![구매내역열람]![txt구매일])
④ [교환사유]=[Forms]![교환현황]![txt조회]

대표기출문제

'C:\길벗컴활1급총정리\액세스\기능\05매크로-기출.accdb' 파일을 열어서 작업하세요.

2240581

[기출 1] 24.상시, 23.상시, 22.상시, 21.상시, 20.상시, 20.1, 19.상시, 19.2, 18.상시, …

〈패키지주문현황〉 폼 머리글의 '보고서보기'(cmd인쇄) 단추를 클릭하면 〈판매처주문현황〉 보고서를 '인쇄 미리 보기'의 형태로 여는 〈보고서보기〉 매크로를 작성한 후 지정하시오.

▶ 매크로 조건 : 'txt출력' 컨트롤에 입력된 판매일 이전의 레코드만 표시할 것

패키지주문현황

패키지 주문 현황

패키지명 [ ] 폼보기

판매일 [ ] 보고서보기

주문코드	판매일	패키지명	판매처코드	판매량
90	2019-09-10	GP1277	TR1480	1
118	2019-11-06	GP1328	TR1480	11

레코드: 1/200 필터 없음 검색

2250582

[기출 2] 24.상시, 18.상시, 17.상시, 16.상시

〈서울상권현황조회〉 폼 머리글의 '조회(cmd조회)' 단추를 클릭하면 'txt조회' 컨트롤에 입력된 '상권구분코드'로 필터를 수행하고, 폼 본문의 'txt교통지출금액' 컨트롤로 포커스가 이동하는 〈조회후이동〉 매크로를 생성하여 지정하시오.

▶ ApplyFilter 함수와 GoToControl 메서드를 사용하시오.

서울상권현황조회

서울상권현황 조회

상권구분코드 U 조회

지역명	상권명	교통지출금액	여가지출금액	문화지출금액	교육지출금액	유흥지출금액	총지출금액
다산동	다산역 3번	₩9,221,200	₩2,049,950	₩1,584,580	₩9,037,310	₩2,354,150	₩24,247,190
석관동	석관동동측	₩7,777,420	₩1,828,120	₩1,237,700	₩5,590,140	₩1,910,480	₩18,343,860
청량리동	버티고개	₩1,250,070	₩302,660	₩216,850	₩965,630	₩305,940	₩3,041,150
후암동	후암역 1번	₩1,085,000	₩262,340	₩208,730	₩862,850	₩284,330	₩2,703,250
이촌1동	이촌1동땡땡거리	₩6,810,310	₩1,479,170	₩1,187,300	₩4,952,120	₩1,706,390	₩16,135,290
금호4가동	금호동첨보아파트	₩1,226,780	₩278,270	₩182,560	₩1,049,780	₩284,060	₩3,021,450
용답동	용답길남측	₩1,276,220	₩308,410	₩227,970	₩1,038,630	₩314,140	₩3,165,370
자양2동	자양역 3번	₩1,206,310	₩316,920	₩207,790	₩923,040	₩286,900	₩2,940,960

레코드: 1/8 필터링됨 검색

2240583

[기출 3] 23.상시, 22.상시, 21.상시, 20.상시, 20.1, 19.상시, 19.2, 19.1, 18.상시, …

〈패키지주문현황〉 폼 머리글의 '폼보기'(cmd폼보기) 단추를 클릭하면 〈패키지정보〉 폼을 여는 〈폼보기〉 매크로를 작성한 후 지정하시오.

▶ 매크로 조건 : 'txt조회' 컨트롤에 입력된 '패키지명'을 포함하는 레코드만 표시할 것

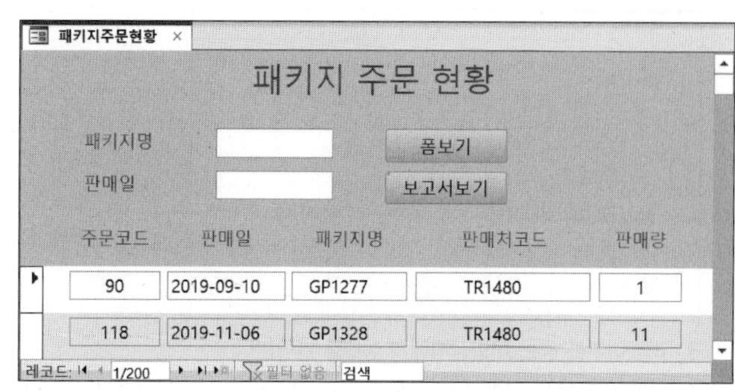

2240584

[기출 4] 24.상시, 22.상시, 21.상시, 19.상시, 19.1, 18.1, 14.1, 08.2, 05.1, 04.4

〈패키지주문현황〉 폼 본문의 'txt판매처코드' 컨트롤을 더블클릭하면 다음과 같은 메시지를 표시한 후 〈판매처주문현황〉 보고서를 인쇄 미리 보기 형태로 출력하는 〈보고서출력〉 매크로를 생성한 후 지정하시오.

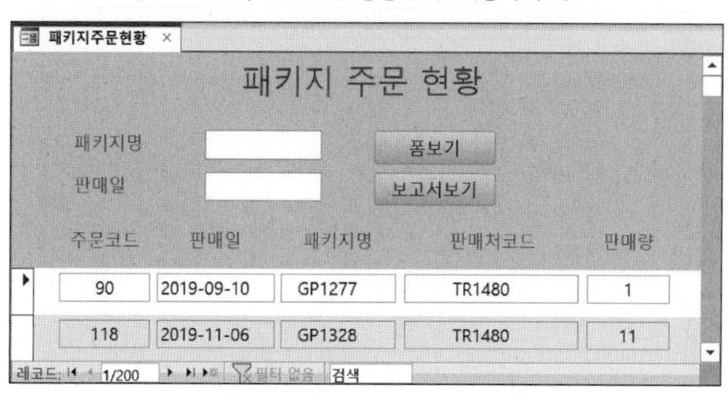

보고서확인

보고서를 확인합니다.

확인

▶ 매크로 조건 : 메시지 상자에서 〈확인〉을 클릭하면 〈패키지주문현황〉 폼의 'txt판매처코드' 컨트롤에 입력된 '판매처코드'에 해당하는 판매처만 표시할 것

정답 및 해설

[기출 1]

1. [만들기] → 매크로 및 코드 → **매크로(**📄**)**를 클릭한다.
2. '매크로' 창에서 'OpenReport' 함수를 선택한 후 다음과 같이 인수를 지정하고 닫기(×) 단추를 클릭한다.

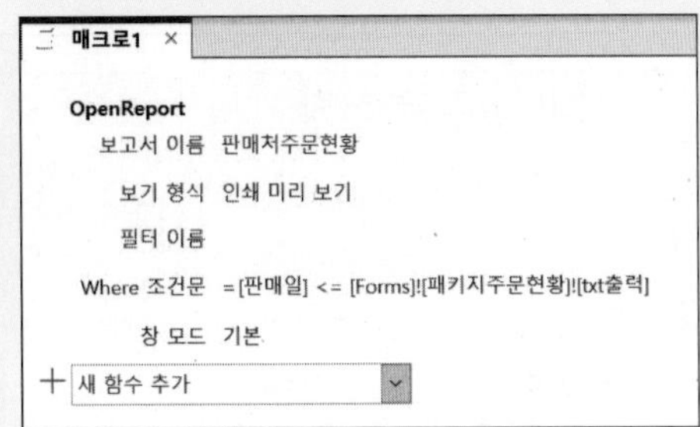

3. 저장 여부를 묻는 대화상자에서 〈예〉를 클릭한다.
4. '다른 이름으로 저장' 대화상자에서 매크로 이름으로 **보고서보기**를 입력한 후 〈확인〉을 클릭한다.
5. 〈패키지주문현황〉 폼을 **[디자인 보기]**로 연다.
6. 매크로를 지정할 'cmd인쇄' 컨트롤을 더블클릭한다.
7. 'cmd인쇄' 컨트롤 속성 시트 창의 '이벤트' 탭에서 'On Click' 이벤트를 클릭한다.
8. 목록 단추(▽)를 클릭한 후 '보고서보기' 매크로를 선택한다.

[기출 2]

'조회후이동' 매크로 작성 후 'cmd조회' 컨트롤의 'On Click' 이벤트에 지정하기

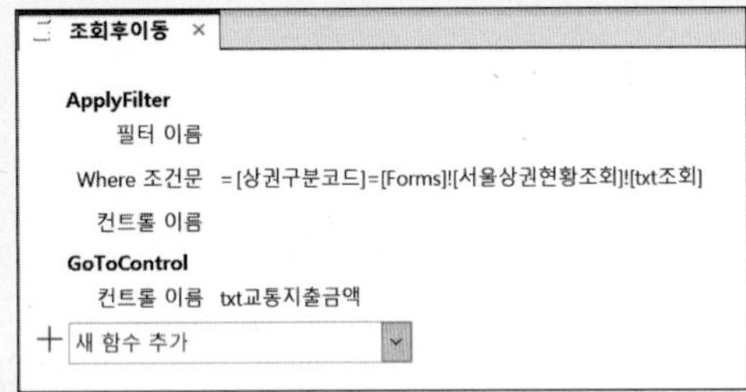

[기출 3]

'폼보기' 매크로 작성 후 'cmd폼보기' 컨트롤의 'On Click' 이벤트에 지정하기

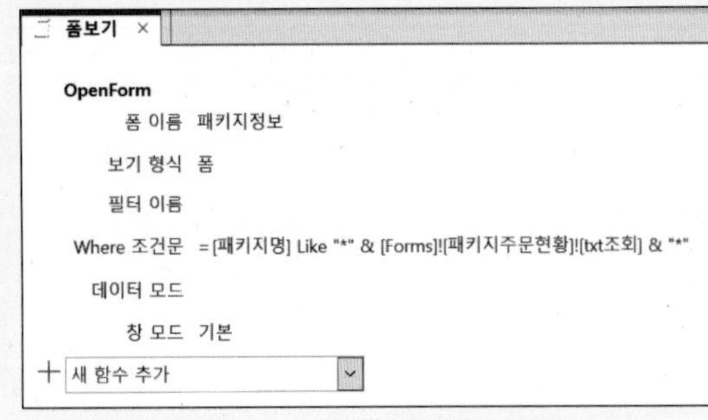

[기출 4]

'보고서출력' 매크로 작성 후 'txt판매처코드' 컨트롤의 'On Dbl Click' 이벤트에 지정하기

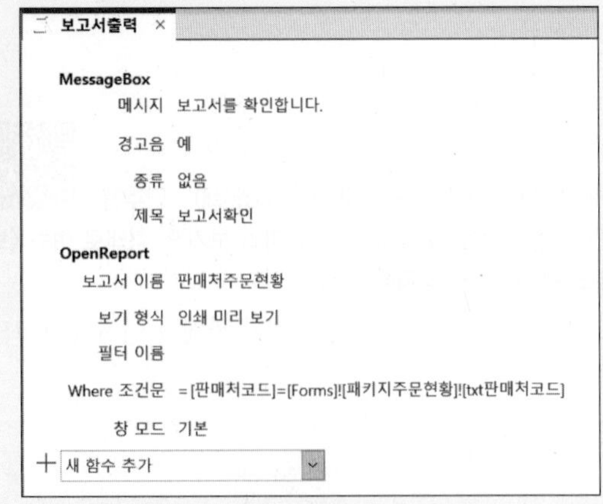

문제 3 조회 및 출력 기능 구현(20점)

2240600

조회 및 출력 기능 구현은 **15점짜리 '보고서 완성' 문제**와 **5점짜리 '이벤트 프로시저' 문제**가 고정적으로 출제되고 있습니다.

No	출제 기능	배점	목표 점수	출제 비율
1	보고서 완성	15점	15점	100%
2	이벤트 프로시저	5점	0점	100%
	합계	20점	15점	

1 보고서 완성

출제 비율 100% / 배점 15점

2240601

보고서 완성 문제는 **제공된 미완성 보고서에 지시사항을 수행**하여 완성된 보고서를 만드는 작업입니다. **3점짜리 5문제가 출제**됩니다. 즉 아래 그림에 색 번호로 표시된 8개의 속성과 4개의 기능 중에서 5문제가 출제됩니다.

• 다음은 지금까지 출제된 8개의 속성과 4개의 기능을 적용한 보고서입니다.

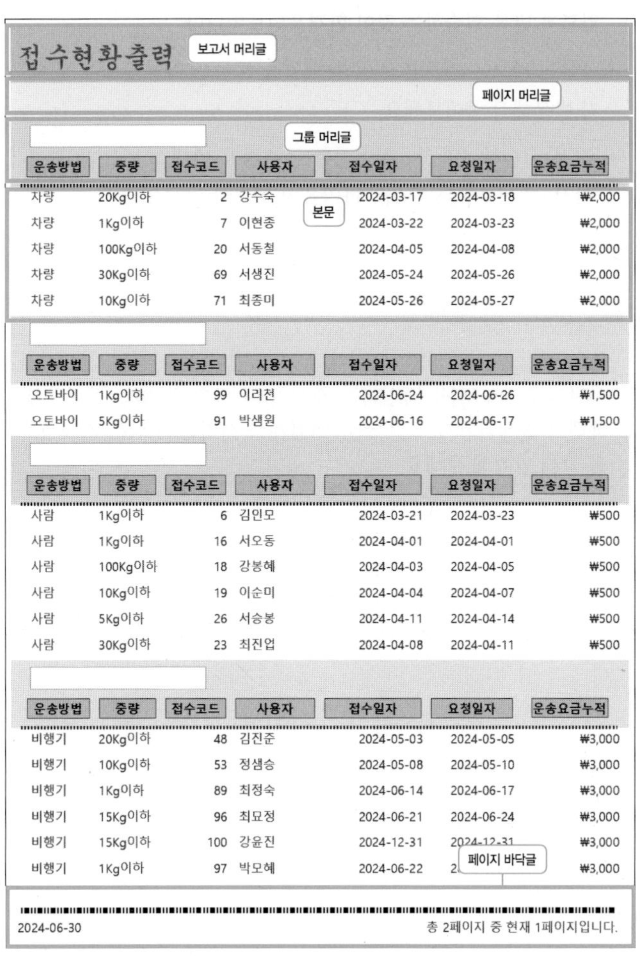

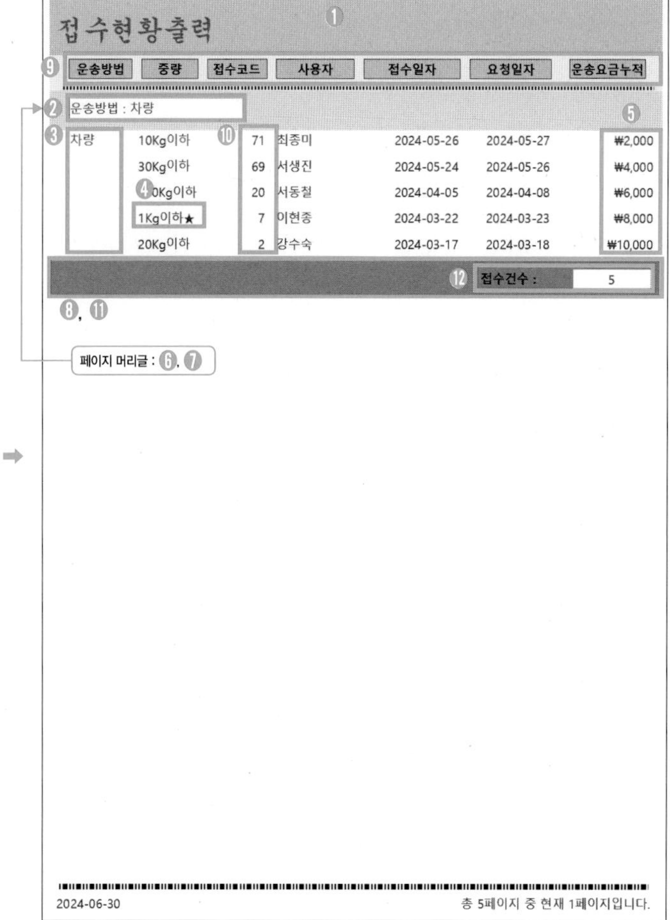

[속성]

❶ **레코드 원본** : 〈접수현황〉 쿼리를 레코드 원본으로 설정함

❷ **컨트롤 원본** : 'txt운송방법그룹' 컨트롤에는 '운송방법'이 표시되도록 설정함

❸ **중복 내용 숨기기** : 'txt운송방법' 컨트롤의 값이 이전 레코드와 같은 경우 값이 표시되지 않게 설정함

④ **형식** : 'txt중량' 컨트롤의 빈 공간에 ★이 반복하여 표시되도록 설정함
⑤ **누적 합계** : 'txt운송요금누적' 컨트롤에는 운송요금이 그룹별로 누적되도록 설정함
⑥ **페이지 바꿈** : '운송방법' 그룹 머리글 영역이 시작되기 전에 페이지가 바뀌도록 설정함
⑦ **반복 실행 구역** : 그룹의 데이터 일부가 다음 페이지로 넘어갈 경우 '운송방법' 그룹 머리글의 내용이 다음 페이지에도 표시되도록 설정함
⑧ **배경색** : '운송방법' 그룹 바닥글의 배경색을 '강조'로 설정함

[기능]
⑨ **컨트롤 이동** : '운송방법' 그룹 머리글 영역의 레이블과 선 컨트롤을 '페이지 머리글' 영역으로 이동함
⑩ **정렬 추가** : 동일한 '운송방법' 내에서는 '접수코드'를 기준으로 내림차순 정렬함
⑪ **그룹 머리글/바닥글 생성** : '운송방법' 그룹 바닥글이 화면에 표시되도록 설정함
⑫ **컨트롤 생성** : '운송방법' 그룹 바닥글 영역에 운송방법별 '접수건수'가 표시되도록 컨트롤을 생성함

2240602

작업 순서

1. 작업할 보고서의 바로 가기 메뉴에서 **[디자인 보기]**를 선택한다.
2. 속성을 설정할 개체를 더블클릭한다.
3. 속성 창에서 해당 속성을 찾아 설정값을 입력한다.

합격포인트

• 보고서 완성 작업은 대부분 쉽지만 '컨트롤 원본' 속성을 설정하는 것이 조금 어렵습니다.
• 폼과 마찬가지로 **'컨트롤 원본' 속성**을 고민없이 **바로 설정할 수 있도록 반복 연습하는 것이 합격포인트**입니다.
• 시험에 나오는 컨트롤 원본 문제들을 모두 모아놓았으니 될 때까지 반복해서 풀어보세요.

☞ 직접 실습하려면 'C:\길벗컴활1급총정리\액세스\기능\06보고서완성-합격포인트.accdb' 파일을 열어 작업하세요.

전문가의 조언

폼의 컨트롤 원본 속성과 같다고 보면 됩니다. 마찬가지로 지시사항에 맞게 수식을 작성하는 것이 어려울 수 있겠죠. 문제가 **반복해서 출제**되고 있으니 **조금 어렵게 느껴지는 수식은 지시사항과 함께 암기해 두세요.**

2240611

01 컨트롤 원본 속성

24.상시, 22.상시, 21.상시, 20.상시, 20.1, 19.상시, 19.2, 19.1, 18.상시, 18.2, …

[유형 1] 〈자격별접수현황〉 보고서의 '자격코드' 머리글 영역에 있는 'txt개수' 컨트롤에는 레코드의 개수가 20개인 경우 "20명 접수"와 같이 표시되도록 설정하시오.

형식	데이터	이벤트	기타	모두

컨트롤 원본	=Count(*) & "명 접수"
텍스트 형식	일반 텍스트
누적 합계	아니요

1. '탐색' 창의 〈자격별접수현황〉 보고서의 바로 가기 메뉴에서 **[디자인 보기]**를 선택하세요.
2. '자격코드' 머리글에 있는 'txt개수' 컨트롤을 더블클릭하여 'txt개수' 속성 시트 창을 호출하세요.

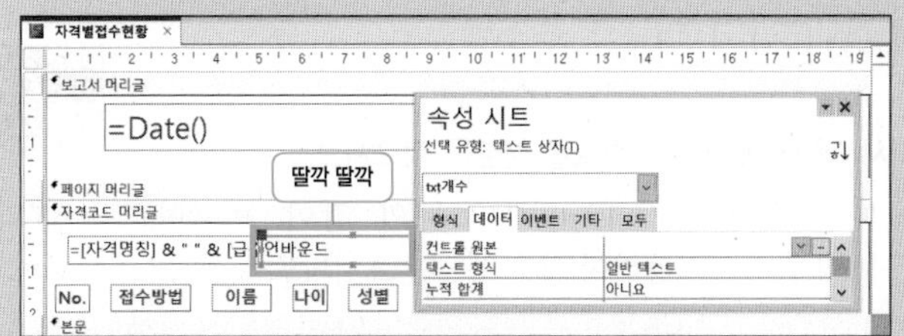

3. 'txt개수' 속성 시트 창의 '데이터' 탭을 클릭한 후 '컨트롤 원본' 속성에 **=Count(*) & "명 접수"**를 입력하세요.

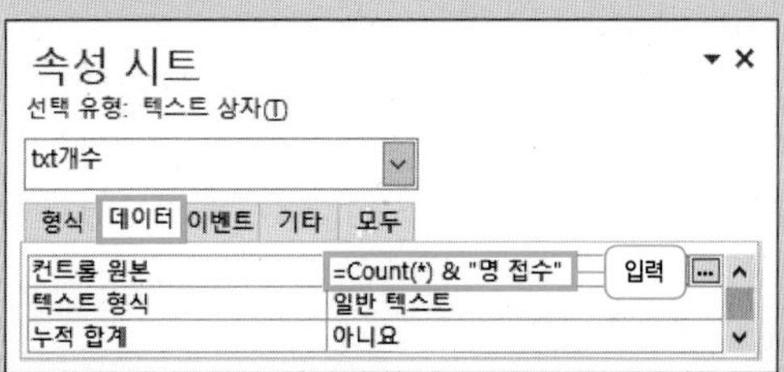

4. [보고서 디자인] → 보기 → 보기 → **인쇄 미리 보기**(🔍)를 선택하여 결과를 확인하세요.

20.상시, 16.2, 15.상시, 13.3, 12.3, 12.2, 11.3, 11.2, 10.3, 09.4, 08.1, 07.1, 06.4, …

[유형 2] 〈부서별평가현황〉 보고서의 페이지 바닥글에 있는 'txt날짜' 컨트롤에는 현재 날짜와 시간이 "2024년 06월 11일 20시"와 같이 표시되도록 설정하시오(Format, Now 함수 사용).

형식	데이터	이벤트	기타	모두

컨트롤 원본	=Format(Now(),"yyyy년 mm월 dd일 hh시")
텍스트 형식	일반 텍스트
누적 합계	아니요

- Now( ) : 현재 날짜와 시간을 표시함
- Format(변환할 데이터, "표시 형식")
  - 숫자나 날짜 등의 변환할 데이터를 "표시 형식"대로 변환하는 함수입니다.
  - :, ; 등은 표시 형식에 예약된 기호이므로, ":", ";" 등의 기호 자체를 화면에 표시할 때는 해당 기호를 이중 큰따옴표("" "")로 묶어줘야 합니다.

예1 Now( )의 반환값이 2024-03-05 09:16:39일 때
=Format(Now( ), "yyyy年 m月") → 2024年 3月

예2 Now( )의 반환값이 2024-03-05 09:16:39일 때
=Format(Now( ), "yyyy-mm-dd hh:nn:ss ampm")
→ 2024-03-05 09:16:39 오전

예3 Date( )의 반환값이 2024-03-05일 때
=Format(Date( ), "yyyy-mmm-dd aaaa")
→ 2024-Mar-05 금요일

예4 '매출'의 평균이 31281.345일 때
=Format(Avg([매출]), "부서별 매출 평균 "" : ""#,###.0")
→ 부서별 매출 평균 : 31,281.3

예5 현재 페이지가 3일 때
=Format([Page], "현재 페이지 "" : "" 000") → 현재 페이지 : 003

잠깐만요 '형식' 속성의 시간 사용자 지정 기호

형식	기호	설명
시간	h	• h : 한 자리 또는 두 자리 숫자로 0~23까지 시간을 표시함 • hh : 두 자리 숫자로 00~23까지 시간을 표시함
	n	• n : 한 자리 또는 두 자리 숫자로 0~59까지 분을 표시함 • nn : 두 자리 숫자로 00~59까지 분을 표시함
	s	• s : 한 자리 또는 두 자리 숫자로 0~59까지 초를 표시함 • ss : 두 자리 숫자로 00~59까지 초를 표시함
	AM/PM	• AM/PM : 대문자 AM이나 PM을 포함한 12시간제로 표시함 • am/pm : 소문자 am이나 pm을 포함한 12시간제로 표시함

24.상시, 23.상시, 22.상시, 21.상시, 20.1, 19.2, 19.1, 18.2, 18.1, 17.1, 16.상시, …

[유형 3] 〈부서별평가현황〉 보고서의 페이지 바닥글에 있는 'txt페이지' 컨트롤에는 페이지 번호가 "1/5페이지"와 같이 표시되도록 설정하시오.

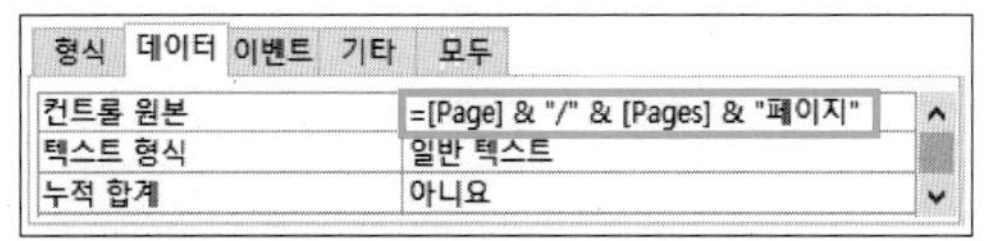

- [Page] : 현재 페이지를 나타냄
- [Pages] : 전체 페이지를 나타냄

20.상시, 18.상시, 17.1, 16.상시, 16.2, 16.1, 14.2, 14.1, 13.상시, 13.1, 11.1

[유형 4] 〈자격별접수현황〉 보고서의 페이지 바닥글에 있는 'txt페이지' 컨트롤에는 페이지 번호를 "1/5"와 같이 표시하되, IIf와 Mod 함수를 사용하여 홀수 쪽에만 표시되도록 설정하시오.

형식 | 데이터 | 이벤트 | 기타 | 모두

컨트롤 원본	=IIf([Page] Mod 2=1,[Page] & "/" & [Pages],"")
텍스트 형식	일반 텍스트
누적 합계	아니요

- **IIf(조건, 인수1, 인수2)** : 조건을 비교하여 조건이 참이면 인수1을 거짓이면 인수2를 실행함
- **인수1 Mod 인수2** : 인수1을 인수2로 나눈 나머지를 구함

19.상시, 17.상시, 16.상시

[유형 5] 〈과목별시험성적〉 보고서의 본문에 있는 'txt평가' 컨트롤에는 '성적'이 90점 이상이면 "장학", 80점 이상이면 "우등", 그 밖에는 빈칸으로 표시하시오(Switch 함수 사용).

형식 | 데이터 | 이벤트 | 기타 | 모두

컨트롤 원본	=Switch([성적]>=90,"장학",[성적]>=80,"우등")
텍스트 형식	일반 텍스트
누적 합계	아니요

Switch(조건1, 인수1, 조건2, 인수2, …) : 조건1을 비교하여 참이면 인수1을 실행, 거짓이면 조건2를 실행 …

24.상시, 22.상시, 21.상시, 18.1, 11.2, 09.4, 08.3, 08.2, 07.3, 04.4, 04.1

[유형 6] 〈과목별시험성적〉 보고서의 본문에 있는 'txt과목명' 컨트롤에는 '과목명'과 '과목코드'가 [표시 예]와 같이 표시되도록 설정하시오.

▶ [표시 예] '과목명'이 "OA실무", '과목코드'가 "R203"일 경우 → OA실무(R203)

형식 | 데이터 | 이벤트 | 기타 | 모두

컨트롤 원본	=[과목명] & "(" & [과목코드] & ")"
텍스트 형식	일반 텍스트
누적 합계	아니요

24.상시, 23.상시, 22.상시, 21.상시, 20.상시, 19.2, 18.상시, 18.2, 18.1

[유형 7] 〈자격별접수현황〉 보고서의 본문에 있는 'txt순번' 컨트롤에는 그룹별로 일련번호가 표시되도록 관련 속성을 설정하시오.

형식 | 데이터 | 이벤트 | 기타 | 모두

컨트롤 원본	=1
텍스트 형식	일반 텍스트
누적 합계	그룹

누적 합계

- **모두** : 필드의 전체에 대해 처음부터 차례로 값을 누적시켜 표시함
- **그룹** : 필드의 그룹에 대해 차례로 값을 누적시키면서 표시함. 그룹이 바뀌면 새롭게 누적을 시작함

체크체크 ☑☐☐

2240661

지시사항에 해당하는 컨트롤 원본을 적으시오.

① 페이지 번호를 "2/5페이지"와 같이 표시하되, IIf와 Mod 함수를 사용하여 짝수 쪽에만 표시되도록 설정 (　　　　)

② '등급'이 "A"이면 "20%할인", "B"이면 "10%할인", 그 밖에는 빈칸으로 표시되도록 설정 (　　　　)
▶ Switch 함수 사용

③ 전체 레코드의 수가 [표시 예]와 같이 표시되도록 설정
▶ [표시 예] 5회 (　　　　)

④ '판매량' 필드의 평균이 "판매량 평균 : 1,258.0"과 같이 표시되도록 설정
▶ Format, Avg 함수 사용 (　　　　)

⑤ '서비스명'과 '서비스코드'가 [표시 예]와 같이 표시되도록 설정
▶ [표시 예] '서비스명'이 "Poem", '서비스코드'가 "CA01"일 경우 → Poem(CA01) (　　　　)

⑥ '누적학생수' 필드의 평균이 표시되도록 설정
▶ Avg 함수 사용 (　　　　)

⑦ '판매가' 필드의 합계가 표시되도록 설정 (　　　　)

⑧ 시스템의 현재 날짜와 시간이 표시되도록 설정
▶ Now 함수 사용 (　　　　)

⑨ '제품명' 필드가 바운드 되도록 설정 (　　　　)

⑩ 페이지 번호가 다음과 같이 표시되도록 설정
▶ [표시 예] 현재 페이지 : 003
▶ Format 함수 사용 (　　　　)

정답

① =IIf([Page] Mod 2=0, [Page] & "/" [Pages] & "페이지"," ")
② =Switch([등급]="A","20%할인",[등급]="B","10%할인")
③ =Count(*) & "회"
④ =Format(Avg([판매량]), "판매량 평균 "":"" #,###.0")
⑤ =[서비스명] & "(" & [서비스코드] & ")" ⑥ =Avg([누적학생수])
⑦ =Sum([판매가]) ⑧ =Now( ) ⑨ 제품명
⑩ =Format([Page],"현재 페이지 "": ""000")

전문가의 조언

기타 나머지 속성들은 문제의 지시사항을 통해 사용해야 할 속성을 쉽게 파악할 수 있습니다. 지시사항 중 사용해야 할 **속성을 의미하는 키워드를 표시해 두었으니 키워드와 속성을 연관지어 기억해 두세요.**

2240612

02 기타 속성

24.상시, 23.상시, 22.상시, 21.상시, 20.상시, 20.1, 19.상시, 19.2, 19.1, …

속성	지시사항
08.2, 06.1, 05.4, 05.3, 04.4, … 레코드 원본	〈접수현황〉 쿼리를 보고서의 레코드 원본으로 설정하시오.
24.상시, 23.상시, 22.상시, 21.상시, … 중복 내용 숨기기	컨트롤의 값이 이전 레코드와 동일한 경우에는 표시되지 않도록 설정하시오.
22.상시, 21.상시, 20.상시, 19.상시, … 형식	컨트롤의 빈 공간에 ★이 반복하여 표시되도록 형식 속성을 설정하시오.
22.상시, 21.상시, 19.2, 18.상시, … 누적 합계	컨트롤에는 분류별 '금액' 필드의 누계가 표시되도록 설정하시오.
24.상시, 22.상시, 21.상시, 20.1, … 페이지 바꿈	머리글 영역이 시작되기 전에 페이지를 바꾸도록 속성을 설정하시오.
24.상시, 23.상시, 22.상시, 21.상시, … 반복 실행 구역	머리글 영역이 매 페이지마다 반복적으로 인쇄되도록 설정하시오.
22.상시, 21.상시, 20.상시, 19.상시, … 배경색	페이지 바닥글의 배경색을 'Access 테마 2'로 변경하시오.
23.상시 표시	페이지 머리글이 표시되도록 설정하시오.

그룹별로 서로 다른 페이지에 출력되도록 제시된 경우의 '페이지 바꿈' 속성
- 문제지의 그림에 그룹이 표시되어 있으면 해당 그룹을 표시한 다음 페이지를 바꾸는 것이므로 '구역 후'를 선택합니다.
- 그렇지 않다면 '구역 전'을 선택하면 됩니다.

잠깐만요

설정하려는 속성이 속해있는 탭을 알고 있으면 문제를 좀 더 빠르게 해결할 수 있습니다. **눈으로 확인**할 수 있는 속성은 **'형식' 탭**에, **데이터와 관련**된 속성은 **'데이터' 탭**에, **나머지는 '기타' 탭**이라는 것을 염두에 두고 다음 표를 **기억해 두세요.**

'보고서'의 주요 속성

탭	속성
데이터	레코드 원본

'컨트롤'의 주요 속성

탭	속성
형식	형식, 중복 내용 숨기기
데이터	컨트롤 원본, 누적 합계

그룹 영역의 주요 속성

탭	속성
형식	배경색, 페이지 바꿈, 반복 실행 구역, 표시

2240613

03 컨트롤 이동

23.상시, 13.상시, 12.2, 11.3, 11.2, 11.1, 10.3, 10.2, 09.4, 09.2, 09.1, …

다음의 화면을 참조하여 〈접수현황출력〉 보고서의 '운송방법' 머리글 영역에 있는 레이블과 선 컨트롤을 '페이지 머리글' 영역으로 이동한 후 운송방법 머리글의 높이를 1cm로 설정하시오.

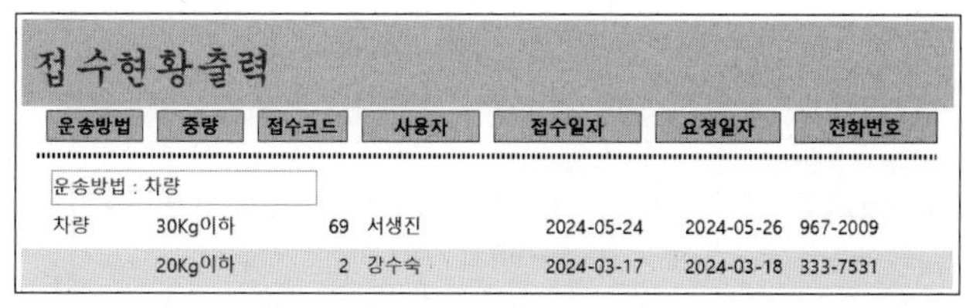

1. '운송방법' 머리글의 세로 눈금자를 드래그하여 이동할 컨트롤들을 모두 선택합니다.

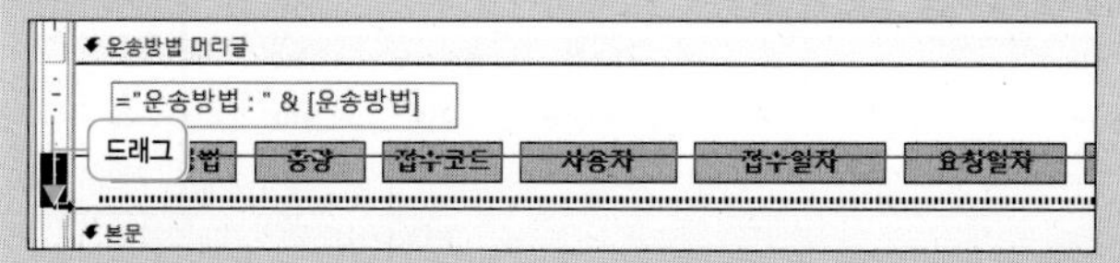

2. 선택된 컨트롤을 페이지 머리글로 드래그하세요.

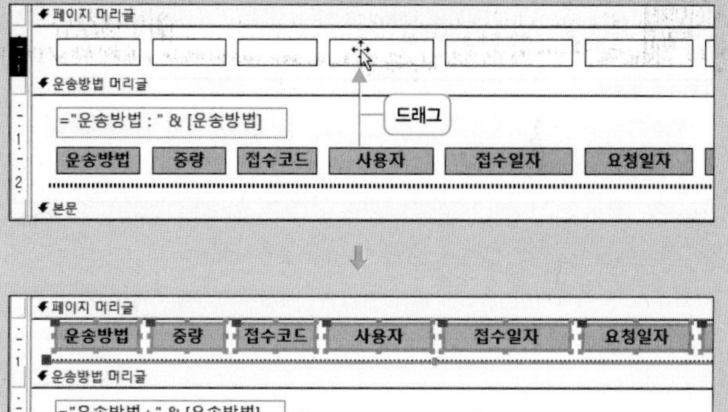

3. '운송방법' 머리글 영역을 더블클릭한 후 '그룹 머리글' 속성 시트 창의 '형식' 탭에서 '높이'를 1cm로 설정합니다.

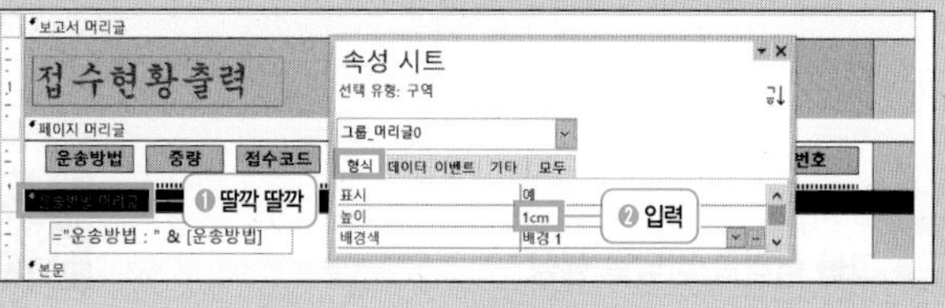

2240614

24.상시, 23.상시, 22.상시, 21.상시, 20.상시, 20.1, 19.상시, 19.2, 19.1, …

04 정렬

〈창고별제품정보〉 보고서를 이미 그룹화된 '창고명' 필드를 기준으로 1차적으로 오름차순으로 정렬하고, 2차적으로 '생산량' 필드를 기준으로 내림차순으로 정렬하도록 설정하시오.

창고별 제품 정보

창고명	창고전화번호	제품명	원자재	원가	생산량
창고명 : 강북창고					
강북창고★★★	02-987-0123	젓가락(중)	나무	8000	1500
		화이트보드	플라스틱	30000	100
		긴팔	섬유	95000	45
		가구	나무	1020000	23
창고명 : 강서창고					
강서창고★★★	02-233-1144	젓가락(소)	나무	5100	1000
		디스켓	플라스틱	210	600
		교과서(고등)	종이	9100	320
		반바지	섬유	6300	200

1. [보고서 디자인] → 그룹화 및 요약 → **그룹화 및 정렬**( )을 클릭합니다.
2. '그룹, 정렬 및 요약' 창에서 이미 그룹이 설정된 '창고명' 필드의 정렬 기준을 '오름차순'으로 지정하세요.

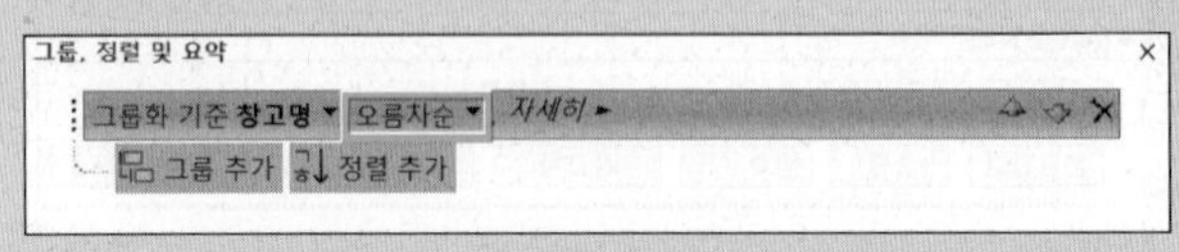

3. '그룹, 정렬 및 요약' 창에서 〈정렬 추가〉를 클릭하세요.
4. 필드 선택 목록에서 '생산량'을 선택한 후 '내림차순'으로 지정하세요.

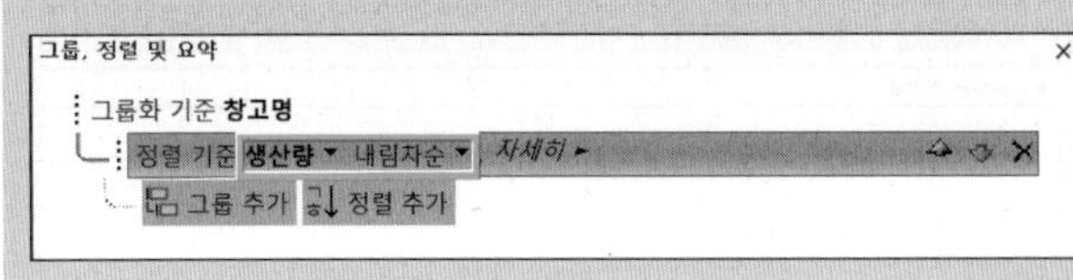

2240615

24.상시, 22.상시, 20.상시, 19.상시, 18.상시, 16.3, 13.상시, 12.1, 09.2, …

05 그룹 머리글/바닥글 생성

〈등록현황〉 보고서의 '학과명'을 그룹 머리글로 설정하고 그룹 바닥글을 표시하시오.

1. '그룹, 정렬 및 요약' 창에서 〈그룹 추가〉를 클릭한 후 필드 선택 목록 상자에서 '학과명'을 선택합니다.
2. '그룹, 정렬 및 요약' 창에서 그룹 기준으로 설정된 '학과명'의 '자세히'를 클릭하세요.
3. '바닥글 구역 표시 안 함'의 ▾를 클릭한 후 **[바닥글 구역 표시]**를 선택하세요.

그룹, 정렬 및 요약

그룹화 기준 학과명 ▾ 오름차순 ▾ , 전체 값 ▾ , 요약 표시 안 함 ▾ ,
제목 추가하려면 클릭 , 머리글 구역 표시 ▾ , 바닥글 구역 표시 ▾ ,
같은 페이지에 표시 안 함 ▾ , 간단히 ◂
그룹 추가 정렬 추가

2240616

23.상시, 20.상시, 19.상시, 18.상시, 17.상시, 16.3, 13.상시, 12.1, 09.2, …

06 컨트롤 생성하기

〈분류별소비내역〉 보고서의 페이지 머리글에 제목 레이블을 생성하시오.

▶ 이름 : LBL제목, 글꼴 크기 : 20, 문자색 : 밝은 텍스트

분류별 소비 내역

날짜	코드	대분류	분류명	항목	금액	누계
2020-06-30	12	공과금	가스요금	가스요금	40670	40670

1. [보고서 디자인] → 컨트롤 → **레이블**(가가)을 클릭합니다.
2. 페이지 머리글 부분에 적당한 크기로 드래그하여 레이블을 생성하세요.
3. **분류별 소비 내역**을 입력하세요.
4. 생성한 '레이블'을 더블클릭한 후 다음과 같이 속성을 지정하세요.
   - '기타' 탭의 이름 → LBL제목
   - '형식' 탭의 글꼴 크기 → 20
   - '형식' 탭의 문자색 → 밝은 텍스트

잠깐만요 [보고서 디자인] → 컨트롤의 주요 컨트롤

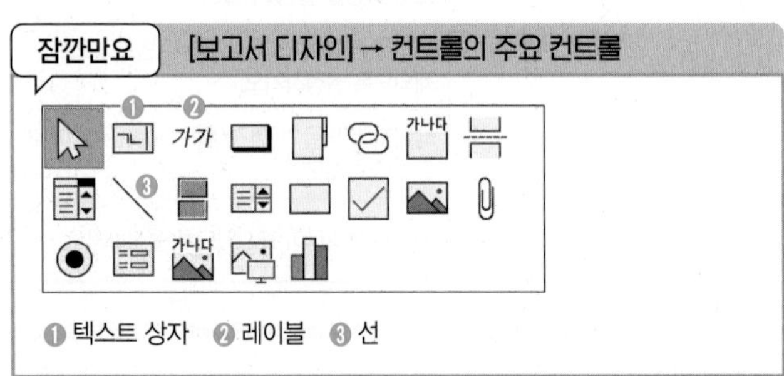

❶ 텍스트 상자 ❷ 레이블 ❸ 선

대표기출문제

'C:\길벗컴활1급총정리\액세스\기능\06보고서완성-기출.accdb' 파일을 열어서 작업하세요.

2240681

[기출 1] 24.상시, 23.상시, 22.상시, 21.상시, 20.상시, 20.1, 19.상시, 19.2, 19.1, …

다음의 지시사항 및 화면을 참조하여 〈분류별판매현황〉 보고서를 완성하시오.

① 보고서 머리글에 다음과 같이 제목 레이블을 생성하시오.

▶ 이름 : lbl타이틀, 글꼴 크기 : 20, 문자색 : 어두운 텍스트

② 동일한 분류코드에서는 '판매일'을 기준으로 내림차순으로 정렬되어 표시되도록 설정하시오.

③ 보고서 머리글의 'txt날짜' 컨트롤에는 시스템의 현재 날짜와 시간이 다음과 같이 표시되도록 설정하시오.

▶ 현재 날짜와 시간이 2024년 06월 05일 08:24:55초이면 '2024-06-05 08:24:55 오전'과 같이 표시

▶ Format() 함수와 현재 날짜와 시간을 나타내는 함수를 사용

④ 'txt제품코드'와 'txt판매량' 컨트롤에는 각각 '제품코드'와 '판매량' 필드를 바운드 시키시오.

⑤ 본문의 'txt판매금액' 컨트롤에는 분류코드별 판매금액의 누계가 표시되도록 설정하시오.

분류별 판매 현황 보고서 2024-05-31 10:53:19 오전

삼성전자(총판매수량 : 755개)

판매일	제조사	제품코드	제품단가	판매량	판매금액
2024-04-29	삼성전자	EPBR1948	₩258,700	41	₩10,606,700
2024-04-23	archon	EPDZ2228	₩205,000	51	₩12,656,700
2024-03-22	Razer	EPNO2791	₩30,800	62	₩12,995,500
2024-03-16	ADATA	EPHB1045	₩59,800	72	₩13,593,500
2024-02-16	오디오테크니카	EPEW2392	₩114,200	112	₩18,161,500
2023-12-31	Britz	EPAC2654	₩174,000	125	₩20,423,500
2023-12-19	ADATA	EPSJ2789	₩245,500	144	₩25,088,000
2023-12-16	파나소닉	EPUR1968	₩221,100	153	₩27,077,900
2023-12-12	파트론	EPOZ1984	₩37,800	183	₩28,211,900
2023-11-14	JBL	EPRK1107	₩77,500	202	₩29,684,400
2023-10-30	ABKO	EPXD1781	₩60,900	224	₩31,024,200
2023-10-30	ABKO	EPOM1656	₩99,000	270	₩35,578,200
2023-10-25	APPLE	EPAT1083	₩62,100	290	₩36,820,200
2023-09-29	ABKO	EPKJ1192	₩46,000	325	₩38,430,200
2023-09-26	QCY	EPEB1644	₩101,600	362	₩42,189,400
2023-09-24	삼성전자	EPGQ2644	₩164,000	400	₩48,421,400
2023-09-04	스카이디지탈	EPHI2461	₩48,100	429	₩49,816,300
2023-08-25	오디오테크니카	EPPH1218	₩233,300	439	₩52,149,300
2023-08-22	ABKO	EPAF2511	₩187,100	447	₩53,646,100
2023-08-16	쿨러마스터	EPSA1521	₩249,500	487	₩63,626,100
2023-08-15	웨이코스	EPEL2980	₩209,500	521	₩70,749,100
2023-07-20	SONY	EPOE2074	₩76,300	537	₩71,969,900
2023-06-13	파나소닉	EPQB1326	₩189,900	570	₩78,236,600
2023-05-04	BOSE	EPUR2614	₩95,900	603	₩81,401,300
2023-04-24	MAXTILL	EPNH2863	₩101,000	614	₩82,512,300
2023-04-09	1more	EPDU2780	₩45,400	660	₩84,600,700
2023-04-03	LG전자	EPNW2847	₩92,000	680	₩86,440,700
2023-03-02	에티모틱리서치	EPPG2675	₩122,100	684	₩86,929,100
2023-01-29	Razer	EPSN1478	₩108,700	705	₩89,211,800

1/5페이지

2240682

[기출 2] 24.상시, 23.상시, 22.상시, 21.상시, 20.상시, 20.1, 19.상시, 19.2, 19.1, …

다음의 지시사항 및 화면을 참조하여 〈구매현황〉 보고서를 완성하시오.

① 상품명 머리글의 'txt구분' 컨트롤에는 '상품명'이 〈그림〉과 같이 표시되도록 설정하시오.

② 각 필드의 레이블이 그룹마다 그룹 머리글에 한 번씩만 표시되도록 위치를 이동한 후 본문의 높이를 1cm로 설정하시오.

③ '상품명' 머리글 영역이 매 페이지마다 반복하여 출력되도록 설정하시오.

④ 〈그림〉과 같이 그룹별로 주문건수가 표시되도록 설정하시오.

▶ 그룹 바닥글에는 텍스트 상자를 추가한 후 이름을 'txt주문건수'로 지정하고 주문건수를 표시할 것

⑤ '상품명' 머리글의 배경색을 'Access 테마 4'로 변경하시오.

구매현황

회원권(G노블)

순번	주문번호	성명	전화번호	구매일	만료일	판매가
1	10	차시우	010-9528-7811	2011-07-31	2021-08-01	₩35,000,000
2	12	고윤예	010-4378-3257	2014-09-02	2024-09-03	₩45,500,000
3	14	황재석	010-4143-4690	2013-05-06	2023-05-08	₩40,250,000
4	38	정범상	010-5892-0646	2014-12-13	2024-12-14	₩38,500,000
5	70	차은율	010-3585-1380	2018-08-18	2028-08-19	₩38,500,000
6	80	서태한	010-5637-9616	2010-02-27	2020-02-29	₩40,250,000
7	86	전다형	010-6798-8696	2012-11-18	2022-11-20	₩40,250,000
8	87	주효현	010-1916-8923	2015-03-19	2025-03-20	₩45,500,000
9	88	주승혁	016-7340-2774	2016-03-29	2026-03-31	₩38,500,000

총 주문 건수 : 9

1/12

2240683

[기출 3] 24.상시, 23.상시, 22.상시, 21.상시, 20.상시, 20.1, 19.상시, 19.1, …

다음의 지시사항 및 화면을 참조하여 〈상품별주문현황〉 보고서를 완성하시오.

① 〈주문현황〉 테이블을 레코드 원본으로 설정하시오.

② '상품코드' 바닥글은 상품코드별로 서로 다른 페이지에 출력되도록 설정하시오.

③ 본문의 'txt상품명' 컨트롤의 값이 이전 레코드와 동일한 경우에는 표시되지 않도록 설정하시오.

④ 본문의 'txt상품명' 컨트롤의 빈 공간에 "▶"이 반복하여 표시되도록 설정하시오.

⑤ 페이지 바닥글의 'txt페이지' 컨트롤에는 홀수 쪽에만 페이지 번호가 "1페이지"와 같이 표시되도록 설정하시오.

▶ IIF, MOD 함수 사용

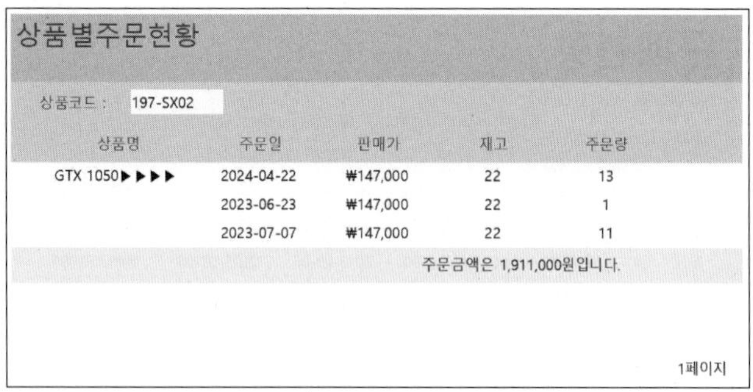

정답 및 해설

[기출 1]

1. 〈분류별판매현황〉 보고서의 바로 가기 메뉴에서 **[디자인 보기]**를 선택한다.
2. 속성을 설정할 대상을 더블클릭한다.
3. 속성 창의 각 탭에서 해당 속성에 설정 값을 입력한다.

〈정답〉

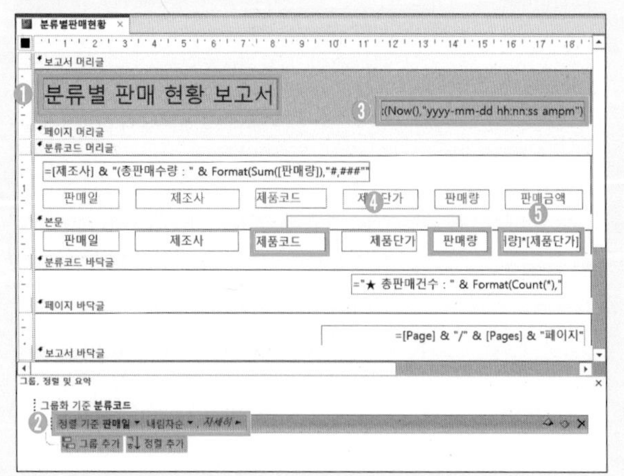

〈해설〉

❶ 제목 삽입하기
- [보고서 디자인] → 컨트롤 → **레이블(가가)**을 클릭한 후 보고서 머리글의 적당한 위치에서 드래그한다.
- **분류별 판매 현황 보고서**를 입력한 후 [서식] → **글꼴**에서 크기 20을 지정한다.
- '형식' 탭의 문자색 → 어두운 텍스트
- '기타' 탭의 이름 → lbl타이틀

❷ '그룹, 정렬 및 요약' 창

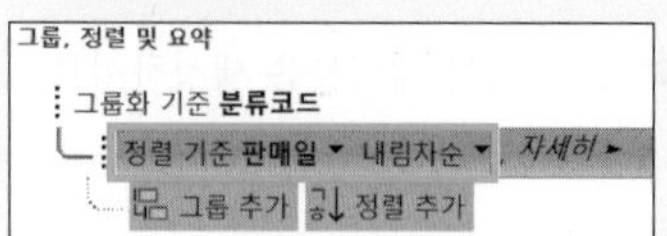

❸ 'txt날짜' 컨트롤에 속성 설정하기
'데이터' 탭의 컨트롤 원본
→ =Format(Now( ), "yyyy-mm-dd hh:nn:ss ampm")

❹ 'txt제품코드'와 'txt판매량' 컨트롤에 속성 설정하기
- 'txt제품코드' 컨트롤 : '데이터' 탭의 컨트롤 원본 → 제품코드
- 'txt판매량' 컨트롤 : '데이터' 탭의 컨트롤 원본 → 판매량

❺ 'txt판매금액' 컨트롤에 속성 설정하기
'데이터' 탭의 누적 합계 → 그룹

[기출 2]

〈정답〉

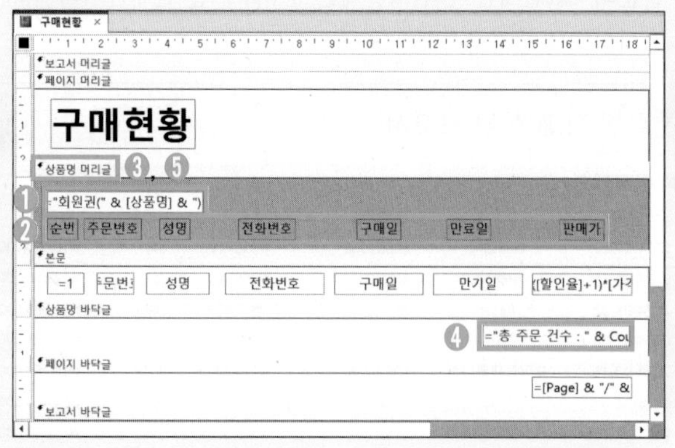

〈해설〉

❶ 'txt구분' 컨트롤에 속성 설정하기
'데이터' 탭의 컨트롤 원본 → ="회원권(" & [상품명] & ")"

❷ 본문 영역의 레이블을 '상품명' 머리글로 이동하기
1. 본문 영역의 모든 레이블을 선택한 후 '상품명' 머리글 영역으로 드래그한다.
2. 본문 영역의 모든 텍스트 상자를 본문 영역의 위쪽으로 드래그한다.
3. 본문 영역에 속성 설정하기
'형식' 탭의 높이 → 1cm

❸ '상품명' 머리글에 속성 설정하기
'형식' 탭의 반복 실행 구역 → 예

❹ 텍스트 상자를 추가한 후 컨트롤 원본 속성 설정하기
- [보고서 디자인] → 컨트롤 → **텍스트 상자( )**를 클릭한 후 '상품명' 바닥글의 적당한 위치에 드래그한다.
- 텍스트 상자와 함께 생성된 레이블을 클릭한 후 Delete를 눌러 삭제한다.
- '데이터' 탭의 컨트롤 원본 →
="총 주문 건수 : " & Count(*)
- '기타' 탭의 이름 → txt주문건수

❺ '상품명' 머리글에 속성 설정하기
'형식' 탭의 배경색 → Access 테마 4

[기출 3]

〈정답〉

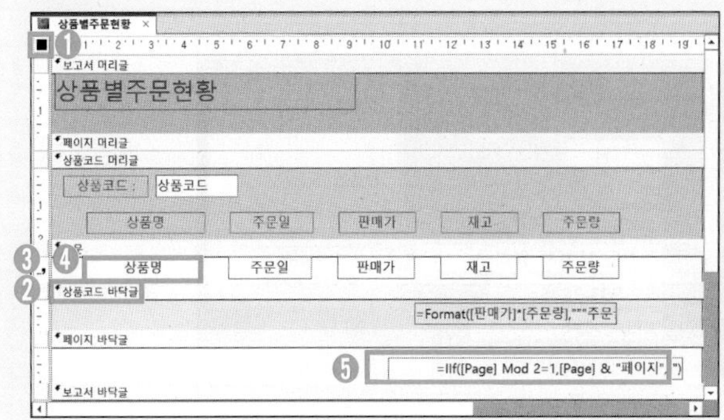

〈해설〉

❶ 보고서 속성 설정하기
'데이터' 탭의 레코드 원본 → 주문현황
❷ '상품코드' 바닥글에 속성 설정하기
'형식' 탭의 페이지 바꿈 → 구역 후
❸ 'txt상품명' 컨트롤에 속성 설정하기
'형식' 탭의 중복 내용 숨기기 → 예
❹ 'txt상품명' 컨트롤에 속성 설정하기
'형식' 탭의 형식 → @*▶
❺ 'txt페이지' 컨트롤에 속성 설정하기
'데이터' 탭의 컨트롤 원본 → =IIf([Page] Mod 2=1, [Page] & "페이지", " ")

2240701

2 이벤트 프로시저

출제 비율 100% / 배점 5점

이벤트 프로시저 문제는 폼에서 특정 이벤트가 발생할 때 수행하는 프로시저를 만드는 작업으로, **5점짜리 1문제**가 고정적으로 출제됩니다. 문제에 제시된 **지시사항을 모두 해결해야** 5점을 얻으며, **부분 점수는 없습니다.**

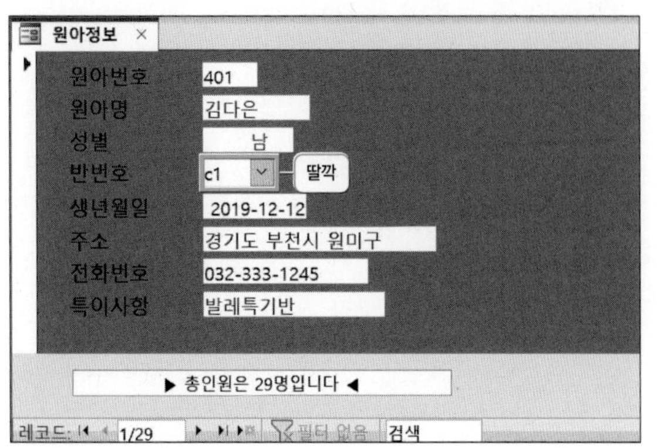

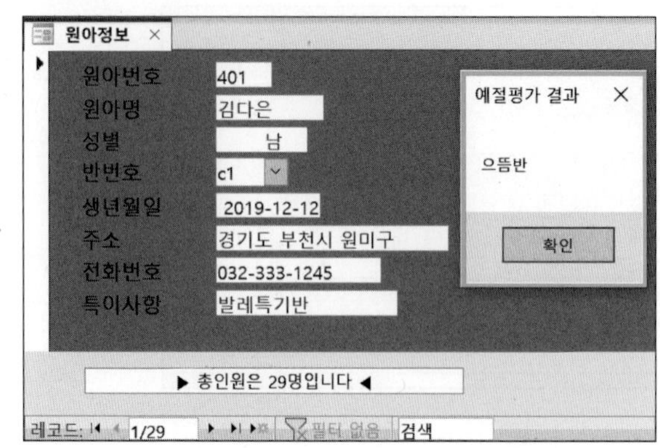

※ '반번호'를 클릭했을 때 '반번호'가 "c1"이면 "으뜸반", "c2"이면 "버금반", 나머지는 "내년을 기대하세요"라는 메시지를 표시하는 화면입니다.

2240702

작업 순서

1. 이벤트 프로시저를 작성할 컨트롤을 더블클릭한다.
2. 컨트롤 속성 시트 창의 '이벤트' 탭에서 지정할 이벤트를 클릭한다.
3. 작성기 단추(...)를 클릭한다.
4. '작성기 선택' 대화상자에서 '코드 작성기'를 선택한다.
5. VBA 창에 코드를 입력한다.

합격포인트

- 이벤트 프로시저 작업은 **조회식을 정확하게 세우는 것이 합격포인트**입니다. 조회식에서 컨트롤을 연결할 때 문자나 날짜인 경우 연결 방법이 까다롭기 때문에 여차하면 실수할 수 있거든요.
- 처음에는 기본 조회식 몇 개를 암기한 다음에 문제에 맞춰 조금 수정해 사용하는 것이 좋습니다.

☞ 직접 실습하려면 'C:\길벗컴활1급총정리\액세스\기능\07프로시저-합격포인트.accdb' 파일을 열어 작업하세요.

01 조회 – Filter 속성

23.상시, 22.상시, 21.상시, 20.상시, 20.1, 19.상시, 19.2, 19.1, 18.2, 16.상시, 16.2, …

2240711

22.상시, 21.상시, 20.1, 19.2, 19.1, 18.상시, 18.2, 18.1, 12.2, 11.3, …

[유형 1] 〈일일소비입력〉 폼의 '조회'(cmd조회) 단추를 클릭하면 'txt조회' 컨트롤에 입력된 평가날짜에 해당하는 정보만 조회하도록 이벤트 프로시저를 구현하시오(Filter, FilterOn 속성 사용).

〈정답〉

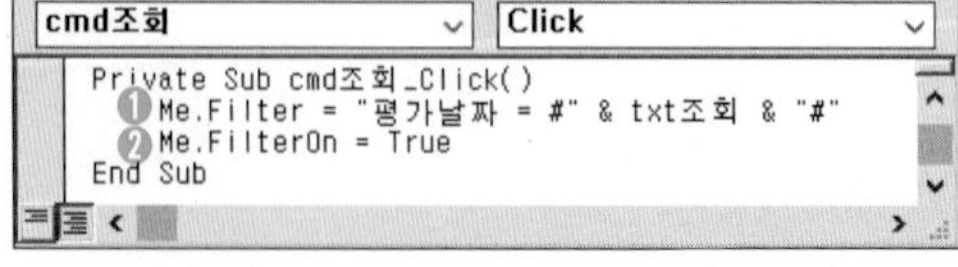

```
cmd조회                Click
Private Sub cmd조회_Click()
  ❶Me.Filter = "평가날짜 = #" & txt조회 & "#"
  ❷Me.FilterOn = True
End Sub
```

❶ '평가날짜' 필드의 값이 'txt조회' 컨트롤에 입력한 값과 동일한 레코드를 현재 폼의 Filter 속성으로 정의합니다.

❷ 현재 폼 개체의 Filter 속성에 정의된 Filter를 적용합니다.

※ 코드에 **Me.Filter = "조건"** 없이 **Me.FilterOn = False**만 입력하면 이전에 설정된 Filter 조건이 해제되어 전체 레코드가 표시됩니다.

1. '탐색' 창의 〈일일소비입력〉 폼의 바로 가기 메뉴에서 **[디자인 보기]**를 선택하세요.
2. 'cmd조회' 컨트롤을 더블클릭한 후 'cmd조회' 속성 시트 창의 '이벤트' 탭에서 'On Click'을 클릭합니다. 이어서 작성기 단추(…)를 클릭하세요.

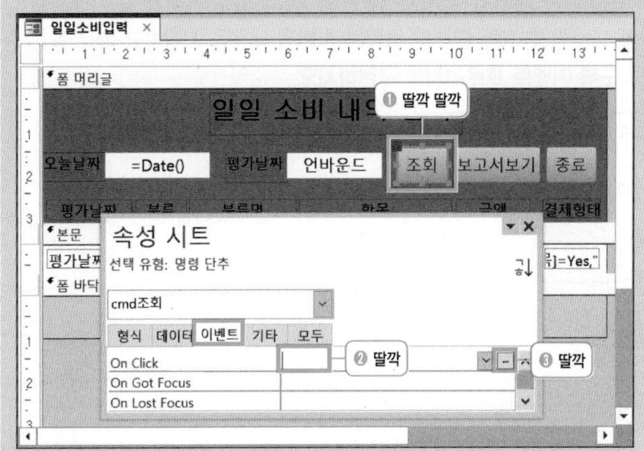

3. '작성기 선택' 대화상자에서 '코드 작성기'를 선택한 후 〈확인〉을 클릭하세요.

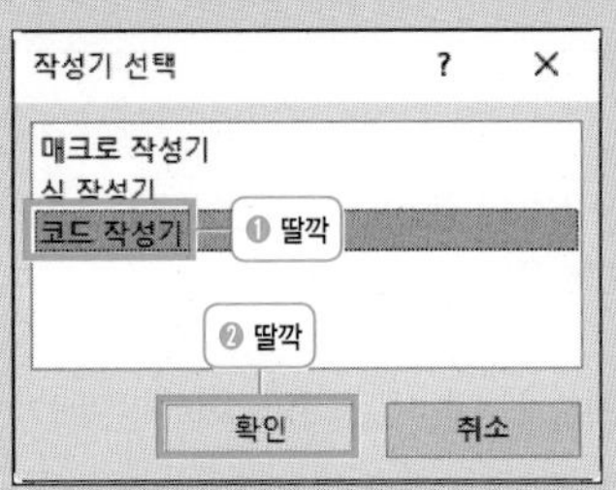

4. VBA에 'cmd조회'의 'cmd조회_Click( )' 프로시저가 나타납니다. 정답과 같이 코드를 입력하세요.
5. '표준' 도구 모음의 '보기 Microsoft Access( )' 아이콘을 클릭하세요. VBA에서 'Microsoft Access'로 돌아옵니다.
6. 'cmd조회' 컨트롤의 속성 시트 창을 닫고, [양식 디자인] → 보기 → **폼 보기**( )를 클릭하여 폼을 실행시킵니다. 'txt조회' 컨트롤에 조회할 날짜를 입력하고 'cmd조회' 단추를 클릭하면 입력한 날짜의 정보만 표시되는 확인하세요.

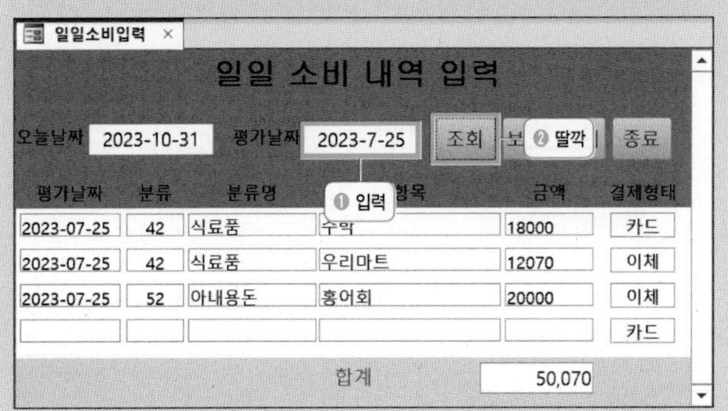

잠깐만요 조회식에서 컨트롤 연결하기

조회식에서 컨트롤을 연결할 때는 컨트롤의 값에 따라 작성 방법이 다른데, 조금 까다롭습니다. 잘 이해되지 않으면 세 가지 조회식을 암기한 다음 문제에 따라 필드명과 컨트롤명만 바꿔 사용하면 됩니다.

[입력 데이터]

No	형식	필드명	컨트롤명	컨트롤 입력 값
1	숫자	판매량	txt수량	200
2	문자	제품명	txt제품명	컴퓨터
3	날짜	거래일자	txt거래일자	2024-7-25

[조회식]

No	조회식
1	Me.Filter = "판매량 >=" & txt수량
2	Me.Filter = "제품명 = '" & txt제품명 & "'"
3	Me.Filter = "거래일자 = #" & txt거래일자 & "#"

[컨트롤에 입력된 값이 적용된 조회식]

No	조회식
1	Me.Filter = "판매량 >= 200"
2	Me.Filter = "제품명 = '컴퓨터'"
3	Me.Filter = "거래일자 = #2024-7-25#"

2240712

20.상시, 19.상시, 19.2, 18.2, 16.상시, 16.2, 13.1, 12.1, 10.2, 07.4, …

[유형 2] 〈접수내역〉 폼의 '조회'(cmd조회) 단추를 클릭하면 'txt조회' 컨트롤에 입력된 이름을 포함하는 정보만 조회하도록 이벤트 프로시저를 구현하시오(Filter, FilterOn 속성 사용).

〈정답〉

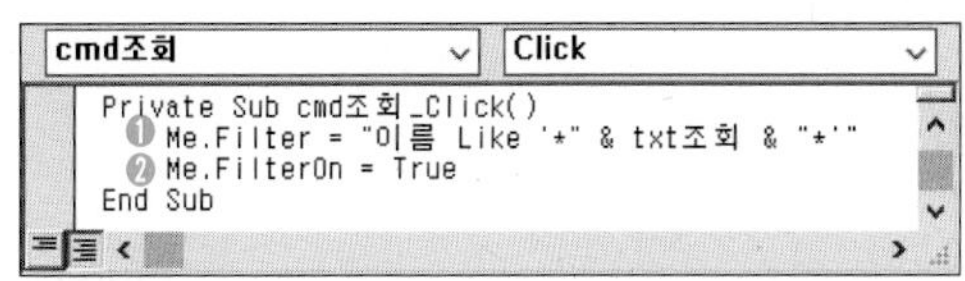

❶ '이름' 필드의 값이 'txt조회' 컨트롤에 입력한 값을 포함하는 레코드를 현재 폼의 Filter 속성으로 정의합니다. '이름'이 'txt조회'와 같은 내용이 아니라 'txt조회'에 포함하는 이름을 찾는 것이므로 'Like'를 사용합니다.
❷ 현재 폼 개체의 Filter 속성에 정의된 Filter를 적용합니다.

2240713

23.상시, 22.상시, 21.상시, 20.상시, 19.상시, 16.상시, 16.2, 13.1, …

[유형 3] 〈근무현황관리〉 폼의 '조회'(cmd조회) 단추를 클릭하면 'txt부서' 컨트롤에 입력된 부서명과 동일한 자료만 표시하도록 이벤트 프로시저를 구현하시오.

▶ RecordSource 속성을 사용할 것

〈정답〉

부서명이 'txt부서명' 컨트롤에 입력된 값과 동일한 레코드를 〈구분상세〉 쿼리에서 찾아 현재 폼의 레코드 원본으로 지정합니다.

※ RecordSource 속성을 사용할 때는 조회할 폼에서 레코드 원본을 확인한 다음 사용된 개체명을 조회식에 적어주면 됩니다. 위 코드에서는 '구분상세'가 여기에 해당됩니다.

2240715

23.상시

[유형 4] 〈판매현황관리〉 폼의 '제품정보찾기'(cmd제품정보찾기) 단추를 클릭하면 '판매번호' 필드의 값이 'txt판매번호' 컨트롤에 입력된 값과 같은 정보만 표시되도록 이벤트 프로시저를 구현하시오.

▶ DoCmd 개체와 ApplyFilter 메소드 사용

〈정답〉

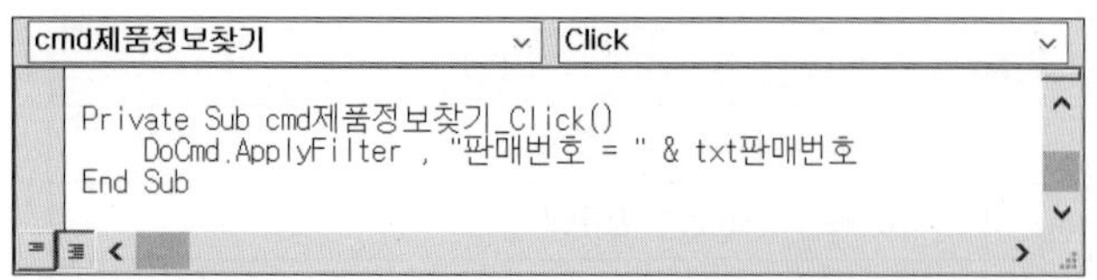

```
cmd제품정보찾기    Click
Private Sub cmd제품정보찾기_Click()
    DoCmd.ApplyFilter , "판매번호 = " & txt판매번호
End Sub
```

'판매번호' 필드의 값이 'txt판매번호' 컨트롤에 입력된 값과 동일한 레코드만 조회합니다.

※ DoCmd는 메서드를 이용하여 매크로를 실행하는 개체이고, ApplyFilter는 테이블이나 쿼리로부터 조건에 맞는 레코드를 검색하는 매크로 함수입니다. ApplyFilter의 첫 번째 인수에는 '필터 이름'을, 두 번째 인수에는 'Where 조건문'을 입력하는데, 여기서는 'Where 조건문'에 조건을 입력할 것으므로, '필터 이름'을 입력하는 부분을 생략한 후 자리를 확보하기 위해 , 를 입력한 것입니다.

02 메시지 출력 – MsgBox

24.상시, 23.상시, 22.상시, 21.상시, 20.상시, 20.1, 19.상시, 19.2, 19.1, 18.상시, …

2240716

24.상시, 22.상시, 21.상시, 20.상시, 20.1, 19.상시, 18.상시, …

[유형 1] 〈지도학생〉 폼의 'txt전화번호'를 클릭하면 해당 '전화번호' 주인의 '성명'과 '보호자연락처'를 표시하도록 이벤트 프로시저를 구현하시오.

〈정답〉

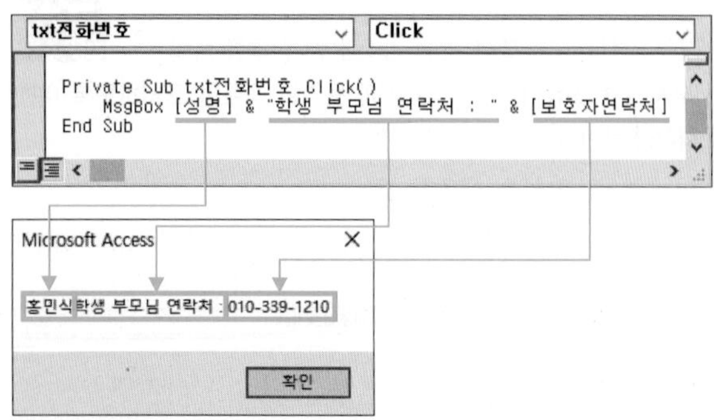

```
txt전화번호    Click
Private Sub txt전화번호_Click()
    MsgBox [성명] & "학생 부모님 연락처 : " & [보호자연락처]
End Sub
```


MsgBox 함수

- MsgBox 함수는 대화상자에 메시지와 함께 필요한 단추를 표시해 클릭하게 할 수 있습니다.
- 메시지를 보여주고 사용자가 단추를 누를 때까지 기다린 다음 사용자가 누른 단추에 해당하는 값(Integer)을 반환합니다.
- **기본 형식 :** MsgBox 메시지 [,버튼종류] [,대화상자 타이틀]

2240717

24.상시, 22.상시, 21.상시, 20.상시, 19.상시, 19.2, 19.1, 18.상시, …

[유형 2] 〈과목〉 폼의 '닫기'(cmd닫기) 단추를 클릭하면 '열려진 폼을 종료할까요?'라는 메시지, 그리고 '예(Y)'와 '아니오(N)' 단추가 있는 메시지 상자를 표시한 후 〈예〉 단추를 클릭하면 변경 내용을 저장하고 바로 폼을 종료하도록 이벤트 프로시저를 구현하시오.

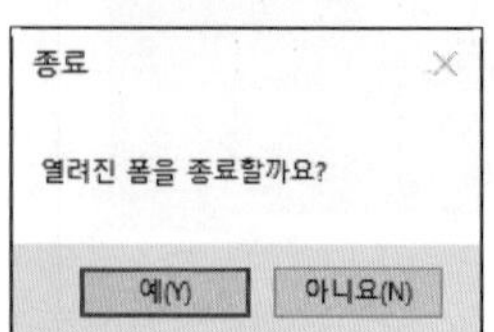

〈정답〉

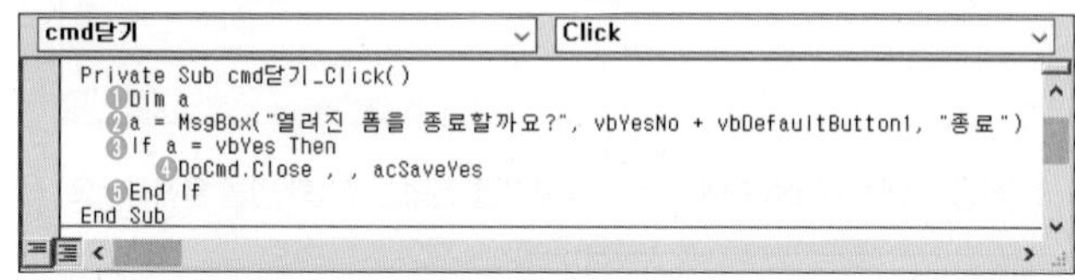

```
cmd닫기    Click
Private Sub cmd닫기_Click()
❶Dim a
❷a = MsgBox("열려진 폼을 종료할까요?", vbYesNo + vbDefaultButton1, "종료")
❸If a = vbYes Then
    ❹DoCmd.Close , , acSaveYes
❺End If
End Sub
```

❶ 변수 a를 선언합니다.
❷ MsgBox를 표시한 후 MsgBox에서 선택한 결과를 a에 저장합니다.
❸ a의 값이 vbYes(〈예〉 단추 클릭)이면 ❹를 수행합니다.
❹ 현재 개체(폼)를 닫습니다.

- **DoCmd :** Microsoft Access 매크로 함수를 Visual Basic에서 실행하기 위한 개체임
- **Close , , acSaveYes**
  - Close : 개체를 닫음
  - , , : Close 다음에는 닫을 개체를 입력해야 하는데, 생략했으므로 현재 개체를 닫음
  - acSaveYes : 저장 여부를 묻지 않고 변경 내용을 저장함

❺ If문을 종료합니다.

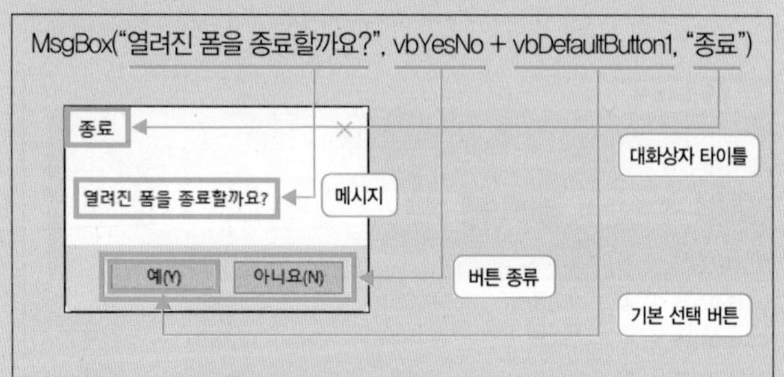

MsgBox 버튼의 종류와 인수값

상수	값	설명
vbOKOnly	0	〈확인〉 단추만 나타냅니다.
vbOKCancel	1	〈확인〉과 〈취소〉 단추를 나타냅니다.
vbAbortRetryIgnore	2	〈중단〉, 〈다시 시도〉 및 〈무시〉 단추를 나타냅니다.
vbYesNoCancel	3	〈예〉, 〈아니오〉 및 〈취소〉 단추를 나타냅니다.
vbYesNo	4	〈예〉와 〈아니오〉 단추를 나타냅니다.
vbRetryCancel	5	〈다시 시도〉와 〈취소〉 단추를 나타냅니다.

2240718

23.상시, 22.상시, 21.상시, 20.상시, 19.상시, 18.상시, 16.상시, …

[유형 3] 〈사원별평가입력〉 폼의 '조회'(cmd조회) 단추를 클릭하면 다음과 같은 기능을 수행하도록 이벤트 프로시저를 구현하시오.

▶ 'txt조회' 컨트롤에 평가년도가 입력되지 않았다면 아래와 같은 메시지 상자를 표시한 후 'txt조회' 컨트롤에 포커스를 위치시킬 것

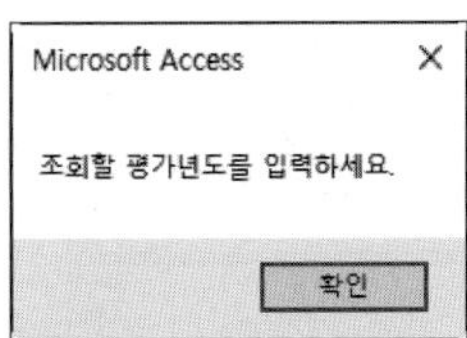

▶ 컨트롤에 평가년도가 입력되었다면, 입력된 평가년도에 해당하는 정보만 조회할 것

▶ If ~ Else 함수 사용

▶ Filter, FilterOn 속성 사용

〈정답〉

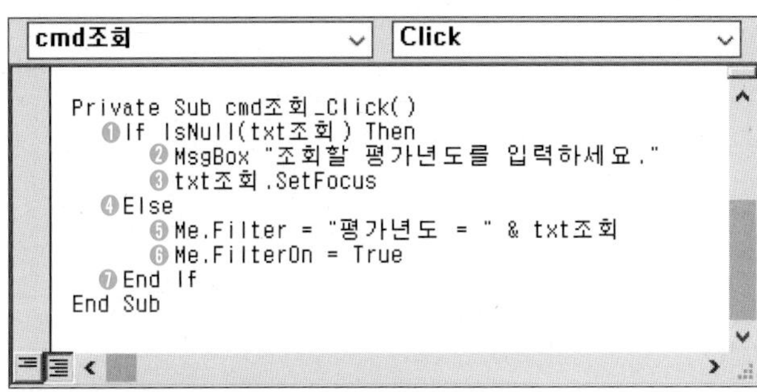

```
cmd조회                Click

Private Sub cmd조회_Click()
  ❶If IsNull(txt조회) Then
      ❷MsgBox "조회할 평가년도를 입력하세요."
      ❸txt조회.SetFocus
  ❹Else
      ❺Me.Filter = "평가년도 = " & txt조회
      ❻Me.FilterOn = True
  ❼End If
End Sub
```

❶ 'txt조회' 컨트롤이 비어 있다면 ❷를 수행합니다.
  ※ IsNull(인수) : 인수로 지정된 값이 NULL(비어 있는지)인지의 여부를 확인함
❷ 메시지 상자를 표시합니다.
❸ 'txt조회' 컨트롤에 포커스를 이동시킵니다.
  ※ 'SetFocus'는 지정된 컨트롤로 포커스를 옮겨주는 메서드입니다.
❹ 'txt조회' 컨트롤이 비어 있지 않다면 ❺를 수행합니다.
❺ '평가년도' 필드의 값이 'txt조회' 컨트롤에 입력한 값과 동일한 레코드를 현재 폼의 Filter 속성으로 정의합니다.
❻ 현재 폼 개체의 Filter 속성에 정의된 Filter를 적용합니다.
❼ If문을 종료합니다.

2240719

24.상시, 22.상시, 21.상시

[유형 4] 〈분류별주문현황〉 폼 머리글을 더블클릭하면 다음과 같은 기능을 수행하도록 이벤트 프로시저를 구현하시오.

▶ 아래와 같은 메시지 상자를 표시하고 〈예〉를 클릭하면 〈분류별주문현황〉 폼 머리글의 'txt조회' 컨트롤에 포커스가 이동되도록 할 것

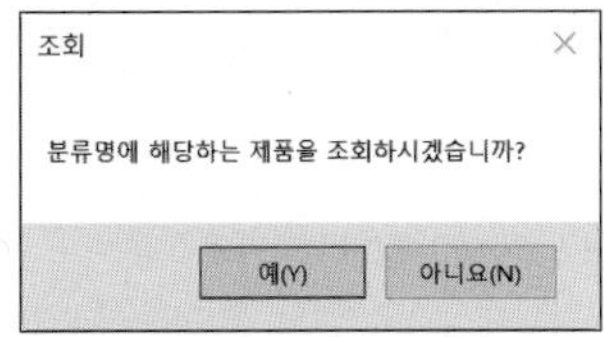

▶ GoToControl 함수 사용

〈정답〉

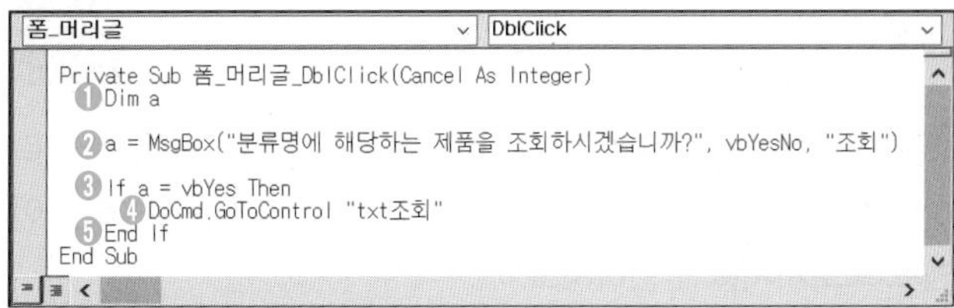

```
폼_머리글                DblClick

Private Sub 폼_머리글_DblClick(Cancel As Integer)
  ❶Dim a
  ❷a = MsgBox("분류명에 해당하는 제품을 조회하시겠습니까?", vbYesNo, "조회")
  ❸If a = vbYes Then
      ❹DoCmd.GoToControl "txt조회"
  ❺End If
End Sub
```

❶ 변수 a를 선언합니다.
❷ MsgBox를 표시한 후 MsgBox에서 선택한 결과를 a에 저장합니다.
❸ a의 값이 vbYes(〈예〉 단추 클릭)이면 ❹를 수행합니다.
❹ 'txt조회' 컨트롤로 포커스를 이동합니다.
  ※ 'GoToControl'은 지정된 컨트롤로 포커스를 옮기는 매크로 함수입니다.
❺ If문을 종료합니다.

2250724

24.상시

[유형 5] 〈산업단지현황내역〉 폼 본문의 'txt시도코드' 컨트롤을 더블클릭하면 다음과 같은 기능을 수행하도록 이벤트 프로시저를 구현하시오.

▶ '시도코드' 필드의 마지막 1글자가 1이면 '시도명' 필드의 값에 "특별시"를, 2면 '시도명' 필드의 값에 "광역시"를, 3이면 '시도명' 필드의 값에 "특별자치시"를, 4면 '시도명' 필드의 값에 "특별자치도"를, 5면 '시도명' 필드의 값에 "도"를 아래 그림과 같이 표시하시오.

▶ Select Case문과 Right 함수, & 연산자를 사용하시오.

〈정답〉

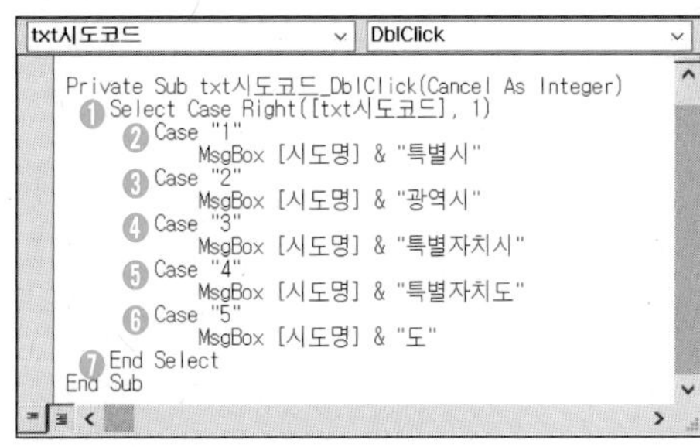

```
txt시도코드                DblClick

Private Sub txt시도코드_DblClick(Cancel As Integer)
  ❶Select Case Right([txt시도코드], 1)
      ❷Case "1"
          MsgBox [시도명] & "특별시"
      ❸Case "2"
          MsgBox [시도명] & "광역시"
      ❹Case "3"
          MsgBox [시도명] & "특별자치시"
      ❺Case "4"
          MsgBox [시도명] & "특별자치도"
      ❻Case "5"
          MsgBox [시도명] & "도"
  ❼End Select
End Sub
```

❶ 'txt시도코드' 컨트롤에 입력된 값에서 마지막 한 글자를 추출합니다.
  ※ Select Case문은 수식의 결과에 따라 해당하는 명령문을 수행하는 제어문입니다.
❷ ❶의 결과가 "1"이면 '시도명' 필드의 값에 "특별시"를 덧붙여 메시지 상자에 표시합니다.
❸ ❶의 결과가 "2"면 '시도명' 필드의 값에 "광역시"를 덧붙여 메시지 상자에 표시합니다.
❹ ❶의 결과가 "3"이면 '시도명' 필드의 값에 "특별자치시"를 덧붙여 메시지 상자에 표시합니다.
❺ ❶의 결과가 "4"면 '시도명' 필드의 값에 "특별자치도"를 덧붙여 메시지 상자에 표시합니다.
❻ ❶의 결과가 "5"면 '시도명' 필드의 값에 "도"를 덧붙여 메시지 상자에 표시합니다.
❼ Select Case문을 종료합니다.

2240720

03 보고서 출력 – OpenReport

20.상시, 19.상시, 19.1, 18.상시, 18.1, 17.상시, 17.1, 16.상시, 16.2, 16.1, …

〈문화센터등록현황〉 폼의 '미리보기'(cmd보고서) 단추를 클릭하면 〈등록현황〉 보고서를 '인쇄 미리 보기' 형식으로 여는 이벤트 프로시저를 구현하시오.

▶ 'txt학과명' 컨트롤에 표시된 '학과명'과 같은 자료만을 대상으로 할 것

▶ DoCmd 사용

〈정답〉

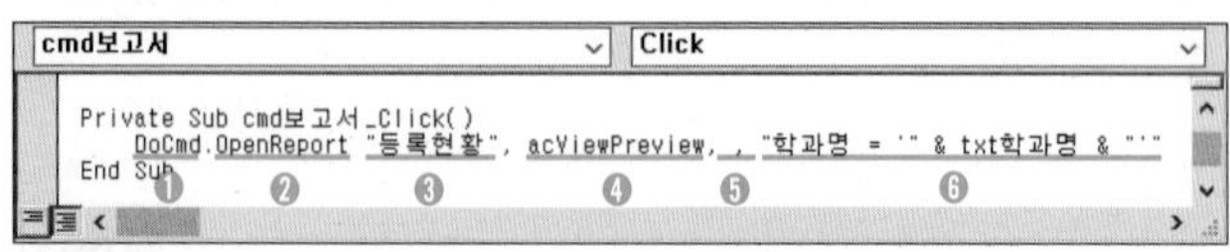

```
cmd보고서                Click
Private Sub cmd보고서_Click()
    DoCmd.OpenReport "등록현황", acViewPreview, , "학과명 = '" & txt학과명 & "'"
End Sub
```

❶ Microsoft Access 매크로 함수를 Visual Basic에서 실행하기 위한 개체입니다.
❷ 보고서를 여는 매크로 함수입니다.
❸ 보고서 이름입니다.
❹ 보고서를 인쇄 미리 보기(acViewPreview) 형태로 엽니다.
❺ acViewPreview 다음에는 보고서에 표시할 내용을 제한하는 필터 이름을 입력해야 하는데, 생략했으므로 자리를 확보하기 위해 ,를 2번 입력하여 , ,와 같이 표시한 것입니다.
❻ 조건으로, 학과명이 'txt학과명' 컨트롤에 입력한 값과 동일한 레코드만을 대상으로 합니다.

2240721

04 폼 출력 – OpenForm

20.상시, 20.1, 19.상시, 19.2, 19.1, 18.상시, 18.1, 17상시, 17.1, 16.상시, …

〈판매현황〉 폼의 '분류등록'(cmd분류등록) 단추를 클릭(On Click)하면 〈분류등록〉 폼을 '폼 보기' 형식으로 열리도록 이벤트 프로시저를 구현하시오.

▶ 'txt분류' 컨트롤에 입력된 '분류명'과 같은 데이터만 출력하도록 할 것

▶ DoCmd 개체 사용

〈정답〉

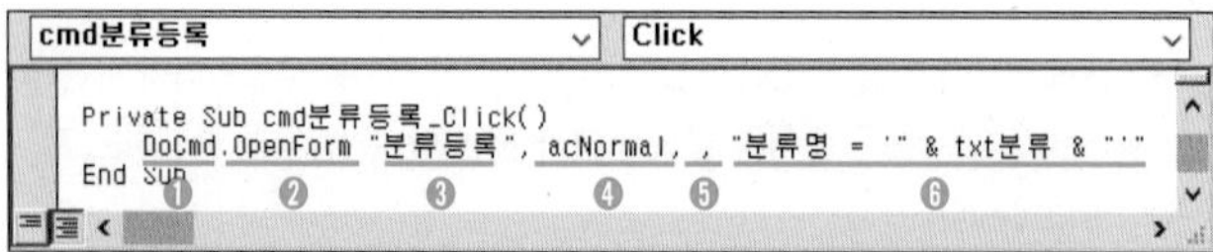

```
cmd분류등록                Click
Private Sub cmd분류등록_Click()
    DoCmd.OpenForm "분류등록", acNormal, , "분류명 = '" & txt분류 & "'"
End Sub
```

❶ Microsoft Access 매크로 함수를 Visual Basic에서 실행하기 위한 개체입니다.
❷ 폼을 여는 매크로 함수입니다.
❸ 폼 이름입니다.
❹ 폼을 기본 폼 보기(acNormal) 형태로 엽니다.
❺ acNormal 다음에는 폼에 표시할 내용을 제한하는 필터 이름을 입력해야 하는데, 생략했으므로 자리를 확보하기 위해 ,를 2번 입력하여 , ,와 같이 표시한 것입니다.
❻ 조건으로, 분류명이 'txt분류' 컨트롤에 입력한 값과 동일한 레코드만을 대상으로 합니다.

2240722

05 데이터 정렬

24.상시, 22.상시, 21.상시, 19.상시, 17.상시, 16.상시

〈판매현황관리〉 폼의 '정렬'(cmd정렬) 단추를 클릭하면 '판매량'을 기준으로 내림차순 정렬이 수행되도록 이벤트 프로시저를 구현하시오.

▶ 폼의 OrderBy, OrderByOn 속성 사용

〈정답〉

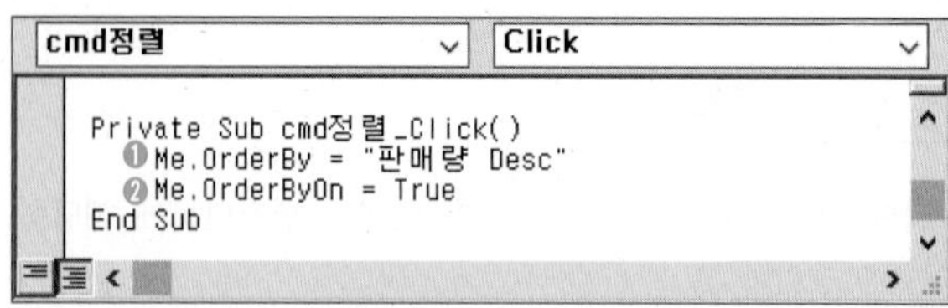

```
cmd정렬                Click
Private Sub cmd정렬_Click()
    Me.OrderBy = "판매량 Desc"
    Me.OrderByOn = True
End Sub
```

❶ 판매량을 기준으로 내림차순(Desc) 정렬하도록 OrderBy 속성을 정의합니다.
❷ 현재 폼 개체의 OrderBy 속성에 정의된 정렬 기준을 적용합니다.

2240723

06 컨트롤에 값 표시

22.상시, 21.상시

〈재무정보조회〉 폼이 로드(Load)될 때 〈재무정보〉 테이블의 년도 중 가장 큰 값이 'Txt현재' 컨트롤에 표시되도록 이벤트 프로시저를 구현하시오.

▶ DMax 함수 사용

〈정답〉

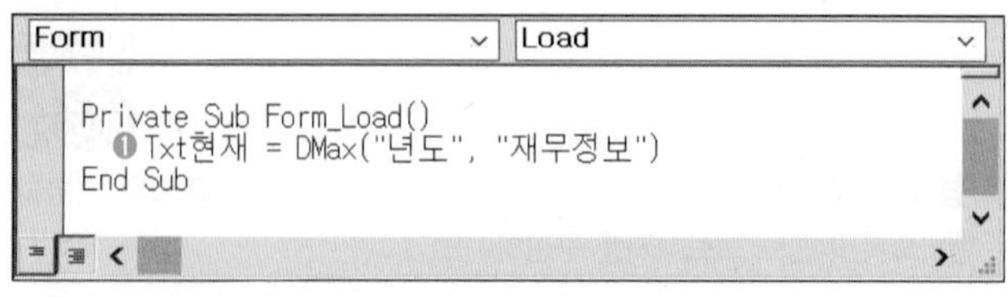

```
Form                Load
Private Sub Form_Load()
    Txt현재 = DMax("년도", "재무정보")
End Sub
```

❶ 'Txt현재' 컨트롤에 DMax( ) 함수의 결과 값을 저장합니다.

DMax("년도", "재무정보")

- **DMax(인수, 도메인, 조건)** : 도메인에서 조건에 맞는 자료를 대상으로 지정된 인수의 최대값을 계산함
- **년도** : 최대값을 구할 값이 들어 있는 필드 이름
- **재무정보** : 작업 대상 레코드가 들어 있는 테이블이나 쿼리의 이름
- 조건이 생략되었으므로 전체 레코드를 대상으로 '년도' 필드의 최대값을 계산합니다.

대표기출문제

'C:\길벗컴활1급총정리\액세스\기능\07프로시저-기출.accdb' 파일을 열어서 작업하세요.

2240781

[기출 1] 24.상시, 23.상시, 22.상시, 21.상시, 20.상시, 19.상시, 18.상시, 16.상시, …

〈사유별교환현황〉 폼 머리글의 'txt조회' 컨트롤에 찾고자 하는 회원코드의 일부를 입력한 후 '조회'(cmd조회) 단추를 클릭하면 다음과 같은 기능을 수행하도록 이벤트 프로시저를 구현하시오.

▶ 〈사유별교환현황〉 폼 머리글의 'txt조회' 컨트롤에 회원코드가 입력되지 않았다면, 아래와 같은 메시지를 표시하고 'txt조회' 컨트롤에 포커스를 이동시킬 것

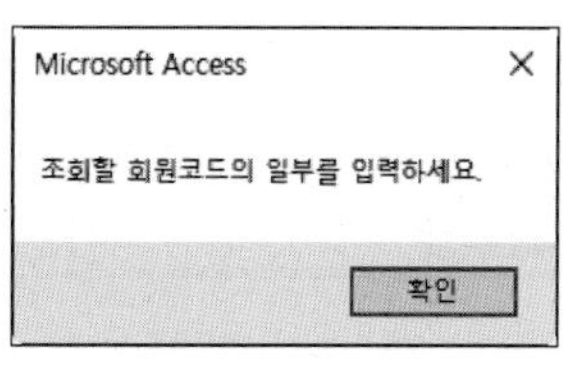

▶ 'txt조회' 컨트롤에 회원코드가 입력되었다면, 입력된 회원코드를 포함하는 정보만 조회할 것

▶ If ~ Else 함수를 이용할 것

▶ Filter와 FilterOn 속성을 이용할 것

2240782

[기출 2] 20.상시, 19.상시, 19.1, 18.상시, 18.1, 17.상시, 17.1, 16.상시, 16.2, 16.1, …

〈사유별교환현황〉 폼 머리글의 '보고서보기'(cmd보고서) 단추를 클릭하면 〈출력별제품현황〉 보고서를 '인쇄 미리 보기' 형태로 실행하도록 이벤트 프로시저를 구현하시오.

▶ 'txt검색' 컨트롤에 입력된 제품가 이상인 제품들의 자료만을 대상으로 할 것

▶ DoCmd 사용

2240783

[기출 3] 20.상시, 20.1, 19.상시, 19.2, 19.1, 18.상시, 18.1, 17.상시, 17.1, 16.상시, …

〈사유별교환현황〉 폼 본문의 'txt회원코드' 컨트롤을 더블클릭하면 다음과 같은 기능이 수행되도록 이벤트 프로시저를 구현하시오.

▶ 〈회원정보〉 폼을 열 것

▶ 'txt회원코드' 컨트롤에 입력된 '회원코드'에 해당하는 레코드만 표시할 것

2240784

[기출 4] 22.상시, 21.상시, 20.상시, 20.1, 20.1, 19.상시, 19.2, 19.1, 18.상시, 18.1, …

〈패키지주문현황〉 폼 머리글의 '폼보기'(cmd폼보기) 단추를 더블클릭하면 다음과 같이 메시지 상자를 표시한 후 〈패키지정보〉 폼을 여는 기능이 수행되도록 이벤트 프로시저를 구현하시오.

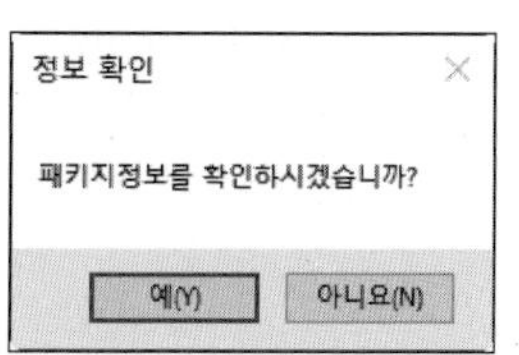

▶ 메시지 상자에서 〈예〉를 클릭하면, 〈패키지주문현황〉 폼의 'txt조회' 컨트롤에 입력된 패키지명에 해당하는 정보만 표시할 것

2240785

[기출 5] 24.상시, 23.상시, 22.상시, 21.상시, 20.상시, 19.상시, 16.상시, 16.2, …

〈구매내역열람〉 폼 본문의 'cmb상품명' 컨트롤에서 조회할 상품을 선택하면 해당 상품명과 동일한 레코드만 조회되도록 이벤트 프로시저를 구현하시오.

▶ After Update 이벤트로 구현할 것

▶ RecordSource 속성을 사용할 것

2240786

[기출 6] 22.상시, 21.상시, 20.상시, 20.1, 19.상시, 19.1, 18.상시, 18.1, 17.상시, …

〈구매내역열람〉 폼에서 '보고서출력'(cmd보고서) 단추를 클릭하면 다음과 같은 기능이 수행되도록 이벤트 프로시저를 구현하시오.

▶ 다음과 같은 메시지를 표시할 것

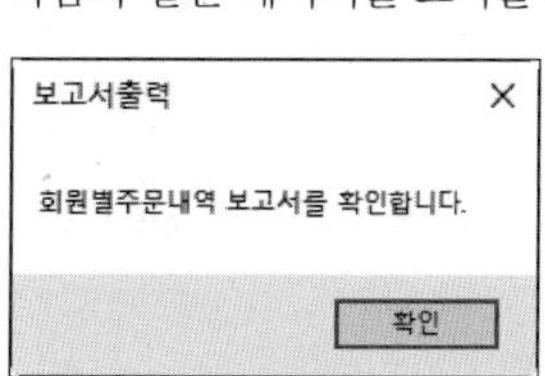

▶ 메시지 상자에서 〈확인〉을 클릭하면 〈회원별주문내역〉 보고서를 '인쇄 미리 보기' 형태로 출력할 것

2240787

[기출 7] 24.상시, 22.상시, 21.상시, 19.상시, 17.상시, 16.상시

〈사유별교환현황〉 폼의 '제품가 정렬'(cmd정렬) 단추를 클릭하면 다음과 같은 기능이 수행되도록 이벤트 프로시저로 구현하시오.

▶ '제품가'를 기준으로 내림차순 정렬할 것

▶ 폼의 OrderBy, OrderByOn 속성을 이용할 것

2240788

[기출 8] 20.상시, 08.4, 08.1, 05.1, 04.4, 04.3, 04.1, 03.2

<패키지주문현황> 폼 머리글의 '주문검색'(cmd주문검색) 단추를 클릭하면 'txt검색' 컨트롤에 입력된 주문코드와 동일한 자료를 찾아 표시하도록 이벤트 프로시저로 구현하시오.

▶ 현재 폼의 RecordSetClone 속성과 Bookmark 속성, FindFirst 메서드 등을 이용할 것

2240789

[기출 9] 24.상시, 23.상시

<수강현황조회> 폼 머리글의 '조회(cmd조회)' 단추를 클릭하면 '강좌분류' 필드의 값이 'txt분류조회' 컨트롤에 입력된 값과 같은 정보만 표시되도록 이벤트 프로시저를 구현하시오.

▶ DoCmd 개체와 ApplyFilter 메소드 사용

정답 및 해설

[기출 1]

1. <사유별교환현황> 폼의 바로 가기 메뉴에서 [디자인 보기]를 선택한다.
2. 'cmd조회' 컨트롤을 더블클릭한다.
3. 속성 시트 창의 '이벤트' 탭에서 'On Click' 이벤트를 클릭한다.
4. 작성기 단추(...)를 클릭한다.
5. '작성기 선택' 대화상자에서 '코드 작성기'를 선택한 후 <확인>을 클릭한다.
6. VBA에 다음과 같이 코드를 입력한다.

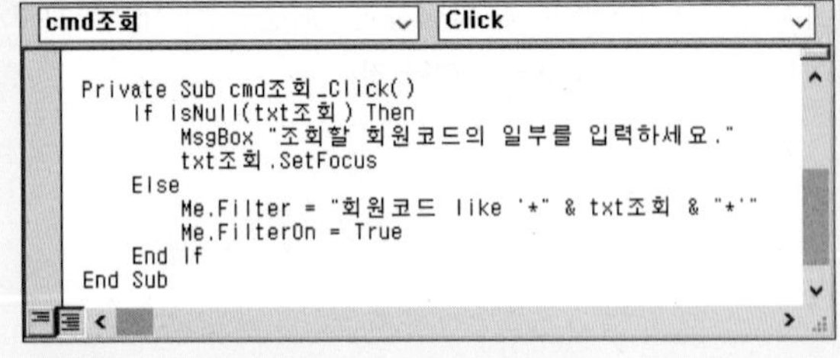

```
cmd조회 | Click
Private Sub cmd조회_Click()
    If IsNull(txt조회) Then
        MsgBox "조회할 회원코드의 일부를 입력하세요."
        txt조회.SetFocus
    Else
        Me.Filter = "회원코드 like '*" & txt조회 & "*'"
        Me.FilterOn = True
    End If
End Sub
```

[기출 2]

'보고서보기'(cmd보고서) 단추에 기능 구현하기

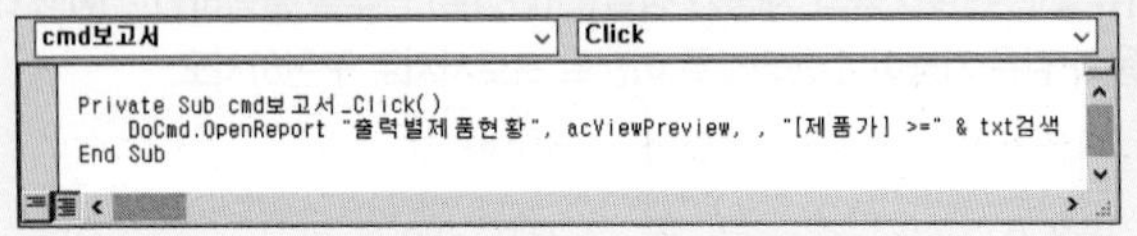

```
cmd보고서 | Click
Private Sub cmd보고서_Click()
    DoCmd.OpenReport "출력별제품현황", acViewPreview, , "[제품가] >=" & txt검색
End Sub
```

[기출 3]

'txt회원코드' 컨트롤에 기능 구현하기

```
txt회원코드 | DblClick
Private Sub txt회원코드_DblClick(Cancel As Integer)
    DoCmd.OpenForm "회원정보", acNormal, , "[회원코드] = '" & txt회원코드 & "'"
End Sub
```

[기출 4]

'폼보기'(cmd폼보기) 단추에 기능 구현하기

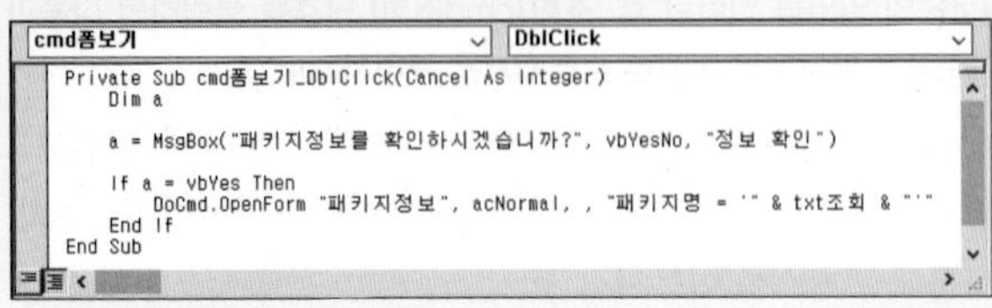

```
cmd폼보기 | DblClick
Private Sub cmd폼보기_DblClick(Cancel As Integer)
    Dim a

    a = MsgBox("패키지정보를 확인하시겠습니까?", vbYesNo, "정보 확인")

    If a = vbYes Then
        DoCmd.OpenForm "패키지정보", acNormal, , "패키지명 = '" & txt조회 & "'"
    End If
End Sub
```

[기출 5]

'cmb상품명' 컨트롤에 기능 구현하기

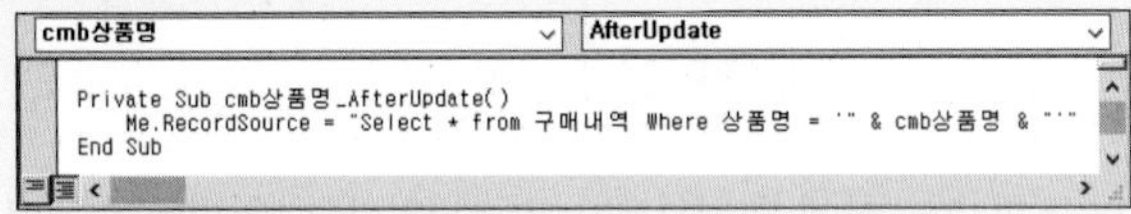

```
cmb상품명 | AfterUpdate
Private Sub cmb상품명_AfterUpdate()
    Me.RecordSource = "Select * from 구매내역 Where 상품명 = '" & cmb상품명 & "'"
End Sub
```

[기출 6]

'보고서출력'(cmd보고서) 단추에 기능 구현하기

```
cmd보고서 | Click
Private Sub cmd보고서_Click()
    MsgBox "회원별주문내역 보고서를 확인합니다.", vbOKOnly, "보고서출력"
    DoCmd.OpenReport "회원별주문내역", acViewPreview
End Sub
```

[기출 7]

'제품가 정렬'(cmd정렬) 단추에 기능 구현하기

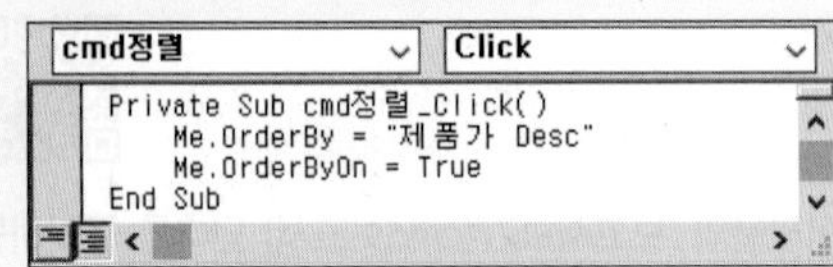

```
cmd정렬 | Click
Private Sub cmd정렬_Click()
    Me.OrderBy = "제품가 Desc"
    Me.OrderByOn = True
End Sub
```

[기출 8]

'주문검색'(cmd주문검색) 단추에 기능 구현하기

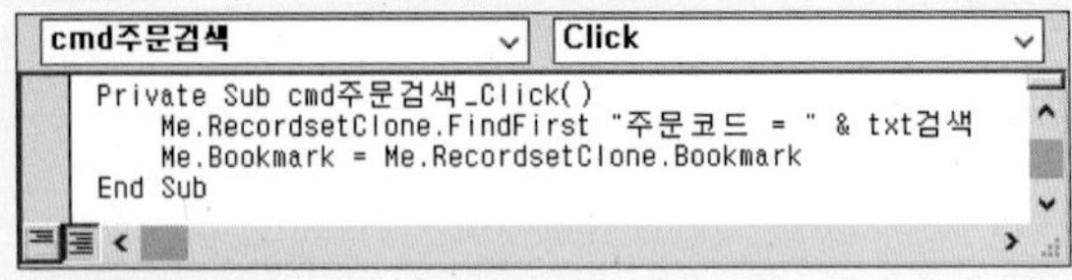

```
cmd주문검색 | Click
Private Sub cmd주문검색_Click()
    Me.RecordsetClone.FindFirst "주문코드 = " & txt검색
    Me.Bookmark = Me.RecordsetClone.Bookmark
End Sub
```

[기출 9]

'조회(cmd조회)' 단추에 기능 구현하기

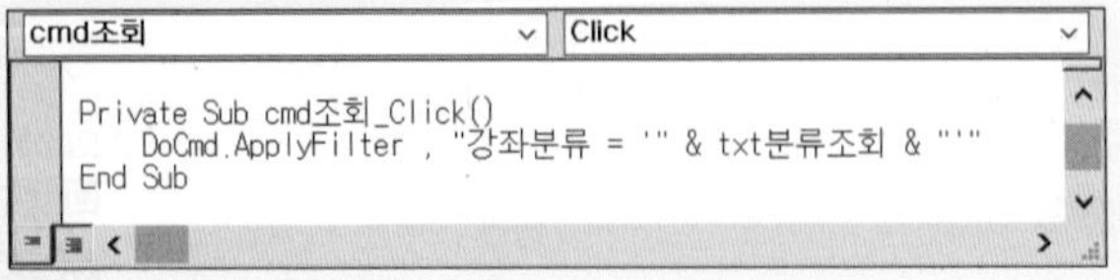

```
cmd조회 | Click
Private Sub cmd조회_Click()
    DoCmd.ApplyFilter , "강좌분류 = '" & txt분류조회 & "'"
End Sub
```

문제 4 처리 기능 구현(35점)

전문가의 조언

쿼리는 매우 중요합니다!
출제기준이 변경되기 전에는 처리기능 전체를 포기하고도 합격할 수 있었지만 이제는 처리기능에 배정된 점수가 35점이라 처리기능을 포기하면 절대로 합격할 수 없습니다. 처리기능에 출제되는 쿼리들을 처음 공부할 때는 좀 어렵게 느껴지는 게 사실입니다. 하지만 풀이 방법이 모두 비슷하여 한 번만 제대로 이해하면 학습도 수월할 뿐만 아니라 점수를 얻기도 쉽습니다. 절대 포기하지 말고 만점을 목표로 공부해보세요.

처리 기능 구현은 **쿼리를 작성하는 문제만 5개**가 출제되는데, **7점짜리 5문제**가 고정적으로 출제되고 있습니다. 한 문제에 3~4개의 지시사항이 제시되며, **지시사항을 모두 해결해야 온전한 점수를** 얻습니다. 그러니까 부분 점수는 1도 없습니다.

No	출제 기능	배점	목표 점수	출제 비율
1	쿼리 작성	7점짜리 5문제	28점	100%
합계		35점	28점	

2240801

1 쿼리 작성

출제 비율 100% / 배점 35점

학과

학과코드	학과이름	학과담당교
A-101	멀티미디어	문수민
B-201	정보처리	박상돈
C-302	웹정보수리	김미정

학생

학번	성명	성별	학과코드	학년
17024004	김상수	☑	B-201	4
17024005	이윤상	☑	C-302	4
17024006	박민경	☐	C-302	4

성적

시험날짜	학번	과목코드	성적
2020-12-08	17024004	T100	97
2020-12-09	17024004	T103	92
2020-12-10	17024005	R204	87

재시험대상조회

학과이름	학년	성명	성적
정보처리	4	박세진	47
정보처리	4	박세진	42
멀티미디어	2	노민영	50
멀티미디어	2	노민영	52
멀티미디어	2	홍민철	60

※ '성적'이 60점 이하인 학생들의 정보만 조회하는 쿼리를 만들어 실행한 화면입니다.

작업 순서

쿼리 종류에 따라 작업 순서와 사용하는 메뉴가 조금씩 다릅니다. 잘 기억해 두지 않으면 시험장에서 매우 당황할 수 있습니다.

그룹 쿼리 / 매개 변수 쿼리

1. [만들기] → 쿼리 → **쿼리 디자인**(▦)을 클릭한다.
2. '테이블 추가'에서 사용할 테이블이나 쿼리를 선택한다.
3. 결과에 표시할 필드를 하단의 그리드 라인에 추가한다.
4. [쿼리 디자인] → 표시/숨기기 → **요약**(∑)을 클릭한다.
5. 그룹으로 묶을 필드에서 '묶는 방법'을 지정한다.
6. 정렬 기준이나 조건을 지정한다.
   ※ 매개 변수 쿼리는 조건에 매개 변수 대화상자에 표시할 내용을 입력한다.
7. [쿼리 디자인] → 결과 → **실행**(!)을 클릭한다.
8. 실행 결과와 문제에 제시된 그림을 비교한다.
9. 결과와 다르게 표시된 필드명을 수정하거나 형식을 지정한다.
10. 쿼리를 저장한다.

2240803

크로스탭 쿼리 – 마법사 사용

1. [만들기] → 쿼리 → **쿼리 마법사()**를 클릭한다.
2. '새 쿼리' 대화상자에서 '크로스탭 쿼리 마법사'를 선택한다.
3. '크로스탭 쿼리 마법사' 1단계 : 데이터 원본 선택
4. '크로스탭 쿼리 마법사' 2단계 : 행 머리글 필드 선택
5. '크로스탭 쿼리 마법사' 3단계 : 열 머리글 필드 선택
6. '크로스탭 쿼리 마법사' 4단계 : 데이터(값) 필드, 계산 함수, 행 합계 포함 여부 선택
7. '크로스탭 쿼리 마법사' 5단계 : 쿼리 이름 입력

2240804

크로스탭 쿼리 – 쿼리 작성기 사용

1. [만들기] → 쿼리 → **쿼리 디자인()**을 클릭한다.
2. '테이블 추가'에서 사용할 테이블이나 쿼리를 선택한다.
3. [쿼리 디자인] → 쿼리 유형 → **크로스탭()**을 클릭한다.
4. 행 머리글, 열 머리글, 값으로 사용될 필드를 지정한다.
5. 그룹으로 묶을 필드에서 '묶는 방법'을 지정한다.

※ 이후 과정은 '그룹 쿼리' 작업 과정의 6번 이후와 동일하다.

2240805

불일치 검색 쿼리

1. [만들기] → 쿼리 → **쿼리 마법사()**를 클릭한다.
2. '새 쿼리' 대화상자에서 '불일치 검색 쿼리 마법사'를 선택한다.
3. '불일치 검색 쿼리 마법사' 1단계 : 조회할 자료가 있는 원본 테이블 선택
4. '불일치 검색 쿼리 마법사' 2단계 : 비교할 자료가 있는 테이블 선택
5. '불일치 검색 쿼리 마법사' 3단계 : 두 테이블을 비교할 필드 선택
6. '불일치 검색 쿼리 마법사' 4단계 : 결과로 표시할 필드 선택
7. '불일치 검색 쿼리 마법사' 5단계 : 쿼리 이름 입력

2240806

수정(Update) 쿼리

1. [만들기] → 쿼리 → **쿼리 디자인()**을 클릭한다.
2. '테이블 추가'에서 사용할 테이블이나 쿼리를 선택한다.
3. 수정할 필드를 하단의 그리드 라인에 추가한다.
4. [쿼리 디자인] → 쿼리 유형 → **업데이트()**를 클릭한다.
5. 수정할 필드의 '업데이트' 란에 수정할 값을 입력한다.
6. 필드에 조건을 지정한다.
7. 쿼리를 저장한다.
8. 작성한 쿼리를 실행하라는 지시사항이 있는 경우 쿼리를 실행한다.

2240807

추가(Insert) 쿼리

1. [만들기] → 쿼리 → **쿼리 디자인()**을 클릭한다.
2. '테이블 추가'에서 추가 데이터가 있는 테이블이나 쿼리를 선택한다.
3. 추가할 필드를 하단의 그리드 라인에 추가한다.
4. [쿼리 디자인] → 쿼리 유형 → **추가()**를 클릭한다.
5. '추가' 대화상자에서 추가할 테이블을 선택한다.
6. 추가할 필드의 '추가' 란에서 추가할 필드를 선택한다.

   ※ 추가될 테이블의 필드 이름과 추가할 테이블의 필드 이름이 같을 경우 추가난에 자동으로 필드 이름이 표시되지만, 다를 경우에는 직접 지정해줘야 한다.
7. 필드에 조건을 지정한다.
8. 쿼리를 저장한다.
9. 작성한 쿼리를 실행하라는 지시사항이 있는 경우 쿼리를 실행한다.

2240808

테이블 생성 쿼리

1. [만들기] → 쿼리 → **쿼리 디자인()**을 클릭한다.
2. '테이블 추가'에서 사용할 테이블이나 쿼리를 선택한다.
3. 필요한 필드를 하단의 그리드 라인에 추가한다.
4. 필드에 정렬 기준이나 조건을 지정한다.
5. [쿼리 디자인] → 쿼리 유형 → **테이블 만들기()**를 클릭한다.
6. '테이블 만들기' 대화상자에 생성할 테이블 이름을 입력한다.
7. 쿼리를 저장한다.
8. 작성한 쿼리를 실행하라는 지시사항이 있는 경우 쿼리를 실행한다.

합격포인트

- 쿼리 작업에서는 각각의 **지시사항을 쿼리 작성기에 정확하게 표현하는 것이 합격포인트**입니다.
- 시험에 자주 출제되는 문제들을 모두 모아 쉽게 이해할 수 있도록 번호를 붙여 설명했습니다.
- 문제를 읽고 고민없이 바로 답안을 작성할 수 있도록 반복해서 연습하세요.

☞ 직접 실습하려면 'C:\길벗컴활1급총정리\액세스\기능\08쿼리-합격포인트.accdb' 파일을 열어 작업하세요.

2240811

01 그룹 쿼리 1

24.상시, 23.상시, 21.상시, 20.상시, 20.1, 19.상시, 19.1, 18.상시, 17.1, …

학과별로① 봉사활동을 한 학생들의 봉사학생수②와 총시수③를 조회하는 〈학과별봉사현황〉④ 쿼리를 작성하시오.

▶ 〈봉사내역〉과 〈재학생〉 테이블을 이용하시오.⑤

▶ 봉사학생수는 '학번' 필드를 이용하시오.⑥

▶ 총시수는 내림차순 정렬하시오.⑦

▶ 학생당봉사시수 = 총시수 / 봉사학생수⑧

▶ 학생당봉사시수는 [표시 예]와 같이 표시되도록⑨ '형식' 속성을 설정하시오. [표시 예: 0 → 0.0, 1.234 → 1.2]

▶ 쿼리 실행 결과 표시되는 필드와 필드명은⑩ 〈그림〉과 같이 표시되도록 설정하시오.

학과별봉사현황

학과	봉사학생수	총시수	학생당봉사시수
국제통상과	10	38	3.8
관광경영과	8	25	3.1
회계학과	6	20	3.3
금융정보과	6	19	3.2

레코드: 1/4 필터 없음 검색

1. [만들기] → 쿼리 → **쿼리 디자인**(![])을 클릭하세요.
2. 쿼리 작성기 창에서 아래와 같이 설정하고 저장한 후 [쿼리 디자인] → 결과 → **실행**(![])을 클릭하여 결과를 확인하세요.

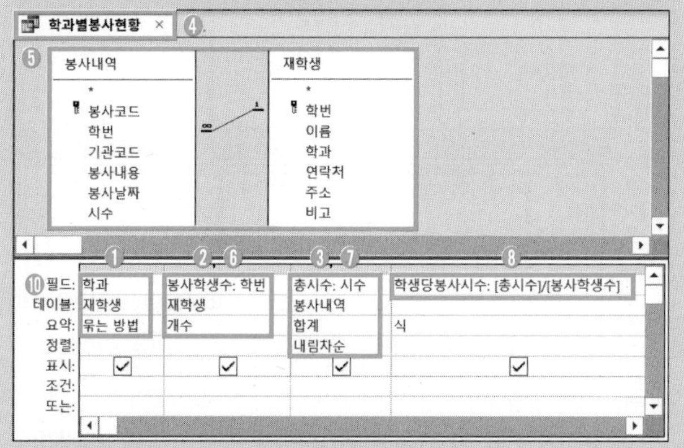

⑨ '학생당봉사시수' 필드 속성 설정하기
- '일반' 탭의 형식 → 0.0

※ ②, ③ '봉사학생수'와 '총시수'를 구하라는 지시사항이 있으므로 '요약' 항목을 각각 '개수'와 '합계'로 지정합니다.

※ ⑥ '학번' 필드를 이용해 값을 구하되 화면에는 '봉사학생수'로 표시합니다.

2240812

02 그룹 쿼리 2

24.상시, 23.상시, 22.상시, 21.상시

〈씨앗입고〉, 〈씨앗〉, 〈주문〉① 테이블을 이용하여 씨앗명별② 최근입고일자③, 총입고량④, 총주문량⑤을 조회하는 〈재고현황〉⑥ 쿼리를 작성하시오.

▶ '최근입고일자'는 '입고일자'의 최대값⑦, '총입고량'은 '입고수량'의 합계⑧, '총주문량'은 〈주문〉 테이블의 '수량' 필드의 합계⑨로 처리하시오.

▶ 씨앗코드가 A부터 B까지의 문자 중 하나로 시작하는 것만 조회 대상으로 하시오.⑩ (Like 연산자 사용)

▶ 재고비율 = 총주문량 / 총입고량⑪

▶ 재고비율은 [표시 예]와 같이 표시되도록⑫ '형식' 속성을 설정하시오. [표시 예: 0 → 0.0%, 0.34523 → 34.5%]

▶ 쿼리 결과 표시되는 필드와 필드명은⑬ 〈그림〉과 같이 표시되도록 설정하시오.

재고현황

씨앗명	최근입고일자	총입고량	총주문량	재고비율
금계국	2023-02-14	40	28	70.0%
끈끈이대나물	2023-02-07	135	15	11.1%
나팔꽃	2023-02-07	165	50	30.3%
메밀꽃	2023-02-07	220	48	21.8%
물망초	2023-02-07	195	54	27.7%
양귀비	2023-02-14	510	138	27.1%
자운영	2023-02-14	110	11	10.0%
한련화	2023-03-07	260	42	16.2%

레코드: 1/8 필터 없음 검색

쿼리 작성기 창

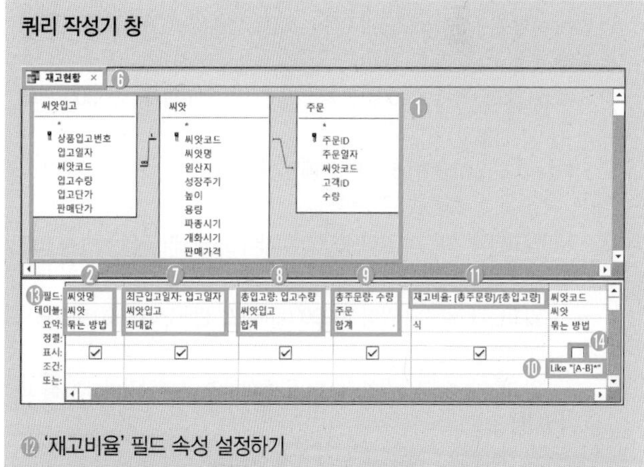

⑫ '재고비율' 필드 속성 설정하기
- '일반' 탭의 형식 → 0.0%

※ ⑩ Like "[A-B]*" : "A"부터 "B"까지의 문자 중 하나로 시작하는 '씨앗코드'만 표시함

※ ⑭ '씨앗코드' 필드는 조건에만 사용되고 화면에는 표시되지 않으므로 '표시' 항목을 체크하지 않습니다.

2240813

03 매개 변수 쿼리

24.상시, 23.상시, 22.상시, 21.상시, 19.상시, 19.2, 18.상시, 18.2, …

<씨앗>과 <씨앗입고> 테이블을 이용하여 검색할 씨앗명의 일부를 매개 변수로 입력받아 해당 제품의 입고 정보를 조회하는 <씨앗입고조회> 매개 변수 쿼리를 작성하시오.
❶ ❷ ❸

▶ '부가세' 필드는 '입고단가'가 10000 이하이면 '판매단가'의 10%로, 10000초과 50000이하이면 '판매단가'의 20%로, 50000초과이면 '판매단가'의 30%로 계산하시오. (Switch 함수 사용) ❹

▶ '입고일자' 필드를 기준으로 내림차순 정렬하여 표시하시오. ❺

▶ 쿼리 결과 표시되는 필드와 필드명, 필드의 형식은 <그림>과 같이 표시되도록 설정하시오. ❻ ❼

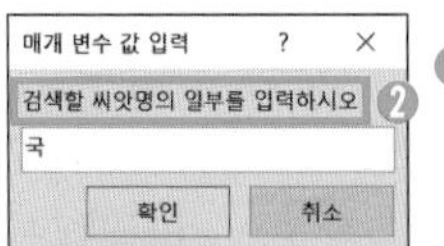

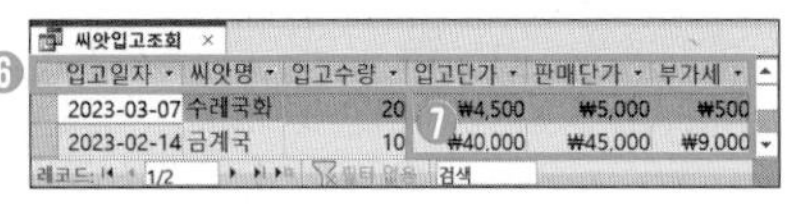

쿼리 작성기 창

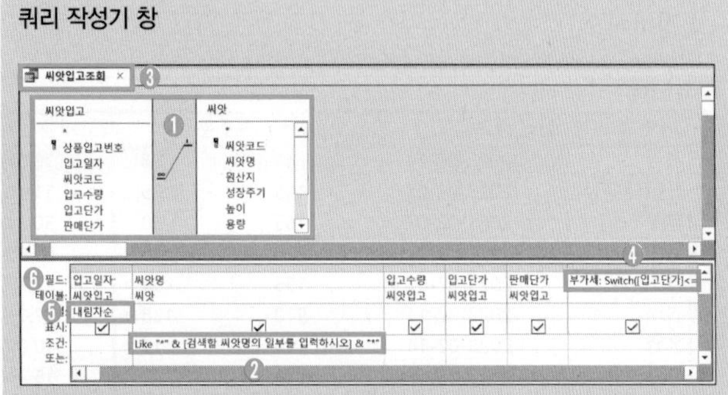

❹ **'부가세' 계산에 사용된 Switch 함수의 의미**

- Switch 함수는 'Switch(조건1, 인수1, 조건2, 인수2, …)' 형식으로 사용됩니다.
- Switch([입고단가]<=10000, [판매단가] * 0.1, [입고단가]<=50000,[판매단가] * 0.2, [입고단가]>50000,[판매단가] * 0.3)
  - ㉠ '입고단가' 필드의 값이 10000 이하이면, 판매단가의 10%를 표시합니다.
  - ㉡ '입고단가' 필드의 값이 50000 이하이면, 판매단가의 20%를 표시합니다.
  - ㉢ '입고단가' 필드의 값이 50000을 초과하면, 판매단가의 30%를 표시합니다.

❼ **'입고단가', '판매단가', '부가세' 필드 속성 설정하기**

- '일반' 탭의 형식 → 통화

※ ❼번은 문제의 지시사항에는 없지만 제시된 <그림>을 보고 수험생이 판단하여 설정합니다.

2240814

04 크로스탭 쿼리

24.상시, 23.상시, 22.상시, 21.상시, 20.상시, 20.1, 19.상시, 19.2, 19.1, …

상품명별 월별 상품들의 1/4분기 판매가 합계를 조회하는 <상반기판매현황> 크로스탭 쿼리를 작성하시오.
❶ ❷ ❸ ❹ ❺

▶ <상품>과 <주문> 테이블을 이용할 것 ❻

▶ 출시년도가 2015 ~ 2019 사이인 상품들만 대상으로 할 것 (Between 사용) ❼

▶ 쿼리 결과로 표시되는 필드와 필드명은 <그림>과 같이 표시되도록 설정하시오.

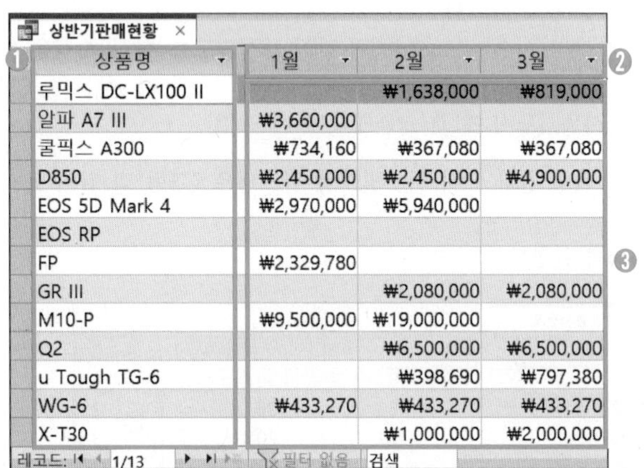

상반기판매현황

상품명	1월	2월	3월
루믹스 DC-LX100 II		₩1,638,000	₩819,000
알파 A7 III	₩3,660,000		
쿨픽스 A300	₩734,160	₩367,080	₩367,080
D850	₩2,450,000	₩2,450,000	₩4,900,000
EOS 5D Mark 4	₩2,970,000	₩5,940,000	
EOS RP			
FP	₩2,329,780		
GR III		₩2,080,000	₩2,080,000
M10-P	₩9,500,000	₩19,000,000	
Q2		₩6,500,000	₩6,500,000
u Tough TG-6		₩398,690	₩797,380
WG-6	₩433,270	₩433,270	₩433,270
X-T30		₩1,000,000	₩2,000,000

레코드: 1/13

쿼리 작성기 창

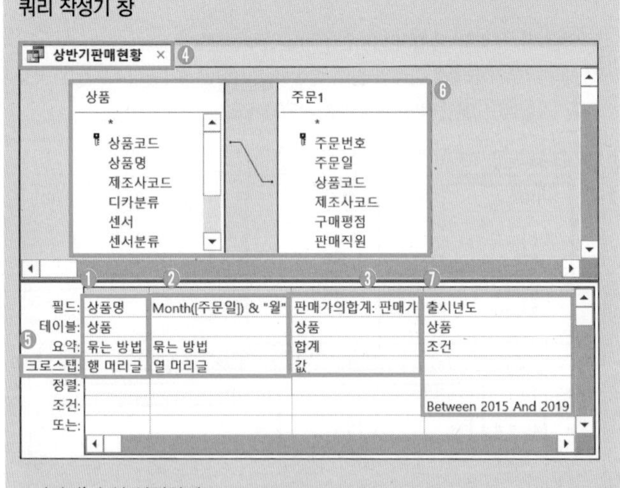

❷ **'쿼리' 속성 설정하기**

- '월'이 표시된 열 머리글을 클릭하고 [쿼리 디자인] → 표시/숨기기 → **속성 시트**를 클릭한 후 다음과 같이 설정합니다.
- '일반' 탭의 열 머리글 → "1월","2월","3월"

❺ [쿼리 디자인] → 쿼리 유형 → **크로스탭**을 클릭합니다.

2240815

05 불일치 검색 쿼리

24.상시, 23.상시, 22.상시, 16.2, 15.상시, 12.2, 09.2, 08.1, 07.1, 06.1, …

〈회원권〉 테이블을 이용하여 〈구매자명단〉 테이블에 없는 회원권에 대한 ❶ 정보를 조회하는 〈구매되지않은회원권〉 쿼리를 작성하시오. ❷

▶ 〈회원권〉 테이블의 '회원권코드' 중 〈구매자명단〉 테이블의 '회원권코드'에 없는 회원권을 구매되지 않은 회원권으로 가정하시오. ❸

▶ 조건은 Not In을 사용하여 작성하시오. ❹

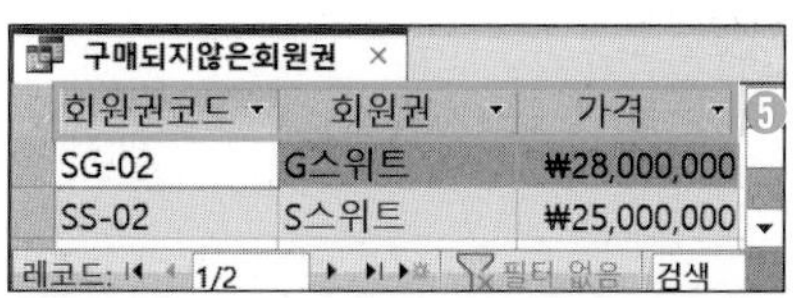

구매되지않은회원권 ⑤

회원권코드	회원권	가격
SG-02	G스위트	₩28,000,000
SS-02	S스위트	₩25,000,000

레코드: 1/2 필터 없음 검색

쿼리 작성기 창

구매되지않은회원권 ②

회원권 ①
*
회원권코드
회원권
가격

③

⑤ 필드:	회원권코드	회원권	가격
테이블:	회원권	회원권	회원권
정렬:			
표시:	④ ☑	☑	☑
조건:	Not In (select 회원권코드 from 구매자명단)		
또는:			

※ ⑤ 문제의 〈그림〉에 출력된 필드를 보고 기준 테이블을 선택합니다.

※ 문제에 Not In을 사용하라는 지시사항이 없다면 '불일치검색쿼리' 마법사를 사용하여 작성하면 됩니다.

2240816

06 업데이트 쿼리

24.상시, 23.상시, 22.상시, 21.상시, 19.상시, 16.상시, 12.2, 09.3, 09.1, …

〈회원〉, 〈주문〉 테이블을 이용하여 최근 주문이 없는 고객에 대해 〈회원〉 테이블의 '비고' 필드의 값을 '★ 관리대상회원'으로 변경하는 〈관리대상회원처리〉 업데이트 쿼리를 작성한 후 실행하시오. ❶ ❷ ❸ ❹

▶ 최근 주문이 없는 고객이란 주문일자가 2023년 4월 10일부터 2023년 4월 30일까지 중에서 〈회원〉 테이블에는 '고객ID'가 있으나 〈주문〉 테이블에는 '고객ID'가 없는 고객임. (Not In과 하위 쿼리 사용) ❺

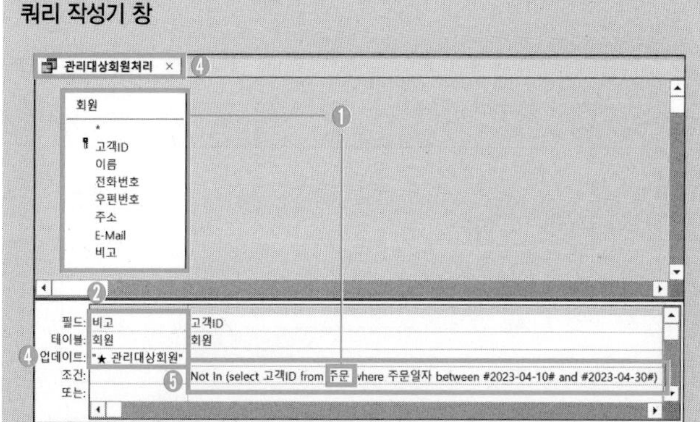

회원 ②

고객ID	이름	전화번호	우편번호	주소	E-Mail	비고 ②
20170729	최다영	010-2000-3635	136-802	서울특별시 성북구 길음로	cdy@ho.net	★ 관리대상회원
20171010	김철수	010-1542-3658	712-862	경상북도 경산시 남산면 갈지로	kcs@nm.com	
20171120	이찬영	010-9654-3695	132-820	서울특별시 도봉구 도담로	lcy@jo.com	
20171214	박삼수	010-8888-3252	368-905	충청북도 증평군 증평읍 중앙로	pss@gol.com	
20171220	조성민	010-6547-6542	480-841	경기도 의정부시 평화로	jsm@go.co.kr	
20190131	이지영	010-9874-1245	367-893	충청북도 괴산군 감물면 감물로	lgy@aol.com	
20190227	박지수	010-6321-8411	417-802	인천광역시 강화군 강화읍 갑룡길	pjs@niver.com	
20190411	김혜원	010-7878-0107	506-358	광주광역시 광산구 고봉로	khw@dim.com	
20190428	김민철	010-9696-9632	151-801	서울특별시 관악구 과천대로	kmc@sangong.com	
20190808	정찬수	010-7474-2145	306-160	대전광역시 대덕구 대청호수로	jcs@do.co.kr	
20190930	노현수	010-1477-7414	143-803	서울특별시 광진구 광나루로	nhs@chul.net	
20191124	김민규	010-0012-7411	680-130	울산광역시 남구 용잠로	kmk@gol.com	★ 관리대상회원
20200702	최다희	010-9984-2585	477-803	경기도 가평군 가평읍 가랫골길	cdh@korea.co.kr	
20200711	이창수	010-0003-2576	158-811	서울특별시 양천구 공항대로	lcs@mu.net	

레코드: 1/14 필터 없음 검색

※ 〈관리대상회원처리〉 쿼리를 실행한 후의 〈회원〉 테이블

쿼리 작성기 창

관리대상회원처리 ④

회원 ①
*
고객ID
이름
전화번호
우편번호
주소
E-Mail
비고

②

필드:	비고	고객ID
테이블:	회원	회원
④ 업데이트:	"★ 관리대상회원"	
조건:		⑤ Not In (select 고객ID from 주문 where 주문일자 between #2023-04-10# and #2023-04-30#)
또는:		

④ [쿼리 디자인] → 쿼리 유형 → **업데이트(▦)**를 클릭합니다.

⑤ **〈주문〉 테이블을 이용하여 〈회원〉 테이블에 조건을 적용하는 과정**

최근 주문이 없는 고객이란 '주문일자'가 2023년 4월 10일부터 2023년 4월 30일까지 중에서 〈회원〉 테이블에는 '고객ID'가 있으나 〈주문〉 테이블에는 '고객ID'가 없는 고객을 의미합니다. 즉 〈주문〉 테이블의 해당 주문일자에 주문이 있는 고객을 제외한 나머지 고객을 의미하는 것으로, 이 고객들을 〈회원〉 테이블에서 검색하면 됩니다. '주문일자' 필드가 있는 〈주문〉 테이블과 〈회원〉 테이블은 '고객ID' 필드를 기준으로 관계가 설정되어 있으므로 조건을 지정할 필드로 '고객ID' 필드를 사용합니다. '조건'에는 조건에 맞는 고객을 검색하는 SQL문을 입력합니다.

❶ 〈주문〉 테이블에서 '주문일자'가 2023년 4월 10일부터 2023년 4월 30일까지인 고객의 고객ID만 추출합니다. 날짜를 조건에 사용할 때는 #으로 묶어줍니다.

```
select 고객ID from 주문 where 주문일자 between #2023-04-10#
and #2023-04-30#
```

❷ 〈주문〉 테이블에서 추출한 '고객ID'를 제외한 '고객ID'를 〈회원〉 테이블에서 찾아 '비고' 필드의 값을 "★ 관리대상회원"으로 변경해야 하므로 〈회원〉 테이블의 '고객ID' 필드의 조건을 다음과 같이 작성합니다.

```
not in (select 고객ID from 주문 where 주문일자 between #2023-
04-10# and #2023-04-30#)
```

2240817

07 추가 쿼리

17.1, 11.3, 10.3, 10.2, 07.3, 07.2

<신규과목> 테이블의 데이터를 <과목> 테이블에 추가하는 <신규과목추가> 쿼리를 작성하시오.
① ② ③

▶ '누적학생수' 필드의 값이 20 이상인 과목만 추가하시오. ④

▶ <신규과목> 테이블의 '구분' 필드는 추가 대상에서 제외하시오. ⑤

• ② [쿼리 디자인] → 쿼리 유형 → **추가(▤)**를 클릭한 후 '추가' 대화상자에서 "과목"을 선택합니다.

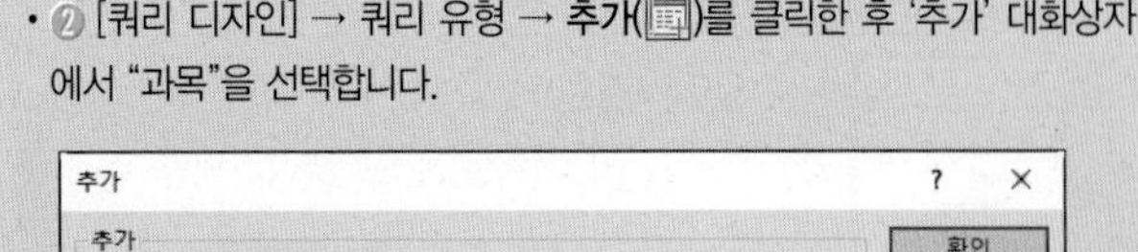

• 쿼리 작성기 창

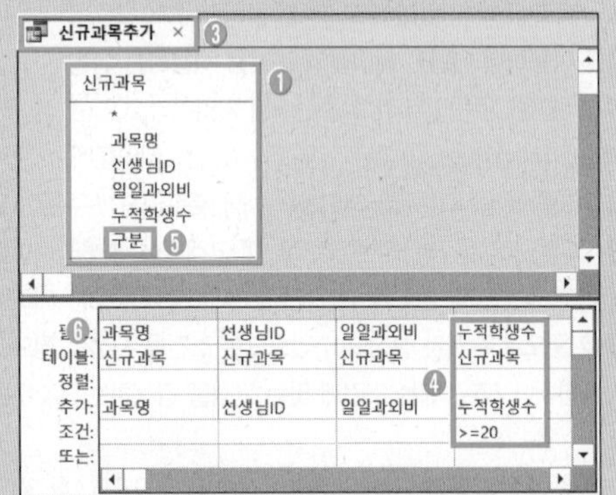

• <신규과목추가> 쿼리를 실행한 후의 <과목> 테이블

과목ID	과목명	선생님ID	일일과외비	누적학생수
1	국어1	8	45000	38
2	국어2	9	51000	35
3	산수1	10	40000	18
4	수리1	7	38000	49
5	수리2	7	56000	50
6	국문학1	4	30000	31
7	국문학2	10	45000	19
8	영어1	6	32000	33
9	영어2	5	34000	7
10	영어3	2	38000	28
11	공통과학2	7	40000	33
12	화학1	3	32000	21
13	물리2	2	46000	50
14	지구과학1	8	43000	25
15	컴퓨터1	6	35000	46
16	컴퓨터2	6	50000	34
17	경제1	7	40000	34
18	세계사1	5	36000	46

레코드: 1/18

※ 총 8개의 레코드가 추가됩니다.

2240818

08 테이블 생성 쿼리

24.상시, 23.상시, 22.상시, 21.상시, 20.1, 19.상시, 18.1, 17.상시, 16.상시

<봉사현황> 쿼리를 이용하여 학과명의 일부를 매개 변수로 입력받고, 해당 학과의 봉사현황을 조회하여 새 테이블로 생성하는 <학과현황생성> 쿼리를 작성하고 실행하시오.
① ② ③ ④ ⑤

▶ 쿼리 실행 후 생성되는 테이블의 이름은 <조회학과봉사현황>으로 설정하시오. ⑥

▶ 쿼리 실행 결과 생성되는 테이블의 필드는 그림을 참고하여 수험자가 판단하여 설정하시오. ⑦

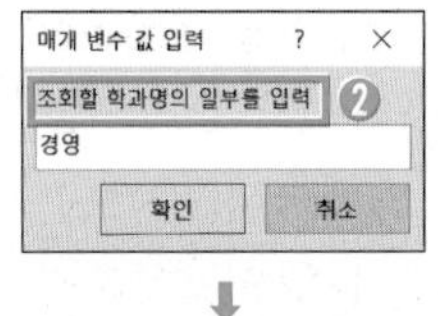

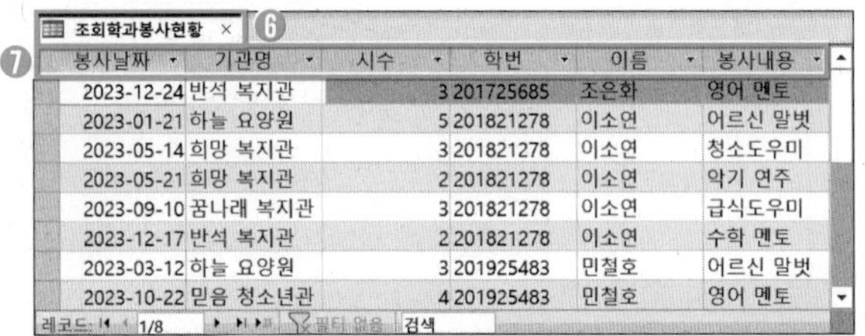

조회학과봉사현황 ⑥

봉사날짜	기관명	시수	학번	이름	봉사내용
2023-12-24	반석 복지관	3	201725685	조은화	영어 멘토
2023-01-21	하늘 요양원	5	201821278	이소연	어르신 말벗
2023-05-14	희망 복지관	3	201821278	이소연	청소도우미
2023-05-21	희망 복지관	2	201821278	이소연	악기 연주
2023-09-10	꿈나래 복지관	3	201821278	이소연	급식도우미
2023-12-17	반석 복지관	2	201821278	이소연	수학 멘토
2023-03-12	하늘 요양원	3	201925483	민철호	어르신 말벗
2023-10-22	믿음 청소년관	4	201925483	민철호	영어 멘토

레코드: 1/8

※ <학과현황생성> 쿼리의 매개 변수 값으로 '경영'을 입력하여 실행한 후의 <조회학과봉사현황> 테이블

• ④ [쿼리 디자인] → 쿼리 유형 → **테이블 만들기(▦)**를 클릭한 후 '테이블 만들기' 대화상자에 중점관리상품을 입력합니다.

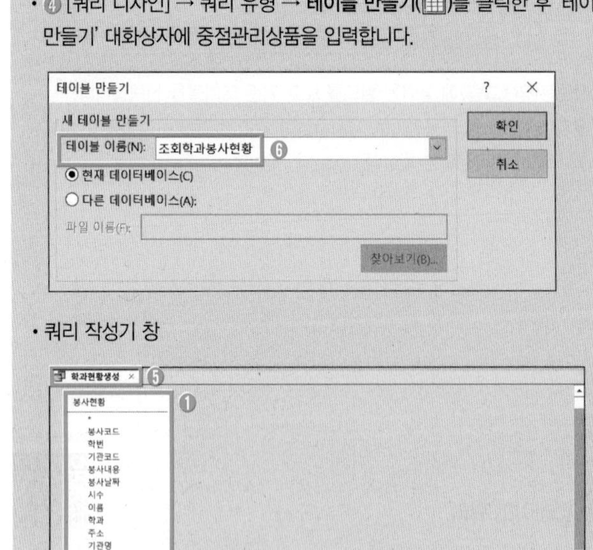

• 쿼리 작성기 창

학과현황생성 ⑤

봉사현황 ①

※ ⑧ '학과' 필드는 조건에만 사용되고 화면에는 표시되지 않으므로 '표시' 항목을 체크하지 않습니다

대표기출문제

'C:\길벗컴활1급총정리\액세스\기능\08쿼리-기출.accdb' 파일을 열어서 작업하세요.

2240881 

[기출 1] 24.상시, 23.상시, 22.상시, 21.상시, 20.상시, 19.상시, 18.상시

〈봉사내역〉 테이블을 이용하여 도우미구분별 봉사건수와 시수의 합계를 조회하는 〈도우미구분별현황〉 쿼리를 작성하시오.

- ▶ 봉사건수는 '봉사코드' 필드를, 봉사시수는 '시수' 필드를 이용하시오.
- ▶ 도우미구분은 봉사내용의 마지막 2개의 문자가 '멘토'인 경우 '청소년도우미', 그 외는 '어르신도우미'로 설정하시오. (IIf, Right 함수 사용)
- ▶ '봉사코드'가 5부터 9까지의 문자 중 하나로 끝나는 것만 조회 대상으로 하시오. (Like 연산자 사용)
- ▶ 쿼리 실행 결과 표시되는 필드와 필드명은 〈그림〉과 같이 표시되도록 설정하시오.

도우미구분별현황

구분	봉사건수	봉사시수
어르신도우미	10	36
청소년도우미	5	16

레코드: 1/2 필터 없음 검색

2240882 

[기출 2] 24.상시, 22.상시, 21.상시, 20.상시, 20.1, 19.상시, 19.1, 18.상시, 17.1, …

〈대리점〉과 〈판매〉 테이블을 이용하여 대리점별 금액의 합계를 조회하는 〈대리점별총금액〉 쿼리를 작성하시오.

- ▶ '대리점'은 '대리점명' 필드를 이용하여 서울 지역의 지점은 제외할 것
- ▶ '대리점'은 '대리점명' 필드에서 "지점"을 생략하고 표시할 것 (Replace 함수 사용)
- ▶ 금액의 합계를 기준으로 내림차순 정렬을 하되, 상위 3위까지만 표시할 것
- ▶ 쿼리 결과 표시되는 필드와 필드명, 필드의 형식은 〈그림〉과 같이 표시되도록 설정하시오.

대리점별총금액

대리점코드	대리점	총금액
KG-01	경기	₩1,711,600
JZ-09	제주	₩1,707,200
CN-05	충북	₩1,536,600

레코드: 1/3 필터 없음 검색

2240883 

[기출 3] 24.상시, 23.상시, 22.상시, 21.상시, 19.상시, 19.2, 18.상시, 18.2, 17.상시, …

〈접수〉와 〈회원〉 테이블을 이용하여 '회원명'의 일부를 매개 변수로 입력받고, 회원별 접수건수와 최근접수일시를 조회하는 〈회원별접수건수〉 쿼리를 작성하시오.

- ▶ 접수건수는 '접수번호' 필드를 이용하시오.
- ▶ 쿼리 결과로 표시되는 필드와 필드명은 〈그림〉과 같이 표시되도록 설정하시오.

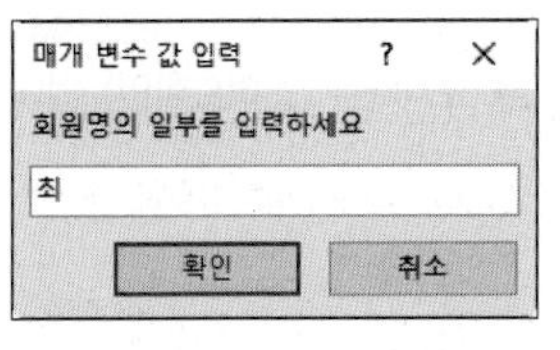

⬇

회원별접수건수

이름	성별	접수건수	최근접수일시
최두석	남자	2	2021-06-07 오전 10:55:12
최유진	여자	2	2021-06-20 오후 3:05:46

레코드: 1/2 필터 없음 검색

2240884 

[기출 4] 24.상시, 23.상시, 22.상시, 21.상시, 20.상시, 20.1, 19.상시, 19.2, 19.1, 18.1, …

제품별 지역별 주문금액의 합계를 조회하는 〈제품별광역시주문내역〉 크로스탭 쿼리를 작성하시오.

- ▶ 〈주문정보〉 쿼리를 이용하시오.
- ▶ '총주문금액'은 '주문금액' 필드를 이용하시오.
- ▶ 열 머리글로 사용되는 '지역'은 '지역' 필드의 값에서 좌우 공백을 제거한 후 사용하되, 좌우 공백이 제거된 '지역'이 '광역시'로 끝나는 제품만을 대상으로 하시오. (Right, Trim 함수 사용)
- ▶ 쿼리 결과로 표시되는 필드와 필드명은 〈그림〉과 같이 표시되도록 설정하시오.

제품별광역시주문내역

제품명	총주문금액	광주광역시	대구광역시	대전광역시	부산광역시	울산광역시	인천광역시
도라지배즙	₩1,402,200		₩405,900		₩258,300		₩738,000
석류즙	₩8,059,500		₩1,701,000	₩1,296,000	₩2,106,000	₩324,000	₩2,632,500
양배추즙	₩7,893,600		₩1,315,600	₩2,122,900	₩986,700	₩149,500	₩3,318,900
양파즙	₩7,573,300	₩523,500	₩1,081,900	₩1,989,300	₩1,814,800	₩383,900	₩1,779,900
포도즙	₩5,672,200		₩1,543,700	₩1,543,700	₩789,800	₩466,700	₩1,328,300
호박즙	₩4,131,000		₩1,755,000	₩621,000	₩999,000		₩756,000

레코드: 1/6 필터 없음 검색

2240885 

[기출 5] 16.2, 15.상시, 12.2, 09.2, 08.1, 07.1, 06.1, 05.4, 05.1, 03.4, 02.3

〈소비〉 테이블에 존재하지 않는 〈분류〉 테이블의 자료를 조회하는 〈소비되지않은항목〉 쿼리를 작성하시오.

- ▶ 〈소비〉 테이블에 존재하지 않는 〈분류〉 테이블의 '분류코드'는 소비가 이루어지지 않은 것으로 가정하시오.
- ▶ Not In을 사용한 SQL 명령문을 조건으로 사용하시오.
- ▶ 쿼리 실행 결과 표시되는 필드와 필드명은 〈그림〉과 같이 표시되도록 설정하시오.

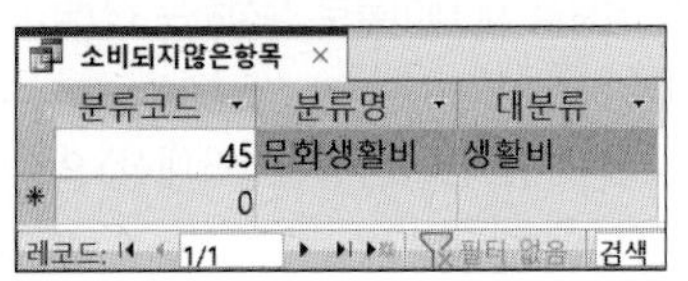

소비되지않은항목

분류코드	분류명	대분류
45	문화생활비	생활비
0		

레코드: 1/1 필터 없음 검색

2240886

[기출 6] 24.상시, 23.상시, 22.상시, 21.상시, 19.상시, 16.상시, 12.2, 09.3, 09.1, …

학생의 참여도와 이름을 매개 변수로 입력받아 해당 학생의 참여도만큼 〈학생〉 테이블의 비고란에 "★"을 표시하는 〈참여도확인〉 업데이트 쿼리를 작성하시오.

▶ String 함수를 사용하시오.

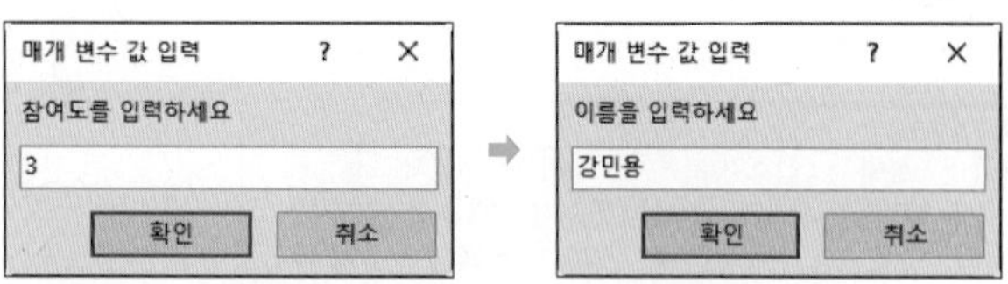

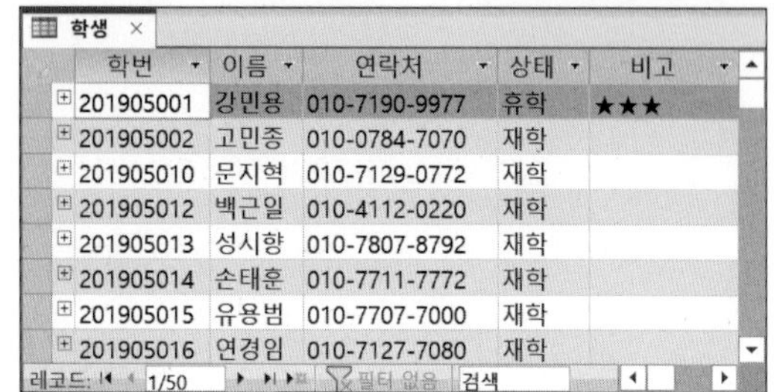

학생

학번	이름	연락처	상태	비고
201905001	강민용	010-7190-9977	휴학	★★★
201905002	고민종	010-0784-7070	재학	
201905010	문지혁	010-7129-0772	재학	
201905012	백근일	010-4112-0220	재학	
201905013	성시향	010-7807-8792	재학	
201905014	손태훈	010-7711-7772	재학	
201905015	유용범	010-7707-7000	재학	
201905016	연경임	010-7127-7080	재학	

레코드: 1/50

※ 매개 변수 값으로 '참여도'에 '3'을 '성명'에 "강민용"을 입력하여 실행한 후의 〈학생〉 테이블

2240887

[기출 7] 17.1, 11.3, 10.3, 10.2, 07.3, 07.2

〈신규원생〉 테이블의 데이터를 〈원아〉 테이블에 추가하는 〈신규원생추가〉 쿼리를 작성하고 실행하시오.

▶ '원아번호' 필드가 "7"로 시작하는 학생만 추가할 것

▶ 〈신규원생〉 테이블의 '이전교육원' 필드는 추가 대상에서 제외할 것

2240888

[기출 8] 24.상시, 23.상시, 22.상시, 21.상시, 20.1, 19.상시, 18.1, 17.상시, 16.상시

〈성적세부정보〉 쿼리를 이용하여 '학점'을 매개 변수로 입력받고, 입력된 '학점'에 해당하는 학생들의 정보를 새 테이블로 생성하는 〈상담대상선별〉 쿼리를 작성하고 실행하시오.

▶ 쿼리 실행 후 생성되는 테이블의 이름은 〈선정된상담대상〉으로 설정하시오.

▶ 쿼리 실행 결과 표시되는 필드와 필드명은 〈그림〉과 같이 표시되도록 설정하시오.

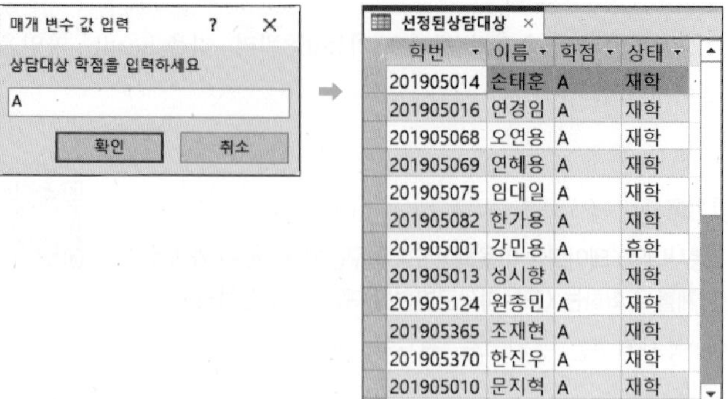

선정된상담대상

학번	이름	학점	상태
201905014	손태훈	A	재학
201905016	연경임	A	재학
201905068	오연용	A	재학
201905069	연혜용	A	재학
201905075	임대일	A	재학
201905082	한가용	A	재학
201905001	강민용	A	휴학
201905013	성시향	A	재학
201905124	원종민	A	재학
201905365	조재현	A	재학
201905370	한진우	A	재학
201905010	문지혁	A	재학

레코드: 1/12

※ 〈상담대상선별〉 쿼리의 매개 변수 값으로 "A"를 입력하여 실행한 후의 〈선정된상담대상〉 테이블

2240889

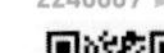

[기출 9] 24.상시, 22.상시, 21.상시

〈재학생〉, 〈봉사내역〉 테이블을 이용하여 시수의 합계가 10이상인 학생의 '비고' 필드의 값을 '우수 봉사 학생'으로 변경하는 〈우수봉사학생처리〉 업데이트 쿼리를 작성한 후 실행하시오.

▶ In 연산자와 하위 쿼리 사용

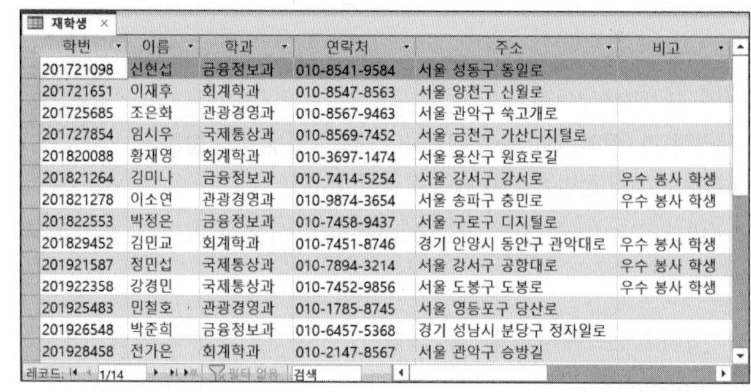

재학생

학번	이름	학과	연락처	주소	비고
201721098	신현섭	금융정보과	010-8541-9584	서울 성동구 동일로	
201721651	이재후	회계학과	010-8547-8563	서울 양천구 신월로	
201725685	조은화	관광경영과	010-8567-9463	서울 관악구 쑥고개로	
201727854	임시우	국제통상과	010-8569-7452	서울 금천구 가산디지털로	
201820088	황재영	회계학과	010-3697-1474	서울 용산구 원효로길	
201821264	김미나	금융정보과	010-7414-5254	서울 강서구 강서로	우수 봉사 학생
201821278	이소연	관광경영과	010-9874-3654	서울 송파구 충민로	우수 봉사 학생
201822553	박정은	금융정보과	010-7458-9437	서울 구로구 디지털로	
201829452	김민교	회계학과	010-7451-8746	경기 안양시 동안구 관악대로	우수 봉사 학생
201921587	정민섭	국제통상과	010-7894-3214	서울 강서구 공항대로	우수 봉사 학생
201922358	강경민	국제통상과	010-7452-9856	서울 도봉구 도봉로	우수 봉사 학생
201925483	민철호	관광경영과	010-1785-8745	서울 영등포구 당산로	
201926548	박준희	금융정보과	010-6457-5368	경기 성남시 분당구 정자일로	
201928458	전가은	회계학과	010-2147-8567	서울 관악구 승방길	

레코드: 1/14

※ 〈우수봉사학생처리〉 쿼리를 실행한 후의 〈재학생〉 테이블

2240890

[기출 10] 24.상시, 22.상시, 21.상시

〈상품〉과 〈주문목록〉 테이블을 이용하여 판매되지 않은 제품을 조회하는 〈미판매제품〉 쿼리를 작성하시오.

▶ 〈주문목록〉 테이블에 없는 〈상품〉 테이블의 '제품번호'를 대상으로 할 것(Is Null 사용)

▶ 쿼리 결과로 표시되는 필드와 필드명은 〈그림〉과 같이 표시되도록 설정하시오

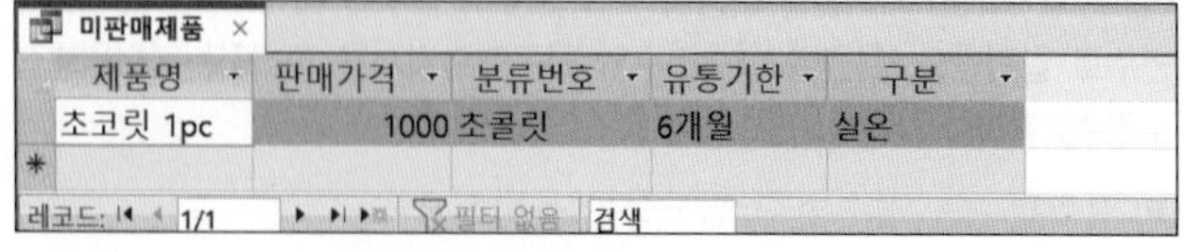

미판매제품

제품명	판매가격	분류번호	유통기한	구분
초코릿 1pc	1000	초콜릿	6개월	실온

레코드: 1/1

2240891

[기출 11] 23.상시, 22.상시, 21.상시

업체별, 업체구분별 추천 인원수를 조회하는 〈업체구분별인원수〉 크로스탭 쿼리를 작성하시오.

▶ 〈채용업체〉, 〈취업추천〉 테이블을 이용하시오.

▶ 인원수는 '학번' 필드를 이용하여 계산하되, 빈 셀에는 '*'을 표시하시오. (IIf, IsNull, Count 함수 사용)

▶ 쿼리 결과로 표시되는 필드와 필드명은 〈그림〉과 같이 표시되도록 설정하시오.

업체구분별인원수

업체명	계약직	정규직
계성제지	*	2
금호산업	1	*
기아특수강	*	1
대명금속	1	*
대한펄프	1	*
모건알루미늄공업	*	1
선경인더스트리	2	*
신한산업	1	*
쌍용제지	*	1
우광산업	2	*
정금강업	1	*
진한금속	1	*
진한통상	*	2
케이스텔레콤	1	*
코암유통	*	1
텔슨통신기술	*	1
하이크리에이션	2	*
한국제지	1	*
한솔제지	*	1
한영산업	2	*
효신 제조업	*	2
Y.C 인터네셔날	*	2

레코드: 1/22 필터 없음

2250892

[기출 12] 24.상시

〈서울상권분석〉 테이블을 이용하여 '소득구분기타' 필드의 값을 변경하는 〈소득구분평가〉 업데이트 쿼리를 작성한 후 실행하시오.

▶ 소득구분기타는 '소득구간코드'를 정수로 변경하여 1~3이면 "저소득", 4~6이면 "중소득", 7~9이면 "고소득"으로 표시하시오.

[표시 예 : 3 → 저소득, 6 → 중소득, 7 → 고소득]

▶ Choose, Int 함수 사용

서울상권분석

소득구간코드	교통지출금액	여가지출금액	문화지출금액	교육지출금액	유흥지출금액	총지출금액	소득구분기타
9.5	363490	121300	60420	247560	86180	878950	고소득
6.2	6970880	1665510	1223370	6281460	1759530	17900750	중소득
6.4	9197400	2394230	2262930	10491150	3046180	27391890	중소득
8.8	9221200	2049950	1584580	9037310	2354150	24247190	고소득
6.7	2013360	482170	467320	1714710	608130	5285690	중소득
7	5900650	1575270	1584890	7491950	2165170	18717930	고소득
7.4	1079410	262760	222420	1061410	310170	2936170	고소득
7.6	1825390	447790	451650	1538130	582230	4845190	고소득

레코드: 1/100 검색

※ 〈소득구분평가〉 쿼리를 실행한 후의 〈서울상권분석〉 테이블

정답 및 해설

[기출 1]

쿼리 작성기 창

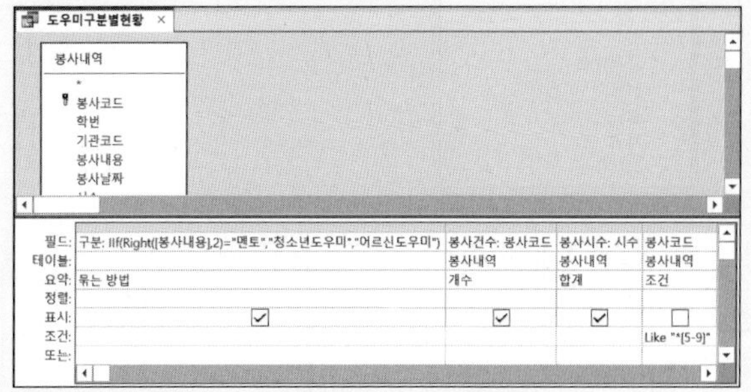

[기출 2]

• 쿼리 작성기 창

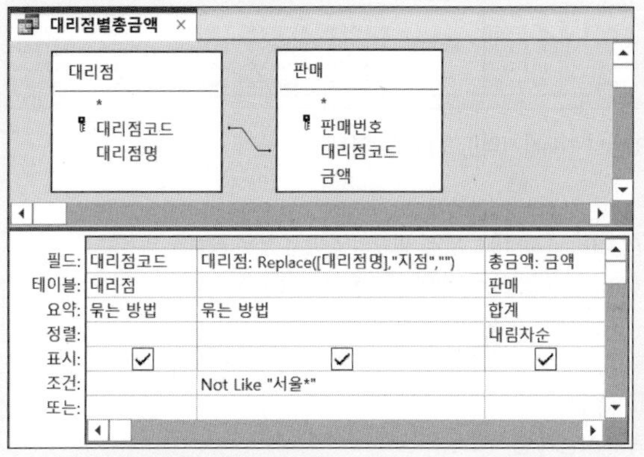

※ **Replace(필드명, 찾는 문자, 바꿀 문자)** : 필드의 값에서 찾는 문자를 찾아 바꿀 문자로 변경함

• 쿼리 속성 설정하기
  – '일반' 탭의 상위 값 → 3

• '총금액' 필드 속성 설정하기
  – '일반' 탭의 형식 → 통화

[기출 3]

쿼리 작성기 창

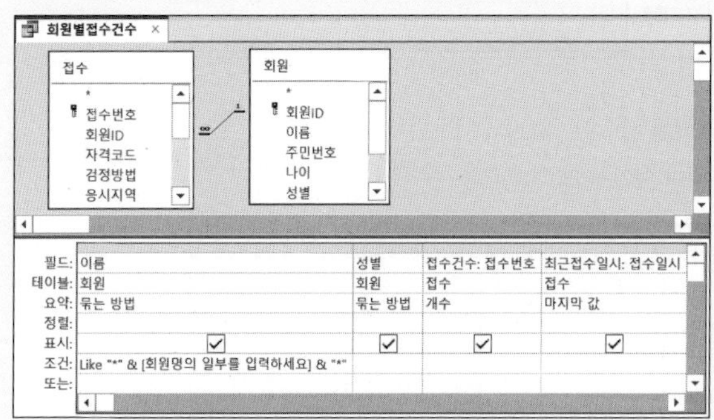

※ '최근접수일시' 필드에 대한 요약 옵션 조건이 문제에 제시되지 않았지만 출력 결과를 보고 수험생이 판단해야 합니다. '최두석' 회원의 접수일시에는 '2021-02-09 오후 2:52:48'과 '2021-06-07 오전 10:55:12' 두 가지가 있는데 이중 가장 최근 접수일시인 '2021-06-07 오전 10:55:12'가 표시된 것으로 보아 '최근접수일시' 필드의 요약 옵션이 '마지막 값'으로 적용된 것을 알 수 있습니다. 날짜에서 최근 일자는 '처음 값'이 아니라 '마지막 값'입니다.

[기출 4]

쿼리 작성기 창

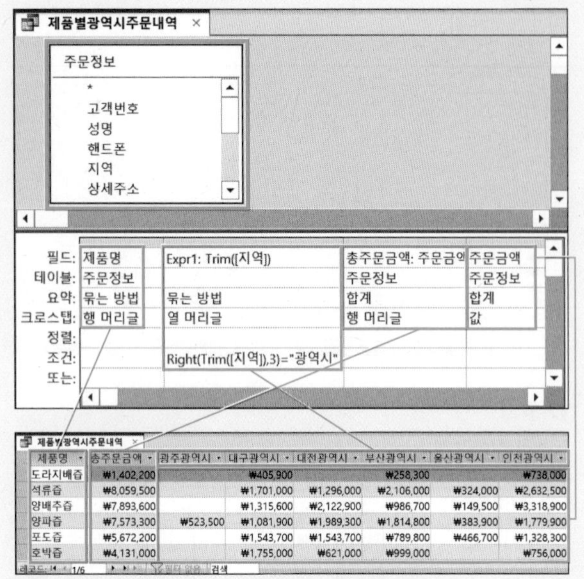

제품명	총주문금액	광주광역시	대구광역시	대전광역시	부산광역시	울산광역시	인천광역시
도라지배즙	₩1,402,200		₩405,900		₩258,300		₩738,000
석류즙	₩8,059,500		₩1,701,000	₩1,296,000	₩2,106,000	₩324,000	₩2,632,500
양배추즙	₩7,893,600		₩1,315,600	₩2,122,900	₩986,700	₩149,500	₩3,318,900
양파즙	₩7,573,300	₩523,500	₩1,081,900	₩1,989,300	₩1,814,800	₩383,900	₩1,779,900
포도즙	₩5,672,200		₩1,543,700	₩1,543,700	₩789,800	₩466,700	₩1,328,300
호박즙	₩4,131,000		₩1,755,000	₩621,000	₩999,000		₩756,000

Right (Trim([지역]), 3) = "광역시"
　　　　　❶
　　　　　　　　❷

- ❶ Trim([지역]) : '지역' 필드의 값에서 좌우 공백을 제거함
- ❷ Right(❶, 3) = "광역시" : ❶에서 오른쪽의 3글자가 "광역시"와 같은지 확인함

[기출 5]

쿼리 작성기 창

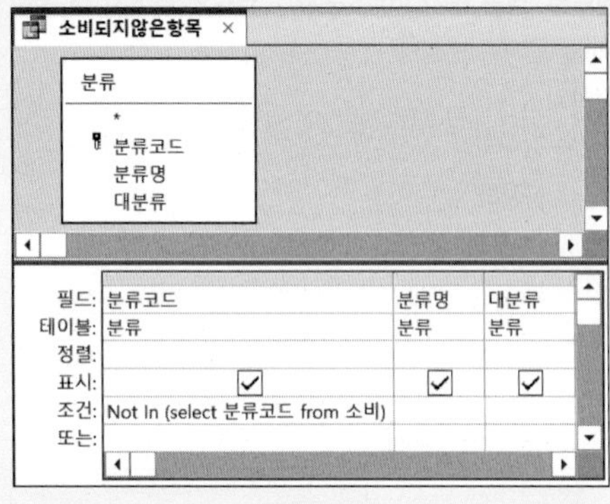

[기출 6]

쿼리 작성기 창

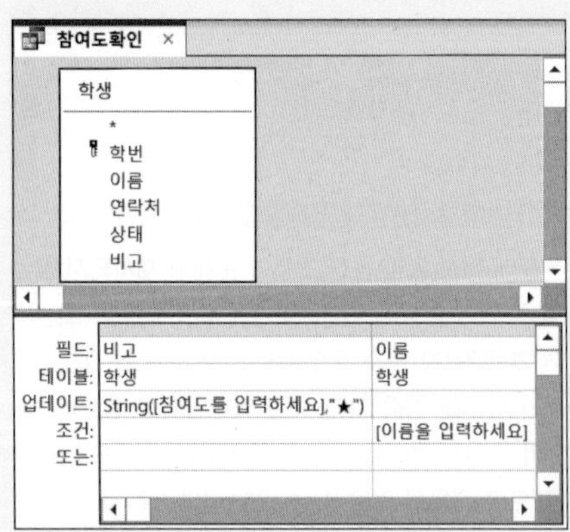

※ String(개수, 문자) : 문자를 지정한 수만큼 반복해서 표시함

[기출 7]

- 쿼리 작성기 창

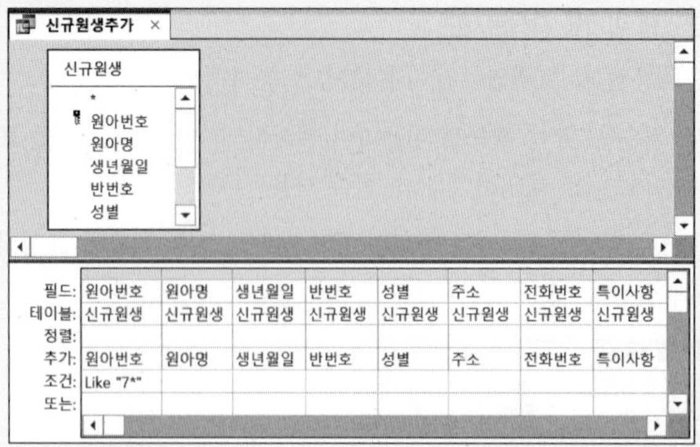

- '추가' 대화상자

- 쿼리 실행 후 〈원아〉 테이블

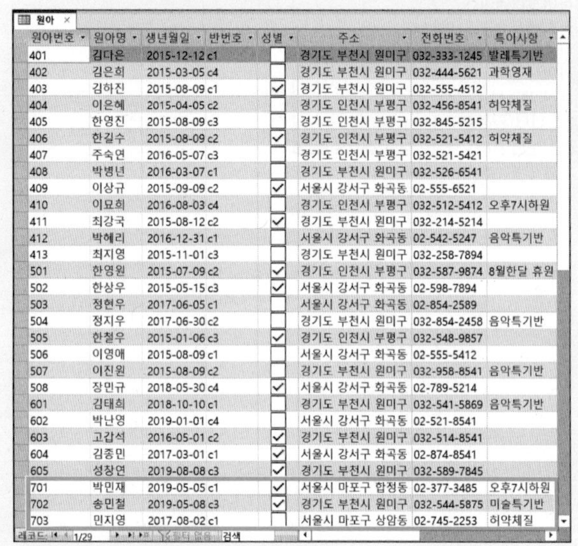

원아번호	원아명	생년월일	반번호	성별	주소	전화번호	특이사항
401	김다은	2015-12-12	c1		경기도 부천시 원미구	032-333-1245	발레특기반
402	김은희	2015-03-05	c4		경기도 부천시 원미구	032-444-5621	과학영재
403	김하진	2015-08-09	c1	✓	경기도 부천시 원미구	032-555-4512	
404	이은혜	2015-04-05	c2		경기도 인천시 부평구	032-456-8541	허약체질
405	한영진	2015-08-09	c3		경기도 인천시 부평구	032-845-5215	
406	한길수	2015-08-09	c2	✓	경기도 인천시 부평구	032-521-5412	허약체질
407	주숙연	2016-05-07	c3		경기도 인천시 부평구	032-521-5421	
408	박병년	2016-03-07	c1		경기도 부천시 원미구	032-526-6541	
409	이상규	2015-09-09	c2	✓	서울시 강서구 화곡동	02-555-6521	
410	이묘희	2016-08-03	c4		경기도 인천시 부평구	032-512-5412	오후7시하원
411	최강국	2015-08-12	c2	✓	경기도 부천시 원미구	032-214-5214	
412	박혜리	2016-12-31	c1		서울시 강서구 화곡동	02-542-5247	음악특기반
413	최지영	2015-11-01	c3		경기도 부천시 원미구	032-258-7894	
501	한영원	2015-07-09	c2	✓	경기도 인천시 부평구	032-587-9874	8월한달 휴원
502	한상우	2015-05-15	c3	✓	서울시 강서구 화곡동	02-598-7894	
503	정현우	2017-06-05	c1		서울시 강서구 화곡동	02-854-2589	
504	정지우	2017-06-30	c2		경기도 부천시 원미구	032-854-2458	음악특기반
505	한철우	2015-01-06	c3	✓	경기도 인천시 부평구	032-548-9857	
506	이영애	2015-08-09	c1		서울시 강서구 화곡동	02-555-5412	
507	이진원	2015-08-09	c2		경기도 부천시 원미구	032-958-8541	음악특기반
508	장민규	2018-05-30	c4	✓	서울시 강서구 화곡동	02-789-5214	
601	김태희	2018-10-10	c1		경기도 부천시 원미구	032-541-5869	음악특기반
602	박난영	2019-01-01	c4		서울시 강서구 화곡동	02-521-8541	
603	고갑석	2016-05-01	c2	✓	경기도 부천시 원미구	032-514-8541	
604	김종민	2017-03-01	c1	✓	서울시 강서구 화곡동	02-874-8541	
605	성창연	2019-08-08	c3	✓	경기도 부천시 원미구	032-589-7845	
701	박민재	2019-05-05	c1	✓	서울시 마포구 합정동	02-377-3485	오후7시하원
702	송민철	2019-05-08	c3	✓	경기도 부천시 원미구	032-544-5875	미술특기반
703	민지영	2017-08-02	c1		서울시 마포구 상암동	02-745-2253	허약체질

[기출 8]

- 쿼리 작성기 창

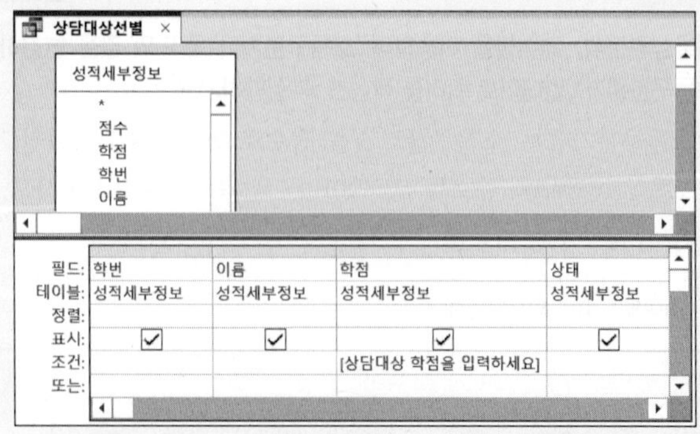

'테이블 만들기' 대화상자

테이블 만들기 ? ×
새 테이블 만들기
테이블 이름(N): 선정된상담대상
◉ 현재 데이터베이스(C)
○ 다른 데이터베이스(A):
파일 이름(F):
찾아보기(B)...
확인
취소

[기출 9]

쿼리 작성기 창

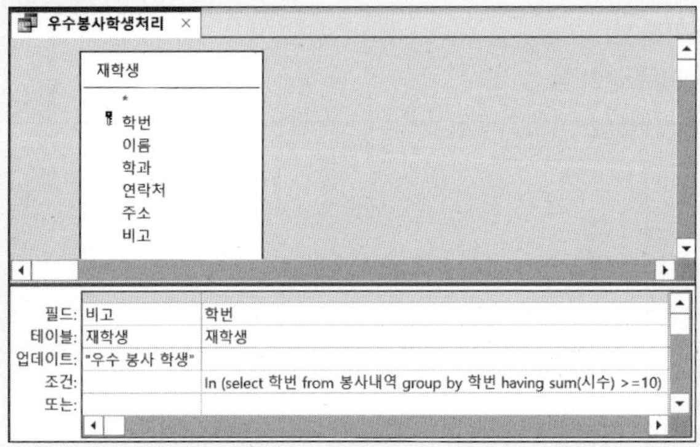

〈봉사내역〉 테이블을 이용하여 〈재학생〉 테이블에 조건을 적용하는 과정

'시수'의 합계가 10이상인 학생을 검색해야 하는데, '시수' 필드가 있는 〈봉사내역〉과 〈재학생〉 테이블은 '학번' 필드를 기준으로 관계가 설정되어 있으므로 조건을 지정할 필드로 '학번' 필드를 사용합니다. '조건'에는 〈봉사내역〉 테이블에서 '시수'의 합계가 10이상인 학생을 검색하는 SQL문을 입력합니다.

❶ 〈봉사내역〉 테이블에서 '학번' 필드를 기준으로 그룹을 설정하여 계산한 시수의 합이 10 이상인 '학번'만 추출합니다.

```
select 학번 from 봉사내역 group by 학번 having sum(시수) >= 10
```

❷ 〈봉사내역〉 테이블에서 추출한 '학번'과 동일한 '학번'을 〈재학생〉 테이블에서 찾아 '비고' 필드의 값을 "우수 봉사 학생"으로 변경해야 하므로 〈재학생〉 테이블의 '학번' 필드의 조건을 다음과 같이 작성합니다.

```
in (select 학번 from 봉사내역 group by 학번 having sum(시수) >= 10)
```

[기출 10]

※ 문제에 Not In을 사용하라는 지시사항이 없으므로 '불일치 검색 쿼리 마법사'를 사용하면 됩니다.

※ '불일치 검색 쿼리 마법사'를 수행하면 '제품번호' 필드의 조건에 Is Null이 자동으로 적용됩니다.

1. [만들기] → 쿼리 → **쿼리 마법사( )**를 클릭하세요.
2. '새 쿼리' 대화상자에서 '불일치 검색 쿼리 마법사'를 선택한 후 〈확인〉을 클릭하세요.

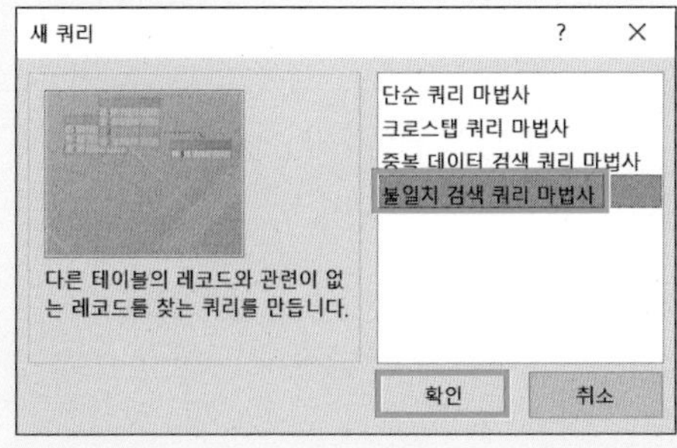

3. '불일치 검색 쿼리 마법사' 1단계 대화상자에서 조회할 자료가 들어있는 원본 테이블을 선택합니다. 다음과 같이 설정하고 〈다음〉을 클릭하세요.

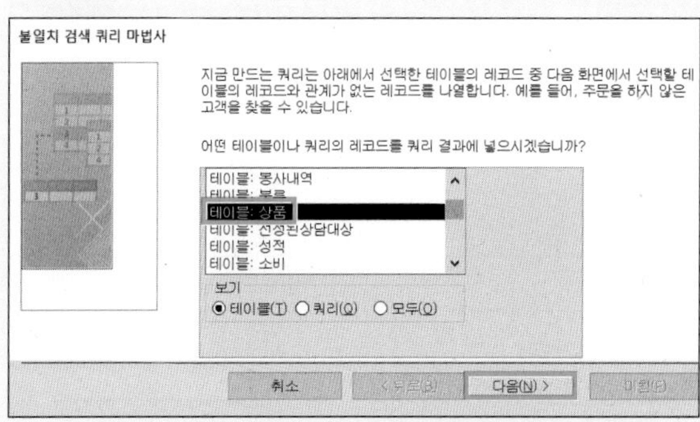

4. '불일치 검색 쿼리 마법사' 2단계 대화상자에서 비교할 자료가 들어있는 테이블을 선택합니다. 다음과 같이 설정하고 〈다음〉을 클릭하세요.

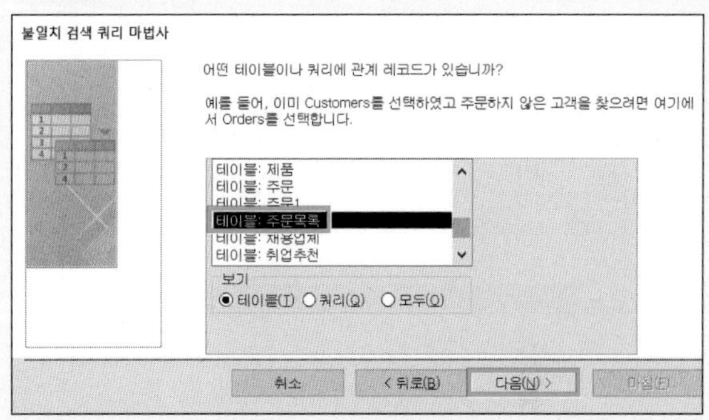

5. '불일치 검색 쿼리 마법사' 3단계 대화상자에서 두 테이블 간 일치하는, 즉 비교할 필드를 선택합니다. 다음과 같이 설정하고 〈다음〉을 클릭하세요.

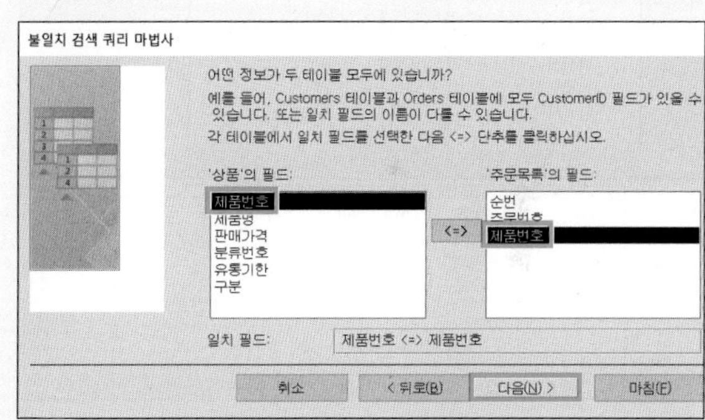

6. '불일치 검색 쿼리 마법사' 4단계 대화상자에서 결과로 표시할 필드를 선택합니다. 다음과 같이 설정하고 〈다음〉을 클릭하세요.

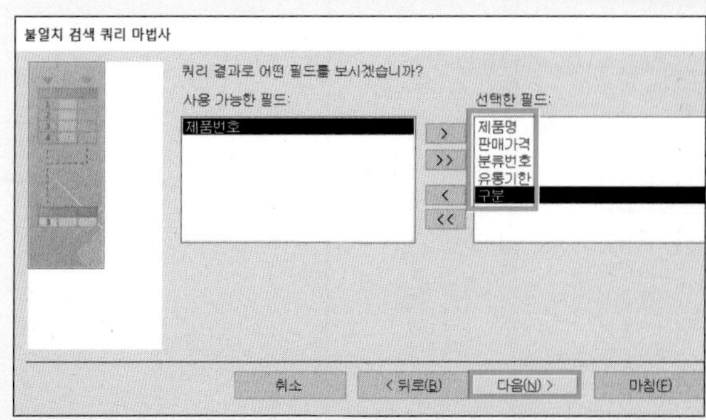

7. '불일치 검색 쿼리 마법사' 5단계 대화상자에서 쿼리 이름을 **미판매제품**으로 입력한 후 〈마침〉을 클릭하세요.

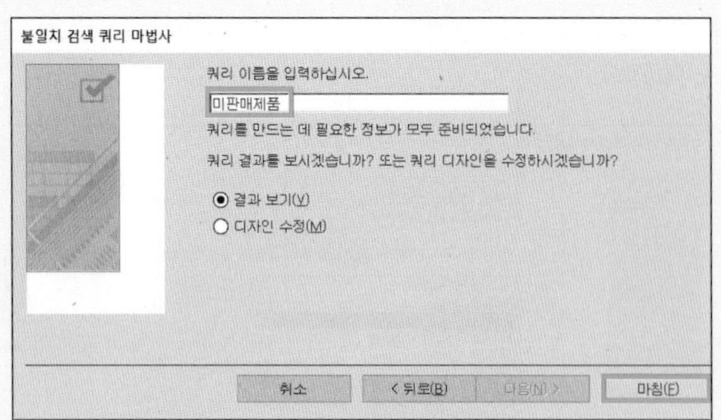

※ 쿼리 작성기 창

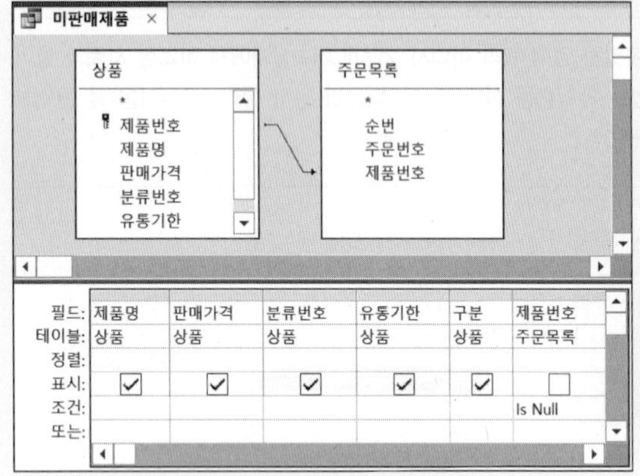

[기출 11]

쿼리 작성기 창

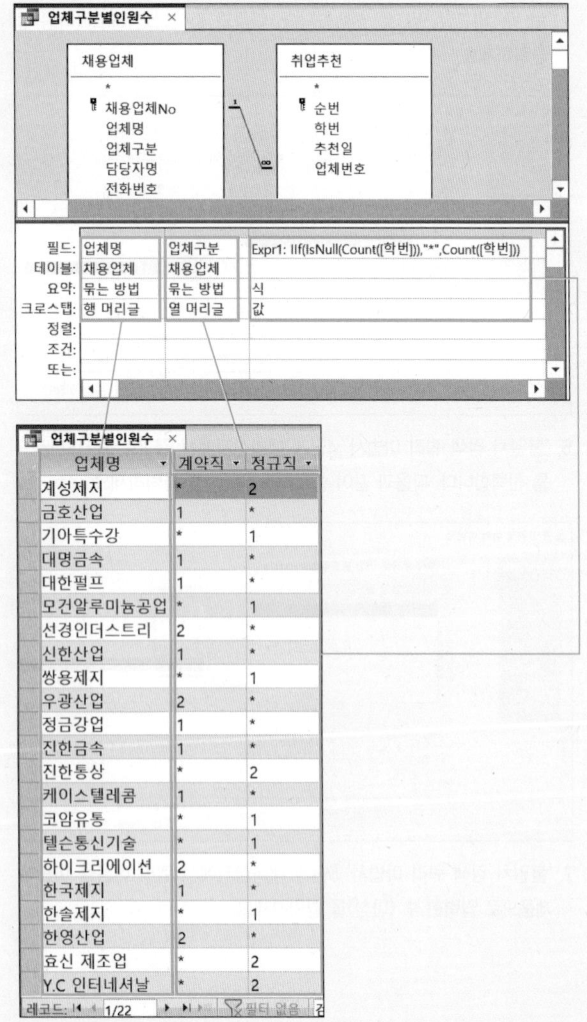

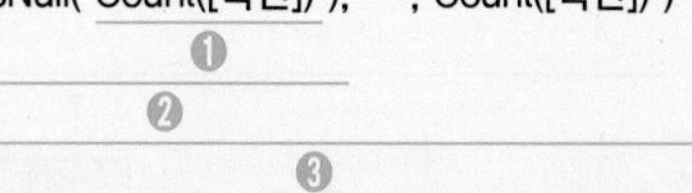

- ❶ Count([학번]) : '학번' 필드의 개수를 계산함
- ❷ IsNull(❶) : 계산된 ❶의 결과값이 없으면 참(True), 아니면 거짓(False)을 반환함
- ❸ IIf(❷, "*", Count([학번]) : 조건 ❷가 참(True)이면 "*"을 표시하고, 거짓(False)이면 계산된 '학번' 필드의 개수를 표시함

※ 계산된 '학번' 필드의 값이 없으면 "*"을 표시하고 그렇지 않으면 계산된 '학번' 필드의 개수를 표시합니다.

[기출 12]

쿼리 작성기 창

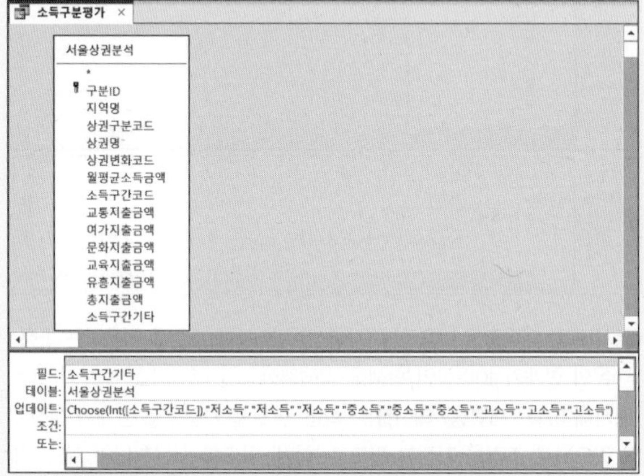

※ INT(인수) : 인수보다 크지 않은 정수를 반환함

※ CHOOSE(인수, 첫 번째, 두 번째, …) : 인수가 1이면 첫 번째를, 인수가 2이면 두 번째를, …, 인수가 n이면 n번째를 입력함

액세스

최신기출문제

중요! 2024년부터 액세스 문제의 출제기준이 변경되었습니다.

2023년 이전의 기출문제는 현재의 출제기준과 조금 달라 2023년 이전에 출제된 기출문제 중 [문제4] 처리 기능 구현은 세부 문제를 추가하여 현재의 출제기준에 부합되게 만들었습니다. 다음은 2023년 이전과 현재 출제기준과의 차이점입니다. 학습에 유의하시기 바랍니다.

출제 항목	2023년 이전		2024년 이후		비고
	문항 수	배점	문항 수	배점	
[문제1] DB 구축					
1. 테이블 완성	5	4	5	3	세부 문항별 배점 감소
[문제2] 입력 및 수정 기능 구현					
1. 폼 완성	5	3	3	3	세부 문항 수 감소
2. 컨트롤 원본 / 조건부 서식 설정	1	5	1	6	배점 증가
[문제4] 처리 기능 구현					
1. 쿼리	4	25	5	35	문항 수와 배점 증가

최신기출문제

시험지는 문제의 표지 및 전체 지시사항 1면, 문제 3면 이렇게 총 4면으로 구성되어 있습니다. 문제 1면에는 작업할 파일의 암호, 외부 데이터 위치, 시험 전반에 관한 지시사항이 들어 있습니다. 각각의 기출문제에서는 시험 전반에 관한 지시사항은 생략하였습니다. 아래는 실제 시험지와 동일한 문제 1면입니다. 시험 전반에 관한 지시사항을 한 번 읽어보세요.

국가기술자격검정

2025년 컴퓨터활용능력 실기 기출문제

프로그램명	제한시간
ACCESS 2021	45분

수험번호 :

성명 :

1급	01회

〈유의사항〉

- 인적 사항 누락 및 잘못 작성으로 인한 불이익은 수험자 책임으로 합니다.
- 화면에 암호 입력창이 나타나면 아래의 암호를 입력하여야 합니다.
  - ○ **암호 : 6992#0**
- 작성된 답안은 주어진 경로 및 파일명을 변경하지 마시고 그대로 저장해야 합니다. 이를 준수하지 않으면 실격처리 됩니다.
  - ○ 답안 파일명의 예 : C:\DB\수험번호 8자리.accdb
- **외부 데이터 위치 : C:\DB\파일명**
- 별도의 지시사항이 없는 경우, 다음과 같이 처리하면 실격 처리됩니다.
  - ○ 제시된 개체의 이름을 임의로 변경한 경우
  - ○ 제시된 개체의 속성을 임의로 변경한 경우
  - ○ 제시된 개체를 임의로 삭제하거나 추가한 경우
- 별도의 지시사항이 없는 경우, 기능의 구현은 모듈이나 매크로 등을 이용하며, 예외적인 상황에 대해서는 고려하지 않아도 됩니다.
- 제시된 함수가 있을 경우 제시된 함수만을 사용하여야 하며, 그 외 함수 사용시 채점 대상에서 제외됩니다.
- 별도의 지시사항이 없는 경우, 주어진 각 개체의 속성은 설정값 또는 기본 설정값(Default)으로 처리하십시오.
- 제시된 화면은 예시이며 나타난 값은 실제와 다를 수 있습니다.
- 저장 시간은 별도로 주어지지 아니하므로 제한된 시간 내에 저장을 완료해야 합니다.
- 본 문제의 용어는 Microsoft Office Access 2021(LTSC 2108 버전)으로 작성되었습니다.

대한상공회의소

EXAMINATION

01회 2024년 상시01 컴퓨터활용능력 1급

- **준 비 하 세 요 :** 'C:\길벗컴활1급총정리\기출\01회' 폴더에서 '24년상시01.accdb' 파일을 열어서 작업하시오.
- **외부 데이터 위치 :** C:\길벗컴활1급총정리\기출\01회

4224011

문제 1 DB구축(25점)

1. 마포구 법정동에 소재한 건물들의 주차장 정보를 관리하기 위한 데이터베이스를 구축하고자 한다. 다음의 지시사항에 따라 〈건물주차현황〉 테이블을 완성하시오. (각 3점)

① '주차관리번호' 필드는 'PL-123' 형식이며, 문자 2자리, "-" 기호, 숫자 3자리가 반드시 입력되도록 다음과 같이 설정하시오.
- ▶ 문자는 영문자와 한글만 입력되도록 설정할 것
- ▶ 숫자는 0~9까지의 숫자만 입력되도록 설정할 것
- ▶ '-' 기호도 테이블에 저장되도록 설정할 것
- ▶ 입력 시 데이터가 입력될 자리를 "*"로 표시할 것

② '주차관리번호' 필드는 빈 문자열이 허용되지 않도록 설정하시오.

③ 새로운 레코드가 추가되는 경우 '임대주차수' 필드에는 0이 입력되도록 설정하시오.

④ '총주차수' 필드에 입력되는 값은 '임대주차수' 필드의 값보다 크거나 같도록 '유효성 검사 규칙' 속성을 설정하시오.
- ▶ 규칙에 어긋나는 경우 "총주차수를 확인하세요"라는 메시지를 표시하시오.

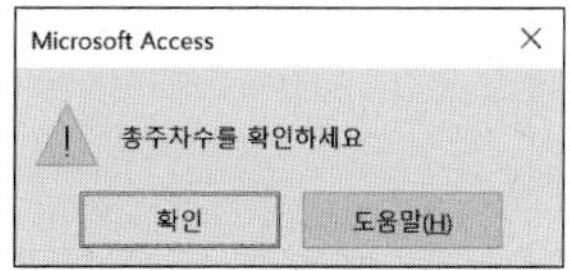

⑤ 테이블이 로드되면, '법정동명' 필드를 기준으로 내림차순 정렬되도록 설정하시오.

2. 〈건물주차현황〉 테이블의 '주차유형' 필드에 대해서 다음과 같이 조회 속성을 설정하시오. (5점)
- ▶ 〈주차유형〉 테이블의 '주차장유형' 필드만 콤보 상자 형태로 표시하시오.
- ▶ 필드에는 '주차장유형번호'가 저장되도록 설정하시오.
- ▶ 목록 너비를 3cm로 설정하시오.
- ▶ 목록 이외의 값은 입력될 수 없도록 설정하시오.

건물주차현황

주차관리번호	건물번호	법정동명	본번	부번	주차유형	옥내기계식	옥외기계식
PL-001	B-05	아현동	496	0	옥내자주식	0	0
PL-002	B-23	망원1동	660	0	주차장없음	0	0
PL-003	B-51	서강동	378	0	옥내기계식	0	0
PL-004	B-175	신수동	715	0	옥외기계식	0	0
PL-005	B-85	서강동	1516	0	옥내자주식	0	0
PL-006	B-219	도화동	620	0	옥외자주식	0	0
PL-007	B-116	아현동	1531	0	옥내자주식	0	0
PL-008	B-169	성산1동	795	0	옥내자주식	0	0
PL-009	B-30	신수동	1513	0	옥외자주식	0	0
PL-010	B-280	아현동	317	0	옥내자주식	0	0
PL-011	B-78	대흥동	1548	0	옥내자주식	0	0
PL-012	B-86	신수동	1382	0	주차장없음	0	0

레코드: 1/287 필터 없음 검색

3. 〈건물주차현황〉 테이블의 '건물번호' 필드는 〈주택현황〉 테이블의 '건물번호' 필드를 참조하며, 테이블 간의 관계는 M:1이다. 다음과 같이 테이블 간의 관계를 설정하시오. (5점)

※ 액세스 파일에 이미 설정되어 있는 관계는 수정하지 마시오.
- ▶ 각 테이블 간에 항상 참조 무결성이 유지되도록 설정하시오.

▶ 참조 필드의 값이 변경되면 관련 필드의 값도 변경되도록 설정하시오.

▶ 다른 테이블에서 참조하고 있는 레코드는 삭제할 수 없도록 설정하시오.

4224012

문제 2 입력 및 수정 기능 구현(20점)

1. 〈건물주차관리〉 폼을 다음의 화면과 지시사항에 따라 완성하시오. (각 3점)

① 폼 머리글의 'txt주차장유형' 컨트롤에 '주차장유형' 필드의 내용이 표시되도록 '컨트롤 원본' 속성을 설정하시오.

② 하위 폼의 'txt주차여유' 컨트롤에는 '총주차수 – 임대주차수'의 값이 표시되도록 '컨트롤 원본' 속성을 설정하시오.

③ 폼 바닥글의 'txt주차총수' 컨트롤에는 'txt주차장유형번호' 컨트롤에 입력된 주차유형과 같은 하위 폼의 총주차수 합계가 표시되도록 '컨트롤 원본' 속성을 설정하시오.

▶ DSum 함수 사용

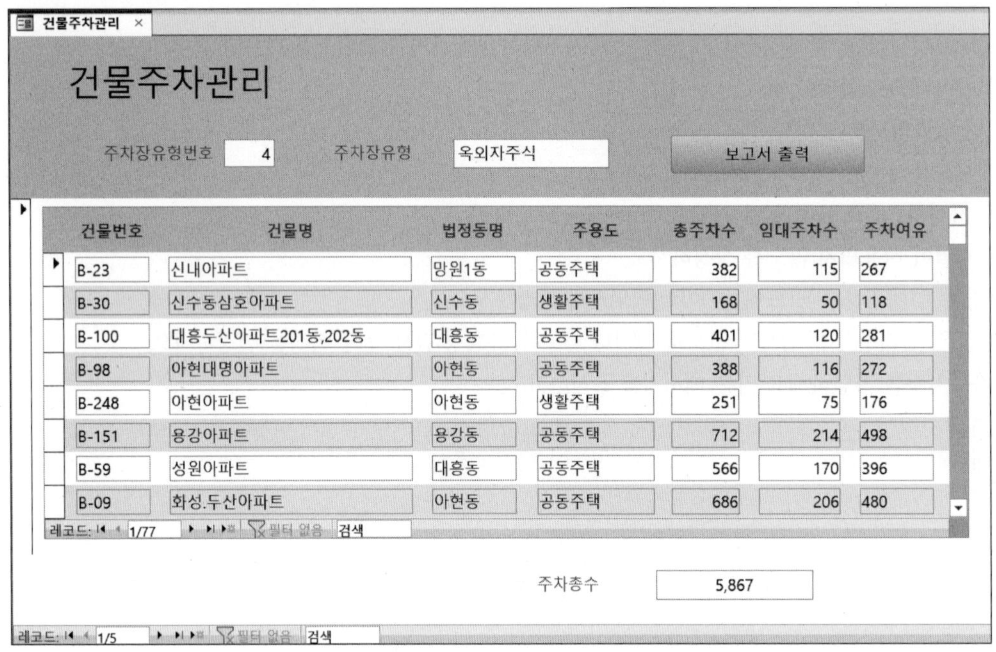

건물주차관리

건물주차관리

주차장유형번호 4 주차장유형 옥외자주식 보고서 출력

건물번호	건물명	법정동명	주용도	총주차수	임대주차수	주차여유
B-23	신내아파트	망원1동	공동주택	382	115	267
B-30	신수동삼호아파트	신수동	생활주택	168	50	118
B-100	대흥두산아파트201동,202동	대흥동	공동주택	401	120	281
B-98	아현대명아파트	아현동	공동주택	388	116	272
B-248	아현아파트	아현동	생활주택	251	75	176
B-151	용강아파트	용강동	공동주택	712	214	498
B-59	성원아파트	대흥동	공동주택	566	170	396
B-09	화성.두산아파트	아현동	공동주택	686	206	480

레코드: 1/77 필터 없음 검색

주차총수 5,867

레코드: 1/5 필터 없음 검색

2. 〈건물주차세부〉 폼의 본문 컨트롤에 대하여 다음과 같이 조건부 서식을 순서대로 설정하시오. (6점)

▶ '건물명' 필드의 값에 "아파트"가 포함되고, '총주차수' 필드의 값이 500 이상인 경우 본문의 모든 컨트롤들의 글꼴 스타일을 '굵게', 글꼴 색을 '표준 색 – 파랑'으로 지정하시오.

▶ '임대주차수' 필드의 값이 200보다 큰 경우 본문의 모든 컨트롤들의 글꼴 스타일을 '굵게', 글꼴 색을 '표준 색 – 빨강'으로 지정하시오.

▶ Like, And 연산자 사용

건물주차현황

건물번호	건물명	법정동명	주용도	총주차수	임대주차수	주차여유
B-05	아현동 우정아파트	아현동	공동주택	442	133	309
B-23	신내아파트	망원1동	공동주택	382	115	267
B-51	서강동한국아파트	서강동	생활주택	265	80	185
B-175	**신수동 늘푸른 동아 아파트**	**신수동**	**공동주택**	**632**	**190**	**442**
B-85	서강동삼익아파트	서강동	생활주택	233	70	163
B-219	도화숲 시티프라디움	도화동	공동주택	414	124	290
B-116	아현마젤란21 아파트	아현동	공동주택	211	63	148
B-169	**새한아파트**	**성산1동**	**공동주택**	**610**	**183**	**427**
B-30	신수동삼호아파트	신수동	생활주택	168	50	118
B-280	**데시앙**	**아현동**	**생활주택**	**1525**	**458**	**1067**
B-78	쌍용 더 플래티넘 용마산	대흥동	공동주택	291	87	204

레코드: 1/287 필터 없음 검색

3. 〈건물주차관리〉 폼 머리글의 '보고서 출력(cmd출력)' 단추를 클릭하면 〈법정동별주차현황〉 보고서를 '인쇄 미리 보기' 형태로 여는 〈보고서 출력〉 매크로를 생성하여 지정하시오. (5점)

▶ 다음과 같이 시스템의 현재 날짜와 시간이 표시된 메시지 상자에서 〈확인〉을 클릭하면 보고서를 출력할 것

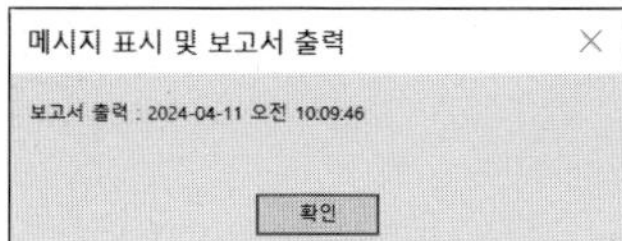

4224013

문제 3 조회 및 출력 기능 구현(20점)

1. 다음의 지시사항 및 화면을 참조하여 〈법정동별주차현황〉 보고서를 완성하시오. (각 3점)

① 동일한 그룹 내에서 '건물명'을 기준으로 오름차순 정렬되도록 하시오.

② '법정동명' 머리글 영역이 매 페이지마다 반복하여 출력되도록 설정하고, 구역 전에 페이지가 바뀌도록 관련 속성을 설정하시오.

③ 본문 영역의 'txt순번' 컨트롤에는 그룹별로 순번이 표시되도록 관련 속성을 설정하시오.

④ '법정동명' 바닥글 영역의 'txt평균주차수' 컨트롤에는 총주차수 필드의 평균이 [표시 예]와 같이 표시되도록 '컨트롤 원본' 속성과 '형식' 속성을 설정하시오.

▶ [표시 예] 0 → 0대, 18 → 18대

⑤ 페이지 바닥글 영역의 'txt페이지' 컨트롤에는 페이지 번호가 다음과 같이 표시되도록 '컨트롤 원본' 속성을 설정하시오.

▶ 현재 페이지가 1페이지이고 전체 페이지가 5페이지인 경우 : 전체 5페이지 중 1페이지

법정동별주차현황

공덕동

순번	건물명	본번	부번	기타용도	총주차수	임대주차수
1	강변캐슬	198	20	도시형생활주택	15	5
2	개나리아파트	213	3	아파트	0	0
3	경남아너스빌	1529	0	공동주택	391	117
4	공덕 데시앙포레	817	0	공동주택	2202	661
5	공덕 지웰 에스테이트	538	0	공동주택	58	17
6	공덕동 아이파크	385	0	공동주택	785	236
7	공덕학사	210	4	기숙사	24	7
8	금강빌라트	285	1	공동주택	14	4
9	다원슈슈빌	175	42	도시형생활주택	18	5
10	더베스트빌	72	8	도시형생활주택	16	5
11	디아이빌	1	44	도시형생활주택	24	7
12	리더스	648	4	공동주택	15	5
13	백운빌라	332	155	공동주택	14	4
14	삼성홈타운	106	32	다세대주택	16	5
15	성진듀얼팰리스 2차	527	39	도시형생활주택	19	6
16	스마트빌	494	2	도시형생활주택	36	11
17	신흥뜨란채	143	36	도시형생활주택	32	10
18	예지다움	128	33	도시형생활주택	42	13
19	주함해븐빌	456	0	도시형생활주택	56	17
20	중앙하이츠아파트	479	0	아파트	449	135

평균 주차대수 : 211대

전체 21페이지 중 1페이지

2. 〈건물주차세부〉 폼 본문의 'txt주용도' 컨트롤을 더블클릭하면 다음과 같은 기능을 수행하도록 이벤트 프로시저를 구현하시오. (5점)

▶ 아래와 같은 메시지 상자에 "기타용도 : " 메시지와 '기타용도' 필드의 값을 연결하여 표시할 것
▶ & 연산자 사용

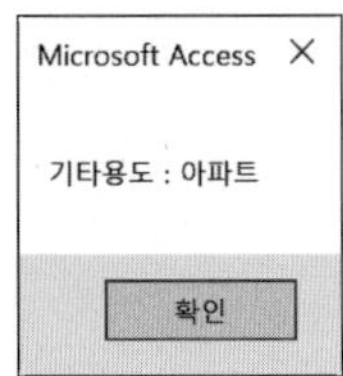

4224014

문제 4 처리 기능 구현(35점)

1. 〈건물주차현황〉 테이블을 이용하여 법정동별 최대 '총주차수'를 조회한 후 새 테이블로 생성하는 〈동별최대주차수〉 쿼리를 작성하고 실행하시오. (7점)

▶ '최대주차수' 필드는 '총주차수' 필드를 이용하시오.
▶ '법정동명' 필드의 값이 '가'부터 '아'까지의 문자 중에서 하나로 시작하는 레코드만 표시하시오.
▶ '최대주차수' 필드를 기준으로 내림차순 정렬하시오.
▶ Like 연산자 사용
▶ 쿼리 실행 후 생성되는 테이블의 이름은 〈마포구동별최대주차수〉로 설정하시오.
▶ 쿼리 실행 결과 생성되는 필드와 필드명은 〈그림〉을 참고하여 수험자가 판단하여 설정하시오.

마포구동별최대주차수

법정동명	최대주차수
공덕동	2202
망원2동	1965
신수동	1571
아현동	1525
서강동	1265
대흥동	917
도화동	915
서교동	907
망원1동	696
성산1동	689
성산2동	191

레코드: 1/11 필터 없음 검색

※ 〈동별최대주차수〉 쿼리를 실행한 후의 〈마포구동별최대주차수〉 테이블

2. 법정동명별 주자창유형별 주차수를 조회하는 〈주차수조회〉 크로스탭 쿼리를 작성하시오. (7점)

▶ 〈건물주차현황〉과 〈주차유형〉 테이블을 이용하시오.
▶ '마포구동' 필드는 '법정동명' 필드를 이용하시오.
▶ '주차수' 필드와 주차유형별 주차수는 '주차관리번호' 필드를 이용하시오.
▶ '법정동명' 필드의 값이 "1동"이나 "2동"으로 끝나는 레코드는 조회 대상에서 제외하시오.
▶ Right 함수, And 연산자 사용
▶ 쿼리 결과로 표시되는 필드와 필드명은 〈그림〉과 같이 표시되도록 설정하시오.

주차수조회

마포구동	주차수	옥내기계식	옥내자주식	옥외기계식	옥외자주식	주차장없음
공덕동	20	1	14	1	3	1
대흥동	28	2	16	2	7	1
도화동	27	1	22		4	
서강동	28		23	2	3	
서교동	21	1	11	2	6	1
신수동	33		13	1	16	3
아현동	37	2	18	1	13	3
염리동	28	1	18	1	7	1
용강동	27	2	12		7	6
합정동	8	1	3		4	

레코드: 1/10 필터 없음 검색

3. '대기자수'와 조회할 '법정동명'을 매개 변수로 입력받아 해당 '법정동명'의 '대기자수' 필드를 수정하는 〈대기자수등록〉 업데이트 쿼리를 작성한 후 실행하시오. (7점)

▶ 〈건물주차현황〉 테이블을 이용하시오.

▶ '대기자수' 필드에 입력받은 대기자수만큼 "★"을 반복하여 표시하시오.

▶ String 함수 사용

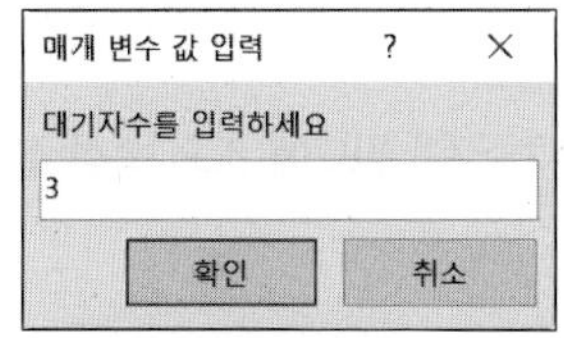

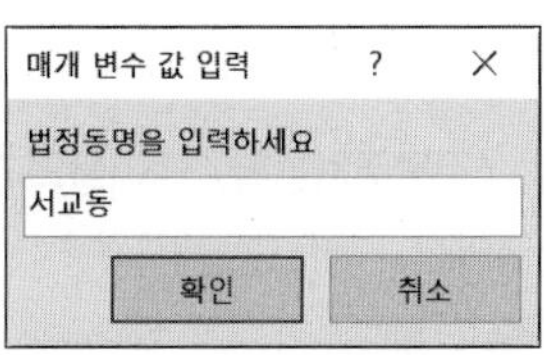

건물주차현황

법정동명	본번	부번	주차유형	옥내기계식	옥외기계식	옥내자주식	옥외자주식	총주차수	임대주차수	대기자수
용강동	1515	0	주차장없음	0	0	0	0	0	0	
용강동	1525	0	옥내자주식	0	0	196	5	201	60	
성산2동	175	17	옥내기계식	12	0	9	2	23	7	
서강동	581	0	옥내자주식	0	0	305	25	330	99	
용강동	574	0	옥내자주식	0	0	64	17	81	24	
서교동	437	0	옥내자주식	0	0	293	38	331	99	★★★
아현동	573	0	옥내자주식	0	0	136	56	192	58	
대흥동	1510	0	옥외자주식	0	0	83	318	401	120	
신수동	379	0	옥내자주식	0	0	154	29	183	55	
용강동	1550	0	옥내자주식	0	0	88	8	96	29	
도화동	1551	0	옥내자주식	0	0	93	4	97	29	

레코드: 21/287 필터 없음 검색

※ 〈대기자수등록〉 쿼리의 매개 변수 값으로 대기자수를 3, 법정동명을 "서교동"으로 입력하여 실행한 후의 〈건물주차현황〉 테이블

4. 법정동별 주차유형별 주차수의 합계를 조회하는 〈법정동별주차조회〉 쿼리를 작성하시오. (7점)

▶ 〈건물주차현황〉과 〈주택현황〉 테이블을 이용하시오.

▶ '총주차수 합계' 필드의 값이 많은 순으로 상위 3개 레코드만 표시하시오.

▶ '기타용도' 필드의 값이 "아파트"이거나 "공동주택"인 레코드는 조회 대상에서 제외하시오.

▶ In과 Not 연산자 사용

▶ 쿼리 결과로 표시되는 필드와 필드명은 〈그림〉과 같이 표시되도록 설정하시오.

법정동별주차조회

법정동명	옥내기계식 합계	옥외기계식 합계	옥내자주식 합계	옥외자주식 합계	총주차수 합계
아현동	24	15	203	230	472
도화동	6	5	238	81	330
신수동	0	16	100	205	321

레코드: 1/3 필터 없음 검색

5. 〈주차유형〉과 〈건물주차현황〉 테이블을 이용하여 조회할 법정동의 일부를 매개 변수로 입력받아 해당 동의 주차여유의 합계를 조회하는 〈주차여유분조회〉 쿼리를 작성하시오. (7점)

▶ '주차여유' 필드는 '총주차수 − 임대주차수'의 합으로 계산하여, [표시 예]와 같이 표시되도록 '형식' 속성을 설정하시오.
[표시 예] 1740 → 1,740대

▶ '주차여유' 필드의 합계가 0보다 큰 레코드만 표시하시오.

▶ '주차여유' 필드를 기준으로 내림차순 정렬하시오.

▶ Sum 함수, Like 연산자 사용

▶ 쿼리 실행 결과 표시되는 필드와 필드명은 〈그림〉과 같이 표시되도록 설정하시오

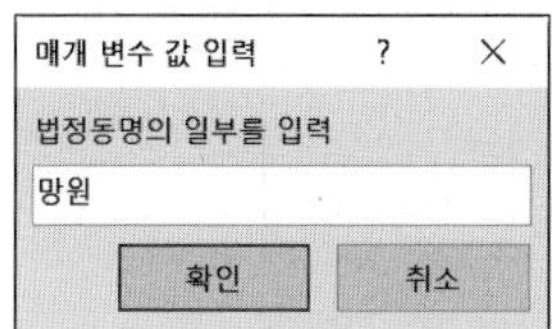

주차여유분조회

법정동명	주차장유형	주차여유
망원2동	옥내자주식	1,740대
망원1동	옥내자주식	720대
망원1동	옥외자주식	293대
망원2동	옥외기계식	11대

레코드: 1/4 필터 없음 검색

EXAMINATION 01 회

기출문제 정답 및 해설

문제 1 DB 구축

정답

01. 테이블 완성하기 _ 참고 : 테이블 완성 296쪽

〈건물주차현황〉 테이블

1 '주차관리번호' 필드에 입력 마스크 속성 설정하기

필드 속성

일반 조회

필드 크기	255
형식	
입력 마스크	LL-000;0;*
캡션	
기본값	

2 '주차관리번호' 필드에 필수와 빈 문자열 허용 속성 설정하기

필드 속성

일반 조회

유효성 검사 텍스트	
필수	예
빈 문자열 허용	아니요
인덱스	예(중복 불가능)
유니코드 압축	아니요

3 '임대주차수' 필드에 기본값 속성 설정하기

필드 속성

일반 조회

입력 마스크	
캡션	
기본값	0
유효성 검사 규칙	
유효성 검사 텍스트	

4 테이블 속성의 '유효성 검사 규칙' 속성과 '유효성 검사 텍스트' 속성 설정하기

속성 시트

선택 유형: 테이블 속성

일반

설명	
기본 보기	데이터시트
유효성 검사 규칙	[총주차수]>=[임대주차수]
유효성 검사 텍스트	총주차수를 확인하세요
필터	

5 테이블 속성의 '정렬 기준' 속성 설정하기

속성 시트

선택 유형: 테이블 속성

일반

필터	
정렬 기준	법정동명 desc
하위 데이터시트 이름	[자동]
하위 필드 연결	
기본 필드 연결	

02. 〈건물주차현황〉 테이블의 '주차유형' 필드에 조회 속성 설정하기 _ 참고 : 조회 기능 설정 302쪽

정답

필드 속성

일반 조회

컨트롤 표시	콤보 상자
행 원본 유형	테이블/쿼리
행 원본	SELECT 주차유형.주차장유형번호, 주차유형.주차장유형 FROM 주차유형;
바운드 열	1
열 개수	2
열 이름	아니요
열 너비	0cm;3cm
행 수	16
목록 너비	3cm
목록 값만 허용	예
여러 값 허용	아니요
값 목록 편집 허용	아니요
목록 항목 편집 폼	
행 원본 값만 표시	아니요

03. 〈건물주차현황〉 테이블과 〈주택현황〉 테이블 간의 관계 설정하기 _ 참고 : 관계 설정 305쪽

정답

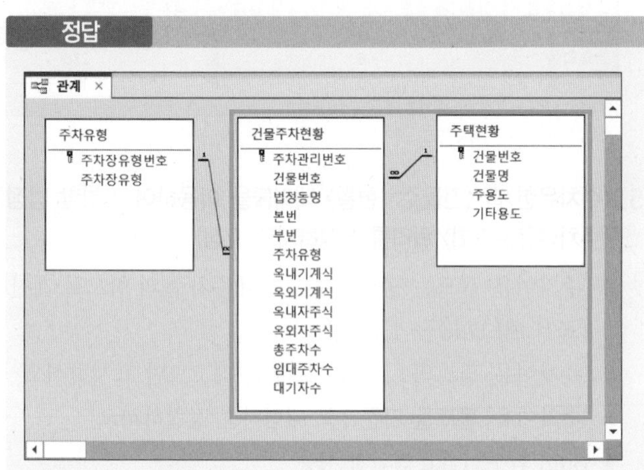

• '관계 편집' 대화상자

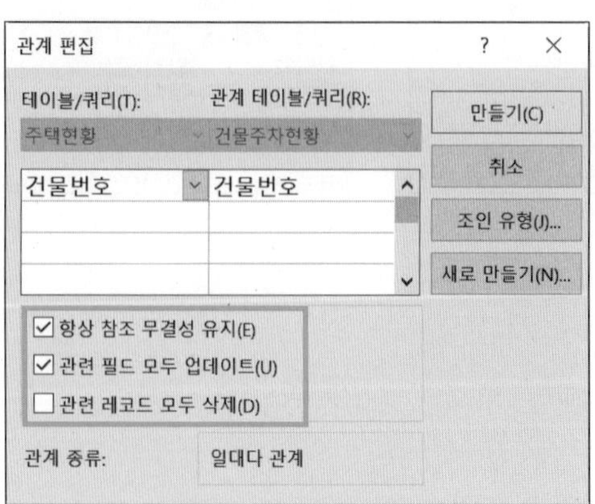

문제 2 입력 및 수정 기능 구현 정답

01. 〈건물주차관리〉 폼 완성하기 _ 참고 : 폼 완성 310쪽

정답

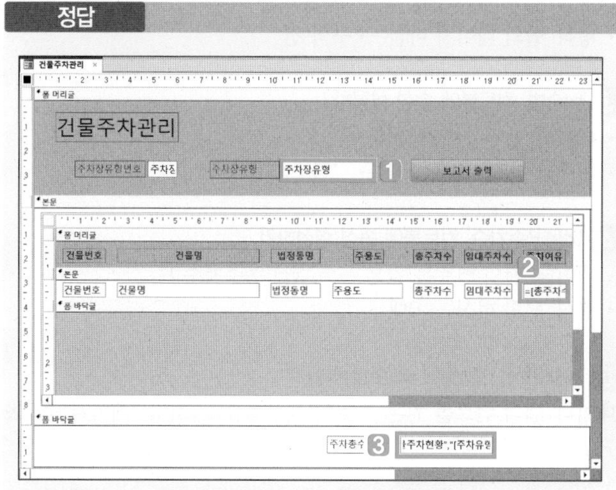

1 'txt주차장유형' 컨트롤에 속성 지정하기

'데이터' 탭의 컨트롤 원본 → 주차장유형

2 하위 폼 본문의 'txt주차여유' 컨트롤에 속성 지정하기

'데이터' 탭의 컨트롤 원본 → =[총주차수]-[임대주차수]

3 폼 바닥글의 'txt주차총수' 컨트롤에 속성 설정하기

'데이터' 탭의 컨트롤 원본 → =DSum("총주차수","건물주차현황","[주차유형]=[txt주차장유형번호]")

※ 작업 대상 레코드가 들어있는 테이블이나 쿼리의 이름이 제시되지 않은 경우 폼 속성의 '데이터' 탭에서 '레코드 원본' 속성을 참고해야 합니다. 문제에서 하위 폼의 총 주차수 합계를 표시하라고 했으므로, 하위 폼의 '레코드 원본' 속성에 사용된 〈건물주차현황〉과 〈주택현황〉 테이블 중 조건에 사용할 '주차유형' 필드가 있는 〈건물주차현황〉 테이블을 작업 대상 도메인으로 사용한 것입니다.

02. 〈건물주차세부〉 폼 본문에 조건부 서식 설정하기 _ 참고 : 조건부 서식 318쪽

1. 폼 본문에 있는 모든 컨트롤을 선택한다.
2. [서식] → 컨트롤 서식 → **조건부 서식**(🖼)을 클릭한 후 '조건부 서식 규칙 관리자' 대화상자에서 〈새 규칙〉을 클릭한다.
3. '새 서식 규칙' 대화상자에서 다음과 같이 설정한다.

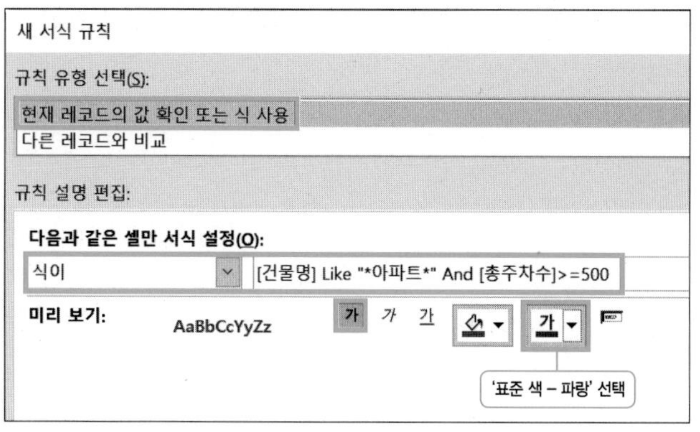

4. 같은 방법으로 두 번째 조건부 서식을 다음과 같이 설정한다.

새 서식 규칙

규칙 유형 선택(S):

현재 레코드의 값 확인 또는 식 사용

다른 레코드와 비교

규칙 설명 편집:

다음과 같은 셀만 서식 설정(O):

식이 | [임대주차수]>200

미리 보기: AaBbCcYyZz

'표준 색 – 빨강' 선택

03. 〈보고서출력〉 매크로 작성하기 _ 참고 : 매크로 작성 325쪽

정답

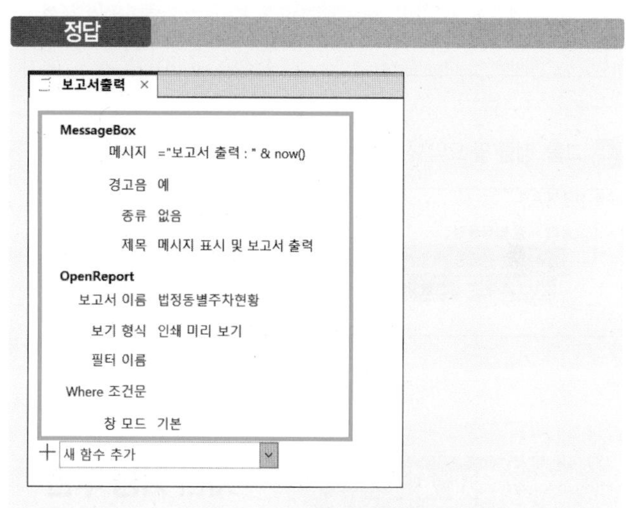

1. 매크로 개체를 생성한 후 이를 연결하여 사용해야 하므로, 먼저 매크로 개체를 생성한다. [만들기] → 매크로 및 코드 → **매크로**(🖼)를 클릭한다.
2. 매크로 대화상자에서 정답과 같이 설정한 후 매크로 대화상자의 닫기(☒) 단추를 클릭한다.
3. 저장 여부를 묻는 대화상자에서 〈예〉를 클릭한다.
4. '다른 이름으로 저장' 대화상자에서 매크로 이름을 **보고서출력**으로 입력한 다음 〈확인〉을 클릭한다.
5. 〈건물주차관리〉 폼을 디자인 보기로 연 후 폼 머리글의 'cmd출력' 컨트롤을 더블클릭한다.
6. 'cmd출력' 컨트롤 속성 시트 창의 '이벤트' 탭에서 'On Click' 이벤트의 목록 단추를 눌러 '보고서출력' 매크로를 선택한다.

문제 3 조회 및 출력 기능 구현 정답

01. 〈법정동별주차현황〉 보고서 완성하기 _ 참고 : 보고서 완성 331쪽

정답

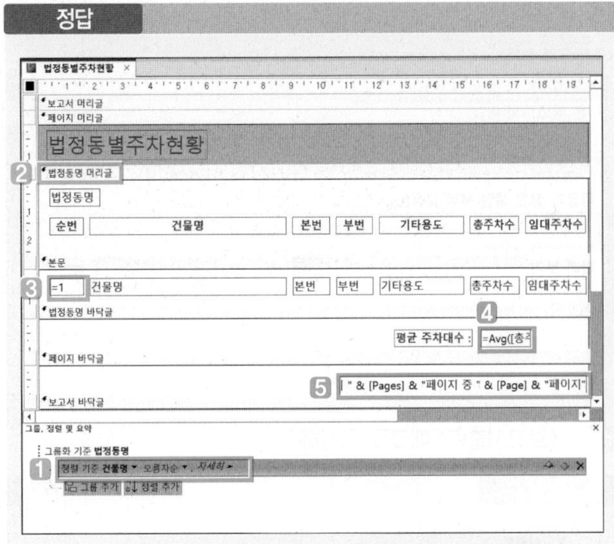

1 '그룹, 정렬 및 요약' 창

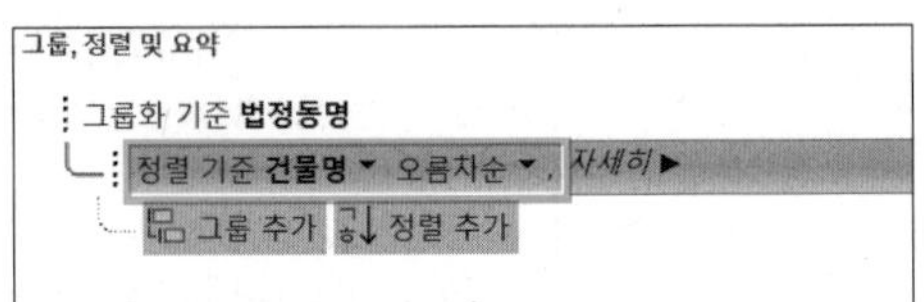

2 '법정동명' 머리글 영역에 속성 설정하기
- '형식' 탭의 반복 실행 구역 → 예
- '형식' 탭의 페이지 바꿈 → 구역 전

3 'txt순번' 컨트롤에 속성 설정하기
- '데이터' 탭의 컨트롤 원본 → =1
- '데이터' 탭의 누적 합계 → 그룹

4 'txt평균주차수' 컨트롤에 속성 설정하기
- '데이터' 탭의 컨트롤 원본 → =Avg([총주차수])
- '형식' 탭의 형식 → 0대

5 'txt페이지' 컨트롤에 속성 설정하기

'데이터' 탭의 컨트롤 원본 → ="전체 " & [Pages] & "페이지 중 " & [Page] & "페이지"

02. 〈건물주차세부〉 폼 본문의 'txt주용도' 컨트롤에 더블클릭 기능 구현하기 _ 참고 : 이벤트 프로시저 340쪽

정답

```
Private Sub txt주용도_DblClick(Cancel As Integer)
   MsgBox "기타용도 : " & [기타용도]
End Sub
```

문제 4 처리 기능 구현 정답

01. 〈동별최대주차수〉 쿼리 _ 참고 : 쿼리 작성 347쪽

1. 쿼리 작성기 창

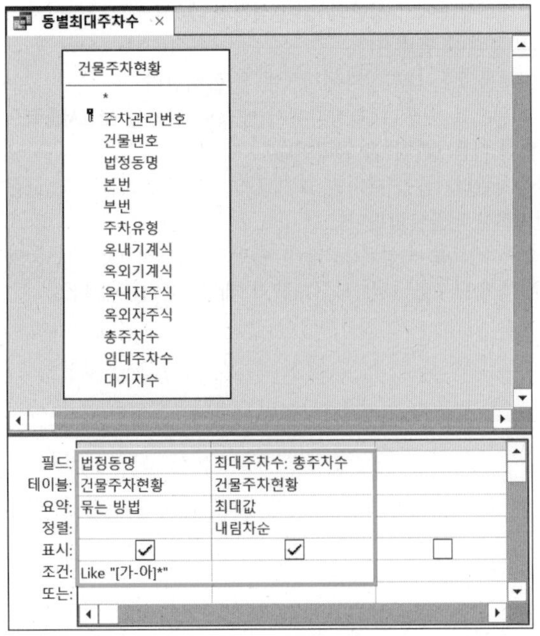

2. [쿼리 디자인] → 쿼리 유형 → **테이블 만들기(▦)**를 클릭한 후 '테이블 만들기' 대화상자의 '테이블 이름'에 **마포구동별최대주차수**를 입력한다.

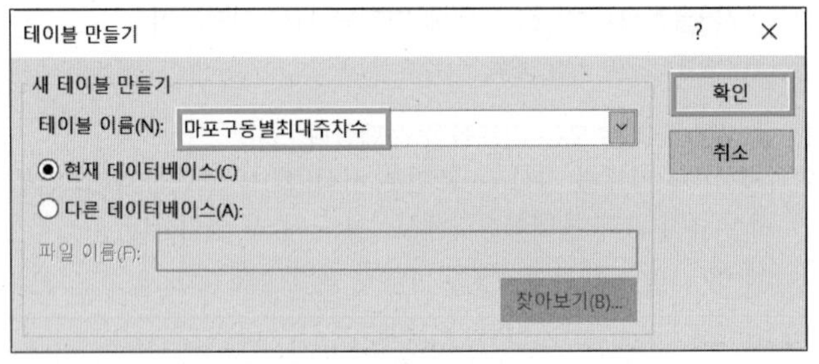

02. 〈주차수조회〉 쿼리 _ 참고 : 쿼리 작성 347쪽

• 쿼리 작성기 창

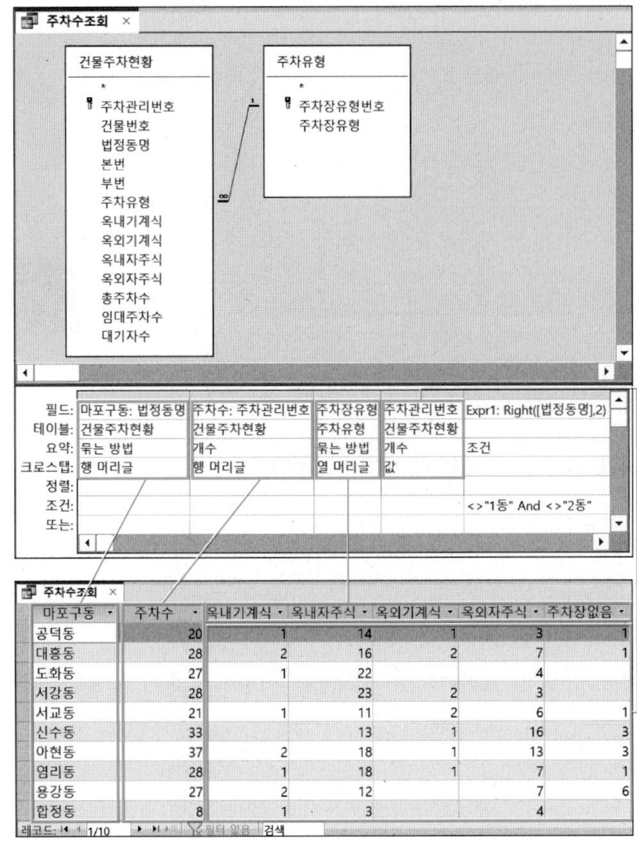

03. 〈대기자수등록〉 쿼리 작성하기 _ 참고 : 쿼리 작성 347쪽

• 쿼리 작성기 창

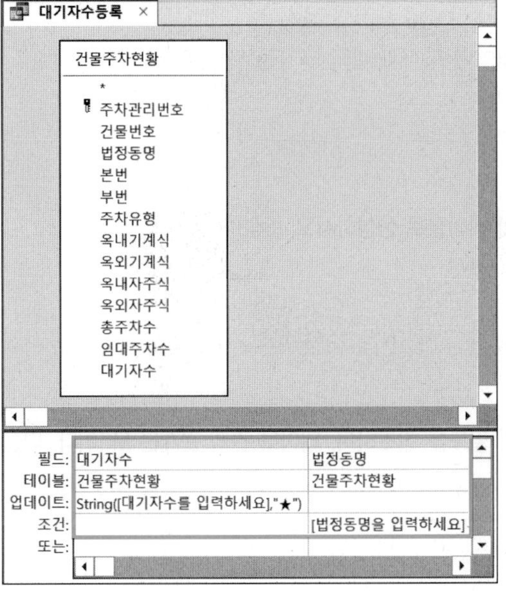

04. 〈법정동별주차조회〉 쿼리 _ 참고 : 쿼리 작성 347쪽

• 쿼리 작성기 창

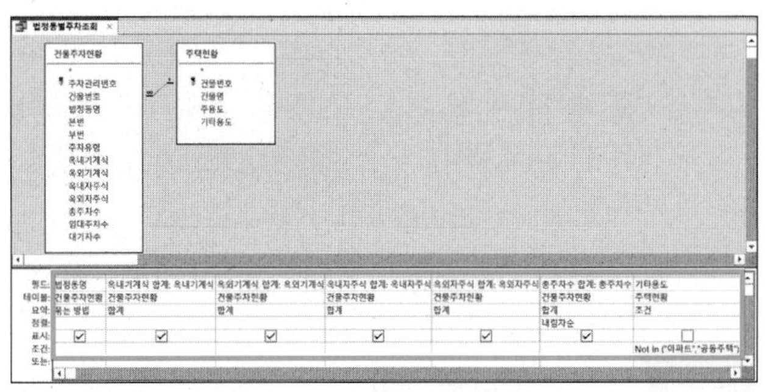

• '쿼리' 속성 시트 창
  – '일반' 탭의 상위 값 : 3

05. 〈주차여유분조회〉 쿼리 _ 참고 : 쿼리 작성 347쪽

• 쿼리 작성기 창

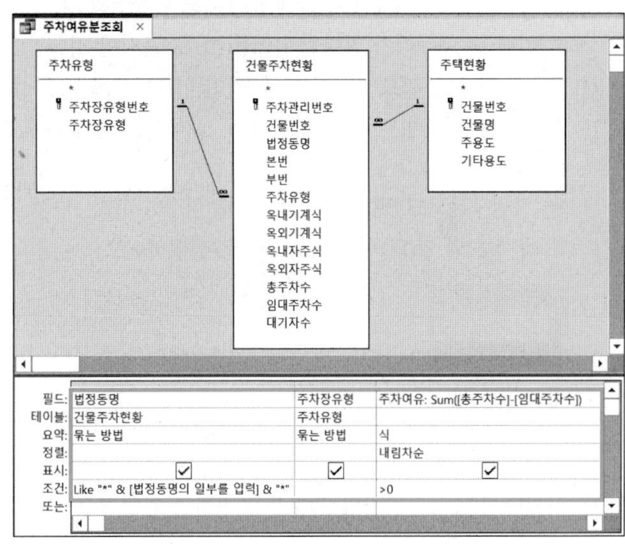

• '주차여유' 필드 속성 설정하기
  – '일반' 탭의 형식 → #,###대

EXAMINATION

02회 2024년 상시02 컴퓨터활용능력 1급

- **준 비 하 세 요 :** 'C:\길벗컴활1급총정리\기출\02회' 폴더에서 '24년상시02.accdb' 파일을 열어서 작업하시오.
- **외부 데이터 위치 :** C:\길벗컴활1급총정리\기출\02회

4224021

문제 1 DB구축(25점)

1. 서울의 상권을 분석하기 위한 데이터베이스를 구축하고자 한다. 다음의 지시사항에 따라 테이블을 완성하시오. (각 3점)

〈서울상권분석〉 테이블

① '구분ID' 필드는 'S-123456' 형식으로, "S-" 고정 문자와 숫자 6자리가 반드시 입력되도록 다음과 같이 설정하시오.

- ▶ 숫자는 0~9까지의 숫자만 입력될 수 있도록 설정할 것
- ▶ "S-" 고정 문자도 테이블에 저장되도록 설정할 것
- ▶ 입력 시 데이터가 입력될 자리를 "*"로 표시할 것

② '소득구간코드' 필드에는 1~9.9까지만 입력되도록 '유효성 검사 규칙' 속성을 설정하시오.

③ '상권구분코드' 필드에는 〈상권구분〉 테이블의 '상권구분코드'와 '상권구분명'이 콤보 상자의 형태로 표시되도록 조회 속성을 설정하시오.

- ▶ '상권구분코드' 필드가 저장되도록 설정하시오.
- ▶ 각 필드의 열 너비는 1cm, 3cm로 설정하시오.

④ 마지막에 '소득구간기타' 필드를 추가하고 최대 100 글자까지 입력할 수 있는 데이터 형식과 필드 크기를 지정하시오.

〈상권구분〉 테이블

⑤ '상권구분명' 필드에는 값이 반드시 입력되도록 관련 속성을 설정하시오.

2. 외부 데이터 가져오기 기능을 이용하여 〈요일별매출분석자료.xlsx〉에서 내용을 가져와 테이블로 생성하시오. (5점)

- ▶ 첫 번째 행은 필드의 이름으로 설정하시오.
- ▶ '구분코드' 필드를 기본키로 설정하시오.
- ▶ 테이블 이름은 "요일별매출분석"으로 하시오.

3. 〈서울상권분석〉 테이블의 '상권변화코드' 필드는 〈상권지표〉 테이블의 '상권변화코드' 필드를 참조하며, 테이블 간의 관계는 M:1이다. 다음과 같이 테이블 간의 관계를 설정하시오. (5점)

※ 액세스 파일에 이미 설정되어 있는 관계는 수정하지 마시오.

- ▶ 각 테이블 간에 항상 참조 무결성이 유지되도록 설정하시오.
- ▶ 참조 필드의 값이 변경되면 관련 필드의 값도 변경되도록 설정하시오.
- ▶ 다른 테이블에서 참조하고 있는 레코드는 삭제할 수 없도록 설정하시오.

문제 2 입력 및 수정 기능 구현(20점)

4224022

1. 〈서울상권현황조회〉 폼을 다음의 화면과 지시사항에 따라 완성하시오. (각 3점)

① 폼의 기본 보기 속성을 〈그림〉과 같이 표시되도록 설정하시오.

② 폼에 데이터를 추가하거나 삭제할 수 없도록 설정하시오.

③ 폼 머리글에 다음과 같이 그림을 삽입하시오.

▶ 그림 파일 이름 : 로고.png ▶ 그림 너비 : 1.6cm ▶ 그림 높이 1.3cm

▶ 그림 유형 : 포함 ▶ 그림 이름 : IMG그림

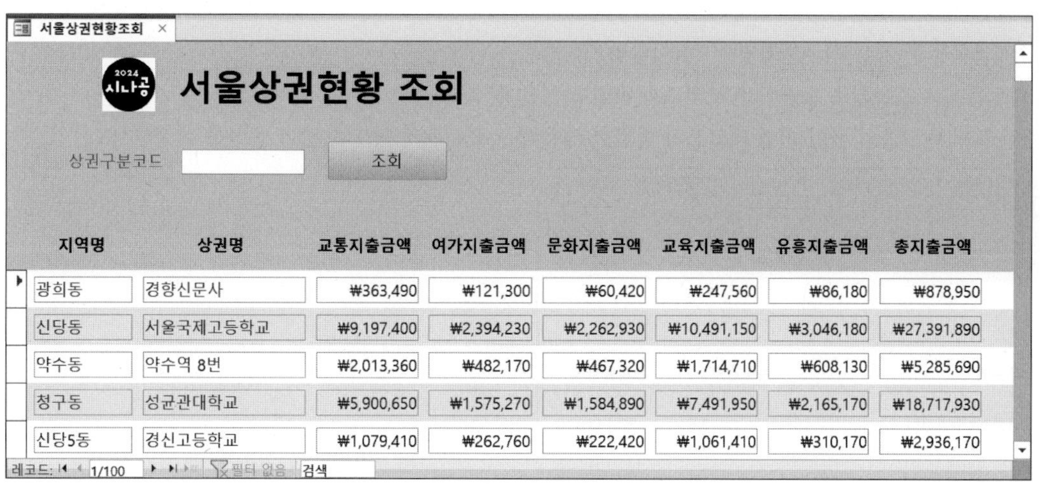

지역명	상권명	교통지출금액	여가지출금액	문화지출금액	교육지출금액	유흥지출금액	총지출금액
광희동	경향신문사	₩363,490	₩121,300	₩60,420	₩247,560	₩86,180	₩878,950
신당동	서울국제고등학교	₩9,197,400	₩2,394,230	₩2,262,930	₩10,491,150	₩3,046,180	₩27,391,890
약수동	약수역 8번	₩2,013,360	₩482,170	₩467,320	₩1,714,710	₩608,130	₩5,285,690
청구동	성균관대학교	₩5,900,650	₩1,575,270	₩1,584,890	₩7,491,950	₩2,165,170	₩18,717,930
신당5동	경신고등학교	₩1,079,410	₩262,760	₩222,420	₩1,061,410	₩310,170	₩2,936,170

레코드: 1/100 필터 없음 검색

2. 〈서울상권분석〉 폼의 본문 컨트롤에 대하여 다음과 같이 조건부 서식을 설정하시오. (6점)

▶ '상권구분코드'가 "A" 또는 "U"이면서, '소득구간코드'가 4~7 사이인 경우 본문의 모든 컨트롤의 배경 색을 '표준 – 진한 바다색 2'로 지정하시오.

▶ 단, 하나의 규칙으로 작성하시오.

서울상권분석

지역명	상권명	교통지출금액	여가지출금액	문화지출금액	교육지출금액	유흥지출금액	총지출금액
광희동	경향신문사	₩363,490	₩121,300	₩60,420	₩247,560	₩86,180	₩878,950
을지로동	장안교	₩6,970,880	₩1,665,510	₩1,223,370	₩6,281,460	₩1,759,530	₩17,900,750
신당동	서울국제고등학교	₩9,197,400	₩2,394,230	₩2,262,930	₩10,491,150	₩3,046,180	₩27,391,890
다산동	다산역 3번	₩9,221,200	₩2,049,950	₩1,584,580	₩9,037,310	₩2,354,150	₩24,247,190
약수동	약수역 8번	₩2,013,360	₩482,170	₩467,320	₩1,714,710	₩608,130	₩5,285,690
청구동	성균관대학교	₩5,900,650	₩1,575,270	₩1,584,890	₩7,491,950	₩2,165,170	₩18,717,930
신당5동	경신고등학교	₩1,079,410	₩262,760	₩222,420	₩1,061,410	₩310,170	₩2,936,170
동화동	서울대병원	₩1,825,390	₩447,790	₩451,650	₩1,538,130	₩582,230	₩4,845,190

레코드: 1/100 필터 없음 검색

3. 〈서울상권현황조회〉 폼 머리글의 '조회(cmd조회)' 단추를 클릭하면 'txt조회' 컨트롤에 입력된 '상권구분코드'로 필터를 수행하고, 폼 본문의 'txt교통지출금액' 컨트롤로 포커스가 이동하는 〈조회후이동〉 매크로를 생성하여 지정하시오. (5점)

▶ ApplyFilter 함수와 GoToControl 메서드를 사용하시오.

문제 3 조회 및 출력 기능 구현(20점)

1. 다음의 지시사항 및 화면을 참조하여 〈서울상권현황보고서〉를 완성하시오. (각 3점)

① 페이지 머리글 영역의 'txt페이지' 컨트롤에는 페이지 번호가 [표시 예]와 같이 표시되도록 컨트롤 원본 속성을 설정하시오.

[표시 예] 현재 페이지가 1이고, 전체 페이지가 6인 경우 → 1/6페이지

② '상권구분명 머리글' 영역과 '상권변화명 머리글' 영역은 매 페이지마다 반복하여 출력되고, '상권구분명 머리글' 영역은 해당 영역이 시작되기 전에 페이지가 바뀌도록 관련 속성을 설정하시오.

③ '상권구분명 머리글' 영역의 'txt상권구분변화명' 컨트롤에는 '상권구분명'과 '상권변화명'이 [표시 예]와 같이 표시되도록 '컨트롤 원본' 속성을 설정하시오.

[표시 예] '상권구분명'이 "골목상권"이고 '상권변화명'이 "다이나믹"인 경우 → 골목상권-다이나믹

④ 본문 영역의 'txt순번' 컨트롤에는 그룹별로 순번이 표시되도록 관련 속성을 설정하시오.

⑤ 본문 영역의 'txt소득구간코드' 컨트롤의 값이 이전 레코드와 동일한 경우에는 표시되지 않도록 관련 속성을 설정하시오.

서울상권현황보고서

1/7페이지

골목상권-다이나믹

순번	지역명	상권명	소득구간코드	총지출금액
1	정릉3동	정릉3동주민센터	8.5	₩8,111,510
2	답십리1동	남산골공원옆	7.2	₩9,226,330
3	정릉1동	대신고등학교		₩24,876,870
4	장안1동	관성묘	6.7	₩11,015,650
5	신당5동	경신고등학교	7.4	₩2,936,170
6	광희동	경향신문사	9.5	₩878,950
7	길음1동	배화여자대학교	8.3	₩2,668,690
8	효창동	새남터성지	7.4	₩20,286,070
9	수유2동	수유2동주민센터	6.5	₩2,519,820
10	전농2동	남산케이블카	8.9	₩14,141,950
11	우이동	우이역 7번	6.9	₩4,131,680
12	인수동	한양공고앞 교차로	5.9	₩16,489,520
13	안암동	안암역 1번	9.4	₩14,650,800
14	남영동	남영동벼룩시장	7.7	₩22,263,440
15	보문동	세검정초등학교	7	₩21,603,040
16	장안2동	장안역 5번	6.7	₩9,630,400
17	원효로1동	황학코아루아파트	8.8	₩18,536,430
18	정릉4동	사직공원	8.1	₩2,674,560
19	번2동	번2동역 1번	7.4	₩17,874,940

2. 〈서울상권분석〉 폼 본문의 'txt총지출금액' 컨트롤을 더블클릭하면 다음과 같은 기능을 수행하도록 이벤트 프로시저를 구현하시오. (5점)

▶ '총지출금액' 필드를 기준으로 내림차순 정렬을 수행하시오.

▶ 폼의 OrderBy, OrderByOn 속성을 사용하시오.

문제 4 처리 기능 구현(35점)

1. 상권구분명별 상권변화별 총지출금액의 합계를 조회하는 〈상권변화명별_총지출액조회〉 크로스탭 쿼리를 작성하시오. (7점)

▶ 〈상세내역〉 쿼리를 이용하시오.
▶ 상권변화는 '상권변화코드' 필드의 첫 글자가 "H"이면 "수익지역", 그 외는 "관심지역"으로 처리하시오.
▶ '총지출합계' 필드, 상권변화별 총지출금액의 합계는 '총지출금액' 필드를 이용하시오.
▶ '상권명' 필드의 마지막 2자리가 "병원", "학교", "공원"으로 끝나는 레코드만을 조회 대상으로 하시오.
▶ 실행 결과의 모든 금액은 [표시 예]와 같이 표시되도록 '형식' 속성을 설정하시오.
[표시 예] 0 → 0원, 2703250 → 2,703,250원
▶ IIf, Left, Right 함수와 In 연산자 사용
▶ 쿼리 결과로 표시되는 필드와 필드명은 〈그림〉과 같이 표시되도록 설정하시오.

상권변화명별_총지출액조회

상권구분명	총지출합계	관심지역	수익지역
골목상권	150,579,280원	104,312,300원	46,266,980원
발달상권	26,275,020원	17,590,740원	8,684,280원
전통시장	20,871,930원		20,871,930원

레코드: 1/3 필터 없음 검색

2. 〈서울상권분석〉 테이블을 이용하여 '소득구분기타' 필드의 값을 변경하는 〈소득구분평가〉 업데이트 쿼리를 작성한 후 실행하시오. (7점)

▶ '소득구분기타'는 '소득구간코드'를 정수로 변경하여 1~3이면 "저소득", 4~6이면 "중소득", 7~9이면 "고소득"으로 표시하시오.
[표시 예] 3 → 저소득, 6 → 중소득, 7 → 고소득
▶ Choose, Int 함수 사용으로 변경

서울상권분석

소득구간코드	교통지출금액	여가지출금액	문화지출금액	교육지출금액	유흥지출금액	총지출금액	소득구간기타
9.5	363490	121300	60420	247560	86180	878950	고소득
6.2	6970880	1665510	1223370	6281460	1759530	17900750	중소득
6.4	9197400	2394230	2262930	10491150	3046180	27391890	중소득
8.8	9221200	2049950	1584580	9037310	2354150	24247190	고소득
6.7	2013360	482170	467320	1714710	608130	5285690	중소득
7	5900650	1575270	1584890	7491950	2165170	18717930	고소득
7.4	1079410	262760	222420	1061410	310170	2936170	고소득
7.6	1825390	447790	451650	1538130	582230	4845190	고소득

레코드: 1/100 필터 없음 검색

※ 〈소득구분평가〉 쿼리를 실행한 후의 〈서울상권분석〉 테이블

3. 조회할 상권명의 일부를 매개 변수로 입력받아 해당 상권의 정보를 조회하여 새 테이블로 생성하는 〈상권별소득조회〉 쿼리를 작성하고 실행하시오. (7점)

▶ 〈서울상권분석〉 테이블을 이용하시오.
▶ 쿼리 실행 후 생성되는 테이블의 이름은 〈상권별소득평가〉로 설정하시오.
▶ '월평균소득평가' 필드는 '월평균소득금액' 필드의 값을 5,000으로 나눈 몫만큼 "◎" 문자를 표시하시오.
▶ Like 연산자, String 함수 사용
▶ 쿼리 실행 결과 표시되는 필드와 필드명은 〈그림〉과 같이 표시되도록 설정하시오.

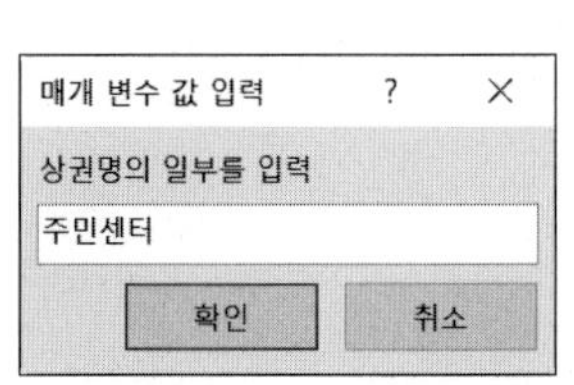

상권별소득평가

상권명	월평균소득금액	총지출금액	월평균소득평가
황학동주민센터	38280	21267260	◎◎◎◎◎◎◎
정릉3동주민센터	38730	8111510	◎◎◎◎◎◎◎
자양4동주민센터	25400	18421620	◎◎◎◎◎
수유2동주민센터	26540	2519820	◎◎◎◎◎
한강로동주민센터	39020	4518070	◎◎◎◎◎◎◎
옥수동주민센터	30340	5004840	◎◎◎◎◎◎
중곡2동주민센터	28890	19475050	◎◎◎◎◎

레코드: 1/7 필터 없음 검색

※ 〈상권별소득조회〉 쿼리를 실행한 후의 〈상권별소득평가〉 테이블

4. 〈상권지표〉와 〈서울상권분석〉 테이블을 이용하여 상권변화명별 총 월평균소득금액, 최대 문화지출금액, 평균 유흥지출금액을 조회하는 〈상권변화명별_지출분석〉 쿼리를 작성하시오. (7점)

▶ '총 월평균소득금액' 필드는 '월평균소득금액' 필드, '최대 문화지출금액' 필드는 '문화지출금액' 필드, '평균 유흥지출금액' 필드는 '유흥지출금액' 필드를 이용하시오.

▶ '총 월평균소득금액' 필드를 기준으로 내림차순 정렬하시오.

▶ '총지출금액' 필드의 값이 5,000,000을 초과하고, '상권구분코드' 필드의 값이 "A"가 아닌 레코드만을 대상으로 하시오.

▶ 쿼리 실행 결과 생성되는 필드와 필드명은 〈그림〉을 참고하여 수험자가 판단하여 설정하시오.

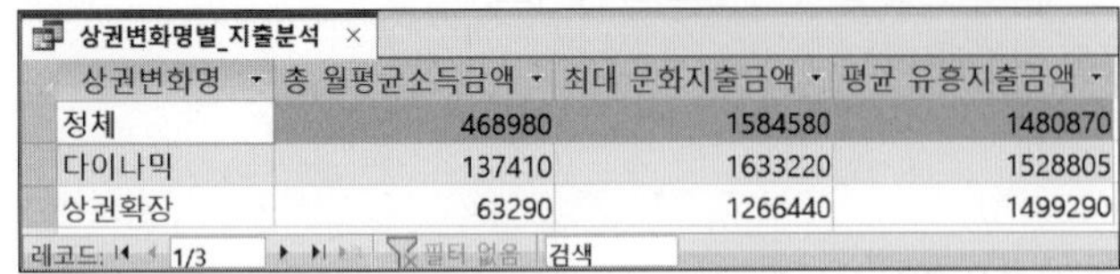

상권변화명별_지출분석

상권변화명	총 월평균소득금액	최대 문화지출금액	평균 유흥지출금액
정체	468980	1584580	1480870
다이나믹	137410	1633220	1528805
상권확장	63290	1266440	1499290

레코드: 1/3 필터 없음 검색

5. 조회할 상권구분명과 상권변화명을 매개 변수로 입력받아 해당 자료의 상권 개수와 최소 총지출금액을 조회하는 〈상권구분_상권변화_자료조회〉 쿼리를 작성하시오. (7점)

▶ 〈상권구분〉, 〈서울상권분석〉, 〈상권지표〉 테이블을 이용하시오.

▶ '소득구간코드' 필드의 값이 3.5에서 6.8 사이인 레코드만을 대상으로 하시오.

▶ '상권 개수' 필드는 '구분ID' 필드를 이용하여 [표시 예]와 같이 표시되도록 '형식' 속성을 설정하시오.
[표시 예] 0 → 0개, 35 → 35개

▶ '최소 총지출금액' 필드는 '총지출금액' 필드를 이용하여 〈그림〉과 같이 표시되도록 '형식' 속성을 설정하시오.

▶ Between 연산자 사용

▶ 쿼리 결과로 표시되는 필드와 필드명은 〈그림〉과 같이 표시되도록 설정하시오.

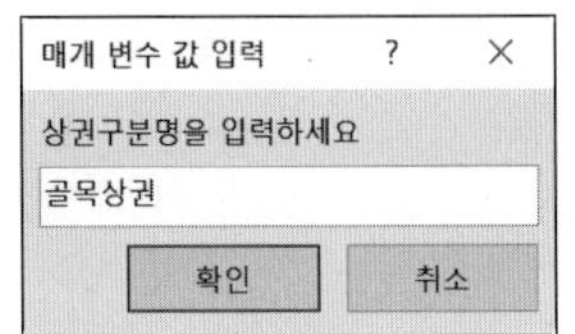

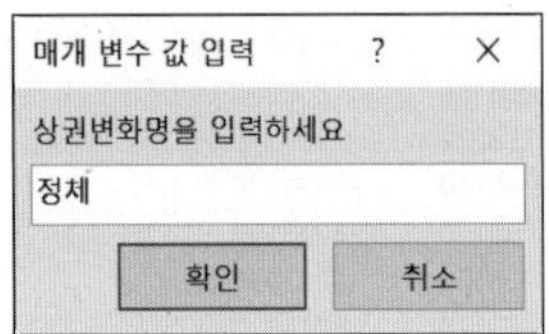

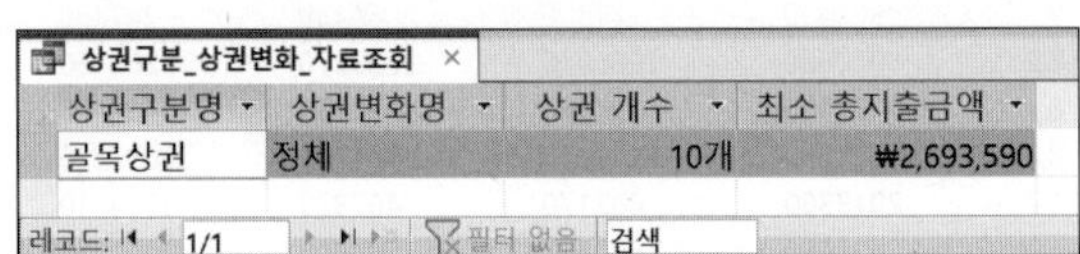

상권구분_상권변화_자료조회

상권구분명	상권변화명	상권 개수	최소 총지출금액
골목상권	정체	10개	₩2,693,590

레코드: 1/1 필터 없음 검색

EXAMINATION

02회 기출문제 정답 및 해설

문제 1 DB 구축 정답

01. 테이블 완성하기 _ 참고 : 테이블 완성 296쪽

〈서울상권분석〉 테이블

1 '구분ID' 필드에 '입력 마스크' 속성 설정하기

필드 속성

일반 | 조회

필드 크기	255
형식	
입력 마스크	"S-"000000;0;*
캡션	
기본값	

2 '소득구간코드' 필드에 '유효성 검사 규칙' 속성 설정하기

필드 속성

일반 | 조회

캡션	
기본값	0
유효성 검사 규칙	>=1 And <=9.9
유효성 검사 텍스트	
필수	아니요

3 '상권구분코드' 필드에 '조회' 속성 설정하기

필드 속성

일반 | 조회

컨트롤 표시	콤보 상자
행 원본 유형	테이블/쿼리
행 원본	SELECT 상권구분.상권구분코드, 상권구분.상권구분명 FROM 상권구분;
바운드 열	1
열 개수	2
열 이름	아니요
열 너비	1cm;3cm
행 수	16
목록 너비	자동
목록 값만 허용	아니요
여러 값 허용	아니요
값 목록 편집 허용	아니요
목록 항목 편집 폼	
행 원본 값만 표시	아니요

4 '소득구간기타' 필드를 추가하고 '데이터 형식' 및 '필드 크기' 속성 설정하기

서울상권분석

필드 이름	데이터 형식
총지출금액	숫자
소득구간기타	짧은 텍스트

필드 속성

일반 | 조회

필드 크기	100
형식	

〈상권구분〉 테이블

5 '상권구분명' 필드에 '필수' 속성 설정하기

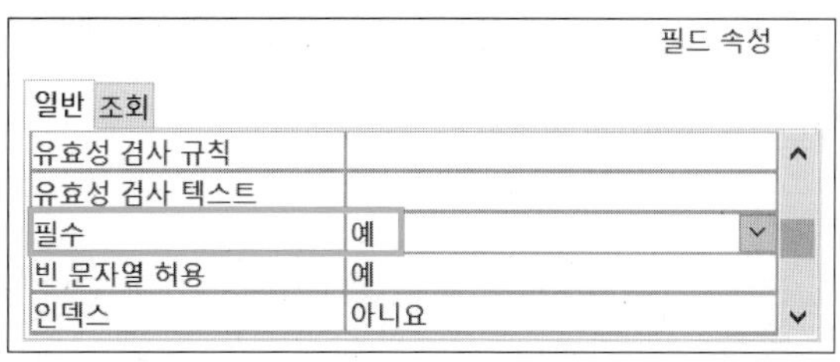
필드 속성

일반 | 조회

유효성 검사 규칙	
유효성 검사 텍스트	
필수	예
빈 문자열 허용	예
인덱스	아니요

02. '요일별매출분석자료.xlsx' 파일 가져오기 _ 참고 : 테이블 생성 307쪽

정답

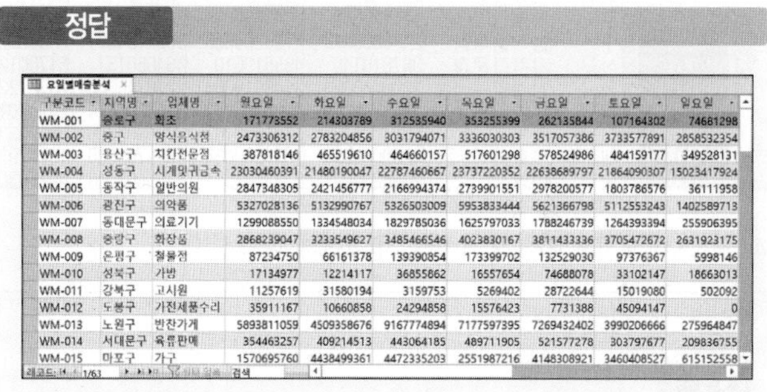
요일별매출분석

구분코드	지역명	업체명	월요일	화요일	수요일	목요일	금요일	토요일	일요일
WM-001	송로구	회조	171773552	214303789	312535940	353255399	262135844	107164302	74681298
WM-002	중구	양식음식점	2473306312	2783204856	3031794071	3336030303	3517057386	3733577891	2858532354
WM-003	용산구	치킨전문점	387818146	465519610	464660157	517601298	578524986	484159177	349528131
WM-004	성동구	시계및귀금속	23030460391	21480190047	22787460667	23737220352	22638689797	21864090307	15023417924
WM-005	동작구	일반의원	2847348305	2421456777	2166994374	2739901551	2978200577	1803786576	36111958
WM-006	광진구	의약품	5327028136	5132990767	5326503009	5953833444	5621366798	5112553243	1402589713
WM-007	동대문구	의료기기	1299088550	1334548034	1829785036	1625797033	1788246739	1264393394	255906395
WM-008	중랑구	화장품	2868239047	3233549627	3485466546	4023830167	3811433336	3705472672	2631923175
WM-009	은평구	철물점	87234750	66161378	139390854	173399702	132529030	97376367	5998146
WM-010	성북구	가방	17134977	12214117	36855862	16557654	74688078	33102147	18663013
WM-011	강북구	고시원	11257619	31580194	3159753	5269402	28722644	15019080	502092
WM-012	도봉구	가전제품수리	35911167	10660858	24294858	15576423	7731388	45094147	0
WM-013	노원구	반찬가게	5893811059	4509358676	9167774894	7177597395	7269432402	3990206666	275964847
WM-014	서대문구	육류판매	354463257	409214513	443064185	489711905	521577278	303797677	209836755
WM-015	마포구	가구	1570695760	4438499361	4472335203	2551987216	4148308921	3460408527	615152558

레코드: 1/63 검색

1. '외부 데이터 가져오기 – Excel 스프레드시트' 대화상자

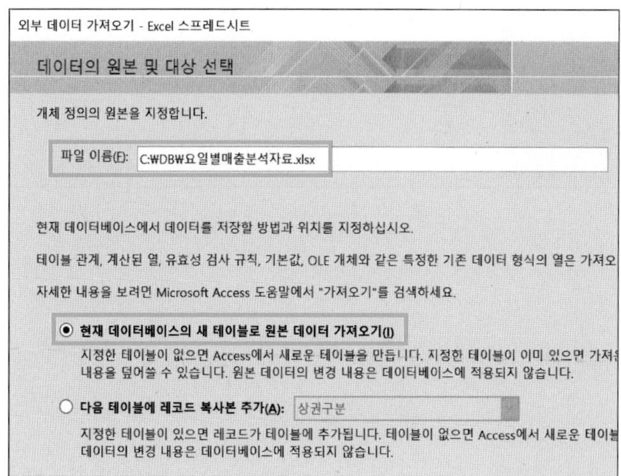

2. '스프레드시트 가져오기 마법사' 1단계 대화상자

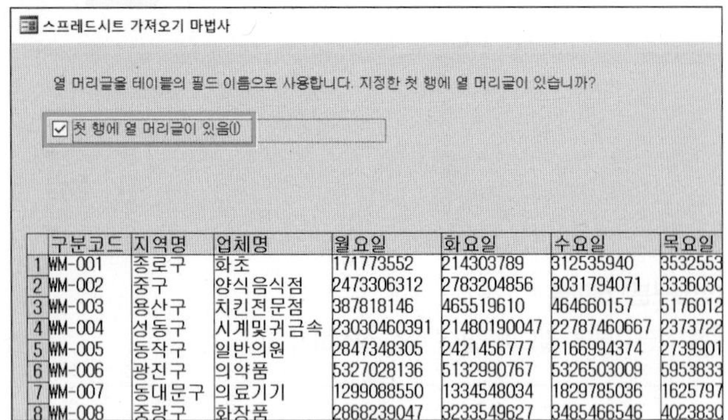

	구분코드	지역명	업체명	월요일	화요일	수요일	목요일
1	WM-001	종로구	화초	171773552	214303789	312535940	3532553
2	WM-002	중구	양식음식점	2473306312	2783204856	3031794071	3336030
3	WM-003	용산구	치킨전문점	387818146	465519610	464660157	5176012
4	WM-004	성동구	시계및귀금속	23030460391	21480190047	22787460667	2373722
5	WM-005	동작구	일반의원	2847348305	2421456777	2166994374	2739901
6	WM-006	광진구	의약품	5327028136	5132990767	5326503009	5953833
7	WM-007	동대문구	의료기기	1299088550	1334548034	1829785036	1625797
8	WM-008	중랑구	화장품	2868239047	3233549627	3485466546	4023830

3. '스프레드시트 가져오기 마법사' 3단계 대화상자

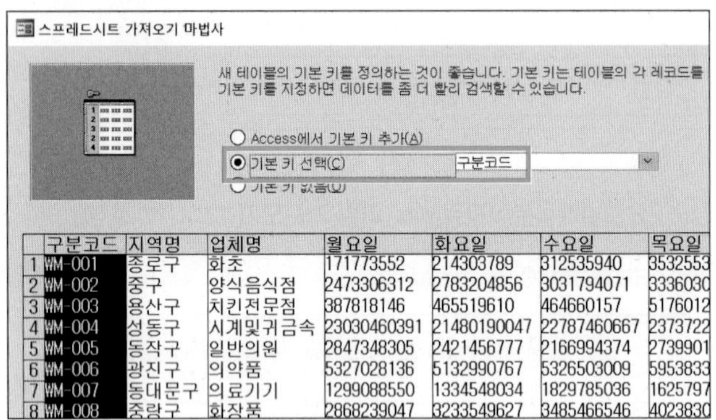

	구분코드	지역명	업체명	월요일	화요일	수요일	목요일
1	WM-001	종로구	화초	171773552	214303789	312535940	3532553
2	WM-002	중구	양식음식점	2473306312	2783204856	3031794071	3336030
3	WM-003	용산구	치킨전문점	387818146	465519610	464660157	5176012
4	WM-004	성동구	시계및귀금속	23030460391	21480190047	22787460667	2373722
5	WM-005	동작구	일반의원	2847348305	2421456777	2166994374	2739901
6	WM-006	광진구	의약품	5327028136	5132990767	5326503009	5953833
7	WM-007	동대문구	의료기기	1299088550	1334548034	1829785036	1625797
8	WM-008	중랑구	화장품	2868239047	3233549627	3485466546	4023830

4. '스프레드시트 가져오기 마법사' 4단계 대화상자

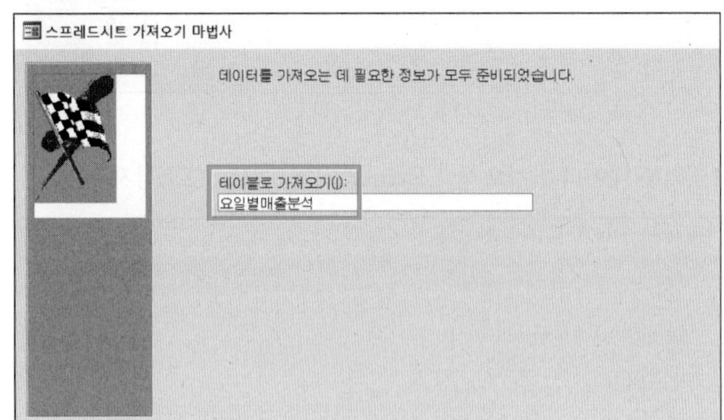

03. 〈서울상권분석〉 테이블과 〈상권지표〉 테이블 간의 관계 설정하기

_ 참고 : 관계 설정 305쪽

정답

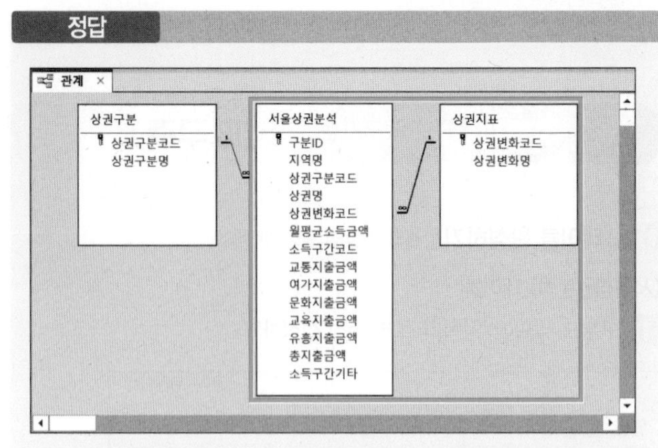

• '관계 편집' 대화상자

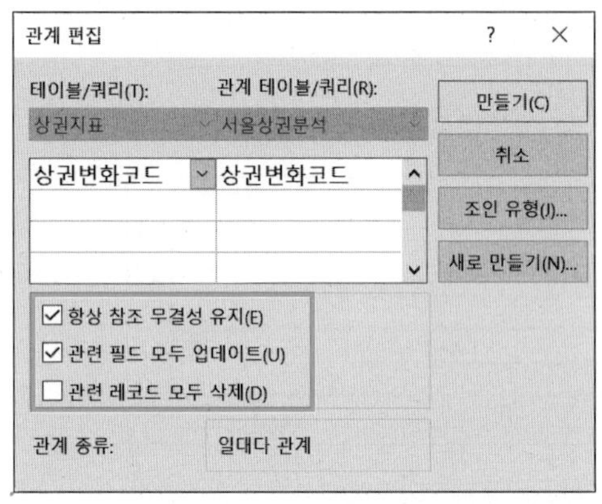

문제 2 입력 및 수정 기능 구현 정답

01. 〈서울상권현황조회〉 폼 완성하기 _ 참고 : 폼 완성 310쪽

정답

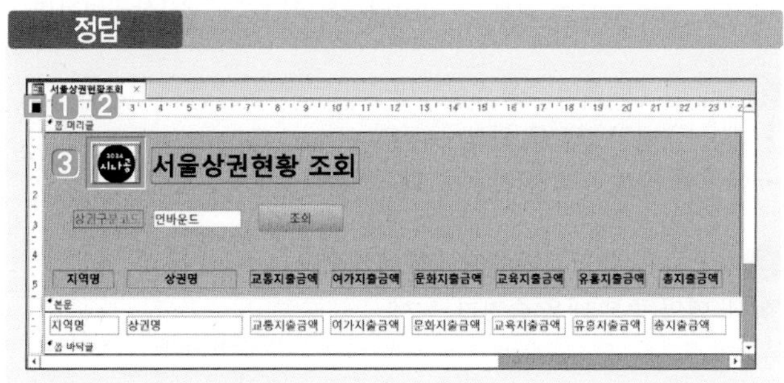

1 폼의 형식 속성 설정하기

'형식' 탭의 기본 보기 → 연속 폼

2 폼의 데이터 속성 설정하기

- '데이터' 탭의 추가 가능 → 아니요
- '데이터' 탭의 삭제 가능 → 아니요

3 폼 머리글에 그림 삽입하기

1. [양식 디자인] → 컨트롤 → 이미지 삽입 → **찾아보기**를 클릭한다.
2. '그림 삽입' 대화상자에서 찾는 위치를 'C:\DB'로 지정한 후 '로고.png'를 선택한 다음 〈확인〉을 클릭한다.

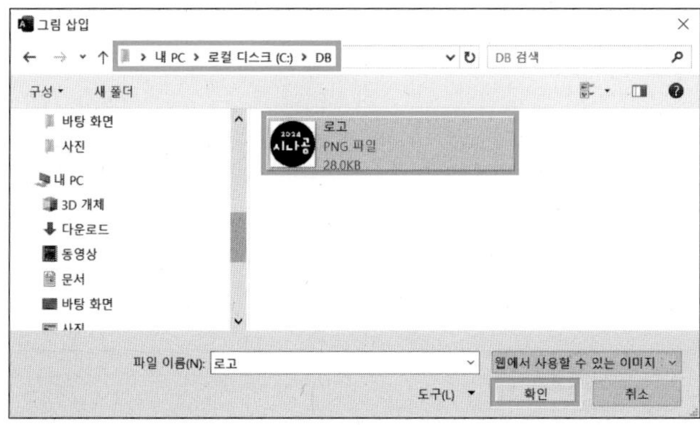

3. 폼 머리글의 제목 왼쪽에 마우스를 드래그하여 그림을 삽입한다.

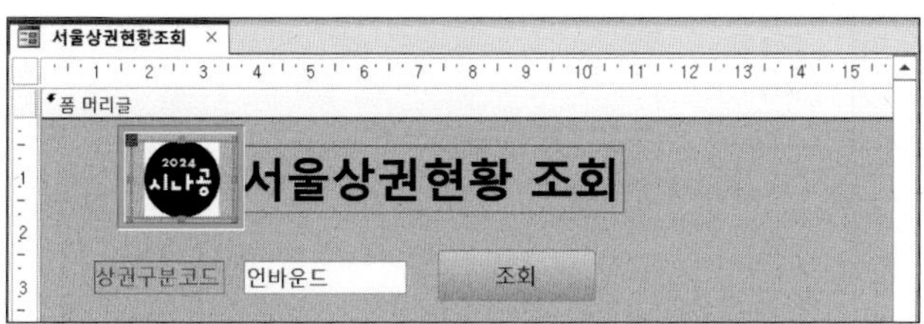

4. 다음과 같이 속성을 설정한다.

- '형식' 탭의 그림 유형 → 포함
- '형식' 탭의 너비 → 1.6cm
- '형식' 탭의 높이 → 1.3cm
- '기타' 탭의 이름 → IMG그림

02. 〈서울상권분석〉 폼 본문에 조건부 서식 설정하기 _ 참고 : 조건부 서식 318쪽

1. 폼 본문에 있는 모든 컨트롤을 선택한다.
2. [서식] → 컨트롤 서식 → **조건부 서식**()을 클릭한 후 '새 서식 규칙' 대화상자에서 다음과 같이 설정한다.

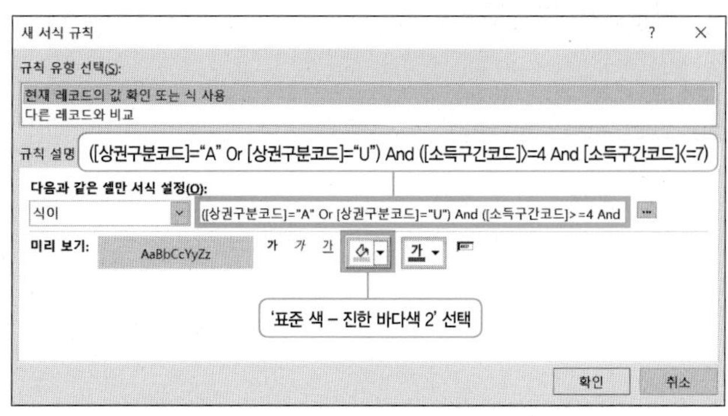

03. 〈보고서출력〉 매크로 작성하기 _ 참고 : 매크로 작성 325쪽

정답

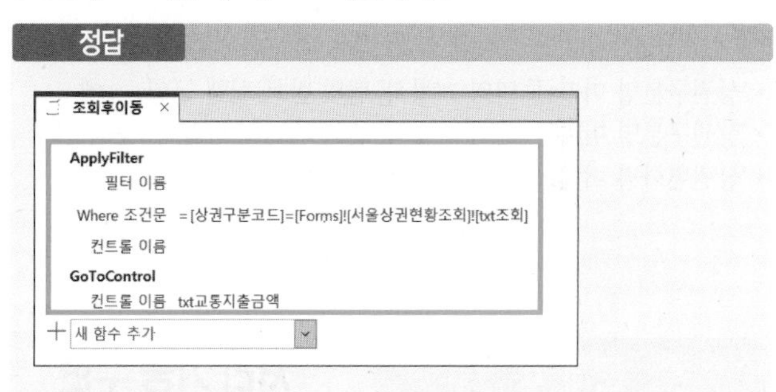

1. 매크로 개체를 생성한 후 이를 연결하여 사용해야 하므로, 먼저 매크로 개체를 생성한다. [만들기] → 매크로 및 코드 → **매크로**()를 클릭한다.
2. 매크로 대화상자에서 정답과 같이 설정한 후 매크로 대화상자의 닫기() 단추를 클릭한다.
3. 저장 여부를 묻는 대화상자에서 〈예〉를 클릭한다.
4. '다른 이름으로 저장' 대화상자에서 매크로 이름을 **조회후이동**으로 입력한 다음 〈확인〉을 클릭한다.
5. 〈서울상권현황조회〉 폼을 디자인 보기로 연 후 폼 본문의 'cmd조회' 컨트롤을 더블클릭한다.
6. 'cmd조회' 컨트롤 속성 시트 창의 '이벤트' 탭에서 'On Click' 이벤트의 목록 단추를 눌러 '조회후이동' 매크로를 선택한다.

문제 3 조회 및 출력 기능 구현

정답

01. 〈서울상권현황보고서〉 완성하기 _ 참고 : 보고서 완성 331쪽

정답

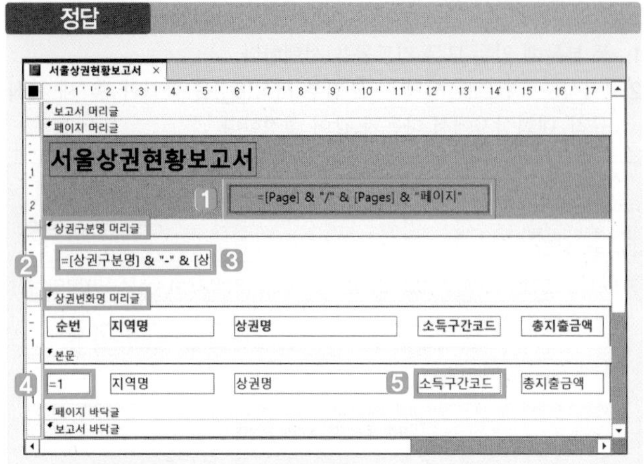

1 'txt페이지' 컨트롤에 속성 설정하기

'데이터' 탭의 컨트롤 원본 → =[Page] & "/" & [Pages] & "페이지"

2 '상권구분명 머리글' 영역과 '상권변화명 머리글' 영역에 속성 설정하기

- '상권구분명 머리글' 영역 : '형식' 탭의 반복 실행 구역 → 예
- '상권구분명 머리글' 영역 : '형식' 탭의 페이지 바꿈 → 구역 전
- '상권변화명 머리글' 영역 : '형식' 탭의 반복 실행 구역 → 예

3 'txt상권구분변화명' 컨트롤에 속성 설정하기

'데이터' 탭의 컨트롤 원본 → =[상권구분명] & "-" & [상권변화명]

4 'txt순번' 컨트롤에 속성 설정하기

- '데이터' 탭의 컨트롤 원본 → =1
- '데이터' 탭의 누적 합계 → 그룹

5 'txt소득구간코드' 컨트롤에 속성 설정하기

'형식' 탭의 중복 내용 숨기기 → 예

02. 〈서울상권분석〉 폼 본문의 'txt총지출금액' 컨트롤에 더블클릭 기능 구현하기 _ 참고 : 이벤트 프로시저 340쪽

정답

```
Private Sub txt총지출금액_DblClick(Cancel As Integer)
    Me.OrderBy = "총지출금액 desc"
    Me.OrderByOn = True
End Sub
```

문제 4 처리 기능 구현

정답

01. 〈상권변화명별_총지출액조회〉 쿼리 _ 참고 : 쿼리 작성 347쪽

- 쿼리 작성기 창

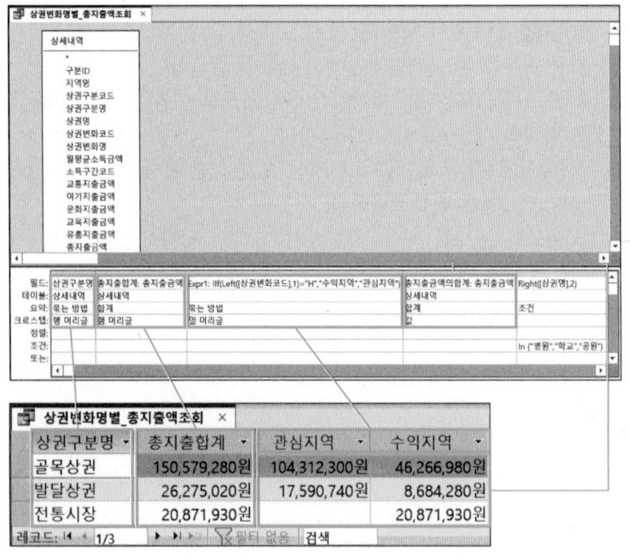

- '총지출합계'와 '총지출금액의합계' 필드 속성 설정하기
  - '형식' 탭의 형식 : #,##0원

02. 〈소득구분평가〉 쿼리 _ 참고 : 쿼리 작성 347쪽

- 쿼리 작성기 창

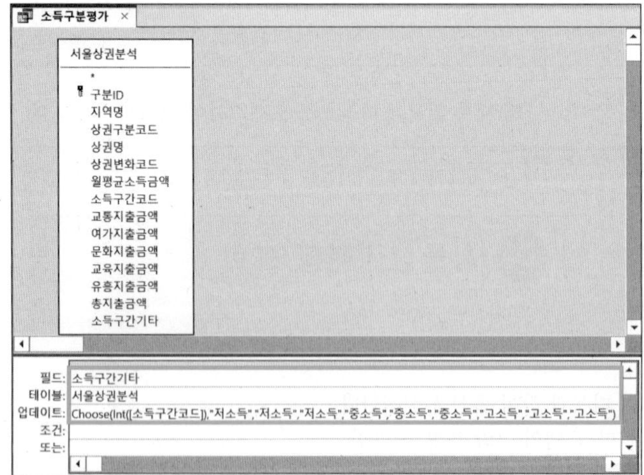

03. 〈상권별소득조회〉 쿼리 작성하기 _ 참고 : 쿼리 작성 347쪽

1. 쿼리 작성기 창

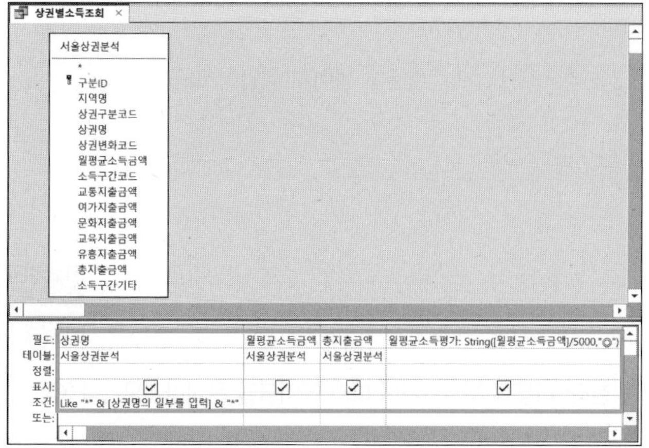

2. [쿼리 디자인] → 쿼리 유형 → **테이블 만들기(▦)**를 클릭한 후 '테이블 만들기' 대화상자의 '테이블 이름'에 상권별소득평가를 입력한다.

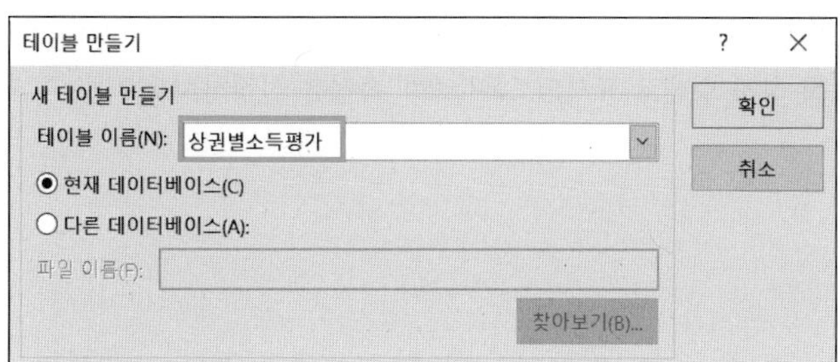

04. 〈상권변화명별_지출분석〉 쿼리 _ 참고 : 쿼리 작성 347쪽

• 쿼리 작성기 창

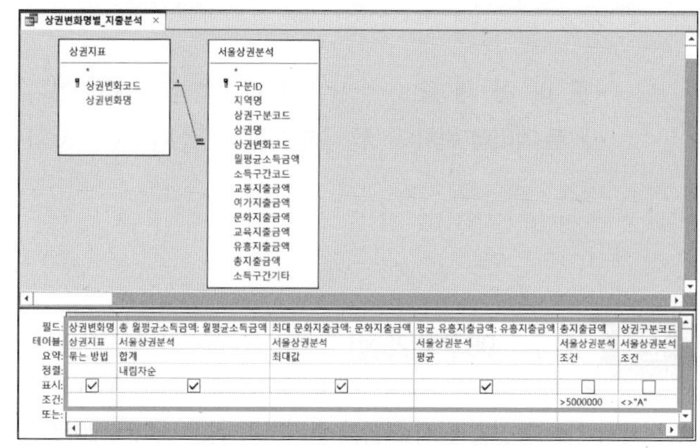

05. 〈상권구분_상권변화_자료조회〉 쿼리 _ 참고 : 쿼리 작성 347쪽

• 쿼리 작성기 창

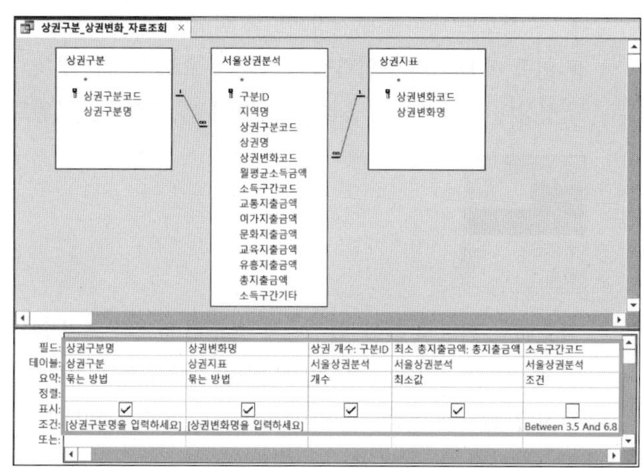

• '상권 개수' 필드 속성 설정하기
  – '형식' 탭의 형식 : 0개
• '최소 총지출금액' 필드 속성 설정하기
  – '형식' 탭의 형식 : 통화

EXAMINATION

03회 2024년 상시03 컴퓨터활용능력 1급

• **준 비 하 세 요 :** 'C:\길벗컴활1급총정리\기출\03회' 폴더에서 '24년상시03.accdb' 파일을 열어서 작업하시오.
• **외부 데이터 위치 :** C:\길벗컴활1급총정리\기출\03회

4224031

문제 1 DB구축(25점)

1. 전국의 시도별 산업 단지 현황을 관리하기 위한 데이터베이스를 구축하고자 한다. 다음의 지시사항에 따라 테이블을 완성하시오. (각 3점)

〈산업단지현황〉 테이블

① '시도코드' 필드는 '01-1' 형식으로, 숫자 3자리, "-" 기호가 반드시 입력되도록 다음과 같이 설정하시오.
▶ 숫자는 0~9까지의 숫자만 입력될 수 있도록 설정할 것
▶ '-' 기호도 테이블에 저장되도록 설정할 것
▶ 입력 시 데이터가 입력될 자리를 "#"으로 표시할 것

② '조성상태' 필드에는 다음과 같이 "미개발", "조성중", "완료" 값이 목록 상자 형태로 표시되도록 '조회' 속성을 설정하시오.

③ '가동업체' 필드의 값이 '입주업체' 필드의 값보다 크지 않도록 '유효성 검사' 규칙 속성을 설정하시오.
▶ 규칙에 어긋나는 경우 "입주업체를 확인하세요"라는 메시지를 표시하시오.

④ '단지명' 필드에는 중복된 값이 입력될 수 없도록 인덱스를 설정하시오.

〈유형〉 테이블

⑤ '유형번호' 필드를 기본키(PK)로 설정하시오.

2. 외부 데이터 가져오기 기능을 이용하여 〈산업단지추가분.xlsx〉에서 내용을 가져와 〈산업단지현황〉 테이블에 추가하시오. (5점)

▶ '추가자료'로 이름 정의된 데이터를 가져오시오.

3. 〈산업단지현황〉 테이블의 '유형번호' 필드는 〈유형〉 테이블의 '유형번호' 필드를 참조하며, 테이블 간의 관계는 M:1이다. 다음과 같이 테이블 간의 관계를 설정하시오. (5점)

※ 액세스 파일에 이미 설정되어 있는 관계는 수정하지 마시오.
▶ 각 테이블 간에 항상 참조 무결성이 유지되도록 설정하시오.
▶ 참조 필드의 값이 변경되면 관련 필드의 값도 변경되도록 설정하시오.
▶ 다른 테이블에서 참조하고 있는 레코드는 삭제할 수 없도록 설정하시오.

4224032

문제 2 입력 및 수정 기능 구현(20점)

1. 〈산업단지현황조회〉 폼을 다음의 화면과 지시사항에 따라 완성하시오. (각 3점)

① 폼에 탐색 단추가 표시되고 스크롤 막대는 표시되지 않도록 설정하시오.

② 폼 머리글의 'txt시도코드'와 'txt시도명' 컨트롤은 편집할 수 없도록 관련 속성을 설정하시오. (단, 포커스는 이동 가능함)

③ 기본 폼의 '시도코드' 필드를 이용하여 하위 폼에 내용이 표시되도록 기본 폼과 하위 폼을 연결하시오.

산업단지현황조회

지역별 산업단지현황

시도코드 01-1 시도명 서울 보고서 인쇄

단지명	시도코드	분양률	입주업체	가동업체	생산량	수출량
아이캔21	01-1	0	0	0	0	0

레코드: 1/1 필터 없음 검색

가동업체 총 개수 : 1

2. 〈산업단지현황조회〉 폼 바닥글의 'txt가동업체총계' 컨트롤에 가동업체의 총 개수가 표시되도록 컨트롤 원본 속성을 설정하시오. (6점)

▶ 〈산업단지현황〉 테이블의 '시도코드' 필드가 'txt시도코드' 컨트롤의 값과 같은 가동업체의 총 개수를 표시하시오.

▶ 가동업체의 총 개수가 0이면 "가동업체 없음"을, 그렇지 않으면 "가동업체 총 개수 : "와 가동업체의 총 개수를 표시하시오.

▶ IIF, DCOUNT 함수를 사용하시오.

▶ 1번 그림 참조

3. 〈산업단지현황조회〉 폼 머리글의 '보고서 인쇄(cmd인쇄)' 단추를 클릭하면, 〈산업단지현황보고서〉를 '인쇄 미리 보기' 형태로 여는 〈보고서 출력〉 매크로를 생성하여 지정하시오. (5점)

▶ '시도코드' 필드의 값이 폼 머리글의 'txt시도코드' 컨트롤에 해당하는 정보만 표시하시오.

4224033

문제 3 조회 및 출력 기능 구현(20점)

1. 다음의 지시사항 및 화면을 참조하여 〈산업단지현황보고서〉를 완성하시오. (각 3점)

① '유형명'을 기준으로 그룹이 지정된 상태에서, 1차 기준으로 '분양률'의 오름차순, 2차 기준으로 '단지명'의 오름차순 정렬되도록 하시오.

② '유형명' 머리글 영역은 매 페이지마다 반복하여 출력되고, 해당 영역이 시작되기 전에 페이지가 바뀌도록 관련 속성을 설정하시오.

③ '유형명' 머리글 영역의 'txt유형시도' 컨트롤에는 '유형명'과 '시도명'이 [표시 예]와 같이 표시되도록 '컨트롤 원본' 속성을 설정하시오.

[표시 예] '유형명'이 "국가"이고 '시도명'이 "전라북"인 경우 → 국가 전라북

④ 본문 영역의 'txt순번' 컨트롤에는 그룹별로 순번이 표시되도록 관련 속성을 설정하시오.

⑤ '유형명' 바닥글 영역의 'txt총생산량' 컨트롤에는 생산량의 합계가 표시되도록 '컨트롤 원본' 속성을 설정하시오.

산업단지현황보고서

국가 전라북

순번	단지명	조성상태	분양률	입주업체	가동업체	생산량
1	블루	미개발	0	0	0	0
2	한울	조성중	0	3	3	3
3	현재	조성중	7	0	0	0
4	LG Caltex정유	완료	86	194	97	337,111
5	개성전자	조성중	87	68	28	517,134
6	스피드 PC방	조성중	100	2,965	2,661	60,059,679
7	이너	완료	100	12	11	2,332,117
8	투맨시스템	완료	100	206	206	1,474,771
				총 생산량 :	64,720,815	

1/10페이지

2. 〈산업단지현황내역〉 폼 본문의 'txt시도코드' 컨트롤을 더블클릭하면 다음과 같은 기능을 수행하도록 이벤트 프로시저를 구현하시오. (5점)

▶ '시도코드' 필드의 마지막 1자리가 1이면 '시도명' 필드의 값에 "특별시"를, 2이면 '시도명' 필드의 값에 "광역시"를, 3이면 '시도명' 필드의 값에 "특별자치시"를, 4이면 '시도명' 필드의 값에 "특별자치도"를, 5이면 '시도명' 필드의 값에 "도"를 아래 그림과 같이 표시하시오.

▶ Select Case문과 Right 함수, & 연산자를 사용하시오.

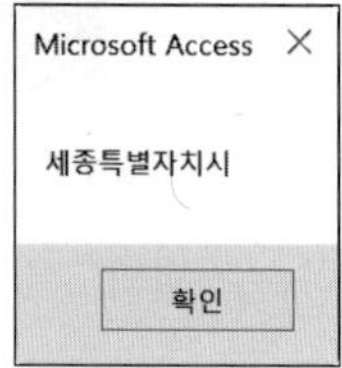

4224034

문제 4 처리 기능 구현(35점)

1. 〈산업단지현황〉과 〈유형〉 테이블을 이용하여 유형별 단지 개수, 평균 분양률, 총 생산량, 총 수출량을 조회하는 〈유형별단지현황조회〉 쿼리를 작성하시오. (7점)

▶ '단지 개수' 필드는 '단지명' 필드를 이용하여 [표시 예]와 같이 표시되도록 '형식' 속성을 설정하시오.
  [표시 예] 6 → 6개

▶ '평균 분양률(%)' 필드는 '분양률' 필드를 이용하여 [표시 예]와 같이 표시되도록 '형식' 속성을 설정하시오.
  [표시 예] 69.803030 → 70

▶ '총 생산량' 필드는 '생산량' 필드를, '총 수출량' 필드는 '수출량' 필드를 이용하고, '총 수출량' 필드를 기준으로 내림차순 정렬하시오.

▶ '유형명' 필드의 값이 "농공"인 레코드는 조회 대상에서 제외하시오.

▶ 쿼리 실행 결과 생성되는 필드와 필드명, 필드의 형식은 〈그림〉을 참고하여 수험자가 판단하여 설정하시오.

유형별단지현황조회

유형명	단지 개수	평균 분양률(%)	총 생산량	총 수출량
국가	8개	60	₩64,720,815	₩19,500,845
일반	66개	70	₩48,958,675	₩17,738,888
도시첨단	6개	29	₩401,930	₩63,368

레코드: 1/3 필터 없음 검색

2. 시도명별, 조성상태별 단지의 개수를 조회하는 〈시도별_단지수조회〉 크로스탭 쿼리를 작성하시오. (7점)

▶ 〈상세내역〉 쿼리를 이용하시오.

▶ 단지의 개수는 '단지명' 필드를 이용하시오.

▶ '지정면적' 필드의 값이 100 이상인 레코드만을 대상으로 하시오.

▶ '시도명' 필드를 기준으로 오름차순 정렬하시오.

▶ '최대 생산량' 필드는 '생산량' 필드, '최대 수출량' 필드는 '수출량' 필드를 이용하여 〈그림〉과 같이 '형식' 속성을 설정하시오.

▶ 쿼리 결과로 표시되는 필드와 필드명은 〈그림〉과 같이 표시되도록 설정하시오.

시도별_단지수조회

시도명	최대 생산량	최대 수출량	미개발	완료	조성중
강원	₩302,268	₩123,763		4	2
경기	₩5,401,500	₩1,623,376		5	2
경상남	₩60,059,679	₩18,305,207	4	9	9
경상북	₩720,381	₩130,720	1	13	4
대구	₩630,476	₩123,767		1	
대전	₩234,614	₩2,045		1	
부산	₩0	₩0	1		1
세종	₩2,649,821	₩478,715	1	1	
인천	₩379,536	₩63,288	1	1	
전라남	₩54,765	₩3,322		1	1
전라북	₩1,259,556	₩315,659	1	13	1
제주	₩1,474,771	₩59,003		2	
충청남	₩7,590,979	₩3,194,039	1	6	3
충청북	₩18,359,216	₩8,846,158		6	

레코드: 1/14 필터 없음 검색

3. 조회할 단지명의 일부를 매개 변수로 입력받아 해당 단지의 정보를 조회하여 새 테이블로 생성하는 〈단지수출액조회〉 쿼리를 작성하고 실행하시오. (7점)

▶ 〈산업단지현황〉 테이블을 이용하시오.

▶ 쿼리 실행 후 생성되는 테이블의 이름은 〈단지수출액확인〉으로 설정하시오.

▶ '수출량' 필드의 값이 상위 1% 이내인 레코드만을 대상으로 하시오.

▶ Like 연산자 사용

▶ 쿼리 실행 결과 표시되는 필드와 필드명은 〈그림〉과 같이 표시되도록 설정하시오

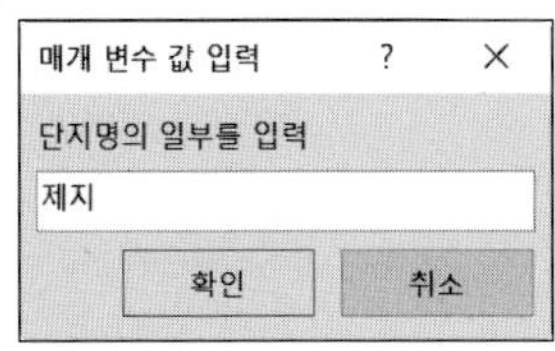

매개 변수 값 입력 ? ×

단지명의 일부를 입력

제지

확인 취소

단지수출액확인

단지명	조성상태	분양률	입주업체	가동업체	수출량
한국제지	완료	100	48	43	3194039
*					

레코드: 1/1 필터 없음 검색

※ 〈단지수출액조회〉 쿼리를 실행한 후의 〈단지수출액확인〉 테이블

4. **〈시도〉, 〈산업단지현황〉, 〈유형〉 테이블을 이용하여 시도별 유형별 총 생산량과 총 수출량을 조회하는 〈시도유형별성과〉 쿼리를 작성하시오. (7점)**

▶ 〈시도〉 테이블의 '시도코드' 필드의 값이 1, 2, 3으로 시작하는 레코드만을 대상으로 하시오.

▶ '시도명' 필드를 기준으로 오름차순 정렬하고 동일한 '시도명' 내에서는 '유형명' 필드를 기준으로 오름차순 정렬하시오.

▶ '총 생산량' 필드는 '생산량' 필드를 이용하여, [표시 예]와 같이 표시되도록 '형식' 속성을 설정하시오.

[표시 예] 0 → 0 백만원, 54765 → 54,765 백만원

▶ '총 수출량' 필드는 '수출량' 필드를 이용하여, [표시 예]와 같이 표시되도록 '형식' 속성을 설정하시오.

[표시 예] 0 → 0 천달러, 6302 → 6,302 천달러

▶ Left 함수, In 연산자 사용

▶ 쿼리 결과로 표시되는 필드와 필드명은 〈그림〉과 같이 표시되도록 설정하시오.

시도유형별성과

시도명	유형명	총 생산량	총 수출량
강원	농공	604,400 백만원	130,065 천달러
강원	도시첨단	22,394 백만원	80 천달러
강원	일반	62,069 백만원	1,577 천달러
경상남	국가	60,059,682 백만원	18,305,207 천달러
경상남	농공	357,514 백만원	64,275 천달러
경상남	일반	2,611,436 백만원	302,856 천달러
경상북	농공	1,212,232 백만원	261,842 천달러
경상북	도시첨단	0 백만원	0 천달러
경상북	일반	1,734,049 백만원	71,030 천달러
전라남	농공	54,765 백만원	3,322 천달러
전라남	일반	0 백만원	0 천달러
전라북	국가	854,245 백만원	188,757 천달러
전라북	농공	531,825 백만원	45,400 천달러
전라북	일반	3,543,956 백만원	873,425 천달러
제주	국가	1,474,771 백만원	59,003 천달러
제주	농공	92,035 백만원	274 천달러
충청남	국가	2,332,117 백만원	947,878 천달러
충청남	농공	89,419 백만원	73,050 천달러
충청남	일반	8,812,474 백만원	3,338,044 천달러
충청북	농공	106,089 백만원	269,646 천달러
충청북	일반	19,283,921 백만원	9,394,991 천달러

레코드: 1/21 필터 없음 검색

5. **〈산업단지현황〉 테이블을 이용하여 '비고' 필드의 값을 변경하는 〈분양률평가〉 업데이트 쿼리를 작성한 후 실행하시오. (7점)**

▶ '분양률' 필드의 값이 100이면 '비고' 필드의 값을 "분양완료"로, '분양률' 필드의 값이 100 미만 70 이상이면 '비고' 필드의 값을 '분양률' 필드의 값에 "% 분양중"이란 문구를 붙인 것으로, '분양률' 필드의 값이 70 미만 0 초과이면 '비고' 필드의 값을 "분양미달"로, '분양률' 필드의 값이 0이면 "미분양"으로 변경하시오.

[표시 예] 0 → 미분양, 75 → 75% 분양중, 100 → 분양완료

▶ Switch 함수 사용

산업단지현황

유형번호	시도코드	단지명	조성상태	지정면적	관리면적	분양률	입주업체	가동업체	생산량	수출량	비고
4	16-5	가남	완료	95	95	97	59	56	33400	2000	97% 분양중
2	15-5	간달프	완료	104	104	33	0	0	0	0	분양미달
2	02-2	갑사	미개발	104	104	0	0	0	0	0	미분양
1	13-5	개성전자	조성중	18465	18465	87	68	28	517134	129690	87% 분양중
4	12-5	건영단	완료	122	122	100	15	15	65092	73050	분양완료
2	12-5	계성제지	완료	651	649	100	14	13	280016	29900	분양완료
2	12-5	골드아이	조성중	2095	2094	100	1	0	0	0	분양완료
2	02-2	국보화학	완료	64	63	100	18	18	13792	504	분양완료
4	16-5	금호산업	완료	166	166	100	20	20	54000	36000	분양완료
2	15-5	기아특수강	조성중	1862	1863	98	117	116	383400	38600	98% 분양중
2	16-5	길전자	조성중	2807	2804	77	0	0	0	0	77% 분양중
2	15-5	녹도정보통신	조성중	728	728	79	10	6	63000	0	79% 분양중

레코드: 1/115 필터 없음 검색

※ 〈분양률평가〉 쿼리를 실행한 후의 〈산업단지현황〉 테이블

기출문제 정답 및 해설

문제 1 DB 구축

정답

01. 테이블 완성하기 _ 참고 : 테이블 완성 296쪽

〈산업단지현황〉 테이블

1 '시도코드' 필드에 입력 마스크 속성 설정하기

필드 속성

일반 | 조회

필드 크기	255
형식	
입력 마스크	00-0;0;#
캡션	
기본값	

2 '조성상태' 필드에 조회 속성 설정하기

필드 속성

일반 | 조회

컨트롤 표시	목록 상자
행 원본 유형	값 목록
행 원본	미개발;조성중;완료
바운드 열	1
열 개수	1
열 이름	아니요
열 너비	
여러 값 허용	아니요
값 목록 편집 허용	아니요
목록 항목 편집 폼	
행 원본 값만 표시	아니요

3 테이블 속성의 '유효성 검사 규칙'과 '유효성 검사 텍스트' 속성 설정하기

속성 시트

선택 유형: 테이블 속성

일반

기본 보기	데이터시트
유효성 검사 규칙	[가동업체]<=[입주업체]
유효성 검사 텍스트	입주업체를 확인하세요
필터	
정렬 기준	

4 '단지명' 필드에 '인덱스' 속성 설정하기

필드 속성

일반 | 조회

필수	아니요
빈 문자열 허용	예
인덱스	예(중복 불가능)
유니코드 압축	예
IME 모드	한글

〈유형〉 테이블

5 '유형번호' 필드에 기본 키 설정하기

유형

필드 이름	데이터 형식
유형번호	숫자
유형명	짧은 텍스트

02. '산업단지추가분.xlsx' 파일 가져오기 _ 참고 : 테이블 생성 307쪽

정답

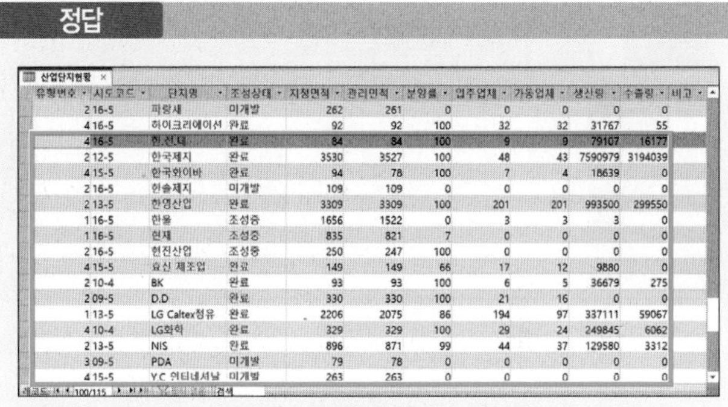

산업단지현황

유형번호	시도코드	단지명	조성상태	지정면적	관리면적	분양률	입주업체	가동업체	생산량	수출량	비고
2	16-5	파랑새	미개발	262	261	0	0	0	0	0	
4	16-5	하이크리에이션	완료	92	92	100	32	32	31767	55	
4	16-5	한.선.네	완료	84	84	100	9	9	79107	16177	
2	12-5	한국제지	완료	3530	3527	100	48	43	7590979	3194039	
4	15-5	한국화이바	완료	94	78	100	7	4	18639	0	
2	16-5	한솔제지	미개발	109	109	0	0	0	0	0	
2	13-5	한영산업	완료	3309	3309	100	201	201	993500	299550	
1	16-5	한울	조성중	1656	1522	0	3	3	3	0	
1	16-5	현재	조성중	835	821	7	0	0	0	0	
2	16-5	현진산업	조성중	250	247	100	0	0	0	0	
4	15-5	효신 제조업	완료	149	149	66	17	12	9880	0	
2	10-4	BK	완료	93	93	100	6	5	36679	275	
2	09-5	D.D	완료	330	330	100	21	16	0	0	
1	13-5	LG Caltex정유	완료	2206	2075	86	194	97	337111	59067	
4	10-4	LG화학	완료	329	329	100	29	24	249845	6062	
2	13-5	NIS	완료	896	871	99	44	37	129580	3312	
3	09-5	PDA	미개발	79	78	0	0	0	0	0	
4	15-5	Y.C 인터내셔날	미개발	263	263	0	0	0	0	0	

레코드: 100/115 검색

1. '외부 데이터 가져오기 – Excel 스프레드시트' 대화상자

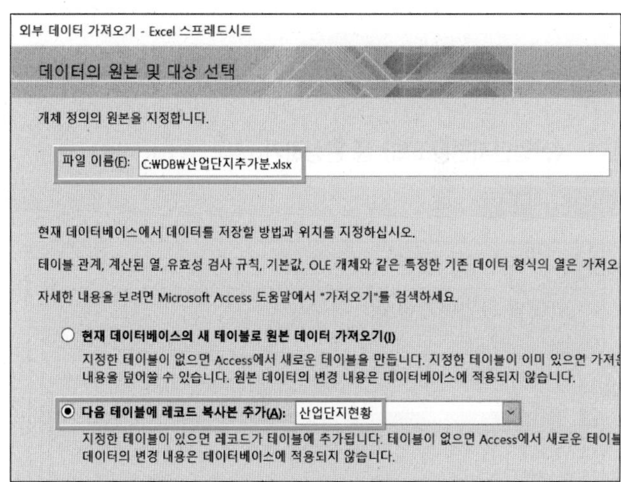

외부 데이터 가져오기 - Excel 스프레드시트

데이터의 원본 및 대상 선택

개체 정의의 원본을 지정합니다.

파일 이름(F): C:₩DB₩산업단지추가분.xlsx

현재 데이터베이스에서 데이터를 저장할 방법과 위치를 지정하십시오.

테이블 관계, 계산된 열, 유효성 검사 규칙, 기본값, OLE 개체와 같은 특정한 기존 데이터 형식의 열은 가져오

자세한 내용을 보려면 Microsoft Access 도움말에서 "가져오기"를 검색하세요.

○ 현재 데이터베이스의 새 테이블로 원본 데이터 가져오기(I)

지정한 테이블이 없으면 Access에서 새로운 테이블을 만듭니다. 지정한 테이블이 이미 있으면 가져온 내용을 덮어쓸 수 있습니다. 원본 데이터의 변경 내용은 데이터베이스에 적용되지 않습니다.

◉ 다음 테이블에 레코드 복사본 추가(A): 산업단지현황

지정한 테이블이 있으면 레코드가 테이블에 추가됩니다. 테이블이 없으면 Access에서 새로운 테이블 데이터의 변경 내용은 데이터베이스에 적용되지 않습니다.

2. '스프레드시트 가져오기 마법사' 1단계 대화상자

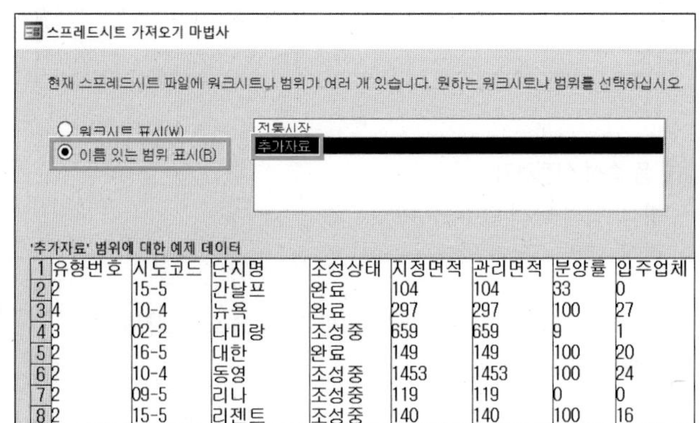

스프레드시트 가져오기 마법사

현재 스프레드시트 파일에 워크시트나 범위가 여러 개 있습니다. 원하는 워크시트나 범위를 선택하십시오.

○ 워크시트 표시(W)
◉ 이름 있는 범위 표시(R)

전통시장
추가자료

'추가자료' 범위에 대한 예제 데이터

1	유형번호	시도코드	단지명	조성상태	지정면적	관리면적	분양률	입주업체
2	2	15-5	간달프	완료	104	104	33	0
3	4	10-4	뉴욕	완료	297	297	100	27
4	3	02-2	다미랑	조성중	659	659	9	1
5	2	16-5	대한	완료	149	149	100	20
6	2	10-4	동영	조성중	1453	1453	100	24
7	2	09-5	리나	조성중	119	119	0	0
8	2	15-5	리젠트	조성중	140	140	100	16

3. '스프레드시트 가져오기 마법사' 2단계 대화상자

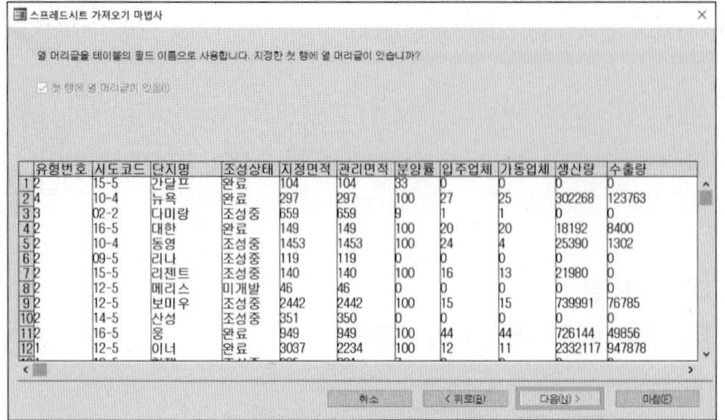

	유형번호	시도코드	단지명	조성상태	지정면적	관리면적	분양률	입주업체	가동업체	생산량	수출량
1	2	15-5	간달프	완료	104	104	33	0	0	0	0
2	4	10-4	뉴욕	완료	297	297	100	27	25	302268	123763
3	3	02-2	다미랑	조성중	659	659	9	1	1	0	0
4	2	16-5	대한	완료	149	149	100	20	20	18192	8400
5	2	10-4	동영	조성중	1453	1453	100	24	4	25390	1302
6	2	09-5	리나	조성중	119	119	0	0	0	0	0
7	2	15-5	리젠트	조성중	140	140	100	16	13	21980	0
8	2	12-5	메리스	미개발	46	46	0	0	0	0	0
9	2	12-5	보미우	조성중	2442	2442	100	15	15	739991	76785
10	2	14-5	산성	조성중	351	350	0	0	0	0	0
11	2	16-5	웅	완료	949	949	100	44	44	726144	49856
12	1	12-5	이너	완료	3037	2234	100	12	11	2332117	947878

4. '스프레드시트 가져오기 마법사' 3단계 대화상자

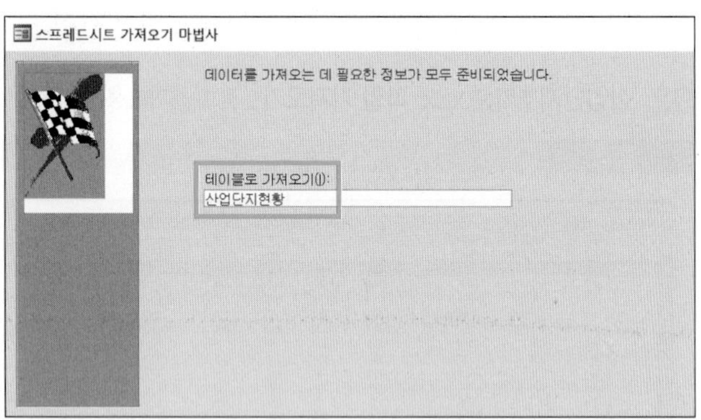

03. 〈산업단지현황〉 테이블과 〈유형〉 테이블 간의 관계 설정하기

_ 참고 : 관계 설정 305쪽

정답

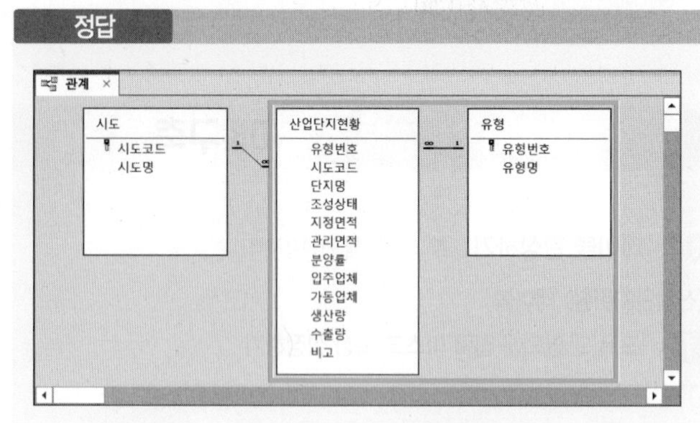

• '관계 편집' 대화상자

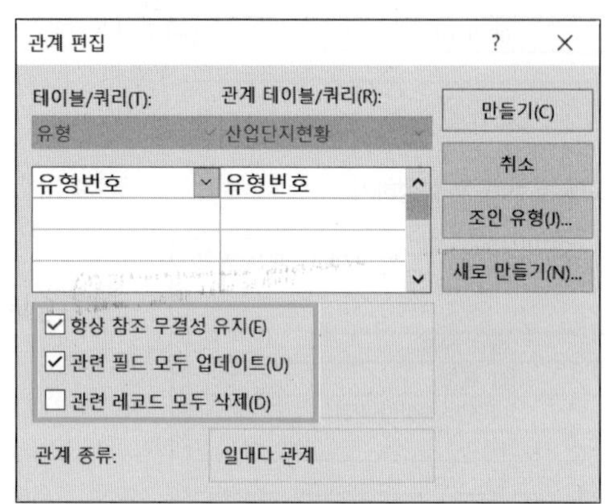

문제 2 입력 및 수정 기능 구현

정답

01. 〈산업단지현황조회〉 폼 완성하기 _ 참고 : 폼 완성 310쪽

정답

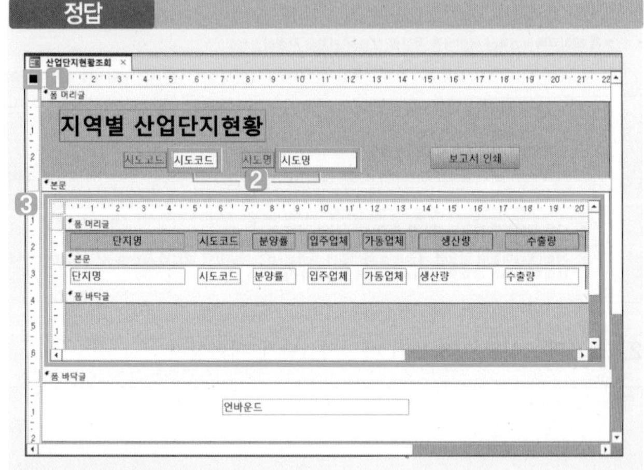

1 폼 속성 설정하기

• '형식' 탭의 탐색 단추 → 예
• '형식' 탭의 스크롤 막대 → 표시 안 함

2 폼 머리글의 'txt시도코드', 'txt시도명' 컨트롤에 속성 설정하기

'데이터' 탭의 잠금 → 예

3 하위 폼 컨트롤에 속성 설정하기

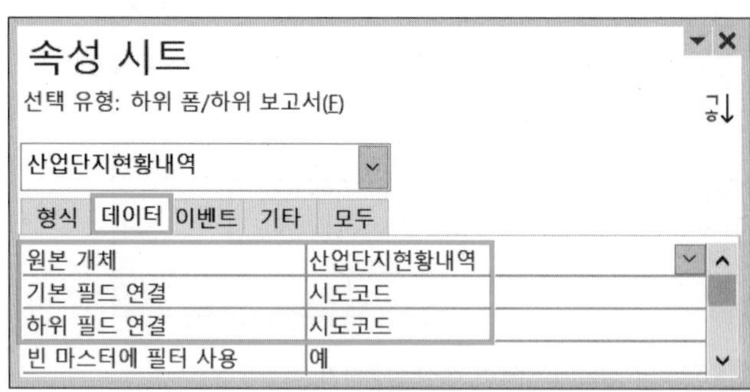

02. 〈산업단지현황조회〉 폼 바닥글의 'txt가동업체총계' 컨트롤에 속성 설정하기 _ 참고 : 도메인 계산 함수 314쪽

'데이터' 탭의 컨트롤 원본 →
=IIf(DCount("가동업체","산업단지현황","[시도코드]=[txt시도코드]")=0,"가동업체 없음","가동업체 총 개수 : " & DCount("가동업체","산업단지현황","[시도코드]=[txt시도코드]"))

03. 〈보고서출력〉 매크로 작성하기 _ 참고 : 매크로 작성 325쪽

정답

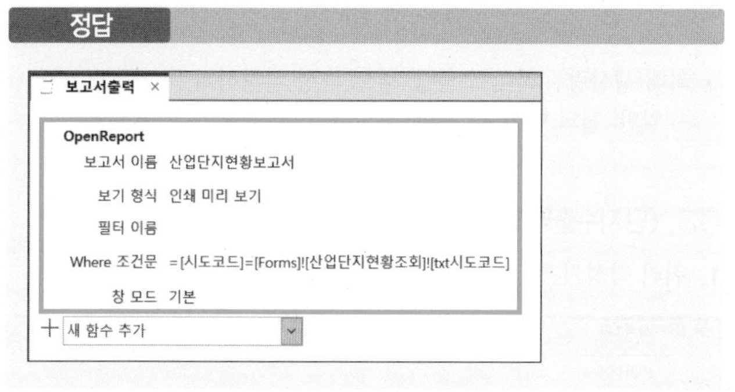

1. 매크로 개체를 생성한 후 이를 연결하여 사용해야 하므로, 먼저 매크로 개체를 생성한다. [만들기] → 매크로 및 코드 → **매크로**()를 클릭한다.
2. 매크로 대화상자에서 정답과 같이 설정한 후 매크로 대화상자의 닫기(☒) 단추를 클릭한다.
3. 저장 여부를 묻는 대화상자에서 〈예〉를 클릭한다.
4. '다른 이름으로 저장' 대화상자에서 매크로 이름을 **보고서출력**으로 입력한 다음 〈확인〉을 클릭한다.
5. 〈산업단지현황조회〉 폼을 디자인 보기로 연 후 폼 본문의 'cmd인쇄' 컨트롤을 더블클릭한다.
6. 'cmd인쇄' 컨트롤 속성 시트 창의 '이벤트' 탭에서 'On Click' 이벤트의 목록 단추를 눌러 '보고서출력' 매크로를 선택한다.

문제 3 조회 및 출력 기능 구현

정답

01. 〈산업단지현황보고서〉 완성하기 _ 참고 : 보고서 완성 331쪽

정답

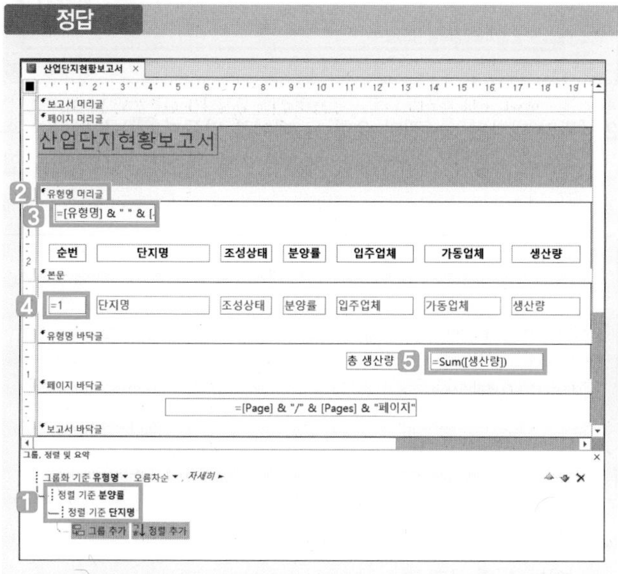

1 '그룹, 정렬 및 요약' 창 – 정렬 기준

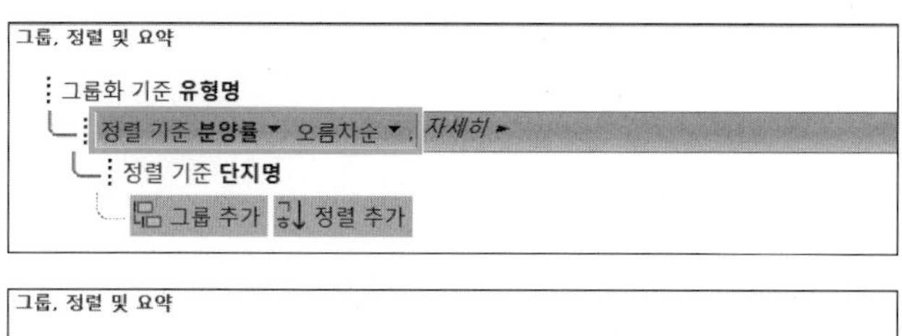

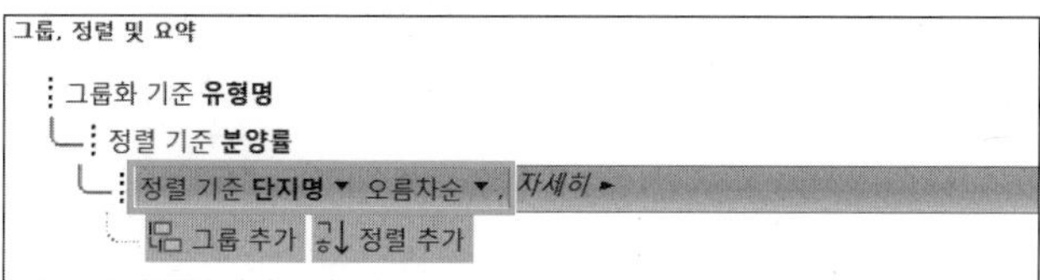

2 '유형명' 머리글 영역에 속성 설정하기

- '형식' 탭의 반복 실행 구역 → 예
- '형식' 탭의 페이지 바꿈 → 구역 전

3 'txt유형시도' 컨트롤에 속성 설정하기

'데이터' 탭의 컨트롤 원본 → =[유형명] & " " & [시도명]

4 'txt순번' 컨트롤에 속성 설정하기

- '데이터' 탭의 컨트롤 원본 → =1
- '데이터' 탭의 누적 합계 → 그룹

5 'txt총생산량' 컨트롤에 속성 설정하기

'데이터' 탭의 컨트롤 원본 → =Sum([생산량])

02. 〈산업단지현황내역〉 폼 본문의 'txt시도코드' 컨트롤에 더블클릭 기능 구현하기 _ 참고 : 이벤트 프로시저 340쪽

정답

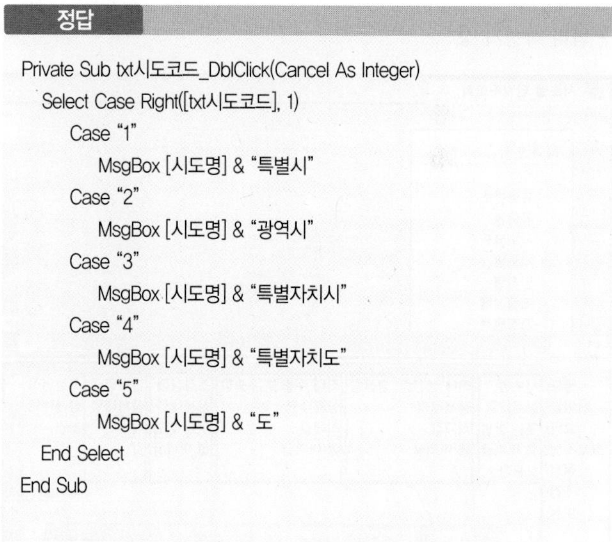

```
Private Sub txt시도코드_DblClick(Cancel As Integer)
  Select Case Right([txt시도코드], 1)
      Case "1"
          MsgBox [시도명] & "특별시"
      Case "2"
          MsgBox [시도명] & "광역시"
      Case "3"
          MsgBox [시도명] & "특별자치시"
      Case "4"
          MsgBox [시도명] & "특별자치도"
      Case "5"
          MsgBox [시도명] & "도"
  End Select
End Sub
```

01. 〈유형별단지현황조회〉 쿼리 _ 참고 : 쿼리 작성 347쪽

• 쿼리 작성기 창

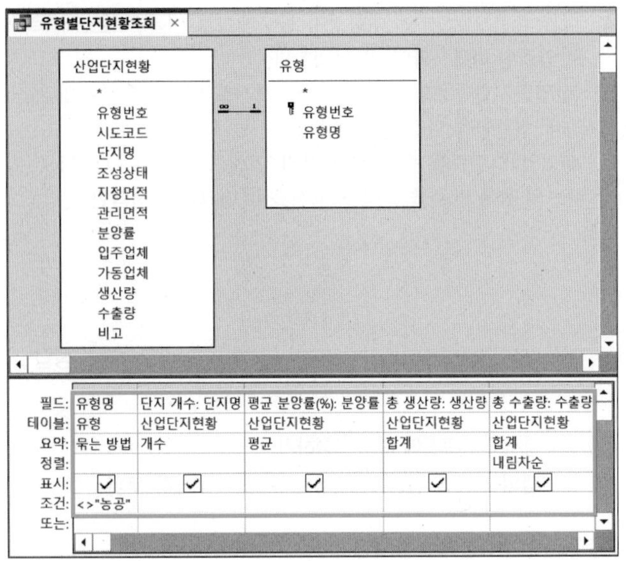

• '단지 개수' 필드 속성 설정하기
  – '일반' 탭의 형식 : #개
• '평균 분양률(%)' 필드 속성 설정하기
  – '일반' 탭의 형식 : #
• '총 생산량', '총 수출량' 필드 속성 설정하기
  – '일반' 탭의 형식 : 통화

02. 〈시도별_단지수조회〉 쿼리 _ 참고 : 쿼리 작성 347쪽

• 쿼리 작성기 창

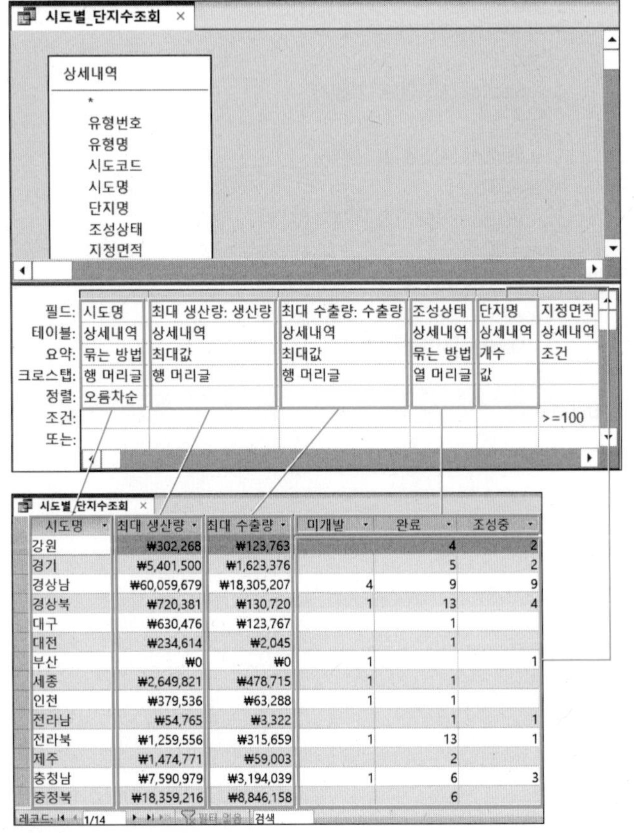

시도명	최대 생산량	최대 수출량	미개발	완료	조성중
강원	₩302,268	₩123,763		4	2
경기	₩5,401,500	₩1,623,376		5	2
경상남	₩60,059,679	₩18,305,207	4	9	9
경상북	₩720,381	₩130,720	1	13	4
대구	₩630,476	₩123,767		1	
대전	₩234,614	₩2,045		1	
부산	₩0	₩0	1		1
세종	₩2,649,821	₩478,715	1	1	
인천	₩379,536	₩63,288	1	1	
전라남	₩54,765	₩3,322		1	1
전라북	₩1,259,556	₩315,659	1	13	1
제주	₩1,474,771	₩59,003		2	
충청남	₩7,590,979	₩3,194,039	1	6	3
충청북	₩18,359,216	₩8,846,158		6	

• '최대 생산량', '최대 수출량' 필드 속성 설정하기
  – '일반' 탭의 형식 → 통화

03. 〈단지수출액조회〉 쿼리 작성하기 _ 참고 : 쿼리 작성 347쪽

1. 쿼리 작성기 창

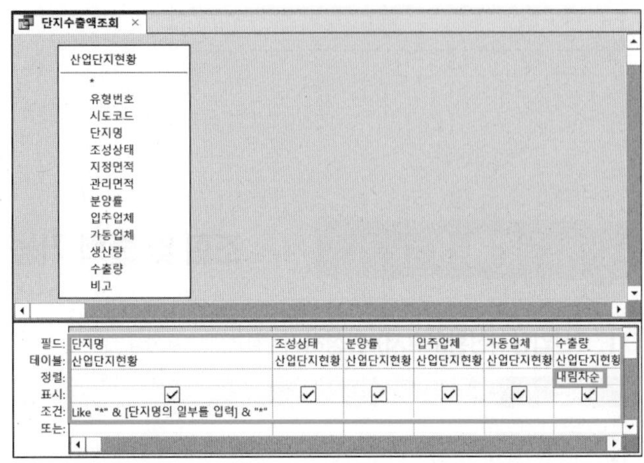

2. [쿼리 디자인] → 쿼리 유형 → **테이블 만들기**(▦)를 클릭한 후 '테이블 만들기' 대화상자의 '테이블 이름'에 **단지수출액확인**을 입력한다.

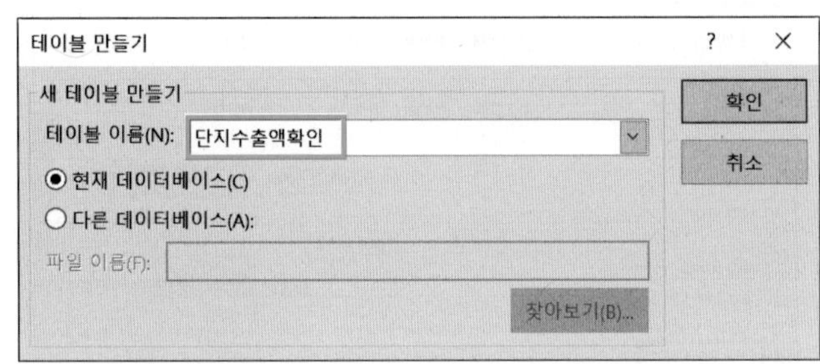

• 쿼리 속성 설정하기
  – '일반' 탭의 상위 값 → 1%

04. 〈시도유형별성과〉 쿼리 _ 참고 : 쿼리 작성 347쪽

• 쿼리 작성기 창

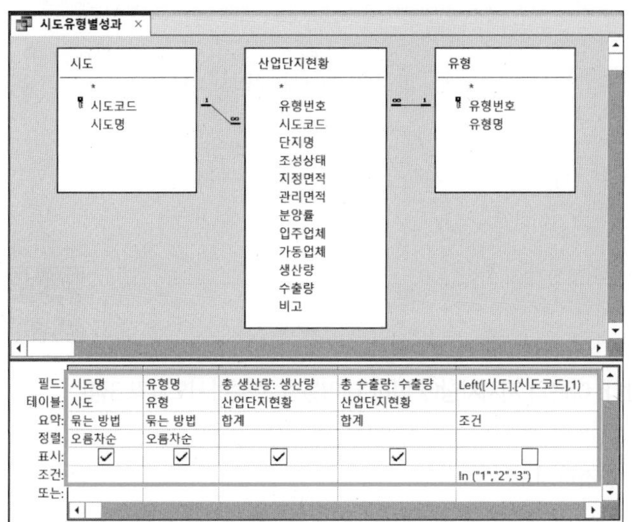

• '총 생산량' 필드 속성 설정하기
  – '형식' 탭의 형식 : #,##0 "백만원"
• '총 수출량' 필드 속성 설정하기
  – '형식' 탭의 형식 : #,##0 "천달러"

05. 〈분양률평가〉 쿼리 _ 참고 : 쿼리 작성 347쪽

• 쿼리 작성기 창

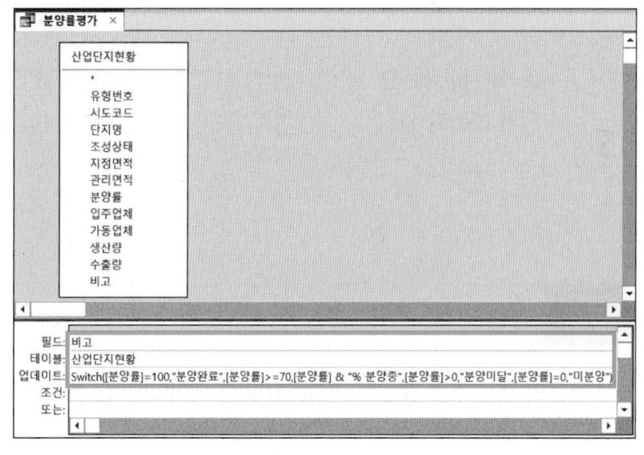

EXAMINATION

04 회 2024년 상시04 컴퓨터활용능력 1급

- **준 비 하 세 요 :** 'C:\길벗컴활1급총정리\기출\04회' 폴더에서 '24년상시04.accdb' 파일을 열어서 작업하시오.
- **외부 데이터 위치 :** C:\길벗컴활1급총정리\기출\04회

문제 1 DB구축(25점)

1. 회원들의 제품 주문 정보를 관리하기 위한 데이터베이스를 구축하고자 한다. 다음의 지시사항에 따라 테이블을 완성하시오. (각 3점)

〈주문〉 테이블

① 테이블이 로드되면, '주문일' 필드를 기준으로 내림차순 정렬되도록 설정하시오.

② 새로운 레코드가 추가되는 경우 '주문일' 필드에는 시간을 포함하지 않는 시스템의 오늘 날짜가 입력되도록 설정하시오.

〈제품〉 테이블

③ '제품번호' 필드는 'P01-0001' 형식으로, 문자 1자리, "-" 기호, 숫자 6자리가 반드시 입력되도록 다음과 같이 설정하시오.

- ▶ 문자는 영문자와 한글만 입력될 수 있도록 설정할 것
- ▶ 숫자는 0~9까지의 숫자만 입력될 수 있도록 설정할 것
- ▶ '-' 기호도 테이블에 저장되도록 설정할 것
- ▶ 입력 시 데이터가 입력될 자리를 "*"로 표시할 것

④ '제품명' 필드는 값이 반드시 입력되도록 설정하고 빈 문자열은 허용되지 않도록 설정하시오.

⑤ '유통기한(월)' 필드에는 8보다 작은 값이 입력되도록 '유효성 검사 규칙' 속성을 설정하시오.

- ▶ 규칙에 어긋나는 경우 "입력값을 확인하세요"라는 메시지를 표시하시오.

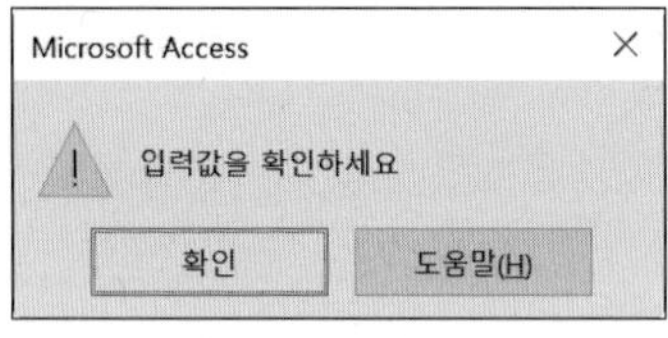

2. 〈제품〉 테이블의 '분류번호' 필드에 대해서 다음과 같이 조회 속성을 설정하시오. (5점)

- ▶ 〈분류〉 테이블의 '분류명' 필드만 콤보 상자 형태로 표시하시오.
- ▶ 필드에는 '분류번호'가 저장되도록 설정하시오.
- ▶ 목록 너비를 3cm로 설정하시오.
- ▶ 목록 이외의 값은 입력될 수 없도록 설정하시오.

제품

제품번호	제품명	분류번호	중량	유통기한(월)	보관방법	판매금액
P01-0001	우유	유제품	1000ml	1	냉장	3000
P01-0002	버터	유제품	0g	6	냉장	10000
P01-0003	아이스크림	가공류	0ml	12	냉동	3000
P02-0001	꽁치통조림	발효류	0g	6	실온	1800
P02-0002	건조오징어	어류	0g	2	실온	50000
P02-0003	햄	포장육류	0g	2	냉장	5500
P02-0004	소시지	과일류	0g	2	냉장	2600
P03-0001	치즈	채소류	0g	1	냉장	5300
P03-0002	김치	발효류	1500g	6	냉장	12000
P04-0001	해삼	어류	300g	1	냉장	12000
P04-0002	낙지	어류	300g	1	냉장	25000
P04-0003	멍게	어류	300g	1	냉장	10000

레코드: 1/22 필터 없음 검색

3. 〈주문〉 테이블의 '회원번호' 필드는 〈회원〉 테이블의 '회원번호' 필드를 참조하며, 테이블 간의 관계는 M:1이다. 다음과 같이 테이블 간의 관계를 설정하시오. (5점)

※ 액세스 파일에 이미 설정되어 있는 관계는 수정하지 마시오.

▶ 각 테이블 간에 항상 참조 무결성이 유지되도록 설정하시오.

▶ 참조 필드의 값이 변경되면 관련 필드의 값도 변경되도록 설정하시오.

▶ 다른 테이블에서 참조하고 있는 레코드는 삭제할 수 없도록 설정하시오.

4224042

문제 2 입력 및 수정 기능 구현(20점)

1. 〈분류별주문현황〉 폼을 다음의 화면과 지시사항에 따라 완성하시오. (각 3점)

① 폼 머리글의 'txt제품조회', 'txt분류번호', 'txt분류명' 컨트롤에는 포커스를 이동시킬 수 없도록 탭 속성을 설정하시오.

② 하위 폼 본문의 배경색과 다른 배경색을 '표준 색 – 흰색'으로 설정하시오.

③ 하위 폼 바닥글의 'txt총판매금액' 컨트롤에는 '수량 × 판매금액'의 합계가 표시되도록 '컨트롤 원본' 속성을 설정하시오.

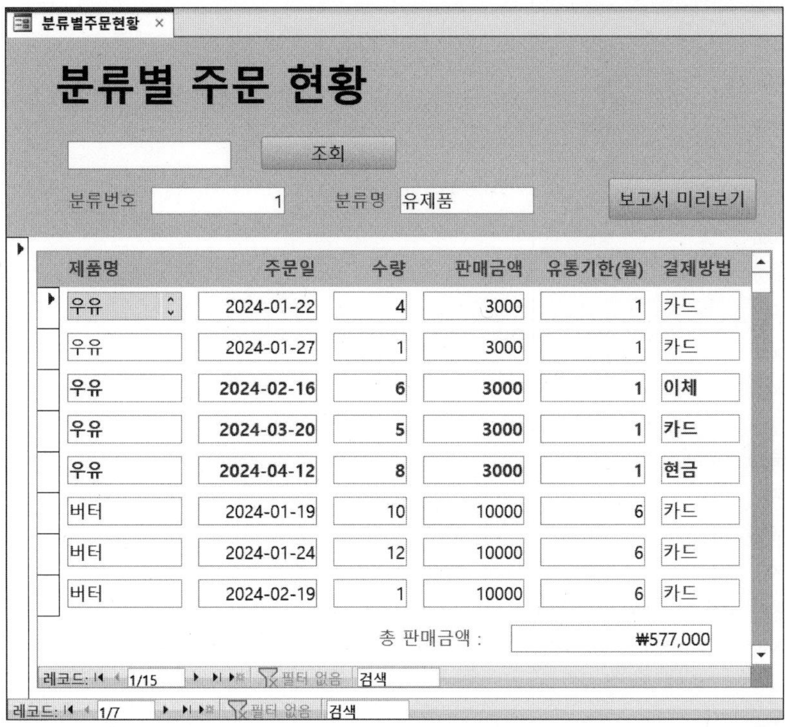

2. 〈주문상세〉 폼의 본문 컨트롤에 대하여 다음과 같이 조건부 서식을 순서대로 설정하시오. (6점)

▶ 필드에 포커스가 있는 경우 배경 색을 '표준 색 – 노랑'으로 지정하시오.

▶ '제품명' 필드의 값이 "우유"이고 '수량' 필드의 값이 5 이상인 경우 본문의 모든 컨트롤들의 글꼴 스타일을 '굵게', 글꼴 색을 '표준 색 – 파랑'으로 지정하시오.

▶ 1번 〈그림〉 참조

3. 〈분류별주문현황〉 폼 머리글의 '보고서 미리보기(cmd출력)' 단추를 클릭하면 〈결제방법별주문현황〉 보고서를 '인쇄 미리 보기' 형태로 여는 〈보고서출력〉 매크로를 생성하여 지정하시오. (5점)

▶ 다음과 같이 시스템의 현재 날짜와 시간이 표시된 메시지 상자에서 〈확인〉을 클릭하면 보고서를 출력할 것

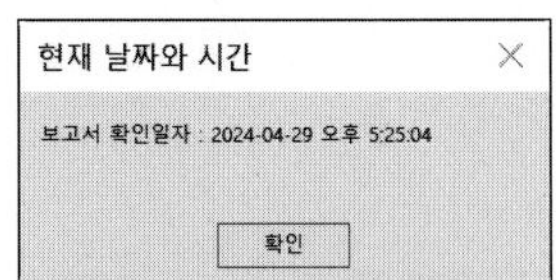

4224043

문제 3 조회 및 출력 기능 구현(20점)

1. 다음의 지시사항 및 화면을 참조하여 〈결제방법별주문현황〉 보고서를 완성하시오. (각 3점)

① '결제방법'을 기준으로 그룹이 지정된 상태에서, 1차 기준으로 '제품명'의 오름차순, 2차 기준으로 '주문일'의 내림차순 정렬되도록 하시오.

② 본문 영역의 'txt순번' 컨트롤에는 그룹별로 순번이 표시되도록 관련 속성을 설정하시오.

③ 본문 영역의 'txt제품명' 컨트롤의 값이 이전 레코드와 동일한 경우에는 표시되지 않도록 관련 속성을 설정하시오.

④ '결제방법'의 그룹 바닥글이 화면에 표시되지 않도록 설정하시오.

⑤ 페이지 바닥글 영역의 'txt페이지' 컨트롤에는 페이지가 다음과 같이 표시되도록 '컨트롤 원본' 속성을 설정하시오.

▶ 현재 페이지가 1페이지이고 전체 페이지가 5페이지인 경우 : 1/5

결제방법별주문현황

이체

순번	주문일	제품명	수량	판매금액	유통기한(월)	보관방법
1	2024-04-06	감자	9	5000	1	실온
2	2024-03-17	김치	6	12000	6	냉장
3	2024-04-03	낙지	1	25000	1	냉장
4	2024-02-09		9	25000	1	냉장
5	2024-01-07		5	25000	1	냉장
6	2024-01-10	바나나	1	4000	1	실온
7	2024-03-25	배	8	9000	1	실온
8	2024-02-23		1	9000	1	실온
9	2024-03-31	아이스크림	2	3000	12	냉동
10	2024-02-05	양파	8	7600	1	실온
11	2024-02-16	우유	6	3000	1	냉장
12	2024-01-15	해삼	11	12000	1	냉장

카드

순번	주문일	제품명	수량	판매금액	유통기한(월)	보관방법
1	2024-03-23	감자	5	5000	1	실온
2	2024-02-24		10	5000	1	실온
3	2024-02-12		12	5000	1	실온
4	2024-01-04		12	5000	1	실온
5	2024-03-13	건조오징어	1	50000	2	실온
6	2024-02-28		10	50000	2	실온
7	2024-01-25		3	50000	2	실온
8	2024-01-09		9	50000	2	실온
9	2024-04-01	김치	2	12000	6	냉장

1/5

2. 〈분류별주문현황〉 폼 머리글을 더블클릭하면 다음과 같은 기능을 수행하도록 이벤트 프로시저를 구현하시오. (5점)

▶ 아래와 같은 메시지 상자를 표시하고 〈예〉를 클릭하면, 'txt제품조회' 컨트롤의 값을 지운 후 포커스가 'txt제품조회' 컨트롤로 이동되도록 하시오.

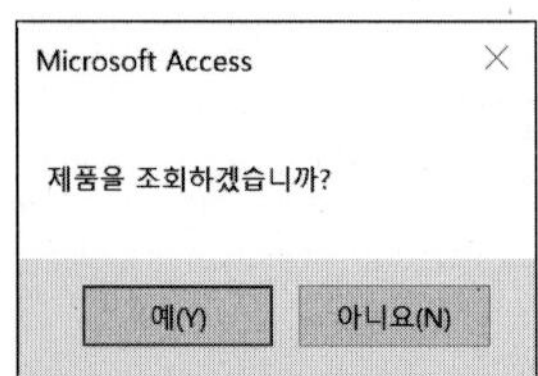

▶ DoCmd 개체와 GoToControl 메서드 사용

문제 4 처리 기능 구현(35점)

1. 〈주문목록〉과 〈제품〉 테이블을 이용하여 제품별 총 주문량을 조회한 후 새 테이블로 생성하는 〈제품주문조회〉 쿼리를 작성하고 실행하시오. (7점)

▶ '보관방법' 필드의 값이 "실온"이고, '유통기한(월)' 필드의 값이 1 이하인 레코드만을 대상으로 하시오.

▶ '총 주문량' 필드는 '수량' 필드를 이용하며, '총 주문량' 필드를 기준으로 내림차순 정렬하시오.

▶ 쿼리 실행 후 생성되는 테이블의 이름은 〈실온제품주문현황〉으로 설정하시오.

▶ 쿼리 실행 결과 생성되는 필드와 필드명은 〈그림〉을 참고하여 수험자가 판단하여 설정하시오.

실온제품주문현황

제품명	총 주문량
감자	48
배	35
양파	34
사과	32
바나나	19

레코드: 1/5

※ 〈제품주문조회〉 쿼리를 실행한 후의 〈실온제품주문현황〉 테이블

2. 제품별, 일수별 수량의 합계를 조회하는 〈제품별_일수별_수량조회〉 크로스탭 쿼리를 작성하시오. (7점)

▶ 〈주문상세〉 쿼리를 이용하시오.

▶ '제품명' 필드를 기준으로 내림차순 정렬하시오.

▶ '수량 합계'는 '수량' 필드를 이용하여, [표시 예]와 같이 표시되도록 '형식' 속성을 설정하시오.
[표시 예] 28 → 28개

▶ 일수는 '주문일' 필드를 이용하며, 일수가 10~15 사이인 레코드만을 대상으로 하시오.

▶ 일수별 수량의 합계는 '수량' 필드를 이용하여, 0보다 큰 경우만 일수별 수량의 합계를 표시하고, 그 외에는 "-"을 표시하시오.

▶ Day, Sum, IIf 함수, Between과 & 연산자 사용

▶ 쿼리 결과로 표시되는 필드와 필드명은 〈그림〉과 같이 표시되도록 설정하시오.

제품별_일수별_수량조회

제품명	수량 합계	10일	11일	12일	13일	14일	15일
해삼	28개	-	8	-	-	9	11
치즈	11개	-	-	-	11	-	-
우유	8개	-	-	8	-	-	-
오리고기	3개	-	-	3	-	-	-
아이스크림	4개	-	-	-	-	4	-
소시지	3개	-	-	-	-	-	3
소고기	20개	-	-	-	-	9	11
사과	9개	-	9	-	-	-	-
배	11개	11	-	-	-	-	-
바나나	9개	1	8	-	-	-	-
닭고기	10개	10	-	-	-	-	-
꽁치통조림	1개	1	-	-	-	-	-
김치	8개	-	7	1	-	-	-
건조오징어	1개	-	-	-	1	-	-
감자	12개	-	-	12	-	-	-

레코드: 1/15 필터 없음 검색

3. 조회할 제품명의 일부를 매개 변수로 입력받아 해당 제품의 최대주문수량을 조회하는 〈제품별_최대주문수량〉 쿼리를 작성하시오. (7점)

▶ 〈제품〉, 〈주문목록〉, 〈주문〉, 〈회원〉 테이블을 이용하시오.

▶ '최대주문수량' 필드는 '수량' 필드를 이용하여, [표시 예]와 같이 표시되도록 '형식' 속성을 설정하시오.
[표시 예] 9 → 9개

▶ '최대주문수량' 필드의 값이 5 이상이고, '성별' 필드의 값이 "여자"인 레코드만을 대상으로 하시오.

▶ Like 연산자 사용

▶ 쿼리 실행 결과 표시되는 필드와 필드명은 〈그림〉과 같이 표시되도록 설정하시오.

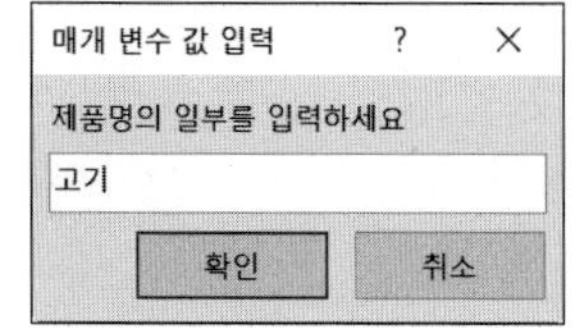

제품별_최대주문수량

제품명	최대주문수량
닭고기	12개
돼지고기	8개
소고기	9개

레코드: 1/3 필터 없음 검색

4. 〈제품〉과 〈주문목록〉 테이블을 이용하여 주문되지 않은 제품을 조회하는 〈비인기제품〉 쿼리를 작성하시오. (7점)

▶ 〈주문목록〉 테이블에 없는 〈제품〉 테이블의 '제품번호' 필드를 대상으로 하시오.

▶ Is 연산자 사용

▶ 쿼리 결과로 표시되는 필드와 필드명은 〈그림〉과 같이 표시되도록 설정하시오.

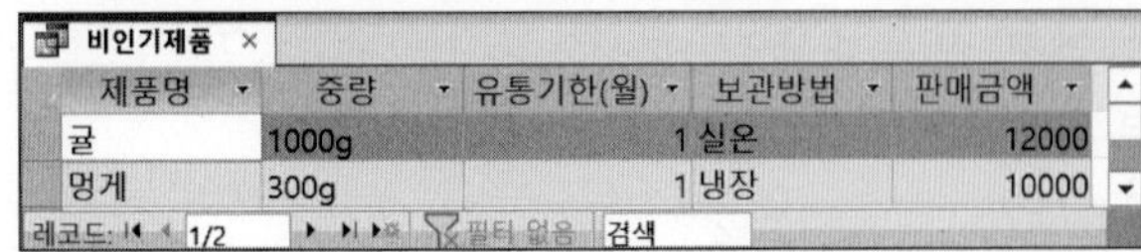

비인기제품

제품명	중량	유통기한(월)	보관방법	판매금액
귤	1000g	1	실온	12000
멍게	300g	1	냉장	10000

레코드: 1/2 필터 없음 검색

5. 〈회원〉 테이블의 '회원번호' 필드에는 데이터가 있으나 〈주문〉 테이블의 '회원번호' 필드에는 데이터가 없는 회원을 조회하여 〈회원〉 테이블의 '비고' 필드의 값을 "이벤트 정보 발송 대상자"로 변경하는 〈이벤트대상자〉 업데이트 쿼리를 작성한 후 실행하시오. (7점)

▶ 〈회원〉과 〈주문〉 테이블을 이용하시오.

▶ Not in 연산자와 하위 쿼리 사용

회원

회원번호	회원명	연락처	이메일	성별	적립금	비고
P01	정전미	833-6859	kgw@first.com	여자	5000	
P02	김용정	305-6043	pjh@first.com	남자	1000	
P03	박한라	417-7496	khs@first.com	여자	10500	
P04	최생원	993-8703	lsa@first.com	남자	20000	
P05	서오동	834-7419	kms@first.com	남자	2500	
P06	이모전	297-1753	kgw@first.com	남자	31000	이벤트 정보 발송 대상자
P07	강봉혜	173-6098	ksj@first.com	여자	4900	
P08	이순미	281-9642	lis@first.com	여자	10000	

레코드: 1/30 필터 없음 검색

※ 〈이벤트대상자〉 쿼리를 실행한 후의 〈회원〉 테이블

기출문제 정답 및 해설

문제 1 DB 구축

정답

01. 테이블 완성하기 _ 참고 : 테이블 완성 296쪽

〈주문〉 테이블

1 테이블 속성의 '정렬 기준' 속성 설정하기

속성 시트
선택 유형: 테이블 속성
일반

유효성 검사 텍스트	
필터	
정렬 기준	주문일 desc
하위 데이터시트 이름	[자동]
하위 필드 연결	

2 '주문일' 필드에 기본값 속성 설정하기

필드 속성
일반 조회

입력 마스크	
캡션	
기본값	Date()
유효성 검사 규칙	
유효성 검사 텍스트	

〈제품〉 테이블

3 '제품번호' 필드에 입력 마스크 속성 설정하기

필드 속성
일반 조회

필드 크기	255
형식	
입력 마스크	L00-0000;0;*
캡션	
기본값	

4 '제품명' 필드에 '필수' 속성과 '빈 문자열 허용' 속성 설정하기

필드 속성
일반 조회

유효성 검사 텍스트	
필수	예
빈 문자열 허용	아니요
인덱스	아니요
유니코드 압축	예

5 '유통기한(월)' 필드에 '유효성 검사 규칙' 속성과 '유효성 검사 텍스트' 속성 설정하기

필드 속성
일반 조회

기본값	0
유효성 검사 규칙	<8
유효성 검사 텍스트	입력값을 확인하세요
필수	아니요
인덱스	아니요

02. 〈제품〉 테이블의 '분류번호' 필드에 조회 기능 설정하기 _ 참고 : 조회 기능 설정 302쪽

정답

필드 속성
일반 조회

컨트롤 표시	콤보 상자
행 원본 유형	테이블/쿼리
행 원본	SELECT 분류.분류번호, 분류.분류명 FROM 분류;
바운드 열	1
열 개수	2
열 이름	아니요
열 너비	0cm;3cm
행 수	16
목록 너비	3cm
목록 값만 허용	예
여러 값 허용	아니요
값 목록 편집 허용	아니요
목록 항목 편집 폼	
행 원본 값만 표시	아니요

03. 〈주문〉 테이블과 〈회원〉 테이블 간의 관계 설정하기 _ 참고 : 관계 설정 305쪽

정답

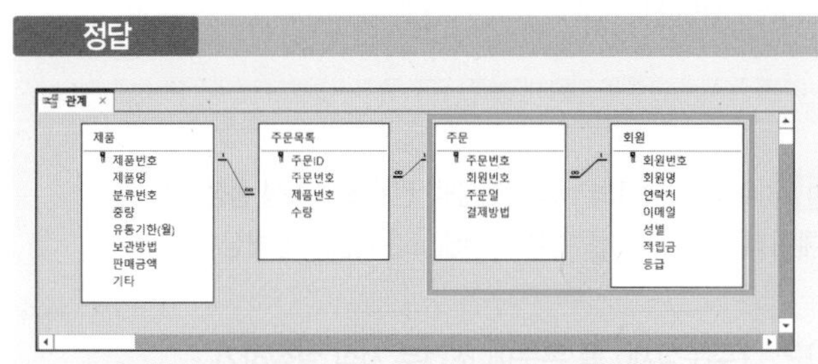

• '관계 편집' 대화상자

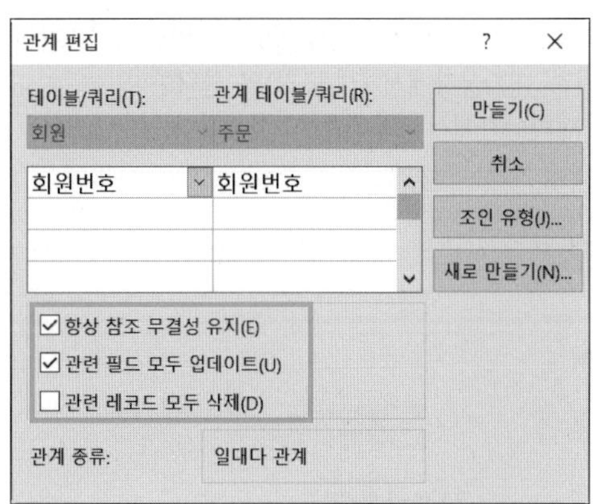

문제 2　입력 및 수정 기능 구현　정답

01. 〈분류별주문현황〉 폼 완성하기 _ 참고 : 폼 완성 310쪽

정답

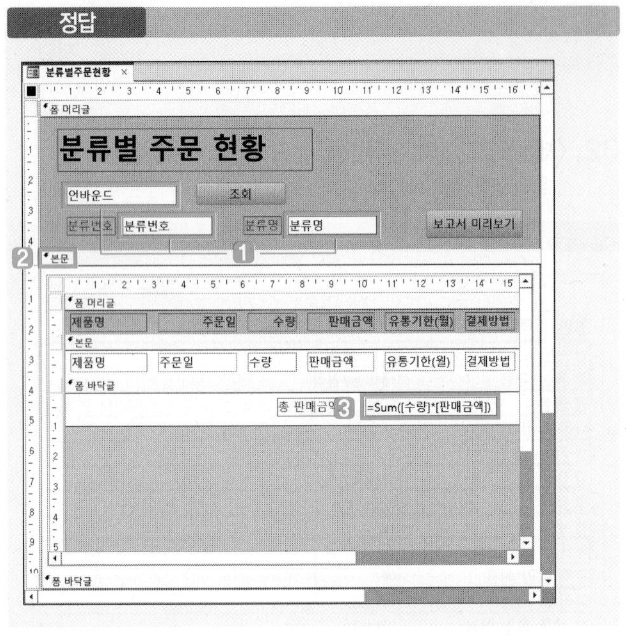

1 'txt제품조회', 'txt분류번호', 'txt분류명' 컨트롤에 속성 지정하기
'기타' 탭의 탭 정지 → 아니요

2 하위 폼 본문에 속성 지정하기
- '형식' 탭의 배경색 → #FFFFFF
- '형식' 탭의 다른 배경색 → #FFFFFF

※ '표준 색 – 흰색'을 지정하면 #FFFFFF으로 표시됩니다.

3 하위 폼 바닥글의 'txt총판매금액' 컨트롤에 속성 설정하기
'데이터' 탭의 컨트롤 원본 → =Sum([수량]*[판매금액])

02. 〈주문상세〉 폼 본문에 조건부 서식 설정하기 _ 참고 : 조건부 서식 318쪽

1. 폼 본문에 있는 모든 컨트롤을 선택한다.
2. [서식] → 컨트롤 서식 → **조건부 서식**( )을 클릭한 후 '조건부 서식 규칙 관리자' 대화상자에서 〈새 규칙〉을 클릭한다.
3. '새 서식 규칙' 대화상자에서 다음과 같이 설정한다.

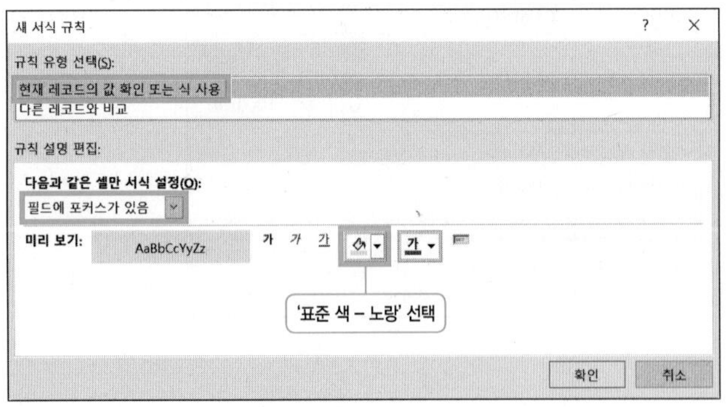

4. 같은 방법으로 두 번째 조건부 서식을 다음과 같이 설정한다.

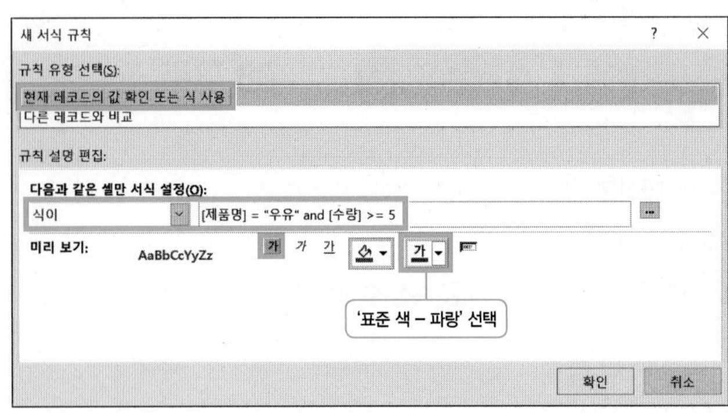

03. 〈보고서출력〉 매크로 작성하기 _ 참고 : 매크로 작성 325쪽

정답

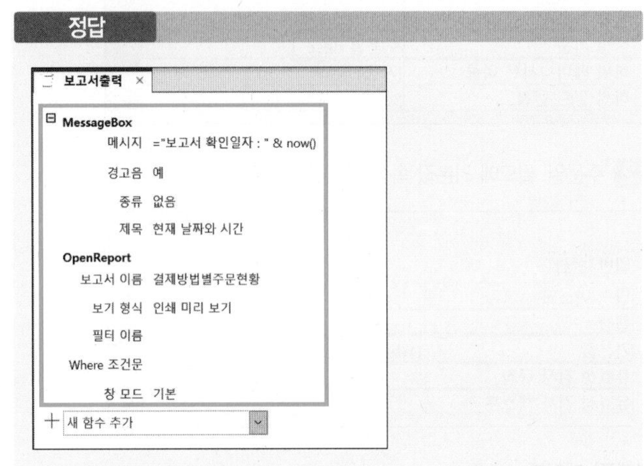

1. 매크로 개체를 생성한 후 이를 연결하여 사용해야 하므로, 먼저 매크로 개체를 생성한다. [만들기] → 매크로 및 코드 → **매크로**( )를 클릭한다.
2. 매크로 대화상자에서 정답과 같이 설정한 후 매크로 대화상자의 닫기( ) 단추를 클릭한다.
3. 저장 여부를 묻는 대화상자에서 〈예〉를 클릭한다.
4. '다른 이름으로 저장' 대화상자에서 매크로 이름을 **보고서출력**으로 입력한 다음 〈확인〉을 클릭한다.
5. 〈분류별주문현황〉 폼을 디자인 보기로 연 후 폼 머리글의 'cmd출력' 컨트롤을 더블클릭한다.
6. 'cmd출력' 컨트롤 속성 시트 창의 '이벤트' 탭에서 'On Click' 이벤트의 목록 단추를 눌러 '보고서출력' 매크로를 선택한다.

문제 3 조회 및 출력 기능 구현 정답

01. 〈결제방법별주문현황〉 보고서 완성하기 _ 참고 : 보고서 완성 331쪽

정답

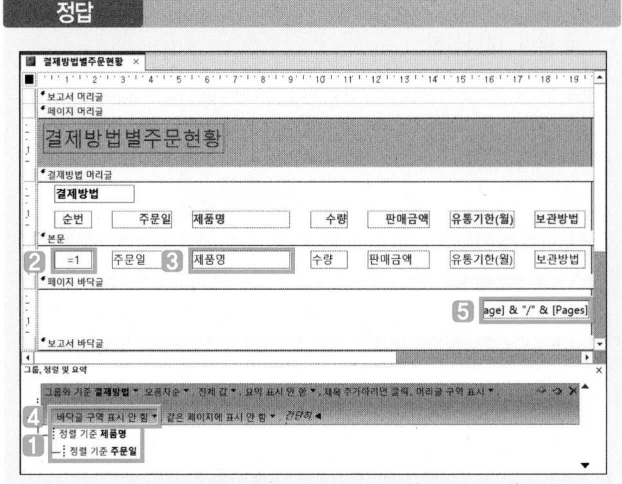

1 '그룹, 정렬 및 요약' 창 – 정렬 기준

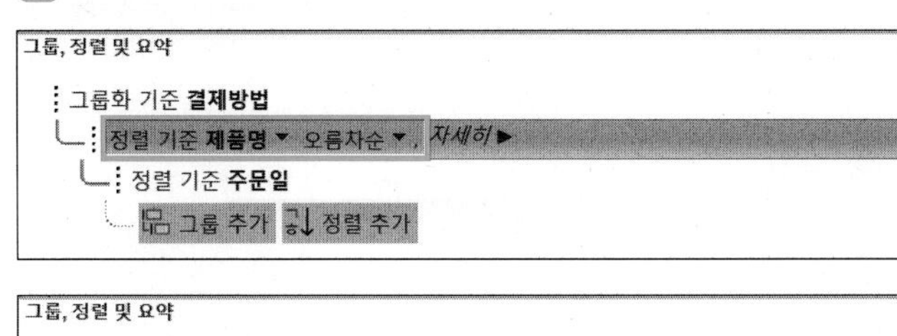

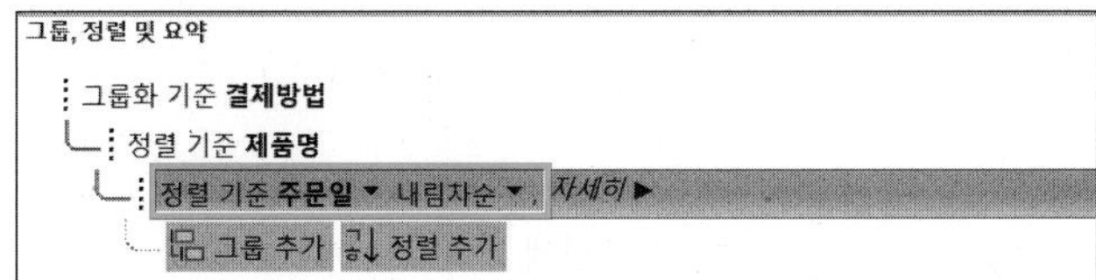

2 'txt순번' 컨트롤에 속성 설정하기

- '데이터' 탭의 컨트롤 원본 → =1
- '데이터' 탭의 누적 합계 → 그룹

3 'txt제품명' 컨트롤에 속성 설정하기

'형식' 탭의 중복 내용 숨기기 → 예

4 '그룹, 정렬 및 요약' 창 – 바닥글 구역 표시 안 함

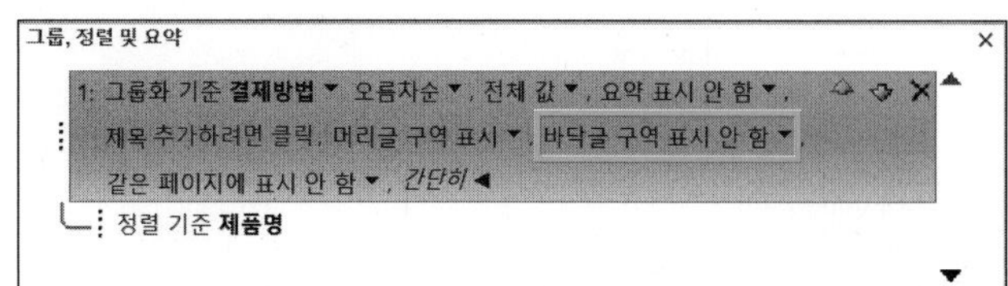

5 'txt페이지' 컨트롤에 속성 설정하기

'데이터' 탭의 컨트롤 원본 → =[Page] & "/" & [Pages]

02. 〈분류별주문현황〉 폼 머리글에 더블클릭 기능 구현하기 _ 참고 : 이벤트 프로시저 340쪽

정답

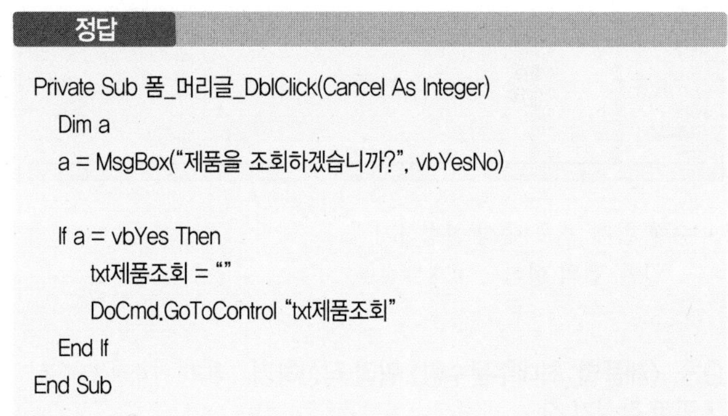

```
Private Sub 폼_머리글_DblClick(Cancel As Integer)
    Dim a
    a = MsgBox("제품을 조회하겠습니까?", vbYesNo)

    If a = vbYes Then
        txt제품조회 = ""
        DoCmd.GoToControl "txt제품조회"
    End If
End Sub
```

문제 4 처리 기능 구현 정답

01. 〈제품주문조회〉 쿼리 _ 참고 : 쿼리 작성 347쪽

1. 쿼리 작성기 창

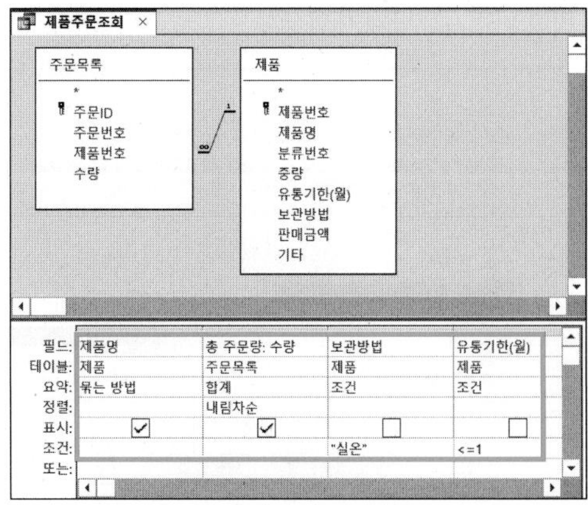

필드:	제품명	총 주문량: 수량	보관방법	유통기한(월)
테이블:	제품	주문목록	제품	제품
요약:	묶는 방법	합계	조건	조건
정렬:		내림차순		
표시:	☑	☑	☐	☐
조건:			"실온"	<=1
또는:				

2. [쿼리 디자인] → 쿼리 유형 → **테이블 만들기**(▦)를 클릭한 후 '테이블 만들기' 대화상자의 '테이블 이름'에 **실온제품주문현황**을 입력한다.

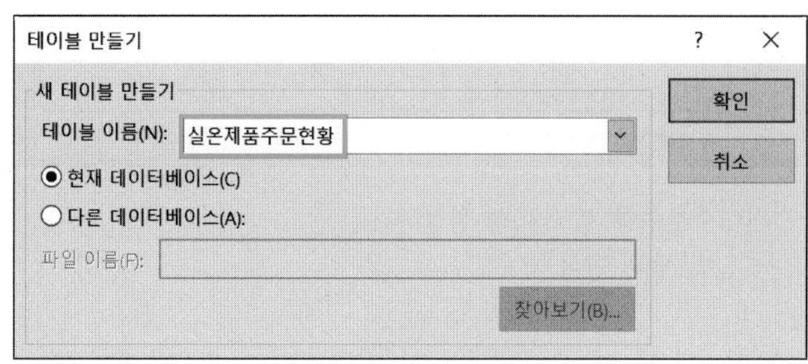

02. 〈제품별_일수별_수량조회〉 쿼리 _ 참고 : 쿼리 작성 347쪽

• 쿼리 작성기 창

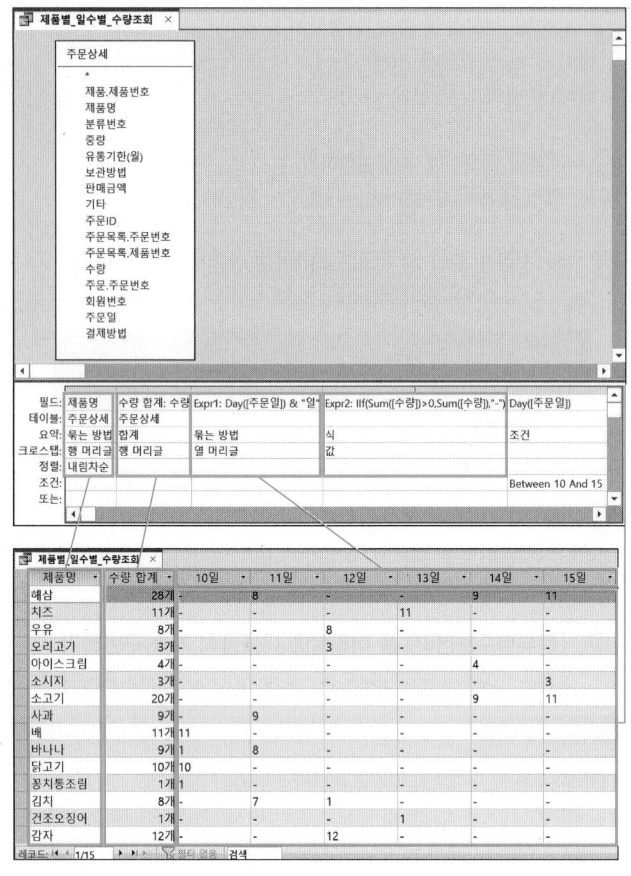

• '수량 합계' 필드 속성 설정하기
  – '일반' 탭의 형식 → #개

03. 〈제품별_최대주문수량〉 쿼리 작성하기 _ 참고 : 쿼리 작성 347쪽

• 쿼리 작성기 창

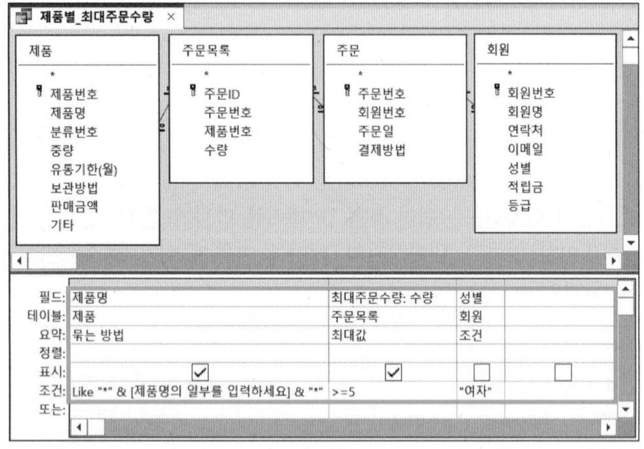

• '최대주문수량' 필드 속성 설정하기
  – '일반' 탭의 형식 → #개

04. 〈비인기제품〉 쿼리 _ 참고 : 쿼리 작성 347쪽

※ 문제에 Not In을 사용하라는 지시사항이 없으므로 '불일치 검색 쿼리 마법사'를 사용하면 됩니다. '불일치 검색 쿼리 마법사'를 수행하면 '제품번호' 필드의 조건에 Is Null이 자동으로 적용됩니다.

1. '새 쿼리' 대화상자

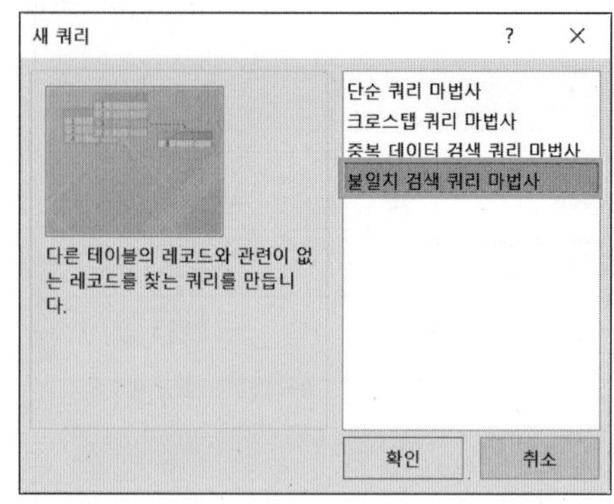

2. '불일치 검색 쿼리 마법사' 1단계 대화상자

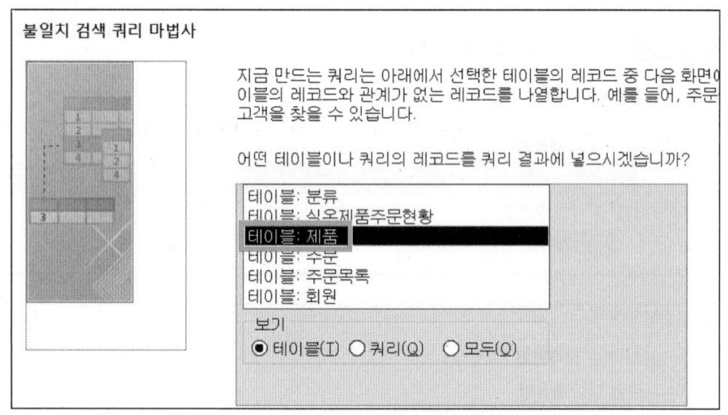

3. '불일치 검색 쿼리 마법사' 2단계 대화상자

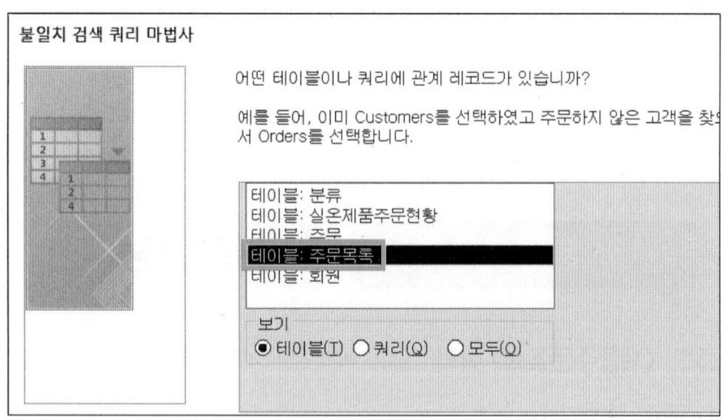

4. '불일치 검색 쿼리 마법사' 3단계 대화상자

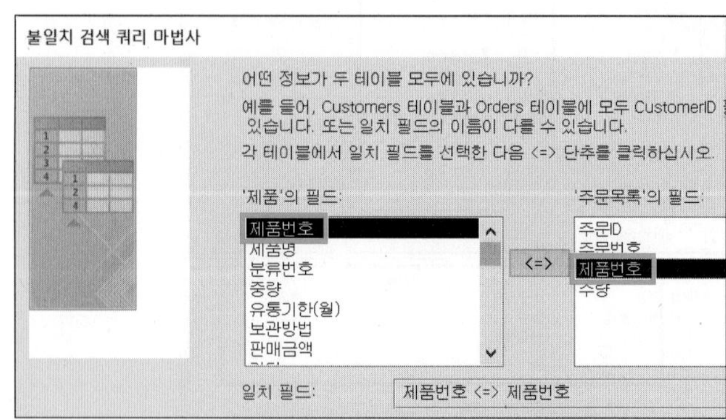

5. '불일치 검색 쿼리 마법사' 4단계 대화상자

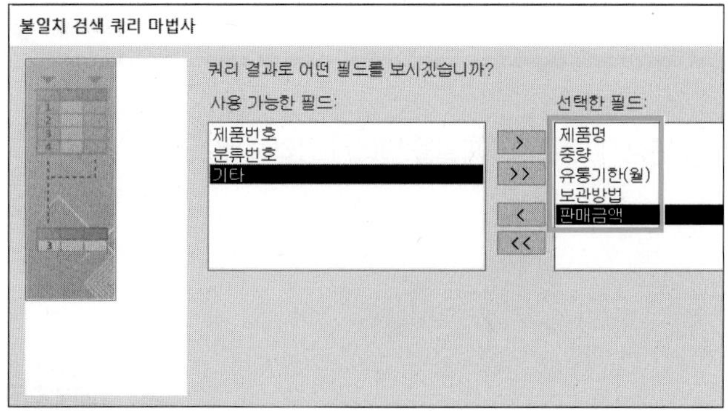

6. '불일치 검색 쿼리 마법사' 5단계 대화상자

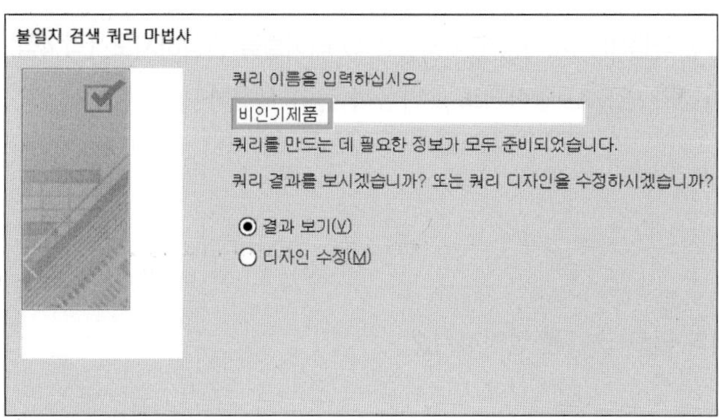

※ 쿼리 작성기 창

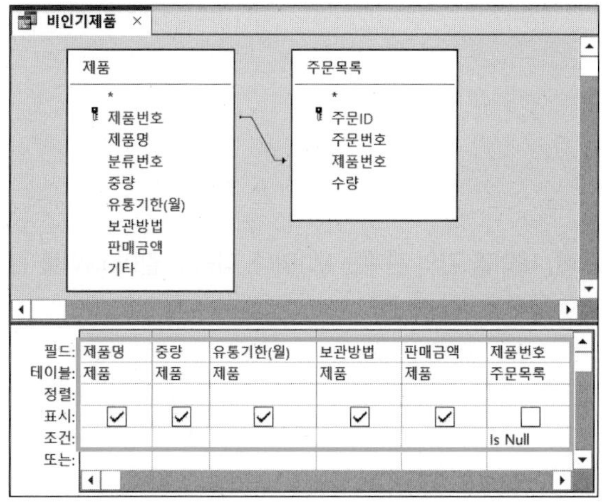

05. 〈이벤트대상자〉 쿼리 _ 참고 : 쿼리 작성 347쪽

• 쿼리 작성기 창

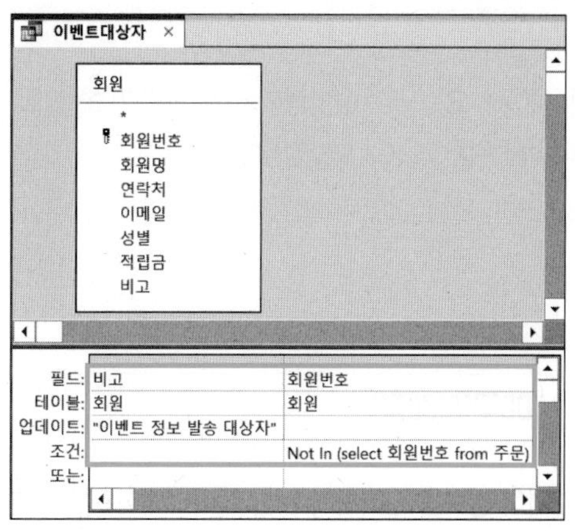

EXAMINATION

05회 2023년 상시01 컴퓨터활용능력 1급

• 준 비 하 세 요 : 'C:\길벗컴활1급총정리\기출\05회' 폴더에서 '23년상시01.accdb' 파일을 열어서 작업하시오.
• 외부 데이터 위치 : C:\길벗컴활1급총정리\기출\05회

4223011

문제 1 DB구축(30점)

1. 고객들의 도서 대여 정보를 관리하기 위한 데이터베이스를 구축하고자 한다. 다음의 지시사항에 따라 〈고객〉 테이블을 완성하시오. (각 4점)

① '고객번호' 필드는 'P001' 형식으로 영문 대문자 한 자리와 숫자 세 자리가 반드시 입력되도록 다음과 같이 설정하시오.
  ▶ 문자는 영문이나 한글이 반드시 입력되도록 설정할 것
  ▶ 숫자는 0~9까지의 숫자가 반드시 입력될 수 있도록 설정할 것
② '고객명' 필드의 IME 모드를 '한글'로 설정하시오.
③ '전화번호' 필드에는 값이 반드시 입력되도록 설정하시오.
④ '나이' 필드에는 255자 이하의 숫자가 입력될 수 있도록 데이터 형식과 필드 크기를 설정하시오.
⑤ '성별' 필드에는 "남"이나 "여"만 입력되도록 설정하시오.

2. 다음 지시사항에 따라 '신규도서목록.txt' 파일을 가져와 테이블로 생성하시오. (5점)

▶ 구분 기호는 탭으로 설정하시오.
▶ 첫 번째 행은 필드의 이름으로 설정하시오.
▶ 도서코드를 기본키로 설정하시오.
▶ 테이블 이름을 '도서목록추가'로 하시오.

3. 〈대여내역〉 테이블의 '도서코드' 필드는 〈도서〉 테이블의 '도서코드' 필드를 참조하며, 테이블 간의 관계는 M:1이다. 다음과 같이 테이블 간의 관계를 설정하시오. (5점)

※ 액세스 파일에 이미 설정되어 있는 관계는 수정하지 마시오.
▶ 각 테이블 간에 항상 참조 무결성이 유지되도록 설정하시오.
▶ 참조 필드의 값이 변경되면 관련 필드의 값도 변경되도록 설정하시오.
▶ 다른 테이블에서 참조하고 있는 레코드는 삭제할 수 없도록 설정하시오.

4223012

문제 2 입력 및 수정 기능 구현(25점)

1. 〈대여내역관리〉 폼을 다음의 화면과 지시사항에 따라 완성하시오. (각 3점)

① 폼 머리글에 그림과 같이 제목 레이블을 생성하시오.
  ▶ 이름 : title
  ▶ 크기 : 20
  ▶ 글자 색 : 표준 색 – 검정
② 본문의 'txt일련번호'는 그림과 같이 선택할 수 없도록 관련 속성을 설정하시오.
③ 본문의 'txt대여일자' 컨트롤에 '대여일자' 필드의 내용이 표시되도록 컨트롤 원본 속성을 설정하시오.
④ 본문의 'txt고객명' 컨트롤에는 포커스가 이동되지 않도록 관련 속성을 설정하시오.
⑤ 폼에 구분 선과 레코드 선택기가 표시되지 않도록 설정하시오.

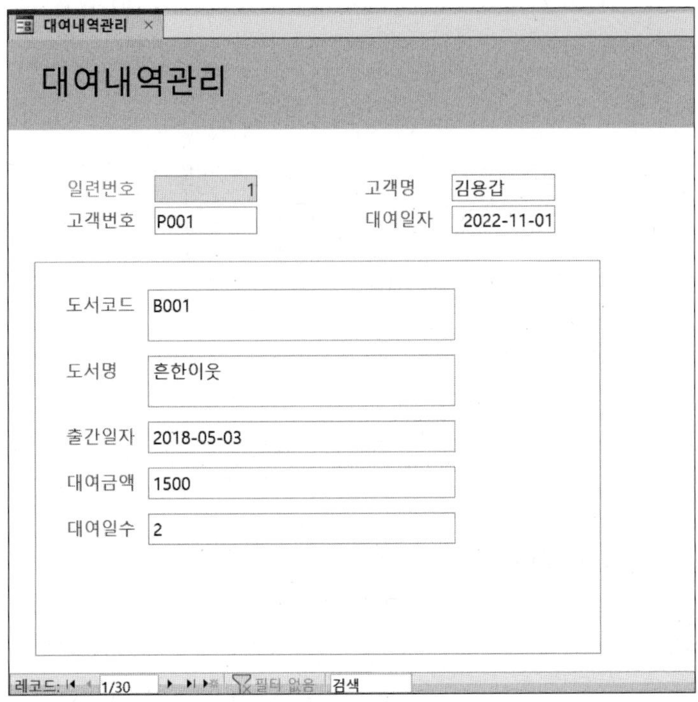

2. <대여내역관리> 폼 본문의 'txt고객명' 컨트롤에는 <고객> 테이블의 '고객번호' 필드가 'txt고객번호' 컨트롤의 값과 같은 '고객명'을 표시하시오. (5점)

▶ DLookup 함수 사용

▶ 1번 <그림> 참조

3. <도서찾기> 폼을 읽기 전용 모드 형식으로 열고, <도서대여_관리> 보고서를 인쇄 미리 보기 형식으로 여는 <보고서출력> 매크로를 생성하시오. <고객정보> 폼의 '도서대여정보확인'(cmd확인) 단추를 클릭하면 <보고서출력> 매크로가 실행되도록 하시오. (5점)

▶ 보고서 출력 조건 : <고객정보> 폼의 'txt고객번호' 컨트롤에 입력된 고객번호와 같은 정보만 표시

4223013

문제 3 조회 및 출력 기능 구현(20점)

1. 다음의 지시사항 및 화면을 참조하여 <도서대여_관리> 보고서를 완성하시오. (각 3점)

① 동일한 도서코드 내에서 '대여일자'를 기준으로 내림차순 정렬되어 표시되도록 설정하시오.

② 페이지 머리글이 표시되도록 설정하시오.

③ '도서코드' 머리글 영역이 매 페이지마다 반복하여 출력되도록 설정하시오.

④ 본문 영역의 'txt순번' 컨트롤에는 그룹별로 순번이 표시되도록 관련 속성을 설정하시오.

⑤ '도서코드' 바닥글 영역의 'txt소계' 컨트롤에는 대여금액의 합계가 표시되도록 컨트롤 원본 속성을 설정하시오.

도서대여 관리 보고서

도서명 : 흔한이웃

순번	대여일자	고객명	전화번호	나이	성별	대여금액
1	2022-11-01	김용갑	10-2288-733	48	남	1500
				대여금액 소계 :		1500

도서명 : 친절한편의점

순번	대여일자	고객명	전화번호	나이	성별	대여금액
1	2022-11-02	명호준	10-5764-765	21	남	1200
				대여금액 소계 :		1200

도서명 : 아버지의 여행일지

순번	대여일자	고객명	전화번호	나이	성별	대여금액
1	2022-11-17	백지향	10-1800-625	37	여	1800
2	2022-11-16	고시혁	10-6142-035	24	남	1800
3	2022-11-02	한서연	10-3065-051	18	여	1800
				대여금액 소계 :		5400

도서명 : 역공

순번	대여일자	고객명	전화번호	나이	성별	대여금액
1	2022-11-23	유세윤	10-1043-946	52	여	2000
2	2022-11-17	백채헌	10-9128-267	35	남	2000
3	2022-11-09	우래훈	10-7856-594	36	남	2000
4	2022-11-03	김원중	10-6232-313	20	남	2000
				대여금액 소계 :		8000

도서명 : 천안문

순번	대여일자	고객명	전화번호	나이	성별	대여금액
1	2022-11-19	한서연	10-3065-051	18	여	1400

3 / 1

2. 〈도서찾기〉 폼 머리글의 'txt조회' 컨트롤에 조회할 도서명을 입력하고 '찾기'(cmd찾기) 단추를 클릭하면 다음과 같은 기능을 수행하도록 이벤트 프로시저를 구현하시오. (5점)

▶ 'txt조회' 컨트롤에 입력된 도서명을 포함하는 도서의 정보가 표시되도록 하시오.

▶ 현재 폼의 RecordSource 속성을 이용하시오.

6223014

문제 4 처리 기능 구현(25점)

1. 회원별로 '대여횟수'와 '대여금액'의 합계, '대여일수'의 평균을 조회하는 〈회원별대여현황〉 쿼리를 작성하시오. (5점)

▶ 〈고객〉, 〈대여내역〉, 〈도서〉 테이블을 이용하시오.

▶ 대여횟수는 '도서코드' 필드를 이용하시오.

▶ 대여횟수가 2 이상인 고객만 조회 대상으로 하시오.

▶ 평균대여일수는 [표시 예]와 같이 표시되도록 '형식' 속성을 설정하시오. [표시 예 : 0 → 0.0, 1.6666 → 1.7]

회원별대여현황

고객명	대여횟수	대여금총액	평균대여일수
김원중	2	3500	2.5
남두영	3	4400	1.7
노윤일	2	2500	2.5
명호준	2	2700	2.0
박나래	2	2900	2.0
박승혁	2	2800	2.5
오도윤	2	2700	2.5
유세윤	3	4600	2.0
전연영	2	2900	2.5
한서연	4	6300	2.0

레코드: 1/10 필터 없음 검색

2. 〈대여내역관리〉 쿼리를 이용하여 '대여횟수'를 매개 변수로 입력받아 해당 대여횟수만큼 대여한 고객의 정보를 조회하는 〈대여횟수조회〉 매개 변수 쿼리를 작성하시오. (5점)

- ▶ 대여횟수는 '일련번호' 필드를 이용하시오.
- ▶ 최근대여일자는 대여일자의 최근 날짜가 표시되도록 설정하시오.
- ▶ 쿼리 결과로 표시되는 필드와 필드명은 〈그림〉과 같이 표시되도록 설정하시오.

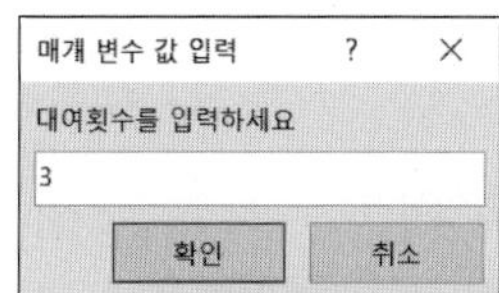

대여횟수조회

고객명	전화번호	대여횟수	최근대여일자
남두영	010-2276-4108	3	2022-11-20
유세윤	010-1043-9465	3	2022-11-23

레코드: 1/2 필터 없음 검색

3. 〈도서〉와 〈대여내역〉 테이블을 이용하여 한 번도 대여되지 않은 도서를 조회하는 〈미대여도서〉 쿼리를 작성하시오. (5점)

- ▶ 〈대여내역〉 테이블의 '도서코드' 필드에 존재하지 않는 〈도서〉 테이블의 '도서코드'를 대상으로 할 것(Is Null 사용)
- ▶ 쿼리 결과로 표시되는 필드와 필드명은 〈그림〉과 같이 표시되도록 설정하시오.

미대여도서

도서코드	도서명	출간일자	대여금액	대여일수
B040	크리스마스 행복	2018-12-24	1600	1
*				

레코드: 1/1 필터 없음 검색

4. 〈도서〉, 〈대여내역〉, 〈고객〉 테이블을 이용하여 도서코드별 성별별 대여횟수를 조회하는 〈도서대여현황〉 크로스탭 쿼리를 작성하시오. (5점)

- ▶ 대여횟수는 '일련번호' 필드를 이용하시오.
- ▶ 평균나이는 '나이' 필드를 이용하며, 형식은 표준, 소수 자릿수는 0으로 설정하시오.
- ▶ '도서코드' 필드의 마지막이 1~5로 끝나는 자료만을 대상으로 하시오.
- ▶ 쿼리 결과로 표시되는 필드와 필드명, 필드의 형식은 〈그림〉과 같이 표시되도록 설정하시오.

도서대여현황

도서코드	평균나이	남	여
B001	48	1건	
B003	21	1건	
B005	26	1건	2건
B012	36	3건	1건
B021	33	2건	
B022	41	1건	3건

레코드: 1/6 필터 없음 검색

5. 〈도서〉와 〈대여내역〉 테이블을 이용하여 도서대여 횟수가 4 이상인 도서의 '비고' 필드의 값을 "우수도서"로 변경하는 〈우수도서처리〉 업데이트 쿼리를 작성한 후 실행하시오. (5점)

- ▶ 도서대여 횟수는 '도서코드' 필드를 이용하여 계산하시오.
- ▶ In 연산자와 하위 쿼리 사용

도서

도서코드	도서명	출간일자	대여금액	대여일수	비고
B001	흔한이웃	2018-05-03	1500	2	
B003	친절한편의점	2019-12-20	1200	2	
B005	아버지의 여행일지	2020-04-15	1800	3	
B012	역공	2021-08-08	2000	2	우수도서
B017	천안문	2015-07-15	1400	1	
B018	세계 대모험	2020-05-22	1500	2	우수도서
B021	인간 관계	2021-08-24	1300	3	
B022	마지막 플랫폼	2019-08-30	1200	2	우수도서
B029	고전 수업	2020-01-29	1400	2	

레코드: 1/12 필터 없음 검색

※ 〈우수도서처리〉 쿼리를 실행한 후의 〈도서〉 테이블

EXAMINATION

05회 기출문제 정답 및 해설

문제 1 DB 구축

정답

01. 테이블 완성하기 _ 참고 : 테이블 완성 296쪽

〈고객〉 테이블

1 '고객번호' 필드에 입력 마스크 속성 설정하기

필드 속성

일반 조회

필드 크기	255
형식	
입력 마스크	>L000
캡션	
기본값	
유효성 검사 규칙	

2 '고객명' 필드에 IME 모드 속성 설정하기

필드 속성

일반 조회

빈 문자열 허용	예
인덱스	아니요
유니코드 압축	예
IME 모드	한글
문장 입력 시스템 모드	없음
텍스트 맞춤	일반

3 '전화번호' 필드에 필수 속성 설정하기

필드 속성

일반 조회

기본값	
유효성 검사 규칙	
유효성 검사 텍스트	
필수	예
빈 문자열 허용	예
인덱스	아니요

4 '나이' 필드에 데이터 형식과 필드 크기 속성 설정하기

고객

필드 이름	데이터 형식
전화번호	짧은 텍스트
나이	숫자
성별	짧은 텍스트

필드 속성

일반 조회

필드 크기	바이트
형식	
소수 자릿수	자동

5 '성별' 필드에 유효성 검사 규칙 속성 설정하기

필드 속성

일반 조회

캡션	
기본값	
유효성 검사 규칙	In ("남","여")
유효성 검사 텍스트	
필수	아니요
빈 문자열 허용	예

02. '신규도서목록.txt' 파일 가져오기 _ 참고 : 테이블 생성 307쪽

정답

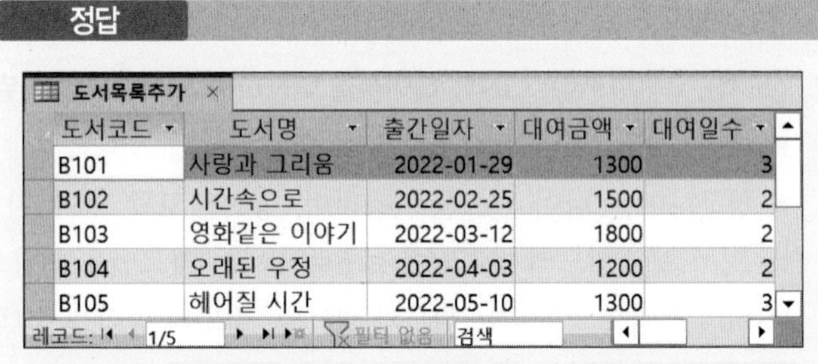

도서목록추가

도서코드	도서명	출간일자	대여금액	대여일수
B101	사랑과 그리움	2022-01-29	1300	3
B102	시간속으로	2022-02-25	1500	2
B103	영화같은 이야기	2022-03-12	1800	2
B104	오래된 우정	2022-04-03	1200	2
B105	헤어질 시간	2022-05-10	1300	3

1. '외부 데이터 가져오기 – 텍스트 파일' 대화상자

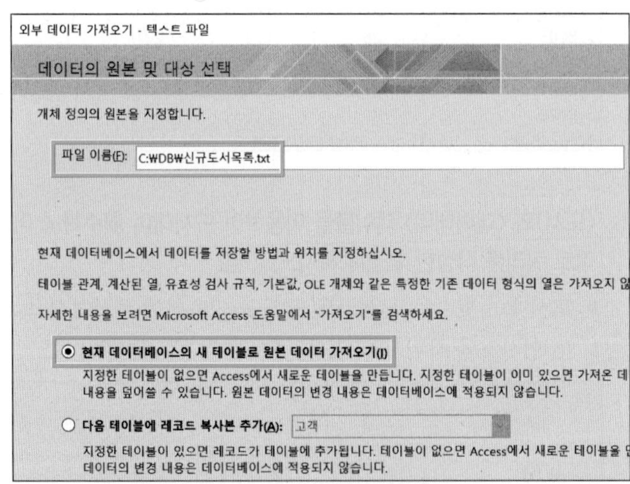

2. '텍스트 가져오기 마법사' 1단계 대화상자

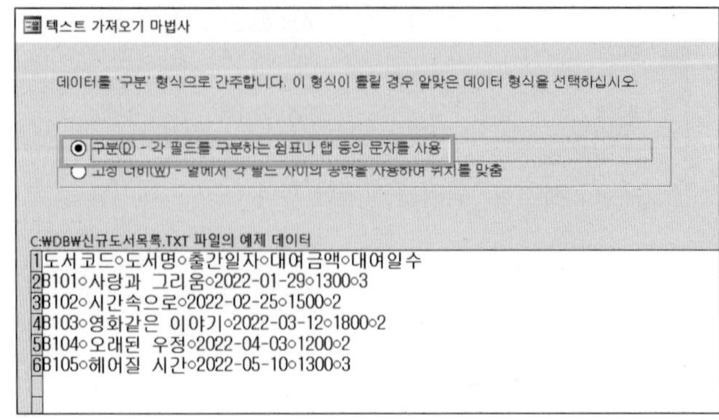

3. '텍스트 가져오기 마법사' 2단계 대화상자

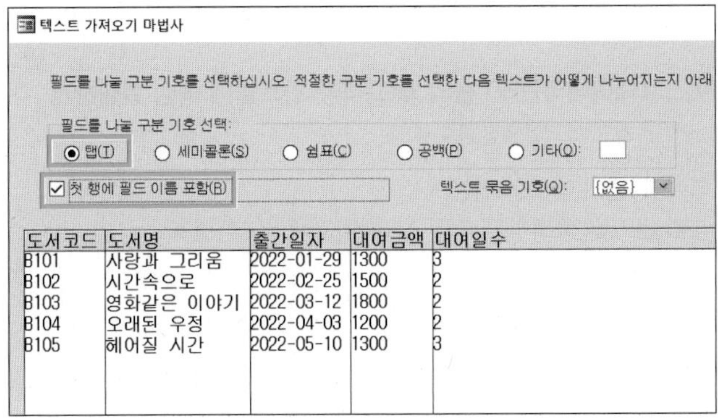

4. '텍스트 가져오기 마법사' 4단계 대화상자

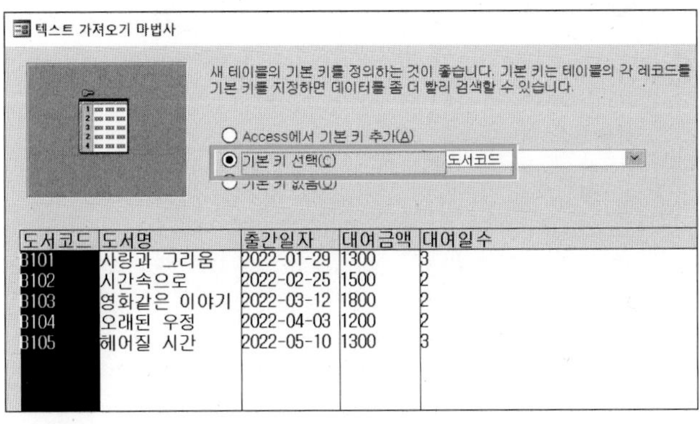

5. '텍스트 가져오기 마법사' 5단계 대화상자

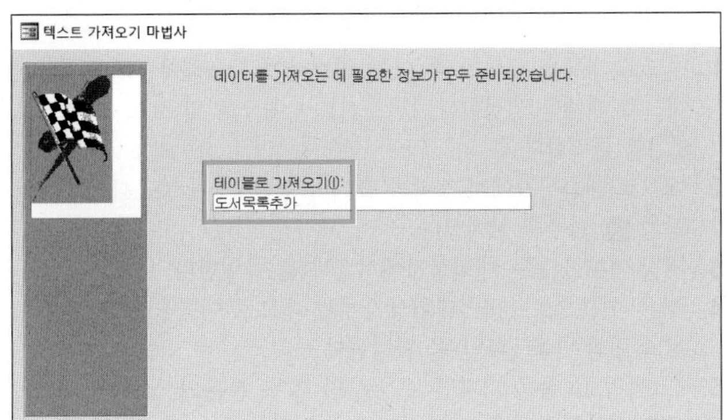

03. 〈대여내역〉 테이블과 〈도서〉 테이블 간의 관계 설정하기

_ 참고 : 관계 설정 305쪽

정답

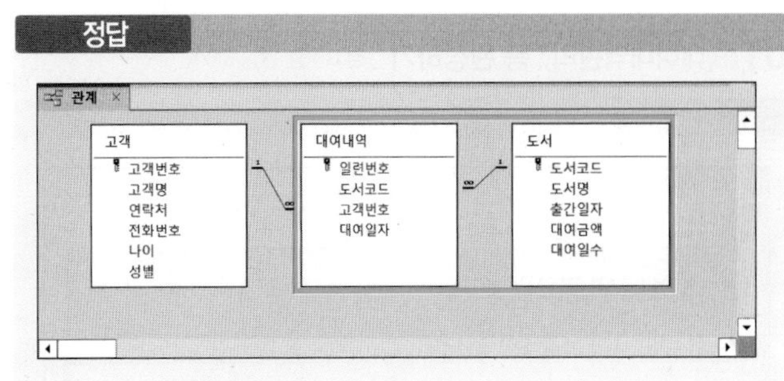

• '관계 편집' 대화상자

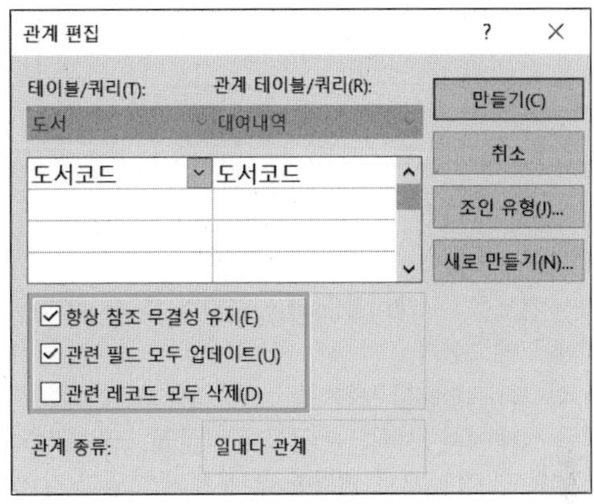

01. 〈대여내역관리〉 폼 완성하기 _ 참고 : 폼 완성 310쪽

정답

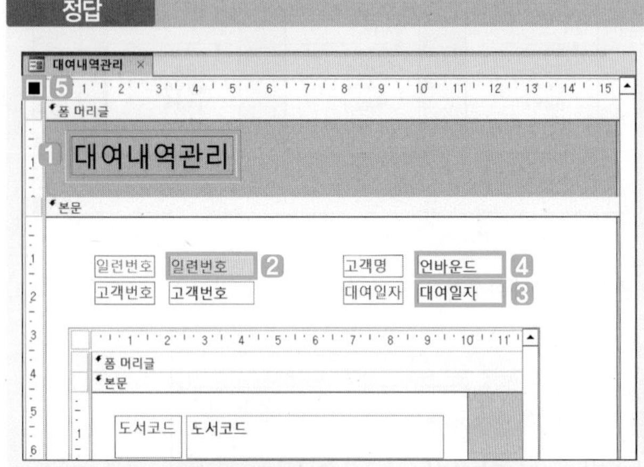

1 제목 삽입하기

1. [양식 디자인] → 컨트롤 → **레이블**(가가)을 클릭한 후 폼 머리글의 적당한 위치에 드래그한다.
2. **대여내역관리**를 입력하고 Enter를 누른다.
3. 레이블이 선택된 상태에서 [서식] → 글꼴에서 글꼴 크기를 20, 글꼴 색을 '표준 색 - 검정'으로 변경한 후 문제의 그림과 같이 배치한다.
4. 레이블을 더블클릭한 후 '속성 시트' 창이 표시되면, '기타' 탭의 '이름' 속성에 title을 입력한다.

2 'txt일련번호' 컨트롤에 속성 설정하기

'데이터' 탭의 사용 가능 → 아니요

3 'txt대여일자' 컨트롤에 속성 설정하기

'데이터' 탭의 컨트롤 원본 → 대여일자

4 'txt고객명' 컨트롤에 속성 설정하기

'기타' 탭의 탭 정지 → 아니요

5 폼 속성 설정하기

- '형식' 탭의 구분 선 → 아니요
- '형식' 탭의 레코드 선택기 → 아니요

02. 〈대여내역관리〉 폼의 'txt고객명' 컨트롤에 속성 설정하기 _ 참고 : 도메인 계산 함수 314쪽

'데이터' 탭의 컨트롤 원본 →
=DLookUp("고객명","고객","고객번호=txt고객번호")

03. 〈보고서출력〉 매크로 작성 _ 참고 : 매크로 작성 325쪽

정답

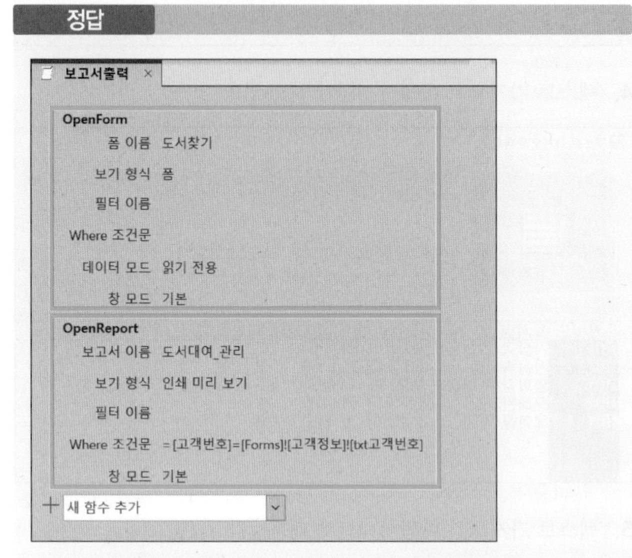

1. 매크로 개체를 생성한 후 이를 연결하여 사용해야 하므로, 먼저 매크로 개체를 생성한다. [만들기] → 매크로 및 코드 → **매크로**(□)를 클릭한다.
2. 매크로 대화상자에서 정답과 같이 설정한 후 매크로 대화상자의 닫기(☒) 단추를 클릭한다.
3. 저장 여부를 묻는 대화상자에서 〈예〉를 클릭한다.
4. '다른 이름으로 저장' 대화상자에서 매크로 이름을 **보고서출력**으로 입력한 다음 〈확인〉을 클릭한다.
5. 〈고객정보〉 폼을 디자인 보기로 연 후 폼 본문의 'cmd확인' 컨트롤을 더블클릭한다.
6. 'cmd확인' 컨트롤 속성 시트 창의 '이벤트' 탭에서 'On Click' 이벤트의 목록 단추를 눌러 '보고서출력' 매크로를 선택한다.

문제 3 조회 및 출력 기능 구현

정답

01. 〈도서대여_관리〉 보고서 완성하기 _ 참고 : 보고서 완성 331쪽

정답

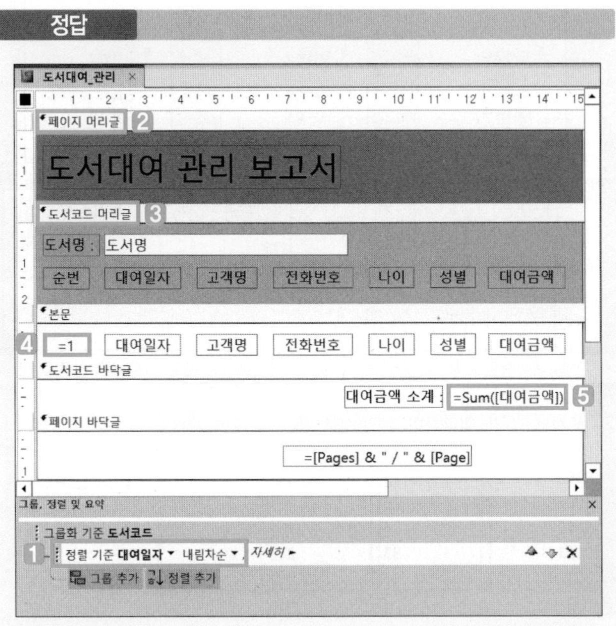

1 그룹, 정렬 및 요약

2 페이지 머리글 영역에 속성 설정하기

'형식' 탭의 표시 → 예

3 '도서코드' 머리글 영역에 속성 설정하기

'형식' 탭의 반복 실행 구역 → 예

4 'txt순번' 컨트롤에 속성 설정하기

- '데이터' 탭의 컨트롤 원본 → =1
- '데이터' 탭의 누적 합계 → 그룹

5 'txt소계' 컨트롤에 속성 설정하기

'데이터' 탭의 컨트롤 원본 → =Sum([대여금액])

02. 〈도서찾기〉 폼 머리글의 '찾기'(cmd찾기) 컨트롤에 클릭 기능 구현하기 _ 참고 : 이벤트 프로시저 340쪽

정답

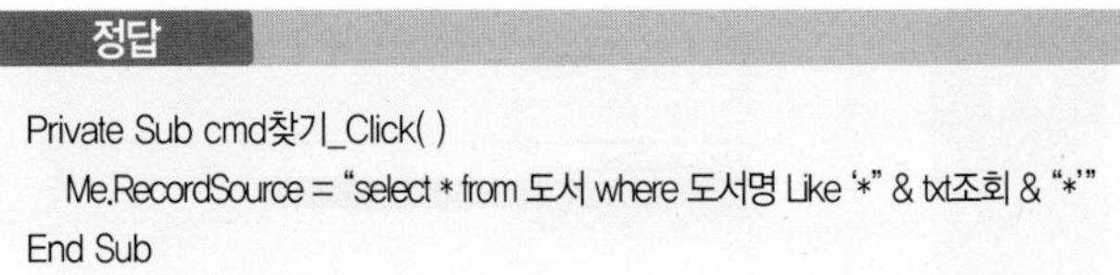

```
Private Sub cmd찾기_Click( )
    Me.RecordSource = "select * from 도서 where 도서명 Like '*" & txt조회 & "*'"
End Sub
```

문제 4 처리 기능 구현

정답

01. 〈회원별대여현황〉 쿼리 _ 참고 : 쿼리 작성 347쪽

쿼리 작성기 창

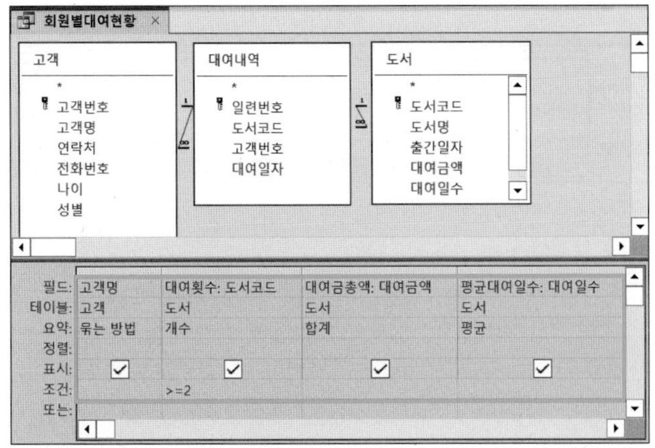

- '평균대여일수' 필드 속성 설정하기
  - '일반' 탭의 형식 → 0.0

02. 〈대여횟수조회〉 쿼리 _ 참고 : 쿼리 작성 347쪽

쿼리 작성기 창

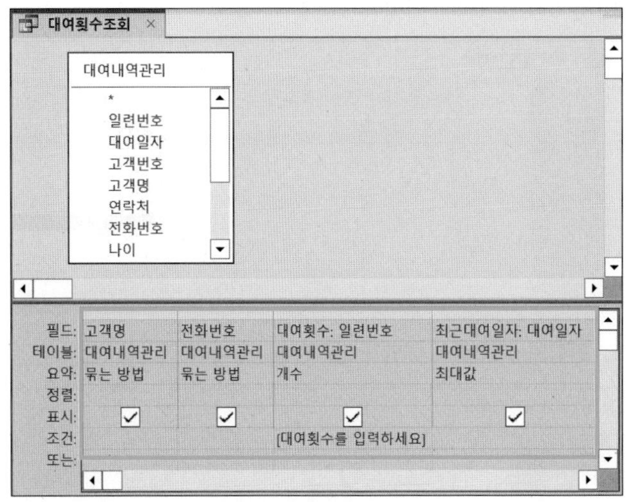

03. 〈미대여도서〉 쿼리 _ 참고 : 쿼리 작성 347쪽

문제에 Not In을 사용하라는 지시사항이 없으므로 '불일치 검색 쿼리 마법사'를 사용해서 작성하면 됩니다.

1. '불일치 검색 쿼리 마법사' 1단계 대화상자

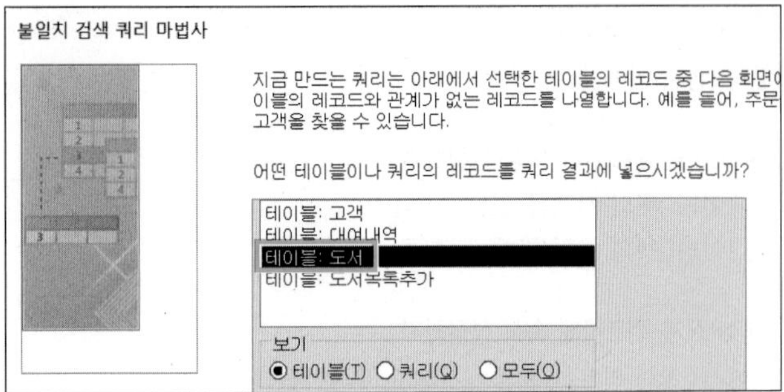

2. '불일치 검색 쿼리 마법사' 2단계 대화상자

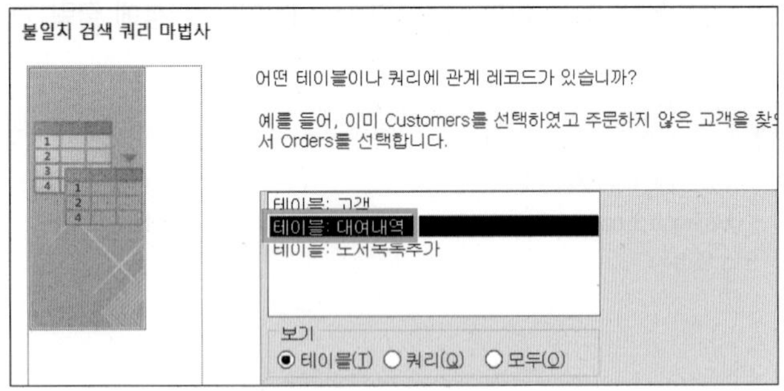

3. '불일치 검색 쿼리 마법사' 3단계 대화상자

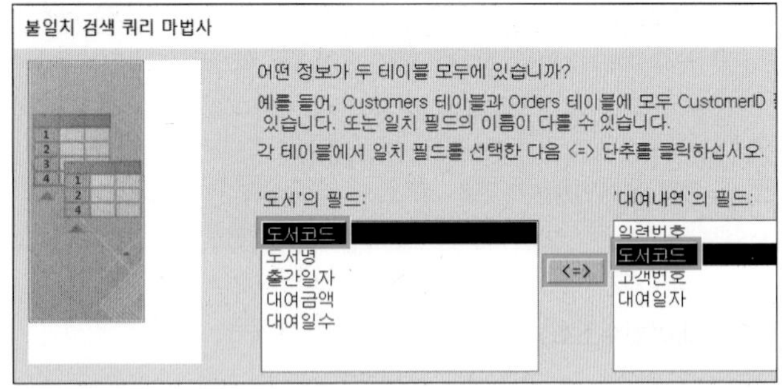

4. '불일치 검색 쿼리 마법사' 4단계 대화상자

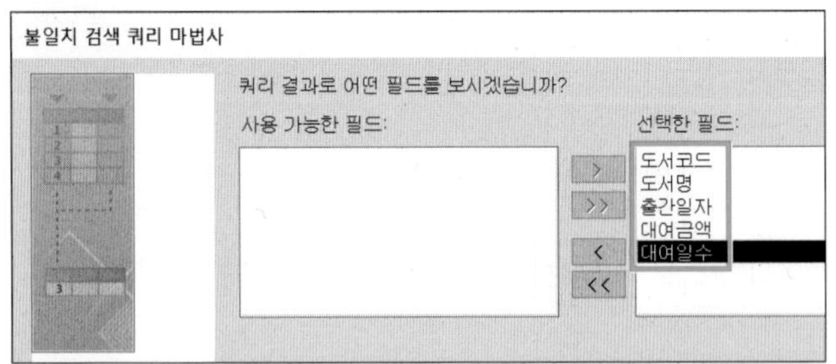

5. '불일치 검색 쿼리 마법사' 5단계 대화상자

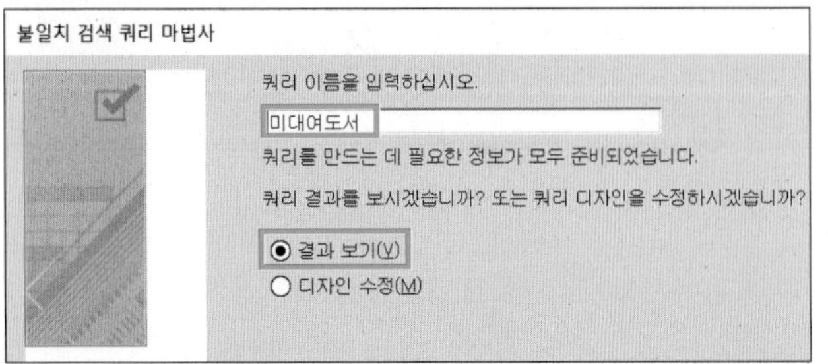

04. 〈도서대여현황〉 쿼리 _ 참고 : 쿼리 작성 347쪽

- 쿼리 작성기 창

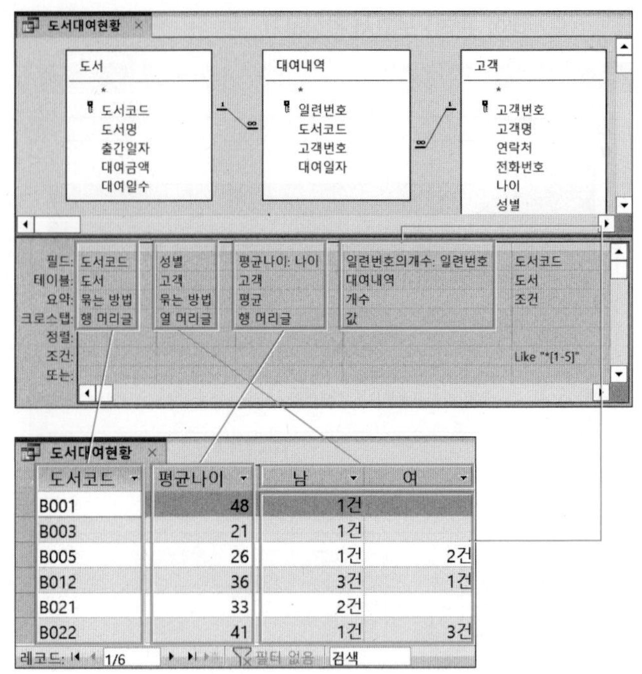

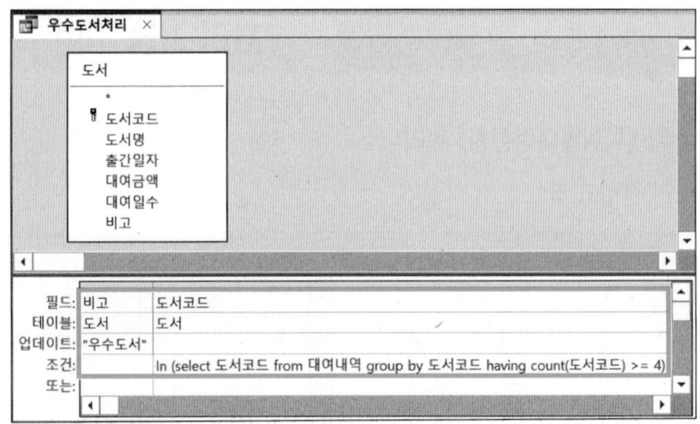

도서대여현황

도서코드	평균나이	남	여
B001	48	1건	
B003	21	1건	
B005	26	1건	2건
B012	36	3건	1건
B021	33	2건	
B022	41	1건	3건

레코드: 1/6 필터 없음 검색

- '평균나이' 필드 속성 설정하기
  - '일반' 탭의 형식 → 표준
  - '일반' 탭의 소수 자릿수 → 0
- '일련번호의개수' 필드 속성 설정하기
  - '일반' 탭의 형식 → #건

05. 〈우수도서처리〉 쿼리 _ 참고 : 쿼리 작성 347쪽

쿼리 작성기 창

EXAMINATION
06회 2023년 상시02 컴퓨터활용능력 1급

- **준 비 하 세 요 :** 'C:\길벗컴활1급총정리\기출\06회' 폴더에서 '23년상시02.accdb' 파일을 열어서 작업하시오.
- **외부 데이터 위치 :** C:\길벗컴활1급총정리\기출\06회

4223021

문제 1 DB구축(30점)

1. 구민센터 회원들의 강좌 신청 정보를 관리하기 위한 데이터베이스를 구축하고자 한다. 다음의 지시사항에 따라 테이블을 완성하시오. (각 4점)

〈강사〉 테이블

① '강의경력' 필드에는 0에서 255사이의 숫자가 입력될 수 있도록 데이터 형식을 변경하고 필드 크기를 설정하시오.

② '최종학력' 필드에는 "박사", "석사", "학사" 외에 다른 값은 입력되지 않도록 유효성 검사 규칙을 설정하시오.

〈수강〉 테이블

③ '수강번호' 필드를 기본키로 지정하시오.

④ 새로운 레코드가 추가되는 경우 '수강신청일' 필드에는 시간을 포함하지 않는 시스템의 오늘 날짜가 입력되도록 설정하시오.

〈회원〉 테이블

⑤ '핸드폰' 필드에는 '010-1234-5678'과 같이 '-' 기호 2개와 숫자 11자리가 입력되도록 다음과 같이 설정하시오.

- ▶ 숫자는 0~9까지 숫자가 반드시 입력될 수 있도록 설정할 것
- ▶ '-' 기호도 테이블에 저장되도록 설정할 것
- ▶ 입력 시 데이터가 입력될 자리를 "_"로 표시할 것

2. 〈수강〉 테이블의 '강좌코드' 필드에 대해서 다음과 같이 조회 속성을 설정하시오. (5점)

- ▶ 〈강좌〉 테이블의 '강좌코드', '강좌분류', '강좌이름' 필드를 콤보 상자 형태로 표시할 것
- ▶ 필드에는 '강좌코드'만 저장되도록 설정할 것
- ▶ 각 필드의 열 너비는 2cm, 2cm, 5cm로 설정할 것
- ▶ 목록에 5개의 행만 표시되도록 설정할 것
- ▶ 목록 너비를 9cm로 설정할 것
- ▶ 목록 이외의 값은 입력될 수 없도록 설정할 것

수강

수강번호	회원번호	강좌코드	수강신청일	추가하려면 클릭
수강-01	CUS-01	강좌-01	2023-02-13	
수강-02	CUS-02			
수강-03	CUS-38			
수강-04	CUS-39			
수강-05	CUS-40			
수강-06	CUS-41			
수강-07	CUS-42	강좌-08	2023-02-19	
수강-08	CUS-28	강좌-09	2023-02-20	
수강-09	CUS-29	강좌-10	2023-02-21	
수강-10	CUS-03	강좌-11	2023-02-22	
수강-100	CUS-38	강좌-05	2023-02-24	
수강-11	CUS-04	강좌-13	2023-02-23	
수강-12	CUS-05	강좌-14	2023-02-24	
수강-13	CUS-07	강좌-15	2023-02-25	
수강-14	CUS-07	강좌-04	2023-02-26	
수강-15	CUS-15	강좌-05	2023-02-27	

강좌-01	어학	성인원어민영어
강좌-02	자격증	캘리그라피
강좌-03	자격증	꽃꽂이
강좌-04	음악	경기민요
강좌-05	음악	주부노래교실

레코드: 1/100 필터 없음 검색

3. 〈수강〉 테이블의 '회원번호' 필드는 〈회원〉 테이블의 '회원번호' 필드를 참조하며, 테이블 간의 관계는 M:1이다. 다음과 같이 테이블 간의 관계를 설정하시오. (5점)

※ 액세스 파일에 이미 설정되어 있는 관계는 수정하지 마시오.

▶ 각 테이블 간에 항상 참조 무결성이 유지되도록 설정하시오.

▶ 참조 필드의 값이 변경되면 관련 필드의 값도 변경되도록 설정하시오.

▶ 〈수강〉 테이블에서 참조하고 있는 레코드는 〈회원〉 테이블에서 삭제할 수 없도록 설정하시오.

4223022

문제 2 입력 및 수정 기능 구현(25점)

1. 〈수강현황조회〉 폼을 다음의 화면과 지시사항에 따라 완성하시오. (각 3점)

① 폼에 레코드를 추가하거나 삭제할 수 없도록 관련 속성을 설정하시오.

② 폼을 열었을 때 'txt분류조회' 컨트롤에 포커스가 이동되도록 탭 인덱스를 설정하시오.

③ 폼 머리글의 배경색을 '배경 폼'으로 설정하시오.

④ 폼 머리글의 'txt강좌이름' 컨트롤에 '강좌이름' 필드의 내용이 표시되도록 컨트롤 원본 속성을 설정하시오.

⑤ 폼 머리글의 'txt총강의수' 컨트롤에는 전체 레코드의 개수가 [표시 예]와 같이 표시되도록 컨트롤 원본 속성을 설정하시오.

[표시 예] 5 → 5개

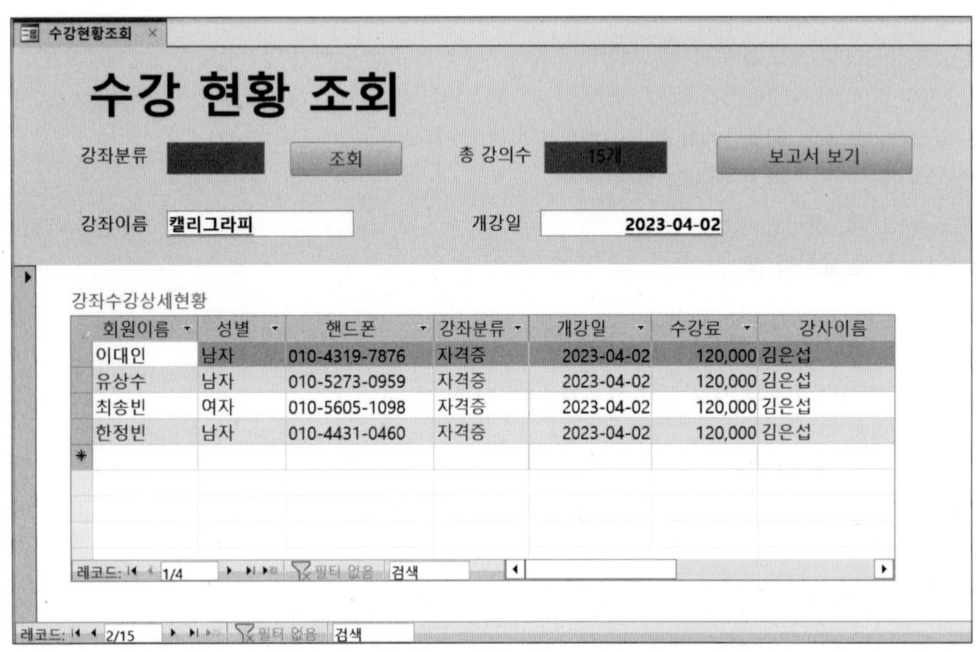

2. 〈수강현황조회〉 폼의 머리글 컨트롤에 대하여 다음과 같이 조건부 서식을 설정하시오. (5점)

▶ 개강일이 4월인 경우 폼 머리글의 'txt강좌이름'과 'txt개강일' 컨트롤의 글꼴을 '굵게', '밑줄'로 지정하시오.

▶ Month 함수 사용

▶ 1번 〈그림〉 참조

3. 〈수강현황조회〉 폼 머리글의 'txt분류조회' 컨트롤에 값을 입력하고 '보고서 보기(cmd보고서보기)' 단추를 클릭하면 〈회원별수강내역〉 보고서를 '인쇄 미리 보기' 형식의 '대화 상자' 창 모드로 여는 〈보고서보기〉 매크로를 생성하여 지정하시오. (5점)

▶ 매크로 조건 : '강좌분류' 필드의 값이 'txt분류조회' 컨트롤에 입력된 값과 동일한 레코드만 표시할 것

문제 3 조회 및 출력 기능 구현(20점)

1. 다음의 지시사항 및 화면을 참조하여 〈회원별수강내역〉 보고서를 완성하시오. (각 3점)

① 보고서 머리글에 있는 제목 레이블을 페이지 머리글로 이동한 후 페이지 머리글의 높이를 2cm로, 보고서 머리글의 높이를 0cm로 설정하시오.

② 동일한 '회원이름' 그룹 내에서 '수강료'를 기준으로 내림차순 정렬되어 표시되도록 설정하시오.

③ 본문 영역의 'txt회원이름'과 'txt핸드폰' 컨트롤의 값이 이전 레코드와 동일한 경우에는 표시되지 않도록 관련 속성을 설정하시오.

④ 회원이름 바닥글 영역의 'txt수강료합계' 컨트롤에는 수강료의 합계가 표시되도록 컨트롤 원본 속성을 설정하시오. (Sum 함수 사용)

⑤ 페이지 바닥글 영역의 'txt페이지' 컨트롤에는 페이지가 다음과 같이 표시되도록 컨트롤 원본 속성을 설정하시오.

▶ 현재 페이지가 1페이지이고 전체 페이지가 5페이지인 경우 : 1/5

회원별수강내역

회원이름	핸드폰	강좌분류	개강일	수강료
유채율	010-9030-5521	어학	2023-03-02	100,000
		음악	2023-03-07	70,000
			수강료 합계 :	₩170,000
회원이름	핸드폰	강좌분류	개강일	수강료
윤다환	010-4586-9852	음악	2023-04-06	80,000
		음악	2023-04-02	65,000
			수강료 합계 :	₩145,000
회원이름	핸드폰	강좌분류	개강일	수강료
이대인	010-4319-7876	자격증	2023-04-02	120,000
			수강료 합계 :	₩120,000
회원이름	핸드폰	강좌분류	개강일	수강료
정서영	010-7395-8237	자격증	2023-03-06	150,000
		자격증	2023-04-07	85,000
		음악	2023-04-06	80,000
		음악	2023-03-07	70,000
			수강료 합계 :	₩385,000
회원이름	핸드폰	강좌분류	개강일	수강료
정정준	010-9227-8247	자격증	2023-04-07	85,000
			수강료 합계 :	₩85,000
회원이름	핸드폰	강좌분류	개강일	수강료
조원찬	010-1701-4696	요리	2023-04-06	120,000
		어학	2023-03-02	100,000
		어학	2023-03-02	90,000
		자격증	2023-04-07	85,000
			수강료 합계 :	₩395,000
회원이름	핸드폰	강좌분류	개강일	수강료
조은진	010-3121-5424	요리	2023-03-06	120,000
		요리	2023-04-06	120,000
		음악	2023-04-06	80,000

4/6

2. 〈수강현황조회〉 폼 머리글의 '조회(cmd조회)' 컨트롤을 클릭하면 '강좌분류' 필드의 값이 'txt분류조회' 컨트롤에 입력된 값과 같은 정보만 표시되도록 이벤트 프로시저를 구현하시오. (5점)

▶ DoCmd 개체와 ApplyFilter 메소드 사용

6223024

문제 4 처리 기능 구현(25점)

1. **성별별, 강좌이름별 수강횟수를 조회하는 〈강좌횟수조회〉 크로스탭 쿼리를 작성하시오. (5점)**
   - ▶ 〈회원〉, 〈수강〉, 〈강좌〉 테이블을 이용하시오.
   - ▶ 수강횟수는 '수강번호' 필드를 이용하시오.
   - ▶ 강좌코드가 6부터 8까지의 문자 중 하나로 끝나는 것만 조회 대상으로 하시오. (Like 연산자 사용)
   - ▶ 쿼리 실행 결과 표시되는 필드와 필드명은 〈그림〉과 같이 표시되도록 설정하시오.

강좌횟수조회

성별	총횟수	성인한자교실	한식요리
남자	12	9	3
여자	11	5	6

레코드: 1/2 필터 없음 검색

2. **〈수강〉과 〈강좌〉 테이블을 이용하여 신청되지 않은 강좌를 조회하는 〈폐강강좌조회〉 쿼리를 작성하시오. (5점)**
   - ▶ 〈수강〉 테이블에 없는 〈강좌〉 테이블의 '강좌코드' 필드를 대상으로 할 것(Is Null 사용)
   - ▶ '정원'이 20 이상인 레코드만 대상으로 하시오.
   - ▶ 쿼리 결과로 표시되는 필드와 필드명은 〈그림〉과 같이 표시되도록 설정하시오.

폐강강좌조회

강좌코드	강좌이름	정원	수강료
강좌-12	댄스스포츠	20	85,000
*			

레코드: 1/1 필터 없음 검색

3. **〈강좌수강상세현황〉 쿼리를 이용하여 '강좌분류'를 매개 변수로 입력받아 해당 강좌분류를 포함하는 강좌 정보를 조회하는 〈강좌조회〉 쿼리를 작성하고 실행하시오. (5점)**
   - ▶ '인원수'는 '회원이름' 필드를 이용하시오.
   - ▶ '수강료합계'는 '수강료' 필드를 이용하시오.
   - ▶ 쿼리 결과로 표시되는 필드와 필드명, 필드의 형식은 〈그림〉과 같이 표시되도록 설정하시오.

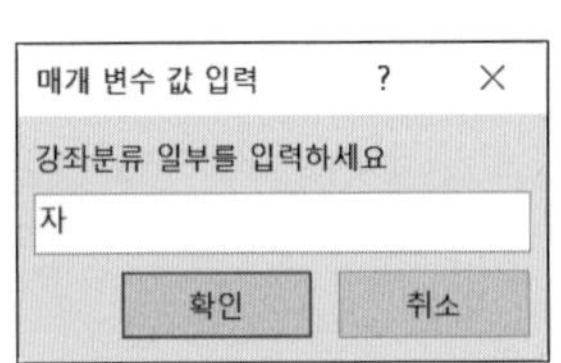

강좌조회

강좌분류	강좌이름	강사이름	인원수	수강료합계
자격증	꽃꽂이	방윤솔	4명	₩600,000
자격증	성인한자교실	장자은	14명	₩1,190,000
자격증	어린이한자교실	장자은	6명	₩360,000
자격증	캘리그라피	김은섭	4명	₩480,000

레코드: 1/4 필터 없음 검색

4. **〈수강〉과 〈강좌〉 테이블을 이용하여 강좌별로 인원수와 충원률을 조회하는 〈강좌별충원률조회〉 쿼리를 작성하시오. (5점)**
   - ▶ '인원수'는 '수강번호' 필드를 이용하여 계산하시오.
   - ▶ 충원률 = 인원수 / 정원
   - ▶ 충원률은 [표시 예]와 같이 백분율로 표시하시오.
     [표시 예] 0 → 0%, 82.5 → 83%
   - ▶ 쿼리 결과로 표시되는 필드와 필드명, 필드의 형식은 〈그림〉과 같이 표시되도록 설정하시오.

강좌별충원률조회

강좌이름	강좌분류	정원	인원수	충원률
경기민요	음악	15	15	100%
꽃꽂이	자격증	10	4	40%
성인원어민영어	어학	15	5	33%
성인한자교실	자격증	20	14	70%
어린이원어민영어회화	어학	15	6	40%
어린이한자교실	자격증	20	6	30%
일식요리	요리	10	8	80%
제과제빵	요리	10	6	60%
주부노래교실	음악	20	12	60%
중식요리	요리	10	5	50%
캘리그라피	자격증	10	4	40%
통기타교실	음악	20	6	30%
한식요리	요리	10	9	90%

레코드: 1/13 필터 없음 검색

5. 〈회원〉, 〈수강〉, 〈강좌〉 테이블을 이용하여 강좌이름을 매개 변수로 입력받고, 해당 강좌에 수강한 회원들의 수강료납부일을 조회하여 새 테이블로 생성하는 〈수강료납부일생성〉 쿼리를 작성한 후 실행하시오. (5점)

▶ 수강료납부일은 수강신청일로부터 1달 후로 계산하시오. (DateAdd 함수 사용)

▶ 쿼리 실행 후 생성되는 테이블의 이름은 〈조회강좌납부일현황〉으로 설정하시오.

▶ 쿼리 실행 결과 생성되는 테이블의 필드는 〈그림〉을 참고하여 수험자가 판단하여 설정하시오.

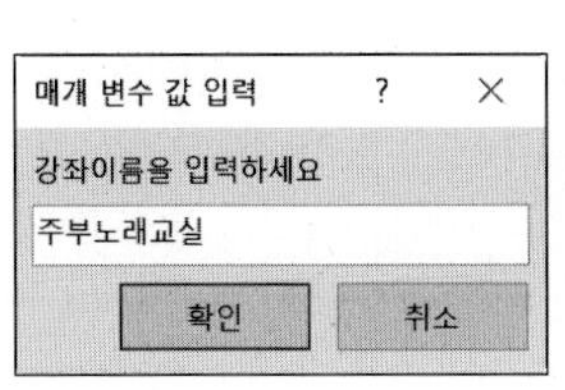

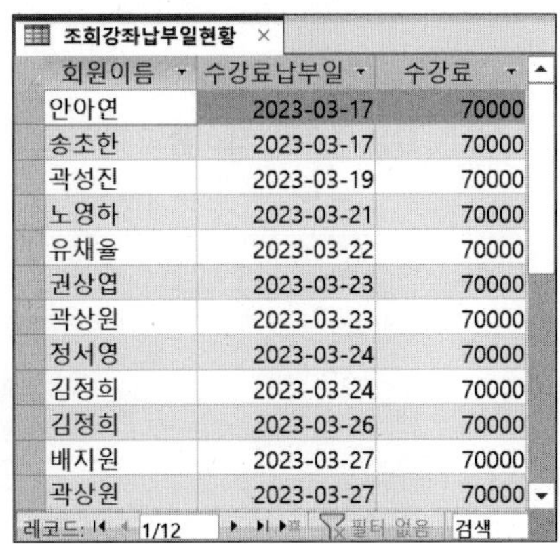
조회강좌납부일현황

회원이름	수강료납부일	수강료
안아연	2023-03-17	70000
송초한	2023-03-17	70000
곽성진	2023-03-19	70000
노영하	2023-03-21	70000
유채율	2023-03-22	70000
권상엽	2023-03-23	70000
곽상원	2023-03-23	70000
정서영	2023-03-24	70000
김정희	2023-03-24	70000
김정희	2023-03-26	70000
배지원	2023-03-27	70000
곽상원	2023-03-27	70000

레코드: 1/12 필터 없음 검색

※ 〈수강료납부일생성〉 쿼리를 실행한 후의 〈조회강좌납부일현황〉 테이블

EXAMINATION

06회 기출문제 정답 및 해설

문제 1 DB 구축

정답

01. 테이블 완성하기 _ 참고 : 테이블 완성 296쪽

〈강사〉 테이블

1 '강의경력' 필드의 데이터 형식 및 필드 크기 설정하기

강사 ×

필드 이름	데이터 형식
강의경력	숫자
최종학력	짧은 텍스트

필드 속성

일반 조회

필드 크기	바이트
형식	
소수 자릿수	자동

2 '최종학력' 필드에 유효성 검사 규칙 속성 설정하기

필드 속성

일반 조회

캡션	
기본값	
유효성 검사 규칙	In ("박사","석사","학사")
유효성 검사 텍스트	
필수	아니요
빈 문자열 허용	예

〈수강〉 테이블

3 '수강번호' 필드를 기본키로 지정하기

수강 ×

필드 이름	데이터 형식
수강번호	짧은 텍스트
회원번호	짧은 텍스트
강좌코드	짧은 텍스트
수강신청일	날짜/시간

4 '수강신청일' 필드에 기본값 속성 설정하기

필드 속성

일반 조회

입력 마스크	
캡션	
기본값	Date()
유효성 검사 규칙	
유효성 검사 텍스트	
필수	아니요

〈회원〉 테이블

5 '핸드폰' 필드에 입력 마스크 속성 설정하기

필드 속성

일반 조회

필드 크기	255
형식	
입력 마스크	000-0000-0000;0;_
캡션	
기본값	
유효성 검사 규칙	

02. 〈수강〉 테이블의 '강좌코드' 필드에 조회 기능 설정하기

_ 참고 : 조회 기능 설정 302쪽

필드 속성

일반 조회

컨트롤 표시	콤보 상자
행 원본 유형	테이블/쿼리
행 원본	SELECT 강좌.강좌코드, 강좌.강좌분류, 강좌.강좌이름 FROM 강좌;
바운드 열	1
열 개수	3
열 이름	아니요
열 너비	2cm;2cm;5cm
행 수	5
목록 너비	9cm
목록 값만 허용	예
여러 값 허용	아니요
값 목록 편집 허용	아니요
목록 항목 편집 폼	
행 원본 값만 표시	아니요

03. 〈수강〉 테이블과 〈회원〉 테이블 간의 관계 설정하기

_ 참고 : 관계 설정 305쪽

정답

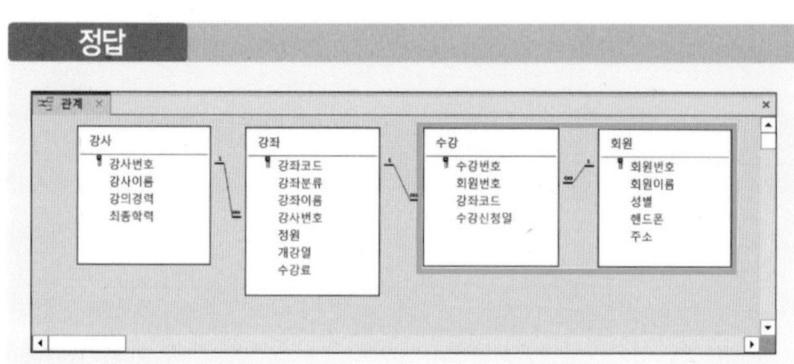

• '관계 편집' 대화상자

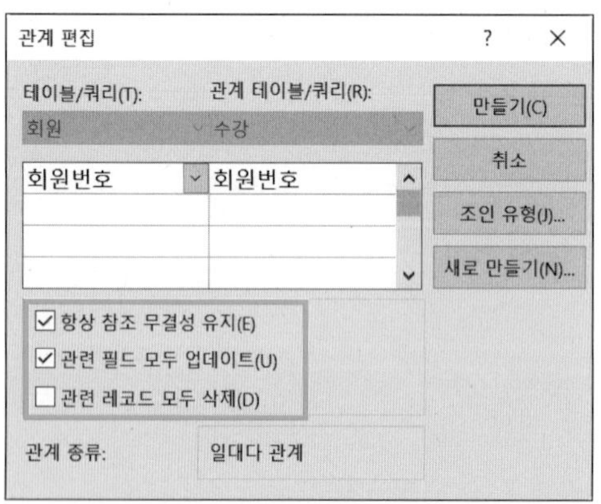

문제 2 입력 및 수정 기능 구현 정답

01. 〈수강현황조회〉 폼 완성하기 _ 참고 : 폼 완성 310쪽

정답

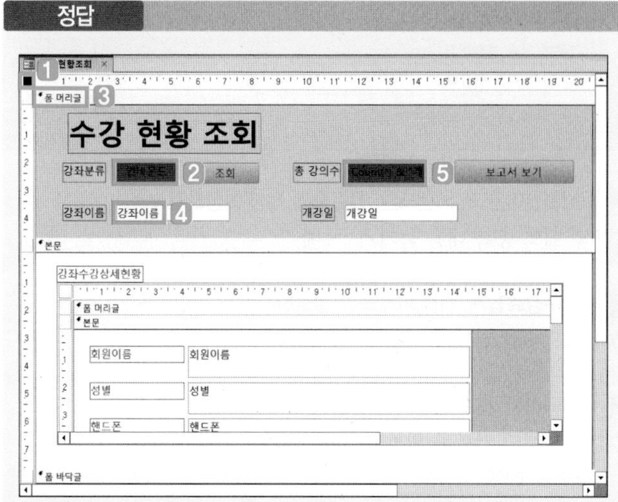

1 폼 속성 설정하기

- '데이터' 탭의 추가 가능 → 아니요
- '데이터' 탭의 삭제 가능 → 아니요

2 'txt분류조회' 컨트롤에 속성 설정하기

'기타' 탭의 탭 인덱스 → 0

3 '폼 머리글' 영역에 속성 설정하기

'형식' 탭의 배경색 → 배경 폼

4 'txt강좌이름' 컨트롤에 속성 설정하기

'데이터' 탭의 컨트롤 원본 → 강좌이름

5 'txt총강의수' 컨트롤에 속성 설정하기

'데이터' 탭의 컨트롤 원본 → =Count(*) & "개"

02. 〈수강현황조회〉 폼 머리글 컨트롤에 조건부 서식 설정하기 _ 참고 : 조건부 서식 318쪽

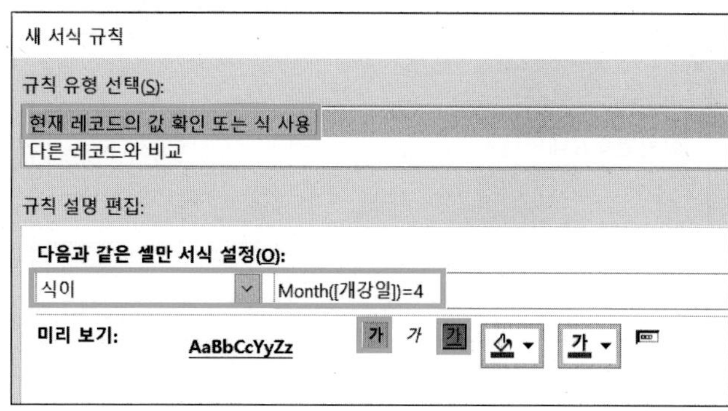

03. 〈보고서보기〉 매크로 작성 _ 참고 : 매크로 작성 325쪽

정답

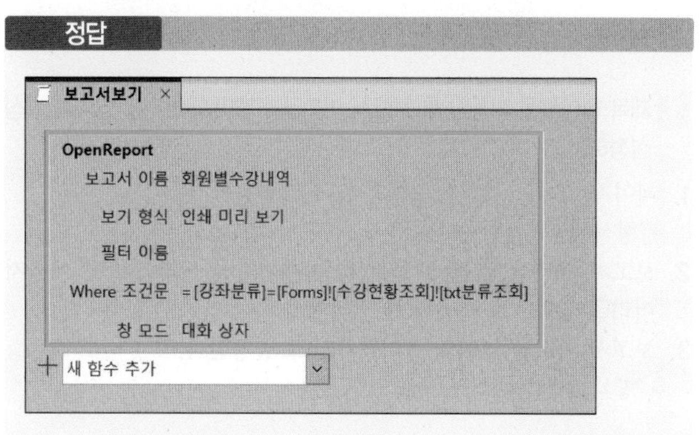

1. 매크로 개체를 생성한 후 이를 연결하여 사용해야 하므로, 먼저 매크로 개체를 생성한다. [만들기] → 매크로 및 코드 → **매크로**(▢)를 클릭한다.
2. 매크로 대화상자에서 정답과 같이 설정한 후 매크로 대화상자의 닫기(☒) 단추를 클릭한 다음 저장 여부를 묻는 대화상자에서 〈예〉를 클릭한다.
3. '다른 이름으로 저장' 대화상자에서 매크로 이름을 **보고서보기**로 입력한 다음 〈확인〉을 클릭한다.
4. 〈수강현황조회〉 폼을 디자인 보기로 연 후 폼 머리글의 'cmd보고서보기' 컨트롤을 더블클릭한다.
5. 'cmd보고서보기' 컨트롤 속성 시트 창의 '이벤트' 탭에서 'On Click' 이벤트의 목록 단추를 눌러 '보고서보기' 매크로를 선택한다.

문제 3 조회 및 출력 기능 구현

정답

01. 〈회원별수강내역〉 보고서 완성하기 _ 참고 : 보고서 완성 331쪽

정답

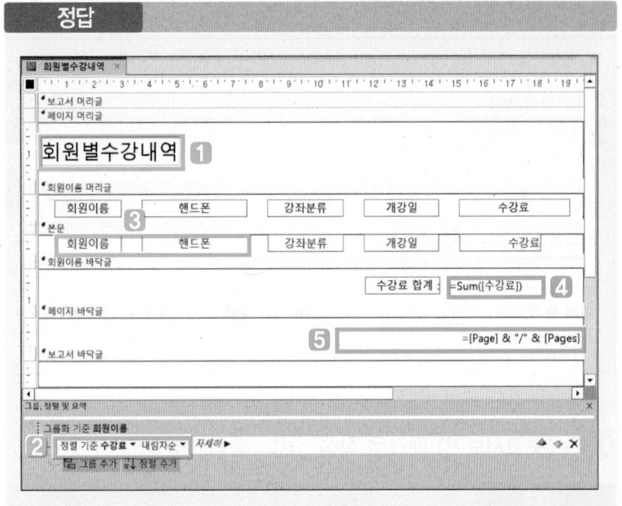

1 제목 레이블을 이동한 후 보고서 머리글과 페이지 머리글 영역에 속성 설정하기

1. 페이지 머리글 영역의 높이를 2cm로 설정한다.
   - '형식' 탭의 높이 → 2cm
2. 보고서 머리글 영역에 있는 제목 레이블을 드래그하여 페이지 머리글 영역으로 이동한 후 알맞게 배치한다.
3. 보고서 머리글 영역의 높이를 0cm로 설정한다.
   - '형식' 탭의 높이 → 0cm

2 그룹, 정렬 및 요약

3 'txt회원이름'과 'txt핸드폰' 컨트롤에 속성 설정하기

'형식' 탭의 중복 내용 숨기기 → 예

4 'txt수강료합계' 컨트롤에 속성 설정하기

'데이터' 탭의 컨트롤 원본 → =Sum([수강료])

5 'txt페이지' 컨트롤에 속성 설정하기

'데이터' 탭의 컨트롤 원본 → =[Page] & "/" & [Pages]

02. 〈수강현황조회〉 폼의 'cmd조회' 컨트롤에 클릭 기능 구현하기 _ 참고 : 이벤트 프로시저 340쪽

정답

```
Private Sub cmd조회_Click()
    DoCmd.ApplyFilter , "강좌분류 = '" & txt분류조회 & "'"
End Sub
```

문제 4 처리 기능 구현

정답

01. 〈강좌횟수조회〉 쿼리 _ 참고 : 쿼리 작성 347쪽

쿼리 작성기 창

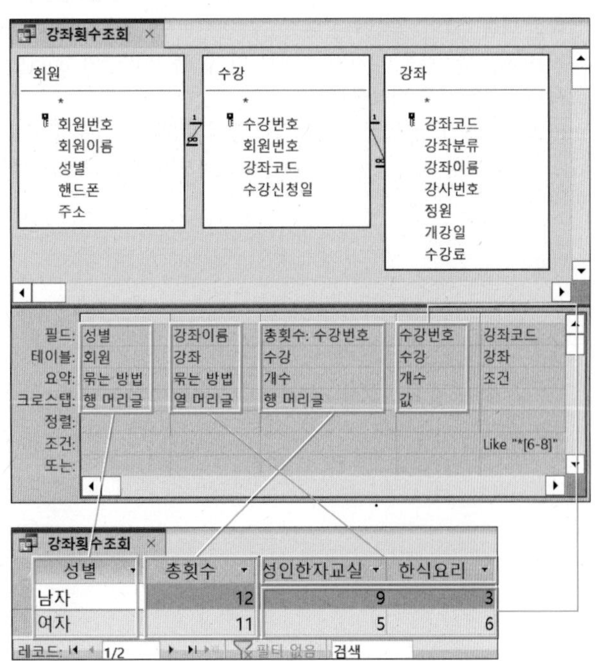

02. 〈폐강강좌조회〉 쿼리 _ 참고 : 쿼리 작성 347쪽

※ 문제에 Not In을 사용하라는 지시사항이 없으므로 '불일치 검색 쿼리 마법사'를 사용하면 됩니다.

※ '불일치 검색 쿼리 마법사'를 수행하면 '제품번호' 필드의 조건에 Is Null이 자동으로 적용됩니다.

1. '불일치 검색 쿼리 마법사' 1단계 대화상자

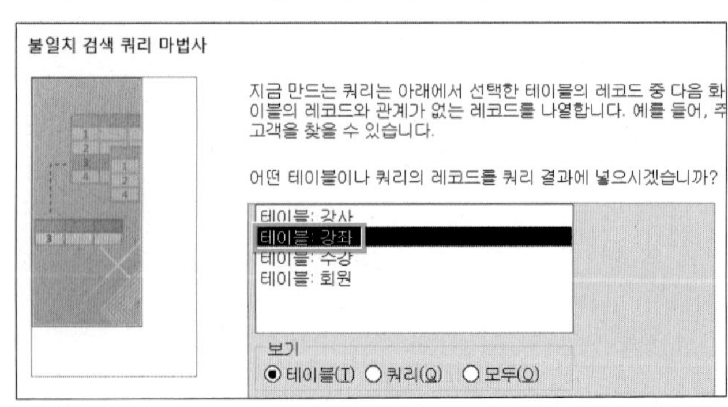

2. '불일치 검색 쿼리 마법사' 2단계 대화상자

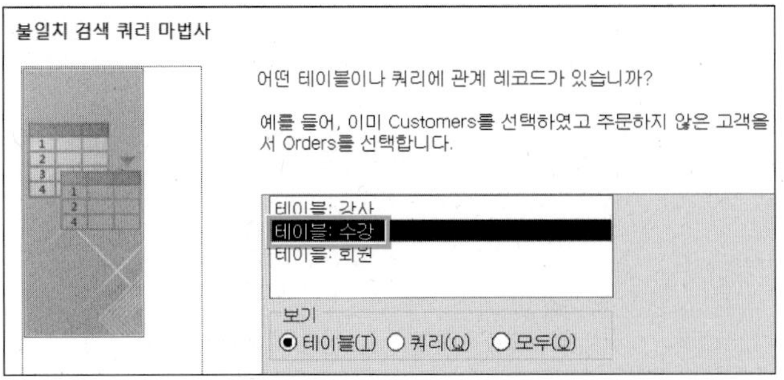

3. '불일치 검색 쿼리 마법사' 3단계 대화상자

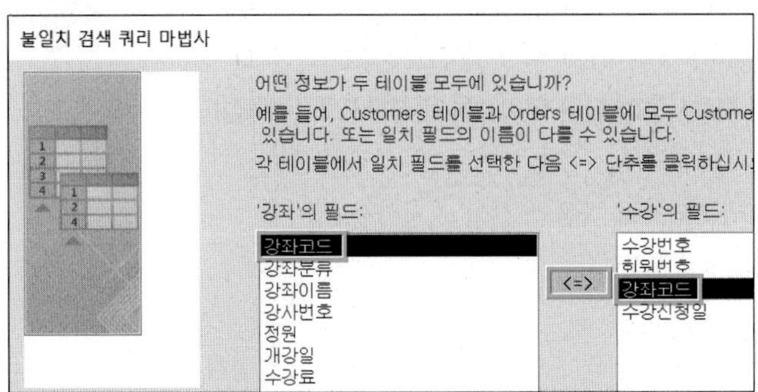

4. '불일치 검색 쿼리 마법사' 4단계 대화상자

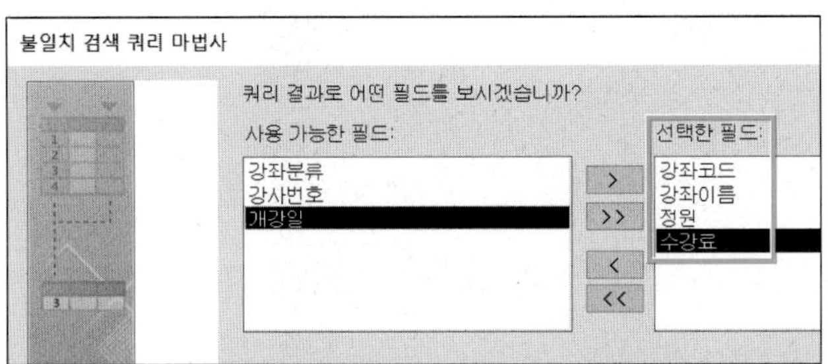

5. '불일치 검색 쿼리 마법사' 5단계 대화상자

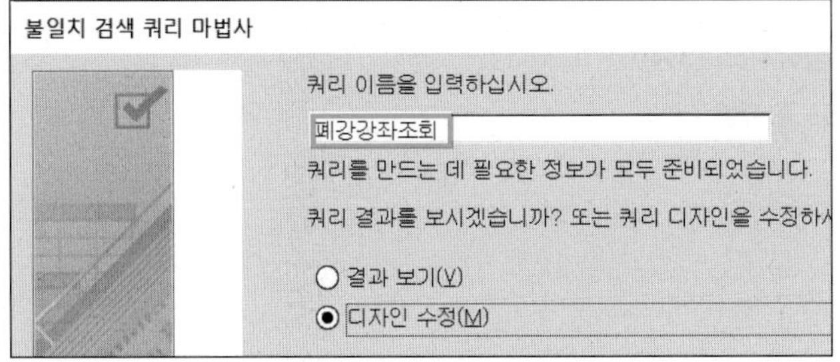

6. 쿼리 작성기 창의 '정원' 필드의 조건난에 >=20을 입력한다.

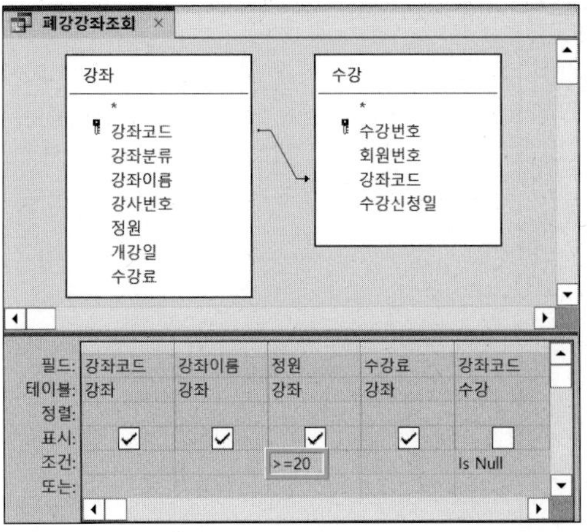

03. 〈강좌조회〉 쿼리 _ 참고 : 쿼리 작성 347쪽

• 쿼리 작성기 창

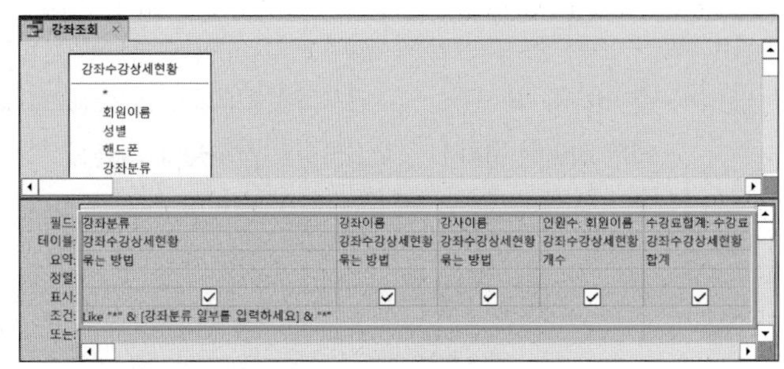

• '인원수' 필드 속성 설정하기
  – '일반' 탭의 형식 → #명
• '수강료합계' 필드 속성 설정하기
  – '일반' 탭의 형식 → 통화

04. 〈강좌별충원률조회〉 쿼리 _ 참고 : 쿼리 작성 347쪽

• 쿼리 작성기 창

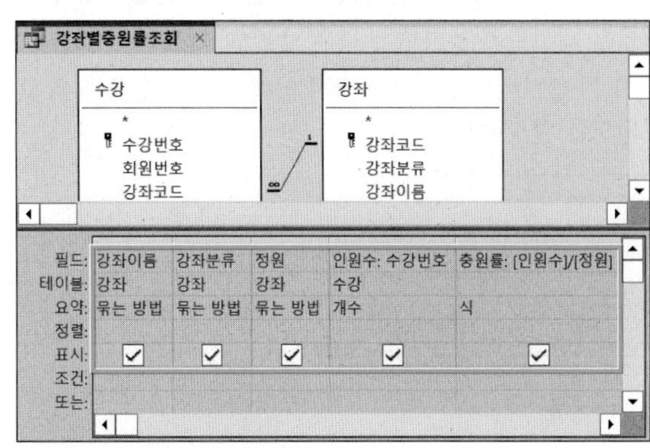

• '충원률' 필드 속성 설정하기
  – '일반' 탭의 형식 → 0%

05. 〈수강료납부일생성〉 쿼리 _ 참고 : 쿼리 작성 347쪽

• 쿼리 작성기 창

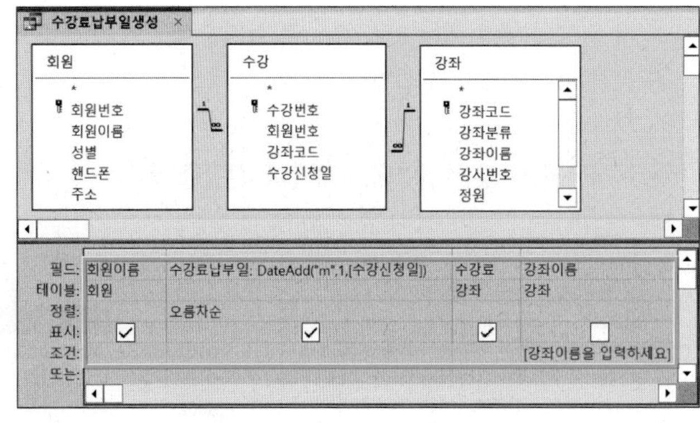

• '테이블 만들기' 대화상자

EXAMINATION

07회 2023년 상시03 컴퓨터활용능력 1급

- **준 비 하 세 요 :** 'C:\길벗컴활1급총정리\기출\07회' 폴더에서 '23년상시03.accdb' 파일을 열어서 작업하시오.
- **외부 데이터 위치 :** C:\길벗컴활1급총정리\기출\07회

4223031

문제 1 DB구축(30점)

1. 도서 판매 현황을 관리하기 위한 데이터베이스를 구축하고자 한다. 다음의 지시사항에 따라 테이블을 완성하시오. (각 4점)

〈도서〉 테이블

① '저자코드' 필드에는 A123과 같이 영문 대문자 1자리, 숫자 3자리가 입력되도록 다음과 같이 설정하시오.

▶ 문자는 A~Z까지의 영문자가 반드시 입력될 수 있도록 설정할 것

▶ 숫자는 0~9까지 숫자가 반드시 입력될 수 있도록 설정할 것

② 새로운 레코드가 추가되는 경우 '출판일' 필드에는 시간을 포함하지 않는 시스템의 오늘 날짜가 입력되도록 설정하시오.

③ '저자수' 필드에는 1 이상의 값이 입력될 수 있도록 유효성 검사 규칙을 설정하고, 1 미만의 값이 입력되면 다음과 같은 메시지가 표시되도록 설정하시오.

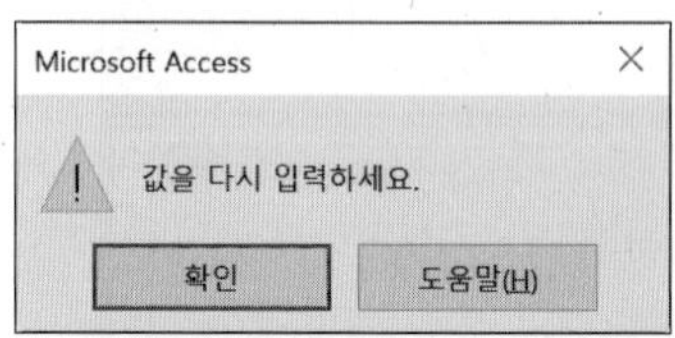

〈저자〉 테이블

④ '이메일' 필드는 기본키가 아니면서 중복된 값이 입력되지 않도록 인덱스를 설정하시오.

⑤ '주소' 필드 아래에 '저자이력' 필드를 추가하고 256자 이상을 입력할 수 있는 데이터 형식으로 설정하시오.

2. 〈도서〉 테이블의 '출판사번호' 필드에 대해서 다음과 같이 조회 속성을 설정하시오. (5점)

▶ 〈출판사〉 테이블의 '출판사번호', '출판사명' 필드를 콤보 상자 형태로 표시할 것

▶ 필드에는 '출판사번호'만 저장되도록 설정할 것

▶ 각 필드의 열 너비는 1cm, 3cm로 설정할 것

▶ 목록 너비를 4cm로 설정할 것

▶ 목록에 6개의 행만 표시되도록 설정할 것

▶ 목록 이외의 값은 입력될 수 없도록 설정할 것

도서

도서코드	제목	저자코드	출판사번호	출판일	정가	저자수
A001	워드프로세서 필기	A101	6	05/15	20000	1
A002	컴퓨터활용능력 1급 필기	H108	6 동작서림	01	29000	3
A003	컴퓨터활용능력 2급 필기	A101	7 광진출판	25	28000	3
A004	정보처리기사 필기	G107	8 서초서적	05	27000	1
A005	정보처리산업기사 필기	B002	9 마포출판	07	18800	1
B001	아이 마음에 상처 주지 않는 습관	E005	10 동대서적	01	17800	1
B002	지방 아파트 황금 입지	J010	11 강동출판	26	20500	1
B003	개발자가 되고 싶습니다	G107	8	04/26	20000	1
B004	나를 읽는 인문학 수업	C103	16	04/25	16800	5
B005	뉴비의 로블록스 모험 일기: 로 구울	H108	17	04/24	12800	2
C001	워드프로세서 필기	G107	17	04/20	19000	2
C002	컴퓨터활용능력 1급 필기	J010	1	04/20	38000	1
C003	컴퓨터활용능력 2급 필기	B002	20	02/20	16000	1
C004	정보처리기사 필기	A101	6	04/15	17000	3
C005	정보처리산업기사 필기	I109	19	10/18	28000	2

레코드: 1/40 필터 없음 검색

3. 〈도서〉 테이블의 '저자코드' 필드는 〈저자〉 테이블의 '저자코드' 필드를 참조하며, 테이블 간의 관계는 M:1이다. 다음과 같이 테이블 간의 관계를 설정하시오. (5점)

※ 액세스 파일에 이미 설정되어 있는 관계는 수정하지 마시오.

▶ 각 테이블 간에 항상 참조 무결성이 유지되도록 설정하시오.

▶ 참조 필드의 값이 변경되면 관련 필드의 값도 변경되도록 설정하시오.

▶ 참조하고 있는 레코드는 삭제할 수 없도록 설정하시오.

4223032

문제 2 입력 및 수정 기능 구현(25점)

1. 〈도서출판현황〉 폼을 다음의 화면과 지시사항에 따라 완성하시오. (각 3점)

① 폼의 기본 보기 속성을 〈그림〉과 같이 표시되도록 설정하시오.

② 폼에 레코드 선택기와 구분선이 표시되도록 설정하시오.

③ 본문의 모든 컨트롤이 위쪽으로 맞춰 정렬되도록 설정하시오.

④ 'txt저자명' 컨트롤에는 탭 포커스가 이동되지 않도록 관련 속성을 설정하시오

⑤ 폼 바닥글의 'txt총도서수' 컨트롤에는 전체 레코드의 개수가 [표시 예]와 같이 표시되도록 컨트롤 원본 속성을 설정하시오.

[표시 예] 5 → 5권

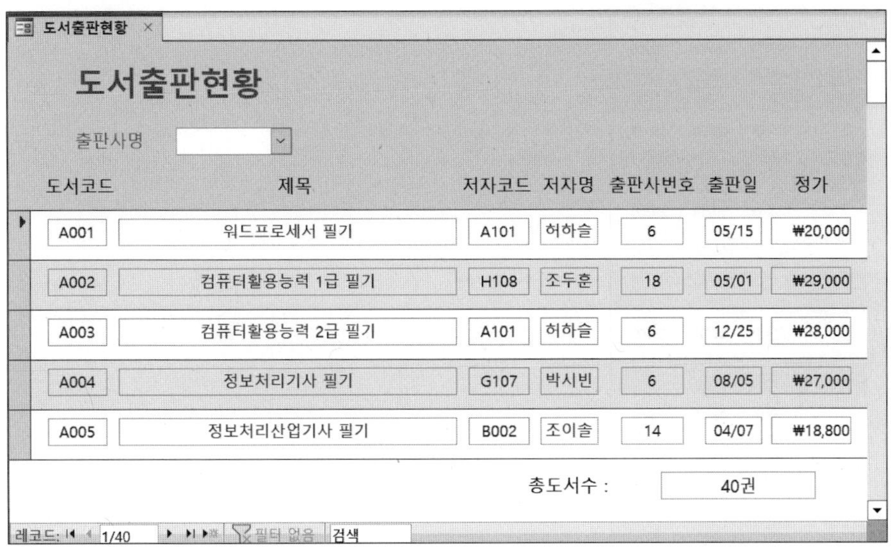

2. 〈도서출판현황〉 폼 본문의 'txt저자명' 컨트롤에는 〈저자〉 테이블의 '저자코드' 필드가 'txt저자코드' 컨트롤의 값과 같은 '저자명'을 표시하시오. (5점)

▶ DLookup 함수 사용

▶ 1번 〈그림〉 참조

3. 〈도서정보〉 폼을 '대화 상자' 창 모드로 여는 〈도서정보보기〉 매크로를 생성하여 〈도서출판현황〉 폼의 'txt출판사번호' 컨트롤을 더블클릭하면 실행되도록 지정하시오. (5점)

▶ 매크로 조건 : '출판사번호' 필드의 값이 'txt출판사번호' 컨트롤에 입력된 값과 동일한 레코드만 표시할 것

4223033

문제 3 조회 및 출력 기능 구현(20점)

1. 다음의 지시사항 및 화면을 참조하여 〈출판사별도서현황〉 보고서를 완성하시오. (각 3점)

① 동일한 그룹 내에서 '제목'을 기준으로 내림차순 정렬되어 표시되도록 설정하시오.

② 출판사번호 머리글 영역의 배경색을 'Access 테마 3'으로 설정하시오.

③ 본문 영역의 'txt제목' 컨트롤의 값이 이전 레코드와 동일한 경우에는 표시되지 않도록 관련 속성을 설정하시오.

④ 본문 영역의 'txt순번' 컨트롤에는 그룹별로 순번이 표시되도록 관련 속성을 설정하시오.

⑤ 페이지 바닥글 영역의 'txt페이지' 컨트롤에는 페이지가 다음과 같이 표시되도록 컨트롤 원본 속성을 설정하시오.

▶ 현재 페이지가 1페이지이고 전체 페이지가 5페이지인 경우 : 1/5

출판사별도서현황

출판사명	순번	제목	저자명	출판일	정가
성북출판					
	1	컴퓨터활용능력 1급 필기	조두훈	03/15	17500
	2	워드프로세서 필기	허종완	12/22	17800
	3		허종완	03/22	17500
	4	신호화 소음	허종완	01/05	29000
성북서림					
	1	미래 시나리오	허종완	05/07	18000
강서출판					
	1	컴퓨터활용능력 2급 필기	조이솔	02/20	16000
송파서적					
	1	정보처리산업기사 필기	허종완	10/18	28000
	2	오십, 인생의 재발견	곽서후	06/03	17500
강남출판					
	1	컴퓨터활용능력 1급 필기	조두훈	05/01	29000
서초출판					
	1	컴퓨터활용능력 2급 필기	정여준	03/15	19800
	2	워드프로세서 필기	박시번	04/20	19000
	3	뉴비의 로블록스 모험 일기: 로 구울	조두훈	04/24	12800
동작출판					
	1	정보처리기사 필기	배종연	01/14	30000
	2		백세진	03/10	22000
	3	돈의 흐름이 보이는 회계 이야기	황재훈	12/24	16000
	4	나를 읽는 인문학 수업	황재훈	04/25	16800

1/3

2. 〈도서출판현황〉 폼 머리글을 더블클릭하면 다음과 같은 기능이 수행되도록 이벤트 프로시저를 구현하시오. (5점)

▶ 먼저 아래와 같은 메시지 창이 표시되도록 하시오.

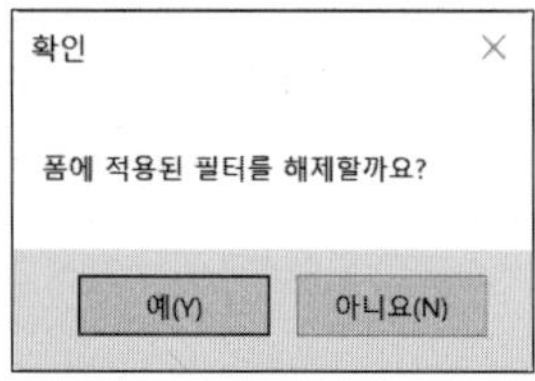

▶ 메시지 창에서 〈예〉를 클릭하면, 'cmb조회' 컨트롤의 값을 지우고 현재 적용되어 있는 필터를 해제하시오.

▶ 폼의 FilterOn 속성 이용

문제 4 처리 기능 구현(25점)

1. 〈저자〉와 〈도서〉 테이블을 이용하여 출판된 도서가 4개 이상인 저자의 '비고' 필드의 값을 "베스트셀러"로 변경하는 〈베스트셀러처리〉 업데이트 쿼리를 작성한 후 실행하시오. (5점)
   - ▶ In 연산자와 하위 쿼리 사용

저자

저자코드	저자명	연락처	이메일	주소	저자이력	비고
A001	백세진	010-9357-0900	bmgnoq@gmail.com	서울특별시 서초구 서초3동 117-57		
A101	허하슬	010-5628-1056	ldezzh@hanmail.com	대전광역시 중구 대흥동 38		베스트셀러
B002	조이솔	010-3197-8073	godpkl@nate.com	부산광역시 수영구 망미제2동 128		
B102	최아준	010-0938-0475	mczvd60@gmail.com	광주광역시 서구 농성1동 17-11		
C003	전동현	010-3707-3077	seljgd@daum.net	대전광역시 서구 도마1동 89		
C103	황재훈	010-3475-0118	rflrin@nate.com	부산광역시 동구 범일제2동 147		
D004	정여준	010-2669-2843	tnbcl89@hanmail.com	인천광역시 연수구 송도2동 140-97		
D104	배종연	010-3084-6861	juclai@lycos.com	서울특별시 노원구 상계1동 135-17		
E005	권성준	010-1025-7071	hxaeud@lycos.com	인천광역시 서구 가정1동 95		
E105	강유영	010-1691-0327	karpom@hanmail.com	울산광역시 동구 화정동 53-48		
F006	윤가온	010-8066-9773	qtsjiw@daum.net	서울특별시 구로구 구로3동 58		
F106	곽서후	010-3801-0898	wimhm74@hotmail.com	부산광역시 부산진구 당감제1동 129-67		
G007	고래헌	010-9166-3872	smdbzu@nate.com	서울특별시 동작구 상도1동 40		
G107	박시빈	010-1216-9330	owlgvd@gmail.com	광주광역시 광산구 어룡동 135		베스트셀러
H008	임민세	010-8100-2580	udmcz82@daum.net	부산광역시 사상구 감전동 49		
H108	조두훈	010-8153-1549	szdszb@yahoo.com	부산광역시 서구 남부민제1동 33		베스트셀러
I009	곽한솔	010-7522-5731	vqemps@gmail.com	광주광역시 북구 두암1동 112		
I109	허종완	010-4644-6515	cpbog57@lycos.com	인천광역시 서구 당하동 148		베스트셀러
J010	배종찬	010-3471-9043	fuyjus@lycos.com	인천광역시 중구 영종동 14-69		
J020	이동영	010-0966-8967	fdjqso@lycos.com	광주광역시 동구 학동 14		

레코드: 1/20 필터 없음 검색

※ 〈베스트셀러처리〉 쿼리를 실행한 후의 〈저자〉 테이블

2. 〈도서〉와 〈저자〉 테이블을 이용하여 출판권수가 3권 이상인 저자의 정보를 조회하는 〈다수출판저자〉 쿼리를 작성하시오. (5점)
   - ▶ '저자코드'가 A에서 F 사이의 문자로 시작하는 레코드를 대상으로 하시오.
   - ▶ 출판권수는 '도서코드' 필드를 이용하시오.
   - ▶ 쿼리 결과로 표시되는 필드와 필드명, 필드의 형식은 〈그림〉과 같이 표시되도록 설정하시오.

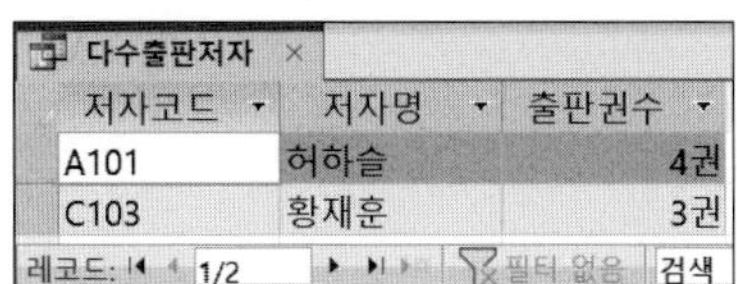

다수출판저자

저자코드	저자명	출판권수
A101	허하슬	4권
C103	황재훈	3권

레코드: 1/2 필터 없음 검색

3. 〈도서〉와 〈출판사〉 테이블을 이용하여 출판사명의 일부를 매개 변수로 입력받아 해당 출판사의 출판 정보를 조회하는 〈출판사별출판조회〉 쿼리를 작성하시오. (5점)
   - ▶ 출판권수는 '도서코드' 필드를 이용하시오.
   - ▶ 출판년도는 '출판일' 필드를 이용하시오. (Year 함수 사용)
   - ▶ 쿼리 결과로 표시되는 필드와 필드명은 〈그림〉과 같이 표시되도록 설정하시오.

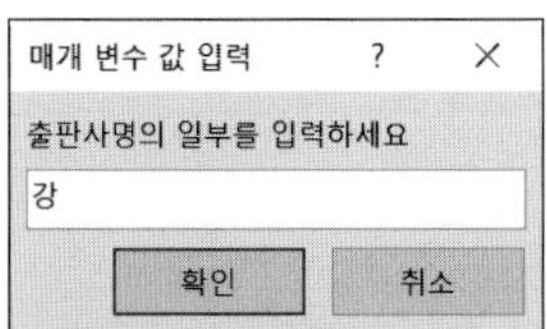

출판사별출판조회

출판사명	출판년도	출판권수
강남출판	2019	1
강동출판	2019	1
강동출판	2022	2
강북서림	2021	1
강서출판	2020	1

레코드: 1/5 필터 없음 검색

4. 〈출판사〉 테이블을 이용하여 출판 내역이 없는 출판사의 정보를 조회한 후 이를 새 테이블로 생성하는 〈미출간내역조회〉 쿼리를 작성하고 실행하시오. (5점)

- ▶ 쿼리 실행 후 생성되는 테이블의 이름은 〈미출간출판사현황〉으로 설정하시오.
- ▶ 〈출판사〉 테이블의 '출판사번호' 필드가 〈도서〉 테이블에 없으면 판매되지 않은 것으로 한다. (Not In, Select 사용)
- ▶ 쿼리 결과로 표시되는 필드와 필드명은 〈그림〉과 같이 표시되도록 설정하시오.

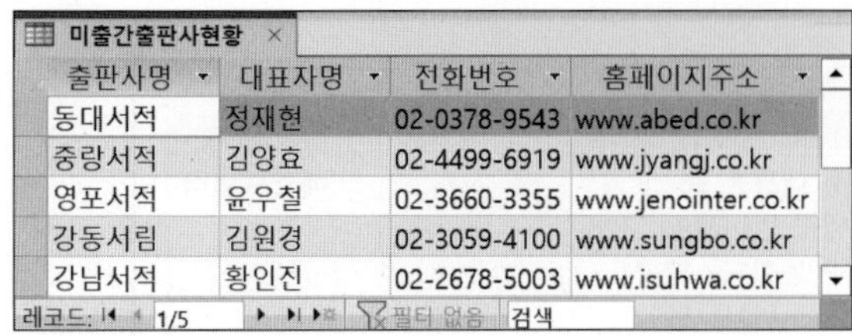

미출간출판사현황

출판사명	대표자명	전화번호	홈페이지주소
동대서적	정재현	02-0378-9543	www.abed.co.kr
중랑서적	김양효	02-4499-6919	www.jyangj.co.kr
영포서적	윤우철	02-3660-3355	www.jenointer.co.kr
강동서림	김원경	02-3059-4100	www.sungbo.co.kr
강남서적	황인진	02-2678-5003	www.isuhwa.co.kr

레코드: 1/5 필터 없음 검색

〈미출간내역조회〉 쿼리를 실행한 후의 〈미출간출판사현황〉 테이블

5. 출판월별 출판형태별로 출판된 도서의 개수는 조회하는 〈출판현황〉 크로스탭 쿼리를 작성하시오. (5점)

- ▶ 〈도서〉와 〈출판사〉 테이블을 이용하시오.
- ▶ 출판도서수는 '도서코드' 필드를 이용하시오.
- ▶ 출판월은 출판일의 월로 설정하시오. (Month 함수와 & 연산자 사용)
- ▶ 출판형태는 출판사명의 마지막 2글자가 "출판"이면 '온라인서점', 그 외는 '오프라인서점'으로 설정하시오. (IIf, Right 함수 사용)
- ▶ 쿼리 실행 결과 표시되는 필드와 필드명은 〈그림〉과 같이 표시되도록 설정하시오.

출판현황

출판월	출판도서수	오프라인서점	온라인서점
10월	1	1	
11월	2	1	1
12월	4	1	3
1월	3	1	2
2월	4		4
3월	9	2	7
4월	8	4	4
5월	3	2	1
6월	4	4	
8월	2	2	

레코드: 1/10 필터 없음 검색

EXAMINATION 07회

기출문제 정답 및 해설

문제 1 DB 구축 정답

01. 테이블 완성하기 _ 참고 : 테이블 완성 296쪽

〈도서〉 테이블

1 '저자코드' 필드에 입력 마스크 속성 설정하기

필드 속성

일반 | 조회

필드 크기	255
형식	
입력 마스크	>L000
캡션	
기본값	
유효성 검사 규칙	

2 '출판일' 필드에 기본값 속성 설정하기

필드 속성

일반 | 조회

입력 마스크	
캡션	
기본값	Date()
유효성 검사 규칙	
유효성 검사 텍스트	
필수	아니요

3 '저자수' 필드에 유효성 검사 규칙과 유효성 검사 텍스트 속성 설정하기

필드 속성

일반 | 조회

기본값	0
유효성 검사 규칙	>=1
유효성 검사 텍스트	값을 다시 입력하세요.
필수	아니요
인덱스	아니요
텍스트 맞춤	일반

〈저자〉 테이블

4 '이메일' 필드에 인덱스 속성 설정하기

필드 속성

일반 | 조회

필수	아니요
빈 문자열 허용	예
인덱스	예(중복 불가능)
유니코드 압축	예
IME 모드	한글
문장 입력 시스템 모드	없음

5 '저자이력' 필드를 추가하고 데이터 형식 설정하기

저자

필드 이름	데이터 형식
이메일	짧은 텍스트
주소	짧은 텍스트
저자이력	긴 텍스트

02. 〈도서〉 테이블의 '출판사번호' 필드에 조회 기능 설정하기 _ 참고 : 조회 기능 설정 302쪽

필드 속성

일반 | 조회

컨트롤 표시	콤보 상자
행 원본 유형	테이블/쿼리
행 원본	SELECT 출판사.출판사번호, 출판사.출판사명 FROM 출판사;
바운드 열	1
열 개수	2
열 이름	아니요
열 너비	1cm;3cm
행 수	6
목록 너비	4cm
목록 값만 허용	예
여러 값 허용	아니요
값 목록 편집 허용	아니요
목록 항목 편집 폼	
행 원본 값만 표시	아니요

03. 〈도서〉 테이블과 〈저자〉 테이블 간의 관계 설정하기 _ 참고 : 관계 설정 305쪽

정답

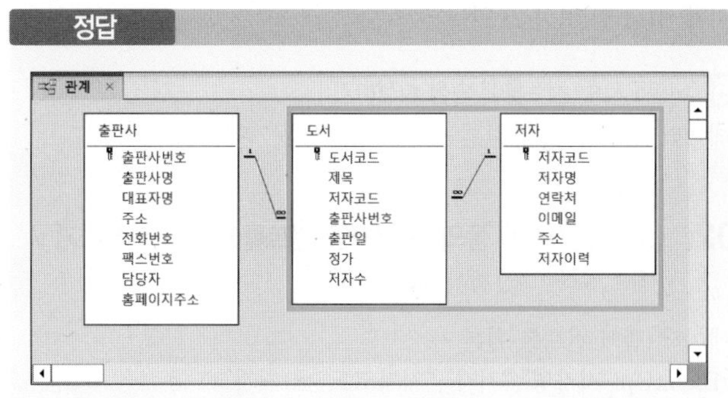

• '관계 편집' 대화상자

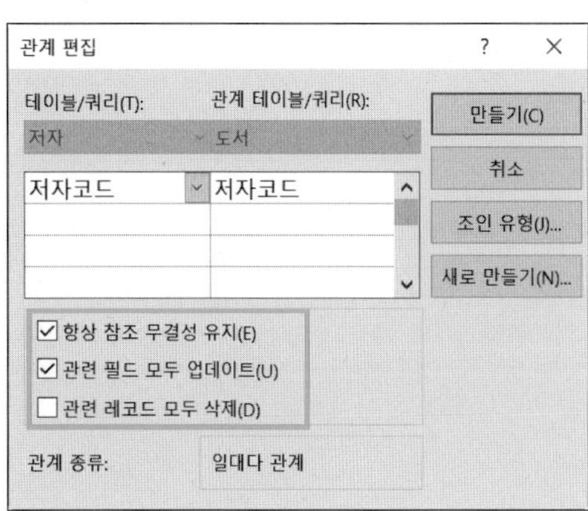

문제 2 입력 및 수정 기능 구현 정답

01. 〈도서출판현황〉 폼 완성하기 _ 참고 : 폼 완성 310쪽

정답

1, 2 폼 속성 설정하기
- '형식' 탭의 기본 보기 → 연속 폼
- '형식' 탭의 레코드 선택기 → 예
- '형식' 탭의 구분 선 → 예

3 본문 컨트롤 위치 맞추기
1. 본문의 모든 컨트롤을 선택한다.
2. [정렬] → 크기 및 순서 조정 → 맞춤 → **위쪽**(![])을 선택한다.

4 'txt저자명' 컨트롤에 속성 설정하기

'기타' 탭의 탭 정지 → 아니요

5 'txt총도서수' 컨트롤에 속성 설정하기

'데이터' 탭의 컨트롤 원본 → =Count(*) & "권"

02. 〈도서출판현황〉 폼의 'txt저자명' 컨트롤에 속성 설정하기 _ 참고 : 도메인 계산 함수 314쪽

'데이터' 탭의 컨트롤 원본 →
=DlookUp("저자명","저자","저자코드=txt저자코드")

03. 〈도서정보보기〉 매크로 작성 _ 참고 : 매크로 작성 325쪽

정답

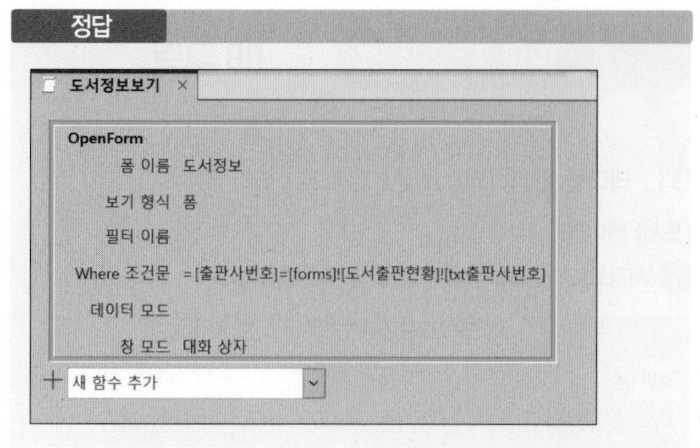

1. 매크로 개체를 생성한 후 이를 연결하여 사용해야 하므로, 먼저 매크로 개체를 생성한다. [만들기] → 매크로 및 코드 → **매크로**(![])를 클릭한다.
2. 매크로 대화상자에서 정답과 같이 설정한 후 매크로 대화상자의 닫기(![]) 단추를 클릭한 다음 저장 여부를 묻는 대화상자에서 〈예〉를 클릭한다.
3. '다른 이름으로 저장' 대화상자에서 매크로 이름을 **도서정보보기**로 입력한 다음 〈확인〉을 클릭한다.
4. 〈도서출판현황〉 폼을 디자인 보기로 연 후 폼 본문의 'txt출판사번호' 컨트롤을 더블클릭한다.
5. 'txt출판사번호' 컨트롤 속성 시트 창의 '이벤트' 탭에서 'On Dbl Click' 이벤트의 목록 단추를 눌러 '도서정보보기' 매크로를 선택한다.

문제 3 조회 및 출력 기능 구현 정답

01. 〈출판사별도서현황〉 보고서 완성하기 _ 참고 : 보고서 완성 331쪽

정답

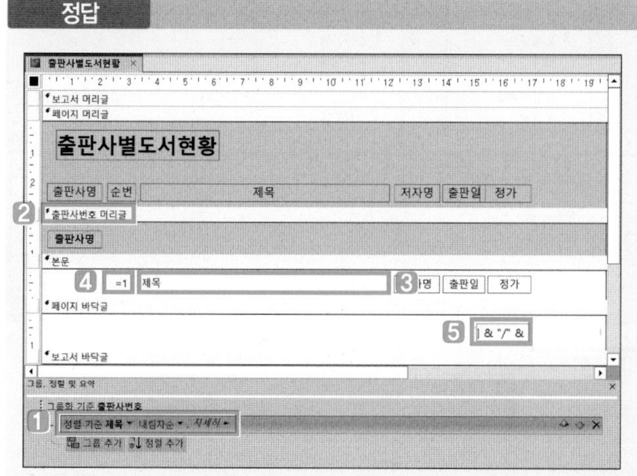

1 그룹, 정렬 및 요약

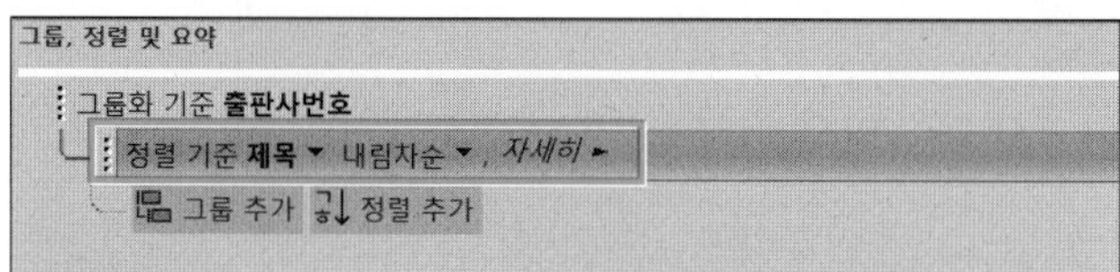

2 '출판사번호' 머리글 영역에 속성 설정하기
'형식' 탭의 배경색 → Access 테마 3

3 'txt제목' 컨트롤에 속성 설정하기
'형식' 탭의 중복 내용 숨기기 → 예

4 'txt순번' 컨트롤에 속성 설정하기
- '데이터' 탭의 컨트롤 원본 → =1
- '데이터' 탭의 누적 합계 → 그룹

5 'txt페이지' 컨트롤에 속성 설정하기
'데이터' 탭의 컨트롤 원본 → =[Page] & "/" & [Pages]

02. 〈도서출판현황〉 폼 머리글에 더블클릭 기능 구현하기 _ 참고 : 이벤트 프로시저 340쪽

정답

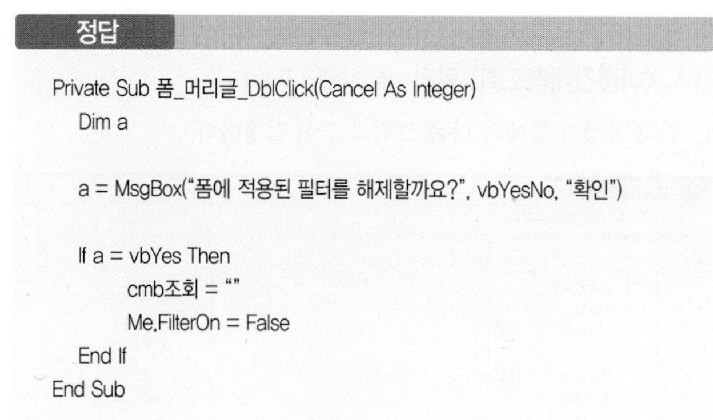

```
Private Sub 폼_머리글_DblClick(Cancel As Integer)
    Dim a

    a = MsgBox("폼에 적용된 필터를 해제할까요?", vbYesNo, "확인")

    If a = vbYes Then
        cmb조회 = ""
        Me.FilterOn = False
    End If
End Sub
```

문제 4 처리 기능 구현 정답

01. 〈베스트셀러처리〉 쿼리 _ 참고 : 쿼리 작성 347쪽

쿼리 작성기 창

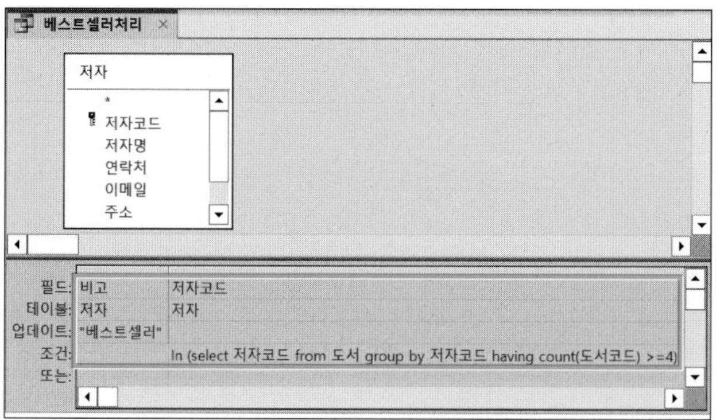

02. 〈다수출판저자〉 쿼리 _ 참고 : 쿼리 작성 347쪽

- 쿼리 작성기 창

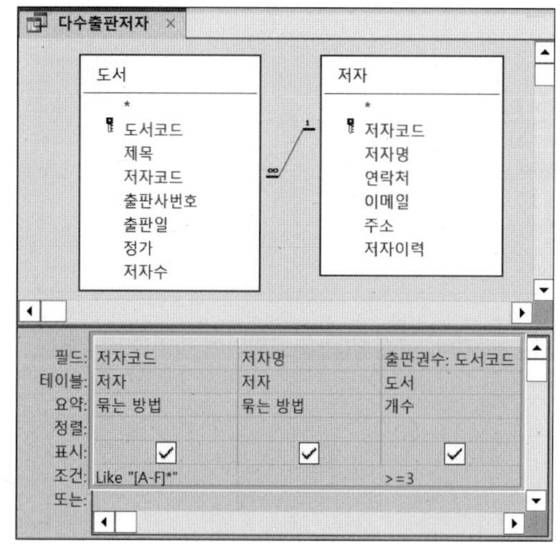

- '출판권수' 필드 속성 설정하기
  - '일반' 탭의 형식 → #권

03. 〈출판사별출판조회〉 쿼리 _ 참고 : 쿼리 작성 347쪽

쿼리 작성기 창

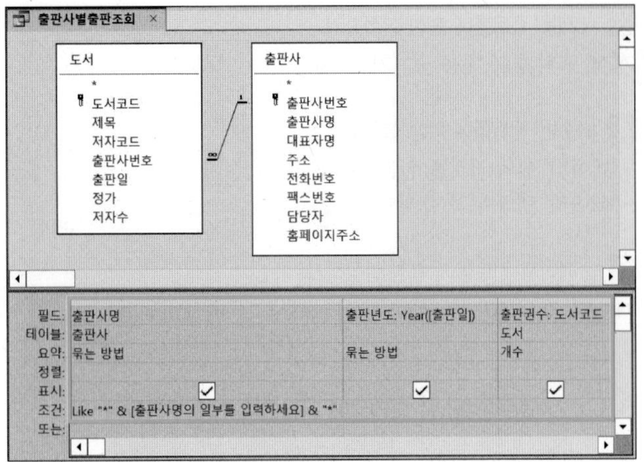

04. 〈미출간내역조회〉 쿼리 _ 참고 : 쿼리 작성 347쪽

1. 쿼리 작성기 창에서 다음 그림과 같이 설정한다.

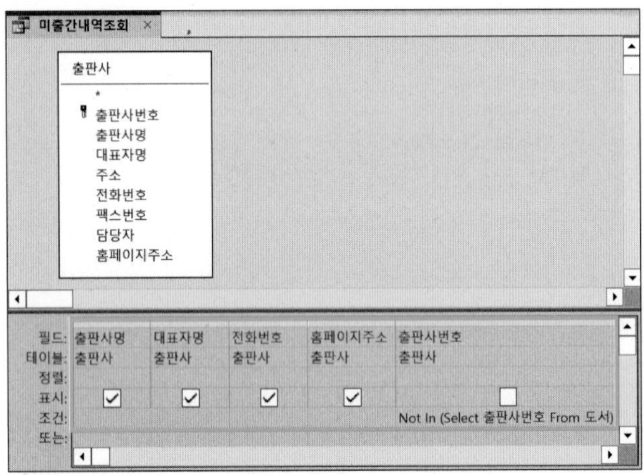

2. [쿼리 디자인] → 쿼리 유형 → **테이블 만들기(▦)**를 클릭한다.
3. '테이블 만들기' 대화상자의 '테이블 이름'에 **미출간출판사현황**을 입력한 후 〈확인〉을 클릭한다.

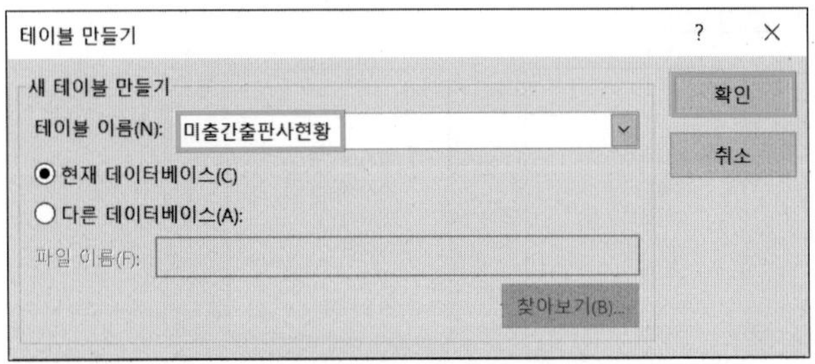

4. [쿼리 디자인] → 결과 → **실행(▯)**을 클릭하여 쿼리를 실행한다.

05. 〈출판현황〉 쿼리 _ 참고 : 쿼리 작성 347쪽

쿼리 작성기 창

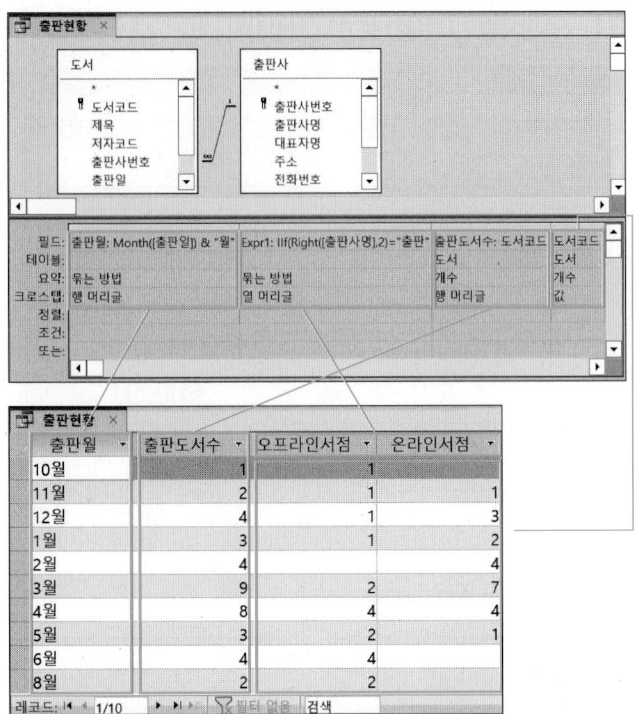

출판월	출판도서수	오프라인서점	온라인서점
10월	1	1	
11월	2	1	1
12월	4	1	3
1월	3	1	2
2월	4		4
3월	9	2	7
4월	8	4	4
5월	3	2	1
6월	4	4	
8월	2	2	

IIf(Right([출판사명], 2)="출판", "온라인서점", "오프라인서점")

①

②

- ① Right([출판사명], 2) : '출판사명' 필드의 오른쪽에서 2글자를 추출함
- ② IIF(①="출판", "온라인서점", "오프라인서점") : ①의 결과가 "출판"이면, "온라인서점"을 표시하고, 그렇지 않으면 "오프라인서점"을 표시함

EXAMINATION

08회 2023년 상시04 컴퓨터활용능력 1급

- 준 비 하 세 요 : 'C:\길벗컴활1급총정리\기출\08회' 폴더에서 '23년상시04.accdb' 파일을 열어서 작업하시오.
- 외부 데이터 위치 : C:\길벗컴활1급총정리\기출\08회

4223041

문제 1 DB구축(30점)

1. 직원의 직무 평가를 위해 데이터베이스를 구축하고자 한다. 다음의 지시사항에 따라 각 테이블을 완성하시오. (각 4점)

〈직원〉 테이블

① '사번' 필드에는 A-A123과 같이 영문 대문자 2자리, '-' 기호 1개, 숫자 3자리가 입력되도록 다음과 같이 설정하시오.

▶ 문자는 A~Z까지의 영문자가 반드시 입력될 수 있도록 설정할 것

▶ 숫자는 0~9까지 숫자가 반드시 입력될 수 있도록 설정할 것

▶ '-' 기호도 테이블에 저장되도록 설정할 것

② '직급' 필드에는 값이 반드시 입력되도록 설정하고 빈 문자열은 허용되지 않도록 설정하시오.

③ 테이블의 맨 뒤에 '자기소개서' 필드를 추가한 후 데이터 형식을 '첨부 파일'로 설정하시오.

〈직무평가〉 테이블

④ 새로운 레코드가 추가되는 경우 '평가년도' 필드에는 시간을 포함하지 않는 시스템의 오늘 날짜 중 년도가 기본으로 입력되도록 설정하시오.

⑤ '직무역량'과 '행동역량' 필드에는 100 이하의 숫자만 입력될 수 있도록 유효성 검사 규칙 속성을 설정하시오.

2. 〈직무평가〉 테이블의 '사번' 필드에 대해서 다음과 같이 조회 속성을 설정하시오. (5점)

▶ 〈직원〉 테이블의 '사번', '이름', '직급' 필드를 콤보 상자 형태로 표시되도록 설정하시오.

▶ 필드에는 '사번'이 저장되도록 설정하시오.

▶ 필드의 열 너비를 각각 3cm, 3cm, 2cm, 목록 너비를 8cm로 설정하시오.

▶ 목록에 6개의 행만 표시되도록 설정하시오.

▶ 목록 이외의 값은 입력될 수 없도록 설정하시오.

직무평가

사번	평가년도	직무역량	행동역량	평균
A-A001	2021	80	80	80
A-A001 성은희 사원			50	70
A-A002 이은주 사원			90	85
A-A003 박철진 대리			60	77.5
A-A004 채진욱 과장			100	95
A-A005 안병찬 사원			95	87.5
A-A006 이영호 사원			50	62.5
A-A004	2022	90	75	82.5
A-A005	2021	80	60	70
A-A005	2022	95	75	85
A-A006	2021	85	80	82.5
A-A006	2022	100	80	90
A-A007	2021	80	70	75
A-A007	2022	80	70	75

레코드: 1/60 필터 없음 검색

3. 〈직무평가〉 테이블의 '사번' 필드는 〈직원〉 테이블의 '사번' 필드를 참조하며, 테이블 간의 관계는 M:1이다. 다음과 같이 테이블 간의 관계를 설정하시오. (5점)

※ 액세스 파일에 이미 설정되어 있는 관계는 수정하지 마시오.

▶ 각 테이블 간에 항상 참조 무결성이 유지되도록 설정하시오.

▶ 참조 필드의 값이 변경되면 관련 필드의 값도 변경되도록 설정하시오.

▶ 다른 테이블에서 참조하고 있는 레코드는 삭제할 수 없도록 설정하시오.

4223042

문제 2 입력 및 수정 기능 구현(25점)

1. 〈직무평가현황〉 폼을 다음의 화면과 지시사항에 따라 완성하시오. (각 3점)

① 폼이 열릴 때 '년차' 필드를 기준으로 내림차순 정렬되어 표시되도록 설정하시오.

② 폼이 열려 있을 경우 다른 작업을 수행할 수 없도록 관련 속성을 설정하시오.

③ 폼에 데이터를 추가하거나 삭제할 수 없도록 관련 속성을 설정하시오.

④ 폼 머리글의 'txt직급' 컨트롤에 '직급' 필드의 내용이 표시되도록 컨트롤 원본 속성을 설정하시오.

⑤ 하위 폼에는 '사번' 필드와 관련된 하위 데이터가 표시된다. 하위 폼과 기본 폼을 연결하시오.

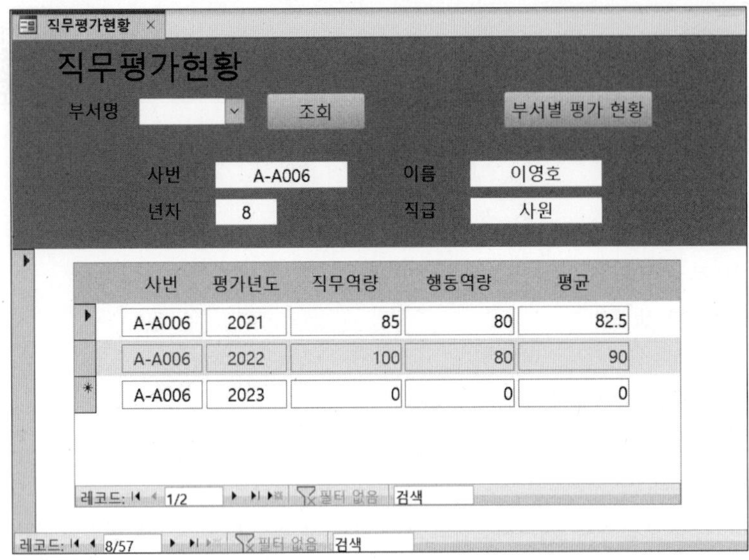

2. 〈직무평가〉 폼의 본문 영역에 다음과 같이 조건부 서식을 설정하시오. (5점)

▶ '평균' 필드의 값이 90 이상인 경우 본문 영역의 모든 텍스트 상자의 글꼴 색을 '표준 색 – 빨강'으로 설정하시오.

▶ 단, 하나의 규칙으로 작성하시오.

▶ 1번 〈그림〉 참조

3. 〈직무평가현황〉 폼 머리글의 '부서별 평가 현황'(cmd부서별평가현황) 단추를 클릭하면 다음과 같은 기능이 구현되도록 〈보고서보기〉 매크로를 생성한 후 지정하시오. (5점)

▶ 〈직무평가현황〉 폼 머리글의 'cmb부서명' 컨트롤에서 조회할 부서명을 선택한 후 '부서별 평가 현황' 단추를 클릭하면 'cmb부서명' 컨트롤에 선택된 부서명과 동일한 부서의 정보만을 대상으로 〈부서별평가현황〉 보고서를 '인쇄 미리 보기' 상태로 표시할 것

4223043

문제 3 조회 및 출력 기능 구현(20점)

1. 다음의 지시사항 및 화면을 참조하여 〈부서별평가현황〉 보고서를 완성하시오. (각 3점)

① 보고서 머리글에 있는 제목 레이블을 페이지 머리글로 이동한 후 페이지 머리글의 높이를 2cm로, 보고서 머리글의 높이를 0cm로 설정하시오.

② 보고서의 정렬 기준을 다음과 같이 추가하시오.

▶ 동일한 '평가년도' 내에서 '평균'을 기준으로 내림차순 정렬

③ 부서코드 머리글 영역의 'txt부서' 컨트롤 아래쪽에 다음과 같이 선 컨트롤을 삽입하시오.

▶ 이름 : Line선

▶ 너비 : 6.5cm

▶ 위치 : 위쪽 1cm, 왼쪽 0.4cm

④ 본문 영역의 'txt순번' 컨트롤에는 그룹별로 순번이 표시되도록 관련 속성을 설정하시오.

⑤ 페이지 바닥글 영역의 'txt페이지' 컨트롤에는 페이지가 다음과 같이 표시되도록 컨트롤 원본 속성을 설정하시오.

▶ 전체 페이지가 5페이지이고 현재 페이지가 2페이지인 경우 : 2/5

부서별 평가 현황

경영지원팀(BU1)

평가년도	NO	사번	이름	직무역량	행동역량	평균
2021	1	A-A003	박철진	90	100	95
	2	A-A002	이은주	80	90	85
	3	A-A005	안병찬	80	60	70
	4	A-B014	송민희	50	90	70
	5	A-A004	채진욱	75	50	62.5
2022	6	A-A003	박철진	80	95	87.5
	7	A-A005	안병찬	95	75	85
	8	A-A004	채진욱	90	75	82.5
	9	A-A002	이은주	95	60	77.5
	10	A-B014	송민희	70	80	75

경영기획팀(BU2)

평가년도	NO	사번	이름	직무역량	행동역량	평균
2021	1	A-A008	박형주	90	90	90
	2	A-A006	이영호	85	80	82.5
	3	A-A001	성은희	80	80	80
	4	A-A007	이수영	80	70	75
	5	A-A009	김영철	95	50	72.5
	6	A-C021	서옥윤	45	85	65
	7	A-B019	황민희	60	55	57.5
	8	A-C022	안지연	50	65	57.5
	9	A-B020	이우현	30	20	25
2022	10	A-A006	이영호	100	80	90
	11	A-C022	안지연	85	95	90
	12	A-C021	서옥윤	85	70	77.5
	13	A-B020	이우현	60	90	75
	14	A-B019	황민희	95	55	75
	15	A-A007	이수영	80	70	75
	16	A-A009	김영철	70	70	70

1/3

2. 〈직무평가현황〉 폼 머리글의 '조회'(cmd조회) 단추를 클릭하면 다음과 같은 기능을 수행하도록 이벤트 프로시저를 구현하시오. (5점)

▶ 〈직무평가현황〉 폼 머리글의 'cmb부서명' 컨트롤에 부서명이 선택되지 않았다면 아래와 같은 메시지 상자를 표시하고 부서명이 선택되었다면, 선택된 부서명에 해당하는 정보만 조회할 것

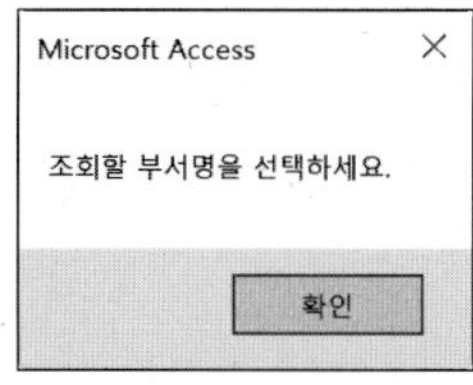

▶ If ~ Else 함수 사용

▶ Filter, FilterOn 속성 사용

처리 기능 구현(25점)

6223044

1. 부서별로 직무평가를 수행한 직원들의 총 인원수와 총평가를 조회하는 〈부서별평가현황〉 쿼리를 작성하시오. (5점)

▶ 〈부서〉, 〈직원〉, 〈직무평가〉 테이블을 이용하시오.
▶ 직원수는 〈직원〉 테이블의 '사번' 필드를 이용하시오.
▶ 직원수는 내림차순 정렬하시오.
▶ 총평가 = '직무역량 + 행동역량'의 합계
▶ 평가평균 = 총평가 / 직원수
▶ 평가평균은 [표시 예]와 같이 표시되도록 '형식' 속성을 설정하시오. [표시 예 : 0 → 0.0점, 144.1666 → 144.2점]
▶ 쿼리 결과로 표시되는 필드와 필드명은 〈그림〉과 같이 표시되도록 설정하시오.

부서별평가현황

부서명	직원수	총평가	평가평균
파견사업팀	18	2665	148.1점
경영기획팀	18	2595	144.2점
경영지원팀	10	1580	158.0점
기술연구소	8	1210	151.3점
컨설팅팀	6	945	157.5점

레코드: 1/5 필터 없음 검색

2. 〈부서〉와 〈직원〉 테이블을 이용하여 검색할 직급을 입력받아 입력받은 직급에 해당하는 인원수를 조회하는 〈부서별인원수〉 쿼리를 작성하시오. (5점)

▶ '인원수'는 '사번' 필드를 이용하시오. (String, Count 함수 사용)
▶ 쿼리 결과로 표시되는 필드와 필드명은 〈그림〉과 같이 표시되도록 설정하시오.

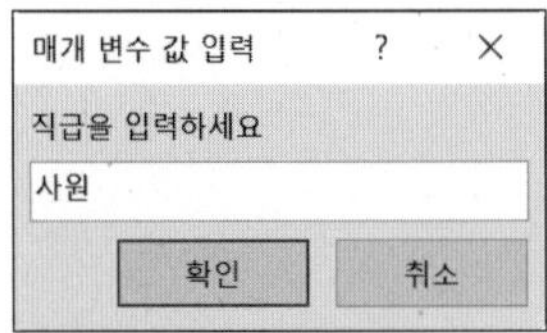

부서별인원수

부서명	직급	인원수
경영기획팀	사원	■■■■■■■
경영지원팀	사원	■■■■
기술연구소	사원	■■■■
신규사업팀	사원	■■■■
컨설팅팀	사원	■■■■■■
파견사업팀	사원	■■■■■■■■■■■■■

레코드: 1/6 필터 없음 검색

3. 〈부서〉, 〈직원〉, 〈직무평가〉 테이블을 이용하여 부서별 직급별 평균 최대값을 나타내는 〈부서별직급별_평균최대값〉 크로스탭 쿼리를 작성하시오. (5점)

▶ 평균 최대값은 소수점 첫째 자리까지 표시되도록 형식 속성을 설정하시오.
▶ 쿼리 결과로 표시되는 필드와 필드명, 필드의 형식은 〈그림〉과 같이 표시되도록 설정하시오.

부서별직급별_평균최대값

부서명	부서별최대값	과장	대리	사원	차장
경영기획팀	90.0	77.5	75.0	90.0	
경영지원팀	95.0	82.5	95.0	85.0	
기술연구소	97.5			97.5	
컨설팅팀	82.5	82.5	80.0	82.5	
파견사업팀	95.0	85.0	95.0	85.0	85.0

레코드: 1/5 필터 없음 검색

4. 〈직무평가〉와 〈직원〉 테이블을 이용하여 가산점을 매개 변수로 입력받아 년차가 8 이상인 직원의 평균을 변경하는 〈8년차직원가산〉 쿼리를 작성한 후 실행하시오. (5점)

▶ 평균 = 평균 + 가산점

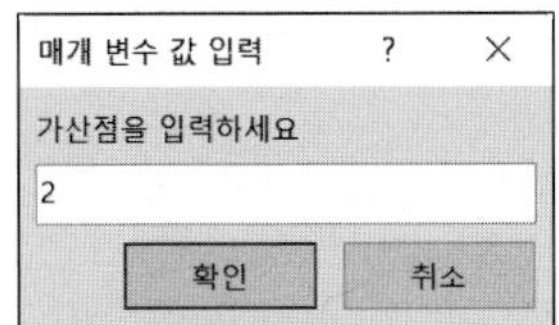

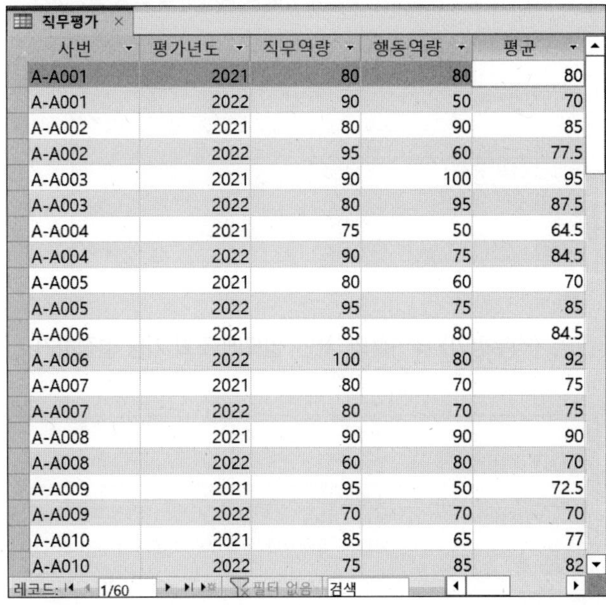

직무평가

사번	평가년도	직무역량	행동역량	평균
A-A001	2021	80	80	80
A-A001	2022	90	50	70
A-A002	2021	80	90	85
A-A002	2022	95	60	77.5
A-A003	2021	90	100	95
A-A003	2022	80	95	87.5
A-A004	2021	75	50	64.5
A-A004	2022	90	75	84.5
A-A005	2021	80	60	70
A-A005	2022	95	75	85
A-A006	2021	85	80	84.5
A-A006	2022	100	80	92
A-A007	2021	80	70	75
A-A007	2022	80	70	75
A-A008	2021	90	90	90
A-A008	2022	60	80	70
A-A009	2021	95	50	72.5
A-A009	2022	70	70	70
A-A010	2021	85	65	77
A-A010	2022	75	85	82

레코드: 1/60 필터 없음 검색

※ 〈8년차직원가산〉 쿼리의 매개 변수 값으로 2를 입력하여 실행한 후의 〈직무평가〉 테이블

5. 〈직무평가정보〉 쿼리를 이용하여 부서명의 일부를 매개 변수로 입력받고, 해당 부서의 2021년 평가현황을 조회하여 새 테이블로 생성하는 〈부서현황생성〉 쿼리를 작성한 후 실행하시오. (5점)

▶ 쿼리 실행 후 생성되는 테이블의 이름은 〈조회부서직무현황〉으로 설정하시오.

▶ 쿼리 실행 결과 생성되는 테이블의 필드는 〈그림〉을 참고하여 수험자가 판단하여 설정하시오.

조회부서직무현황

부서명	사번	이름	평균
경영기획팀	A-A001	성은희	80
경영지원팀	A-A002	이은주	85
경영지원팀	A-A003	박철진	95
경영지원팀	A-A004	채진욱	64.5
경영지원팀	A-A005	안병찬	70
경영기획팀	A-A006	이영호	84.5
경영기획팀	A-A007	이수영	75
경영기획팀	A-A008	박형주	90
경영기획팀	A-A009	김영철	72.5
경영지원팀	A-B014	송민희	70
경영기획팀	A-B019	황민희	57.5
경영기획팀	A-B020	이우현	27
경영기획팀	A-C021	서옥윤	65
경영기획팀	A-C022	안지연	57.5

레코드: 1/14 필터 없음 검색

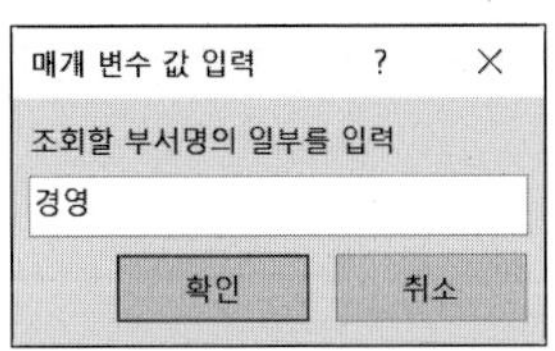

※ 〈부서현황생성〉 쿼리를 실행한 후의 〈조회부서직무현황〉 테이블

EXAMINATION
08회 기출문제 정답 및 해설

문제 1 DB 구축 정답

01. 테이블 완성하기 _ 참고 : 테이블 완성 296쪽

〈직원〉 테이블

1 '사번' 필드에 입력 마스크 속성 설정하기

필드 속성

일반 조회

필드 크기	6
형식	
입력 마스크	>L-L000;0
캡션	
기본값	
유효성 검사 규칙	

2 '직급' 필드에 필수와 빈 문자열 허용 속성 설정하기

필드 속성

일반 조회

유효성 검사 텍스트	
필수	예
빈 문자열 허용	아니요
인덱스	아니요
유니코드 압축	아니요
IME 모드	한글

3 '자기소개서' 필드 추가 및 데이터 형식 설정하기

직원 ×

필드 이름	데이터 형식
년차	숫자
직급	짧은 텍스트
자기소개서	첨부 파일

〈직무평가〉 테이블

4 '평가년도' 필드에 기본값 속성 설정하기

필드 속성

일반 조회

입력 마스크	
캡션	
기본값	Year(Date())
유효성 검사 규칙	
유효성 검사 텍스트	
필수	예

※ Year(Now( ))를 입력해도 결과는 동일하지만 문제에 "시간을 포함하지 않는 시스템의 오늘 날짜"라는 지시사항이 제시되었으므로 반드시 Date( ) 함수를 사용하여 Year(Date( ))로 입력해야 합니다.

5 '직무역량'과 '행동역량' 필드에 유효성 검사 규칙 속성 설정하기

필드 속성

일반 조회

캡션	
기본값	0
유효성 검사 규칙	<=100
유효성 검사 텍스트	
필수	아니요
인덱스	아니요

02. 〈직무평가〉 테이블의 '사번' 필드에 조회 기능 설정하기
_ 참고 : 조회 기능 설정 302쪽

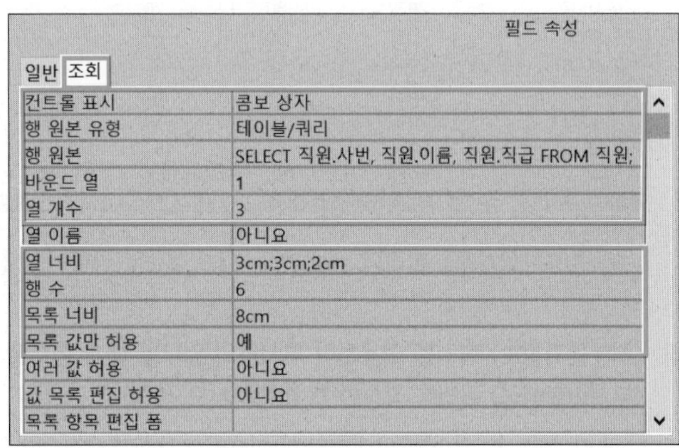

필드 속성

일반 조회

컨트롤 표시	콤보 상자
행 원본 유형	테이블/쿼리
행 원본	SELECT 직원.사번, 직원.이름, 직원.직급 FROM 직원;
바운드 열	1
열 개수	3
열 이름	아니요
열 너비	3cm;3cm;2cm
행 수	6
목록 너비	8cm
목록 값만 허용	예
여러 값 허용	아니요
값 목록 편집 허용	아니요
목록 항목 편집 폼	

03. 〈직원〉 테이블과 〈직무평가〉 테이블 간의 관계 설정하기
_ 참고 : 관계 설정 305쪽

정답

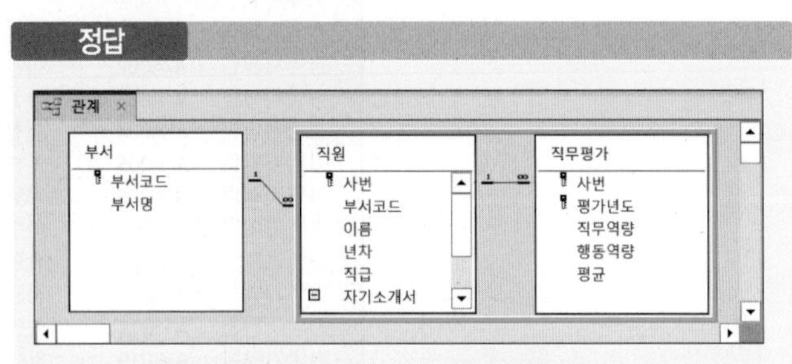

• '관계 편집' 대화상자

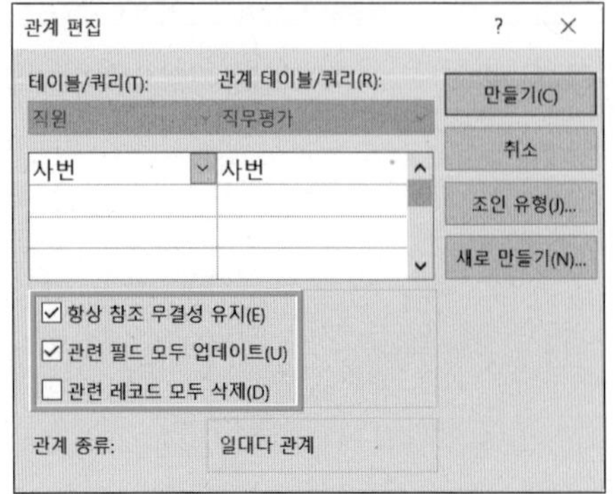

문제 2 입력 및 수정 기능 구현 정답

01. 〈직무평가현황〉 폼 완성하기 _ 참고 : 폼 완성 310쪽

정답

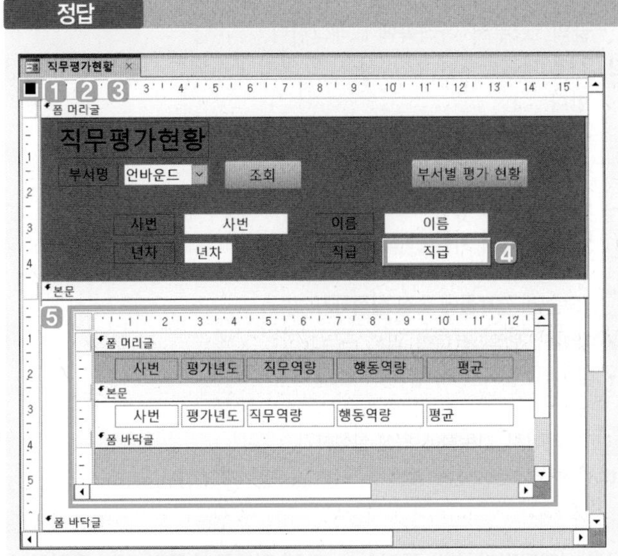

1, 2, 3 폼 속성 설정하기
- '데이터' 탭의 정렬 기준 → 년차 desc
- '기타' 탭의 모달 → 예
- '데이터' 탭의 추가 가능 → 아니요
- '데이터' 탭의 삭제 가능 → 아니요

4 'txt직급' 컨트롤에 속성 설정하기
'데이터' 탭의 컨트롤 원본 → 직급

5 기본 폼과 하위 폼 연결 필드 설정하기
1. 본문 영역에 삽입된 하위 폼의 테두리 부분을 더블클릭한다.
2. '하위 폼/하위 보고서' 속성 시트 창의 '데이터' 탭에서 '기본 필드 연결' 속성의 작성기 단추(…)를 클릭한다.
3. '하위 폼 필드 연결기' 창에서 다음과 같이 지정한 후 〈확인〉을 클릭한다.

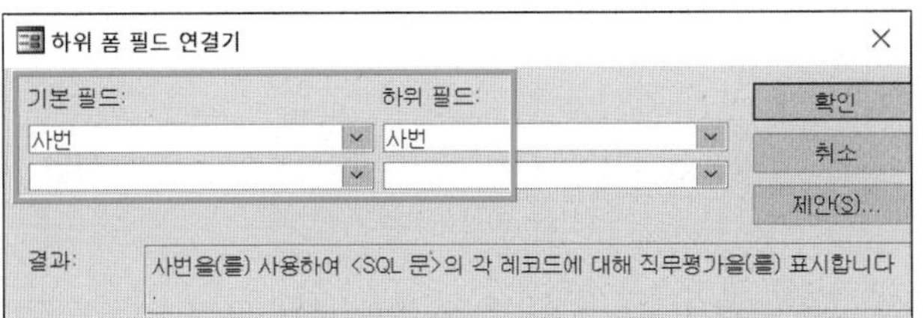

02. 〈직무평가〉 폼 본문에 조건부 서식 설정하기
_ 참고 : 조건부 서식 318쪽

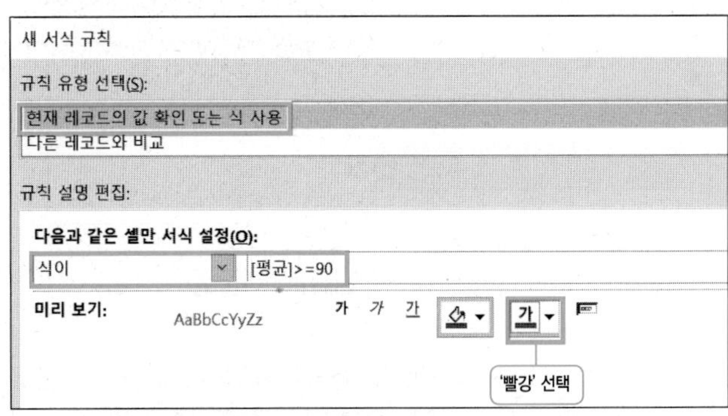

03. 〈직무평가현황〉 폼의 'cmd부서별평가현황' 컨트롤에 기능 구현하기 _ 참고 : 매크로 작성 325쪽

정답

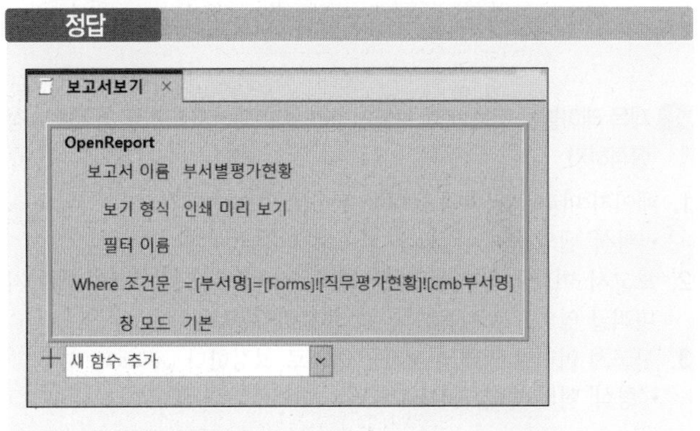

1. 매크로 개체를 생성한 후 이를 연결하여 사용해야 하므로, 먼저 매크로 개체를 생성한다. [만들기] → 매크로 및 코드 → **매크로**(□)를 클릭한다.
2. 매크로 대화상자에서 정답과 같이 설정한 후 매크로 대화상자의 닫기(☒) 단추를 클릭한 다음 저장 여부를 묻는 대화상자에서 〈예〉를 클릭한다.
3. '다른 이름으로 저장' 대화상자에서 매크로 이름을 **보고서보기**로 입력한 다음 〈확인〉을 클릭한다.
4. 〈직무평가현황〉 폼을 디자인 보기로 연 후 폼 머리글의 'cmd부서별평가현황' 컨트롤을 더블클릭한다.
5. 'cmd부서별평가현황' 컨트롤 속성 시트 창의 '이벤트' 탭에서 'On Click' 이벤트의 목록 단추를 눌러 '보고서보기' 매크로를 선택한다.

문제 3 조회 및 출력 기능 구현 정답

01. 〈부서별평가현황〉 보고서 완성하기 _ 참고 : 보고서 완성 331쪽

정답

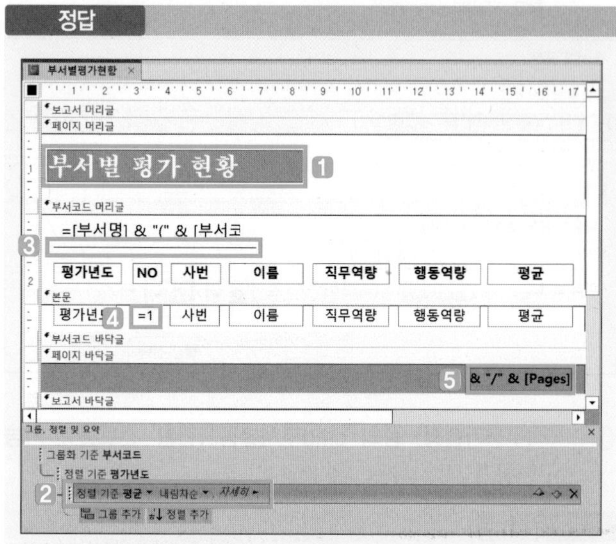

1 제목 레이블을 이동한 후 보고서 머리글과 페이지 머리글 영역에 속성 설정하기

1. 페이지 머리글 영역의 높이를 2cm로 설정한다.
   - '형식' 탭의 높이 → 2cm
2. 보고서 머리글 영역에 있는 제목 레이블을 드래그하여 페이지 머리글 영역으로 이동한 후 알맞게 배치한다.
3. 보고서 머리글 영역의 높이를 0cm로 설정한다.
   - '형식' 탭의 높이 → 0cm

2 그룹, 정렬 및 요약

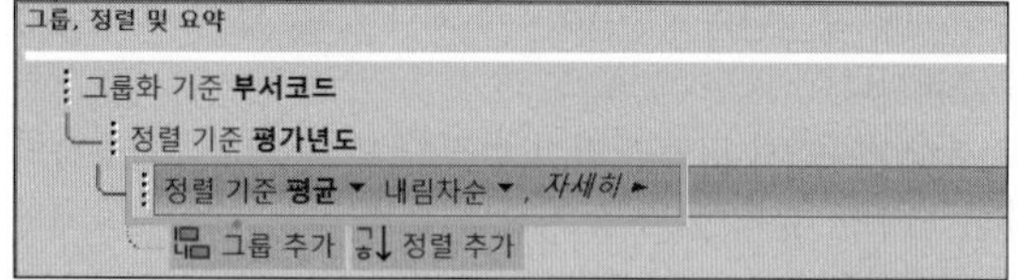

3 선 컨트롤 삽입하기

1. [양식 디자인] → 컨트롤 → **선**(⧅)을 클릭한 후 부서코드 머리글의 'txt부서' 아래쪽에 드래그한다.
2. 선을 더블클릭한 후 '속성 시트' 창이 표시되면 다음과 같이 설정한다.
   - '형식' 탭의 너비 → 6.5cm
   - '형식' 탭의 위쪽 → 1cm
   - '형식' 탭의 왼쪽 → 0.4cm
   - '기타' 탭의 이름 → Line선

4 'txt순번' 컨트롤에 속성 설정하기

- '데이터' 탭의 컨트롤 원본 → =1
- '데이터' 탭의 누적 합계 → 그룹

5 'txt페이지' 컨트롤에 속성 설정하기

'데이터' 탭의 컨트롤 원본 → =[Page] & "/" & [Pages]

02. 〈직무평가현황〉 폼의 'cmd조회' 컨트롤에 클릭 기능 구현하기 _ 참고 : 이벤트 프로시저 340쪽

정답

```
Private Sub cmd조회_Click()
    If IsNull(cmb부서명) Then
        MsgBox "조회할 부서명을 선택하세요."
    Else
        Me.Filter = "부서명 = '" & cmb부서명 & "'"
        Me.FilterOn = True
    End If
End Sub
```

문제 4 처리 기능 구현 정답

01. 〈부서별평가현황〉 쿼리 _ 참고 : 쿼리 작성 347쪽

쿼리 작성기 창

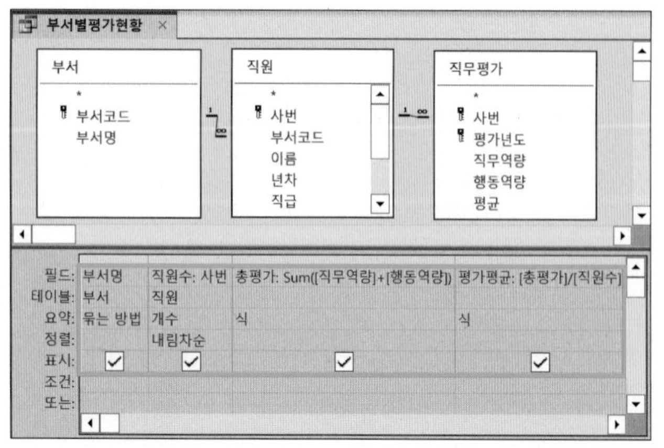

필드:	부서명	직원수: 사번	총평가: Sum([직무역량]+[행동역량])	평가평균: [총평가]/[직원수]
테이블:	부서	직원		
요약:	묶는 방법	개수	식	식
정렬:		내림차순		
표시:	✓	✓	✓	✓
조건:				
또는:				

- '평가평균' 필드 속성 설정하기
  - '일반' 탭의 형식 → 0.0점

02. 〈부서별인원수〉 쿼리 _ 참고 : 쿼리 작성 347쪽

• 쿼리 작성기 창

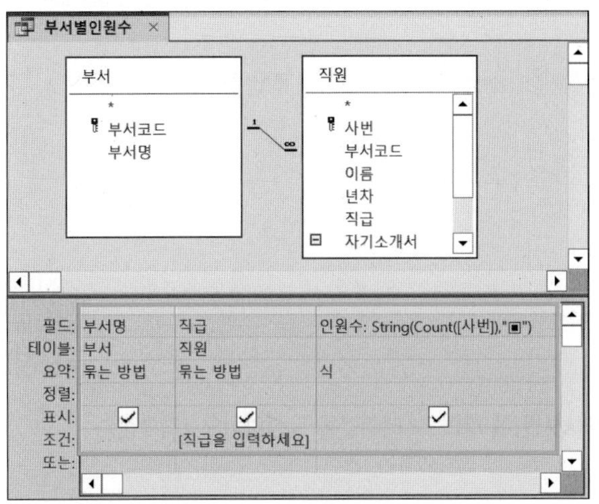

String(Count([사번]), "■")

※ '사번'의 개수가 4라고 가정합니다.

• ❶ Count([사번]) : '사번' 필드의 개수를 반환합니다. → 4
• ❷ String(❶, "■") : ❶의 개수 4 만큼 문자 "■"을 반복 표시합니다. → ■■■■

03. 〈부서별직급별_평균최대값〉 쿼리 _ 참고 : 쿼리 작성 347쪽

• 쿼리 작성기 창

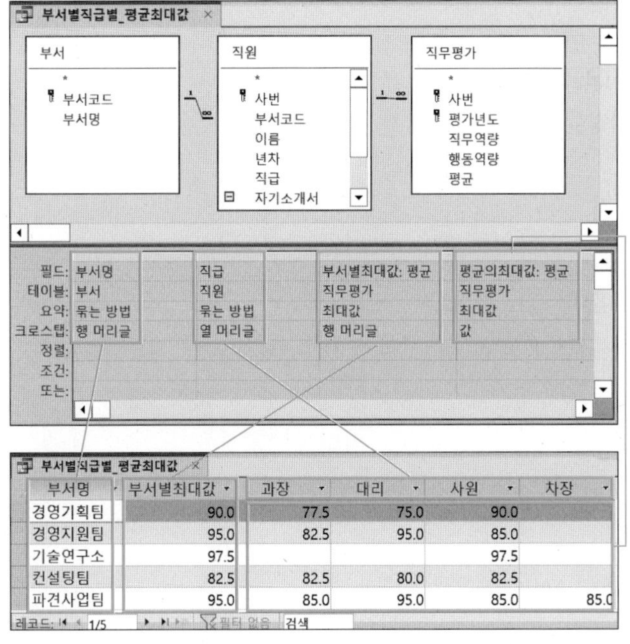

• '부서별최대값' 필드 속성 지정하기
  – '일반' 탭의 형식 → 0.0
• '평균의최대값' 필드 속성 지정하기
  – '일반' 탭의 형식 → 0.0

04. 〈8년차직원가산〉 쿼리 _ 참고 : 쿼리 작성 347쪽

쿼리 작성기 창

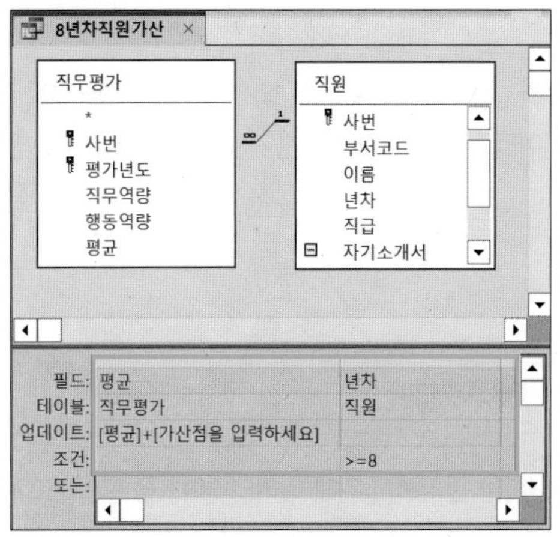

※ 총 16개 레코드가 업데이트 됩니다.

※ 계산된 값으로 변경되는 업데이트 쿼리는 실행할 때마다 값이 변경되므로 한 번만 실행한 후 결과를 확인하세요.

05. 〈부서현황생성〉 쿼리 _ 참고 : 쿼리 작성 347쪽

• 쿼리 작성기 창

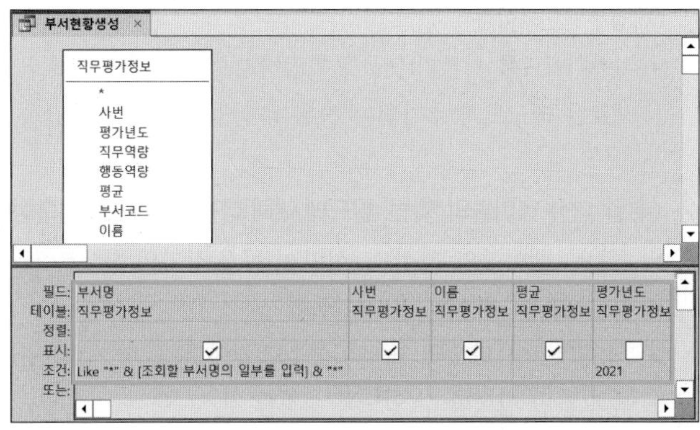

• '테이블 만들기' 대화상자

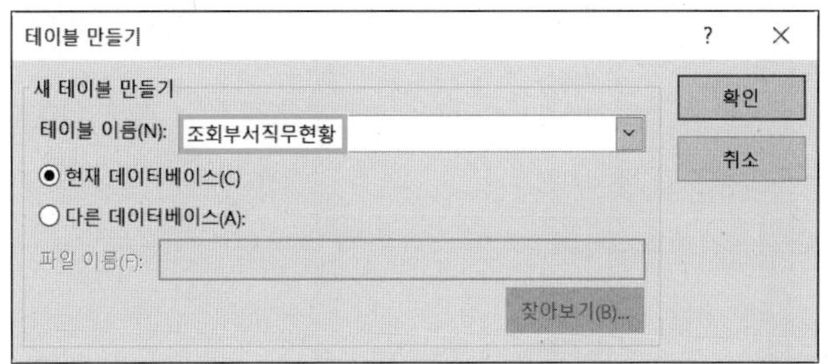

EXAMINATION
09 회

2022년 상시01 컴퓨터활용능력 1급

- **준 비 하 세 요 :** 'C:\길벗컴활1급총정리\기출\09회' 폴더에서 '22년상시01.accdb' 파일을 열어서 작업하시오.
- **외부 데이터 위치 :** C:\길벗컴활1급총정리\기출\09회

4222011

문제 1 DB구축(30점)

1. 학생들의 취업현황을 관리하기 위해 데이터베이스를 구축하고자 한다. 다음의 지시사항에 따라 각 테이블을 완성하시오. (각 4점)

〈학생〉 테이블

① '학번' 필드는 필드 크기를 7로 설정하고, 반드시 입력되도록 설정하시오.

② '이메일' 필드에는 "@" 문자가 반드시 포함되도록 유효성 검사 규칙을 설정하시오.

③ '전화번호' 필드에는 '010-####-####'과 같이 "010" 문자열, 8자리 숫자, '-' 2자리가 반드시 입력되도록 입력 마스크를 설정하시오.

▶ 숫자 입력 자리에는 0~9까지의 숫자만 입력할 수 있도록 설정할 것

▶ 자료 입력 시 화면에는 '#'을 표시하고 '-' 기호도 함께 테이블에 저장되도록 설정할 것

〈취업추천〉 테이블

④ '순번' 필드를 기본키(PK)로 지정하시오.

⑤ 새로운 레코드가 추가되는 경우 '추천일' 필드에는 시간을 포함하지 않은 시스템의 오늘 날짜가 입력되도록 설정하시오.

2. 〈취업추천〉 테이블의 '학번' 필드에 대해 다음과 같이 조회 속성을 설정하시오. (5점)

▶ 〈학생〉 테이블의 '학번'과 '성명'이 콤보 상자의 형태로 표시되도록 설정할 것

▶ 필드에는 '학번'이 저장되도록 할 것

▶ '성명'만 표시되도록 열 너비를 설정하고 목록 너비를 5cm로 설정할 것

▶ 목록 값만 입력할 수 있도록 설정할 것

취업추천

순번	학번	추천일	업체번호	추가하려면 클릭
1	이상식	2021-10-05	29	
2			28	
3			8	
4			5	
5			21	
6			23	
7			15	
8			16	
9			24	
10			1	
11			2	
12			26	
13			20	
14			30	
15			22	
16			11	
17		2021-10-21	7	
18	조유진	2021-10-22	14	

성진규
권혜숙
성아름
주상민
박치곤
유진옥
박지숙
성만철
오민주
설지훈
명응구
유원식
정태일
오선미
장규태
이상식

레코드: 1/30 필터 없음 검색

3. 〈취업추천〉 테이블의 '학번' 필드는 〈학생〉 테이블의 '학번' 필드를 참조하며, 테이블 간의 관계는 M:1이다. 다음과 같이 테이블 간의 관계를 설정하시오. (5점)

※ 액세스 파일에 이미 설정되어 있는 관계는 수정하지 마시오.

▶ 각 테이블 간에 항상 참조 무결성이 유지되도록 설정하시오.

▶ 참조 필드의 값이 변경되면 관련 필드의 값도 변경되도록 설정하시오.

▶ 다른 테이블에서 참조하고 있는 레코드는 삭제할 수 없도록 설정하시오.

4222012

문제 2 입력 및 수정 기능 구현(25점)

1. 〈채용업체〉 폼을 다음의 화면과 지시사항에 따라 완성하시오. (각 3점)

① 폼의 '기본 보기' 속성을 〈그림〉과 같이 설정하시오.

② 폼 머리글에 〈그림〉과 같이 레이블을 생성한 후 폼 제목을 입력하시오.

▶ 이름은 'LBL제목', 크기는 20

③ 본문 영역의 'txt담당자명'과 'txt전화번호' 컨트롤에는 각각 '담당자명'과 '전화번호' 필드의 내용이 표시되도록 관련 속성을 설정하시오.

④ 본문의 모든 컨트롤에 대해 특수 효과를 '볼록'으로 설정하시오.

⑤ 폼 바닥글의 'txt업체수' 컨트롤에는 전체 업체 수가 표시 예와 같이 표시되도록 컨트롤 원본 속성을 설정하시오.

▶ 표시 예 : 30개

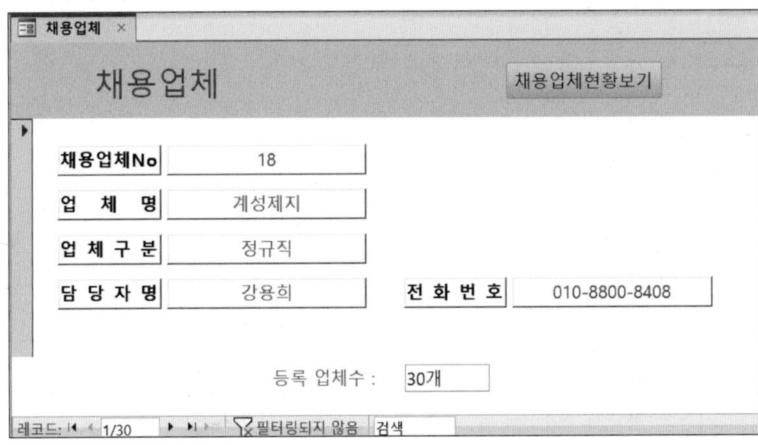

2. 〈채용업체〉 폼의 본문 영역에 다음과 같이 조건부 서식을 설정하시오. (5점)

▶ '업체구분' 필드의 값이 "정규직"인 경우 본문 영역의 모든 텍스트 상자의 글꼴 색을 '표준 색 – 빨강'으로 설정하시오.

▶ 단, 하나의 규칙으로 작성하시오.

▶ 1번 그림 참조

3. 〈채용업체〉 폼 머리글의 '채용업체현황보기'(cmd보고서) 단추를 클릭하면 〈채용업체현황〉 보고서를 '인쇄 미리 보기' 형태의 '대화 상자'로 여는 〈보고서보기〉 매크로를 생성하여 지정하시오. (5점)

▶ 매크로 조건 : '업체구분' 필드의 값이 "계약직"인 정보만 표시

4222013

문제 3 조회 및 출력 기능 구현(20점)

1. 다음의 지시사항 및 화면을 참조하여 〈채용업체현황〉 보고서를 완성하시오. (각 3점)

① 보고서의 정렬 기준을 다음과 같이 추가하시오.
  ▶ '업체구분'이 같은 경우 '업체명'을 기준으로 내림차순 정렬
② 업체구분 머리글 영역이 매 페이지마다 반복하여 출력되도록 설정하시오.
③ 본문 영역의 'txt순번' 컨트롤에는 그룹별로 순번이 표시되도록 관련 속성을 설정하시오.
④ 페이지 바닥글의 'txt날짜' 컨트롤이 〈그림〉과 같이 표시되도록 '형식' 속성을 간단한 날짜로 설정하시오.
⑤ 페이지 바닥글의 'txt페이지' 컨트롤에는 페이지 번호가 다음과 같이 표시되도록 '컨트롤 원본' 속성을 설정하시오.
  ▶ 표시 예 : 총 2쪽중 1쪽

채용업체현황

[계약직] [15개]

순번	업체명	담당자명	전화번호
1	LG화학	정명업	010-3839-9284
2	한영산업	박장업	010-7353-8763
3	한국화이바	강기묘	010-2373-4803
4	한국제지	최솔경	010-5538-8377
5	하이크리에이션	강동봉	010-9703-4722
6	텔슨정보통신	이선오	010-3297-4237
7	케이스텔레콤	강동천	010-9519-9744
8	진한금속	서승봉	010-9887-3507
9	정금강업	김인모	010-4371-6749
10	우광산업	최생원	010-5424-4925
11	신한산업	이현종	010-2637-9018
12	선경인더스트리	정해승	010-1388-6466
13	대한펄프	강수숙	010-3199-8119
14	대명금속	박솔업	010-1529-2408
15	금호산업	박발인	010-7461-5359

[정규직] [15개]

순번	업체명	담당자명	전화번호
1	Y.C 인터네셔날	이순미	010-4746-5855
2	LG Caltex정유	정전미	010-1628-2597
3	효신 제조업	박발한	010-2368-4471
4	한솔제지	이윤기	010-4601-6277
5	텔슨통신기술	이모전	010-8422-1338
6	코암유통	강종리	010-7982-3566

2023-05-11　　　　총 2쪽중 1쪽

2. 〈학생관리〉 폼 머리글의 '닫기'(cmd닫기) 단추를 클릭하면 다음과 같은 기능을 수행하도록 이벤트 프로시저를 구현하시오. (5점)

▶ '닫기'(cmd닫기) 단추를 클릭하면 〈그림〉과 같이 메시지 상자를 표시하시오.
▶ 메시지 상자에서 〈예〉를 클릭했을 때만 저장 여부를 묻지 않고 저장한 후 폼을 종료하시오.
▶ DoCmd 개체와 Close 메서드를 사용하시오.

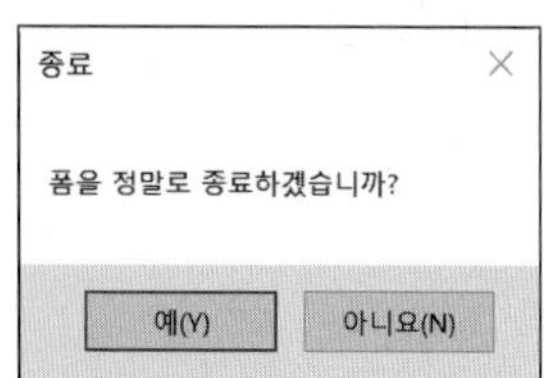

문제 4 처리 기능 구현(25점)

1. 〈채용업체〉와 〈취업추천〉 테이블을 이용하여 10월에 채용이 없는 업체에 대해 〈채용업체〉 테이블의 '비고' 필드의 값을 "10월 비인기"로 변경하는 〈비인기업체처리〉 업데이트 쿼리를 작성한 후 실행하시오. (5점)
   ▶ 10월에 채용이 없는 업체란 추천일이 2021년 10월 1일부터 2021년 10월 31일까지 중에서 〈채용업체〉 테이블에는 '채용업체No'가 있으나 〈취업추천〉 테이블에는 '업체번호'가 없는 업체임
   ▶ Not In과 하위 쿼리 사용

채용업체

채용업체No	업체명	업체구분	담당자명	전화번호	주소	면접필수	비고
1	대명금속	계약직	박솔업	010-1529-2408	경기도 인천시 부평구	☐	
2	모건알루미늄공업	정규직	김전대	010-6268-8372	경기도 인천시 부평구	☐	
3	신한산업	계약직	이현종	010-2637-9018	경기도 인천시 부평구	☐	
4	영신스톤	정규직	이현금	010-7214-1872	서울시 강서구 화곡동	☐	
5	우광산업	계약직	최생원	010-5424-4925	경기도 인천시 부평구	☐	
6	국보화학	정규직	김금한	010-9630-8960	경기도 부천시 원미구	☐	
7	정금강업	계약직	김인모	010-4371-6749	경기도 부천시 원미구	☐	
8	효신 제조업	정규직	박발한	010-2368-4471	경기도 인천시 부평구	☐	
9	진한금속	계약직	서승봉	010-9887-3507	서울시 강서구 화곡동	☐	
10	진한통상	정규직	서지대	010-9036-5728	경기도 부천시 원미구	☐	
11	케이스텔레콤	계약직	강동천	010-9519-9744	서울시 강서구 화곡동	☐	
12	코암유통	정규직	강종리	010-7982-3566	경기도 부천시 원미구	☐	10월 비인기
13	텔슨정보통신	계약직	이선오	010-3297-4237	경기도 인천시 부평구	☐	10월 비인기
14	텔슨통신기술	정규직	이모전	010-8422-1338	서울시 강서구 화곡동	☐	
15	한영산업	계약직	박장업	010-7353-8763	서울시 강서구 화곡동	☐	
16	Y.C 인터네셔날	정규직	이순미	010-4746-5855	경기도 인천시 부평구	☐	
17	금호산업	계약직	박발인	010-7461-5359	경기도 부천시 원미구	☐	
18	계성제지	정규직	강용희	010-8800-8408	경기도 부천시 원미구	☐	
19	대한펄프	계약직	강수숙	010-3199-8119	서울시 강서구 화곡동	☐	10월 비인기
20	삼성코닝	정규직	최종순	010-9210-9032	경기도 부천시 원미구	☐	

레코드: 1 필터 없음 검색

※ 〈비인기업체처리〉 쿼리를 실행한 후의 〈채용업체〉 테이블

2. 〈학생〉 테이블을 이용하여 경기도에 거주하는 학생을 조회하는 〈경기도학생〉 쿼리를 작성하시오. (5점)
   ▶ '주소' 필드의 값이 "경기도"로 시작하는 학생만을 대상으로 하시오.
   ▶ '학번' 필드를 기준으로 내림차순 정렬하여 표시하시오.
   ▶ 쿼리 결과로 표시되는 필드와 필드명은 〈그림〉과 같이 표시되도록 설정하시오.

경기도학생

학번	성명	이메일	전화번호
1521020	선동훈	sundh@yahoo.co.kr	010-0429-0213
1423049	김만수	mansukim@yahoo.co.kr	010-8369-5408
1423028	김도희	kimdohee@lycos.co.kr	010-3382-2174
1423017	정철우	chjung24@hanmail.net	010-8721-9905
1422016	이재영	leejy@hotmail.com	010-6886-1094
1422005	백승희	rosegirl@lycos.co.kr	010-2145-6529
1421004	이호진	hojinlee@dh.co.kr	010-7248-6833
1323003	최승희	choish@yahoo.co.kr	010-2324-0184
1322012	전미수	msjun@yahoo.co.kr	010-2454-7629
1321011	홍민식	minsik@hanmail.net	010-1298-1094

레코드: 1/10 필터 없음 검색

3. 〈채용업체〉 테이블을 이용하여 매개 변수로 입력된 '주소'를 포함하는 업체들의 정보를 조회하여 새 테이블로 생성하는 〈업체조회〉 쿼리를 작성하고 실행하시오. (5점)
   ▶ 쿼리 실행 후 생성되는 테이블의 이름은 [조회된업체현황]으로 설정하시오.
   ▶ 쿼리 결과로 표시되는 필드와 필드명은 〈그림〉과 같이 표시되도록 설정하시오.

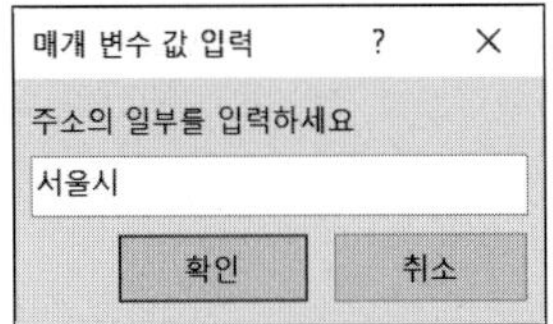

조회된업체현황

업체명	업체구분	담당자명	전화번호	주소
영신스톤	정규직	이현금	010-7214-1872	서울시 강서구 화곡동
진한금속	계약직	서승봉	010-9887-3507	서울시 강서구 화곡동
케이스텔레콤	계약직	강동천	010-9519-9744	서울시 강서구 화곡동
텔슨통신기술	정규직	이모전	010-8422-1338	서울시 강서구 화곡동
한영산업	계약직	박장업	010-7353-8763	서울시 강서구 화곡동
대한펄프	계약직	강수숙	010-3199-8119	서울시 강서구 화곡동
선경인더스트리	계약직	정해승	010-1388-6466	서울시 마포구 합정동
쌍용제지	정규직	이발철	010-9286-8099	서울시 강서구 화곡동
LG화학	계약직	정명업	010-3839-9284	서울시 마포구 상암동
한솔제지	정규직	이윤기	010-4601-6277	서울시 강서구 화곡동
기아특수강	정규직	이순왕	010-9082-9681	서울시 마포구 서교동

레코드: 1/11 필터 없음 검색

※ 〈업체조회〉 쿼리의 매개 변수 값으로 "서울시"를 입력하여 실행한 후의 〈조회된업체현황〉 테이블

4. 업체별, 업체구분별 추천 인원수를 조회하는 〈업체구분별인원수〉 크로스탭 쿼리를 작성하시오. (5점)

▶ 〈채용업체〉, 〈취업추천〉 테이블을 이용하시오.

▶ 인원수는 '학번' 필드를 이용하여 계산하되, 빈 셀에는 '*'을 표시하시오. (IIf, IsNull, Count 함수 이용)

▶ 쿼리 결과로 표시되는 필드와 필드명은 〈그림〉과 같이 표시되도록 설정하시오.

업체구분별인원수

업체명	계약직	정규직
계성제지	*	1
국보화학	*	1
금호산업	1	*
기아특수강	*	1
대명금속	1	*
대한펄프	1	*
모건알루미늄공업	*	1
삼성코닝	*	1
선경인더스트리	1	*
신한산업	1	*
쌍용제지	*	1
영신스톤	*	1
우광산업	1	*
율촌화학	*	1
정금강업	1	*
진한금속	1	*
진한통상	*	1
케이스텔레콤	1	*
코암유통	*	1
텔슨정보통신	1	*
텔슨통신기술	*	1
하이크리에이션	1	*
한국제지	1	*
한국화이바	1	*
한솔제지	*	1
한영산업	1	*
효신 제조업	*	1
LG Caltex정유	*	1
LG화학	1	*
Y.C 인터네셔날	*	1

레코드: 1/30 필터 없음 검색

5. 업체구분별로 추천된 학생들의 추천수와 최근추천일을 조회하는 〈업체구분별추천현황〉 쿼리를 작성하시오. (5점)

▶ 〈채용업체〉와 〈취업추천〉 테이블을 이용하시오.

▶ 추천수는 '순번' 필드를 이용하시오.

▶ '최근추천일'은 '추천일'의 최대값으로 처리하시오.

▶ 추천수는 [표시 예]와 같이 표시되도록 '형식' 속성을 설정하시오. [표시 예 : 15 → 15건]

▶ 쿼리 실행 결과 표시되는 필드와 필드명은 〈그림〉과 같이 표시되도록 설정하시오.

업체구분별추천현황

업체구분	추천수	최근추천일
계약직	15건	2021-11-03
정규직	15건	2021-11-02

레코드: 1/2 필터 없음 검색

EXAMINATION

09회 기출문제 정답 및 해설

문제 1 DB 구축

정답

01. 테이블 완성하기 _ 참고 : 테이블 완성 296쪽

〈학생〉 테이블

1 '학번' 필드에 필드 크기와 필수 속성 설정하기

필드 속성

일반 조회

필드 크기	7
형식	
입력 마스크	
캡션	
기본값	
유효성 검사 규칙	
유효성 검사 텍스트	
필수	예

2 '이메일' 필드에 유효성 검사 규칙 속성 설정하기

필드 속성

일반 조회

캡션	
기본값	
유효성 검사 규칙	Like "*@*"
유효성 검사 텍스트	
필수	아니요
빈 문자열 허용	예

3 '전화번호' 필드에 입력 마스크 속성 설정하기

필드 속성

일반 조회

필드 크기	255
형식	
입력 마스크	"010"-0000-0000;0;#
캡션	
기본값	
유효성 검사 규칙	

〈취업추천〉 테이블

4 '순번' 필드를 기본키로 설정하기

취업추천

필드 이름	데이터 형식
순번	숫자
학번	짧은 텍스트
추천일	날짜/시간

5 '추천일' 필드에 기본값 속성 설정하기

필드 속성

일반 조회

형식	
입력 마스크	
캡션	
기본값	Date()
유효성 검사 규칙	
유효성 검사 텍스트	

02. 〈취업추천〉 테이블의 '학번' 필드에 조회 기능 설정하기

_ 참고 : 조회 기능 설정 302쪽

필드 속성

일반 조회

컨트롤 표시	콤보 상자
행 원본 유형	테이블/쿼리
행 원본	SELECT 학생.학번, 학생.성명 FROM 학생;
바운드 열	1
열 개수	2
열 이름	아니요
열 너비	0cm;5cm
행 수	16
목록 너비	5cm
목록 값만 허용	예
여러 값 허용	아니요
값 목록 편집 허용	아니요
목록 항목 편집 폼	
행 원본 값만 표시	아니요

03. 〈취업추천〉 테이블과 〈학생〉 테이블 간의 관계 설정하기

_ 참고 : 관계 설정 305쪽

정답

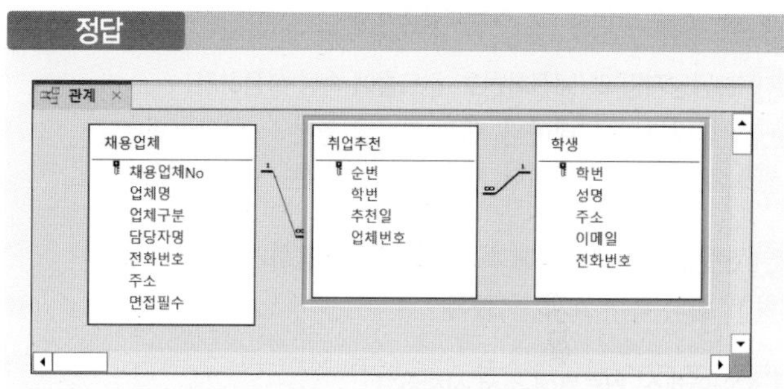

• '관계 편집' 대화상자

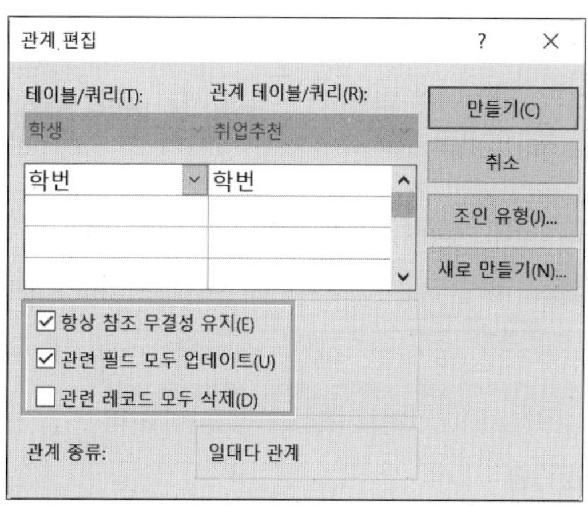
관계 편집

테이블/쿼리(T): 학생
관계 테이블/쿼리(R): 취업추천

학번	학번

☑ 항상 참조 무결성 유지(E)
☑ 관련 필드 모두 업데이트(U)
☐ 관련 레코드 모두 삭제(D)

관계 종류: 일대다 관계

만들기(C)
취소
조인 유형(J)...
새로 만들기(N)...

문제 2 입력 및 수정 기능 구현

정답

01. 〈채용업체〉 폼 완성하기 _ 참고 : 폼 완성 310쪽

정답

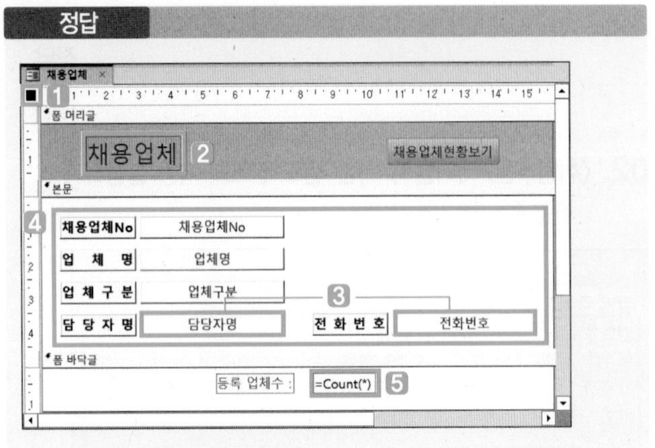

1 폼의 기본 보기 속성 설정하기

'형식' 탭의 기본 보기 → 단일 폼

2 제목 삽입하기

1. [양식 디자인] → 컨트롤 → **레이블**(가가)을 클릭한 후 폼 머리글의 적당한 위치에 드래그한다.
2. **채용업체**를 입력하고 Enter를 누른 후 [서식] → **글꼴**에서 글꼴 크기를 20으로 변경한 후 문제의 그림과 같이 배치한다.
3. 작성된 레이블을 더블클릭한 후 '속성 시트' 창이 표시되면, '기타' 탭의 '이름' 속성에 **LBL제목**을 입력한다.

3 'txt담당자명'과 'txt전화번호' 컨트롤에 속성 설정하기

- 'txt담당자명' : '데이터' 탭의 컨트롤 원본 → 담당자명
- 'txt전화번호' : '데이터' 탭의 컨트롤 원본 → 전화번호

4 본문의 모든 컨트롤에 특수 효과 속성 설정하기

'형식' 탭의 특수 효과 → 볼록

5 'txt업체수' 컨트롤에 속성 설정하기

'데이터' 탭의 컨트롤 원본 → =Count(*) & "개"

02. 〈채용업체〉 폼 본문에 조건부 서식 설정하기 _ 참고 : 조건부 서식 318쪽

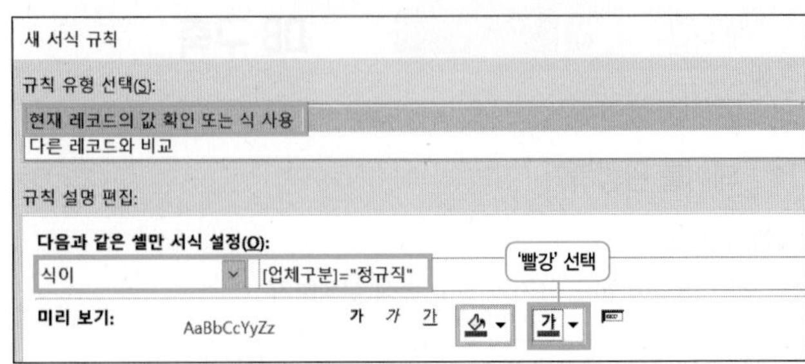

03. 〈보고서보기〉 매크로 작성 _ 참고 : 매크로 작성 325쪽

정답

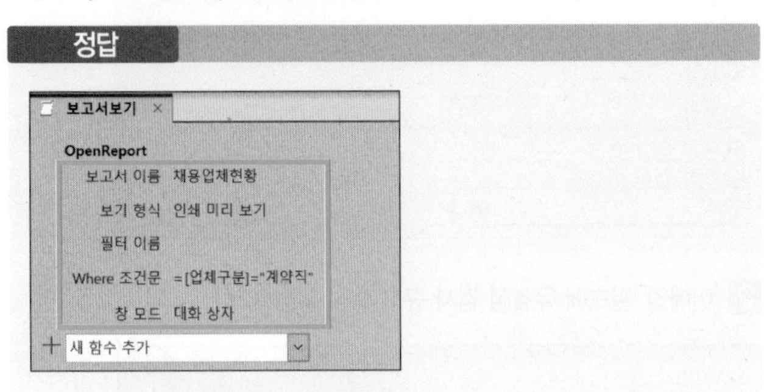

1. 매크로 개체를 생성한 후 이를 연결하여 사용해야 하므로, 먼저 매크로 개체를 생성한다. [만들기] → 매크로 및 코드 → **매크로**(□)를 클릭한다.
2. 매크로 대화상자에서 정답과 같이 설정한 후 매크로 대화상자의 닫기(×) 단추를 클릭한 다음 저장 여부를 묻는 대화상자에서 〈예〉를 클릭한다.
3. '다른 이름으로 저장' 대화상자에서 매크로 이름을 **보고서보기**로 입력한 다음 〈확인〉을 클릭한다.
4. 〈채용업체〉 폼을 디자인 보기로 연 후 폼 머리글의 'cmd보고서' 컨트롤을 더블클릭한다.
5. 'cmd보고서' 컨트롤 속성 시트 창의 '이벤트' 탭에서 'On Click' 이벤트의 목록 단추를 눌러 '보고서보기' 매크로를 선택한다.

문제 3 조회 및 출력 기능 구현

정답

01. 〈채용업체현황〉 보고서 완성하기 _ 참고 : 보고서 완성 331쪽

정답

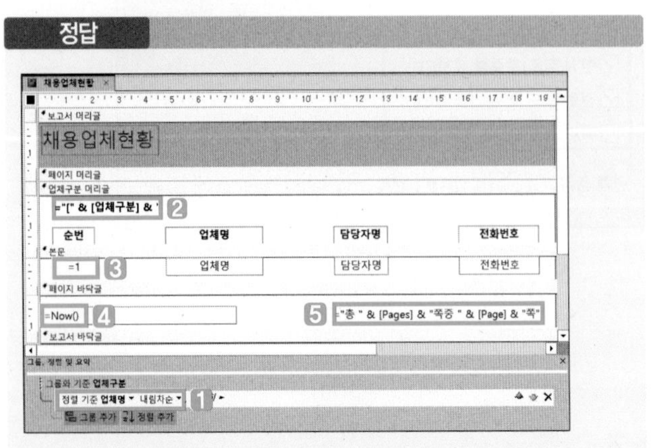

1 그룹, 정렬 및 요약

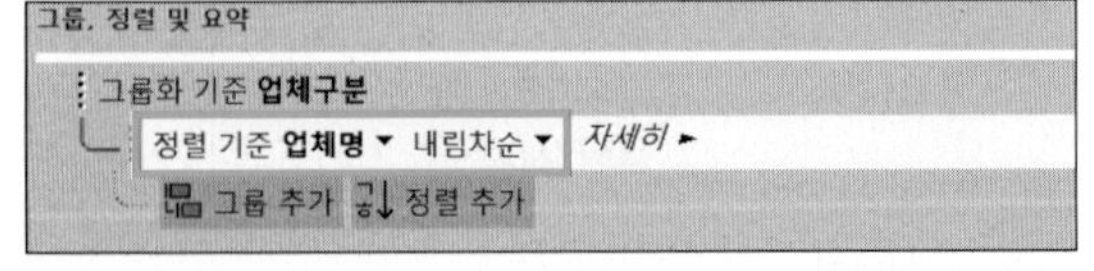

2 '업체구분' 머리글 영역에 속성 설정하기

'형식' 탭의 반복 실행 구역 → 예

3 'txt순번' 컨트롤에 속성 설정하기

- '데이터' 탭의 컨트롤 원본 → =1
- '데이터' 탭의 누적 합계 → 그룹

4 'txt날짜' 컨트롤에 속성 설정하기

'형식' 탭의 형식 → 간단한 날짜

5 'txt페이지' 컨트롤에 속성 설정하기

'데이터' 탭의 컨트롤 원본

→ ="총 " & [Pages] & "쪽중 " & [Page] & "쪽"

02. 〈학생관리〉 폼의 'cmd닫기' 컨트롤에 클릭 기능 구현하기

_ 참고 : 이벤트 프로시저 340쪽

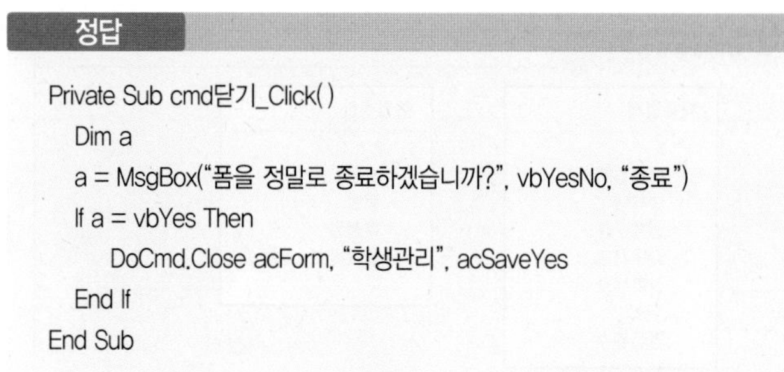

정답

```
Private Sub cmd닫기_Click()
    Dim a
    a = MsgBox("폼을 정말로 종료하겠습니까?", vbYesNo, "종료")
    If a = vbYes Then
        DoCmd.Close acForm, "학생관리", acSaveYes
    End If
End Sub
```

문제 4 처리 기능 구현

정답

01. 〈비인기업체처리〉 쿼리 _ 참고 : 쿼리 작성 347쪽

쿼리 작성기 창

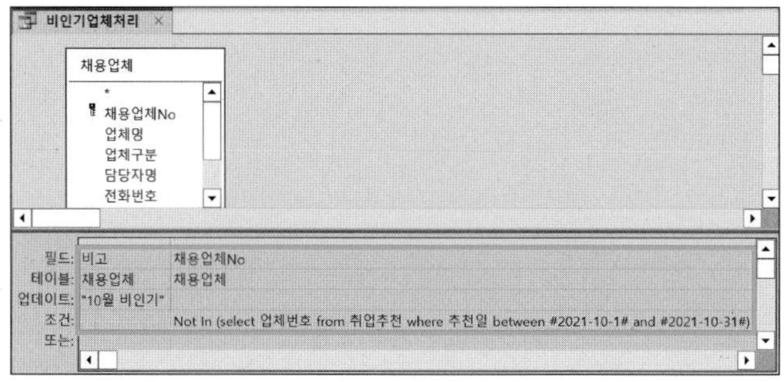

02. 〈경기도학생〉 쿼리 _ 참고 : 쿼리 작성 347쪽

쿼리 작성기 창

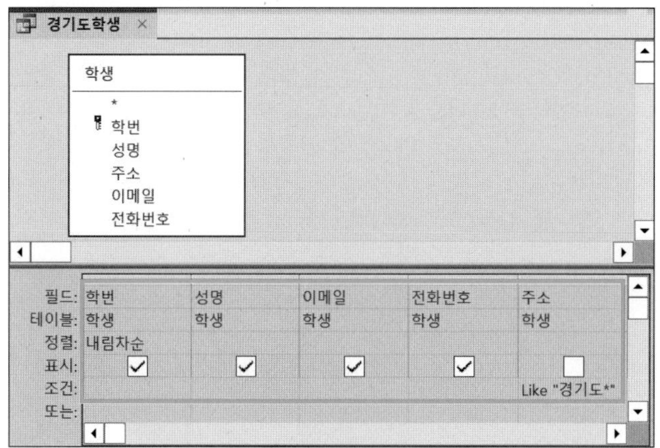

03. 〈업체조회〉 쿼리 _ 참고 : 쿼리 작성 347쪽

1. 쿼리 작성기 창에서 다음 그림과 같이 설정한다.

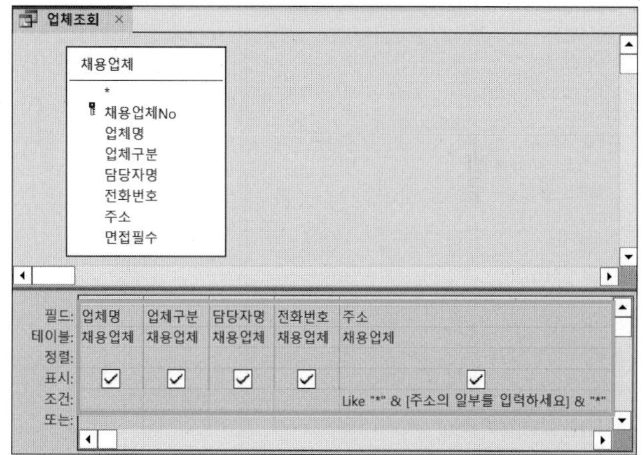

2. [쿼리 디자인] → 쿼리 유형 → **테이블 만들기(▦)**를 클릭한다.
3. '테이블 만들기' 대화상자의 '테이블 이름'에 **조회된업체현황**을 입력한 후 〈확인〉을 클릭한다.

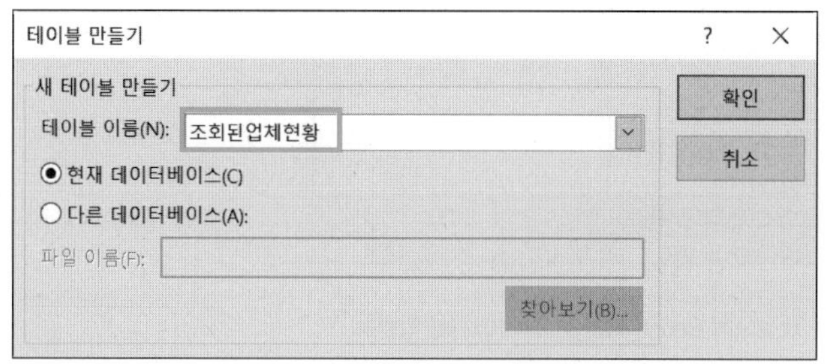

4. [쿼리 디자인] → 결과 → **실행(!)**을 클릭하여 쿼리를 실행한다.

04. 〈업체구분별인원수〉 쿼리 _ 참고 : 쿼리 작성 347쪽

쿼리 작성기 창

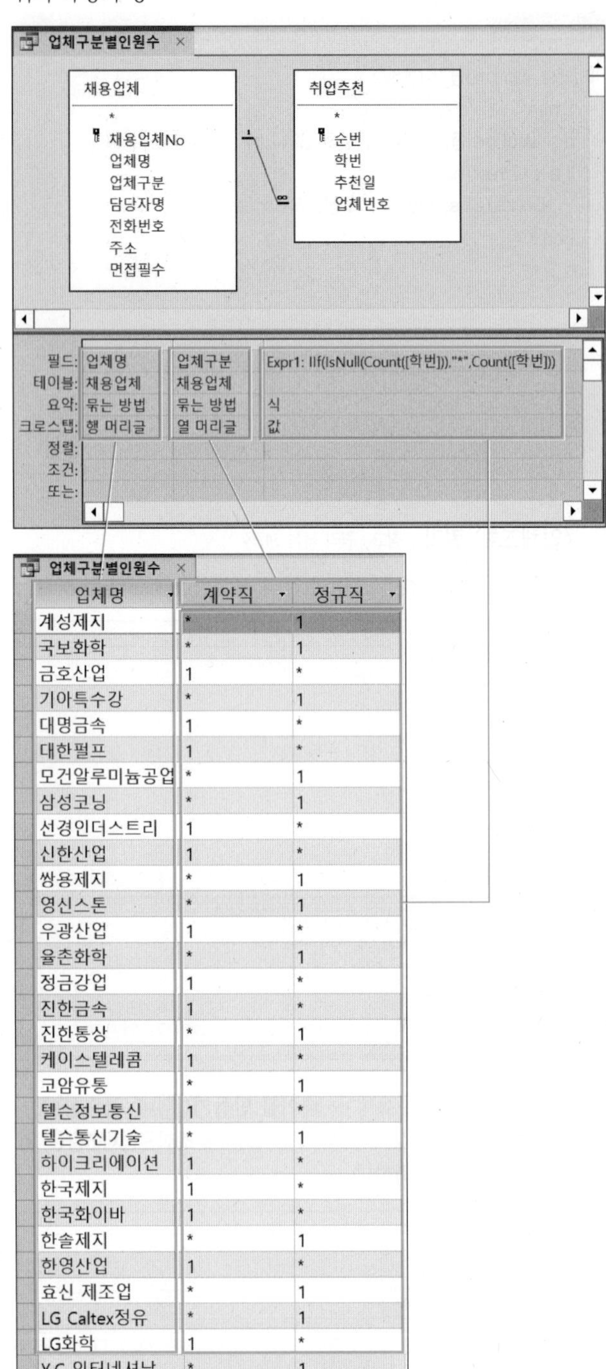

업체명	계약직	정규직
계성제지	*	1
국보화학	*	1
금호산업	1	*
기아특수강	*	1
대명금속	1	*
대한펄프	1	*
모건알루미늄공업	*	1
삼성코닝	*	1
선경인더스트리	1	*
신한산업	1	*
쌍용제지	*	1
영신스톤	*	1
우광산업	1	*
율촌화학	*	1
정금강업	1	*
진한금속	1	*
진한통상	*	1
케이스텔레콤	1	*
코암유통	*	1
텔슨정보통신	1	*
텔슨통신기술	*	1
하이크리에이션	1	*
한국제지	1	*
한국화이바	1	*
한솔제지	*	1
한영산업	1	*
효신 제조업	*	1
LG Caltex정유	*	1
LG화학	1	*
Y.C 인터네셔날	*	1

레코드: 1/30 필터 없음 검색

IIf(IsNull(Count([학번])), "*", Count([학번]))

①

②

③

- ① Count([학번]) : '학번' 필드의 개수를 계산함
- ② IsNull(①) : 계산된 ①의 결과값이 없으면 참(True), 아니면 거짓(False)을 반환함
- ③ IIf(②, "*", Count([학번]) : 조건 ②가 참(True)이면, "*"을 표시하고 거짓(False)이면, 계산된 '학번' 필드의 개수를 표시함

※ 계산된 '학번' 필드의 값이 없으면 "*"을 표시하고 그렇지 않으면 계산된 '학번' 필드의 개수를 표시합니다.

05. 〈업체구분별추천현황〉 쿼리 _ 참고 : 쿼리 작성 347쪽

- 쿼리 작성기 창

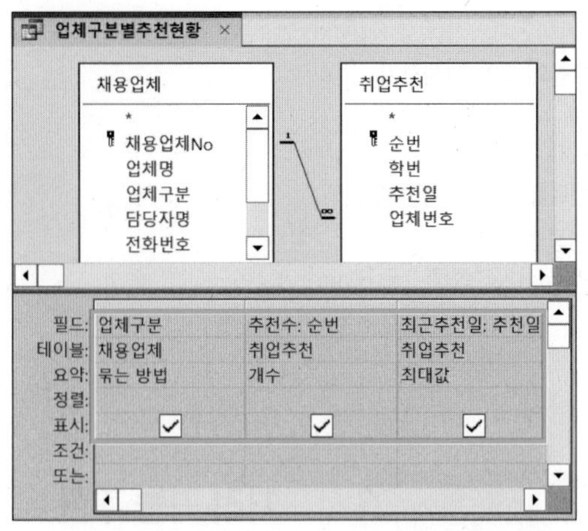

- '추천수' 필드 속성 설정하기
  - '일반' 탭의 형식 → #건

EXAMINATION **10회**

2022년 상시02 컴퓨터활용능력 1급

- **준 비 하 세 요 :** 'C:\길벗컴활1급총정리\기출\10회' 폴더에서 '22년상시02.accdb' 파일을 열어서 작업하시오.
- **외부 데이터 위치 :** C:\길벗컴활1급총정리\기출\10회

4222021

문제 1 DB구축(30점)

1. 상장회사들의 재무정보를 관리하기 위한 데이터베이스를 구축하고자 한다. 다음의 지시사항에 따라 테이블을 완성하시오. (각 4점)

〈재무정보〉 테이블

① '종목코드'와 '년도' 필드를 기본키(PK)로 지정하시오.

② '년도' 필드는 숫자 4자리만 입력받도록 다음과 같이 입력 마스크를 설정하시오.

▶ 숫자 입력은 0~9까지의 숫자가 반드시 입력될 수 있도록 설정할 것

▶ 입력 시 데이터가 입력될 자리를 "*"로 표시할 것

〈회사〉 테이블

③ '회사명' 필드는 중복된 데이터 입력이 가능하도록 인덱스를 설정하시오.

④ '시장구분' 필드에는 "유가증권"과 "코스닥"만 입력되도록 유효성 검사 규칙을 설정하시오.

⑤ '지역' 필드의 필드 크기를 2로 설정하시오.

2. 외부 데이터 가져오기 기능을 이용하여 '추가재무정보.xlsx' 파일을 테이블 형태로 가져오시오. (5점)

▶ 첫 번째 행은 필드 이름임

▶ 기본키는 '종목코드' 필드로 지정하고 테이블 이름을 '추가재무정보'로 할 것

3. 〈재무정보〉 테이블의 '종목코드' 필드는 〈회사〉 테이블의 '종목코드' 필드를 참조하며, 테이블 간의 관계는 M:1이다. 다음과 같이 테이블 간의 관계를 설정하시오. (5점)

▶ 각 테이블 간에 항상 참조 무결성이 유지되도록 설정하시오.

▶ 참조 필드의 값이 변경되면 관련 필드의 값도 변경되도록 설정하시오.

▶ 다른 테이블에서 참조하고 있는 레코드는 삭제할 수 없도록 설정하시오.

4222022

문제 2 입력 및 수정 기능 구현(25점)

1. 〈재무정보조회〉 폼을 다음의 화면과 지시사항에 따라 완성하시오. (각 3점)

① 폼이 팝업 폼으로 열리도록 설정하시오.

② 폼에 레코드 선택기는 표시되지 않고 탐색 단추가 표시되도록 설정하시오.

③ 본문의 'Txt회사명' 컨트롤의 잠금 속성을 '예'로 지정하시오.

④ 폼 바닥글의 'Txt최대당기순이익' 컨트롤에는 당기순이익의 최대값이 〈그림〉과 같이 표시되도록 컨트롤 원본 속성을 설정하시오.

⑤ 폼 바닥글의 'Txt개수' 컨트롤에 레코드 개수가 [표시 예]와 같이 표시되도록 컨트롤 원본 속성을 설정하시오.

[표시 예 : 100 → 100개]

회사명	년도	주요제품	유동자산	고정자산	매출액	당기순이익
텍비나	2018	건자재	41,144,155	85,371,102	150,703,085	2,154,614
텍비나	2019	건자재	456,194,553	133,331,821	645,731,628	26,268,831
텍비나	2020	건자재	179,416,147	414,744,710	1,035,676,610	28,385,490
씨알씨	2018	토목	105,586,785	92,769,555	151,001,858	3,041,508
씨알씨	2019	토목	877,680,149	529,020,100	857,814,054	75,665,004

2. 〈회사정보조회〉 폼의 'Txt시장구분' 컨트롤에 대하여 다음과 같이 조건부 서식을 설정하시오. (5점)

▶ '시장구분' 필드의 값이 '코스닥'인 경우 글꼴 스타일을 '굵게', 배경색을 '표준 색 – 진한 바다색 2'로 지정하시오.

▶ 단, 하나의 규칙으로 작성하시오.

3. 〈재무정보조회〉 폼의 'Txt조회' 컨트롤에 '회사명'의 일부를 입력하고 '출력(cmd출력)' 단추를 클릭하면 〈재무현황〉 보고서를 '인쇄 미리 보기' 형태의 '대화 상자 형식'으로 여는 〈보고서출력〉 매크로를 생성하여 지정하시오. (5점)

▶ 매크로 조건 : 'Txt조회' 컨트롤에 입력한 회사명을 포함하는 정보만 표시

4222023

문제 3 조회 및 출력 기능 구현(20점)

1. 다음의 지시사항 및 화면을 참조하여 〈재무현황〉 보고서를 완성하시오. (각 3점)

① 동일한 '종목코드' 안에서 '년도'를 기준으로 내림차순 정렬되도록 하시오.

② 그룹 머리글이 표시되지 않도록 설정하시오.

③ 본문 영역의 'Txt종목코드'와 'Txt회사명' 컨트롤의 값이 이전 레코드와 동일한 경우에는 표시되지 않도록 관련 속성을 설정하시오.

④ 그룹 바닥글의 배경색을 보고서 머리글 영역의 배경색과 동일하게 설정하시오.

⑤ 페이지 바닥글 영역의 'Txt페이지' 컨트롤에는 페이지가 다음과 같이 표시되도록 컨트롤 원본 속성을 설정하시오.

▶ 현재 페이지가 1페이지이고 전체 페이지가 5페이지인 경우 : 1/5페이지

재무현황보고서 | 2023년 5월 11일 목요일 오후 5:08:01

종목코드	회사명	년도	자본금	매출액	영업이익	당기순이익
100	텍비나	2020	43,145,045	1,035,676,610	41,718,024	28,385,490
		2019	81,908,095	645,731,628	294,292,991	26,268,831
		2018	18,065,387	150,703,085	4,134,079	2,154,614
			평균 :	₩610,703,774	₩113,381,698	₩18,936,312
120	씨알씨	2020	36,018,248	235,924,263	110,583,406	77,362,714
		2019	30,413,210	857,814,054	66,943,481	75,665,004
		2018	24,939,425	151,001,858	4,512,561	3,041,508
			평균 :	₩414,913,392	₩60,679,816	₩52,023,075
260	핌플로우	2020	19,295,620	1,632,631,810	61,576,839	41,005,780
		2019	24,044,835	1,103,706,747	31,549,040	6,617,214
		2018	18,696,175	84,052,001	3,357,096	1,681,392
			평균 :	₩940,130,186	₩32,160,992	₩16,434,795
370	올스컴	2020	29,821,775	431,028,398	15,530,667	7,185,508
		2019	49,756,205	838,159,210	35,304,789	32,131,228
		2018	79,236,297	269,905,593	565,829	-11,765,715
			평균 :	₩513,031,067	₩17,133,762	₩9,183,674
420	메이올비	2020	47,113,695	296,145,759	12,485,241	7,958,452
		2019	17,218,543	397,127,002	17,174,938	12,622,895
		2018	70,572,300	407,961,401	24,109,246	16,056,615
			평균 :	₩367,078,054	₩17,923,142	₩12,212,654
530	엑스센터	2020	33,963,450	70,764,347	1,072,627	623,326
		2019	37,665,075	464,179,145	51,181,086	34,162,878
		2018	53,299,365	1,666,024,095	56,905,040	32,154,843
			평균 :	₩733,655,862	₩36,386,251	₩22,313,682
660	베어바이	2020	34,618,822	83,233,982	4,411,332	4,185,973
		2019	19,766,981	711,901,798	92,211,127	70,764,569
		2018	18,026,185	97,129,576	36,298,400	39,426,984
			평균 :	₩297,421,785	₩44,306,953	₩38,125,842
740	방원림	2020	13,936,185	255,938,221	-3,132,577	-8,747,908
		2019	29,339,615	156,851,297	27,772,891	5,954,153

1/2페이지

2. 〈재무정보조회〉 폼이 로드(Load)될 때 〈재무정보〉 테이블의 년도 중 가장 큰 값이 'Txt현재' 컨트롤에 표시되도록 이벤트 프로시저를 구현하시오. (5점)

▶ DMax 함수 사용

문제 4 처리 기능 구현(25점)

1. 〈재무정보〉 테이블을 이용하여 종목구분별 종목수와 자본금의 합계를 조회하는 〈종목구분별현황〉 쿼리를 작성하시오. (5점)

▶ 종목수는 '종목코드' 필드를 이용하시오.

▶ '구분' 필드는 '종목코드'가 300 이하이면 "1차종목", '종목코드'가 300 초과 600 이하이면 "2차종목", '종목코드'가 600 초과이면 "3차종목"으로 표시하시오. (Switch 함수 사용)

▶ 종목수는 [표시 예]와 같이 표시되도록 '형식' 속성을 설정하시오. [표시 예 : 0 → 0개, 9 → 9개]

▶ 쿼리 실행 결과 표시되는 필드와 필드명, 필드의 형식은 〈그림〉과 같이 표시되도록 설정하시오.

종목구분별현황

구분	종목수	총자본금
1차종목	9개	₩296,526,040
2차종목	9개	₩418,646,705
3차종목	12개	₩309,382,737

레코드: 1/3 필터 없음 검색

2. 〈회사〉와 〈재무정보〉 테이블을 이용하여 유동부채가 비어있지 않는 2020년 자료를 조회하는 〈2020재무정보〉 쿼리를 작성하시오. (5점)

▶ Is Not Null을 이용하시오.

▶ 쿼리 결과로 표시되는 필드와 필드명은 〈그림〉과 같이 표시되도록 설정하시오.

2020재무정보

회사명	유동자산	유동부채	자본금	영업이익
텍비나	179416147	277212140	43145045	41718024
씨알씨	660797751	484915248	36018248	110583406
핌플로우	413899713	177477131	19295620	61576839
메이올비	91120209	124272856	47113695	12485241
베어바이	37040176	36422830	34618822	4411332
방원림	54265433	93487407	13936185	-3132577
대한성안	25972027	74623959	21062765	23253225
AB에듀	51372206	40385735	19701843	1244207

레코드: 1/8 필터 없음 검색

3. 〈재무정보조회〉 쿼리를 이용하여 '회사명'의 일부를 매개 변수로 입력받아 해당 회사의 2020년 자산 정보를 조회하여 새 테이블로 생성하는 〈자산정보조회〉 쿼리를 작성하고 실행하시오. (5점)

▶ 자산총계 = 유동자산 + 고정자산

▶ 쿼리 실행 후 생성되는 테이블의 이름은 〈조회된회사자산정보〉로 설정하시오.

▶ 쿼리 결과로 표시되는 필드와 필드명은 〈그림〉과 같이 표시되도록 설정하시오.

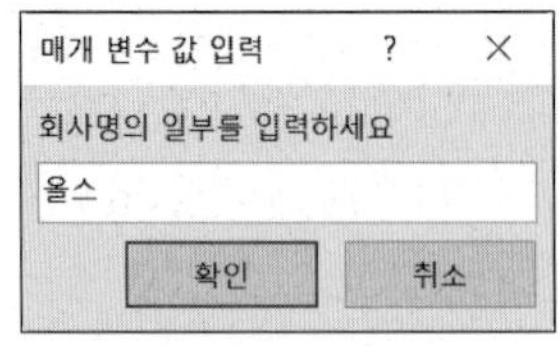

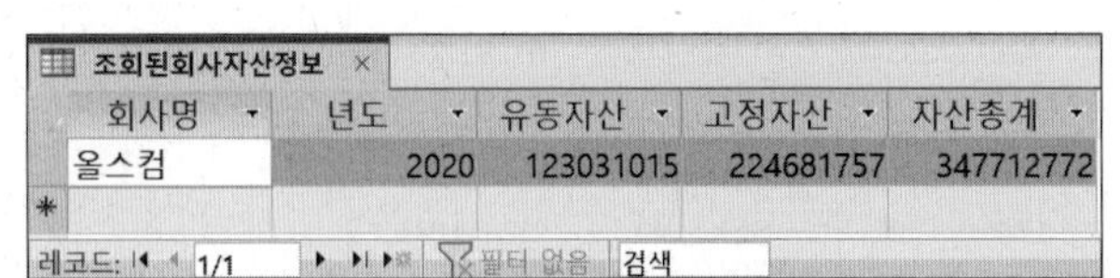

조회된회사자산정보

회사명	년도	유동자산	고정자산	자산총계
올스컴	2020	123031015	224681757	347712772
*				

레코드: 1/1 필터 없음 검색

※ 〈자산정보조회〉 쿼리의 매개 변수 값으로 "올스"를 입력하여 실행한 후의 〈조회된회사자산정보〉 테이블

4. 구분별 시장구분별 영업이익의 평균을 조회하는 〈영업이익평균〉 크로스탭 쿼리를 작성하시오. (5점)

▶ 〈재무정보조회〉 쿼리를 이용하시오.

▶ 구분은 '업종' 필드의 값에서 좌우 공백을 제거한 후 오른쪽부터 4글자를 가져와 이용하시오.(Right, Trim 함수 사용)

▶ 영업이익이 0 이상이고 10,000,000 이하인 자료만을 대상으로 하시오.

▶ 쿼리 결과로 표시되는 필드와 필드명은 〈그림〉과 같이 표시되도록 설정하시오.

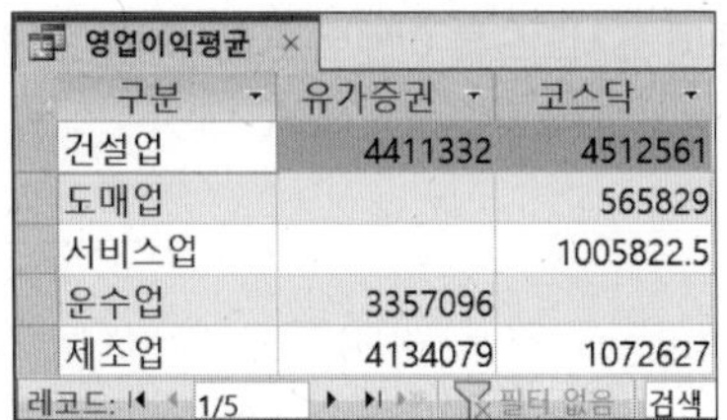

영업이익평균

구분	유가증권	코스닥
건설업	4411332	4512561
도매업		565829
서비스업		1005822.5
운수업	3357096	
제조업	4134079	1072627

레코드: 1/5 필터 없음 검색

5. 〈회사〉와 〈재무정보〉 테이블을 이용하여 검색할 년도를 매개 변수로 입력받아 해당 년도의 지역별 재무정보를 조회하는 〈조회년도의지역별현황〉 쿼리를 작성하시오. (5점)

▶ '지역' 필드를 기준으로 오름차순 정렬하여 표시하시오.

▶ 쿼리 실행 결과 표시되는 필드와 필드명, 필드의 형식은 〈그림〉과 같이 표시되도록 설정하시오.

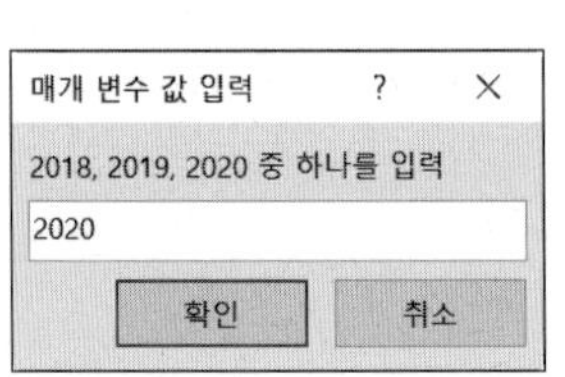

조회년도의지역별현황

지역	평균자본금	평균매출액	평균영업이익
경기	₩33,204,658	₩964,388,785	₩37,031,040
경남	₩33,963,450	₩70,764,347	₩1,072,627
부산	₩21,062,765	₩77,181,223	₩23,253,225
서울	₩28,967,668	₩574,214,410	₩18,038,705
세종	₩19,701,843	₩98,462,181	₩1,244,207
충남	₩34,618,822	₩83,233,982	₩4,411,332
충북	₩36,018,248	₩235,924,263	₩110,583,406

레코드: 1/7 필터 없음 검색

EXAMINATION
10회 기출문제 정답 및 해설

문제 1 DB 구축

정답

01. 테이블 완성하기 _ 참고 : 테이블 완성 296쪽

〈재무정보〉 테이블

1 기본키(PK) 지정하기

재무정보

필드 이름	데이터 형식
종목코드	숫자
년도	숫자
유동자산	숫자
고정자산	숫자

2 '년도' 필드에 입력 마스크 속성 설정하기

필드 속성

일반 조회

필드 크기	정수(Long)
형식	
소수 자릿수	자동
입력 마스크	0000;;*
캡션	
기본값	0

〈회사〉 테이블

3 '회사명' 필드에 인덱스 속성 설정하기

필드 속성

일반 조회

필수	아니요
빈 문자열 허용	예
인덱스	예(중복 가능)
유니코드 압축	예
IME 모드	한글
문장 입력 시스템 모드	없음

4 '시장구분' 필드에 유효성 검사 규칙 속성 설정하기

필드 속성

일반 조회

캡션	
기본값	
유효성 검사 규칙	In ("유가증권","코스닥")
유효성 검사 텍스트	
필수	아니요
빈 문자열 허용	예

5 '지역' 필드의 필드 크기 속성 설정하기

필드 속성

일반 조회

필드 크기	2
형식	
입력 마스크	
캡션	
기본값	
유효성 검사 규칙	

02. '추가재무정보.xlsx' 파일 가져오기 _ 참고 : 테이블 생성 307쪽

정답

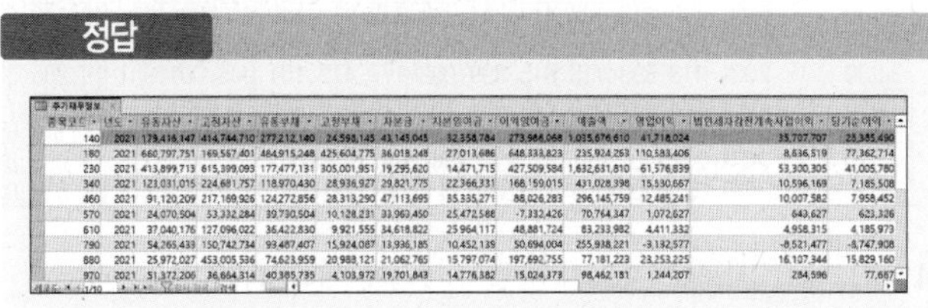

1. '외부 데이터 가져오기 - Excel 스프레드시트' 대화상자

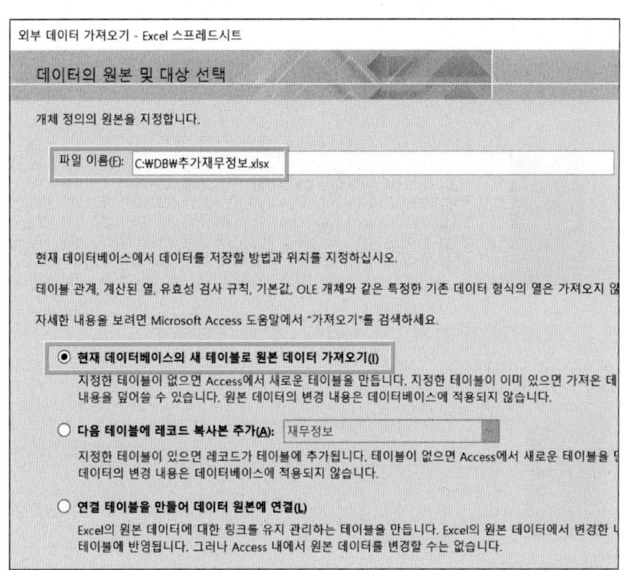

2. '스프레드시트 가져오기 마법사' 1단계 대화상자

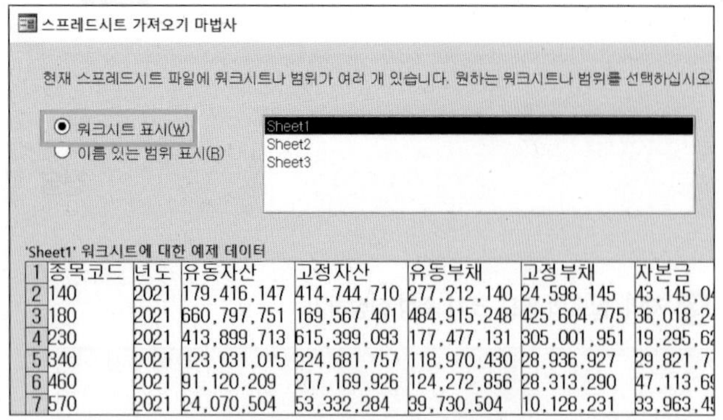

3. '스프레드시트 가져오기 마법사' 2단계 대화상자

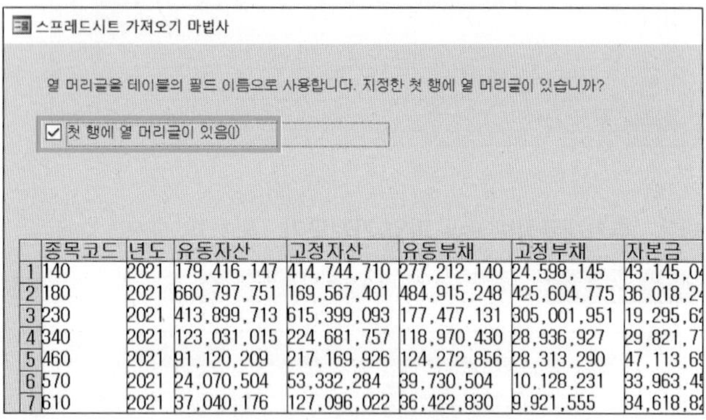

4. '스프레드시트 가져오기 마법사' 4단계 대화상자

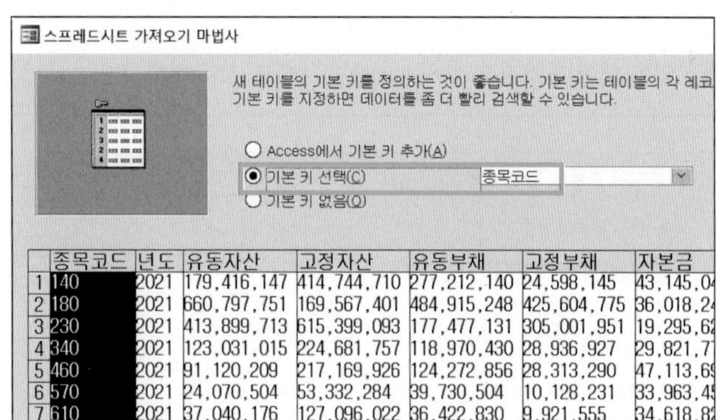

5. '스프레드시트 가져오기 마법사' 5단계 대화상자

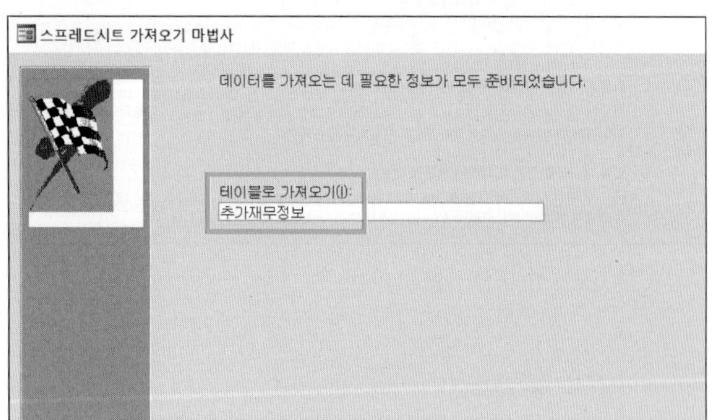

03. 〈회사〉 테이블과 〈재무정보〉 테이블 간의 관계 설정하기

_ 참고 : 관계 설정 305쪽

정답

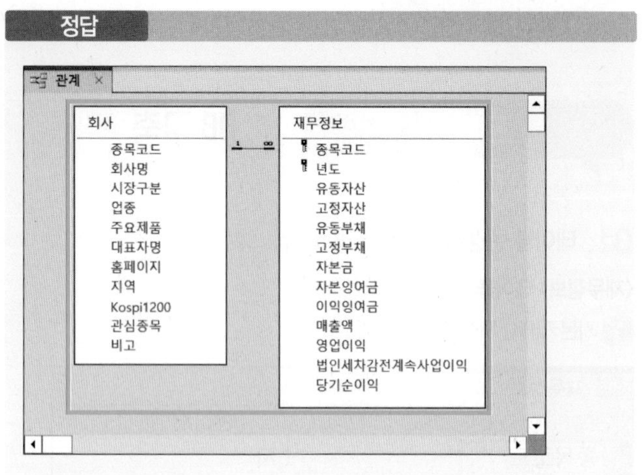

• '관계 편집' 대화상자

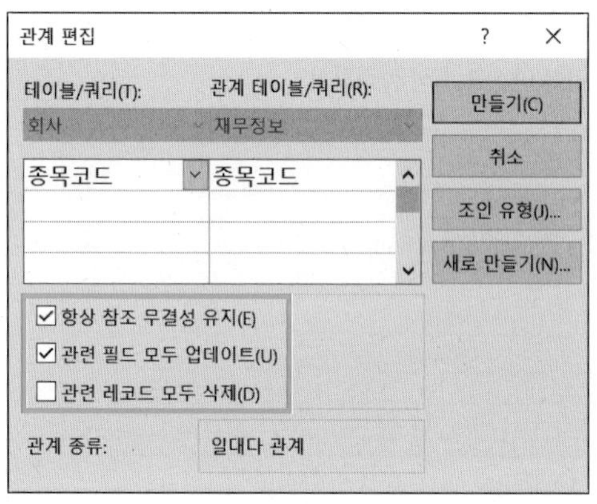

문제 2 입력 및 수정 기능 구현

정답

01. 〈재무정보조회〉 폼 완성하기 _ 참고 : 폼 완성 310쪽

정답

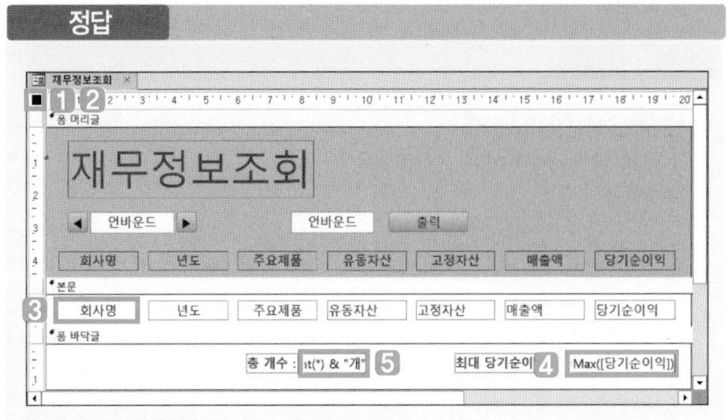

1 폼 속성 설정하기

'기타' 탭의 팝업 → 예

2 폼 속성 설정하기

- '형식' 탭의 레코드 선택기 → 아니요
- '형식' 탭의 탐색 단추 → 예

3 'Txt회사명' 컨트롤에 속성 설정하기

'데이터' 탭의 잠금 → 예

4 'Txt최대당기순이익' 컨트롤에 속성 설정하기

'데이터' 탭의 컨트롤 원본 → =Max([당기순이익])

5 'Txt개수' 컨트롤에 속성 설정하기

'데이터' 탭의 컨트롤 원본 → =Count(*) & "개"

02. 〈회사정보조회〉 폼의 'Txt시장구분' 컨트롤에 조건부 서식 설정하기 _ 참고 : 조건부 서식 318쪽

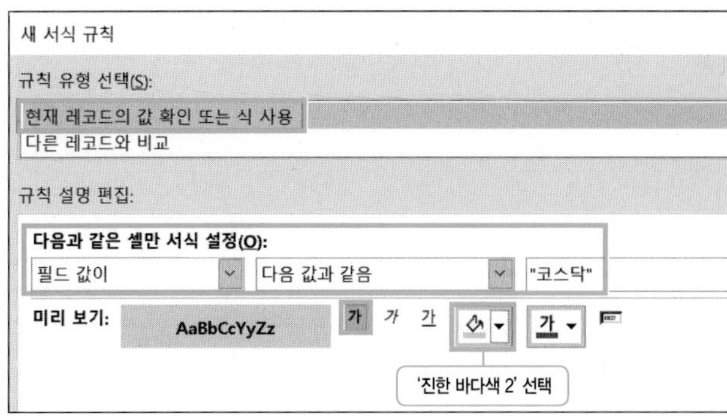

03. 〈보고서출력〉 매크로 작성 _ 참고 : 매크로 작성 325쪽

정답

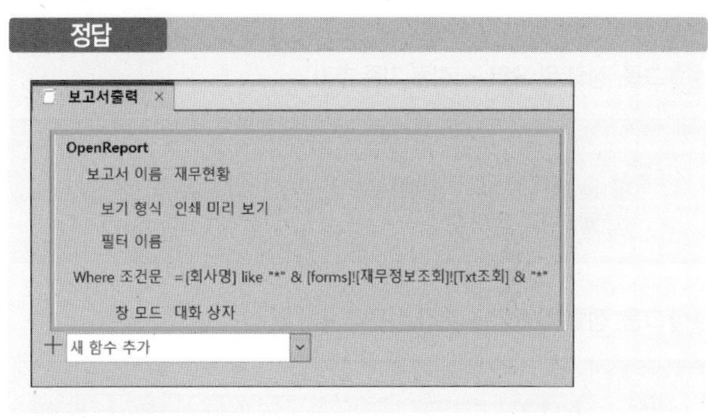

1. 매크로 개체를 생성한 후 이를 연결하여 사용해야 하므로, 먼저 매크로 개체를 생성한다. [만들기] → 매크로 및 코드 → **매크로**(▢)를 클릭한다.
2. 매크로 대화상자에서 정답과 같이 설정한 후 매크로 대화상자의 닫기(☒) 단추를 클릭한 다음 저장 여부를 묻는 대화상자에서 〈예〉를 클릭한다.
3. '다른 이름으로 저장' 대화상자에서 매크로 이름을 **보고서출력**으로 입력한 다음 〈확인〉을 클릭한다.
4. 〈재무정보조회〉 폼을 디자인 보기로 연 후 폼 머리글의 'cmd출력' 컨트롤을 더블클릭한다.
5. 'cmd출력' 컨트롤 속성 시트 창의 '이벤트' 탭에서 'On Click' 이벤트의 목록 단추를 눌러 '보고서출력' 매크로를 선택한다.

01. 〈재무현황〉 보고서 완성하기 _ 참고 : 보고서 완성 331쪽

정답

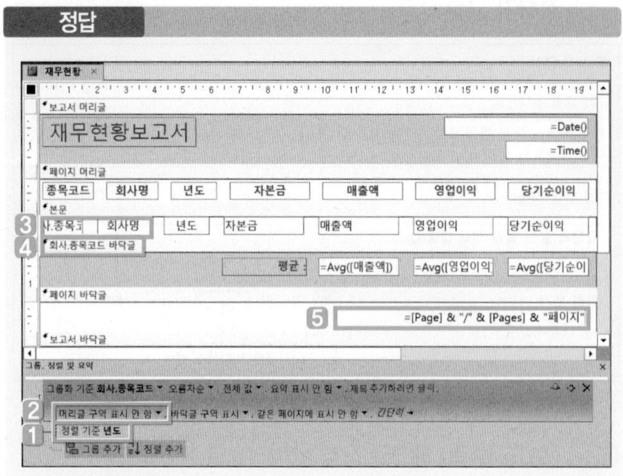

1 그룹, 정렬 및 요약 – 정렬 기준 추가

2 그룹, 정렬 및 요약 – 머리글 구역 표시 안 함

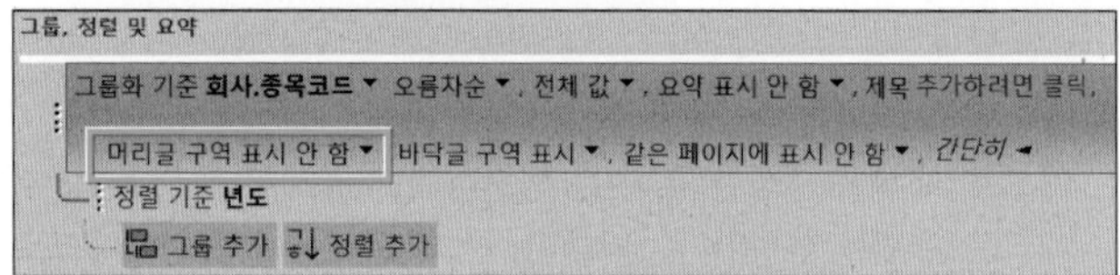

3 'Txt종목코드'와 'Txt회사명' 컨트롤에 속성 설정하기

- 'Txt종목코드' 컨트롤 : '형식' 탭의 중복 내용 숨기기 → 예
- 'Txt회사명' 컨트롤 : '형식' 탭의 중복 내용 숨기기 → 예

4 '그룹 바닥글' 영역에 속성 설정하기

'형식' 탭의 배경색 → 밝은 텍스트

5 'Txt페이지' 컨트롤에 속성 설정하기

'데이터' 탭의 컨트롤 원본 → =[Page] & "/" & [Pages] & "페이지"

02. 〈재무정보조회〉 폼의 로드(On Load) 기능 구현하기

_ 참고 : 이벤트 프로시저 340쪽

정답

```
Private Sub Form_Load( )
    Txt현재 = DMax("년도", "재무정보")
End Sub
```

01. 〈종목구분별현황〉 쿼리 _ 참고 : 쿼리 작성 347쪽

• 쿼리 작성기 창

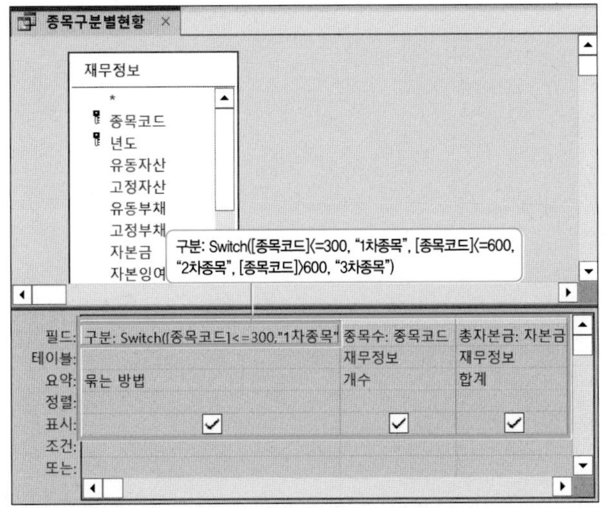

Switch([종목코드]<=300, "1차종목", [종목코드]<=600, "2차종목", [종목코드]>600, "3차종목")

• ① '종목코드' 필드의 값이 300 이하이면, "1차종목"을 표시합니다.
• ② '종목코드' 필드의 값이 600 이하이면, "2차종목"을 표시합니다.
• ③ '종목코드' 필드의 값이 600을 초과하면, "3차종목"을 표시합니다.

• '종목수' 필드 속성 설정하기
  – '일반' 탭의 형식 → 0개
• '총자본금' 필드 속성 설정하기
  – '일반' 탭의 형식 → 통화

02. 〈2020재무정보〉 쿼리 _ 참고 : 쿼리 작성 347쪽

쿼리 작성기 창

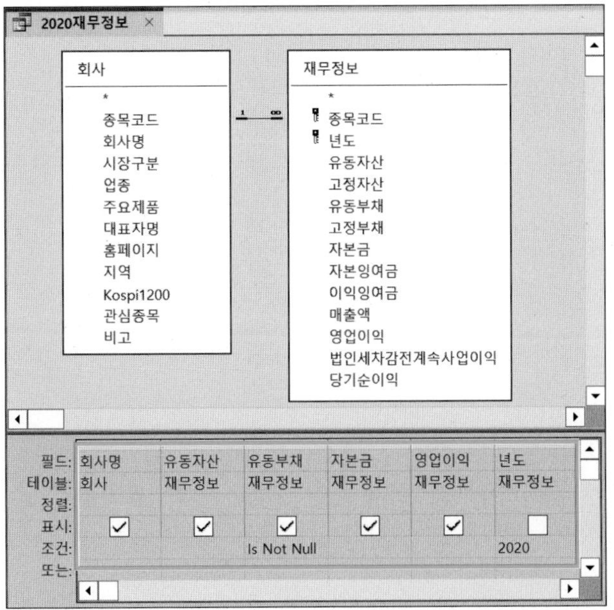

03. 〈자산정보조회〉 쿼리 _ 참고 : 쿼리 작성 347쪽

1. 쿼리 작성기 창에서 다음 그림과 같이 설정한다.

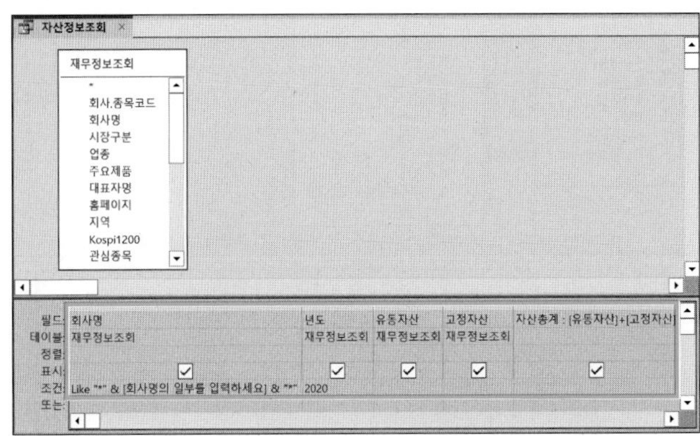

2. [쿼리 디자인] → 쿼리 유형 → **테이블 만들기**( )를 클릭한다.
3. '테이블 만들기' 대화상자의 '테이블 이름'에 **조회된회사자산정보**를 입력한 후 〈확인〉을 클릭한다.

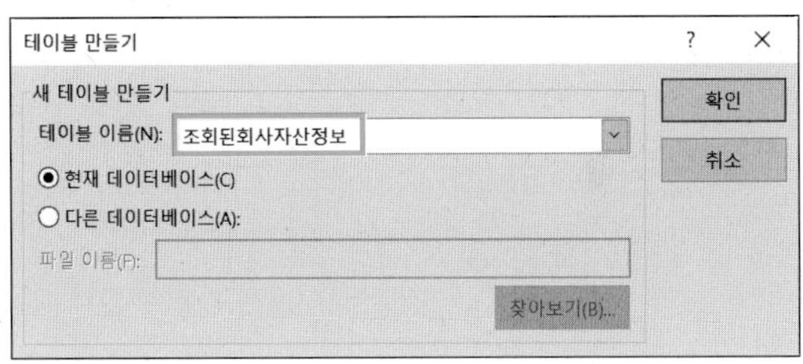

4. [쿼리 디자인] → 결과 → **실행**( )을 클릭하여 쿼리를 실행한다.

04. 〈영업이익평균〉 쿼리 _ 참고 : 쿼리 작성 347쪽

쿼리 작성기 창

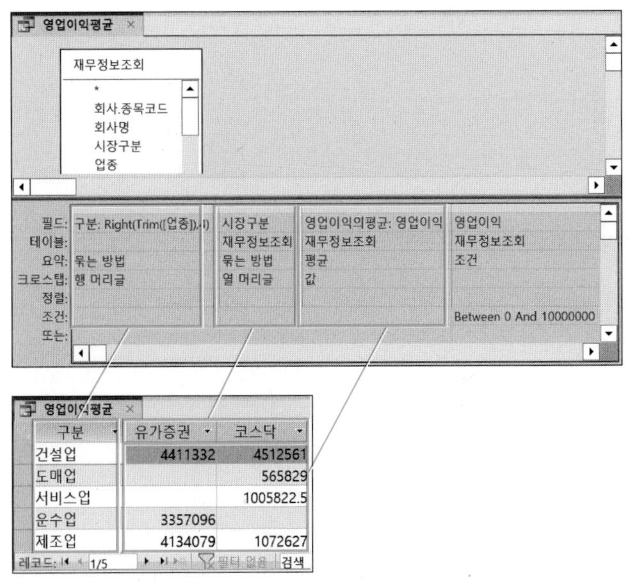

구분	유가증권	코스닥
건설업	4411332	4512561
도매업		565829
서비스업		1005822.5
운수업	3357096	
제조업	4134079	1072627

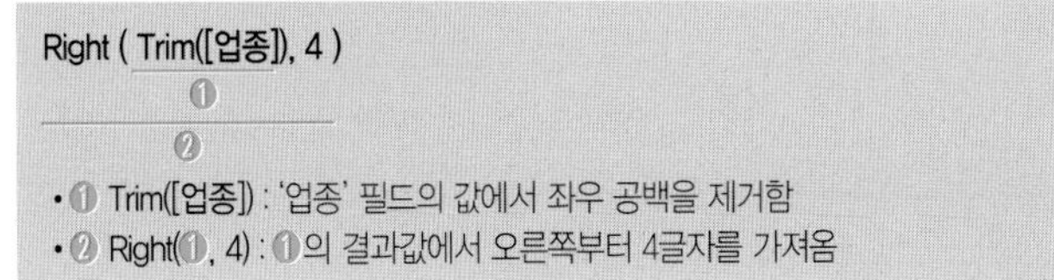
Right (Trim([업종]), 4)

• ① Trim([업종]) : '업종' 필드의 값에서 좌우 공백을 제거함
• ② Right(①, 4) : ①의 결과값에서 오른쪽부터 4글자를 가져옴

05. 〈조회년도의지역별현황〉 쿼리 _ 참고 : 쿼리 작성 347쪽

• 쿼리 작성기 창

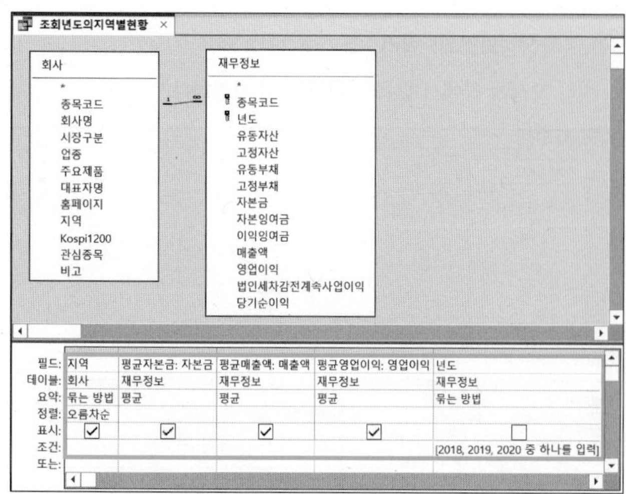

• '평균자본금', '평균매출액', '평균영업이익' 필드 속성 설정하기
  – '일반' 탭의 형식 → 통화

액세스

최종모의고사

01회 최종모의고사

02회 최종모의고사

03회 최종모의고사

04회 최종모의고사

05회 최종모의고사

최종모의고사

시험지는 문제의 표지 및 전체 지시사항 1면, 문제 3면 이렇게 총 4면으로 구성되어 있습니다. 문제 1면에는 작업할 파일의 암호, 외부 데이터 위치, 시험 전반에 관한 지시사항이 들어 있습니다. 각각의 모의고사에서는 시험 전반에 관한 지시사항은 생략하였습니다. 아래는 실제 시험지와 동일한 문제 1면입니다. 시험 전반에 관한 지시사항을 한 번 읽어보세요.

국가기술자격검정

2025년 컴퓨터활용능력 실기 모의고사

프로그램명	제한시간
ACCESS 2021	45분

수험번호 :

성명 :

1급	01회

〈유의사항〉

- 인적 사항 누락 및 잘못 작성으로 인한 불이익은 수험자 책임으로 합니다.
- 화면에 암호 입력창이 나타나면 아래의 암호를 입력하여야 합니다.
  - ○ **암호 : 6992#0**
- 작성된 답안은 주어진 경로 및 파일명을 변경하지 마시고 그대로 저장해야 합니다. 이를 준수하지 않으면 실격처리 됩니다.
  - ○ 답안 파일명의 예 : C:\DB\수험번호 8자리.accdb
- **외부 데이터 위치 : C:\DB\파일명**
- 별도의 지시사항이 없는 경우, 다음과 같이 처리하면 실격 처리됩니다.
  - ○ 제시된 개체의 이름을 임의로 변경한 경우
  - ○ 제시된 개체의 속성을 임의로 변경한 경우
  - ○ 제시된 개체를 임의로 삭제하거나 추가한 경우
- 별도의 지시사항이 없는 경우, 기능의 구현은 모듈이나 매크로 등을 이용하며, 예외적인 상황에 대해서는 고려하지 않아도 됩니다.
- 제시된 함수가 있을 경우 제시된 함수만을 사용하여야 하며, 그 외 함수 사용시 채점 대상에서 제외됩니다.
- 별도의 지시사항이 없는 경우, 주어진 각 개체의 속성은 설정값 또는 기본 설정값(Default)으로 처리하십시오.
- 제시된 화면은 예시이며 나타난 값은 실제와 다를 수 있습니다.
- 저장 시간은 별도로 주어지지 아니하므로 제한된 시간 내에 저장을 완료해야 합니다.
- 본 문제의 용어는 Microsoft Office Access 2021(LTSC 2108 버전)으로 작성되었습니다.

대한상공회의소

EXAMINATION

01 회 최종모의고사

- 준 비 하 세 요 : 'C:\길벗컴활1급총정리\액세스\모의' 폴더에서 '01회.accdb' 파일을 열어서 작업하시오.
- 외부 데이터 위치 : C:\길벗컴활1급총정리\액세스\모의

6251011

문제 1 DB구축(25점)

1. 회원을 관리할 수 있도록 데이터베이스를 구축하였다. 다음의 지시사항에 따라 〈회원〉 테이블을 완성하시오. (각 3점)

① '회원코드' 필드는 'A-01' 형식으로 입력되도록 다음과 같이 설정하시오.
- ▶ 앞의 문자 1자리는 대문자로 반드시 입력받되, 소문자를 입력해도 대문자로 입력되도록 설정
- ▶ 뒤의 2자리는 숫자로 입력받되, 공백 없이 반드시 입력되도록 설정
- ▶ '-'도 저장되도록 설정

② '이름' 필드에 대하여 중복 가능한 인덱스를 설정하시오.

③ '생년월일' 필드의 형식을 "yyyy년 mm월 dd일"로 설정하시오.

④ '이메일' 필드에는 '@'이 반드시 포함되도록 유효성 검사 규칙을 설정하시오.

⑤ '이메일' 필드는 빈 문자열은 허용하지 않도록 설정하시오.

2. '신규서비스.xlsx' 파일을 가져와 다음과 같이 〈신규서비스〉 테이블을 작성하시오. (5점)
- ▶ '신규서비스.xlsx' 파일의 첫 번째 행은 열 머리글임
- ▶ '서비스코드'를 기본 키로 지정할 것

3. 〈예약명단〉 테이블의 '서비스코드' 필드는 〈서비스〉 테이블의 '서비스코드' 필드를 참조하고 테이블 간의 관계는 M:1이다. 또한 〈예약명단〉 테이블의 '회원코드' 필드는 〈회원〉 테이블의 '회원코드' 필드를 참조하고 테이블 간의 관계는 M:1이다. 각 테이블에 대해 다음과 같이 관계를 설정하시오. (5점)
- ▶ 테이블 간에 항상 참조 무결성이 유지되도록 설정하시오.
- ▶ 〈서비스〉 테이블의 '서비스코드' 필드가 변경되면 이를 참조하는 〈예약명단〉 테이블의 '서비스코드' 필드가 따라 변경되고, 〈회원〉 테이블의 '회원코드' 필드가 변경되면 이를 참조하는 〈예약명단〉 테이블의 '회원코드' 필드도 따라 변경되도록 설정하시오.

6251012

문제 2 입력 및 수정 기능 구현(20점)

1. 〈예약현황〉 폼을 다음의 화면과 지시사항에 따라 완성하시오. (각 3점)

① 폼이 〈그림〉과 같은 형태로 나타나도록 기본 보기 속성을 설정하시오.

② 'txt예약일' 컨트롤에는 날짜가 [표시 예]와 같이 표시되도록 형식 속성을 설정하시오.
- ▶ [표시 예] 2021-07-13 → 2021.07

③ 폼 바닥글에 텍스트 상자를 생성한 후 '요금' 필드의 합계를 계산하여 표시하시오.
- ▶ 텍스트 상자의 이름은 'txt총매출'로 지정할 것
- ▶ 통화 형식으로 표시되도록 설정할 것

예약현황

예약번호	예약일	회원코드	이름	서비스코드	서비스명	요금
16	2021.07	A-01	조한수	CA03	Magic	₩550,000
13	2021.06	A-09	배이한	CA03	Magic	₩550,000
23	2021.11	A-09	배이한	CA05	Magic Setting	₩770,000
11	2021.07	A-34	윤윤희	JA06	Waxing/Lohas	₩480,000
10	2021.04	A-34	윤윤희	JA01	Perm	₩290,000
20	2021.11	B-65	배은오	JA09	Clinic	₩450,000
15	2021.03	B-68	서인숙	JA01	Perm	₩290,000

총 매출 : ₩44,430,000

레코드: 1/100 필터 없음 검색

2. 〈예약현황〉 폼에 다음과 같이 조건부 서식을 설정하시오. (6점)

▶ 본문의 'txt서비스명' 컨트롤에 대해 해당 필드의 값이 'Magic'인 경우 글꼴 스타일을 '굵게', 배경색을 '표준 색 – 진한 바다색'으로 설정할 것

▶ 1번 〈그림〉 참조

3. 〈서비스현황〉 폼의 본문 영역에 다음의 지시사항을 참조하여 '단추' 컨트롤을 생성하시오. (5점)

▶ 명령 단추를 클릭하면 아래와 같이 현재 시스템의 날짜와 시간이 표시된 메시지 상자를 표시하고 메시지 상자에서 '확인' 단추를 클릭하면 〈서비스별예약회원현황〉 보고서를 '인쇄 미리 보기' 형식으로 출력하는 〈보고서인쇄〉 매크로를 생성한 후 지정하시오.

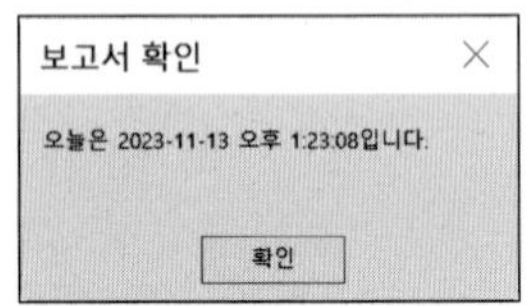

▶ 컨트롤의 이름은 "cmd보고서"로 지정하시오.

▶ 매크로 조건 : '서비스명' 필드의 값이 'txt서비스명' 컨트롤에 입력된 '서비스명'과 같은 정보만 표시

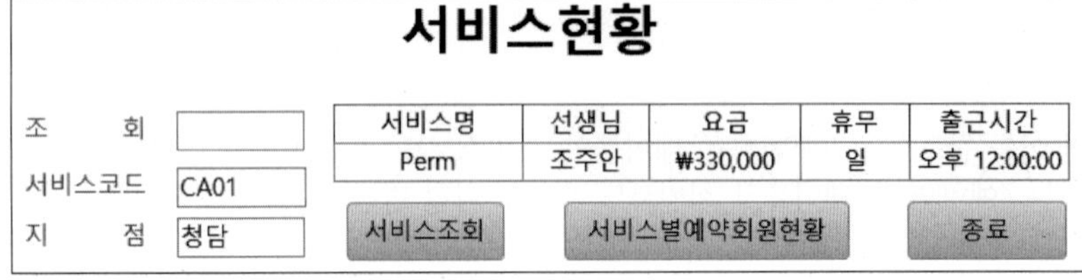

문제 3 조회 및 출력 기능 구현(20점)

1. 다음의 지시사항 및 화면을 참조하여 〈서비스별예약회원현황〉 보고서를 완성하시오. (각 3점)

① 페이지 머리글에 제목을 생성하시오.

  ▶ 이름 : LBL제목, 글꼴 크기 : 24, 텍스트 맞춤 : 가운데

  ▶ 너비 : 17cm, 높이 : 1.3cm, 위쪽 : 0.4cm, 왼쪽 : 0.4cm

② 서비스코드 머리글 영역이 매 페이지마다 반복적으로 인쇄되도록 설정하시오.

③ 서비스코드 머리글의 'txt서비스코드' 컨트롤에는 '서비스명(서비스코드)'이 표시되도록 설정하시오.

  ▶ 표시 예 : '서비스명'이 "Perm", 서비스코드가 "CA01"일 경우 → Perm(CA01)

④ 본문의 'txt순번' 컨트롤에는 해당 그룹 내에서의 일련번호가 표시되도록 설정하시오.

⑤ 'txt회원코드' 컨트롤의 빈 공간에 ★이 반복하여 표시되도록 '형식' 속성을 설정하시오.

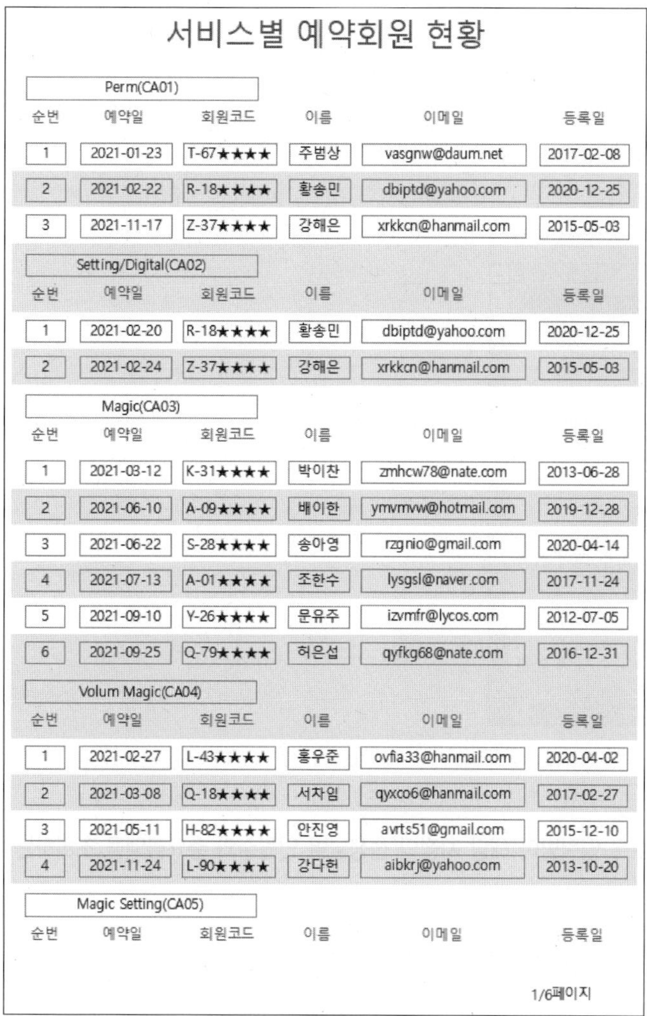

서비스별 예약회원 현황

Perm(CA01)

순번	예약일	회원코드	이름	이메일	등록일
1	2021-01-23	T-67★★★★	주범상	vasgnw@daum.net	2017-02-08
2	2021-02-22	R-18★★★★	황송민	dbiptd@yahoo.com	2020-12-25
3	2021-11-17	Z-37★★★★	강해은	xrkkcn@hanmail.com	2015-05-03

Setting/Digital(CA02)

순번	예약일	회원코드	이름	이메일	등록일
1	2021-02-20	R-18★★★★	황송민	dbiptd@yahoo.com	2020-12-25
2	2021-02-24	Z-37★★★★	강해은	xrkkcn@hanmail.com	2015-05-03

Magic(CA03)

순번	예약일	회원코드	이름	이메일	등록일
1	2021-03-12	K-31★★★★	박이찬	zmhcw78@nate.com	2013-06-28
2	2021-06-10	A-09★★★★	배이한	ymvmvw@hotmail.com	2019-12-28
3	2021-06-22	S-28★★★★	송아영	rzgnio@gmail.com	2020-04-14
4	2021-07-13	A-01★★★★	조한수	lysgsl@naver.com	2017-11-24
5	2021-09-10	Y-26★★★★	문유주	izvmfr@lycos.com	2012-07-05
6	2021-09-25	Q-79★★★★	허은섭	qyfkg68@nate.com	2016-12-31

Volum Magic(CA04)

순번	예약일	회원코드	이름	이메일	등록일
1	2021-02-27	L-43★★★★	홍우준	ovfia33@hanmail.com	2020-04-02
2	2021-03-08	Q-18★★★★	서차임	qyxco6@hanmail.com	2017-02-27
3	2021-05-11	H-82★★★★	안진영	avrts51@gmail.com	2015-12-10
4	2021-11-24	L-90★★★★	강다헌	aibkrj@yahoo.com	2013-10-20

Magic Setting(CA05)

순번	예약일	회원코드	이름	이메일	등록일

1/6페이지

2. **〈서비스현황〉 폼에서 '종료'(cmd종료) 단추를 클릭하면 현재 시간과 '열려진 폼을 종료할까요?'라는 메시지, 그리고 '예(Y)'와 '아니오(N)' 단추가 있는 메시지 상자가 〈그림〉과 같이 나타나도록 이벤트 프로시저를 구현하시오. (5점)**

- ▶ 〈예〉 단추를 클릭했을 때는 변경 내용을 저장하고 바로 폼을 종료하시오.
- ▶ 기본적으로 〈예〉 단추가 선택되어 있도록 설정하시오.
- ▶ Time 함수를 사용하여 현재 시간을 표시하시오.
- ▶ MsgBox, If ~ End If 함수, DoCmd 메소드를 사용하시오.

처리 기능 구현(35점)

1. 〈회원〉과 〈예약명단〉 테이블을 이용하여 회원코드를 기준으로 계산된 예약 횟수가 3 이상인 회원의 '비고' 필드의 값을 "다수 예약 회원"으로 변경하는 〈다수예약회원처리〉 업데이트 쿼리를 작성한 후 실행하시오. (7점)
   - ▶ In 연산자와 하위 쿼리 사용

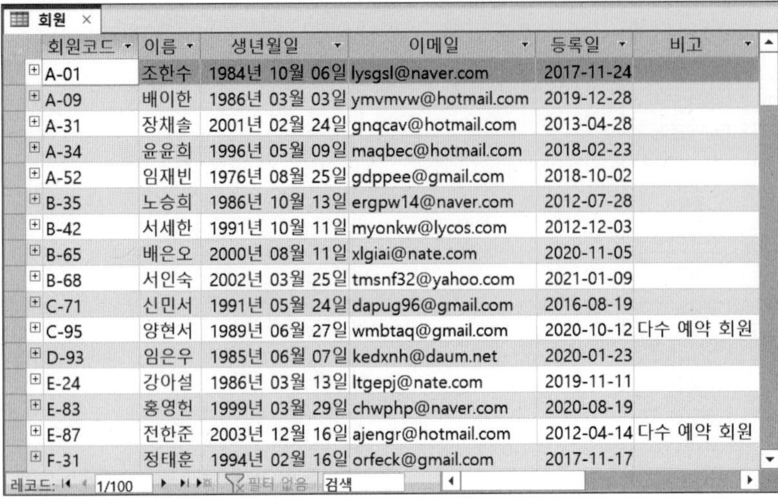

회원

회원코드	이름	생년월일	이메일	등록일	비고
A-01	조한수	1984년 10월 06일	lysgsl@naver.com	2017-11-24	
A-09	배이한	1986년 03월 03일	ymvmvw@hotmail.com	2019-12-28	
A-31	장채솔	2001년 02월 24일	gnqcav@hotmail.com	2013-04-28	
A-34	윤윤희	1996년 05월 09일	maqbec@hotmail.com	2018-02-23	
A-52	임재빈	1976년 08월 25일	gdppee@gmail.com	2018-10-02	
B-35	노승희	1986년 10월 13일	ergpw14@naver.com	2012-07-28	
B-42	서세한	1991년 10월 11일	myonkw@lycos.com	2012-12-03	
B-65	배은오	2000년 08월 11일	xlgiai@nate.com	2020-11-05	
B-68	서인숙	2002년 03월 25일	tmsnf32@yahoo.com	2021-01-09	
C-71	신민서	1991년 05월 24일	dapug96@gmail.com	2016-08-19	
C-95	양현서	1989년 06월 27일	wmbtaq@gmail.com	2020-10-12	다수 예약 회원
D-93	임은우	1985년 06월 07일	kedxnh@daum.net	2020-01-23	
E-24	강아설	1986년 03월 13일	ltgepj@nate.com	2019-11-11	
E-83	홍영헌	1999년 03월 29일	chwphp@naver.com	2020-08-19	
E-87	전한준	2003년 12월 16일	ajengr@hotmail.com	2012-04-14	다수 예약 회원
F-31	정태훈	1994년 02월 16일	orfeck@gmail.com	2017-11-17	

레코드: 1/100 필터 없음 검색

※ 〈다수예약회원처리〉 쿼리를 실행한 후의 〈회원〉 테이블

2. 〈서비스〉와 〈예약명단〉 테이블을 이용하여 조회할 지점을 매개 변수로 입력받아 해당 지점의 선생님별 인원수와 총요금액을 조회하는 〈지점별예약현황〉 쿼리를 작성하시오. (7점)
   - ▶ '인원수'는 '회원코드' 필드를 이용하시오.
   - ▶ 쿼리 결과로 표시되는 필드와 필드명은 〈그림〉과 같이 표시되도록 설정하시오.

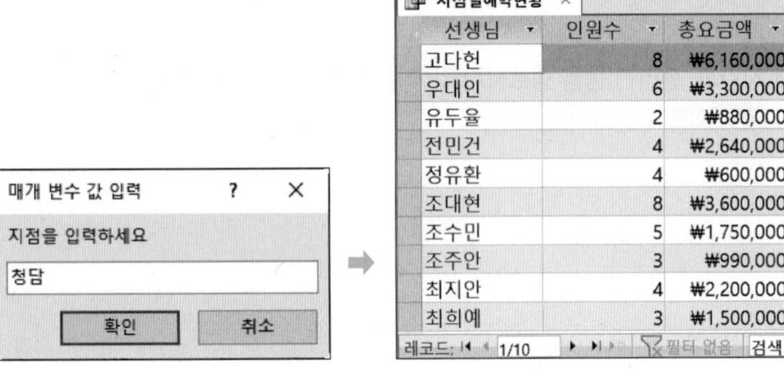

매개 변수 값 입력 ? ×
지점을 입력하세요
청담
확인 취소

지점별예약현황

선생님	인원수	총요금액
고다헌	8	₩6,160,000
우대인	6	₩3,300,000
유두율	2	₩880,000
전민건	4	₩2,640,000
정유환	4	₩600,000
조대현	8	₩3,600,000
조수민	5	₩1,750,000
조주안	3	₩990,000
최지안	4	₩2,200,000
최희예	3	₩1,500,000

레코드: 1/10 필터 없음 검색

3. 지점별 예약일별 3분기 예약건수를 조회하는 〈지점별3분기예약건수〉 크로스탭 쿼리를 작성하시오. (7점)
   - ▶ 〈예약회원현황〉 쿼리를 이용하시오.
   - ▶ '총건수'는 '회원코드' 필드를 이용하시오.
   - ▶ 열 머리글 중 "7월", "8월", "9월" 열만 표시하시오.
   - ▶ 쿼리 결과로 표시되는 필드와 필드명, 필드의 형식은 〈그림〉과 같이 표시되도록 설정하시오.

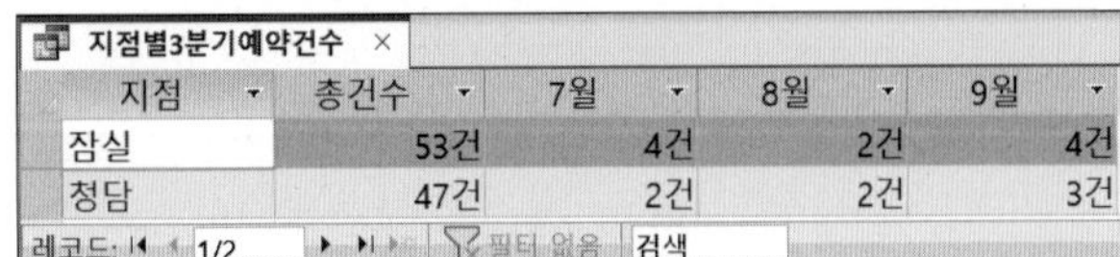

지점별3분기예약건수

지점	총건수	7월	8월	9월
잠실	53건	4건	2건	4건
청담	47건	2건	2건	3건

레코드: 1/2 필터 없음 검색

4. 〈예약회원현황〉 쿼리를 이용하여 '서비스코드'를 매개 변수로 입력받아, 입력된 '서비스코드'를 포함하는 회원의 정보를 새 테이블로 생성하는 〈할인쿠폰대상확인〉 쿼리를 작성하고 실행하시오. (7점)

- ▶ 쿼리 실행 후 생성되는 테이블의 이름은 〈할인쿠폰발행대상〉으로 설정하시오.
- ▶ '할인쿠폰개수'는 '회원코드' 필드를 이용하여, 매개 변수로 입력된 '서비스코드'를 이용한 횟수만큼 ★을 표시하시오(String, Count 함수 이용).
- ▶ 쿼리 결과로 표시되는 필드와 필드명은 〈그림〉과 같이 표시되도록 설정하시오.

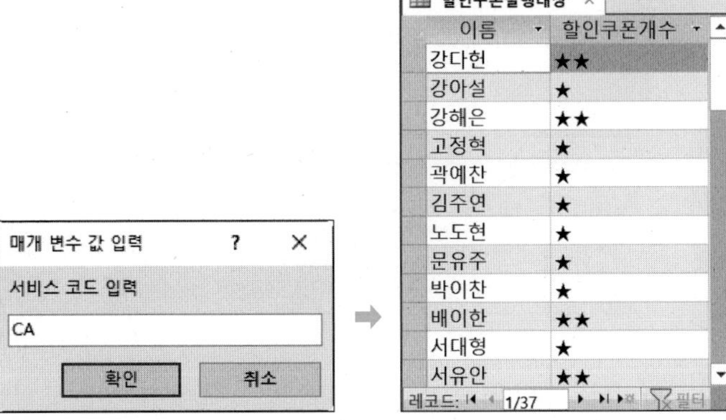

할인쿠폰발행대상

이름	할인쿠폰개수
강다현	★★
강아설	★
강해은	★★
고정혁	★
곽예찬	★
김주연	★
노도현	★
문유주	★
박이찬	★
배이한	★★
서대형	★
서유안	★★

레코드: 1/37

※ 〈할인쿠폰대상확인〉 쿼리의 매개 변수 값으로 "CA"를 입력하여 실행한 후의 〈할인쿠폰발행대상〉 테이블

5. 탄생월별로 예약한 회원들의 회원수와 총요금액을 조회하는 〈탄생월별예약현황〉 쿼리를 작성하시오. (7점)

- ▶ 〈회원〉과 〈예약명단〉 테이블을 이용하시오.
- ▶ 회원수는 〈예약명단〉 테이블의 '회원코드' 필드를 이용하시오.
- ▶ 요금평균 = 총요금액 / 회원수
- ▶ 회원수는 [표시 예]와 같이 표시되도록 '형식' 속성을 설정하시오. [표시 예 : 0 → 0명, 14 → 14명]
- ▶ 쿼리 실행 결과 표시되는 필드와 필드명, 필드의 형식은 〈그림〉과 같이 표시되도록 설정하시오.

탄생월별예약현황

탄생월	회원수	총요금액	요금평균
1	2명	₩1,100,000	₩550,000
2	14명	₩5,800,000	₩414,286
3	12명	₩5,590,000	₩465,833
4	3명	₩1,240,000	₩413,333
5	6명	₩2,280,000	₩380,000
6	10명	₩5,110,000	₩511,000
7	7명	₩2,280,000	₩325,714
8	12명	₩5,320,000	₩443,333
9	6명	₩3,220,000	₩536,667
10	8명	₩3,890,000	₩486,250
11	9명	₩3,480,000	₩386,667
12	11명	₩5,120,000	₩465,455

레코드: 1/12 필터 없음 검색

EXAMINATION

01회 최종모의고사 정답 및 해설

문제 1 DB 구축

정답

01. 〈회원〉 테이블 완성하기 _ 참고 : 테이블 완성 296쪽

1 '회원코드' 필드의 입력 마스크 속성

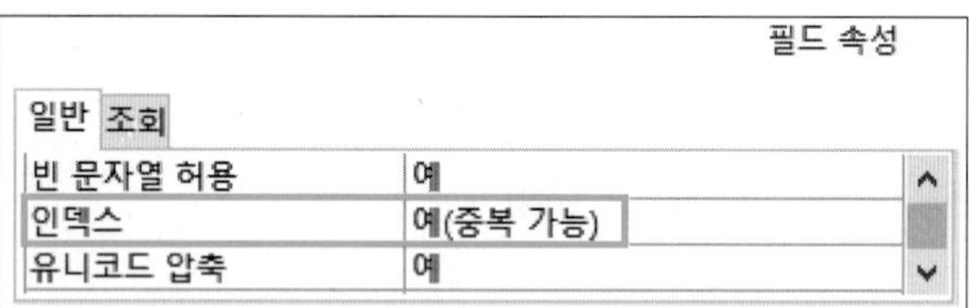

2 '이름' 필드의 인덱스 속성

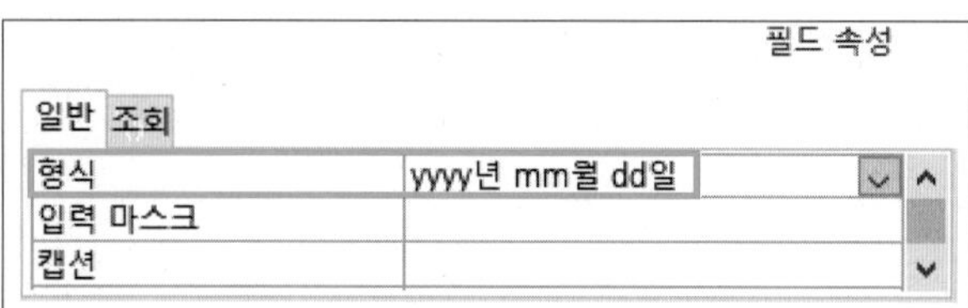

3 '생년월일' 필드의 형식 속성

4 '이메일' 필드의 유효성 검사 규칙 속성

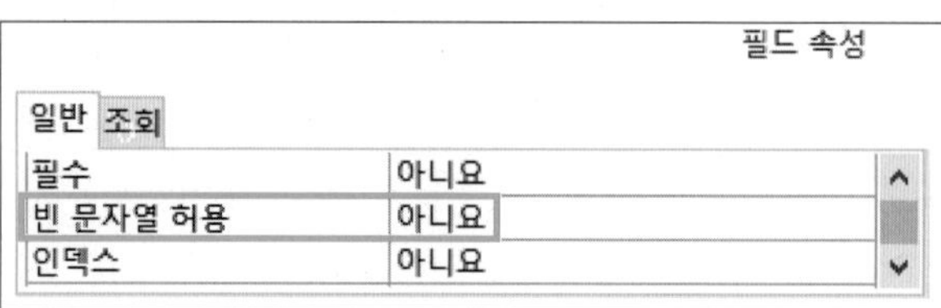

5 '이메일' 필드의 빈 문자열 허용 속성

필드 속성

일반	조회
필수	아니요
빈 문자열 허용	아니요
인덱스	아니요

02. '신규서비스.xlsx' 파일 가져오기 _ 참고 : 테이블 생성 307쪽

정답

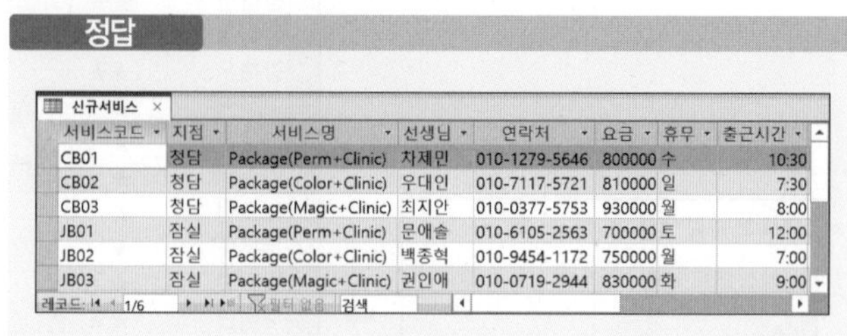

서비스코드	지점	서비스명	선생님	연락처	요금	휴무	출근시간
CB01	청담	Package(Perm+Clinic)	차제민	010-1279-5646	800000	수	10:30
CB02	청담	Package(Color+Clinic)	우대인	010-7117-5721	810000	일	7:30
CB03	청담	Package(Magic+Clinic)	최지안	010-0377-5753	930000	월	8:00
JB01	잠실	Package(Perm+Clinic)	문애솔	010-6105-2563	700000	토	12:00
JB02	잠실	Package(Color+Clinic)	백종혁	010-9454-1172	750000	월	7:00
JB03	잠실	Package(Magic+Clinic)	권인애	010-0719-2944	830000	화	9:00

1. [외부 데이터] → 가져오기 및 연결 → 새 데이터 원본 → 파일에서 → Excel(　)을 클릭한다.
2. '외부 데이터 가져오기 - Excel 스프레드시트' 창이 나타나면, 파일 이름을 선택하고 저장할 방법과 위치로 '현재 데이터베이스의 새 테이블로 원본 데이터 가져오기'를 선택한 후 〈확인〉을 클릭한다.

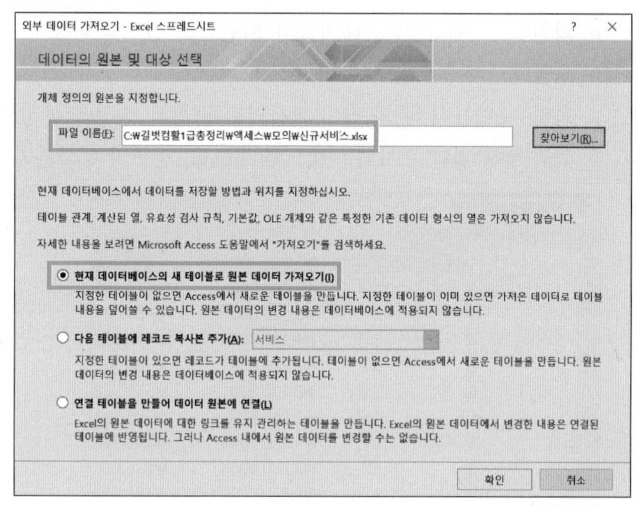

3. '스프레드시트 가져오기 마법사' 1단계 대화상자에서 그림과 같이 설정한 후 〈다음〉을 클릭한다.

스프레드시트 가져오기 마법사

현재 스프레드시트 파일에 워크시트나 범위가 여러 개 있습니다. 원하는 워크시트나 범위를 선택하십시오.

◉ 워크시트 표시(W)　신규개설강좌
○ 이름 있는 범위 표시(R)　Sheet2

'신규개설강좌' 워크시트에 대한 예제 데이터

1	서비스코드	지점	서비스명	선생님	연락처	요금	휴무	출근시간
2	CB01	청담	Package(Perm+Clinic)	차제민	010-1279-5646	800000	수	10:30
3	CB02	청담	Package(Color+Clinic)	우대인	010-7117-5721	810000	일	7:30
4	CB03	청담	Package(Magic+Clinic)	최지안	010-0377-5753	930000	월	8:00
5	JB01	잠실	Package(Perm+Clinic)	문애솔	010-6105-2563	700000	토	12:00
6	JB02	잠실	Package(Color+Clinic)	백종혁	010-9454-1172	750000	월	7:00
7	JB03	잠실	Package(Magic+Clinic)	권인애	010-0719-2944	830000	화	9:00

4. '스프레드시트 가져오기 마법사' 2단계 대화상자에서 '첫 행에 열 머리글이 있음'을 선택한 후 〈다음〉을 클릭한다.

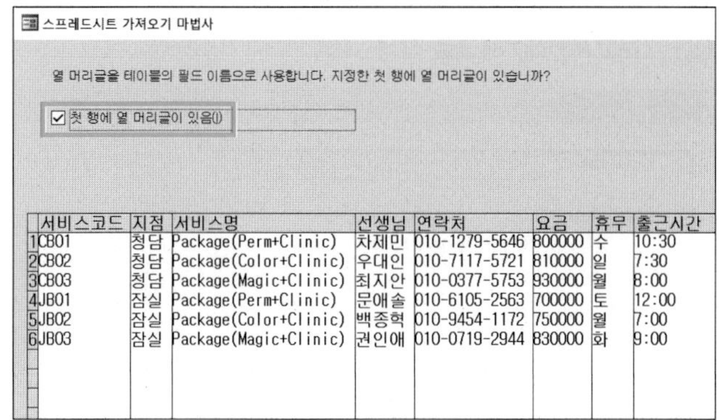

서비스코드	지점	서비스명	선생님	연락처	요금	휴무	출근시간
CB01	청담	Package(Perm+Clinic)	차제민	010-1279-5646	800000	수	10:30
CB02	청담	Package(Color+Clinic)	우대인	010-7117-5721	810000	일	7:30
CB03	청담	Package(Magic+Clinic)	최지안	010-0377-5753	930000	월	8:00
JB01	잠실	Package(Perm+Clinic)	문애솔	010-6105-2563	700000	토	12:00
JB02	잠실	Package(Color+Clinic)	백종혁	010-9454-1172	750000	월	7:00
JB03	잠실	Package(Magic+Clinic)	권인애	010-0719-2944	830000	화	9:00

5. '스프레드시트 가져오기 마법사' 3단계 대화상자에서 〈다음〉을 클릭한다.
6. '스프레드시트 가져오기 마법사' 4단계 대화상자에서 그림과 같이 '기본 키'를 '서비스코드'로 선택한 후 〈다음〉을 클릭한다.

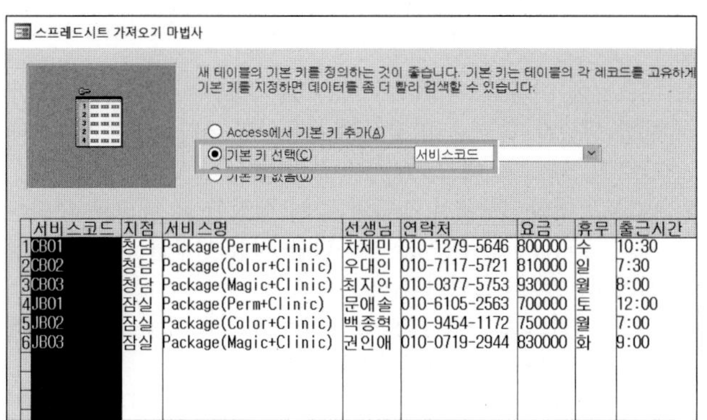

서비스코드	지점	서비스명	선생님	연락처	요금	휴무	출근시간
CB01	청담	Package(Perm+Clinic)	차제민	010-1279-5646	800000	수	10:30
CB02	청담	Package(Color+Clinic)	우대인	010-7117-5721	810000	일	7:30
CB03	청담	Package(Magic+Clinic)	최지안	010-0377-5753	930000	월	8:00
JB01	잠실	Package(Perm+Clinic)	문애솔	010-6105-2563	700000	토	12:00
JB02	잠실	Package(Color+Clinic)	백종혁	010-9454-1172	750000	월	7:00
JB03	잠실	Package(Magic+Clinic)	권인애	010-0719-2944	830000	화	9:00

7. '스프레드시트 가져오기 마법사' 5단계 대화상자에서 테이블 이름을 그림과 같이 입력한 후 〈마침〉을 클릭한다.

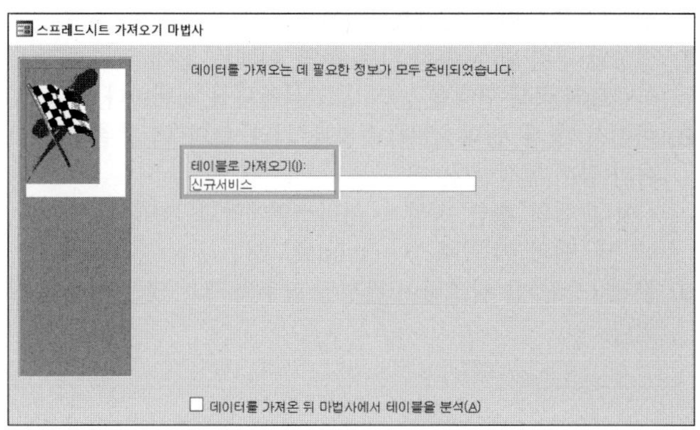

03. 〈서비스〉 테이블, 〈예약명단〉 테이블, 〈회원〉 테이블 간의 관계 설정하기 _ 참고 : 관계 설정 305쪽

정답

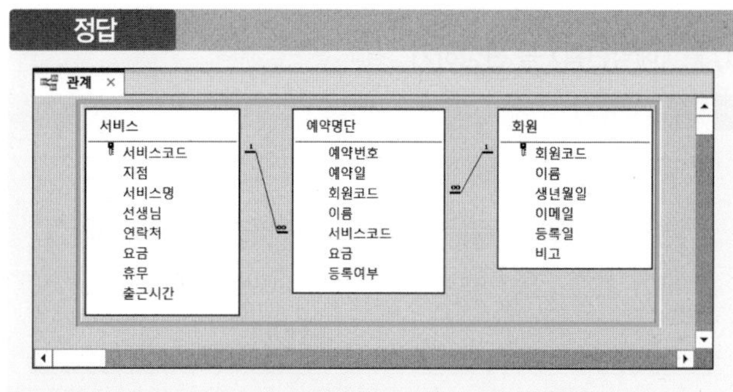

• 〈서비스〉 테이블과 〈예약명단〉 테이블의 '관계 편집' 대화상자

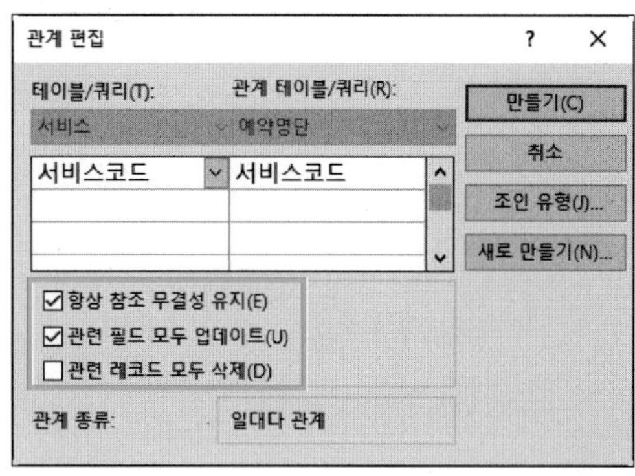

• 〈회원〉 테이블과 〈예약명단〉 테이블의 '관계 편집' 대화상자

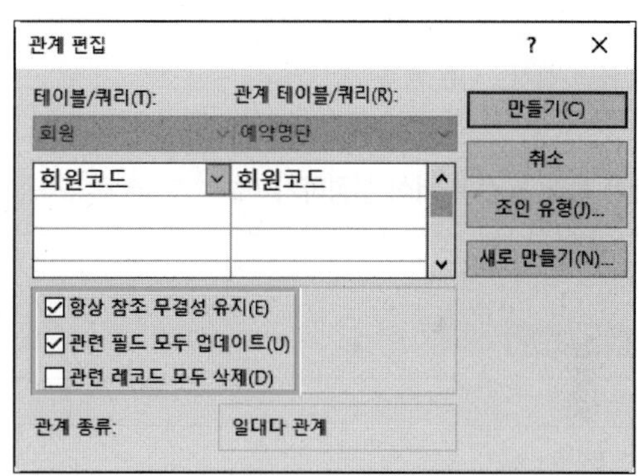

문제 2 입력 및 수정 기능 구현

정답

01. 〈예약현황〉 폼 완성하기 _ 참고 : 폼 완성 310쪽

정답

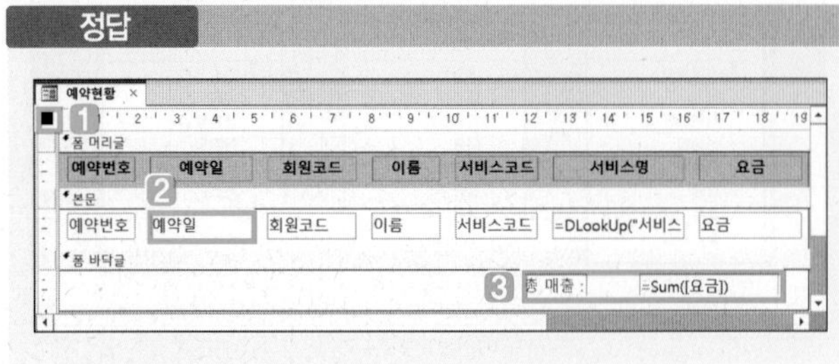

1 폼 속성 설정하기

'형식' 탭의 기본 보기 → 연속 폼

2 'txt예약일' 컨트롤에 속성 설정하기

'형식' 탭의 형식 → yyyy.mm

3 폼 바닥글에 텍스트 상자 삽입하기

1. [양식 디자인] → 컨트롤 → **텍스트 상자(▭)**를 클릭한 후 폼 바닥글의 적당한 위치에 드래그하여 텍스트 상자를 삽입한다.

'텍스트 상자 마법사'가 나타나면 〈취소〉를 클릭하세요.

2. '기타' 탭의 이름 → txt총매출
3. '데이터' 탭의 컨트롤 원본 → =Sum([요금])
4. '형식' 탭의 형식 → 통화
5. 레이블 컨트롤의 캡션 → 총 매출 :

02. 〈예약현황〉 폼에 조건부 서식 설정하기 _ 참고 : 조건부 서식 318쪽

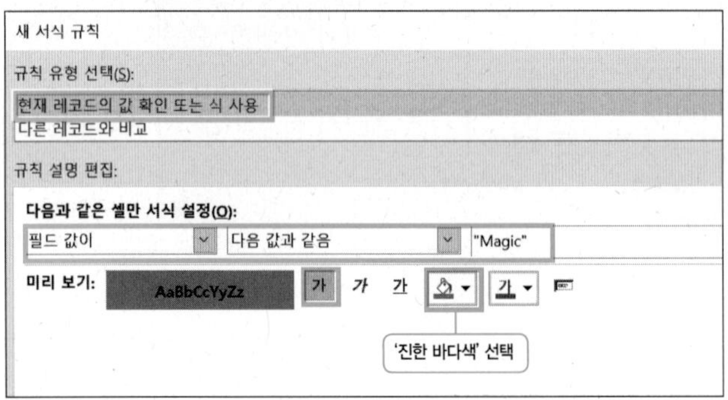

03. 〈보고서인쇄〉 매크로 작성 _ 참고 : 매크로 작성 325쪽

정답

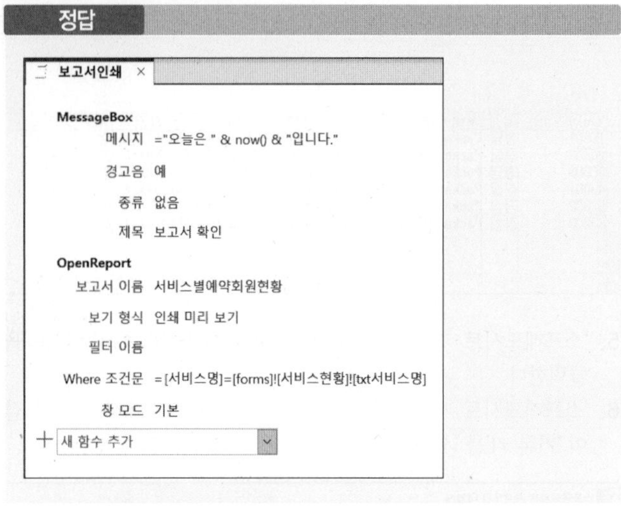

1. 매크로에 이름을 지정하여 사용하는 경우는 먼저 매크로 개체를 생성한 후 이를 연결하여 사용하면 된다. [만들기] → 매크로 및 코드 → **매크로(▭)**를 클릭한다.
2. 매크로 대화상자에서 정답과 같이 설정한 후 매크로 대화상자의 닫기(☒) 단추를 클릭한 다음 저장 여부를 묻는 대화상자에서 〈예〉를 클릭한다.
3. '다른 이름으로 저장' 대화상자에서 매크로 이름을 **보고서인쇄**로 입력한 다음 〈확인〉을 클릭한다.
4. 〈서비스현황〉 폼을 디자인 보기로 연 후 [양식 디자인] → 컨트롤 → **단추(▭)**를 클릭하고 폼 본문 영역의 적당한 위치에서 드래그한다.
5. '명령 단추 마법사'가 실행되면 〈취소〉를 클릭한다.
6. 생성된 명령 단추를 더블클릭한다.
7. 생성된 명령 단추 속성 시트 창의 '이벤트' 탭에서 'On Click' 이벤트의 목록 단추를 눌러 '보고서인쇄'를 선택한다.
8. 이어서 '형식' 탭의 '캡션' 속성과 '기타' 탭의 '이름' 속성을 다음과 같이 설정한다.
   - '형식' 탭의 '캡션' 속성 → 서비스별예약회원현황
   - '기타' 탭의 '이름' 속성 → cmd보고서
9. 문제 〈그림〉을 참조하여 완성된 단추의 크기 및 위치를 조절한다.

문제 3 조회 및 출력 기능 구현 정답

01. 〈서비스별예약회원현황〉 보고서 완성하기 _ 참고 : 보고서 완성 331쪽

정답

1 제목 생성하기

1. [보고서 디자인] → 컨트롤 → **레이블**(가가)을 클릭한 후 페이지 머리글의 적당한 위치에 드래그한다.
2. **서비스별 예약회원 현황**을 입력하고 Enter를 누른 후 [서식] → **글꼴**에서 크기 24, '가운데 맞춤'을 지정한다.
3. 생성된 레이블을 더블클릭한 후 '형식' 탭에서 너비, 높이, 위쪽, 왼쪽 속성을 다음과 같이 지정한다.

형식	데이터 이벤트 기타 모두
너비	17cm
높이	1.3cm
위쪽	0.4cm
왼쪽	0.4cm

4. '기타' 탭의 이름 속성에 **LBL제목**을 입력한다.

2 '서비스코드' 머리글에 속성 설정하기
'형식' 탭의 반복 실행 구역 → 예

3 'txt서비스코드' 컨트롤에 속성 설정하기
'데이터' 탭의 컨트롤 원본 →
=[서비스명] & "(" & [서비스코드] & ")"

4 'txt순번' 컨트롤에 속성 설정하기
- '데이터' 탭의 컨트롤 원본 → =1
- '데이터' 탭의 누적 합계 → 그룹

5 'txt회원코드' 컨트롤에 속성 설정하기
'형식' 탭의 형식 → @*★

'★' 기호는 한글 자음 ㅁ을 입력한 후 한자를 누르면 표시되는 특수 문자 목록에서 선택하면 됩니다.

02. 〈서비스현황〉 폼의 'cmd종료' 컨트롤에 기능 구현하기 _ 참고 : 이벤트 프로시저 340쪽

정답

```
Private Sub cmd종료_Click( )
  Dim aa
  aa = MsgBox(Time & " 열려진 폼을 종료할까요?",
        vbYesNo + vbDefaultButton1, "종료")
  If aa = vbYes Then
     DoCmd.Close , , acSaveYes
  End If
End Sub
```

문제 4 처리 기능 구현 정답

01. 〈다수예약회원처리〉 _ 참고 : 쿼리 작성 347쪽

쿼리 작성기 창

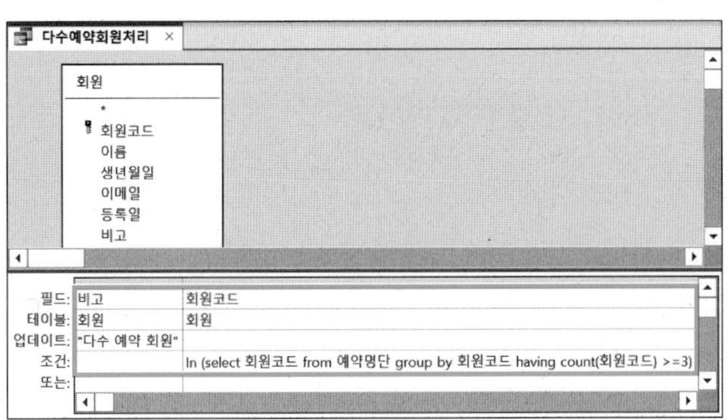

필드:	비고	회원코드
테이블:	회원	회원
업데이트:	"다수 예약 회원"	
조건:		In (select 회원코드 from 예약명단 group by 회원코드 having count(회원코드) >=3)
또는:		

02. 〈지점별예약현황〉 쿼리 _ 참고 : 쿼리 작성 347쪽

쿼리 작성기 창

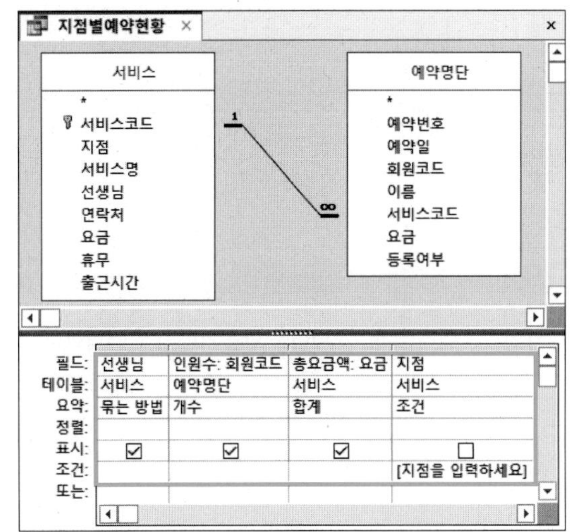

필드:	선생님	인원수: 회원코드	총요금액: 요금	지점
테이블:	서비스	예약명단	서비스	서비스
요약:	묶는 방법	개수	합계	조건
정렬:				
표시:	☑	☑	☑	☐
조건:				[지점을 입력하세요]
또는:				

03. 〈지점별3분기예약건수〉 쿼리 _ 참고 : 쿼리 작성 347쪽

• 쿼리 작성기 창

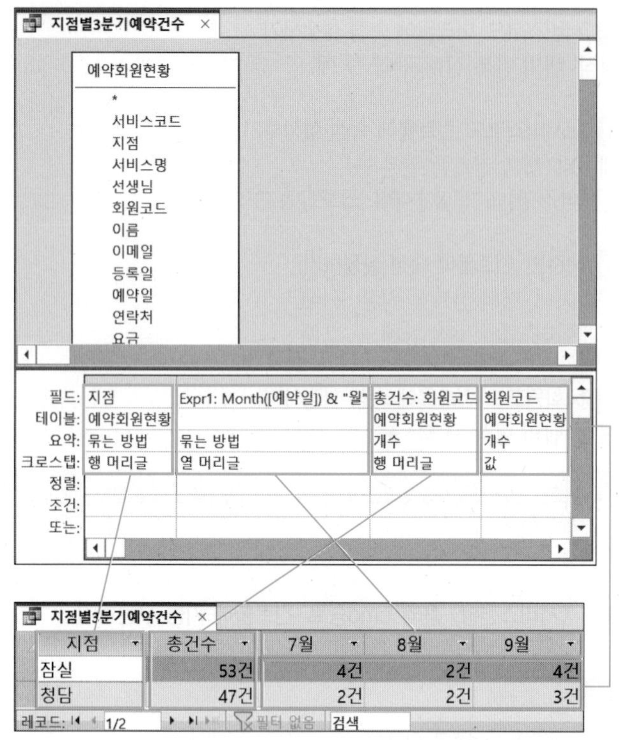

• 쿼리 속성 설정하기
  – '일반' 탭의 열 머리글 → "7월", "8월", "9월"
• '총건수: 회원코드'와 '회원코드' 필드 속성 설정하기
  – '일반' 탭의 형식 → #건

04. 〈할인쿠폰대상확인〉 쿼리 _ 참고 : 쿼리 작성 347쪽

1. 쿼리 작성기 창에서 다음 그림과 같이 지정한다.

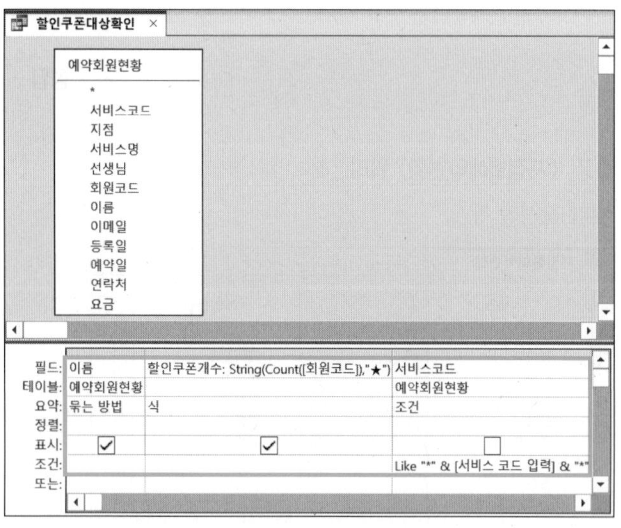

2. [쿼리 디자인] → 쿼리 유형 → **테이블 만들기(▦)**를 클릭한다.

3. '테이블 만들기' 대화상자의 '테이블 이름'에 **할인쿠폰발행대상**을 입력한 후 〈확인〉을 클릭한다.

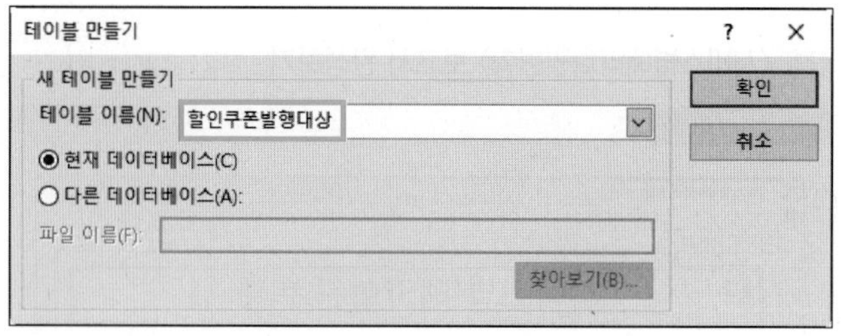

05. 〈탄생월별예약현황〉 쿼리 _ 참고 : 쿼리 작성 347쪽

• 쿼리 작성기 창

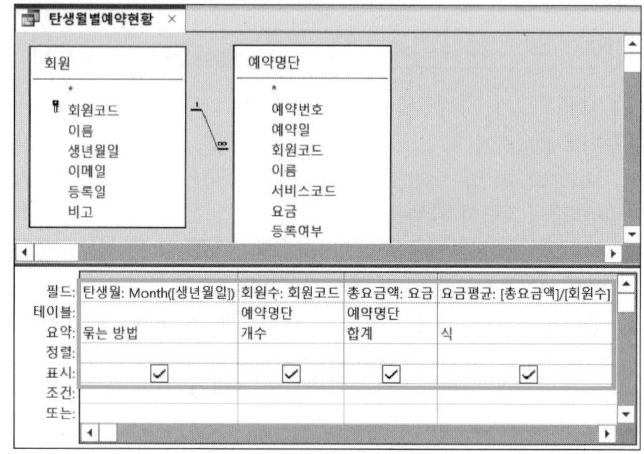

• '회원수' 필드 속성 설정하기
  – '일반' 탭의 형식 → 0명
• '요금평균' 필드 속성 설정하기
  – '일반' 탭의 형식 → 통화

EXAMINATION

02회 최종모의고사

- 준 비 하 세 요 : 'C:\길벗컴활1급총정리\액세스\모의' 폴더에서 '02회.accdb' 파일을 열어서 작업하시오.
- 외부 데이터 위치 : C:\길벗컴활1급총정리\액세스\모의

6251021

문제 1 DB구축(25점)

1. 학생들의 과외 내역을 관리할 수 있도록 데이터베이스를 구축하였다. 다음의 지시사항에 따라 <학생> 테이블을 완성하시오. (각 3점)

① '학생ID' 필드를 기본 키로 설정하시오.

② '연락처' 필드는 필드 이름을 변경하지 않고, '핸드폰'으로 표시되도록 설정하시오.

③ '집주소' 필드의 IME 모드를 '한글'로 설정하시오.

④ '성별' 필드에는 "남자" 또는 "여자"만 입력되도록 설정하고, 다른 값이 입력되면 "남자 또는 여자만 입력"이라고 메시지를 표시하도록 설정하시오.

⑤ 새로운 레코드가 추가되는 경우 '등록일' 필드에는 시간을 포함하지 않는 시스템의 오늘 날짜가 기본으로 입력되도록 설정하시오.

2. <과외> 테이블의 '학생ID' 필드에 다음과 같이 조회 속성을 설정하시오. (5점)

▶ <학생> 테이블의 '학생ID', '성명', '연락처'가 콤보 상자 형태로 나타나도록 설정하시오.

▶ 필드에는 '학생ID'가 저장되도록 설정하시오.

▶ '학생ID'는 화면에 표시되지 않도록 지정하고 '성명'과 '연락처'의 열 너비는 각각 1.5cm와 3.5cm로 지정하시오.

▶ 행 수를 5로 지정하시오.

▶ 목록 너비는 5cm로 지정하고 목록 이외의 값은 입력되지 않도록 설정하시오.

3. <과외> 테이블의 '학생ID' 필드는 <학생> 테이블의 '학생ID' 필드를 참조하고 테이블 간의 관계는 M:1이다. 두 테이블에 대해 다음과 같이 관계를 설정하시오. (5점)

※ 액세스 파일에 이미 설정되어 있는 관계는 수정하지 마시오.

▶ 테이블 간에 항상 참조 무결성이 유지되도록 설정하시오.

▶ <학생> 테이블의 '학생ID' 필드가 변경되면 이를 참조하는 <과외> 테이블의 '학생ID' 필드가 따라 변경되도록 설정하시오.

▶ <학생> 테이블의 '학생ID' 필드가 삭제되면 이를 참조하는 <과외> 테이블의 '학생ID' 필드가 삭제되도록 설정하시오.

6251022

문제 2 입력 및 수정 기능 구현(20점)

1. 〈선생님관리〉 폼을 다음의 화면과 지시사항에 따라 완성하시오. (각 3점)

① 폼이 팝업 폼으로 열리도록 설정하고, 폼이 열려 있을 경우 다른 작업을 수행할 수 없도록 설정하시오.

② 본문의 'txt계약코드' 컨트롤의 잠금 속성을 '예'로 설정하시오.

③ 폼 바닥글의 'txt건수' 컨트롤에는 〈그림〉과 같이 계약건수가 표시되도록 컨트롤 원본 속성을 설정하시오.

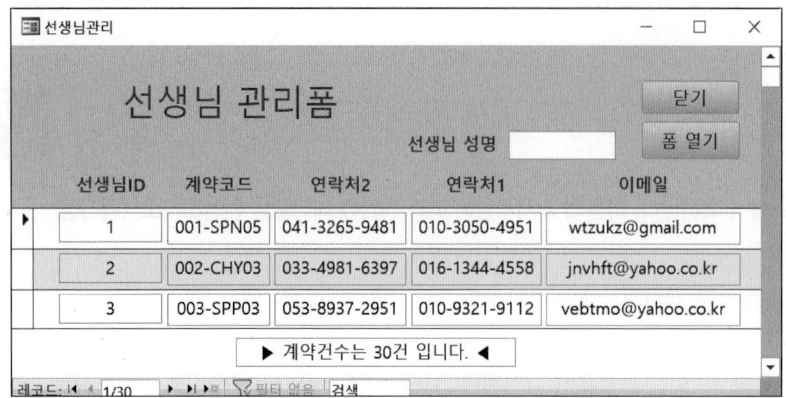

2. 〈과목리스트〉 폼에 다음과 같이 조건부 서식을 설정하시오. (6점)

▶ '누적학생수' 필드의 값이 '누적학생수' 필드의 전체 평균 이상이면, 본문의 모든 컨트롤들을 글꼴 스타일 '굵게', 글꼴 색 '표준 색 – 빨강'으로 설정할 것

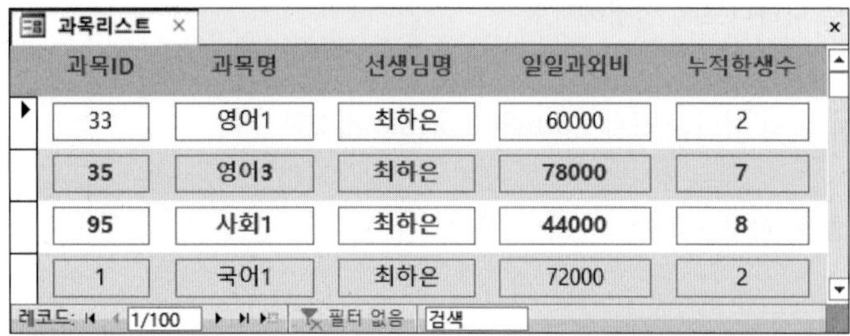

3. 〈선생님관리〉 폼의 머리글 영역에 다음의 지시사항과 1번 문제 〈그림〉을 참조하여 '단추' 컨트롤을 생성하시오. (5점)

▶ 명령 단추를 클릭하면 〈선생님〉 폼을 '읽기 전용' 형식으로 여는 〈폼보기〉 매크로를 생성한 후 지정하시오.

▶ 컨트롤의 이름은 "cmd폼보기"로 지정하시오.

▶ 매크로 조건 : '성명' 필드의 값이 'txt조회' 컨트롤에 입력된 선생님 성명과 같은 정보만 표시

문제 3 조회 및 출력 기능 구현(20점)

1. 다음의 지시사항 및 화면을 참조하여 〈계약선생님별과외현황〉 보고서를 완성하시오. (각 3점)

① 보고서 머리글 영역의 제목 레이블이 페이지마다 상단에 한 번씩만 표시되도록 위치를 변경하고 보고서 머리글 영역의 높이를 0cm로 설정하시오.

② 페이지 머리글의 'txt페이지' 컨트롤에는 페이지 번호가 다음과 같이 표시되도록 설정하시오.

▶ 표시 예 : 2페이지 중 1페이지

③ 'txt성명'과 'txt연락처' 컨트롤의 값이 이전 레코드와 동일한 경우에는 표시되지 않도록 설정하시오.

④ 계약코드 바닥글의 배경색을 'Access 테마 3'으로 변경하시오.

⑤ 계약코드 바닥글의 'txt평균학생수' 컨트롤에는 '누적학생수' 필드의 평균이 표시되도록 컨트롤 원본과 소수 자릿수 속성을 설정하시오.

▶ 표시 예 : 28.3

▶ Avg 함수 사용

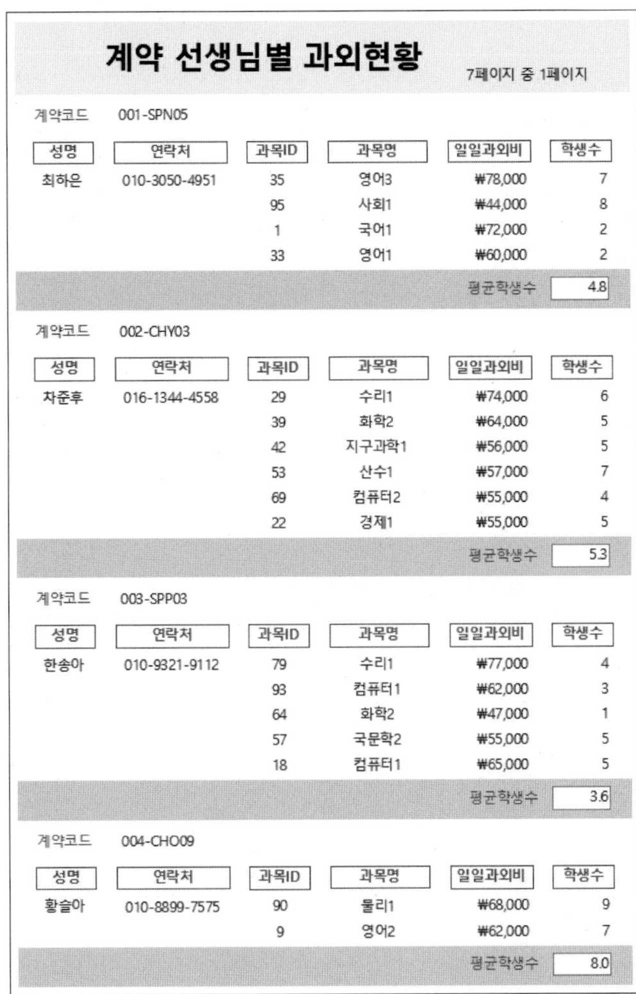

계약 선생님별 과외현황 7페이지 중 1페이지

계약코드 001-SPN05

성명	연락처	과목ID	과목명	일일과외비	학생수
최하은	010-3050-4951	35	영어3	₩78,000	7
		95	사회1	₩44,000	8
		1	국어1	₩72,000	2
		33	영어1	₩60,000	2
				평균학생수	4.8

계약코드 002-CHY03

성명	연락처	과목ID	과목명	일일과외비	학생수
차준후	016-1344-4558	29	수리1	₩74,000	6
		39	화학2	₩64,000	5
		42	지구과학1	₩56,000	5
		53	산수1	₩57,000	7
		69	컴퓨터2	₩55,000	4
		22	경제1	₩55,000	5
				평균학생수	5.3

계약코드 003-SPP03

성명	연락처	과목ID	과목명	일일과외비	학생수
한송아	010-9321-9112	79	수리1	₩77,000	4
		93	컴퓨터1	₩62,000	3
		64	화학2	₩47,000	1
		57	국문학2	₩55,000	5
		18	컴퓨터1	₩65,000	5
				평균학생수	3.6

계약코드 004-CHO09

성명	연락처	과목ID	과목명	일일과외비	학생수
황슬아	010-8899-7575	90	물리1	₩68,000	9
		9	영어2	₩62,000	7
				평균학생수	8.0

2. 〈선생님관리〉 폼에서 'txt선생님ID' 컨트롤에 포커스가 이동(GotFocus)하면 다음과 같은 기능이 수행되도록 이벤트 프로시저를 구현하시오. (5점)

▶ 〈과목〉 테이블과 DCount 함수를 이용하여 'txt선생님ID' 컨트롤의 값과 같은 '선생님ID'의 개수를 구한 후 그 개수가 3 이상이면 "계약 수수료 할인" 메시지를, 그렇지 않으면, "추천 선생님" 메시지를 〈그림〉과 같이 메시지 상자에 표시하시오.

▶ MsgBox, If ~ Else 함수를 사용하시오.

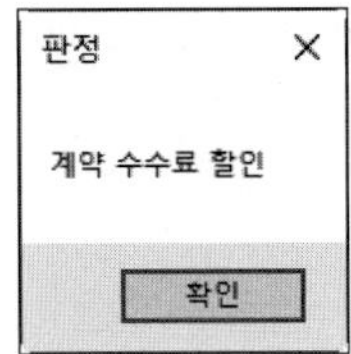

문제 4 처리 기능 구현(35점)

1. 〈과목〉과 〈과외내역〉 테이블을 이용하여 계약수업일수의 합계가 700 이상인 과목의 '비고' 필드의 값을 "인기과목"으로 변경하는 〈인기과목처리〉 업데이트 쿼리를 작성한 후 실행하시오. (7점)

▶ In 연산자와 하위 쿼리 사용

과목

과목ID	과목명	선생님ID	일일과외비	누적학생수	비고
65	물리1	9	54000	4	
66	물리2	13	49000	17	인기과목
67	지구과학1	6	48000	7	
68	컴퓨터1	19	70000	3	
69	컴퓨터2	2	55000	4	
70	사회1	6	79000	5	
71	사회2	19	42000	3	
72	경제1	8	52000	5	
73	회계1	13	47000	6	
74	한국사1	12	70000	10	
75	세계사1	16	58000	5	
76	국어1	16	71000	4	
77	국어2	30	60000	10	
78	산수1	9	61000	3	
79	수리1	3	77000	4	
80	수리2	17	58000	2	
81	국문학1	19	63000	4	
82	국문학2	22	77000	7	
83	영어1	13	78000	5	
84	영어2	22	71000	2	
85	영어3	23	53000	6	
86	공통과학1	23	48000	4	
87	공통과학2	5	60000	4	
88	화학1	9	71000	1	
89	화학2	8	51000	6	
90	물리1	4	68000	9	인기과목
91	물리2	13	62000	9	

레코드: 66/100 필터 없음 검색

※ 〈인기과목처리〉 쿼리를 실행한 후의 〈과목〉 테이블

2. 성명별 과목명별 누적학생수의 합계를 조회하는 〈성명별과목명별학생수합계〉 크로스탭 쿼리를 작성하시오. (7점)

▶ 〈선생님〉과 〈과목〉 테이블을 이용하시오.

▶ 과목명은 "물리"나 "화학"으로 시작하는 레코드만을 대상으로 하시오.

▶ 누적학생수는 [표시 예]와 같이 표시되도록 '형식' 속성을 설정하시오. [표시 예 : 26 → 26명]

▶ 쿼리 결과로 표시되는 필드와 필드명은 〈그림〉과 같이 표시되도록 설정하시오.

성명별과목명별학생수합계

성명	학생수의 합	물리1	물리2	화학1	화학2
고윤하	26명		26명		
곽동영	6명				6명
김유현	2명		2명		
노성빈	7명	6명		1명	
백준헌	5명			5명	
안수지	4명			4명	
안은솔	2명	2명			
조세빈	4명			4명	
차준후	5명				5명
한송아	1명				1명
홍은규	4명		4명		
황범기	4명				4명
황슬아	9명	9명			

레코드: 1/13 필터 없음 검색

3. 〈선생님〉과 〈과목〉 테이블을 이용하여 조회할 과목명의 일부를 매개 변수로 입력받아 해당 과목별 평균 일일과외비와 평균 누적학생수를 조회하는 〈과목별과외현황조회〉 쿼리를 작성하시오. (7점)

▶ '계약코드' 필드의 값이 "001"부터 "010"까지로 시작하는 선생님들만을 대상으로 하시오(Like 연산자 이용).

▶ 평균 과외비는 [표시 예]와 같이 표시되도록 '형식' 속성을 설정하시오. [표시 예 : 79000 → 79,000원]

▶ 평균 수강생은 [표시 예]와 같이 표시되도록 '형식' 속성을 설정하시오. [표시 예 : 7 → 7명]

▶ 쿼리 결과로 표시되는 필드와 필드명은 〈그림〉과 같이 표시되도록 설정하시오.

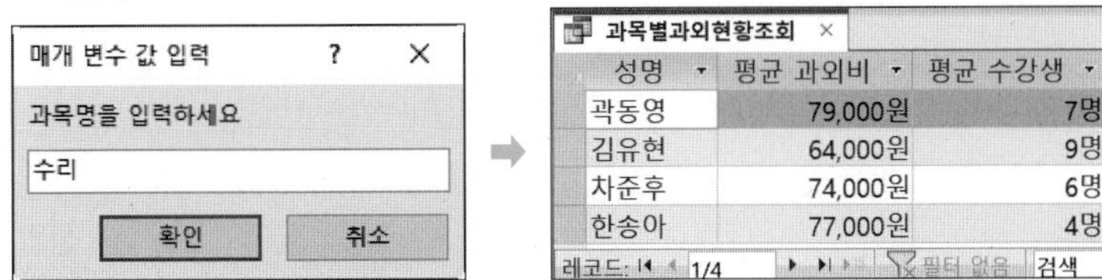

성명	평균 과외비	평균 수강생
곽동영	79,000원	7명
김유현	64,000원	9명
차준후	74,000원	6명
한송아	77,000원	4명

4. 성명별 '과외수'와 '최근과외시작일'을 조회하는 〈다수과외학생조회〉 쿼리를 작성하시오. (7점)

▶ 〈학생〉과 〈과외〉 테이블을 이용하시오.

▶ '과외수'는 '과외ID' 필드를 이용하고, '최근과외시작일'은 '과외시작일'의 최대값으로 처리하시오.

▶ '성명'을 기준으로 오름차순 정렬하여 표시하시오.

▶ '과외수'가 8개 이상이고 '성별'이 "남자"인 레코드만을 대상으로 하시오.

▶ 쿼리 결과로 표시되는 필드와 필드명은 〈그림〉과 같이 표시되도록 설정하시오.

성명	핸드폰	과외수	최근과외시작일
강해연	010-5745-6377	10	2016-03-15
곽로훈	010-8606-6911	9	2020-05-22
박서후	010-6677-1706	9	2020-03-31
안슬비	010-4969-8076	8	2020-04-22
전재율	010-5419-0408	9	2016-09-26
전준연	010-2341-0236	8	2018-10-12
정한수	010-1857-1574	9	2018-03-04
조루완	010-2437-6616	8	2017-03-10
홍송연	010-2138-2774	12	2016-02-14
황장호	010-1563-8825	10	2016-11-12

5. 〈학생〉, 〈과외〉, 〈과외내역〉, 〈과목〉 테이블을 이용하여 성별을 매개 변수로 입력받아 해당 성별의 과외 현황을 조회하여 새 테이블로 생성하는 〈과외현황조회〉 쿼리를 작성한 후 실행하시오. (7점)

▶ 쿼리 실행 후 생성되는 테이블의 이름은 〈조회된과외현황〉으로 설정하시오.

▶ 쿼리 실행 결과 생성되는 테이블의 필드는 〈그림〉을 참조하여 수험자가 판단하여 설정하시오.

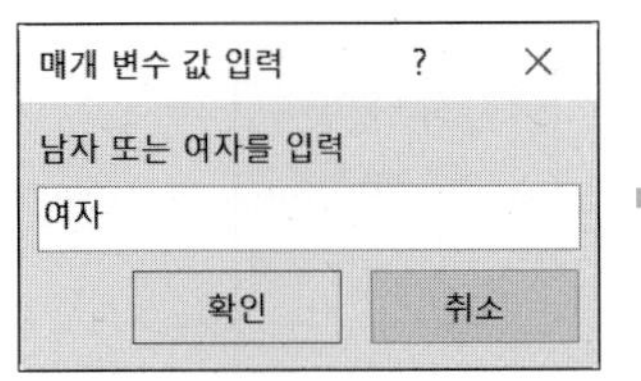

성명	연락처	과목명	최근과외시작일	평균수업일
고희성	010-2633-880	공통과학1	2017-03-29	100
고희윤	010-8123-307	공통과학1	2016-12-28	26
고희윤	010-8123-307	물리1	2017-01-07	98
고희윤	010-8123-307	산수1	2017-01-08	106
고희윤	010-8123-307	영어2	2016-12-27	120
고희윤	010-8123-307	컴퓨터1	2016-12-30	111
고희윤	010-8123-307	한국사1	2016-12-27	26
고희윤	010-8123-307	화학2	2017-01-09	59
곽영아	010-8500-991	국어1	2018-01-22	112
곽영아	010-8500-991	국어2	2018-01-12	42
곽영아	010-8500-991	물리1	2018-01-17	51
곽영아	010-8500-991	수리1	2018-01-28	18
곽영아	010-8500-991	컴퓨터1	2018-01-13	92
곽영아	010-8500-991	컴퓨터2	2018-01-17	29
곽영아	010-8500-991	화학2	2018-01-21	25

※ 〈과외현황조회〉 쿼리의 매개 변수 값으로 "여자"를 입력하여 실행한 후의 〈조회된과외현황〉 테이블

EXAMINATION

02회 최종모의고사 정답 및 해설

문제 1 DB 구축 정답

01. 〈학생〉 테이블 완성하기 _ 참고 : 테이블 완성 296쪽

1 '학생ID' 필드의 기본 키 속성

학생

필드 이름	데이터 형식
학생ID	숫자
성명	짧은 텍스트
연락처	짧은 텍스트

2 '연락처' 필드의 캡션 속성

필드 속성

일반 조회

입력 마스크	
캡션	핸드폰
기본값	

3 '집주소' 필드의 IME 모드 속성

필드 속성

일반 조회

유니코드 압축	예
IME 모드	한글
문장 입력 시스템 모드	없음

4 '성별' 필드의 유효성 검사 규칙과 유효성 검사 텍스트 속성

필드 속성

일반 조회

유효성 검사 규칙	In ("남자","여자")
유효성 검사 텍스트	남자 또는 여자만 입력
필수	아니요

5 '등록일' 필드의 기본값 속성

필드 속성

일반 조회

캡션	
기본값	Date()
유효성 검사 규칙	

02. 〈과외〉 테이블의 '학생ID' 필드에 조회 기능 설정하기 _
참고 : 조회 기능 설정 302쪽

정답

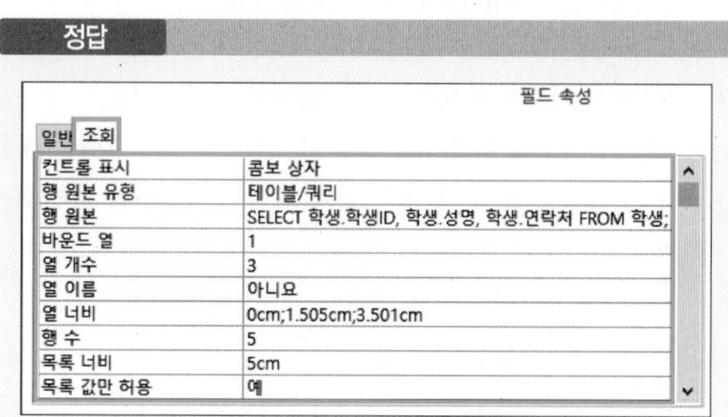

필드 속성

일반 조회

컨트롤 표시	콤보 상자
행 원본 유형	테이블/쿼리
행 원본	SELECT 학생.학생ID, 학생.성명, 학생.연락처 FROM 학생;
바운드 열	1
열 개수	3
열 이름	아니요
열 너비	0cm;1.505cm;3.501cm
행 수	5
목록 너비	5cm
목록 값만 허용	예

03. 〈학생〉 테이블과 〈과외〉 테이블 간의 관계 설정하기 _
참고 : 관계 설정 305쪽

정답

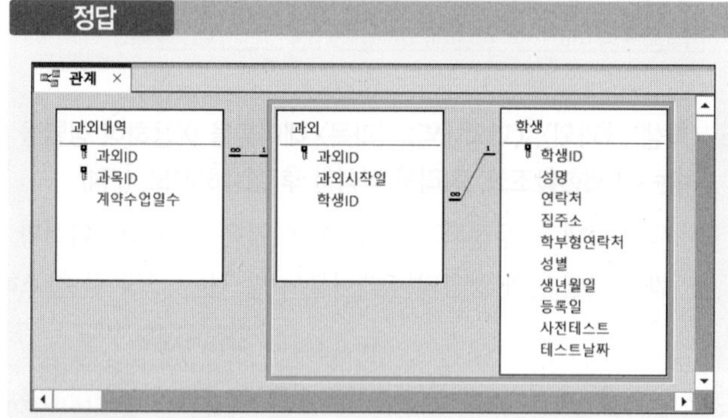

• '관계 편집' 대화상자

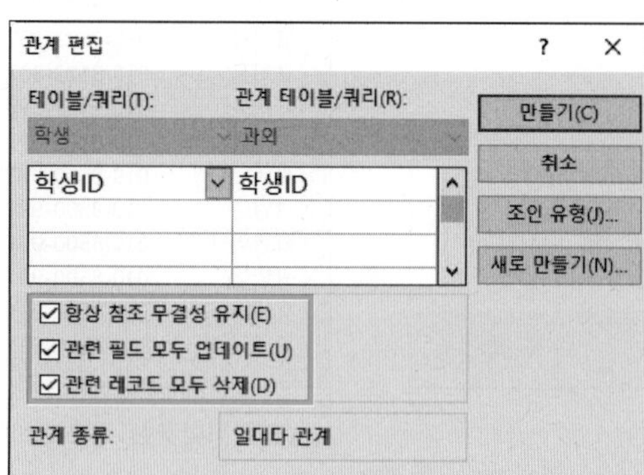

문제 2 입력 및 수정 기능 구현 정답

01. 〈선생님관리〉 폼 완성하기 _ 참고 : 폼 완성 310쪽

정답

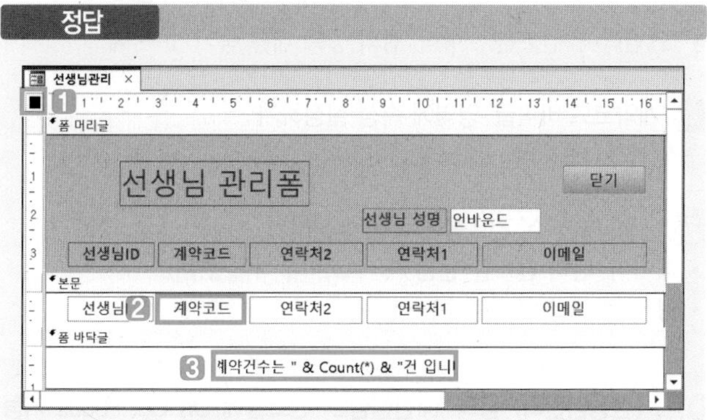

1 폼 속성 설정하기
- '기타' 탭의 팝업 → 예
- '기타' 탭의 모달 → 예

2 'txt계약코드' 컨트롤에 속성 설정하기
'데이터' 탭의 잠금 → 예

3 'txt건수' 컨트롤에 속성 설정하기
'데이터' 탭의 컨트롤 원본 →
="▶ 계약건수는 " & Count(*) & "건 입니다. ◀"

02. 〈과목리스트〉 폼에 조건부 서식 설정하기 _ 참고 : 조건부 서식 318쪽

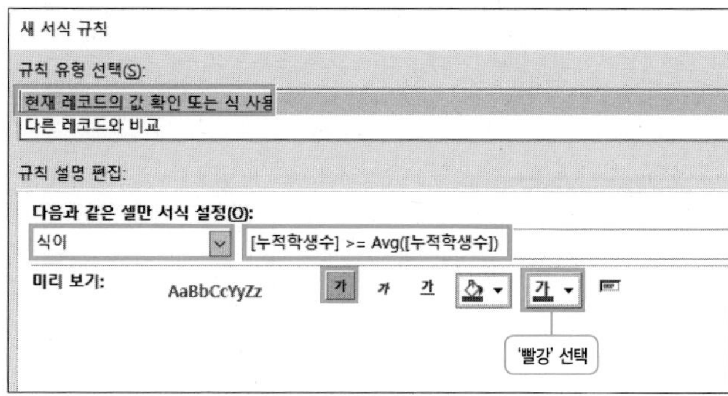

03. 〈폼보기〉 매크로 작성 _ 참고 : 매크로 작성 325쪽

정답

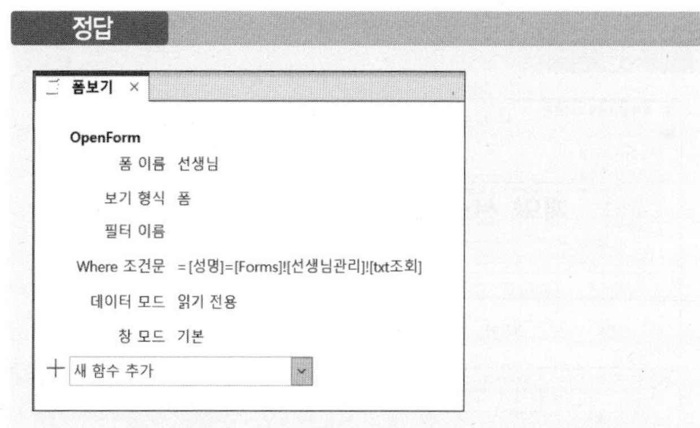

1. 매크로에 이름을 지정하여 사용하는 경우는 먼저 매크로 개체를 생성한 후 이를 연결하여 사용하면 된다. [만들기] → 매크로 및 코드 → **매크로**( )를 클릭한다.
2. 매크로 대화상자에서 정답과 같이 설정한 후 매크로 대화상자의 닫기(✕) 단추를 클릭한 다음 저장 여부를 묻는 대화상자에서 〈예〉를 클릭한다.
3. '다른 이름으로 저장' 대화상자에서 매크로 이름을 **폼보기**로 입력한 다음 〈확인〉을 클릭한다.
4. 〈선생님관리〉 폼을 디자인 보기로 연 후 [양식 디자인] → 컨트롤 → **단추**( )를 클릭하고 폼 머리글 영역의 적당한 위치에서 드래그한다.
5. '명령 단추 마법사'가 실행되면 〈취소〉를 클릭한다.
6. 생성된 명령 단추를 더블클릭한다.
7. 생성된 명령 단추 속성 시트 창의 '이벤트' 탭에서 'On Click' 이벤트의 목록 단추를 눌러 '폼보기'를 선택한다.
8. 이어서 '형식' 탭의 '캡션' 속성과 '기타' 탭의 '이름' 속성을 다음과 같이 설정한다.
   - '형식' 탭의 '캡션' 속성 → 폼 열기
   - '기타' 탭의 '이름' 속성 → cmd폼보기
9. 문제 〈그림〉을 참조하여 완성된 단추의 크기 및 위치를 조절한다.

〈선생님관리〉 폼은 모달폼으로 설정되어 있기 때문에 〈선생님관리〉 폼이 아닌 다른 폼에서는 작업을 수행할 수 없습니다. 그러므로 〈선생님관리〉 폼이 실행된 상태에서 '폼 열기' 단추를 클릭하면 〈선생님〉 폼이 〈선생님관리〉 폼 뒤쪽에 배치됩니다. 〈선생님〉 폼을 확인하려면 〈선생님관리〉 폼을 닫아야 합니다.

문제 3 조회 및 출력 기능 구현 정답

01. 〈계약선생님별과외현황〉 보고서 완성하기 _ 참고 : 보고서 완성 331쪽

정답

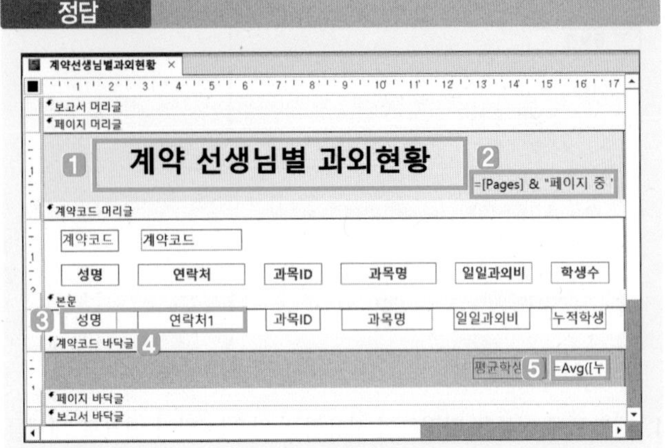

1 컨트롤 이동하기

1. '보고서 머리글' 영역의 제목 레이블을 선택한 후 페이지 머리글로 드래그하여 이동시킨다.
2. '보고서 머리글' 영역의 속성 시트에서 '형식' 탭의 '높이'를 0cm로 설정한다.

2 'txt페이지' 컨트롤에 속성 설정하기

'데이터' 탭의 컨트롤 원본 →
=[Pages] & "페이지 중 " & [Page] & "페이지"

3 'txt성명'과 'txt연락처' 컨트롤에 속성 설정하기

- 'txt성명' 컨트롤 : '형식' 탭의 중복 내용 숨기기 → 예
- 'txt연락처' 컨트롤 : '형식' 탭의 중복 내용 숨기기 → 예

4 '계약코드 바닥글' 영역에 속성 설정하기

'형식' 탭의 배경색 → Access 테마 3

5 'txt평균학생수' 컨트롤에 속성 설정하기

- '데이터' 탭의 컨트롤 원본 → =Avg([누적학생수])
- '형식' 탭의 소수 자릿수 → 1

02. 〈선생님관리〉 폼의 'txt선생님ID' 컨트롤에 On Got Focus 기능 구현하기 _ 참고 : 이벤트 프로시저 340쪽

정답

```
Private Sub txt선생님ID_GotFocus( )
    If DCount("선생님ID", "과목", "선생님ID=txt선생님ID") >= 3 Then
            MsgBox "계약 수수료 할인", vbOKOnly, "판정"
    Else
            MsgBox "추천 선생님", vbOKOnly, "판정"
    End If
End Sub
```

문제 4 처리 기능 구현 정답

01. 〈인기과목처리〉 쿼리 _ 참고 : 쿼리 작성 347쪽

쿼리 작성기 창

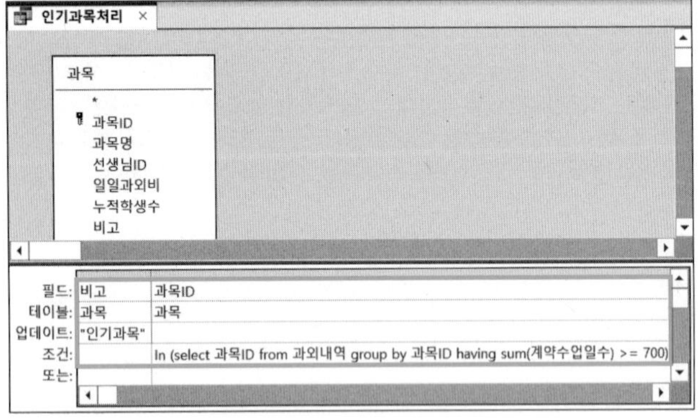

※ '계약수업일수' 필드와 같이 계산에 사용되는 필드가 문제에 제시되지 않은 경우에는 사용할 테이블을 열어 수험자가 직접 관련된 필드를 찾아 문제를 해결해야 하는 문제도 출제됩니다.

02. 〈성명별과목명별학생수합계〉 쿼리 _ 참고 : 쿼리 작성 347쪽

- 쿼리 작성기 창

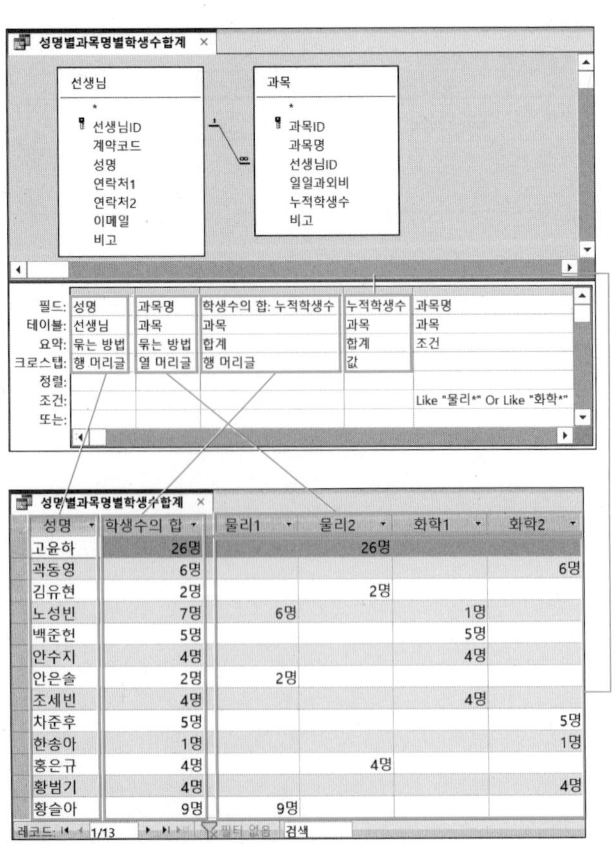

성명	학생수의 합	물리1	물리2	화학1	화학2
고윤하	26명		26명		
곽동영	6명				6명
김유현	2명		2명		
노성빈	7명	6명		1명	
백준현	5명			5명	
안수지	4명			4명	
안은솔	2명	2명			
조세빈	4명			4명	
차준후	5명				5명
한송아	1명				1명
홍은규	4명		4명		
황범기	4명				4명
황슬아	9명	9명			

- '학생수의 합'과 '누적학생수' 필드 속성 설정하기
  - '일반' 탭의 형식 → #명

03. 〈과목별과외현황조회〉 쿼리 _ 참고 : 쿼리 작성 347쪽

- 쿼리 작성기 창

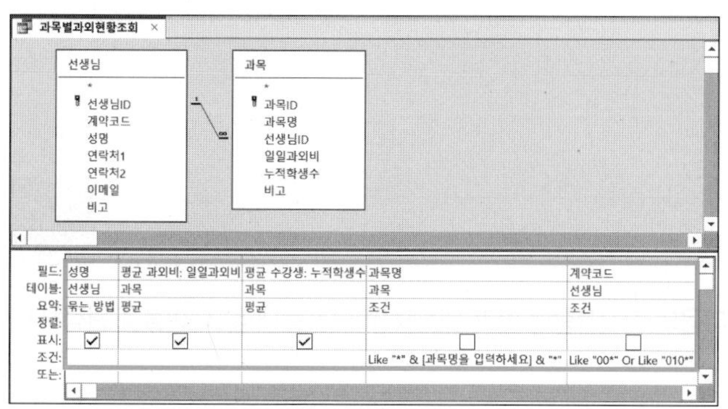

- '평균 과외비' 필드 속성 설정하기
  - '일반' 탭의 형식 → #,###원
- '평균 수강생' 필드 속성 설정하기
  - '일반' 탭의 형식 → #명

04. 〈다수과외학생조회〉 쿼리 _ 참고 : 쿼리 작성 347쪽

쿼리 작성기 창

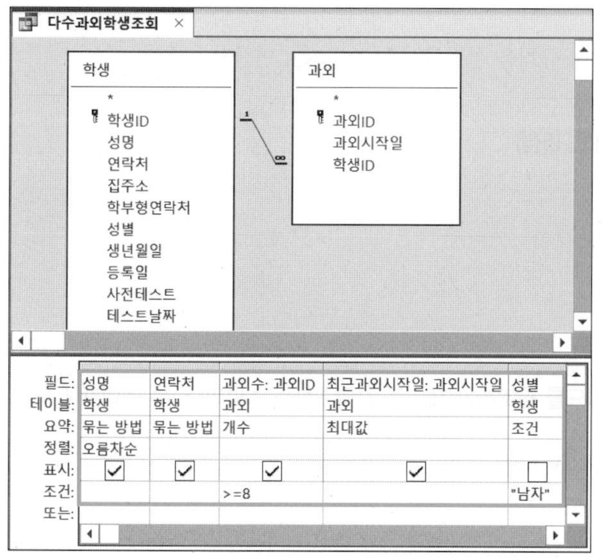

05. 〈과외현황조회〉 쿼리 _ 참고 : 쿼리 작성 347쪽

1. 쿼리 작성기 창에서 다음 그림과 같이 설정한다.

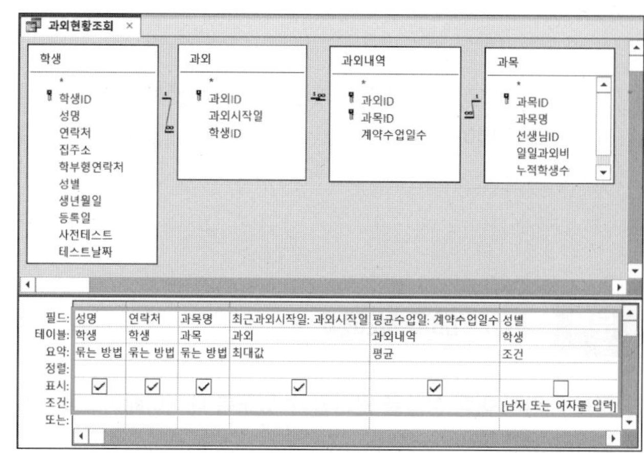

2. [쿼리 디자인] → 쿼리 유형 → **테이블 만들기(▦)**를 클릭한다.
3. '테이블 만들기' 대화상자의 '테이블 이름'에 **조회된과외현황**을 입력한 후 〈확인〉을 클릭한다.

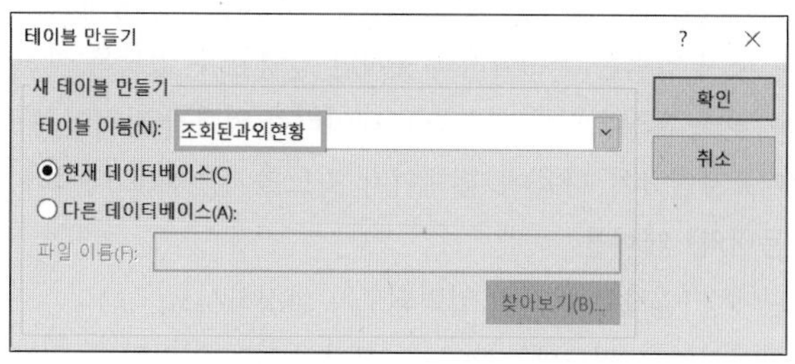

EXAMINATION
03회 최종모의고사

• 준 비 하 세 요 : 'C:\길벗컴활1급총정리\액세스\모의' 폴더에서 '03회.accdb' 파일을 열어서 작업하시오.
• 외부 데이터 위치 : C:\길벗컴활1급총정리\액세스\모의

6251031

문제 1 DB구축(25점)

1. 골프 패키지 여행 상품을 관리할 수 있도록 데이터베이스를 구축하였다. 다음의 지시사항에 따라 〈판매처〉와 〈주문내역〉 테이블을 완성하시오. (각 3점)

〈판매처〉 테이블

① '주소' 필드의 필드 크기를 10으로 지정하시오.

② '대표자연락처' 필드는 '010-1234-1234'와 같은 형태로 11개의 숫자가 반드시 입력되도록 입력 마스크를 설정하시오.

▶ 숫자 입력은 0~9까지의 숫자만 입력할 수 있도록 설정할 것

▶ '-'도 저장되도록 설정하고 데이터가 입력될 자리에 '#'이 표시되도록 설정할 것

③ '대표자연락처' 다음에 '홈페이지' 필드를 추가하고 데이터 형식을 '하이퍼링크'로 설정하시오.

〈주문내역〉 테이블

④ '판매량' 필드는 반드시 입력되도록 설정하시오.

⑤ '참가인원수' 필드에는 2에서 4까지의 값이 입력될 수 있도록 유효성 검사 규칙을 설정하시오(Between 연산자 이용).

2. '신규판매처.txt' 파일을 가져와 다음과 같이 〈신규판매처〉 테이블을 작성하시오. (5점)

▶ '신규판매처.txt' 파일의 첫 번째 행은 필드의 이름임

▶ 구분자는 세미콜론(;)임

▶ '대표자명' 필드는 제외하고 가져올 것

▶ 기본 키는 없음

3. 〈주문내역〉 테이블의 '패키지명' 필드는 〈패키지상품〉 테이블의 '패키지명' 필드를 참조하고 테이블 간의 관계는 M:1이다. 두 테이블에 대해 다음과 같이 관계를 설정하시오. (5점)

※ 액세스 파일에 이미 설정되어 있는 관계는 수정하지 마시오.

▶ 테이블 간에 항상 참조 무결성이 유지되도록 설정하시오.

▶ 참조 필드의 값이 변경되면 관련 필드의 값도 변경되도록 설정하시오.

▶ 〈주문내역〉 테이블이 참조하고 있는 〈패키지상품〉 테이블의 레코드를 삭제할 수 있도록 설정하시오.

문제 2 입력 및 수정 기능 구현(20점)

1. 〈패키지주문현황〉 폼을 다음의 화면과 지시사항에 따라 완성하시오. (각 3점)
   ① 폼 머리글에 〈그림〉과 같이 레이블을 생성한 후 폼 제목을 입력하고, 이름은 'lab제목', 글꼴은 '궁서', 크기는 24로 설정하시오.
   ② 본문의 컨트롤이 위쪽을 기준으로 모두 같은 위치에 표시되고 가로 간격도 같도록 정렬하시오.
   ③ 'txt판매처주소' 컨트롤을 '주소' 필드에 바운드 시키시오.

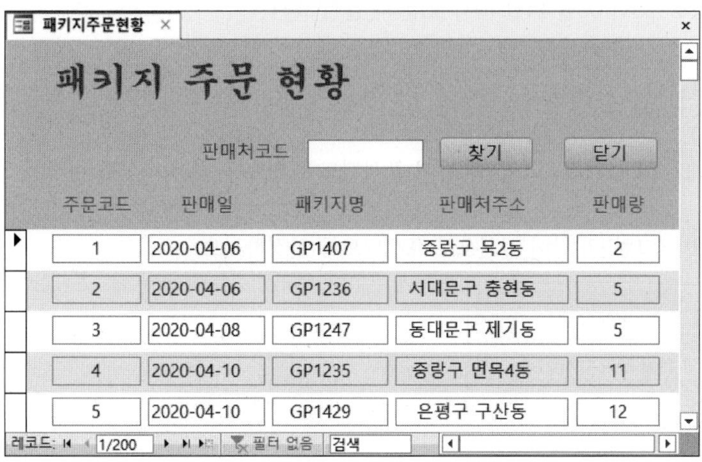

2. 〈패키지상품주문내역〉 폼에 〈주문내역〉 폼을 다음의 지시사항에 따라 하위 폼으로 추가하시오. (6점)
   ▶ 기본 폼과 하위 폼을 '패키지명' 필드를 기준으로 연결하시오.
   ▶ 하위 폼 이름은 '주문내역'으로 설정하시오.
   ▶ 하위 폼을 추가하면 표시되는 레이블은 삭제하시오.
   ▶ 하위 폼의 테두리를 '그림자'로 설정하시오.

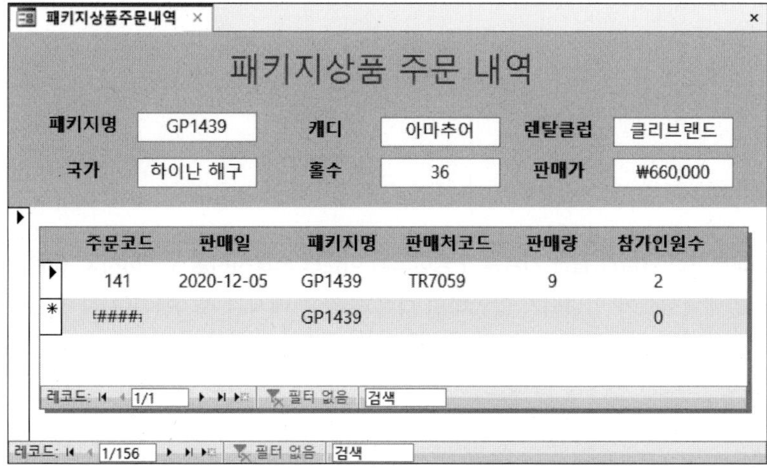

3. 〈패키지주문현황〉 폼의 머리글 영역의 '닫기'(cmd종료) 단추를 클릭하면 〈그림〉과 같은 메시지 상자를 표시한 후 〈패키지주문현황〉 폼을 닫는 〈폼종료〉 매크로를 생성하여 지정하시오. (5점)
   ▶ 메시지 상자에서 〈확인〉을 클릭하면 변경 내용을 저장하고 바로 폼을 종료하시오.

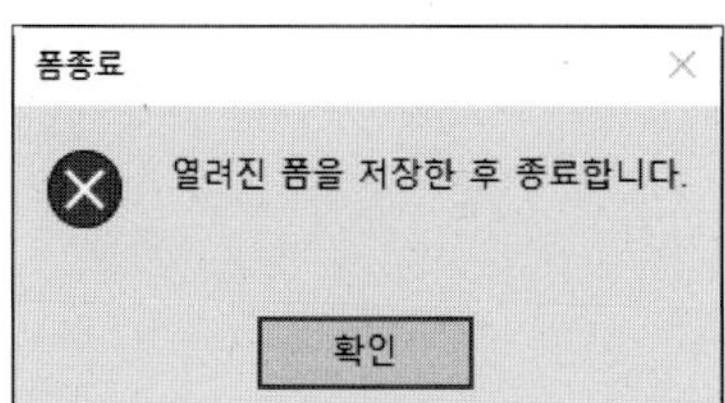

6251033

문제 3 조회 및 출력 기능 구현(20점)

1. 다음의 지시사항 및 화면을 참조하여 〈판매처주문현황〉 보고서를 완성하시오. (각 3점)

① 동일한 '판매처코드' 내에서는 '판매일' 필드를 기준으로 내림차순으로 정렬되어 표시되도록 설정하시오.

② 페이지 머리글의 'txt날짜' 컨트롤에는 시스템의 현재 날짜와 시간이 다음과 같이 표시되도록 컨트롤 원복 속성과 형식 속성을 설정하시오.

▶ 현재 날짜와 시간이 2023년 6월 14일 10:50:56초이면 '2023년 06월 14일 10시 50분'과 같이 표시

▶ 현재 날짜와 시간을 나타내는 함수 이용

③ 판매처코드 머리글 영역이 매 페이지마다 반복적으로 인쇄되고 판매처코드 머리글 영역이 시작되기 전에 페이지를 바꾸도록 설정하시오.

④ 판매처코드 바닥글의 'txt판매금액합계' 컨트롤에는 '판매가'의 합계가 〈그림〉과 같이 표시되도록 컨트롤 원본 속성과 형식 속성을 설정하시오.

⑤ 판매처코드 머리글의 'txt판매처코드'와 'txt주소' 컨트롤이 〈그림〉과 같이 실선으로 표시되도록 설정하시오.

판매처 주문 현황

2023년 11월 20일 11시 27분

TR1480 구로구 구로3동

주문코드	판매일	패키지명	판매량	판매가
156	2020-12-27	GP1241	1	₩501,000
120	2020-11-08	GP1415	6	₩1,150,000
118	2020-11-06	GP1328	11	₩864,000
90	2020-09-10	GP1277	1	₩870,000

판매금액 합계 ₩3,385,000

- 1/40 -

2. 〈패키지주문현황〉 폼 머리글의 '찾기'(cmd찾기) 단추를 클릭하면 다음과 같은 기능을 수행하도록 이벤트 프로시저를 구현하시오. (5점)

▶ 〈패키지주문현황〉 폼 머리글의 'txt조회' 컨트롤에 판매처코드가 입력되지 않았다면 다음과 같은 메시지 상자를 표시한 후 포커스를 'txt조회' 컨트롤로 이동하고, 판매처코드가 입력되었다면 입력된 판매처코드에 해당하는 정보만 조회할 것

▶ If ~ Else, IsNull 함수 사용

▶ Filter, FilterOn, SetFocus 속성 사용

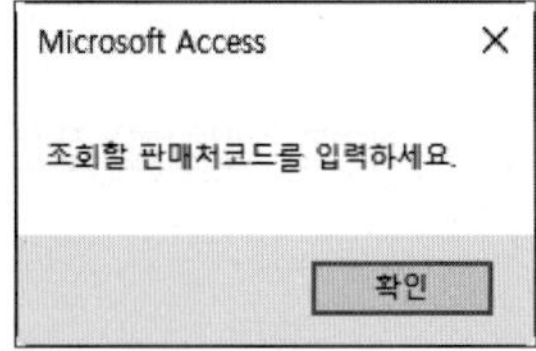

문제 4 처리 기능 구현(35점)

1. 〈패키지상품〉과 〈주문내역〉 테이블을 이용하여 구분별 총인원과 판매량의 합계를 조회하는 〈구분별패키지판매현황〉 쿼리를 작성하시오. (7점)
   - ▶ 총인원은 '참가인원수' 필드를 이용하시오.
   - ▶ 구분은 홀수가 18 이상이면 "정규홀", 그 외는 "퍼블릭"으로 설정하시오. (IIf 함수 사용)
   - ▶ 평균판매량 = 총판매량 / 총인원
   - ▶ 패키지명이 7부터 9까지의 문자 중 하나로 끝나는 것만 조회 대상으로 하시오. (Like 연산자 사용)
   - ▶ 총인원은 [표시 예]와 같이 표시되도록 '형식' 속성을 설정하시오. [표시 예 : 0 → 0명, 1500 → 1,500명]
   - ▶ 총판매량과 평균판매량은 [표시 예]와 같이 표시되도록 '형식' 속성을 설정하시오. [표시 예 : 0 → 0건, 1500 → 1,500건]
   - ▶ 쿼리 실행 결과 표시되는 필드와 필드명은 〈그림〉과 같이 표시되도록 설정하시오.

구분별패키지판매현황

구분	총인원	총판매량	평균판매량
정규홀	179명	403건	2건
퍼블릭	45명	101건	2건

레코드: 1/2 필터 없음 검색

2. 판매처코드별 판매액을 조회하는 〈상위판매처판매액〉 쿼리를 작성하시오. (7점)
   - ▶ 〈주문내역〉, 〈패키지상품〉 테이블을 이용하시오.
   - ▶ 판매액 = '판매량 × 판매가'의 합계
   - ▶ '판매액'이 높은 순으로 상위 25%에 해당하는 값까지만 표시하시오.
   - ▶ 쿼리 결과로 표시되는 필드와 필드명은 〈그림〉과 같이 표시되도록 설정하시오.

상위판매처판매액

판매처코드	판매액
TR9294	₩58,221,000
TR5888	₩54,837,000
TR7059	₩52,208,000
TR3461	₩49,889,000
TR8109	₩49,358,000
TR8209	₩48,854,000
TR9638	₩48,496,000
TR8370	₩47,531,000
TR5455	₩46,582,000
TR4439	₩45,912,000

레코드: 1/10

3. 〈주문현황〉 쿼리를 이용하여 판매처 '주소'를 매개 변수로 입력받아, 입력된 '주소'를 포함하는 판매처의 정보를 새 테이블로 생성하는 〈2021년판매패키지〉 쿼리를 작성하고 실행하시오. (7점)
   - ▶ 쿼리 실행 후 생성되는 테이블의 이름은 〈조회된2021패키지〉로 설정하시오.
   - ▶ 판매일이 '2021-01-01' 이후이고 판매량이 5 이상인 패키지만을 대상으로 하시오.
   - ▶ 쿼리 결과로 표시되는 필드와 필드명은 〈그림〉과 같이 표시되도록 설정하시오.

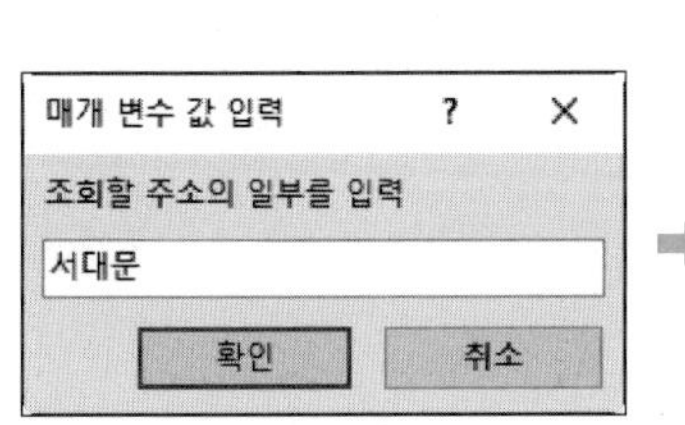

조회된2021패키지

판매일	패키지명	주소	판매량	판매가
2021-01-20	GP1269	서대문구 홍제2동	11	₩985,000
2021-02-17	GP1311	서대문구 홍제2동	5	₩616,000
2021-03-21	GP1232	서대문구 홍제2동	6	₩769,000
2021-01-20	GP1225	서대문구 충현동	9	₩968,000
2021-01-28	GP1241	서대문구 충현동	11	₩501,000
2021-02-24	GP1432	서대문구 충현동	7	₩859,000

레코드: 1/6 필터 없음 검색

※ 〈2021년판매패키지〉 쿼리의 매개 변수 값으로 "서대문"을 입력하여 실행한 후의 〈조회된2021년패키지〉 테이블

4. 패키지상품의 인기도와 지역을 매개 변수로 입력받아 해당 지역의 인기도만큼 〈패키지상품〉 테이블의 평점란에 "★"을 표시하는 〈인기도확인〉 업데이트 쿼리를 작성한 후 실행하시오. (7점)

▶ String 함수를 사용하시오.

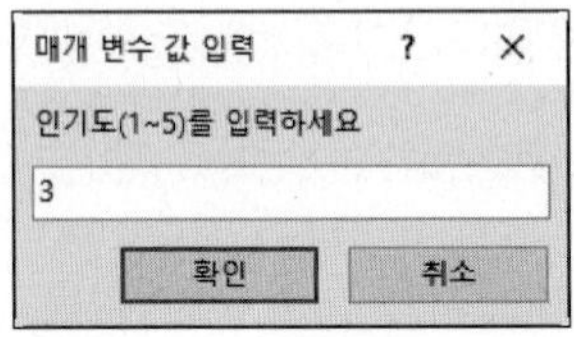

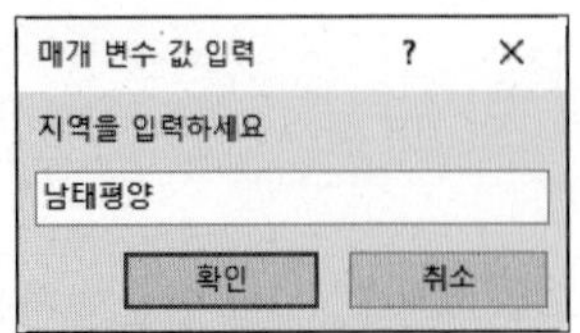

패키지상품

패키지명	지역	국가	캐디	홀수	렌탈클럽	판매가	평점
GP1101	남태평양	호주	아마추어	18	핑	₩1,400,000	★★★
GP1102	남태평양	호주	프로	18	테일러메이드	₩2,000,000	★★★
GP1103	남태평양	호주	준프로	18	클리브랜드	₩1,600,000	★★★
GP1104	남태평양	괌	아마추어	18	젝시오	₩854,000	★★★
GP1105	남태평양	괌	프로	36	미즈노	₩1,285,000	★★★
GP1106	남태평양	괌	아마추어	36	피터엘리스	₩849,000	★★★
GP1107	남태평양	사이판	아마추어	9	야마하	₩911,000	★★★
GP1108	남태평양	사이판	아마추어	36	테일러메이드	₩1,153,000	★★★
GP1109	남태평양	사이판	아마추어	18	야마하	₩1,170,000	★★★
GP1201	동남아/대만	나트랑	아마추어	9	핑	₩1,168,000	

레코드: 1/156 필터 없음 검색

※ 매개 변수 값으로 '인기도'에 3을, '지역'에 "남태평양"을 입력하여 실행한 후의 〈패키지상품〉 테이블

5. 국가별, 캐디별로 참가인원을 조회하는 〈국가별캐디별참가현황〉 크로스탭 쿼리를 작성하시오. (7점)

▶ 〈패키지상품〉과 〈주문내역〉 테이블을 이용하시오.

▶ 총인원은 '참가인원수' 필드를 이용하시오.

▶ 국가는 내림차순 정렬하시오.

▶ 국가명인 가부터 라까지의 문자 중 하나로 시작하는 것만 조회 대상으로 하시오. (Like 연산자 사용)

▶ 인원은 [표시 예]와 같이 표시되도록 '형식' 속성을 설정하시오. [표시 예 : 0 → 0명, 22 → 22명]

▶ 쿼리 실행 결과 표시되는 필드와 필드명은 〈그림〉과 같이 표시되도록 설정하시오.

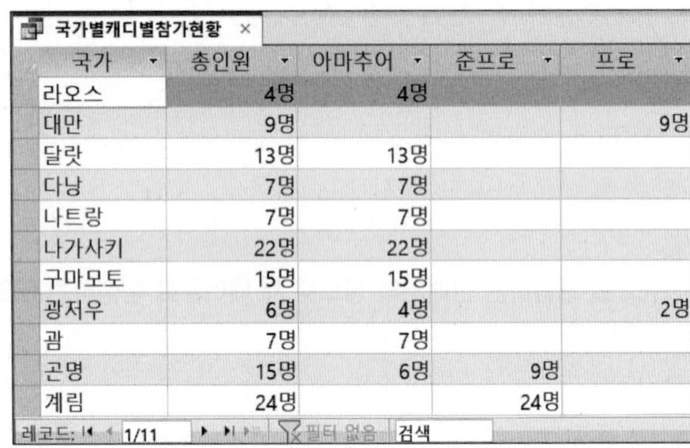

국가별캐디별참가현황

국가	총인원	아마추어	준프로	프로
라오스	4명	4명		
대만	9명			9명
달랏	13명	13명		
다낭	7명	7명		
나트랑	7명	7명		
나가사키	22명	22명		
구마모토	15명	15명		
광저우	6명	4명		2명
괌	7명	7명		
곤명	15명	6명	9명	
계림	24명		24명	

레코드: 1/11 필터 없음 검색

EXAMINATION

03회 최종모의고사 정답 및 해설

문제 1 DB 구축

정답

01. 테이블 완성하기 _ 참고 : 테이블 완성 296쪽

〈판매처〉 테이블

1 '주소' 필드의 필드 크기 속성

필드 속성

일반 조회

필드 크기	10
형식	
입력 마스크	

2 '대표자연락처' 필드의 입력 마스크 속성

필드 속성

일반 조회

형식	
입력 마스크	000-0000-0000;0;#
캡션	

3 '홈페이지' 필드 추가 및 데이터 형식

판매처

필드 이름	데이터 형식
대표자연락처	짧은 텍스트
홈페이지	하이퍼링크

〈주문내역〉 테이블

4 '판매량' 필드의 필수 속성

필드 속성

일반 조회

유효성 검사 텍스트	
필수	예
인덱스	아니요

5 '참가인원수' 필드의 유효성 검사 규칙 속성

필드 속성

일반 조회

기본값	0
유효성 검사 규칙	Between 2 And 4
유효성 검사 텍스트	

02. '신규판매처.txt' 파일 가져오기 _ 참고 : 테이블 생성 307쪽

정답

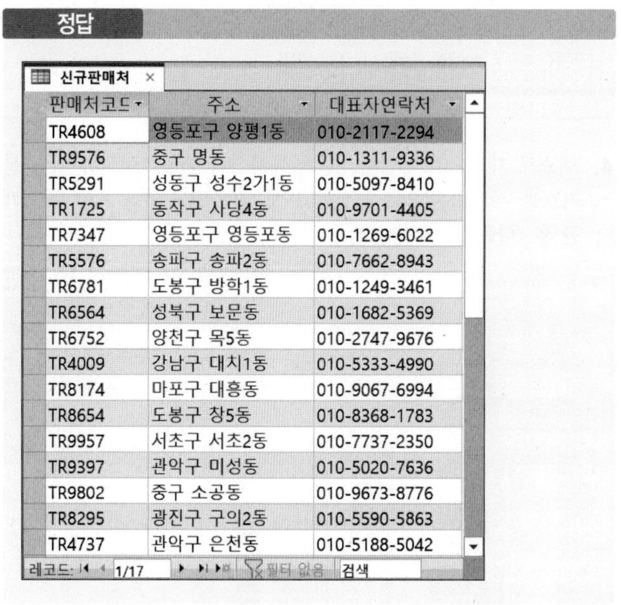

신규판매처

판매처코드	주소	대표자연락처
TR4608	영등포구 양평1동	010-2117-2294
TR9576	중구 명동	010-1311-9336
TR5291	성동구 성수2가1동	010-5097-8410
TR1725	동작구 사당4동	010-9701-4405
TR7347	영등포구 영등포동	010-1269-6022
TR5576	송파구 송파2동	010-7662-8943
TR6781	도봉구 방학1동	010-1249-3461
TR6564	성북구 보문동	010-1682-5369
TR6752	양천구 목5동	010-2747-9676
TR4009	강남구 대치1동	010-5333-4990
TR8174	마포구 대흥동	010-9067-6994
TR8654	도봉구 창5동	010-8368-1783
TR9957	서초구 서초2동	010-7737-2350
TR9397	관악구 미성동	010-5020-7636
TR9802	중구 소공동	010-9673-8776
TR8295	광진구 구의2동	010-5590-5863
TR4737	관악구 은천동	010-5188-5042

레코드: 1/17 필터 없음 검색

1. [외부 데이터] → 가져오기 및 연결 → 새 데이터 원본 → 파일에서 → **텍스트 파일**( )을 클릭한다.
2. '외부 데이터 가져오기 – 텍스트 파일' 창이 나타나면, 파일 이름을 선택하고 저장할 방법과 위치로 '현재 데이터베이스의 새 테이블로 원본 데이터 가져오기'를 선택한 후 〈확인〉을 클릭한다.

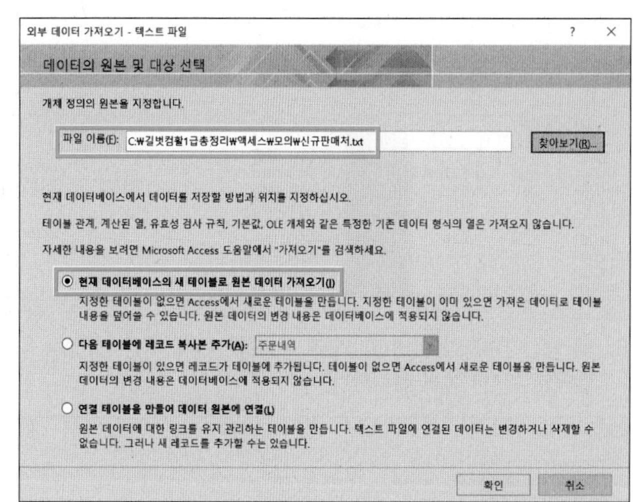

3. '텍스트 가져오기 마법사' 1단계 대화상자에서 '구분'을 선택한 후 〈다음〉을 클릭한다.

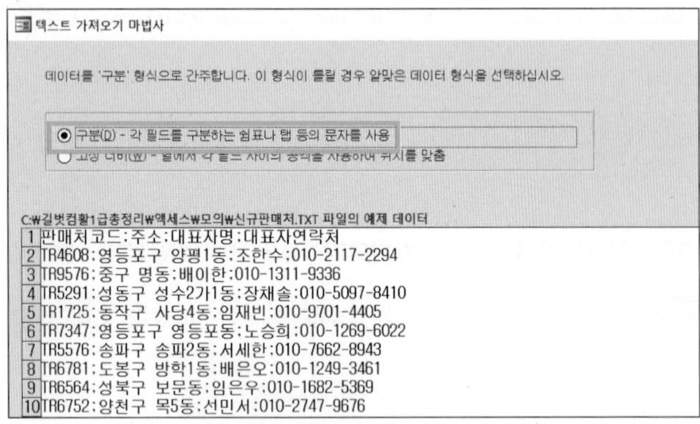

4. '텍스트 가져오기 마법사' 2단계 대화상자에서 그림과 같이 구분 기호를 '세미콜론'으로 설정하고 '첫 행에 필드 이름 포함'을 선택한 후 〈다음〉을 클릭한다.

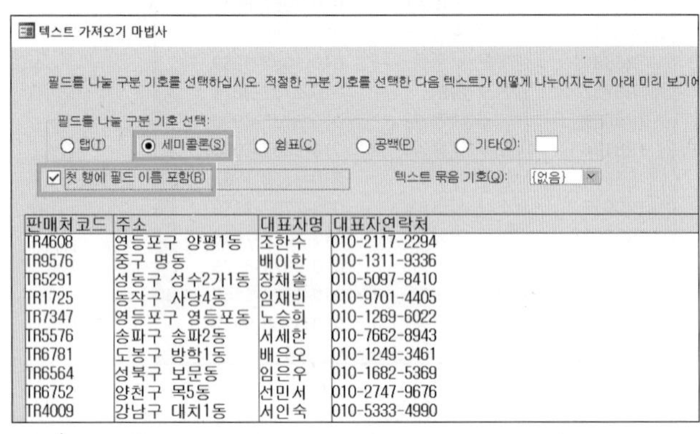

5. '텍스트 가져오기 마법사' 3단계 대화상자에서 '대표자명' 필드를 선택하고 '필드 포함 안 함'을 선택한 후 〈다음〉을 클릭한다.

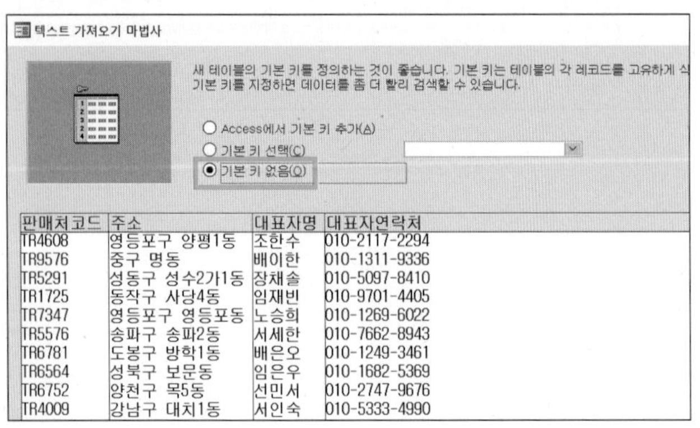

6. '텍스트 가져오기 마법사' 4단계 대화상자에서 '기본 키 없음'을 선택한 후 〈다음〉을 클릭한다.

7. '텍스트 가져오기 마법사' 5단계 대화상자에서 테이블 이름을 그림과 같이 입력한 후 〈마침〉을 클릭한다.

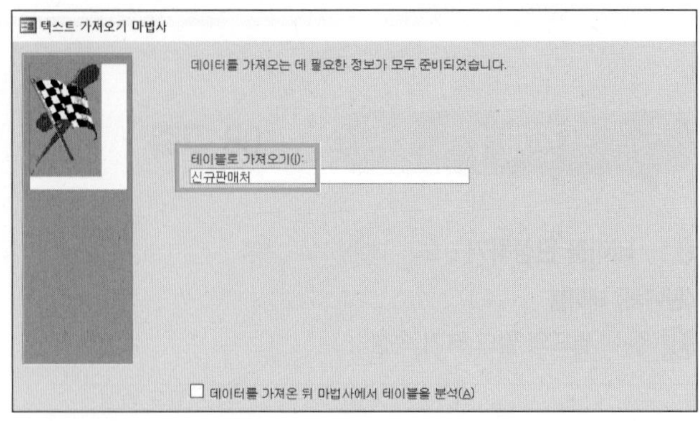

03. 〈패키지상품〉 테이블과 〈주문내역〉 테이블 간의 관계 설정하기

_ 참고 : 관계 설정 305쪽

정답

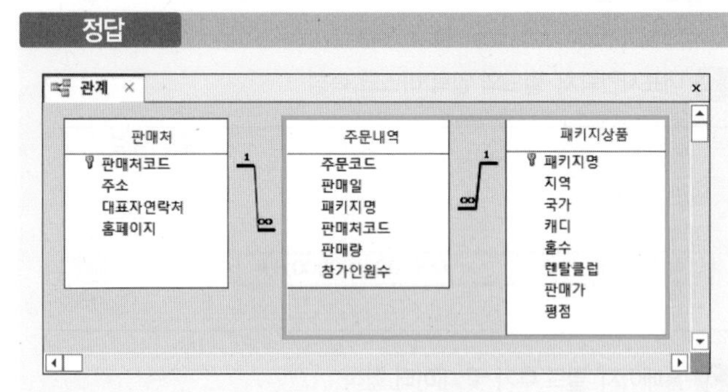

• '관계 편집' 대화상자

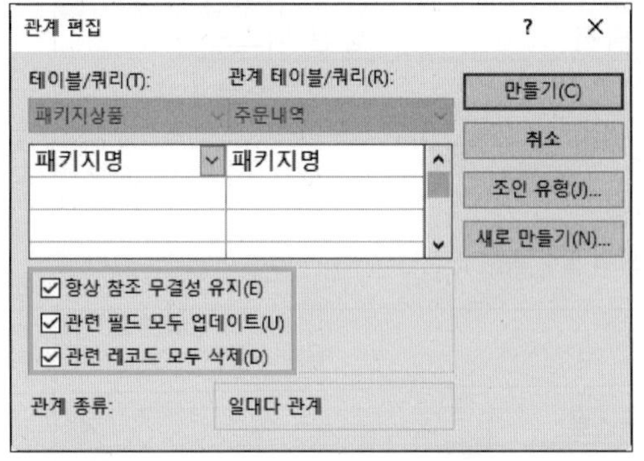

문제 2 입력 및 수정 기능 구현

정답

01. 〈패키지주문현황〉 폼 완성하기 _ 참고 : 폼 완성 310쪽

정답

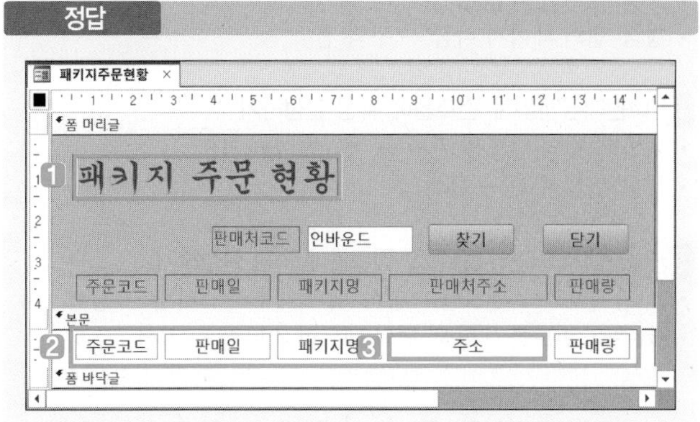

1 제목 삽입하기

1. [양식 디자인] → 컨트롤 → **레이블**(가가)을 클릭한 후 폼 머리글의 적당한 위치에 드래그한다.
2. **패키지 주문 현황**을 입력하고 Enter를 누른 후 [서식] → **글꼴**에서 글꼴을 '궁서', 크기를 24로 변경한 후 〈그림〉에 맞게 위치를 조정한다.
3. 작성된 레이블을 더블클릭한 후 '속성 시트' 창이 표시되면, '기타' 탭의 '이름' 속성에 **lab제목**을 입력한다.

2 본문 컨트롤의 맞춤 및 간격 지정하기

1. 폼 본문의 모든 컨트롤을 선택한 후 바로 가기 메뉴의 [맞춤] → [**위쪽**()]을 선택한다.
2. 컨트롤들이 선택된 상태에서 [정렬] → 크기 및 순서 조정 → 크기/공간 → **가로 간격 같음**()을 선택한다.

3 'txt판매처주소' 컨트롤에 속성 설정하기

'데이터' 탭의 컨트롤 원본 → 주소

02. 〈패키지상품주문내역〉 폼에 하위 폼 추가하기 _ 참고 : 하위 폼 추가 317쪽

1. '하위 폼 마법사' 1단계 대화상자

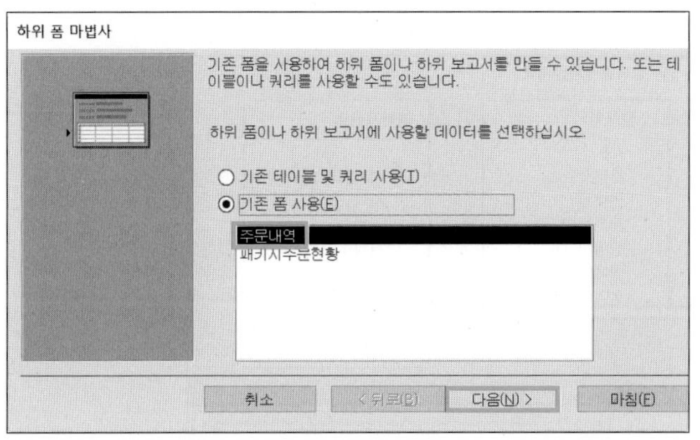

2. '하위 폼 마법사' 2단계 대화상자

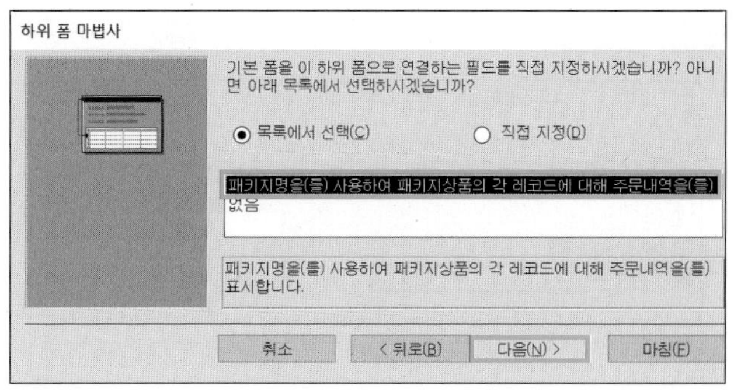

3. '하위 폼 마법사' 3단계 대화상자

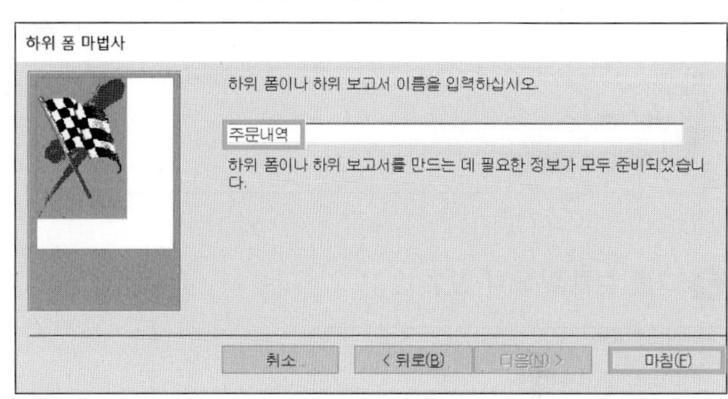

4. 하위 폼 좌측 상단에 삽입된 레이블의 외곽선을 클릭하여 선택한 후 Delete를 눌러 레이블을 삭제한다.
5. 하위 폼/하위 보고서 속성 시트 창에서 '형식' 탭의 '특수 효과'를 '그림자'로 설정한다.

03. 〈폼종료〉 매크로 작성 _ 참고 : 매크로 작성 325쪽

정답

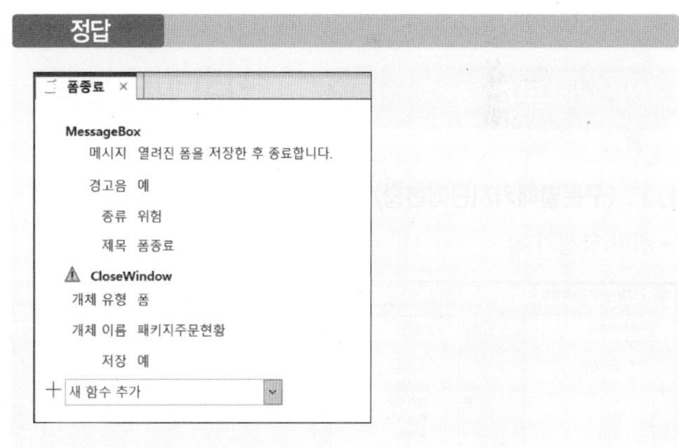

1. 매크로에 이름을 지정하여 사용하는 경우는 먼저 매크로 개체를 생성한 후 이를 연결하여 사용하면 된다. [만들기] → 매크로 및 코드 → **매크로**()를 클릭한다.
2. 매크로 대화상자에서 정답과 같이 설정한 후 매크로 대화상자의 닫기(×) 단추를 클릭한 다음 저장 여부를 묻는 대화상자에서 〈예〉를 클릭한다.
3. '다른 이름으로 저장' 대화상자에서 매크로 이름을 **폼종료**로 입력한 다음 〈확인〉을 클릭한다.
4. 〈패키지주문현황〉 폼을 디자인 보기로 연 후 'cmd종료' 컨트롤을 더블클릭한다.
5. 'cmd종료' 속성 시트 창의 '이벤트' 탭에서 'On Click' 이벤트의 목록 단추를 눌러 '폼종료' 매크로를 선택한다.

문제 3 조회 및 출력 기능 구현 정답

01. 〈판매처주문현황〉 보고서 완성하기 _ 참고 : 보고서 완성 331쪽

정답

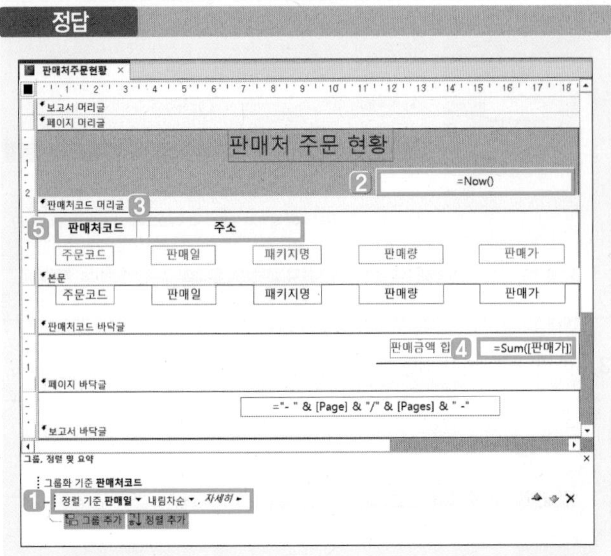

1 '그룹, 정렬 및 요약' 창

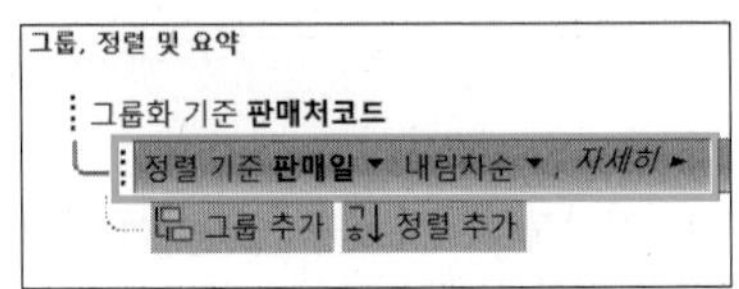

2 'txt날짜' 컨트롤에 속성 설정하기
- '데이터' 탭의 컨트롤 원본 → =Now( )
- '형식' 탭의 형식 → yyyy년 mm월 dd일 hh시 nn분

3 판매처코드 머리글 영역의 속성 설정하기
- '형식' 탭의 반복 실행 구역 → 예
- '형식' 탭의 페이지 바꿈 → 구역 전

4 'txt판매금액합계' 컨트롤에 속성 설정하기
- '데이터' 탭의 컨트롤 원본 → =Sum([판매가])
- '형식' 탭의 형식 → 통화

5 'txt판매처코드'와 'txt주소' 컨트롤에 속성 설정하기
- 'txt판매처코드' 컨트롤 : '형식' 탭의 테두리 스타일 → 실선
- 'txt주소' 컨트롤 : '형식' 탭의 테두리 스타일 → 실선

02. 〈패키지주문현황〉 폼의 'cmd찾기' 컨트롤에 기능 구현하기 _ 참고 : 이벤트 프로시저 340쪽

정답

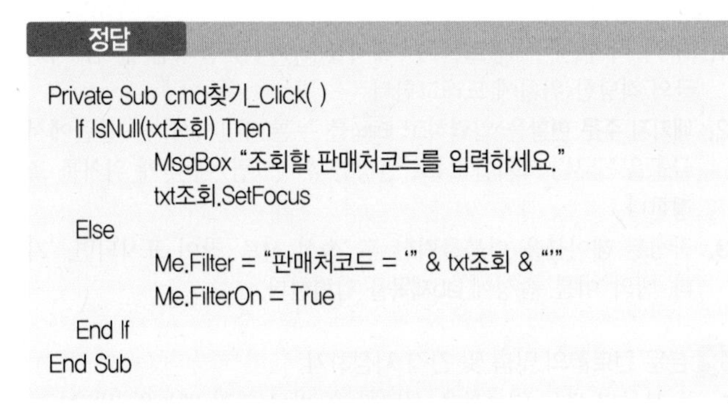

```
Private Sub cmd찾기_Click( )
    If IsNull(txt조회) Then
            MsgBox "조회할 판매처코드를 입력하세요."
            txt조회.SetFocus
    Else
            Me.Filter = "판매처코드 = '" & txt조회 & "'"
            Me.FilterOn = True
    End If
End Sub
```

문제 4 처리 기능 구현 정답

01. 〈구분별패키지판매현황〉 쿼리 _ 참고 : 쿼리 작성 347쪽

- 쿼리 작성기 창

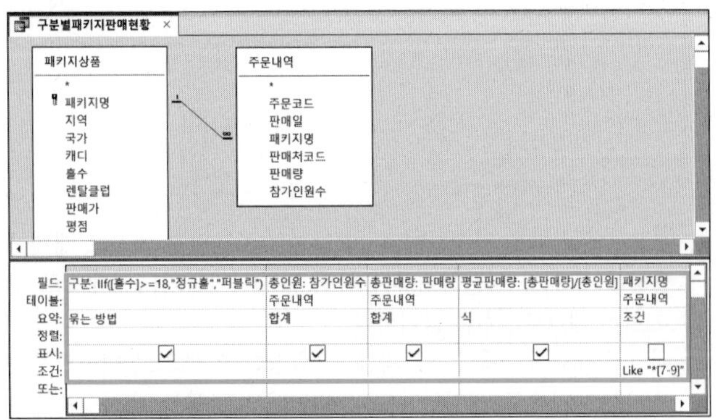

- '총인원' 필드 속성 설정하기
  - '일반' 탭의 형식 → #,##0명
- '총판매량', '평균판매량' 필드 속성 설정하기
  - '일반' 탭의 형식 → #,##0건

02. 〈상위판매처판매액〉 쿼리 _ 참고 : 쿼리 작성 347쪽

- 쿼리 작성기 창

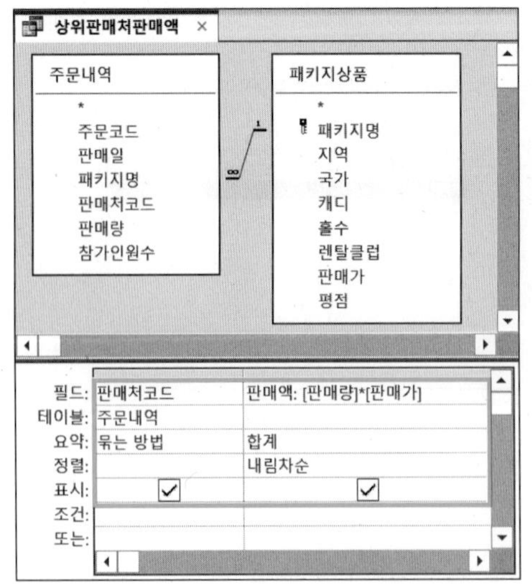

• 쿼리 속성 설정하기
  – '일반' 탭의 상위 값 → 25%

03. 〈2021년판매패키지〉 쿼리 _ 참고 : 쿼리 작성 347쪽

1. 쿼리 작성기 창에서 다음 그림과 같이 설정한다.

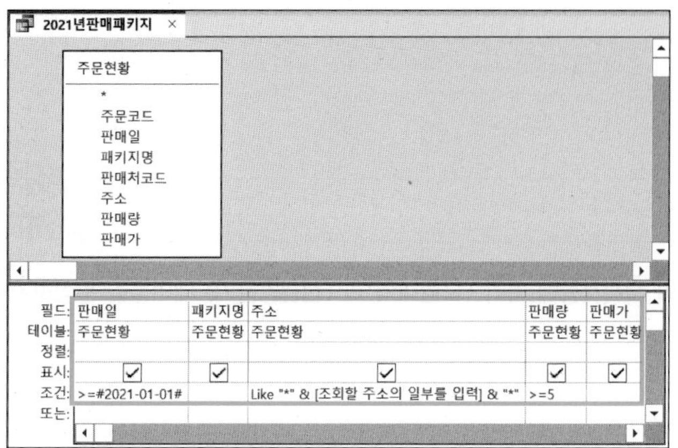

2. [쿼리 디자인] → 쿼리 유형 → **테이블 만들기(▦)**를 클릭한다.
3. '테이블 만들기' 대화상자의 '테이블 이름'에 **조회된2021패키지**를 입력한 후 〈확인〉을 클릭한다.

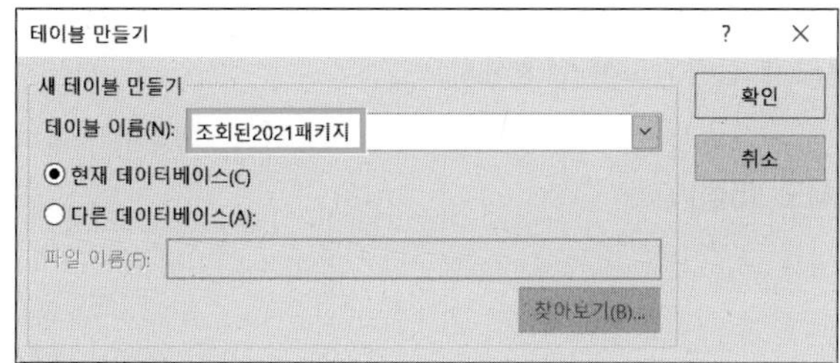

04. 〈인기도확인〉 쿼리 _ 참고 : 쿼리 작성 347쪽

쿼리 작성기 창

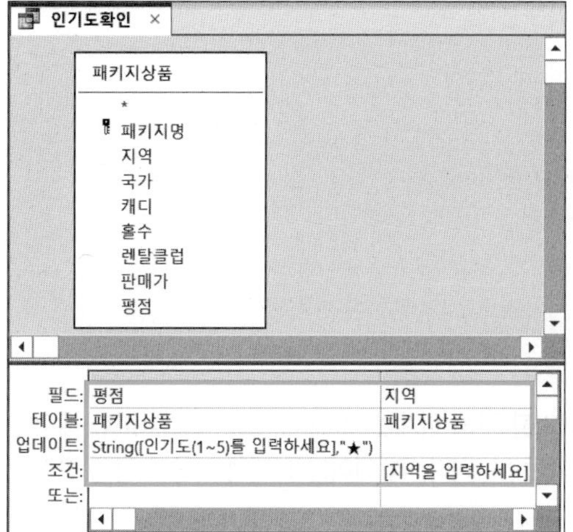

05. 〈국가별캐디별참가현황〉 쿼리 _ 참고 : 쿼리 작성 347쪽

• 쿼리 작성기 창

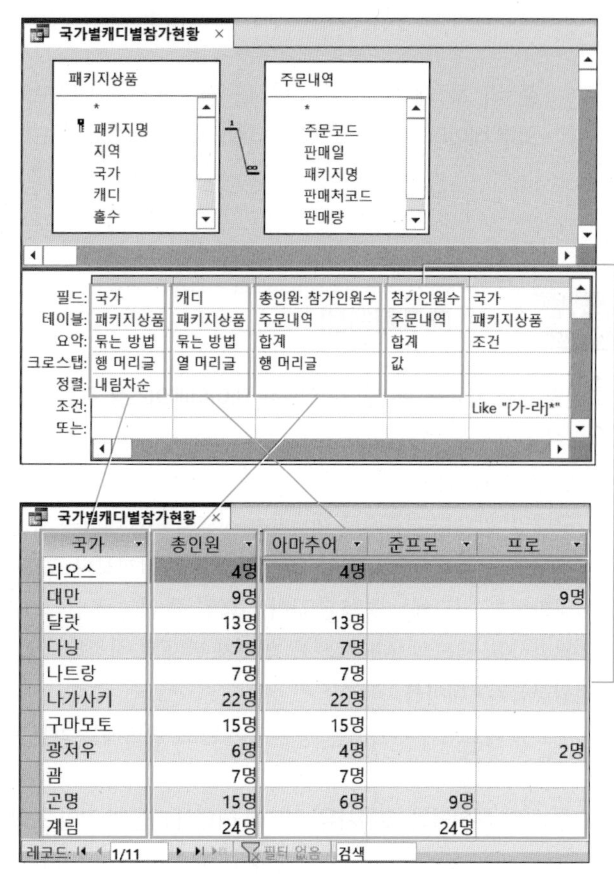

EXAMINATION

04회 최종모의고사

- **준 비 하 세 요 :** 'C:\길벗컴활1급총정리\액세스\모의' 폴더에서 '04회.accdb' 파일을 열어서 작업하시오.
- **외부 데이터 위치 :** C:\길벗컴활1급총정리\액세스\모의

6251041

문제 1 DB구축(25점)

1. 회원별 교환 사유를 관리할 수 있도록 데이터베이스를 구축하였다. 다음의 지시사항에 따라 〈교환내역〉과 〈전원공급기〉 테이블을 완성하시오. (각 3점)

〈교환내역〉 테이블

① '구매일' 필드를 기준으로 내림차순 정렬되도록 테이블 속성을 설정하시오.

② '무상보증일' 필드의 날짜가 '구매일' 필드의 날짜보다 크도록 유효성 검사 규칙 속성을 설정하시오.

③ '교환번호' 필드에는 중복된 값이 입력될 수 없도록 인덱스를 설정하시오.

④ '교환사유' 필드의 IME 모드를 '영숫자 반자'로 설정하시오.

〈전원공급기〉 테이블

⑤ 새로운 레코드가 추가되는 경우 '출시년도' 필드에는 기본적으로 올해의 년도가 입력되도록 설정하시오.

2. 〈교환내역〉 테이블의 '교환사유' 필드에 대해서 다음과 같이 조회 속성을 설정하시오. (5점)

▶ 〈교환사유〉 테이블의 '사유코드'와 '내용'을 콤보 상자 형태로 표시할 것

▶ 필드에는 '사유코드'가 저장되도록 설정할 것

▶ 열 너비를 '사유코드' 필드는 1.5cm, '내용' 필드는 4cm로 설정할 것

▶ 행 수를 5로 설정할 것

▶ 목록 너비를 5cm로 설정할 것

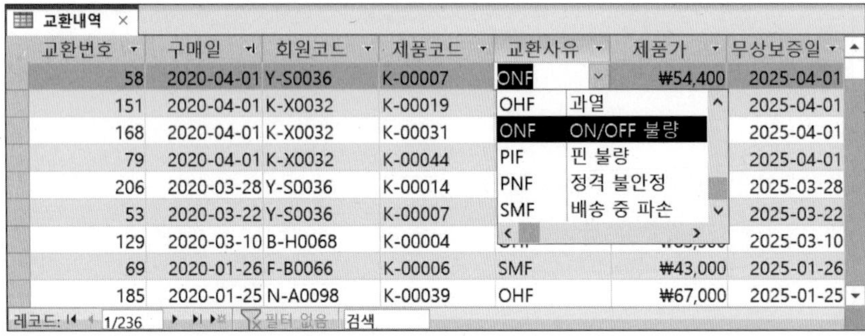

교환내역

교환번호	구매일	회원코드	제품코드	교환사유	제품가	무상보증일
58	2020-04-01	Y-S0036	K-00007	ONF	₩54,400	2025-04-01
151	2020-04-01	K-X0032	K-00019			2025-04-01
168	2020-04-01	K-X0032	K-00031			2025-04-01
79	2020-04-01	K-X0032	K-00044			2025-04-01
206	2020-03-28	Y-S0036	K-00014			2025-03-28
53	2020-03-22	Y-S0036	K-00007			2025-03-22
129	2020-03-10	B-H0068	K-00004			2025-03-10
69	2020-01-26	F-B0066	K-00006	SMF	₩43,000	2025-01-26
185	2020-01-25	N-A0098	K-00039	OHF	₩67,000	2025-01-25

OHF	과열
ONF	ON/OFF 불량
PIF	핀 불량
PNF	정격 불안정
SMF	배송 중 파손

레코드: 1/236 필터 없음 검색

3. 〈교환내역〉 테이블의 '회원코드' 필드는 〈회원〉 테이블의 '회원코드' 필드를 참조하고 테이블 간의 관계는 M:1이다. 또한 〈교환내역〉 테이블의 '교환사유' 필드는 〈교환사유〉 테이블의 '사유코드' 필드를 참조하고 테이블 간의 관계는 M:1이다. 각 테이블에 대해 다음과 같이 관계를 설정하시오. (5점)

※ 액세스 파일에 이미 설정되어 있는 관계는 수정하지 마시오.

▶ 각 테이블 간에 항상 참조 무결성이 유지되도록 설정하시오.

▶ 참조 필드의 값이 변경되면 관련 필드의 값도 변경되도록 설정하시오.

▶ 다른 테이블에서 참조하고 있는 레코드는 삭제할 수 없도록 설정하시오.

6251042

문제 2 입력 및 수정 기능 구현(20점)

1. 〈교환현황〉 폼을 다음의 화면과 지시사항에 따라 완성하시오. (각 3점)

① 본문의 'txt회원코드' 컨트롤에 표시되는 '회원코드'의 마지막 글자가 "*"로 표시되도록 설정하시오.

▶ 표시 예 : L-S001*

▶ Left, Len 함수 이용

② 본문의 배경색을 'Access 테마 3'으로 변경하시오.

③ 폼 바닥글의 'txt합계' 컨트롤에는 '제품가' 필드의 합계가 [표시 예]와 같이 표시되도록 컨트롤 원본 속성을 설정하시오.

▶ [표시 예]

– 합계가 956000인 경우 : 총제품가는 956,000원입니다.

– 합계가 0인 경우 : 총제품가는 0원입니다.

▶ Format 함수를 사용하시오.

2. 〈교환현황〉 폼 본문의 'txt제품명' 컨트롤에 제품명을 표시하시오. (6점)

▶ 〈교환현황〉 폼의 레코드 원본을 참조하여 '제품코드'에 해당하는 '제품명'을 〈전원공급기〉 테이블을 이용하여 표시하시오.

▶ 〈교환현황〉 폼에는 '제품코드'가 표시되어 있지 않다.

▶ 1번 〈그림〉을 참조하고, DLookup 함수를 사용하시오.

3. 〈교환현황〉 폼의 '조회'(cmd조회) 단추를 클릭하면 조건에 맞는 레코드에 대한 정보를 표시하는 〈필터조회〉 매크로를 생성하여 지정하시오. (5점)

▶ 매크로 조건 : '교환사유' 필드의 값이 'txt조회' 컨트롤에 입력된 값과 같은 정보만 표시

▶ ApplyFilter 매크로 함수 사용

▶ 1번 〈그림〉 참조

6251043

문제 3 조회 및 출력 기능 구현(20점)

1. 다음의 지시사항 및 화면을 참조하여 〈출력별제품현황〉 보고서를 완성하시오. (각 3점)

① '출력' 필드를 기준으로 내림차순으로 정렬하되 동일한 그룹 내에서는 '제품명' 필드를 기준으로 오름차순으로 정렬되어 표시되도록 설정하시오.

② 출력 머리글의 'txt출력' 컨트롤 아래쪽으로 〈그림〉과 같이 점선이 표시되도록 선을 삽입하시오.

▶ 너비 : 3.5cm, 위쪽 : 1.1cm, 왼쪽 : 0.1cm

▶ 이름 : line선

③ 'txt제품명' 컨트롤에는 '제품명' 필드를 바운드 시키시오.

④ 본문 영역의 다른 배경색을 '교차 행'으로 변경하시오.

⑤ 출력 바닥글을 표시하고 평균 제품가가 〈그림〉과 같이 표시되도록 텍스트 상자를 생성하시오.

▶ 컨트롤 이름 : txt평균가

▶ Avg 함수 사용

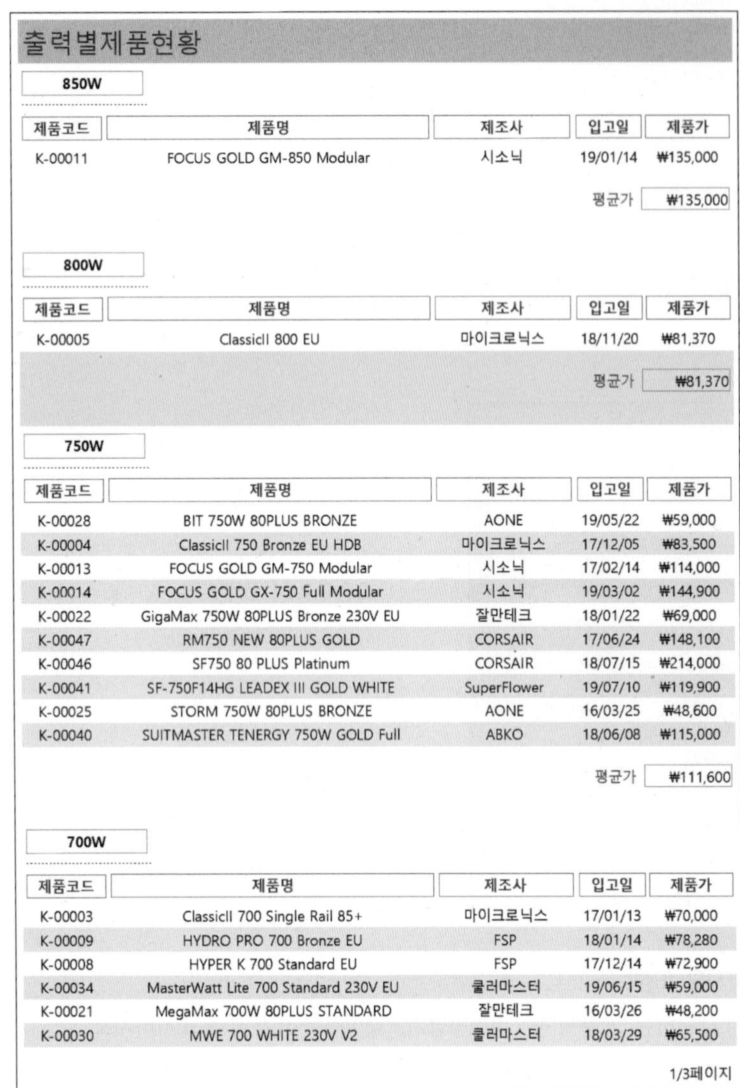

출력별제품현황

850W

제품코드	제품명	제조사	입고일	제품가
K-00011	FOCUS GOLD GM-850 Modular	시소닉	19/01/14	₩135,000

평균가 ₩135,000

800W

제품코드	제품명	제조사	입고일	제품가
K-00005	Classicll 800 EU	마이크로닉스	18/11/20	₩81,370

평균가 ₩81,370

750W

제품코드	제품명	제조사	입고일	제품가
K-00028	BIT 750W 80PLUS BRONZE	AONE	19/05/22	₩59,000
K-00004	Classicll 750 Bronze EU HDB	마이크로닉스	17/12/05	₩83,500
K-00013	FOCUS GOLD GM-750 Modular	시소닉	17/02/14	₩114,000
K-00014	FOCUS GOLD GX-750 Full Modular	시소닉	19/03/02	₩144,900
K-00022	GigaMax 750W 80PLUS Bronze 230V EU	잘만테크	18/01/22	₩69,000
K-00047	RM750 NEW 80PLUS GOLD	CORSAIR	17/06/24	₩148,100
K-00046	SF750 80 PLUS Platinum	CORSAIR	18/07/15	₩214,000
K-00041	SF-750F14HG LEADEX III GOLD WHITE	SuperFlower	19/07/10	₩119,900
K-00025	STORM 750W 80PLUS BRONZE	AONE	16/03/25	₩48,600
K-00040	SUITMASTER TENERGY 750W GOLD Full	ABKO	18/06/08	₩115,000

평균가 ₩111,600

700W

제품코드	제품명	제조사	입고일	제품가
K-00003	Classicll 700 Single Rail 85+	마이크로닉스	17/01/13	₩70,000
K-00009	HYDRO PRO 700 Bronze EU	FSP	18/01/14	₩78,280
K-00008	HYPER K 700 Standard EU	FSP	17/12/14	₩72,900
K-00034	MasterWatt Lite 700 Standard 230V EU	쿨러마스터	19/06/15	₩59,000
K-00021	MegaMax 700W 80PLUS STANDARD	잘만테크	16/03/26	₩48,200
K-00030	MWE 700 WHITE 230V V2	쿨러마스터	18/03/29	₩65,500

1/3페이지

2. 〈교환현황〉 폼에서 'txt구매일' 컨트롤을 더블클릭하면 구매일을 기준으로 내림차순 정렬되어 표시되도록 이벤트 프로시저를 구현하시오. (5점)

▶ 폼의 OrderBy, OrderByOn 속성을 사용하시오.

6251044

문제 4 처리 기능 구현(35점)

1. 회원등급별, 교환사유별로 교환횟수와 제품가의 합계를 조회하는 〈등급별사유별현황〉 크로스탭 쿼리를 작성하시오. (7점)

▶ 〈회원〉과 〈교환내역〉 테이블을 이용하시오.

▶ 교환횟수는 '교환번호' 필드를 이용하시오.

▶ 교환횟수는 [표시 예]와 같이 표시되도록 '형식' 속성을 설정하시오. [표시 예 : 62 → 62회]

▶ 쿼리 실행 결과 표시되는 필드와 필드명은 〈그림〉과 같이 표시되도록 설정하시오.

등급별사유별현황

회원등급	교환횟수	ENF	LNF	OHF	ONF	PIF	PNF	SMF
Bronze	62회	₩690,850	₩522,700	₩787,370	₩696,660	₩518,290	₩459,510	₩695,150
Gold	66회	₩391,800	₩684,240	₩379,900	₩662,740	₩725,570	₩374,160	₩1,274,170
Silver	60회	₩670,720	₩746,100	₩724,600	₩359,940	₩634,160	₩369,380	₩618,360
VIP	48회	₩578,010	₩491,820	₩222,500	₩156,400	₩508,400	₩822,210	₩546,140

레코드: 1/4 필터 없음 검색

2. 〈전원공급기〉와 〈교환내역〉 테이블을 이용하여 검색할 월을 매개 변수로 입력받아 해당 월의 제조사별 교환횟수를 조회하는 〈제조사별교환횟수〉 쿼리를 작성하시오. (7점)

▶ '교환횟수'는 '교환사유' 필드를 이용하시오.

▶ '제조사' 필드의 첫 글자가 "A"부터 "F"까지인 데이터만 표시하시오. (Like 함수 사용)

▶ 쿼리 결과로 표시되는 필드와 필드명, 필드의 형식은 〈그림〉과 같이 표시되도록 설정하시오.

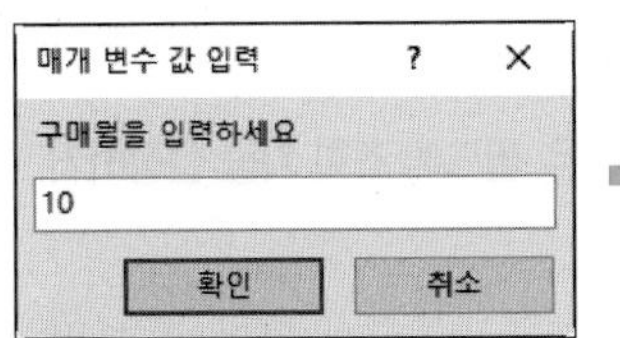

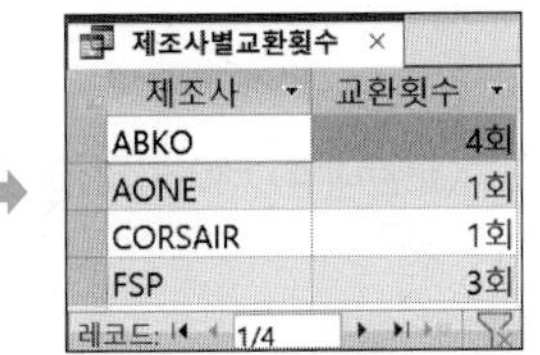

제조사별교환횟수

제조사	교환횟수
ABKO	4회
AONE	1회
CORSAIR	1회
FSP	3회

레코드: 1/4

3. 성명별 교환횟수를 조회하는 〈다수교환회원〉 쿼리를 작성하시오. (7점)

▶ 〈회원〉, 〈교환내역〉 테이블을 이용하시오.

▶ '교환횟수'는 '교환번호' 필드를 이용하시오.

▶ '교환횟수'가 5 이상인 회원을 대상으로 하시오.

▶ '교환횟수'를 기준으로 내림차순 정렬하여 표시하시오.

▶ 쿼리 결과로 표시되는 필드와 필드명, 필드의 형식은 〈그림〉과 같이 표시되도록 설정하시오.

다수교환회원

성명	교환횟수
신현설	7회
배상호	7회
곽신아	7회
황차민	6회
전윤해	6회
배지은	6회
노성준	5회
강세아	5회

레코드: 1/8

4. 〈교환내역〉 테이블에 존재하지 않는 〈회원〉 테이블의 회원 정보를 조회하는 〈교환내역없는회원〉 쿼리를 작성하시오. (7점)

▶ 〈교환내역〉 테이블에 존재하지 않는 '회원코드'는 교환 내역이 없는 것으로 가정하시오.

▶ Is Null 명령을 이용하시오.

▶ '회원등급'이 "Gold"인 회원만을 표시하시오.

▶ 쿼리 실행 결과 표시되는 필드와 필드명은 〈그림〉과 같이 표시되도록 설정하시오.

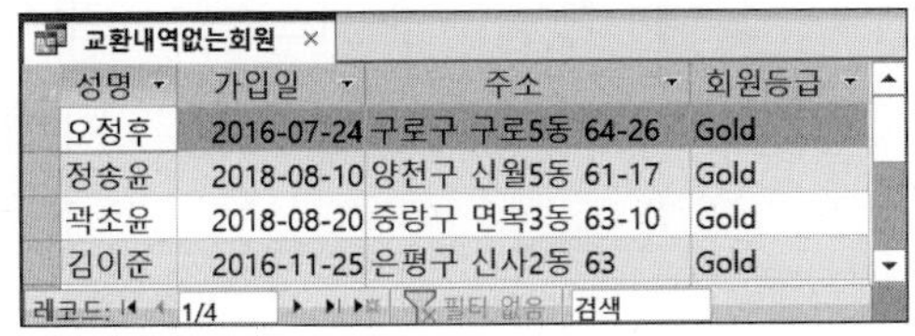

교환내역없는회원

성명	가입일	주소	회원등급
오정후	2016-07-24	구로구 구로5동 64-26	Gold
정송윤	2018-08-10	양천구 신월5동 61-17	Gold
곽초윤	2018-08-20	중랑구 면목3동 63-10	Gold
김이준	2016-11-25	은평구 신사2동 63	Gold

레코드: 1/4 필터 없음 검색

5. 〈회원〉과 〈교환내역〉 테이블을 이용하여 주문이 없는 회원에 대해 〈회원〉 테이블의 '비고' 필드의 값을 "★ 관리대상회원"으로 변경하는 〈관리대상회원처리〉 업데이트 쿼리를 작성한 후 실행하시오. (7점)

▶ 주문이 없는 회원이란 구매일이 2015년 1월 1일부터 2020년 4월 1일까지 중에서 〈회원〉 테이블에는 '회원코드'가 있으나 〈교환내역〉 테이블에는 '회원코드'가 없는 회원임

▶ Not In과 하위 쿼리 사용

회원

회원코드	성명	가입일	주소	회원등급	비고
A-F0063	주송현	2015-11-15	종로구 평창동 188-55	Gold	
A-K0003	차서후	2018-08-09	강동구 상일동 140-47	Silver	★ 관리대상회원
A-N0026	문명민	2018-01-24	은평구 응암1동 50	VIP	★ 관리대상회원
A-W0008	양경원	2019-09-27	강북구 송천동 97-77	Bronze	
A-W0028	안영아	2019-04-08	동대문구 답십리1동 161-3	Silver	
B-D0042	노윤서	2015-06-07	성동구 행당1동 99	Bronze	★ 관리대상회원
B-H0068	곽대권	2019-12-23	관악구 남현동 51	Bronze	
B-T0090	백서희	2015-12-26	중구 신당5동 53-30	Gold	
B-V0018	허혜정	2014-09-06	마포구 용강동 194-37	Bronze	★ 관리대상회원
C-A0097	손재호	2014-01-28	성북구 종암동 148	VIP	★ 관리대상회원
D-F0020	황영윤	2015-08-23	성북구 장위3동 78	Silver	
D-G0040	곽연재	2018-05-15	강남구 압구정동 9-9	Silver	
D-G0052	배이윤	2017-10-05	동대문구 전농1동 52-82	Gold	
D-L0087	정윤후	2018-03-04	은평구 구산동 16	Bronze	
D-O0044	윤윤도	2018-08-13	중구 명동 76	Silver	
D-X0080	안연후	2019-09-04	성북구 돈암1동 145	Bronze	
E-K0024	윤은서	2015-03-05	강서구 화곡1동 84-13	Gold	
E-M0051	차지호	2014-03-23	마포구 망원2동 89	Bronze	★ 관리대상회원

레코드: 1/100 필터 없음 검색

※ 〈관리대상회원처리〉 쿼리를 실행한 후의 〈회원〉 테이블의 일부

EXAMINATION 04회 최종모의고사 정답 및 해설

문제 1 DB 구축

정답

01. 테이블 완성하기 _ 참고 : 테이블 완성 296쪽

〈교환내역〉 테이블

1 테이블의 정렬 기준 속성

[테이블 디자인] → 표시/숨기기 → **속성 시트**(▤) 클릭

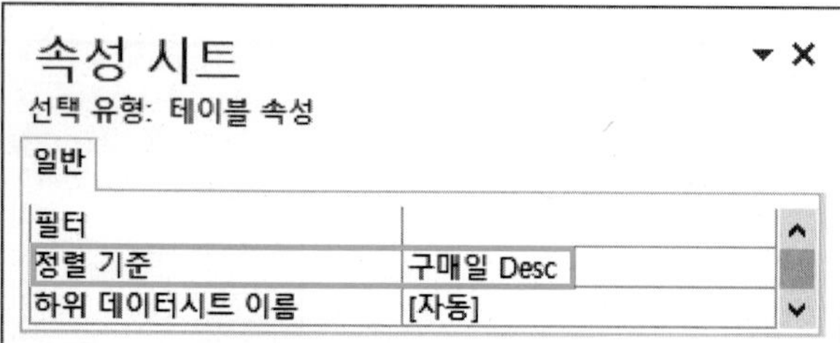

2 테이블의 유효성 검사 규칙 속성

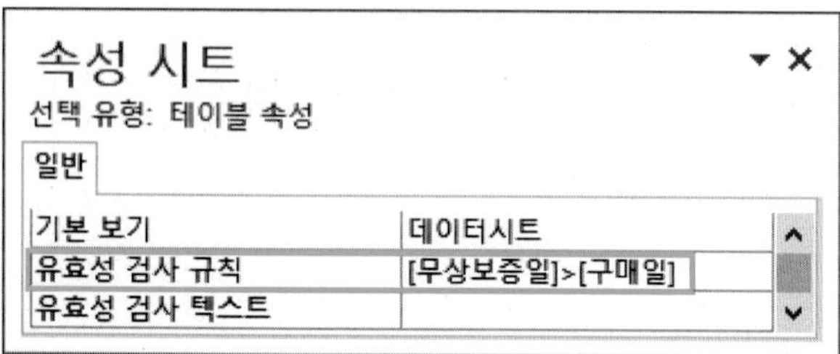

3 '교환번호' 필드의 인덱스 속성

필드 속성

일반 | 조회

캡션	
인덱스	예(중복 불가능)
텍스트 맞춤	일반

4 '교환사유' 필드의 IME 모드 속성

필드 속성

일반 | 조회

유니코드 압축	예
IME 모드	영숫자 반자
문장 입력 시스템 모드	없음

〈전원공급기〉 테이블

5 '출시년도' 필드의 기본값 속성

필드 속성

일반 | 조회

캡션	
기본값	Year(Date())
유효성 검사 규칙	

02. 〈교환내역〉 테이블의 '교환사유' 필드에 조회 기능 설정하기 _ 참고 : 조회 기능 설정 302쪽

정답

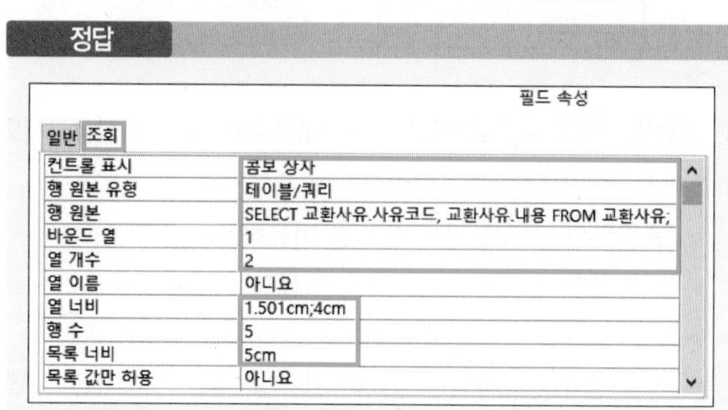
필드 속성

일반 | 조회

컨트롤 표시	콤보 상자
행 원본 유형	테이블/쿼리
행 원본	SELECT 교환사유.사유코드, 교환사유.내용 FROM 교환사유;
바운드 열	1
열 개수	2
열 이름	아니요
열 너비	1.501cm;4cm
행 수	5
목록 너비	5cm
목록 값만 허용	아니요

03. 〈교환내역〉 테이블, 〈회원〉 테이블, 〈교환사유〉 테이블 간의 관계 설정하기 _ 참고 : 관계 설정 305쪽

정답

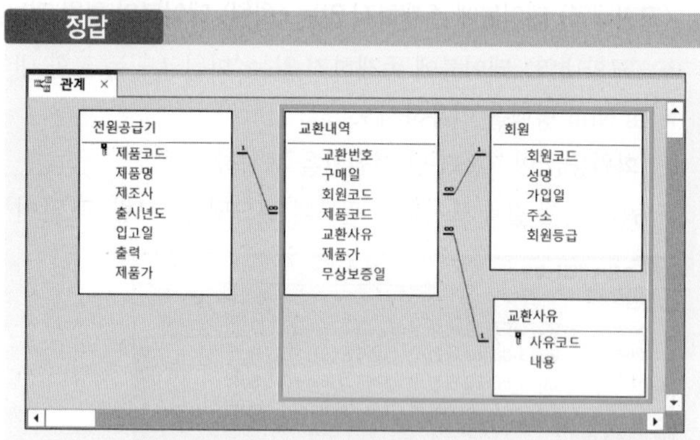

• 〈회원〉 테이블과 〈교환내역〉 테이블의 '관계 편집' 대화상자

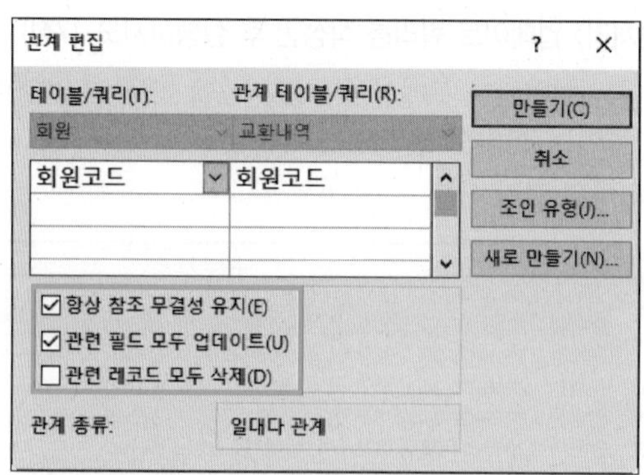

• 〈교환사유〉 테이블과 〈교환내역〉 테이블의 '관계 편집' 대화상자

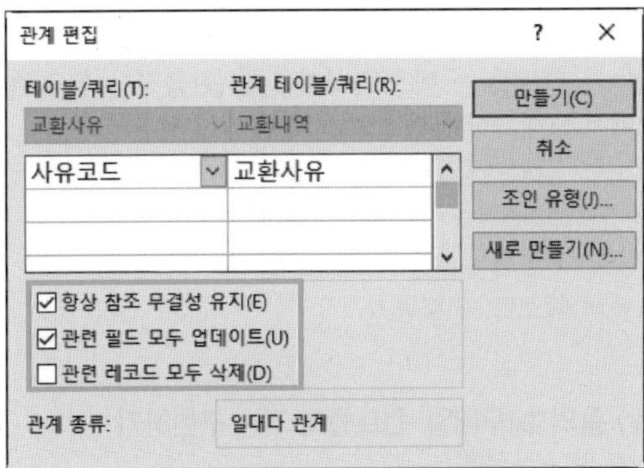

문제 2 입력 및 수정 기능 구현 정답

01. 〈교환현황〉 폼 완성하기 _ 참고 : 폼 완성 310쪽

정답

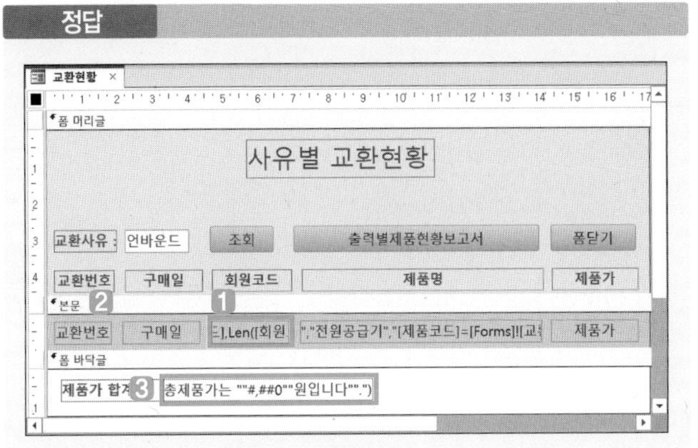

1 'txt회원코드' 컨트롤에 속성 설정하기

'데이터' 탭의 컨트롤 원본 →
=Left([회원코드],Len([회원코드])-1) & "*"

2 본문 영역에 속성 설정하기

'형식' 탭의 배경색 → Access 테마 3

3 폼 바닥글의 'txt합계' 컨트롤에 속성 설정하기

'데이터' 탭의 컨트롤 원본 →
=Format(Sum([제품가]), "총제품가는 #,##0원입니다.")

02. 〈교환현황〉 폼 본문의 'txt제품명'의 컨트롤 원본 속성 설정하기 _ 참고 : 도메인 계산 함수 314쪽

'데이터' 탭의 컨트롤 원본 →
=DLookUp("제품명","전원공급기","[제품코드] = [Forms]![교환현황]![제품코드]")

'=DLookUp("제품명","전원공급기","[제품코드] = [Forms]![교환현황]![제품코드]")'의 의미

- **제품명** : 결과 값을 구할 필드 이름으로, 여기서는 '제품명'을 표시하므로 '제품명' 필드를 지정함
- **전원공급기** : 작업 대상 레코드가 들어 있는 테이블이나 쿼리의 이름으로서, '제품명'은 〈전원공급기〉 테이블에 들어 있으므로, 여기서는 〈전원공급기〉 테이블을 지정함
- **[제품코드] = [Forms]![교환현황]![제품코드]** : 조건으로서 '제품코드', 여기서 '제품코드'는 〈전원공급기〉 테이블의 '제품코드'로 이 '제품코드'가 〈교환현황〉 폼의 '제품코드'와 같은 경우를 대상으로 함. 〈교환현황〉 폼에는 '제품코드'가 표시되어 있지 않지만 레코드 원본으로 연결된 〈교환내역〉 테이블에 '제품코드'가 들어있으므로 [Forms]![교환현황]![제품코드]로 지정하면 됨

03. 〈필터조회〉 매크로 작성 _ 참고 : 매크로 작성 325쪽

정답

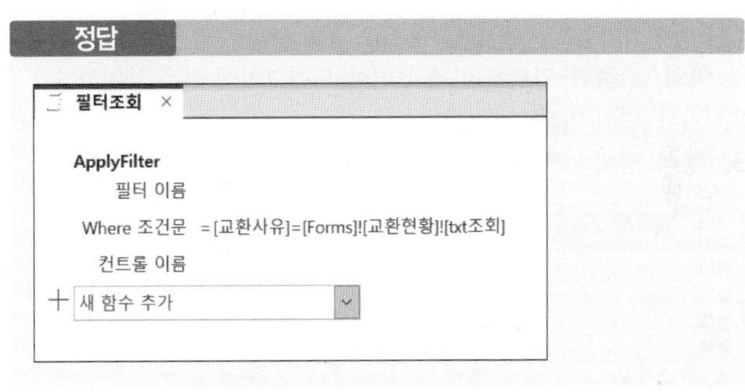

1. 매크로에 이름을 지정하여 사용하는 경우는 먼저 매크로 개체를 생성한 후 이름을 연결하여 사용하면 된다. [만들기] → 매크로 및 코드 → **매크로**(▢)를 클릭한다.
2. 매크로 대화상자에서 정답과 같이 설정한 후 매크로 대화상자의 닫기(☒) 단추를 클릭한 다음 저장 여부를 묻는 대화상자에서 〈예〉를 클릭한다.
3. '다른 이름으로 저장' 대화상자에서 매크로 이름을 **필터조회**로 입력한 다음 〈확인〉을 클릭한다.
4. 〈교환현황〉 폼을 디자인 보기 상태로 연 다음 'cmd조회' 컨트롤을 더블클릭한다.
5. 'cmd조회' 속성 시트 창의 '이벤트' 탭에서 'On Click' 이벤트의 목록 단추를 눌러 '필터조회' 매크로를 선택한다.

01. 〈출력별제품현황〉 보고서 완성하기 _ 참고 : 보고서 완성 331쪽

정답

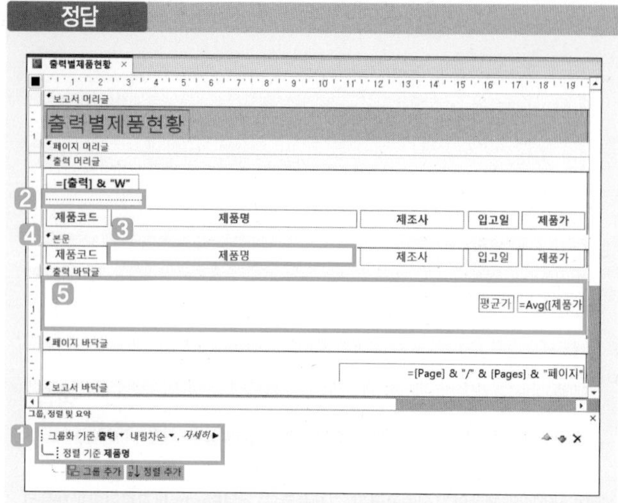

1 '그룹, 정렬 및 요약' 창

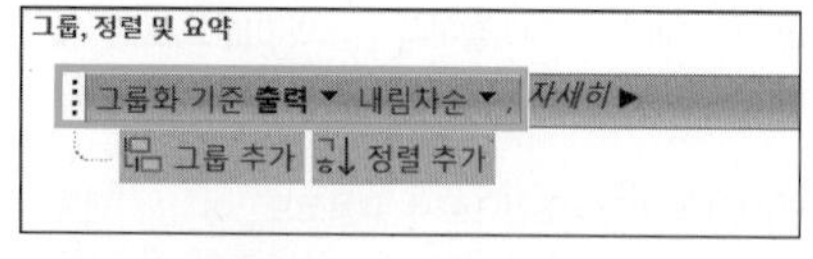

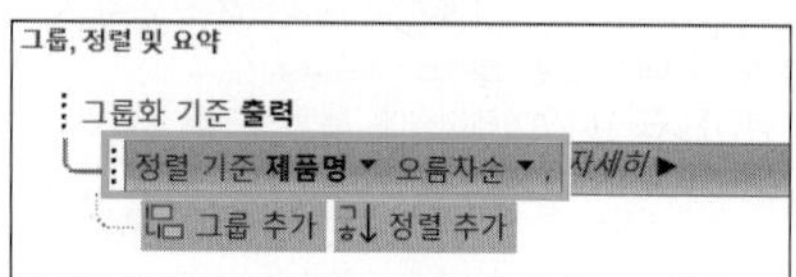

2 점선 삽입하기

1. [양식 디자인] → 컨트롤 → **선**(⧅)을 클릭한 후 출력 머리글 영역의 'txt출력' 컨트롤 아래 부분에 드래그하여 선을 삽입한다.
2. '기타' 탭의 이름 → line선
3. '형식' 탭의 너비, 위쪽, 왼쪽, 테두리 스타일

형식	데이터	이벤트	기타	모두
너비	3.501cm			
높이	0cm			
위쪽	1.101cm			
왼쪽	0.101cm			
테두리 스타일	점선			

3 'txt제품명' 컨트롤에 속성 설정하기

'데이터' 탭의 컨트롤 원본 → 제품명

4 본문 영역에 속성 설정하기

'형식' 탭의 다른 배경색 → 교차 행

5 출력 바닥글을 표시하고 텍스트 상자 삽입하기

1. '그룹, 정렬 및 요약' 창에서 '출력' 그룹의 〈자세히〉를 클리한 후 '바닥글 구역 표시'를 선택한다.

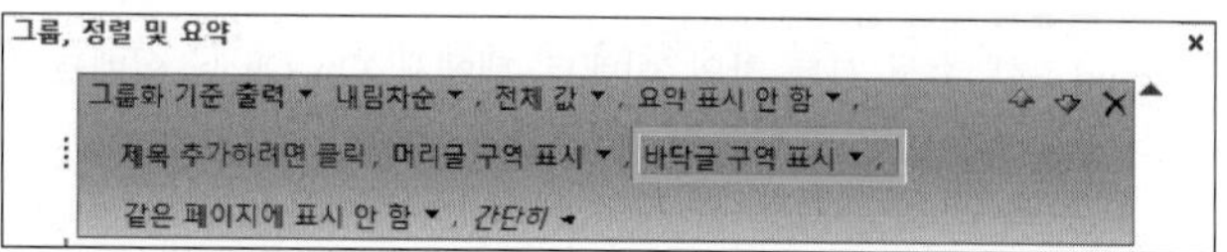

2. [양식 디자인] → 컨트롤 → **텍스트 상자**(⧉)를 클릭한 후 출력 바닥글 영역에서 드래그하여 텍스트 상자를 삽입한다.
3. '기타' 탭의 이름 → txt평균가
4. '데이터' 탭의 컨트롤 원본 → =Avg([제품가])
5. '형식' 탭의 형식 → 통화
6. 레이블 컨트롤의 텍스트 → 평균가

02. 〈교환현황〉 폼의 'txt구매일' 컨트롤에 기능 구현하기 _ 참고 : 이벤트 프로시저 340쪽

정답

```
Private Sub txt구매일_DblClick(Cancel As Integer)
    OrderBy = "구매일 Desc"
    OrderByOn = True
End Sub
```

01. 〈등급별사유별현황〉 쿼리 _ 참고 : 쿼리 작성 347쪽

• 쿼리 작성기 창

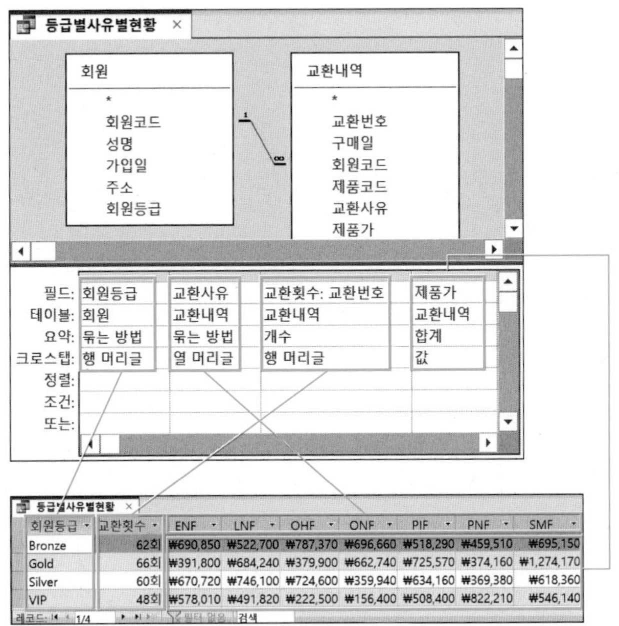

• '교환횟수' 필드 속성 설정하기
 – '일반' 탭의 형식 → #회

02. 〈제조사별교환횟수〉 쿼리 _ 참고 : 쿼리 작성 347쪽

• 쿼리 작성기 창

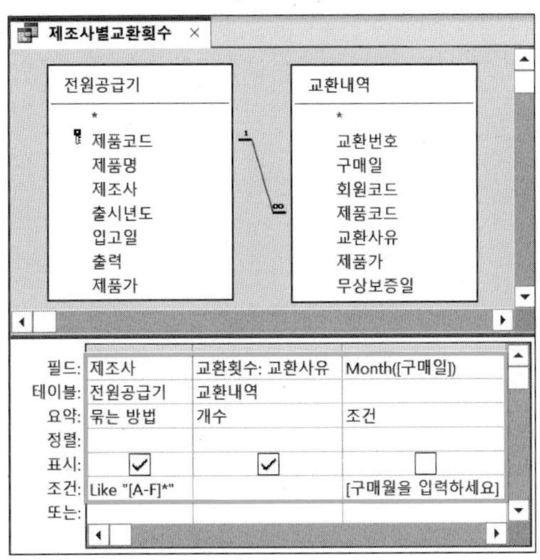

• '교환횟수' 필드의 속성
 – '일반' 탭의 형식 → #회

03. 〈다수교환회원〉 쿼리 _ 참고 : 쿼리 작성 347쪽

• 쿼리 작성기 창

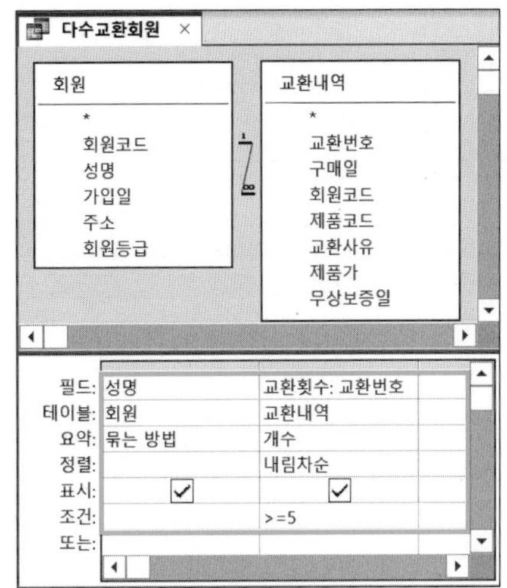

• '교환횟수' 필드의 속성
 – '일반' 탭의 형식 → #회

04. 〈교환내역없는회원〉 쿼리 _ 참고 : 쿼리 작성 347쪽

• 쿼리 작성기 창

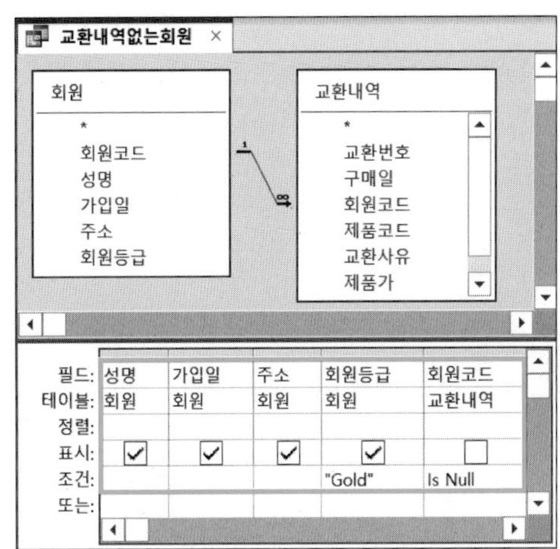

• '조인 속성' 대화상자
 〈회원〉 테이블과 〈교환내역〉 테이블의 '회원코드' 관계 선을 더블클릭한 후 '조인 속성' 대화상자에서 다음과 같이 설정한다.

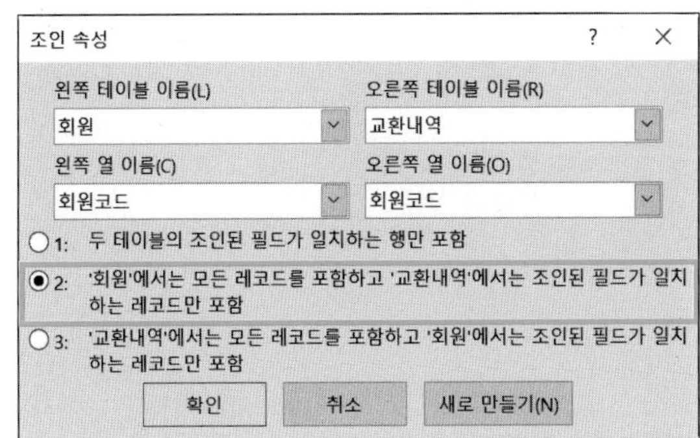

05. 〈관리대상회원처리〉 쿼리 _ 참고 : 쿼리 작성 347쪽

쿼리 작성기 창

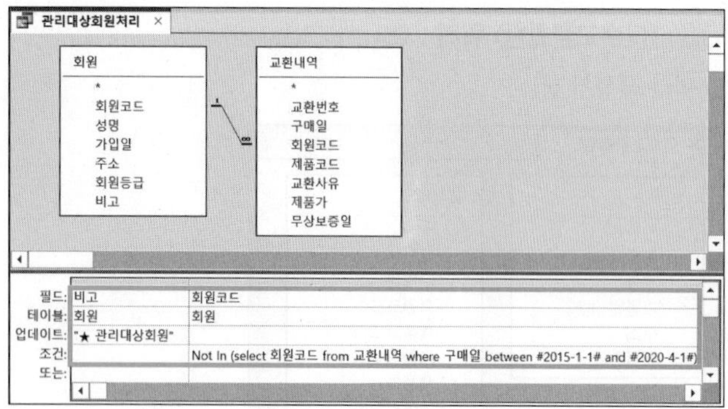

EXAMINATION

05회 최종모의고사

• 준 비 하 세 요 : 'C:\길벗컴활1급총정리\액세스\모의' 폴더에서 '05회.accdb' 파일을 열어서 작업하시오.
• 외부 데이터 위치 : C:\길벗컴활1급총정리\액세스\모의

6251051

문제 1 DB구축(25점)

1. 상품별 구매 내역을 관리할 수 있도록 데이터베이스를 구축하였다. 다음의 지시사항에 따라 〈상품〉, 〈구매요청〉, 〈상품구매내역〉 테이블을 완성하시오. (각 3점)

〈상품〉 테이블

① '상품사진' 필드를 '상품가격' 필드 다음에 추가하고, 데이터 형식을 첨부 파일로 지정하시오.

〈구매요청〉 테이블

② '구매자ID' 필드에 대해 다음과 같이 입력되도록 설정하시오.

▶ 5번째 자리에 입력되는 '–' 이후에 반드시 3자리가 입력되도록 할 것

③ '내선번호' 필드에는 '1234' 형식으로 입력되도록 다음과 같이 입력 마스크를 설정하시오.

▶ 4자리 숫자가 반드시 입력되도록 설정

▶ 데이터가 입력될 자리에 '#'이 표시되도록 설정하시오.

〈상품구매내역〉 테이블

④ '수량' 필드에는 100 이하의 숫자가 입력될 수 있도록 필드 크기를 설정하시오.

⑤ 새로운 레코드가 추가되는 경우 '수량' 필드에는 기본적으로 1이 입력되도록 설정하시오.

2. 다음의 지시사항에 따라 'VIP구매자.xlsx' 파일에 대한 연결 테이블을 작성하시오. (5점)

▶ 'VIP구매자.xlsx' 파일의 첫 번째 행은 필드의 이름이다.

▶ 연결 테이블의 이름은 'VIP구매자'로 하시오.

3. 〈상품구매내역〉 테이블의 '구매코드' 필드는 〈구매요청〉 테이블의 '구매코드' 필드를 참조하고 테이블 간의 관계는 M:1이다. 또한 〈상품구매내역〉 테이블의 '상품코드' 필드는 〈상품〉 테이블의 '상품코드' 필드를 참조하고 테이블 간의 관계는 M:1이다. 각 테이블에 대해 다음과 같이 관계를 설정하시오. (5점)

※ 액세스 파일에 이미 설정되어 있는 관계는 수정하지 마시오.

▶ 각 테이블 간에 항상 참조 무결성이 유지되도록 설정하시오.

▶ 참조 필드의 값이 변경되면 관련 필드의 값도 변경되도록 설정하시오.

▶ 다른 테이블에서 참조하고 있는 레코드는 삭제할 수 없도록 설정하시오.

6251052

문제 2 입력 및 수정 기능 구현(20점)

1. 〈구매내역열람〉 폼을 다음의 화면과 지시사항에 따라 완성하시오. (각 3점)

① 폼 머리글의 'LBL제목' 컨트롤에 대해 특수 효과를 '오목'으로 설정하시오.

② 하위 폼에는 '상품명'과 관련된 하위 데이터가 표시된다. 하위 폼과 기본 폼을 연결하시오.

③ 하위 폼 본문의 'txt성명' 컨트롤에는 '성명'과 '나이'가 표시되도록 설정하시오.

▶ 표시 예 : 이부영(만 51세)

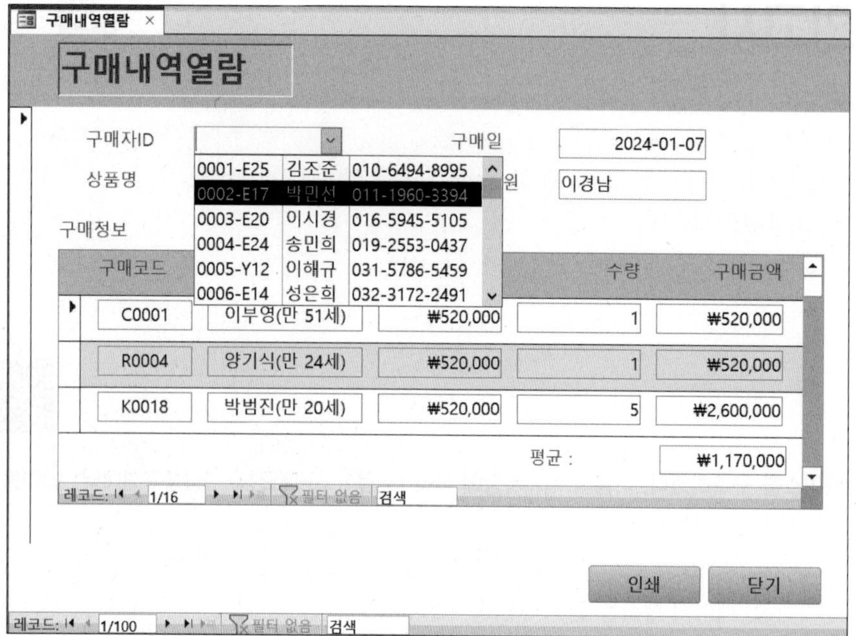

2. 〈구매내역열람〉 폼의 'cmb구매자ID'에는 〈구매자〉 테이블의 '구매자ID', '성명', '연락처'가 다음과 같이 표시되도록 설정하시오. (6점)

▶ 컨트롤에는 '구매자ID'가 저장되도록 설정할 것
▶ 열 너비를 '구매자ID' 필드는 2cm, '성명' 필드는 1.5cm, '연락처' 필드는 3.5cm로 설정할 것
▶ 열 이름을 표시할 것
▶ 행 수를 6으로, 목록 너비를 7cm로 설정할 것
▶ 1번 〈그림〉을 참조

3. 〈구매내역열람〉 폼의 '인쇄'(cmd인쇄) 단추를 클릭하면 〈회원별주문내역〉 보고서를 '인쇄 미리 보기'의 형태로 여는 〈보고서출력〉 매크로를 생성하여 지정하시오. (5점)

▶ 매크로 조건 : '구매일' 필드의 날짜 중 일이 'txt구매일' 컨트롤에 입력된 날짜 중 일과 같은 정보만 표시
▶ Day 함수 사용
▶ 1번 〈그림〉 참조

6251053

문제 3 조회 및 출력 기능 구현(20점)

1. 다음의 지시사항 및 화면을 참조하여 〈회원별주문내역〉 보고서를 완성하시오. (각 3점)

① 페이지 머리글의 'txt페이지' 컨트롤에는 페이지 번호가 다음과 같이 표시되도록 설정하시오.
  ▶ [표시 예] 현재 페이지 : 003
  ▶ Format 함수 사용
② 구매일 머리글의 'txt구매일' 컨트롤에는 날짜가 다음과 같이 표시되도록 형식 속성을 설정하시오.
  ▶ 표시 예 : 2024년 1월 1일 월요일
③ 본문 영역의 'txt상품명' 컨트롤의 값이 이전 레코드와 동일한 경우에는 표시되지 않도록 설정하시오.
④ 구매일 바닥글은 구매일별로 서로 다른 페이지에 출력되도록 설정하시오.
⑤ 구매일 바닥글의 'txt개수' 컨트롤에는 구매일별 구매건수를 〈그림〉과 같이 표시되도록 설정하시오.
  ▶ Count 함수와 & 연산자를 이용할 것

회원별주문내역

현재 페이지 : 001

2024년 1월 1일 월요일

성명	상품명	수량	구매금액	발송주소	담당사원
오세일	가습기	1	₩330,000	부산광역시 사하구 신평동 16	박일만
이훈섭	냉장고	5	₩15,000,000	서울특별시 노원구 공릉동 178	한요진
손서진		3	₩9,000,000	충청남도 천안시 동남구 신부동 190-8	강의배
양기식	정수기	1	₩520,000	서울특별시 양천구 신월동 427-10	박형대
김종성	TV	5	₩6,150,000	대전광역시 동구 마산동 315-11	강의배

일일구매건수 : 5회

2. 〈구매내역열람〉 폼에서 'cmb구매자ID' 컨트롤에서 조회할 구매자ID를 선택(After Update)하면 다음과 같은 기능을 수행하도록 이벤트 프로시저를 구현하시오. (5점)

▶ 'cmb구매자ID' 컨트롤에서 선택한 구매자ID의 구매내역에 대한 정보를 표시하시오.

▶ RecordSource 속성을 이용할 것

6251054

문제 4 처리 기능 구현(35점)

1. 〈구매자〉와 〈구매요청〉 테이블에서 배송일을 조회하여 새 테이블로 생성하는 〈배송일생성〉 쿼리를 작성한 후 실행하시오. (7점)

▶ 주소가 "서울"로 시작하는 경우만 조회 대상으로 하시오.

▶ 배송일은 구매일로부터 14일후로 계산하시오. (DateAdd 함수 사용)

▶ '배송일' 필드를 기준으로 내림차순 정렬하시오.

▶ 쿼리 실행 후 생성되는 테이블의 이름은 〈배송일관리〉로 설정하시오.

▶ 쿼리 실행 결과 생성되는 테이블의 필드는 〈그림〉을 참고하여 수험자가 판단하여 설정하시오.

배송일관리

구매자ID	성명	배송일	주소	연락처
0007-O18	이은주	2024-02-14	서울특별시 용산구 갈월동 116-7	056-0672-0885
0015-Y22	유재민	2024-02-14	서울특별시 서대문구 남가좌 17-111	000-9352-5355
0044-Y26	박재인	2024-02-13	서울특별시 강동구 성내동 143	000-5216-1364
0036-O22	강원일	2024-02-13	서울특별시 강남구 대치동 115	000-2599-2047
0001-E25	김조준	2024-02-11	서울특별시 강서구 내발산동 318	010-6494-8995
0015-Y22	유재민	2024-02-10	서울특별시 서대문구 남가좌 17-111	000-9352-5355
0041-E23	한광태	2024-02-10	서울특별시 영등포구 당산동 171-3	000-4529-0403
0027-Y13	이훈섭	2024-02-10	서울특별시 노원구 공릉동 178	000-6711-1839
0046-O28	오승실	2024-02-09	서울특별시 강남구 청담동 143	000-5793-5179
0011-Y21	이재영	2024-02-09	서울특별시 노원구 공릉동 178	000-5616-9169
0024-O24	전규달	2024-02-09	서울특별시 성북구 길음동 611-3	000-3684-2812
0014-E28	정원준	2024-02-09	서울특별시 용산구 갈월동 883-11	000-8096-1623
0018-E18	김명수	2024-02-08	서울특별시 강남구 청담동 115	000-0029-0787
0007-O18	이은주	2024-02-08	서울특별시 용산구 갈월동 116-7	056-0672-0885
0009-E28	이상엽	2024-02-08	서울특별시 강서구 내발산동 110-6	033-8424-9354

레코드: 1/49 필터 없음 검색

※ 〈배송일생성〉 쿼리를 실행한 후의 〈배송일관리〉 테이블

2. 〈상품〉과 〈상품구매내역〉 테이블을 이용하여 '상품명'을 매개 변수로 입력받고, 해당 상품의 구매횟수와 총구매액을 조회하는 〈상품별구매내역〉 쿼리를 작성하시오. (7점)

▶ '구매횟수'는 '구매코드' 필드, '총구매액'은 '구매금액' 필드를 이용하시오.

▶ '상품가격'이 1,000,000 이상인 상품을 대상으로 하시오.

▶ 쿼리 결과로 표시되는 필드와 필드명은 〈그림〉과 같이 표시되도록 설정하시오.

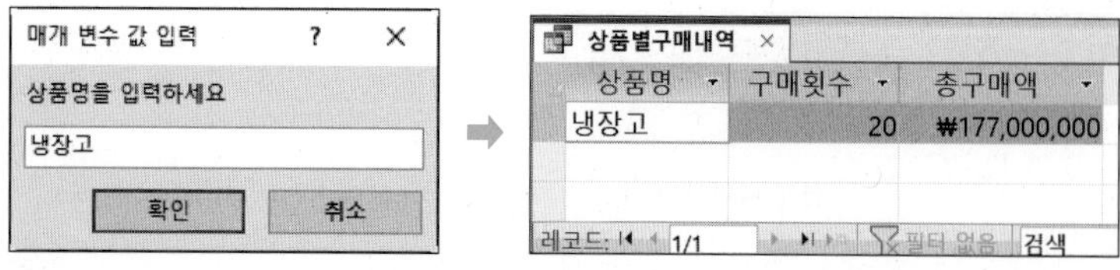

상품명	구매횟수	총구매액
냉장고	20	₩177,000,000

3. 담당사원별 상품명별 판매횟수와 최대값을 조회하는 〈담당사원별상품별내역〉 크로스탭 쿼리를 작성하시오. (7점)

▶ 〈구매요청〉, 〈상품구매내역〉, 〈상품〉 테이블을 이용하시오.

▶ 판매횟수는 '구매코드' 필드를 이용하시오.

▶ 최대값은 '구매금액' 필드를 이용하여 계산하되, 빈 셀에는 '#'을 표시하시오. (IIf, IsNull, Max 함수 이용)

▶ 판매횟수는 [표시 예]와 같이 표시되도록 '형식' 속성을 설정하시오. [표시 예 : 10 → 10건]

▶ 쿼리 실행 결과 표시되는 필드와 필드명은 〈그림〉과 같이 표시되도록 설정하시오.

담당사원별상품별내역

담당사원	판매횟수	가습기	냉장고	세탁기	식기세척기	전자레인지	정수기	컴퓨터	TV
강의배	10건	660000	9000000	3000000	1200000	1050000	1040000	5200000	6150000
김권진	8건	990000	#	1500000	1200000	#	2600000	1300000	#
김한준	11건	#	15000000	#	#	840000	1040000	5200000	6150000
김협서	14건	1320000	15000000	6000000	3000000	630000	2080000	2600000	#
박일만	13건	1650000	6000000	7500000	1800000	#	2600000	#	1230000
박형대	7건	#	15000000	3000000	#	#	1040000	2600000	6150000
이경남	16건	1320000	15000000	7500000	1800000	630000	1560000	#	#
이국영	11건	1320000	9000000	1500000	600000	1050000	#	2600000	#
한요진	10건	#	15000000	3000000	#	420000	1560000	#	6150000

레코드: 1/9 필터 없음 검색

4. 〈신규상품〉 테이블의 데이터를 〈대기상품〉 테이블에 추가하는 〈신규상품추가〉 쿼리를 작성하시오. (7점)

▶ '상품코드' 필드가 "P" 또는 "Z"로 시작하는 상품을 추가할 것

▶ 〈신규상품〉 테이블의 '출시년도' 필드는 추가 대상에서 제외할 것

5. 〈상품구매내역〉 테이블을 이용하여 구분별 수량의 평균과 구매금액의 평균을 조회하는 〈구분별현황〉 쿼리를 작성하시오. (7점)

▶ 구분은 상품코드의 처음 2개의 문자가 "PC"인 경우 "컴퓨터", "TV"인 경우 "TV", 그 외는 "기타"로 설정하시오. (IIf, Left 함수 사용)

▶ 평균수량은 [표시 예]와 같이 표시되도록 '형식' 속성을 설정하시오. [표시 예 : 0 → 0.0, 2.375 → 2.4]

▶ '구분'을 기준으로 내림차순 정렬하여 표시하시오.

▶ 쿼리 실행 결과 표시되는 필드와 필드명은 〈그림〉과 같이 표시되도록 설정하시오.

구분별현황

구분	평균수량	평균구매액
TV	4.0	₩4,920,000
컴퓨터	2.4	₩3,087,500
기타	2.7	₩3,321,176

레코드: 1/3 필터 없음 검색

EXAMINATION
05회 최종모의고사 정답 및 해설

문제 1 DB 구축

정답

01. 테이블 완성하기 _ 참고 : 테이블 완성 296쪽

〈상품〉 테이블

1 '상품사진' 필드 추가 및 데이터 형식 지정

상품

필드 이름	데이터 형식
상품가격	통화
상품사진	첨부 파일

〈구매요청〉 테이블

2 '구매자ID' 필드의 유효성 검사 규칙 속성

필드 속성

일반 조회

기본값	
유효성 검사 규칙	Len([구매자ID])-InStr([구매자ID],"-")=3
유효성 검사 텍스트	

3 '내선번호' 필드의 입력 마스크 속성

필드 속성

일반 조회

소수 자릿수	자동
입력 마스크	0000;;#
캡션	

〈상품구매내역〉 테이블

4 '수량' 필드의 필드 크기 속성

필드 속성

일반 조회

필드 크기	바이트
형식	
소수 자릿수	자동

5 '수량' 필드의 기본값 속성

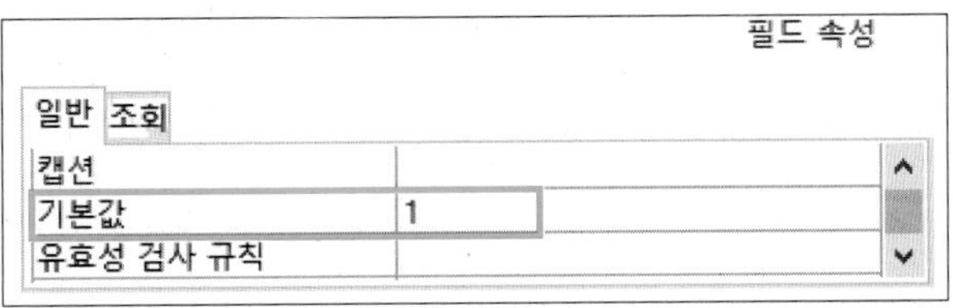

필드 속성

일반 조회

캡션	
기본값	1
유효성 검사 규칙	

02. 'VIP구매자.xlsx' 파일 연결하기 _ 참고 : 테이블 생성 307쪽

정답

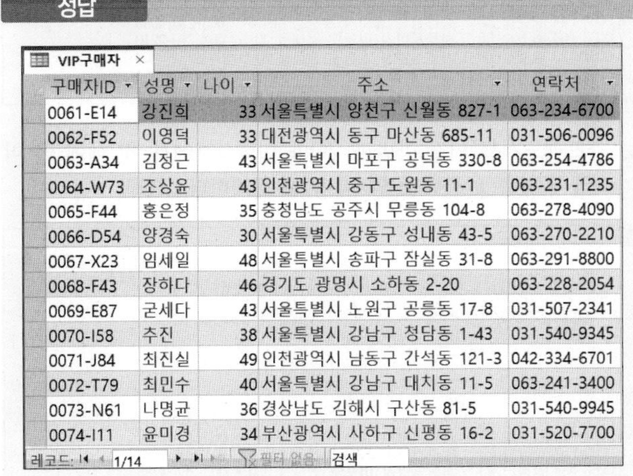

VIP구매자

구매자ID	성명	나이	주소	연락처
0061-E14	강진희	33	서울특별시 양천구 신월동 827-1	063-234-6700
0062-F52	이영덕	33	대전광역시 동구 마산동 685-11	031-506-0096
0063-A34	김정근	43	서울특별시 마포구 공덕동 330-8	063-254-4786
0064-W73	조상윤	43	인천광역시 중구 도원동 11-1	063-231-1235
0065-F44	홍은정	35	충청남도 공주시 무릉동 104-8	063-278-4090
0066-D54	양경숙	30	서울특별시 강동구 성내동 43-5	063-270-2210
0067-X23	임세일	48	서울특별시 송파구 잠실동 31-8	063-291-8800
0068-F43	장하다	46	경기도 광명시 소하동 2-20	063-228-2054
0069-E87	굳세다	43	서울특별시 노원구 공릉동 17-8	031-507-2341
0070-I58	추진	38	서울특별시 강남구 청담동 1-43	031-540-9345
0071-J84	최진실	49	인천광역시 남동구 간석동 121-3	042-334-6701
0072-T79	최민수	40	서울특별시 강남구 대치동 11-5	063-241-3400
0073-N61	나명균	36	경상남도 김해시 구산동 81-5	031-540-9945
0074-I11	윤미경	34	부산광역시 사하구 신평동 16-2	031-520-7700

레코드: 1/14 필터 없음 검색

1. [외부 데이터] → 가져오기 및 연결 → 새 데이터 원본 → 파일에서 → Excel(아이콘)을 클릭한다.
2. '외부 데이터 가져오기 - Excel 스프레드시트' 창이 나타나면, 파일 이름을 선택하고 저장할 방법과 위치로 '연결 테이블을 만들어 데이터 원본에 연결'을 선택한 후 〈확인〉을 클릭한다.

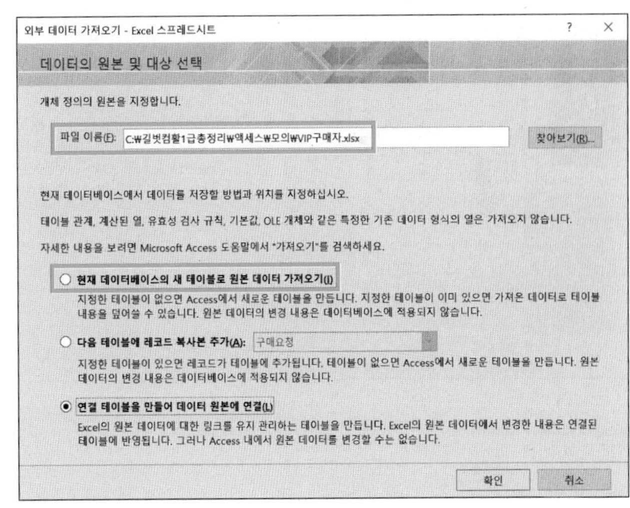

3. '스프레드시트 연결 마법사' 1단계 대화상자에서 '워크시트 표시'를 선택한 후 〈다음〉을 클릭한다.

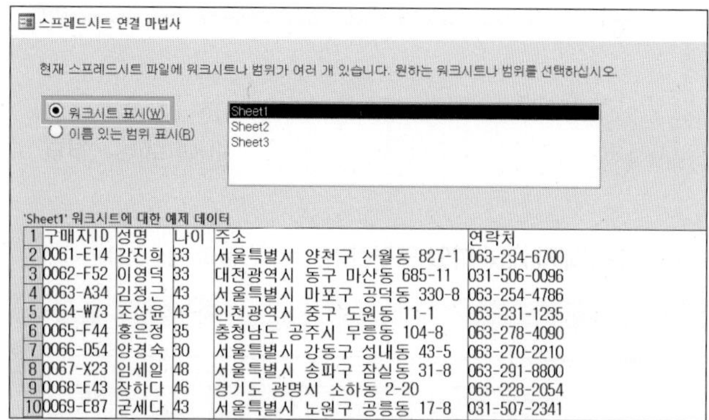

4. '스프레드시트 연결 마법사' 2단계 대화상자에서 '첫 행에 열 머리글이 있음'을 선택한 후 〈다음〉을 클릭한다.

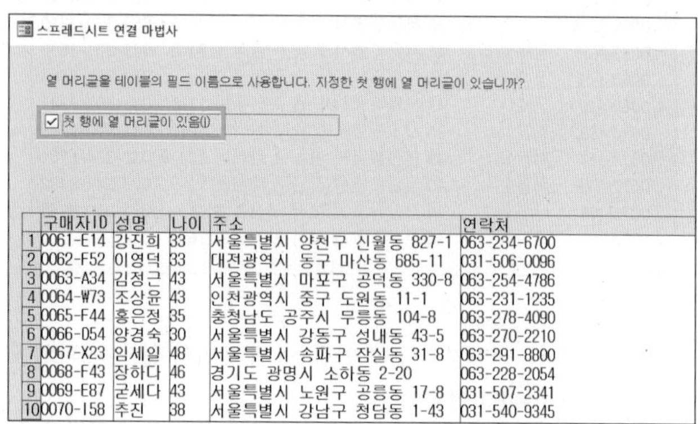

5. '스프레드시트 연결 마법사' 3단계 대화상자에서 연결 테이블 이름을 그림과 같이 입력한 후 〈마침〉을 클릭한다.

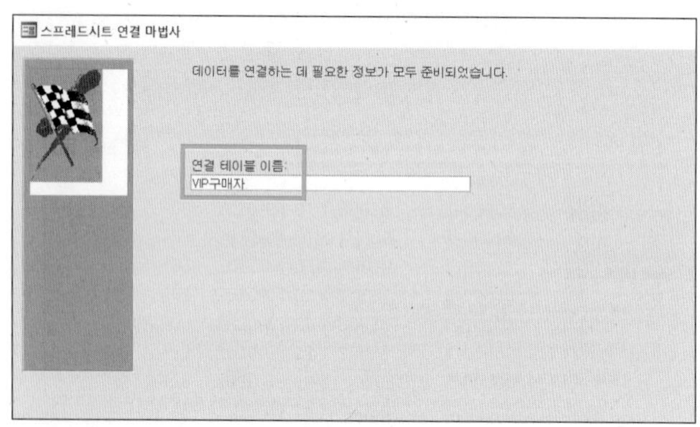

03. 〈상품구매내역〉 테이블, 〈구매요청〉 테이블, 〈상품〉 테이블 간의 관계 설정하기 _ 참고 : 관계 설정 305쪽

정답

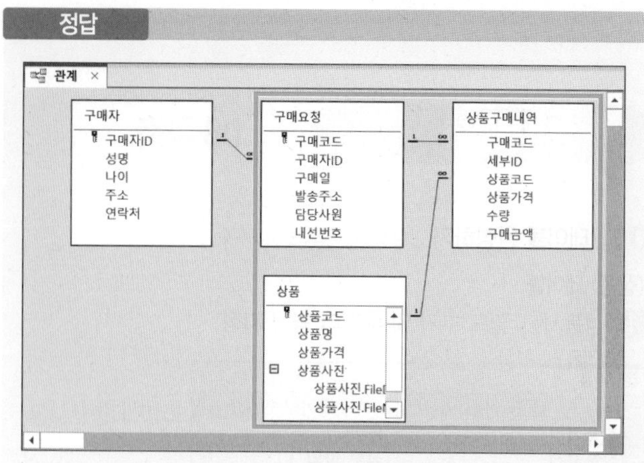

• 〈구매요청〉 테이블과 〈상품구매내역〉 테이블의 '관계 편집' 대화상자

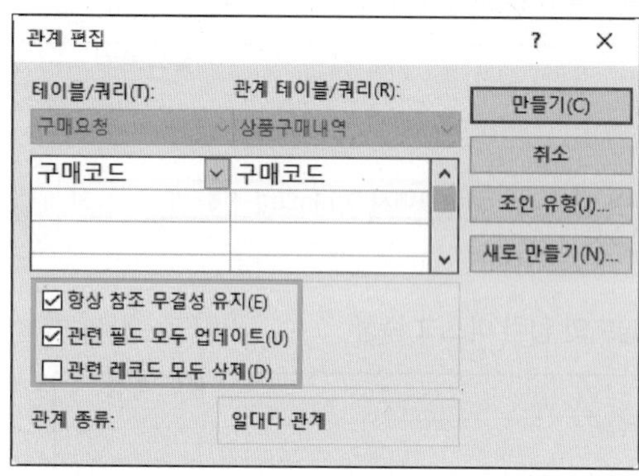

• 〈상품〉 테이블과 〈상품구매내역〉 테이블의 '관계 편집' 대화상자

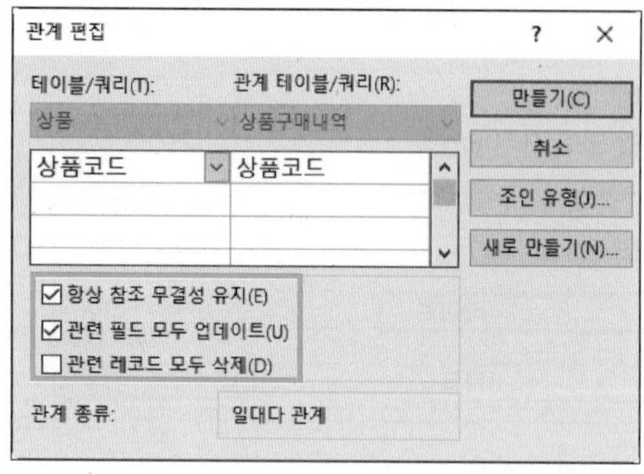

문제 2 입력 및 수정 기능 구현

정답

01. 〈구매내역열람〉 폼 완성하기 _ 참고 : 폼 완성 310쪽

정답

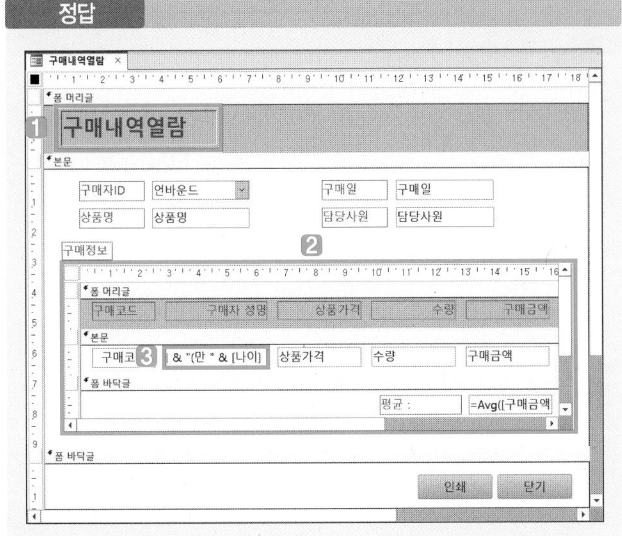

1 'LBL제목' 컨트롤에 속성 설정하기

'형식' 탭의 특수 효과 → 오목

2 '구매정보' 하위 폼 컨트롤에 속성 설정하기

- '데이터' 탭의 기본 필드 연결 → 상품명
- '데이터' 탭의 하위 필드 연결 → 상품명

3 하위 폼 본문의 'txt성명' 컨트롤에 속성 설정하기

'데이터' 탭의 컨트롤 원본 → =[성명] & "(만 " & [나이] & "세)"

02. 'cmb구매자ID' 컨트롤에 조회 기능 설정하기

_ 참고 : 조회 기능 설정 302쪽

- '데이터' 탭

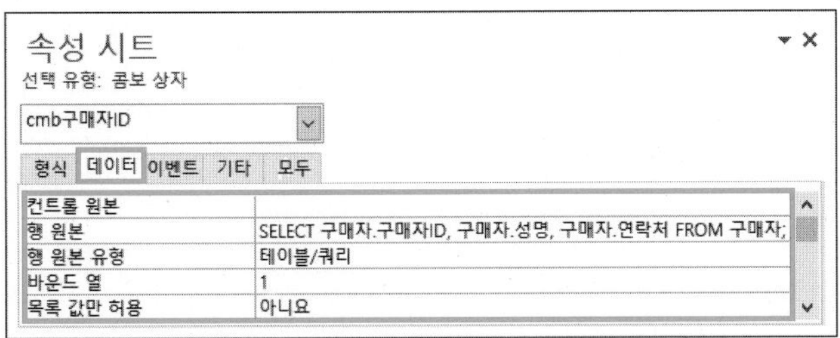

- '형식' 탭

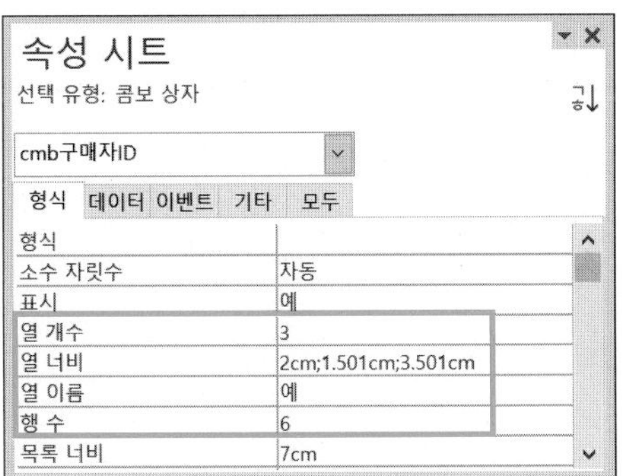

03. 〈보고서출력〉 매크로 작성 _ 참고 : 매크로 작성 325쪽

정답

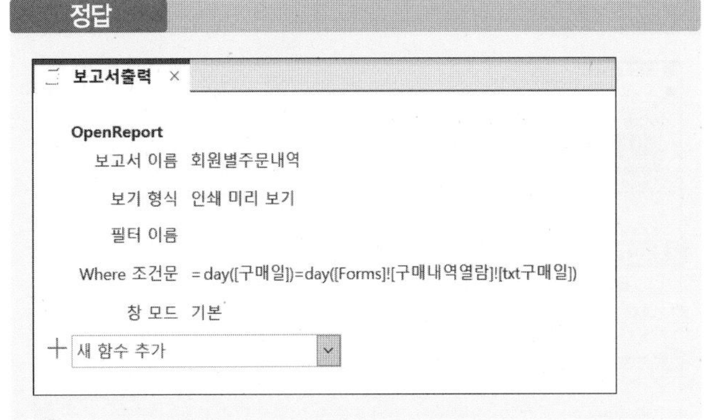

1. 매크로에 이름을 지정하여 사용하는 경우는 먼저 매크로 개체를 생성한 후 이를 연결하여 사용하면 된다. [만들기] → 매크로 및 코드 → **매크로**( )를 클릭한다.
2. 매크로 대화상자에서 정답과 같이 설정한 후 매크로 대화상자의 닫기( ) 단추를 클릭한 다음 저장 여부를 묻는 대화상자에서 〈예〉를 클릭한다.
3. '다른 이름으로 저장' 대화상자에서 매크로 이름을 **보고서출력**으로 입력한 다음 〈확인〉을 클릭한다.
4. 〈구매내역열람〉 폼을 디자인 보기 상태로 연 다음 'cmd인쇄' 컨트롤을 더블클릭한다.
5. 'cmd인쇄' 속성 시트 창의 '이벤트' 탭에서 'On Click' 이벤트의 목록 단추를 눌러 '보고서출력' 매크로를 선택한다.

문제 3 조회 및 출력 기능 구현

정답

01. 〈회원별주문내역〉 보고서 완성하기 _ 참고 : 보고서 완성 331쪽

정답

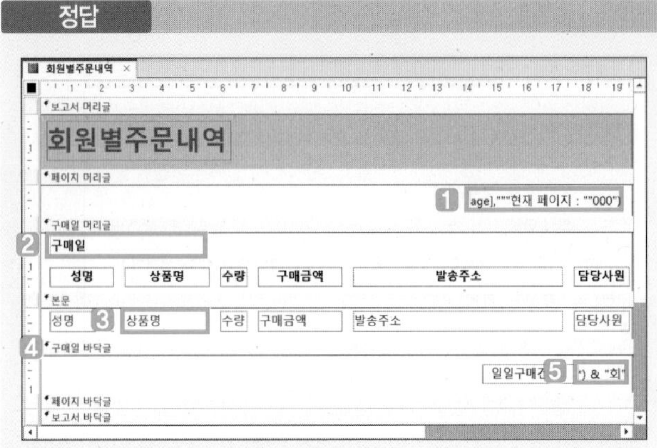

1 'txt페이지' 컨트롤에 속성 설정하기

'데이터' 탭의 컨트롤 원본 →
=Format([Page],"현재 페이지 "": ""000")

2 'txt구매일' 컨트롤에 속성 설정하기

'형식' 탭의 형식 → 자세한 날짜

3 'txt상품명' 컨트롤에 속성 설정하기

'형식' 탭의 중복 내용 숨기기 → 예

4 구매일 바닥글 영역에 속성 설정하기

'형식' 탭의 페이지 바꿈 → 구역 후

> '페이지 바꿈' 속성의 '구역 전'과 '구역 후' 옵션은 문제의 〈그림〉에 속성을 설정할 영역의 표시 여부로 판단할 수 있습니다. '구역 전'은 영역을 표시하기 전에 페이지가 바뀌므로 문제의 〈그림〉에 표시되지 않고, '구역 후'는 영역을 표시한 후 페이지가 바뀌므로 문제의 〈그림〉에 표시됩니다. 이 문제에서는 '페이지 바꿈' 속성을 적용할 '구매일 바닥글' 영역이 문제의 〈그림〉에 표시되어 있으므로, '페이지 바꿈' 속성을 '구역 후'로 설정해야 합니다.

5 'txt개수' 컨트롤에 속성 설정하기

'데이터' 탭의 컨트롤 원본 → =Count(*) & "회"

02. 〈구매내역열람〉 폼의 'cmb구매자ID' 컨트롤에 기능 구현하기

_ 참고 : 이벤트 프로시저 340쪽

정답

```
Private Sub cmb구매자ID_AfterUpdate( )
    Me.RecordSource = "select * from 구매내역 where 구매자ID = '"
    & cmb구매자ID & "'"
End Sub
```

01. 〈배송일생성〉 쿼리 _ 참고 : 쿼리 작성 347쪽

1. 쿼리 작성기 창에서 다음 그림과 같이 설정한다.

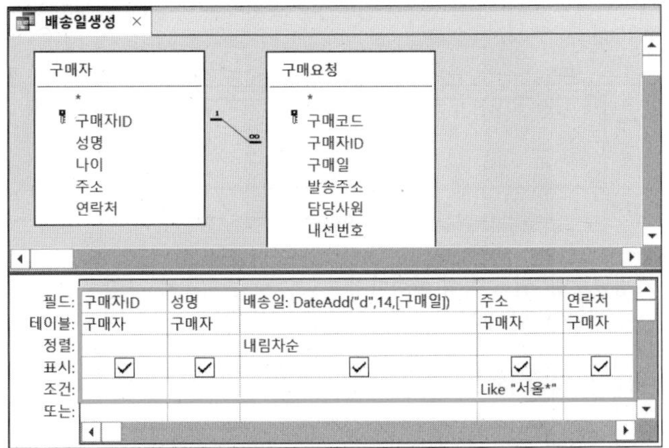

2. [쿼리 디자인] → 쿼리 유형 → **테이블 만들기**(▦)를 클릭한다.
3. '테이블 만들기' 대화상자의 '테이블 이름'에 **배송일관리**를 입력한 후 〈확인〉을 클릭한다.

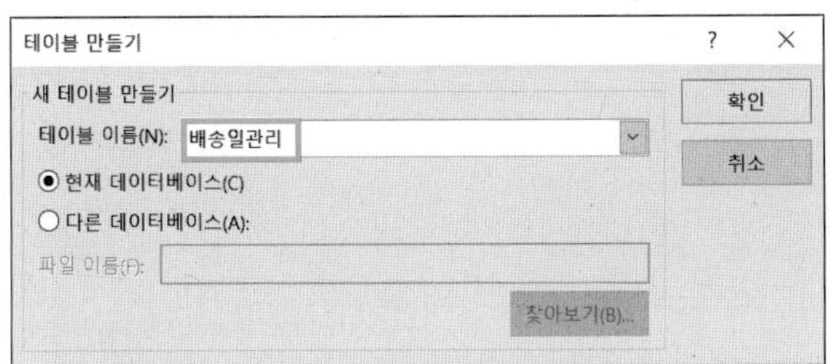

02. 〈상품별구매내역〉 쿼리 _ 참고 : 쿼리 작성 347쪽

쿼리 작성기 창

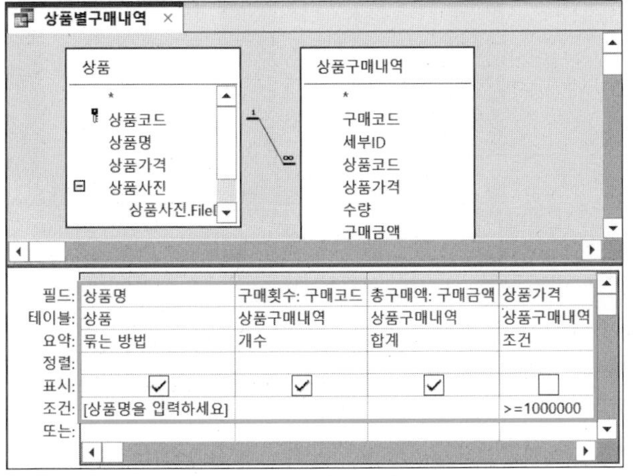

03. 〈담당사원별상품별내역〉 쿼리 _ 참고 : 쿼리 작성 347쪽

- 쿼리 작성기 창

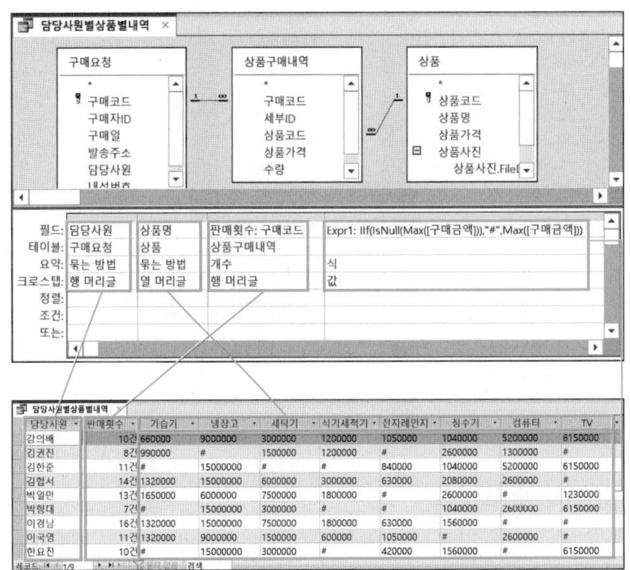

- '판매횟수: 구매코드' 필드 속성 설정하기
  – '일반' 탭의 형식 → #건

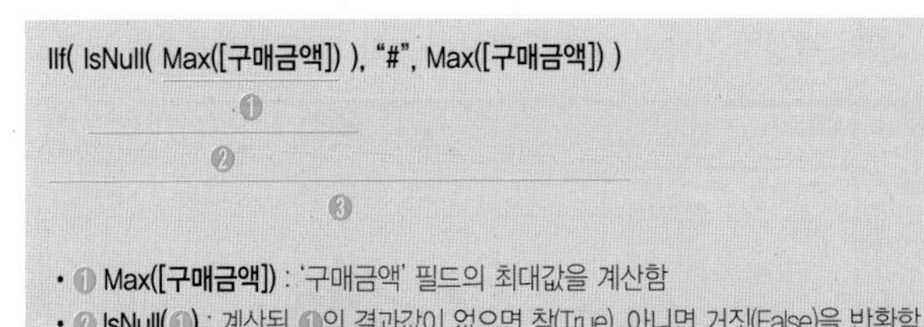

- ❶ Max([구매금액]) : '구매금액' 필드의 최대값을 계산함
- ❷ IsNull(❶) : 계산된 ❶의 결과값이 없으면 참(True), 아니면 거짓(False)을 반환함
- ❸ IIf(❷, "#", Max([구매금액])) : 조건 ❷가 참(True)이면 "#"을 표시하고, 거짓(False)이면 계산된 '구매금액' 필드의 최대값을 표시함

※ 계산된 '구매금액' 필드의 값이 없으면 "#"을 표시하고 그렇지 않으면 계산된 '구매금액' 필드의 최대값을 표시합니다.

04. 〈신규상품추가〉 쿼리 _ 참고 : 쿼리 작성 347쪽

정답

대기상품

상품코드	상품명	상품가격	첨부
PC-9360	컴퓨터	₩1,300,000	(0)
PR-1350	정수기	₩520,000	(0)
PF-3065	전기밥솥	₩349,000	(0)
PP-3735	가스레인지	₩439,000	(0)
ZR-3798	다리미	₩92,000	(0)
ZR-1600	무전기	₩290,000	(0)
PY-4162	노트북	₩846,000	(0)
ZE-1888	스마트폰	₩1,545,000	(0)

레코드: 1/8 필터 없음 검색

〈신규상품추가〉 쿼리를 실행한 후의 〈대기상품〉 테이블

1. [쿼리 디자인] → 쿼리 유형 → **추가**( )를 클릭한 후 '추가' 대화상자에서 추가할 테이블 이름으로 **대기상품**을 선택한 후 〈확인〉을 클릭한다.

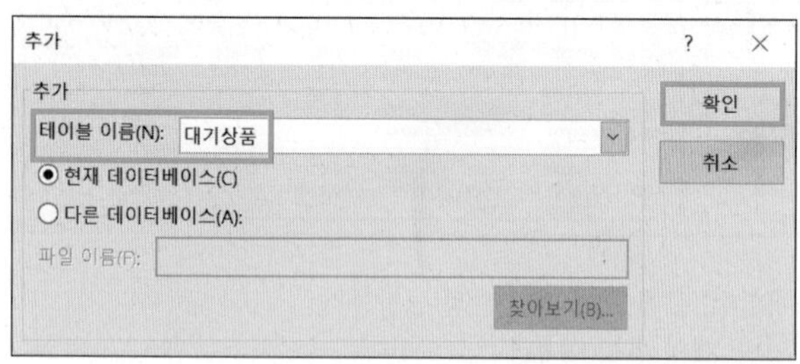

2. 쿼리 작성기 창에서 다음과 같이 추가할 필드를 설정한다.

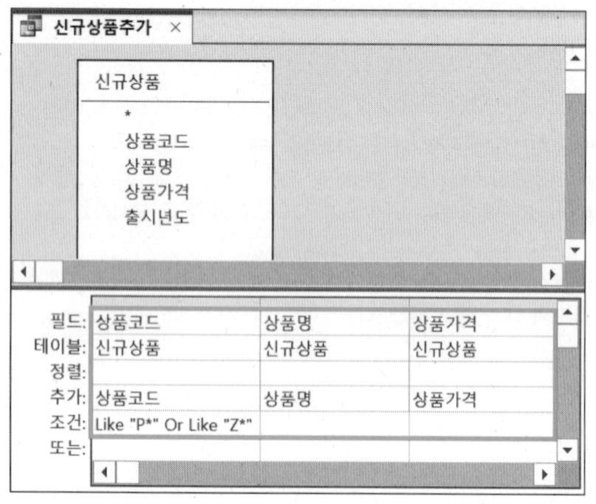

05. 〈구분별현황〉 쿼리 _ 참고 : 쿼리 작성 347쪽

• 쿼리 작성기 창

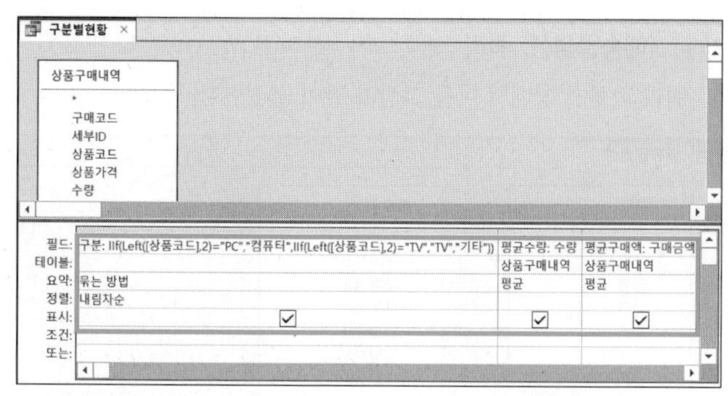

• '평균수량' 필드 속성 설정하기
  – '일반' 탭의 형식 → 0.0

IIf(Left([상품코드],2)="PC", "컴퓨터", IIf(Left([상품코드],2)="TV", "TV", "기타"))
❶ ❷ ❸

• ❶ '상품코드' 필드의 앞 두 글자가 "PC"이면, "컴퓨터를 표시합니다.
  – Left([상품코드],2) : '상품코드' 필드의 앞 두 글자를 추출함
• ❷ '상품코드' 필드의 앞 두 글자가 "TV"이면, "TV"를 표시합니다.
• ❸ '상품코드' 필드의 앞 두 글자가 "PC"도 아니고 "TV"도 아니면, "기타"를 표시합니다.